Collins
GREEK
DICTIONARY
ESSENTIAL EDITION

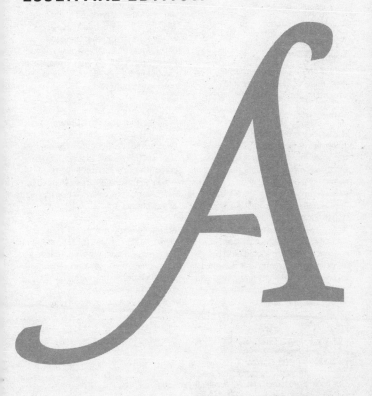

Published by Collins
An imprint of HarperCollins Publishers
Westerhill Road
Bishopbriggs
Glasgow G64 2QT

HarperCollins*Publishers*
Macken House, 39/40 Mayor Street Upper
Dublin 1, D01 C9W8, Ireland

First Edition 2019

10 9 8 7 6 5 4

www.collinsdictionary.com

Typeset by Davidson Publishing
Solutions, Glasgow

Printed and Bound in the UK using
100% Renewable Electricity at CPI
Group (UK) Ltd

A catalogue record for this book is
available from the British Library.

If you would like to comment on any
aspect of this book, please contact us
at the given address or online.
E-mail: dictionaries@harpercollins.co.uk
 facebook.com/collinsdictionary
 @collinsdict

Acknowledgements

We would like to thank those authors and
publishers who kindly gave permission
for copyright material to be used in
the Collins Corpus. We would also like
to thank Times Newspapers Ltd for
providing valuable data.

MIX
Paper | Supporting
responsible forestry
FSC™ C007454
www.fsc.org

This book is produced from independently certified FSC™ paper
to ensure responsible forest management.

For more information visit: www.harpercollins.co.uk/green

INTRODUCTION

We are delighted that you have decided to buy this dictionary and hope that you will enjoy and benefit from using it at home, on holiday, or at work.

ΕΙΣΑΓΩΓΗ

Είναι μεγάλη μας χαρά που αποφασίσατε να αγοράσετε αυτό το λεξικό και ελπίζουμε να το ευχαριστηθείτε και να επωφεληθείτε από αυτό στο σπίτι, τις διακοπές ή τη δουλειά.

CONTENTS

ΠΕΡΙΕΧΟΜΕΝΑ

Abbreviations	iv–viii	Συντομογραφίες	iv–viii
Greek pronunciation	ix–x	Ελληνική προφορά	ix–x
English pronunciation	xi–xii	Αγγλική προφορά	xi–xii
Numbers	xiii	Αριθμοί	xiii
Time and date	xiv	Η ώρα και η ημερομηνία	xiv
Greek–English	1–240	**Ελληνοαγγλικο Λεξικο**	1–240
Greek Grammar	1–16	Αγγλική γραμματική	17–32
English–Greek	241–434	**Αγγλοελληνικο Λεξικο**	241–434

Note on trademarks
Words which we have reason to believe constitute trademarks have been designated as such. However, neither the presence nor the absence of such designation should be regarded as affecting the legal status of any trademark.

Σημείωση σχετικά με τα εμπορικά σήματα
Οι λέξεις για την οποίες έχουμε λόγο να πιστεύουμε ότι αποτελούν εμπορικό σήμα έχουν επισημανθεί κατάλληλα. Ωστόσο, τόσο η παρουσία όσο και η απουσία επισήμανσης δεν πρέπει να θεωρηθεί ότι επηρεάζει τη νομική ισχύ οποιουδήποτε εμπορικού σήματος.

ΣΥΝΤΟΜΟΓΡΑΦΙΕΣ ABBREVIATIONS

αεροπορία	**ΑΕΡ**	aviation
αθλητισμός	**ΑΘΝ**	sports
αιτιατική	**αιτ.**	accusative
άκλιτος	**άκλ**	invariable
αμερικανική παραλλαγή	**Αμερ.**	American
ανατομία	**ΑΝΑΤ**	anatomy
ανεπίσημος	**ανεπ.**	informal
αντιθετικός	**αντιθ**	adversative
αντωνυμία	**αντων**	pronoun
αόριστος	**αόρ.**	past tense
αόριστος	**ΑΟΡΙΣΤ**	indefinite
αποθετικό	**απ.**	deponent
απόλυτος	**απόλ.**	cardinal
απρόσωπο	**απρόσ**	impersonal
αργκό	**αργκ.**	slang
άρθρο	**αρθρ**	article
αριθμητικό	**αριθ**	numeral
αρνητικός	**αρν**	disapproving
αρχαιολογία	**ΑΡΧ**	archaeology
αρχαία ιστορία	**ΑΡΧ ΙΣΤ**	ancient history
αρχιτεκτονική	**ΑΡΧΙΤ**	architecture
αστρολογία	**ΑΣΤΡΟΛ**	astrology
αστρονομία	**ΑΣΤΡΟΝ**	astronomy
αυτοκίνητο	**ΑΥΤ**	automobile
βιολογία	**ΒΙΟΛ**	biology
βιοχημεία	**ΒΙΟΧΗΜ**	biochemistry
βοηθητικό	**βοηθ**	auxiliary
βοτανική	**ΒΟΤ**	botany
βρετανικός τύπος	**Βρετ.**	British
γενική	**γεν.**	genitive
γενικότερα	**γενικότ.**	generally
γεωγραφία	**ΓΕΩΓΡ**	geography
γεωλογία	**ΓΕΩΝ**	geology
γεωμετρία	**ΓΕΩΜ**	geometry
γεωργία	**ΓΕΩΡΓ**	agriculture
γλωσσολογία	**ΓΝΩΣΣ**	linguistics
γυμναστική	**ΓΥΜ**	gymnastics
δεικτικός	**δεικτ**	demonstrative
διοίκηση	**ΔΙΟΙΚ**	administration
ειρωνικά	**ειρ.**	ironical
ελλειπτικός	**ΕΛΛΕΙΠΤ**	defective
εμπόριο	**ΕΜΠΟΡ**	commerce
ενικός	**ΕΝ, εν.**	singular
ενεστώτας	**ενεστ.**	present tense
επίθετο	**επίθ**	adjective
επίρρημα	**επίρρ**	adverb
επίσημος	**επίσ.**	formal
επιστημονικός	**επιστ.**	specialist term

ΣΥΝΤΟΜΟΓΡΑΦΙΕΣ   ABBREVIATIONS

επιφώνημα	*επιφών*	exclamation
ερωτηματικός	*ερωτ*	interrogative
ευφημισμός	*ευφημ.*	euphemism
ζωολογία	*ΖΩΟΛ*	zoology
ουσ θηλ	*η*	feminine singular
ηλεκτρολογία	*ΗΛΕΚΤΡ*	electricity
θέατρο	*ΘΕΑΤΡ*	theatre
θρησκεία	*ΘΡΗΣΚ*	religion
ιατρική	*ΙΑΤΡ*	medicine
ιστορία	*ΙΣΤ*	history
καταχρηστικά	*κατ.*	misused
κατηγορηματικός	*κατηγορημ.*	predicative
κατηγορούμενο	*κατηγορ.*	predicate
κινηματογράφος	*ΚΙΝ*	cinema
και λοιπά	*κ.λπ*	et cetera
κλητική	*κλητ.*	vocative
κοινωνιολογία	*ΚΟΙΝ*	sociology
κοροϊδευτικά	*κορ*	derisive
κάποιον	*κπν*	somebody
κάποιου	*κποιου*	somebody's
κάποιος	*κπς*	somebody
κάτι	*κτ*	something
κτητικός	*κτητ*	possessive
κυρίως	*κυρ.*	mainly
κυριολεκτικά	*κυριολ.*	literal
λογοτεχνία	*ΛΟΓ*	literature
λογοτεχνικός	*λογοτ.*	literary
μαθηματικά	*ΜΑΘ*	mathematics
μαγειρική	*ΜΑΓΕΙΡ*	culinary
μέλλοντας	*μέλλ.*	future tense
μεσοπαθητικός	*μεσ*	middle-passive
μετεωρολογία	*ΜΕΤΕΩΡ*	meteorology
μετωνυμία	*μετων.*	metonymy
μειωτικός	*μειωτ.*	derogatory
μηχανολογία	*ΜΗΧ*	engineering
μεταφορικά	*μτφ.*	figurative
μετοχή	*μτχ.*	participle
μόριο	*μδρ*	particle
μουσική	*ΜΟΥΣ*	music
μυθολογία	*ΜΥΘΟΛ*	mythology
ναυτικός	*ΝΑΥΤ*	nautical
νομική	*ΝΟΜ*	law
ουσ αρσ	*ο*	masculine singular
οικείος	*οικ.*	familiar
οικονομία	*ΟΙΚ*	economics
ουσ αρσθηλ πληθ	*οι*	masculine or feminine plural
ονομαστική	*ον.*	nominative
οριστικός	*οριστ*	definite

ΣΥΝΤΟΜΟΓΡΑΦΙΕΣ   ABBREVIATIONS

παθητικός	**παθ.**	passive
παλαιότερα	**παλ.**	formerly
πανεπιστήμιο	**ΠΑΝ**	university
παρακείμενος	**παρακ.**	present perfect
παρατατικός	**παρατ.**	imperfect tense
παροιμία	**παροιμ.**	proverbial
πληθυντικός	**πλ.**	plural
πληροφορική	**ΠΛΗΡΟΘ**	computers/information technology
ποίηση	**ΠΟΙΗΣ**	poetry
πολιτική	**ΠΟΛ**	politics
πρόθεση	**πρόθ**	preposition
πρόθημα	**πρόθημ**	prefix
προσωπικός	**προσ**	personal
προστακτική	**προστ**	imperative
προφορικός	**προφορ.**	spoken
ρήμα	**ρ**	verb
ραδιόφωνο	**ΡΑΔΙΟΦ**	radio
ρήμα αμετάβατο	**ρ αμ**	intransitive verb
ρήμα μεταβατικό	**ρ μ**	transitive verb
σπάνιος	**σπάν.**	rare
στατιστική	**ΣΤΑΤ**	statistics
στρατιωτικός	**ΣΤΡ**	military
σύνδεσμος	**σύνδ**	conjunction
συνδετικό ρήμα	**συνδετ**	link verb
συνήθως	**συνήθ.**	usually
συντομογραφία	**συντομ**	abbreviation
σχολείο	**ΣΧΟΛ**	school
ουσ ουδ πληθ	**τα**	neuter plural
τακτικό αριθ	**τακτ**	ordinal
τέχνη	**ΤΕΧΝ**	art
τεχνολογία	**ΤΕΧΝΟΛ**	technology
τηλεόραση	**ΤΗΛΕΟΡ**	tv
ουσ ουδ	**το**	neuter singular
τριτοπρόσωπο	**τριτοπρόσ**	3rd person
τυπογραφία	**ΤΥΠ**	typography
υβριστικός,-ά	**υβρ.**	abusive
υποκοριστικός	**υποκ**	diminutive
φαρμακευτική	**ΦΑΡΜ**	pharmaceutics
φιλολογία	**ΦΙΛΟΛ**	philology
φιλοσοφία	**ΦΙΛΟΣ**	philosophy
φυσική	**ΦΥΣ**	physics
φυσιολογία	**ΦΥΣΙΟΛ**	physiology
φωτογραφία	**ΦΩΤ**	photography
χαϊδευτικά	**χαϊδ.**	affectionately
χημεία	**ΧΗΜ**	chemistry
χιουμοριστικός,-ά	**χιουμ.**	humorous
χυδαίος	**χυδ.**	vulgar
ψυχολογία	**ΨΥΧΟΛ**	psychology

ΣΥΝΤΟΜΟΓΡΑΦΙΕΣ   ABBREVIATIONS

συντομογραφία	abbr	abbreviation
αιτιατική	acc	accusative
επίθετο	adj	adjective
διοίκηση	ADMIN	administration
επίρρημα	adv	adverb
γεωργία	AGR	agriculture
ανατομία	ANAT	anatomy
αρχιτεκτονική	ARCHIT	architecture
αστρονομία	ASTR	astronomy
αυτοκίνητο	AUT	automobile
βοηθητικό ρήμα	aux vb	auxiliary verb
αεροπορία	AVIAT	aviation
βιολογία	BIO	biology
βοτανική	BOT	botany
Αγγλισμός	BRIT	British usage
χημεία	CHEM	chemistry
κινηματογράφος	CINE	cinema
εμπορικός	COMM	commercial
συγκριτικός	compar	comparative
ηλεκτρονικοί υπολογιστές	COMPUT	computers
σύνδεσμος	conj	conjunction
κατασκευές	CONSTR	construction
σύνθετος	cpd	compound
μαγειρικός	CULIN	culinary
οριστικό άρθρο	def art	definite article
υποκοριστικό	dimin	diminutive
οικονομία	ECON	economics
ηλεκτρισμός	ELEC	electricity
εμφατικός	emph	emphatic
ειδικά	esp	especially
και λοιπά	etc	et cetera
ευφημισμός	euph	euphemism
επιφώνημα	excl	exclamation
θηλυκό	f	feminine noun
μεταφορικός	fig	figuratively
οικονομία	FIN	finance
επίσημος	fml	formal
γενικός	gen	general
γενική	GEN	genitive
γεωγραφία/γεωλογία	GEO	geography/geology
γεωμετρία	GEOM	geometry
ιστορία	HIST	history
χιουμοριστικός	hum	humorous
απρόσωπο	impers	impersonal
αόριστο άρθρο	indef art	indefinite article
βιομηχανία	INDUST	industry
ανεπίσημος	inf	informal
χυδαίος	inf!	vulgar
ασφάλιση	INSUR	insurance

ΣΥΝΤΟΜΟΓΡΑΦΙΕΣ

ABBREVIATIONS

αμετάβλητος	inv	invariable
ανώμαλο	irreg	irregular
νομικός	JUR	law
γλωσσολογία	LING	linguistics
κυριολεκτικός	lit	literal
λογοτεχνία	LIT	literature
αρσενικό	m	masculine noun
μαθηματικά	MATH	mathematics
ιατρική	MED	medical
στρατιωτικός	MIL	military
μουσική	MUS	music
ουσιαστικό	n	noun
ναυτικός	NAUT	nautical, naval
ονομαστική	nom	nominative
ουδέτερο	nt	neuter
αριθμός	num	numeral
απαρχαιωμένος	old	old-fashioned
εαυτός	o.s.	oneself
υποτιμητικός	pej	pejorative
φωτογραφία	PHOT	photography
φυσική	PHYS	physics
φυσιολογία	PHYSIOL	physiology
πληθυντικός	pl	plural
πολιτική	POL	politics
μετοχή αορίστου	pp	past participle
πρόθεση	prep	preposition
αντωνυμία	pron	pronoun
ψυχολογία/ψυχιατρική	PSYCH	psychology/psychiatry
αόριστος, παρατατικός	pt	past tense
σήμα κατατεθέν	®	registered trademark
σιδηρόδρομος	RAIL	railways
θρησκεία	REL	religion
κάποιος	sb	somebody
σχολείο	SCOL	school
ενικός	sg	singular
κάτι	sth	something
υπερθετικός	superl	superlative
τεχνικός	TECH	technical
τηλεπικοινωνίες	TEL	telecommunications
θέατρο	THEAT	theatre
τηλεόραση	TV	television
τυπογραφία	TYP	printing
πανεπιστήμιο	UNIV	university
Αμερικανισμός	US	American usage
ρήμα	vb	verb
ρήμα αμετάβατο	vi	intransitive verb
ρήμα μεταβατικό	vt	transitive verb
ρήμα αχώριστο	vt fus	inseparable verb
ζωολογία	ZOOL	zoology

PRONUNCIATION OF MODERN GREEK

Each letter in Greek nearly always represents the same sound. When you read out the pronunciation you should sound the letters as if you were reading an English word.

GREEK LETTER		CLOSEST ENGLISH SOUND	EXAMPLE	PRONOUNCED
Α	α	hand	άνθρωπος	anthropos
Β	β	vine	βούτυρο	vooteero
Γ	γ		γάλα	gala
		yes	για	ya
Δ	δ	this	δάκτυλος	ðakteelos
Ε	ε	met	έτοιμος	eteemos
Ζ	ζ	zone	ζώνη	zonee
Η	η	meet	ήλιος	eeleeos
Θ	θ	thin	θέατρο	theatro
Ι	ι	meet	ίππος	eepos
Κ	κ	key	και	ke
Λ	λ	log	λάδι	laðee
Μ	μ	mat	μάτι	matee
Ν	ν	not	νύχτα	neehta
Ξ	ξ	rocks	ξένος	ksenos
Ο	ο	cot	όχι	ohee
Π	π	pat	πόλη	polee
Ρ	ρ	carrot	ρόδα	roða
Σ	σ, ς	sat	σήμα	seema
Τ	τ	top	τράπεζα	trapeza
Υ	υ	meet	ύπνος	eepnos
Φ	φ	fat	φούστα	foosta
Χ	χ		χάνω	hano
			χέρι	heree
Ψ	ψ	lapse	ψάρι	psaree
Ω	ω	cot	ώρα	ora

PRONUNCIATION OF MODERN GREEK

GREEK LETTER	CLOSEST ENGLISH SOUND	EXAMPLE	PRONOUNCED
ει	meet	είδος	eeðos
οι		οίκοι	eekee
αι	met	αίμα	ema
ου	food	που	pou
μπ	beer	μπύρα	beera
	or amber	κάμπος	kambos
	or ample	σύμπαν	seempan
ντ	door	ντομάτα	domata
	or bent	συναντώ	seenanto
	or bend	πέντε	pende
γκ, γγ	good	γκάζι	gazee
	or angle	Αγγλία	angleea
γξ	links	σφιγξ	sfeenks
τζ	friends	τζάμι	dzamee

The pairs of vowels shown above are pronounced separately if the first has an acute accent (´) or the second a dieresis (¨); e.g. Κάιρο kaeero παϊδάκι paeeðakee.

Some Greek consonant sounds have no English equivalent. The υ of the groups αυ and ευ is pronounced v or f; e.g. αύριο avreeo αυτί aftee.

GREEK LETTER	REMARKS	EXAMPLE	PRONOUNCED
Ρ, ρ	slightly trilled r	ρόδα	roða
Χ, χ	like ch in loch	χάνω	hano
	or like a rough h	χέρι	heree
Γ, γ	like a rough g	γάλα	gala
	or like y	για	ya

NB: All Greek words of two or more syllables have an acute accent which indicates where the stress falls. For instance, άγαλμα is pronounced agalma and αγάπη is pronounced agapee.

ΦΩΝΗΤΙΚΑ ΣΥΜΒΟΛΑ   PHONETIC SYMBOLS

Vowels/Diphthongs

Φωνήεντα/Δίφθογγοι

	[ɑː]	ca*l*m, p*ar*t
	[æ]	s*a*t
	[ã̃ː]	clie*n*tele
είναι, ένα	[ε]	*e*gg
	[ə]	*a*bove
	[əː]	b*ur*n, *ear*n
σπίτι	[ɪ]	p*i*t, awfull*y*
είναι	[iː]	p*ea*t
όχι	[ɔ]	c*o*t
	[ɔː]	b*or*n, j*aw*
	[ʌ]	h*u*t
κούκλα	[u]	p*u*t
	[uː]	p*oo*l
μαϊμού	[aɪ]	b*uy*, d*ie*, m*y*
φράουλα	[au]	h*ou*se, n*ow*
λέει	[eɪ]	p*ay*, m*a*te
	[εə]	p*air*, m*ar*e
	[əu]	n*o*, b*oa*t
	[ɪə]	m*ere*, sh*ear*
	[ɔɪ]	b*oy*, c*oi*n
τούρτα	[uə]	t*our*, p*oor*

Consonants

Σύμφωνα

	[b]	*b*all
αμπέλι	[tʃ]	*ch*ild
φέτα	[f]	*f*ield
αγκώνας	[g]	*g*ood
	[h]	*h*and
για	[j]	*y*et, mill*i*on

ΦΩΝΗΤΙΚΑ ΣΥΜΒΟΛΑ PHONETIC SYMBOLS

τζάμι	[dʒ]	*j*ust
κήπος	[k]	*k*ind, cat*ch*
λάδι	[l]	*l*eft, *l*itt*l*e
μόνο	[m]	*m*at
νερό	[n]	*n*est
Αγγλία	[ŋ]	lo*ng*
παιδί	[p]	*p*ut
ρόδα	[r]	*r*un
σίδερο	[s]	*s*it
	[ʃ]	*sh*all
τέταρτο	[t]	*t*ab
θάμνος	[θ]	*th*ing
δάκτυλο	[ð]	*th*is
βούτυρο	[v]	*v*ery
	[w]	*w*et
χέρι	[x]	lo*ch*
ξένος	[ks]	bo*x*
ζώνη	[z]	pod*s*, *z*ip
	[ʒ]	mea*s*ure

Other signs		**Άλλα σύμβολα**
main stress	[']	κύριος τόνος
long vowel	[ː]	μακρό φωνήεν
	[ʳ]	το τελικό "r" δεν προφέρεται εκτός αν η επόμενη λέξη αρχίζει με φωνήεν

ΑΡΙΘΜΟΙ

NUMBERS

ΑΠΟΛΥΤΑ		CARDINAL NUMBERS
μηδέν	0	zero
ένας, μία (μια), ένα	1	one
δύο	2	two
τρεις, τρία	3	three
τέσσερις, τέσσερα	4	four
πέντε	5	five
έξι	6	six
επτά (εφτά)	7	seven
οκτώ (οχτώ)	8	eight
εννέα (εννιά)	9	nine
δέκα	10	ten
ένδεκα (έντεκα)	11	eleven
δώδεκα	12	twelve
δεκατρείς, δεκατρία	13	thirteen
δεκατέσσερις, δεκατέσσερα	14	fourteen
δεκαπέντε	15	fifteen
δεκαέξι	16	sixteen
δεκαεπτά (δεκαεφτά)	17	seventeen
δεκαοκτώ (δεκαοχτώ)	18	eighteen
δεκαεννέα (δεκαεννιά)	19	nineteen
είκοσι	20	twenty
είκοσι ένας, μία, ένα	21	twenty-one
είκοσι δύο	22	twenty-two
είκοσι τρεις, τρία	23	twenty-three
τριάντα	30	thirty
σαράντα	40	forty
πενήντα	50	fifty
εξήντα	60	sixty
εβδομήντα	70	seventy
ογδόντα	80	eighty
ενενήντα	90	ninety
εκατό	100	one hundred
εκατόν ένας, εκατό μία, εκατόν ένα	101	one hundred and one
εκατόν πενήντα έξι	156	one hundred and fifty-six
διακόσιοι, ες, α	200	two hundred
τριακόσιοι, ες, α	300	three hundred
τετρακόσιοι, ες, α	400	four hundred
πεντακόσιοι, ες, α	500	five hundred
εξακόσιοι, ες, α	600	six hundred
επτακόσιοι, ες, α (εφτακόσιοι, ες, α)	700	seven hundred
οκτακόσιοι, ες, α (οχτακόσιοι, ες, α)	800	eight hundred
εννιακόσιοι, ες, α	900	nine hundred
χίλιοι, χίλιες, χίλια	1,000	one thousand
δύο χιλιάδες	2,000	two thousand
τρεις χιλιάδες	3,000	three thousand
ένα εκατομμύριο	1,000,000	one million
ένα δισεκατομμύριο	1,000,000,000	one billion

Η ΩΡΑ ΚΑΙ Η ΗΜΕΡΟΜΗΝΙΑ

TIME AND DATE

Τι ώρα είναι; Είναι...
μία η ώρα
μία και δέκα
μία και τέταρτο
μία και μισή
δύο παρά είκοσι
δύο παρά τέταρτο

What time is it? It's...
one o'clock
ten past one
quarter past one
half past one
twenty to two
quarter to two

Οι ημέρες της εβδομάδας
Δευτέρα
Τρίτη
Τετάρτη
Πέμπτη
Παρασκευή
Σάββατο
Κυριακή

Days of the week
Monday
Tuesday
Wednesday
Thursday
Friday
Saturday
Sunday

Πότε;
τη Δευτέρα
τις Δευτέρες
κάθε Δευτέρα
την περασμένη Τρίτη
την επόμενη Παρασκευή
σε μία εβδομάδα το
  Σάββατο
σε δύο εβδομάδες το
  Σάββατο

When?
on Monday
on Mondays
every Monday
last Tuesday
next Friday
a week on Saturday,
  Saturday week
a fortnight on Saturday,
  Saturday fortnight

Οι μήνες του χρόνου
Ιανουάριος
Φεβρουάριος
Μάρτιος
Απρίλιος
Μάιος
Ιούνιος
Ιούλιος
Αύγουστος
Σεπτέμβριος
Οκτώβριος
Νοέμβριος
Δεκέμβριος

Months of the year
January
February
March
April
May
June
July
August
September
October
November
December

Πότε;
τον Φεβρουάριο
την 1η Δεκεμβρίου
την πρώτη Δεκεμβρίου
το 2017

When?
in February
on December 1st
on December first
in 2017

Α, α alpha, *first letter of the Greek alphabet*

αβάσταχτ|ος, -η, -ο *επιθ (πόνος, στενοχώρια)* unbearable • *(επιθυμία)* irresistible

αβγό *ουσ ουδ* egg • **μελάτο ~** soft-boiled egg

αβγοκόβω *ρ μ* to add egg and lemon sauce to

αβγολέμονο *ουσ ουδ* egg and lemon sauce

αβέβαι|ος, -η, -ο *επιθ (μέλλον, επιτυχία)* uncertain • *(κατάσταση)* unclear • *(ελπίδα)* vague

αβλαβ|ής, -ής, -ές *επιθ (που δεν έπαθε κακό)* unharmed • *(που δεν προξενεί κακό/βλάβη)* harmless • **σώος και ~** safe and sound

αβοήθητ|ος, -η, -ο *επιθ* helpless

άβολος, -η, -ο *επιθ (για πρόσ.)* awkward • *(έπιπλο, ρούχο)* uncomfortable

άβραστ|ος, -η, -ο *επιθ (ωμός)* uncooked • *(μισοβρασμένος)* undercooked

αγαθό *ουσ ουδ (καλό)* good • *(καθετί που δίνει ευχαρίστηση)* (consumer) goods *πληθ.* ■ **αγαθά** *πληθ* fortune *εν.*

αγαθ|ός, -ή, -ό *επιθ (ενάρετος)* good • *(αφελής, απλοϊκός)* naive • *(πρόθεση, διάθεση)* good

αγαλλίαση *ουσ θηλ* joy

άγαλμα *ουσ ουδ* statue

άγαμ|ος, -η, -ο *επιθ* unmarried

αγανάκτηση *ουσ θηλ* anger

αγανακτώ *ρ αμ* to be angry

αγάπη *ουσ θηλ* love

αγαπημέν|ος, -η, -ο *επιθ (μητέρα, κόρη)* dear • *(τραγούδι, φαγητό)* favourite *(ΒΡΕΤ.)*, favorite *(ΑΜΕΡ.)* ▶ *ουσ (εραστής)* boyfriend • *(ερωμένη)* girlfriend

αγαπητ|ός, -ή, -ό *επιθ* dear • popular • **αγαπητέ μου!** my dear!

αγαπώ *ρ μ* to love

αγγείο *ουσ ουδ* pot • **αιμοφόρα αγγεία** blood vessels

αγγελία *ουσ θηλ (επίσ.: αναγγελία)* announcement • *(κηδείας, διαγωνισμού)* notice • **μικρές αγγελίες** classified advertisements

άγγελος *ουσ αρσ* angel

άγγιγμα *ουσ ουδ* touch

αγγίζω *ρ μ (ακουμπώ: επίσης:* **εγγίζω)** to touch • *(ψηλαφώ)* to feel • *(πλησιάζω: επίσης:* **εγγίζω)** to border on • *(δοκιμάζω)* to touch • *(συγκινώ: λόγια, πράξεις, ταινία)* to touch

Αγγλία *ουσ θηλ* England

Αγγλίδα *ουσ θηλ* Englishwoman

αγγλικ|ός, -ή, -ό *επιθ* English • **Αγγλικά** *ουσ ουδ πληθ*, **Αγγλική** *ουσ θηλ* English

αγγλομαθ|ής, -ής, -ές *επιθ* English-speaking

Άγγλος *ουσ αρσ* Englishman

αγγούρι *ουσ ουδ (Βοτ)* cucumber

αγελάδα *ουσ θηλ* cow

αγελαδιν|ός, -ή, -ό *επιθ* cow's • **αγελαδινό κρέας** beef • **αγελαδινό γιαούρτι** cow's-milk yoghurt

αγένεια *ουσ θηλ* rudeness

αγεν|ής, -ής, -ές *επιθ (άνθρωπος, συμπεριφορά)* rude • *(μέταλλο)* base

αγέρι *ουσ ουδ (λογοτ.)* breeze

άγευστ|ος, -η, -ο *επιθ* tasteless

άγι|ος¹, -ία ή -α, -ο *επιθ* holy

άγιος² *ουσ αρσ* saint

αγκαζέ *επιρρ (πιάνω)* arm in arm • **το τραπέζι είναι ~** *(σε εστιατόρια)* the table is reserved

αγκάθι *ουσ ουδ (φυτού)* thorn • *(ψαριού)* bone

αγκαλιά¹ *ουσ θηλ (ανθρώπου)* arms *πληθ.* • *(αγκάλιασμα)* hug

αγκαλιά² *επιρρ (στην αγκαλιά: κρατάω, έχω)* in one's arms • *(αγκαλιαστά: κοιμάμαι)* in each other's arms • *(: περπατάω)* arm in arm

αγκαλιάζω *ρ μ* to hug

αγκίδα *ουσ θηλ*, **αγκίθα** splinter

αγκινάρα *ουσ θηλ* artichoke

αγκίστρι *ουσ ουδ (fish)* hook

αγκράφα *ουσ θηλ* buckle

Άγκυρα *ουσ θηλ* Ankara

άγκυρα *ουσ θηλ* anchor • **ρίχνω/σηκώνω ~** to drop/to weigh anchor

αγκώνας *ουσ αρσ* elbow

αγναντεύω *ρ μ* to scan

άγνοια *ουσ θηλ* ignorance • **εν αγνοία κποιου** *(επίσ.)* without sb's knowing

αγνοούμενη, αγνοουμένη *ουσ θηλ βλ.* **αγνοούμενος**

αγνοούμενος *ουσ αρσ* person missing in action

αγν|ός, -ή, -ό *επιθ* pure • *(φιλία)* chaste

αγνοώ *ρ μ (δεν γνωρίζω)* not to know • *(αδιαφορώ)* to ignore

αγνώμονας *ουσ αρσ, ουσ θηλ =* **αγνώμων**

αγνώμ|ων, -ων, -ον *επιθ* ungrateful

άγνωστο *ουσ ουδ* unknown

άγνωστ|ος, -η, -ο *επιθ (λέξη, στοιχεία)* unknown ■ **άγνωστος** *ουσ αρσ*, **άγνωστη** *ουσ θηλ* stranger

άγον|ος, -η, -ο *επιθ* barren

αγορά *ουσ θηλ (προϊόντων, αγαθών)* buying • *(αγοραπωλησιών)* market

αγοράζω *ρ μ* to buy

αγοράκι *ουσ ουδ* little boy

αγοραστής *ουσ αρσ* buyer

αγοράστρια *ουσ θηλ βλ.* **αγοραστής**

αγόρι *ουσ ουδ (αρσενικό παιδί)* boy • *(αγαπημένος)* boyfriend

άγουρ|ος, -η, -ο *επιθ* unripe

αγράμματ|ος, -η, -ο *επιθ (αναλφάβητος)* illiterate • *(αμόρφωτος)* ignorant

άγραφ|ος, άγραφτος, -η, -ο επιθ (κόλλα, χαρτί) blank • (κανόνας, κώδικας, δίκαιο) unwritten

αγριεύω ρ μ (εξαγριώνω) to infuriate • (φοβερίζω) to bully ▶ ρ αμ (γίνομαι άγριος) to turn nasty • (καιρός, άνεμος) to become wild • (θάλασσα) to become rough • (πρόσωπο, φωνή, έκφραση, βλέμμα) to become angry • (χέρια, επιδερμίδα) to become rough • (μαλλιά) to become coarse ■ **αγριεύομαι** μεσοπαθ to be scared ή frightened

άγρι|ος, -α, -ο επιθ (ζώο, φυτό) wild • (ματιά, φωνή) furious • (όψη) wild • (χέρια, επιδερμίδα, πετσέτα) rough • (μαλλιά) coarse • (ξυλοδαρμός, δολοφονία, διαθέσεις) savage • (φυλή) wild ■ **άγρια** ουσ αρσ πληθ savages

αγριόχορτα ουσ ουδ πληθ weeds

αγρόκτημα ουσ ουδ farm

αγρός ουσ αρσ field ■ **αγροί** πληθ fields

αγρότης ουσ αρσ farmer

αγροτικ|ός, -ή, -ό επιθ (εισόδημα, σύνταξη) farmer's • (μηχανήματα, προϊόντα) agricultural • (πληθυσμοί, κοινωνία) rural • (νόμος, μεταρρύθμιση) agricultural • (ζωή) rural • (εργασίες) farm ■ **αγροτικό** ουσ ουδ pick-up (truck)

αγρότισσα ουσ θηλ βλ. **αγρότης**

άγρυπν|ος, -η, -ο επιθ awake

αγύμναστ|ος, -η, -ο επιθ who hasn't taken any exercise

αγχόνη ουσ θηλ (θηλιά για απαγχονισμό) noose • (όργανο για απαγχονισμό) gallows πληθ.

άγχος ουσ αρσ anxiety

αγχώνω ρ μ to put under stress ■ **αγχώνομαι** μεσοπαθ to be under stress

αγωγή ουσ θηλ (ανατροφή) education • (Νομ) lawsuit • (Ιατρ) treatment

αγωγός ουσ αρσ (εξαερισμού, αποχέτευσης) pipe • (φυσικού αερίου) pipeline • (ηλεκτρισμού) wire

αγώνας ουσ αρσ (σύγκρουση) struggle • (κοπιαστική προσπάθεια) struggle • (εντατική προσπάθεια) efforts πληθ. • (Αθλ) race • (: ποδοσφαιρικός) game

αγωνία ουσ θηλ (ανυπομονησία) impatience • (έντονη ανησυχία) anxiety • **κρατώ κπν σε ~** to keep sb on tenterhooks

αγωνίζομαι ρ αμ (μάχομαι για την επίτευξη στόχου) to fight • (καταβάλλω έντονη προσπάθεια) to strive • (ομάδα, παίκτης) to play

αγώνισμα ουσ ουδ event

αγωνιώδης, -ης, -ες επιθ (ερώτημα, βλέμμα, έκκληση) anguished • (προσπάθεια) desperate

αδάμαστ|ος, -η, -ο επιθ (άλογο) not broken in • (μτφ.: έρημος) untamed • (μτφ.: πνεύμα, θέληση) indomitable • (: φρόνημα) steadfast • (: θάρρος) invincible

αδασμολόγητ|ος, -η, -ο επιθ duty-free

άδεια ουσ θηλ (συγκατάθεση) permission • (συναίνεση) consent • (οδηγήσεως) licence (Βρετ.), license (Αμερ.) • (παραμονής, οπλοφορίας) permit • (εργαζομένου) time off • **~ εισόδου/εξόδου** pass

αδειάζω ρ μ (αίθουσα, χώρο) to clear • (δοχείο) to empty • (κρασί, νερό) to pour out • (όπλο) to

unload ▶ (αίθουσα, δρόμος) to empty • (δοχείο, πορτοφόλι) to be empty • (μπαταρία) to go flat • (μτφ.: μυαλό) to go blank • (ευκαιρώ) to have time

αδειαν|ός, -ή, -ό επιθ = **άδειος**

άδει|ος, -α, -ο επιθ (πιάτο, μπουκάλι, πορτοφόλι, καρδιά, βλέμμα) empty • (όπλο) unloaded • (διαμέρισμα) vacant • (δωμάτιο) empty • (ταξί, θέση, τραπέζι) free • **με άδεια χέρια** empty-handed

αδέκαρ|ος, -η, -ο επιθ penniless

αδελφάκι ουσ ουδ little brother

αδελφή ουσ θηλ (βαθμός συγγένειας) sister • (καλόγρια) Sister • (νοσοκόμα) sister • (μειωτ.: ομοφυλόφιλος) gay

αδελφικ|ός, -ή, -ό επιθ fraternal • **~ φίλος** very close friend

αδελφός ουσ αρσ brother

αδελφούλα, αδερφούλα ουσ θηλ little sister

αδένας ουσ αρσ gland

αδερφάκι ουσ ουδ = **αδελφάκι**

αδερφή ουσ θηλ = **αδελφή**

αδερφικ|ός, -ή, -ό επιθ = **αδελφικός**

αδερφός ουσ αρσ = **αδελφός**

αδέσποτο ουσ ουδ stray

αδέσποτ|ος, -η, -ο επιθ stray

αδημοσίευτ|ος, -η, -ο επιθ unpublished

αδιάβαστ|ος, -η, -ο επιθ who hasn't done his/ her homework

αδιάβροχο ουσ ουδ raincoat

αδιάβροχ|ος, -η, -ο επιθ waterproof

αδιαθεσία ουσ θηλ indisposition

αδιάθετ|ος, -η, -ο επιθ (ελαφρά άρρωστος) unwell • (ανεπ.: για γυναίκες) menstruating

αδιάκοπ|ος, -η, -ο επιθ (κουβέντες) endless • (πόλεμος) constant • (αγώνας, χειροκρότημα, βροχή) continuous • (προσπάθεια) unceasing • (μεταβολή) continual

αδιακρίτως επιρρ indiscriminately

αδιαμφισβήτητα επιρρ beyond (any) doubt

αδιαμφισβήτητ|ος, -η, -ο επιθ (ικανότητα, γεγονός) indisputable • (στοιχεία) irrefutable

αδιανόητ|ος, -η, -ο επιθ inconceivable

αδιάντροπ|ος, -η, -ο επιθ (για πρόσ., συμπεριφορά) shameless • (ψέμα) barefaced

αδιαφορία ουσ θηλ indifference • **δείχνω ~** to feign indifference

αδιάφορ|ος, -η, -ο επιθ indifferent • **μου είναι αδιάφορο** it's all the same to me

αδιέξοδο ουσ ουδ dead end

αδιέξοδ|ος, -η, -ο επιθ dead-end

αδιευκρίνιστ|ος, -η, -ο επιθ obscure

άδικα επιρρ (με άδικο τρόπο) unfairly • (χωρίς λόγο) unjustly • (μάταια) in vain

αδικαιολόγητ|ος, -η, -ο επιθ (για πρόσ.) inexcusable • (συμπεριφορά, στάση) indefensible • (αυστηρότητα) unjustifiable • (λάθος, καθυστέρηση) inexcusable • (αίτημα, φόβος) unreasonable • (υποψία) unfounded

αδίκημα ουσ ουδ offence (Βρετ.), offense (Αμερ.) • **διαπράττω ~** to commit an offence (Βρετ.) ή offense (Αμερ.)

αδικία ουσ θηλ (άδικη πράξη) wrong • (έλλειψης δικαιοσύνης) injustice

άδικο ουσ ουδ wrong • **έχω ~** to be wrong
άδικ|ος, -η, -ο επιθ (άνθρωπος) unfair • (υποψία) unfounded • (νόμος, κανόνας, επικρίσεις) unjust • (πράξη) wrongful • **~ κόπος** a waste of effort
αδιάτακτος, -η, -ο επιθ unscrupulous
αδράνεια ουσ θηλ inactivity
αδραν|ής, -ής, -ές επιθ inactive
αδρανώ ρ αμ to be inactive ή idle
Αδριατική ουσ θηλ Adriatic
ADSL ουσ ουδ άκλ. (= ασύμμετρη ψηφιακή συνδρομητική γραμμή) ADSL
αδυναμία ουσ θηλ (ανικανότητα) inability • (σωματική εξάντληση) weakness • (μτφ.: υπερβολική αγάπη) soft spot (σε for)
• **αισθάνομαι** ή **νιώθω μεγάλη ~** to feel very weak
αδύναμ|ος, -η, -ο επιθ weak • (χρώμα) pale
αδυνατίζω ρ αμ (για πρόσ.) to lose weight • (καρδιά, μάτια) to become weaker ▶ ρ μ ~ **κπν** to make sb lose weight
αδυνάτισμα ουσ ουδ weight loss • **κέντρο αδυνατίσματος** ≈ slimming centre (Βρετ.) ή center (Αμερ.)
αδύνατ|ος, -η, -ο επιθ (άνθρωπος, πρόσωπο, χέρι) thin • (μαθητής, παίκτης) weak
• **αδύνατο(ν)** ουσ ουδ **το αδύνατο(ν)** the impossible
αδυνατώ ρ μ (επίσ.) to be incapable • **~ να κάνω κτ** to be unable to do sth
αδυσώπητ|ος, -η, -ο επιθ (άνθρωπος, ανάγκη) harsh • (εχθρός, μοίρα) implacable • (κριτική, αγώνας, πόλεμος) fierce • (ερωτήματα) relentless
αεράκι ουσ ουδ breeze
αέρας ουσ αρσ (γενικότ.) air • (άνεμος) wind • (στυλ) air • (για τα αυτοκίνητα) choke • **σηκώνεται** ή **πέφτει ~** the wind is picking up ή dropping • **κενό αέρος** air pocket
αερίζω ρ μ to air
αέριο ουσ ουδ gas
αεριωθούμενο ουσ ουδ jet
αεροβικ|ός, -ή, -ό επιθ aerobic
αερογέφυρα ουσ θηλ (τροφίμων, προσώπων, φορτίων) airlift • (γέφυρα) viaduct
αερογραμμές ουσ θηλ πληθ airways
αεροδρόμιο ουσ ουδ airport
αεροδυναμικ|ός, -ή, -ό επιθ streamlined
αερολιμένας ουσ αρσ (επίσ.) airport
αερόμπτικ ουσ ουδ άκλ. aerobics εν.
αεροπειρατεία ουσ θηλ hijacking
αεροπειρατής ουσ αρσ hijacker
αεροπλάνο ουσ ουδ plane, aeroplane (Βρετ.), airplane (Αμερ.)
αεροπορία ουσ θηλ aviation • (Στρατ) air force • **πολεμική ~** air force • **πολιτική ~** civil aviation
αεροπορικ|ός, -ή, -ό επιθ (άμυνα) air • (επίδειξη) aerial • (όργανα, στολή) flying • (εταιρεία) airline • (επιστολή) airmail
αεροπορικώς επιρρ by air
αεροσκάφος ουσ ουδ aircraft εν.
αερόστατο ουσ ουδ (hot-air) balloon
αεροσυνοδός ουσ αρσ flight attendant ▶ ουσ θηλ flight attendant

αετός ουσ αρσ (Ζωολ) eagle
αζημίωτο ουσ ουδ **με το ~** for a fee
αηδία ουσ θηλ disgust ■ **αηδίες** πληθ (ανοησίες) nonsense εν. • (για φαγητό) junk food εν. • **λέω αηδίες** (προφορ.) to talk nonsense
αηδιάζω ρ αμ to be disgusted ▶ ρ μ ~ **κπν** (τσιγάρο, μυρωδιά) to turn sb's stomach • (άνθρωπος) to disgust sb • (μτφ.) to make sb sick • (φαγητό, θέαμα) to disgust sb
αηδιασμέν|ος, -η, -ο επιθ disgusted
αηδιαστικ|ός, -ή, -ό επιθ (φαγητό, αστεία, θέαμα) disgusting • (άνθρωπος, εμφάνιση) repulsive • (οσμή) foul
αηδόνι ουσ ουδ nightingale
αήττητ|ος, -η, -ο επιθ unbeaten
αθανασία ουσ θηλ immortality
αθάνατ|ος, -η, -ο επιθ (ψυχή, Θεός) immortal • (αγάπη) undying
αθέατ|ος, -η, -ο επιθ (αόρατος) unseen • (κρυμμένος) hidden
άθελα επιρρ **άθελά μου** unintentionally
αθέμιτ|ος, -η, -ο επιθ illegal
άθε|ος, -η, -ο επιθ godless ■ **άθεος** ουσ αρσ, **άθη** ουσ θηλ atheist
αθεράπευτ|ος, -η, -ο επιθ (αρρώστια) incurable • (απελπισία) hopeless • (πεσιμιστής) incurable • (περιέργεια) insatiable
αθερίνα ουσ θηλ smelt
αθετώ ρ μ to break
Αθήνα ουσ θηλ Athens
Αθηναία ουσ θηλ βλ. **Αθηναίος**
αθηναϊκ|ός, -ή, -ό επιθ Athenian
Αθηναίος ουσ αρσ Athenian
άθικτ|ος, -η, -ο επιθ (φαγητό) untouched • (άφθαρτος) undamaged
άθλημα ουσ ουδ sport
άθληση ουσ θηλ sports πληθ.
αθλητής ουσ αρσ athlete
αθλητικ|ός, -ή, -ό επιθ (πρόγραμμα, εγκαταστάσεις, κέντρο) sports • (σωματείο, ήθος) sporting • (είδη) sports • (σώμα, διάπλαση, παράστημα) athletic
αθλητισμός ουσ αρσ sports πληθ.
αθλήτρια ουσ θηλ athlete
άθλι|ος, -α, -ο επιθ (άνθρωπος, κατάσταση) wretched • (ζωή) miserable • (συνθήκες) squalid • (άνθρωπος, συμπεριφορά) despicable
άθλος ουσ αρσ feat • **οι άθλοι του Ηρακλή** the labours (Βρετ.) ή labors (Αμερ.) of Hercules
αθλούμαι ρ αμ αποθ. to exercise
αθόρυβ|ος, -η, -ο επιθ (βήματα, γέλιο, δρόμος, μηχανή) silent • (αρρώστια, χτύπημα) insidious • (μτφ.: για πρόσ.) unobtrusive
άθραυστ|ος, -η, -ο επιθ (τζάμι) shatterproof • (υλικό) unbreakable
άθροισμα ουσ ουδ (Μαθ) sum
αθώ|ος, -α, -ο επιθ innocent
αθωότητα ουσ θηλ innocence
αθώωση ουσ θηλ acquittal
άι (οικ.) μόρ (άντε) go • **άι στον διάβολο!** (υβρ.) go to hell! (ανεπ.) • **άι χάσου!** (υβρ.) get lost! (ανεπ.)
Αϊ-, Άι- προθημ St
Αιγαίο ουσ ουδ **το ~** (Πέλαγος) the Aegean (Sea)

Αίγυπτος *ουσ θηλ* Egypt
αιδώς *ουσ θηλ* decency • **δημόσια ~** public decency
αίθουσα *ουσ θηλ* (*γενικότ.*) room • (*μεγάλη*) hall • (*σε σχολείο*) classroom • **~ αναμονής** waiting room • **~ χορού** ballroom • **κινηματογραφική ~** cinema (*Βρετ.*), movie theater (*Αμερ.*)
αίμα *ουσ ουδ* blood • **τρέχει ~** it's bleeding • **χάνω ~** to lose blood • **εξέταση ή ανάλυση αίματος** blood test • **ομάδα αίματος** blood group
αιματηρ|ός, -ή, -ό *επιθ* (*επεισόδιο, συμπλοκή*) bloody • (*πληγή, τραύμα*) bleeding • (*μτφ.: προσπάθειες*) strenuous • (: *οικονομίες*) stringent
αιματοχυσία *ουσ θηλ* bloodshed
αιμοβόρος, -α, -ο *επιθ* (*θηρία*) carnivorous • (*μτφ.*) bloodthirsty
αιμοδοσία *ουσ θηλ* blood donation
αιμοδότης *ουσ αρσ* blood donor
αιμοδότρια *ουσ θηλ βλ.* **αιμοδότης**
αιμομιξία *ουσ θηλ* incest
αιμορραγία *ουσ θηλ* haemorrhage (*Βρετ.*), hemorrhage (*Αμερ.*)
αιμορραγώ *ρ αμ* to bleed
αιμορροΐδες *ουσ θηλ πληθ* haemorrhoids (*Βρετ.*), hemorrhoids (*Αμερ.*)
αιμοφόρ|ος, -ος, -ο *επιθ* **αιμοφόρα αγγεία** blood vessels
αίνιγμα *ουσ ουδ* (*κυριολ.*) riddle • (*μτφ.*) mystery
αινιγματικ|ός, -ή, -ό *επιθ* (*άνθρωπος, προσωπικότητα, χαμόγελο, ύφος*) enigmatic • (*σιωπή*) cryptic • (*υπόθεση, συμπεριφορά*) puzzling
άιντε *επιφων* = **άντε**
αιολικ|ός, -ή, -ό *επιθ* (*διάλεκτος*) Aeolian • **αιολική ενέργεια** wind power • **αιολικό πάρκο** wind farm
αισθάνομαι *ρ μ αποθ.* (*πόνο, χάδι*) to feel • (*σοβαρότητα της κατάστασης, συνέπειες*) to be aware of • (*κίνδυνο*) to sense • (*υποχρέωση, ευθύνη*) to feel • (*αγάπη, ικανοποίηση, επιθυμία*) to feel ▶ *ρ αμ* to feel • **~ ζαλάδα/κούραση/ ευτυχία** to feel dizzy/tired/happy • **πώς αισθάνεσαι;** how do you feel?
αίσθημα *ουσ ουδ* feeling • (*έρωτας*) love
αισθηματικ|ός, -ή, -ό *επιθ* (*δεσμός, σχέση*) romantic • (*ταινία*) sentimental • **~ τραγούδι** love song
αίσθηση *ουσ θηλ* sense • (*ζωηρή εντύπωση*) sensation • **βρίσκω τις αισθήσεις μου** to come around • **χάνω τις αισθήσεις μου** to pass out
αισθησιακ|ός, -ή, -ό *επιθ* (*γυναίκα, χορός, κινήσεις, φωνή*) sensual • (*χείλη*) sensuous
αισθητική *ουσ θηλ* aesthetic (*Βρετ.*), esthetic (*Αμερ.*) • **ινστιτούτο αισθητικής** beauty salon
αισθητικ|ός, -ή, -ό *επιθ* aesthetic (*Βρετ.*), esthetic (*Αμερ.*) ∎ **αισθητικός** *ουσ αρσ, ουσ θηλ* beautician
αισθητ|ός, -ή, -ό *επιθ* (*διαφορά, μείωση, άνοδος*) marked • (*παρουσία*) noticeable • (*που γίνεται αντιληπτός με τις αισθήσεις*) perceptible
αισιοδοξία *ουσ θηλ* optimism
αισιόδοξ|ος, -η, -ο *επιθ* optimistic

αίσι|ος, -α, -ο *επιθ* (*έκβαση*) favourable (*Βρετ.*), favorable (*Αμερ.*) • (*οιωνός*) good • **αίσιο τέλος** happy ending
αίσχος *ουσ ουδ* shame ▶ *επιφων* outrageous! ∎ **αίσχη** *πληθ* sleaze εν.
αισχροκερδ|ής, -ής, -ές *επιθ* mercenary
αισχρόλογα *ουσ ουδ πληθ* obscenities
αισχρολογία *ουσ θηλ* obscenity
αισχρ|ός, -ή, -ό *επιθ* (*συμπεριφορά, χειρονομία*) obscene • (*λέξεις*) rude • (*αστεία*) dirty • (*για πρόσ.*) despicable • (*ευτελής: ξενοδοχείο*) seedy
αίτημα *ουσ ουδ* demand
αίτηση *ουσ θηλ* (*αδείας, υποψηφιότητας, αναθεώρησης*) application • (*έντυπο*) application form
αιτία *ουσ θηλ* cause • (*διαζυγίου, απολύσεως*) grounds *πληθ.* • **άνευ λόγου και αιτίας** for no reason at all • **εξ αιτίας** +*γεν.* because of • **χωρίς ~** for no reason
αίτιο *ουσ ουδ* cause
αιτιολόγηση *ουσ θηλ* explanation
αιτιολογώ *ρ μ* to justify
αϊτός *ουσ αρσ* = **αετός**
αιτούσα *ουσ θηλ* (*επίσ.*) *βλ.* **αιτών**
αιτώ *ρ μ* (*επίσ.*) to demand ∎ **αιτούμαι** *μεσοπαθ* to request • (*δικαιοσύνη*) to call for • (*χάρη*) to request • (*έλεος*) to beg for • (*χρήματα*) to claim ∎ **αιτών** *ουσ αρσ* (*επίσ.*) applicant
αιφνιδιάζω *ρ μ* to surprise • (*εχθρό, ληστές*) to take by surprise • (*αντίπαλο*) to catch off guard ∎ **αιφνιδιάζομαι** *μεσοπαθ* to be taken by surprise
αιφνιδιασμός *ουσ αρσ* surprise • (*Στρατ*) surprise attack
αιφνιδιαστικά *επιρρ* unexpectedly
αιφνιδιαστικ|ός, -ή, -ό *επιθ* surprise
αιχμαλωσία *ουσ θηλ* (*κατάσταση τού αιχμαλώτου*) captivity • (*σύλληψη*) capture
αιχμαλωτίζω *ρ μ* (*στρατιώτη*) to capture • (*μτφ.: βλέμμα, προσοχή, αισθήσεις, ακροατής*) to captivate
αιχμάλωτ|ος, -η, -ο *επιθ* captured • **πιάνω κτν αιχμάλωτο** to take sb prisoner • **~ πολέμου** prisoner of war ∎ **αιχμάλωτος** *ουσ αρσ*, **αιχμάλωτη** *ουσ θηλ* prisoner • (*μτφ.*) a slave to
αιχμή *ουσ θηλ* point • **ώρες αιχμής** rush hour εν.
αιχμηρ|ός, -ή, -ό *επιθ* (*ξύλο, εργαλείο*) sharp • (*βράχος*) jagged
αιώνας *ουσ αρσ* (*εκατονταετία*) century • (*μτφ.: πολύ μεγάλο χρονικό διάστημα*) eternity *χωρίς πληθ.* • **χρυσός ~** golden age
αιώνια, αιωνίως *επιρρ* forever
αιώνι|ος, -α ή -ια, -ο *επιθ* (*μτφ.*) eternal
αιωνιότητα *ουσ θηλ* eternity
αιώρα *ουσ θηλ* hammock
ακαδημαϊκ|ός¹, -ή, -ό *επιθ* academic
ακαδημαϊκός² *ουσ αρσ* academic
Ακαδημία *ουσ θηλ* (*ανώτατο πνευματικό ίδρυμα*) academy • (*Αρχ Ιστ*) Academy
ακαθαρσία *ουσ θηλ* (*ζώων, ανθρώπων*) excrement (*επίσ.*) • (*βρομιά*) filth
ακακία *ουσ θηλ* acacia
άκακ|ος, -η, -ο *επιθ* harmless

ακάλυπτ|ος, -η, -ο επιθ (άνοιγμα, τρύπα) uncovered • (υπόνομος) open • (κεφάλι, πόδια, στήθος) bare • **ακάλυπτη επιταγή** bad cheque (ΒΡΕΤ.), bad check (ΑΜΕΡ.) • **~ χώρος** inner courtyard

άκαρδ|ος, -η, -ο επιθ heartless

ακαριαί|ος, -α, -ο επιθ (αποτέλεσμα, θάνατος) instantaneous • (επέμβαση) instant

άκαρπ|ος, -η, -ο επιθ (για φυτά) fruitless • (γη) barren • (για πρόσ.) sterile • (μτφ.: διαπραγματεύσεις, έρευνες, προσπάθεια) fruitless • (: συζήτηση) pointless

ακαταλαβίστικ|ος, -η, -ο επιθ incomprehensible

ακατάλληλ|ος, -η, -ο επιθ (άνθρωπος) unsuitable, unfit • (περιοδικά, ταινία, περιβάλλον) unsuitable • (ώρα, στιγμή) inconvenient • **ακατάλληλο για παιδιά** unsuitable for children

ακαταμάχητ|ος, -η, -ο επιθ (έλξη, γοητεία) irresistible • (επιχείρημα) compelling

ακατανίκητ|ος, -η, -ο επιθ (στρατός) indomitable • (έλξη, γοητεία, επιθυμία) irresistible

ακατανόητ|ος, -η, -ο επιθ (λόγια) unintelligible • (ανεξήγητος) inexplicable

ακαταστασία ουσ θηλ mess

ακατάστατ|ος, -η, -ο επιθ (άνθρωπος, δωμάτιο) untidy • (μαλλιά) messy • (καιρός, ζωή) unsettled

ακατοίκητ|ος, -η, -ο επιθ (που δεν κατοικείται) uninhabited • (μη κατοικήσιμος) uninhabitable

ακατόρθωτ|ος, -η, -ο επιθ impossible
■ **ακατόρθωτο** ουσ ουδ **το ακατόρθωτο** the impossible

ακέραι|ος, -η, -ο επιθ (ολόκληρος) whole • (ανέπαφος: επίσης: **ακέριος**) intact • (χαρακτήρας, δικαστής) honest

ακεραιότητα ουσ θηλ integrity

ακέρι|ος, -ια, -ιο επιθ βλ. **ακέραιος**

ακεφιά ουσ θηλ low spirits πληθ. • **έχω ακεφιές** to be in low spirits

ακίδα ουσ θηλ (βελόνας, βέλους) point • (ξύλου) splinter

ακίνδυν|ος, -η, -ο επιθ harmless

ακίνητο ουσ ουδ property

ακινητοποιώ ρ μ (άνθρωπο) to overpower • (αυτοκίνητο, πλοίο, τρένο) to immobilize • (μτφ.: πόλη, κυκλοφορία) to bring to a standstill

ακίνητ|ος, -η, -ο επιθ (για πρόσ.) still • (περιουσία, ιδιοκτησία) immovable • **~! don't move!** • **μένω/στέκομαι/κάθομαι ~** to stay/stand/sit still

ακλόνητ|ος, -η, -ο επιθ (θεμέλιο) solid • (για πρόσ.) steadfast • (θάρρος) unflinching • (πίστη) unshakeable • (πεποίθηση, φιλία, απόφαση) firm • (άλλοθι, αποδείξεις) cast-iron • (στοιχείο, επιχείρημα) irrefutable

ακμάζω ρ αμ (για πρόσ.) to be at one's peak • (εμπόριο, τέχνη, επιχείρηση) to flourish

ακμαί|ος, -α, -ο επιθ (για πρόσ.) vigorous • (οικονομία, πολιτισμός, επιχείρηση) thriving • (ηθικό, φρόνημα) high

ακμή ουσ θηλ (πολιτισμού) prosperity • (ΙΑΤΡ) acne

ακοή ουσ θηλ hearing

ακόλαστ|ος, -η, -ο επιθ (ήθη) loose • (επιθυμία) lecherous • (ζωή) dissolute

ακολουθία ουσ θηλ (συνοδεία) retinue • (ΘΡΗΣΚ) service

ακόλουθος¹ ουσ αρσ, ουσ θηλ (συνοδός) attendant • (σε διπλωματική υπηρεσία) attaché

ακόλουθ|ος², -η, -ο επιθ following

ακολουθώ ρ αμ to follow ▶ ρ μ (παρακολουθώ) to follow • (διαδέχομαι) to come after • (συνοδεύω) to go with • (τιμητικό άγημα) to escort • (εμφανίζομαι ως συνέπεια) to follow • (δρόμο, πορεία, μέθοδο, μόδα, οδηγίες) to follow • (πολιτική) to pursue • (λογική) to listen to • (αρχές) to adhere to • (τακτική) to use • (νόμο, έθιμο, παράδοση) to observe • (συμβουλή) to follow

ακόμα, ακόμη επιρρ (χρονικό) still • (σε αρνητικές προτάσεις) yet • (ποσοτικό: επιπλέον) more • (επιτατικό: περισσότερο) even • **~ καλύτερα** even better • **~ και** even • **ακόμη και αν ή κι αν** even if • **για μια ~ φορά** once again • **δεν έχω τελειώσει ακόμη** I haven't finished yet • **είναι νωρίς ακόμη** it's still early • **και αν ή κι αν ακόμη** even if • **ποιος άλλος ακόμη** who else • **τι άλλο ακόμη** what else

ακόντιο ουσ ουδ (όπλο) spear • (ΑΘΛ) javelin

ακοντιστής ουσ αρσ javelin thrower

ακοντίστρια ουσ θηλ βλ. **ακοντιστής**

άκοπ|ος, -η, -ο επιθ easy

ακορντεόν ουσ ουδ άκλ. accordion

ακουμπώ ρ μ (αγγίζω) to touch • (τοποθετώ) to put • (σκάλα) to lean • (κεφάλι) to rest ▶ ρ αμ to lean (σε on ή against)

ακούραστ|ος, -η, -ο επιθ tireless

ακούσι|ος, -α, -ο επιθ (χτύπημα, πράξη) unintentional • (θεατής, ήρωας, υποστηρικτής) unwitting

ακουστά επιρρ **έχω ~ για κτ/πως** to have heard about sth/that

ακουστικό ουσ ουδ receiver • **κατεβάζω το ~** to hang up • **περιμένετε στο ~ σας!** hold the line please! • **σηκώνω το ~** to pick up the receiver • **~ βαρηκοΐας** hearing aid ■ **ακουστικά** πληθ (στερεοφωνικού) headphones • (γουόκμαν) earphones

ακουστ|ός, -ή, -ό επιθ well-known

ακούω ρ μ (αντιλαμβάνομαι με την ακοή: ήχο, θόρυβο) to hear • (παρακολουθώ με την ακοή: τραγούδι, μουσική, ομιλία, ομιλητή, ράδιο) to listen to • (πληροφορούμαι, μαθαίνω) to hear • (υπακούω: γονείς, συμβουλή, φωνή της λογικής) to listen to ▶ ρ αμ (έχω την αίσθηση της ακοής) to hear • (αφουγκράζομαι) to listen • **άκου να δεις!** just listen to this! • **~ στο όνομα** to go by the name of ■ **ακούγομαι, ακούομαι** μεσοπαθ (δίνω την εντύπωση) to sound • (είμαι ξακουστός) to be talked about

ακραί|ος, -α, -ο επιθ (σημείο) end • (περιοχή) outlying • (άποψη, περίπτωση, λύσεις) extreme

άκρη ουσ θηλ (σχοινιού, δρόμου) end • (πόλης, δάσους) edge • (μολυβιού, δακτύλου) tip • απ' τη μια ~ στην άλλη from top to bottom • **δεν μπορώ να βγάλω ~** I can't make head or tail of it • **κάνω (στην)** ~ to get out of the way • **κάνω** κπν **στην** ~ to push sb aside

ακριβαίνω ρ αμ (εισιτήρια, τρόφιμα) to go up in price • (ζωή) to get more expensive ▶ ρ μ to put up

ακρίβεια ουσ θηλ (διατύπωσης) precision • (μετάφρασης) accuracy • (για ρολόι) accuracy • (υψηλό κόστος) high prices πληθ

ακριβ|ής, -ής, -ές επιθ (αληθής: πληροφορία, πρόγνωση, στοιχεία) accurate • (σωστός: τιμή, αντίτιμο, ώρα, ποσό) exact • (: αριθμός, θέση, έννοια) precise • (: ημερομηνία) correct • (πιστός: διάγνωση, αντίγραφο, γνώση, περιγραφή) accurate • (: οδηγίες, ορισμός) precise • (: εικόνα) true • (: προφορά, απάντηση) correct • (συνεπής) consistent • **είμαι ~ στα ραντεβού μου** to be punctual

ακριβ|ός, -ή, -ό επιθ expensive

ακριβώς επιρρ exactly • **η ώρα είναι δέκα ~** it's exactly ten o'clock • **στις δέκα η ώρα ~** at ten o'clock sharp

ακριν|ός, -ή, -ό επιθ (δωμάτιο, τραπέζι) far

άκρο ουσ ουδ end ■ **άκρα** πληθ (Ανατ) limbs • **φτάνω στα άκρα** to go to extremes

ακροατήριο ουσ ουδ audience

ακροατής ουσ αρσ listener

ακροάτρια ουσ θηλ βλ. **ακροατής**

ακρόπολη ουσ θηλ citadel • **η Ακρόπολη** the Acropolis

άκρως επιρρ (επίσ.) extremely

ακρωτήρι = **ακρωτήριο**

ακρωτηριάζω ρ μ (Ιατρ) to amputate • (μτφ.: αυθορμητισμό) to break • (: πίστη) to undermine • (: αίσθημα) to deaden

ακρωτήριο ουσ ουδ headland

ακτή ουσ θηλ coast χωρίς πληθ. ■ **ακτές** πληθ coastline

ακτίνα ουσ θηλ (ήλιου) ray • (κύκλου) radius • (ποδηλάτου) spoke • **σε ~ 200 χιλιομέτρων** within a radius of 200 kilometres (Βρετ.) ή kilometers (Αμερ.)

ακτινίδιο ουσ ουδ kiwi

ακτινογραφία ουσ θηλ X-ray • **βγάζω ~** to have an X-ray

ακτοφυλακή ουσ θηλ coastguard

ακτύπητ|ος, -η, -ο = **αχτύπητος**

ακυβέρνητ|ος, -η, -ο επιθ (πολιτεία, λαός) without a government • (μτφ.) ungovernable • (πλοίο) (αυτοκίνητο) runaway

άκυρ|ος, -η, -ο επιθ invalid

ακυρώνω ρ μ (διαγωνισμό, εκλογές) to render null and void • (διάταγμα) to revoke • (κατηγορίες) to quash • (ραντεβού) to cancel • (εισιτήριο) to punch

ακύρωση ουσ θηλ (συμφωνίας, απόφασης) annulment • (ραντεβού) cancellation • (εισιτηρίου) punching

αλαζονεία ουσ θηλ arrogance

αλαζονικ|ός, -ή, -ό επιθ arrogant

αλάνθαστος επιθ (κείμενο) free of mistakes • (υπολογισμός, γραπτό) correct • (για πρόσ.) infallible • (μέθοδος, κριτήριο) foolproof

άλας ουσ ουδ salt ■ **άλατα** πληθ back trouble εν.

αλάτι ουσ ουδ (κυριολ.) salt • (μτφ.) spice • **μαγειρικό ~** cooking salt • **χοντρό ~** coarse salt • **ψιλό ~** table salt

αλατιέρα ουσ θηλ salt cellar (Βρετ.), salt shaker (Αμερ.)

αλατίζω ρ μ to salt

αλατισμένος επιθ salted

αλατοπίπερο ουσ ουδ (κυριολ.) salt and pepper • (μτφ.) spice

Αλβανή ουσ θηλ βλ. **Αλβανός**

Αλβανία ουσ θηλ Albania

Αλβανίδα ουσ θηλ βλ. **Αλβανός**

αλβανικ|ός, -ή, -ό επιθ Albanian ■ **Αλβανικά** ουσ ουδ πληθ Albanian

Αλβανός ουσ αρσ Albanian

αλέθω ρ μ to grind

αλείβω ρ μ = **αλείφω**

αλείφω ρ μ to spread • **~ μια φέτα ψωμί με μαρμελάδα** to spread marmalade on a piece of bread • **~ την πλάτη/το πρόσωπό μου με αντηλιακό** to put ή rub sunscreen onto one's back/face

Αλεξάνδρεια ουσ θηλ Alexandria

αλεξικέραυνο ουσ ουδ lightning conductor ή rod

αλεξίπτωτο ουσ ουδ parachute • **πηδάω** ή **πέφτω με ~** to do a parachute jump

αλεπού ουσ θηλ fox • **πονηρή ~** sly fox

άλεση ουσ θηλ grinding • **ολικής αλέσεως** whole wheat

αλεσμέν|ος, -η, -ο επιθ ground

αλέτρι ουσ ουδ plough (Βρετ.), plow (Αμερ.)

αλεύρι ουσ ουδ flour

αλήθεια ουσ θηλ truth • **είναι ~ ότι** it's true that • **λέω την ~** to tell the truth • **πες μου την ~** tell me the truth • **στ' ~** really ■ **αλήθεια** επιρρ really ■ **αλήθειες** πληθ truths

αληθεύω ρ αμ αληθεύει/αληθεύουν τριτοπρόσ (πληροφορίες, φήμες) to be true • (υποψίες) to be well-founded • **αυτό αληθεύει** that's true

αληθής, -ής, -ές επιθ true

αληθιν|ός, -ή, -ό επιθ true • (πατέρας, αδερφός, γονείς) real

αλήτης (υβρ.) ουσ αρσ (περιπλανώμενος) vagrant • (χούλιγκαν) hooligan

αλήτισσα ουσ θηλ βλ. **αλήτης**

αλιγάτορας ουσ αρσ alligator

αλιεία ουσ θηλ fishing

αλιευτικό ουσ ουδ fishing boat

αλιευτικ|ός, -ή, -ό επιθ (σκάφος) fishing • (προϊόντα, παραγωγή) fish

αλκοόλ ουσ ουδ ἀκλ., **αλκοόλη** ουσ θηλ alcohol

αλκοολικός επιθ alcoholic ■ **αλκοολικός** ουσ αρσ, **αλκοολική** ουσ θηλ alcoholic

αλκοολισμός ουσ αρσ alcoholism

αλκοολούχ|ος, -ος, -ο επιθ alcoholic

αλλά σύνδ but • **και** but also

αλλαγή ουσ θηλ (κατάστασης, δουλειάς, κατοικίας, θερμοκρασίας, γνώμης, συμπεριφοράς) change • (αντικατάσταση: τροχού, εσώρουχων, σακακιού) change • (: λάμπας, νερού) changing • (τροποποίηση: συμβολαίου, σχεδίου) alteration • (σε τραύμα)

change of dressing • *(Αθλ)* substitution
• *(εμπορεύματος)* exchange • ~ **ταχυτήτων** gear
change *(Βρετ.)*, gearshift *(Αμερ.)* • ~ **προς το
καλύτερο/το χειρότερο** a change for the
better/worse • ~ **του καιρού** change in the
weather

αλλάζω *ρ μ (δουλειά, συμπεριφορά, εμφάνιση,
ρούχα, λάστιχο)* to change • *(ταχύτητα)* to
change *(Βρετ.)* • ~ **(σελίδα)** • *(σελίδα)*
to turn • *(το μωρό)* to change • *(τροποποιώ:
σχέδιο)* to change • *(: πρόταση)* to modify
• *(: λόγια)* to twist • *(ανταλλάσσω:
γραμματόσημα)* to exchange ▶ *ρ αμ* to change
• ~ **γνώμη** *ή* **ιδέα** to change one's mind
• ~ **δρόμο** to go in the other direction
• ~ **κουβέντα** to change the subject • ~ **κτ με κτ
άλλο** to exchange sth for sth else • **αλλάζει το
πράγμα** that changes everything • ~ **σπίτι** *ή*
κατοικία to move (house)

αλλαντικά *ουσ ουδ πληθ* cooked meats

αλλαντοπωλείο *ουσ ουδ* ≈ delicatessen

αλλεργία *ουσ θηλ (Ιατρ)* allergy

αλλεργικός, -ή, -ό *επιθ* allergic • **είμαι ~ σε κτ**
to be allergic to sth

αλληλεγγύη *ουσ θηλ* solidarity

αλληλογραφία *ουσ θηλ (ανταλλαγή επιστολών)*
correspondence • *(σύνολο των επιστολών)*
mail, post *(Βρετ.)*

αλληλογραφώ *ρ αμ* to correspond

αλλιώς *επιρρ (διαφορετικά)* differently • *(ειδεμή)*
otherwise

αλλιώτικ|ος, -η, -ο, αλλοιώτικος *επιθ*
(διαφορετικός: σκέψη, νόημα) different
• *(ιδιόρρυθμος)* offbeat

αλλοδαπός, -ή, -ό *επιθ* foreign • **αλλοδαπός**
ουσ αρσ, **αλλοδαπή** *ουσ θηλ* foreigner • **Τμήμα
Αλλοδαπών** Immigration Department

άλλοθι *ουσ ουδ άκλ. (κατηγορουμένου)* alibi
• *(μτφ.)* excuse

αλλοιώνω *ρ μ* to spoil

αλλοίωση *ουσ θηλ (τροφίμων)* spoiling
• *(μεταβολή προς το χειρότερο)* deterioration

○ ΛΕΞΗ-ΚΛΕΙΔΙ

άλλ|ος, -η, -ο *αντων* **1** *(για διαχωρισμό)* other
2 οι άλλοι *(οι υπόλοιποι)* the rest
3 *(διαφορετικός)* different
4 *(για χρόνο)* another
5 *(επόμενος)* next • **άλλη μια φορά**
one more time

άλλωστε *επιρρ* besides

άλμα *ουσ ουδ* jump • ~ **εις μήκος** long jump
• ~ **εις ύψος** high jump • ~ **επί κοντώ** pole
vault • ~ **τριπλούν** triple jump

άλμπουμ *ουσ ουδ άκλ.* album

αλμύρα *ουσ θηλ (άλμη)* salt water
• *(αλμυρότητα)* salinity

αλμυρ|ός, -ή, -ό *επιθ (φαγητό, γεύση)* salty
• *(μτφ.: τιμή)* high

αλογάκι *ουσ ουδ (πουλάρι)* foal • *(βραχύσωμο
άλογο)* pony ■ **αλογάκια** *πληθ* merry-go-round

άλογο *ουσ ουδ (γενικότ.)* horse • *(αρσενικό ζώο)*
stallion • *(στο σκάκι)* knight

αλοιφή *ουσ θηλ (Φαρμ)* ointment • *(για
γυάλισμα)* polish

Άλπεις *ουσ θηλ πληθ* **οι ~** the Alps

άλσος *ουσ αρσ* grove

άλτης *ουσ αρσ* jumper • ~ **εις μήκος** *ή* **του
μήκους** long jumper • ~ **εις ύψος** *ή* **του ύψους**
high jumper • ~ **επί κοντώ** pole vaulter
• ~ **τριπλούν** triple jumper

άλτρια *ουσ θηλ βλ.* **άλτης**

αλύγιστ|ος, -η, -ο *επιθ (άκαμπτος)* unbending
• *(μτφ.: ακλόνητος)* undaunted

αλυσίδα *ουσ θηλ* chain • **αντιολισθητικές
αλυσίδες** snow chains

αλυσοδεμέν|ος, -η, -ο *επιθ (για πρόσ.)* in
chains • *(χέρια)* chained (together)

άλυτ|ος, -η, -ο *επιθ (δεμένο)* in chains
• *(δεσμός)* unbreakable • *(μτφ.: πρόβλημα)*
insoluble

άλφα *ουσ ουδ άκλ. (γράμμα)* alpha • *(αρχή)*
beginning • *(ποιότητα)* top • **άλφα-άλφα** top
quality • **για τον ~ ή βήτα λόγο** for some
reason or other

αλφαβήτα *ουσ θηλ* alphabet

αλφαβητικ|ός, -ή, -ό *επιθ* alphabetical • **με ή
κατ' αλφαβητική σειρά** in alphabetical order

αλφάβητο *ουσ ουδ,* **αλφάβητος** *ουσ θηλ (επίσ.)*
(αλφαβήτα) alphabet

αλωνίζω *ρ μ (σιτάρι)* to thresh • *(μτφ.:
περιπλανώμαι)* to roam ▶ *ρ αμ* to do just as one
likes

άμα *σύνδ (όταν)* when • *(εάν)* if • **κι ~** when

αμαγείρευτ|ος, -η, -ο *επιθ (φαγητό)* uncooked
• *(κρέας)* raw

αμακιγιάριστ|ος, -η, -ο *επιθ (πρόσωπο)* not
made-up • *(γυναίκα)* not wearing *ή* without
make-up

αμάν *επιφων (έλεος)* for God's sake! • *(για φόβο)*
oh no! • *(για θαυμασμό)* wow! *(ανεπ.)* • *(για
έκπληξη)* my God! • *(για αγανάκτηση)* for God's
sake! • *(για στενοχώρια)* oh no!

άμαξα *ουσ θηλ* carriage

αμάξι *ουσ ουδ (αυτοκίνητο)* car • *(άμαξα)* carriage

αμαξοστοιχία *ουσ θηλ (επίσ.)* train

αμάξωμα *ουσ ουδ* bodywork

αμαρτία *ουσ θηλ* sin • *(σφάλμα)* mistake

αμαρτωλ|ός, -ή, -ό *επιθ* sinful • *(παρελθόν,
πλευρά)* debauched ■ **αμαρτωλός** *ουσ αρσ,*
αμαρτωλή *ουσ θηλ* sinner

άμαχ|ος, -η, -ο *επιθ* non-combatant ■ **άμαχοι**
ουσ αρσ πληθ civilians

άμβλωση *ουσ θηλ* abortion • **κάνω ~** to have an
abortion

αμείβω *ρ μ (πληρώνω)* to pay • *(μτφ.: ανταμείβω)*
to reward

αμείλικτ|ος, αμείλιχτος, -η, -ο *επιθ* ruthless

αμείωτ|ος, -η, -ο *επιθ (περιουσία)* intact
• *(ποσό)* undiminished • *(ρυθμός)* constant
• *(ενδιαφέρον, ένταση)* unflagging
• *(ενθουσιασμός)* unfailing • *(ένταση)* sustained
• *(θυμός)* unabated

αμέλεια *ουσ θηλ (έλλειψη προσοχής)* negligence
• *(έλλειψη ενδιαφέροντος)* indifference
• *(έλλειψη φροντίδας)* carelessness • *(λάθος από
ολιγωρία)* oversight

αμελώ ρ μ (παραμελώ) to neglect • (ξεχνώ) to forget (να κάνω to do)

Αμερικάνα ουσ θηλ βλ. **Αμερικάνος**

Αμερικανίδα ουσ θηλ βλ. **Αμερικάνος**

αμερικανικ|ός, -ή, -ό επιθ American

αμερικάνικ|ος, -η, -ο επιθ (αμερικανικός) American • (των Ελληνοαμερικανών) Greek American

Αμερικανός ουσ αρσ American

Αμερικάνος ουσ αρσ (Αμερικανός) American • (Ελληνοαμερικανός) Greek American

Αμερική ουσ θηλ America

αμέριμν|ος, -η, -ο επιθ carefree

αμερόληπτ|ος, -η, -ο επιθ (γενικότ.: για πρόσ.) fair-minded • (δικαστής) impartial • (παρατηρητής) impartial • (απόφαση) impartial • (κρίση, αναφορά) balanced • (γνώμη) unbiased

άμεσα επιρρ directly

άμεσ|ος, -η, -ο επιθ (αμεσολάβητος: επικοινωνία, διάλογος, εκλογή, συμμετοχή) direct • (γρήγορος) immediate • (προσεχής: μέλλον, σχέδια, στόχος) immediate • **Άμεση ή Άμεσος Δράση** ≈ the Flying Squad

αμέσως επιρρ immediately • ~! right away! • **τώρα, ~!** right now!

αμετάβλητ|ος, -η, -ο επιθ (διάσταση, ποσό) fixed • (ιδιότητα) unchanging • (πολιτική, θέση, απόφαση) unchanged • (καιρός, κατάσταση, τιμή) stable • (θερμοκρασία, κατάσταση) stable

αμετακίνητ|ος, -η, -ο επιθ (άνθρωπος, αντικείμενο) immovable • (μτφ.: θέση, απόφαση) firm

αμετανόητ|ος, -η, -ο επιθ unrepentant

αμεταχείριστ|ος, -η, -ο επιθ (πετσέτα, πιρούνι) unused • (αυτοκίνητο) (brand-)new

αμέτοχ|ος, -η, -ο επιθ not involved

αμέτρητ|ος, -η, -ο επιθ countless

αμήν επιφων amen

αμηχανία ουσ θηλ awkwardness • **αισθάνομαι ~** to feel awkward ή embarrassed • **βρίσκομαι σε ~** to find oneself in an awkward ή embarrassing position

αμήχαν|ος, -η, -ο επιθ awkward

αμίλητ|ος, -η, -ο επιθ silent

άμιλλα ουσ θηλ (friendly) rivalry

αμμόλουτρο ουσ ουδ sand bath

αμμόλοφος ουσ αρσ (sand) dune

άμμος ουσ θηλ sand

αμμουδερ|ός, -ή, -ό επιθ sandy

αμμουδιά ουσ θηλ sandy beach

αμμώδ|ης, -ης, -ες επιθ sandy

αμμωνία ουσ θηλ (αέριο) ammonia • (για έντομα) antihistamine

αμνησία ουσ θηλ amnesia

αμοιβαί|ος, -α, -ο επιθ (γενικότ.) mutual • (υπόσχεση, συμφωνία) reciprocal

αμοιβή ουσ θηλ (πληρωμή) pay • (εργάτη) wages πληθ. • (μισθωτού) salary • (γιατρού, δικηγόρου) fee • (για εύρεση αντικειμένου, ζώου, για παροχή πληροφοριών) reward • (για σύλληψη δράστη) bounty • (ηθική επιβράβευση) reward

αμόρφωτ|ος, -η, -ο επιθ (ακαλλιέργητος) uncultured • (απαίδευτος) uneducated

αμπάρα ουσ θηλ bolt

αμπάρι ουσ ουδ hold

αμπαρώνω ρ μ to bolt ▪ **αμπαρώνομαι** μεσοπαθ to lock oneself in ή away

αμπέλι ουσ ουδ (αμπελώνας) vineyard • (φυτό) grapevine

αμπελόφυλλο ουσ ουδ vine leaf

αμπελώνας ουσ αρσ vineyard

άμπωτη ουσ θηλ low ή ebb tide

άμυαλ|ος, -η, -ο επιθ foolish

αμύγδαλο ουσ ουδ almond

αμυγδαλωτ|ός, -ή, -ό επιθ almond ▪ **αμυγδαλωτό** ουσ ουδ almond cake

αμυδρ|ός, -ή, -ό επιθ (περίγραμμα) vague • (φως) dim • (λάμψη) faint • (χαμόγελο) feeble • (ελπίδες) slim

άμυνα ουσ θηλ defence (ΒΡΕΤ.), defense (ΑΜΕΡ.) • (ικανότητα αντίστασης: οργανισμού) resistance

αμύνομαι ρ αμ αποθ. (για στράτευμα) to put up a defence (ΒΡΕΤ.) ή defense (ΑΜΕΡ.) • (για άτομο) to defend oneself • (για παίκτη, ομάδα) to be on the defensive

αμυντικ|ός, -ή, -ό επιθ (όπλο, γραμμή) defensive • (πολιτική, δαπάνες, σχέδια, ικανότητα) defence (ΒΡΕΤ.), defense (ΑΜΕΡ.) ▪ **αμυντικός** ουσ αρσ (Αθλ) defender

αμφιβάλλω ρ αμ (αόρ. **αμφέβαλ|α**) (αμφιταλαντεύομαι) to have doubts (για about) • (αισθάνομαι ή εκδηλώνω δυσπιστία) to doubt (αν/ότι whether/that)

αμφιβολία ουσ θηλ doubt • **δεν υπάρχει ~** there's no doubt about it • **χωρίς ή δίχως ~** without (a) doubt

αμφίβολ|ος, -η, -ο επιθ dubious

αμφιθέατρο ουσ ουδ (θεάτρου) amphitheatre (ΒΡΕΤ.), amphitheater (ΑΜΕΡ.) • (σχολής) lecture theatre (ΒΡΕΤ.) ή theater (ΑΜΕΡ.) • (ακροατήριο) audience

αμφισβήτηση ουσ θηλ (ισχυρισμού) disputing • (ενέργειας, επιλογής) disapproval • (εγγράφου, απόφασης) contesting • (αρχηγία, ηγέτη, προέδρου) challenging • (παραδοσιακών αξιών, κοινωνικών θεσμών) rejection

αμφισβητώ ρ μ (γεγονός, λόγια, θεωρία) to dispute • (εγκυρότητα) to dispute • (αξία, πολιτική κυβέρνησης, συνθήκη, γνώσεις) to question • (απόψεις, δόγμα) to reject • (αρχηγό κόμματος, πρόεδρο) to question the authority of

αμφισεξουαλικός, -ή, -ό επιθ βλ. **αμφιφυλόφιλος**

αμφιφυλόφιλος, -η, -ο επιθ bisexual ▶ ουσ bisexual

αμφορέας ουσ αρσ (Αρχαιολ) amphora

αν σύνδ if • **ό, τι και αν** whatever • **αν όχι/να** if not/so

ανά προθ per • **~ λεπτό** per minute • **~ δύο** in twos

αναβαθμίζω ρ μ (περιοχή, πόλη, ποιότητα ζωής) to improve • (υπολογιστή) to upgrade

αναβάθμιση ουσ θηλ (υπαίθρου, περιβάλλοντος, παιδείας) improvement • (υπολογιστή, προγράμματος) upgrade

αναβάλλω ρ μ to postpone

ανάβαση *ουσ θηλ* climb
αναβάτης *ουσ θηλ (γενικότ.)* rider
• *(επαγγελματίας ιππέας)* jockey
αναβάτρια *ουσ θηλ* rider
αναβολή *ουσ θηλ (μετάθεση στο μέλλον: έργου)* postponement • *(: δίκης)* adjournment
• *(καθυστέρηση: έργου, υπόθεσης)* delay
ανάβω *ρ μ (τσιγάρο, φωτιά, κερί)* to light
• *(σπίρτο)* to strike • *(χόρτα, ξύλα)* to light
• *(φως)* to turn on • *(φούρνο, κουζίνα, καλοριφέρ, θέρμανση)* to put on • *(μηχανή αυτοκινήτου)* to switch on • *(θερμάστρα υγραερίου)* to light ▸ *ρ αμ (φωτιά, ξύλα, χόρτα)* to light *(φως, λάμπα, φάρος)* to come on
• *(κερί)* to burn • *(καλοριφέρ, θέρμανση)* to come on • *(σίδερο, μάτι κουζίνας)* to heat up
• *(ζεσταίνομαι)* to be too hot • *(από πυρετό)* to be burning up • **ανάβει η μηχανή** the engine's overheating • **ανάβει το κέφι ή γλέντι** things are livening up
αναγγελία *ουσ θηλ (γνωστοποίηση)* announcement • *(ανακοίνωση: πρόσληψης)* notification • *(: γάμου)* notice • *(: για καιρό)* warning
αναγγέλλω *ρ μ (είδηση, μέτρα, άφιξη πτήσης)* to announce • *(αναχώρηση πτήσης)* to call
• *(επισημοποιώ)* to announce formally
αναγέννηση *ουσ θηλ (φύσης)* rebirth • *(μτφ.)* revival ▸ **η Αναγέννηση** *ουσ θηλ (Ιστ)* the Renaissance
αναγκάζω *ρ μ (ασκώ πίεση)* to force *(κπν να κάνει κτ* sb to do sth) • *(εξωθώ)* to make *(κπν να κάνει κτ* sb to do sth)
αναγκαί|ος, -α, -ο *επιθ* necessary • *(βασικός)* essential • **αναγκαία** *ουσ ουδ πληθ (τα απαραίτητα)* basic necessities • *(απαραίτητες ενέργειες)* whatever is necessary
αναγκαστικ|ός, -ή, -ό *επιθ* compulsory
• *(εισφορά)* obligatory • **αναγκαστική προσγείωση** forced landing
ανάγκη *ουσ θηλ* need • *(επικίνδυνη και κρίσιμη κατάσταση)* emergency • **δεν ήταν ~!** you shouldn't have! • **είδη πρώτης ανάγκης** basic commodities • **εν ~, στην ~, σε περίπτωση ανάγκης** if necessary • **έχω ~ από κπν/κτ** to need sb/sth • **ήταν ανάγκη;** was that absolutely necessary? • **κάνω την ~ μου, έχω σωματική ~** *(ευφημ.)* to spend a penny *(ανεπ.)*
• **κατάσταση έκτακτης ή εκτάκτου ανάγκης** state of emergency
ανάγλυφο *ουσ ουδ* relief
αναγνωρίζω *ρ μ (φωνή, άνθρωπο)* to recognize
• *(πτώμα)* to identify • *(λάθος, ήττα)* to admit
• *(υπογραφή)* to acknowledge • *(αξία)* to recognize • *(: ποιότητα)* to recognize ▪ **αναγνωρίζομαι** *μεσοπαθ* to be recognized
αναγνώριση *ουσ θηλ (μορφής, ήχου, ανθρώπου)* recognition • *(πτώματος, δράστη)* identification • *(λάθους, ήττας)* admission
• *(προβλημάτων, δυσκολιών, υπογραφής)* acknowledgement • *(ηθοποιού, τραγουδιστή, καλλιτέχνη, επιστήμονα)* recognition
αναγνωρισμένος, -η, -ο *επιθ* established

ανάγνωση *ουσ θηλ (βιβλίου, κειμένου, απόφασης)* reading • *(μάθημα)* reading lesson
αναγνώστης *ουσ αρσ* reader ▪ **αναγνώστες** *πληθ* readers
αναγνώστρια *ουσ θηλ βλ.* αναγνώστης
αναγούλα *ουσ θηλ* nausea
αναγράφω *ρ μ (σε προϊόν: τιμή)* to mark
• *(: ημερομηνία λήξης)* to put on
αναδεικνύω *ρ μ (γραμμές, σώμα, άνθρωπο)* to show off to advantage • *(χαρακτηριστικά)* to set off ▪ **αναδεικνύομαι** *μεσοπαθ* to distinguish oneself
ανάδειξη *ουσ θηλ* advancement
αναδείχνω *ρ μ =* αναδεικνύω
αναδιοργάνωση *ουσ θηλ (υπηρεσίας, βιομηχανίας)* reorganization • *(πολιτικής)* modification
αναδουλειά *(ανεπ.) ουσ θηλ* unemployment
▪ **αναδουλειές** *πληθ* **έχω αναδουλειές** to have a slack period
ανάδοχος *ουσ αρσ, ουσ θηλ (νονός)* godfather
• *(νονά)* godmother • **ανάδοχοι γονείς** foster parents
αναδύομαι *ρ αμ αποθ.* to surface
αναζήτηση *ουσ θηλ* search
αναζητώ *ρ μ (τρόπο, στοιχεία, αποδείξεις, αλήθεια, ένοχο)* to look for • *(αγάπη, ηρεμία, ευτυχία)* to long for
αναζωογόνηση *ουσ θηλ (οργανισμού, ανθρώπου)* revitalization • *(γης, οικονομίας)* revival
αναζωογονώ *ρ μ (άνθρωπο)* to revive • *(δέρμα, πρόσωπο)* to refresh • *(εταιρεία, οικονομία, σχέση)* to revitalize
ανάθεμα *ουσ ουδ (κατάρα)* curse • **~!** *(προφορ.)* damn! *(ανεπ.)*
αναθεματισμέν|ος, -η, -ο *(ανεπ.) επιθ* damn
αναθέτω *ρ μ* to allocate • **~ σε κπν να κάνει κτ** to put sb in charge of sth
αναθεώρηση *ουσ θηλ (Συντάγματος, νόμου, απόφασης)* review • *(άποψης, θεωρίας)* revision
αναθεωρώ *ρ μ (αξία, άποψη, θεωρία)* to revise
• *(Σύνταγμα, νόμο, άρθρο, εργασία, έργο, στάση)* to review
αναθυμιάσεις *ουσ θηλ πληθ* fumes
αναιδ|ής, -ής, -ές *επιθ* impudent
αναιμία *ουσ θηλ* anaemia *(Βρετ.)*, anemia *(Αμερ.)* • **μεσογειακή ~** Mediterranean anaemia *(Βρετ.)* ή anemia *(Αμερ.)*
αναιρώ *ρ μ (κατηγορίες, θεωρία, επιχειρήματα)* to refute • *(υπόσχεση, λόγο)* to go back on
• *(συμφωνία, όρο)* to renege on
αναισθησία *ουσ θηλ (απώλεια αισθήσεων)* unconsciousness • *(Ιατρ)* anaesthetic *(Βρετ.)*, anesthetic *(Αμερ.)*
αναισθητικό *ουσ ουδ* anaesthetic *(Βρετ.)*, anesthetic *(Αμερ.)*
αναίσθητ|ος, -η, -ο *επιθ (λιπόθυμος)* unconscious • *(μτφ.: απαθής)* insensitive
• *(αδιάφορος)* callous
ανακαινίζω *ρ μ (κτήριο)* to renovate • *(δωμάτιο)* to redecorate
ανακαίνιση *ουσ θηλ* renovation
ανακαλύπτω *ρ μ* to discover

ανακάλυψη *ουσ θηλ* discovery

ανακαλώ *ρ μ* (πρόταση, προσφορά) to withdraw • (απόφαση) to go back on • (δηλώσεις, λόγια) to take back

ανακάτεμα *ουσ ουδ* (λέξεων, χρωμάτων) mixture • (υλικών) mixing • (βιβλίων, ρούχων, δωματίου) disorder • (φαγητού) stirring • (τράπουλας) shuffling

ανακατεύω *ρ μ* (αναμειγνύω) to mix • (καφέ, φαγητό) to stir • (βιβλία, ρούχα, δωμάτιο) to mess up • (μαλλιά) to ruffle • (αναγουλιάζω) to make feel sick • (στομάχι) to turn • (χαρτιά) to shuffle ■ **ανακατεύομαι, ανακατώνομαι** *μεσοπαθ* to get involved (σε with) • (αναμειγνύομαι) to mingle

ανακάτωμα *ουσ ουδ* = **ανακάτεμα**

ανακατώνω *ρ μ* = **ανακατεύω**

ανακεφαλαίωση *ουσ θηλ* (σύνοψη) summing-up • (κεφαλαίου, βιβλίου) summary

ανακίνηση *ουσ θηλ* shaking

ανακινώ *ρ μ* to shake

ανακοινώνω *ρ μ* to announce

ανακοίνωση *ουσ θηλ* βγάζω ~ to make an announcement • **πίνακας ανακοινώσεων** notice board (Βρετ.), bulletin board (Αμερ.)

ανακοπή *ουσ θηλ* failure

ανακουφίζω *ρ μ* (πόνο) to relieve • (άρρωστο) to bring relief to • (μτφ.) to comfort ■ **ανακουφίζομαι** *μεσοπαθ* (ηρεμώ) to feel relieved • (ευφημ.: αφοδεύω) to relieve oneself

ανακούφιση *ουσ θηλ* relief

ανακριβ|ής, -ής, -ές *επιθ* inaccurate

ανακρίνω *ρ μ* to question • (πράκτορα) to interrogate

ανάκριση *ουσ θηλ* questioning • (κατασκόπου) interrogation

ανάκτορο *ουσ ουδ* palace • palatial home ■ **ανάκτορα** *πληθ* palace εν.

ανακυκλώνω *ρ μ* to recycle

ανακύκλωση *ουσ θηλ* recycling

ανακωχή *ουσ θηλ* ceasefire • **κάνω ~** (κυριολ., μτφ.) to call a truce

αναλαμβάνω *ρ μ* (ευθύνη, καθήκοντα, υπόθεση) to take on • (πρωτοβουλία) to take

ανάλατ|ος, -η, -ο *επιθ* (φαγητό) unsalted • (αστείο) feeble

ανάλαφρ|ος, -η, -ο *επιθ* light

αναλγητικ|ός, -ή, -ό *επιθ* pain-killing ■ **αναλγητικό** *ουσ ουδ* painkiller

αναληθ|ής, -ής, -ές *επιθ* false

ανάληψη *ουσ θηλ* (χρημάτων) withdrawal • (υπόθεσης) acceptance • (έργου) award • (καθηκόντων, ευθυνών, πρωτοβουλίων) taking • **κάνω ~** to make a withdrawal

αναλίσκω *ρ μ* = **αναλώνω**

ανάλογα *επιρρ* accordingly

αναλογία *ουσ θηλ* (αντιστοιχία) ratio • (μερίδιο) share ■ **αναλογίες** *πληθ* (μορφών, χώρου, αγάλματος) proportions • (σώματος) vital statistics

ανάλογ|ος, -η, -ο *επιθ* (προσόντα, ενδιαφέρον) appropriate • (περίπτωση) similar • (σεβασμός) due

αναλόγως *επιρρ* = **ανάλογα**

ανάλυση *ουσ θηλ* analysis

αναλυτής *ουσ αρσ* (στην πολιτική) analyst • (Πληροφ) (computer) analyst

αναλύτρια *ουσ θηλ βλ.* **αναλυτής**

αναλύω *ρ μ* (πρόταση, σώμα) to break down • (λόγους, κείμενο, ποίημα, αίμα, θεωρία) to analyze • (λογαριασμό) to break down • (όνειρο) to interpret ■ **αναλύομαι** *μεσοπαθ* **αναλύομαι σε δάκρυα ή λυγμούς** to burst into tears

αναλφάβητ|ος, -η, -ο *επιθ* illiterate ■ **αναλφάβητος** *ουσ αρσ*, **αναλφάβητη** *ουσ θηλ* illiterate person

αναλώνω *ρ μ* (χρήματα, χρόνο) to spend • (δυνάμεις) to use up • (τρόφιμα, υλικά) to use (up) ■ **αναλώνομαι** *μεσοπαθ* **αναλώνομαι σε** to devote oneself to

ανάλωση *ουσ θηλ* spending • using up • consumption • **~ κατά προτίμηση πριν από** best-before date

αναμειγνύω *ρ μ* (χρώματα, ουσίες) to mix together • (εμπλέκω) to involve ■ **αναμειγνύομαι** *μεσοπαθ* (εμπλέκομαι) to get involved (σε with) • (παρεμβαίνω) to interfere (σε in) • (μπλέκω) to meddle (σε in) • (συμμετέχω) to be involved (σε in)

ανάμεικτ|ος, -η, -ο *επιθ* mixed

ανάμειξη *ουσ θηλ* mixture

αναμένω *ρ μ* (επίσ.) to wait for • (περιμένω με ενδιαφέρον) to anticipate • **παρακαλώ, αναμείνατε στο ακουστικό σας** please hold the line

ανάμεσα *επιρρ* between • (για διαφορετικές καταστάσεις ή έννοιες) between • **~ από** between • **~ μας/σας/τους** among us/you/them • **~ σε** between

αναμεταδίδω *ρ μ* (εκπομπή) to broadcast • (σήμα) to transmit

αναμετάδοση *ουσ θηλ* (εκπομπής) broadcast • (σήματος) transmission

αναμεταξύ *επιρρ* = **μεταξύ**

αναμέτρηση *ουσ θηλ* contest

αναμιγνύω *ρ μ* = **αναμειγνύω**

ανάμεικτ|ος, -η, -ο *επιθ* = **ανάμεικτος**

ανάμιξη *ουσ θηλ* = **ανάμειξη**

άναμμα *ουσ ουδ* (τσιγάρου, φούρνου) lighting • (σόμπας, καλοριφέρ) turning on

αναμμέν|ος, -η, -ο *επιθ* (κερί, φωτιά) burning • (φως, φούρνος) on

ανάμνηση *ουσ θηλ* (αναπόληση) recollection • (θύμηση) memory • **κρατώ κτ για ~** to keep sth as a memento

αναμνηστικ|ός, -ή, -ό *επιθ* commemorative • souvenir ■ **αναμνηστικό** *ουσ ουδ* souvenir

αναμονή *ουσ θηλ* wait, waiting • **αίθουσα αναμονής** waiting room • **λίστα αναμονής** waiting list

ανανάς *ουσ αρσ* (φρούτο) pineapple • (φυτό) pineapple tree

άνανδρ|ος, -η, -ο *επιθ* cowardly

ανανεωμέν|ος, -η, -ο *επιθ* (εμφάνιση, συμβόλαιο, ενδιαφέρον, αυτοπεποίθηση, ελπίδα) renewed • (έκδοση, επίπλωση) new

ανανεώνω *ρ μ* (ανακαινίζω) to renew • (εκσυγχρονίζω: έπιπλα) to replace

• (: επιχείρηση) to bring up to date
• (αναμορφώνω) to renew • (συμβόλαιο, συνδρομή) to renew
ανανέωση ουσ θηλ renewal
ανανεώσιμ|ος, -η, -ο επιθ (για ενέργεια) renewable
αναντικατάστατ|ος, -η, -ο επιθ indispensable
• **ουδείς ~** no one is indispensable
αναξιόπιστ|ος, -η, -ο επιθ unreliable
αναξιοπρεπ|ής, -ής, -ές επιθ (άνθρωπος) disreputable • (συμπεριφορά) undignified
ανάξι|ος, -ια, -ιο επιθ (υπάλληλος, επιστήμονας) incompetent • (γονείς) unfit • (ανίκανος) useless
αναπαλαιώνω ρ μ to restore
αναπαλαίωση ουσ θηλ restoration
αναπάντεχ|ος, -η, -ο επιθ unexpected
αναπάντητ|ος, -η, -ο επιθ unanswered
αναπαράγω ρ μ to reproduce ■ **αναπαράγομαι** μεσοπαθ (ζώα, οργανισμοί) to reproduce
αναπαραγωγή ουσ θηλ (παραγωγή όμοιων πραγμάτων) copying • (πνευματικής ιδιοκτησίας) reproduction • (εικόνας, ήχου) reproduction • (είδους, ανθρώπινου γένους) reproduction
αναπαριστάνω ρ μ to represent
αναπαριστώ ρ μ = **αναπαριστάνω**
ανάπαυλα ουσ θηλ break
ανάπαυση ουσ θηλ (ξεκούραση) break • (μεσημεριανός ύπνος) siesta
αναπαυτικ|ός, -ή, -ό επιθ comfortable
αναπαύω ρ μ (ξεκουράζω) to relax ■ **αναπαύομαι** μεσοπαθ (ξεκουράζομαι) to have a rest • (είμαι ξαπλωμένος) to be resting • (πεθαίνω) to pass away • (είμαι θαμμένος) to lie at rest
αναπηδώ ρ αμ (πηδώ προς τα πάνω) to jump up • (μπάλα) to bounce • (νερό, αίμα) to spurt
αναπηρία ουσ θηλ (σωματική) disability • (πνευματική ή ψυχική) debility
αναπηρικ|ός, -ή, -ό επιθ invalid's • **αναπηρική καρέκλα, αναπηρικό καροτσάκι** wheelchair
ανάπηρ|ος, -η, -ο επιθ disabled ■ **ανάπηρος** ουσ αρσ, ουσ θηλ disabled person
αναπλάθω ρ μ = **αναπλάσσω**
αναπλάσσω ρ μ (αναδημιουργώ) to recreate
αναπληρωματικ|ός, -ή, -ό επιθ (μέλος, παίκτης) reserve • (Σχολ: καθηγητής) supply (Βρετ.), substitute (Αμερ.)
αναπληρώνω ρ μ (πρωθυπουργό, αρχηγό) to take the place of • (έλλειψη, χρόνο) to make up for • (κενό) to fill
αναπνευστήρας ουσ αρσ snorkel
αναπνέω ρ αμ to breathe ▶ ρ μ to breathe in • **~ ακόμα** to be still breathing
αναπνοή ουσ θηλ (ανάσα) breath • **μου κόβεται ή πιάνεται η ~** to be out of breath • **παίρνω ~** (αναπνέω) to take a breath • (ξεκουράζομαι) to take a breather • **τεχνητή ~** artificial respiration
ανάποδα επιρρ (περπατώ, πηγαίνω, κάθομαι) backwards • (οδηγώ) the wrong way • (φορώ, βάζω) inside out
ανάποδη ουσ θηλ (υφάσματος, ρούχου) wrong side • (χαστούκι) slap

αναποδιά ουσ θηλ setback
αναποδογυρίζω ρ μ (τραπέζι, καρέκλα) to knock over • (βάρκα) to capsize ▶ ρ αμ to turn over
ανάποδ|ος, -η, -ο επιθ (στροφές, κίνηση) backward • (για πρόσ.) awkward • (τύχη, καιρός) bad
αναπόφευκτ|ος, -η, -ο επιθ unavoidable
αναπτήρας ουσ αρσ lighter
αναπτυγμέν|ος, -η, -ο επιθ developed
ανάπτυξη ουσ θηλ development • (θεωρίας, θέματος) development, elaboration • (παραγράφου, έκθεσης) development
αναπτύσσω ρ μ to develop • (πραγματεύομαι) to expand on ■ **αναπτύσσομαι** μεσοπαθ to develop
αναρριχώμαι ρ αμ αποθ. (σκαρφαλώνω) to climb up • (ανέρχομαι σε ιεραρχία) to work one's way up • **αναρριχώμενο φυτό** climber
αναρρώνω ρ αμ to recover
ανάρρωση ουσ θηλ recovery
αναρρωτήριο ουσ ουδ (ίδρυμα) hospital • (τμήμα νοσοκομείου) ward
ανάρτηση ουσ θηλ (πανό) putting up • (πίνακα) hanging • (χάρτη) hanging up • (αποτελεσμάτων) posting • (στο διαδίκτυο) post ■ **αναρτήσεις** πληθ suspension εν.
αναρχία ουσ θηλ anarchy
αναρχικ|ός, -ή, -ό επιθ anarchist ■ **αναρχικός** ουσ αρσ, **αναρχική** ουσ θηλ anarchist
αναρωτιέμαι ρ αμ αποθ. to wonder
ανάσα ουσ θηλ breath • (ξεκουράζομαι) to have a rest • (ανακουφίζομαι) to breathe again
ανασαίνω ρ αμ (αναπνέω) to breathe
ανασηκώνω ρ μ (φούστα, πέπλο, φρύδια, κεφάλι, κατάκι) to raise, to lift • (μανίκια) to roll up ■ **ανασηκώνομαι** μεσοπαθ to sit up
ανασκαφή ουσ θηλ digging ■ **ανασκαφές** πληθ (Αρχαιολ) excavations
ανάσκελα επιρρ on one's back
ανασταίνω ρ μ (επαναφέρω στη ζωή) to bring back to life • (αναζωογονώ) to revitalize • (ανατρέφω) to bring up • (παράδοση, έθιμο) to revive ■ **ανασταίνομαι** μεσοπαθ (ξαναζωντανεύω) to come back to life • (αγάπη) to be rekindled • (αναζωογονούμαι) to be refreshed
ανάσταση ουσ θηλ (Χριστού) resurrection • (νεκρών) raising • (φύσης, έθνους, ιδέας) revival
αναστατώνω ρ μ (κοινωνία, σύστημα, οργανισμό) to disrupt • (σπίτι, δωμάτιο) to mess up • (συγχίζω) to upset • (διεγείρω ερωτικά) to turn on (ανεπ.)
αναστάτωση ουσ θηλ (αναταραχή) confusion • (ανακάτεμα) disorder • (ψυχική αναταραχή) turmoil
αναστέλλω (επίσ.) ρ μ (διακόπτω προσωρινά) to suspend • (διακόπτω) to stop
αναστεναγμός ουσ αρσ sigh
ανάστημα ουσ ουδ (ύψος) height • (παράστημα) bearing
αναστολή ουσ θηλ (προσωρινή) postponement

• (επ' αόριστον) suspension • (Νομ) suspended sentence

ανασύρω ρ μ (τραβώ προς τα πάνω) to pull up • (τραβώ προς τα έξω) to pull out • (ξίφος) to draw • (μυστικά, παρασκήνιο, ανάμνηση) to prize out (Βρετ.), to pry out (Αμερ.)

ανασφάλεια ουσ θηλ insecurity

ανασφαλής, -ής, -ές επιθ insecure

αναταραχή ουσ θηλ (αναστάτωση) unrest • (σύγχυση) commotion

ανάταση ουσ θηλ boost

ανατέλλω ρ αμ (ήλιος, αστέρι) to rise • (για νεαρό καλλιτέχνη) to appear • (περίοδος, εποχή) to dawn

ανατινάζω ρ μ to blow up ■ **ανατινάζομαι** μεσοπαθ to explode

ανατολή ουσ θηλ (ηλίου) sunrise • (ξημέρωμα) dawn • (σημείο του ορίζοντα) east ■ **η Ανατολή** ουσ θηλ the East

ανατολικά επιρρ (κοιτάζω, πηγαίνω, φυσώ) east • (βρίσκομαι) in the east

ανατολικ|ός, -ή, -ό επιθ (ακτή) eastern • (παράθυρο) east-facing • (άνεμος) east • (ιδιοσυγκρασία, χαρακτηριστικά, γλώσσες) Eastern

ανατολίτικ|ος, -η, -ο επιθ Oriental

ανατρεπτικ|ός, -ή, -ό επιθ subversive

ανατρέπω ρ μ (όχημα) to overturn • (βάρκα) to capsize • (παλαιστή) to bring down • (πολίτευμα, κυβέρνηση) to overthrow • (κατηγορία, θεωρία, επιχείρημα) to refute • (σχέδια) to thwart

ανατριχιαστικ|ός, -ή, -ό επιθ (θέαμα, λεπτομέρειες) gruesome • (ατμόσφαιρα) creepy • (έγκλημα) ghastly

ανατριχίλα ουσ θηλ (από κρύο) shiver • (από τρόμο) shudder • (από χαρά, ερωτικό πόθο) trembling

ανατροπή ουσ θηλ (αυτοκινήτου) overturning • (ποδοσφαιριστή) knocking over • (κυβέρνησης, εξουσίας, καθεστηρίκνου) overthrow • (επιχειρήματος, άποψης) refutation • (σχεδίων) thwarting

ανατροφή ουσ θηλ (μεγάλωμα) raising • (διαπαιδαγώγηση) upbringing

άναυδ|ος, -η, -ο επιθ speechless

αναφέρω ρ μ (περιστατικό, συμβάν) to mention • (παραδείγματα, χωρία, συγγραφέα) to cite, to quote • (θέμα) to present • (απόψεις, θεωρία) to put forward, to expound • (σεισμό, ατύχημα, στρατιώτη) to report ■ **αναφέρομαι** μεσοπαθ **αναφέρομαι σε** to concern

αναφιλητά ουσ ουδ πληθ sobs

ανάφλεξη ουσ θηλ ignition

αναφορά ουσ θηλ (μνεία) reference • (νύξη) allusion • (επίσημη έκθεση) report

αναχώρηση ουσ θηλ departure

αναχωρώ ρ αμ to leave

αναψυκτήριο ουσ ουδ bar

αναψυκτικό ουσ ουδ soft drink

αναψυχή ουσ θηλ recreation

Άνδεις ουσ θηλ πληθ οι ~ the Andes

άνδρας ουσ αρσ (ανήρ) man • (σύζυγος) husband • (ενήλικος) (grown) man • (ανδρείος) (real) man ■ **άνδρες** πληθ men

ανδρεία ουσ θηλ bravery

ανδρεί|ος, -α, -ο επιθ brave

ανδριάντας ουσ αρσ statue

ανδρικ|ός, -ή, -ό επιθ (ρούχα, τουαλέτες, μόδα, ομάδα) men's • (φωνή, χαρακτηριστικά) male • (χορωδία) men's • (ομορφιά) masculine

ανδρισμός ουσ αρσ (ανδροπρέπεια) masculinity • (ανδρεία) manliness

ανδρόγυνο ουσ ουδ couple

ανεβάζω ρ μ (ρούχα, ψώνια) to take up • (θερμομάρ) to do up • (τιμές, κόστος, μισθούς, θερμοκρασία) to put up • (ρυθμούς) to increase • (ενδιαφέρον) to rouse • (επίπεδο) to raise • (ηθικό) to boost • (τόνο φωνής) to raise • (ένταση) to turn up • (εξυμνώ) to build up • (θεατρικό έργο) to put on • (Πληροφ) to upload

ανεβαίνω ρ αμ (ανέρχομαι) to climb • (επιβιβάζομαι) to get on • (σε αυτοκίνητο) to get in • (πυρετός, τιμές, μισθοί, θερμοκρασία, νόμισμα, στάθμη) to rise • (πίεση) to go up • (αγωνία) to mount • (κοινωνικά ή επαγγελματικά) to move up • (καλυτερεύει η διάθεσή μου) to feel better • (ηθικό) to rise • (θεατρικό έργο, παράσταση) to be on ▶ ρ μ to climb

ανέβασμα ουσ ουδ (ανάβαση) climb • (τιμών, μισθών, θερμοκρασίας, επιπέδου) rise • (ρυθμού) increase • (ψυχολογίας, ηθικού) boost • (παράστασης, έργου) production

ανεβοκατεβάζω ρ μ (χέρι) to move up and down • (κεφάλι) to nod • (στυλό) to wave up and down • (τιμές) to put up and down

ανέγγιχτ|ος, -η, -ο επιθ (άθικτος) untouched • (αγνός) pure

ανειδίκευτ|ος, -η, -ο επιθ unskilled

ανειλικρίνεια ουσ θηλ (ατόμου, προθέσεων) insincerity • (φορολογικής δήλωσης) fraud

ανειλικρινής, -ής, -ές επιθ (άνθρωπος, προθέσεις) insincere • (φορολογική δήλωση) fraudulent

ανέκαθεν επιρρ always

ανέκδοτο ουσ ουδ (αστείο) joke • (σύντομη ιστορική αφήγηση) anecdote

ανεκπαίδευτ|ος, -η, -ο επιθ (που δεν εκπαιδεύτηκε) untrained • (αμόρφωτος) uneducated

ανεκπλήρωτ|ος, -η, -ο επιθ (επιθυμία, πόθος, φιλοδοξία) unfulfilled • (όνειρο) unrealized • (ελπίδα) dashed

ανεκτικ|ός, -ή, -ό επιθ tolerant

ανεκτίμητ|ος, -η, -ο επιθ (κόσμημα, ευρήματα) priceless • (συνεργάτης, πληροφορία) invaluable

ανεκτ|ός, -ή, -ό επιθ (κρύο, κατάσταση) bearable • (επίπεδα) acceptable

ανελέητ|ος, -η, -ο επιθ (κακοποιοί) ruthless • (σφαγή) merciless • (βομβαρδισμοί, κυνήγι) relentless

ανελκυστήρας (επίσ.) ουσ αρσ lift (Βρετ.), elevator (Αμερ.)

ανέμελ|ος, -η, -ο επιθ carefree

ανεμίζω ρ αμ (σημαία, κουρτίνα) to flap • (μαλλιά) to be ruffled ▶ ρ μ to wave

ανεμιστήρας ουσ αρσ fan

ανεμοβρόχι ουσ ουδ = ανεμόβροχο
ανεμόβροχο ουσ ουδ storm
ανεμοθύελλα ουσ θηλ storm
ανεμόμυλος ουσ αρσ windmill
ανεμόπτερο ουσ ουδ glider
άνεμος ουσ αρσ wind
ανεμοστρόβιλος ουσ αρσ whirlwind
ανένδοτος, -η, -ο επιθ inflexible
ανενόχλητ|ος, -η, -ο επιθ (δουλεύω)
   undisturbed • (επιτίθεμαι, προελαύνω)
   unimpeded
ανέντιμ|ος, -η, -ο επιθ dishonest
ανεξάντλητ|ος, -η, -ο επιθ (πηγή, αποθέματα)
   inexhaustible • (φαντασία) boundless • (θέμα)
   inexhaustible
ανεξαρτησία ουσ θηλ independence
ανεξάρτητα επιρρ (ενεργώ, δρω, ζω)
   independently • (εργάζομαι) freelance
ανεξάρτητ|ος, -η, -ο επιθ (εφημερίδα,
   υποψήφιος) independent • (κράτος)
   independent • (δημοσιογράφος, φωτογράφος)
   freelance • (διαμέρισμα) self-contained
ανεξαρτήτως επιρρ irrespective of
ανεξερεύνητ|ος, -η, -ο επιθ (τόπος) unexplored
   • (βυθός) uncharted
ανεξήγητος, -η, -ο επιθ inexplicable
ανεξίτηλ|ος, -η, -ο επιθ (χρώματα) fast
   • (μελάνι) indelible • (ανάμνηση, σημάδι, ίχνος)
   indelible
ανεπανάληπτ|ος, -η, -ο επιθ (εμπειρία) unique
   • (κατόρθωμα, νίκη) unprecedented
ανεπάρκεια ουσ θηλ (τροφίμων, στελέχη)
   scarcity • (δυνάμεων, προσόντων) lack
   • (προσώπων) inadequacy
ανεπαρκ|ής, -ής, -ές επιθ (μέσα, εφόδια, χώρος,
   ποσοστό, αποθέματα, χρόνος) insufficient
   • (εκπαίδευση, μόρφωση, γνώσεις) inadequate
   • (αιτιολογία) lame • (γονείς, δάσκαλοι)
   inadequate • (μέτρα) ineffective • (μέθοδος)
   inefficient
ανέπαφος, -η, -ο επιθ (κτήριο, περιουσία) intact
   • (συναλλαγή) contactless
ανεπιβεβαίωτ|ος, -η, -ο επιθ unconfirmed
ανεπιθύμητ|ος, -η, -ο επιθ (άνθρωπος)
   undesirable • (αλλαγή, επίσκεψη, συνέπεια)
   unwanted
ανεπίσημ|ος, -η, -ο επιθ (γεύμα, ρούχο,
   γλώσσα) informal • (λόγος, διάβημα,
   ανακοίνωση, πληροφορίες) unofficial
ανεπίτρεπτ|ος, -η, -ο επιθ unacceptable
ανεπιτυχ|ής, -ής, -ές επιθ unsuccessful
ανεπτυγμέν|ος, -η, -ο (επίσ.) επιθ
   = αναπτυγμένος
ανεργία ουσ θηλ unemployment
άνεργ|ος, -η, -ο επιθ unemployed ■ άνεργοι
   ουσ αρσ πληθ οι άνεργοι the unemployed
ανέρωτ|ος, -η, -ο επιθ (κρασί) undiluted • (ούζο)
   neat (ΒΡΕΤ.), straight (ΑΜΕΡ.)
άνεση ουσ θηλ (για παπούτσια, ρούχα) comfort
   • (για παίξιμο, χειρισμό αντικειμένου) ease • (για
   χειρισμό γλώσσας) fluency • (για χώρο) room to
   move • (για τρόπο ζωής) comfort • (οικειότητα,
   φυσικότητα) ease ■ ανέσεις πληθ modern
   conveniences

άνετα επιρρ (κάθομαι) comfortably • (χειρίζομαι,
   δουλεύω) with ease • (ζω) comfortably • (νικώ,
   κερδίζω) easily • (συμπεριφέρομαι) naturally
   • (κινούμαι) easily
ανέτοιμ|ος, -η, -ο επιθ unprepared
άνετ|ος, -η, -ο επιθ (ρούχα, καναπές, αυτοκίνητο)
   comfortable • (μεταφορά) convenient • (χρήση
   γλώσσας) fluent • (χειρισμός εργαλείου)
   confident • (ζωή, επικοινωνία) easy • (νίκη) easy
   • (πλειοψηφία) comfortable • (κινήσεις) relaxed
   • (συμπεριφορά, ύφος) relaxed
ανεύθυν|ος, -η, -ο επιθ irresponsible
ανεφοδιάζω ρ μ to supply
ανεφοδιασμός ουσ αρσ supplying
ανέχομαι ρ μ to tolerate
ανεψιός ουσ αρσ = ανιψιός
ανήθικ|ος, -ή, -ό επιθ (άνθρωπος, κέρδος)
   immoral • (κίνητρα) base • (πρόταση, πράξη,
   χειρονομία) obscene
ανηθικότητα ουσ θηλ (ανθρώπου) immorality
   • (κινήτρων) baseness • (χειρονομίας,
   προτάσεων) obscenity
άνηθος ουσ αρσ dill
ανήκουστ|ος, -η, -ο (αρνητ.) επιθ incredible
ανήκω ρ αμ to belong (σε το)
ανήλικ|ος, -η, -ο επιθ underage ▶ ουσ minor
ανήμπορ|ος, -η, -ο επιθ feeble
ανησυχητικ|ός, -ή, -ό επιθ alarming
ανησυχία ουσ θηλ (αναταραχή) unease
   • (αναστάτωση) concern ■ ανησυχίες πληθ
   leanings
ανήσυχ|ος, -η, -ο επιθ (γονείς, άνθρωπος)
   worried • (βλέμμα) anxious • (ύπνος) fitful
   • (παιδί, μαθητής) rowdy
ανησυχώ ρ αμ to worry ▶ ρ μ to worry
ανηφόρα ουσ θηλ hill
ανηφοριά ουσ θηλ = ανηφόρα
ανηφορίζω ρ αμ to go uphill ▶ ρ μ to go up
ανηφορικ|ός, -ή, -ό επιθ steep
ανήφορος ουσ αρσ hill
ανθεκτικ|ός, -ή, -ό επιθ (υλικό) durable
   • (έπιπλα) solid • (παπούτσια) hard-wearing
   • (για πρόσ.) tough
ανθίζω ρ αμ (λουλούδια) to bloom • (δέντρα)
   to flower
ανθίσταμαι (επίσ.) ρ αμ αποθ. to resist
ανθοδέσμη ουσ θηλ bouquet
ανθοδοχείο ουσ ουδ vase
ανθοπωλείο ουσ ουδ flower shop
ανθοπώλης ουσ αρσ florist
ανθοπώλισσα ουσ θηλ βλ. ανθοπώλης
άνθος ουσ ουδ (λουλούδι) flower • (δέντρου)
   blossom • (αφρόκρεμα) cream
ανθότυρο ουσ ουδ cream cheese
ανθρώπιν|ος, -η, -ο επιθ human • (στιγμές)
   tender • (συνθήκες) decent
άνθρωπος ουσ αρσ (έμβιο λογικό ον) man
   • (κάθε άτομο) person • (ενάρετο άτομο) decent
   human being ■ άνθρωποι πληθ people
ανθρωπότητα ουσ θηλ mankind
ανθυγιειν|ός, -ή, -ό επιθ (συνθήκες) insanitary
   • (συνήθεια) unhealthy • (χώρος) unhealthy
ανθώ (επίσ.) ρ αμ (φυτό) to flower • (τέχνες,
   εμπόριο) to flourish

ανία *ουσ θηλ* (*πλήξη*) boredom • (*μονοτονία*) tedium

ανιαρ|ός, -ή, -ό *επιθ* boring

ανίατ|ος, -η, -ο *επιθ* incurable

ανίδε|ος, -η, -ο *επιθ* ignorant

ανιδιοτελ|ής, -ής, -ές *επιθ* (*άνθρωπος*) selfless • (*σκοπός, αγάπη*) unselfish • (*προσφορά, βοήθεια*) disinterested

ανικανοποίητ|ος, -η, -ο *επιθ* (*άνθρωπος, ύπαρξη*) unfulfilled • (*επιθυμία*) unsatisfied • (*πόθος*) unrequited • (*ζωή, όνειρο*) unfulfilled

ανίκαν|ος, -η, -ο *επιθ* (*υπάλληλος, γονέας, κυβέρνηση*) incompetent • (*Στρατ*) unfit • (*για άνδρα*) impotent

ανικανότητα *ουσ θηλ* (*υπαλλήλων, γονέων, χειρισμού υποθέσεων*) incompetence • (*Στρατ*) unfitness • (*άνδρα*) impotence

ανίκητ|ος, -η, -ο *επιθ* (*που δεν νικήθηκε*) unbeaten • (*που δεν μπορεί να νικηθεί: στρατός*) invincible • (*ομάδα, αντίπαλος, αθλητής*) unbeatable • (*πάθος*) unconquerable

άνισ|ος, -η, -ο *επιθ* (*πλευρές, γωνίες*) unequal • (*τρίγωνα*) not congruent • (*αγώνας, αντίπαλος*) unequal • (*μεταχείριση, όροι*) unfair

ανίσχυρ|ος, -η, -ο *επιθ* powerless

ανίχνευση *ουσ θηλ* (*ανωμαλιών, στοιχείων*) detection • (*ταλέντων*) scouting • (*Στρατ*) scouting

ανιχνευτής *ουσ θηλ* (*μηχάνημα*) detector • (*Στρατ*) scout

ανιχνεύω *ρ μ* (*ουσία, δυσλειτουργίες*) to detect • (*εχθρική περιοχή, έδαφος*) to scout

ανίψι (*υποκορ*.) *ουσ ουδ* (*αγόρι*) nephew • (*κορίτσι*) niece

ανιψιά *ουσ θηλ* niece

ανιψιός *ουσ αρσ* nephew

αν και *σύνδ* though

ανοδικός, -ή, -ό *επιθ* (*δρόμος*) uphill • (*πορεία, τάση, τροχιά, εξέλιξη*) upward

άνοδος *ουσ θηλ* (*ανάβαση*) climb • (*ανήφορος*) hill • (*τιμών, θερμοκρασίας*) rise • (*εισοδήματος*) increase • (*μισθών*) rise (*Βρετ*.), raise (*Αμερ*.) • (*επιπέδου*) rise • (*στην εξουσία, ιεραρχία*) rise • (*στον θρόνο*) accession

ανοησία *ουσ θηλ* (*ανθρώπου*) stupidity • (*για λόγο*) nonsense *χωρίς πληθ*. • (*για πράξη*) stupid thing

ανόητ|ος, -η, -ο *επιθ* (*άνθρωπος, πράξη, σκέψη*) stupid • (*λόγια*) inane • (*δήλωση*) fatuous • (*έγγραφα*) meaningless

ανόθευτ|ος, -η, -ο *επιθ* (*ποτά, βενζίνη, γάλα*) pure • (*διαδικασία, εκλογές*) honest • (*παραδόσεις*) unchanged

άνοιγμα *ουσ ουδ* (*πόρτας, παραθύρου, μπουκαλιού, ματιών, γράμματος*) opening • (*συνόρων*) opening (up) • (*σπηλιάς*) entrance • (*σε τοίχο, σε παράθυρο*) gap • (*ανάμεσα σε δέντρα*) clearing • (*θεμελίων, χαντακιού*) digging • (*μπλούζας, φορέματος*) neckline • (*πλάτος*) width • (*γέφυρας*) span • (*δρόμου, ψαλίδας*) widening • (*καταστήματος, εκδήλωσης, συνεδρίου, λογαριασμού*) opening • (*αγοράς*) opening (up) • (*οικονομίας*) opening up • (*σε νέες τάσεις, ρεύμα*) opening up • (*λουλουδιών*) blooming • (*κεφαλιού*) gash • (*προϋπολογισμού*) deficit • (*στο σκάκι*) opening • (*φακού*) aperture

ανοίγω *ρ μ* (*πόρτα, παράθυρο, μπουκάλι, βλέφαρα*) to open • (*μεγαλώνω τις διαστάσεις: παντελόνι, φούστα*) to let out • (*ξεκουμπώνω: πουκάμισο, παντελόνι*) to undo • (*: κατεβάζω το φερμουάρ*) to unzip • (*: φερμουάρ*) to open • (*ανετ.: ασθενή*) to cut open • (*τρύπα*) to make • (*αυλάκι, τάφρο, όρυγμα*) to dig • (*πηγάδι*) to sink • (*κατάσταση, γραφείο, ίδρυμα, χορό, εκδήλωση, έκθεση*) to open • (*συζήτηση*) to start • (*φως*) to turn on • (*τηλεόραση, ραδιόφωνο, βρύση*) to turn on • (*οδό*) to widen • (*χώρο*) to open up • (*περιοδικό, εφημερίδα*) to open • (*χάρτη*) to spread open • (*διαθήκη, γράμμα*) to open • (*παραβιάζω, κάνω διάρρηξη: μαγαζί, σπίτι, χρηματοκιβώτιο*) to break into • (*χρώμα*) to lighten • (*κεφάλι*) to cut open • (*παπούτσια*) to stretch ▶ *ρ αμ* (*πόρτα, παράθυρο*) to open • (*ανθίζω: λουλούδια*) to bloom • (*: πέταλα: στο φως*) to open • (*σχολεία, έκθεση*) to open • (*τοίχος, έδαφος*) to be cracked • (*πουκάμισο*) to tear • (*καιρός*) to clear up • (*παπούτσια*) to stretch ■ **ανοίγομαι** *μεσοπαθ* (*επεκτείνομαι*) to branch out • (*ξανοίγομαι*) to take risks • (*σπαταλώ*) to overspend • (*εμπιστεύομαι*) to open up • (*πλοίο*) to head out to sea

ανοικτά *επιρρ* = **ανοιχτά**

ανοικτός, -ή, -ό *επιθ* = **ανοιχτός**

άνοιξη *ουσ θηλ* spring

ανοιξιάτικ|ος, -η, -ο *επιθ* spring ■ **ανοιξιάτικα** *ουσ ουδ πληθ* spring clothes

ανοιχτά *επιρρ* (*αφήνω*) open • (*μιλώ*) openly • (*στα βαθιά*) out at sea

ανοιχτήρι *ουσ ουδ* (*κονσερβών*) can ή tin (*Βρετ*.) opener • (*μπουκαλιών*) bottle opener

ανοιχτόμυαλ|ος, -η, -ο *επιθ* open-minded

ανοιχτ|ός, -ή, -ό *επιθ* open ■ **ανοιχτά** *ουσ ουδ πληθ* τα **ανοιχτά** the open sea

ανοξείδωτ|ος, -η, -ο *επιθ* (*σκεύη, νεροχύτης*) stainless steel • (*χάλυβας*) stainless

ανόργαν|ος, -η, -ο *επιθ* inorganic • **ανόργανη γυμναστική** free gymnastics

ανοργάνωτ|ος, -η, -ο *επιθ* disorganized • (*εργαζόμενοι*) unaffiliated

ανόρεχτ|ος, -η, -ο *επιθ* (*που δεν έχει όρεξη*) with no appetite • (*άκεφος*) dispirited • (*απρόθυμος: βλέμμα*) lifeless • (*: γέλια*) half-hearted

ανορθόγραφ|ος, -η, -ο *επιθ* (*μαθητής, φοιτητής*) poor at spelling • (*έκθεση, κείμενο*) full of spelling mistakes

ανορθώνω *ρ μ* (*σακί, κολόνα*) to stand upright • (*οικονομία*) to revive • (*αρχοντικό, τείχος*) to restore

ανόρθωση *ουσ θηλ* (*εκκλησίας, τείχους*) restoration • (*οικονομίας, κράτους*) recovery • (*παιδείας*) reform • (*στήθους*) reconstruction

ανοσία *ουσ θηλ* immunity

άνοστ|ος, -η, -ο *επιθ* (*φαγητό*) tasteless • (*αστείο*) lame • (*έργο, ηθοποιός, ζωή*) dull • (*γυναίκα, άντρας*) plain

ανοχή *ουσ θηλ* tolerance

ανταγωνίζομαι ρ μ αποθ. ~ κπν (σε κτ) to compete with ή against sb (for sth)
ανταγωνισμός ουσ αρσ (μαθητών, επαγγελματιών) rivalry • (εμπορικός) competition
ανταγωνιστής ουσ αρσ (αντίπαλος) rival • (για εταιρείες) competitor
ανταγωνιστικ|ός, -ή, -ό επιθ (σχέση, παιγνίδια) competitive • (εταιρεία, περιοδικό, σχολεία) rival • (προϊόντα, τιμές) competitive
ανταγωνίστρια ουσ θηλ βλ. **ανταγωνιστής**
ανταλλαγή ουσ θηλ exchange
ανταλλαγμα ουσ ουδ exchange
ανταλλακτικό ουσ ουδ spare part
ανταλλάσσω ρ μ (ιδέες, βρισιές, αιχμαλώτους, κάρτες) to exchange • (προϊόντα) to trade • (γραμματόσημα, βιβλία) to swap
ανταμείβω ρ μ to reward
ανταμοιβή ουσ θηλ reward
ανταμώνω ρ μ (άνθρωπο) to meet • (ζώα) to come across ▶ ρ αμ to meet ■ **ανταμώνομαι** μεσοπαθ to meet
αντάμωση ουσ θηλ **καλή ~!** see you again soon!
αντανάκλαση ουσ θηλ reflection
αντανακλαστικά ουσ ουδ πληθ reflexes
αντάξι|ος, -α, -ο επιθ worthy
ανταποδίδω ρ μ to return
ανταπόδοση ουσ θηλ (φιλοφρόνησης, χαιρετισμού, επίσκεψης) return • (αγάπης) reciprocation • (ζημιάς, κακού) repayment
ανταποκρίνομαι ρ αμ αποθ. ~ **σε** (ερέθισμα, κάλεσμα) to respond to • (πραγματικότητα) to reflect • (υποχρεώσεις, έξοδα, απαιτήσεις) to meet • (καθήκοντα) to fulfil (ΒΡΕΤ.), to fulfill (ΑΜΕΡ.)
ανταπόκριση ουσ θηλ (απάντηση) response • (δημοσιογράφου) report • (για μεταφορικά μέσα) connection
ανταποκριτής ουσ αρσ correspondent
ανταποκρίτρια ουσ θηλ βλ. **ανταποκριτής**
Ανταρκτική ουσ θηλ η ~ Antarctica
ανταρκτικ|ός, -ή, -ό επιθ Antarctic
ανταύγεια ουσ θηλ glow ■ **ανταύγειες** πληθ highlights
άντε (ανεπ.) επιφων ~ **να** go and
αντένα ουσ θηλ (τηλεόρασης, ραδιοφώνου, ασυρμάτου) aerial (ΒΡΕΤ.), antenna (ΑΜΕΡ.) • (ιστιοφόρου πλοίου) (sail)yard
άντερο ουσ ουδ bowel
αντέχω ρ αμ (μάιαντος, ύφασμα) to be resistant • (ρούχο) to be hard-wearing • (στρατός) to hold out • (αθλητής) to take the pace • (άνθρωπος, γάλα, τυρί, μπαταρία) to last ▶ ρ μ (άνθρωπο, φωνές, κακά αστεία) to tolerate • (κρύο, ζέστη, πίεση) to stand • (θεραπεία, φάρμακο, εγχείρηση) to withstand
αντηλιακό ουσ ουδ sunscreen
αντηλιακ|ός, -ή, -ό επιθ (κρέμα) suntan • (προστασία) sun
αντί, αντ', ανθ' προθ (ανταπόδοση) instead of • (αντίτιμο) for
αντιβιοτικό ουσ ουδ antibiotic
αντιβίωση ουσ θηλ antibiotics πληθ. • **παίρνω ~** to be on antibiotics

αντιγραφή ουσ θηλ (χειρογράφων) copying (out) • (Πληροφ) copy • (Τεχν) reproduction • (λογοκλοπή) plagiarism • (σε γραπτή εξέταση) cheating • (προτύπων) copying
αντίγραφο ουσ ουδ (ομιλίας) transcript • (εγγράφου, συμβολαίου) copy • (Τεχν) reproduction • (βιβλίου, σιντί) copy
αντιγράφω ρ μ to copy • (σιντί, δισκέτα) to make a copy of ▶ ρ αμ to cheat
αντίδοτο ουσ ουδ antidote
αντίδραση ουσ θηλ reaction • (αρνητική στάση) opposition χωρίς πληθ.
αντιδρώ ρ αμ (εναντιώνομαι) to be opposed (σε to) • (σε νέα, είδηση, πληροφορία) to react (σε to) • (Χημ) to react (με with) • (οργανισμός) to react
αντιζηλία ουσ θηλ rivalry
αντίζηλος ουσ αρσ, ουσ θηλ rival
αντίθεση ουσ θηλ opposition (για to) • (απόψεων) clash • (χρωμάτων, φωτισμού) contrast • (Λογ) antithesis
αντίθετα επιρρ on the contrary
αντίθετ|ος, -η, -ο επιθ (έννοια, αποτέλεσμα, πλευρά) opposite • (πορεία) reverse • (κατεύθυνση) opposite • (ενάντιος) opposed
αντιικ|ός, -ή, -ό επιθ antivirus • **αντικό πρόγραμμα** ή **λογισμικό** antivirus software
αντίκα ουσ θηλ antique
αντικαθιστώ ρ μ (μηχανή, υλικό) to replace • (τιμές) to substitute • (συνάδελφο, υπάλληλο) to stand in for • (σκοπό) to relieve
αντικανονικ|ός, -ή, -ό επιθ illegal
αντικατάσταση ουσ θηλ (λάμπας, μηχανής, υπαλλήλου) replacement • (σκοπών) changing
αντικαταστάτης ουσ αρσ (για γονείς, παίκτη) substitute • (για υπάλληλο) stand-in • (για ηθοποιό) understudy
αντικαταστάτρια ουσ θηλ βλ. **αντικαταστάτης**
αντικατοπτρισμός ουσ αρσ (οπτική απάτη) mirage • (αντανάκλαση) reflection
αντικείμενο ουσ ουδ (πράγμα) object • (έρευνας, συζήτησης, σπουδών, μελέτης) subject
αντικοινωνικ|ός, -ή, -ό επιθ (συμπεριφορά, ενέργεια) antisocial • (άνθρωπος) unsociable
αντικρίζω ρ μ (βλέπω) to see • (βρίσκομαι απέναντι) to be opposite • (αντιμετωπίζω) to face
αντικριστά επιρρ face to face
αντίκρυ επιρρ = **αντίκρυ**
αντίκρυ επιρρ opposite
αντίλαλος ουσ αρσ echo
αντιλαμβάνομαι ρ μ αποθ. (παρουσία, άνθρωπο, θόρυβο) to notice • (νόημα) to understand • (προθέσεις) to see through • (κίνδυνο) to be aware of
αντιλέγω ρ αμ to disagree ▶ ρ μ to contradict
αντιληπτ|ός, -ή, -ό επιθ (αισθητός) felt • (κατανοητός) understood
αντίληψη ουσ θηλ (χρωμάτων, χώρου) perception • (βαθμός ευφυΐας) perception • (νοημοσύνη) intelligence • (άποψη) outlook (για on)
αντίλογος ουσ αρσ objection
αντιλόπη ουσ θηλ antelope

αντιμετωπίζω ρ μ (επίθεση) to resist • (εχθρό)
to confront • (ομάδα) to play against • (επιλύω:
δυσκολίες, πρόβλημα) to deal with
• (αντεπεξέρχομαι) to face
αντιμετώπιση ουσ θηλ dealing with
αντιμέτωπ|ος, -η, -ο επιθ facing
αντίξο|ος, -η, -ο επιθ (επίσ.) επιθ unfavourable
(Βρετ.), unfavorable (Αμερ.)
αντιξοότητα ουσ θηλ adversity
αντίο επιφων άκλ. (οικ.) bye (ανεπ.) ■ **αντίο** ουσ
ουδ άκλ. goodbye
αντιπάθεια ουσ θηλ dislike
αντιπαθ|ής, -ής, -ές επιθ disagreeable
αντιπαθητικ|ός, -ή, -ό επιθ (άνθρωπος, φωνή)
disagreeable • (εικόνα) unpleasant
αντιπαθώ ρ μ to dislike
αντίπαλ|ος, -η, -ο επιθ (στρατόπεδο, παράταξη,
πλευρές) opposing • (δυνάμεις) rival
■ **αντίπαλος** ουσ αρσ, ουσ θηλ (ερωτικός,
κρυφός) rival • (οικονομικός) competitor
• (στρατιωτικός) adversary • (εκλογικός)
opponent • (για παίκτη) opponent
αντιπερισπασμός ουσ αρσ (απόσπαση
προσοχής) distraction • (Στρατ) diversion
αντιπολίτευση ουσ θηλ opposition
αντιπροσωπεία ουσ θηλ = **αντιπροσωπία**
αντιπροσωπευτικ|ός, -ή, -ό επιθ
representative • (χαρακτηριστικό) typical
αντιπροσωπεύω ρ μ (εκπροσωπώ) to
represent • (εκφράζω: ιδανική γυναίκα) to
exemplify • (: αλήθεια, απόψεις) to reflect
αντιπροσωπία ουσ θηλ (σύνολο
αντιπροσώπων) delegation • (Εμπ) agency
αντιπρόσωπος ουσ αρσ, ουσ θηλ
(πληρεξούσιος) representative • (μέλος
αντιπροσωπίας) delegate
αντίρρηση ουσ θηλ objection
αντίσκηνο ουσ ουδ tent
αντίσταση ουσ θηλ resistance ■ **Αντίσταση**
ουσ θηλ η **Αντίσταση** the Resistance
αντιστέκομαι ρ αμ αποθ. to resist
αντίστοιχα επιρρ respectively
αντίστοιχ|ος, -η, -ο επιθ corresponding
αντιστοίχως επιρρ = **αντίστοιχα**
αντίστροφ|ος, -η, -ο επιθ reverse
αντισυλληπτικό ουσ ουδ contraceptive pill
αντισυλληπτικ|ός, -ή, -ό επιθ contraceptive
αντισύλληψη ουσ θηλ contraception
αντισφαίριση (επίσ.) ουσ θηλ tennis
• **επιτραπέζια αντισφαίριση** table tennis
αντιτετανικ|ός, -ή, -ό επιθ~ **ορός** anti-tetanus
serum
αντίτιμο ουσ ουδ price
αντίτυπο ουσ ουδ copy
αντίχειρας ουσ αρσ thumb
άντληση ουσ θηλ (νερού, πετρελαίου) pumping
• (πληροφοριών) finding • (κεφαλαίων, πόρων)
drawing
αντλία ουσ θηλ pump
αντλώ ρ μ (νερό, πετρέλαιο) to pump
• (πληροφορία) to find • (συμπέρασμα, δύναμη)
to draw
αντοχή ουσ θηλ (υλικών) durability
• (πετρωμάτων) resistance • (μυϊκή δύναμη)

stamina • (υπομονή) resilience
άντρας ουσ αρσ = **άνδρας**
αντρεί|ος, -α, -ο επιθ = **ανδρείος**
αντρικός, -ή, -ό (ανεπ.) επιθ = **ανδρικός**
αντρόγυνο (ανεπ.) ουσ ουδ = **ανδρόγυνο**
αντωνυμία ουσ θηλ (κλιτή λέξη) pronoun
• (αντίθεση στη σημασία) antonymy
ανυπακοή ουσ θηλ disobedience
ανυπάκου|ος, -η, -ο επιθ disobedient
ανύπαντρ|ος, -η, -ο επιθ unmarried
ανύπαρκτ|ος, -η, -ο επιθ nonexistent
ανυπεράσπιστ|ος, -η, -ο επιθ (άνθρωπος)
defenceless (Βρετ.), defenseless (Αμερ.)
• (πόλη) undefended
ανυπομονησία ουσ θηλ impatience
ανυπόμον|ος, -η, -ο επιθ impatient
ανύποπτ|ος, -η, -ο επιθ (ανυποψίαστος)
unsuspecting • (στιγμή, φάση) unguarded
ανυπόφορ|ος, -η, -ο επιθ (άνθρωπος, ζέστη,
πόνος) unbearable • (ζωή, κατάσταση)
insufferable
ανυποψίαστ|ος, -η, -ο επιθ (περαστικός, θύμα)
unsuspecting • (άσχετος) clueless
ανυψώνω ρ μ (βάρος, φορτίο) to lift • (ηθικό) to
boost
ανύψωση ουσ θηλ (κιβωτίου, βάρους) lifting
• (κεραίας) raising • (ηθικού) boosting
• (στάθμης, θερμοκρασίας) rise
άνω (επίσ.) επιρρ (επάνω) upper • (περισσότερο
από) over
ανώδυν|ος, -η, -ο επιθ (χωρίς πόνο) painless
• (αγώνας) painless • (δήλωση) harmless • (ήττα,
συνέπειες) minor
ανωμαλία ουσ θηλ (για μηχανή, σε υπηρεσία)
trouble χωρίς πληθ. • (διαστροφή) deviation
• (Ιατρ) abnormality • (οδοστρώματος,
επιφάνειας) bump • (Γλωσσ) irregularity
ανώμαλ|ος, -η, -ο επιθ (κατάσταση, κλίμα)
unstable • (ρυθμοί) irregular • (ουσιαστικά,
ρήματα) irregular • (έδαφος) uneven • (δρόμος,
μονοπάτι) bumpy • (επιφάνεια) rough
■ **ανώμαλος** ουσ αρσ, **ανώμαλη** ουσ θηλ
pervert ■ **ανώμαλος** ουσ αρσ cross-country
(race)
ανωνυμία ουσ θηλ anonymity • (αφάνεια)
obscurity
ανώνυμ|ος, -η, -ο επιθ (συγγραφέας, δωρητής,
γράμμα, τηλεφώνημα) anonymous • (καταχρ.:
άγνωστος) unknown
ανώριμ|ος, -η, -ο επιθ (καρποί, φρούτα) not ripe
• (άνθρωπος, συμπεριφορά, χαρακτήρας)
immature • (συνθήκες) unfavourable (Βρετ.),
unfavorable (Αμερ.)
ανωριμότητα ουσ θηλ (ατόμου, σκέψης)
immaturity • (συνθηκών) unfavourable (Βρετ.)
ή unfavorable (Αμερ.) nature
ανωτερότητα ουσ θηλ superiority
ανώφελ|ος, -η, -ο επιθ wasted
άξαφνα επιρρ = **ξαφνικά**
άξαφν|ος, -η, -ο επιθ = **ξαφνικός**
αξεπέραστ|ος, -η, -ο επιθ (εμπόδιο, δυσκολία)
insurmountable • (ομορφιά) unrivalled (Βρετ.),
unrivaled (Αμερ.) • (έργο, τέχνη) unequalled
(Βρετ.), unequaled (Αμερ.)

αξεσουάρ ουσ ουδ άκλ. accessory
άξεστ|ος, -η, -ο επιθ (άνθρωπος) crude
• (συμπεριφορά) coarse
αξέχαστ|ος, -η, -ο επιθ unforgettable
αξία ουσ θηλ (εμπορεύματος, ακινήτου, γης, δολαρίου) value • (παιδείας, τέχνης, δημοκρατίας) value • (για εργαζόμενο) merit • (σπουδαιότητα) importance ■ **αξίες** πληθ values
αξιαγάπητ|ος, -η, -ο επιθ lovable
αξιέπαιν|ος, -η, -ο επιθ commendable
αξίζω ρ αμ to be worth ▶ ρ μ (χιλιάδες, εκατομμύρια) to be worth • (νίκη, τιμωρία, τύχη) to deserve ■ **αξίζει** απρόσ it is worth (να κάνω doing)
αξίνα ουσ θηλ hoe
αξιοζήλευτ|ος, -η, -ο επιθ enviable
αξιοθαύμαστ|ος, -η, -ο επιθ admirable
αξιοθέατα ουσ ουδ πληθ sights
αξιοθρήνητ|ος, -η, -ο επιθ (άνθρωπος, κατάσταση) pitiful • (ζωή, τέλος) wretched • (παράσταση, ταινία) pathetic
αξιολόγηση ουσ θηλ assessment • (πράξεων, αποτελεσμάτων) evaluation
αξιόλογ|ος, -η, -ο επιθ (προσπάθεια, έργο) remarkable • (περιουσία, ποσό) considerable • (άνθρωπος) notable
αξιολογώ ρ μ to assess
αξιολύπητ|ος, -η, -ο επιθ pitiful
αξιοπιστία ουσ θηλ (μάρτυρα, πολιτικού, κυβέρνησης) credibility • (πηγών, κειμένων, μεθόδων) reliability
αξιόπιστος, -η, -ο επιθ (μαρτυρίες, πηγή, αποτελέσματα) reliable • (επιστήμονας) authoritative
αξιοποίηση ουσ θηλ (πληροφοριών, μεθόδου, ικανοτήτων) utilization • (καταχρ.: εκμετάλλευση: περιοχής, χώρου) development • (γης, δασών) exploitation
αξιοποιώ ρ μ (ταλέντο, ικανότητες, ευκαιρία, συνεργάτες) to make the most of • (ελεύθερο χρόνο) to use • (πηγές ενέργειας) to exploit
αξιοπρέπεια ουσ θηλ dignity
αξιοπρεπ|ής, -ής, -ές επιθ (άνθρωπος, συμπεριφορά) dignified • (βίος) respectable • (στάση) honourable (Βρετ.), honorable (Αμερ.) • (ντύσιμο, τρόποι) decent
αξιοπρόσεκτ|ος, -η, -ο επιθ (έργο, χώρος) remarkable • (παρατήρηση) noteworthy
αξιοπρόσεχτ|ος, -η, -ο επιθ = **αξιοπρόσεκτος**
άξι|ος, -α, -ο επιθ (παλικάρι, πολιτικός, καλλιτέχνης) able • (γαμπρός) worthy • ~ +γεν. worthy of
αξιοσέβαστ|ος, -η, -ο επιθ (άνθρωπος) respectable • (ποσό, περιουσία) considerable
αξιοσημείωτ|ος, -η, -ο επιθ remarkable
αξιότιμ|ος, -η, -ο επιθ honourable (Βρετ.), honorable (Αμερ.)
αξίωμα ουσ ουδ (βουλευτή) office • (στρατηγού) rank • (Φιλοσ, Μαθ) axiom
αξιωματικός ουσ αρσ, ουσ θηλ (στρατού, αστυνομίας) officer • (στο σκάκι) bishop
άξονας ουσ αρσ (Γης) axis • (αυτοκινήτου) axle
■ **Άξονας** ουσ αρσ **ο Άξονας** the Axis

αξύριστ|ος, -η, -ο επιθ unshaven
άοπλ|ος, -η, -ο επιθ unarmed
αόρατ|ος, -η, -ο επιθ (δυνάμεις, υπάρξεις, κόσμος) invisible • (κίνδυνος) unseen • (έμποροι ναρκωτικών, κύκλωμα εμπορίας όπλων) covert
αόριστ|ος, -η, -ο επιθ (λόγια, υποσχέσεις, φόβος, ιδέα) vague • (άρθρο, αντωνυμίες) indefinite
άουτ ουσ ουδ άκλ. (ΑΘλ) touch
απαγγέλλω ρ μ to recite
απαγορευμέν|ος, -η, -ο επιθ forbidden • (λέξη) taboo • (τραγούδι, βιβλίο) banned
απαγόρευση ουσ θηλ prohibition
απαγορευτικ|ός, -ή, -ό επιθ (πινακίδα) warning • (διατάξεις) prohibitive ■ **απαγορευτικό** ουσ ουδ (για οχήματα: επίσης: **απαγορευτικό σήμα**) warning sign • (για πλοία) warning
απαγορεύω ρ μ (τραγούδι, βιβλίο, εκδηλώσεις) to ban • (για γιατρό) to forbid • (για νόμο, συνείδηση) to prohibit
απαγωγή ουσ θηλ (Νομ) abduction
απάθεια ουσ θηλ indifference
απαθ|ής, -ής, -ές επιθ indifferent
άπαικτ|ος, -η, -ο επιθ (στον κινηματογράφο: επίσης: **άπαιχτος**) not out • (στην τηλεόραση) not shown • (στο θέατρο) not put on
απαισιοδοξία ουσ θηλ pessimism
απαισιόδοξ|ος, -η, -ο επιθ pessimistic
απαίσι|ος, -α, -ο επιθ awful
απαίτηση ουσ θηλ demand
απαιτητικ|ός, -ή, -ό επιθ demanding
απαιτούμεν|ος, -η, -ο επιθ necessary
απαιτώ ρ μ (σεβασμό, πειθαρχία) to demand • (παραίτηση) to call for • (μισθό, πληρωμή, απάντηση) to demand • (προσοχή, υπομονή) to require • (χρόνο) to take
άπαιχτ|ος, -η, -ο επιθ (αργκ.) επιθ (τύπου) in a class of his own • (αστείο) priceless • βλ. κ. **άπαικτος**
απαλός, -ή, -ό επιθ (χέρι, ρούχα, μαλλιά) soft • (μουσική, φωτισμός) soft • (χρώμα) pastel • (αεράκι, χάδι) gentle
απαλότητα ουσ θηλ softness
απάνθρωπ|ος, -η, -ο επιθ inhuman
απάντηση ουσ θηλ (απόκριση) answer • (σε αίτηση, επιστολή) reply • (προβλήματος, άσκησης) answer • (αντίδραση) response
απαντώ ρ αμ (δίνω απάντηση) to answer • (σε γράμμα, επιστολή) to reply • (αντιδρώ) to respond ▶ ρ μ (αποκρίνομαι) to answer • (συναντώ) to meet
απάνω επιρρ = **επάνω**
απαραβίαστ|ος, -η, -ο επιθ (κλειδαριά) not tampered with • (πόρτα) not broken into • (χρηματοκιβώτιο) impregnable • (κανόνας) inviolable • (δικαίωμα) inalienable • (όρος) strict • (τόπος) inviolate
απαράδεκτ|ος, -η, -ο επιθ (συμπεριφορά, στάση) unacceptable • (κατάσταση) intolerable • (τρόπος) objectionable • (φαγητό, κουζίνα) abysmal
απαραίτητ|ος, -η, -ο επιθ (εφόδιο, προϋπόθεση) essential • (χρόνος) necessary
απαρατήρητ|ος, -η, -ο επιθ unnoticed
απαρνούμαι, απαρνιέμαι ρ μ αποθ. (θρησκεία) to renounce • (ιδέες) to reject • (παιδιά, γονείς)

to abandon • (καριέρα) to give up • (πλούτη) to renounce

απασχολημέν|ος, -η, -ο επιθ busy

απασχόληση ουσ θηλ (εργασία) occupation • (καταχρ.: ασχολία) pastime

απασχολώ ρ μ (παρέχω εργασία) to employ • (προβληματίζω) to concern • (αποσπώ την προσοχή) to distract • (γεμίζω τον χρόνο) to occupy ▪ **απασχολούμαι** μεσοπαθ to work

απατεώνας ουσ αρσ crook

απατεώνισσα ουσ θηλ βλ. **απατεώνας**

απάτη ουσ θηλ (κατεργαριά) deception • (απατεώνας) crook • (ψέμα) lie

απατώ ρ μ (κάνω απάτη) to cheat • (προαίσθηση) to let down • (σύζυγο) to deceive

άπαχ|ος, -η, -ο επιθ (γάλα) fat-free • (τυρί) low-fat • (κρέας) not fatty

απείθαρχος, -η, -ο επιθ (στρατιώτης) insubordinate • (μαθητής) unruly

απεικονίζω ρ μ (αποδίδω) to depict • (περιγράφω) to portray

απεικόνιση ουσ θηλ (αναπαράσταση) portrayal • (περιγραφή) description

απειλή ουσ θηλ threat

απειλητικ|ός, -ή, -ό επιθ threatening

απειλώ ρ μ to threaten ▪ **απειλούμαι** μεσοπαθ **απειλούμαι με εξαφάνιση** to be threatened with extinction

απείραχτος, -η, -ο επιθ (που δεν τον έχουν ενοχλήσει) not bothered • (άθικτος) untouched

απειρία ουσ θηλ inexperience

άπειρο ουσ ουδ infinity

άπειρ|ος, -η, -ο επιθ inexperienced

απέλαση ουσ θηλ expulsion

απελαύνω ρ μ (αόρ. **απέλασ|α**, αόρ. παθ. **απελάθηκα**) to expel

απελευθερώνω ρ μ (σκλάβο, δούλο) to set free • (λαό) to set free • (ενέργεια) to release • (Οικον) to deregulate • (ορμές, ένστικτα, σκέψη) to let run free

απελευθέρωση ουσ θηλ liberation

απελπίζω ρ μ to discourage ▪ **απελπίζομαι** μεσοπαθ to despair

απελπισία ουσ θηλ despair

απελπισμένος επιθ desperate

απέναντι (αντίκρυ) opposite • (ενώπιον) towards • (σε σχέση με) beside

απένταρος επιθ broke

απεργία ουσ θηλ strike • **κάνω ~** to be on strike • **~ πείνας** hunger strike

απεργός ουσ αρσ, ουσ θηλ striker

απεργώ ρ αμ to strike

απεριόριστος επιθ (εξουσία, φιλοδοξία) limitless • (εμπιστοσύνη) unconditional

απεριποίητος επιθ (για πρόσ.) unkempt • (κήπος) neglected • (σπίτι) untidy

απερίσκεπτος επιθ (απόφαση) rash • (ενέργεια, κίνηση) thoughtless • (για πρόσ.: επιπόλαιος) rash

απερισκεψία ουσ θηλ thoughtlessness

απεσταλμέν|ος, -η, -ο επιθ **απεσταλμένο μήνυμα** sent message ▪ **απεσταλμένος** ουσ αρσ, **απεσταλμένη** ουσ θηλ (χώρας, Ο.Η.Ε.) envoy • (καναλιού, εφημερίδας) correspondent

απευθείας επιρρ (άμεσα) directly • (αμέσως) immediately

απευθύνω ρ μ to deliver ▪ **απευθύνομαι** μεσοπαθ **απευθύνομαι σε** (προφορικά) to address • (εγγράφως) to write to • (καλοσύνη, ευαισθησία) to appeal to • (σε υπηρεσία) to apply to

απέχω ρ αμ (βρίσκομαι μακριά) to be far • **~ από** (συνάντηση) to be absent from • (ψηφοφορία) to abstain from • (προπονήσεις) to not take part in • (διαφέρω) to be far-removed from

απήχηση ουσ θηλ (αποδοχή) acceptance • (αντίκτυπος) impact

άπιαστ|ος, -η, -ο επιθ (ασύλληπτος) not caught • (απραγματοποίητος) unfulfilled • (αξεπέραστος) unbeatable

απίδι ουσ ουδ pear

απίθανος, -η, -ο επιθ (εκπληκτικός) incredible • (μη πιθανός) unlikely

απίστευτ|ος, -η, -ο επιθ incredible

απιστία ουσ θηλ infidelity

άπιστ|ος, -η, -ο επιθ (άθρησκος) unbelieving • (σύζυγος) unfaithful ▶ ουσ (Θρησκ) unbeliever • (μειωτ.) infidel

απλά επιρρ simply

απλήρωτ|ος, -η, -ο επιθ (λογαριασμός, υπάλληλος) unpaid • (σκεύος, μηχάνημα) not paid for

απληστία ουσ θηλ greed

άπληστ|ος, -η, -ο επιθ greedy

απλοϊκ|ός, -ή, -ό επιθ simple

απλοποιώ ρ μ to simplify

απλ|ός, -ή, -ό επιθ (μη πολύπλοκος) simple • (γνωριμία, ματιά, βλέμμα) mere • (για πρόσ.: προσιτός) unaffected • (πολίτης, άνθρωπος) ordinary • (απλοϊκός: άνθρωπος, χαρακτήρας) naive

απλότητα ουσ θηλ simplicity

άπλυτ|ος, -η, -ο επιθ unwashed ▪ **άπλυτα** ουσ ουδ πληθ dirty linen εν.

άπλωμα ουσ ουδ (ρούχων, χαλιών) hanging out • (χεριών) holding out • (ποδιών) putting out • (ξεδίπλωμα: κουβέρτας, σεντονιού) spreading (out) • (αρρώστιας, ελονοσίας) spread • (αντιλήψεων, ιδεών, κινήματος) spreading

απλώνω ρ μ (ρούχα) to hang out • (καπνό, αμύγδαλα, σύκα) to put out • (ξεδίπλωμα: κουβέρτα, τραπεζομάντηλο) to spread (out) • (χέρι) to hold out • (πόδι) to put out, to stretch out • (φτερά) to spread • (βούτυρο, μαρμελάδα) to spread • (χρώμα, βαφή) to apply ▶ ρ αμ to spread ▪ **απλώνομαι** μεσοπαθ (εκτείνομαι: πεδιάδα, λουλούδια) to spread • (επεκτείνομαι: σκοτάδι, ομίχλη, ιός, χαμόγελο) to spread • (επιχείρηση) to expand • (έρευνα) to widen • (παρέα, κόμμα) to grow • (στρατός, πλήθος) to spread out • (επεκτείνομαι υπερβολικά: ομιλητής) to ramble on

απλώς επιρρ just

ΛΕΞΗ-ΚΛΕΙΔΙ

από, απ', αφ' προθ **1** (για αφετηρία, σημείο υπολογισμού, καταγωγή) from

2 (*για διέλευση*) via • (*για το δια μέσου*) through
3 (*για μέρος συνόλου*) of
4 (*για χρόνο*) from
5 (*σε συγκρίσεις με θετικό βαθμό*) to • (*με συγκριτικό βαθμό*) than
6 (*ποιητικό αίτιο*) by
7 (*για ύλη ή περιεχόμενο*) made of
8 +*αριθ.* out of
9 (*για τρόπο ή μέσο*) from
10 (*για απαλλαγή*) from
11 (*για αφαίρεση*) minus

αποβάθρα *ουσ θηλ* (*λιμανιού*) quay
• (*σιδηροδρομικού σταθμού*) platform
αποβαίνω *ρ αμ* to prove
αποβάλλω *ρ μ* (*μόσχευμα*) to reject • (*φαγητό*) to bring up • (*θερμότητα*) to give off • (*μτφ.: ιδέα, σκέψεις*) to dismiss • (: *για την κοινωνία*) to reject • (*μαθητή, φοιτητή*) to expel, to exclude • (*παίκτη, ποδοσφαιριστή*) to send off ▶ *ρ αμ* to miscarry
απόβαση *ουσ θηλ* landing • **κάνω ~** to land
αποβιβάζω *ρ μ* (*επιβάτη: από πλοίο*) to put ashore • (*από λεωφορείο*) to drop off ■ **αποβιβάζομαι** *μεσοπαθ* (*από πλοίο*) to go ashore • (*από λεωφορείο, τρένο*) to get off • (*Στρατ*) to land
αποβίβαση *ουσ θηλ* disembarkation
απόβλητα *ουσ ουδ πληθ* (*εργοστασίου*) waste • (*υπονόμου, πόλης*) sewage
αποβολή *ουσ θηλ* (*μοσχεύματος*) rejection • (*τροφής*) bringing up • (*μαθητή, φοιτητή*) exclusion • (*παίκτη, ποδοσφαιριστή*) sending off • (*για έγκυο*) miscarriage
αποβουτυρωμέν|ος, -η, -ο *επιθ* skimmed
απόβρασμα *ουσ ουδ* scum
απόγειο *ουσ ουδ* peak
απογειώνω *ρ μ* to get into the air ■ **απογειώνομαι** *μεσοπαθ* (*αεροπλάνο*) to take off • (*μτφ.: κίνημα*) to take off • (*τιμές*) to go through the roof • (*πληθωρισμός*) to soar
απογείωση *ουσ θηλ* takeoff
απόγεμα *ουσ ουδ* (*προφορ.*) = **απόγευμα**
απόγευμα *ουσ θηλ* afternoon • **θα πάω το ~** I'll go in the afternoon
απογευματιν|ός, -ή, -ό *επιθ* (*εργασία*) afternoon • (*εφημερίδα*) evening ■ **απογευματινό** *ουσ θηλ* matinée
απόγνωση *ουσ θηλ* despair
απογοητευμέν|ος, -η, -ο *επιθ* disappointed • **~ από** disappointed with ή in
απογοήτευση *ουσ θηλ* disappointment
απογοητευτικ|ός, -ή, -ό *επιθ* disappointing
απογοητεύω *ρ μ* to let down ■ **απογοητεύομαι** *μεσοπαθ* (*αποκαρδιώνομαι*) to be discouraged • (*διαψεύδονται οι ελπίδες μου*) to be disappointed
απόγονος *ουσ αρσ* descendant
αποδεδειγμέν|ος, -η, -ο *επιθ* proven
αποδεικνύω *ρ μ* (*θεωρία, θάνατο*) to prove • (*αλήθεια*) to demonstrate ■ **αποδεικνύομαι** *μεσοπαθ* to be proven to be
αποδεικτικό *ουσ ουδ* proof
απόδειξη *ουσ θηλ* (*πειστήριο*) evidence

• (*αγοράς, πώλησης*) receipt
αποδείχνω *ρ μ* = **αποδεικνύω**
αποδέκτης *ουσ αρσ* recipient
αποδεκτ|ός, -ή, -ό *επιθ* (*που γίνεται δεκτός*) accepted • (*που θεωρείται ορθός*) acceptable
αποδέκτρια *ουσ θηλ βλ.* **αποδέκτης**
αποδέχομαι *ρ μ αποθ.* to accept
αποδημητικ|ός, -ή, -ό *επιθ* migratory
αποδίδω *ρ μ* (*καταλογίζω: ατύχημα, επιτυχία, ευθύνη*) to attribute (*σε* to) • (*έργο*) to ascribe (*σε* to) • (*τιμή*) to pay • (*δικαιοσύνη*) to administer • (*φόρο*) to pay • (*οφειλόμενο*) to pay (off) • (*μεταφράζω: κείμενο*) to render • (*αποφέρω κέρδος: επιχείρηση, δουλειά*) to pay (off) • (*καρπό, αποτέλεσμα*) to produce ▶ *ρ αμ* (*παράγω έργο*) to perform well • (*έχω αποτέλεσμα*) to pay off
αποδιοπομπαί|ος, -α, -ο *επιθ* **~ τράγος** scapegoat
αποδοκιμάζω *ρ μ* to disapprove of
αποδοκιμασία *ουσ θηλ* disapproval
απόδοση *ουσ θηλ* (*χρέους, φόρου*) return • (*ευθύνης*) attribution • (*παραγωγή: για άνθρωπο, επιχείρηση*) output • (*ομάδας, αθλητή, μηχανής*) performance • (*μετάφραση*) translation • (*ερμηνεία: τραγουδιού, κομματιού, ηθοποιού*) performance
αποδοτικ|ός, -ή, -ό *επιθ* (*εργασία*) productive • (*επένδυση*) profitable • (*υπάλληλος*) efficient
αποδοχή *ουσ θηλ* acceptance ■ **αποδοχές** *πληθ* pay *εν.*, earnings
απόδραση *ουσ θηλ* escape
αποδυναμώνω *ρ μ* to weaken • (*προσπάθεια, θέση, ρόλο*) to undermine
αποδυτήρια *ουσ ουδ πληθ* changing room
αποζημιώνω *ρ μ* to compensate
αποζημίωση *ουσ θηλ* (*επανόρθωση ζημιάς*) compensation • (*Νομ*) damages *πληθ.* • (*υλική ή ηθική αμοιβή*) reward
αποθαρρύνω *ρ μ* to discourage
απόθεμα *ουσ ουδ* stock ■ **αποθέματα** *πληθ* (*πετρελαίου, ενέργειας, υπομονής, δύναμης*) reserves • (*τροφίμων*) supplies
αποθηκεύω *ρ μ* to store
αποθήκη *ουσ θηλ* storeroom
αποικία *ουσ θηλ* colony
άποικος *ουσ αρσ, ουσ θηλ* settler
αποκαθιστώ *ρ μ* (*βλάβη*) to repair • (*κυκλοφορία*) to restore to normal • (*τάξη, τιμή, έργο*) to establish • (*εξασφαλίζω οικονομικά*) to provide for
αποκαλυπτικ|ός, -ή, -ό *επιθ* revealing
αποκαλύπτω *ρ μ* (*αλήθεια, μυστικό*) to reveal • (*απάτη, σκευωρία, μηχανορραφία*) to expose
αποκάλυψη *ουσ θηλ* (*μνημείου*) unveiling • (*αλήθειας, στοιχείων*) revelation • (*μυστικού*) disclosure • (*ξεσκέπασμα*) exposure
αποκαλώ *ρ μ* to call
αποκατάσταση *ουσ θηλ* (*πλήρης επανόρθωση: βλάβης, ζημιάς*) compensation • (*υγείας*) restoration • (*επαναφορά σε προηγούμενη κατάσταση: δικτύου, ρεύματος, επαφής*) restoration • (*επαναφορά: δημοκρατίας, συμμαχίας, ισορροπίας*) restoration

• (εξασφάλιση: για πρόσ.) establishment • (για γάμο) settling down • (προσφύγων, πληγέντων, σεισμόπληκτων) reparation

αποκεφαλίζω ρ μ (κόβω το κεφάλι) to behead • (μτφ.) to get rid of

αποκλεισμέν|ος, -η, -ο επιθ (μτφ.) cut off

αποκλεισμός ουσ αρσ exclusion • (αθλητή, ομάδας) disqualification

αποκλειστικός επιθ (αντιπρόσωπος) sole, exclusive

αποκλείω ρ μ (δρόμο) to block off • (περιοχή) to seal (off) • (εμποδίζω την επικοινωνία: άνθρωπο, νησί) to cut off • (Αθλ: ομάδα) to eliminate ■ **αποκλείεται** απρόσ it's out of the question

απόκομμα ουσ ουδ clipping

αποκορύφωμα ουσ ουδ (καριέρα) peak • (θριάμβου, ευτυχίας) height • (αγώνα) climax • (προσπάθειας) culmination

αποκορυφώνω ρ μ to heighten ■ **αποκορυφώνομαι** μεσοπαθ to reach a peak

αποκορύφωση ουσ θηλ βλ. **αποκορύφωμα**

απόκρημν|ος, -η, -ο επιθ steep, sheer

Αποκριά ουσ θηλ carnival

αποκριάτικ|ος, -η, -ο επιθ carnival

Απόκριες ουσ θηλ πληθ = **Αποκριά**

απόκρουση ουσ θηλ (απώθηση επιτιθέμενου: στρατού, εχθρού) repulse • (μτφ.: επιχειρήματος, κατηγορίας) rebuttal (επίσ.) • (ανασκευή, αναίρεση: κατηγελίας, αγωγής) dismissal • (: ένστασης) overruling • (σουτ, μπάλας, μπαλιάς) save, clearance

αποκρουστικός επιθ repulsive

αποκρούω ρ μ (στρατό, εχθρό) to repulse • (μτφ.: επιχείρημα, ισχυρισμό, κατηγορίες) to refute • (έρωτα, προσφορά) to reject • (Αθλ) to block

αποκρύβω ρ μ = **αποκρύπτω**

αποκρύπτω ρ μ to hide • (έσοδα, χρήματα) not to declare • (πληροφορίες) to withhold

απόκτημα ουσ ουδ acquisition

απόκτηση ουσ θηλ (αγαθών, γνώσεων, εξοπλισμού) acquisition • (εμπειρίας, δύναμης, εξουσίας) gaining

αποκτώ ρ μ (αόρ. **απόκτ|ώμαι**) (περιουσία, πλούτη) to acquire • (αυτοκίνητο) to get • (γνώσεις, δικαίωμα) to acquire • (εξουσία, πείρα) to gain • (φίλο) to make • (αντίπαλο, εχθρό) to make (oneself) • (συνεργάτη) to gain • (παιδιά) to have

απολαβές ουσ θηλ πληθ (εργαζομένου) wages, salary εν.

απολαμβάνω ρ μ to enjoy

απόλαυση ουσ θηλ enjoyment ■ **απολαύσεις** πληθ sensual pleasure εν.

απολαυστικός επιθ enjoyable

απολογία ουσ θηλ defence (Βρετ.), defense (Αμερ.)

απολογούμαι ρ αμ αποθ. (κατηγορούμενος) to defend oneself • (δικαιολογούμαι) to justify oneself

απολύμανση ουσ θηλ disinfecting

απολυμαντικό ουσ ουδ disinfectant

απόλυση ουσ θηλ (μισθωτού, υπαλλήλου, εργαζόμενου) dismissal • (κρατουμένου) release

• (στρατευσίμου) discharge

απόλυτα επιρρ completely

απολυτήριο ουσ ουδ (λυκείου, γυμνασίου) school-leaving certificate • (στρατού) discharge papers πληθ. • (φυλακής) release papers πληθ.

απόλυτ|ος, -η, -ο επιθ (ελευθερία, ανεξαρτησία, σκοτάδι, σιωπή) complete • (εξουσία, μονάρχης, κυρίαρχος) absolute • (τάξη) perfect • (αμετάκλητος: θέση) uncompromising • (προτεραιότητα) top • **είμαι ~ σε κτ** to be uncompromising in sth • **έχω απόλυτη ανάγκη από κπν/κτ** to need sb/sth desperately • **έχω απόλυτο δίκιο** to be quite ή absolutely right

απολύτως επιρρ = **απόλυτα**

απολύω ρ μ (υπάλληλο, μισθωτό) to dismiss • (κρατούμενο, φυλακισμένο) to release • (στρατιώτη) to discharge ▶ ρ αμ to be over

απομάκρυνση ουσ θηλ (ξεμάκρεμα) moving away • evacuation • (μεταφορά: νερού, σκουπιδιών, αποβλήτων) disposal • (για πρόσ.: εκτοπισμός) removal

απομακρύνω ρ μ (διώχνω) to move away • (εκτοπίζω) to remove ■ **απομακρύνομαι** μεσοπαθ (ξεμακραίνω) to move away • (αποκόπτομαι) to distance oneself • (ξεφεύγω: από δεδομένες αρχές) to move away • (από το θέμα) to stray

απομεινάρι ουσ ουδ (φαγητού) leftovers πληθ. • (ειδυλίου, τάφου, ναού) remains πληθ. • (παράδοσης, τέχνης, εξουσίας) vestige

απομένω ρ αμ to be left • **απομένει να κάνω κτ** it remains for one to do sth • **δεν απομένει (άλλο τίποτα) παρά να** all I (ή we) can do now is to

απομίμηση ουσ θηλ imitation

απομονωμέν|ος, -η, -ο επιθ (αυτός που βρίσκεται μακριά από άλλους) isolated • (μτφ.) withdrawn

απομονώνω ρ μ (γεγονός, δεδομένο) to isolate • (χωρίζω) to separate • (κατοίκους, περιοχή) to cut off ■ **απομονώνομαι** μεσοπαθ (για πρόσ.) to withdraw (από from) • (χώρα) to isolate itself

απομόνωση ουσ θηλ (για πρόσ., χώρα) isolation • (λιμανιού, περιοχής) cutting off • (ως τιμωρία) solitary confinement

απονέμω ρ μ (τίτλο) to confer • (βραβείο, μετάλλιο) to award • (δικαιοσύνη) to administer • (χάρη) to grant

απονομή ουσ θηλ (βραβείου, πτυχίου) awarding • (δικαιοσύνης) administration • (τίτλου) conferring • (χάριτος) granting • (η τελετή) award ceremony

άπον|ος, -η, -ο επιθ (άνθρωπος) heartless • (ζωή, τύχη) cruel

αποξένωση ουσ θηλ (ανθρώπου) estrangement • (χώρας) isolation • (αλλοτρίωση) alienation

αποξηραίνω ρ μ (αόρ. **αποξήραν|α,** αόρ. παθ. **αποξηράνθηκα,** μτχ. **αποξηραμέν|ος**) (έκταση, βάλτο) to drain • (λουλούδια, καρπούς) to dry

αποξηραμέν|ος, -η, -ο επιθ (φυτό, λουλούδι, φρούτο) dried • (βάλτος, λίμνη) drained

απόπειρα ουσ θηλ attempt • **~ αυτοκτονίας** suicide attempt

αποπειρώμαι ρ μ αποθ. to attempt (*να κάνω* to do)

αποπεράτωση ουσ θηλ (*επίσ.*) completion

αποπλάνηση ουσ θηλ seduction

αποπλανώ ρ μ to seduce

αποπλέω ρ αμ to sail

απόπλους ουσ αρσ (*απ. εν.* **απόπλ|ου(ν)**) sailing

αποπνικτικ|ός, -ή, -ό επιθ (*καπνός*) suffocating • (*μυρουδιά*) overwhelming • (*ατμόσφαιρα*) stifling

απορημέν|ος, -η, -ο επιθ confused

απορία ουσ θηλ (*ερώτηση*) question • (*έκπληξη που συνοδεύεται από αμφιβολία*) surprise • **λύνω ~** to answer a question

άπορ|ος, -η, -ο επιθ destitute ■ **οι άποροι** ουσ πληθ the poor

απόρρητ|ος, -η, -ο επιθ confidential ■ **απόρρητο** ουσ ουδ confidentiality • **επαγγελματικό απόρρητο** professional confidentiality *ή* secrecy

απορρίμματα ουσ ουδ πληθ rubbish εν. (*Βρετ.*), garbage εν. (*Αμερ.*), refuse εν.

απορρίπτω ρ μ (*αόρ.* **απέρριψ|α**) (*φοιτητή, μαθητή*) to fail • (*πρόταση, αίτηση*) to reject • (*πρόληψη, ιδέα*) to reject

απόρριψη ουσ θηλ (*σκουπιδιών*) dumping • (*σχεδίου, πρότασης, αίτησης*) rejection • (*εφέσεως*) dismissal • (*ένστασης*) overruling • (*φοιτητή*) failing • (*υποψηφίου*) rejection

απορροφημέν|ος, -η, -ο επιθ μτχ **είμαι ~ με κτ** to be absorbed *ή* engrossed in sth

απορροφώ ρ μ (*σφουγγάρι, υγρασία, νερό*) to soak up • (*μτφ.: ενεργητικότητα, ενέργεια*) to take up ■ **απορροφώμαι** μεσοπαθ to become absorbed *ή* engrossed (*σε* in)

απορρυπαντικό ουσ ουδ detergent

απορώ ρ αμ to be surprised

απόσβεση ουσ θηλ (*χρέους, δανείου, δαπάνης*) paying off • (*Οικον: κεφαλαίου*) depreciation

αποσκευές ουσ θηλ πληθ luggage χωρίς πληθ. (: *κυρ. Βρετ.*), baggage χωρίς πληθ. (: *κυρ. Αμερ.*)

αποσμητικό ουσ ουδ (*σώματος*) deodorant • (*χώρου*) air freshener

απόσπασμα ουσ ουδ (*κειμένου, μουσικού κομματιού, ομιλίας*) extract • (*πυροβολικού, στρατού*) detachment

αποσπώ ρ μ (*αποκολλώ*) to detach, to separate • (*υπάλληλο*) to second (: *κυρ. Βρετ.*), to put on temporary assignment (*Αμερ.*) • (*χρήματα*) to extort • (*πληροφορίες, αλήθεια, στοιχεία*) to extract • (*προσοχή, σκέψη, μυαλό*) to distract • (*βραβείο*) to get • (*θαυμασμό*) to get • (*εμπιστοσύνη*) to gain ■ **αποσπώμαι** μεσοπαθ **αποσπώμαι από κτ** to be distracted from sth

απόσταση ουσ θηλ (*για τόπο*) distance • (*στον χρόνο*) interval • (*μτφ.: διαφορά*) gap • **από ~** from a distance • **~ ασφαλείας** safe distance

αποστείρωση ουσ θηλ (*γάλακτος*) pasteurization • (*σκεύους*) sterilization

αποστολέας ουσ αρσ sender

αποστολή ουσ θηλ (*επίσ.: εμπορεύματος, γραμμάτων, στρατευμάτων*) dispatch • (*σημαντικό έργο για εκτέλεση*) mission • (*αυτοί που συμμετέχουν σε σημαντικό έργο*) mission • (*προορισμός, σκοπός*) mission • (*αντιπροσωπεία*) delegation

αποστρατεύω ρ μ (*αξιωματικό*) to discharge • (*στρατιώτη*) to demobilize ■ **αποστρατεύομαι** μεσοπαθ (*αξιωματικό*) to be discharged • (*στρατιώτης*) to be demobilized

αποστρέφω ρ μ (*πρόσωπο*) to turn away • (*βλέμμα, ματιά*) to avert

αποστροφή ουσ θηλ loathing

αποσύνθεση ουσ θηλ (*πτώματος, ύλης*) decomposition • (*κοινωνίας, συζυγικών σχέσεων*) breakdown • (*κράτους, καθεστώτος*) downfall • (*στρατού*) break-up

απόσυρση ουσ θηλ withdrawal

αποσύρω ρ μ (*διάταγμα, νόμο*) to repeal • (*δήλωση*) to retract • (*χρήματα, χαρτονόμισμα*) to withdraw • (*αυτοκίνητο*) to upgrade • (*βιβλίο, προϊόντα*) to withdraw ■ **αποσύρομαι** μεσοπαθ (*φεύγω από την ενεργό δράση*) to retire • (*αποχωρώ*) to withdraw

αποταμίευση ουσ θηλ saving ■ **αποταμιεύσεις** πληθ savings

αποταμιεύω ρ μ (*χρήματα*) to save • (*μτφ.*) to build up

αποτελειώνω ρ μ (*ολοκληρώνω*) to finish (off) • (*δίνω το τελειωτικό χτύπημα*) to finish off

αποτέλεσμα ουσ ουδ result • (*συνέπεια*) result • **με ~ να...** with the result that... • **τελικό ~** end result • **το αντίθετο ~** the opposite effect • **χωρίς ~** without result • **ως ή σαν ~** as a result ■ **αποτελέσματα** πληθ results

αποτελεσματικ|ός, -ή, -ό επιθ effective

αποτελεσματικότητα ουσ θηλ effectiveness

αποτελώ ρ μ (*είμαι*) to be • (*απαρτίζω*) to make up

απότομος επιθ (*απόκρημνος*) steep • (*ξαφνικός, αναπάντεχος*) abrupt • (*βίαιος, προσβλητικός*) abrupt • (*ορμητικός*) raging

αποτοξίνωση ουσ θηλ detoxification • **κάνω ~** to go through detoxification *ή* detox (*ανεπ.*)

αποτραβιέμαι ρ αμ to withdraw

αποτρέπω ρ μ (*αόρ.* **απέτρεψα**, *αόρ. παθ.* **αποτράπηκα**) (*εμποδίζω: κίνδυνο, κακό*) to avert • (: *τραγωδία*) to prevent

αποτρίχωση ουσ θηλ hair removal • **~ με κερί** waxing

αποτρόπαι|ος, -α, -ο επιθ (*έγκλημα*) heinous • (*θέαμα, όψη*) hideous

αποτσίγαρο ουσ ουδ (*cigarette/cigar*) butt *ή* stub

αποτυγχάνω ρ αμ (*αόρ.* **απέτυχ|α**) to fail

αποτύπωμα ουσ ουδ (*ποδιού*) print • (*μτφ.*) imprint

αποτυπώνω ρ μ to impress ■ **αποτυπώνομαι** μεσοπαθ **αποτυπώνεται στο μυαλό μου** to be imprinted on one's mind

αποτυχαίνω = **αποτυγχάνω**

αποτυχημέν|ος, -η, -ο επιθ (*καλλιτέχνης, επιχειρηματίας*) failed • (*επιλογή*) wrong • (*εμφάνιση, ντύσιμο*) inappropriate

αποτυχία ουσ θηλ (πειράματος, προσπάθειας) failure • (υποψηφίου, κόμματος) defeat • (συνομιλιών) breakdown

απούλητ|ος, -η, -ο επιθ unsold

απούσα επιθ θηλ βλ. **απών**

απουσία ουσ θηλ absence • absence

απουσιάζω ρ αμ to be absent

αποφάγια ουσ ουδ πληθ scraps

απόφαση ουσ θηλ (γενικότ.) decision • (δικαστή) ruling • (ενόρκων) verdict • **παίρνω (την) ~ να κάνω κτ** to decide to do sth

αποφασίζω ρ μ to decide (να κάνω to do) ▶ ρ αμ to make a decision • (ενόρκοι) to reach a verdict • (δικαστήριο) to reach a decision ή judg(e)ment • **το αποφάσισα** I've made up my mind

αποφασισμέν|ος, -η, -ο μτχ determined • **είμαι ~ για όλα** to stop at nothing • **είμαι ~ να κάνω κτ** to be determined ή resolved (επίσ.) to do sth

αποφασιστικ|ός, -ή, -ό επιθ (παράγοντας, ρόλος) decisive • (για πρόσ.) determined

αποφασιστικότητα ουσ θηλ determination

αποφέρω ρ μ (αόρ. **απέφερα**) (κέρδη) to yield • (έσοδα) to bring in • (αποτελέσματα) to produce

αποφεύγω ρ μ (αόρ. **απέφυγα**, αόρ. παθ. **αποφεύχθηκα**) to avoid

αποφοίτηση ουσ θηλ graduation

απόφοιτος ουσ αρσ, ουσ θηλ (σχολείου) school-leaver (Βρετ.), graduate (Αμερ.) • (πανεπιστημίου, σχολής) graduate

αποφοιτώ ρ αμ (μαθητής) to leave school • (φοιτητής, σπουδαστής) to graduate

απόφραξη ουσ θηλ (βούλωμα: σωλήνα, αρτηρίας) blocking • (ξεβούλωμα: βόθρων) unblocking

αποφυγή ουσ θηλ avoidance

αποφυλακίζω ρ μ to release

αποφυλάκιση ουσ θηλ release

αποχαιρετισμός ουσ αρσ farewell

αποχέτευση ουσ θηλ sewerage

αποχετευτικ|ός, -ή, -ό επιθ sewage, drainage

αποχή ουσ θηλ abstention • abstinence

απόχη ουσ θηλ net

απόχρωση ουσ θηλ (για χρώμα) shade • (μτφ.) tinge

απόχτημα ουσ ουδ = **απόκτημα**

αποχτώ ρ μ = **αποκτώ**

αποχώρηση ουσ θηλ (στρατευμάτων) withdrawal • (βουλευτού, πολιτικού, δικαστού) resignation

αποχωρητήριο ουσ ουδ toilet

αποχωρίζω ρ μ to separate ■ **αποχωρίζομαι** μεσοπαθ to leave

αποχωρισμός ουσ αρσ parting

αποχωρώ ρ αμ (φεύγω) to leave • (στράτευμα) to withdraw • (διαδηλωτές) to disperse • (μτφ.) to retire

απόψε επιρρ (σήμερα το βράδυ) tonight • (το προηγούμενο βράδυ) last night

άποψη ουσ θηλ (γνώμη) view • (θέα από απόσταση) view

αποψιν|ός, -ή, -ό επιθ tonight's

άπρακτ|ος, -η, -ο επιθ unsuccessful

απραξία ουσ θηλ (αδράνεια, αργία) inactivity • (Εμπ) slump

απρεπ|ής, -ής, -ές επιθ improper

Απρίλης ουσ αρσ = **Απρίλιος**

Απρίλιος ουσ αρσ April

απρόβλεπτ|ος, -η, -ο επιθ unexpected

απροειδοποίητα επιρρ without warning

απροειδοποίητ|ος, -η, -ο επιθ unannounced

απροετοίμαστ|ος, -η, -ο επιθ unprepared

απροθυμία ουσ θηλ reluctance

απρόθυμ|ος, -η, -ο επιθ reluctant

απρόοπτο ουσ ουδ the unexpected

απρόοπτ|ος, -η, -ο επιθ unexpected

απροσδόκητα επιρρ unexpectedly

απροσδόκητ|ος, -η, -ο επιθ (επίσκεψη, εξέλιξη, αποτέλεσμα) unexpected • (θάνατος) sudden

απρόσεκτ|ος, -η, -ο επιθ, **απρόσεχτος** careless

απροσεξία ουσ θηλ carelessness

απρόσιτ|ος, -η, -ο επιθ (απλησίαστος) unapproachable • (τιμές) prohibitive • (μέρος) inaccessible

απρόσμεν|ος, -η, -ο επιθ unexpected

απροσποίητ|ος, -η, -ο επιθ (χαρά) unaffected • (ευγένεια) genuine • (ενδιαφέρον) genuine

απροστάτευτ|ος, -η, -ο επιθ (χήρα) helpless • (σύνορα) unprotected

απρόσωπ|ος, -η, -ο επιθ (χωρίς πρόσωπο) faceless • (μτφ.) impersonal • (ρήματα, εκφράσεις) impersonal

απροχώρητ|ος, -η, -ο επιθ **φτάνω στο απροχώρητο** to reach its limits

άπταιστ|ος, -η, -ο επιθ fluent

απτόητ|ος, -η, -ο επιθ undaunted

άπω επιρρ η **~ Ανατολή** the Far East

απωθημένα ουσ ουδ πληθ inhibitions • **βγάζω τα ~ μου** to let off steam

απωθητικ|ός, -ή, -ό επιθ repellent

απωθώ ρ μ (σπρώχνω) to push away ή back • (μτφ.) to repel • (αποκρούω) to push ή drive back

απώλεια ουσ θηλ loss ■ **απώλειες** πληθ losses • **υφίσταμαι απώλειες** to suffer losses

απ|ών, -ούσα, -όν επιθ absent • **είμαι ~** to be absent

άρα επιρρ βλ. **άραγε**

Άραβας ουσ αρσ Arab

Αραβία ουσ θηλ Arabia

αραβικ|ός, -ή, -ό επιθ (γλώσσα) Arabic • (έθιμα, πολιτική, κράτος, φυλή) Arab

αραβόσιτος ουσ αρσ (επίσ.) maize

άραγε επιρρ I wonder

αραγμέν|ος, -η, -ο επιθ (πλοίο) anchored • (βολεμένος: προφορ.: για πρόσ.) loafing around (ανεπ.)

αράζω ρ μ (αυτοκίνητο, μηχανάκι) to park • (πλοίο) to moor ▶ ρ αμ (μτφ.: πλοίο) to moor • (αργκ.: ξεκουράζομαι, βολεύομαι) to take it easy • (ξαπλώνω) to stretch out

αραιά επιρρ far apart

αραι|ός, -ή, -ό επιθ (υγρό, διάλυμα) diluted • (μτφ.) infrequent • (βλάστηση) sparse • (μαλλιά) thin • (νεφώσεις) broken

αραιώνω ρ μ (γάλα, κρασί) to dilute • (επαφές, τσιγάρο) to cut down on ▶ ρ αμ (επισκέψεις) to become less frequent • (διαβάτες) to thin out

• (μαλλιά) to become thin

αρακάς ουσ αρσ (fresh) peas πληθ.

αραποσίτι ουσ ουδ sweet corn

αράχνη ουσ θηλ (έντομο) spider • (ιστός) cobweb

αραχνοΰφαντ|ος, -η, -ο επιθ (ύφασμα) fine-spun • (πέπλος, νυχτικό) flimsy • (μτφ.) flimsy

αργά επιρρ (κοιμάμαι, σηκώνομαι) late • (πίνω, περπατώ, μιλώ) slowly • ~ ~ very late, very slowly • **ή γρήγορα** sooner or later • **κάλλιο ~ παρά ποτέ** better late than never • **ποτέ δεν είναι ~** it's never too late

αργαλειός ουσ αρσ loom

Αργεντινή ουσ θηλ Argentina

αργία ουσ θηλ holiday • (εθνικής επετείου) public holiday • (της Κυριακής) day off

αργκό ουσ θηλ άκλ. slang

αργοκίνητ|ος, -η, -ο επιθ (τρένο, όχημα) slow-moving • (υπάλληλος, άνθρωπος) slow • **αργοκίνητο καράβι** slowcoach (Βρετ.) (ανεπ.), slowpoke (Αμερ.) (ανεπ.)

αργοπορία ουσ θηλ delay

αργοπορώ ρ αμ to be late

αργ|ός, -ή, -ό επιθ (βήμα) slow • (νωθρός) slow • (πλοίο, καράβι, μηχάνημα) slow(-moving) • (αργόσχολος) idle

αργοσβήνω ρ αμ (κερί) to slowly go out • (λάμπα, άστρο) to fade away • to slowly die

αργότερα επιρρ later

αργυρ|ός, -ή, -ό επιθ silver • **αργυροί γάμοι** silver wedding

αργώ ρ μ to hold up ▶ ρ αμ (έρχομαι αργά) to be late • (καθυστερώ) to be late • (μαγαζί, υπηρεσία) to be closed

Άρειος Πάγος ουσ αρσ (Αρχ Ιστ) Areopagus, hill in ancient Athens where the highest judicial court sat • (ανώτατο δικαστήριο) ≈ Supreme Court of Judicature (Βρετ.), ≈ Supreme Court (Αμερ.)

αρένα ουσ θηλ arena

αρέσκεια ουσ θηλ (αιτ. εν. **αρέσκεια**, γεν. εν. **αρεσκείας**) (επίσ.) liking (για for)

αρεστ|ός, -ή, -ό επιθ (κατάσταση) pleasant • (βιβλία, ιδέες) nice • (υπάλληλος, συνεργάτης, άνθρωπος) pleasant

αρέσω ρ αμ (αόρ. **άρεσ|α**) • **αν σ' αρέσει!** like it or lump it! (ανεπ.) • **είτε μ' αρέσει είτε όχι, μου αρέσει δε μου αρέσει** whether I like it or not • **θα κάνω ό, τι μ' αρέσει!** I'll do as I please! • **μου αρέσεις/αρέσουν** I like you/them • **όπως σου/σας αρέσει!** do as you like ή please! ■ **αρέσει** τριτοπρόσ **με αρέσει να κάνω κτ** to like doing sth ή to do sth

αρετή ουσ θηλ virtue

αρθρίτιδα ουσ θηλ (γεν. εν. **αρθρίτιδ|ας**) arthritis εν.

αρθριτικά ουσ ουδ πληθ (προφορ.) arthritis εν.

άρθρο ουσ ουδ article • **κύριο ~** lead story (Βρετ.), leading article (Αμερ.)

αρίθμηση ουσ θηλ (μέτρημα) counting • (σελίδας, οικιών) numbering

αριθμητική ουσ θηλ arithmetic

αριθμομηχανή ουσ θηλ calculator

αριθμός ουσ αρσ (γενικότ.) number

• (εφημερίδας) edition • (τεύχους) number • (περιοδικού) issue • **~ κυκλοφορίας** registration (Βρετ.) ή license (Αμερ.) number • **αύξων ~** serial number

αριθμώ ρ μ (θέση, εισιτήρια) to number • (μετρώ) to count • (απαριθμώ: αίτια, κίνητρα, λόγους) to enumerate

άριστα ουσ ουδ Α ▶ επιρρ very well

αριστερά επιρρ left

αριστερ|ός, -ή, -ό επιθ (τροχός, κανατές) left-hand • (χέρι, μάτι, γόνατο, όχθη) left ▶ ουσ (Πολιτ) left-winger • (αριστερόχειρας) left-hander • **από (τα) αριστερά** from the left

αριστερόχειρας ουσ αρσ, **αριστερόχειρ** ουσ θηλ (γεν. πληθ. **αριστερόχειρ|ων**) left-hander

αριστοκράτης ουσ αρσ aristocrat

αριστοκρατία ουσ θηλ aristocracy

αριστοκρατικ|ός, -ή, -ό επιθ (γενιά, καταγωγή) noble • (κύκλος, συνοικία) upper-class • (τάξη) upper • (μτφ.: άντρας, συμπεριφορά) gentlemanly • (: γυναίκα, συμπεριφορά) gracious • (: παρουσιαστικό, εμφάνιση, χαρακτήρας) distinguished

άριστ|ος, -η, -ο επιθ excellent • (γνώση) thorough • (υπάλληλος, ερευνητής, πολιτικός, διπλωμάτης) first-rate

αριστούργημα ουσ ουδ masterpiece

αρκετά επιρρ enough • **~ ανήσυχος/εργατικός/ έξυπνος** quite worried/hard-working/clever • **~ καλά** quite ή reasonably well • **~ πια!** enough is enough!

αρκετ|ός, -ή, -ό επιθ enough • (ποσότητα) adequate • (άνθρωποι) quite a few

αρκούδα ουσ θηλ bear

αρκουδάκι ουσ ουδ bear cub • teddy (bear)

αρκώ ρ αμ to be enough • **αρκεί!** that's enough!

άρμα ουσ ουδ (τανκ) tank • (Μυθολ) chariot

άρμεγμα ουσ ουδ milking

Αρμενία ουσ θηλ Armenia

αρμενίζω ρ αμ (ταξιδεύω με πλοίο) to sail • (μτφ.: περιπλανιέμαι) to wander (around ή about (Βρετ.))

αρμόδι|ος, -α, -ο επιθ (θηλ **αρμόδι|α**) responsible • competent ■ **οι αρμόδιοι** ουσ αρσ πληθ the authorities

αρμοδιότητα ουσ θηλ (δικαιοδοσία: φορέα, δικαστηρίου, αρχών) jurisdiction • (ευθύνη, δικαίωμα) responsibility

αρμονία ουσ θηλ harmony

αρμονικ|ός, -ή, -ό επιθ (σχήμα) symmetrical • (συνδυασμός, σύνολο, συνεργασία, συμβίωση) harmonious

αρμύρα ουσ θηλ = **αλμύρα**

αρμυρ|ός, -ή, -ό επιθ = **αλμυρός**

άρνηση ουσ θηλ denial

αρνητικ|ός, -ή, -ό επιθ negative

αρουραίος ουσ αρσ rat

άρπα ουσ θηλ (μουσικό όργανο) harp

αρπαγή ουσ θηλ (κλοπή) theft • (απαγωγή: για πρόσ.) abduction

αρπάζω ρ μ (αφαιρώ με τη βία) to snatch (away) • (κλέβω) to steal • (πιάνω κπν ή κτ ξαφνικά) to grab • (προσβάλλομαι: συνάχι, αρρώστια) to catch ▶ ρ αμ to catch ■ **αρπάζομαι** μεσοπαθ (*συμπλέκομαι*) to come to blows • (*οργίζομαι*) to lose one's temper

αρπακτικό *ουσ ουδ* bird of prey

αρπακτικ|ός, -ή, -ό *επιθ* predatory

αρραβώνας *ουσ αρσ* engagement

αρραβωνιάζω *ρ μ* to perform an engagement ceremony for ■ **αρραβωνιάζομαι** *μεσοπαθ* to get engaged

αρραβωνιαστικιά *ουσ θηλ* fiancée

αρραβωνιαστικός *ουσ αρσ* fiancé

αρρενωπ|ός, -ή, -ό *επιθ* manly

αρρωσταίνω *ρ αμ* (*αόρ.* **αρρώστησ|α**) to become ή fall ill • (*μαραίνομαι*) to wilt • (*στενοχωριέμαι*) to get upset ▶ *ρ μ* to upset

αρρωστημένος *επιθ* (*φαντασία*) morbid • (*κατάσταση*) unhealthy • (*υπερβολικός: αγάπη*) obsessive

αρρώστια *ουσ θηλ*, **αρρώστεια** illness

άρρωστ|ος, -η, -ο *επιθ* ■ sick ■ **άρρωστος** *ουσ αρσ*, **άρρωστη** *ουσ θηλ* sick ή ill person

αρσενικ|ός, -ή, -ό *επιθ* (*γενικότ.*) male • (*Γλωσσ*) masculine

άρση *ουσ θηλ* (*κατάργηση: ασυλίας, μονιμότητας*) lifting • ~ **βαρών** (*Αθλ*) weightlifting

αρτηρία *ουσ θηλ* artery • **οδική** ~ major road

άρτι|ος, -α, -ο *επιθ* (*πλήρης*) complete • (*τέλειος: έργο, παρουσίαση*) perfect

αρτοποιείο *ουσ ουδ* bakery

αρτοποιός *ουσ αρσ, ουσ θηλ* baker

αρτοπωλείο *ουσ ουδ* bakery

αρχαία *ουσ ουδ πληθ* (*μνημεία προχριστιανικών χρόνων*) antiquities • (*μάθημα*) ancient Greek lesson ή class

αρχαιοκαπηλία *ουσ θηλ* illegal trade in antiques

αρχαιοκάπηλος *ουσ αρσ, ουσ θηλ* illegal trader in antiques

αρχαιολογία *ουσ θηλ* arch(a)eology

αρχαιολογικ|ός, -ή, -ό *επιθ* arch(a)eological • **αρχαιολογικό μουσείο** arch(a)eological museum • ~ **χώρος** arch(a)eological site

αρχαιολόγος *ουσ αρσ, ουσ θηλ* arch(a)eologist

αρχαίος *ουσ ουδ* (*χρόνοι, Έλληνες, πολιτισμός*) ancient • (*άγαλμα*) antique ■ **οι αρχαίοι** *ουσ αρσ πληθ* the ancients

αρχαιότητα *ουσ θηλ* ancient times *πληθ.* ■ **αρχαιότητες** *πληθ* antiquities

αρχάρι|ος, -α, -ο *επιθ* inexperienced • ~ **οδηγός** learner driver

αρχείο *ουσ ουδ* archive

αρχή *ουσ θηλ* (*έναρξη: έργου, βιβλίου, δρόμου*) beginning • (*αιτία: τέλους*) beginning • (*: κακού*) root • (*επιστημονικός νόμος*) principle • (*έτους, μήνα*) beginning • (*εξουσία*) authority • **άνθρωπος με αρχές** man of principle • **κάνω την** ~ to go ahead • **στην** ~ in the beginning

αρχηγός *ουσ αρσ, ουσ θηλ* (*κόμματος, κράτους*) leader • (*αποστολής*) leader • (*ομάδας*) captain

αρχιεπίσκοπος *ουσ αρσ* archbishop

αρχίζω *ρ μ* to start ▶ *ρ αμ* to start

αρχικά *επιρρ* at first

αρχικ|ός, -ή, -ό *επιθ* initial • (*κατάσταση*) original

αρχιπέλαγος *ουσ ουδ* archipelago

αρχιτέκτονας *ουσ αρσ* architect

αρχιτεκτονική *ουσ θηλ* architecture

αρχιφύλακας *ουσ αρσ* (*σε φυλακή*) chief warden • (*στην αστυνομία*) sergeant

αρχύτερα *επιρρ* **μια ώρα** ~ as soon as possible

άρωμα *ουσ ουδ* (*λουλουδιού, μπαχαρικού*) scent • (*καλλυντικό*) perfume • (*κρασιού*) bouquet • (*τυριού, καφέ*) aroma • **φοράω** ~ to wear perfume

αρωματίζω *ρ μ* (*ρούχα*) to put ή spray perfume on • (*δωμάτιο*) to spray perfume in • (*στόμα, αναπνοή*) to sweeten • (*φαγητό, γλυκό*) to flavour (*Βρετ.*), to flavor (*Αμερ.*) • (*τρόφιμα*) to add flavouring (*Βρετ.*) ή flavoring (*Αμερ.*) to ■ **αρωματίζομαι** *μεσοπαθ* (*φορώ άρωμα*) to wear perfume • (*βάζω άρωμα*) to put perfume on

αρωματικ|ός, -ή, -ό *επιθ* (*καφές, βότανα, κρασί*) aromatic • (*σαπούνι*) scented

αρωματοπωλείο *ουσ ουδ* perfume shop ή store (*κυρ. Αμερ.*)

ας *μόρ* (*για προτροπή*) let's • (*+παρατ. ή υπερσ.*) should have • (*συγκατάβαση*) let • **ας έλθει κι αυτή!** let her come too! • **ας πήγαινες νωρίτερα!** you should have gone earlier! • **ας φύγουμε τώρα!** let's go now!

ασαφής, -ής, -ές *επιθ* unclear

ασβέστιο *ουσ ουδ* calcium

ασβός *ουσ αρσ* badger

ασέβεια *ουσ θηλ* disrespect

ασέλγεια *ουσ θηλ* lust

άσεμν|ος, -η, -ο *επιθ* obscene

ασήκωτ|ος, -η, -ο *επιθ* (*πολύ βαρύς*) heavy • (*βάρος*) dead • (*φορτίο*) overweight • (*μτφ.: θλίψη, καημός*) unbearable • (*: βάρος*) heavy

ασήμαντ|ος, -η, -ο *επιθ* (*λεπτομέρεια, υπόθεση*) insignificant • (*ποσό*) trifling • (*ζημιά*) negligible • (*άνθρωπος, υπάλληλος*) unimportant

ασημένι|ος, -α, -ο *επιθ* silver • (*σύννεφα, θάλασσα, φεγγάρι*) silvery

ασημής, -ιά, -ί *επιθ* silvery ■ **ασημί** *ουσ ουδ* silver

ασήμι *ουσ ουδ* silver

άσημ|ος, -η, -ο *επιθ* obscure

ασθένεια *ουσ θηλ* illness

ασθεν|ής, -ής, -ές *επιθ* (*επίσ.: ήχος, αντίσταση, άμυνα, επιχείρημα*) feeble • (*: βούληση*) weak • (*: άνεμος*) faint • (*: μνήμη, όραση, ακοή*) impaired • (*: χαρακτήρας*) weak ▶ *ουσ* patient

ασθενοφόρο *ουσ ουδ* ambulance

ασθενώ *ρ αμ* (*επίσ.*) to be ill ή sick (*Αμερ.*)

άσθμα *ουσ ουδ* asthma

Ασία *ουσ θηλ* Asia

Ασιάτης *ουσ αρσ* Asian

ασιατικ|ός, -ή, -ό *επιθ* Asian

Ασιάτισσα *ουσ θηλ βλ.* **Ασιάτης**

ασιτία *ουσ θηλ* (*επίσ.*) starvation

ασκέπαστ|ος, -η, -ο *επιθ* uncovered

άσκημ|ος, -η, -ο *επιθ* = **άσχημος**

άσκηση *ουσ θηλ* (*εκγύμναση σώματος*) (physical) exercise • (*εξάσκηση: απαγγελίας*) practice (*Βρετ.*), practise (*Αμερ.*) • (*μνήμης*) training • (*επιβολή: βίας, πίεσης*) use

άσκοπ|ος, -η, -ο *επιθ* (*χωρίς σκοπό: περιπλάνηση*) aimless • (*: δαπάνη*) pointless

• (*μάταιος: κινήσεις, ενέργειες, χειρισμός*) pointless

ασκώ *ρ μ* (*σώμα*) to exercise • (*αθλητές, μνήμη*) to train • (*μαθητές, στρατιώτες*) to drill • (*επάγγελμα, χόμπι*) to practise (ΒΡΕΤ.), to practice (ΑΜΕΡ.) • (*δραστηριότητα*) to engage in • (*έλεγχο*) to carry out • (*επίδραση, επιρροή, πίεση*) to exert • (*γοητεία*) to use • (*βία*) to use • (*μέθοδο, σύστημα*) to implement • **~ κριτική** to criticize ■ **ασκούμαι** *μεσοπαθ* (*γυμνάζομαι*) to exercise • (*αθλητής, ομάδα*) to train • (*εξασκούμαι*) to practise (ΒΡΕΤ.), to practice (ΑΜΕΡ.)

ασορτί *επιθ άκλ.* matching • **είμαι ή πηγαίνω ~ με κτ** to go with sth

άσος *ουσ αρσ* (*αριθμός*) one • (*στα χαρτιά*) ace • (*στα ζάρια*) one • (*μτφ.: ποδοσφαίρου*) ace

ασπίδα *ουσ θηλ* shield

άσπιλ|ος, -η, -ο *επιθ* (*δίχως κηλίδα*) spotless • (*μτφ.: αγνός*) pure • (*μτφ.: καθαρός: υπόληψη, όνομα*) spotless • (*παρελθόν*) blameless

ασπιρίνη *ουσ θηλ* aspirin

άσπλαχν|ος, -η, -ο *επιθ* (*ανελέητος*) cruel • (*μητριά*) wicked (*αυτ*)

ασπράδι *ουσ ουδ* (*λευκό στίγμα*) white mark • (*αβγού*) (egg) white • (*ματιού*) white

ασπρίζ|ω *ρ μ* (*επιδερμίδα*) to whiten • (*τοίχο, αυλή*) to whitewash ▶ *ρ αμ* (*μαλλιά, μουστάκι*) to go ή turn white • (*ασπρίζουν τα μαλλιά μου: για πρόσ.*) to go grey (ΑΜΕΡ.) • (*χάνω το φυσικό μου χρώμα: πρόσωπο*) to go ή turn white • (*φαίνομαι άσπρος*) to be white

άσπρο *ουσ ουδ* white

ασπροπρόσωπ|ος, -η, -ο *επιθ* **βγαίνω ~** to come out on top • **βγάζω κπν ασπροπρόσωπο** to do sb credit

άσπρ|ος, -η, -ο *επιθ* white

άσσος *ουσ αρσ* = **άσος**

αστάθεια *ουσ θηλ* (*βαδίσματος, βήματος, κίνησης*) unsteadiness • (*γνώμης*) fickleness • (*θερμοκρασίας*) variability • (*οικονομίας, αγοράς*) volatility

ασταθ|ής, -ής, -ές *επιθ* (*βήμα*) unsteady • (*υλικό*) unstable • (*τραπέζι*) shaky • (*μτφ.: χαρακτήρας*) fickle • (: *βάση*) shaky • (: *χώρα*) unstable

αστακός *ουσ αρσ* lobster

ασταμάτητα *επιρρ* continuously

ασταμάτητ|ος, -η, -ο *επιθ* constant

άστατ|ος, -η, -ο *επιθ* (*βήμα*) unsteady • (*χαρακτήρας*) fickle • (*καιρός*) changeable • (*ύπνος*) troubled • (*άντρας*) unfaithful

άστεγ|ος, -η, -ο *επιθ* homeless ▶ *ουσ* homeless person

αστειεύομαι *ρ αμ αποθ.* to joke • **~** I'm joking ή kidding (*ανεπ.*) • **αστειεύεσαι;** you must be joking! • **δεν ~** to mean business

αστείο *ουσ ουδ* joke • **δεν είναι αστεία αυτά!** it's no joke! • **δεν σηκώνει αστεία, δεν καταλαβαίνει από αστεία** he can't take a joke • **κάνω κτ για ~** ή **στα αστεία** to do sth for fun ή a laugh • **λέω αστεία** to tell jokes • **λέω κτ για ~** ή **στα αστεία** to be joking • **το ~ είναι ότι** the funny thing is that

αστείος *επιθ* (*διασκεδαστικός*) amusing • (*γελοίος: καπέλο, γυαλιά, άνθρωπος*) funny

• (*ασήμαντος: κέρδος, δικαιολογία*) paltry • (*λόγος*) trivial

αστέρας *ουσ αρσ* star • **ξενοδοχείο/κονιάκ τεσσάρων αστέρων** four-star hotel/brandy

αστέρι *ουσ ουδ* star

αστερισμός *ουσ αρσ* (*Αστρ*) constellation • (*ζώδιο: του Κριού, του Σκορπιού, των Διδύμων*) (star) sign

αστεροσκοπείο *ουσ ουδ* observatory

αστήρικτ|ος, -η, -ο *επιθ*, **αστήριχτος** (*συμπέρασμα*) unjustified • (*θεωρία, ισχυρισμός*) unfounded • (*κατηγορίες*) groundless • (*επιχείρημα*) untenable • (*τοίχος*) unsupported

αστικό *ουσ ουδ* city bus

αστικ|ός, -ή, -ό *επιθ* urban • (*ιδεολογία*) bourgeois • (*συνείδηση*) civic • **αστική συγκοινωνία** public transport

αστοχία *ουσ θηλ* (*βολής, σκοπευτή*) miss • (*μτφ.*) error

άστοχ|ος, -η, -ο *επιθ* (*βολή, σουτ, κεφαλιά*) unsuccessful • (*μτφ.: ερωτήσεις*) that miss the point • (: *εκτίμηση, κρίσεις*) misplaced • (: *προβλέψεις*) off the mark

αστοχώ *ρ αμ* (*σκοπευτής*) to miss (one's target) • (*σφαίρα, βόμβα*) to miss (its target) • (*ποδοσφαιριστής, παίκτης*) to miss

αστράγαλος *ουσ αρσ* (*για πρόσ.*) ankle • (*για ζώα*) hock

αστραπή *ουσ θηλ* (*φυσικό φαινόμενο*) flash of lightning • (*μτφ.*) flash ▶ *επιρρ* like a shot

αστραπιαία *επιρρ* in a flash

αστραπιαί|ος, -α, -ο *επιθ* (*ταχύτητα, επέμβαση*) lightning • (*κίνηση*) swift

αστράφτω *ρ αμ* (*ουρανός*) to be lit up • (*πολύτιμα πετράδια*) to glitter • (*μτφ.*) to sparkle • (: *χαρακτήρας, ήθος*) to shine through • **~ από χαρά** to be radiant ή glowing (with joy) ■ **αστράφτει** *απρόσ* it's lightning

άστρο *ουσ ουδ* star

αστρολογία *ουσ θηλ* astrology

αστροναύτης *ουσ αρσ* astronaut

αστυνομία *ουσ θηλ* (*αστυνομικοί*) police *πληθ.* • (*αστυνομικό σώμα*) police force • (*αστυνομικό τμήμα*) police station • **καλώ την ~** to call the police

αστυνομικίνα *ουσ θηλ* police officer

αστυνομικός[1] *ουσ αρσ, ουσ θηλ* police officer

αστυνομικ|ός[2]**, -ή, -ό** *επιθ* (*διεύθυνση, δυνάμεις*) police • (*έργο, ταινία*) detective

αστυνόμος *ουσ αρσ, ουσ θηλ* police captain

αστυφύλακας *ουσ αρσ, ουσ θηλ* (police) constable (ΒΡΕΤ.), patrolman (ΑΜΕΡ.)

ασυγκίνητ|ος, -η, -ο *επιθ* unmoved

ασυγκράτητ|ος, -η, -ο *επιθ* uncontrollable • (*γέλια*) helpless • (*ενθουσιασμός*) irrepressible

ασύγκριτ|ος, -η, -ο *επιθ* (*ομορφιά, χάρες*) unequalled (ΒΡΕΤ.), unequaled (ΑΜΕΡ.) • (*ποιότητα*) outstanding • (*επίτευγμα*) unparalleled

ασυλία *ουσ θηλ* immunity

ασύλληπτ|ος, -η, -ο *επιθ* (*δραπέτης, φονιάς, καταζητούμενος*) not caught • (*μτφ.: πραγματικότητα, γεγονός*) inconceivable

• (: φόβος, αγωνία) unimaginable • (: τιμές) preposterous • (: μνήμη) incredible

άσυλο ουσ ουδ (φιλανθρωπικό ίδρυμα περίθαλψης) home • (μτφ.: καταφύγιο) sanctuary • **ζητώ ~** (γενικότ.) to seek sanctuary • (πολιτικό) • **πολιτικό ~** political asylum

ασυμβίβαστ|ος, -η, -ο επιθ (αταίραστος) incompatible • (αυτός που δε συμβιβάζεται) uncompromising

ασύμφορ|ος, -η, -ο επιθ (αγορά) uneconomical • (επένδυση) unprofitable • (επιχείρηση) unprofitable

ασυναγώνιστ|ος, -η, -ο επιθ (τιμές) unbeatable • (ομορφιά, αισθητική) unrivalled (Βρετ.), unrivaled (Αμερ.)

ασυναρτησία ουσ θηλ incoherence • (ακατανόητες φράσεις) nonsense • **λέω ασυναρτησίες** to talk nonsense

ασυνάρτητ|ος, -η, -ο επιθ incoherent

ασυνείδητο ουσ ουδ unconscious

ασυνείδητ|ος, -η, -ο επιθ (κίνητρο, επιθυμία, ιδέες) unconscious • (άνθρωπος) unprincipled

ασυνεπής, -ής, -ές επιθ inconsistent

ασυνήθ|ης, -η, -ασύνηθες επιθ (ουδ ασύνηθες) (επίσ.) unusual

ασυνήθιστ|ος, -η, -ο επιθ (ασυνήθης) unusual • (πολυτέλεια, ομορφιά) uncommon • (ανεξοικείωτος) unaccustomed • **είμαι ~ σε κτ** to be unaccustomed ή unused to sth

ασύρματο ουσ ουδ (επίσης: ~ τηλέφωνο) cordless phone • **~ δίκτυο** Wi-Fi

ασύρματ|ος, -η, -ο επιθ (επικοινωνία, συσκευή) wireless • (τηλέφωνο) cordless • **ασύρματο δίκτυο** Wi-Fi ■ **ασύρματος** ουσ αρσ radio

ασφάλεια ουσ θηλ (γενικότ.) safety • (ζωής, πυρός, κλοπής) insurance • (ασφαλιστική εταιρεία) insurance company • (σε πόρτα σπιτιού, αυτοκινήτου) safety catch • (Ηλεκτρ) fuse (Βρετ.), fuze (Αμερ.) • **μέτρα ασφαλείας** security measures πληθ. • **παρέχω ~** to offer security ■ **Ασφάλεια** ουσ θηλ ≈ CID

ασφαλ|ής, -ής, -ές επιθ safe • (θεμέλια) solid • (πληροφορία, ένδειξη, διάγνωση) reliable

ασφαλίζω ρ μ (προφυλάσσω από ενδεχόμενο κίνδυνο) to secure • (αυτοκίνητο) to insure

ασφάλιση ουσ θηλ insurance

ασφαλιστήρ|ιο, -α, -ο επιθ **ασφαλιστήριο συμβόλαιο** insurance ■ **ασφαλιστήριο** ουσ ουδ insurance policy

ασφαλιστικ|ός, -ή, -ό επιθ (εταιρεία, οργανισμός, φορέας, συμβόλαιο) insurance • (μέτρα) safety

άσφαλτος ουσ θηλ (γενικότ.) asphalt • (δρόμος) asphalt road

ασφαλώς επιρρ certainly

ασφράγιστ|ος, -η, -ο επιθ (επιστολή, γράμμα) without a postmark • (δόντι) unfilled

ασφυκτικ|ός, -ή, -ό επιθ suffocating

ασφυξία ουσ θηλ suffocation

άσχετα επιρρ regardless (από of)

άσχετ|ος, -η, -ο επιθ (ερώτηση, θέμα) irrelevant • (για πρόσ.) incompetent • **είσαι ~** (μειωτ.) you're useless! (ανεπ.) • **είναι άσχετο** it's irrelevant

άσχημα επιρρ badly • **νιώθω ~** to feel bad

ασχημαίνω ρ μ (αόρ. **ασχήμυνα**) **~ κτ** to make sth look ugly ▶ ρ αμ to grow ugly

άσχημ|ος, -η, -ο επιθ (για πρόσ.) ugly • (ντύσιμο, χτένισμα) unattractive • (συμπεριφορά) bad • (λόγος) nasty • (καιρός) bad • (ανάμνηση, κατάσταση) bad

ασχολία ουσ θηλ occupation

ασχολούμαι ρ αμ αποθ. **~ με** to concern oneself with • to be in • to be into • to deal with

αταίριαστ|ος, -η, -ο επιθ (ζευγάρι) ill-suited • (διαγωγή) inappropriate

ατάκα ουσ θηλ line

ατακτοποίητ|ος, -η, -ο επιθ (δωμάτιο, σπίτι) untidy • (βιβλία) not put away

άτακτ|ος, -η, -ο επιθ (φυγή) disorderly • (παιδί) badly behaved

αταξία ουσ θηλ (έλλειψη τάξης) disorder • (παρεκτροπή) misbehaviour χωρίς πληθ. (Βρετ.), misbehavior χωρίς πληθ. (Αμερ.)

ατάραχ|ος, -η, -ο επιθ (ήρεμος) calm

αταχτοποίητ|ος, -η, -ο = **ατακτοποίητος**

άταχτ|ος, -η, -ο = **άτακτος**

ατελείωτ|ος, -η, -ο επιθ, **ατέλειωτος** endless • (ημιτελής) unfinished

άτεχν|ος, -η, -ο επιθ (μετάφραση) sloppy • (απομίμηση, διασκευή) crude

ατημέλητ|ος, -η, -ο επιθ scruffy

ατίθασ|ος, -η, -ο επιθ (άλογο) untamed • (για πρόσ.) unruly • (ύφος, συμπεριφορά, χαρακτήρας) rebellious • (μαλλιά) unruly

ατιμία ουσ θηλ (ανήθικη πράξη) outrage • (ντροπή) shame

άτιμ|ος, -η, -ο επιθ (ανήθικος: προδοσία, διαγωγή, πράξη) dishonourable (Βρετ.), dishonorable (Αμερ.) • (αναπόληπτος) disreputable

Ατλαντικός ουσ αρσ **~ (Ωκεανός)** the Atlantic (Ocean)

ατμίζω ρ μ to vape

ατμός ουσ αρσ steam

ατμόσφαιρα ουσ θηλ atmosphere

ατμοσφαιρικ|ός, -ή, -ό επιθ (φαινόμενο) atmospheric • (ρύπανση) air

άτοκ|ος, -η, -ο επιθ interest-free

ατομικ|ός, -ή, -ό επιθ (δικαιώματα) individual • (θέμα, ρεκόρ, συμφέρον) personal • (αθλήματα, παιχνίδια) individual • (Φυσ, Χημ) atomic • **ατομική ενέργεια** atomic energy

άτομο ουσ ουδ (Χημ) atom • (ο άνθρωπος ως μονάδα) individual • (άνθρωπος) person

ατόφι|ος, -α, -ο επιθ (ακέραιος) complete • (χρυσάφι) solid

ατρόμητ|ος, -η, -ο επιθ fearless

ατσαλένι|ος, -α, -ο επιθ (από ατσάλι) steel • (καρδιά) steely • (κορμί) sinewy • **ατσάλινα νεύρα** nerves of steel

ατσάλι ουσ ουδ steel

ατσάλιν|ος, -η, -ο επιθ = **ατσαλένιος**

άτσαλος επιθ (που κάνει ατσαλιές) sloppy • (κίνηση) clumsy • (ντύσιμο) untidy

αττικ|ός, -ή, -ό επιθ Attic

ατύχημα ουσ ουδ accident

ατυχ|ής, -ής, -ές επιθ unhappy

ατυχία *ουσ θηλ* (κακή τύχη) bad luck • (ατυχές γεγονός) misfortune

άτυχ|ος, -η, -ο *επιθ* (γάμος) unhappy • (έρωτας) ill-fated • (ενέργεια, απόπειρα) unsuccessful • (για πρόσ.) unfortunate • **στέκομαι ~** to fail

ατυχώ *ρ αμ* to fail

αυγή *ουσ θηλ* dawn

αυγό *ουσ ουδ* = **αβγό**

αυγοκόβω *ρ μ* = **αβγοκόβω**

αυγολέμονο *ουσ ουδ* = **αβγολέμονο**

αυγουστιάτικ|ος, -η, -ο *επιθ* August

Αύγουστος *ουσ αρσ* August

αυθαίρετα *επιρρ* (χωρίς άδεια) without permission • (παράνομα) unlawfully

αυθαίρετ|ος, -η, -ο *επιθ* (συμπέρασμα, ερμηνεία, απόφαση, ενέργεια) arbitrary • (κατασκευή, δόμηση) in breach of planning regulations

αυθεντικ|ός, -ή, -ό *επιθ* genuine

αυθημερόν *επιρρ* on the same day

αυθόρμητα *επιρρ* spontaneously

αυθόρμητ|ος, -η, -ο *επιθ* spontaneous

αυλαία *ουσ θηλ* curtain

αυλάκι *ουσ ουδ* ditch

αυλή *ουσ θηλ* (σπιτιού) courtyard • (σχολείου) playground • (αυλικοί) court

αυλόπορτα *ουσ θηλ* gate

αυξάνω *ρ μ* to increase ▶ *ρ αμ* to increase ■ **αυξάνομαι** *μεσοπαθ* to increase

αύξηση *ουσ θηλ* increase (σε in) • rise (σε in) • (μισθού) rise (Βρετ.), raise (Αμερ.)

αϋπνία *ουσ θηλ* insomnia χωρίς πληθ. • **υποφέρω από αϋπνίες** to suffer from insomnia

άϋπν|ος, -η, -ο *επιθ* sleepless • **είμαι ~** I haven't slept ή had any sleep

αύρα *ουσ θηλ* breeze • **θαλάσσια** ή **θαλασσινή ~** sea breeze

αυριαν|ός, -ή, -ό *επιθ* tomorrow's

αύριο *επιρρ* tomorrow • (στο μέλλον) in the future • **αύριο-μεθαύριο, σήμερα-αύριο** (όπου να 'ναι) any day now • (μια απ' αυτές τις μέρες) one of these days ■ **αύριο** *ουσ ουδ* future

αυστηρός *επιθ* (τιμωρία, ποινές, κριτική) harsh • (δάσκαλος, νόμος, στάση) strict • (καθορισμός, κριτήρια, διατύπωση) strict • (ήθη, αρχές) strict • (οδηγίες, δίαιτα, κανόνας) strict • (μέτρα) stringent • (σοβαρός) stern

Αυστραλέζα *ουσ θηλ* βλ. **Αυστραλός**

αυστραλέζικ|ος, -η, -ο *επιθ* = **αυστραλιανός**

Αυστραλέζος *ουσ αρσ* = **Αυστραλός**

Αυστραλή *ουσ θηλ* βλ. **Αυστραλός**

Αυστραλία *ουσ θηλ* Australia

αυστραλιαν|ός, -ή, -ό *επιθ* Australian

Αυστραλός *ουσ αρσ* Australian

Αυστρία *ουσ θηλ* Austria

Αυστριακή *ουσ θηλ* βλ. **Αυστριακός**

Αυστριακός *ουσ αρσ* Austrian

αυστριακ|ός, -ή, -ό *επιθ* Austrian

αυταπάτη *ουσ θηλ* self-deception • **τρέφω αυταπάτες** to delude oneself

αυτάρκης, -ης, -αυτάρκες *επιθ* (ουδ **αυτάρκ|ες**) self-sufficient

αυταρχικ|ός, -ή, -ό *επιθ* (καθεστώς, ηγέτης, δάσκαλος) authoritarian • (γονείς) domineering • (συμπεριφορά, ύφος) high-handed • (χαρακτήρας) domineering

αυτή *ουσ ουσ* = **αφτή**

αυτοάμυνα *ουσ θηλ* self-defence (Βρετ.), self-defense (Αμερ.)

αυτοβιογραφία *ουσ θηλ* autobiography

αυτόγραφο *ουσ ουδ* autograph

αυτοδημιούργητ|ος, -η, -ο *επιθ* self-made

αυτοκινητάκι *ουσ ουδ* small car ■ **αυτοκινητάκια** *πληθ* dodgems (Βρετ.), bumper cars (Αμερ.)

αυτοκινητιστικ|ός, -ή, -ό *επιθ* car

αυτοκίνητο *ουσ ουδ* car • **αγωνιστικό ~** racing car • **~ αντίκα** vintage car

αυτοκινητόδρομος *ουσ αρσ* motorway (Βρετ.), interstate (highway ή freeway) (Αμερ.)

αυτοκόλλητο *ουσ ουδ* sticker

αυτοκόλλητ|ος, -η, -ο *επιθ* (self-)adhesive

αυτοκράτειρα *ουσ θηλ* empress

αυτοκράτορας *ουσ αρσ* emperor

αυτοκρατορία *ουσ θηλ* empire

αυτοκρατορικ|ός, -ή, -ό *επιθ* imperial

αυτοκτονία *ουσ θηλ* suicide

αυτοκτονώ *ρ αμ* to commit suicide

αυτόματα *επιρρ* = **αυτομάτως**

αυτόματο *ουσ ουδ* automatic (weapon)

αυτόματ|ος, -η, -ο *επιθ* automatic • (ανάφλεξη) spontaneous • **~ τηλεφωνητής** answering machine

αυτομάτως *επιρρ* automatically

αυτονόητ|ος, -η, -ο *επιθ* self-evident • **είναι αυτονόητο ότι** it's self-evident that

αυτονομία *ουσ θηλ* autonomy • **η μπαταρία έχει ~ δύο ωρών** the battery life is two hours

αυτόνομ|ος, -η, -ο *επιθ* (κράτος, οργανισμός, εταιρεία, άτομο) autonomous • (θέρμανση) independent • (διαμέρισμα) self-contained

αυτοπεποίθηση *ουσ θηλ* confidence

αυτοπροσώπως *επιρρ* in person

αυτόπτης *ουσ αρσ, ουσ θηλ* **~ μάρτυς** ή **μάρτυρας** eyewitness

🔵 **ΛΕΞΗ-ΚΛΕΙΔΙ**

αυτ|ός, -ή, -ό *αντων* **1** (προσωπική) he/she/it • (στον πληθυντικό) they • (στην αιτιατική) him/ her/it • (στον πληθυντικό) them **2** (δεικτική) this • (στον πληθυντικό) these • (εκείνος) that • (στον πληθυντικό) those • **αυτά!** that's it! • **αυτά κι αυτά** things like that • **αυτό θα πει τύχη!** what a stroke of luck! • **αυτοί που ...** those who ... • **αυτό που σου λέω!** I'm telling you! • **αυτός καθαυτός/αυτή καθαυτή(ν)/αυτό καθαυτό** himself/herself/ itself • **αυτός κι όχι άλλος** he and nobody else • **αυτός ο ίδιος** he himself • **δωσ' μου το αυτό, πώς το λένε;** (προφορ.) give me that thingummy (ανεπ.) • **κι αυτός ο ...!** that wretched ...! • **μας μίλησε κι ο αυτός, πώς τον λένε;** (προφορ.) what's his name talked to us (ανεπ.) • **μ' αυτά και μ' αυτά** with all that • **ποιος τον σκότωσε, αυτό να μου πεις** just tell me this: who killed him? • **το αυτό(ν)** the same

αυτοσεβασμός ουσ αρσ self-respect
αυτοσυγκεντρώνομαι ρ αμ to concentrate
αυτοσυγκέντρωση ουσ θηλ concentration
αυτοσχεδιάζω ρ αμ to improvise
αυτοσχεδιασμός ουσ αρσ improvisation
αυτοσχέδι|ος, -α, -ο επιθ (βόμβα) home-made • (κατασκευή) improvised • (παράσταση, στίχος, λόγος) impromptu
αυτοτελ|ής, -ής, -ές επιθ (ανεξάρτητος: μελέτη, υπηρεσία, οργανισμός) independent • (πλήρης: έργο) complete • (διαμέρισμα) self-contained
αυτοτραυματίζομαι ρ αμ to injure oneself
αυτουργ|ός, -ός, -ό επιθ perpetrator • **ηθικός ~** accessory
αυτούσι|ος, -α, -ο επιθ (κείμενο, έγγραφο) full • (λέξεις) unaltered
αυτόφωρο ουσ ουδ police court • **πιάνω κπν επ' αυτοφώρω** to catch sb red-handed
αυτόχειρας ουσ αρσ, ουσ θηλ suicide
αυτόχθων ουσ αρσ, ουσ θηλ (πληθυσμός, κάτοικος) indigenous • (ομιλητής) native
αυτοψία ουσ θηλ personal inspection
αυχένας ουσ αρσ nape
αφαίρεση ουσ θηλ (ζωής) taking • (οργάνου, όγκου) removal • (καλύμματος, καλουπιών) taking off • (φύλλου) tearing out • (δοντιών) extraction • (ναρκών) clearing • (καθηκόντων, προνομίων, άδειας) suspension • (Μαθ) subtraction
αφαιρώ ρ μ (κάλυμμα, σκέπασμα, παπούτσια, συσκευασία) to take off • (πόρτα) to take off its hinges • (έδαφος, κτήσεις) to take • (όργανο, νεφρό) to take out • (δόντι) to take out • (λέξη, γραμμή) to take out • (άδεια κυκλοφορίας) to suspend • (πινακίδες) to take away • (Μαθ) to subtract • (μτφ.: ελπίδα, τίτλο, δικαίωμα) to take away • **~ τη ζωή κποιου** to take sb's life ■ **αφαιρούμαι** μεσοπαθ to be distracted
αφαλός ουσ αρσ (ανεπ.) belly button (ανεπ.)
αφάνεια ουσ θηλ obscurity
αφανής, -ής, -ές επιθ (συμφέροντα, δυνάμεις) invisible • (πολιτικός, ποιητής, καταγωγή) obscure • **~ ήρωας** unsung hero
αφανίζω ρ μ (στρατό, χώρα) to destroy • (λαό) to exterminate • (δάση) to destroy • (εκμηδενίζω: άνθρωπο) to ruin • (: περιουσία) to squander • (: πολιτισμό, κράτος, όνειρο) to destroy
άφαντ|ος, -η, -ο επιθ (που έχει εξαφανιστεί) vanished • (Νομ) missing, presumed dead • **γίνομαι ~** to vanish
Αφγανιστάν ουσ ουδ άκλ. Afghanistan
αφέλεια ουσ θηλ (απλοϊκότητα) innocence • (ευπιστία) gullibility • (ανοησία) naivety ■ **αφέλειες** πληθ fringe εν. (Βρετ.), bangs (Αμερ.)
αφελής επιθ (εύπιστος) gullible • (ανόητος) naive • (απλός) innocent
αφεντικίνα ουσ θηλ βλ. **αφεντικό**
αφεντικό ουσ ουδ (εργοδότης) employer • (σπιτιού, σκύλου) master • (μαγαζιού) owner
αφετηρία ουσ θηλ (λεωφορείου) terminal • (ΑΘΛ) starting line • (για χρόνο, τόπο) starting point • (κρίσης, ταραχής) trigger
αφή ουσ θηλ touch

αφήγηση ουσ θηλ narration
αφηγητής ουσ αρσ narrator
αφηγήτρια ουσ θηλ βλ. **αφηγητής**
αφηγούμαι ρ αμποθ. to relate
αφήνω ρ μ (παύω να κρατώ: χειρολαβή) to let go of • (: πιάτο, δίσκο) to drop • (βάζω, τοποθετώ: βιβλίο) to leave • (κραυγή, αναστεναγμό) to let out • (κληροδοτώ: περιουσία) to leave • (εγκαταλείπω: άνθρωπο, δουλειά) to leave • (: σπουδές, θέμα) to drop • (επιτρέπω) to let • (παύω να σφίγγω) to let go of • (ελευθερώνω: κρατούμενο, αιχμάλωτο) to let go • (δίνω, παραχωρώ: περιθώρια, επιλογές, ευκαιρίες) to give • (κατεβάζω από όχημα) to drop off • **ας τ' αφήσουμε** let's leave it • **ασ' τα/ασ' τα να πάνε!** drop it / let it be! • **ασ' τα αυτά** come off it • **άσε/άφησε τα αστεία!** stop joking! • **~ ίχνη** to leave prints • **~ κπν ήσυχο ή στην ησυχία του** to leave sb alone • **~ κπν να κάνει κτ** to let sb do sth • **~ την πόρτα ανοιχτή/το παράθυρο ανοιχτό** to leave the door/the window open • **~ κτ να πέσει** to drop sth ■ **αφήνομαι** μεσοπαθ **αφήνομαι σε** to put oneself in • (αγκαλιά) to sink into • (χαλαρώνω) to relax
αφηρημέν|ος, -η, -ο επιθ (άνθρωπος, ύφος, βλέμμα) absent-minded • (σύνθεση, ζωγραφική) abstract • (έννοια, νόημα) abstract
άφθαρτ|ος, -η, -ο επιθ (αιωνιότητα, ομορφιά) everlasting • (δόξα) undying • (ύλη) indestructible • (ρούχο, παπούτσια, χαλί) not worn
άφθαστ|ος, -η, -ο επιθ = **άφταστος**
αφθονία ουσ θηλ abundance • **σε ~** in abundance • **υπάρχει ~ φαγητών και ποτών** there's plenty of food and drink
άφθον|ος, -η, -ο επιθ (αγαθά, δώρα, τροφή) abundant • (δάκρυα) copious • (αγάπη, φροντίδα) ample
αφιέρωμα ουσ ουδ (σε θεό, σε άγιο) offering • (για βιβλίο, εφημερίδα) special edition • (για εκπομπή) special feature • (για καλλιτεχνική εκδήλωση) festival
αφιερώνω ρ μ (εικόνα) to offer • (ναό) to consecrate • (χρόνο, χώρο) to devote • (τεύχος, βιβλίο, τραγούδι) to dedicate • (ζωή) to dedicate ■ **αφιερώνομαι** μεσοπαθ **αφιερώνομαι σε κτ** to devote oneself to sth • **αφιερωμένος σε** dedicated to
αφιέρωση ουσ θηλ (σε βιβλίο) dedication • (για τραγούδι) request • (προσφορά: σε ναό, σε εικόνα) offering
αφιλοκερδ|ής, -ής, -ές επιθ disinterested
αφιλόξεν|ος, -η, -ο επιθ (άνθρωπος, χώρα, λαός) inhospitable • (γη, ακτή) hostile
αφιλότιμ|ος, -η, -ο επιθ shameless
άφιξη ουσ θηλ arrival ■ **αφίξεις** πληθ (πίνακας) arrivals board εν. • (χώρος) arrivals hall εν.
αφίσα ουσ θηλ poster
άφλεκτ|ος, -η, -ο επιθ incombustible
αφοπλίζω ρ μ to disarm
αφοπλισμός ουσ αρσ disarmament
αφόρητ|ος, -η, -ο επιθ unbearable
αφορμή ουσ θηλ (αιτία) reason • (πρόφαση) pretext • **δίνω ~ για κτ** to give rise to sth

αφορολόγητα ους ουδ πληθ duty free
αφορολόγητ|ος, -η, -ο επιθ (ποσό, εισόδημα) tax-free • (προϊόντα) duty-free
αφορώ ρ μ **αφορά/αφορούν** τριτοπρόσ to concern ▶ ρ αμ **όσον αφορά σε κπν/κτ** regarding sb/sth • **σε ό,τι αφορά** regarding
αφοσιωμέν|ος, -η, -ο επιθ (φίλος, σύζυγος) devoted • (οπαδός) staunch • **είμαι ~ σε κτ** to be committed to sth
αφοσιώνομαι ρ μ αποθ. **~ σε κπν/κτ** to devote oneself to sb/sth
αφοσίωση ους θηλ (σε ιδέα, πίστη) dedication • (αγάπη) devotion
αφού σύνδ (αφότου) after • (επειδή) since
άφραγκ|ος, -η, -ο επιθ (ανεπ.) broke (ανεπ.)
αφράτ|ος, -η, -ο επιθ (πρόσωπο, δέρμα, χέρι) soft and white • (γυναίκα, στήθος) plump • (ψωμί, γλυκό) fluffy • (καρπός) soft
Αφρικάνα ους θηλ (προφορ.) = **Αφρικανός**
Αφρικανή ους θηλ βλ. **Αφρικανός**
αφρικανικ|ός, -ή, -ό επιθ African
αφρικάν|ος, -η, -ο = **αφρικανικός**
Αφρικανός ους αρσ African
Αφρικάνος ους αρσ (προφορ.) = **Αφρικανός**
Αφρική ους θηλ Africa
αφρόγαλα ους ουδ cream
αφροδισιακ|ός, -ή, -ό επιθ (νόσος) venereal • (τροφές, ποτό, βότανο) aphrodisiac
αφροδίσι|ος, -α, -ο επιθ sexual • **αφροδίσιο νόσημα** venereal disease ■ **αφροδίσια** ους ουδ πληθ venereal diseases
αφρόκρεμα ους θηλ cream
αφρόντιστ|ος, -η, -ο επιθ (εμφάνιση) unkempt • (ντύσιμο) sloppy • (ζώα, σπίτι) neglected
αφροντούς ους ουδ άκλ. shower gel
αφρός ους αρσ (θάλασσας, νερού, υγρών) foam • (μπίρας) head • (με σαπούνι) lather • (η επιφάνεια της θάλασσας) surface of the sea • (το καλύτερο πράγμα) pick of the bunch • **~ ξυρίσματος** shaving foam
άφταστ|ος, -η, -ο επιθ (κορυφή, στόχοι) unattainable • (μτφ.: για πρόσ.) second to none • (χάρη, ομορφιά) unequalled (Βρετ.), unequaled (Αμερ.) • (ποιότητα) outstanding • **είμαι ~ στο κολύμπι** to be an exceptionally good swimmer
αφτί ους ουδ ear • **ανοίγω τ' αφτιά μου** to listen carefully • **από ~ σε ~** by word of mouth • **δεν πιστεύω στ' αφτιά μου** I can't believe my ears • **είμαι όλος αφτιά** to be all ears • **Λέω κτ στ' ~ κπιου** to whisper sth in sb's ear • **οι τοίχοι έχουν αφτιά** walls have ears • **στήνω ή βάζω ~** to eavesdrop
αφυδάτωση ους θηλ dehydration
αφυπνίζω ρ μ (ξυπνώ) to wake up • (μτφ.: ενδιαφέρον) to arouse ■ **αφυπνίζομαι** μεσοπαθ (μτφ.) to wake up
αφύπνιση ους θηλ awakening
αφύσικ|ος, -η, -ο επιθ (μέγεθος, συμπεριφορά) unnatural • (στίχος, ερμηνεία) stilted • (κινήσεις) wooden
άφων|ος, -η, -ο επιθ unable to speak • (από έκπληξη) speechless • **αφήνω κπν άφωνο** to leave sb speechless • **μένω ~** to be left speechless

αχαλίνωτ|ος, -η, -ο επιθ (άλογο) unbridled • (μτφ.: πάθη, ερωτισμός, φαντασία) unbridled • (: γλώσσα) loose • (χωρίς ηθικούς περιορισμούς) wild, degenerate
αχανής, -ής, -ές επιθ vast
αχάριστ|ος, -η, -ο επιθ ungrateful
άχαρ|ος, -η, -ο επιθ (κοπέλα) plain • (ηλικία) awkward • (ρούχο) drab • (ζωή) joyless • (δουλειά) tedious
αχθοφόρος ους αρσ porter
αχινός ους αρσ sea urchin
αχλάδα ους θηλ big pear
αχλάδι ους ουδ pear
αχνιστ|ός, -ή, -ό επιθ (σούπα, ρόφημα) steaming ή piping hot • (χορταρικά, κρέας, μύδια) steamed
αχόρταγ|ος, -η, -ο επιθ greedy
αχρησιμοποίητ|ος, -η, -ο επιθ unused
αχρηστεύω ρ μ (καταστρέφω) to make useless • (τοίχο) to take down • (μτφ.: νιάτα) to waste • (θέτω σε αχρησία) to make obsolete ■ **αχρηστεύομαι** μεσοπαθ to become useless
άχρηστ|ος, -η, -ο επιθ (περιττός) useless
άχρωμ|ος, -η, -ο επιθ (χωρίς χρώμα) colourless (Βρετ.), colorless (Αμερ.) • (μτφ.: φωνή) flat • (: λόγια, συμπεριφορά) lifeless • (: ζωή) dull
αχτένιστ|ος, -η, -ο επιθ (για πρόσ.) with one's hair uncombed • (μαλλιά, τρίχωμα, κεφάλι) uncombed
αχτίδα ους θηλ ray
αχτίνα = **ακτίνα**
αχτύπητ|ος, -η, -ο επιθ (αυτοκίνητο) undamaged • (κρέμα) unbeaten • (καφές) not stirred • (μτφ.: ομάδα, παίκτης) ace (ανεπ.)
αχυρένι|ος, -α, -ο επιθ (καπέλο, στρώμα, καλύβα, στέγη) straw • (μαλλιά) flaxen
άχυρο ους ουδ straw
αχώριστ|ος, -η, -ο επιθ inseparable
άψητος επιθ (κρέας) underdone • (ψωμί) underbaked • (πηλός, αγγείο) not baked • (κρασί, μπίρα) immature
αψηφώ ρ μ (νόμους, κινδύνους) to flout • (θάνατο) to risk • (συμβουλή) to brush aside
αψίδα ους θηλ arch
άψογ|ος, -η, -ο επιθ (εμφάνιση, παρουσιαστικό, ρούχα) impeccable • (μαθητής, φοιτητής) perfect • (ελληνικά) impeccable • (πρόσωπο) perfect • (συμπεριφορά, τρόποι) irreproachable
άψυχ|ος, -η, -ο επιθ (κόσμος, ον, πράγματα) inanimate • (σώμα, πτώμα, κουφάρι) lifeless • (μτφ.: παίξιμο ηθοποιού) lifeless • (: σουτ, κίνηση) feeble • (: παρέλαση) dull

Β, β beta, *second letter of the Greek alphabet*

βαγόνι *ουσ ουδ* (επιβατών) carriage (ΒΡΕΤ.), car (ΑΜΕΡ.) • (εμπορευμάτων) goods wagon (ΒΡΕΤ.), freight car (ΑΜΕΡ.) • **~ καπνιστών** smoking compartment (ΒΡΕΤ.), smoking car (ΑΜΕΡ.) • **~ προϊσταμένου** ή **υπεύθυνου αμαξοστοιχίας** guard's van

βαδίζω *ρ αμ* (περπατώ) to walk • (κατευθύνομαι) to move

βάδισμα *ουσ ουδ* walk

βαζελίνη *ουσ θηλ* Vaseline®

βάζο *ουσ ουδ* (για λουλούδια) vase • (για τρόφιμα) jar

 ΛΕΞΗ-ΚΛΕΙΔΙ

βάζω *ρ μ* **1** βάζω κτ σε κτ (μέσα σε) to put sth in sth • (πάνω σε) to put sth (down) on sth • **βάζω κπν για ύπνο** to put sb to bed
2 (για φαγητά και ποτά: προσθέτω) to put
3 (φορώ: φόρεμα, μέικ-απ, άρωμα) to put on • (: έχω πάνω μου) to wear
4 βάζω κπν να κάνει κτ (αναθέτω) to get sb to do sth • (παρακινώ) to put sb up to sth
5 (ορίζω: κανόνες) to establish • (: προθεσμία) to set • (: όρο) to lay down
6 (για ηλεκτρική συσκευή: ανάβω) to put on, to turn on
7 (επενδύω: κεφάλαιο, χρήματα) to put
8 (επιβάλλω: φόρους) to impose • **βάζω πρόστιμο/τιμωρία σε κπν** to impose a fine/a penalty on sb
9 (διορίζω) to make
10 (για δουλειά: κάνω) to do
11 (επιτυγχάνω: γκολ, καλάθι, πόντους) to get
12 (για παίκτη: χρησιμοποιώ) to use
13 (βαθμολογώ) to give
14 (σε εξετάσεις: θέματα, διαγώνισμα, τεστ) to set
15 (εγκαθιστώ: ρεύμα, τηλέφωνο, γραμμή) to install
16 (για παραγγελίες: φέρνω) to bring
17 (συνεισφέρω: χρήματα) to give
18 (για αυτοκίνητα: επιλέγω: ταχύτητα) to select
19 (για την ώρα: ρυθμίζω) to set
20 βάζω για (βουλευτής, δήμαρχος) to run for

▶ *μεσοπαθ* **βάλθηκα** ή **έχω βαλθεί να κάνω κτ** to be set on doing sth, to be determined to do sth

βαθαίνω *ρ αμ* (θάλασσα, λίμνη, ποτάμι) to get deeper • (μάγουλα) to grow hollow • (φωνή) to get deeper • (χάσμα γενεών, κρίση, ρήγμα) to widen ▶ *ρ μ* to make deeper

βαθιά *επιρρ* (κρύβω, σκάβω) deep • (προχωρώ) deep down • (αναπνέω, αναστενάζω) deeply • **κοιμάμαι ~** to be fast ή sound asleep

βαθμολογία *ουσ θηλ* (βαθμός) grades *πληθ.* • (έντυπο) detailed breakdown of grades • (Αθλ) rankings *πληθ.* • (στο ποδόσφαιρο, μπάσκετ, βόλεϊ) league table

βαθμός *ουσ αρσ* (για θερμοκρασία, φούρνο) degree • (για έγκαυμα) degree • (μαθητή, μαθήματος) mark (ΒΡΕΤ.), grade (ΑΜΕΡ.) • (απολυτηρίου) grade • (διαγωνιζόμενου, αθλητή, ομάδας) point • (στρατιωτικού) rank • (υπαλλήλου) grade • (εμπιστοσύνης, ακρίβειας, ειδίκευσης) degree • (γνώσης) extent • (Γλωσσ, Μαθ) degree • **σε** ή **ως κάποιο βαθμό** to a certain extent • **σε μεγάλο βαθμό** to a great extent • **ως έναν βαθμό** to a certain extent • **~ συγγένειας** degree of relation ■ **βαθμοί** *πληθ* grades

βάθος *ουσ ουδ* (πάτος) bottom • (θάλασσας, λίμνης, πηγαδιού) depth • (χαράδρας, συρταριού, ντουλάπας) depth • (διαδρόμου) far end • (δρόμου) bottom • (δωματίου, αίθουσας, λεωφορείου, βαγονιού) back • (πίνακα, ζωγραφιάς) background ■ **βάθη** *πληθ* bottom *εν.*

βάθρο *ουσ ουδ* (αγάλματος) pedestal • (Αθλ) podium • (μτφ.) basis

βαθύς, -ιά ή **-εία, -ύ** *επίθ* deep • (σκοτάδι) pitch • **παίρνω βαθιά εισπνοή** to take a deep breath • **στα βαθιά** (σε θάλασσα) in the deep water • (σε πισίνα) at the deep end • (στα δύσκολα) out of one's depth • **βαθιά υπόκλιση** low bow • **βαθύ κάθισμα** (Γυμναστ) squat

βακαλάος *ουσ αρσ* = **μπακαλιάρος**

βακτηρίδιο *ουσ ουδ* bacterium

βαλανίδι *ουσ ουδ* acorn

βαλανιδιά *ουσ θηλ* oak (tree)

βαλβίδα *ουσ θηλ* (επίσης Μηχαν, Ανατ) valve (ΒΡΕΤ.), tube (ΑΜΕΡ.) • (Αθλ) starting-post

βαλίτσα *ουσ θηλ* (suit)case • **ετοιμάζω** ή **φτιάχνω τη ~/τις βαλίτσες μου** to pack (one's case/bags) • **ιατρική ~** medical bag

Βαλκάνια *ουσ ουδ πληθ* **τα ~** the Balkans

βαλκανικ|ός, -ή, -ό *επίθ* Balkan • **οι βαλκανικοί πόλεμοι** the Balkan wars ■ **Βαλκανική** *ουσ θηλ* the Balkan Peninsula ■ **Βαλκανικοί** *ουσ αρσ πληθ* the Balkan Games

βάλτος *ουσ αρσ* swamp

βαμβακερ|ός, -ή, -ό *επίθ* cotton ■ **βαμβακερά** *ουσ ουδ πληθ* cottons

βαμβάκι *ουσ ουδ* (γενικότ.) cotton • (για επάλειψη πληγής) cotton wool (ΒΡΕΤ.), cotton (ΑΜΕΡ.)

βαμμέν|ος, -η, -ο *επίθ* (μαλλιά, ύφασμα) dyed

• (πρόσωπο) made-up • (ξύλο) painted
• (φανατικός) die-hard

βάναυσ|ος, -η, -ο επιθ rough

βάνδαλος ουσ αρσ vandal

βανίλια ουσ θηλ (φυτό, αρωματική σκόνη) vanilla
• (γλυκό) sweet vanilla icing served on a spoon in chilled water

βαπόρι ουσ ουδ steamship

βαπτίζω ρ μ = **βαφτίζω**

βάπτισμα ουσ ουδ baptism • **~ του πυρός** baptism of fire

βαραίνω ρ μ (καταναλωτές, φορολογούμενους) to be a burden on • (στομάχι, οργανισμό) to lie heavy on • (συνείδηση) to burden • (για χρόνια, ηλικία) to tell on • (βλέφαρα) to make heavy
• (ατμόσφαιρα) to make tense • (γίνομαι βάρος) to trouble ▶ ρ αμ (γίνομαι βαρύτερος) to put on weight • (γίνομαι δυσκίνητος) to stiffen up
• (φωνή) to get deeper • (νους) to become clouded • (λόγια, κουβέντες) to carry weight

βαράω (ανεπ.) ρ μ (πόρτα, τοίχο, γραφείο) to bang on • (πόδι, χέρι, κεφάλι) to bang • (δέρνω) to beat • (σουτ, μπάλα) to kick • (κεφαλιά) to do
• (για ποτό) to give a thick head to • (κουδούνι, καμπάνα) to ring • (τραυματίζω) to hit • (με πιστόλι) to shoot • (σκοτώνω: λαγό, πέρδικα) to shoot ▶ ρ αμ (τραυματίζομαι) to be hurt • (ούζο, βότκα) to be strong stuff • (καμπάνα, κουδούνι) to ring • (ρολόι) to go off • (πυροβολώ) to fire

βάρβαρ|ος, -η, -ο επιθ barbaric • **βάρβαρος** ουσ αρσ, **βάρβαρη** ουσ θηλ barbarian

βαρέλι ουσ ουδ (για κρασί, μπίρα, τυρί) barrel
• (για πετρέλαιο, τοξικά απόβλητα) drum

βαρετ|ός, -ή, -ό επιθ boring

βαριέμαι ρ μ (δεξιώσεις, εκδηλώσεις) to be bored with • (μουρμούρα) to be fed up with ▶ ρ αμ to get bored • **~ να κάνω κτ** (δεν έχω διάθεση) I can't be bothered to do sth • (δεν αντέχω πια) I'm fed up of doing sth

βαριεστημάρα ουσ θηλ boredom

βαριεστημέν|ος, -η, -ο επιθ bored

βάρκα ουσ θηλ boat • **φουσκωτή ~** rubber dinghy

βαρκάδα ουσ θηλ boating • **κάνω ~** to go boating

Βαρκελώνη ουσ θηλ Barcelona

βάρος ουσ ουδ (ανθρώπου, ζώου, αντικειμένου) weight • (μτφ.: εξελίξεων) pressure
• (παρουσίας) burden • (υποχρέωση) obligation
• (προσωπικότητας) strength • **εις ή σε ~ κποιου** against sb • (γελώ) at sb's expense
• **έχω ένα ~ στο στομάχι/στο κεφάλι** my stomach/head feels heavy • **παίρνω/χάνω ~** to put on ή gain/lose weight • **πόσο ~ έχεις;** how much do you weigh? • **ειδικό ~** relative density
• **μικτό ~** gross weight • **οικογενειακά βάρη** family obligations • **~ βάρη** body weight
• **φορολογικά βάρη** tax burden εν. • **βάρη** (Αθλ) weights • **άρση βαρών** weightlifting

Βαρσοβία ουσ θηλ Warsaw

βαρ|ύς, -ιά -εία, -ύ επιθ (άνθρωπος, αντικείμενο) heavy • (δουλειά) hard • (φορολογία) heavy • (ποινή) severe • (μυρωδιά, άρωμα) strong • (μελαγχολία, στενοχώρια, λύπη) deep

• (για φαγητό) stodgy • (με πολλά μπαχαρικά) spicy • (για ρόφημα, ποτό, τσιγάρο) strong
• (κεφάλι, πόδια) heavy • (στομάχι) bloated
• (ύπνος) deep • (φωνή) deep • (κρύο) bitter
• (χειμώνας) harsh • (ρούχα, κουβέρτα, πάπλωμα) heavy • (παράπτωμα, συνέπειες, αρρώστια, τραύμα) serious • (απώλειες, κόστος) heavy • (γρίπη) bad • (λόγος, κουβέντα, χαρακτηρισμοί) harsh • (χαρακτήρας, συμπεριφορά, ύφος) stern • (ταινία, βιβλίο, έργο) obscure • (αργός: τραγούδι, μουσική, χορός) solemn • (: μελαγχολικός) gloomy • (δυσκίνητος) heavy • **βαρύ κλίμα** unhealthy climate • (μτφ.) tense atmosphere • **βαριά βιομηχανία** heavy industry • **βαρύ πυροβολικό** (κυριολ., μτφ.) heavy artillery

βαρύτητα ουσ θηλ (Φυσ) gravity • (λόγου, γνώμης) weight • (μαρτυρίας) significance

βαρώ ρ μ = **βαράω**

βασανίζω ρ μ (κρατούμενο, αιχμάλωτο) to torture • (γονείς) to be a worry to • (υπόθεση, στοιχεία, κείμενο) to scrutinize • **βασανίζομαι** μεσοπαθ (ταλαιπωρούμαι) to struggle
• (ταλαιπωρούμαι ψυχικά) to torture oneself

βασανιστήριο ουσ ουδ torture

βάσανο ουσ ουδ (καημός) trial • (πείνας) torment • (φτώχειας, ξενιτιάς) misery

βάση ουσ θηλ (κολόνας, αγάλματος) base
• (κτηρίου) foundations πληθ. • (υπόθεσης, θεωρίας, διαλόγου, πολιτικής) basis • (αφετηρία, δεδομένο) basis • (εταιρείας, εργαζομένου) base
• (τούρτας, χυμού, ζύμης) base • (βουνού, λόφου) foot • (Σχολ) pass • (Στρατ) base • **σε εικοσιτετράωρη ~, επί εικοσιτετραώρου βάσεως** twenty-four hours a day ■ **βάσεις** πληθ (οικογένειας) foundations • (κοινωνίας) bedrock εν. • (για εισαγωγή σε πανεπιστήμιο) grades • (Στρατ) bases

βασίζω ρ μ to base ■ **βασίζομαι** μεσοπαθ **βασίζομαι σε κτ** to be based on sth • **βασίζομαι σε κπν/κτ** (στηρίζομαι) to rely on sb/sth
• (οικονομικά) to depend on sb/sth • **βασίζομαι σε κπν** (εμπιστεύομαι) to trust sb

βασικά επιρρ basically

βασικ|ός, -ή, -ό επιθ (αρχή, προϋπόθεση, κανόνας) basic • (χαρακτήρας) basic
• (παράγοντας, αιτία, χρηματοδότης) chief
• (χρώμα) primary • (εντεκάδα, παίκτης, σύνθεση) main • **βασική εκπαίδευση** primary (Βρετ.) ή elementary (Αμερ.) education
• (Στρατ) basic training

βασίλειο ουσ ουδ kingdom • (ύπνου) realms πληθ.

βασιλιάς ουσ αρσ king • (πετρελαίου, διαμαντιών) tycoon

βασιλικός¹ ουσ αρσ basil

βασιλικός², -ή -ιά, -ό επιθ (στέμμα, εξουσία, οικογένεια, διαταγή) royal • (υποδοχή) sumptuous • **βασιλικό γεύμα** a feast fit for a king • **~ πολτός** royal jelly ■ **βασιλικός** ουσ αρσ, **βασιλική** ή **-ιά** ουσ θηλ royalist

βασίλισσα ουσ θηλ queen • **~ της ομορφιάς** beauty queen

βασιλόπιτα ουσ θηλ New Year's cake

βάσιμ|ος, -η, -ο *επιθ* valid • *(φόβος)* well-founded • *(αποδείξεις)* tangible

βαστώ *ρ μ (βιβλία, κιβώτιο, μωρό)* to hold • *(γέλια, δάκρυα)* to hold back • *(θυμό)* to contain • *(αψίδα, κτήριο, οροφή)* to support • *(λεφτά)* to have on one • *(λογιστικά βιβλία, σπίτι)* to keep • *(μυστικό, όρκο)* to keep • *(μίσος, κακία)* to harbour *(ΒΡΕΤ.)*, to harbor *(ΑΜΕΡ.)* • *(πόνο, αποχωρισμό, πείνα, ντροπή)* to bear ▶ *ρ αμ (αντέχω)* to stand it • *(κλαδί, σχοινί)* to hold • *(συγκρατούμαι)* to hold on • *(διαρκώ: επανάσταση, καρναβάλι)* to last • *(: δουλειά)* to take • *(ρούχο, φρούτο)* to last • *(άρωμα)* to linger ∎ **βαστιέμαι** *μεσοπαθ* to control oneself

Βατικανό *ουσ ουδ* Vatican

βατόμουρο *ουσ ουδ* blackberry

βάτος *ουσ αρσ, ουσ θηλ* bramble

βατράχι *ουσ ουδ (βάτραχος)* frog • *(αργκ.: βατραχάνθρωπος)* frogman

βατραχοπόδαρα *ουσ ουδ πληθ* frog's legs

βάτραχος *ουσ αρσ* frog

βαφή *ουσ θηλ (μπογιά: πόρτας)* paint • *(: ξύλου)* stain • *(: μαλλιών)* dye • *(βάψιμο: πόρτας, σπιτιού, αβγών)* painting • *(: ξύλου)* staining • *(: υφάσματος, μαλλιών)* dyeing

βαφτίζω *ρ μ (παιδί)* to baptize • *(δίνω όνομα)* to name • *(αποκαλώ)* to call ∎ **βαφτίζομαι** *μεσοπαθ* to be baptized

βάφτιση *ουσ θηλ (μυστήριο)* baptism • *(τελετή: επίσης:* **βαφτίσια***)* baptism • *(πλοίου)* christening • *(ηπείρου)* naming

βαφτισιμιά *ουσ θηλ* goddaughter

βαφτισιμιός *ουσ αρσ* godson

βάφτισμα *ουσ ουδ* = **βάπτισμα**

βάφω *ρ μ (τοίχο, κάγκελα)* to paint • *(αυτοκίνητο)* to spray • *(μαλλιά)* to dye • *(μάτια)* to make up • *(χείλη)* to put lipstick on • *(νύχια)* to varnish • *(παπούτσια)* to polish • *(μτφ.: τοπίο)* to colour *(ΒΡΕΤ.)*, to color *(ΑΜΕΡ.)* ∎ **βάφομαι** *μεσοπαθ* to put one's make-up on

βάψιμο *ουσ ουδ (τοίχου)* painting • *(ματιών, χειλιών)* making up • *(μαλλιών)* dyeing • *(νυχιών)* varnishing • *(παπουτσιών)* polishing • *(μακιγιάζ)* make-up

⬤ **ΛΕΞΗ-ΚΛΕΙΔΙ**

βγάζω *ρ μ* **1** βγάζω κτ από κτ to take sth out of sth **2** βγάζω κπν σε to take sb to **3** *(αφαιρώ: ρούχα, παπούτσια, ρολόι, μακιγιάζ)* to take off **4** *(εξαφανίζω: λεκέ, μουντζούρα)* to get out **5** *(εξάγω: δόντι)* to take out • *(: φρύδια)* to pluck • *(: καρφί, κόκκαλα)* to take out • *(: λέπια)* to remove **6** *(κάνω εξαγωγή)* to take to **7** *(αποακολουθώ: μαθητή)* to send out • *(: σκύλο)* to get out • **βγάζω κπν από το μυαλό μου** to get sb out of one's mind **8** *(κάνω αφαίρεση)* to take away **9** *(παίρνω από κάπου: παιχνίδια, ρούχα, βιβλία)* to take **10** βγάζω κπν έξω *(σύζυγο, σύντροφο)* to take sb out

11 *(εξαρθρώνω: ώμο, λεκάνη)* to dislocate • *(: καρπό, αστράγαλο)* to sprain **12** *(οργανώ: μονοπάτι, δρόμος)* to take • **βγάζω κπν μέχρι ή ως την πόρτα** to show ή see sb to the door • **όπου μας βγάλει η άκρη** wherever it may lead us **13** *(αφήνω: κραυγή, φωνή)* to let out • *(: αναστεναγμό)* to give **14** *(εμφανίζω):* **βγάζω άνθη** to bud • **βγάζω δόντια** to be teething • **βγάζω λουλούδια** to flower • **βγάζω σπυριά** to have spots • *(οικ.)* to get annoyed **15** *(παράγω: για φυτά, εταιρεία, εργοστάσιο, χώρα)* to produce **16** βγάζω κτ από κτ άλλο to make sth from sth else • *(μετάλλευμα)* to extract sth from sth else **17** *(κυκλοφορώ: βιβλίο, εφημερίδα, περιοδικό)* to bring out **18** *(αναδεικνύω: επιστήμονες, καλλιτέχνες)* to produce **19** *(δημοσιοποιώ: αποτελέσματα)* to publish **20** *(εκλέγω: βουλευτή, πρόεδρο)* to elect **21** *(δίνω όνομα)* to name **22** *(καταλήγω: απόφαση)* to make • *(: συμπέρασμα)* to draw **23** *(διακρίνω: γράμματα)* to make out **24** *(κερδίζω)* to earn **25** *(τελειώνω: δουλειά)* to do • *(: λύκειο, πανεπιστήμιο, γυμνάσιο)* to finish • **βγάζω το σχολείο** to finish school **26** *(διανύω)* to get through **27** *(για μύτη, πληγή)* **28** *(παθαίνω: ιλαρά, ανεμοβλογιά)* to have **29** *(οικ.: κάνω εμετό)* to throw up *(ανεπ.)* **30** *(αντλώ)* to pump • *(νερό από πηγάδι)* to draw **31** *(αποβιβάζω: επιβάτες, ταξιδιώτες)* to drop off **32** *(αναδίδω: μυρωδιά, άρωμα, καπνό)* to give off • *(: φως)* to give out **33** *(απολύω)* to sack • *(αλλάζω καθήκοντα)* to relieve **34** *(κάνω: μπαλιά, σέντρα)* to deliver • *(: γκολ)* to score • **βγάζω σε κπν το όνομα** to give sb a reputation • **βγάζω την Παναγία σε κπν** to give sb a hard time • **πόσο βγάζεις;** *(για υπολογισμό πράξης)* what do you make it?

⬤ **ΛΕΞΗ-ΚΛΕΙΔΙ**

βγαίνω *ρ αμ* **1** *(από δωμάτιο, αίθουσα)* to come out • *(έξω)* to go out • *(ήλιος)* to rise • *(φεγγάρι, αστέρια)* to come out • **βγαίνω από τα όρια** to go too far **2** *(καρφί, πάσσαλος)* to come out • *(τακούνι)* to come off • *(ώμος)* to be dislocated • *(καρπός)* to be sprained **3** βγαίνω από *(οργάνωση, συμφωνία)* to pull out of • *(αφάνεια, αδράνεια)* to emerge from • *(τέλμα)* to extricate oneself from **4** *(απομακρύνομαι: παίκτης)* to be sent off • *(: μαθητής)* to be sent out **5** *(εξαφανίζομαι: λεκέδες, μουντζούρα)* to come off ή out • **κραγιόν** to come off **6** *(πηγαίνω στα ανοιχτά: πλοίο, βάρκα)* to leave **7** *(διασκεδάζω)* to go out • **βγαίνω μαζί με κπν**

(για ζευγάρι) to date sb • **βγαίνω με κπν** (για φίλους) to go out with sb
8 βγαίνω σε (φθάνω) to get to
9 (καταλήγω: δρόμος, μονοπάτι) to lead • (: ιστορία, υπόθεση) to lead
10 (πόνος, παράπονο) to come out
11 (προέρχομαι: λέξη, όνομα) to come
12 (αναδίδομαι: μυρωδιά, άρωμα) to come
13 (φυτρώνω: λουλούδια) to come out • (: σπυρί, εξάνθημα) to appear • (: τρίχες, γένια) to grow
14 (εμφανίζομαι) to appear • (ξαφνικά: αυτοκίνητο, πεζός) to appear from nowhere
15 (αναδεικνύομαι: μουσικοί, καλλιτέχνες) to come
16 (παράγομαι: αυτοκίνητα, υπολογιστές) to be made
17 (κυκλοφορώ: εφημερίδα, βιβλίο) to come out
18 (εκδίδομαι: νόμισμα, διάταγμα) to be issued
19 (αποτελείται) to break out • (σκάνδαλο) to break out • **βγήκε μια φήμη ότι...** there's a rumour (Βρετ.) ή rumor (Αμερ.) that...
20 (για εκλογές: εκλέγομαι) to be elected • (κερδίζω) to win
21 (αποδεικνύομαι: πρόσθεση, εξίσωση, αφαίρεση) to work out
22 βγαίνω αληθινός (όνειρο, προβλέψεις, λόγια) to come true • **βγαίνω λάθος/σωστός** to be proved wrong/right
23 (προκύπτω: κέρδος) to be made • (: συμπέρασμα) to derive
24 (τελειώνω: δουλειά, διατριβή) to be finished • (: αποφοιτώ: φοιτητής, σπουδαστής) to graduate
25 (φθάνω στο τέλος: χρόνος, μήνας) to end
26 (επαρκώ: ύφασμα, μερίδες) to be enough • **βγήκε!** (σε χαρτοπαίγνιο) out! • **δεν βγαίνει τίποτα** it's pointless ή meaningless • **δεν μου (τη) βγαίνει κανείς (σε κτ)** (αργκ.) to be unbeatable (at sth) • **μου βγαίνει το όνομα ότι** to have a reputation for

βγαλμέν|ος, -η, -ο επιθ (ώμος) dislocated • (χέρι) sprained
βγάλσιμο ουσ ουδ (δοντιού) extraction • (ματιού) taking out • (ποδιού, χεριού) spraining • (ώμου) dislocating
βδομάδα ουσ θηλ = **εβδομάδα**
βδομαδιάτικ|ος, -η, -ο επιθ weekly ■ **βδομαδιάτικο** ουσ ουδ weekly wage
βέβαια επιρρ of course • **και ~!** of course! • **όχι ~** of course not
βέβαι|ος, -η ή -αία, -ο επιθ certain • **είμαι ~ για κτ** to be sure about sth • **είμαι ~ ότι** to be sure that
βεβαιότητα ουσ θηλ certainty
βεβαιώνω ρ μ (επιβεβαιώνω) to confirm • (διαβεβαιώνω) to assure ■ **βεβαιώνομαι** μεσοπαθ to make sure
βεβαίως επιρρ = **βέβαια**
βεβαίωση ουσ θηλ (αιτήματος, πολιτικής) confirmation • (ιατρού, εγγραφής, συμβολαιογράφου) certificate
βεγγαλικό ουσ ουδ firework
βελανίδι ουσ ουδ = **βαλανίδι**

βελανιδιά ουσ θηλ = **βαλανιδιά**
Βέλγα, Βελγίδα ουσ θηλ βλ. **Βέλγος**
βελγικός, -ή, -ό επιθ Belgian
βέλγικος, -η, -ο επιθ = **βελγικός**
Βέλγιο ουσ ουδ Belgium
Βέλγος ουσ αρσ Belgian
βελόνα ουσ θηλ (γενικότ.) needle • (πικάπ) stylus • **μαγνητική ~** magnetic needle
βελόνι ουσ ουδ (small) needle
βελονισμός ουσ αρσ acupuncture
βέλος ουσ ουδ arrow • (μτφ.) shaft
βελουδέν|ος, -ια, -ιο επιθ = **βελούδινος**
βελούδιν|ος, -η, -ο επιθ (ύφασμα, παλτό, φόρεμα) velvet • (φωνή, δέρμα, χείλη) velvety
βελούδο ουσ ουδ velvet
βελτιώνω ρ μ (ποιότητα, γνώσεις, απόδοση, κατάσταση, σχέσεις) to improve • (θέση) to better • (εμφάνιση, γεύση) to enhance ■ **βελτιώνομαι** μεσοπαθ (καιρός) to get better • (υγεία, κατάσταση ασθενούς) to improve
βελτίωση ουσ θηλ improvement • **~ της υγείας κποιου/του καιρού** improvement in sb's health/in the weather ■ **βελτιώσεις** πληθ improvements
βενζίνα ουσ θηλ = **βενζίνη**
βενζινάδικο ουσ θηλ petrol station (Βρετ.), gas station (Αμερ.)
βενζινάκατος ουσ θηλ motorboat
βενζίνη ουσ θηλ petrol (Βρετ.), gasoline (Αμερ.), gas (Αμερ.)
βεντάλια ουσ θηλ fan
βέρα ουσ θηλ (γάμου) wedding ring • (αρραβώνα) engagement ring
βεράντα ουσ θηλ verandah
βερίκοκο ουσ ουδ apricot
βερνίκι ουσ ουδ (επίπλων, ξύλων: προστατευτικό) varnish • (για γυάλισμα) polish • (παπουτσιών) polish • **~ νυχιών** nail polish
Βερολίνο ουσ ουδ Berlin
βέσπα ουσ θηλ moped
βέτο ουσ ουδ άκλ. veto
βήμα ουσ ουδ (δρασκελιά) step • (μεγάλο) stride • (ταχύτητα μετακίνησης ποδιών) pace • (απόσταση ανοίγματος ποδιών) foot • (χορού) step • (βάδισμα) walk • (βάθρο) podium • **ανοίγω το ~ μου** to lengthen one's stride • **με αργά βήματα** slowly
βηματίζω ρ αμ to walk • **~ πάνω κάτω** to pace up and down
βηματισμός ουσ αρσ (περπάτημα) walk • (ήχος βημάτων) footstep
βήξιμο ουσ ουδ (το να βήχει κανείς) coughing • (βήχας) cough
βήτα ουσ ουδ άκλ. beta, second letter of the Greek alphabet • **~ κατηγορίας ή διαλογής** second-rate
βήχας ουσ αρσ cough • **με πιάνει ~** to get a cough
βήχω ρ αμ to cough
βία ουσ θηλ (εξαναγκασμός) violence • (πίεση) rush • **ασκώ ή χρησιμοποιώ ~** to use force • **δια (της) βίας** by force
βιάζω¹ ρ μ (κακοποιώ σεξουαλικά) to rape • (μτφ.) to violate

βιάζω² _ρ μ_ to rush ■ **βιάζομαι** _μεσοπαθ_ (επείγομαι) to be in a hurry • (κάνω γρήγορα) to hurry (up) • (καταχρ.: επισπεύδω) to rush • (χρειάζομαι επειγόντως) to need urgently • **βιάζομαι να κάνω κτ** (προτρέχω) to be in a hurry to do sth • (ανυπομονώ) I can't wait to do sth

βίαι|ος, -η, -ο _επιθ_ violent

βιασμός _ουσ αρσ_ rape

βιαστής _ουσ αρσ_ rapist

βιαστικ|ός, -ή, -ό _επιθ_ (διαβάτης) in a hurry • (ματιά, βάδισμα) hasty • (επίσκεψη) flying • (καφές) quick • (απόφαση, συμπέρασμα, ενέργεια) hasty

βιασύνη _ουσ θηλ_ haste

βιβλιάριο _ουσ ουδ_ book • **~ επιταγών** chequebook (ΒΡΕΤ.), checkbook (ΑΜΕΡ.) • **~ καταθέσεων** pass book • **εκλογικό ~** voting card

βιβλίο _ουσ ουδ_ book • **~ ιστορίας/γραμματικής** history/grammar book • **~ επισκεπτών** visitors' book • **~ τσέπης** paperback • **παιδικό ~** children's book • **σχολικό ~** school book

βιβλιοθήκη _ουσ θηλ_ (έπιπλο) bookcase • (δήμου, Βουλής) library • **δανειστική ~** lending library • **Εθνική Βιβλιοθήκη** National Library

βιβλιοπωλείο _ουσ ουδ_ book shop (ΒΡΕΤ.), bookstore (ΑΜΕΡ.)

Βίβλος _ουσ θηλ_ Bible

βίγκαν _ουσ ουδ άκλ._ vegan

βίδα _ουσ θηλ_ screw ■ **βίδες** _πληθ_ twists

Βιέννη, Βιέννη _ουσ θηλ_ Vienna

βίζα _ουσ θηλ_ visa • **βγάζω ~** to get a visa

βίλα _ουσ θηλ_ villa

βιντεοκάμερα _ουσ θηλ_ video camera

βιντεόφωνο _ουσ ουδ_ videophone

βιογραφία _ουσ θηλ_ biography

βιολέτα _ουσ θηλ_ violet

βιολί _ουσ ουδ_ violin

βιολογικ|ός, -ή, -ό _επιθ_ biological

βιολόγος _ουσ αρσ, ουσ θηλ_ biologist

βιομηχανία _ουσ θηλ_ (καλλυντικών, τροφίμων, όπλων) industry • (εργοστάσιο) factory

βιομηχανικ|ός, -ή, -ό _επιθ_ (περιοχή, μονάδα, απόβλητα, τομέας) industrial • (προϊόν) manufactured • (παραγωγή) mass • (κλάδος) of industry • (χώρα) industrialized • (έπιπλα, χαλιά) mass-produced • **η Βιομηχανική Επανάσταση** the Industrial Revolution

βίος _ουσ αρσ_ (ζωή) life • (τρόπος ζωής) lifestyle • (διάρκεια ζωής) lifespan • (βιογραφία) life • **βίοι παράλληλοι** parallel lives • **~ και πολιτεία** (για περιπετειώδη ζωή) exciting life

βιοτεχνία _ουσ θηλ_ (Οικον) small industry • (κτήριο) workshop

βιοτεχνολογία _ουσ θηλ_ biotechnology

βιοτικ|ός, -ή, -ό _επιθ_ living • **βιοτικό επίπεδο** standard of living

βιοχημεία _ουσ θηλ_ biochemistry

βιταμίνη _ουσ θηλ_ vitamin

βιτρίνα _ουσ θηλ_ (μαγαζιού, ζαχαροπλαστείου) (shop) window • (μουσείου) showcase • (μτφ.) shining example

βλαβερός, -ή, -ό _επιθ_ harmful • (συνήθεια) unhealthy

βλάβη _ουσ θηλ_ (γενικότ.) damage _χωρίς πληθ._ • (αυτοκινήτου) breakdown • (ψυγείου, καλοριφέρ) failure • **παθαίνω ~** to be damaged • (αυτοκίνητο) to break down • **σωματική ~** physical harm

βλάκας _ουσ αρσ_ (μειωτ.) idiot

βλακεία _ουσ θηλ_ (χαζομάρα) stupidity • (πράξη) stupid thing to do • (λόγος) stupid thing to say

βλάπτω _ρ μ_ (υγεία, καλλιέργειες) to damage • (συμφέροντα, υπόληψη, χώρα) to harm • (δικαιώματα) to prejudice • (ανάπτυξη, εξέλιξη) to impair ▶ _ρ αμ_ to be bad for the health

βλαστήμια _ουσ θηλ_ swear word

βλάστημ|ος, -η, -ο _επιθ_ = **βλάσφημος**

βλάστηση _ουσ θηλ_ (φυτού) germination • (περιοχής) vegetation

βλασφημία _ουσ θηλ_ (ύβρις) blasphemy • (αισχρολογία) oath

βλάσφημ|ος, -η, -ο _επιθ_ (που βρίζει τα θεία) blasphemous • (χειρονομία) rude

βλασφημώ _ρ μ_ to blaspheme against ▶ _ρ αμ_ to be blasphemous

βλάχικ|ος, -η, -ο _επιθ_ (γάμος, έθιμα) Vlach • (μειωτ.: συμπεριφορά) boorish • (: προφορά, ντύσιμο) hick (ανεπ.)

βλέμμα _ουσ ουδ_ (ματιά) look • (επίμονο) stare • (μελαγχολίας, ανησυχίας) look

βλέπω _ρ μ_ (άνθρωπο, πράγμα) to see • (παρακολουθώ: τηλεόραση, παράσταση) to watch • (κρίνω) to see • (διαπιστώνω: σφάλμα, άδικο) to see • (κατανοώ: λόγους, στάση) to see • (εξετάζω: κατάσταση, τα πράγματα, θέμα) to see • (γιατρός) to examine • (προβλέπω) to foresee • (αποφασίζω) to see • (προσέχω) to watch • (φαγητό) to keep an eye on • (παιδί) to look after • (σκέπτομαι: συμφέρον, κέρδος) to have an eye for • (συναντώ: επόμενο, προϊστάμενο) to see • (: επισκέπτομαι: φίλο) to see • (: μουσείο) to visit ▶ _ρ αμ_ to see • **για να δούμε** let's see • **θα δούμε** we'll see • **το δωμάτιό μου/το παράθυρο βλέπει στον κήπο** my room/the window looks onto the garden • **το σπίτι βλέπει στη θάλασσα** the house has a sea view • **βλέπομαι** _μεσοπαθ_ (συναντιέμαι) to see each other • (ταινία, άνθρωπος) to be seen

βλεφαρίδες _ουσ θηλ πληθ_ eyelashes

βλέφαρο _ουσ ουδ_ eyelid

βλήμα _ουσ ουδ_ (γενικότ.) missile • (όλμου, πυροβόλου) shell • (σφαίρα) bullet • (υβρ.) idiot

βλητό _ουσ ουδ_ = **βλίτο**

βλίτο _ουσ ουδ_ (χορταρικό) dandelion leaf • (υβρ.) idiot

βόας _ουσ αρσ_ boa (constrictor)

βογγητό _ουσ ουδ_ (ανθρώπου) groan • (θάλασσας, μηχανής, τρένου) roar

βογκητό _ουσ ουδ_ = **βογγητό**

βόδι _ουσ ουδ_ ox

βοδιν|ός, -ή, -ό _επιθ_ ox ■ **βοδινό** _ουσ ουδ_ beef

βοή _ουσ θηλ_ (βροντής) rumble • (κυμάτων, ανέμου, καταρράκτη) roar • (πλήθους, μαγαζιού) hubbub

βοήθεια _ουσ θηλ_ (υποστήριξη) help • (στρατιωτική, ιατρική, οικονομική) aid • (βοήθημα) aid • **~!** help! • **πρώτες βοήθειες**

first aid • **σταθμός πρώτων βοηθειών** first-aid station ή post

βοήθημα ουσ ουδ (υποστήριξη) aid • (φοιτητή, μελετητή) study aid • (για σχολικά μαθήματα) answer book

βοηθητικ|ός, -ή, -ό επιθ (στοιχείο, μέσο, παράγοντας) helpful • (υπηρεσία) ancillary • (προσωπικό, υπάλληλος) auxiliary • (πηγή, σύγγραμμα) additional • **βοηθητικό ρήμα** auxiliary verb • **βοηθητικοί χώροι** storage space εν.

βοηθός ουσ αρσ, ουσ θηλ (συμπαραστάτης) helper • (λογιστή, δικηγόρου) assistant • (μαθητευόμενος) apprentice

βοηθώ ρ μ (γενικότ.) to help • (φτωχό) to give relief to ▸ ρ αμ to help

βολάν ουσ ουδ άκλ. steering wheel

βολβός ουσ αρσ (Βοτ) bulb • (ματιού) eyeball

βόλεϊ, βόλεϊ-μπολ ουσ ουδ άκλ. volleyball

βολεύω ρ μ (έπιπλα) to put • (αντικείμενα, βιβλία) to fit (σε in) • (πόδια, χέρια) to fit in • (πελάτη, φιλοξενούμενο) to make comfortable ■ **βολεύει, βολεύουν** τριτοπρόσ to suit • **δεν με βολεύει** it doesn't suit me ■ **βολεύομαι** μεσοπαθ (σε σπίτι) to settle in • (σε κάθισμα) to settle • (εξυπηρετούμαι προσωρινά) to make do (με with)

βολή ουσ θηλ (δίσκου, λίθου, ακοντίου) throw • (στην καλαθοσφαίριση) shot • (πυροβολισμός) shot

βολικ|ός, -ή, -ό επιθ (έπιπλο) comfortable • (χώρος, σημείο, ώρα) convenient • (παιδί, χαρακτήρας) easy-going

βόλος ουσ αρσ (σφαίρα) ball • (χώματος) clod • (γυάλινο σφαιρίδιο) marble ■ **βόλοι** πληθ marbles

βόλτα ουσ θηλ (περίπατος) walk • (με όχημα) drive • (βίδας) thread • **βγάζω ή πηγαίνω** κπν ~ to take sb for a walk • **κάνω (μια) ~ (με το αυτοκίνητο/με τα πόδια)** to go for a drive/walk ή stroll • **πάω** ~ to go for a walk • **πάω ~ στα μαγαζιά** to go down to the shops

βόμβα ουσ θηλ bomb

βομβαρδίζω ρ μ (Στρατ) to bomb • (μτφ.) to bombard

βομβαρδισμός ουσ αρσ (Στρατ) bombing • (μτφ.) bombardment

βομβητής ουσ αρσ pager

βόρεια επιρ (κοιτάζω, πηγαίνω, φυσώ) north • (βρίσκομαι) in the north

Βόρεια Αμερική ουσ θηλ North America

Βόρεια Αφρική ουσ θηλ North Africa

βορειοανατολικά επιρ (κοιτάζω, πηγαίνω, φυσώ) north-east • (βρίσκομαι) in the north-east

βορειοανατολικ|ός, -ή, -ό επιθ (παράθυρο, δωμάτιο) north-east facing • (άνεμος) north-east

βορειοδυτικά επιρ (κοιτάζω, πηγαίνω, φυσώ) north-west • (βρίσκομαι) in the north-west

βορειοδυτικ|ός, -ή, -ό επιθ (πρόσοψη, δωμάτιο) north-west facing • (άνεμος) north-west

βόρειος, -α, -ο επιθ (ακτή, ημισφαίριο) northern • (παράθυρο) north-facing • (άνεμοι) north

■ **Βόρειος** ουσ αρσ, **Βόρεια** ουσ θηλ Northerner

Βόρειος Πόλος ουσ αρσ **ο** ~ the North Pole

βοριάς ουσ αρσ (άνεμος) north wind • (ψυχρός καιρός) cold weather • (βορράς) north

βορράς ουσ αρσ north ■ **Βορράς** ουσ αρσ North

βοσκή ουσ θηλ (βοσκότοπος) pasture • (χορτάρι) grass

βοσκός ουσ αρσ shepherd

βοτάνι ουσ ουδ herb

βοτανικ|ός, -ή, -ό επιθ herbal • **~ κήπος** botanical garden

βότανο ουσ ουδ herb

βοτανολόγος ουσ αρσ, ουσ θηλ botanist

βότκα ουσ θηλ vodka

βότσαλο ουσ ουδ pebble

βουβάλι ουσ ουδ = **βούβαλος**

βούβαλος ουσ αρσ buffalo

βουβ|ός, -ή, -ό επιθ silent • ~ ή **βωβός κινηματογράφος** silent films πληθ.

Βουδαπέστη ουσ θηλ Budapest

βουδιστής ουσ αρσ Buddhist

βουή ουσ θηλ = **βοή**

βουίζω ρ αμ (μέλισσες) to buzz • (σφήκες) to buzz • (ποτάμι, θάλασσα, αέρας) to roar
• **βουίζουν τα αφτιά μου** my ears are ringing
• **βουίζει το κεφάλι μου** my head's buzzing
• **βουίζει** (ακουστικό τηλεφώνου) it's engaged (ΒΡΕΤ.), the line's busy (ΑΜΕΡ.)

Βουλγάρα ουσ θηλ βλ. **Βούλγαρος**

Βουλγαρία ουσ θηλ Bulgaria

βουλγαρικ|ός, -ή, -ό επιθ Bulgarian
■ **Βουλγαρικά, Βουλγάρικα** ουσ ουδ πληθ Bulgarian

βουλγάρικ|ος, -η, -ο επιθ = **βουλγαρικός**

Βούλγαρος ουσ αρσ Bulgarian

βουλευτής ουσ αρσ, ουσ θηλ deputy • (στην Μ. Βρετανία) Member of Parliament • (στις Η.Π.Α.) Representative

βουλή ουσ θηλ (κοινοβούλιο) parliament • (απόφαση) will • **Άνω Βουλή** Lower House • **Βουλή των Αντιπροσώπων** House of Representatives • **Βουλή των Ελλήνων** Hellenic Parliament • **Βουλή των Κοινοτήτων** House of Commons • **Κάτω Βουλή** Upper House

βουλιάζω ρ μ (βάρκα, πλοίο) to sink • (στέγη) to bring down ▸ ρ αμ (καράβι) to sink • (δρόμος, έδαφος) to subside • (πόρτα, λαμαρίνα) to be dented

βουλιμία ουσ θηλ (λαιμαργία) insatiable appetite • (Ιατρ) bulimia

βουλκανιζατέρ ουσ ουδ άκλ. vulcanizer

βούλωμα ουσ ουδ (δοχείου) bung • (μπουκαλιού) cork • (σφράγιση) sealing

βουλώνω ρ μ (μπουκάλι) to put the cork in • (βαρέλι, δοχείο) to put the bung in • (γράμμα) to seal • (σωλήνες) to block ▸ ρ αμ (υπόνομοι, νιπτήρας) to be blocked (or) clogged up • (μύτη) to be blocked

βουνό ουσ ουδ mountain

βουνοκορφή ουσ θηλ summit

βούρκος ουσ αρσ (λάσπες) mud • (βάλτος) swamp • (μτφ.) gutter

βουρκώνω ρ αμ (άνθρωπος) to feel the tears welling up • (μάτια) to fill ή mist with tears

βούρτσα ουσ θηλ (μαλλιών) (hair)brush • (ρούχων) (clothes) brush • (παπουτσιών) brush • (βαφίματος) (paint)brush

βουρτσίζω ρ μ to brush

βούρτσισμα ουσ ουδ brush

βουτήματα ουσ ουδ πληθ biscuits (Βρετ.), cookies (Αμερ.)

βουτιά ουσ θηλ dive

βούτυρο ουσ ουδ butter • **νωπό ή φρέσκο ~** fresh butter

βουτώ ρ μ (σε γάλα, νερό, στη σάλτσα) to dip • (από τα μαλλιά, το χέρι) to grab • (οικ.: συλλαμβάνω) to collar (ανεπ.) • (οικ.: κλέβω) to pinch (ανεπ.) ▶ ρ αμ (κάνω βουτιά) to dive • (πηδώ) to jump ■ **βουτιέμαι** μεσοπαθ to fight

βραβείο ουσ ουδ prize • **~ Νόμπελ** Nobel prize • **~ Όσκαρ** Academy Award

βραβευμέν|ος, -η, -ο επιθ prize-winning ■ **βραβευμένοι** ουσ αρσ πληθ prize-winners

βράβευση ουσ θηλ (επιβράβευση) reward • (τελετή επιβράβευσης) prize-giving

βραβεύω ρ μ (απονέμω βραβείο) to award a prize to • (επιβραβεύω) to reward

βράγχια ουσ ουδ πληθ gills

βραδάκι ουσ ουδ early evening • **(κατά) το ~** in the early evening

βραδιά ουσ θηλ (βράδυ) evening • (κινηματογράφου, όπερας) night • (νύχτα) night • **μουσική ~** musical evening

βραδιάζω ρ αμ to be overtaken by night ■ **βραδιάζει** απρόσ it's getting dark

βραδιν|ός, -ή, -ό επιθ (ύπνος) night's • (μάθημα, εκπομπή, φορέματα, δελτίο) evening • **τις πρώτες βραδινές ώρες** in the early evening ■ **βραδινή** ουσ θηλ evening performance ■ **βραδινό** ουσ ουδ evening meal

βράδυ ουσ ουδ (βραδιά) evening • (νύχτα) night • **από το πρωί ως το ~** from dawn till dusk • **πρωί, μεσημέρι, ~** morning, noon and night • **φεύγω/ξεκινώ ~** to leave/set off in the evening

Βραζιλία ουσ θηλ Brazil

βράζω ρ μ to boil ▶ ρ αμ to boil

βρακί ουσ ουδ (εσώρουχο: γυναικείο) pants πληθ. (Βρετ.), panties πληθ. (Αμερ.) • (ανδρικό) (under)pants πληθ. (Βρετ.), shorts πληθ. (Αμερ.) • (παντελόνι) trousers πληθ. (Βρετ.), pants πληθ. (Αμερ.)

βράσιμο ουσ ουδ boiling

βραστήρας ουσ αρσ (νερού) kettle • (λέβητας) boiler

βραστ|ός, -ή, -ό επιθ (κρέας, πατάτες, λαχανικά) boiled • (ζεματιστός) boiling ■ **βραστό** ουσ ουδ boiled food

βράχια ουσ ουδ πληθ rocks • βλ. κ. **βράχος**

βραχιόλι ουσ ουδ bracelet

βραχίονας ουσ αρσ (μπράτσο) upper arm • (χέρι) arm • (γερανού, πικάπ) arm

βραχνιάζω ρ αμ to go hoarse

βραχν|ός, -ή, -ό επιθ (φωνή: εκ φύσεως) husky • (από κρυολόγημα) hoarse • (για πρόσ.) hoarse

βράχος ουσ αρσ (μεγάλη πέτρα) rock • (σε ακτή) cliff • (μτφ.) rock

βραχυκύκλωμα ουσ ουδ short circuit • **παθαίνω ~** (αργκ.) to be confused

βραχ|ύς, -εία, -ύ (επίσ.) επιθ short ■ **βραχέα** ουσ ουδ πληθ short waves

βραχώδ|ης, -ης, -ες επιθ rocky

βρε μόρ hey • (ως υποτιμητική έκφραση) hey you

βρεγμέν|ος, βρεμέν|ος, -η, -ο επιθ (γη, χέρια, μαλλιά, ρούχα) wet • (παξιμάδι, φέτα, ψωμιού) soggy • (στρώμα) wet

Βρετανή ουσ θηλ British woman

Βρετάνη ουσ θηλ Brittany

Βρετανία ουσ θηλ (Μεγάλη Βρετανία) Britain • (καταχρ.: Ηνωμένο Βασίλειο) United Kingdom

βρετανικ|ός, -ή, -ό επιθ British • **βρετανικά Αγγλικά** British English

Βρετανός ουσ αρσ British man • **οι Βρετανοί** the British

βρεφικ|ός, -ή, -ό επιθ infantile • **βρεφική ηλικία** infancy • **~ σταθμός** creche (Βρετ.), day nursery (Αμερ.) • **βρεφικές τροφές** baby food εν.

βρέφος ουσ ουδ baby

βρέχω ρ αμ **βρέχει ο ουρανός** it's raining ▶ ρ μ (πρόσωπο, χέρια, μαλλιά, ρούχα) to wet • (παξιμάδι, ψωμί) to dip • (ρούχα, σεντόνι) to dampen • (χείλη) to moisten • (αυλή, χορτάρι, δρόμο) to sprinkle • (ιδρώτας, αίμα, μέτωπο, πρόσωπο, στήθος) to trickle down • (ευφημ.: κατουρώ: σεντόνι) to wet • (για θάλασσα: ακτές) to wash ■ **βρέχει** απρόσ it's raining • **βρέχει καρεκλοπόδαρα ή καταρρακτωδώς** it's pouring down • **βρέχει με το τουλούμι** it's bucketing ή pelting down • **βρέχει συνέχεια εδώ** it rains all the time here ■ **βρέχομαι** μεσοπαθ (θεατές, κοινό) to get wet • (ευφημ.: κατουριέμαι) to wet oneself

βρίζω ρ μ to insult ▶ ρ αμ to swear

βρισιά ουσ θηλ (ύβρις) insult • (αισχρολογία) swearword

βρίσιμο ουσ ουδ abuse χωρίς πληθ.

βρίσκομαι ρ αμ (χώρα, μνημείο, έργα, προσπάθεια, κατασκευή) to be • (φάρμακο, εμβόλιο) to be found ή discovered • (ληστής, δολοφόνος, αγνοούμενος) to be found • (χρήματα, κεφάλαια, λύση, απάντηση) to be found • (είμαι) to be • **~ με κπν** to meet sb ■ **βρίσκεται, βρίσκονται** τριτοπρόσ **βρέθηκε κανείς για την αγγελία;** has anyone answered the ad?

βρίσκω ρ μ to find • (περιουσία) to come into • (σχέδιο) to come up with • (κακό, συμφορά) to befall • (προβλήματα, δυσκολίες) to come up against • (εχθρό, αντίπαλο) to meet • (στόχο, κέντρο) to hit • (σφαίρα) to hit • (αίνιγμα, γρίφο) to solve ▶ ρ αμ (καρφί, γρανάζι) to be sticking • (αυτοκίνητο, ρόδα) to be dented • **απ' τον Θεό να το 'βρεις** let God be your judge • **καλώς σε/ σας βρήκα!** I'm glad to see you! • **τα ~ με κπν** to make up with sb • **το βρήκα!** I've got it!

βρογχίτιδα ουσ θηλ bronchitis

βρόμα (ανεπ.) ουσ θηλ (δυσοσμία) stink • (ρύπος) dirt • (υβρ.: για γυναίκα) slut (χυδ.)

βρομερ|ός, -ή, -ό επιθ = **βρόμικος**

βρομιά ουσ θηλ (σπιτιού, ρούχων, πόλης) dirt • (ανομία) dirty trick • (διαφθορά) sleaze

βρομιάρης, -α, -ικο επιθ (ρούχα, άνθρωπος) dirty • (μτφ.) vulgar ∎ **βρομιάρης** ουσ αρσ, **βρομιάρα** ουσ θηλ (υβρ.) filthy person • (μτφ.) scum

βρόμικος, -η, -ο επιθ (χέρια, τοίχος, ρούχα) dirty • (ατμόσφαιρα, αέρας) polluted • (μτφ.: άνθρωπος) sleazy • (: λόγια) foul • (: δουλειά, χρήμα, μυαλό) dirty

βρομόλογα ουσ ουδ πληθ foul language εν.

βρομώ ρ αμ (ρούχα, άνθρωπος) to stink
• (υπόθεση, ιστορία) to be fishy (ανεπ.)
• (δουλειά) to be dodgy (ανεπ.) ▶ ρ μ to stink of

βροντερός, -ή, -ό επιθ booming

βροντή ουσ θηλ thunder χωρίς πληθ.

βροντώ ρ μ (πόρτα) to slam • (τραπέζι) to bang on • (ακουστικό) to slam down • (παλαιστή, αντίπαλο) to slam down ▶ ρ αμ (κανόνια) to boom • (βουνό, αίθουσα) to ring (από with) to resound (από with)

βροχερός, -ή, -ό επιθ rainy

βροχή ουσ θηλ (μετεωρολογικό φαινόμενο) rain • (προτάσεων, ερωτήσεων, μηνύσεων, πληροφοριών) flood • (μετεωριτών) shower ∎ **βροχές** πληθ rains

βροχόπτωση ουσ θηλ rainfall

Βρυξέλλες ουσ θηλ πληθ Brussels

βρύση ουσ θηλ (μπάνιου, νεροχύτη) tap (Βρετ.), faucet (Αμερ.) • (πλατείας, χωριού, αυλής) fountain • (βουνού, δάσους) spring • **η ~ στάζει** the tap is dripping • **η ~ τρέχει** the tap's on

βρώμα ουσ θηλ = **βρόμα**

βρωμερός, -ή, -ό επιθ = **βρομερός**

βρωμιά ουσ θηλ = **βρομιά**

βρωμιάρης, -α, -ικο επιθ = **βρομιάρης**

βρώμικος, -η, -ο επιθ = **βρόμικος**

βρωμώ ρ μ, ρ αμ = **βρομώ**

βρώσιμος, -η, -ο (επίσ.) επιθ edible

βυζαίνω ρ μ (γάλα) to suckle • (μωρό, μικρό) to breastfeed • (πιπίλα, δάχτυλο) to suck ▶ ρ αμ to suckle

βυζαντινός, -ή, -ό επιθ Byzantine • **Βυζαντινή Αυτοκρατορία** Byzantine Empire

βυζί (ανεπ.) ουσ ουδ (γυναίκας) boob (ανεπ.)
• (ζώου) udder

βυθίζω ρ μ (πλοίο, βάρκα) to sink • (σώμα, κεφάλι, χέρια) to immerse • (νύχια) to sink
• (δάχτυλα, μαχαίρι, ξίφος) to stick ∎ **βυθίζομαι** μεσοπαθ **βυθίζομαι στην απαισιοδοξία** to be deeply pessimistic

βύθιση ουσ θηλ (σώματος) submersion
• (φρεγάτας, αντιτορπιλικού) sinking

βυθισμένος, -η, -ο επιθ sunken

βυθός ουσ αρσ (θάλασσας) seabed • (ποταμού) riverbed • (λίμνης) bottom • (κατάπτωσης, παρακμής) depths πληθ. • (βάθη) deep sea

βυσσινάδα ουσ θηλ cherry juice

βύσσινο ουσ ουδ sour cherry

βυτίο ουσ ουδ (υγρών) barrel • (αερίων) canister

βυτιοφόρο ουσ ουδ tanker

βώλος ουσ αρσ = **βόλος**

βωμός ουσ αρσ altar

Γ, γ gamma, third letter of the Greek alphabet

γαβάθα ουσ θηλ (σκεύος) (large) bowl
• (περιεχόμενο γαβάθας) bowl(ful)

γαβγίζω ρ αμ (σκύλος) to bark • (ενοχλητικά) to yap • (από πόνο) to yelp • (μτφ.: άνθρωπος) to yell ▶ ρ μ to bark at • **σκύλος ή σκυλί που γαβγίζει δεν δαγκώνει** his/her bark is worse than his/her bite (proverb)

γάβγισμα ουσ ουδ (σκύλου) bark • (ενοχλητικό) yap • (πόνου) yelp • (μτφ.: ανθρώπου) bark

γάβρος ουσ αρσ = **γαύρος**

γάζα ουσ θηλ gauze

γαζώνω ρ μ to machine-stitch

γάιδαρος ουσ αρσ (ζώο) donkey • (υβρ.: για πρόσ.) lout • **ήταν(ε) στραβό το κλήμα, το 'φαγε κι ο ~** (παροιμ.) that was the last straw

γαϊδούρα ουσ θηλ (θηλυκό γαϊδούρι) female donkey • (υβρ.: για γυναίκα) cow (ανεπ.)

γαϊδούρι ουσ ουδ (γάιδαρος) donkey • (υβρ.: για πρόσ.) lout

γάλα ουσ ουδ (γενικότ.) milk • (συκιάς) latex
• **βγάζω ή κατεβάζω ~** to produce milk • **μου κόβεται το ~** (ανεπ.) to stop producing milk
• **φτύνω της μάνας μου το ~** to wish one had never been born • **αρνάκι γάλακτος** spring lamb • **~ άπαχο** low-fat milk
• **~ αποβουτυρωμένο** skimmed milk (Βρετ.), skim milk (Αμερ.) • **~ εβαπορέ** evaporated milk
• **~ μακράς διαρκείας** long-life milk
• **~ ομογενοποιημένο** homogenized milk
• **~ παστεριωμένο** pasteurized milk • **~ πλήρες** full-cream milk • **~ σκόνη** dried ή powdered milk • **~ σοκολατούχο** chocolate milk
• **~ συμπυκνωμένο** condensed milk • **~ του κουτιού** tinned milk • **~ φρέσκο** ή **νωπό** fresh milk • **~ χωρίς λιπαρά** non-fat milk
• **γουρουνόπουλο γάλακτος** suckling pig
• **μοσχαράκι γάλακτος** milk-fed veal
• **σοκολάτα γάλακτος** milk chocolate

γαλάζιος, -α, -ο επιθ blue • **γαλάζιο** ουσ ουδ blue

γαλακτοκομικός, -ή, -ό επιθ dairy

γαλακτοπωλείο ουσ ουδ (για πώληση) dairy
• (για κατανάλωση) milk bar

γαλακτοπώλης ουσ αρσ (ιδιοκτήτης

γαλακτοπωλείου) owner of a dairy • (*διανομέας γάλακτος*) milkman

γαλακτοπώλισσα *ουσ θηλ* = **γαλακτοπώλης**

γαλάκτωμα *ουσ ουδ* (*Χημ*) emulsion • (*προσώπου*) cleansing lotion • (*σώματος*) moisturizer

γαλαν|ός, -ή, -ό *επιθ* pale-blue ∎ **γαλανό** *ουσ ουδ* pale ή light blue

γαλαξίας *ουσ αρσ* (*Αστρ*) galaxy ∎ **ο Γαλαξίας** *ουσ αρσ* the Galaxy

γαλαρία *ουσ θηλ* (*θεάτρου, κινηματογράφου*) gallery • (*λεωφορείου*) back seat • (*ορυχείου*) gallery • (*σιδηροδρομικής γραμμής*) tunnel

γαλατάδικο *ουσ ουδ* (*όχημα γαλατά*) milk float • (*γαλακτοπωλείο: για πώληση*) dairy • (*για κατανάλωση*) milk bar

γαλατάς *ουσ αρσ* (*ιδιοκτήτης γαλακτοπωλείου*) dairyman • (*διανομέας γάλακτος*) milkman

γαλατόπιτα, γαλακτόπιτα *ουσ θηλ* milk pie

γαλέος *ουσ αρσ* dogfish

γαλέτα *ουσ θηλ* (*παξιμάδι*) hardtack • (*τριμμένη φρυγανιά*) breadcrumbs *πληθ.*

γαλήνη *ουσ θηλ* (*θάλασσας*) calm • (*νύχτας*) quiet • (*εξοχής*) peace and quiet • (*προσώπου, βλέμματος*) serenity • (*χώρας, κράτους, οικογένειας*) peace ∎ **ψυχική ~** peace of mind

γαλήνι|ος, -α, -ο *επιθ* (*θάλασσα*) calm • (*ουρανός*) clear • (*νύχτα*) quiet • (*φωνή, πρόσωπο*) calm • (*ζωή*) quiet

Γαλλία *ουσ θηλ* France

Γαλλίδα *ουσ θηλ* Frenchwoman

γαλλικ|ός, -ή, -ό *επιθ* French • **την κάνω** ή **στρίβω** ή **το σκάω** ή **φεύγω αλά γαλλικά** to cut and run (*ανεπ.*) • **γαλλικό κλειδί** wrench • **γαλλικό φιλί** French kiss • **η Γαλλική Επανάσταση** the French Revolution ∎ **Γαλλικά** *ουσ ουδ πληθ* French

Γάλλος *ουσ αρσ* Frenchman

γαλοπούλα *ουσ θηλ* turkey (hen)

γάμα *ουσ ουδ άκλ.* gamma, *third letter of the Greek alphabet* • **σχηματίζω** ή **κάνω (ένα) Γ** to be L-shaped

γαμήλι|ος, -α, -ο *επιθ* wedding • **γαμήλιο ταξίδι** honeymoon

γάμος *ουσ αρσ* (*νόμιμη ένωση και συμβίωση*) marriage • (*τελετή*) wedding • (*μυστήριο*) matrimony • (*μτφ.: εταιρειών*) merger • **δίνω υπόσχεση γάμου** to become engaged • **ενώνομαι με τα δεσμά του γάμου** to unite in wedlock • **πάρ' τον στον γάμο σου, να σου πει «και του χρόνου»** (*παροιμ.*) you can rely on him to say the wrong thing • **προτείνω γάμο** ή **κάνω πρόταση γάμου σε κπν** to propose to sb • **αδαμάντινοι γάμοι** diamond wedding (anniversary) *εν.* • **άδεια γάμου** marriage licence (*Βρετ.*) ή license (*Αμερ.*) • **άκυρος ~** annulment • **ανοικτός ~** big wedding • **αργυροί γάμοι** silver wedding (anniversary) • **επέτειος του γάμου** wedding anniversary • **ημέρα του γάμου** wedding day • **θρησκευτικός ~** church wedding • **κλειστός ~** private wedding • **λευκός ~** white wedding • **πιστοποιητικό γάμου** marriage certificate • **πολιτικός ~** civil wedding • **χρυσοί γάμοι** golden wedding (anniversary)

γάμπα *ουσ θηλ* calf

γαμπρός *ουσ αρσ* (*νεόνυμφος*) bridegroom • (*μελλόνυμφος*) eligible bachelor • (*ο σύζυγος της κόρης*) son-in-law • (*ο σύζυγος της αδελφής*) brother-in-law • **ντύνομαι σαν ~** to put on one's Sunday best

γαμψ|ός, -ή, -ό *επιθ* hooked

γαμώ *ρ μ* (*χυδ.*) (*συνουσιάζομαι*) to fuck (*χυδ.*) • (*μτφ.: νικώ ταπεινωτικά*) to wipe the floor with (*ανεπ.*) • **γάμα** ή **γάμησέ τα** fuck it! (*χυδ.*) • **(και) ~** (*αργκ.: πολύ καλός*) fucking (*χυδ.*) ή bloody (*Βρετ.*) (*χυδ.*) great • (*πολύ ωραίος*) fucking (*χυδ.*) ή bloody (*Βρετ.*) (*χυδ.*) beautiful ∎ **γαμιέμαι** *μεσοπαθ* (*εξαντλούμαι*) to work one's arse (*Βρετ.*) (*χυδ.*) ή ass (*Αμερ.*) (*χυδ.*) off • **άι ή άντε ή τράβα (και) γαμήσου!** (*υβρ.*) fuck off! (*χυδ.*) • **δεν γαμιέται!** (*υβρ.*) I don't give a fuck! (*χυδ.*) ή damn! (*χυδ.*)

γαμώ το, γαμώ τη *επιφων* (*ανεπ.*) damn (it)! (*χυδ.*) ή damn! (*χυδ.*)

γαμώτο *ουσ ουδ άκλ.* self-respect

γάντζος *ουσ αρσ* hook

γαντζώνω *ρ μ* (*αντικείμενο*) to hook • (*κρέας*) to hang (*on a hook*) • (*μτφ.: αρπάζω*) to grab ∎ **γαντζώνομαι** *μεσοπαθ* **γαντζώνομαι από** ή **σε κπν/κτ** to grab hold of sb/sth • (*μτφ.*) to cling on to sb/sth

γάντι *ουσ ουδ* glove • **με το ~** with kid gloves • **μου έρχεται** ή **πάει ~** it fits me like a glove • **ρίχνω** ή **πετάω το ~ σε κπν** to provoke sb

γαργαλητό *ουσ ουδ* tickle

γαργαλίζω *ρ μ* = **γαργαλάω**

γαργαλάω *ρ μ* (*μωρό, πατούσα, πλευρά*) to tickle • (*μτφ.: αισθήσεις*) to excite • **η μυρωδιά τού φαγητού μου γαργαλάει το στομάχι** the smell of the food is making my mouth water • **με γαργαλάει ο λαιμός μου** I've got a tickly throat ∎ **γαργαλιέμαι** *μεσοπαθ* to be ticklish

γαργάρα *ουσ θηλ* gargle • **κάνω γαργάρες (με κτ)** to gargle (with sth) • **κάνω κτ ~** to let sth lie

γαρδένια *ουσ θηλ* gardenia

γαρίδα *ουσ θηλ* prawn (*Βρετ.*), shrimp (*Αμερ.*) • **~ το μάτι του!** his eyes were out on stalks! • **έγινε το μάτι μου ~ να βρω ξενοδοχείο** I had to look long and hard to find a hotel

γαρίφαλο *ουσ ουδ* (*άνθος*) carnation • (*Μαγειρ*) clove

γαρνίρισμα *ουσ ουδ* (*φαγητού*) garnish • (*τούρτας*) topping

γαρνίρω *ρ μ* (*φαγητό*) to garnish • (*γλυκό, τούρτα*) to decorate

γαρνιτούρα *ουσ θηλ* (*φαγητού*) garnish • (*γλυκού, τούρτας*) topping • (*φορέματος*) trimming • (*κάγκελου, επίπλου*) decorative work

γαρύφαλλο *ουσ ουδ* = **γαρίφαλο**

γάστρα *ουσ θηλ* (*μαγειρικό σκεύος*) casserole dish • (*γλάστρα*) flowerpot • (*Ναυτ*) bottom

γαστρίτιδα *ουσ θηλ* gastritis

γαστρονομικ|ός, -ή, -ό *επιθ* gastronomic

γάτα *ουσ θηλ* (*ζώο*) cat • **~ με πέταλα** crafty devil (*ανεπ.*) • **όσο πατάει η ~** (*αγγίζω, πατώ*) very gently • (*βρέχομαι, βουτώ*) just a little bit • **όταν λείπει η ~, χορεύουν τα ποντίκια** (*παροιμ.*) when the cat's away, the mice will play (*proverb*)

• **ούτε ~ ούτε ζημιά** there's no harm done • **σαν βρεγμένη ~ (με ενοχές)** with one's tail between one's legs • **σκίζω τη ~** to wear the trousers (ΒΡΕΤ.) ή pants (ΑΜΕΡ.)

γατάκι ουσ ουδ (υποκορ.) (μικρή γάτα) kitten • (χαϊδευτ.) puss

γατί ουσ ουδ (γάτα) cat • (μικρή γάτα) kitten

γάτος ουσ αρσ tomcat • **παπουτσωμένος ~** Puss in Boots

γαυγίζω ρ αμ = **γαβγίζω**

γαύρος ουσ αρσ anchovy

γδέρνω ρ μ (ζώο) to skin • (δέρμα, επιφάνεια) to scratch • (παπούτσια) to scuff • (λαιμό) to make raw • (μτφ.) to swindle

γδύνω ρ μ~ **κτην** (γυμνώνω) to undress sb ■ **γδύνομαι** μεσοπαθ to get undressed

γδύσιμο ουσ ουδ (ξεντύσιμο) undressing • (γύμνωμα) stripping

γδυτ|ός, -ή, -ό επιθ naked • **είμαι ~** to have nothing on

γεγονός ουσ ουδ (συμβάν) event • (περιστατικό) incident • (δεδομένο) fact • **από το ~ ό, τι, εκ του γεγονότος ότι** (επίσ.) based on the fact that • **ζω τα γεγονότα** to experience events at first hand • **κατά τη φυσική πορεία των γεγονότων** in the normal course of events • **τα γεγονότα μιλούν από μόνα τους** the facts speak for themselves

γεια ουσ θηλ, ουσ ουδ (χαιρετισμός) hello • (αποχαιρετισμός) goodbye • **~ στα χέρια σου!** well done! • **~ στο στόμα σου!** well said! • **με ~ (σου)!** I wish made to someone who has just bought something • **με ~ σου (και) με χαρά σου** and good luck to you

γειρτ|ός, -ή, -ό επιθ (επιφάνεια) slanting • (πύργος) leaning • (δέντρο) bowed • (ώμος) rounded • (πλάτη) hunched • (πόρτα, παράθυρο) ajar

γείσο, γείσωμα ουσ ουδ (στέγης) eaves πληθ • (τζακιού) mantelpiece • (πληκτρίου) peak

γείτονας ουσ αρσ neighbour (ΒΡΕΤ.), neighbor (ΑΜΕΡ.)

γειτονεύω ρ αμ (άνθρωποι) to be neighbours (ΒΡΕΤ.) ή neighbors (ΑΜΕΡ.) • (χώρες) to share a border

γειτονιά ουσ θηλ (τμήμα συνοικίας) neighbourhood (ΒΡΕΤ.), neighborhood (ΑΜΕΡ.) • (γείτονες) neighbours (ΒΡΕΤ.), neighbors (ΑΜΕΡ.) • **της γειτονιάς** local

γειτονικ|ός, -ή, -ό επιθ (δωμάτιο) next • (σπίτι, αυλή) adjacent • (λαός, χώρα, χωριό) neighbouring (ΒΡΕΤ.), neighboring (ΑΜΕΡ.)

γειτόνισσα ουσ θηλ βλ. **γείτονας**

γείτες επιφων bless you!

γελάδα ουσ θηλ = **αγελάδα**

γελαστ|ός, -ή, -ό επιθ (παιδί, πρόσωπο) smiling • (μτφ.: τύπος, άτομο) cheerful

γέλιο ουσ ουδ laugh • **αφήνω ένα δυνατό ~** to laugh out loud • **~ μέχρι τ' αυτιά** big grin • **δεν κρατιέμαι απ' τα γέλια** to be helpless with laughter • **δεν μπορώ να κρατήσω τα γέλια μου** I can't stop laughing • **είναι για γέλια** it's laughable • **είναι για γέλια και για κλάματα** it's both funny and sad • **θα πέσει (πολύ) ~!** it'll be

good fun! ή a good laugh (ανεπ.) • **κάνω πολλά γέλια** to have a lot of fun • **κατουριέμαι απ' τα γέλια** (ανεπ.) to be in stitches (ανεπ.) • **με πιάνει νευρικό ~** to get the giggles • **με πιάνουν ή βάζω τα γέλια** to start laughing • **ξεσπώ σε δυνατά ή τρανταχτά γέλια** to burst out laughing • **πεθαίνω στα γέλια** to laugh one's head off • **πιάνω την κοιλιά μου απ' τα γέλια** to hold one's sides with laughter • **ρίχνω κάτι γέλια** to roar with laughter • **σκάω στα γέλια (ξεσπώ σε γέλιο)** to burst out laughing • (γελώ μέχρι δακρύων) to fall about laughing • **τα γέλια μού ξίνισαν** to laugh on the other side of one's face ■ **γέλια** πληθ laughter εν.

γελοιογραφία ουσ θηλ (σε εφημερίδα, περιοδικό) cartoon • (γνωστού προσώπου) caricature

γελοιοποιώ ρ μ (νόμο, θεσμούς) to make a mockery of • (ιδέες) to ridicule • (άτομο) to make a fool of • (οικογένεια) to show up

γελοί|ος, -α, -ο επιθ (κωμικός) ridiculous • (άξιος περιφρόνησης: αυτοκίνητο, κατασκευή) pathetic • (: μαγαζί) awful • (: ποσό) piffling • **γίνομαι ~** to look ridiculous • **μη γίνεσαι ~** don't be ridiculous ■ **το γελοίο** ουσ ουδ the funny side

γελώ ρ αμ (ξεσπώ σε γέλιο) to laugh • (μτφ.: μάτια) to twinkle with laughter • (: πρόσωπο) to be all smiles ▸ ρ μ (τύχη) to smile on • (ξεγελώ) to deceive • **ας μη γελιόμαστε** let's not kid ourselves • **γελάει καλύτερα, όποιος γελάει τελευταίος** (παροιμ.) he who laughs last, laughs longest (proverb) • **γελάει κι ο κάθε πικραμένος** it's completely laughable • **γελάει το χειλάκι κπιου** to be all smiles • **γελούν και τα μουστάκια ή τα αφτιά μου** to grin from ear to ear • **~ με την καρδιά μου ή με την ψυχή μου** to laugh heartily • **~ μέχρι δακρύων** to laugh till ή until one cries • **~ σε ή εις βάρος κπιου** to laugh at sb • **είναι να γελάει κανείς!** it's laughable! • **μη με παίρνεις** don't take my word for it • **μου γέλασε η τύχη** fortune smiled on me • **μου γέλασε κατάμουτρα** he laughed in my face • **σε γελάσανε** you're mistaken ■ **γελιέμαι** μεσοπαθ (απατώμαι) to be deceived • (λαθεύω) to be mistaken

γεμάτ|ος, -η, -ο επιθ (μπουκάλι, ποτήρι, λεωφορείο) full • (μπαταρία) fully charged • (όπλο) loaded • (μήνας, χρόνος) full • (μτφ.: αίματα, τρίχες, ρυπίδες) covered in • (ευτυχία, δυστυχία) full of • (δυσκολίες) fraught with • (ευφημ.) plump • **είμαι ~ ερωτηματικά** to be full of questions • **ένα βλέμμα γεμάτο ερωτηματικά** a questioning look • **η ζωή μου είναι γεμάτη** to have a full life • **~ αστέρια** starry • **~ ζωή** ή **ζωντάνια** full of life • **~ λακκούβες** bumpy • **γεμάτο φεγγάρι** full moon

γεμίζω ρ μ (πληρώ) to fill (με with) • (μαξιλάρι, πιπεριά, γαλοπούλα) to stuff (με with) • (όπλο) to load • (μπαταρία) to charge ▸ ρ αμ to be full • **~ αισιοδοξία/μίσος** to be filled with optimism/hatred • **~ κτην (με) δώρα** to shower sb with gifts • **~ τα παπούτσια (με) λάσπες** to get one's shoes muddy • **~ τα ρούχα μου αίμα**

to get blood on one's clothes • ~ **το κεφάλι κποιου (με) ιδέες** to fill sb's head with ideas • ~ **το πιάτο μου με φαγητό** to fill one's plate (with food) • ~ **το τραπέζι νερά** to spill water on the table • ~ **το τραπέζι/το πάτωμα (με) ψίχουλα** to get crumbs on the table/floor • **γέμισα το πουκάμισό μου (με) λεκέδες** I stained my shirt • **ο αέρας γέμισε μυρωδιές** the air was heavy with aromas • **ο αέρας γέμισε ιαχές/ζητωκραυγές** the air filled with cries/cheers • **τα μάτια μου γέμισαν δάκρυα** my eyes filled with tears • **το τραπέζι/πάτωμα έχει γεμίσει νερά** the table/floor is covered in water • **το φεγγάρι θα γεμίσει/γέμισε** there's going to be/it's a full moon

γέμιση ουσ θηλ stuffing • ~ **του φεγγαριού** first quarter

γεμιστ|ός, -ή, -ό επιθ stuffed ■ **γεμιστά** ουσ ουδ πληθ stuffed vegetables

Γενάρης ουσ αρσ = **Ιανουάριος**

γενεά ουσ θηλ (επίσ.) generation

γενεαλογία ουσ θηλ (οικογένειας) genealogy • (πολιτικού) lineage • (κατάλογος) family tree • (μτφ.: κινήματος, ιδέας) development

γενέθλι|ος, -α, -ο επιθ (πόλη, χώρα) native • (πάρτι, δώρα, ημέρα) birthday • **γενέθλια ημέρα** birthday ■ **γενέθλια** ουσ ουδ πληθ birthday εν. • **πάρτι/τούρτα γενεθλίων** birthday party/cake

γενέτειρα ουσ θηλ (χώρα καταγωγής) homeland • (ιδιαίτερη πατρίδα) native town ή village • (μτφ.: δημοκρατίας, τέχνης, πολιτισμού) birthplace

Γενεύη ουσ θηλ Geneva

γένι ουσ ουδ beard • **ο παπάς πρώτα τα γένια του βλογάει** (παροιμ.) every man for himself (and God for us all ή the Devil take the hindmost) (proverb) • **όποιος έχει τα γένια, έχει και τα χτένια** (παροιμ.) fame comes at a price ■ **γένια** πληθ beard εν.

γενιά ουσ θηλ (ανθρώπων, ζώων, φυτών) family • (Ελλήνων, Ιταλών) race (επίσ.) • (του '60, του '70) generation

γενικά, γενικώς επιρρ generally • (σε γενικές γραμμές) in general

γενίκευση ουσ θηλ (για παρατήρηση) generalization • (ταραχών, πολέμου, απόψεων) spread

γενικεύω ρ μ to generalize ■ **γενικεύομαι** μεσοπαθ (καταστροφή, πόλεμος, λατρεία) to spread • (κατάσταση, χρήση, σύγκρουση) to become more widespread • (συζήτηση) to open up • (μόδα) to be popular • (τεχνολογία) to come into general use

γενικ|ός, -ή, -ό επιθ general • **είναι στο γενικό συμφέρον** it's in the general interest ή **γενική εικόνα** the general picture • **γενική άποψη** overview • **γενική διεύθυνση** general management • **γενική κατακραυγή** outcry • **γενική συνέλευση** general meeting ■ **Γενικός** ουσ αρσ (επίσης: ~ διευθυντής) general manager • (επίσης: ~ γραμματέας) Secretary General • **ο γενικός** ουσ αρσ (γκαζιού, νερού, ηλεκτρικού) the mains πληθ. • (επίσης:

~ **διακόπτης**) cutoff switch ■ **γενική** ουσ θηλ genitive ■ **γενικό** ουσ ουδ secondary school

γέννα ουσ θηλ birth • **οι πόνοι της γέννας** labour (Βρετ.) ή labor (Αμερ.) pains

γενναιοδωρία ουσ θηλ generosity

γενναιόδωρ|ος, -η, -ο επιθ generous

γενναί|ος, -α, -ο επιθ (στρατιώτης, λαός, στάση, απόφαση) brave • (αμοιβή, ποσό, συνεισφορά) generous • (αύξηση, μερίδα) substantial • (μτφ.: γλέντι, συμπόσιο) sumptuous

γενναιότητα ουσ θηλ bravery

γεννημέν|ος, -η, -ο επιθ born • **είναι ~ απατεώνας!** he's an out-and-out ή absolute crook!

γέννηση ουσ θηλ birth ■ **η Γέννηση** ουσ θηλ the Nativity

γεννητικ|ός, -ή, -ό επιθ genital • **γεννητικά όργανα** genitals

γεννήτρια ουσ θηλ generator

γεννώ ρ μ (παιδί) to give birth to • (αβγό) to lay • (μτφ.: δυστυχία, πόνο) to cause • (: γκρίνια) to give rise to • (: υποψίες) to arouse • (: αμφιβολίες, ερωτηματικά) to raise • **έχω γεννήσει κπν** (μτφ.) to know sb too well • **όπως τον/την γέννησε η μάνα του/της** as naked as the day he/she was born ■ **γεννιέμαι** μεσοπαθ (έρχομαι στη ζωή) to be born • (μτφ.: κράτος, έθνος) to be born • (προβλήματα) to arise • (ελπίδες, αμφιβολίες, ερωτηματικά) to be raised • **γεννιέμαι έξυπνος/βλάκας** to be born stupid/clever

γένος ουσ ουδ (γενιά) family • (έθνος) nation • (πατρικό όνομα μητέρας) maiden name • (Βιολ) genus • (Γλωσσ) gender • **εν γένει** overall • **το ανθρώπινο ~** mankind • **φυσικό ~** (Γλωσσ) natural gender

γερά επιρρ (κρατώ) tight(ly) • (χτυπώ) hard • (φτιάχνω, χτίζω) solidly • (πληρώνομαι) very well • (οικονομάω) a lot

γεράκι ουσ ουδ falcon

γεράματα ουσ ουδ πληθ (ανεπ.) old age εν. • **καλά ~!** (ως ευχή) may you live to a ripe old age! • **με παίρνουν τα ~** old age is catching up with me

γεράνι ουσ ουδ geranium

γερανός ουσ αρσ (πτηνό) crane • (μηχάνημα) crane • (όχημα) tow truck

γερασμέν|ος, -η, -ο επιθ (άνθρωπος) aged • (φωνή, όψη) of an old person • (απόψεις, ιδέες, πολιτική) old-fashioned

γερατειά ουσ ουδ πληθ = **γηρατειά**

γέρικ|ος, -η, -ο επιθ (ζώο, δέντρο) old • (μάτια, φωνή) of an old person • (δέρμα) wrinkled • (πρόσωπο) age-worn

Γερμανία ουσ θηλ Germany

Γερμανίδα ουσ θηλ βλ. **Γερμανός**

γερμανικ|ός, -ή, -ό επιθ German ■ **Γερμανικά** ουσ ουδ German

Γερμανός ουσ αρσ German

γερμάς ουσ αρσ = **γιαρμάς**

γερνώ ρ μ το age ▶ ρ μ to age

γέρνω ρ μ (βαρέλι, κανάτι, δοχείο) to tip • (ώμο) to dip • (πλάτη) to bend • (πόρτα, παράθυρο) to push to ▶ ρ αμ (δέντρο, κλαδιά) to bow

• (βάρκα) to list • πλάτη) to be bent
• (άνθρωπος: προς τα κάτω) to stoop • (προς τα πλάγια) to turn over • (πλαγιάζω) to lie down
• (ήλιος) to set • (ακουμπώ) to lean (σε on) • ~ το κεφάλι (μου) (πλαγιάζω) to lie down
• (χαμηλώνω τα μάτια) to bow one's head
• (μτφ.: υποτάσσομαι) to bow down

γέροντας ουσ αρσ (γέρος) old man • (μοναχός) father

γερόντισσα ουσ θηλ (γριά) old lady • (μοναχή) mother superior

γεροντοκόρη ουσ θηλ (μειωτ.) (άγαμη) spinster
• **είμαι ή κάνω σαν ~** (μτφ.) I'm like an old maid

γερ|ός, -ή, -ό επιθ (για πρόσ.: υγιής) fit • (κράση, νεύρα, στομάχι, σώμα) strong • (θεμέλια) solid
• (σπίτι) well-built • (παπούτσια) sturdy
• (ποτήρι) unbroken • (επιστήμονας, μαθητής) capable • (μυαλό) excellent • (μεροκάματο) hefty
• (κομπόδεμα) substantial • (καβγάς) violent
• (δεσμός, αέρας) strong • (βροχή) heavy
• (γλέντι, απάτη) big • (φαΐ) big **γερή μπάζα** tidy sum • **είναι γερό σκαρί** (για πλοίο) it's a sturdy boat • (μτφ.: για άνθρωπο) he's as strong as an ox • **είμαι γερό πιρούνι ή κουτάλι** to be a hearty eater • **είμαι γερό ποτήρι** to be a heavy drinker • **έχω γερές πλάτες ή γερό δόντι ή γερό μέσον** to have friends in high places
• **ρίχνω ένα (γερό) χέρι ξύλο σε κπν** to give sb a good thrashing • **τρώω ένα (γερό) χέρι ξύλο** to get a good thrashing

γέρος ουσ αρσ (ηλικιωμένος) old man • **ο ~ μου** (αργκ.) my old man (ανεπ.) • **οι γέροι μου** (αργκ.) my folks (ανεπ.) • **ο ~ πατέρας μου** my old father

γερουσία ουσ θηλ (σύγκλητος) senate • (μειωτ.) old folks (ανεπ.) ▪ **Γερουσία** ουσ θηλ Senate

γεύμα ουσ ουδ (φαγητό) meal • (μεσημεριανό φαγητό) lunch • (επίσ.) banquet • ~ **εργασίας** working lunch • **επίσημο ~** formal dinner

γευματίζω ρ αμ (τρώω) to eat • (τρώω για μεσημέρι) to have lunch • (επίσ.) to dine

γεύομαι ρ αμ αποθ. to taste

γεύση ουσ θηλ taste • **παίρνω μια πρώτη ~** +γεν. to have one's first taste ή experience of

γευστικός, -ή, -ό επιθ (όργανα, κατηγορίες) taste • (φαγητό) tasty • (κρασί) palatable

γέφυρα ουσ θηλ bridge

γεφύρι, γιοφύρι ουσ ουδ bridge

γεωγραφία ουσ θηλ (επιστήμη) geography
• (μάθημα) geography (lesson) • (βιβλίο) geography book

γεωγραφικός, -ή, -ό επιθ geographic(al)
• **γεωγραφική θέση** geographical location
• **γεωγραφικό μήκος** longitude • **γεωγραφικό πλάτος** latitude • **γεωγραφικές συντεταγμένες** geographic(al) coordinates

γεωλογία ουσ θηλ geology

γεωλόγος ουσ αρσ, ουσ θηλ geologist

γεωμετρία ουσ θηλ (επιστήμη) geometry
• (μάθημα) geometry (lesson) • (βιβλίο) geometry book

γεωπονία ουσ θηλ agriculture

γεωπόνος ουσ αρσ, ουσ θηλ agriculturist

γεωργία ουσ θηλ (καλλιέργεια της γης) farming

• (χώρας) agriculture • **Υπουργείο Γεωργίας** Ministry of Agriculture

γεωργικός, -ή, -ό επιθ agricultural

γεωργός ουσ αρσ farmer

γεώτρηση ουσ θηλ drilling

γη ουσ θηλ (πλανήτης, επιφάνεια) earth
• (ανθρωπότητα, οικουμένη) world • (έδαφος) ground • (χώμα) earth • (ξηρά, οικόπεδο) land χωρίς πληθ. • **άνοιξε η γη και τον κατάπιε** he vanished into thin air • **γης Μαδιάμ** havoc • **δεν πατάω στη γη (από τη χαρά μου)** (I'm so happy) my feet haven't touched the ground
• **κινώ γη και ουρανό** to move heaven and earth • **να ανοίξει η γη να με καταπιεί** I wanted the ground to open up and swallow me • **στην (άλλη) άκρη της γης** to the ends of the earth • **στον ουρανό σε γύρευα (και) στη γη σε βρήκα!** you were heaven-sent! • **Γη του Πυρός** Tierra del Fuego • **η Γη της Επαγγελίας** the Promised Land

γηγενής, -ής, -ές επιθ indigenous

γήιν|ος, -η, -ο επιθ (ατμόσφαιρα) earth's
• (μαγνητισμός, ακτινοβολία) terrestrial
• (αγαθά) worldly • (κόσμος) earthly • **γήινη σφαίρα** globe ▪ **γήινος** ουσ αρσ, **γήινη** ουσ θηλ earthling

γήπεδο ουσ ουδ (ποδοσφαίρου) field
• (καλαθοσφαίρισης, αντισφαίρισης, πετοσφαίρισης) court • (γκολφ) course • (θεατές) spectators πληθ.

γηπεδούχ|ος, -ος, -ο επιθ home ▪ **γηπεδούχος** ουσ θηλ, **γηπεδούχοι** ουσ αρσ πληθ home team

γηρατειά ουσ ουδ πληθ (γεράματα) old age εν.
• (ηλικιωμένοι) elderly ή old people

γηροκομείο ουσ ουδ old people's home

ΛΕΞΗ-ΚΛΕΙΔΙ

για, γι' προθ **1** (για τόπο) to
2 (για σκοπό) for
3 (για χρόνο, καταλληλότητα, χάριν κάποιου) for • **για την ώρα** for the time being • **για σένα** for you
4 (για αναφορά) about
5 (για αντικατάσταση) instead of
▶ **μόρ 1** (προτρεπτικό): **για να** let's
2 +προστ. if • **για ελάτε εδώ!** come here (you)!
• **για στάσου!** wait a minute!
▶ σύνδ (επειδή) because

γιαγιά ουσ θηλ (παιδιού) grandmother • (υβρ.) granny (ανεπ.)

γιακάς ουσ αρσ collar

γιαλός ουσ αρσ seashore • **πηγαίνω γιαλό** to go along the shoreline • **κάνε το καλό και ρίξ' το στον γιαλό** cast your bread upon the waters

για να σύνδ (με τον σκοπό να) (in order) to
• (επειδή) because • (ώστε να) to • (μέχρι να) before

γιαούρτι ουσ ουδ, **γιαούρτη** ουσ θηλ yog(h)urt

Γιαπωνέζα ουσ θηλ βλ. **Ιάπωνας**

γιαπωνέζικ|ος, -η, -ο επιθ = **ιαπωνικός**

Γιαπωνέζος ουσ αρσ = **Ιάπωνας**

γιαρμάς *ουσ αρσ* yellow cling peach
γιασεμί *ουσ ουδ* jasmine
γιατί *σύνδ (ερωτηματικός)* why • *(αιτιολογικός)* because • **γιατί** *ουσ ουδ* question
γιατρεύω *ρ μ (άρρωστο, αρρώστια)* to cure • *(πληγή)* to heal • *(μτφ.: πόνο, ψυχή)* to heal ■ **γιατρεύομαι** *μεσοπαθ* to be cured
γιατρικό *ουσ ουδ* medicine
γιατρίνα *ουσ θηλ* doctor
γιατρός *ουσ αρσ, αρσ θηλ (επάγγελμα)* doctor • *(μτφ.)* healer • **ο χρόνος είναι ο καλύτερος ~** time is the best healer • **πήγαινε να σε δει κανένας ~!** you need your head examined!
γιαχνί *ουσ ουδ άκλ.* casserole *(with onions and tomatoes)* • **πατάτες ~** potatoes baked with onions and tomatoes
Γιβραλτάρ *ουσ ουδ άκλ.* Gibraltar • **ο Πορθμός του ~, τα Στενά του ~** the Straits of Gibraltar
γίγαντας *ουσ αρσ* giant • **Γίγαντας** *(Μυθολ)* Giant ■ **γίγαντες** *πληθ* butter beans in tomato sauce, baked beans
γιγαντιαί|ος, -α, -ο *επιθ (κτήριο, κατασκευή, διαστάσεις, μηχάνημα)* gigantic • *(πρόοδος)* enormous • *(έργο, αναμέτρηση, προσπάθεια)* colossal • **γιγαντιαία μορφή της τέχνης** a giant of the art world
γιγάντι|ος, -ια, -ιο *επιθ (διαστάσεις)* gigantic • *(έργο, επιχείρηση)* colossal
γίδα *ουσ θηλ* goat
γίδι *ουσ ουδ (κατσικάκι)* kid • *(υβρ.)* lout ■ **γίδια** *πληθ* flock of goats
γιδίσι|ος, -α, -ο *επιθ* goat's
γιλέκο *ουσ ουδ* waistcoat *(ΒΡΕΤ.)*, vest *(ΑΜΕΡ.)*

⭕ ΛΕΞΗ-ΚΛΕΙΔΙ

γίνομαι *ρ συνδετ αποθ.* **1** *(δημιουργούμαι: κόσμος)* to be created • *(: προϊόντα)* to be made • *(: φαγητό)* to be ready • *(: κτήριο, μνημείο)* to be built
2 *(είμαι)* to become
3 *(μετατρέπομαι)* to turn into • *(για κτήρια)* to be turned into
4 *(πραγματοποιούμαι)* to happen • *(δίκη, διαπραγματεύσεις)* to be held
5 *(αρνητ.: καταντώ)* to end up
6 *(μεστώνω)* to become ripe • **αυτό γίνεται/δεν γίνεται** that's possible/impossible
■ **γίνεται** *απρόσ* **1** *(αρμόζει)* it is right
2 *(είναι δυνατόν)* it is possible

γιόγκα *ουσ θηλ άκλ.* yoga
γιορτάζω *ρ μ, ρ αμ* to celebrate
γιορταστικ|ός, -ή, -ό *επιθ (κάρτα)* greeting • *(ατμόσφαιρα, όψη, θέμα)* festive
γιορτή *ουσ θηλ (επετείου, Χριστουγέννων)* holiday • *(αργία)* public holiday • *(ονομαστική εορτή)* name day • *(τελετή)* celebration • **Κυριακή κοντή ~ (η Κυριακή είναι σύντομη αργία)** Monday comes around all too quickly • *(σύντομα θα ξέρω το αποτέλεσμα γεγονότος)* we'll soon find out ■ **γιορτές** *πληθ* holidays
γιορτιν|ός, -ή, -ό *επιθ* festive • **γιορτινή μέρα** holiday ■ **γιορτινά** *ουσ ουδ πληθ* Sunday best
γιος *ουσ αρσ* son

γιοτ *ουσ ουδ άκλ.* yacht
γιουβαρλάκια, γιουβαρελάκια *ουσ ουδ πληθ* rice meatballs
γιουβέτσι *ουσ ουδ* lamb or beef casserole with pasta and tomatoes
Γιουγκοσλαβία *ουσ θηλ* Yugoslavia
Γιουροβίζιον *ουσ θηλ άκλ. (Ευρωπαϊκή Ραδιοτηλεοπτική Ένωση)* Eurovision • *(διαγωνισμός τραγουδιού)* Eurovision song contest
γιρλάντα *ουσ θηλ* garland
γιωτ *ουσ ουδ άκλ.* = **γιοτ**
γιώτα *ουσ ουδ άκλ.* iota, *ninth letter of the Greek alphabet*
γκαβ|ός, -ή, -ό *επιθ (αλλήθωρος)* cross-eyed • *(στραβός)* blind ■ **γκαβά** *ουσ ουδ πληθ (υβρ.)* eyes
γκάζι *ουσ ουδ (φωταέριο)* gas • *(στα αυτοκίνητα)* accelerator • **κόβω (το) ~** to take one's foot off the accelerator ■ **γκάζια** *πληθ (αργκ.)* full speed *εν.* • **με τέρμα τα γκάζια** flat out *(ανεπ.)*
γκαζόζα *ουσ θηλ* lemonade
γκαζόν *ουσ ουδ άκλ.* lawn
γκαλερί *ουσ θηλ άκλ.* gallery
γκάμα *ουσ θηλ* range
γκαμήλα *ουσ θηλ* = **καμήλα**
γκαράζ *ουσ ουδ άκλ.* garage
γκάρισμα *ουσ ουδ (γαϊδάρου)* braying *χωρίς πληθ.* • *(μτφ.)* bellowing *χωρίς πληθ.*
γκαρνταρόμπα *ουσ θηλ (βεστιάριο)* cloakroom *(ΒΡΕΤ.)*, checkroom *(ΑΜΕΡ.)* • *(ρούχα)* wardrobe *(ΒΡΕΤ.)*, closet *(ΑΜΕΡ.)*
γκαρσόν *ουσ ουδ άκλ.* waiter
γκαρσόνα *ουσ θηλ* waitress
γκαρσόνι *ουσ ουδ* = **γκαρσόν**
γκαρσονιέρα *ουσ θηλ* studio *(flat (ΒΡΕΤ.)* ή apartment *(ΑΜΕΡ.))*
γκαστρώνω *ρ μ (καθιστώ έγκυο)* to get ή make pregnant • *(αφήνω σε ανυπομονησία)* to keep waiting • *(πρήζω)* to pester
γκάφα *ουσ θηλ* blunder
γκέι *ουσ αρσ άκλ.* gay
γκέμια *ουσ ουδ πληθ* reins • **κρατάω τα ~** *(μτφ.)* to hold the reins
γκέτο *ουσ ουδ άκλ.* ghetto
γκίνια *ουσ θηλ* bad luck
γκισέ *ουσ ουδ άκλ.*, **γκισές** *ουσ αρσ* counter
γκολ *ουσ ουδ άκλ. (στο ποδόσφαιρο)* goal • **γίνομαι/είμαι ~** *(αργκ.)* to get/be legless *(ανεπ.)*
γκοφρέτα *ουσ θηλ* waffle
γκρέιπ-φρουτ *ουσ ουδ άκλ.* grapefruit
γκρεμίζω *ρ μ (σπίτι, τοίχο, οικοδόμημα)* to demolish • *(ρίχνω κάτω)* to throw down • **~ κπν από τις σκάλες** to throw sb down the stairs • **~ κπν στη χαράδρα** to throw sb off a cliff ■ **γκρεμίζομαι** *μεσοπαθ (κόσμος, αυτοκρατορία)* to collapse • *(ιδανικά)* to be destroyed • **γκρεμίζομαι από άλογο/σκαμπό** to fall off a horse/a stool • **γκρεμίζομαι από ύψος** to fall from a height • **γκρεμίζομαι σε χαράδρα/γκρεμό** to fall into a ravine/off a cliff
γκρέμισμα *ουσ ουδ* demolition ■ **γκρεμίσματα** *πληθ (ερείπια)* ruins • *(συντρίμμια)* rubble *εν.*

γκρεμός ουσ αρσ cliff • **μπρος ~ και πίσω ρέμα** between the devil and the deep blue sea
• **ρίχνω κπν στον γκρεμό** to throw sb off the edge of a cliff

γκρι επιθ άκλ. grey (ΒΡΕΤ.), gray (ΑΜΕΡ.) ▶ **γκρι** ουσ ουδ grey (ΒΡΕΤ.), gray (ΑΜΕΡ.)

γκρίζ|ος, -α, -ο επιθ (μαλλιά, ουρανός) grey (ΒΡΕΤ.), gray (ΑΜΕΡ.) • (καιρός) dull • (μτφ.) dull ▶ **γκρίζο** ουσ ουδ grey (ΒΡΕΤ.), gray (ΑΜΕΡ.)

γκρίνια ουσ θηλ (ανεπ.) (κλάψα) whining χωρίς πληθ. • (μουρμούρα) moaning χωρίς πληθ. • (μωρού) grizzling χωρίς πληθ.

γκρινιάζω ρ αμ (σύζυγος, γυναίκα) to moan • (μωρό) to grizzle • (μεμψιμοιρώ) to grumble ▶ ρ μ to nag

γκρουπ ουσ ουδ άκλ. group

γλάρος ουσ αρσ (sea)gull • **μη φας, (θα) έχουμε γλάρο!** forget it!

Γλασκώβη ουσ θηλ Glasgow

γλάστρα ουσ θηλ flowerpot • (μειωτ.) bimbo (ανεπ.)

γλαφυρ|ός, -ή, -ό επιθ (ύφος) elegant • (περιγραφή) vivid • (ομιλητής, ποιητής) eloquent

γλειφιτζούρι ουσ ουδ lollipop

γλείφω ρ μ (δάχτυλα, γλειφιτζούρι, χείλη, πληγή) to lick • (φλόγες) to lick • (θάλασσα, βράχια) to lap against • (μειωτ.: καθηγητή, ανώτερο) to crawl to • **να γλείφεις τα δάχτυλά σου** mouth-watering ▪ **γλείφομαι** μεσοπαθ to lick one's lips

γλείψιμο ουσ ουδ (παγωτού, γλειφιτζουριού) licking • (μειωτ.) bootlicking (ανεπ.) • (καθηγητή) sucking up to (ανεπ.)

γλεντζές ουσ αρσ fun-lover

γλέντι ουσ ουδ party

γλεντώ ρ αμ to have fun ▶ ρ μ (ζωή, νιάτα) to enjoy • (νίκη) to celebrate • (λεφτά) to fritter away • **~ κπν** (διασκεδάζω) to take sb out • (γυναίκα, άνδρα) to play around with sb

γλιστερ|ός, -ή, -ο επιθ slippery

γλιστρώ ρ αμ (άνθρωπος, χέρι, ρούχο) to slip • (σκιέρ, βάρκα) to glide • (ποτήρι) to slip • (φως, βροχή) to come in (από through) • (δρόμος, πάτωμα) to be slippery ▶ ρ μ (χέρι) to slip • **~ από το σπίτι/το δωμάτιο** to slip out of the house/the room • **~ από μια δύσκολη κατάσταση** to get out of a difficult situation • **ξέρω να ~** to be able to wriggle out of things • **γλιστράω σαν χέλι** to be as slippery as an eel • **~ μέσα από τα χέρια κπιου** to slip through sb's fingers • **φέξε μου και γλίστρησα** (ειρων.) better late than never ▪ **γλιστράει** απρόσ it's slippery • **του έδαφος γλίστραε κάτω από τα πόδια μου** the floor went from under my feet

γλιτώνω ρ μ (άνθρωπο, χώρα) to save • (τιμωρία, πρόστιμο, ξύλο) to escape • (καταδίκη) to get off • (χρήματα, κόπο) to save ▶ ρ αμ (ξεφεύγω) to escape (από from) • (σώζομαι) to survive • **~ από έκρηξη** to survive an explosion • **~ με κτ** to get off with sth • **~ παρά τρίχα ή στο παρά πέντε ή στο τσακ** to have a close shave • **τη ~** (απαλλάσσομαι) to get away with it • (σώζομαι) to make it

γλοιώδ|ης, -ης, -ες επιθ (υγρό, ψαρόκολλα, ζώο) slimy • (κηλίδα) sticky • (μτφ.: τύπος, άνθρωπος) unctuous (επίσ.)

γλόμπος ουσ αρσ (λάμπα) light bulb • (μτφ.: ειρων.) bald man

γλουτός ουσ αρσ buttock

γλύκα ουσ θηλ (φαγητού, γλυκού, φρούτου) sweetness • (καιρού) mildness • (φιλιού, ματιών, χειλιών) sweetness • (ζωής, έρωτα, ύπνου) joy • **βλέπω ή καταλαβαίνω τη ~** (ειρων.) to see what life is all about • **~ (μου)!** sweetheart! • **είσαι σκέτη ~** you're so sweet • **μένω με τη ~** to be disappointed ▪ **γλύκες** πληθ (ειρων.) billing and cooing χωρίς πληθ. • **είμαι όλο γλύκες** to be all lovey-dovey (ανεπ.)

γλυκαίνω ρ μ (κρέμα, καφέ) to sweeten • (καρδιά, τόνο της φωνής) to soften • (πόνο) to ease ▶ ρ αμ (κρασί) to mellow • (σταφύλια) to become sweet • (καιρός) to become milder • (άνθρωπος) to mellow • (φωνή, μάτια) to soften • (πόνος) to ease • (πρόσωπο) to relax ▪ **γλυκαίνομαι** μεσοπαθ **γλυκαίνομαι με κτ** to get used to sth

γλυκάνισο ουσ ουδ, **γλυκάνισος** ουσ αρσ (φυτό) anise • (αρωματικό συστατικό) aniseed

γλυκερίνη ουσ θηλ glycerine

γλύκισμα ουσ ουδ sweet

γλυκό ουσ ουδ sweet • **του γλυκού** dessert

γλυκόλογα ουσ ουδ πληθ sweet nothings

γλυκομίλητ|ος, -η, -ο επιθ softly-spoken

γλυκομιλώ ρ αμ to speak tenderly

γλυκόξιν|ος, -η, -ο επιθ sweet-and-sour

γλυκ|ός, -ιά, -ό επιθ (κρασί, φρούτο, καφές) sweet • (βλέμμα, φωνή, παιδί, χαμόγελο) sweet • (νύχτα, καιρός) mild • (αεράκι, θαλπωρή, άγγιγμα) gentle • (χρώματα) soft • (λόγος) kind • **κάνω τα γλυκά μάτια σε κπν** to make eyes at sb • **όνειρα γλυκά!** sweet dreams! • **του γλυκού νερού** (για ψάρια, φύκια) freshwater • (μειωτ.: για άνθρωπο) phoney (ανεπ.) • **γλυκά νερά** fresh water εν.

γλύπτης ουσ αρσ sculptor

γλυπτ|ός, -ή, -ό επιθ carved ▪ **γλυπτό** ουσ ουδ sculpture

γλύπτρια ουσ θηλ βλ. **γλύπτης**

γλυτώνω ρ μ, ρ αμ = **γλιτώνω**

γλύφω ρ μ (επία.) to sculpt

γλώσσα ουσ θηλ (Ανατ) tongue • (κώδικας επικοινωνίας) language • (παπουτσιού, φωτιάς) tongue • (ψάρι) sole • **βγάζω ~** to be cheeky (ΒΡΕΤ.), to act fresh (ΑΜΕΡ.) • **βγάζω τη ~ μου σε κπν** to stick one's tongue out at sb • **βγάζω τη ~ μου σε κτ** to thumb one's nose at sth • **δεν βάζω ~ μέσα μου ή στο στόμα μου** to talk non-stop • **δεν πάει η ~ μου να πει** κτ I can't bring myself to say sth • **έχω κτ στην άκρη της γλώσσας μου** to have sth on the tip of one's tongue • **έχω μακριά ή μεγάλη ~** to be lippy (ανεπ.) • **η ~ κόκαλα δεν έχει και κόκαλα τσακίζει** (παροιμ.) sticks and stones may break my bones, but words will never hurt me (proverb) • **η ~ του στάζει μέλι/φαρμάκι** his words are dripping with honey/poison • **η ~ μου πάει ροδάνι ή ψαλίδι** to talk nineteen to the dozen (ΒΡΕΤ.), to talk like crazy (ΑΜΕΡ.) • **θα σου κόψω τη ~!** (ως απειλή σε παιδί) I'll wash your mouth out with soap! • **κόβει και ράβει η ~ μου** to have the gift of the gab • **μάζεψε ή κράτησε τη ~ σου!** watch your tongue! • **με τρώει η ~ μου** (μτφ.) to be dying to spit it out • **μιλάμε άλλη ~** (μτφ.) we don't speak the same language • **μου βγαίνει η ~** (λαχανιάζω) to be out of breath • (μτφ.: ξεθεώνομαι) to be worn out • **οι κακές γλώσσες** the gossips • **~ προγραμματισμού** programming language • **~ της δημοσιογραφίας** journalese • **~ του σώματος** body language • **μητρική ~** mother tongue

γλωσσάριο, γλωσσάρι ουσ ουδ glossary
γλωσσολογία ουσ θηλ linguistics ή.
γλωσσολόγος ουσ αρσ, ουσ θηλ linguist
γλωσσομαθής, -ής, -ές επιθ multilingual
γνέφω ρ μ (με ξέρω) to signal ▶ ρ μ (με το κεφάλι) to nod to • (με το χέρι) to wave to • (με τα μάτια) to wink at
γνήσι|ος, -α, -ο επιθ (υπογραφή, νόμισμα, αντίκα, αίσθημα) genuine • (έγγραφο) authentic • (μετάξι, χρυσάφι, ουίσκι) pure • (δέρμα) genuine • (έρωτας) true • (απόγονος, καλλιτέχνης) true
γνησιότητα ουσ θηλ authenticity
γνώμη ουσ θηλ opinion • **εκφέρω ~** to express an opinion • **έχω το θάρρος της γνώμης μου** to have the courage of one's convictions
γνωμικό ουσ ουδ saying
γνωρίζω ρ μ (ξέρω) to know • (μαθαίνω) to learn about • (κάνω γνωριμία) to meet • (επιτυχία, απογοήτευση) to meet with • (χαρά, λύπη) to know • (πίκρα) to feel • (δόξα) to know • (ανάπτυξη) to undergo • (αναγνωρίζω) to recognize • (αντιλαμβάνομαι) to realize • (καταχρ.: πληροφορώ) to inform • (συστήνω) to introduce • **~ άνθηση** to flourish ■ **γνωρίζομαι** μεσοπαθ (συστήνομαι) to meet (each other) • (ξέρω) to know each other
γνωριμία ουσ θηλ acquaintance • (μτφ.) familiarity • **μεγάλες γνωριμίες** friends in high places
γνώση ουσ θηλ (γενικότ.) knowledge • **βάζω ~** to see sense • **βάζω ~ σε κπν** to make sb see sense • **είμαι ή τελώ εν γνώσει** +γεν. to be aware of • **εν γνώσει** +γεν. in full knowledge of • **προς ~ και συμμόρφωση, προς γνώσιν και συμμόρφωσιν** (επίσ.) let that be a lesson to you ■ **γνώσεις** πληθ knowledge εν.
γνώστης ουσ αρσ +γεν. expert on
γνωστικ|ός, -ή, -ό επιθ (επίσ.) cognitive • (ανεπ.: συνετός) sensible • (λογικός) rational
γνωστοποιώ ρ μ to announce
γνωστ|ός, -ή, -ό επιθ (γεγονός) known • (βιομήχανος, δικηγόρος) noted • (τραγουδιστής, καλλιτέχνης, ηθοποιός,) well-known • (φωνή, φυσιογνωμία) familiar • **ο ~ και μη εξαιρετέος** (ειρων.) the one and only • **είναι γνωστό ότι** it is known that • **ως γνωστόν** (επίσ.) as is well known ■ **γνωστός** ουσ αρσ, **γνωστή** ουσ θηλ acquaintance
γόβα ουσ θηλ court shoe • **γόβες στιλέτο** stilettos (ΒΡΕΤ.), spike heels (ΑΜΕΡ.)

γογγύλι ουσ ουδ, **γογγύλη** ουσ θηλ turnip
γόης ουσ αρσ charmer
γοητεία ουσ θηλ (άντρα, γυναίκας, χαμόγελου, τοπίου, πίνακα) charm • (βιβλίου, μουσικής, τραγουδιού) appeal • (χρωμάτων) attractiveness • (εξουσίας) lure • **η ~ των ματιών της** her attractive eyes
γοητευτικ|ός, -ή, -ό επιθ (άντρας, γυναίκα, χαμόγελο, παρουσία) charming • (μάτια, χρώματα) attractive • (πίνακας, βιβλίο, τοπίο, μουσική) enchanting
γοητεύω ρ μ (άντρας, γυναίκα, λόγια) to charm • (πίνακας, βιβλίο, ιδέα, τοπίο) to enchant • (μουσική, τραγούδι) to appeal to
γόητρο ουσ ουδ prestige
γόμα ουσ θηλ (γομολάστιχα) eraser • (κόλλα) glue
γόμμα ουσ θηλ = **γόμα**
γονατίζω ρ αμ (στο έδαφος, στο πάτωμα) to kneel (down) • (στο Θεό, στην ομορφιά) to kneel • (από την πείνα, τις κακουχίες) to be brought to one's knees ▶ ρ μ ~ **κπν** to force sb to their knees
γόνατο ουσ ουδ knee • **γραμμένο στο ~** written quickly • **μεγαλώνω κπν στα γόνατά μου** to bring sb up from a baby • **παίρνω κπν στα γόνατά μου** to sit sb on one's lap • **πέφτω στα γόνατα** to fall on ή to one's knees • **πήγε το γλέντι ή η φωνή ~** (ανεπ.) to have a whale of a time (ανεπ.)
γονέας ουσ αρσ, ουσ θηλ parent ■ **γονείς** πληθ parents
γονιμοποίηση ουσ θηλ (Βιολ) fertilization • (Βοτ) pollination • **τεχνητή ~** artificial insemination
γονιμοποιώ ρ μ (ωάριο) to fertilize • (φυτά) to pollinate
γόνιμ|ος, -η, -ο επιθ (χώμα, γη) fertile • (μτφ.: συζήτηση, συνεργασία) fruitful • (: σταδιοδρομία) prolific • (: κριτική) constructive • (για γυναίκα: μέρες) fertile • **γόνιμο έδαφος** (μτφ.) fertile ground
γονιμότητα ουσ θηλ fertility
γονιός ουσ αρσ = **γονέας**
γόνος ουσ αρσ (επίσ.) (παιδί) descendant • (σπέρμα) seed • (αβγά ψαριών) spawn χωρίς πληθ. • (νεογνά ψαριών) fry πληθ.
γόπα ουσ θηλ (ψάρι) bogue • (αποτσίγαρο) cigarette end
γοργόνα ουσ θηλ (Μυθολ) mermaid
γοργ|ός, -ή, -ό επιθ (βήματα, διασκελισμοί, ρυθμοί) swift • (πνεύμα, μυαλό) nimble
γορίλας ουσ αρσ gorilla
γούβα ουσ θηλ hollow
γουδί ουσ ουδ mortar • **το ~ το γουδοχέρι (και τον κόπανο πάλι στο χέρι)** the same old story
γουδοχέρι ουσ ουδ pestle
γουλί ουσ ουδ stalk • **είμαι κουρεμένος ~** to have one's head shaved
γουλιά ουσ θηλ sip • **γουλιά-γουλιά** a sip at a time
γούνα ουσ θηλ fur • **έχω ράμματα για τη ~ κποιου** to have the goods on sb • **καίω τη ~ κποιου** to show sb up
γουναράδικο ουσ ουδ furrier's shop

γούνιν|ος, -η, -ο επιθ fur
γούρι ουσ ουδ (ανεπ.) (καλή τύχη) (good) luck • (αντικείμενο που φέρνει τύχη) lucky charm • **γύρισε το ~** my/his/her luck turned • **φέρνω ~ σε** κπν to bring sb luck
γουρούνα ουσ θηλ (ανεπ.) (θηλυκό γουρούνι) sow • (για γυναίκα: υβρ.) cow (ανεπ.) • (αργκ.: μοτοσυκλέτα) trike (ανεπ.)
γουρούνι ουσ ουδ (χοίρος) pig • (υβρ.: χυδαίος) swine (ανεπ.) • (βρόμικος) pig (ανεπ.) • **αγοράζω ή παίρνω ~ στο σακί** to buy a pig in a poke • **όλα τα γουρούνια την ίδια μύτη ή μια μούρη έχουν** (μειωτ.) they're all the same
γουστάρω ρ μ (αργκ.) (μου αρέσει) to like • (θέλω) to want ▶ ρ αμ to like it
γούστο ουσ ουδ (αντίληψη) taste • (ό,τι διασκεδάζει) fun • **~ μου και ~ σου** there's no accounting for tastes • **~ μου και καπέλο μου** that's how I like it and that's how it's going to be • **δεν είναι του γούστου μου** it's not to my taste • **είναι θέμα γούστου** it's a matter of taste • **έχει ~** (είναι ευχάριστο) to be fun • **έχει ~ να με απολύσουν/με άκουσαν** I hope they don't fire me/didn't hear me • **κάνω** κπν **~** to take a liking to sb • **κάνω το ~ μου** to do as one pleases • **είναι του γούστου μου** I like it • **ο καθένας με το ~ του** each to his own • **χάριν γούστου, για ~** (just) for fun • **γούστα** πληθ tastes • **βγάζω γούστα** to do what one wants
γοφός ουσ αρσ hip
γραβάτα ουσ θηλ tie
γράμμα ουσ ουδ letter • **άνθρωπος των γραμμάτων** a man of letters • **διαβάζω βουλωμένο ~** to be very perceptive • **παίζω** κτ **κορώνα-γράμματα** to gamble with sth • **το ~ του νόμου** the letter of the law ▪ **γράμματα** πληθ (φιλολογία) literature εν. • (μόρφωση) education εν. • (γραφικός χαρακτήρας) (hand) writing εν. • (τίτλοι ταινίας) credits • (υπότιτλοι ταινίας) subtitles • **ξέρω γράμματα** to be able to read and write • **(τα) παίρνω τα γράμματα** to be a quick learner
γραμμάριο ουσ ουδ gram
γραμματέας ουσ αρσ, ουσ θηλ secretary
γραμματεία ουσ θηλ (σχολής) secretary's office • (ιδρύματος) secretariat • (λογοτεχνία) literature
γραμματεύς ουσ αρσ, ουσ θηλ (επίσ.) = **γραμματέας**
γραμματική ουσ θηλ (Γλωσσ) grammar • (βιβλίο) grammar book
γραμμάτιο ουσ ουδ promissory note • **τραπεζικό ~** bank draft • **~ Δημοσίου** government bond
γραμματοκιβώτιο ουσ ουδ letter box (Βρετ.), mailbox (Αμερ.)
γραμματόσημο ουσ ουδ stamp
γραμμέν|ος, -η, -ο επιθ (λόγια) written • (τετράδιο, πίνακας) covered in writing • (για μαθητή) well-prepared • (σε κατάλογο) registered • **έχω κπν γραμμένο** (χυδ.) to ignore sb • **γραμμένο** ουσ ουδ, **γραμμένα** ουσ ουδ πληθ destiny • **της μοίρας τα γραμμένα** it's written in the stars

γραμμή ουσ θηλ line • (θερμομέτρου) degree • (οργάνου) mark • (πελατών) queue (Βρετ.), line (Αμερ.) • (δέντρων) row • (φορέματος, παντελονιού) cut • (δρομολόγιο) route • (σώματος, τοπίου) outline • **ανοιχτή ~ (επικοινωνίας)** (μτφ.) communication • **διαβάζω μέσα ή κάτω από τις γραμμές** to read between the lines • **είμαι στην πρώτη ~ της επικαιρότητας/ενδιαφέροντος** to be highly topical/the focus of interest • **έχει ωραία ~** she has a nice figure • **η πρώτη ~** (μάχης) the front line • (αγώνα ή κινήματος) the forefront • **η πρώτη ~** της δημοσιογραφίας the front page • **μπαίνω στη ~** (στοιχίζομαι: μαθητές) to queue (up) (Βρετ.), to stand in line (Αμερ.) • (στρατιώτες) to fall in line • (παρατάσσομαι δίπλα σε άλλους) to get in line • (παρεμβάλλομαι σε τηλεφωνική συνομιλία) to be on the line • **τα μαγαζιά/σπίτια** to go to one shop/house after another • **πρώτης γραμμής** first-rate • **σε γενικές γραμμές** in broad outline • **τραβάω ~** to draw a line • (μτφ.) to turn the page • **φεύγω ή πηγαίνω ~ για το σπίτι** to go straight home • **~ του ορίζοντα** skyline • **σιδηροδρομική ~** railway line (Βρετ.), railroad (Αμερ.) • **τηλεφωνική ~** telephone line • **~ παραγωγής** production line ▪ **γραμμές** πληθ tracks
γραμμικ|ός, -ή, -ό επιθ linear • **Γραμμική (γραφή) Α** Linear A • **Γραμμική (γραφή) Β** Linear B • **γραμμικό σχέδιο** graphic design
γρανίτα ουσ θηλ water ice
γρανίτης ουσ αρσ (πέτρωμα) granite • **είμαι/παραμένω ~** (μτφ.) to be/remain unbending
γραπτ|ός, -ή, -ό επιθ written ▪ **γραπτό** ουσ ουδ paper • βλ. κ. **γραφτός**
γραπτώς, γραπτά επιρρ in writing
γρασίδι ουσ ουδ grass
γρατζουνιά ουσ θηλ scratch
γρατζουνίζω ρ μ to scratch
γρατζούνισμα ουσ ουδ scratch
γρατσουνιά ουσ θηλ = **γρατζουνιά**
γρατσουνίζω ρ μ = **γρατζουνίζω**
γρατσούνισμα ουσ ουδ = **γρατζούνισμα**
γραφείο ουσ ουδ (έπιπλο) desk • (δωμάτιο σπιτιού) study • (επιχείρηση και χώρος εργασίας) office • **Γραφείο Ευρέσεως Εργασίας** job centre (Βρετ.), unemployment office (Αμερ.) • **~ συνοικεσίων** dating agency • **~ δασκάλων ή καθηγητών** staff room • **διαφημιστικό ~** advertising agency • **ταξιδιωτικό ~** travel agency • **τουριστικό ~** tourist office • **υπάλληλος γραφείου** office worker ▪ **γραφεία** πληθ (κόμματος) central office • (υπηρεσίας, ιδρύματος) headquarters εν. ή πληθ. • (επιχείρησης) head office
γραφειοκράτης ουσ αρσ bureaucrat
γραφειοκρατία ουσ θηλ bureaucracy
γραφειοκράτισσα ουσ θηλ βλ. **γραφειοκράτης**
γραφή ουσ θηλ (αποτύπωση λόγου) writing • (μάθημα) writing lesson • (γράψιμο) writing • **Αγία Γραφή** Holy Scripture ▪ **Γραφές** πληθ **οι Γραφές** the Scriptures

γραφικ|ός, -ή, -ό επιθ (εργασίες, εξέταση) written • (κήπος, τοπίο, λιμάνι, χωριό) picturesque • (σπίτι) quaint • (άνθρωπος, τύπος) colourful (ΒΡΕΤ.), colorful (ΑΜΕΡ.) • (καλλιτέχνης) eccentric • (ύφος, διήγηση) graphic • **γραφική ύλη** stationery ∎ **γραφικά** ουσ ουδ πληθ graphics

γραφίτης ουσ αρσ (ορυκτό) graphite • (χρώμα) dark grey (ΒΡΕΤ.) ή gray (ΑΜΕΡ.)

γραφομηχανή ουσ θηλ typewriter

γραφτ|ός, -ή, -ό επιθ (ανεπ.) written ∎ **γραφτό** ουσ ουδ destiny • **είναι γραφτό** it's meant to be • **είναι γραφτό μου να κάνω κτ** to be destined to do sth • **είναι γραφτό από τη μοίρα** ή **της μοίρας** it's written in the stars

γράφω ρ μ (έκθεση, γράμμα, βιβλίο, μουσική) to write • (κρατώ σημείωση) to write (down) • (για εφημερίδα, βιβλίο, φυλλάδιο) to say • (σχεδιάζω: σχήμα, κύκλο) to draw • (: διαγράφω) to describe • (για μετρητή) to read • (για παράβαση) to book • (παιδί, μαθητή) to enrol (ΒΡΕΤ.), to enroll (ΑΜΕΡ.) • (έσοδα, έξοδα) to enter • (για ορθογραφία) to spell ▶ **ρ αμ** (γενικότ.) to write • (συμμετέχω σε εξετάσεις) to have exams • **αν με ξαναδείς, γράψε μου!** you'll never set eyes on me again! • ~ **κπν/κτ (στα παλιά μου τα παπούτσια** ή **κανονικά και με το νόμο** ή **εκεί που δεν πιάνει μελάνι)** not to care two hoots about sb/sth • ~ **κπν/κτ στ' αρχίδια μου** (χυδ.) not to give a fuck about sb/sth (χυδ.) • ~ **κπν στα μαύρα τα κατάστιχα** ή **στη μαύρη λίστα** to blacklist sb • **γράφ' τα (στον λογαριασμό μου)** put it on my account • **γράφ' το καλά στο μυαλό σου** don't forget it • ~ **την περιουσία/το σπίτι σε κπν** to leave one's fortune/the house to sb • **γράφει τίποτε ενδιαφέρον η εφημερίδα;** is there anything interesting in the paper? • **(και) να μας γράφεις** (μη μας ξεχάσεις) keep in touch • (ειρων.) good riddance • **έγραψε!** (προφορ.) right on! (ανεπ.) • **τι γράφουν για το θέμα οι εφημερίδες;** what do the papers say about the matter? ∎ **γράφομαι** μεσοπαθ (εγγράφομαι) to enrol (ΒΡΕΤ.), to enroll (ΑΜΕΡ.) • (βιβλίο, εργασία) to be written • **γράφει** απρόσ it says • **ό,τι γράφει δεν ξεγράφει** (για το μέλλον) what will be, will be • (για το παρελθόν) what's done is done

γράψιμο ουσ ουδ (γραφή) writing • (γραφικός χαρακτήρας) (hand)writing • **έχω κπν στο ~** (ανεπ.) not to give a damn about sb (ανεπ.) ∎ **γραψίματα** πληθ written exams

γρήγορα επιρρ (με μεγάλη ταχύτητα) quickly • (σύντομα: καταλαβαίνω, τελειώνω) soon • **διαβάζω ~** to read quickly

γρήγορ|ος, -η, -ο επιθ (άλογο, καράβι, σκάφος, αυτοκίνητο) fast • (βήμα) quick • (ρυθμός) fast • (κοίταγμα, νεύμα) quick • (μυαλό) quick • (προσαγωγή, αποφάσεις, αντίδραση) quick • (ανάπτυξη, εξελίξεις) rapid • **είμαι γρήγορο πιστόλι** to be a sharp shooter • (μτφ.: ανεπ.) to be on the ball • **είμαι ~ σε κτ** to be fast ή quick at sth • **με ή σε γρήγορους ρυθμούς** at a rapid pace

γριά ουσ θηλ old woman • ~ **κότα/φοράδα** old hen/mare

γρίλια ουσ θηλ louvre (ΒΡΕΤ.), louver (ΑΜΕΡ.)

γρίπη ουσ θηλ flu

γρίφος ουσ αρσ (αίνιγμα) riddle • (μτφ.: για άνθρωπο) enigma • (για κατάσταση) puzzle

γροθιά ουσ θηλ (κλειστή παλάμη) fist • (μπουνιά) punch

γρονθοκοπώ ρ μ to punch

γρουσούζ|ης, -α, -ικο επιθ jinxed ∎ **γρουσούζης** ουσ αρσ, **γρουσούζα** ουσ θηλ unlucky person

γρουσουζιά ουσ θηλ bad luck

γρυ ουσ ουδ άκλ. grunt • **δεν βγάζω ~** not to breathe a word • **δεν καταλαβαίνω** ή **σκαμπάζω ξέρω ~** to understand/to know nothing

γρύλος ουσ αρσ (τριζόνι) cricket • (εργαλείο) jack • (σύρτης παραθύρου) latch

γυάλα ουσ αρσ (ψαριών) bowl • (ανεπ.: για μωρό) incubator

γυαλάδα ουσ θηλ shine

γυαλί ουσ ουδ (βιτρίνας) glass • (τζάμι) pane • (μτφ.: μειωτ.: τηλεόραση) TV • **είμαι από ~** (ειρων.) to be fragile • **σπάει** ή **ραγίζει το ~** (μτφ.) it's all over between them • **τον/τη(ν) θέλει** ή **πάει το ~** he/she looks good on TV • **το πάτωμα είναι ~** the floor is sparkling clean ∎ **γυαλιά** πληθ (για την όραση) glasses • (κομμάτια) glass εν. • **βάζω** ή **φοράω (τα) γυαλιά σε κπν** to get the better of sb • **τα κάνω γυαλιά-καρφιά** to smash everything up • **γυαλιά ηλίου** sunglasses

γυαλίζω ρ μ to polish ▶ **ρ αμ** (κουμπιά, μάτια, νόμισμα) to shine • **αυτά τα παπούτσια μου γυάλισαν το μάτι** those shoes caught my eye • **γυαλίζει το μάτι μου** to have a wild look in one's eye • ~ **τον πάγκο** (Αθλ: αργκ.) to be sidelined • **μου γυαλίζει κπς** to take a shine to sb

γυάλιν|ος, -η, -ο επιθ glass

γυάλισμα ουσ ουδ polishing

γυαλιστερ|ός, -ή, -ό επιθ shiny

γυαλοπωλείο ουσ ουδ = **υαλοπωλείο**

γυμνάζω ρ μ (σώμα, πόδια, μυς) to exercise • (παίκτη, άλογο, σκυλί) to train • (στρατιώτη) to drill • (μαθητή) to school ∎ **γυμνάζομαι** μεσοπαθ (στο τρέξιμο, στην πάλη, στο ποδόσφαιρο) to train • (κάνω γυμναστική) to exercise

γυμνάσιο ουσ ουδ (Σχολ) secondary school (ΒΡΕΤ.), high school (ΑΜΕΡ.) • (Αρχ Ιστ) gymnasium ∎ **γυμνάσια** πληθ exercises • **κάνω γυμνάσια σε κπν** to put sb through the mill

γυμνασμένος, -η, -ο επιθ trained

γυμναστήριο ουσ ουδ (χώρος άθλησης) gym • (γήπεδο) stadium

γυμναστής ουσ αρσ (αθλητής γυμναστικής) gymnast • (προπονητής αθλητών) trainer • (καθηγητής φυσικής αγωγής) PE teacher

γυμναστική ουσ θηλ (σωματική άσκηση) exercise • (άθλημα) gymnastics εν. • (μάθημα) PE lesson

γυμνάστρια ουσ θηλ βλ. **γυμναστής**

γύμνια ουσ θηλ (αρνητ.: σώματος) nudity

• (μτφ.: πνεύματος, ψυχής) emptiness
• (: τοπίου, εικόνας) bareness
γυμνισμός ουσ αρσ nudism
γυμνιστής ουσ αρσ nudist
γυμνίστρια ουσ θηλ βλ. **γυμνιστής**
γυμν|ός, -ή, -ό επιθ (άνθρωπος, σώμα) naked
• (πλάτη, ώμος, στήθος) bare • (σπαθί, ξίφος) drawn • (μτφ.: τοπίο, βράχος, σπίτι, τοίχος) bare • (δάσος) denuded • (μτφ.: φτωχός) poor • (φωτογραφία, πόζα, σκηνή) nude • **δια γυμνού οφθαλμού, με γυμνό μάτι** (επίσ., ανεπ.) with the naked eye • **είμαι ~ από κτ** (ανεπαρκής) to be devoid of sth ▪ **γυμνά** ουσ ουδ πληθ (φωτογραφίες) nude photographs • (σκηνές) nude scenes ▪ **γυμνό** ουσ ουδ (γύμνια) nudity • (Τεχν) nude
γυμνόστηθος, -η, -ο επιθ topless
γυμνώνω ρ μ (άνθρωπο) to strip • (στήθη) to bare • (σπαθί) to draw • (μτφ.: σπίτι) to strip • **~ τα πόδια μου** to take one's shoes and socks off ▪ **γυμνώνομαι** μεσοπαθ to take one's clothes off
γυναίκα ουσ θηλ (θηλυκό πρόσωπο) woman • (ανεπ.: σύζυγος) wife • **κάνω κποια ~ μου** to marry sb • **κλείνω ως ~** (γερνά) to grow old • (σταματώ να ψάχνω για άνδρα) not to be looking for a husband any more
γυναικάς ουσ αρσ (ανεπ.) womanizer
γυναικεί|ος, -α, -ο επιθ (φύλο, σώμα, χαρακτηριστικά) female • (διαίσθηση) feminine • (φύση) woman's • (σπουδές, θέματα) women's • (κίνημα) feminist • (εσώρουχα, ρούχα, παπούτσια) women's • (χτένισμα, δάχτυλα, συμπεριφορά) feminine • (μειωτ.: ασχολίες) feminine • (δουλειές) woman's • (θηλυπρεπής: περπάτημα, φωνή, κινήσεις) effeminate • (πληθυσμός) female • (οργάνωση) women's • **γυναικείες συζητήσεις** girl talk • **γυναικείο μοναστήρι** convent
γυναικολογία ουσ θηλ gynaecology (Βρετ.), gynecology (Αμερ.)
γυναικολόγος ουσ αρσ, ουσ θηλ gynaecologist (Βρετ.), gynecologist (Αμερ.)
γύπας ουσ αρσ vulture
γυρεύω ρ μ (δραπέτη, κλειδιά, γυναίκα, γιατρό) to look for • (βοήθεια, χρήματα) to ask for • (δικαιοσύνη, το δίκιο μου, ησυχία, γαλήνη) to want • (παντρειά) to want • (μπλεξίματα) to be looking for • **~ να κάνω κτ** to want to do sth • **πάω γυρεύοντας για κτ** to be asking for sth • **πάει γυρεύοντας να φάει το κεφάλι του** he's asking for trouble • **τρέχα γύρευε!** forget about it!
γυρίζω ρ μ (κλειδί, διακόπτη, σελίδα, τιμόνι, κεφάλι) to turn • (όπλο, κάμερα) to point (κατά πάνω ή προς at) • (κανάλι, σταθμό) to switch • (ανεπ.: φίλο, φιλοξενούμενο) to show around • (χώρα, κόσμο) to travel • (μαγαζιά, εταιρείες, πόλη) to go around • (ανάποδα: παντελόνι, μπλούζα, πουκάμισο) to turn inside out • (: μτφ.: παιχνίδι, αποτέλεσμα) to turn around • (λεφτά, βιβλίο, αρραβώνα) to give back • (συναλλαγματική) to endorse • (ταινία, σκηνή) to shoot ▸ ρ αμ (πλανήτες, δίσκος, ρόδα) to spin

• (ωροδείκτες) to turn • (μτφ.: κεφάλι) to spin • (αλλάζω κατεύθυνση) to turn around • (στα μπαρ, κέντρα) to hang around • (άσκοπα) to wander about • (επιστρέφω) to go back • (κόσμος, κοινή γνώμη) to turn (υπέρ/εναντίον in favour of/against) • (κατάσταση, πράγματα) to change • **γυρίζει ο τροχός** things change • **~ κτ στο αστείο** to make a joke out of sth • **~ με κπν** (ανεπ.) to go out with sb • **~ μπροστά/πίσω** (ταινία) to forward/rewind • **~ όλο τον κόσμο** to travel all over the world • **~ σαν (τη) σβούρα** (είμαι υπερκινητικός) to run around • (είμαι πολυάσχολος) to be in a flat spin • **~ στο σοβαρό** to turn serious • **~ το κεφάλι ή τα μαλλιά κποιου** (μεταπείθω) to change sb's mind • **~ την πλάτη (μου) σε κπν** (κυριολ., μτφ.) to turn one's back on sb • **~ φύλλο** to change one's tune • **να πας και να μη γυρίσεις!** (κατάρα) good riddance! • **όταν εσύ πήγαινες, εγώ γύριζα** (μτφ.) don't teach your grandmother to suck eggs • **τα ~** to go back on one's word
γύρισμα ουσ ουδ (σελίδας, διακόπτη, τροχού, κλειδιού, αιώνα, χιλιετίας) turn • (όπλου, κάμερας) pointing • (δρόμου) turn • (στην πατρίδα, στο χωριό) return • (χρημάτων, βιβλίων, αρραβώνα) return • (μπάλας) return • (φορέματος, παντελονιού, φούστας) taking up • (ταινίας, σκηνής) shoot • (τύχης) reversal • **έχει ο καιρός γυρίσματα** life has its ups and downs • **του χρόνου τα γυρίσματα** things change
γυρισμός ουσ αρσ return • **παίρνω τον δρόμο του γυρισμού** to start back
γυρνώ ρ μ = **γυρίζω**
γύρος ουσ αρσ (λιμανιού, χωραφιού) perimeter • (βαρελιού) hoop • (φούστας) hem • (καπέλου) brim • (ωροδείκτη) turn • (χώρας) tour • (συνομιλιών, εκλογών, τσάμπιονς λιγκ) round • (αγώνα δρόμου) lap • (φαγητό) pork gyros • **ο ~ της Γαλλίας** (ποδηλατικό αγώνισμα) the Tour de France
γύρω επιρρ (περιφερειακά) around • **~ στις 5/ στις δύο χιλιάδες/στα 3 κιλά** about 5 o'clock/ two thousand/three kilos • **τα ~** the outskirts
γύψιν|ος, -η, -ο επιθ plaster ▪ **γύψινα** ουσ ουδ πληθ mouldings (Βρετ.), moldings (Αμερ.)
γύψος ουσ αρσ (ορυκτό) plaster (of Paris) • (νάρθηκας) cast
γωβιός ουσ αρσ = **κωβιός**
γωνιά ουσ θηλ (σπίτι) home • **κάθομαι στη ~ μου** (ανεπ.) to mind one's own business • βλ. κ. **γωνία**
γωνία ουσ θηλ (τριγώνου) angle • (τραπεζίου, βιβλίου, γηπέδου, δρόμου) corner • (μτφ.: τοποθέτηση) angle • (ψωμιού, γλυκού) end • (απομακρυσμένο τμήμα χώρας) out-of-the-way spot • (εργαλείο) set square • **βάζω κπν/κτ στη ~** to push sb/sth aside • **πήγαινε στη ~ να δεις αν έρχομαι** (αργκ.) tell me about it (ανεπ.) • **μαγαζί ~** corner shop • **οπτική ~** point of view ▪ **γωνίες** πληθ angles
γωνιακ|ός, -ή, -ό επιθ corner • (σπίτι) on the corner
γώπα ουσ θηλ = **γώπα**

δ

Δ, δ delta, fourth letter of the Greek alphabet

δαγκανιά ουσ θηλ = **δαγκωνιά**

δαγκάνω ρ μ, ρ αμ = **δαγκώνω**

δάγκωμα ουσ ουδ bite

δαγκωματιά ουσ θηλ bite

δαγκωνιά ουσ θηλ (ζώου) bite • (δαγκωματιά) bite (mark) • (από φιλί) lovebite • (ψωμιού, μήλου) bite

δαγκώνω ρ μ (πόδι, χέρι) to bite • (μήλο) to bite into • (ψωμί) to bite off a piece of ▶ ρ αμ to bite • «προσοχή! Ο σκύλος δαγκώνει» "beware of the dog!" ▪ **δαγκώνομαι** μεσοπαθ to bite one's lip ή tongue

δαίδαλος ουσ αρσ maze

δαίμονας ουσ αρσ (διάβολος) devil • (Μυθολ) demon • **άι στον δαίμονα!** go to hell! • **που να πάρει ο ~!** to hell with it! ▪ **δαίμονες** πληθ demons

δαιμόνι|ος, -α, -ο επιθ (διαβολικός) demonic • (έμπορος, επιχειρηματίας, άνθρωπος, νους) resourceful • (σχέδιο) cunning • (εφεύρεση) ingenious

δαιμονισμέν|ος, -η, -ο επιθ (που κατέχεται από δαίμονες) possessed • (παράφρων) like one possessed • (θόρυβος) deafening • (φασαρία) tremendous

δάκρυ ουσ ουδ tear • **μετά δακρύων** with tears in one's eyes

δακρύζω ρ αμ (άνθρωπος) to cry • (μάτια) to water

δακρυσμέν|ος, -η, -ο επιθ (άνθρωπος) in tears • (μάτια) filled with tears • (πρόσωπο) tear-stained

δακτυλάκι ουσ ουδ = **δαχτυλάκι**

δακτυλίδι ουσ ουδ = **δαχτυλίδι**

δακτυλικ|ός, -ή, -ό επιθ dactylic • **δακτυλικά αποτυπώματα** fingerprints • **παίρνω (τα) δακτυλικά αποτυπώματα από κπν** ή κποιου to fingerprint sb

δακτύλιος ουσ αρσ (επίσ.) ring • **(κυκλοφοριακός) ~** area in the centre of a town where traffic restrictions apply

δάκτυλο ουσ ουδ = **δάχτυλο**

δακτυλογράφηση ουσ θηλ (σε γραφομηχανή) typing • (σε ηλεκτρονικό υπολογιστή) keying

δακτυλογράφος ουσ αρσ, ουσ θηλ (σε γραφομηχανή) typist • (σε ηλεκτρονικό υπολογιστή) keyboarder

δακτυλογραφώ ρ μ (σε γραφομηχανή) to type • (σε ηλεκτρονικό υπολογιστή) to key

δαμάζω ρ μ (άλογο) to break in • (λιοντάρι, τίγρη) to tame • (παιδί, μαθητή) to discipline • (σχολική τάξη) to bring under control • (στρατιώτες, πλήθος) to bring under control

δαμάσκηνο ουσ ουδ plum

Δανέζα ουσ θηλ βλ. **Δανός**

δανέζικος, -η, -ο επιθ = **δανικός**

Δανέζος ουσ αρσ = **Δανός**

δανείζω ρ μ to lend • **κτ σε κπν** to lend sth to sb ▪ **δανείζομαι** μεσοπαθ to borrow

δανεικ|ός, -ή, -ό επιθ (βιβλίο) on loan • (ρούχο) borrowed ▪ **δανεικά** ουσ ουδ πληθ loan εν. • **ζητώ δανεικά** to ask for a loan

δάνειο ουσ ουδ loan (word)

δάνει|ος, -α, -ο επιθ loan

δανειστής ουσ αρσ creditor

Δανή ουσ θηλ βλ. **Δανός**

Δανία ουσ θηλ Denmark

δανικ|ός, -ή, -ό επιθ Danish ▪ **Δανικά, Δανέζικα** ουσ ουδ πληθ Danish εν.

Δανός ουσ αρσ Dane • **οι Δανοί** the Danes

δαντέλα ουσ θηλ lace

δαντελέν|ιος, -ια, -ιο επιθ lace

δαπάνη ουσ θηλ (προϋπολογισμού, άμυνας) expenditure • (δικαστηρίου, διαδίκων) costs πληθ. • (μισθοδοσίας, θυρωρού, πετρελαίου) expenses πληθ. • (χρημάτων) outlay • (χρόνου, ενέργειας, δυνάμεων) expenditure

δαπανηρ|ός, -ή, -ό επιθ costly

δαπανώ ρ μ to spend

δάπεδο ουσ ουδ (σπιτιού, εκκλησίας, δωματίου) floor • (υλικό επίστρωσης) flooring

δασικ|ός, -ή, -ό επιθ forest • **δασική έκταση** forest • **δασική υπηρεσία** ≈ forestry commission (ΒΡΕΤ.), ≈ forest service (ΑΜΕΡ.) • **~ πλούτος** forest resources ▪ **δασικός** ουσ αρσ forester

δασκάλα ουσ θηλ teacher • βλ. κ. **δάσκαλος**

δάσκαλος ουσ αρσ (Αγγλικών, μουσικής, χορού) teacher • (τένις, σκι, οδήγησης) instructor • (δεξιοτέχνης) master • (στις εκκλησιαστικές, στην απάτη) past master (σε at) • **~ δημοτικού σχολείου** primary (ΒΡΕΤ.) ή elementary (ΑΜΕΡ.) school teacher • **κατ' οίκον** private tutor

δασμός ουσ αρσ duty

δάσος ουσ ουδ wood

δασοφύλακας ουσ αρσ forest ranger

δασοφυλακή ουσ θηλ (κρατική δασική υπηρεσία) forestry commission (ΒΡΕΤ.), forest service (ΑΜΕΡ.) • (σώμα δασοφυλάκων) forest rangers πληθ.

δασώδης, -ης, -ες επιθ wooded

δαυλί ουσ ουδ (μικρός δαυλός) small torch • (καυσόξυλο) firewood

δαυλός ουσ αρσ torch

δάφνη ουσ θηλ (δέντρο) bay tree • (στη μαγειρική) bay leaf ▪ **δάφνες** πληθ (μτφ.) laurels • **αναπαύομαι στις δάφνες μου** to rest ή sit on one's laurels

δαχτυλάκι *ουσ ουδ* (*γενικότ.*: *χεριού*) finger • (: *ποδιού*) toe • (*το πιο μικρό δάχτυλο*: *χεριού*) little finger • (*ποδιού*) little toe

δαχτυλίδι *ουσ ουδ* ring • ~ **αρραβώνων** engagement ring

δαχτυλικός, -ή, -ό *επιθ* = **δακτυλικός**

δάχτυλο *ουσ ουδ* (*χεριού*) finger • (*ποδιού*) toe • (*ζώου*) claw • (*για ποτά*) finger • (*για ύψος*) centimetre (*Βρετ.*), centimeter (*Αμερ.*)

δεδομένο *ουσ ουδ* (*κατάστασης*, *υπόθεσης*) fact • (*προβλήματος*, *άσκησης*, *επιστήμης*) data • **βάση δεδομένων** database • **τράπεζα δεδομένων** databank

δεδομένος, -η, -ο *επιθ* given

δέηση *ουσ θηλ* supplication (*επίσ.*) • **επιμνημόσυνος** ~ memorial service

δείγμα *ουσ ουδ* (*κρασιού*) sample • (*υφάσματος*) swatch • (*χρωμάτων*) sampler • (*αρώματος*, *κρέμας*) tester • (*ούρων*, *αίματος*) specimen • (*αδυναμίας*, *προόδου*, *αισθητικής*) sign • (*εκτίμησης*, *καλής θέλησης*, *ευγνωμοσύνης*) token • (*αρχιτεκτονικής*) example • (*κατοίκων*) cross-section

δειγματολόγιο *ουσ ουδ* (*γενικότ.*) range of samples • (*χρωμάτων*) sampler • (*αρωμάτων*) selection • (*χαλιών*, *κουρτινών*) swatch book

δείκτης *ουσ αρσ* (*ρολογιού*) hand • (*ζυγαριάς*) pointer • (*πυξίδας*, *γαλβανομέτρου*) needle • (*βαρομέτρου*) gauge • (*δάχτυλο*) index finger • (*Πληροφ*) cursor • **οδικός** ~ road sign • ~ **ανεργίας/εγκληματικότητας** unemployment/crime figures *πληθ* • ~ **ευφυΐας** ή **νοημοσύνης** intelligence quotient • ~ **λαδιού** oil gauge • ~ **προστασίας** protection factor • ~ **τηλεθέασης** ratings *πληθ*

δειλία *ουσ θηλ* (*στρατιώτη*) cowardice • (*νεαρού*, *εραστή*) shyness • (*παιδιού*, *μαθητή*) timidity

δειλιάζω *ρ αμ* (*λιποψυχώ*) to shrink back • (*διστάζω*) to hesitate

δειλινό *ουσ ουδ* (*σούρουπο*: *επίσης*: **δείλι**) late afternoon • (*δύση*: *επίσης*: **δείλι**) sunset (*Βρετ.*), sundown (*Αμερ.*) • (*νυχτολούλουδο*) night-flower

δειλός, -ή, -ό *επιθ* (*στρατιώτης*) cowardly • (*νεαρός*, *εραστής*) shy • (*παιδί*, *μαθητής*) timid • (*πράξη*) cowardly • (*φιλί*, *χαιρετισμός*, *ματιά*, *εμφάνιση*) timid

δεινός, -ή, -ό *επιθ* (*κατάσταση*) dire • (*καταστροφή*, *δοκιμασία*) terrible • (*ήττα*) crushing • (*ομιλητής*, *χορευτής*, *αθλητής*, *κολυμβητής*) accomplished ▪ **δεινά** *ουσ ουδ πληθ* suffering

δεινόσαυρος *ουσ αρσ* dinosaur

δείπνο *ουσ ουδ* dinner • **επίσημο** ~ official dinner • **λιτό** ~ a light supper • **φιλικό** ~ dinner with friends

δεισιδαιμονία *ουσ θηλ* superstition

δεισιδαίμ|ων, -ων, -ον *επιθ* superstitious ▪ **δεισιδαίμονας** *ουσ αρσ*, *ουσ θηλ* superstitious person

δείχνω *ρ μ* (*εντοπίζω*: *άνθρωπο*, *αντικείμενο*, *σημείο σώματος*) to point to • (*ευθύνση*) to indicate • (*εμφανίζω*: *εισιτήριο*, *πρόσκληση*, *ταυτότητα*, *διαβατήριο*) to show • (*παρουσιάζω*: *συλλογή*, *ρούχα*, *πίνακες*) to show

• (: *επιδεικνύω*) to display • (*αποδεικνύω*) to show • (*χαρά*, *λύπη*, *ενδιαφέρον*, *κατανόηση*, *καλοσύνη*) to show • (*καινούργιο αυτοκίνητο*) to show off • (*επεξηγώ*) to show • (*εμφανίζω ένδειξη*: *ρολόι*, *ζυγαριά*) to say • (: *θερμόμετρο*) to show • (: *ένδειξη*, *σειρά*) to indicate • (*σημαίνω*) to stand for ▶ *ρ αμ* (*δείχνω με το δάχτυλο*) to point • (*φαίνομαι*: *αδύνατος*, *νέος*, *μυστηριώδης*, *γοητευτικός*) to look • (*συμπεριφέρομαι συγκεκριμένα*: *νευρικός*, *ανήσυχος*, *χαρούμενος*, *σίγουρος*) to look • ~ **τον δρόμο σε** *κπν* to show sb the way • ~ **υπομονή** to be patient • **τι ώρα δείχνει το ρολόι σου**; what time do you make it? • **το θερμόμετρο δείχνει δέκα βαθμούς κάτω από το μηδέν** the thermometer reads ten degrees below zero ▪ **δείχνομαι** *μεσοπαθ* (*ανεπ.*) to show off

δείχτης *ουσ αρσ* = **δείκτης**

δέκα *αριθ απολ άκλ.* (*αριθμός*) ten • (*Σχολ*) A • (*Πανεπ*) first (*Βρετ.*), first-class degree (*Βρετ.*), summa cum laude (*Αμερ.*) • (*τραπουλόχαρτο*) ten

δεκάδα *ουσ θηλ* ten

δεκαδικ|ός, -ή, -ό *επιθ* (*κλίμακα*) of ten • ~ **αριθμός** (*Μαθ*) decimal number • **δεκαδικό μετρικό σύστημα** (*Μαθ*) metric system • **δεκαδικό σύστημα** (*Μαθ*) decimal system

δεκαεννέα, δεκαεννιά *αριθ απολ άκλ.* nineteen

δεκαέξι *αριθ απολ άκλ.* sixteen

δεκαεπτά *αριθ απολ άκλ.* seventeen

δεκαετηρίδα *ουσ θηλ* (*δεκαετία*) decade • (*εορτασμός*) tenth anniversary

δεκαετ|ής, -ής, -ές *επιθ* ten-year

δεκαετία *ουσ θηλ* decade

δεκαεφτά *αριθ απολ άκλ.* = **δεκαεπτά**

δεκαήμερο *ουσ ουδ* ten days *πληθ*

δεκαήμερ|ος, -η, -ο *επιθ* ten-day

δέκαθλο *ουσ ουδ* decathlon

δεκάλεπτο *ουσ ουδ* ten minutes *πληθ*

δεκάλεπτ|ος, -η, -ο *επιθ* ten-minute

δεκανέας *ουσ αρσ*, *ουσ θηλ* corporal

δεκανίκι *ουσ ουδ* crutch

δεκάξι *αριθ απολ άκλ.* = **δεκαέξι**

δεκαοκτώ, δεκαοχτώ *αριθ απολ άκλ.* eighteen

δεκαπενθήμερο *ουσ ουδ* two weeks *πληθ*, fortnight (*Βρετ.*)

δεκαπενθήμερ|ος, -η, -ο *επιθ* (*άδεια*, *προθεσμία*) two-week • (*περιοδικό*, *επιθεώρηση*, *έκδοση*) fortnightly (*Βρετ.*), biweekly (*Αμερ.*)

δεκαπενταριά *ουσ θηλ* **καμιά** ~ about fifteen

Δεκαπενταύγουστος *ουσ αρσ* Assumption, feast celebrated on 15th August

δεκαπέντε *αριθ απολ άκλ.* fifteen

δεκάρα *ουσ θηλ* (*παλαιότ.*) ten-lepta coin • (*ειρων.*: *ασήμαντο ποσό*) penny, cent (*Αμερ.*)

δεκαριά *ουσ θηλ* **καμιά** ~ about ten

δεκατέσσερα *αριθ απολ άκλ.* fourteen

δεκατέσσερ|εις, -εις, -α *αριθ απολ πληθ* fourteen

δεκατέσσερις, -ις, -α *αριθ απολ πληθ* = **δεκατέσσερα**

δέκατος, -η ή **-άτη, -ο** *αριθ τακτ* tenth ▪ **δέκατος** *ουσ αρσ* October ▪ **δεκάτη** *ουσ θηλ* tenth ▪ **δέκατο** *ουσ ουδ* tenth

δέκατος έβδομος, -η, -ο *αριθ τακτ*
seventeenth

δέκατος έκτος, -η, -ο *αριθ τακτ* sixteenth

δέκατος ένατος, -η, -ο *αριθ τακτ* nineteenth

δέκατος όγδοος, -η, -ο *αριθ τακτ* eighteenth

δέκατος πέμπτος, -η, -ο *αριθ τακτ* fifteenth

δέκατος τέταρτος, -η, -ο *αριθ τακτ* fourteenth

δέκατος τρίτος, -η, -ο *αριθ τακτ* thirteenth

δεκατρείς, -είς, -ία *αριθ απολ πληθ* thirteen

δεκατρία *αριθ απολ άκλ.* thirteen

δεκάωρο *ους ουδ* ten hours *πληθ.*

δεκάωρ|ος, -η, -ο *επιθ* ten-hour

Δεκέμβρης *ους αρσ* = **Δεκέμβριος**

Δεκέμβριος *ους αρσ* December

δέκτης *ους αρσ* (λήπτης) recipient • (ιδεών)
receiver • (μηνυμάτων) recipient • (Τεχνολ)
receiver

δεκτικ|ός, -ή, -ό *επιθ* (άνθρωπος, νους)
receptive • ~ +γεν. (νέων απόψεων, νέων
τάσεων) receptive ή open to • (βελτιώσεως)
open to

δεκτ|ός, -ή, -ό *επιθ* (πρόταση, άποψη, αίτημα,
φοιτητής) accepted • (για επίσημο,
προσκεκλημένο) received

δελεάζω *ρ μ* to entice • (υπόσχεση, θέλγητρα) to
seduce

δελεαστικ|ός, -ή, -ό *επιθ* (ευκαιρία, υπόσχεση,
ιδέα, προσφορά) tempting • (γυναίκα,
χαρακτήρας) alluring

δέλτα *ους ουδ άκλ.* (γράμμα) delta, *fourth letter of
the Greek alphabet* • (ποταμού) delta

δελτίο *ους ουδ* (ενημέρωσης, πληροφόρησης)
bulletin • (συλλόγου, σωματείου) newsletter
• (ΠΡΟ-ΠΟ) coupon • (Λότο) ticket • (τράπεζας)
exchange rate • **αστυνομικό** ~ crime news
πληθ. • ~ **αποστολής** consignment note
• ~ **(αστυνομικής) ταυτότητας** identity card
• ~ **ειδήσεων** news bulletin • ~ **εισόδου/
εξόδου** admission/release form • ~ **καιρού**
weather forecast • ~ **παραγγελίας** order form
• ~ **παράδοσης** delivery note • ~ **παραλαβής**
receipt • ~ **παροχής υπηρεσιών** invoice
• ~ **πορείας νόσου** medical progress report
• ~ **τύπου** press release

δελφίνι *ους ουδ* dolphin

Δελφοί *ους αρσ πληθ* Delphi

Δελχί *ους ουδ* Delhi

δέμα *ους ουδ* parcel • **ένα** ~ **με βιβλία/ρούχα**
a bundle of books/clothes

δεμάτι *ους ουδ* (ξύλα) bundle • (στάχυα) sheaf

δεμέν|ος, -η, -ο *επιθ* (παροπλισμένος) out of
commission • (χερσοδεμένος) stocky

δεν *αρνητ μόρ* not • **νόστιμο** ~ **είναι;** tasty, isn't
it? • ~ **κάθεστε να φάμε μαζί το μεσημέρι;**
(ανεπ.) why don't you stay ή why not stay and
have lunch with me? • **θα πάμε σινεμά, έτσι**
~ **είναι;** we're going to the cinema, aren't we?
• **προλαβαίνουμε** ~ **προλαβαίνουμε το
λεωφορείο** we only just caught the bus

δένδρο *ους ουδ* = **δέντρο**

δέντρο *ους ουδ* (Βοτ) tree • (σχηματική
παράσταση) tree (diagram) • **οικογενειακό** ~
family tree • **χριστουγεννιάτικο** ~
Christmas tree

δένω *ρ μ* (άνθρωπο) to tie (up) • (άλογο) to
tether • (σκύλο) to tie ή chain up • (κορδόνια,
γραβάτα) to do up • (ζώνη) to fasten • (δέμα) to
tie up • (μαλλιά) to tie back • (βάρκα) to moor
• (μτφ.: χέρια) to clasp (together) • (συσκευάζω
αντικείμενα) to package • (βιβλίο, τεύχη) to bind
• (μηχανή) to assemble • (τραύμα, πληγή,
έγκαυμα) to dress • (πόδι, χέρι) to bandage
• (μαργαριτάρι, ρουμπίνι) to mount • (φιλία,
παρελθόν) to bind • (με συμβόλαιο) to tie down
• (με όρκο, διαθήκη) to bind ▶ *ρ αμ* (σιρόπι,
σάλτσα) to thicken • (γλυκό) to set
• (ακινητοποιούμαι: πλοίο) to be laid up
• (: αράζω) to moor • (φυτό, άνθος, καρπός) to
fruit • (ωριμάζω σωματικά) to fill out • (χρώμα,
μουσική) to go (με with) • ~ **ένα ζώο σε κτ** to
tether ή tie an animal to sth • ~ **κπν/κτ με
αλυσίδες** to chain sb/sth • ~ **κπν/κτ με σκοινί**
to tie sb/sth up with a rope • ~ **τα μάτια κποιο**
to blindfold sb • **παρακαλώ δέστε τις ζώνες
σας** please fasten your seat belts ▪ **δένομαι**
μεσοπαθ (μτφ.) to become attached (με to)

δεξαμενή *ους θηλ* (νερού) tank • (κιστή) cisterr
• (επισκευής πλοίων) dock • (σε πλοίο:
αποθήκευσης καυσίμων) tank • (: αποθήκευσης
αντικειμένων) container • ~ **καυσίμων** fuel tank
• ~ **σκέψης** think tank

δεξαμενόπλοιο *ους ουδ* tanker

δεξιά[1] *(επίρ.)* *ους θηλ* right hand

δεξιά[2] *επιρρ* (πηγαίνω, στρίβω) right • (κάθομαι,
οδηγώ) on the right • (Πολιτ: κλίνω, κινούμαι) to
the right • **από** ~ on the right • ~ **κι αριστερά**
(κυριολ.) (on the) right and left • (μτφ.) left and
right • **προς τα** ~ to the right

δεξι|ός, -ά, -ό *επιθ* (πλευρά) right(-hand)
• (πεζοδρόμιο) right-hand • (μάτι, όχθη,
πτέρυγα) right • (Πολιτ) right-winger ▪ **δεξιός**
ους αρσ, **δεξιά** *ους θηλ* right-hander ▪ **δεξί** *ους
ουδ* (χέρι) right hand • (πόδι) right foot

δεξιότητα *ους θηλ* (ικανότητα: συγγραφική) skill
• (: πνευματική, σωματική) ability

δεξιόχειρας *αρσ, θηλ*, **δεξιόχειρας** *ους αρσ, ους
θηλ* right-hander

δεξίωση *ους θηλ* reception • **γαμήλια** ~
wedding reception

δέος *ους ουδ* awe

δέρμα *ους ουδ* (ανθρώπου, ζώου) skin
• (αλόγου) hide • (λεοπάρδαλης) skin • (κάστορα
pelt • (για παπούτσια, ρούχα) leather • **από
γνήσιο** ~ made of ή from genuine ή real buffalc
leather

δερματικ|ός, -ή, -ό *επιθ* skin

δερμάτιν|ος, -η, -ο *επιθ* leather ▪ **δερμάτινο**
ους ουδ leather jacket

δερματολόγος *ους αρσ, ους θηλ*
dermatologist

δέρνω *ρ μ* (άνθρωπο) to beat • (ως τιμωρία) to
thrash ▪ **δέρνομαι** *μεσοπαθ* to mourn

δέσιμο *ους ουδ* (ανθρώπου) tying (up)
• (σκύλου, ίππου) • (αλόγου) tethering
• (παπουτσιού) doing up • (πακέτου, γραβάτας)
tying • (ζώνης) fastening • (μαλλιών) tying back
• (βάρκας) mooring • (συσκευασία) doing up

• (βιβλίου) binding • (πληγής, τραύματος) dressing • (ποδιού, χεριού) bandaging • (σιροπιού, σάλτσας) thickening • (γλυκού) setting • (κοσμήματος, πολύτιμου λίθου) mounting • (συναισθηματικό, ψυχικό) bond • (για άνθη και φυτά) fruiting • (αρχιτεκτονικών ρυθμών, ήχων) blend

δεσμά ουσ ουδ πληθ**βλ. δεσμός**

δέσμευση ουσ θηλ (ανάληψη υποχρέωσης) commitment • (περιορισμός) restriction

δεσμεύω ρ μ to bind • **δεσμεύομαι** μεσοπαθ (περιορίζομαι) to be bound • (από δουλειά) to be tied up

δέσμη ουσ θηλ (λουλουδιών) bunch • (χαρτιών) pack • (εγγράφων) bundle

δεσμίδα ουσ θηλ (χαρτονομισμάτων) bundle • (χαρτιού) ream • (εισιτηρίων) book • (φυσιγγίων) round

δέσμι|ος, -α, -ο επιθ tied up

δεσμός ουσ (φιλίας, γάμου, αγάπης) bond • (αίματος) tie • (ερωτική σχέση) relationship • (εξωσυζυγικός) affair **■ δεσμά** ουσ ουδ πληθ (αλυσίδες) chains • (ζυγός) shackles • (φυλάκιση) imprisonment εν.

δεσμοφύλακας ουσ αρσ, ουσ θηλ (prison) guard

δεσπόζω ρ μ to dominate

δεσποινίδα (ανεπ.) ουσ θηλ = **δεσποινίς**

δεσποινίς ουσ θηλ (ανύπαντρη γυναίκα) Miss • (παλαιότ.: κοπέλα) young lady

δεσπότης ουσ αρσ (ανεπ.: επίσκοπος) bishop • (δυνάστης) despot • (μτφ.) tyrant

δετ|ός, -ή, -ό επιθ (παπούτσια) lace-up • (μαλλιά) tied back

Δευτέρα ουσ θηλ Monday • **τη ~ (το πρωί/το απόγευμα)** on Monday (morning/afternoon) • **την επόμενη/προηγούμενη ~** next/last Monday • **Καθαρά ή Καθαρή ~** Monday before Shrove Tuesday

δευτερεύ|ων, -ουσα, -ον επιθ secondary

δευτεροβάθμι|ος, -α, -ο επιθ **δευτεροβάθμια εκπαίδευση** secondary education

δευτερόλεπτο ουσ ουδ second • **ανά ή το ~** a ή per second • **σε κλάσμα ή κλάσματα δευτερολέπτου** in a fraction of a second

δεύτερον επιρρ secondly

δεύτερ|ος, -η ή -έρα, -ο αριθ τακτ (γύρος, βραβείο, γάμος) second • (για ποιότητα) inferior • **έρχομαι ~** to come second • **ένα ή εν δεύτερο(ν)** (Μαθ) half • **συγγένεια δευτέρου βαθμού** second-degree relations • **δεύτερη (ε)ξαδέλφη** second cousin • **~ (ε)ξάδελφος** second cousin **■ δεύτερος** ουσ αρσ (ορόφου) second floor (Βρετ.), first floor (Αμερ.) • (Οκτώβριος) October **■ δευτέρα** ουσ θηλ (ταχύτητα) second (gear) • (σχολική τάξη) second year • (ημέρα) second **■ δεύτερο** ουσ ουδ second

δέχομαι ρ μ αποθ. (παίρνω) to receive • (γίνομαι δέκτης) to accept • (υποδέχομαι: πρέσβη, τιμώμενα πρόσωπα) to receive • (: φίλους) to entertain • (βλέπω: ασθενείς, κοινό, φοιτητές) to see • (παραδέχομαι) to accept • (όρους, σχέδιο) to accept • (ανέχομαι: σχόλια, κριτική, πειράγματα, αστεία) to take • (: περιορισμούς)

to tolerate • (: στομάχι, υγρά, τροφή) to tolerate ► **ρ αμ** (γιατρός) to see patients • (δικηγόρος) to see clients • **δεν ~ κουβέντα!** I don't want to hear another word about it! • **~!** you're on! • **~ να κάνω κτ** to agree to do sth

δεχτός, -ή, -ό επιθ = **δεκτός**

δήθεν επιρρ (ειρων.) ostensibly • **κάνω ~ πως** ή **ότι δεν ακούω/βλέπω κπν** to pretend not to hear/see sb **■ δήθεν** ουσ αρσ πληθ (μειωτ.) posers

δηλαδή σύνδ (επεξηγηματικός) namely • (συμπερασματικός) then • (για έμφαση) then

δηλητηριάζω ρ μ to poison • (άνθρωπο) to embitter

δηλητηρίαση ουσ θηλ (ανθρώπου, ζώου, οργανισμού) poisoning • (σχέσης) poisoning • (ατόμων) embitterment • (νεολαίας) polluting

δηλητήριο ουσ ουδ (ψαριού, φυτού, αράχνης) poison • (φιδιού, σκορπιού) venom • **αυτός ο καφές είναι ~** this coffee is really bitter

δηλητηριώδ|ης, -ης, -ες επιθ (ουσία, φυτό, έντομο, βροχή, αράχνη) poisonous • (φίδι) venomous • **δηλητηριώδες αέριο** poison gas • **δηλητηριώδεις αναθυμιάσεις** noxious fumes

δηλωμέν|ος, -η, -ο επιθ (οπαδός, ομοφυλόφιλος) open • (δεξιός, αριστερός) declared • (εχθρός) avowed

δηλώνω ρ μ (φανερώνω: πρόθεση) to declare • (: προτίμηση, γνώμη) to state • (: αδιαφορία, ευχαρίστηση, δυσαρέσκεια) to display • (απόφαση, μέτρα) to announce • (άγνοια, αδυναμία) to admit • (συμπαράσταση, μετάνοια) to express • (πίστη) to declare • (υποταγή) to pledge • (κλοπή, απαγωγή) to report • (εισόδημα, εισαγωγή προϊόντος) to declare • (γέννηση παιδιού) to register • (Λέξη, παροιμία, φράση) to mean • (σύμβολο, γράμμα) to stand for

δήλωση ουσ θηλ (αιτίας) statement • (προέδρου, υπουργού, επιθεωρητή) statement • (υπουργού) announcement • (κλοπής, απαγωγής) report • (εισοδήματος, φόρου ακίνητης περιουσίας) declaration • (γεννήσεως, θανάτου, γάμου) registration • **~ αποποιήσεως ή αγνοίας** (Νομ) disclaimer • **~ παραιτήσεως** (Νομ) waiver

δημαρχείο ουσ ουδ city hall

δήμαρχος ουσ αρσ, ουσ θηλ mayor

δημεύω ρ μ to confiscate

δημητριακά ουσ ουδ πληθ cereals

δήμιος ουσ αρσ (εκτελεστής) (public) executioner • (για απαγχονισμό) hangman

δημιούργημα ουσ ουδ creation • **~ της φαντασίας κποιου** a figment of sb's imagination

δημιουργημέν|ος, -η, -ο επιθ (κατασκευασμένος) created • (καταξιωμένος) successful

δημιουργία ουσ θηλ creation **■ Δημιουργία** ουσ θηλ (the) Creation

δημιουργικ|ός, -ή, -ό επιθ (καλλιτέχνης, πνεύμα, ζωή, εργασία) creative • (ημέρα) productive

δημιουργός ουσ αρσ, ουσ θηλ (νόμου, θεωρίας, κινήματος) founder • (επανάστασης) instigator

• (καλλιτεχνικού είδους) originator
• (καλλιτεχνήματος) creator
δημιουργώ ρ μ (κόσμο, φυτά, άνθρωπο) to
create • (κτήριο, πλατεία) to build • (επιχείρηση,
εταιρεία) to found • (ηλεκτρικό πεδίο, ρεύμα) to
generate • (καταχρ.: προκαλώ: αναστάτωση,
διαφορές) to create • (αρνητικές εντυπώσεις,
ατμόσφαιρα, αίσθηση) to create • (καταστροφές,
αντιθέσεις) to cause • (προβλήματα, δυσκολίες)
to spawn • (αφορμές, θόρυβο) to make
• (χρέος) to run up ▶ ρ αμ to create
δημοκράτης ουσ αρσ democrat
δημοκρατία ουσ θηλ (πολίτευμα) democracy
• (έθνος ή κράτος) republic • **αβασίλευτη ~**
republic • **άμεση ~** direct ή pure democracy
• **Ελληνική Δημοκρατία** Hellenic Republic
• **έμμεση** ή **αντιπροσωπευτική ~**
representative democracy • **κοινοβουλευτική**
~ parliamentary democracy • **λαϊκή ~** people's
republic • **ομοσπονδιακή ~** federal republic
δημοκρατικ|ός, -ή, -ό επιθ (λαοκρατικός)
democratic • (φιλελεύθερος) liberal
δημοκράτισσα ουσ θηλ βλ. **δημοκράτης**
δημοπρασία ουσ θηλ auction • **βγάζω κτ σε ~**
to put sth up for auction • **οίκος δημοπρασιών**
auction house
δήμος ουσ αρσ (διοικητική περιφέρεια)
municipality • (σύνολο κατοίκων) local
community
δημοσίευμα ουσ ουδ publication
δημοσίευση ουσ θηλ publication
δημοσιεύω ρ μ to publish • (αγγελία) to run
Δημόσιο ουσ ουδ civil service
δημοσιογραφία ουσ θηλ (συγκέντρωση και
διάδοση ειδήσεων) journalism • (έντυπα και
ηλεκτρονικά μέσα) media
δημοσιογράφος ουσ αρσ, ουσ θηλ journalist
δημόσι|ος, -α ή **-ία, -ο** επιθ public • (σχολείο)
state, public (ΑΜΕΡ.) • (νοσοκομείο) public, NHS
(ΒΡΕΤ.) • (λειτουργός) civil • **~ άνδρας** public
figure • **δημόσια αρχή** the public authorities
• **δημόσια διοίκηση** public administration
• **δημόσια επιχείρηση** public utility
• **~ οργανισμός** public corporation • **δημόσια**
έργα public works • **~ κίνδυνος** public enemy
• (ειρων.) public enemy number one • **δημόσιο**
πρόσωπο public figure • **δημόσιες σχέσεις**
(για πρόσωπο, εταιρεία, κράτος) public relations
• (υπηρεσία) public relations ή PR department
• (επιστήμη) public relations • (μτφ.)
networking • **~ τομέας** the public sector
• **δημόσια υγιεινή** public health • **~ υπάλληλος**
public-sector employee • (σε κρατική υπηρεσία)
civil servant • **δημόσια υπηρεσία** civil service
δημοσιότητα ουσ θηλ publicity
δημοσκόπηση ουσ θηλ (opinion) poll
δημότης ουσ αρσ citizen
δημοτικά ουσ θηλ demotic (Greek)
δημοτικ|ός, -ή, -ό επιθ (θέατρο, έργα, ιατρείο)
municipal • (υπάλληλος, εκλογές, υπηρεσίες)
municipal • (νοσοκομείο) district • (άρχοντας)
civic • (μουσική, παράδοση) folk • **δημοτική**
αρχή local ή district authorities • **δημοτική**
βιβλιοθήκη city library • **δημοτική εκπαίδευση**

primary (ΒΡΕΤ.) ή elementary (ΑΜΕΡ.) education
• **δημοτικό συμβούλιο** town ή borough counci
• **~ σύμβουλος** councillor (ΒΡΕΤ.), councilor
(ΑΜΕΡ.) • **δημοτικά τέλη, ~ φόρος** municipal
taxes, ≈ council tax (ΒΡΕΤ.) ■ **Δημοτικό** ουσ ουδ
primary (ΒΡΕΤ.) ή elementary (ΑΜΕΡ.) school
■ **δημοτικό** ουσ ουδ folk song
δημοτικότητα ουσ θηλ popularity
δημότισσα, δημότις ουσ θηλ βλ. **δημότης**
δημοφιλ|ής, -ής, -ές επιθ (ηθοποιός, πολιτικός,
ποδοσφαιριστής) popular • (καταχρ.: διάσημος)
well-known
δημοψήφισμα ουσ ουδ referendum
δια, δι' (επίσ.) προθ (διέλευση) +γεν. by
• (χρονική διάρκεια) +γεν. for • (όργανο, μέσο,
τρόπος) +γεν. by • (για) +αιτ. for • (Μαθ) divided
by
διαβάζω ρ μ (εφημερίδα, περιοδικό, βιβλίο) to
read • (μάθημα) to study • (μαθητή) to coach ▶ ρ
αμ (ξέρω ανάγνωση) to read • (μελετώ) to study
• **~ δυνατά** to read out • **~ κτ στα πεταχτά** to
skim through sth • **~ τα χείλη** to lip-read
διαβάθμιση ουσ θηλ (δημοσίων υπαλλήλων,
αξιωματούχων) grading • (χρωμάτων) gradatior
διαβαίνω ρ μ (ποταμό, γέφυρα, κατώφλι,
απόσταση) to cross • (δάσος) to go ή walk
through • (μονοπάτι) to walk along ▶ ρ αμ
(διέρχομαι) to pass by • (καιρός, μέρες, χρόνος)
to pass • (λύπες, στενοχώριες, χαρές, πόνοι) to
pass
διαβάλλω ρ μ to slander
διάβαση ουσ θηλ (ποταμού, βουνού, θάλασσας,
χώρας) crossing • (πέρασμα) crossing
• (γέφυρα) bridge • (ρηχό σημείο ποταμού) ford
• (μονοπάτι) pass • **ανισόπεδη ~** flyover (ΒΡΕΤ.),
overpass (ΑΜΕΡ.) • **ορεινή ~** mountain pass
• **σιδηροδρομική ~** level (ΒΡΕΤ.) ή railroad
(ΑΜΕΡ.) crossing • **υπόγεια ~** underpass
• **~ πεζών** zebra crossing (ΒΡΕΤ.), pedestrian
crossing (ΒΡΕΤ.), crosswalk (ΑΜΕΡ.)
διάβασμα ουσ ουδ (βιβλίων, εφημερίδων,
περιοδικών) reading • (μαθημάτων) study
διαβασμέν|ος, -η, -ο επιθ (γράμμα, βιβλίο) read
• (μαθητής) well-prepared
διαβατήριο ουσ ουδ passport • **έκδοση**
διαβατηρίου passport issue • **έλεγχος**
διαβατηρίων passport control • **θεώρηση**
διαβατηρίου visa
διαβάτης ουσ αρσ passer-by
διαβεβαιώνω, διαβεβαιώ (επίσ.) ρ μ to assure
διαβεβαίωση ουσ θηλ assurance
διάβημα ουσ ουδ step
διαβήτης ουσ αρσ (Γεωμ) (pair of) compasses
• (Ιατρ) diabetes εν.
διαβιβάζω (επίσ.) ρ μ (οδηγία, είδηση) to send
• (αναφορά) to pass on • (επιστολή) to forward
• (ευχές, χαιρετίσματα) to send
διαβίβαση ουσ θηλ transmission
διαβίωση ουσ θηλ living
διαβολικ|ός, -ή, -ό επιθ (άνθρωπος) fiendish
• (τέχνη) satanic • (σχέδιο, ενέργεια, συνωμοσία)
fiendish • (χαμόγελο, έκφραση) malicious
διάβολος ουσ αρσ (δαίμονας) devil • (κόλαση)
hell • (ζωηρό παιδί) little devil • **(άει ή άντε ή**

πήγαινε ή τράβα) στον διά(β)ολο! (υβρ.) go to hell! (ανεπ.) • (για έκφραση έκπληξης) I'll be damned! (ανεπ.) • **διά(β)ολε!** damn! (χυδ.)

διαβουλεύομαι ρ αμ αποθ. to consult

διαβρώνω ρ μ (πέτρωμα, έδαφος) to erode • (μέταλλο) to corrode

διάβρωση ουσ θηλ (εδάφους, πετρώματος) erosion • (μετάλλου) corrosion

διάγνωση ουσ θηλ diagnosis

διάγραμμα ουσ ουδ (σπιτιού) plan • (μηχανήματος) diagram • (πυρετού, σεισμού, τιμαρίθμου) chart • (Μαθ) diagram • **~ θερμοκρασίας** temperature chart • **~ ροής** flow chart

διαγραφή ουσ θηλ (λέξεων, φράσεων) deletion • (αδικημάτων) eradication • (χρέους, οφειλής) cancellation • (μέλους) expulsion • (σχήματος, τριγώνου) drawing

διαγράφω ρ μ (λέξεις, φράσεις) to delete • (χρέη) to write off • (μέλος, βουλευτή) to expel • (κύκλο, σχήμα) to draw • (τροχιά) to describe ■ **διαγράφομαι** μεσοπαθ (μπρ.: κίνδυνος) to loom • (βουνά) to stand out

διαγωγή ουσ θηλ behaviour (Βρετ.), behavior (Αμερ.)

διαγωνίζομαι ρ αμ αποθ. (μαθητής, φοιτητής) to take an examination • (αθλητής) to compete

διαγωνιζόμαστε ρ αμ βλ. **διαγωνίζομαι**

διαγωνιζόμενος ουσ αρσ (σε εξετάσεις) candidate • (σε διαγωνισμό ομορφιάς) contestant

διαγώνιος[1] ουσ θηλ diagonal

διαγώνι|ος[2], -α ή -ος επιθ diagonal

διαγώνισμα ουσ ουδ test

διαγωνισμός ουσ αρσ (ομορφιάς, τραγουδιού) contest • (ζωγραφικής, φωτογραφίας) competition • (κατασκευής έργου) competition • (για μαθητές) exam

διαδεδομέν|ος, -η, -ο επιθ (αντίληψη, ιδέα) prevalent • (άθλημα, είδος) popular • (ιστορία, μύθος, ασθένεια) widespread

διαδέχομαι ρ μ αποθ. to succeed

διαδηλώνω ρ αμ to demonstrate ▶ ρ μ (πίστη) to declare • (άποψη, συμπαράσταση) to express • (θέση) to state

διαδήλωση ουσ θηλ (φοιτητών, ανέργων, εργαζομένων) demonstration • (αγανάκτησης, οργής) expression • **κάνω ~** to demonstrate

διαδίδω ρ μ to spread ■ **διαδίδομαι** μεσοπαθ (ασθένεια, πυρκαγιά) to spread • (εμπόριο) to expand • (νέα, ειδήσεις, φήμες) to spread • (μυστικό) to be divulged ή revealed

διαδικασία ουσ θηλ (δίκης) proceedings πληθ. • (εκλογής προέδρου, χορήγησης αδειών) procedure • (πέψης, μεταβολισμού, φθοράς, εκμάθησης) process

διαδικτυακ|ός, -ή, -ό επιθ **διαδικτυακή τοποθεσία, ~ τόπος** website

Διαδίκτυο ουσ ουδ internet

διάδοση ουσ θηλ spreading • (ναρκωτικών) spread ■ **διαδόσεις** πληθ rumours (Βρετ.), rumors (Αμερ.)

διαδοχή ουσ θηλ succession • (γεγονότων, εικόνων) sequence

διαδοχικ|ός, -ή, -ό επιθ successive

διάδοχος ουσ αρσ, ουσ θηλ (προέδρου, διευθυντού) successor • (θρόνου) heir

διαδραματίζω ρ μ to play ■ **διαδραματίζεται, διαδραματίζονται** μεσοπαθ τριτοπρόσ (γεγονότα, σκηνές) to take place • (εξελίξεις) to unfold

διαδρομή ουσ θηλ (δρόμος) route • (απόσταση: με τα πόδια) walk • (με όχημα) trip • (ιστορίας, αιώνων) course • (Πληροφ) path • (εμβόλου, πιστονιού) stroke • **η ~ είναι δύο ώρες με το αυτοκίνητο/με το τρένο** it's a two-hour drive/ train journey

διάδρομος ουσ αρσ (σπιτιού, σχολείου, τρένου) corridor (Βρετ.), hall (Αμερ.) • (θεάτρου) aisle • (αεροδρομίου) runway • (όργανο γυμναστικής) treadmill • **~ απογείωσης/προσγείωσης** take-off/landing runway

διάζευξη ουσ θηλ (εννοιών, στοιχείων, υλικών) separation • (διαζύγιο) divorce

διαζύγιο ουσ ουδ (Νομ) divorce • (χωρισμός) separation

διάζωμα ουσ ουδ (θεάτρου, σταδίου) aisle • (Αρχιτ, Αρχαιολ) frieze

διάθεση ουσ θηλ (χρόνου, ώρας) use • (προϊόντων, περιοδικού, κερδών, πιστώσεων) distribution • (ψυχική κατάσταση) mood • (ευθυμία) good spirits πληθ. • **δεν έχω ~ για κτ** ή **να κάνω κτ** not to feel like doing sth • **είμαι σε καλή/άσχημη ~** to be in a good/bad mood • **έχω κτ στη διάθεσή μου** to have sth ■ **διαθέσεις** πληθ intentions

διαθέσιμ|ος, -η, -ο επιθ (προϊόν, κεφάλαιο, δωμάτιο, προσωπικό) available • (χρόνος) spare • **είμαι ~** to be available

διαθέτω ρ μ (έχω: περιουσία, αυτοκίνητο) to own • (: χρόνο, πείρα, γνωριμίες, δύναμη, υπόληψη) to have • (: κύρος) to carry • (χρησιμοποιώ: χρήματα, κονδύλια, χρόνο, δυνάμεις) to use • (αφιερώνω: ζωή, χρόνο) to give • (δίνω: σπίτι, αυτοκίνητο) to give • (: χρόνο) to spare • (αίθουσα, χώρο, ποσό) to allocate • (πουλώ: εμπόρευμα, προϊόντα) to sell

διαθήκη ουσ θηλ (Νομ) will

διάθλαση ουσ θηλ diffraction

διαίρεση ουσ θηλ division

διαιρώ ρ μ to divide

διαισθάνομαι ρ μ αποθ. to sense

διαίσθηση ουσ θηλ intuition

δίαιτα ουσ θηλ diet • **κάνω ~** to be on a diet

διαιτητής ουσ αρσ (Νομ) arbitrator • (ποδοσφαίρου, μπάσκετ) referee • (τένις, κρίκετ, μπέιζμπολ) umpire

διαιτήτρια ουσ θηλ βλ. **διαιτητής**

διαιτολόγιο ουσ ουδ diet • **ισορροπημένο ~** balanced diet

διαιωνίζω ρ μ to perpetuate

διακατέχω ρ μ to grip ■ **διακατέχομαι** μεσοπαθ **διακατέχομαι από κτ** to be gripped by sth

διακεκομμέν|ος, -η, -ο επιθ (γραμμή) dotted • (φωνή) staccato • (εργασία) interrupted

διακεκριμέν|ος, -η, -ο επιθ (θέματα, ζητήματα) distinct • (επιστήμονας) eminent • (καλλιτέχνης, ομιλητής) distinguished • (μέλος) prominent • (οικογένεια) of note

διακήρυξη ουσ θηλ (ιδέας, πίστης) declaration • (πολιτικού, προέδρου, επιτροπής) proclamation • (οργάνωσης, κινήματος) manifesto

διακινδυνεύω ρ μ to risk • (ευτυχία) to jeopardize • (πρόβλεψη, σχόλιο, εκτίμηση) to hazard

διακίνηση ουσ θηλ (αγαθών, προϊόντων, επιβατών) transport • (κεφαλαίων) movement • (αλληλογραφίας, εγγράφων) handling • (ναρκωτικών) traffic • (όπλων) trafficking

διακινώ ρ μ (προϊόντα, επιβάτες) to transport • (χρήματα) to move around • (μετοχές) to trade • (ναρκωτικά, όπλα) to traffic in • (ιδέες) to put across

διακλάδωση ουσ θηλ (δέντρου) branch • (δρόμου) fork • (ποταμού) branch • (σιδηροδρομικής γραμμής) branch line

διακοπή ουσ θηλ (κυκλοφορίας, κίνησης, προγράμματος) disruption • (ταξιδιού) interruption • (αγώνα) stoppage • (διπλωματικών σχέσεων, διαπραγματεύσεων) breakdown • (δίκης) adjournment • (συμβολαίου, κυήσεως) termination • (διάλειμμα) break • (δικτύου) shutdown • (νερού) cut • **ρεύματος** power cut ή failure ■ **διακοπές** πληθ holiday εν. (Βρετ.), vacation εν. (Αμερ.) • **είμαι σε διακοπές** to be on holiday (Βρετ.) ή vacation (Αμερ.) • **κάνω ή πηγαίνω διακοπές** to go on holiday (Βρετ.) ή vacation (Αμερ.) • **οι διακοπές των Χριστουγέννων/τού Πάσχα** the Christmas/Easter holidays (Βρετ.) ή vacation (Αμερ.)

διακόπτης ουσ αρσ switch

διακόπτω ρ μ (εργασία, πρόγραμμα, κυκλοφορία) to disrupt • (σχέσεις) to sever • (αγώνα) to stop • (διαπραγματεύσεις) to break off • (ταξίδι) to break • (ηλεκτροδότηση) to cut off • (ομιλητή, συζήτηση) to interrupt

διακόσια αριθ απολ άκλ. two hundred

διακόσι|οι, -ες, -α αριθ απολ πληθ two-hundred

διακόσμηση ουσ θηλ (εξωραϊσμός) decoration • (βιτρίνας) dressing • (διάκοσμος) decor

διακοσμητής ουσ αρσ decorator

διακοσμήτρια ουσ θηλ βλ. **διακοσμητής**

διάκοσμος ουσ αρσ (στολίδια) decor • (Χριστουγέννων, Αποκριάς) decoration

διακοσμώ ρ μ to decorate

διακρίνω ρ μ (ξεχωρίζω) to distinguish • (κάμψη, αλλαγή) to detect • (είδη) to identify • (πρόσωπα, φιγούρα, αντικείμενα) to make out ■ **διακρίνομαι** μεσοπαθ (πλοίο, σημάδι) to be visible • (παίρνω διάκριση) to make a mark • (ξεχωρίζω) to stand out

διάκριση ουσ θηλ (θεωριών, επιστημών, ειδών, σημασιών, νοημάτων) distinction • (τιμή) honour (Βρετ.), honor (Αμερ.) • **τιμητική ~** honour (Βρετ.), honor (Αμερ.) ■ **διακρίσεις** πληθ discrimination εν. • **κοινωνικές διακρίσεις** social discrimination εν. • **φυλετικές διακρίσεις** racial discrimination εν.

διακριτικ|ός, -ή, -ό επιθ (γνώρισμα, χαρακτηριστικό, σήμα) distinguishing • (ντύσιμο, βάψιμο, φωτισμός) discreet • (ζωή) quiet

• (χρώμα) muted • (ήχος) unobtrusive • (άρωμα) delicate • (άνθρωπος, συμπεριφορά) tactful ■ **διακριτικά** ουσ ουδ πληθ stripe εν.

διακύμανση ουσ θηλ (τιμής, κόστους, σκορ, δημοτικότητας) fluctuation • (εδάφους) undulation • (κατάστασης) variation

διακωμωδώ ρ μ to make fun of

διαλεγμέν|ος, -η, -ο επιθ selected

διαλέγω ρ μ (φόρεμα, φίλους, έπιπλα) to choose • (έργα, θέματα) to select • (καρπούς, φρούτα, λουλούδια) to sort

διάλειμμα ουσ ουδ (διάλεξης, συνεδρίου) break • (χρόνων, ημερών, λιακάδας) interval • (χαράς) period • (ευημερίας, ελευθερίας) period • (στο σχολείο) break • (έργου, ταινίας) interval (Βρετ.), intermission (Αμερ.) • **διαφημιστικό ~** commercial break • **μουσικό ~** musical interlude

διάλεκτος ουσ θηλ (Κρήτης, Θεσσαλίας) dialect • (ποδοσφαίρου, δημοσιογράφων) jargon • **δημοσιογραφική ~** journalese

διάλεξη ουσ θηλ (σε πανεπιστήμιο) lecture • (γενικότ.) talk • (ειρων.) lecture

διαλεχτ|ός, -ή, -ό επιθ (έπιπλα, σταφύλι) choice • (αποσπάσματα) selected • (φίλος) special • (συνεργάτης) outstanding

διαλλακτικ|ός, -ή, -ό επιθ conciliatory

διαλογή ουσ θηλ (δελτίων ΠΡΟ-ΠΟ) drawing • (ψήφων) counting • (φρούτων, μεταλλεύματος) sorting • **προϊόντα πρώτης/δεύτερης διαλογής** top-quality/standard products

διαλογίζομαι ρ μ αποθ. to ponder ▶ ρ αμ to meditate

διαλογισμός ουσ αρσ (στοχασμός) reflection • (Θρησκ) meditation

διάλογος ουσ αρσ (γενικότ.) dialogue (Βρετ.), dialog (Αμερ.) • (μεταξύ φίλων) conversation • **πλατωνικοί διάλογοι** Platonic dialogue (Βρετ.) ή dialog (Αμερ.)

διάλυμα ουσ ουδ solution

διαλυμέν|ος, -η, -ο επιθ (μηχανή, καράβι) dismantled • (καρέκλα, μύτη) broken • (δωμάτιο, πρόσωπο) in a mess • (παπούτσια, ρούχα) falling apart • (μτφ.) shattered • (κράτος, χώρα, κόμμα) in upheaval • (οικονομία) wrecked • (εταιρεία, επιχείρηση) liquidated • (σύνδεσμος) dissolved • (γάμος, δεσμός, συμφωνία) broken • (ζάχαρη, αλάτι, κακάο) dissolved

διάλυση ουσ θηλ (μηχανής) dismantling • (κράτους, κόμματος, οικογένειας) break-up • (οικονομίας) wrecking • (ομίχλης, συννεφιάς, υδρατμών) dispersal • (επιχείρησης) liquidation • (Βουλής) dissolution • (συμφωνίας) cancellation • (αρραβώνα) breaking off • (σχέσης) breakdown • (αλατιού, ζάχαρης) solution • (μπογιάς) dilution

διαλυτ|ός, -ή, -ό επιθ soluble

διαλύω ρ μ (μηχανή, πλοίο) to dismantle • (σπίτι, έπιπλο) to wreck • (παπούτσια, ρούχα) to wear out • (μτφ.: εχθρό, αντίπαλο) to beat • (για κούραση) to wear out • (κράτος, κόμμα, οικογένεια, διαδήλωση, συγκέντρωση) to break up • (οικονομία, φιλία, σχέση) to wreck • (απεργούς, πλήθος) to disperse • (γάμο

to dissolve • (πάγο) to break up • (ομίχλη, σύννεφα, καπνό) to clear • (εταιρεία, επιχείρηση) to liquidate • (Βουλή) to dissolve • (συμφωνία, σύμβαση) to cancel • (αρραβώνα) to break off • (ζάχαρη, αλάτι, μπογιά, χρώμα) to dissolve
διαμαντένι|ος, -ια, -ιο επιθ diamond
διαμάντι ουσ ουδ (δαχτυλιδιού, στέμματος) diamond • (μτφ.) gem
διαμαρτυρία ουσ θηλ protest
διαμαρτύρομαι ρ αμ αποθ. to protest
διαμαρτυρόμενη ουσ θηλ βλ. διαμαρτυρόμενος
διαμαρτυρόμενος ουσ αρσ Protestant
διαμάχη ουσ θηλ (καθηγητών, φοιτητών) dispute • (κομμάτων, κρατών) conflict • (διαδοχής) contention
διαμέρισμα ουσ ουδ (πολυκατοικίας) flat (ΒΡΕΤ.), apartment (κυρ. ΑΜΕΡ.) • (χώρας) region • (πόλης) district
διαμερισμός (επίσ.) ουσ αρσ sharing out
δια μέσου προθ +γεν. (για τόπο) via • (για τρόπο) through • (για χρόνο) over
διαμέτρημα ουσ ουδ calibre (ΒΡΕΤ.), caliber (ΑΜΕΡ.) • άνθρωπος μεγάλου διαμετρήματος person of high calibre (ΒΡΕΤ.) ή caliber (ΑΜΕΡ.)
διάμετρος ουσ θηλ diameter
διαμονή ουσ θηλ stay • έξοδα διαμονής living expenses • τόπος διαμονής place of residence
διαμορφώνω ρ μ (χώρο) to arrange • (δωμάτιο) to convert (σε into) • (προσωπικότητα, χαρακτήρα) to mould (ΒΡΕΤ.), to mold (ΑΜΕΡ.) • (ήθος, γνώμη, πολιτική, εξέλιξη) to shape • (κατάσταση, συνθήκες) to influence • (σκορ) to contribute to • (τιμές, ενοίκια) to set
διανέμω ρ μ to distribute • (περιουσία, κληρονομιά) to share out • (αλληλογραφία) to deliver
διανόηση ουσ θηλ (διαλογισμός) thought • (διανοούμενοι) intelligentsia
διανοητικ|ός, -ή, -ό επιθ (λειτουργίες, υγεία) mental • (τύπος) intellectual
διάνοια ουσ θηλ (πνεύμα) intellect • (μυαλό) mind • (μεγαλοφυΐα) genius
διανοίγω ρ μ to cut ▪ **διανοίγομαι** μεσοπαθ (μτφ.) to open up
διανομέας ουσ αρσ, ουσ θηλ distributor • ταχυδρομικός ~ (επίσ.) postman (ΒΡΕΤ.), mailman (ΑΜΕΡ.)
διανομή ουσ θηλ (βιβλίων, εισιτηρίων, κερδών, ρεύματος) distribution • (επιστολών, φαγητού) delivery • (ταχυδρομική υπηρεσία) sorting office • ~ κατ' οίκον home delivery • δίκτυο διανομής distribution network
διανοούμενος ουσ αρσ intellectual
διανυκτερεύω ρ αμ (καταλύω) to stay overnight • (φαρμακείο, νοσοκομείο, βενζινάδικο) to be open all night
διανυκτερεύ|ων, -ουσα, -ον επιθ all-night
διανύω ρ μ (απόσταση, χιλιόμετρα) to cover • (χρόνο, περίοδο, κρίση) to be in
διαπασών ουσ θηλ άκλ., ουσ ουδ άκλ. (Μουσ: ογδόη) octave • στη ~ (για ραδιόφωνο, τηλεόραση) at full blast ▪ **διαπασών** ουσ ουδ tuning fork

διαπεραστικ|ός, -ή, -ό επιθ (κρύο) biting • (βλέμμα, ματιά) piercing • (φωνή, κραυγή, ήχος) shrill
διαπερνώ ρ μ (ξίφος, βέλος) to go through • (φως) to penetrate
διαπιστώνω ρ μ to discover • (άγνοια, προθυμία, ασάφεια) to note • ~ ότι to ascertain that
διαπίστωση ουσ θηλ discovery
διάπλαση ουσ θηλ moulding (ΒΡΕΤ.), molding (ΑΜΕΡ.) • σωματική ~ physique
διάπλατα επιρρ wide open • ανοίγω ~ την πόρτα/την αγκαλιά μου to open the door/one's arms wide
διαπλάτυνση ουσ θηλ widening
διαπλέω ρ μ (ποταμό, ωκεανό) to sail across • (ακτές) to ply ▶ ρ αμ to sail
διαπληκτισμός ουσ αρσ argument
διάπλους ουσ αρσ crossing
διαπραγματεύομαι ρ μ αποθ. to negotiate ▶ ρ αμ to negotiate
διαπραγμάτευση ουσ θηλ negotiation
διαπραγματευτής ουσ αρσ negotiator
διαπραγματεύτρια ουσ θηλ βλ. διαπραγματευτής
διαπράττω ρ μ to commit • ~ σφάλμα commit an error
διαπρεπής, -ής, -ές επιθ (επιστήμονας, πολιτικός) eminent • (επισκέπτης, προσκεκλημένος) distinguished
διαπρέπω ρ αμ to excel
διάρθρωση ουσ θηλ structure
διάρκεια ουσ θηλ (έργου, ταινίας) length • (τρικυμίας, πολέμου) duration • έχω μεγάλη ~ (ταινία, έργο, αγώνας) to be very long • (σχέση) to last a long time • κατά τη ~ +γεν. during • γάλα διαρκείας long-life milk • εισιτήριο διαρκείας season ticket
διαρκ|ής, -ής, -ές επιθ (πόλεμος) constant • (καβγάς, εργασία) endless • (ειρήνη) lasting • (απασχόληση, σχέση) permanent
διαρκώ ρ αμ to last
διαρκώς επιρρ constantly
διαρρήκτης ουσ αρσ burglar
διαρρήκτρια ουσ θηλ βλ. διαρρήκτης
διάρρηξη ουσ θηλ (γραφείου, τράπεζας) break-in • (πετρωμάτων, τοίχου) fissure • ~ χρηματοκιβωτίου safe-breaking
διαρροή ουσ θηλ leak
διάρροια ουσ θηλ diarrhoea (ΒΡΕΤ.), diarrhea (ΑΜΕΡ.)
διαρρυθμίζω ρ μ to arrange
διαρρύθμιση ουσ θηλ arrangement
Δίας ουσ αρσ (Μυθολ) Zeus • (Αστρ) Jupiter
διασαφηνίζω ρ μ to clarify
διάσειση ουσ θηλ concussion • ~ εγκεφάλου, εγκεφαλική ~ concussion
διάσημ|ος, -η, -ο επιθ famous
διασημότητα ουσ θηλ (καλή φήμη) fame • (γνωστή προσωπικότητα) celebrity
διασκεδάζω ρ μ (κοινό, φίλους, θεατές) to entertain • (φόβους, ανησυχίες, εντυπώσεις, υποψίες) to dispel ▶ ρ αμ to have fun • το ~ to enjoy it

διασκέδαση ουσ θηλ (γλέντι) fun χωρίς πληθ.
• (ψυχαγωγία) pastime • **καλή ~!** I have fun!
• **κέντρο διασκεδάσεως** night club
διασκεδαστικ|ός, -ή, -ό επιθ (βιβλίο, ταινία)
entertaining • (παιχνίδι, απασχόληση) fun
• (ιστορίες, καταστάσεις) amusing • (άνθρωπος)
funny
διασκευάζω ρ μ (λογοτεχνικό έργο) to adapt
• (μουσικό έργο) to arrange
διασκευή ουσ θηλ (έργου, μυθιστορήματος)
adaptation • (τραγουδιού) arrangement
διάσκεψη ουσ θηλ (πολιτικών αρχηγών)
conference • (δικαστών) deliberation
• **~ κορυφής** summit (conference ή meeting)
διασκορπίζω ρ μ (έγγραφα, βιβλία, στάχτες,
φύλλα) to scatter • (διαδηλωτές) to disperse
• (περιουσία, χρήματα) to squander
■ **διασκορπίζομαι** μεσοπαθ to scatter
διάσπαση ουσ θηλ (κράτους, ενότητας,
κόμματος) split • (μετώπου, αμυντική γραμμή)
breach • (προσοχής) distraction • **~ του ατόμου**
(Φυσ) splitting the atom
διασπορά ουσ θηλ (ναρκών) spread
• (θραυσμάτων) scattering • (αρμοδιοτήτων,
όπλων) deployment • (λαών) diaspora
• (ψεμάτων, φημών) spreading
διασπώ ρ μ (κράτος, κόμμα, παράταξη) to split
• (μέτωπο, εχθρικές γραμμές) to break through
διάσταση ουσ θηλ (κτηρίου, τοίχου) dimension
• (ζητήματος) dimension • (απόψεων) difference
• (ιδέων) divergence • (για ανδρόγυνα)
separation ■ **διαστάσεις** πληθ (σωματικές
αναλογίες) proportions • (όρια θέματος)
dimensions
διασταυρώνω ρ μ to cross • (πληροφορίες,
ειδήσεις) to crosscheck ■ **διασταυρώνομαι**
μεσοπαθ (δρόμοι) to intersect • (γραμμές) to
cross • (τρένα) to cross • (γνωστοί, φίλοι) to
bump into each other • (βλέμματα, ματιές)
to cross
διασταύρωση ουσ θηλ (πασσάλων, ξιφών)
crossing • (φυτών, ζώων) cross • (οδών,
γραμμών) crossing • (πληροφοριών, στοιχείων,
ειδήσεων) crosschecking
διάστημα ουσ ουδ (χρονική απόσταση) interval
• (τοπική απόσταση) distance • (άπειρο) space
διαστημικ|ός, -ή, -ό επιθ space
διαστημόπλοιο ουσ ουδ spacecraft
διαστολή ουσ θηλ (καρδιάς) diastole
• (πνευμόνων) expansion • (αιμοφόρων
αγγείων) dilation • (Φυσ) expansion
διαστρεβλώνω ρ μ to distort
διαστροφή ουσ θηλ (αλλοίωση) distortion
• (διαφθορά) corruption
διασχίζω ρ μ (δρόμο, χώρα, έρημο) to cross
• (ποταμό) to flow through
διασώζω ρ μ (όμηρο, ναυαγό) to rescue
• (αρχείο, χειρόγραφα, μνημεία, έργα τέχνης,
κληρονομιά) to preserve • (φορτίο) to salvage
διάσωση ουσ θηλ (πληρώματος, πλοίου) rescue
• (αγαλμάτων, χειρογράφων, μνημείων)
preservation • (πανίδας, χελώνας)
conservation • **ομάδα ή συνεργείο διάσωσης**
rescue party ή team

διαταγή ουσ θηλ order
διάταγμα ουσ ουδ (έγγραφη εντολή) order
• (Νομ) decree
διατάζω ρ μ to order ▶ ρ αμ to give orders
διάταξη ουσ θηλ (επίπλων, εκθεμάτων)
arrangement • (πλοίων, στρατιωτικών
δυνάμεων) position • (ιδεών) order • (Νομ)
clause
διαταράσσω ρ μ (τάξη, κλίμα) to disturb
• (ισορροπία) to upset • (όραση, ακοή) to affect
διαταραχή ουσ θηλ (αναταραχή) disturbance
• (Ιατρ) disorder
διατάσσω ρ μ (πίνακες, έπιπλα) to arrange
• (στρατιώτες) to position • (επίσ.: διατάζω) to
order
διατεθειμέν|ος, -η, -ο επιθ **διατεθειμένα**
prepared • (πρόθυμος) willing • +επίρρ.
(διακείμενος) disposed
διατηρημέν|ος, -η, -ο επιθ (κτήριο) preserved
• (τρόφιμα) that must be refrigerated or frozen
διατήρηση ουσ θηλ (τάξης, ηρεμίας, τιμών,
θερμοκρασίας) maintenance • (προσωπικού)
keeping • (κρέατος, γάλακτος) preservation
• (ενδιαφέροντος) retention • (περιβάλλοντος)
conservation • (υγείας, παράδοσης) preservation
διατηρώ ρ μ (φόρμα, ισορροπίες, οικογένεια) to
keep • (τιμές, θερμοκρασία) to keep up
• (ορθογραφία, ονομασία, μέθοδο) to keep
• (τρόφιμα, φάρμακα) to keep • (θέση, αξίωμα,
ενδιαφέρον, θάρρος, σιγουριά) to keep • (ηθικό)
to keep up • (σχέσεις, φιλία, αλληλογραφία) to
keep up • (υποψίες, αμφιβολίες, ελπίδες) to have
• **~ επαφή με κπν** to keep in touch with sb
• **~ την ψυχραιμία μου** to keep cool
■ **διατηρούμαι** μεσοπαθ (τρόφιμα) to be kept ή
preserved • (θερμοκρασία) to hold • (κακοκαιρία
ηλιοφάνεια) to continue • (κτήριο) to preserve
διατίμηση ουσ θηλ price control
διατιμώ ρ μ to fix
διατρέφω ρ μ to support
διατριβή ουσ θηλ treatise • **διδακτορική ~**
doctoral thesis
διατροφή ουσ θηλ (τροφή) diet • (διαιτολόγιο)
diet • (Νομ: συζύγου) alimony • (: παιδιού)
maintenance • **πλήρης ~** (σε ξενοδοχείο) full
board
διατρυπώ ρ μ (τοίχο) to drill • (χαρτί) to punch
• (πνεύμονα, σώμα, κρανίο) to perforate
διατυπώνω ρ μ (αντίρρηση, επιφύλαξη) to
express • (θέση) to declare • (ερώτηση, απορία)
to ask • (πρόταση, θεωρία) to formulate
• (φράση) to word • (ορισμό, αρχές) to set out
διατύπωση ουσ θηλ (αντίρρησης, απόψεων,
επιφυλάξεων) expression • (προτάσεων,
θεωρίας) formulation • (αρχών) setting out
• (αιτήματος, διεκδίκησης) statement
• (ερώτησης) phrasing • (έκθεσης, ποιήματος,
λογοτέχνη) style ■ **διατυπώσεις** πληθ
formalities
διαύγεια ουσ θηλ clarity • (πνεύματος, νου)
lucidity • **πνευματική ~** mental lucidity
διαφαν|ής, -ής, -ές επιθ (ρούχο, ύφασμα)
see-through • (γυαλί, πλαστικό) transparent
• (νερά) clear

διάφαν|ος, -η, -ο *επιθ* = **διαφανής**
διαφέρω *ρ αμ* to be different
διαφεύγω *ρ μ* to escape ▶ *ρ αμ* to escape
• (*βενζίνη*) to leak
διαφημίζω *ρ μ* (*προϊόν, κατάστημα, συναυλία, εταιρεία*) to advertise • (*ηθοποιό, τραγούδι, τόπο*) to promote
διαφήμιση *ουσ θηλ* (*προϊόντων, ταινίας, εταιρείας*) advertisement • (*εμπορική δραστηριότητα*) advertising • (*προσώπου, ιδέας, θεωρίας*) publicity
διαφθείρω *ρ μ* (*χαρακτήρα, κοινωνία, ψυχή*) to corrupt • (*αποπλανώ*) to lead astray
διαφθορά *ουσ θηλ* (*αστυνομικού, δικαστή, πολιτικού*) corruption • (*ακολασία*) immorality
διαφορά *ουσ θηλ* (*ιδεών, απόψεων, ύψους, θερμοκρασίας*) difference • (*προϊόντων*) superiority • (*Μαθ*) difference • (*χρημάτων*) balance • (*ώρας, πόντων, βαθμών, τερμάτων*) difference • ~ **ύψους/θερμοκρασίας** difference in height/in temperature ■ **διαφορές** *πληθ* differences
διαφορετικά *επιρρ* (*αλλιώς*) differently • (*σε αντίθετη περίπτωση*) otherwise • **δεν γίνεται ~** there's no other way
διαφορετικ|ός, -ή, -ό *επιθ* different (*από* from)
διαφορικ|ός, -ή, -ό *επιθ* differential
■ **διαφορικό** *ουσ ουδ* differential (gear)
διαφοροποίηση *ουσ θηλ* (*πληθυσμού, κοινωνίας, τάξεων*) diversification • (*Βιολ*) differentiation
διάφορ|ος, -η, -ο *επιθ* various ■ **διάφορο** *ουσ ουδ* (*όφελος*) profit • (*τόκος*) interest
διάφραγμα *ουσ ουδ* (*Ανατ*) diaphragm
• (*Φωτογρ*) shutter
διαφύλαξη *ουσ θηλ* (*έργων, κληρονομιάς, εθίμων*) preservation • (*ειρήνης*) keeping
• (*δικαιωμάτων, συμφερόντων*) safeguarding
• (*περιουσίας, βιβλίων*) safekeeping
• (*επικοινωνίας, συχνοτήτων*) securing
διαφωνία *ουσ θηλ* (*παιδιών*) disagreement
• (*κομμάτων*) dissent • (*απόψεων, ιδεών, αρχών*) clash • (*δικαστηρίων, διαδίκων*) dispute
διαφωνώ *ρ αμ* to disagree
διαχειρίζομαι *ρ μ αποθ.* (*περιουσία, χρήματα, κληρονομιά*) to manage • (*θέμα, υπόθεση*) to handle • (*οικονομικά, πολιτική*) to administer
διαχείριση *ουσ θηλ* management
• (*προβλήματος, υπόθεσης, κατάστασης*) handling • (*κοινών, πολιτικής*) administration
διαχειριστής *ουσ αρσ* (*χρημάτων, περιουσίας*) financial manager • (*πολυκατοικίας*) manager
διάχυση *ουσ θηλ* diffusion ■ **διαχύσεις** *πληθ* outpourings
διάχυτ|ος, -η, -ο *επιθ* (*ζεστασιά, αγανάκτηση, ανησυχία*) general • (*αίσθηση*) pervasive
διαχωρίζω *ρ μ* (*δωμάτιο, οικόπεδο*) to partition
• (*φορτία, μόρια*) to split • (*ψάρια, φρούτα*) to sort out • (*θέση, ευθύνες*) to dissociate (*από* from) • (*είδος, σημασία, έννοια*) to differentiate
διαψεύδω *ρ μ* (*καταγγελία, δήλωση, φήμη*) to deny • (*αντίπαλο*) to prove wrong • (*όραμα*) to give the lie to • (*ελπίδες, προσδοκίες*) to frustrate • (*ανησυχίες*) to prove unfounded
• (*πατέρα, υποστηρικτές*) to disappoint

■ **διαψεύδομαι** *μεσοπαθ* to prove wrong
διάψευση *ουσ θηλ* (*δήλωσης, λόγου, θέσης*) denial • (*ελπίδων*) frustration • (*υποψιών, προβλέψεων*) disproving • (*εφημερίδας, επιστημόνων*) disclaimer • (*προσδοκιών, αισθημάτων*) disappointment
διγαμία *ουσ θηλ* bigamy
δίγαμ|ος, -η, -ο *επιθ* bigamous ■ **δίγαμοι** *ουσ αρσ πληθ* bigamists
δίγλωσσ|ος, -η, -ο *επιθ* bilingual
δίδαγμα *ουσ ουδ* (*πείρας, ζωής*) lesson
• (*Ευαγγελίου*) teaching ■ **διδάγματα** *πληθ* teachings
διδακτικ|ός, -ή, -ό *επιθ* (*έργο*) educational
• (*ώρα, στόχοι, προσωπικό*) teaching • (*έτος*) school • (*μύθος, ιστορία*) didactic • (*ταινία*) educational • (*εμπειρία*) learning • **διδακτικά βιβλία** schoolbooks
διδάκτορας *ουσ αρσ, ουσ θηλ* doctor
δίδακτρα *ουσ ουδ πληθ* tuition *εν.*
διδασκαλία *ουσ θηλ* teaching
διδάσκω *ρ μ* to teach ▶ *ρ αμ* to teach
δίδυμ|ος, -η, -ο *επιθ* twin ■ **δίδυμο** *ουσ ουδ* (*ομάδας*) pair • (*κινηματογράφου*) duo ■ **δίδυμα** *ουσ ουδ πληθ* twins • **Δίδυμοι** *ουσ αρσ πληθ* (*Αστρ*) Gemini • **δίδυμοι** *ουσ αρσ πληθ*, **δίδυμες** *ουσ θηλ πληθ* twins
διεγείρω *ρ μ* (*ενδιαφέρον*) to excite • (*προσοχή*) to catch • (*ζήλο, αισθήσεις, ένστικτα, πάθη, μίση*) to arouse • (*φαντασία, νεύρα*) to stimulate
• (*άνδρα, γυναίκα*) to arouse • (*ψυχικά*) to stimulate • (*πλήθη, όχλο*) to whip up
διέγερση *ουσ θηλ* (*νευρικού συστήματος*) stimulation • (*πάθων, επιθυμίας*) stirring
• (*φαντασίας*) stimulation
διεθνής, -ής, -ές *επιθ* international • **Διεθνής Αστυνομία** Interpol • **Διεθνές Εμπορικό Επιμελητήριο** International Chamber of Commerce ■ **διεθνής** *ουσ αρσ, ουσ θηλ* (*Αθλ*) international (player) (*Βρετ.*), player on the national team (*Αμερ.*)
διεθνώς *επιρρ* internationally
διείσδυση *ουσ θηλ* (*νερού*) seepage • (*ξένης κουλτούρας, πληροφοριών*) penetration
διεισδύω *ρ αμ* ~ **σε** (*φως*) to filter in • (*μυρωδιά*) to permeate • (*νερό*) to seep into • (*σκόνη*) to get into • (*επιχείρηση, εταιρεία*) to penetrate
διεκδίκηση *ουσ θηλ* (*ακινήτου, δικαιωμάτων, εδαφών*) claim • (*αξιώματος, βραβείου*) contending
διεκδικώ *ρ μ* (*αίτημα*) to make • (*δικαίωμα, αποζημίωση*) to claim • (*θέση, έδρα, τίτλο, μετάλλιο*) to contest
διεκπεραίωση *ουσ θηλ* (*υποθέσεως, εργασίας, έργου*) completion • (*εντολής*) execution
• (*εγγράφων, αλληλογραφίας*) dispatching
διέλευση *ουσ θηλ* (*πεζών, οχημάτων, ζώων*) passage • (*ηλεκτρισμού*) passage • (*συνόρων*) crossing • (*διάβαση*) crossing
διένεξη *ουσ θηλ* dispute
διεξάγω *ρ μ* (*έλεγχο, εργασία*) to carry out
• (*ανάκριση, έλεγχο*) to hold • (*δίκη*) to conduct
• (*πόλεμο, εκστρατεία*) to wage • (*αγώνα*) to put up ■ **διεξάγομαι** *μεσοπαθ* to take place

διεξοδικ|ός, -ή, -ό επιθ (απάντηση, αναφορά, διαπραγμάτευση, εξήγηση) detailed • (ανάλυση, συζήτηση) detailed • (ανάπτυξη) extensive • (έρευνα) thorough • (εργασία) thorough • (διαδικασία) exhaustive

διέξοδος ουσ θηλ way out (από, σε of)

διερευνητικ|ός, -ή, -ό επιθ (βλέμμα, πνεύμα) enquiring • (διαπραγμάτευση) exploratory

διερευνώ ρ μ (αίτια, κίνητρα, περίπτωση) to look into • (σκάνδαλο) to inquire into

διερμηνέας ουσ αρσ, ουσ θηλ interpreter • **κάνω τον διερμηνέα** to act as interpreter

διερμηνεύω ρ μ to interpret

διεστραμμέν|ος, -η, -ο επιθ perverse

διετής, -ής, -ές επιθ (δύο χρόνων) two-year-old • (συμβόλαιο, εργασία) two-year

διετία ουσ θηλ two years πληθ.

διευθέτηση ουσ θηλ settlement

διευθετώ ρ μ (αντικείμενα, αίθουσα) to arrange • (θέμα, πρόβλημα) to settle

διεύθυνση ουσ θηλ (τόπος διαμονής) address • (διοίκηση: επιχείρησης, γραφείου, έργου) management • (: ορχήστρας) conducting • (ανέμου, πεδίου) direction • **αστυνομική ~** police headquarters • **ηλεκτρονική ~ ή ~ στο Διαδίκτυο** web address • **σύστημα διευθύνσεως** steering system • **~ κατοικίας** home address

διευθυντής ουσ αρσ (εταιρείας, οργανισμού) manager • (σχολείου) head • (ορχήστρας) conductor • (αστυνομίας) police commissioner • **~ προσωπικού** personnel manager • **~ πωλήσεων** sales manager • **~ σύνταξης** editor-in-chief • **~ ταχυδρομείου** postmaster • **~ τράπεζας** bank manager

διευθύντρια ουσ θηλ βλ. **διευθυντής**

διευθύνω ρ μ (εταιρεία, οργανισμό, ίδρυμα, θέατρο, έργα) to manage • (σχολείο) to be head of • (διαπραγματεύσεις, ενέργειες) to direct • (αγώνα) to referee • (ορχήστρα, χορωδία) to conduct • (βλέμμα, κινήσεις) to direct

διευκόλυνση ουσ θηλ (πολιτών, εργαζομένων, συναλλαγών, ενεργειών) facilitating • (κυκλοφορίας) easing ▪ **διευκολύνσεις** πληθ facilities

διευκολύνω ρ μ (συναλλαγές, ενέργειες, πέψη) to facilitate • (κυκλοφορία) to ease • (παράνομο) to abet • (παρέχω οικονομική εξυπηρέτηση) to help out • **κπν σε κτ** to make sth easy for sb

διευκρινίζω ρ μ to clarify

διευκρίνιση ουσ θηλ clarification ▪ **διευκρινίσεις** πληθ clarification εν.

διεύρυνση ουσ θηλ (δρόμου, τάφρου) widening • (δυνατοτήτων, ευκαιριών, διαφοράς) increase • (δακτυλίου, εμπορίου) expansion • (έννοιας) widening

διευρύνω ρ μ (χώρο, δρόμο, χάσμα, άνοιγμα) to widen • (σύνορα, επιρροή) to extend • (ορίζοντες, όρια, γνώσεις) to broaden • (ακροατήριο, πελατεία, επαφές, συναλλαγές) to increase

διεφθαρμέν|ος, -η, -ο επιθ corrupt

δίζυγο ουσ ουδ parallel bars πληθ.

διήγημα ουσ ουδ short story

διήγηση ουσ θηλ narrative

διηγούμαι ρ μ αποθ. (ιστορία, μύθο) to tell • (γεγονότα) to relate

διήθηση ουσ θηλ filtering

διήμερο ουσ ουδ two days πληθ.

διήμερ|ος, -η, -ο επιθ two-day

διίσταμαι (επίσ.) ρ αμ αποθ. to diverge

δικάζω ρ μ (υπόθεση, έφεση) to hear • (διαφορές) to adjudicate • (κατηγορούμενο) to try ▪ **δικάζομαι** μεσοπαθ (κρίνομαι) to stand tria • (καταχρ.: καταδικάζομαι) to be condemned

δίκαια επιρρ (σύμφωνα με το νόμο) justly • (σωστά) rightly

δίκαιο ουσ ουδ (χώρας, περιοχής) law • (ορθό) right • **άγραφο ~** unwritten law • **γραπτό ~** statue law • **Διεθνές ~** international law • **Οικογενειακό Δίκαιο** family law ▪ **Δίκαιο** ουσ ουδ law

δικαιοδοσία ουσ θηλ jurisdiction

δικαιολογημέν|ος, -η, -ο επιθ justifiable

δικαιολογητικ|ός, -ή, -ό επιθ justifiable ▪ **δικαιολογητικά** ουσ ουδ πληθ documentation εν.

δικαιολογία ουσ θηλ excuse ▪ **δικαιολογίες** πληθ (ειρων.) excuses

δικαιολογώ ρ μ (δικαιώνω) to excuse • (υπερασπίζομαι) to justify ▪ **δικαιολογούμαι** μεσοπαθ to make excuses

δίκαι|ος, -η, -ο επιθ fair • (νόμος) just

δικαιοσύνη ουσ θηλ (δίκαιο) justice • (καταχρ.: ορθό) right ▪ **Δικαιοσύνη** ουσ θηλ justice • **Υπουργείο Δικαιοσύνης** Ministry of Justice

δικαιούμαι ρ μ αποθ. to be entitled to • **~ να κάνω κτ** to be entitled to do sth

δικαίωμα ουσ ουδ right ▪ **δικαιώματα** πληθ (συγγραφέα) royalties • (μετάδοσης, διανομής) (exclusive) rights • **πνευματικά δικαιώματα** copyright εν. • **συγγραφικά δικαιώματα** royalties

δικαιώνω ρ μ (γεγονός, εξελίξεις) to justify • (φήμη, όνομα) to live up to ▪ **δικαιώνομαι** μεσοπαθ to be vindicated

δικαίως επιρρ = **δίκαια**

δίκαννο ουσ ουδ double-barrelled (Βρετ.) ή double-barreled (Αμερ.) shotgun

δικαστήριο ουσ ουδ court • (δίκη) trial • **Διεθνές Δικαστήριο** International Court of Justice • **ποινικό ~** criminal court • **πολιτικό ~** civil court • **στρατιωτικό ~** military court

δικαστής ουσ αρσ, ουσ θηλ judge

δικαστικ|ός, -ή, -ό επιθ (απόφαση, ενέργεια, έλεγχος, έρευνα) judicial • (έξοδα) court • **~ αγώνας** legal battle • **δικαστική εξουσία** judicial power • **~ επιμελητής** bailiff • **δικαστική πλάνη** miscarriage of justice • **δικαστικό σώμα** judiciary ▪ **δικαστικός** ουσ αρσ, ουσ θηλ (δικαστής) judge • (εισαγγελέας) public prosecutor

δίκη ουσ θηλ trial

δικηγόρος ουσ αρσ, ουσ θηλ lawyer

δίκιο ουσ ουδ right • **έχω ~** to be right

δίκλιν|ος, -η, -ο επιθ twin • **δίκλινο** ουσ ουδ twin room

δικογραφία ουσ θηλ brief

δικ|ός, -ή ή -ιά, -ό *αντων κτητ* ~ **μου/σου/του/ της/μας/σας/τους** my/your/his/her/our/your/ their • **οι δικοί μου** one's family • ~ **σου/σας** yours

δικτατορία *ουσ θηλ* (*Πολιτ*) dictatorship • (*των Μ.Μ.Ε., του Τύπου*) tyranny

δικτυακ|ός, -ή, -ό *επιθ* (*εγκατάσταση*) network • (*καταχρ.: διαδικτυακός*) internet

δίκτυο *ουσ ουδ* (*πληροφοριών, μεταφορών, αεράμυνας*) network • (*Διαδίκτυο*) internet • (*αντίστασης, πρακτόρων, εμπόρων ναρκωτικών, καταστημάτων*) network • **είμαι στο** ~ to be on the internet • **μπαίνω στο** ~ to go on the internet • **συνδέομαι σε** ~ to connect to the internet

δικτυωτ|ός, -ή, -ό *επιθ* fishnet ▪ **δικτυωτό** *ουσ ουδ* trellis

δίκυκλο *ουσ ουδ* (*ποδήλατο*) bicycle • (*μοτοσυκλέτα*) (motor)bike

δίλημμα *ουσ ουδ* dilemma

δίλιτρ|ος, -η, -ο *επιθ* (*μπουκάλι*) two-litre (*Βρετ.*), two-liter (*Αμερ.*) • (*αυτοκίνητο*) with a two-litre (*Βρετ.*) ή two-liter (*Αμερ.*) engine

δίμηνο *ουσ ουδ* two months *πληθ*.

δίμην|ος, -η, -ο *επιθ* (*ξεκούραση*) two-month • (*σκυλάκι*) two-month-old

δίνη *ουσ θηλ* eddy

⊙ ΛΕΞΗ-ΚΛΕΙΔΙ

δίνω *ρ μ* **1 δίνω κτ σε κπν** to give sb sth • (*στο τραπέζι*) to pass sb sth • **δίνω πίσω** to give back **2** (*προσφέρω: ευκαιρία, άδεια, συμβουλή*) to give **3** (*πουλώ*) to sell **4** (*πληρώνω: για εργοδότη, αγοραστή*) to pay **5** (*διοργανώνω: δεξίωση, δείπνο*) to give • (: *χορό*) to hold **6** (*χαρά, πόνο*) to give • (*θλίψη*) to cause **7** (*εκδίδω: διαταγές, οδηγίες*) to give **8** **δίνω κπν** (*στο τηλέφωνο*) to put sb through ▪ **δίνομαι** *μεσοπαθ* **δίνομαι σε κπν** to give oneself to sb

διογκώνω *ρ μ* (*μπαλόνι*) to inflate • (*έλλειμα, χρέος*) to increase • (*προϋπολογισμό*) to inflate • (*περιστατικό, γεγονός, πρόβλημα*) to exaggerate ▪ **διογκώνομαι** *μεσοπαθ* (*κοιλιά, αδένες*) to swell • (*πρόβλημα, αριθμός, κρίση*) to grow • (*εταιρεία*) to expand

διόδια *ουσ ουδ πληθ* toll *εν.*

δίοδος *ουσ θηλ* passage • **ανοίγω δίοδο** to open a passage

διοίκηση *ουσ θηλ* (*κράτους*) administration • (*επιχείρησης*) management • (*στρατού*) command • (*αρχή*) management • (*κράτους*) government • ~ **επιχειρήσεων** business management ή administration

διοικητής *ουσ αρσ* (*αστυνομίας*) chief • (*τράπεζας*) manager • **γενικός** ~ general manager • **στρατιωτικός** ~ commanding officer

διοικητικ|ός, -ή, -ό *επιθ* (*ικανότητες, έλεγχος*) administrative • (*καθήκοντα*) executive • (*τομέας*) management • **Διοικητικό Δίκαιο** administrative law • **διοικητικό στέλεχος**

manager • **διοικητικό συμβούλιο** board of directors ▪ **Διοικητική** *ουσ θηλ* management

διοικώ *ρ μ* (*επιχείρηση, τράπεζα*) to manage • (*οργανισμό, αστυνομία*) to run • (*στρατό*) to command • (*κράτος*) to be at the head of

διόλου *επιρρ* not at all

διόραση *ουσ θηλ* insight

διορατικ|ός, -ή, -ό *επιθ* perceptive

διοργανώνω *ρ μ* to organize

διοργάνωση *ουσ θηλ* (*εκθέσεων, αγώνα*) organization • (*εκδήλωση*) event

διοργανωτής *ουσ αρσ* organizer

διοργανώτρια *ουσ θηλ* organizing

διορθώνω *ρ μ* (*παπούτσια*) to mend • (*ήχο, χρώματα*) to readjust • (*οικονομικά*) to improve • (*κατάσταση*) to rectify • (*κείμενο, λάθη*) to correct • (*καταχρ.: βαθμολογώ*) to mark (*Βρετ.*), to grade (*Αμερ.*) • ~ **το λάθος** ή **το σφάλμα** to make amends

διόρθωση *ουσ θηλ* (*πορείας, σχεδίου, θέσης*) readjusting • (*χαρακτήρα*) reforming • (*γραπτών, εκθέσεων*) correction • (*κειμένου*) proof-reading ▪ **διορθώσεις** *πληθ* (*Τυπογρ*) corrections

διορθωτής *ουσ αρσ* (*γενικότ.*) corrector • (*Τυπογρ*) proofreader

διορία *ουσ θηλ βλ.* **διωρία**

διορίζω *ρ μ* to appoint

διορισμός *ουσ αρσ* appointment

διότι *σύνδ* because

διοχετεύω *ρ μ* (*νερό*) to channel • (*αέριο*) to conduct • (*ρεύμα*) to conduct • (*πληροφορίες, ειδήσεις*) to convey • (*χρήμα, μετοχές*) to channel

δίπλα¹ *επιρρ* ~ **σε** (*πλάι σε*) next to • (*σε σχέση με*) in comparison to • **δίπλα-δίπλα** side by side • **είχα πάει** ~ I was next door • **κάθισε** ~ **μου!** sit next to me!

δίπλα² *ουσ θηλ* (*πτύχωση*) fold • (*γλυκό*) turnover

διπλαν|ός, -ή, -ό *επιθ* adjoining • **το διπλανό σπίτι** the house next door ▪ **διπλανός** *ουσ αρσ*, **διπλανή** *ουσ θηλ* (*γείτονας*) next-door neighbour (*Βρετ.*) ή neighbor (*Αμερ.*) • (*στο σχολείο*) neighbour (*Βρετ.*), neighbor (*Αμερ.*) • **ο** ~ **μου** one's fellow man

διπλασιάζω *ρ μ* to double

διπλάσι|ος, -α, -ο *επιθ* double

διπλ|ός, -ή, -ό *επιθ* double • (*λεωφορείο*) double-decker • (*προσωπικότητα*) dual • (*δρόμος*) two-way • (*χαρά, λύπη, πένθος, επιτυχία*) twofold • (*διπλωμένος: κουβέρτα, σεντόνι*) doubled up • **διπλό ποδήλατο** tandem • **δρόμος διπλής κατευθύνσεως** two-way road ▪ **διπλό** *ουσ ουδ* two ▪ **διπλές** *ουσ θηλ πληθ* twos

δίπλωμα *ουσ ουδ* (*χαρτιού, εφημερίδας, ρούχου*) folding • (*τροφίμων, πακέτων*) wrapping • (*σχολής*) diploma • (*πανεπιστημίου*) diploma • **διδακτορικό** ~ doctorate • ~ **ευρεσιτεχνίας** patent • ~ **οδήγησης** driving licence (*Βρετ.*), driver's license (*Αμερ.*)

διπλωμάτης *ουσ αρσ, ουσ θηλ* diplomat

διπλωματία *ουσ θηλ* (*Πολιτ*) diplomacy • (*μτφ.*) tact

διπλώνω ρ μ (εφημερίδα, ρούχα) to fold • (τρόφιμα, πακέτα) to wrap ▶ ρ αμ to double up ▪ **διπλώνομαι** μεσοπαθ to curl up

διπρόσωπ|ος, -η, -ο επιθ two-faced

δισέγγονος ουσ αρσ great-grandson

δισεκατομμύριο ουσ ουδ billion

δισεκατομμυριούχ|ος, -ος, -ο επιθ (που έχει πάνω από ένα δις) billionaire • (πάμπλουτος) multimillionaire

δίσεκτ|ος, -η, -ο επιθ **δίσεκτο έτος** leap year • δίσεκτα χρόνια ή καιροί hard times

δισκέτα ουσ θηλ diskette

δισκίο ουσ ουδ tablet

δισκοβολία ουσ θηλ discus

δισκοβόλος ουσ αρσ, ουσ θηλ discus thrower

δισκοθήκη ουσ θηλ (για σιντί) CD • (για σιντί) CD case • (συλλογή δίσκων) record sleeve • (συλλογή δίσκων) record library

δισκοπωλείο ουσ ουδ music shop (ΒΡΕΤ.) ή store (ΑΜΕΡ.)

δίσκος ουσ αρσ (σερβιρίσματος) tray • (πικάπ) record • (σιντί) CD • (ΑΘΛ) discus • (Πληροφ) disk • (ηλίου) disc • (ρολογιού) face • **σκληρός ~** (Πληροφ) hard disk • **ψηφιακός ~** CD

δισταγμός ουσ αρσ hesitation

διστάζω ρ αμ to hesitate

διστακτικ|ός, -ή, -ό επιθ (άνθρωπος, τρόπος, ύφος, φωνή, ματιά) hesitant • (στάση) ambivalent

δισύλλαβ|ος, -η, -ο επιθ two-syllable

διυλίζω ρ μ to refine

διύλιση ουσ θηλ refinement

διυλιστήριο ουσ ουδ refinery

δίφθογγος ουσ θηλ diphthong

διφορούμεν|ος, -η, -ο επιθ ambiguous

διχάζω ρ μ (οπαδούς, πολιτικούς) to divide • (κοινότητα, κόμμα, ομάδα, χώρα) to split ▪ **διχάζομαι** μεσοπαθ (κοινή γνώμη) to be split • (πολιτικοί, απόψεις, γνώμες) to be divided • **διχασμένη προσωπικότητα** split personality

διχασμός ουσ αρσ (απόψεων, κόμματος, χώρας) division • (προσωπικότητας) split

διχόνοια ουσ θηλ discord • **σπέρνω ~** to sow discord

διχοτομώ ρ μ (γωνία) to bisect • (οικόπεδο) to split in two • (χώρα) to partition • (κόμμα) to split

δίχρωμ|ος, -η, -ο επιθ in two colours (ΒΡΕΤ.) ή colors (ΑΜΕΡ.)

δίχτυ ουσ ουδ (ψαρά, κυνηγού, τένις, βόλεϊ, καλαθιού) net • (για τα μαλλιά) hairnet • (τέρματος) net • (παραθύρου) screen • (αράχνης) web

δικτυωτ|ός, -ή, -ό επιθ = **δικτυωτός**

δίχως προθ without

δίψα ουσ θηλ thirst • (για δόξα, χρήμα) lust • **έχω ~** to be thirsty

διψασμέν|ος, -η, -ο επιθ (άνθρωπος, ζώο, φυτό) thirsty • (χώμα) dry • (για εκδίκηση, δόξα, χρήμα) eager • (για εξουσία) hungry

διψώ ρ αμ (άνθρωπος, ζώο) to be thirsty • (χώμα, γη) to be dry ▶ ρ μ • **για κτ** (χρήμα, δόξα) to be hungry for sth • (δράση, εκδίκηση) to be eager for sth

διώκω ρ μ (λαό, θρησκεία) to persecute • (δολοφόνο, ληστή) to seek • (έγκλημα, φοροδιαφυγή) to fight • (Νομ) to prosecute

δίωξη ουσ θηλ (καταπολέμηση) fight • (αντιφρονούντων) persecution ▪ **Δίωξη** ουσ θηλ crime squad • **Δίωξη Ναρκωτικών** Drug Squad

διωρία ουσ θηλ (για προειδοποίηση) notice • (για αποπεράτωση έργου) deadline

δίωρο ουσ ουδ two hours πληθ.

δίωρ|ος, -η, -ο επιθ two-hour

διώροφ|ος, -η, -ο επιθ two-storey (ΒΡΕΤ.), two-story (ΑΜΕΡ.) ▪ **διώροφο** ουσ ουδ two-storey (ΒΡΕΤ.) ή two-story (ΑΜΕΡ.) building

διώρυγα ουσ θηλ canal

διώχνω ρ μ (κόσμο, καλεσμένους) to send away • (αγελάδες, πρόβατα) to chase away • (υπάλληλο) to dismiss • (στρατιωτικό) to discharge • (σκέψη, φόβο) to dismiss • (πόνο) to get rid of • (ενοικιαστή) to evict • (μαθητή, ταραξίες) to expel • (ερωτικό σύντροφο) to finish with • (πιτυρίδα) to get rid of • (έντομα) to repel • **~ κπν από το δωμάτιο** to send sb out of the room

δόγμα ουσ ουδ (Φιλοσ) doctrine • (αξίωμα) principle • (Πολιτ) doctrine • (Στρατ) strategy • (Θρησκ) denomination

δογματικ|ός, -ή, -ό επιθ (διαφορά) in belief • (ζήτημα) of belief • (άνθρωπος, στάση, απάντηση) dogmatic

δοκάρι ουσ ουδ (πατώματος) joist • (στέγης) beam • (από μέταλλο, μπετόν) girder • (στο ποδόσφαιρο: οριζόντιο) crossbar • (κάθετο) (goal)post

δοκιμάζω ρ μ (άρωμα, απορρυπαντικό, σαπούνι, σαμπουάν) to try (out) • (παίκτη, υπάλληλο) to try out • (φρένα, λάστιχα, ένταση, πίεση, θερμοκρασία) to test • (φαγητό, κρασί) to taste • (ρούχα, παπούτσια) to try on • (ικανότητες, γνώσεις) to test • (υπομονή) to try • (στερήσεις, κακουχίες, διώξεις) to experience • (χαρά, θλίψη, απογοήτευση) to feel ▶ ρ αμ to try ▪ **δοκιμάζομαι** μεσοπαθ to suffer

δοκιμασία ουσ θηλ (υποψηφίων, μαθητών, πειράματος, προγράμματος) test • (ζόρισμα) strain • (δεινοπάθημα) ordeal

δοκιμασμέν|ος, -η, -ο επιθ (μέθοδος, σύστημα, συνταγή) tried and tested • (φίλος) staunch • (τεχνίτης, μάστορας) experienced

δοκιμαστικ|ός, -ή, -ό επιθ (πρόγραμμα) test • (περίοδος) trial • **δοκιμαστική εξέταση** mock exam • **δοκιμαστική οδήγηση** test drive • **δοκιμαστική πτήση** test flight • **~ σωλήνας** test tube ▪ **δοκιμαστικό** ουσ ουδ trial

δοκιμή ουσ θηλ trial • (όπλου) test • (έργου, συναυλίας) rehearsal

δοκός (επίσ.) ουσ θηλ (δοκάρι: πατώματος) joist • (: στέγης) beam • (Γυμναστ) balance beam

δόκτορας ουσ αρσ, ουσ θηλ (διδάκτορας) Doctor • (τίτλος γιατρού) doctor

δολάριο ουσ ουδ dollar

δόλι|ος¹, -α, -ο επιθ (άνθρωπος, τέχνασμα, πράξη) deceitful

δόλι|ος², -α, -ο επιθ (ταλαίπωρος) wretched

δόλος ουσ αρσ (τέχνασμα) deceit • (Νομ) intention

δολοφονία ουσ θηλ (ανθρωποκτονία) murder • (πολιτική) assassination

δολοφόνος ουσ αρσ, ουσ θηλ murderer • **μανιακός ~** crazed killer • **πληρωμένος ~** hired killer ή assassin • **φάλαινα-δολοφόνος** killer whale • **~ κατά συρροήν** serial killer

δολοφονώ ρ μ (άνθρωπο) to murder • (πολιτικό) to assassinate

δόλωμα ουδ ουδ bait • **ζωντανό ~** live bait

δομή ουσ θηλ structure

δόνηση ουσ θηλ (από σεισμό) tremor • (χορδής) vibration • **σεισμική ~** earth tremor

δόντι ουσ ουδ (ανθρώπου, ζώου) tooth • (χτένας) tooth • (γρανοζιού) cog • (πριονιού) notch • **βγάζω δόντια** (για μωρό) to teethe

δόξα ουσ θηλ (συγγραφέα, ηθοποιού, ζωγράφου) fame • (καύχημα) pride • (κινηματογράφου, τραγουδιού) star

δόρυ ουσ ουδ pike

δορυφορικ|ός, -ή, -ό επιθ (σύνδεση, εικόνα) satellite • **δορυφορική κάλυψη** satellite coverage • **δορυφορικό κανάλι** satellite channel • **δορυφορική κεραία, δορυφορικό πιάτο** (προφορ.) satellite dish • **δορυφορική λήψη** satellite reception • **δορυφορικό πρόγραμμα** programme (Βρετ.) ή program (Αμερ.) on satellite TV • **δορυφορική τηλεόραση** satellite television ή TV

δορυφόρος ουσ αρσ satellite

δόση ουσ θηλ (φαρμάκου, ναρκωτικού) dose • (δανείου, φόρου) instalment (Βρετ.), installment (Αμερ.) • **υπερβολική ~** overdose ■ **δόσεις** πληθ instalments (Βρετ.), installments (Αμερ.) • **αγοράζω με δόσεις** to pay for sth in instalments (Βρετ.) ή installments (Αμερ.) • **άτοκες δόσεις** interest-free instalments (Βρετ.) ή installments (Αμερ.)

δοσοληψία ουσ θηλ transaction ■ **δοσοληψίες** πληθ (αρνητ.) dealings

Δουβλίνο ουσ ουδ Dublin

δούκας ουσ αρσ duke

δουλειά ουσ θηλ (επάγγελμα) job • (εργασία) work • (έργο) work • (τόπος εργασίας) workplace • (κίνηση) business • **αναλαμβάνω μια ~** to take on a job • **κάνει τη ~ του** it'll do the job • **κλείνω μια ~** to close a deal • **πέφτει (πολλή) ~** business is brisk • **πιάνω ~** to start work • **πνίγομαι στη ~** to be up to one's ears in work • **σκοτώνομαι στη ~** to work one's fingers to the bone • **δουλειές του σπιτιού** housework εν. ■ **δουλειές** πληθ business εν. • **πώς πάνε οι δουλειές;** how's business?

δουλεία ουσ θηλ (σκλαβιά) slavery • (μτφ.) enslavement

δουλεύω ρ αμ to work • (μαγαζί, επιχείρηση) to do well ▶ ρ μ (υλικό, ζύμη) to work • (ιδέα, κείμενο, κτήματα) to work on • (σχέδιο) to work out • (μαγαζί) to run

δουλοπρεπ|ής, -ής, -ές επιθ obsequious

δούλος ουσ αρσ (σκλάβος) slave • (παλαιότ.: υπηρέτης) servant

δοχείο ουσ ουδ (υγρών, ρευστών) pot • (τροφίμων) container • (απορριμμάτων) bin (Βρετ.), can (Αμερ.) • (γλάστρα: λουλουδιών) pot • (βάζο) vase • **~ νυκτός** bedpan

δράκοντας ουσ αρσ dragon

δράκος ουσ αρσ (ανθρωπόμορφος δαίμονας) ogre • (δράκοντας) dragon

δράμα ουσ ουδ drama • (τραγικό γεγονός) tragedy

δραματικ|ός, -ή, -ό επιθ (τέχνη, ύφος) dramatic • (ειρων.) melodramatic • (γεγονότα, καταστάσεις, εξελίξεις) tragic • **δραματικό έργο** drama • **δραματική σχολή** drama school • **~ συγγραφέας** playwright • **δραματική ταινία** drama

δραπέτευση ουσ θηλ escape

δραπετεύω ρ αμ to escape

δραπέτης ουσ αρσ fugitive

δραπέτισσα ουσ θηλ βλ. **δραπέτης**

δράση ουσ θηλ (πολιτικού, συνδικαλιστή, κακοποιών, ληστών) activity • (φαρμάκου, δηλητηρίου, απορρυπαντικού) action • (σε έργο, ταινία) action • **πεδίο δράσης** field of activity

δρασκελιά ουσ θηλ (διασκελισμός) stride • (απόσταση που διανύει κανείς) foot

δραστηριοποιώ ρ μ to activate ■ **δραστηριοποιούμαι** μεσοπαθ to take action

δραστήρι|ος, -α, -ο επιθ (άνθρωπος, πολιτικός, επιχειρηματίας, μέλος) active • (ενέργεια) strong • (παρέμβαση) forceful

δραστηριότητα ουσ θηλ activity ■ **δραστηριότητες** πληθ activities

δράστης ουσ αρσ (φόνου, κλοπής) perpetrator • (ειρων.) culprit

δραστικ|ός, -ή, -ό επιθ (φάρμακο) potent • (θεραπεία) effective • (απορρυπαντικό) powerful • (ενέργεια, μέτρα) drastic • (μείωση, περικοπές) drastic

δράστις, δράστρια (επίσ.) ουσ θηλ βλ. **δράστης**

δραχμή ουσ θηλ drachma

δρεπάνι ουσ ουδ scythe

δριμ|ύς, -εία, -ύ επιθ (κρύο, ψύχος) bitter • (χειμώνας) harsh • (πόνος) severe • (κριτική) harsh • (σχόλιο) caustic

δρομάκι ουσ ουδ lane

δρομέας ουσ αρσ, ουσ θηλ (αθλητής) runner • (Πληροφ) cursor

δρομολόγιο ουσ ουδ (λεωφορείων, σιδηροδρόμων, πλοίων) route • (πρόγραμμα) timetable (Βρετ.), schedule (Αμερ.) • (ταχυδρόμου) route

δρόμος ουσ αρσ (οδός) road • (δρομολόγιο) way • (διαδρομή) journey • (Αθλ) race • **από το σταθμό ως το κέντρο της πόλης είναι ~ δέκα λεπτών** it's a ten-minute journey from the station to the town centre (Βρετ.) ή center (Αμερ.) • **είμαι στον δρόμο (προς)** to be on one's way (to) • **κόβω δρόμο** to take a shortcut • **μένω στον δρόμο** (από βλάβη, καύσιμα) to break down • **ο ~ της επιστροφής** the way back • **ποιον δρόμο παίρνεις για να πας στο σχολείο;** which way do you go to get to school? • **ταινία δρόμου** road movie

δροσερ|ός, -ή, -ό *επιθ* cool
δροσιά *ουσ θηλ* (ήπια ψύχρα) coolness • (υγρασία) dew • (ίσκιος) shade
δροσίζω *ρ μ* (πρόσωπο, χείλη, μέτωπο) to cool • (φύλλα, έδαφος) to refresh ▶ *ρ αμ* to get cooler
δροσιστικ|ός, -ή, -ό *επιθ* refreshing
δρυμός *ουσ αρσ* (δάσος βαλανιδιών) oak forest • (δάσος) forest • **εθνικός ~** national park
δρω *ρ αμ* (αναπτύσσω δράση) to take action • (στρατιώτης, κακοποιός) to act • (φάρμακο) to take effect • (περιβάλλον) to have an effect (σε on)
δυάδα *ουσ θηλ* pair
δυαδικ|ός, -ή, -ό *επιθ* binary
δυάρι *ουσ ουδ* (διαμέρισμα) two-roomed flat (Βρετ.) ή apartment (Αμερ.) • (τραπουλόχαρτο) two • (καλαθοσφαίριση) number two position
δύναμη *ουσ θηλ* (σώματος, χεριών, ανθρώπου, ζώου) strength • (ευφυΐα) mental powers *πληθ.* • (ψυχής, χαρακτήρα) strength • (γροθιάς, έκρηξης, χτυπήματος) force • (ανέμου) strength • (φαρμάκου) potency • (συνήθειας, τηλεόρασης, πίστης, τεχνολογίας, επιστήμης) power • (εξουσία) power • (ισχυρό κράτος) power • **με ~** (πέφτω) heavily • (χτυπώ) hard • (σκάω, εκρήγνυμαι) violently • **χάνω τις δυνάμεις μου** my strength is failing ■ **δυνάμεις** *πληθ* forces
δυναμικό *ουσ ουδ* resources *πληθ.* • **έμψυχο ~** human resources *πληθ.* • **εργατικό ~** workforce
δυναμικ|ός, -ή, -ό *επιθ* (διευθυντής, επιχειρηματίας, προσωπικότητα) dynamic • (πωλητής) forceful • (επέμβαση) forceful • (λύση) drastic
δυναμίτης *ουσ αρσ* dynamite
δυναμίτιδα *ουσ θηλ* = **δυναμίτης**
δυναμό *ουσ ουδ άκλ.* dynamo
δυναμώνω *ρ μ* (ηχείο) to boost • (ραδιόφωνο, τηλεόραση) to turn up ▶ *ρ αμ* (αποκτώ μυϊκή δύναμη) to get stronger • (ασθενής) to build oneself up • (αέρας) to get stronger • (κλάμα, φωνή, ένταση) to get louder • **η βροχή δυναμώνει** it's raining even harder
δυναστεία *ουσ θηλ* (Ισαύρων, Φαραώ, Κένεντι) dynasty • (δεσποτισμός) tyranny
δυνατά *επιρρ* (πέφτω, χτυπώ) hard • (μιλώ) loudly
δυνατ|ός, -ή, -ό *επιθ* (άνθρωπος, προσωπικότητα, χέρι, σώμα) strong • (μυαλό) good • (πολιτικός, βασιλιάς, κυβερνήτης) powerful • (δικηγόρος, μαθητής, καθηγητής) capable • (λαμαρίνα) strong • (σκοινί) strong • (πόρτα) heavy • (μηχανή, κινητήρας) powerful • (φάρμακο) potent • (αέρας, φως, μυρωδιά, άρωμα, δόνηση) strong • (ήλιος) strong • (πυρετός) high • (φωτιά) fierce • (πόνος, πάθος) intense • (έρωτας) deep • (φωνή, θόρυβος) loud • (κρασί, μπίρα) strong • (λύση, περίπτωση, έλεγχος) possible • **βάζω τα δυνατά μου** to do one's best • **δεν είναι δυνατόν!** impossible! • **όσο το δυνατόν γρηγορότερα** as soon as possible
δυνατότητα *ουσ θηλ* (συμφωνίας, επιλογής, ανάπτυξης) possibility • (μέσο) capability ■ **δυνατότητες** *πληθ* potential *εν.*

δύο, δυο *αριθ απολ άκλ.* two • **ανά ~** in twos • **δυο-δυο** two by two • **δυο φορές** twice • **ένας-δυο, δυο-τρεις, κάνα δυο (τρεις)** one or two • **και οι δυο (μας)** both of us • **μπαίνω στα ~** to turn two • **στις ~ το μεσημέρι** at two in the afternoon
δυόμισι *επιθ άκλ.* two and a half • **στις ~ το μεσημέρι/τη νύχτα** at two thirty ή half past two in the afternoon/at night
δυόσμος *ουσ αρσ* mint
δυσανάγνωστ|ος, -η, -ο *επιθ* illegible
δυσανάλογ|ος, -η, -ο *επιθ* disproportionate
δυσανασχετώ *ρ αμ* to be indignant
δυσαρέσκεια *ουσ θηλ* displeasure
δυσάρεστ|ος, -η, -ο *επιθ* unpleasant • (συντροφιά) bad
δυσαρεστώ *ρ μ* to displease
δύσβατ|ος, -η, -ο *επιθ* (όρος, τόπος) inaccessible • (δρόμος, περιοχή) rough
δυσεύρετ|ος, -η, -ο *επιθ* rare
δύση *ουσ θηλ* (ηλίου) sunset • (σημείο του ορίζοντα) west • (πολιτισμού, αυτοκρατορίας) decline • (ζωής, καριέρας) end ■ **Δύση** *ουσ θηλ* **η Δύση** the West
δυσκοιλιότητα *ουσ θηλ* constipation
δυσκολεύω *ρ μ* (ζωή, κατάσταση) to make difficult ή hard • (υλοποίηση σχεδίου) to hamper ▶ *ρ αμ* to get harder ■ **δυσκολεύομαι** *μεσοπαθ* (ζορίζομαι) to have difficulties • **δυσκολεύομαι να κάνω κτ** (έχω δυσκολία) to have trouble ή difficulty doing sth • (διστάζω) to find it hard to do sth
δυσκολία *ουσ θηλ* difficulty ■ **δυσκολίες** *πληθ* problems
δύσκολ|ος, -η, -ο *επιθ* difficult • (αγώνας) tough • (δρόμος) rough • (αντίπαλος) tough • **είμαι/φέρνω κτν σε δύσκολη θέση** to be/to put sb in a difficult position • **είμαι ~ στο φαγητό** to be a fussy eater ■ **δύσκολα** *ουσ ουδ πληθ* problems
δυσκολοχώνευτ|ος, -η, -ο *επιθ* (φαγητό) hard to digest • (άνθρωπος) unpalatable
δυσλειτουργία *ουσ θηλ* (προγράμματος, υπηρεσίας) malfunction • (καρδιάς, πεπτικού συστήματος) dysfunction
δυσμεν|ής, -ής, -ές *επιθ* (κρίση) unfavourable (Βρετ.), unfavorable (Αμερ.) • (σχόλια, καιρικές συνθήκες) adverse
δυσνόητ|ος, -η, -ο *επιθ* (ομιλητής, συγγραφέας) abstruse • (ταινία) obscure
δυσοσμία *ουσ θηλ* stench
δύσπεπτ|ος, -η, -ο *επιθ* heavy
δυσπεψία *ουσ θηλ* indigestion
δυσπιστία *ουσ θηλ* incredulity
δύσπιστ|ος, -η, -ο *επιθ* (πελάτης, ψηφοφόρος) wary • (βλέμμα) incredulous
δύσπνοια *ουσ θηλ* difficulty breathing
δύστροπ|ος, -η, -ο *επιθ* (χαρακτήρας, άνθρωπος) bad-tempered • (παιδί) wayward
δυστροπώ *ρ αμ* (γέρος) to be cantankerous • (παιδί) to be wayward • (αντιδρώ αρνητικά) to object
δυστύχημα *ουσ ουδ* (ατύχημα) accident • (πλήγμα) tragedy • **αυτοκινητιστικό ~** car accident • **αεροπορικό ~** air crash

δυστυχ|ής, -ής, -ές *επιθ* unfortunate
δυστυχία *ουσ θηλ* (οικογένειας, λαού)
misfortune • (στερημένη ζωή) unhappiness
δυστυχισμένος, -η, -ο *επιθ* (δύσμοιρος)
unhappy • (καημένος) unfortunate
δύστυχ|ος, -η, -ο *επιθ* = **δυστυχής**
δυστυχώ *ρ αμ* (άνθρωπος) to be unhappy • (χώρα,
λαός) to suffer • (στερούμαι) to be destitute
δυστυχώς *επιρρ* (για κακή τύχη) unfortunately
• (ως μονολεκτική απάντηση) I'm afraid not
• (είναι αλήθεια) I'm afraid so
δυσφήμηση *ουσ θηλ* defamation
δυσφημίζω *ρ μ* = **δυσφημώ**
δυσφήμιση *ουσ θηλ* = **δυσφήμηση**
δυσφημώ *ρ μ* (υπουργό) to defame • (χώρα,
εταιρεία, σχολείο, κόμμα, προϊόν, βιβλίο) to
discredit
δυσφορία *ουσ θηλ* (δυσαρέσκεια) displeasure
• (αδιαθεσία) malaise
δυσφορώ *ρ αμ* (γονείς, παρέα, φίλος) to be
displeased • (αδιαθετώ) to have a malaise
δυσχέρεια *ουσ θηλ* (στην ομιλία, διευθέτηση
προβλήματος, μετακίνηση) impediment
• (δύσκολη κατάσταση) difficulty
δύσχρηστος, -η, -ο *επιθ* (εργαλείο, μηχάνημα)
hard to use • (λέξη, όρος) rare
δύτης *ουσ αρσ* diver
δυτικός, -ή, -ό *επιθ* (πτέρυγα, παραλίες) west
• (επαρχίες) western • (άνεμος) west
• (προέλευση) western
δύτρια *ουσ θηλ βλ.* **δύτης**
δύω *ρ αμ* (ήλιος, φεγγάρι) to set • (ζωή, δόξα,
καριέρα, ταλέντο) to decline • (ηθοποιός,
τραγουδιστής, πολιτικός) to be on the wane
δώδεκα *αριθ απολ άκλ.* twelve
δωδεκάδα *ουσ θηλ* dozen
δωδεκάμηνο *ουσ ουδ* twelve months *πληθ.*
δωδεκάμην|ος, -η, -ο *επιθ* twelve-month
δωδεκάμισι *επιθ άκλ.* (κιλά, γαλόνια, λίτρα)
twelve and a half • (για ώρα) twelve thirty
Δωδεκάνησα *ουσ ουδ πληθ* **τα ~** the
Dodecanese
δωδεκαριά *ουσ θηλ* **καμιά ~** about a dozen ή
twelve
δωδέκατ|ος, -η, -ο *αριθ τακτ* twelfth
■ **δωδέκατος** *ουσ αρσ* December ■ **δωδεκάτη**
ουσ θηλ (ημέρα) twelfth • (μεσημέρι ή μεσάνυχτα)
twelve o' clock ■ **δωδέκατο** *ουσ ουδ* twelfth
δωμάτιο *ουσ ουδ* room • **ενοικιαζόμενα
δωμάτια** rooms for rent ή to let (*ΒΡΕΤ.*) • **κλείνω
ή κρατάω ένα ~ σε ξενοδοχείο** to book a room
in a hotel
δωρεά *ουσ θηλ* (δώρο) gift • (ιδιώτη, ευεργέτη)
donation
δωρεάν *επιρρ* free (of charge) • **~ διακοπές/
εισιτήρια/ταξίδι** free holiday (*ΒΡΕΤ.*) ή vacation
(*ΑΜΕΡ.*)/tickets/trip
δωρίζω *ρ μ* (κάνω δώρο) to give • (κάνω δωρεά)
to donate
δώρο *ουσ ουδ* (γενικότ.) present • (για
εργαζόμενους) bonus • (ελευθερίας, ζωής) gift
• **κάνω ~ σε κπν** to give sb a present • **γαμήλιο
~** wedding present
δωροδοκία *ουσ θηλ* bribery

Ε, ε epsilon, *fifth letter of the Greek alphabet*
ε *επιφων* hey! • **θα έρθεις, ε;** you're coming,
aren't you?
εαυτός *αντων* oneself • **αφ' εαυτού μου** by
oneself • **ο ~ μου/σου/του/της/μας/σας/τους**
myself/yourself/himself/herself/ourselves/
yourselves/themselves
εβδομάδα *ουσ θηλ* week • **Μεγάλη Εβδομάδα,
Εβδομάδα των Παθών** Holy Week
εβδομαδιαί|ος, -α, -ο *επιθ* weekly
εβδομηκοστ|ός, -ή, -ό *αριθ τακτ* seventieth
εβδομήντα *αριθ απολ άκλ.* seventy
έβδομ|ος, -η ή -όμη, -ο *επιθ* seventh ■ **έβδομος**
ουσ αρσ (Ιούλιος) July • (όροφος) seventh floor
(*ΒΡΕΤ.*), eighth floor (*ΑΜΕΡ.*) ■ **εβδόμη** *ουσ θηλ*
seventh
εβίβα *επιφων* cheers!
Εβραία *ουσ θηλ βλ.* **Εβραίος**
εβραϊκ|ός, -ή, -ό *επιθ* (νόμος, γλώσσα) Hebrew
• (θρησκεία) Jewish ■ **Εβραϊκά** *ουσ ουδ πληθ*
Hebrew
Εβραίος *ουσ αρσ* Jew
έγγαμ|ος, -ος, -ο (*επίσ.*) *επιθ* married
εγγεγραμμέν|ος, -η, -ο *μτχ* (δικηγόρος)
registered • (μέλος) signed up • (μαθητή,
φοιτητή) enrolled
εγγίζω *ρ μ βλ.* **αγγίζω**
Εγγλέζα *ουσ θηλ* Englishwoman
εγγλέζικ|ος, -η, -ο *επιθ* English ■ **Εγγλέζικα** *ουσ
ουδ πληθ* English
Εγγλέζος *ουσ αρσ* Englishman • **οι Εγγλέζοι**
the English
εγγονή *ουσ θηλ* granddaughter
εγγόνι *ουσ ουδ* grandchild
εγγονός *ουσ αρσ* grandson
εγγραφή *ουσ θηλ* (μαθητή, φοιτητή) enrolment
(*ΒΡΕΤ.*), enrollment (*ΑΜΕΡ.*) • (συνδρομητή)
subscription • (κασέτας) recording
έγγραφο *ουσ ουδ* document • **απόρρητο ~**
confidential document
εγγράφω *ρ μ* (μαθητή) to enrol (*ΒΡΕΤ.*), to enroll
(*ΑΜΕΡ.*) • (σε in) • (σινί, δίσκο) to record
■ **εγγράφομαι** *μεσοπαθ* **εγγράφομαι σε** to
subscribe to
εγγράφως *επιρρ* in writing

εγγύηση ουσ θηλ guarantee • (κατασκευαστή, προϊόντος) warranty
εγγυητής ουσ αρσ guarantor
εγγυήτρια ουσ θηλ βλ. **εγγυητής**
εγγυώμαι ρ μ αποθ. to guarantee
εγκαθίδρυση ουσ θηλ (δημοκρατίας, μεθόδου) establishing • (επιχείρησης) setting up
εγκαθιστώ ρ μ (ασανσέρ, καλοριφέρ, τηλεφωνική γραμμή) to install • (πυραύλους, φρουρά) to deploy • (κληρονόμο, διευθυντή, υπουργό) to appoint • **εγκαθίσταμαι** μεσοπαθ to settle down
εγκαίνια ουσ ουδ πληθ (ιδρύματος) inauguration εν. • (έκθεσης) opening εν.
έγκαιρα επιρρ = **εγκαίρως**
έγκαιρ|ος, -η, -ο επιθ timely
εγκαίρως επιρρ in (good) time
εγκάρδι|ος, -α, -ο επιθ (χαρακτήρας) warm-hearted • (υποδοχή, χαιρετισμός, ευχή) warm • (ατμόσφαιρα) friendly
εγκαταλείπω ρ μ to abandon • (χώρα, σπίτι) to leave • (προσπάθεια, αγώνα, σπουδές, αρχές) to give up
εγκατάλειψη ουσ θηλ (παιδιών, οικογένειας) abandonment • (πλοίου) abandoning • (χώρας) leaving • (προσπάθειας, σπουδών, συνηθειών, αξιών) giving up
εγκατάσταση ουσ θηλ (καλωδίου, καλοριφέρ, ανελκυστήρα) installation • (εργοστασίου) plant • (μόνιμη διαμονή) settlement • **αθλητικές εγκαταστάσεις** sports facilities • **ξενοδοχειακές εγκαταστάσεις** hotel facilities • **υδραυλικές εγκαταστάσεις** plumbing εν.
έγκαυμα ουσ ουδ burn • ~ **πρώτου βαθμού** first-degree burn • ~ **δεύτερου βαθμού** second-degree burn • ~ **τρίτου βαθμού** third-degree burn
εγκεκριμέν|ος, -η, -ο επιθ approved
εγκέφαλος ουσ αρσ (Ανατ) brain • (επιχείρησης, εξέγερσης, κομπίνας) mastermind • **πλύση εγκεφάλου** brainwashing
έγκλημα ουσ ουδ crime • **διαπράττω** ~ to commit a crime • ~ **πολέμου** war crime
εγκληματίας ουσ αρσ, ουσ θηλ criminal • ~ **πολέμου** war criminal
εγκληματικ|ός, -ή, -ό επιθ criminal
εγκληματικότητα ουσ θηλ criminality
εγκοπή ουσ θηλ notch
εγκράτεια ουσ θηλ abstinence
εγκρίνω ρ μ to approve of
έγκριση ουσ θηλ approval
εγκυκλοπαίδεια ουσ θηλ encyclopaedia (Βρετ.), encyclopedia (Αμερ.)
εγκυμοσύνη ουσ θηλ pregnancy
έγκυος ουσ θηλ pregnant • **είμαι** ~ to be pregnant • **μένω** ~ to get pregnant
έγκυρ|ος, -η, -ο επιθ (έντυπο, πληροφορία, πηγή) reliable • (Νομ: διαθήκη, συμβόλαιο) valid
εγκυρότητα ουσ θηλ (πληροφοριών) reliability • (διαθήκης, συμβάσεως, κατάθεσης) validity
εγκωμιάζω ρ μ to praise
εγκώμιο ουσ ουδ praise
έννοια ουσ θηλ = **έννοια²**
εγχείρημα ουσ ουδ (προσπάθεια) venture • (απόπειρα) attempt

εγχείρηση ουσ θηλ (Ιατρ) operation • **κάνω** ~ (ασθενής) to have an operation • (γιατρός) to operate
εγχειρίδιο ουσ ουδ (στιλέτο) dagger • (αστρονομίας, λογιστικής, βοτανικής) manual • **διδακτικό** ~ textbook
εγχείριση ουσ θηλ βλ. **εγχείρηση**
έγχορδ|ος, -η, -ο επιθ (όργανο) stringed ▪ **έγχορδα** ουσ ουδ πληθ strings
έγχρωμ|ος, -η, -ο επιθ (σελίδα) in colour (Βρετ.) ή color (Αμερ.) • (έκδοση, εκτύπωση) colour (Βρετ.), color (Αμερ.) • (εκτυπωτής, φιλμ) colour (Βρετ.), color (Αμερ.)
εγχώρι|ος, -α, -ο επιθ domestic
εγώ¹ αντων **Ι** • ~ **ο ίδιος** I myself • ~, **ο Παύλος και ο Γιάννης** me, Pavlos and Giannis • ~ **φταίω** it's my fault • **κι** ~ me too • **όχι** ~ not me • **ποιος θέλει ποτό;** — ~! who wants a drink? — I do!
εγώ² ουσ ουδ άκλ. ego
εγωισμός ουσ αρσ (φιλαυτία) egoism • (αξιοπρέπεια) pride
εγωιστικ|ός, -ή, -ό επιθ selfish
εδαφικ|ός, -ή, -ό επιθ (μεταβολές, καθίζηση) land • (ακεραιότητα) territorial • **εδαφική έκταση** tract of land
έδαφος ουσ ουδ (γενικότ.) ground • (για χώρα, ήπειρο) territory • (για σύσταση) soil • (για μορφολογία) terrain • **αμμώδες/πετρώδες** ~ sandy/stony soil • **ομαλό/ανώμαλο** ~ even/uneven ground • **χάνω/κερδίζω** ~ to lose/gain ground
έδεσμα ουσ ουδ (επίσ.: φαγητό) food • (λιχουδιά) delicacy
Εδιμβούργο ουσ ουδ βλ. Edinburgh
έδρα ουσ θηλ (αίθουσας) podium • (δικαστηρίου) bench • (σε πανεπιστήμιο: φιλολογίας, φυσικής) chair • (επιχείρησης, εταιρείας) head office • (δήμου) central office • (κυβέρνησης) seat • (Ο.Η.Ε.) headquarters εν. • (Αθλ) home ground (Βρετ.), home field (Αμερ.)
εδραιώνω ρ μ (κυριαρχία, κύρος, επιτεύγματα, θέση) to consolidate • (πίστη) to confirm • (αξίες, πεποίθηση) to strengthen
εδραίωση ουσ θηλ (δημοκρατίας) establishing • (ελευθερίας) securing • (αξιών) strengthening • (κυβέρνησης, κινήματος, κόμματος) consolidation
έδρανο ουσ ουδ (Βουλής) bench • (αμφιθεάτρου) podium
εδρεύω ρ αμ ~ **σε** (εταιρεία) to have its head office in • (κυβέρνηση) to have its seat in • (οργανισμός) to have its headquarters in
εδώ, δω επιρρ here • **αυτός/αυτή/αυτό** ~ this • **από δω** from here • **από δω, η σύζυγός μου** this is my wife • **από δω κι από κει,** ~ **κι εκεί** here and there • **από δω κι εμπρός** from now on • ~ **γύρω** around here • ~ **και εφτά χρόνια μένει στο Παρίσι** he has lived in Paris for seven years • **μετακόμισε** ~ **και πέντε χρόνια** he moved five years ago • ~ **κάτω** down here • ~ **πάνω** up here • ~ **πέρα** over here • **ως** ~ (για τόπο) up to here • (για χρόνο) up until ή to now • (εμφατικά) enough • **ως** ~ **και μη παρέκει!** that's the limit!

εδώδιμ|ος, -ος, -ο επιθ edible ■ **εδώδιμα** ουσ ουδ πληθ victuals
εδώθε επιρρ here
εδώλιο ουσ ουδ bench • **το ~ του κατηγορουμένου** the dock
Ε.Ε. συντομ EU
εθελοντής ουσ αρσ volunteer
εθελοντικ|ός, -ή, -ό επιθ voluntary
εθελόντρια ουσ θηλ βλ. **εθελοντής**
εθίζω ρ μ~ **κπν σε κτ** to accustom sb to sth ■ **εθίζομαι** μεσοπαθ **εθίζομαι σε κτ** to get used to sth
έθιμο ουσ ουδ custom
εθνικισμός ουσ αρσ nationalism
εθνικιστής ουσ αρσ nationalist
εθνικίστρια ουσ θηλ βλ. **εθνικιστής**
εθνικ|ός, -ή, -ό επιθ national • **Εθνικό Θέατρο** National Theatre (ΒΡΕΤ.) ή Theater (ΑΜΕΡ.) • **Εθνική Πινακοθήκη** National Gallery ■ **Εθνική** ουσ θηλ Greek national team
εθνικότητα ουσ θηλ nationality
έθνος ουσ ουδ nation
εθνότητα ουσ θηλ nationality
εθνοφρουρά ουσ θηλ militia
είδα αόρ βλ. **βλέπω**
ειδάλλως επιρρ otherwise
ειδεμή σύνδ otherwise
ειδήμων ουσ αρσ, ουσ θηλ expert
είδηση ουσ θηλ news εν. • **παίρνω ~ κπν/κτ** to notice sb/sth ■ **ειδήσεις** πληθ news εν.
ειδικευμέν|ος, -η, -ο επιθ (συνεργείο, προσωπικό) skilled • (επιστήμονας) specialized
ειδίκευση ουσ θηλ specialization • **~ σε κτ** specialization in sth
ειδικεύω ρ μ to specify ■ **ειδικεύομαι** μεσοπαθ **ειδικεύομαι σε** to specialize in
ειδικ|ός, -ή, -ό επιθ (σχεδιασμός, άδεια, προνόμια) special • (σύμβουλος) expert • (επιστήμονας, προσωπικό) specialist • (επιτροπή) ad hoc • (θήκη, θυρίδα, επίχρισμα) special • **παιδιά με ειδικές ανάγκες** children with additional support needs • **Ολυμπιάδα για άτομα με ειδικές ανάγκες** Special Olympics ■ **ειδικός** ουσ αρσ, **ειδικός** ουσ θηλ expert
ειδικότητα ουσ θηλ speciality (ΒΡΕΤ.), specialty (ΑΜΕΡ.)
ειδοποίηση ουσ θηλ (ενημέρωση) notice • (προφορική) warning • (έγγραφο) notification
ειδοποιώ ρ μ (ενδιαφερόμενο, θεατή) to inform • (αρχές) to notify
είδος ουσ ουδ (φυτών, ζώων) species • (ανθρώπου, βιβλίου, δρόμου) kind • (διακυβέρνησης) form • **κάθε είδους** all kinds of • **όλων των ειδών** of all kinds • **πληρώνω σε ~** to pay in kind • **είδη ταξιδίου/πολυτέλειας** travel/luxury goods • **παιδικά/αθλητικά είδη** children's/sports wear
είδωλο ουσ ουδ idol
ειδωλολάτρης ουσ αρσ idolater
ειδωλολάτρισσα ουσ θηλ βλ. **ειδωλολάτρης**
εικασία ουσ θηλ conjecture
εικόνα ουσ θηλ picture • (αποχωρισμού, συνάντησης) scene • (μτφ.: προσώπου, αντικειμένου) image • (Θρησκ) icon • (Αρχαιολ)

pictorial decoration • (επιχείρησης, πολιτικού) image • (κατάστασης, κρίσης) picture • **καθαρή ~** (για τηλεόραση) clear picture • **ρύθμιση εικόνας** image ή picture control • **τρέμει η ~** (για τηλεόραση) the picture is flickering
εικονίδιο ουσ ουδ icon
εικονικ|ός, -ή, -ό επιθ (δικαιούχος, αγοραστής, τιμολόγιο, διαγωνισμός, πώληση) bogus • (γάμος) sham • (ενδιαφέρον) feigned • (αντίπαλος) fictitious • **εικονική πραγματικότητα** (Πληροφ) virtual reality
εικόνισμα ουσ ουδ icon
εικονογραφημέν|ος, -η, -ο επιθ illustrated
εικονογράφηση ουσ θηλ (βιβλίου, περιοδικού) illustration • (ναού) iconography • (χειρογράφου) illustration
εικοσαετία ουσ θηλ twenty years πληθ.
εικοσαήμερο ουσ ουδ twenty days πληθ.
εικοσάλεπτο ουσ ουδ twenty minutes
εικοσάλεπτ|ος, -η, -ο επιθ twenty-minute
είκοσι αριθ απόλ άκλ. twenty • **μπαίνω στα ~** to be in one's twenties
εικοσιτετράωρο ουσ ουδ twenty-four hours πληθ.
εικοσιτετράωρ|ος, -η, -ο επιθ twenty-four-hour
εικοστ|ός, -ή, -ό αριθ τακτ twentieth
ειλικρινά, ειλικρινώς επιρρ (χαίρομαι) sincerely • (ντρέπομαι) truly
ειλικρίνεια ουσ θηλ (φοιτητή, φίλου, κυβέρνησης) sincerity • (προθέσεων, κινήτρων) sincerity • (λόγου) outspokenness • **με κάθε ~** in all sincerity
ειλικριν|ής, -ής, -ές επιθ (φίλος) sincere • (συνεργάτης) honest • (αισθήματα, ευχές, ύφος) sincere • **για να είμαι (απόλυτα ή απολύτως) ~** to be (absolutely) frank with you

⬤ ΛΕΞΗ-ΚΛΕΙΔΙ

είμαι ρ συνδετ **1** (υπάρχω) to be • **ποιος είναι; — εγώ (είμαι)!** who is it? — it's me!
2 (έχω ιδιότητα) to be
3 (βρίσκομαι σε κατάσταση) to be • **είμαι μια χαρά!** I'm fine! • **πώς είσαι; — καλά!** how are you? — fine!
4 (βρίσκομαι) to be • **ποιος ήταν στο τηλέφωνο;** who was on the phone?
5 +γεν. (σχετίζομαι) to be • (ανήκω) to belong to • **είμαι από** to be come from • **είμαι 25 χρονών** I'm 25 years old • **τίνος είσαι;** who is your father?
6 +για (προορίζομαι) to be for • **είσαι για... ;** (οικ.) do you want ή feel like...?
7 (υποστηρίζω) to support
8 (αξίζω): **δεν είναι να κάνω κτ** it's not worth doing sth • **δεν είμαι για κτ** not to be up to sth • **είμαι για να 'μαι!** (ειρων.) look at the state of me! • **είσαι (μέσα);** (οικ.) are you in? • **τι είναι;** (οικ.) what is it?, what's up? • **τι είναι (πάλι);** (οικ.) what (now)?

είναι ουσ ουδ άκλ. +άρθρ. being
είπα ρ αόρ βλ. **λέγω**

ειρήνη *ους θηλ* peace • **παγκόσμια ~** world peace • **συνθήκη ειρήνης** peace treaty
Ειρηνικός *ους αρσ* the Pacific Ocean
ειρηνικ|ός, -ή, -ό *επιθ* peaceful • (*άνθρωπος, πολίτης*) peaceable
ειρωνεία *ους θηλ* (*ύφους, χαρακτήρα*) irony • (*σχόλιο*) sarcasm
ειρωνεύομαι *ρ μ αποθ.* to make fun of
ειρωνικ|ός, -ή, -ό *επιθ* (*τόνος, ματιά, φωνή, γέλιο*) ironic • (*σχόλιο, διάθεση, άνθρωπος*) sarcastic
εισαγγελέας *ους αρσ, ους θηλ* public prosecutor
εισαγόμεν|ος, -η, -ο *επιθ* imported
εισάγω *ρ μ* (*προϊόν*) to import • (*μέτρο, αρχή, θέμα*) to introduce ■ **εισάγομαι** *μεσοπαθ* to be admitted
εισαγωγή *ους θηλ* (*κειμένου, έργου*) introduction • (*προϊόντων*) import
εισβάλλω *ρ αμ* (*για χώρα*) to invade • (*μτφ.: μπαίνω ορμητικά*) to burst in • (*τουρίστες, πλήθος*) to pour in • (*τηλεόραση*) to invade
εισβολή *ους θηλ* (*εχθρών, στρατού*) invasion • (*ορμητική είσοδος*) incursion • (*τουριστών, προσφύγων*) inrush
εισέρχομαι *ρ αμ αποθ.* to enter ■ **εισερχόμενα** *ους ουδ πληθ* incoming documents • (*στο ηλεκτρονικό ταχυδρομείο*) inbox *εν.*
εισιτήριο *ους ουδ* (*μουσείου, λεωφορείου*) ticket • **~ με επιστροφή** return (ticket) (*Βρετ.*), round-trip ticket (*Αμερ.*) • **~ χωρίς επιστροφή** single (ticket) (*Βρετ.*), one-way ticket (*Αμερ.*) • **έλεγχος εισιτηρίων** ticket inspection • **ηλεκτρονικό ~** e-ticket • **κόβω ~** (*θεάτης, επιβάτης*) to buy a ticket • (*πράκτορας*) to issue a ticket • **μειωμένο ~** reduced price ticket • (*για λεωφορείο, τρένο*) reduced fare • **μισό/ολόκληρο ~** half-price/full-price ticket • (*για λεωφορείο, τρένο*) half-fare/full-fare ticket • **φοιτητικό ~** student concession • (*για λεωφορείο, τρένο*) student fare
εισόδημα *ους ουδ* (*μετόχου, παραγωγού*) income • (*χώρας*) revenue • **φόρος εισοδήματος** income tax
είσοδος *ους θηλ* (*σπιτιού, σχολείου*) entrance • (*στρατού, κοινού*) entry • (*μαθητή*) admission • (*εισιτήριο*) ticket • «*απαγορεύεται η είσοδος*» "no entry" • **ελεύθερη ~** free admission • **κύρια ή κεντρική ~** main entrance
εισπνέω *ρ μ* to breathe in ▶ *ρ αμ* to breathe in
εισπνοή *ους θηλ* (*ανάσα*) breath • (*οξυγόνου, αμμωνίας, καυσαερίων*) inhalation
εισπράκτορας *ους αρσ, ους θηλ* (*γενικότ.*) collector • (*σε λεωφορείο, τρένο*) conductor
είσπραξη *ους θηλ* (*τόκων, φόρων*) collection • (*επιταγών*) cashing ■ **εισπράξεις** *πληθ* proceeds
εισπράττω *ρ μ* (*γραμμάτιο, φόρο, ενοίκιο*) to collect • (*αποζημίωση*) to receive
εισφορά *ους θηλ* contribution
εισχωρώ *ρ αμ* **~ σε** to penetrate
είτε *σύνδ* **είτε... είτε...** either... or...
έιτζ *ους ουδ άκλ.* AIDS
εκάστοτε *επιρρ* (*επίσ.*) each ή every time

εκατό *αριθ απολ άκλ.* hundred • **καλώ ή παίρνω το ~** ≃ to call 999 (*Βρετ.*) ή 911 (*Αμερ.*) • **τοις ~** per cent
εκατομμύριο *ους ουδ* million
εκατομμυριούχος *ους αρσ, ους θηλ* millionaire
εκατοντάδα *ους θηλ* hundred
εκατονταετία *ους θηλ* century
εκατοστ|ός, -ή, -ό *αριθ τακτ* hundredth ■ **εκατοστό** *ους ουδ* centimetre (*Βρετ.*), centimeter (*Αμερ.*)
έκβαση *ους θηλ* outcome
εκβιάζω *ρ μ* to blackmail
εκβιασμός *ους αρσ* blackmail
εκβολή *ους θηλ* mouth
εκδηλώνω *ρ μ* (*χαρά, ενδιαφέρον*) to show • (*επιθυμία*) to express ■ **εκδηλώνομαι** *μεσοπαθ* (*νόσος, σύμπτωμα*) to manifest itself • (*για πρόσ.*) to make one's feelings known
εκδήλωση *ους θηλ* (*χαράς, ενθουσιασμού, ενδιαφέροντος, συμπαράστασης*) show *χωρίς πληθ.* • (*διαμαρτυρίας*) demonstration • (*νόσου*) onset • (*επιδημίας*) outbreak • (*συμπτώματος*) appearance • (*δήμου, συλλόγου, κόμματος*) event • **εορταστική ~** festival
εκδίδω *ρ μ* (*βιβλίο, σύγγραμμα, εφημερίδα*) to publish • (*βιβλιάριο, άδεια, ένταλμα*) to issue • (*απόδειξη, τιμολόγιο*) to make out ■ **εκδίδομαι** *μεσοπαθ* to be a prostitute
εκδίκηση *ους θηλ* revenge • **παίρνω ~** to take revenge
εκδικητικ|ός, -ή, -ό *επιρρ* (*διάθεση*) vengeful • (*κίνητρο*) vindictive • (*μανία*) avenging • (*άνθρωπος, χαρακτήρας*) vindictive
εκδικούμαι *ρ μ αποθ.* (*φονιά*) to avenge • (*εχθρό*) to take (one's) revenge on ▶ *ρ αμ* to take (one's) revenge
έκδοση *ους θηλ* (*βιβλίου, εφημερίδας*) publication • (*καταχρ.: ανατύπωση*) edition • (*βιβλιαρίου, αδείας*) issue • **αναθεωρημένη ~** revised edition • **πρώτη/δεύτερη ~** first/second edition
εκδότης *ους αρσ* (*βιβλίου, εφημερίδας*) publisher • (*εισιτηρίου, διαβατηρίου*) issuer
εκδότρια *ους θηλ βλ.* **εκδότης**
εκδοχή *ους θηλ* version
εκδρομή *ους θηλ* trip • **ημερήσια/διήμερη ~** day/two-day trip
εκεί, κει *επιρρ* there • **ακούς ~!** (*προφορ.: για αποδοκιμασία*) what cheek! (*Βρετ.*) • **από κει, προς τα κει** to that way • **~ που** (*καθώς*) (just) as
εκείθε *επιρρ* (over) there
εκείν|ος, -η, -ο *αντων* that • **~/εκείνη που** the one who ή that
εκθαμβωτικ|ός, -ή, -ό *επιθ* (*φως*) dazzling • (*ομορφιά*) stunning
έκθεμα *ους ουδ* exhibit
έκθεση *ους θηλ* (*αυτοκινήτου*) show • (*βιβλίων*) fair • (*ζωγραφικής, γλυπτικής*) exhibition • (*Σχολ*) essay • (*εκθετήριο*) showroom • (*στον ήλιο*) exposure • (*αναφορά*) report
εκθέτω *ρ μ* (*έργα, πίνακες*) to exhibit • (*αυτοκίνητα, βιβλία*) to display • (*σώμα, άνθρωπο*) to expose (σε to) • (*γεγονότα, ιδέες,*

σκέψεις) to set out • (παράπονο) to put • (συνάδελφο, προϊστάμενο) to expose • ~ κτ στον ήλιο to expose sth to the sun ▪ **εκτίθεμαι** μεσοπαθ (πίνακας, έργο τέχνης) to be on show • (βιβλία) to be on display • (λόγοι, αιτίες, γεγονότα, άποψη) to be set out • **εκτίθεμαι (απέναντι) σε κπτν** to be exposed to sb • **εκτίθεμαι σε κτ** to be exposed to sth

εκκαθάριση ουσ θηλ (καθαρισμός) cleaning • (υπόθεσης) clearing up ▪ **εκκαθαρίσεις** πληθ purges

εκκεντρικ|ός, -ή, -ό επιθ eccentric

εκκεντρικότητα ουσ θηλ eccentricity

εκκενώνω ρ μ (περιοχή, πόλη, στρατόπεδο) to evacuate • (βόθρο) to empty out

εκκένωση ουσ θηλ (δωματίου, αίθουσας, χώρου) clearing • (πόλης, περιοχής) evacuation • (βόθρου) emptying

εκκίνηση ουσ θηλ (ξεκίνημα) start • (Αθλ) starting line • (Πληροφ) start-up

έκκληση ουσ θηλ appeal • **απευθύνω/κάνω ~** to launch/make an appeal

εκκλησία ουσ θηλ (ναός) church • (ακολουθία) Mass • (Ελλάδος, Αμερικής) Church • **Ορθόδοξη/ Καθολική/ Αγγλικανική Εκκλησία** Orthodox/Catholic/Anglican Church • **Εκκλησία του Δήμου** assembly of the city

εκκρεμές¹ ουσ ουδ pendulum

εκκρεμές², -ής, -ές επιθ pending

εκκρεμότητα ουσ θηλ abeyance • **είμαι ή βρίσκομαι σε ~** to be pending

εκκρεμώ ρ αμ to be pending

εκκωφαντικ|ός, -ή, -ό επιθ deafening

εκλέγω ρ μ to elect • **εκλέγομαι** μεσοπαθ to be elected

έκλειψη ουσ θηλ eclipse • **ολική/μερική ~** total/ partial eclipse

εκλεκτικ|ός, -ή, -ό επιθ selective • **είμαι ~ σε κτ** to be particular about sth

εκλεκτ|ός, -ή, -ό επιθ (επιστήμονας, συνεργάτης, πολιτικός) distinguished • (πελατεία) select • (κρασί) fine • (μεζές, φαγητό) choice ▪ **εκλεκτός** ουσ αρσ, **εκλεκτή** ουσ θηλ chosen one • **οι εκλεκτοί** the elite • **οι εκλεκτοί του Θεού** God's chosen people • **ο/η εκλεκτή της καρδιάς μου** my heart's desire

εκλεπτυσμέν|ος, -η, -ο επιθ refined

εκλογή ουσ θηλ (επιλογή) choice • (καθηγητού, βουλευτού) election ▪ **εκλογές** πληθ elections • **βουλευτικές/δημοτικές/φοιτητικές εκλογές** parliamentary/local/student elections • **κερδίζω/χάνω τις εκλογές** to win/lose the elections

εκμάθηση ουσ θηλ learning

εκμεταλλεύομαι ρ μ αποθ. (αξιοποιώ) to exploit • (επιχείρηση) to operate • (αρνητ.: γονείς, αξίωμα, θέση) to take advantage of • (: φοιτητή, υπάλληλο) to exploit • **~ μια ευκαιρία** to make the most of an opportunity

εκμετάλλευση ουσ θηλ (αξιοποίηση: γνώσεων, δυνατοτήτων) using • (: ηλιακής ακτινοβολίας, ακινήτου) exploitation • (: κτημάτων, αγρού) farming • (αρνητ.: υπαλλήλου) exploitation

• (: γονέα) taking advantage of • (κατάχρηση: ευαισθησίας, αισθημάτων) playing on

εκμυστηρεύομαι ρ μ αποθ. to confide

εκνευρίζω ρ μ (θόρυβος, συμπεριφορά) to annoy • (καιρός) to put on edge • **~ κπτν** to get on sb's nerves

εκνευρισμός ουσ αρσ irritation

εκνευριστικ|ός, -ή, -ό επιθ irritating

εκούσι|ος, -α, -ο επιθ voluntary

εκπαιδευομένη ουσ θηλ βλ. **εκπαιδευόμενη**

εκπαιδευόμενος ουσ αρσ trainee

εκπαίδευση ουσ θηλ (προσωπικού, υπαλλήλων) training • (Σχολ, Πανεπ) education • **ανώτατη ~** higher education • **ανωτέρα ~** further education • **δημόσια/ιδιωτική ~** public/private education • **δωρεάν ~** free education

εκπαιδευτής ουσ αρσ (προσωπικού, οδηγών) instructor • (σκύλων) trainer

εκπαιδευτικ|ός, -ή, -ό επιθ educational • **εκπαιδευτικό σύστημα** educational system ▪ **εκπαιδευτικός** ουσ αρσ, ουσ θηλ teacher

εκπαιδεύτρια ουσ θηλ βλ. **εκπαιδευτής**

εκπαιδεύω ρ μ (μαθητή, σπουδαστή) to educate • (στρατιώτη, σκύλο) to train

εκπέμπω ρ μ to emit ▶ ρ αμ to transmit

εκπηγάζω ρ αμ ~ **από** to come from

εκπληκτικ|ός, -ή, -ό επιθ amazing • (επιτυχία) astounding

έκπληκτ|ος, -η, -ο επιθ surprised • **μένω ~** to be surprised

έκπληξη ουσ θηλ surprise • **κάνω ~ σε κπτν** to give sb a surprise

εκπληρώνω ρ μ to fulfil (Βρετ.), to fulfill (Αμερ.) • (στρατιωτικές υποχρεώσεις) to do • (έργο) to accomplish ▪ **εκπληρώνομαι** μεσοπαθ (επιθυμία, όνειρο, ευχή) to come true • (στόχος) to be achieved • (προφητεία) to be fulfilled

εκπλήρωση ουσ θηλ (καθήκοντος, υπόσχεσης, υποχρέωσης) fulfilment (Βρετ.), fulfillment (Αμερ.) • (επιθυμίας, ονείρου) realization

εκπλήσσω, εκπλήττω ρ μ to surprise

εκπνέω ρ αμ (βγάζω αναπνοή) to breathe out • (προθεσμία, τελεσίγραφο) to expire • (αιώνας, δεκαετία) to draw to an end • (χρόνος) to run out

εκπνοή ουσ θηλ (για προσ.) exhalation • (προθεσμίας) expiry • (αιώνα, δεκαετίας) end

εκπομπή ουσ θηλ (σήματος, προγράμματος) transmission • (σταθμού, τηλεόρασης, ραδιοφώνου) programme (Βρετ.), program (Αμερ.) • (ραδιενέργειας, ακτινοβολίας, ρύπων, άνθρακα) emission • **ζωντανή ~** live broadcast • **μουσική ~** music programme (Βρετ.) ή program (Αμερ.)

εκπρόθεσμ|ος, -η, -ο επιθ late

εκπροσώπηση ουσ θηλ representation

εκπρόσωπος ουσ αρσ, ουσ θηλ representative

εκπροσωπώ ρ μ to represent

έκπτωση ουσ θηλ discount • **κάνω ~** to give a discount • **εκπτώσεις** πληθ sales • **χειμερινές/ καλοκαιρινές εκπτώσεις** winter/summer sales

εκρήγνυμαι ρ αμ αποθ. (βόμβα, πύραυλος, οβίδα, νάρκη) to explode • (ηφαίστειο) to erupt • (πόλεμος, απεργία) to break out • (για πρόσ.) to blow up

εκρηκτικ|ός, -ή, -ό *επίθ* explosive • (*γυναίκα*) hot (*ανεπ.*) ■ **εκρηκτικά** *ουσ ουδ πληθ* explosives

έκρηξη *ουσ θηλ* (*οβίδας, νάρκης, βόμβας*) explosion • (*ηφαιστείου*) eruption • (*πολέμου, επανάστασης*) outbreak • (*βίας, χαράς, θυμού*) outburst • (*τιμών*) explosion

εκσκαφή *ουσ θηλ* excavation

έκσταση *ουσ θηλ* ecstasy

έκστασι *ουσ ουδ άκλ.* ecstasy

εκστρατεία *ουσ θηλ* campaign • **~ κατά** campaign against

εκσυγχρονίζω *ρ μ* to modernize • (*νομοθεσία*) to update

εκσυγχρονισμός *ουσ αρσ* (*εργοστασίου, συστήματος, παραγωγής*) modernization • (*νομοθεσίας*) updating

εκσφενδονίζω *ρ μ* to hurl ■ **εκσφενδονίζομαι** *μεσοπαθ* to be hurled ή flung

έκτακτα *επιρρ* **περνώ** to have a wonderful time • **ήταν ~ απόψε!** it was wonderful tonight!

έκτακτ|ος, -η, -ο *επίθ* (*υπάλληλος, καθηγητής*) temporary • (*έλεγχος*) emergency • (*συνέλευση, στρατοδικείο*) extraordinary • (*παράρτημα, εμφάνιση*) special • (*υπέροχος*) exceptional

εκτάκτως *επιρρ* as a change of schedule

έκταση *ουσ θηλ* (*γης*) tract • (*οικοπέδου, ακινήτου*) size • (*κειμένου, γραπτού, διηγήματος, μετάφρασης*) length • (*εφαρμογής, ζημιών, κρίσης, επιδημίας*) extent • **βραχώδης ~** rocky area • **δίνω ~ σε κτ** to make much of sth • **παίρνω ~** to spread

εκτεθειμέν|ος, -η, -ο *επίθ* (*εμπορεύματα*) on display • (*στο κρύο, στη βία*) exposed • **είμαι ~ σε κτ** to be exposed to sth • **είμαι ~ σε κτν** (*για υπόληψη*) to be compromised in sb's eyes • (*για υποχρέωση*) to be under an obligation to sb

εκτείνω *ρ μ* to stretch ■ **εκτείνομαι** *μεσοπαθ* (*για χώρο*) to extend • (*για χρόνο*) to last • (*δραστηριότητες, συναλλαγές, επενδύσεις*) to extend

εκτέλεση *ουσ θηλ* (*καταδίκου, ομήρου*) execution • (*εργασίας, έργου*) carrying out • (*καθηκόντων*) fulfilment • (*βολής, πέναλτι*) taking • (*Μους*) performance

εκτελώ *ρ μ* (*κατάδικο*) to execute • (*εντολές, οδηγίες, εργασία*) to carry out • (*πτήση, δρομολόγιο*) to operate • (*καθήκον*) to carry out • (*πέναλτι, βολή*) to take • (*μουσικό κομμάτι*) to perform

εκτεταμέν|ος, -η, -ο *επίθ* (*καταστροφές*) extensive • (*δίκτυο*) extended

εκτίθεμαι *ρ αμ βλ.* **εκθέτω**

εκτίμηση *ουσ θηλ* (*σεβασμός*) respect • (*ζημιών, καταστροφής*) assessment • (*οικοπέδου, έργου τέχνης*) valuation • (*κατάστασης, περίστασης, στοιχείων*) evaluation • **ανεβαίνω στην ~ κποιου** to go up in sb's estimation • **έχω κτν σε μεγάλη ~** to have the utmost respect for sb • **(ξε)πέφτω στην ~ κποιου** to go down in sb's estimation • **χάνω την ~ κποιου** to lose sb's respect

εκτιμώ *ρ μ* (*συνάδελφο, άνθρωπο*) to respect • (*αξία, ραπτική*) to appreciate • (*κατάσταση*) to evaluate • (*αντίκες*) to value

εκτονώνω *ρ μ* (*κρίση, ένταση*) to defuse • (*συναισθήματα*) to vent ■ **εκτονώνομαι** *μεσοπαθ* (*ψυχαγωγούμαι*) to unwind • (*αποφορτίζομαι*) to let off steam

εκτόνωση *ουσ θηλ* (*κρίσης, κατάστασης*) defusing • (*για προσ.*) relaxation

εκτόξευση *ουσ θηλ* (*πυραύλου, φωτοβολίδας*) launching • (*βέλου, βλήματος*) shooting • (*κατηγοριών, απειλών*) hurling

εκτοξεύω *ρ μ* (*βλήμα, βέλος*) to shoot • (*πύραυλο, διαστημόπλοιο*) to launch • (*απειλές, κατηγορίες, ύβρεις*) to hurl

εκτός *προθ* (*για εξαίρεση*) except • (*μακριά από*) out of ▶ *επιρρ* (*είμαι, βρίσκομαι*) out • **~ αν** unless • **~ από** apart from • **~ αυτού** besides • **~ έδρας αγώνας** away match • **~ θέματος** beside the point • **~ κινδύνου** out of danger • **~ τόπου** out of place • **~ τόπου και χρόνου** inopportune • **~ του ότι** apart from the fact that • **~ υπηρεσίας** off duty • **~ χρόνου** untimely • **ζω/είμαι ~ πραγματικότητας** to live/be in a dream world • **θέτω κτν ~ μάχης** to put sb out of action • **μένω ~** (*για εξετάσεις, διαγωνισμό*) not to pass

έκτ|ος, -η, -ο *αριθ τακτ* sixth ■ **έκτος** *ουσ αρσ* (*όροφος*) sixth floor (*Βρετ.*), seventh floor (*Αμερ.*) • (*Ιούνιος*) June ■ **έκτη** *ουσ θηλ* (*ημέρα*) sixth • (*τάξη δημοτικού*) sixth year ή grade (*Αμερ.*)

έκτροπα *ουσ ουδ πληθ* rioting *εν.*

εκτροχιάζω *ρ μ* to derail ■ **εκτροχιάζομαι** *μεσοπαθ* (*τρένο, όχημα*) to be derailed • (*μτφ.: παρέα, νέος*) to run wild • (*συζήτηση, ομιλία*) to digress

εκτροχιασμός *ουσ αρσ*, **εκτροχίαση** *ουσ θηλ* (*τρένου*) derailment • (*μτφ.: νέου, παρέας*) misconduct • (*: πολιτικής*) derailment • (*: συζήτησης*) digression

έκτρωση *ουσ θηλ* abortion

εκτυλίσσω *ρ μ* to tell ■ **εκτυλίσσομαι** *μεσοπαθ* to unfold

εκτυπώνω *ρ μ* to print

εκτύπωση *ουσ θηλ* printing

εκτυπωτής *ουσ αρσ* printer

εκτυφλωτικ|ός, -ή, -ό *επίθ* dazzling

εκφοβίζω *ρ μ* to intimidate

εκφοβισμός *ουσ αρσ* intimidation

εκφράζω *ρ μ* to express ■ **εκφράζομαι** *μεσοπαθ* to express oneself • **εκφράζομαι ανοιχτά** to speak openly

έκφραση *ουσ θηλ* expression • (*Γλωσσ*) articulation • **έχω μια ~ αμηχανίας στο πρόσωπό μου** to have an embarrassed look on one's face • **ιδιωματική ~** idiomatic expression • **στερεότυπη ~** set phrase

εκφώνηση *ουσ θηλ* (*λόγου*) delivery • (*ειδήσεων*) announcement • (*ονομάτων*) roll call • (*θεμάτων*) reading out

εκφωνητής *ουσ αρσ* newsreader (*Βρετ.*), newscaster (*Αμερ.*)

εκφωνήτρια *ουσ θηλ βλ.* **εκφωνητής**

εκφωνώ ρ μ (λόγο, ομιλία) to deliver • (ονόματα) to call out • (θέματα) to read out • (ειδήσεις) to read

εκχωρώ ρ μ to transfer

έλα ρ βλ. **έρχομαι**

έλαιο ουσ ουδ (γενικότ.) oil • (επίσ.: ελαιόλαδο) olive oil • **αρωματικά έλαια** essential oils

ελαιόδεντρο ουσ ουδ olive tree

ελαιόλαδο ουσ ουδ olive oil • **παρθένο ~** virgin olive oil

ελαιοχρωματιστής ουσ αρσ painter and decorator

ελαιώνας ουσ αρσ olive grove

ελαστικ|ός, -ή, -ό επιθ (ύφασμα, φούστα, παντελόνι) stretch • (υλικό) elastic • (μτφ.) flexible ■ **ελαστικό** ουσ ουδ (Βρετ.), tire (Αμερ.)

ελαστικότητα ουσ θηλ (υφάσματος, υλικού) elasticity • (μτφ.: μεθόδου, προγράμματος, χαρακτήρα, σώματος) flexibility

ελατήριο ουσ ουδ spring

έλατο ουσ ουδ, **έλατος** ουσ αρσ fir (tree)

ελάττωμα ουσ ουδ (προϊόντος) defect • (ρούχου) flaw • (ανθρώπου) fault • (σωματικό, διανοητικό) defect

ελαττωματικ|ός, -ή, -ό επιθ (προϊόν) defective • (ρούχο) with flaws • (λειτουργία, διάπλαση) imperfect

ελαττώνω ρ μ (βάρος, θόρυβο, ταχύτητα) to reduce • (έξοδα, φαγητό, κάπνισμα) to cut down on • (πόνο) to alleviate • (παραγωγή) to slow down ■ **ελαττώνομαι** μεσοπαθ to diminish

ελάττωση ουσ θηλ (εξόδων, βάρους) reduction • (καπνίσματος) cutting down on • (πόνου) alleviation • (παραγωγής) slowdown

ελάφι ουσ ουδ deer

ελαφίνα ουσ θηλ doe

ελαφραίνω ρ μ, ρ αμ βλ. **ελαφρώνω**

ελαφρ|ός, -ιά -ά, -ό επιθ (βαλίτσα, κιβώτιο, άνθρωπος) light • (φαγητό, γεύμα) light • (καφές, τσιγάρο) mild • (ύπνος) light • (αεράκι) light • (άρωμα, γεύση, πόνος) mild • (τιμωρία, φορολογία) light • (πυρετός, γρίπη) mild

ελαφρύνω ρ μ, ρ αμ βλ. **ελαφρώνω**

ελαφρ|ύς, -ιά, -ύ επιθ (ποτό) weak • (κρασί) light • βλ. κ. **ελαφρός**

ελαφρώνω ρ μ (βαλίτσα) to make lighter • (λύπη, πόνο) to alleviate ▶ ρ αμ to become lighter

ελάχιστα επιρρ very little

ελάχιστο ουσ ουδ minimum • **περιορίζω κτ στο ~** to keep sth to the minimum

ελαχιστοποιώ ρ μ to minimize

ελάχιστ|ος, -η, -ο επιθ minimum • **ελάχιστη κατανάλωση** minimum consumption

Ελβετή ουσ θηλ Swiss woman

Ελβετία ουσ θηλ Switzerland

Ελβετίδα ουσ θηλ Swiss woman

ελβετικ|ός, -ή, -ό επιθ Swiss

Ελβετός ουσ αρσ Swiss man • **οι Ελβετοί** the Swiss

ελεγκτής ουσ αρσ (εισιτηρίων) conductor • (διαβατηρίων) inspector • (σε τελωνείο) inspector • **~ εναέριας κυκλοφορίας** air-traffic controller

ελέγκτρια ουσ θηλ βλ. **ελεγκτής**

έλεγχος ουσ αρσ (τροφίμων, υπαλλήλου, αποσκευών) inspection • (τιμών) control • (κειμένου) checking • (βιβλίων) audit • (συναισθημάτων, κατάστασης) control • (Σχολ: μαθητή) report (Βρετ.), report card (Αμερ.) • **είμαι υπό έλεγχο** to be under control • **~ διαβατηρίων** passport control • **εξονυχιστικός ~** thorough inspection • **θέτω κπν υπό έλεγχο** to bring sb under control • **περνώ από έλεγχο** to be inspected • **ποιοτικός ~** quality control • **σωματικός ~** body search • **τελωνειακός ~** customs inspection • **χάνω τον έλεγχο** to lose control

ελέγχω ρ μ (αποσκευές, διαβατήρια) to inspect • (κείμενο) to check • (αυτοκίνητο, κατάσταση, συναισθήματα) to be in control of • (βάρος) to watch • (φωτιά, πληθωρισμό) to bring under control

ελεειν|ός, -ή, -ό επιθ (αρνητ.: για πρόσ.) deplorable • (θέαμα) pitiful • (συνθήκες, θάνατος) wretched

ελεημοσύνη ουσ θηλ charity

έλεος ουσ ουδ (ευσπλαχνία) mercy • (συμπόνια) compassion • (ελεημοσύνη) charity • **είμαι στο ~ κποιου** to be at sb's mercy

ελευθερία ουσ θηλ freedom • **~ του λόγου** free speech

ελεύθερ|ος, -η, -ο επιθ free • (άγαμος) single • (χώρος) open • (ώρα) spare • **ελεύθερη μετάφραση** (Λογ) free translation

ελευθερώνω ρ μ to free ■ **ελευθερώνομαι** μεσοπαθ to give birth

ελέφαντας ουσ αρσ elephant

ελεφαντένι|ος, -ια, -ιο επιθ = **ελεφάντινος**

ελεφάντιν|ος, -η, -ο επιθ ivory

ελεφαντόδοντο ουσ ουδ (ελεφαντοστό) tusk • (υλικό) ivory

ελεώ ρ μ (ζητιάνο, άπορο) to give to • (θεός) to have mercy on

ελιά ουσ θηλ (ελαιόδεντρο) olive tree • (καρπός) olive • (κηλίδα του δέρματος) mole

ελιγμός ουσ αρσ (σκιέρ) zig-zag • (πλοίου, αυτοκινήτου) manoeuvre (Βρετ.), maneuver (Αμερ.) • (μτφ.) manoeuvre (Βρετ.), maneuver (Αμερ.)

έλικας ουσ αρσ propeller

ελικόπτερο ουσ ουδ helicopter

ελίτ ουσ θηλ άκλ. elite • **κοινωνική/πνευματική ~** social/intellectual elite

έλκηθρο ουσ ουδ sledge (Βρετ.), sled (Αμερ.)

έλκος ουσ ουδ ulcer

ελκυστικ|ός, -ή, -ό επιθ (άντρας, γυναίκα, πρόταση) attractive • (χρώμα, ρούχο) fetching • (χαμόγελο) engaging

ελκύω ρ μ to attract

Ελλάδα ουσ θηλ Greece

ελλαδικ|ός, -ή, -ό επιθ Greek

Ελλάς ουσ θηλ (επίσ.) Greece

έλλειμμα ουσ ουδ deficit

έλλειψη ουσ θηλ (σεβασμού, ευαισθησίας, χιούμορ) lack • (νερού, προσωπικού) shortage • **έχω ~ από κτ** to be short of sth

Έλληνας ουσ αρσ Greek man • **οι Έλληνες** the Greeks

Ελληνίδα *ουσ θηλ* Greek woman

ελληνικ|ός, -ή, -ό *επιθ* Greek ■ **Ελληνικά** *ουσ ουδ πληθ*, **Ελληνική** *ουσ θηλ* Greek

ελληνισμός *ουσ αρσ* Greek nation

ελληνιστικ|ός, -ή, -ό *επιθ* Hellenistic

ελληνοαγγλικ|ός, -ή, -ό *επιθ* Greek-English

Ελληνοκύπριος *ουσ αρσ* Greek Cypriot

ελλιπ|ής, -ής, -ές *επιθ (πληροφορίες, απάντηση, διατύπωση)* inadequate • *(γνώση)* imperfect • *(αιτιολογία, κρίση)* poor • *(προστασία, βοήθεια, αμοιβή, προσωπικό, εργαστήρια)* insufficient

έλξη *ουσ θηλ* attraction • **αισθάνομαι ~ για κπν** to be attracted to sb • **ασκώ ~ σε κπν** to attract sb • **ερωτική ή σεξουαλική ~** sex appeal ■ **έλξεις** *πληθ* pull-ups

ελονοσία *ουσ θηλ* malaria

έλος *ουσ ουδ* marsh

ελπίδα *ουσ θηλ* hope • **δίνω ελπίδες σε κπν** to raise sb's hopes • **έχω την ~ ότι ή πως** to hope that • **μοναδική ~** only hope • **υπάρχουν ελπίδες** there is hope • **χάνω κάθε ~** to lose all hope

ελπιδοφόρ|ος, -α ή -ος, -ο *επιθ* promising

ελπίζω *ρ μ* to hope • **~ να** to hope that ▶ *ρ αμ* to hope • **~ ότι ή πως** to hope that • **~ σε κτ** to count on sth • **θέλω να ~ ότι** I would like to believe that • **μην ελπίζεις!** don't get your hopes up! • **το ~!** I hope so!

Ελσίνκι *ουσ ουδ άκλ.* Helsinki

εμάς *αντων* us • **από ~** from us • **από όλους ~** from all of us • **~ τους δύο** the two of us • **με ή μαζί με ~** with us • **σαν (κι) ~** like us

εμβέλεια *ουσ θηλ* range

εμβολιάζω *ρ μ* to vaccinate

εμβολιασμός *ουσ αρσ* vaccination

εμβόλιο *ουσ ουδ (Ιατρ)* vaccine • *(εμβολιασμός)* vaccination • **κάνω ~** to get vaccinated

εμβρόντητ|ος, -η, -ο *επιθ* **μένω ~** to be flabbergasted ή dumbfounded

έμβρυο *ουσ ουδ* embryo

εμείς *αντων* we • **δεν φταίμε ~** it's not our fault • **~ οι δύο** the two of us • **~ κι ~** just a few of us • **~ κι ~** us too

εμένα *αντων* me • **μ' ~** with me • **~ μου αρέσει** I like it

εμετός, έμετος *(επίσ.) ουσ αρσ* vomit • **κάνω εμετό** to vomit • **μου έρχεται ~** to feel sick *(Βρετ.)* ή nauseous *(Αμερ.)*

εμμένω *ρ αμ* **~ σε κτ** to persist in sth

έμμεσα *επιρρ (προκαλώ, συνδέομαι)* indirectly • *(μιλώ)* in a roundabout way

έμμεσ|ος, -η, -ο *επιθ* indirect

εμμηνόπαυση *ουσ θηλ* menopause

εμμηνόρροια *ουσ θηλ* menstruation

εμμονή *ουσ θηλ* persistence

έμμον|ος, -η, -ο *επιθ* persistent

emoticon *ουσ ουδ* emoticon

εμπαιγμός *ουσ αρσ (χλευασμός)* ridicule • *(εξαπάτηση)* deception

εμπαίζω *ρ μ (περιπαίζω)* to ridicule • *(εξαπατώ)* to deceive

εμπεδώνω *ρ μ (μάθημα, ύλη)* to assimilate • *(γνώσεις)* to consolidate

εμπέδωση *ουσ θηλ (ύλης, μαθήματος)* assimilation • *(γνώσεων)* consolidation

εμπειρία *ουσ θηλ* experience • **διδακτική ~** teaching experience • **προσωπική ~** personal experience • **τραυματική ~** traumatic experience

εμπειρικ|ός, -ή, -ό *επιθ* empirical

εμπειρογνώμονας, εμπειρογνώμων *ουσ αρσ, ουσ θηλ* expert

έμπειρ|ος, -η, -ο *επιθ* experienced

εμπιστεύομαι *ρ μ αποθ. (άνθρωπο)* to trust • *(μυστικό)* to confide • *(αποστολή, υπόθεση, χρήματα)* to entrust • *(μνήμη, ένστικτο)* to trust

εμπιστευτικ|ός, -ή, -ό *επιθ* confidential

έμπιστ|ος, -η, -ο *επιθ* trustworthy

εμπιστοσύνη *ουσ θηλ* trust • **αμοιβαία ~** mutual trust • **ανάξιος εμπιστοσύνης** untrustworthy • **αποκτώ την ~ κ/ποιου** to gain sb's trust ή confidence • **κερδίζω/χάνω την ~ κ/ποιου** to win/lose sb's trust

έμπνευση *ουσ θηλ* inspiration

εμπνευσμέν|ος, -η, -ο *επιθ* inspired

εμπνέω *ρ μ* to inspire

εμποδίζω *ρ μ* to prevent • **~ κπν να κάνει κτ** to prevent sb from doing sth • **σας εμποδίζω; am** I in your way?

εμπόδιο *ουσ ουδ (γενικότ.)* obstacle • *(Αθλ)* hurdle • **μετ' εμποδίων** *(Αθλ)* hurdle race

εμπόρευμα *ουσ ουδ* commodity ■ **εμπορεύματα** *πληθ* goods

εμπορεύομαι *ρ μ (υφάσματα, αυτοκίνητα, ξυλεία)* to deal in • *(φήμη, όνομα)* to prostitute ▶ *ρ αμ* to be a trader

εμπορικ|ός, -ή, -ό *επιθ (σύλλογος, αντιπρόσωπος, κέρδος)* commercial • *(σχολή)* business • *(ισοζύγιο, συμφωνία)* trade • *(ναυτικό, πλοίο)* merchant ■ **εμπορικό** *ουσ ουδ* shop

εμπόριο *ουσ ουδ (καπνού, σιτηρών, όπλων)* trade • *(ναρκωτικών)* trafficking • **ελεύθερο ~** free trade • **λιανικό/χονδρικό ~** retail/wholesale trade

έμπορ|ος *ουσ αρσ, ουσ θηλ (μπαχαρικών)* merchant • *(χονδρικής, λιανικής)* trader • *(όπλων, αυτοκινήτων, έργων τέχνης)* dealer • *(ναρκωτικών)* trafficker

έμπρακτ|ος, -η, -ο *επιθ* real

εμπρησμός *ουσ αρσ* arson

εμπρόθεσμ|ος, -η, -ο *επιθ* made in time

εμπρός *επιρρ (μπροστά)* forward • *(μτφ.: κοιτ.)* ahead • *(σε τηλεφωνική κλήση)* hello! • *(προτρεπτικό)* come on • **από δω κι ~** from now on • **βάζω μπρος** *(για μηχανές)* to start

εμφαν|ής, -ής, -ές *επιθ (λόγος, λόγοι)* clear • *(αντίθεση, αντιπάθεια, ένταση)* evident • *(μέρος, βλάβη)* visible • **είναι εμφανές ότι** it is clear that

εμφανίζω *ρ μ (σύμπτωμα)* to present • *(ύφεση)* to show • *(φιλμ)* to develop • *(εισιτήριο, διαβατήριο)* to show ■ **εμφανίζομαι** *μεσοπαθ (γενικότ.)* to appear • *(σε πάρτι, γιορτή)* to show up • *(ιδέες, δυσκολίες)* to emerge • *(πλοίο, τρένο)* to come into view • *(αρρώστια)* to manifest itself • *(επιπλήξεις)* to break out • **εμφανίζομαι στον ορίζοντα** to loom on the horizon

εμφάνιση ουσ θηλ (γενικότ.) appearance • (βίας, νόσου) outbreak • (ιδεών) emergence • (φιλμ) developing • (παρουσιαστικό) appearance
• **κάνω την εμφάνισή μου** to make an appearance

εμφανίσιμ|ος, -η, -ο επιθ (ευπαρουσίαστος) presentable • (κυρίως για γυναίκα) pretty

έμφαση ουσ θηλ emphasis • **δίνω ~ σε κτ** to emphasize sth

εμφιαλώνω ρ μ to bottle • **εμφιαλωμένο νερό** bottled water

εμφιάλωση ουσ θηλ bottling

έμφραγμα ουσ ουδ heart attack • **παθαίνω ~** to have a heart attack

εμφύλι|ος, -α, -ο επιθ civil ▪ **εμφύλιος** ουσ αρσ civil war

έμφυτ|ος, -η, -ο επιθ (κακία, θάρρος, μουσικό ταλέντο) innate • (χαρίσματα) natural

εμψυχώνω ρ μ to encourage

ένα αριθ απολ ακλ. one • **ένα-ένα** one by one
• **~ κι ~** the very thing • **~ και το αυτό** one and the same • **~ προς ~** one by one

εναέρι|ος, -α, -ο επιθ (κυκλοφορία, μεταφορέας) air • (καλώδιο) overhead • (τρένο) elevated
• **~ χώρος** airspace

εναλλαγή ουσ θηλ (εποχών) succession • (φαινομένων) alternation

εναλλακτικ|ός, -ή, -ό επιθ alternative

εναλλάξ επιρρ alternatively

ενάμισης, -μιάμιση, -ενάμισι επιθ one and a half

έναντι επιρρ +γεν. (απέναντι) opposite
• (συγκριτικά με) compared to • (αντί) against

ενάντια προθ ~ **σε** against

εναντίον προθ +γεν. against • **στρέφομαι ~ κποιου** to turn against sb • **το ~ ή τουναντίον** on the contrary

εναντιώνομαι ρ αμ αποθ. **~ σε κπν/κτ** to be opposed to sb/sth

εναντίωση ουσ θηλ opposition

έναρξη ουσ θηλ (αγώνα) beginning • (πολέμου) outbreak • (δίκης) initiation
• (διαπραγματεύσεων) opening

⬤ ΛΕΞΗ-ΚΛΕΙΔΙ

έν|ας, -μία, -ένα αριθ απολ **1** (μονάδα) one **2** (για μοναδικότητα) one • **είναι μία και μοναδική** she's one of a kind • **ο ένας και μοναδικός** the one and only **3** (πριν από ονόματα): **μόνο ένας Μπετόβεν θα μπορούσε να γράψει μουσικά ενώ ήταν κουφός** only Beethoven could have written music when he was deaf **4** (ίδιος) the same
▸ άρθρ αόριστ **1** α • **μια φορά κι έναν καιρό …** once upon a time …
2 (κάποιος) someone • (κάποιος) **ένας κάποιος** some person called • **έναν προς έναν** one by one
• **ένας-ένας** one by one • **ένας κι ένας** in a class of their own • **ο ένας τον άλλον** each other
• **ο ένας κι άλλος** people πληθ. • **μια για πάντα, μια και καλή** once and for all • **μια φορά …** (προφορ.: πάντως) anyway…

έναστρ|ος, -η, -ο επιθ starry

ένατ|ος, -η ή -άτη, -ο αριθ τακτ ninth ▪ **ένατος** ουσ αρσ September ▪ **ενάτη** ουσ θηλ ninth

ενδεδειγμέν|ος, -η, -ο επιθ appropriate

ένδειξη ουσ θηλ (διαμαρτυρίας, αδυναμίας) sign
• (ευγνωμοσύνης) token • (σε όργανο) reading
▪ **ενδείξεις** πληθ signs

ένδεκα αριθ απολ ακλ. = **έντεκα**

ενδέκατ|ος, -η ή -άτη, -ο αριθ τακτ eleventh
▪ **ενδέκατος** ουσ αρσ November ▪ **ενδεκάτη** ουσ θηλ eleventh

ενδέχομαι ρ αμ **ενδέχεται να** απρόσ. it may

ενδεχόμεν|ος, -η, -ο επιθ potential
▪ **ενδεχόμενο** ουσ ουδ eventuality • **για κάθε ενδεχόμενο** just in case

ενδιάμεσ|ος, -η, -ο επιθ (για τόπο) in-between
• (για χρόνο: θέση, στάδιο) intermediate
• **~ σταθμός** way station

ενδιαφερόμεν|ος, -η, -ο μτχ interested ▸ ουσ interested party

ενδιαφέρον ουσ ουδ interest • **έχω ή παρουσιάζω ~** to be interesting

ενδιαφέρω ρ μ to interest • **δεν με ενδιαφέρει!** I don't care! ▪ **ενδιαφέρομαι** μεσοπαθ ενδιαφέρομαι για ή to be interested in
• **ενδιαφέρομαι προσωπικά** to take a personal interest

ενδιαφέρ|ων, -ουσα, -ον επιθ interesting
• **είμαι σε ενδιαφέρουσα** to be expecting ή pregnant

ενδίδω ρ αμ to give in • **~ σε κτ** to give in to sth

ενδοιασμός ουσ αρσ (δισταγμός) hesitation
• (ηθικός) qualm

ένδοξ|ος, -η, -ο επιθ glorious

ένδυμα ουσ ουδ (επίσ.) (ρούχο) garment
• (χορού, γάμου) dress • **βραδινό/επίσημο ~** evening/formal dress

ενδυμασία ουσ θηλ clothes πληθ. • **εθνική/ παραδοσιακή ~** national/traditional costume

ενέδρα ουσ θηλ ambush • **στήνω ~ σε κπν** to set up an ambush for sb

ενενηκοστ|ός, -ή, -ό αριθ τακτ ninetieth

ενενήντα αριθ απολ ακλ. ninety

ενέργεια ουσ θηλ (γενικότ.) act • (δραστηριότητα) action • (Φυσ) energy • (για πρόσ., τρόφιμα) energy • **εν ενεργεία** active • **βομβιστική ~** bombing • **εγκληματική ~** criminal act
• **τρομοκρατική ~** act of terrorism

ενεργητικ|ός, -ή, -ό επιθ (άνθρωπος) dynamic
• (ρόλος) active • (φάρμακα) laxative

ενεργητικότητα ουσ θηλ (ενέργεια) energy
• (πολιτικού, υπαλλήλου) dynamism

ενεργοποίηση ουσ θηλ (συναγερμού, μηχανισμού, φοιτητών, εργαζομένων, ηφαιστείου) activation • (εντάλματος, νόμου, κεφαλαίου) using

ενεργοποιώ ρ μ (μηχανισμό) to activate
• (συναγερμό, φοιτητές, σύλλογο) to mobilize
• (νόμο, κεφάλαιο) to use • (ένταλμα) to issue

ενεργ|ός, -ός ή -ή, -ό επιθ (μέλος, συμμετοχή, υπηρεσία, πολιτική) active • (πληθυσμός) working • **~ δράση** active duty • **ενεργό ηφαίστειο** active volcano • **ενεργό παράθυρο** (Πληροφ) active window

ενεργώ *ρ αμ* (άνθρωπος, κυβέρνηση, δικαστήριο) to act • (φάρμακο, δηλητήριο) to work ▸ *ρ μ* to make • **~ για λογαριασμό κπoιoυ** to act on behalf of sb • **ενεργούμαι** *μεσoπαθ* to defecate

ένεση *oυσ θηλ* (ινσουλίνης, νοβοκαΐνης) injection • (σύριγγα) syringe • (μτφ.) boost • **κάνω ~ σε κπν** to give sb an injection

ενέχυρο *oυσ oυδ* pawn • **βάζω κτ ~** to pawn sth

ενεχυροδανειστήριο *oυσ oυδ* pawnshop

ενήλικας *oυσ αρσ, oυσ θηλ* (προφορ.) = **ενήλικος**

ενηλικίωση *oυσ θηλ* maturity

ενήλικ|ος, -η, -ο *επιθ* adult ▸ *oυσ* adult

ενήμερ|ος, -η, -ο *επιθ* informed • **κρατώ κπν ενήμερο** to keep sb informed *ή* posted

ενημερωμέν|ος, -η, -ο *επιθ* (για πρόσ.) informed • (βιβλιοθήκη, κατάλογος) up-to-date

ενημερώνω *ρ μ* (γενικότ.) to inform • (βιβλία) to bring up to date

ενημέρωση *oυσ θηλ* (πολίτη, κοινού) informing • (βιβλιοθήκης, καταλόγου, βιβλίων) updating

ενημερωτικ|ός, -ή, -ό *επιθ* (δελτίο, έντυπο) information • (εκπομπή) informative

ενθάρρυνση *oυσ θηλ* encouragement • (οικονομίας) stimulation

ενθαρρυντικ|ός, -ή, -ό *επιθ* encouraging

ενθαρρύνω *ρ μ* to encourage • (επενδύσεις) to stimulate

ένθερμ|ος, -η, -ο *επιθ* (ενθουσιασμό, υπερασπιστής, πατριώτης) fervent • (συμπαράσταση) loyal

ένθετο *oυσ oυδ* pull-out

ενθουσιάζω *ρ μ* to fill with enthusiasm ■ **ενθουσιάζομαι** *μεσoπαθ* to be excited

ενθουσιασμός *oυσ αρσ* enthusiasm • **νεανικός ~** youthful enthusiasm

ενθουσιώδ|ης, -ης, -ες *επιθ* (νέοι, κοινό, εκδήλωση) enthusiastic • (χειροκροτήματα, υποδοχή) rapturous • (άρθρο, λόγος, λόγια) rousing • (υποστηρικτής, οπαδός) keen • (χαρακτήρας) enthusiastic

ενθύμιο *oυσ oυδ* memento • **για ~** as a memento *ή* keepsake

ενιαί|ος, -α, -ο *επιθ* (χώρος, συγκέντρωση, συνέλευση, μέτωπο) united • (γλώσσα) unified • (πολιτική, κόσμος) uniform • **ενιαίο μισθολόγιο** (Διοικ) flat rate of pay • **ενιαίο σύνολο** single unit • **ενιαίο νόμισμα** single currency

ενικός *oυσ αρσ* singular • **μιλάω σε κπν στον ενικό** to address sb in the familiar form

ενίσχυση *oυσ θηλ* (οικονομική) aid • (από φίλο) support • (κατασκευής) support • (παντελονιού, μανικιού) patch ■ **ενισχύσεις** *πληθ* (Στρατ) reinforcements

ενισχύω *ρ μ* (τονώνω) to boost • (ομάδα, οργανισμό) to strengthen • (αλλαγές) to encourage • (φόβους, τοίχο) to heighten • (μπετόν, ανισότητα) to reinforce • (στρατεύματα) to reinforce • (οικονομικά) to assist

εννέα *αριθ απoλ άκλ* nine • **στις ~** at nine (o'clock)

εννιά *αριθ απoλ άκλ* = **εννέα**

εννιακόσια *αριθ απoλ άκλ* nine hundred

εννιακόσιοι *αριθ απoλ πληθ* nine hundred

έννοια¹ *oυσ θηλ* (ωραίου, Θεού) concept • (λέξης) meaning • **έχω την ~** to aim at • **κατά ή υπό μία ~** in a sense • **με την ευρεία ~ (του)** in the broad sense (of) • **με την καλή ~** in a good sense • **με ή υπό την ~ ότι...** in the sense that...

έννοια² *oυσ θηλ* (ενδιαφέρον) concern • (ανησυχία) worry • **βάζω κπν σε ~ ή έγνοια ή έννοιες** to make sb worry • **~ σου!** (καθησυχαστικά) don't worry! • (απειλητικά) just you wait! • **έχω την ~ ή έγνοια κπoιoυ** to worry about sb • **με έπιασε η ~ ή έγνοια για κτ** to be worried sick about sth

εννοώ *ρ μ* (γενικότ.) to mean • (καταλαβαίνω) to understand • **~ να κάνω** (σκέπτομαι) to intend to do • **δεν ~ να κάνω** not to intend *ή* mean to do • **~ αυτά που λέω!** I mean what I say! • **~ εννοείς;** do you understand me? • **τι εννοείς;** what do you mean? • **το ~!** I mean it! ■ **εννοούμαι** *μεσoπαθ* to be perceived • **αφήνω να εννοηθεί** to insinuate ■ **εννοείται!** *απρόσ* of course!

ενοικιάζω *ρ μ* (ενοικιαστής, δωμάτιο, μαγαζί) to rent • (ποδήλατο, αυτοκίνητο) to hire • (εκμισθωτής, σπίτι) to rent (out) • (αυτοκίνητα, στολές) to hire out • **ενοικιάζονται δωμάτια** rooms to let *ή* rent

ενοικίαση *oυσ θηλ* renting • **προς ή για ~** to let • **~ αυτοκινήτων** car hire *ή* rental

ενοικιαστήριο *oυσ oυδ* 'to let' notice

ενοικιαστής *oυσ αρσ* tenant

ενοικιάστρια *oυσ θηλ βλ.* **ενοικιαστής**

ενοίκιο *oυσ oυδ* rent • **χαμηλό/υψηλό ~** low/ high rent

ένοικος *oυσ αρσ, oυσ θηλ* occupant

ενόπλ|ος, -η, -ο *επιθ* armed ▸ *oυσ* armed person • **ένοπλες δυνάμεις** armed forces *πληθ*

ενοποίηση *oυσ θηλ* (γενικότ.) unification • (εταιρειών, φορέων) merger

ενόργαν|ος, -η, -ο *επιθ* organic • **ενόργανη γυμναστική** apparatus gymnastics • **ενόργανη μουσική** instrumental music

ενορία *oυσ θηλ* parish

ένορκ|ος, -η, -ο *επιθ* sworn ▸ *oυσ* member of the jury • **οι ένορκοι** the jury

ενότητα *oυσ θηλ* (χρόνου, χώρας) unity • (βιβλίου) unit

ενοχή *oυσ θηλ* guilt ■ **ενοχές** *πληθ* guilt *εν.* • **έχω ενοχές** to feel guilty

ενόχληση *oυσ θηλ* nuisance • **έχω ενοχλήσεις** to have trouble • **έχω ενοχλήσεις στο στομάχι** to have an upset stomach • **ζητώ συγγνώμη για την ~!** I'm sorry to bother you!

ενοχλητικ|ός, -ή, -ό *επιθ* (θόρυβος, παρουσία) annoying • (επίσκεψη) inconvenient • (αποτελέσματα, συνέπειες) worrying • **γίνομαι ~** to become annoying

ενοχλώ *ρ μ* (δημοσιότητα, κάπνισμα, φως) to bother • (θόρυβος) to annoy • (ασθενή, ηλικιωμένο) to disturb ▸ *ρ αμ* to be annoying • **ενοχλώ;** am I disturbing you? • **«μην ενοχλείτε»** 'do not disturb'

νοχοποιητικ|ός, -ή, -ό επιθ (στοιχεία) incriminating

νοχοποιώ ρ μ to incriminate • **~ κπν για κτ** to accuse sb of sth

νοχ|ος, -η, -ο επιθ guilty • (σχέσεις) unlawful • **αισθάνομαι** ή **νιώθω ~** to feel guilty • **είμαι ~** to be guilty • **κρίνομαι ~** to be found guilty

νσταση ους θηλ objection • **κάνω ~** to object

νστικτο ους ουδ instinct • **από ~** by instinct • **το ένστικτό μου μού λέει...** my instinct tells me...

νσωματώνω ρ μ (ιδεολογία, στοιχεία) to incorporate • (προσωπικό, μέλος) to integrate ■ **ενσωματώνομαι** μεσοπαθ (άποικος, μετανάστες) to integrate • (μέλη) to be integrated

νταλμα ους ουδ (Νομ) warrant • **~ συλλήψεως** arrest warrant

ντάξει επιρρ all right • **είμαι ~** to be all right • **είμαι ~ σε κτ** (οικ.) to be good at sth • **λέω ~** to say it's all right ή O.K • **~/πολύ ~ τύπος** (οικ.) a decent/a great guy (ανεπ.) • **φέρομαι ~** to behave well

νταξη ους θηλ integration

ντάση ους θηλ (ήχου, φωνής, μουσικής, ραδιοφώνου) intensity • (Φυσ) intensity • (κακοκαιρίας, μάχης) intensity • (ανέμων) force • (αντιπαλότητα) tension • (συναισθηματική) stress • **χαμηλώνω την ~** (ραδιοφώνου) to turn down the volume

ντάσσω ρ μ to place • **~ κπν/κτ κάπου** to place sb/sth somewhere ■ **εντάσσομαι** μεσοπαθ **εντάσσομαι σε** (περιβάλλον, κατηγορία) to fit into • (κόμμα) to be a member of

ντατικ|ός, -ή, -ό επιθ (ρυθμοί, παρακολούθηση, προετοιμασία) intensive • (διαφήμιση, κινητοποίηση) extensive • (εξάσκηση, προσπάθεια) strenuous • **εντατικά μαθήματα** intensive ή crash course εν. ■ **εντατική** ους θηλ intensive care • **μονάδα εντατικής θεραπείας** intensive care unit

ντείνω ρ μ (προσπάθειες) to step up • (προσοχή) to concentrate • (ανησυχίες) to heighten ■ **εντείνομαι** μεσοπαθ (κακοκαιρία, προβλήματα) to get worse • (αισιοδοξία) to grow • (διαμάχη) to intensify

ντεκα αριθ απολ άκλ eleven

ντέλεια ους θηλ **στην ~** to perfection

ντελώς επιρρ completely

ντερο ους ουδ intestine ■ **έντερα** πληθ intestines

ντευκτήριο ους ουδ (ξενοδοχείου) lounge • (νοσοκομείου, ιδρύματος) visitors' room • (για συναντήσεις) meeting place • (σχολής) hall

ντεχν|ος, -η, -ο επιθ (επεξεργασία, μεθόδευση) skilful (Βρετ.), skillful (Αμερ.) • (αφίσα) artistic • (έκφραση, διατύπωση) sophisticated

ντιμ|ος, -η, -ο επιθ (άνθρωπος, συνεργάτης) honest • (πολίτης) respectable • (επάγγελμα) reputable • (πράξη, απόφαση, δήλωση, εργασία) honest

ντιμότητα ους θηλ honesty

ντοιχισμέν|ος, -η, -ο επιθ built-in

ντολή ους θηλ (διαταγή) order • (οδηγία) instruction • (Πληροφ) command • **δίνω σε**

κπν ~ να κάνει κτ to order ή instruct sb to do sth • **Δέκα Εντολές** (Θρησκ) the Ten Commandments

έντομο ους ουδ insect

εντομοκτόνο ους ουδ insecticide

έντον|ος, -η, -ο επιθ (φόβος, άγχος, συγκίνηση) intense • (πίεση, αγανάκτηση) intense • (ρυθμοί) intensive • (προσπάθεια) strenuous • (παρουσία) strong • (κίνηση) heavy • (πόνος, ζαλάδα) acute • (χρώμα) bright • (τρόπος, φωνή) sharp • (αντίθεση, αντίδραση, ύφος) fierce • (συζήτηση, καβγάς) heated

εντοπίζω ρ μ (αιτία, μεταβολή) to pinpoint • (προέλευση) to trace • (φυγά, αγνοούμενο, δράστη) to locate • (πυρκαγιά, ζημιά, αρρώστια) to localize • (λάθη, βλάβη) to spot

εντός προθ +γεν. (επία.) (για χρόνο) within • (για τόπο) inside ▶ επιρρ inside • **~ έδρας παιχνίδι** (Αθλ) home game • **~ ολίγου** shortly

εντόσθια ους ουδ πληθ (ζώου, ανθρώπου) entrails • (Μαγειρ) offal χωρίς πληθ.

εντριβή ους θηλ massage • **κάνω ~** to massage

έντυπο ους ουδ (περιοδικό) magazine • (εφημερίδα) newspaper • (αιτήσεως, συμμετοχής) form

εντύπωση ους θηλ impression • **αφήνω/ προκαλώ ~** to leave/make an impression • **δίνω την ~ ότι** to give the impression that • **έχω την ~ ότι** to have the feeling ή impression that • **κακή/καλή ~** bad/good impression • **κάνω ~ σε κπν** to impress sb

εντυπωσιάζω ρ μ to impress

εντυπωσιακ|ός, -ή, -ό επιθ (εμφάνιση, ομοιότητα) striking • (θέαμα, επιτεύγματα) impressive

ενυδατώνω ρ μ (για κρέμες) to moisturize

ενυδρείο ους ουδ aquarium

ενώ σύνδ (εναντιωματικός) although • (χρονικός) while

ενωμέν|ος, -η, -ο επιθ (έθνος, χώρα, δυνάμεις) united • (οικογένεια) close-knit • (χέρια, κορμιά) entwined • (χείλη) touching • **μένουμε ενωμένοι** (για πρόσ.) to stick together

ενώνω ρ μ (όχθες) to join • (λέξεις) to hyphenate • (σημεία) to join up • (υλικά, τούβλα) to fit ή put together • (οικογένεια, πολίτες, νέους) to unite • (στοιχεία, υγρά) to combine • (δυνάμεις, αγώνα) to join • (προσπάθειες) to pool • **ενώνομαι με κπν** to join up with sb

ενώπιον προθ +γεν. before

ένωση ους θηλ (καλωδίων) splicing • (συμφερόντων) union • (δυνάμεων) joining • (προσπαθειών) combining • (συμβολή: ποταμών, δρόμων) junction • (βιομηχάνων, ελαιουργικών συνεταιρισμών) union • (δικηγόρων, αθλητών) association • (κρατών, εθνών) union • (γάμος) union • (Χημ) compound

εξαγγέλλω ρ μ to announce

εξαγορά ους θηλ (επιχείρησης) takeover • (μετοχών) buying up • (ποινής, θητείας) buying one's way out of • (αιχμαλώτων, ομήρων) ransom • (αρνητ.: ψήφων, δικαστών) bribery • (: συνειδήσεων) buying off

εξαγοράζω ρ μ (μετοχές) to buy up • (επιχείρηση, μερίδιο) to buy out • (ποινή, θητεία) to buy one's way out of • (αρνητ.: ψήφο, μάρτυρα, δικαστή) to bribe • (: συνειδήσεις) to buy off • (αιχμαλώτους) to ransom

εξαγριώνω ρ μ (κοινό, λαό) to outrage • (πλήθος, διαδηλωτές) to incense ■ **εξαγριώνομαι** μεσοπαθ to go wild

εξάγω ρ μ (προϊόντα) to export • (συμπέρασμα, τεκμήριο, γνώση) to draw • (συνάλλαγμα, ναρκωτικά) to smuggle out • (δόντι, αλάτι) to extract

εξαγωγή ουσ θηλ (προϊόντων) export • (συναλλάγματος, κερδών) smuggling out • (κουλτούρας) exportation • (δοντιού) extraction • (συμπεράσματος) inference

εξάδα ουσ θηλ half a dozen

εξαδέλφη ουσ θηλ βλ. **εξάδελφος**

εξάδελφος ουσ αρσ cousin

εξαερισμός ουσ αρσ airing

εξαεριστήρας ουσ αρσ ventilator

εξαετής, -ής, -ές επιθ (πρόγραμμα, φοίτηση) six-year • (παιδί) six-year-old

εξαετία ουσ θηλ six years πληθ.

εξαήμερο ουσ ουδ six days πληθ.

εξαήμερος, -η, -ο επιθ six-day

εξαθλιωμένος, -η, -ο επιθ (πρόσφυγας, κάτοικος, χώρα) poverty-stricken • (εικόνα) wretched • (παιδεία, οικονομία) in decline

εξαθλίωση ουσ θηλ (κατοίκων, εργαζομένων) impoverishment • (παιδείας, θεσμού, οικονομίας) decline

εξαίρεση ουσ θηλ (γενικότ.) exception • (από φορολογία) exemption • **αποτελώ ~** to be an exception • **κάνω ~ (για κπν)** to make an exception (for sb) • **με ~** with the exception of • **χωρίς ~** without exception

εξαιρετικός, -ή, -ό επιθ (επιστήμονας) eminent • (ερευνητής, μαθητής) brilliant • (ποιότητα, ικανότητα) outstanding • (περίπτωση, περίσταση) exceptional

εξαίρετος, -η, -ο επιθ (άνθρωπος, φίλος) excellent • (επιστήμονας) eminent

εξαιρώ ρ μ (χώρα) to exclude • (από φόρο) exempt • (ένορκο, μάρτυρα, δικαστή) to challenge • **εξαιρούμαι από** (γενικότ.) to be excluded from • (φορολογία, υποχρεώσεις) to be exempt from • **μηδενός εξαιρουμένου** without exception

εξαίρω ρ μ (σημασία, σπουδαιότητα) to stress • (εργατικότητα, θάρρος, υπομονή) to praise

εξαίσιος, -α, -ο επιθ beautiful

εξαιτίας προθ +γεν. because of

εξακολουθώ ρ μ (παιχνίδι, απεργία) to continue • (πιέσεις, γκρίνια) to keep up ▶ ρ αμ to continue • **~ να κάνω κτ** to carry on ή continue doing sth

εξακόσια αριθ απολ άκλ. six hundred

εξακόσιοι αριθ απολ πληθ six hundred

εξακριβωμένος, -η, -ο μτχ (μαρτυρία, στοιχείο, πληροφορία) proven • (γεγονός) established

εξακριβώνω ρ μ (πληροφορία, είδηση) to verify • (αλήθεια) to find out • **~ ότι** to ascertain that • **~ τι/πώς/πόσο** to find out what/how/how much

εξακρίβωση ουσ θηλ verification

εξαλείφω ρ μ (ίχνος) to obliterate • (επιδημία, δεισιδαιμονίες, συνήθεια, διακρίσεις) to stamp out • (φόβους) to dispel

εξάλειψη ουσ θηλ (ιχνών) obliteration • (επιδημίας, τρομοκρατίας) stamping out • (όπλων, διακρίσεων, γραφειοκρατίας) doing away with • (φόβων) dispelling

έξαλλος, -η, -ο επιθ (για πρόσ.) beside oneself • (ενθουσιασμός, χαρά) wild • (οικ.: χτένισμα, ρούχα, χορός) way-out (ανεπ.) • **γίνομαι ~** to hit the roof • **είμαι σε έξαλλη κατάσταση** to be beside oneself

εξάλλου επιρρ besides

εξάμηνο ουσ ουδ (περίοδος 6 μηνών) six months πληθ. • (Πανεπ) term (Βρετ.), semester (Αμερ.)

εξάμηνος, -η, -ο επιθ six-month

εξαναγκάζω ρ μ to force • **~ κπν να κάνει κτ** to force sb to do sth

εξάνθημα ουσ ουδ rash

εξάντληση ουσ θηλ (τροφίμων, χρημάτων, πόρων) depletion • (σώματος, οργανισμού) exhaustion • (υπομονής) wearing out • (αντοχής) wearing down

εξαντλητικός, -ή, -ό επιθ (προσπάθεια, έρευνα) exhaustive • (δουλειά, ταξίδι) exhausting • (δίαιτα) debilitating

εξαντλώ ρ μ (τρόφιμα, κεφάλαια) to use up • (δυνατότητες, μέσα) to exhaust • (υπομονή) to wear out • (εργασία, πυρετός) to exhaust ■ **εξαντλούμαι** μεσοπαθ to run out

εξαπάτηση ουσ θηλ deception

εξαπατώ ρ μ to deceive

εξαπλώνω ρ μ to spread ■ **εξαπλώνομαι** μεσοπαθ (επιδημία, φωτιά) to spread • (εμπόριο, κράτος) to expand

εξάπλωση ουσ θηλ (ιδεών, φωτιάς, επιδημίας) spreading • (εμπορίου, κράτους) expansion

εξαπολύω ρ μ (επίθεση) to launch • (ύβρεις) to hurl

εξάπτω ρ μ (πάθος) to excite • (φαντασία) to fire • (περιέργεια) to arouse ■ **εξάπτομαι** μεσοπαθ to flare up

εξαργυρώνω ρ μ to cash

εξαρθρώνω ρ μ (πόδι) to twist • (σπείρα) to break up

εξάρθρωση ουσ θηλ (Ιατρ: στο πόδι) sprain • (στον ώμο) dislocation • (σπείρας) breaking up

εξάρι ουσ ουδ (διαμέρισμα) six-roomed flat (Βρετ.) ή apartment (Αμερ.) • (τραπουλόχαρτο) six

έξαρση ουσ θηλ (ακμής, επιδημίας) spread • (ανεργίας, αστυφιλίας) sharp rise • (περιέργειας, ενδιαφέροντος, φαντασίας) arousal • **είμαι σε ~** (επιδημία) to be at its peak

εξάρτημα ουσ ουδ (μηχανής, αυτοκινήτου) part • (εργοστασίου) equipment χωρίς πληθ. • (αξεσουάρ) accessory

εξαρτημένος, -η, -ο επιθ (χώρα, παιδιά) dependent • (για ναρκομανείς) addicted • **είμαι ~ από κπν** to be dependent on sb

εξάρτηση ουσ θηλ (γενικότ.) dependence (από on) • (για ναρκομανείς) addiction

εξαρτώ ρ μ~ **κτ από κτ** to make sth dependent on sth ■ **εξαρτώμαι** μεσοπαθ **εξαρτώμαι από** to depend on ■ **εξαρτάται** απρόσ it depends

εξαρχής επιρρ from the very beginning

εξασθένηση ουσ θηλ (σώματος) weakening • (δύναμης) flagging • (μνήμης) fading • (οικονομίας) decline • (ανέμων) dying down

εξασθενίζω ρ μ to weaken

εξασθενώ ρ αμ (άνθρωπος) to grow weak • (μνήμη) to fade • (δύναμη, δραστηριότητα) to flag • (άνεμος) to die down

εξάσκηση ουσ θηλ (σώματος) exercise • (μνήμης) training • (γνώσεων) practice • **κάνω ~ σε κτ** to practise (Βρετ.) ή practice (Αμερ.) sth • **πρακτική ~** practice

εξασκώ ρ μ (μνήμη) to train • (σώμα) to exercise • (ιατρική, δικηγορία) to practise (Βρετ.), to practice (Αμερ.)

εξασφαλίζω ρ μ (σύνταξη, διαμονή, καριέρα) to secure • (διατροφή) to provide • (επιτυχία) to ensure • (μέλλον) to provide for • (υποστήριξη, συμπαράσταση) to enlist

εξασφάλιση ουσ θηλ (οικονομικών πόρων, καριέρας) securing • (διατροφής, στέγης) provision • (αξιοπιστίας, εμπιστοσύνης) ensuring

εξασφαλισμέν|ος, -η, -ο επιθ (επιτυχία) assured • (καριέρα, μέλλον) secure

εξατμίζω ρ μ to evaporate ■ **εξατμίζομαι** μεσοπαθ (νερό) to evaporate • (γενναιοδωρία, καλοσύνη) to cease

εξάτμιση ουσ θηλ (νερού, κολόνιας) vaporization • (αυτοκινήτου) exhaust (pipe) • (αέρια) exhaust fumes πληθ.

εξαφανίζω ρ μ (ίχνος, σημάδι) to obliterate • (πιστόλι) to hide • (εχθρό) to wipe out • (λεκέδες, ρυτίδες) to get rid of • (χλωρίδα, πανίδα) to kill off ■ **εξαφανίζομαι** μεσοπαθ (άνθρωπος, αγωνία) to disappear • (είδη ζώων) to become extinct • **εξαφανίσου!** (υβρ.) get lost! • (προειδοποιητικά) make yourself scarce!

εξαφάνιση ουσ θηλ (ανθρώπου, πορτοφολιού) disappearance • (όπλου) concealing • (λαού, εχθρού) wiping out • (ρυτίδων, ακμής) getting rid of • (ζώου) extinction • (λεκέδων) vanishing

έξαψη ουσ θηλ excitement

εξάωρο ουσ ουδ six hours πληθ.

εξάωρ|ος, -η, -ο επιθ six-hour

εξεγείρω ρ μ to rouse ■ **εξεγείρομαι** μεσοπαθ (πλήθος) to revolt • (αγανακτώ) to be indignant

εξέγερση ουσ θηλ uprising

εξέδρα ουσ θηλ (γηπέδου) grandstand • (για παρελάσεις, γιορτές, εκδηλώσεις) platform

εξειδίκευση ουσ θηλ specialization

εξελιγμέν|ος, -η, -ο επιθ (κράτος, χώρα) developed • (για πρόσ.) up-to-date

εξέλιξη ουσ θηλ (για πρόσ.) advancement • (πολιτισμού, κατάστασης) development • (γλώσσας) evolution • (βιομηχανίας, τεχνολογίας) progress χωρίς πληθ. • (νόσου) progression • (διαπραγματεύσεων) progress • **βρίσκομαι σε ~** to be in progress • **θεωρία της εξέλιξης** theory of evolution ■ **εξελίξεις** πληθ developments

εξελίσσομαι ρ αμ (γλώσσα) to evolve • (γεγονότα, συζήτηση) to develop • (υγεία) to improve • (τεχνολογία, επιστήμες, κοινωνία, οικονομία) to advance • (για πρόσ.: επαγγελματικά) to advance • ~ **σε** to develop into

εξερεύνηση ουσ θηλ exploration

εξερευνητής ουσ αρσ explorer

εξερευνήτρια ουσ θηλ βλ. **εξερευνητής**

εξερευνώ ρ μ to explore

εξετάζω ρ μ (μηχανή, συσκευή) to overhaul • (επιχείρημα) to examine • (κατάσταση) to look into • (ασθενή) to examine • (αίμα, μάτια) to test • (μάρτυρα) to question • (αιχμάλωτο) to interrogate • (μαθητές, φοιτητές) to examine • ~ **λεπτομερώς** to examine in detail

εξέταση ουσ θηλ examination • (ισχυρισμών) investigation • (μαρτύρων, κατηγορουμένου) questioning • **γραπτή/προφορική ~** written/oral exam ή examination • **~ αίματος** blood test ■ **εξετάσεις** πληθ (μαθητών, υποψηφίων, φοιτητών) exams • (για δίπλωμα οδήγησης) driving test εν. • **ιατρικές εξετάσεις** medical tests

εξεταστής ουσ αρσ examiner

εξεταστικ|ός, -ή, -ό επιθ (βλέμμα) inquiring • (επιτροπή) examining • (περίοδος) exam

εξετάστρια ουσ θηλ βλ. **εξεταστής**

εξευτελίζω ρ μ (όνομα, οικογένεια) to bring shame on • (άνθρωπο) to humiliate ■ **εξευτελίζομαι** μεσοπαθ to hit rock-bottom

εξευτελισμός ουσ αρσ humiliation

εξευτελιστικός, -ή, -ό επιθ (ήττα) humiliating • (δουλειά) degrading • (τιμή) knockdown

εξέχ|ων, -ουσα, -ον επιθ prominent

εξήγηση ουσ θηλ (συμπεριφοράς) explanation • (νόμου, ονείρου) interpretation • (κειμένου) translation • **λογική ~** logical explanation • **τι ~ δίνεις;** how can you explain it? ■ **εξηγήσεις** πληθ explanation εν. • **δίνω εξηγήσεις για** to explain • **ζητώ εξηγήσεις** to demand an explanation

εξηγώ ρ μ (στάση, αντίδραση, λόγους) to explain • (όνειρο, σύμβολο) to interpret • (φράση, κείμενο) to translate ■ **εξηγούμαι** μεσοπαθ to explain oneself • **εξηγούμαι με κπν** to have it out with sb

εξηκοστ|ός, -ή, -ό αριθ τακτ sixtieth

εξημερώνω ρ μ (γάτα) to domesticate • (άλογο) to break in • (λιοντάρι) to tame • (μτφ.: ήθη) to civilize

εξημέρωση ουσ θηλ (γάτας, σκύλου) domestication • (αλόγου) breaking in • (λιονταριού) taming

εξήντα αριθ απόλ άκλ. sixty

εξηντάρης ουσ αρσ sixty-year-old man

εξής επιρρ **και ~** onwards ▶ επιθ +άρθρ. the following • **στο ~** from now on • **ως ~** as follows

έξι αριθ απόλ άκλ. six

εξισορροπώ ρ μ (σχέσεις) to even out • (συμφέροντα) to balance • (ζημιά, έλλειμμα) to counterbalance

εξίσου επιρρ equally

εξιστόρηση ουσ θηλ recounting

εξίσωση *ουσ θηλ* (*μισθών, επιδομάτων*) equality • (*Μαθ*) equation

εξιχνιάζω *ρ μ* (*απίες, λόγους*) to trace • (*έγκλημα*) to investigate • (*μυστήριο*) to solve

εξιχνίαση *ουσ θηλ* (*εγκλήματος, φόνου*) investigation • (*αιτίων*) tracing • (*μυστηρίου*) solving

εξόγκωμα *ουσ ουδ* (*πόδι, χέρι*) swelling • (*σε δρόμο*) bump

έξοδο *ουσ ουδ* expense • **βάζω κπν σε έξοδα** to put sb to a lot of expense • **έχω έξοδα** to have expenses • **καλύπτω τα έξοδά μου** to cover one's expenses • **με έξοδά μου** at my expense

έξοδος *ουσ θηλ* (*κτηρίου, θεάτρου*) exit • (*σπηλιάς*) opening • (*διασκέδαση*) outing • (*το βράδυ*) night out • (*κατοίκων, Αθηναίων*) going away • (*Θρησκ*) Exodus • (*στο αρχαίο θέατρο*) exodus • **έχω έξοδο** to go out

εξοικειώνω *ρ μ* **~ κπν με κτ** to familiarize sb with sth ■ **εξοικειώνομαι με κτ** to get used *ή* accustomed to sth

εξοικείωση *ουσ θηλ* familiarization • **έχω ~ με κτ** to be familiar with sth

εξοικονόμηση *ουσ θηλ* (*ενέργειας*) saving • (*χρημάτων*) finding • (*αναγκαίων*) covering

εξοικονομώ *ρ μ* (*ενέργεια, συνάλλαγμα*) to save • (*δαπάνες, κόπο*) to spare • (*κονδύλια, χρήματα, πόρους*) to find • (*αναγκαία*) to cover

εξολοθρεύω *ρ μ* to wipe out

εξομολόγηση *ουσ θηλ* confession • **κάνω ~** to confess

εξομολογώ *ρ μ* to hear the confession of ■ **εξομολογούμαι** *μεσοπαθ* to confess

εξοντώνω *ρ μ* (*λαό*) to exterminate • (*εχθρούς*) to wipe out • (*αντιπάλους*) to get rid of • (*εργαζόμενους, μαθητές*) to exhaust

εξόντωση *ουσ θηλ* (*λαού, έθνους*) extermination • (*αντιπάλων*) dispatching • (*εξάντληση*) exhaustion

εξοντωτικ|ός, -ή, -ό *επιθ* (*πόλεμος, αγώνας*) destructive • (*δουλειά*) exhausting • (*μέτρα*) fatal

εξονυχιστικ|ός, -ή, -ό *επιθ* thorough

εξοπλίζω *ρ μ* (*αντάρτες, στρατό, χώρα*) to arm • (*εργαστήριο, νοσοκομείο*) to equip • (*γραφείο*) to fit out

εξοπλισμός *ουσ αρσ* (*χώρας, κράτους*) arming • (*νοσοκομείου, γραφείου*) equipment • (*σύνολο πολεμικού υλικού*) arsenal ■ **εξοπλισμοί** *πληθ* arms *πληθ*.

εξοργίζω *ρ μ* to make angry

εξοργιστικ|ός, -ή, -ό *επιθ* infuriating

εξορία *ουσ θηλ* exile

εξορίζω *ρ μ* to exile

εξόριστ|ος, -η, -ο *επιθ* exiled

εξουδετερώνω *ρ μ* (*δηλητήριο*) to neutralize • (*ιό*) to get rid of • (*αντίπαλο, εχθρό*) to overpower • (*κίνδυνο*) to overcome

εξουδετέρωση *ουσ θηλ* (*εχθρού, αντιπάλου*) overpowering • (*νάρκης*) disposal

εξουθενώνω *ρ μ* (*για αρρώστια, δουλειά*) to exhaust • (*για ζέστη*) to drain • (*για άγχος*) to overwhelm

εξουθενωτικ|ός, -ή, -ό *επιθ* (*ζέστη*) overpowering • (*δουλειά*) exhausting • (*ωράριο*) punishing • (*αγώνας, ανταγωνισμός*) cut-throat

εξουσία *ουσ θηλ* (*αρχή*) power • (*για πρόσ.*) authority • **ανώτατη ~** supreme authority • **δίνω την ~ σε κπν να κάνει κτ** to give sb the power to do sth

εξουσιάζω *ρ μ* (*πολίτη, χώρα*) to rule • (*πάθη, φόβους*) to master ▶ *ρ αμ* to rule • **~ τον εαυτό μου** to be one's own master

εξουσιοδότηση *ουσ θηλ* authorization • **έχω ~ να κάνω κτ** to be authorized to do sth

εξουσιοδοτώ *ρ μ* to authorize • **~ κπν να κάνει κτ** to authorize sb to do sth

εξόφληση *ουσ θηλ* payment

εξοφλώ *ρ μ* (*δάνειο*) to pay off • (*χρέη*) to pay off • (*λογαριασμό*) to settle • (*μτφ.: χρέος*) to repay

εξοχή *ουσ θηλ* country(side)

εξοχικ|ός, -ή, -ό *επιθ* (*σπίτι*) country • (*κέντρο*) rural ■ **εξοχικό** *ουσ ουδ* (*σπίτι*) country house • (*Μαγειρ*) lamb with vegetables cooked in foil

έξοχ|ος, -η, -ο *επιθ* (*γιατρός, δικηγόρος, συγγραφέας*) excellent • (*ιδέα, ταινία, καιρός*) superb

έξτρα, εξτρά (*αμείβομαι, πληρώνω*) extra ▶ (*ανεπ.: ελαιόλαδο*) extra virgin • (*ουίσκι*) quality ■ **έξτρα, εξτρά** *ουσ ουδ πληθ* extras

εξύβριση *ουσ θηλ* insulting • (*αναιδέρων*) disrespect • (*αρχών, υπουργού*) vilification

εξυπηρέτηση *ουσ θηλ* (*κοινού, επιχείρησης*) service • (*σκοπού*) furtherance • (*αναγκών*) serving • (*συναλλαγών, συμβίωσης, πολιτικής*) serving the interests of • **κάνω μια ~ σε κπν** to do sb a favour (*Βρετ.*) *ή* favor (*Αμερ.*)

εξυπηρετικ|ός, -ή, -ό *επιθ* (*υπάλληλος*) helpful • (*εργαλείο*) useful • (*μέσο συγκοινωνίας*) convenient • (*τακτική, πολιτική, μεσολάβηση*) accommodating

εξυπηρετώ *ρ μ* to serve • **μπορώ να σας εξυπηρετήσω (σε τίποτα)**; (*σε κατάστημα*) can I help you? • **σας εξυπηρετούν;** (*σε κατάστημα*) are you being served?

εξυπνάδα *ουσ θηλ* (*ευφυΐα*) intelligence • **εξυπνάδες!** (*ειρων.*) very clever! • **άσε τις εξυπνάδες!** (*προφορ.*) stop being such a smart aleck! (*ανεπ.*) • **κάνω ή πουλάω εξυπνάδες** (*προφορ.*) to try to be smart

έξυπν|ος, -η, -ο *επιθ* (*άνθρωπος*) intelligent • (*δικηγόρος*) shrewd • (*σάτιρα, αστείο, κόλπο*) clever • **κάνω τον έξυπνο** to try to be clever

έξω *επιρρ* (*σε εξωτερικό χώρο*) out • (*εκτός σπιτιού*) out • (*παίζω, κοιμάμαι, περιμένω*) outside • (*στο εξωτερικό*) abroad • **~ από** outside • (*εκτός*) apart from • **έξω-έξω** on the edge • **μια κι ~** in one go • **μπορώ να πάω ~, κύριε;** may I be excused, sir? • **προς τα ~** outwards • **σπουδάζω ~** to study abroad ▶ *ρ αμ* **οη/το ~** the outside ■ **έξω** *ουσ ουδ* **το ~** the outside

εξωγήιν|ος, -η, -ο *επιθ* alien ■ **εξωγήινος** *ουσ αρσ,* **εξωγήινη** *ουσ θηλ* extraterrestrial

εξώπορτα *ουσ θηλ* (*σπιτιού*) front door • (*ναού*) main door

εξωπραγματικ|ός, -ή, -ό *επιθ* unrealistic
έξωση *ουσ θηλ* eviction • **κάνω ~ σε κπν** to evict sb
εξώστης *ουσ αρσ* (*Αρχιτ: σπιτιού*) balcony • (*θεάτρου*) circle
εξωστρεφ|ής, -ής, -ές *επιθ* extrovert
εξωτερικά *επιρρ* externally
εξωτερικό *ουσ ουδ* (*κτηρίου*) exterior • (*αλλοδαπή*) abroad • **στο ~** abroad
εξωτερικ|ός, -ή, -ό *επιθ* (*χώρος, αγωγός, όψη*) outside • (*τοίχος*) exterior • (*εμφάνιση*) outward • (*ειδήσεις, εχθρός, πολιτική*) foreign • (*γυρίσματα, σκηνές, δραστηριότητες*) outdoor • **η εξωτερική πλευρά** the outside
εξωτικ|ός, -ή, -ό *επιθ* exotic
εξωφρενικ|ός, -ή, -ό *επιθ* (*τιμές*) exorbitant • (*διαστάσεις, κατάσταση, ιστορία*) preposterous
εξώφυλλο *ουσ ουδ* cover
εορτάζω *ρ μ, ρ αμ* = **γιορτάζω**
εορτασμός *ουσ αρσ* celebration
εορτή *ουσ θηλ* (*επίσ.: γενεθλίων*) birthday • (: *Πάσχα, απελευθέρωσης, επανάστασης*) holiday • (: *Αγίου*) feast day • **εθνική ~** national holiday • **βλ. κ. γιορτή**
Ε.Ο.Τ. *συντομ* Greek Tourist Board
επαγγέλλομαι *ρ μ αποθ.* to practise (*Βρετ.*), to practice (*Αμερ.*)
επάγγελμα *ουσ ουδ* profession • **εξ επαγγέλματος** (*μτφ.*) professional • **κατ' ~** (*για ακαδημαϊκούς*) by profession • (*για εργάτες*) by trade
επαγγελματίας *ουσ αρσ, ουσ θηλ* professional • **ελεύθερος ~** freelancer
επαγγελματικ|ός, -ή, -ό *επιθ* (*πείρα, μυστικό, θέατρο, ποδόσφαιρο, πρωτάθλημα*) professional • (*ταξίδι*) business • (*κατάρτιση*) vocational • (*στέγη, αυτοκίνητο*) company • **επαγγελματική εκπαίδευση** vocational training
έπαθλο *ουσ ουδ* prize
επαινετικ|ός, -ή, -ό *επιθ* flattering
έπαινος *ουσ αρσ* (*εγκώμιο*) praise • (*ηθική αμοιβή*) commendation
επαινώ *ρ μ* (*εγκωμιάζω*) to praise • (*θάρρος, πράξη*) to commend
επακολουθ|ος, -η, -ο *επιθ* ensuing
■ **επακόλουθο** *ουσ ουδ* consequence • **έρχομαι ως επακόλουθο** to result
επάκρο *ουσ ουδ* **στο ~** extremely
επάλειψη *ουσ θηλ* (*δέρματος, εγκαύματος*) rubbing cream into • (*επιφάνειας*) coating
επαλήθευση *ουσ θηλ* checking
επαληθεύω *ρ μ* to check
έπαλξη *ουσ θηλ* (*πύργου, φρουρίου*) κυρ. πληθ. rampart • *κυρ. πληθ. (μτφ.)* bastion
επανάκτηση *ουσ θηλ* recovery
επανακτώ *ρ μ* to recover
επαναλαμβανόμεν|ος, -η, -ο *επιθ* repeated
επαναλαμβάνω *ρ μ* (*λόγια, πείραμα*) to repeat • (*μαθήματα*) to revise
επαναληπτικ|ός, -ή, -ό *επιθ* (*όπλο*) repeating • (*ψηφοφορία*) second • (*διαγώνισμα*) revision • **~ αγώνας** play-off
επανάληψη *ουσ θηλ* (*επεισοδίων, λάθος*) repetition • (*αγώνα*) replay • (*ψηφοφορίας*) rerun • (*μαθήματος*) revision

επαναπαύομαι *ρ αμ αποθ.* to be complacent • **~ σε** to count ή rely on
επανάσταση *ουσ θηλ* (*λαϊκή εξέγερση*) revolution • (*μτφ.*) rebellion • **η Επανάσταση του 1821** (*Ιστ*) the Greek War of Independence
επαναστάτης *ουσ αρσ* (*στασιαστής*) revolutionary • (*μτφ.*) rebel
επαναστατικ|ός, -ή, -ό *επιθ* revolutionary
επαναστάτρια *ουσ θηλ βλ.* **επαναστάτης**
επαναστατώ *ρ αμ* (*λαός, χώρα*) to revolt • (*μτφ.*) to rebel
επαναφέρω *ρ μ* (*θεσμό*) to bring back • (*θέμα*) to bring up again • (*αίτημα*) to reiterate • (*απολυμένους*) to reinstate • **~ κπν στη ζωή** to resuscitate sb • **~ την τάξη** to restore order
επαναφορά *ουσ θηλ* (*μοναρχίας, ειρήνης, θεσμού*) restoration • (*αιτήματος*) reiteration
επανδρώνω *ρ μ* (*πλοίο*) to man • (*νοσοκομείο, εργαστήριο, υπηρεσία*) to staff
επάνδρωση *ουσ θηλ* (*πλοίου*) manning • (*νοσοκομείου, υπηρεσίας*) staffing
επανεγγράψιμος *επιθ* (*CD, DVD*) rewritable
επανειλημμένα *επιρρ* repeatedly
επανειλημμέν|ος, -η, -ο *επιθ* repeated
επανειλημμένως *επιρρ* = **επανειλημμένα**
επανεκκίνηση *ουσ θηλ* restart
επανεμφάνιση *ουσ θηλ* (*προβλήματος, φαινομένου, νόσου*) recurrence • (*πολιτικού, καλλιτέχνη, αθλητή*) reappearance • (*φιλμ*) redevelopment
επανεξετάζω *ρ μ* (*κατάσταση, υπόθεση, θέμα*) to reconsider • (*μάρτυρα, μαθητή*) to re-examine
επανέρχομαι *ρ αμ αποθ.* **~ σε** (*εργασία*) to return to • (*θέμα, συζήτηση*) to come back to
επανιδείν *ουσ ουδ άκλ.* **εις το ~** goodbye
επάνοδος *ουσ θηλ* return
επανορθώνω *ρ μ* (*λάθος*) to put right • (*αδικία*) to redress ▶ *ρ αμ* to put things right
επανόρθωση *ουσ θηλ* (*αδικίας*) redress • (*σφάλματος*) rectification
επάνω *επιρρ* = **πάνω**
επάρκεια *ουσ θηλ* adequate supply
επαρκ|ής, -ής, -ές *επιθ* (*τροφεία, καύσιμα, χρήματα*) sufficient • (*εκπαίδευση, γνώσεις*) adequate
επαρκώ *ρ αμ* to be sufficient
επαρχία *ουσ θηλ* (*νομού*) province • (*ύπαιθρος*) countryside
επαρχιακ|ός, -ή, -ό *επιθ* (*νοσοκομείο*) provincial • (*δρόμος*) country
επαρχιώτης *ουσ αρσ* (*μειωτ.*) provincial
επαρχιώτισσα *ουσ θηλ βλ.* **επαρχιώτης**
έπαυλη *ουσ θηλ* villa
επαφή *ουσ θηλ* (*γενικότ.*) contact • (*οπτική*) contact • (*συνουσία*) intercourse • **είμαι ή βρίσκομαι σε ~** (*μαζί*) **με κπν** to be in touch with sb • **έρχομαι σε ~** (*μαζί*) **με κπν** to get in touch with sb • **έρχομαι σε ~ με κτ** to come into contact with sth • **φέρνω κπν σε ~ με κπν** to put sb in touch with sb • **χάνω ~** (*μαζί*) **με κπν** to lose touch ή contact with sb
■ **επαφές** *πληθ* contacts
επειγόντως *επιρρ* urgently • **μεταφέρομαι ~ στο νοσοκομείο** to be rushed to hospital

επείγω *ρ αμ* **επείγει, επείγουν** *τριτοπρόσ* to be urgent ■ **επείγομαι** *ρ μ μεσοπαθ* **επείγομαι να κάνω κτ** to be in a hurry to do sth ■ **επείγομαι** *ρ αμ* to be in a hurry

επείγ|ων, -ουσα, -ον *επιθ* urgent ■ **επείγον** *ουσ ουδ* (*για δέμα*) express • (*για επιστολή, γράμμα*) urgent

επειδή *σύνδ* because • **κι επειδή;** (*οικ.*) so what?

επεισοδιακ|ός, -ή, -ό *επιθ* (*αναχώρηση, είσοδος*) unexpected • (*διαδήλωση, παιχνίδι, αγώνας*) eventful

επεισόδιο *ουσ ουδ* (*συμβάν*) incident • (*σίριαλ, βιβλίου*) episode • **διπλωματικό ~** diplomatic incident • **εγκεφαλικό ~** stroke • **καρδιακό ~** heart attack ■ **επεισόδια** *πληθ* clashes • **προκαλώ επεισόδια** to cause disturbances

έπειτα *επιρρ* (*ύστερα*) then • (*άλλωστε*) besides • **από κει κι ~** after that • **~ από** after • **~ απ' αυτό** after that • **~ από λίγο** after a while • **κι έπειτα;** (*ειρωνικά ή με αδιαφορία*) and?

επέκταση *ουσ θηλ* (*πολέμου, βίας, επανάστασης*) spreading • (*κτηρίου, οικοδομής, δικτύου*) extension • (*ορίων, συνόρων*) expansion • (*δραστηριοτήτων, ενεργειών*) expansion

επεκτείνω *ρ μ* to extend • (*δραστηριότητες, επιχείρηση, ενέργειες*) to expand

επεμβαίνω *ρ αμ* (*κυβέρνηση, πολιτικός, μεσολαβητής*) to intervene • (*σε υποθέσεις, διαμάχες*) to interfere

επέμβαση *ουσ θηλ* (*μεσολάβηση*) intervention • (*αυτόκλητη*) interference • (*εγχείρηση*) operation

επένδυση *ουσ θηλ* (*πόρτας*) coating • (*τοίχου*) facing • (*καλωδίων*) casing • (*σωλήνων*) lagging • (*μπουφάν, παλτού*) lining • (*Οικον*) investment • **μουσική ~** (*ταινίας*) score

επενδυτής *ουσ αρσ* investor

επενδύτρια *ουσ θηλ βλ.* **επενδυτής**

επενδύω *ρ μ* (*χρήμα, κεφάλαιο*) to invest • (*πόρτα*) to coat • (*τοίχο*) to face • (*σακάκι, παλτό*) to line

επεξεργάζομαι *ρ μ αποθ.* to process • (*σύγγραμμα, νομοσχέδιο*) to work on

επεξεργασία *ουσ θηλ* processing • (*συγγράμματος, εργασίας, μελέτης*) elaboration • **περνώ κτ από ~** to process sth • **ηλεκτρονική ~ κειμένου** word processing

επεξήγηση *ουσ θηλ* explanation

επέτειος *ουσ θηλ* anniversary • **εθνική ~** national holiday • **~ γάμου** wedding anniversary

επευφημία *ουσ θηλ* cheer

επευφημώ *ρ μ* to cheer

επηρεάζω *ρ μ* (*για προσ.*) to influence • (*στα συναισθήματά*) to affect • (*σύστημα, ζωή, οικονομία*) to affect • (*αποφάσεις*) to influence • **είμαι επηρεασμένος (από κτ)** to be influenced (by sth) • (*συναισθηματικά*) to be affected (by sth) • **επηρεάζομαι εύκολα** to be susceptible

επί, επ', εφ' *προθ* +*γεν.* (*για τόπο*) on • +*γεν.* (*για χρονική περίοδο*) during • (*για χρονικό σημείο*) for • +*αιτ.* (*για χρονικό διάστημα ή διάρκεια*) for

• +*γεν.* (*για αναφορά*) on • (*με αφορμή*) on • (*ποσοστό*) per • (*Μαθ*) times • **~ σκοπόν!** aim! • **~ τη ονομαστική σου εορτή** on your name day • **~ τοις εκατό** per cent • **~ του θέματος** on the subject *ή* matter • **~ του παρόντος** for the time being • **~ τρία χρόνια** for three years • **~ των ημερών κποιου** in sb's day • **κλίνατε ~ δεξιά/αριστερά!** turn right/left!

επιβαίνω *ρ αμ* **~ σε** (*αυτοκίνητο*) to get in • (*λεωφορείο*) to get on

επιβάλλω *ρ μ* (*πρόστιμο, περιορισμό, γνώμη, ιδέα, θέληση*) to impose • (*μέτρα*) to enforce • **~ ποινή σε κπν** to penalize sb ■ **επιβάλλομαι** *μεσοπαθ* to command respect • **επιβάλλομαι** +*σε*/+*γεν.* to keep under control • **επιβάλλομαι στον εαυτό μου** to pull oneself together ■ **επιβάλλεται** *απρόσ* **επιβάλλεται να κάνω κτ** I must do sth

επιβάρυνση *ουσ θηλ* (*πελάτη*) extra expense *ή* charge • (*υγείας*) deterioration

επιβαρύνω *ρ μ* (*πολίτες, φορολογούμενους*) to burden • (*υγεία, περιβάλλον, ατμόσφαιρα, οικονομία*) to damage further • (*θέση, κατάσταση*) to aggravate

επιβατηγ|ός, -ός, -ό *επιθ* passenger ■ **επιβατηγό** *ουσ ουδ* passenger ship

επιβάτης *ουσ αρσ* passenger

επιβάτιδα *ουσ θηλ βλ.* **επιβάτης**

επιβατικ|ός, -ή, -ό *επιθ* passenger • **επιβατικό κοινό** travelling (*Βρετ.*) *ή* traveling (*Αμερ.*) public

επιβεβαιώνω *ρ μ* to confirm ■ **επιβεβαιώνομαι** *μεσοπαθ* (*για πρόσ.: σε προβλέψεις*) to be proved right • **επιβεβαιώνομαι ως** (*επιστήμονας, πολιτικός*) to be recognized as

επιβεβαίωση *ουσ θηλ* (*πληροφορίας, υποψίας*) confirmation • (*στοιχείων*) corroboration • (*άποψης*) affirmation

επιβεβλημέν|ος, -η, -ο *επιθ* imperative

επιβήτορας *ουσ αρσ* (*άλογο*) stallion • (*ειρων.: για πρόσ.*) stud

επιβιβάζω *ρ μ* to take aboard ■ **επιβιβάζομαι** *μεσοπαθ* **επιβιβάζομαι σε** to board

επιβίβαση *ουσ θηλ* (*σε αεροπλάνο, τρένο*) boarding

επιβιώνω *ρ αμ* to survive

επιβίωση *ουσ θηλ* survival

επιβλέπω *ρ μ* (*παιδί*) to keep an eye on • (*μαθητή, εργάτη*) to supervise • (*εργασίες, κατασκευή*) to oversee

επιβλέπ|ων, -ουσα, -ον *επιθ* supervising ▶ *ουσ* supervisor

επίβλεψη *ουσ θηλ* supervision • **υπό την ~** +*γεν.* under the supervision of

επιβλητικ|ός, -ή, -ό *επιθ* imposing

επιβολή *ουσ θηλ* (*φόρων, προστίμου*) imposition • (*ποινής*) infliction • (*τάξης*) enforcement • (*καθηγητή*) imposing presence

επιβράβευση *ουσ θηλ* reward

επιβραβεύω *ρ μ* to reward

επιβράδυνση *ουσ θηλ* (*αυτοκινήτου*) slowing down • (*καθυστέρηση*) delay

επιβραδύνω *ρ μ* (*αυτοκίνητο, ρυθμό, διαδικασία, πρόοδο*) to slow down • (*καθυστερώ*) to delay

επίγνωση ουσ θηλ (θέσης, καθήκοντος, δυσκολίας) awareness • **έχω πλήρη ~** +γεν. to be fully aware of

επιγραφή ουσ θηλ (ναού, τάφου) inscription • (καταστήματος) sign • **φωτεινή ~** illuminated sign

επιδεικνύω ρ μ (ικανότητα) to display • (πλούτη) to show off • (ομορφιά) to flaunt • (θάρρος, ζήλο) to show • (έγγραφα, δικαιολογητικά) to show ■ **επιδεικνύομαι** μεσοπαθ to show off

επιδεινώνω ρ μ to make worse ■ **επιδεινώνομαι** μεσοπαθ (καιρός) to get worse • (υγεία, καιρικές συνθήκες) to deteriorate

επιδείνωση ουσ θηλ (καιρού, ασθένειας, κρίσης) worsening • (υγείας) deterioration

επίδειξη ουσ θηλ (μόδας) show • (νέων προϊόντων) demonstration • (καλλυντικών) display • (ικανοτήτων) demonstration • (θάρρους) show • **κάνω ~** (αρνητ.) to show off

επιδέξι|ος, -α, -ο επιθ (πολιτικός, τεχνίτης, ζωγράφος) skilful (Βρετ.), skillful (Αμερ.) • (ελιγμός, κίνησεις) deft

επιδεξιότητα ουσ θηλ skill

επιδερμίδα ουσ θηλ skin • **απαλή/λεπτή/σκούρα ~** soft/thin/dark skin • **ευαίσθητη ~** sensitive skin • **ξηρή/λιπαρή ~** dry/oily skin

επίδεση ουσ θηλ dressing

επίδεσμος ουσ αρσ dressing

επιδημία ουσ θηλ epidemic • **εκδήλωση/έξαρση επιδημίας** outbreak/spread of an epidemic

επιδιορθώνω ρ μ (σπίτι, αυτοκίνητο, βλάβη) to repair • (φούστα, καρέκλα) to mend

επιδιόρθωση ουσ θηλ repair

επιδιώκω ρ μ to seek

επιδίωξη ουσ θηλ pursuit ■ **επιδιώξεις** πληθ plans

επιδοκιμασία ουσ θηλ approval ■ **επιδοκιμασίες** πληθ cheers

επίδομα ουσ ουδ allowance • **οικογενειακό ~** family allowance • **ανθυγιεινής εργασίας** danger money

επιδόρπιο ουσ ουδ dessert

επίδοση ουσ θηλ (μαθητή, φοιτητή) record • (αθλητή) performance • **παγκόσμια ~** (Αθλ) world record

επίδραση ουσ θηλ (για προσ.) influence • (κλίματος) effect • (πολέμου, βιβλίου) impact • **ασκώ ~ σε κπν** to influence sb • **δέχομαι ~ από κπν** to be influenced by sb • **θετική/αρνητική ~** positive/negative influence ή impact • **υπό την ~ κπιου** under sb's influence

επιδρομή ουσ θηλ invasion • (στο ψυγείο) raid

επιδρώ ρ αμ ~ **σε** (μέτρα, αντιλήψεις, θερμοκρασία) to affect • (φάρμακο) to act on

επιεικ|ής, -ής, -ές επιθ (άνθρωπος) lenient • (αξιολόγηση, βαθμολογία) generous

επιζήμι|ος, -α, -ο επιθ harmful

επιζώ ρ αμ +από/+γεν. (άνθρωπος) to survive • (μτφ.) to survive • (όνομα) to live on

επιζ|ών, -ώσα, -ών επιθ surviving ▸ ουσ survivor

επίθεση ουσ θηλ attack • **βίαιη ~** onslaught

τρομοκρατική ~ terrorist attack

επιθετικ|ός, -ή, -ό επιθ (πόλεμος, ενέργεια, όπλο) offensive • (ύφος, χαρακτήρας, λόγος) aggressive • (Αθλ: μέσος) attacking ■ **επιθετικός** ουσ αρσ (Αθλ) attacker

επιθετικότητα ουσ θηλ aggression

επίθετο ουσ ουδ (επώνυμο) surname • (Γλωσσ) adjective

επιθεώρηση ουσ θηλ (λογαριασμού, εργαστηρίων, τροφίμων) inspection • (θεατρικό είδος) revue • (περιοδικό) review

επιθεωρητής ουσ αρσ (γενικότ.) inspector • (εργασίας) supervisor • **αστυνομικός ~** police inspector • **γενικός ~** inspector general

επιθεωρήτρια ουσ θηλ βλ. **επιθεωρητής**

επιθεωρώ ρ μ to inspect

επιθυμητ|ός, -ή, -ό επιθ (αποτέλεσμα) desired • (συμπεριφορά) desirable • (επισκέπτης) welcome • (διευθυντής) popular

επιθυμία ουσ θηλ (βούληση) wish • (αντικείμενο απόλαυσης) desire • **εκφράζω την ~ να κάνω κτ** to express the wish ή desire to do sth • **ικανοποιώ την ~ κποιου** to grant sb's wish • **με πιάνει ~ να κάνω κτ** to want to do sth

επιθυμώ ρ μ (θέλω πολύ) to long for • (θέλω) to want • (νοσταλγώ) to miss • **~ πολύ να κάνω κτ** to long to do sth

επίκαιρ|ος, -η, -ο επιθ (θέμα, ερώτηση) topical • (βοήθεια, επέμβαση) timely • (σημείο, θέση) strategic ■ **επίκαιρα** ουσ ουδ πληθ current affairs

επικαιρότητα ουσ θηλ (είδησης, προβλήματος) topicality • (γεγονότα) news εν.

επίκεντρο ουσ ουδ (συζήτησης, δράσης, έρευνας) focal point • (κοινωνίας, κόσμου, πολιτιστικής ζωής) centre (Βρετ.), center (Αμερ.) • **~ της προσοχής** centre (Βρετ.) ή center (Αμερ.) of attention • **~ σεισμού** (Γεω) epicentre (Βρετ.), epicenter (Αμερ.)

επικεντρώνω ρ μ to focus (σε on) ■ **επικεντρώνομαι** μεσοπαθ to be focused (σε on)

επικερδ|ής, -ής, -ές επιθ (συνεργασία, επιχείρηση) profitable • (δουλειά) lucrative

επί κεφαλής, επικεφαλής επιρρ (βαδίζω) in front • +γεν. at the head of • **μπαίνω ~** to take the lead ▸ επίθ **ο/η επικεφαλής** the head

επικεφαλίδα ουσ θηλ title

επικήρυξη ουσ θηλ (ληστή, δραπέτη) putting a price on the head of • (ποσό) reward

επικίνδυν|ος, -η, -ο επιθ dangerous • **είναι επικίνδυνο να κάνω κτ** it is dangerous to do sth

επικοινωνία ουσ θηλ communication ■ **επικοινωνίες** πληθ • **έχω ή κρατώ ~ με κπν** to keep in contact ή touch with sb

επικοινωνώ ρ αμ **~ με** (γνωστοί, φίλοι) to keep in touch with • (γονείς, παιδιά) to communicate with • (δωμάτια, κτήρια: μέρος) to be connected to • (μεταξύ τους) to be connected by • **~ τηλεφωνικώς/γραπτώς** to communicate by phone/by letter

επικόλληση ουσ θηλ (γραμματόσημου, χαρτοσήμου) sticking • (Πληροφ) paste

επικολλώ ρ μ (γραμματόσημο) to stick on
• (Πληροφ) to paste
επικ|ός, -ή, -ό επιθ epic
επικράτεια ουσ θηλ state
επικράτηση ουσ θηλ (κινήματος, θεωρίας, ιδεών, αξιών) prevalence • (δικτατορίας) dominance • (ομάδας, εχθρού) victory
• (τεχνολογίας, αντιλήψεων) spread
επικρατώ ρ αμ (θεωρία, έθιμο) to be prevalent • (ησυχία) to reign • (στράτευμα, ομάδα, κόμμα) to win ▶ ρ μ +γεν. to get the better of • **θα επικρατήσει ηλιοφάνεια** there will be sunshine everywhere • **επικρατεί πανικός/ αναβρασμός** there is widespread panic/unrest
επικρατ|ών, -ούσα, -ούν επιθ prevailing
επικρίνω ρ μ (συνάδελφο, πολιτικό, λάθη, κατάσταση, άποψη) to criticize • (βιβλίο, ταινία) to pan • ~ **κπν/κτ για κτ** to criticize sb/sth for sth
επίκριση ουσ θηλ criticism
επικριτής ουσ αρσ critic • **αυστηρός ~** harsh critic
επικρίτρια ουσ θηλ βλ. **επικριτής**
επικυρώνω ρ μ (έγγραφο) to validate • (αίτηση) to uphold • (αντίγραφο) to certify
επικύρωση ουσ θηλ certification
επιλέγω ρ μ to choose • ~ **μεταξύ** to choose between
επίλεκτ|ος, -η, -ο επιθ (ακροατήριο) select
• (συνεργάτες) hand-picked • (φρουρά, σώμα) crack
επιληψία ουσ θηλ epilepsy
επιλογή ουσ θηλ (εκλογή) choice • **δεν έχω άλλη ~** to have no other choice • **κάνω την ~ ή τις επιλογές μου** to make one's choice • **με ερωτήσεις πολλαπλής επιλογής** (για εξέταση) multiple-choice
επίλογος ουσ αρσ (έκθεσης) conclusion
• (βιβλίου) epilogue (Βρετ.), epilog (Αμερ.)
• (μτφ.) upshot
επίλυση ουσ θηλ (διαφορών, διαφωνίας, κρίσης) resolution • (προβλήματος) solution
επιλύω ρ μ (διαφορές, διαφωνία, διένεξη) to resolve • (πρόβλημα) to solve
επίμαχος επιθ controversial
επιμέλεια ουσ θηλ (μαθητή, φοιτητή) diligence
• (βιβλίου, έργου) editing • (Νομ: παιδιού) custody
επιμελής, -ής, -ές επιθ hard-working
επιμελητής ουσ αρσ (εκδόσεων) editor • (τάξης) monitor
επιμελήτρια ουσ θηλ βλ. **επιμελητής**
επιμελούμαι ρ μ αποθ. (υποθέσεις) to take care of • (υγεία) to look after • (έκδοση, εργασία) to be in charge of
επιμένω ρ αμ to insist ▶ ρ μ ~ **να κάνω κτ** to insist on doing sth • **~! I** insist! • **~ ότι** to insist that • **~ σε κτ** to insist on sth
επιμήκ|ης, -ης, - επίμηκες επιθ elongated
επιμηκύνω ρ μ (ράβδο, γραμμή) to lengthen
• (διάρκειας ζωής, παραμονής, χρόνου) to prolong • **επιμηκύνομαι** μεσοπαθ to be prolonged
επιμονή ουσ θηλ (εμμονή) insistence

• (σταθερότητα) perseverance • **υπομονή και ~** patience and perseverance
επίμον|ος, -η, -ο επιθ (άνθρωπος, άτομο, χαρακτήρας) obstinate • (αγώνας, προσπάθεια, βλέμμα) persistent
επινόηση ουσ θηλ (τροχού, γραφής, τηλεφώνου) invention • (ηθοποιού, παίκτη) inspiration
• (αρνητ.) fabrication • **~ της φαντασίας** figment of the imagination
επινοητικ|ός, -ή, -ό επιθ inventive
επινοώ ρ μ (τεχνική, μηχάνημα) to invent
• (ιστορία, μύθο, ψέμα) to make up
• (δικαιολογία) to come up with
επίπεδο ουσ ουδ (Γεωμ) plane • (ετοιμότητας) level • (για πρόσ., υπηρεσίες) standard
• **πνευματικό ή διανοητικό ~** mental ή intellectual level ■ **επίπεδα** πληθ levels
επίπεδ|ος, -η, -ο επιθ (γη, έκταση) level
• (δρόμος) smooth • (Γεωμ: σχήμα, επιφάνεια) plane • (: οθόνη) flat
επιπλέον επιρρ besides ▶ επιθ extra
επιπλέω ρ αμ (πάγος, ξύλο, βάρκα, πτώμα) to float • (μτφ.) to survive
επίπληξη ουσ θηλ reprimand
έπιπλο ουσ ουδ furniture χωρίς πληθ.
επιπλοκή ουσ θηλ complication
επιπλώνω ρ μ to furnish • **επιπλωμένο διαμέρισμα** furnished flat (Βρετ.) ή apartment (Αμερ.)
επίπλωση ουσ θηλ (έπιπλα) furniture
• (εφοδιασμός με έπιπλα) furnishing
• **μοντέρνα/κλασική ~** modern/classic furniture
επιπόλαι|ος, -η, -ο επιθ superficial
• (άνθρωπος, συμπεριφορά, χαρακτήρας) shallow • **παίρνω κτ επιπόλαια** not to take sth seriously
επίπον|ος, -η, -ο επιθ (εργασία, προσπάθεια) strenuous • (έργο, έρευνα) laborious
επίπτωση ουσ θηλ repercussions πληθ.
επιρρεπ|ής, -ής, -ές επιθ **είμαι ~ σε κτ** (αρνητ.) to be given to sth
επίρρημα ουσ ουδ adverb
επιρροή ουσ θηλ (οικογένειας, φίλων) influence
• (δύναμη) pull • **ασκώ ~ σε κπν** to influence sb
επισημαίνω ρ μ (λάθος) to point out • (κίνδυνο) to stress • (πρόβλημα) to locate
επισήμανση ουσ θηλ (λαθών) pointing out
• (κινδύνου, παραγόντων) stressing
επισημοποιώ ρ μ (σχέση) to make official
• (συμφωνία) to ratify
επίσημ|ος, -η, -ο επιθ (συζητήσεις) formal
• (αντιπρόσωπος) official • (γλώσσα, νόμισμα, αργία) official • (ένδυμα, γεύμα) formal • (τελετή) official • (ύφος, μορφή) formal • (ανακοίνωση, έγγραφο, διακήρυξη) official
επισημότητα ουσ θηλ formality
επίσης επιρρ (επιπλέον) also • **~! (ως απάντηση)** the same to you! • **χαίρω πολύ! — Επίσης!** nice to meet you! — (Nice to meet) you too!
επισκεπτήριο ουσ ουδ visiting hours πληθ.
επισκέπτης ουσ αρσ visitor
επισκέπτομαι ρ μ αποθ. to visit
επισκέπτρια ουσ θηλ βλ. **επισκέπτης**

επισκευάζω ρ μ to repair
επισκευή ους θηλ repair • **επισκευές αυτοκινήτων** car repairs
επίσκεψη ους θηλ visit • **έχουμε/περιμένουμε επισκέψεις** we have/are expecting visitors • **κάνω ~ σε** κπν to visit sb
επίσκοπος ους αρσ bishop
επιστάτης ους αρσ (έργων) supervisor • (σχολείου) caretaker
επιστάτρια ους θηλ βλ. **επιστάτης**
επιστήθιος, -α, -ο επιθ bosom
επιστήμη ους θηλ science • **έχω αναγάγει κτ σε ~** (ειρων.) to have sth down to a fine art
επιστήμονας ους αρσ, ους θηλ (κυριολ.) scientist • (μτφ.) past master
επιστημονικός, -ή, -ό επιθ scientific
επιστήμων ους αρσ, ους θηλ = **επιστήμονας**
επιστολή ους θηλ (γράμμα) letter • (Θρησκ) epistle • **ερωτική ~** love letter • **συστημένη ~** registered letter
επιστράτευση ους θηλ mobilization
επιστρατεύω ρ μ (Στρατ) to mobilize • (μτφ.: πονηριά, κουράγιο, πείρα) to summon up
επιστρέφω ρ μ to return • (δανεικά, χρήματα) to pay back ▶ ρ αμ **~ σε** to go back to • **~ δριμύτερος** to return with a vengeance
επιστροφή ους θηλ return • (χρημάτων) repayment • (μτφ.) comeback • (σε θέμα) coming back to ■ **επιστροφές** πληθ rebates πληθ.
επισυνάπτω ρ μ to attach • **~ ένα αρχείο σε ένα μήνυμα ηλεκτρονικού ταχυδρομείου** to attach a file to an email
επισύναψη ους θηλ attachment
επιταγή ους ουδ cheque (Βρετ.), check (Αμερ.)
επιτακτικός επιθ (ανάγκη) urgent • (ύφος, φωνή) commanding
επιτάφιος, -α, -ο επιθ funeral • **επιτάφιο επίγραμμα** epitaph • **~ λόγος** funeral oration • **επιτάφια στήλη** tombstone • **επιτάφιος** ους αρσ representation of the crucifixion of Christ
επιτάχυνση ους θηλ (Φυσ) acceleration • (αλλαγών, ρυθμού, ενοποίησης, πορείας) speeding up
επιταχύνω ρ μ (διαδικασίες, ρυθμούς) to speed up • (βήμα) to quicken
επιτέλους επιρρ at last
επίτευγμα ους ουδ achievement
επίτευξη ους θηλ achievement
επιτήδειος, -α, -ο επιθ (δικηγόρος) shrewd • (αρνητ.) cunning
επίτηδες επιρρ deliberately
επιτήρηση ους θηλ (σε εξετάσεις: μαθητών) invigilation • (: έργων, προγράμματος, σχεδίου) supervision • **υπό ~** under surveillance
επιτηρητής ους αρσ (σε εξετάσεις) invigilator • (έργων) supervisor
επιτηρήτρια ους θηλ βλ. **επιτηρητής**
επιτηρώ ρ μ (μαθητές) to invigilate • (κτήμα, κτήριο) to keep an eye on • (έργα, εργάτες, πρόγραμμα) to supervise
επιτίθεμαι ρ αμ αποθ. (για στρατό, πρόσ.) to attack • (για ζώα) to charge • (για τύπο, Μ.Μ.Ε., εφημερίδες) to lash out (κατά at)

επίτιμος επιθ (πρόεδρος, δημότης) honorary • (καθηγητής) emeritus
επιτόκιο ους ουδ interest rate • **υψηλό/χαμηλό ~** high/low interest rate
επιτραπέζιος, -α, -ο επιθ table • **επιτραπέζιο παιχνίδι** board game
επιτρέπω ρ μ (γενικότ.) to allow • (δίνω τη δυνατότητα) to enable • **αν μου επιτρέπετε...** if I may... • **~ να κάνω** to allow to do • **επιτρέψτε μου να κάνω** allow me to do • **την είσοδο** to let in • **μου επιτρέπετε να καθίσω;** may I sit down? ■ **επιτρέπεται** απρόσ to be allowed ή permitted • **επιτρέπεται το κάπνισμα;** are you allowed to smoke?
επιτροπή ους θηλ committee • **Επιτροπή Ολυμπιακών Αγώνων** Olympic Games® Committee
επιτυγχάνω ρ μ to achieve ▶ ρ αμ to succeed
επιτυχημένος, -η, -ο επιθ successful
επιτυχής, -ής, -ές επιθ successful
επιτυχία ους θηλ (προσπαθειών, ταινίας, γιορτής) success • (για τραγούδι) hit • **έχω ~ σε κτ** to succeed in sth • **καλή ~!** good luck! • **σημειώνω ~** (ταινία, φεστιβάλ) to be a success
επιφάνεια ους θηλ (επίσης Μαθ) surface • **βγαίνω στην ~** to surface • **φέρνω κτ στην ~** to dredge sth up
επιφανειακός, -ή, -ό επιθ (καθάρισμα, σεισμός) surface • (τραύμα) superficial • (μτφ.) superficial
επιφυλακή ους θηλ (για στρατό, αστυνομία) standby • (για κράτος) state of alert • **είμαι ή βρίσκομαι σε ~** to be on alert • **μπαίνω σ' ~** to go on alert
επιφυλακτικός, -ή, -ό επιθ (άνθρωπος, χαρακτήρας, στάση, τακτική, πολιτική) cautious • (ματιά) wary
επιφύλαξη ους θηλ reservation • **έχω τις επιφυλάξεις μου για κτ** to have reservations about sth • **με κάθε ~** for what it's worth
επιφυλάσσω ρ μ (προβλήματα, εκπλήξεις) to have in store • (υποδοχή) to reserve ■ **επιφυλάσσομαι** μεσοπαθ **επιφυλάσσομαι να κάνω κτ** to reserve the right to do sth
επιφώνημα ους ουδ exclamation
επιχείρημα ους ουδ argument • **ισχυρό ~** strong argument • **προβάλλω ~** to put forward an argument • **φέρνω ~** to present an argument
επιχειρηματίας ους αρσ, ους θηλ businessman/woman
επιχειρηματικός, -ή, -ό επιθ entrepreneurial
επιχείρηση ους θηλ (Οικον) enterprise • (εταιρεία) firm • (διάσωσης, κατάβασης) operation • (Στρατ) operation • **διοίκηση επιχειρήσεων** business management • **δημόσια ~** public utility • **ελεύθερη/ιδιωτική ~** free/private enterprise • **πολυεθνική ~** multinational (company)
επιχειρώ ρ μ (επιδιώκω) to undertake • **~ να κάνω κτ** (δοκιμάζω) to try to do sth
επίχρυσος, -η, -ο επιθ (ρολόι, καρφίτσα) gold-plated • (κορνίζα) gilt
εποικοδομητικός επιθ constructive
έπομαι ρ μ +γεν. to follow ▶ ρ αμ to follow

■ **έπεται ότι** *απρόσ* it follows that
επομένη *ουσ θηλ* η ~ the following day
επόμεν|ος, -η, -ο *επιθ* (*μέρα, εβδομάδα, χρόνος, γενιά, υποψήφιος*) next • (*άρθρο, διατάξεις*) following ▶ **ο ~!** next! • **είναι επόμενο** it is natural
επομένως *επιρρ* therefore
επόπτης *ουσ αρσ* supervisor • **~ (γραμμών)** linesman
επόπτρια *ουσ θηλ βλ.* **επόπτης**
έπος *ουσ ουδ* epic • **Ομηρικά Έπη** Homer's Epics
επουλώνω *ρ μ* to heal ■ **επουλώνομαι** *μεσοπαθ* to heal
επούλωση *ουσ θηλ* healing
επουσιώδ|ης, -ης, -ες *επιθ* (*διαφορά, λεπτομέρεια*) insignificant • (*εργασία, τμήμα*) unimportant • (*λάθος*) trifling
εποχή *ουσ θηλ* (*έτους*) season • (*ειρήνης, λιτότητας, δημοκρατίας, 2ου Παγκοσμίου Πολέμου*) period • (*βυζαντινή, κλασική*) era • (*καιρός*) time • (*Γεω*) age • **εκτός εποχής** out of season • (*έξω από τη μόδα*) out of fashion • **κοστούμι εποχής** period costume • **λάθος ~** at the wrong time • **στην ~ μου** in my day ή time • **ταινία εποχής** costume drama • **της εποχής μου** of my day ή time
εποχικός, εποχιακός, -ή, -ό *επιθ* seasonal
επτά *αριθ απόλ άκλ.* seven
επταετ|ής, -ής, -ές *επιθ* (*πόλεμος, ανάπτυξη*) seven-year • (*παιδί*) seven-year-old
επταήμερο *ουσ ουδ* seven days *πληθ.*
επταήμερ|ος, -η, -ο *επιθ* seven-day
επτακόσια *αριθ απόλ άκλ.* seven hundred
επτακόσιοι *αριθ απόλ πληθ* seven hundred
επτάμισι *απρόσ άκλ.* (*κιλά, μήνες*) seven and a half • (*για ώρα*) half past seven
Επτάνησα *ουσ ουδ πληθ* Ionian Islands
επώδυν|ος, -η, -ο *επιθ* painful
επώνυμο *ουσ ουδ* surname
επώνυμ|ος, -η, -ο *επιθ* (*ρούχα*) designer • (*προϊόν*) branded • (*δημοσίευμα*) eponymous • (*καταγγελία*) signed ■ **επώνυμος** *ουσ αρσ*, **επώνυμη** *ουσ θηλ* celebrity
έρανος *ουσ αρσ* collection • **αντικαρκινικός ~** collection for cancer research • **κάνω έρανο** to raise money
ερασιτέχνης *ουσ αρσ* amateur
ερασιτεχνικός, -ή, -ό *επιθ* (*ραδιοσταθμός, παράσταση, θίασος*) amateur • (*αρνητ.*) amateurish
ερασιτέχνις *ουσ θηλ βλ.* **ερασιτέχνης**
εραστής *ουσ αρσ* (*κυριολ.*) lover • (*καταχρ.: γυναίκας*) womanizer • **έχω εραστή** to have a lover
εργάζομαι *ρ αμ αποθ.* to work • **~ ως** to work as
εργαζόμεν|ος, -η ή -ένη, -ο *επιθ* working ▶ *ουσ* employee • **εργαζόμενη μητέρα** working mother • **εργαζόμενη γυναίκα** working woman
εργαλείο *ουσ ουδ* tool
εργασία *ουσ θηλ* work • **άδεια εργασίας** work permit • **ομαδική ~** (*γενικότ.*) team work • (*Πανεπ*) group assignment

εργάσιμ|ος, -η, -ο *επιθ* working
εργαστήρι *ουσ ουδ* = **εργαστήριο**
εργαστήριο *ουσ ουδ* (*βιολογίας, χημείας, πανεπιστημίου*) laboratory • (*εταιρείας, επιχείρησης, τεχνίτη*) workshop • (*καλλιτέχνη*) studio • (*μάθημα*) practical
εργάτης *ουσ αρσ* (*γενικότ.*) worker • (*μτφ.*) creator • **ανειδίκευτος/εξειδικευμένος ~** non-skilled/skilled worker
εργατικός, -ή, -ό *επιθ* (*σύλλογος, σωματείο, συνδικάτο*) labour (*Βρετ.*), labor (*Αμερ.*) • (*διεκδίκηση, απεργία*) workers' • (*ατύχημα*) industrial • (*μαθητής, υπάλληλος*) hard-working
εργατικότητα *ουσ θηλ* diligence
εργένης *ουσ αρσ* single man
εργένισσα *ουσ θηλ* single woman
έργο *ουσ ουδ* (*εργασία*) work • (*καθήκον*) task • (*γλυπτικής, ζωγραφικής, λογοτεχνίας*) work • (*ταινία*) film (*κυρ. Βρετ.*), movie (*Αμερ.*) • **επί το έργον!** get to work! ■ **έργα** *πληθ* (*δράση*) actions • (*κατασκευής, μετρό*) works • **έργα και όχι λόγια** (it's time for) action, not words
εργοδότης *ουσ αρσ* employer
εργοδότρια *ουσ θηλ βλ.* **εργοδότης**
εργολάβος *ουσ αρσ* (*οικοδομών, δημοσίων έργων*) contractor • (*Μαγειρ*) macaroon • **~ κηδειών** undertaker
εργοστάσιο *ουσ ουδ* (*γενικότ.*) factory • (*χαρτοποιίας, υφαντουργίας*) mill
εργόχειρο *ουσ ουδ* handicraft
ερεθίζω *ρ μ* (*επιδερμίδα, μάτια*) to irritate • (*εκνευρίζω*) to annoy • (*μτφ.: περιέργεια, φαντασία*) to arouse • (*άνδρα, γυναίκα*) to arouse
ερέθισμα *ουσ ουδ* (*διέγερση*) stimulus • (*έναυσμα*) spark • (*ερεθισμός*) irritation • **δίνω το** to provide the stimulus
ερεθισμός *ουσ αρσ* (*επιδερμίδας, ματιού*) irritation • (*οπτικού οργάνου*) stimulation • (*εκνευρισμός*) irritation • (*ερωτική διέγερση*) arousal
ερείπιο *ουσ ουδ* (*για κτήρια*) ruin • (*μτφ.*) wreck ■ **ερείπια** *πληθ* ruins
ερειπωμέν|ος, -η, -ο *μτχ* (*κάστρο, πόλη*) ruined • (*σπίτι*) derelict
ερειπώνω *ρ μ* to reduce to ruins
Ερέτρια *ουσ θηλ* Eritrea
έρευνα *ουσ θηλ* (*αστυνομίας*) investigation • (*αρχείων, πηγών*) inquiry • (*διαστήματος*) exploration • (*επιστημονική*) research • (*για χρυσό, πετρέλαιο*) prospecting • (*για προσώπου*) search • (*κοινής γνώμης, οικονομικής κατάστασης*) survey • **κάνω ή διεξάγω ή έρευνες** (*αστυνομία*) to investigate • **εξονυχιστικές έρευνες** thorough search *εν.* • **σωματική ~** body search
ερευνητής *ουσ αρσ* researcher
ερευνήτρια *ουσ θηλ βλ.* **ερευνητής**
ερευνώ *ρ αμ* (*βιβλία, αρχεία, πηγές*) to research • (*αίτια, φαινόμενο, πρόβλημα*) to investigate • (*δωμάτιο, χώρο*) to search • **~ για κτ** to search for sth • **~ εις ή σε βάθος κτ** to look into sth in detail

Ερέχθειο *ουσ ουδ* Erechtheum
ερημιά *ουσ θηλ* (*έρημος τόπος*) wilderness • (*μοναξιά*) isolation
ερημικ|ός, -ή, -ό *επιθ* (*χωριό, τοποθεσία, σπίτι, δρόμος*) isolated • (*ζωή*) solitary
έρημος *ουσ θηλ* desert
ερημ|ος, έρμος, -η, -ο *επιθ* (*νησί, τόπος*) desert • (*πόλη*) ghost • (*δρόμοι*) deserted • (*για πρόσ.*) alone
έριδα *ουσ θηλ* dispute • **το μήλο(ν) της Έριδος** the apple of discord
ερμηνεία *ουσ θηλ* (*γεγονότος, φαινομένου, απόφασης, συμπεριφοράς, ονείρου*) interpretation • (*τραγουδιού, ρόλου*) performance
ερμηνεύω *ρ μ* (*γεγονός, φαινόμενο, στάση, συμπεριφορά, όνειρο, νόμο*) to interpret • (*ρόλο*) to play • (*τραγούδι*) to sing
Ερμής *ουσ αρσ* (*Μυθολ*) Hermes • (*Αστρ*) Mercury
ερμητικά, ερμητικώς *επιρρ* hermetically • **είμαι κλεισμένος ~** to be hermetically sealed • **κλείνω κτ ~** to seal sth hermetically
έρμ|ος, -η, -ο *επιθ* wretched • *βλ. κ.* **έρημος**
ερπετό *ουσ ουδ* reptile
έρπης *ουσ αρσ* herpes
έρπω *ρ αμ* to crawl
Ερυθρά Θάλασσα *ουσ θηλ* ~ the Red Sea
ερυθρ|ός, -ά ή -ή, -ό *επιθ* red
έρχομαι *ρ αμ αποθ.* to come • (*τρένο, αεροπλάνο, πλοίο*) to arrive • (*επιστρέφω*) to come ή get back • (*ρούχο, δαχτυλίδι*) to fit • **~ πάνω στην ώρα** to come on time • **~ προς** to come towards (*Βρετ.*) ή toward (*Αμερ.*) • **~ σε** (*χώρα*) to come to • (*συμφωνία*) to come to • **μου έρχεται να κάνω κτ** to feel like doing sth
ερχομός *ουσ αρσ* (*για πρόσ.*) arrival • (*νύχτας, άνοιξης*) coming
ερωμένη *ουσ θηλ* lover
ερωμένος *ουσ αρσ βλ.* **εραστής**
ερωταπόκριση *ουσ θηλ* question and answer
έρωτας *ουσ αρσ* (*πάθος*) love • (*σχέση*) love affair • (*σεξουαλική πράξη*) sex • (*μτφ.*) love • **κάνω έρωτα με κπν** to make love with sb
ερωτευμέν|ος, -η, -ο *μτχ* in love • **είμαι (τρελά) ~ με κπν** to be (madly) in love with sb
ερωτεύομαι *ρ μ αποθ.* to fall in love with ▶ *ρ αμ* to fall in love
ερώτημα *ουσ ουδ* question • **θέτω το ~** to raise the question • **το ~ είναι...** the question is... • *βλ. κ.* **ρώτημα**
ερωτηματικ|ός, -ή, -ό *επιθ* (*βλέμμα, ύφος*) inquiring • **ερωτηματική πρόταση** (*Γλωσσ*) interrogative sentence ■ **ερωτηματικό** *ουσ ουδ* question mark • **προκύπτουν ερωτηματικά** questions are being asked
ερωτηματολόγιο *ουσ ουδ* questionnaire
ερώτηση *ουσ θηλ* question • **αδιάκριτη ~** indiscreet question • **κάνω μια ~** to ask a question • **προσωπική ~** personal question
ερωτικ|ός, -ή, -ό *επιθ* (*επιστολή, δράμα*) love • (*καταχρ.: σεξουαλικός*) erotic • **ερωτική εξομολόγηση** declaration of love

ερωτώ *ρ μ* to ask • *βλ. κ.* **ρωτώ**
εσάρπα *ουσ θηλ* scarf
εσάς *αντων* you
εσείς *αντων* you • **δεν φταίτε ~** it's not your fault • **~ είστε;** is that you?
εσένα *αντων* you • **μ' ~** with you • **~ σου αρέσει;** do you like it?
Εσθονία *ουσ θηλ* Estonia
εσκεμμένα *επιρρ* deliberately
εσκεμμέν|ος, -η, -ο *επιθ* deliberate
έσοδο *ουσ ουδ* (*εργαζομένου*) income • (*συναυλίας*) receipts *πληθ.*
εσπεριδοειδή *ουσ ουδ πληθ* (*δέντρα*) citrus trees • (*φρούτα*) citrus fruits
εσπρέσο *ουσ αρσ άκλ.*, *ουσ ουδ άκλ.* espresso
εστία *ουσ θηλ* (*τζάκι*) fireplace • (*σπίτι*) home • (*πόνου, μόλυνσης, διαφθοράς, πολιτισμού*) centre (*Βρετ.*), center (*Αμερ.*) • (*κουζίνας*) hotplate • (*στο ποδόσφαιρο*) goal • **οικογενειακή ~** family home • **φοιτητική ~** halls *πληθ.* of residence
εστιάζω *ρ μ* to focus
εστιάτορας *ουσ αρσ, ουσ θηλ* restaurant owner
εστιατόριο *ουσ ουδ* restaurant
έστω *επιρρ* (*ας είναι*) very well • (*τουλάχιστον*) at least
εσύ *αντων* you • **προσπάθησε κι ~!** you try!
εσφαλμέν|ος, -η, -ο *επιθ* (*αντίληψη*) mistaken • (*υπολογισμός, συμπέρασμα*) wrong
έσχατ|ος, -η ή -άτη, -ο *επιθ* (*λύση, διέξοδος, στόχος*) last, final • (*όριο, χώρος*) furthest • (*ημέρα*) last • (*γήρας*) extreme • (*ταπείνωση*) utter • **η εσχάτη των ποινών** (*Νομ*) death penalty • (*στο ποδόσφαιρο*) penalty • **μέχρις εσχάτων** until ή to the end
εσώρουχο *ουσ ουδ* underwear *χωρίς πληθ.*
εσωτερικ|ός, -ή, -ό *επιθ* (*σκάλα*) inside • (*αυλή*) inner • (*οργάνωση*) internal • (*χώρος*) indoor • (*πτήσεις, εμπόριο, αγορά*) domestic • (*κόσμος*) inner • **για εσωτερική χρήση** for internal use • **εσωτερική (τηλεφωνική) γραμμή** extension ■ **εσωτερικός** *ουσ αρσ*, **εσωτερική** *ουσ θηλ* boarder ■ **εσωτερικό** *ουσ ουδ* interior • **Υπουργείο Εσωτερικών** Ministry of the Interior
εταιρεία, εταιρία *ουσ θηλ* company • **ασφαλιστική ~** insurance company
ετεροθαλ|ής, -ής, -ές *επιθ* **~ αδελφός** half-brother • **~ αδελφή** half-sister
ετεροφυλόφιλ|ος, -η, -ο *επιθ* heterosexual ▶ *ουσ* heterosexual
ετήσι|ος, -α, -ο *επιθ* annual
ετικέτα *ουσ θηλ* (*σε προϊόν*) label • (*εθιμοτυπία*) etiquette • **αυτοκόλλητη ~** adhesive label
ετοιμάζω *ρ μ* (*φαγητό*) to prepare • (*λογαριασμό*) to make out • (*σχέδια*) to make • (*σπίτι, δωμάτιο*) to tidy up • **~ (μια) έκπληξη** to plan a surprise • **~ τα πράγματά μου** to pack one's things ■ **ετοιμάζομαι** *μεσοπαθ* to get ready
ετοιμασία *ουσ θηλ* (*εκδήλωσης, ομάδας, φαγητού*) preparation • (*αποσκευών*) packing • (*διατριβής*) writing • (*σπιτιού, δωματίου*) tidying up ■ **ετοιμασίες** *πληθ* preparations • **κάνω ετοιμασίες** to make preparations

ετοιμοθάνατ|ος, -η, -ο επιθ dying
ετοιμόρροπ|ος, -η, -ο επιθ dilapidated
έτοιμ|ος, -η, -ο επιθ ready • **είμαι ~ για όλα** to be ready for anything • **έτοιμα φαγητά** ready meals • **έτοιμα ενδύματα** ready-to-wear (clothes)
ετοιμότητα ουσ θηλ (Στρατ) readiness • **είμαι ή βρίσκομαι σε (πλήρη) ~** to be (fully) prepared
έτος ουσ ουδ year • **ημερολογιακό ~** calendar year • **νέο ~** new year
έτσι επιρρ (με αυτόν τον τρόπο) like this • **αφήνω κπν ~** to leave sb in the lurch • **δίνω κτ ~** to give sth away (for free) • **είτε ~ είτε αλλιώς** one way or another • **~ δεν είναι;** isn't that right? • **~ και...** if. • **~ κι αλλιώς** anyway • **~ κι ~** so-so • **~ μου 'ρχεται να... I** was about to... • **~ μπράβο!** that's the spirit! • **~ το 'πα!** (οικ.) I was only joking! • **~ ώστε να** so that • **θα έρθεις, έτσι;** you're coming, aren't you? • **μην κάνεις ~!** (οικ.) don't get so worked up! • **όχι κι ~!** that's enough! • **ώστε έτσι;** is that so?
ευαγγέλιο ουσ ουδ gospel
ευάερ|ος, -η, -ο επιθ airy
ευαισθησία ουσ θηλ sensitivity • **δεν έχω την ~ να κάνω κτ** not to have the sensitivity to do sth • **έχω (μια) ~ σε κτ** to be susceptible to sth
ευαισθητοποιώ ρ μ to make aware
ευαίσθητ|ος, -η, -ο επιθ sensitive • **είμαι ~ σε** to be sensitive to • **είναι το ευαίσθητο σημείο μου** it's my weak spot
ευάλωτ|ος, -η, -ο επιθ sensitive
ευανάγνωστ|ος, -η, -ο επιθ legible
εύγε επιφων well done!
ευγένεια ουσ θηλ politeness ▪ **ευγένειες** πληθ (ειρων.) formalities
ευγενής, -ής, -ές επιθ (άνθρωπος, νέος) polite • (αγώνας, προσπάθεια) noble ▪ **ευγενής** ουσ αρσ nobleman
ευγενικ|ός, -ή, -ό επιθ (άνθρωπος, συμπεριφορά) polite • (παρουσιαστικό, εμφάνιση, καταγωγή) noble
εύγευστ|ος, -η, -ο επιθ tasty
ευγλωττία ουσ θηλ eloquence
εύγλωττ|ος, -η, -ο επιθ (ομιλητής) eloquent • (κείμενο) lucid
ευγνωμονώ ρ μ to be grateful to
ευγνωμοσύνη ουσ θηλ gratitude • **χρωστώ ~ σε κπν** to owe sb one's thanks
ευγνώμ|ων, -ων, -ον επιθ grateful • **είμαι ~ σε κπν** to be grateful to sb
ευδαιμονία ουσ θηλ (ευμάρεια) prosperity • (ευτυχία) happiness
ευδιάθετ|ος, -η, -ο επιθ cheerful
ευδιάκριτ|ος, -η, -ο επιθ distinct
ευέλικτ|ος, -η, -ο επιθ (αεροσκάφος) manoeuvrable (Βρετ.), maneuverable (Αμερ.) • (παίκτης) agile • (υπάλληλος) flexible • (διπλωμάτης, ομιλητής) skilful (Βρετ.), skillful (Αμερ.)
ευελιξία ουσ θηλ (αεροσκάφους) manoeuvrability (Βρετ.), maneuverability (Αμερ.) • (παίκτη) agility • (διπλωμάτη) flexibility • (ομιλητή) skill
ευέξαπτ|ος, -η, -ο επιθ quick-tempered
ευεργεσία ουσ θηλ kindness

ευεργέτης ουσ αρσ benefactor • **εθνικός ~** national benefactor
ευεργέτιδα ουσ θηλ βλ. **ευεργέτης**
ευεργετώ ρ μ to benefit
ευήλι|ος, -α, -ο επιθ sunny
ευημερία ουσ θηλ prosperity
ευημερώ ρ αμ to prosper
ευθεία¹ ουσ θηλ line
ευθεία² επιρρ straight on
ευθέως επιρρ (στα ίσια) straight • (απερίφραστα) frankly
εύθραυστ|ος, -η, -ο επιθ fragile
ευθυγράμμιση ουσ θηλ alignment
ευθύγραμμ|ος, -η ή -ος, -ο επιθ straight
ευθυμία ουσ θηλ cheerfulness • **έρχομαι σε ~** to get merry
εύθυμ|ος, -η, -ο επιθ (για πρόσ.) cheerful • (διάθεση) good
ευθύνη ουσ θηλ (υποχρέωση) responsibility • (ενοχή) blame • **αναλαμβάνω την ~ (για κτ)** to accept responsibility (for sth) • **δεν φέρω (καμιά) ~** not to be responsible • **με δική μου ~** on one's own head • **ρίχνω ευθύνες σε κπν** to put ή lay the blame on sb
ευθύνομαι ρ αμ αποθ. to be responsible (για for)
ευθύς¹, -εία, -ύ επιθ (γραμμή, δρόμος) straight • (χαρακτήρας, άτομο) straightforward • (συλλογισμός) straightforward • (απάντηση) straight
ευθύς² επιρρ straight away • **~ αμέσως** straight away • **~ εξαρχής** right from the beginning
ευκαιρία ουσ θηλ (ευνοϊκή περίσταση) opportunity • (δυνατότητα) chance • (ελεύθερος χρόνος) time • **αρπάζω την ~** to seize ή grasp the opportunity • **βρίσκω (την) ~ να κάνω κτ** to get a chance to do sth • **δίνω μια ~ σε κπν** to give sb a chance • **επί τη ~, επ' ~, με την ~** by the way • **έχω την ~ να κάνω κτ** to have the chance to do sth • **μου δίνεται η ~ να κάνω κτ** to be given the chance to do sth • **σε κάθε ~** at every opportunity • **σε πρώτη ~** at the first opportunity • **χάνω την ~** to miss one's chance
εύκαιρ|ος, -η, -ο επιθ free
ευκαιρώ ρ αμ to have time ▶ ρ μ~ **να κάνω κτ** to be able to do sth
ευκάλυπτος ουσ αρσ eucalyptus
ευκατάστατ|ος, -η, -ο επιθ well-off
ευκινησία ουσ θηλ agility
ευκίνητ|ος, -η, -ο επιθ agile
ευκοίλι|ος, -α, -ο επιθ (για πρόσ.) with loose bowels • (φάρμακο) laxative • (φρούτο, τροφή) laxative ▪ **ευκοίλια** ουσ θηλ diarrhoea (Βρετ.), diarrhea (Αμερ.)
ευκοιλιότητα ουσ θηλ diarrhoea (Βρετ.), diarrhea (Αμερ.)
εύκολα επιρρ easily
ευκολία ουσ θηλ ease • **για ~** for convenience • **ευκολίες πληρωμής** easy terms • **με ~** with ease ▪ **ευκολίες** πληθ comforts
ευκολονόητ|ος, -η, -ο επιθ simple
εύκολ|ος, -η, -ο επιθ (δουλειά, άσκηση, γλώσσα) easy • (για πρόσ.) easy-going • (αρνητ.: γυναίκα) easy • **εύκολη ζωή** easy life • **η εύκολη λύση** the easy solution

ευκολύνω ρ μ (βοηθώ: φίλο) to help (out) • (: κατάσταση, δουλειά) to make easier • (βοηθώ οικονομικά) to help out ■ **ευκολύνομαι** μεσοπαθ (για χρήματα) to be able to afford • (για χρόνο) to be able to

εύκρατ|ος, -η, -ο επιθ temperate

ευλογημέν|ος, -η, -ο επιθ blessed

ευλογιά ουσ θηλ smallpox

ευλογία ουσ θηλ blessing • **με τις ευλογίες μου** with my blessing

ευλυγισία ουσ θηλ (κορμιού) suppleness • (κλαδιού) flexibility

ευλύγιστ|ος, -η, -ο επιθ (άνθρωπος, μέση) supple • (βέργα, κλαδί) flexible

ευμεν|ής, -ής, -ές επιθ favourable (ΒΡΕΤ.), favorable (ΑΜΕΡ.)

ευνόητ|ος, -η, -ο επιθ (λόγος, συνέπεια) obvious • (αντίδραση) understandable • **είναι ευνόητο ότι** it is obvious that

εύνοια ουσ θηλ (υπουργού, διευθυντή) favour (ΒΡΕΤ.), favor (ΑΜΕΡ.) • (αρνητ.) favouritism (ΒΡΕΤ.), favoritism (ΑΜΕΡ.) • **αποκτώ/χάνω την ~** to find/lose favour (ΒΡΕΤ.) ή favor (ΑΜΕΡ.) • **κερδίζω την ~** to win favour (ΒΡΕΤ.) ή favor (ΑΜΕΡ.)

ευνοϊκ|ός, -ή, -ό επιθ favourable (ΒΡΕΤ.), favorable (ΑΜΕΡ.) • (καιρός) good

ευνοούμεν|ος, -η, -ο επιθ favourite (ΒΡΕΤ.), favorite (ΑΜΕΡ.)

ευνοώ ρ μ (διαγωνιζόμενο, ομάδα) to favour (ΒΡΕΤ.), to favor (ΑΜΕΡ.) • (σχέδιο) to be in favour (ΒΡΕΤ.) ή favor (ΑΜΕΡ.) of

Εύξεινος Πόντος ουσ αρσ Black Sea

ευοίων|ος, -η, -ο επιθ (ενδείξεις) auspicious • (μέλλον) promising

ευπαρουσίαστ|ος, -η, -ο επιθ (για προσ.) good-looking • (σπίτι) presentable

εύπιστ|ος, -η, -ο επιθ gullible

εύπορ|ος, -η, -ο επιθ (οικογένεια) wealthy • (τάξη) moneyed

ευπρέπεια ουσ θηλ (καλή εξωτερική εμφάνιση) smartness • (καλοί τρόποι) propriety

ευπρεπ|ής, -ής, -ές επιθ (άνθρωπος) decent • (εμφάνιση, παρουσία, ενδυμασία) smart • (συμπεριφορά) proper • (δωμάτιο) tidy • (σχολείο) respectable

ευπροσάρμοστ|ος, -η, -ο επιθ adaptable

ευπρόσδεκτ|ος, -η, -ο επιθ welcome

ευπρόσιτ|ος, -η, -ο επιθ accessible

εύρεση ουσ θηλ (εργασίας) finding • (φαρμάκου) discovery

ευρετήριο ουσ ουδ (μουσείων, έργων) catalogue (ΒΡΕΤ.), catalog (ΑΜΕΡ.) • (στο τέλος βιβλίου) index • (τηλεφώνων) directory

εύρετρα ουσ ουδ πληθ reward

ευρέως επιρρ widely

εύρημα ουσ ουδ (ό,τι βρίσκει κανείς) find • (επινόηση) brainwave (ΒΡΕΤ.), brainstorm (ΑΜΕΡ.)

εύρος ουσ ουδ (ποταμού, δρόμου) width • (γνώσεων, εφαρμογών) breadth

ευρύνω ρ μ (γνώσεις, ορίζοντες) to broaden • (κύκλο, ρήγμα) to widen

ευρ|ύς, -εία, -ύ επιθ (μέτωπο) wide • (περιφέρεια) vast • (έννοια, ορισμός) broad • (εφαρμογές) wide • (απήχηση) big • (κοινό) general • **σε ευρεία κλίμακα** on a large scale

ευρύχωρ|ος, -η, -ο επιθ spacious

ευρώ ουσ ουδ άκλ. euro

Ευρωβουλή ουσ θηλ European Parliament

Ευρωκοινοβούλιο ουσ ουδ = **Ευρωβουλή**

Ευρωπαία ουσ θηλ βλ. **Ευρωπαίος**

ευρωπαϊκ|ός, -ή, -ό επιθ European • **Ευρωπαϊκή Ένωση** European Union

Ευρωπαίος ουσ αρσ European

Ευρώπη ουσ θηλ Europe • **Ενωμένη ~** European Union

ευσεβ|ής, -ής, -ές επιθ devout • **~ πόθος** wishful thinking χωρίς πληθ.

ευστάθεια ουσ θηλ stability

ευστοχία ουσ θηλ (βολής) accuracy • (μτφ.) effectiveness

εύστοχ|ος, -η, -ο επιθ (βολή, χτύπημα) well-aimed • (πυρά) accurate • (μτφ.: απάντηση) apt • (: χειρισμός) effective • (: παρατήρηση) trenchant

ευστοχώ ρ αμ (σκοπευτής) to hit the target • (παίκτης) to score

ευσυνείδητ|ος, -η, -ο επιθ conscientious • (απόφαση, ενέργεια) responsible

εύσωμ|ος, -η, -ο επιθ stout

ευτυχ|ής, -ής, -ές επιθ happy

ευτυχία ουσ θηλ happiness • **έχω την ~ να κάνω κτ** to have the luck ή good fortune to do sth

ευτυχισμέν|ος, -η, -ο επιθ happy

ευτυχώ ρ αμ (ευημερώ) to prosper • (πετυχαίνω) to be successful ▶ ρ μ **~ να κάνω κτ** to have the good fortune to do sth

ευτυχώς επιρρ luckily

ευυπόληπτ|ος, -η, -ο επιθ respectable

ευφημισμός ουσ αρσ euphemism • **κατ' ευφημισμόν** euphemistically

εύφλεκτ|ος, -η, -ο επιθ (υλικό, ύλη) inflammable • (μτφ.: περιοχή) combustible

ευφορία ουσ θηλ (γης, εδάφους) fertility • (μτφ.: ψυχής) euphoria

εύφορ|ος, -η, -ο επιθ fertile

ευφράδεια ουσ θηλ eloquence

ευφυ|ής, -ής, -ές επιθ (φοιτητής, πολιτικός) intelligent • (κίνηση, χειρισμός) clever

ευφυΐα ουσ θηλ (εξυπνάδα) intelligence • (για πρόσ.) genius

ευχάριστα επιρρ happily • **περνώ ~** to have a good time

ευχαριστημέν|ος, -η, -ο μτχ pleased

ευχαρίστηση ουσ θηλ pleasure • **αν έχετε την ~** (if you) please • **βρίσκω ~ σε κτ** to enjoy sth • **ευχαρίστησή μου!** it's my pleasure!

ευχαριστία ουσ θηλ thanks πληθ.

ευχάριστ|ος, -η, -ο επιθ (για πρόσ.) pleasant • (ταινία, βιβλίο) enjoyable • (γεγονός, ανάμνηση) happy • (αποτέλεσμα, νέο) pleasing • (βραδιά) pleasant

ευχαριστώ ρ μ (ευγνωμονώ) to thank (για for) • (ικανοποιώ) to please • **~ πολύ!** thank you very much! • **(σας) ~!** thank you!

ευχαρίστως επιρρ with pleasure

ευχέρεια *ουσ θηλ* fluency • **οικονομική ~** financial ease

ευχετήρι|ος, -α, -ο *επιθ* congratulatory • **ευχετήρια κάρτα** greetings (*Βρετ.*) *ή* greeting (*Αμερ.*) card

ευχή *ουσ θηλ* (*έκφραση ελπίδας*) wish • (*ευλογία*) blessing • **κάνω μια ~** to make a wish • **κατ' ευχήν** like a dream • **να πάρει η ~!** (*ευφημ.*) damn! (*ανεπ.*)

εύχομαι *ρ μ αποθ.* **~ σε κπν κτ** to wish sb sth • **~ να** to hope that ▶ *ρ αμ* to give one's best wishes • **~ κτ** to wish sth

εύχρηστ|ος, -η, -ο *επιθ* (*λεξικό*) user-friendly • (*εργαλείο*) easy to use • (*λέξη*) common

ευωδιά *ουσ θηλ*, **ευωδία** (*λουλουδιών, λιβαδιού*) scent • (*καφέ*) aroma

ευωδιαστ|ός, -ή, -ό *επιθ* fragrant

εφάμιλλ|ος, -η, -ο *επιθ* +*γεν./*+*με* equal to

εφαρμογή *ουσ θηλ* (*παντελονιού, φούστας*) fit • (*προγράμματος, σχεδίου*) implementation • (*μεθόδων, νέων τεχνολογιών*) application • (*Πληροφ*) app ■ **εφαρμογές** *ουσ πληθ* applications

εφαρμόζω *ρ μ* (*πολιτική, πρόγραμμα, σύστημα*) to implement • (*δίκαιο, μέθοδο*) to apply • (*θεραπεία*) to use • (*επίδεσμο*) to apply ▶ *ρ αμ* to fit

εφέ *ουσ ουδ άκλ.* (*Κινημ*) effect • **κάνω ~** to make an impression • (*μειωτ.*) to show off

εφεδρικ|ός, -ή, -ό *επιθ* (*δυνάμεις*) reserve • (*τροχός, λάστιχο*) spare

εφετιν|ός, -ή, -ό *επιθ* = **φετινός**

εφέτος *επιρρ* = **φέτος**

εφεύρεση *ουσ θηλ* invention

εφευρέτης *ουσ αρσ* inventor

εφευρετικ|ός, -ή, -ό *επιθ* inventive

εφευρέτρια *ουσ θηλ βλ.* **εφευρέτης**

εφευρίσκω *ρ μ* to invent

εφηβεία *ουσ θηλ* puberty

έφηβη *ουσ θηλ βλ.* **έφηβος**

εφηβικ|ός, -ή, -ό *επιθ* (*σώμα*) adolescent • (*χρόνια, ρούχα*) teenage • (*είδωλα*) teen

έφηβος *ουσ αρσ* adolescent

εφημερεύω *ρ αμ* (*γιατρός*) to be on call • (*νοσοκομείο*) to be open round the clock • (*εκπαιδευτικός*) to be on duty

εφημερίδα *ουσ θηλ* newspaper • **εβδομαδιαία/ τοπική ~** weekly/local (news)paper • **κυριακάτικη/απογευματινή/καθημερινή ~** Sunday/evening/daily (news)paper • **πολιτική/αθλητική/οικονομική ~** political/ sports/financial (news)paper

εφημεριδοπώλης *ουσ αρσ* newsagent (*Βρετ.*), news vendor (*Αμερ.*)

εφήμερ|ος, -η, -ο *επιθ* (*σχέση*) short-lived • (*ομορφιά*) ephemeral (*επίσ.*) • (*ευτυχία*) fleeting

εφησυχάζω *ρ αμ* **~ με** to rely on

εφιάλτης *ουσ αρσ* nightmare

εφιαλτικ|ός, -ή, -ό *επιθ* (*σκέψεις, σκηνή*) nightmarish • (*σενάριο*) nightmare • **εφιαλτικό όνειρο** nightmare

εφικτ|ός, -ή, -ό *επιθ* feasible • **είναι εφικτό** it is feasible

έφιππ|ος, -η, -ο *επιθ* (*αστυνομία*) mounted • (*για πρόσ.*) on horseback

εφοδιάζω *ρ μ* (*στρατό, κατάστημα*) to supply • (*μαθητή*) to kit out

εφοδιασμός *ουσ αρσ* (*στρατού*) supplying • (*πλοίου*) fitting out

εφόδιο *ουσ ουδ* supply • **απαραίτητα εφόδια** necessities

έφοδος *ουσ αρσ* (*στρατού*) charge • (*αστυνομίας*) raid • (*μτφ.: καθηγητή*) spot check • (: *σε ψυγείο*) raid • **κάνω έφοδο** to launch an attack

εφορεία *ουσ θηλ* = **εφορία**

εφορία *ουσ θηλ* (*υπηρεσία*) tax department • (*κτίριο*) tax office

έφορος *ουσ αρσ* (*βιβλιοθήκης*) chief librarian • (*μουσείου*) curator • (*προϊστάμενος εφορίας*) tax inspector • **~ αρχαιοτήτων** curator of antiquities • **οικονομικός ~** tax inspector

εφόσον *σύνδ* (*υπό τον όρο να*) as long as • (*αφού*) since

εφτά *αριθ απολ άκλ.* = **επτά**

εφταήμερο *ουσ ουδ* = **επταήμερο**

εφταήμερ|ος, -η, -ο *επιθ* = **επταήμερος**

εφτακόσια *αριθ απολ άκλ.* = **επτακόσια**

εφτακόσιοι *αριθ απολ πληθ* = **επτακόσιοι**

εφτάρι *ουσ ουδ* seven

εχεμύθεια *ουσ θηλ* discretion • **απόλυτη ~** absolute discretion

εχέμυθ|ος, -η, -ο *επιθ* discrete

εχθές *επιρρ* = **χθες**

έχθρα *ουσ θηλ* animosity • **τρέφω ~ για κπν** to hate sb

εχθρεύομαι *ρ μ αποθ.* to hate

εχθρικ|ός, -ή, -ό *επιθ* (*στράτευμα, πλοίο, δυνάμεις*) enemy • (*συμπεριφορά, βλέμμα, διάθεση*) hostile

εχθροπραξία *ουσ θηλ* hostility ■ **εχθροπραξίες** *πληθ* hostilities

εχθρός *ουσ αρσ* enemy • **κάνω εχθρούς** to make enemies

εχθρότητα *ουσ θηλ βλ.* **έχθρα**

⦿ ΛΕΞΗ-ΚΛΕΙΔΙ

έχω *ρ μ* **1** (*είμαι ιδιοκτήτης: σπίτι, αυτοκίνητο*) to have • (: *εμπορικό, κομμωτήριο*) to own • **ό,τι έχω και δεν έχω** everything I have

2 (*κρατώ ή φέρω: στυλό, βιβλίο, όπλο*) to have

3 (*κρατώ σε ορισμένη θέση*) to have

4 (*για σχέσεις*) to have • **έχετε παιδιά;** have you got any children? • **τα έχω καλά με κπν** to get on well with sb • **τα έχω με κπν** (*έχω σχέση*) to go out with sb • (*είμαι θυμωμένος*) to be angry with sb

5 (*για γνώρισμα, ιδιότητα: μνήμη, προφορά, γένια, μαλλιά*) to have

6 (*για συναισθήματα: ελπίδες, φόβους, αμφιβολίες*) to have

7 (*φέρω: γραμματόσημο, όνομα*) to have

8 (*πάσχω: πνευμονία, πυρετό, βήχα*) to have

9 (*περιέχω: νερό, λάδι*) to contain

10 (*για χρονικό σημείο*) to be • **ο μήνας έχει 12** it's the 12th • **πόσο έχει ο μήνας;** what's the

date today? • **έχουμε καλοκαίρι/χειμώνα** it's summer/winter
11 (θεωρώ): **έχω κπν σαν** to treat sb like • **δεν το έχω σε τίποτα να κάνω** to think nothing of doing • **έχω κπν για** to think sb is • **το έχω σε καλό/κακό να** to consider it good/bad luck when
12 (+πλάγια ερώτηση): **δεν έχω τι να κάνω** to have nothing to do
13 (οφείλω): **έχω να κάνω κτ** to have to do sth
14 (συνηθίζω): **έτσι το έχουμε στο σπίτι/στη χώρα μας** that's we usually do at home/in our country
15 (ως περίφραση ρήματος): **έχω γιορτή** to celebrate • **έχω εμπιστοσύνη** to trust • **έχω ευθύνη** to be responsible
▶ ρ αμ to cost
▶ βοηθ **έχουμε κουραστεί** we are ή we're tired
• **έχει πάει στον κινηματογράφο** he has ή he's gone to the cinema • **έχω φάει** I have ή I've eaten • **θα έχω τελειώσει** I will ή I'll have finished
▪ **έχει** απρόσ there is • **έχει γάλα στο ψυγείο;** is there any milk in the fridge? • **έχει ήλιο/βροχή** it's sunny/raining • **έχει κρύο/ζέστη** it's cold/hot • **είχε δεν είχε** one way or the other • **έχουμε και λέμε** so • **ως έχει** as it is

έψιλον ουσ ουδ άκλ. epsilon, *fifth letter of the Greek alphabet*

έως προθ +αιτ./επίρρ. (για τόπο) to • +αιτ./επίρρ. (για χρόνο) until • (για προθεσμία) by • +αριθ. (για ποσό) up to • (για προσέγγιση) about • **έφτασαν (έ)ως το τέλος** they got to ή reached the end • **(έ)ως αύριο** by tomorrow • **~ ότου** until • **~ 100 ευρώ** up to 100 euros • **περιμένουμε ~ 50 άτομα** we're expecting about 50 people • **πήγαμε (έ)ως εκεί** we went there • **πώς ήρθατε (έ)ως εδώ;** how did you get here?

Z, ζ zeta, *sixth letter of the Greek alphabet*
ζαβολιά ουσ θηλ (απάτη) cheating εν. • (αταξία) mischief
ζακέτα ουσ θηλ jacket • **μάλλινη** ή **πλεκτή ~** cardigan
Ζάκυνθος ουσ θηλ Zakynthos
ζαλάδα ουσ θηλ dizzy spell • **νιώθω** ή **με πιάνει ~** to feel dizzy ▪ **ζαλάδες** πληθ (μτφ.) worries
ζάλη ουσ θηλ (ζαλάδα) dizzy spell • (μτφ.) confusion • **φέρνω ~ σε κπν** to make sb dizzy • (μτφ.) to make sb's head spin
ζαλίζω ρ μ (ύψος, κρασί) to make dizzy • (θάλασσα, πλοίο) to make seasick • (αυτοκίνητο) to make carsick • (αεροπλάνο) to make airsick • (ενοχλώ) to bother • (φλυαρία, θόρυβος) to drive crazy ▪ **ζαλίζομαι** μεσοπαθ (έχω ζάλη) to feel dizzy • (σε πλοίο) to get seasick • (σε αυτοκίνητο) to get carsick • (σε αεροπλάνο) to get airsick • (τα χάνω) to be taken aback
ζαλισμέν|ος, -η, -ο επιθ (από ύψος) dizzy • (από ποτό) light-headed • (από έρωτα) light-headed • (από φλυαρία, θόρυβο, δουλειά) dazed • (από πλοίο, θάλασσα) seasick • (από αυτοκίνητο) carsick • (από αεροπλάνο) airsick
ζαμπόν ουσ ουδ άκλ. ham
ζαμπονοτυρόπιτα ουσ θηλ ham and cheese pie
ζάντα ουσ θηλ (wheel) rim
ζάρα ουσ θηλ (υφάσματος) crease • (προσώπου, δέρματος) wrinkle • (ματιού) crease
ζαρζαβατικά ουσ ουδ πληθ vegetables
ζάρι ουσ ουδ dice ▪ **ζάρια** πληθ dice
ζαρκάδι ουσ ουδ roe deer
ζάρωμα ουσ ουδ (ρούχων) crease • (φρυδιών) frown • (προσώπου, μετώπου) wrinkles πληθ.
ζαρώνω ρ μ (φούστα, πουκάμισο) to crease • (πρόσωπο) to screw up • (χείλη) to purse
▶ ρ αμ (πουκάμισο, παντελόνι, ύφασμα) to crease • (πρόσωπο, μέτωπο) to wrinkle • (χείλη) to pucker • (άνθρωπος) to crouch • (από φόβο) to cringe
ζαφείρι ουσ ουδ sapphire
ζάχαρη ουσ θηλ sugar
ζαχαροπλαστείο ουσ ουδ cake shop (ΒΡΕΤ.), confectioner's (shop) (ΑΜΕΡ.)

ζαχαρώνω *ρ μ* (γλυκό: με ζάχαρη) to sprinkle with sugar • (με σιρόπι) to coat in syrup ▸ *ρ αμ* to crystallize

ζαχαρωτό *ουσ ουδ* sweet (ΒΡΕΤ.), candy (ΑΜΕΡ.)

ζέβρα *ουσ θηλ* zebra

ζέβρος *ουσ αρσ βλ.* **ζέβρα**

ζελατίνα *ουσ θηλ* (για βιβλία) plastic book cover • (για περιτύλιγμα) clingfilm (ΒΡΕΤ.), plastic wrap (ΑΜΕΡ.)

ζελατίνη *ουσ θηλ* gelatin(e)

ζελέ *ουσ ουδ άκλ.* (γλυκό) jelly (ΒΡΕΤ.), Jell-O® (ΑΜΕΡ.) • (καλλυντικό) gel

ζεματίζω *ρ μ* (ρούχα) to soak in boiling water • (χόρτα) to blanch • (μακαρόνια) to pour hot butter/oil over • (χέρι, γλώσσα) to burn

ζεματώ *ρ μ* (σούπα, καφές, γάλα) to be scalding hot • (ψωμί) to be piping hot • (άνθρωπος) to be burning up (with fever)

ζενίθ *ουσ ουδ άκλ.* (Αστρ) zenith • (μτφ.) peak

ζεσταίνω *ρ μ* (πόδια, χέρια) to warm • (άνθρωπο, μικρό) to keep warm • (παλτό, γάντια, καπέλο, ρούχα) to keep warm • (φαγητό) to warm up • (φασόλια, γάλα) to heat up • (μηχανή) to warm up • (ατμόσφαιρα, συζήτηση) to liven up • (καρδιά, ψυχή) to warm ▸ *ρ αμ* to warm up ■ **ζεσταίνομαι** *μεσοπαθ* (αισθάνομαι ζέστη) to feel hot • (θερμαίνομαι) to warm oneself up • (φαγητό) to heat up • (αθλητής) to warm up • (μηχανή) to overheat • (μτφ.) to feel better about things • (αγώνας, παιχνίδι) to liven up

ζεστασιά *ουσ θηλ* warmth • (κοινού, ακροατηρίου) warm reception

ζέστη *ουσ θηλ* heat • **κάνει** *ή* **έχει ~** it's warm • **ζέστες** *πληθ* hot days

ζεστός, -ή, -ό *επιθ* hot • (μαγαζί) welcoming ■ **ζεστό** *ουσ ουδ* herbal tea

ζευγαράκι *ουσ ουδ* couple

ζευγάρι *ουσ ουδ* (για πράγματα) pair • (για πρόσωπα) couple • (μουσικών, τραγουδιστών, χορευτών) duo • **νιόπαντρο ~** newlyweds *πληθ.*

ζεύγος *ουσ ουδ* (επίσ.) (για πρόσωπα: συζυγικό) couple • (επαγγελματικό) (two-person) team • (για ζώα, πράγματα) pair • **ανά** *ή* **κατά ζεύγη** in pairs

ζήλεια *ουσ θηλ* = **ζήλια**

ζηλεύω *ρ μ* to envy • (σύζυγο, σύντροφο) to be jealous of ▸ *ρ αμ* to be envious *ή* jealous

ζήλια *ουσ θηλ* (φθόνος) envy • (ζηλοτυπία) jealousy ■ **ζήλιες** *πληθ* jealous scene

ζηλιάρης, -α, -ικο *επιθ* (ζηλόφθονος) envious • (ζηλότυπος) jealous

ζηλοτυπία *ουσ θηλ* jealousy • **σκηνή ζηλοτυπίας** jealous scene

ζηλόφθονος, -η, -ο *επιθ* envious

ζημιά *ουσ θηλ* (φθορά) damage *εν.* • (αταξία) mischief *εν.* • (κόστος) cost of the damage • **πληρώνω τη ~** to pay for the damage • (μτφ.) to pay for it

ζημιώνω *ρ μ* (εταιρεία, επιχείρηση) to cause losses to • (βλάπτω) to damage ■ **ζημιώνομαι** *μεσοπαθ* (επιχείρηση, επιχειρηματίας) to make a loss • (άνθρωπος) to be harmed

ζήτα *ουσ ουδ άκλ.* zeta, sixth letter in the Greek alphabet

ζήτημα *ουσ ουδ* (θέμα) matter • (πρόβλημα) problem • **δημιουργώ ~** to make a fuss • **κάνω κτ ~** to make an issue of sth

ζήτηση *ουσ θηλ* (αναζήτηση) search • (προϊόντων, μετοχών, εργατικού δυναμικού) demand

ζητιανεύω *ρ αμ* to beg ▸ *ρ μ* to beg for

ζητιάνος *ουσ αρσ* beggar

ζητώ *ρ μ* (άνθρωπο, καταφύγιο, δουλειά) to look for • (ευκαιρία, αφορμή) to look for • (φαγητό, χρήματα, γνώμη, συμβουλή) to ask for • (άδεια) to ask (for) • (χάρη) to ask • (έλεος) to beg for • (δικαίωμα, αλήθεια, απάντηση, αποζημίωση) to demand • (επιτυχία, πλούτη) to be after ▸ *ρ αμ* (θέλω κτ χωρίς κόπο) to take • (παιδιά) to have increasing needs • (ζητιανεύω) to cadge • **~ κπν (στο τηλέφωνο)** to call for sb • **~ κτ από κπν** to ask sb for sth ■ **ζητούμαι, ζητιέμαι** *μεσοπαθ* to be in demand

ζήτω *επιφων* long live! ■ **ζήτω** *ουσ ουδ άκλ.* cheer

ζητωκραυγάζω *ρ μ, ρ αμ* to cheer

ζητωκραυγή *ουσ θηλ* cheer

ζιζάνιο *ουσ ουδ* (χόρτο) weed • (ταραξίας) pest (ανεπ.)

ζόρι *ουσ ουδ* (ανεπ.) (βία) force • (δυσκολία) toughness

ζορίζω *ρ μ* (ανεπ.) to push • (ψυγείο) to overload ▸ *ρ αμ* to get tougher ■ **ζορίζομαι** *μεσοπαθ* to struggle

ζόρικος, -η, -ο *επιθ* (παιδί, μαθητής) wild • (σκληρός: διαπραγματευτής, αφεντικό, τύπος) tough • (πελάτης) difficult • (επιθετικός) aggressive • (δουλειά, υπόθεση, μάθημα) tough • (αργκ.: πολύ καλός) wicked (χυδ.)

ζούγκλα *ουσ θηλ* jungle • (χαώδης κατάσταση) chaos

ζουζούνι *ουσ ουδ* (ανεπ.) insect • (μτφ.) live wire (ανεπ.)

ζουλώ *ρ μ* (ανεπ.) (σπυρί, σωληνάριο) to squeeze • (φρούτο) to squash • (μάγουλο) to press

ζουμ *ουσ ουδ άκλ.* zoom (lens) • **κάνω ~ (σε)** to zoom in (on)

ζουμερός, -ή, -ό *επιθ* (ανεπ.) (πορτοκάλι, ροδάκινο) juicy

ζουμί *ουσ ουδ* (φαγητού, φρούτου) juice • (υπόθεσης, κειμένου) meat

ζουμπούλι *ουσ ουδ* hyacinth

ζυγαριά *ουσ θηλ* (όργανο) scales *πληθ.* • (μτφ.) balance

ζυγίζω *ρ μ* to weigh • (πράγματα) to weigh up • (άνθρωπο) to size up • (στρατιώτες, μαθητές) to line up ▸ *ρ αμ* to weigh ■ **ζυγίζομαι** *μεσοπαθ* to fall in rank

ζύγισμα *ουσ ουδ* weighing • (ανθρώπου) sizing up

ζυγός¹ *ουσ αρσ* (επίσ.) (ζυγαριά) balance • (Αστρ) Libra • (στο αλέτρι) yoke • **ασύμμετροι ζυγοί** (Αθλ) asymmetric bars *πληθ.*

ζυγός², -ή, -ό *επιθ* (εξάμιση, καρμπιρατέρ) twin • (αριθμός) even

ζυθεστιατόριο *ουσ ουδ* (επίσ.) restaurant (where beer is served)

ζυθοπωλείο *ουσ ουδ* (επίσ.) beer shop

ζύθος ουσ αρσ (επίσ.) beer

ζυμάρι ουσ ουδ (ψωμιού, γλυκού) dough • (μτφ.) paste

ζυμαρικά ουσ ουδ πληθ pasta εν.

ζύμη ουσ θηλ (ζυμάρι) dough • (προζύμι) yeast

ζυμώνω ρ μ to knead ▶ ρ αμ to knead dough ■ **ζυμώνομαι** μεσοπαθ (Χημ) to ferment

ζύμωση ουσ θηλ (ψωμιού) kneading • (Χημ) fermentation

ζυμωτ|ός, -ή, -ό επιθ home-made

ζω ρ αμ (είμαι στη ζωή) to live • (είμαι ακόμα ζωντανός) to be alive • (ανάμνηση, μορφή, σκηνές) to live on • (κατοικώ) to live • (συζώ) to live (με with) • (περνώ) to live (από, με on) ▶ ρ μ (ρόλο) to live • (πόλεμο, πείνα) to live through • (δύσκολες ώρες) to go through • (φρίκη, έρωτα, πόνο) to experience • (ζωή) to lead • (ανεπ.: οικογένεια, αδέλφια) to support • **να ζήσεις!** (σε γενέθλια) happy birthday! • **να ονομαστική εορτή** happy name day! • **να ζήσετε!** (σε νεονύμφους) congratulations! • **να (σας) ζήσει!** (σε βαφτίσια, γιορτή) congratulations!

ζωάκι ουσ ουδ (μικρό ζώο) little animal • (παιχνίδι) cuddly toy

ζωγραφιά ουσ θηλ picture

ζωγραφίζω ρ μ (τοπίο, μοντέλο, προσωπογραφία) to paint • (τοίχο) to draw a picture on • (ναό) to decorate with paintings ▶ ρ αμ to paint

ζωγραφική ουσ θηλ painting • (ναού) decorating with pictures

ζωγραφιστ|ός, -ή, -ό επιθ (διακοσμημένος) decorated with pictures • (ζωγραφισμένος) painted

ζωγράφος ουσ αρσ, ουσ θηλ painter

ζωδιακ|ός, -ή, -ό επιθ (σημείο) of the zodiac • (αστερισμός, ημερολόγιο) zodiacal • **ζωδιακή ζώνη, ~ κύκλος** zodiac ring

ζώδιο ουσ ουδ (αστερισμός) zodiacal constellation • (σύμβολο) star sign

ζωή ουσ θηλ life • **αυτή είναι ~!** that's really living! • **είμαι όλο ή γεμάτος ~** to be full of life • **έτσι είναι η ~!** that's life! • **κάνω τη ~ μου** to lead one's own life • **γλυκιά ~** life of luxury • **μέγιστη διάρκεια ζωής** lifespan • **μέσος όρος ζωής** average lifespan • **πιθανή διάρκεια ζωής** life expectancy

ζωηρεύω ρ μ (πάρτι, συζήτηση) to liven up • (κέφι) to lift • (χρώμα) to brighten • (ενδιαφέρον) to arouse ▶ ρ αμ (άνθρωπος, φυτό) to perk up • (πάρτι, συζήτηση) to liven up • (ενδιαφέρον) to increase • (σφυγμός) to quicken • (παιδί) to become unruly

ζωηρ|ός, -ή, -ό επιθ (άνθρωπος) lively • (βήμα) brisk • (κίνηση) brisk • (βλέμμα) bright • (παιδί) naughty • (ενδιαφέρον) keen • (συζήτηση) animated • (χρώμα, φαντασία, περιγραφή, ανάμνηση) vivid • (φως) bright • (διαμαρτυρίες) energetic • (φωνές, γέλια) exuberant

ζωμός ουσ αρσ (βοδινού, κότας, λαχανικών) stock • **μέλας ~** (Αρχ Ιστ) an extract of pork boiled in blood, eaten in ancient Sparta

ζώνη ουσ θηλ (γενικότ.) belt • (από ύφασμα) sash

• (καθίσματος) seat belt • (στις πολεμικές τέχνες) belt • (Τηλεορ, Ραδιοφ) slot • **~ αγνότητας** chastity belt • **~ ασφαλείας** safety belt • **~ πρασίνου** green belt • **~ υψηλής ακροαματικότητας** (Ραδιοφ) prime time • **~ υψηλής τηλεθέασης** (Τηλεορ) prime time

ζωντανεύω ρ μ (νεκρό) to bring back to life • (άνθρωπο) to revive (αναμνήσεις, μνήμες) to bring back • (γιορτή, συγκέντρωση) to liven up • (έθιμο, παράδοση) to revive ▶ ρ αμ (αναζωογονούμαι: άνθρωπος) to perk up • (: φυτό) to revive • (ζωηρεύω: άνθρωπος, συντροφιά) to perk up • (: κέφι) to lift • (παιχνίδι, εμπόριο) to pick up • (ενδιαφέρον) to increase • (συζήτηση) to liven up • (έθιμο, παράδοση) to be revived

ζωντάνια ουσ θηλ (ανθρώπου) liveliness • (περιγραφής) vividness

ζωντάν|ός, -ή, -ό επιθ (εν ζωή) alive • (ζωηρός, λιγερός) lively • (χρώμα, ανάμνηση, αφήγηση) vivid • (ομιλία) evocative • (μύθος, γλώσσα, παράδοση) living • (εκπομπή, μετάδοση, σύνδεση) live ■ **ζωντανοί** ουσ αρσ πληθ **οι ζωντανοί** the living

ζωντοχήρος ουσ αρσ divorcee

ζώο ουσ ουδ (έμβιο ον) animal • (βλάκας: επίσης: ζώον) ass (ανεπ.) • (άξεστος) lout

ζωολογία ουσ θηλ zoology

ζωολογικ|ός, -ή, -ό επιθ zoological • **~ κήπος** zoo • **ζωολογικό πάρκο** wildlife park

ζώον ουσ ουδ = **ζώο**

ζωύφιο ουσ ουδ insect

Η, η eta, *seventh letter of the Greek alphabet*
η *άρθρ οριστ βλ.* **ο**
ή *σύνδ* or • **ή το ένα ή το άλλο** either one or the other
ηγεσία *ουσ θηλ* (*Πολιτ*) leadership • (*Στρατ*) command • (*κόμματος*) leadership • (*αγώνα*) leaders *πληθ.* • (*Ενόπλων Δυνάμεων*) commanders *πληθ.*
ηγέτης *ουσ αρσ* leader
ηγούμενος *ουσ αρσ* abbot
ήδη *επιρρ* already
ηδονή *ουσ θηλ* pleasure
ηθελημέν|ος, -η, -ο *επιθ* deliberate
ηθική *ουσ θηλ* (*επιστήμη*) ethics *εν.* • (*ηθικές αρχές*) ethics *πληθ.* • **αστική ~** civics *εν.* • **ιατρική ~** medical ethics *πληθ.*
ηθικό *ουσ ουδ* morale
ηθικ|ός, -ή, -ό *επιθ* (*αρχές, υποστήριξη, υποχρέωση*) moral • (*συμπεριφορά: για επαγγελματία*) ethical • (*ικανοποίηση*) spiritual • **~ αυτουργός** accessory • (*χιουμορ.*) culprit • **ηθικό δίδαγμα** moral
ηθοποιία *ουσ θηλ* (*τέχνη και επάγγελμα*) acting • (*μτφ.*) play-acting
ηθοποιός *ουσ αρσ, ουσ θηλ* (*επάγγελμα*) actor(-actress) • (*μτφ.*) play-actor (*ανεπ.*)
ήθος *ουσ ουδ* (*οργάνωσης, επανάστασης*) ethos • (*ηθικό ανάστημα*) morals *πληθ.* • (*χαρακτήρας*) character ■ **ήθη** *πληθ* morals • **ήθη και έθιμα** manners and customs
ηλεκτρικ|ός, -ή, -ό *επιθ* (*συσκευή, γεννήτρια, κινητήρας, φως*) electric • (*είδη, αντίσταση, εγκατάσταση*) electrical • **ηλεκτρική ενέργεια** electric power • **~ θερμοσίφωνας** immersion heater • **ηλεκτρική καρέκλα** electric chair • **~ πίνακας** fuse box • **ηλεκτρικό ρεύμα** electric current • **ηλεκτρική σκούπα** vacuum cleaner ■ **ηλεκτρικά** *ουσ ουδ πληθ* (*ανεπ.*) electrics *εν.* ■ **ηλεκτρικό** *ουσ ουδ* electricity • (*σύνδεση*) electricity supply • (*λογαριασμός*) electricity bill ■ **ηλεκτρικός** *ουσ αρσ* (*επίσης:* **~ σιδηρόδρομος**) electric railway • (*σταθμός*) station
ηλεκτρισμέν|ος, -η, -ο *επιθ* (*σώμα*) charged • (*κατάσταση*) electrified • (*ατμόσφαιρα, κλίμα*) electric

ηλεκτρισμός *ουσ αρσ* (*Φυσ*) electricity • (*παροχή ηλεκτρικού ρεύματος*) electricity supply
ηλεκτροδότηση *ουσ θηλ* (*σύνδεση*) connection to the power supply • (*παροχή*) power supply
ηλεκτροκίνητος, -η, -ο *επιθ* electric
ηλεκτρολόγος *ουσ αρσ, ουσ θηλ* (*επιστήμονας*) physicist specializing in the study of electricity • (*τεχνίτης*) electrician
ηλεκτρονικ|ός, -ή, -ό *επιθ* (*σύστημα, ήχος*) electronic • (*στοιβάδα, δομή*) electron ■ **ηλεκτρονικά** *ουσ ουδ πληθ* (*επίσης:* **ηλεκτρονικά παιχνίδια**) computer games • (*επιστήμη*) electronics *εν.* • (*κατάστημα*) arcade ■ **ηλεκτρονικός** *ουσ αρσ, ουσ θηλ* electronics scientist • **ηλεκτρονικές τραπεζικές συναλλαγές** online banking • **ηλεκτρονική δημοσιογραφία** electronic media • **ηλεκτρονική εφημερίδα** online *ή* electronic newspaper • **ηλεκτρονικό εμπόριο** e-commerce • **ηλεκτρονικό κατάστημα** online store, e-shop (*Βρετ.*) • **ηλεκτρονικό λεξικό** electronic dictionary • **ηλεκτρονικό ταχυδρομείο** email • **ηλεκτρονικό τσιγάρο** e-cigarette • **υπολογιστής** computer
ηλεκτροπληξία *ουσ θηλ* electric shock
ηλεκτροφόρ|ος, -α ή -ος, -ο *επιθ* live • **ηλεκτροφόρο χέλι** electric eel
ηλιακ|ός, -ή, -ό *επιθ* solar • **οι ηλιακές ακτίνες** the sun's rays • **ηλιακή ακτίνα** sunbeam • **ηλιακό ημερολόγιο** solar calendar • **ηλιακό σύστημα** solar system • **ηλιακό φως** sunlight • **~ συσσωρευτής** *ή* **συλλέκτης** solar panel ■ **ηλιακός** *ουσ αρσ* solar heater
ηλίαση *ουσ θηλ* sunstroke
ηλίθιος, -α, -ο *επιθ* (*άνθρωπος, απάντηση, χαμόγελο, βλέμμα*) stupid • (*παπούτσια, ρούχα*) silly ► *ουσ* idiot
ηλιθιότητα *ουσ θηλ* (*βλακεία*) stupidity • (*ανοησία*) stupid thing ■ **ηλιθιότητες** *πληθ* nonsense *εν.*
ηλικία *ουσ θηλ* (*ανθρώπου, φυτού, πλανήτη*) age • **βρεφική ή νηπιακή ~** infancy • **εφηβική ~** teens *πληθ.* • **μέση ~** (*ατόμου*) middle age • (*συνόλου*) average age • **νόμιμη ~** legal age • **όριο ηλικίας** age limit • **παιδική ~** childhood • **τρίτη ~** old age
ηλικιωμέν|ος, -η, -ο *επιθ* elderly ■ **ηλικιωμένος** *ουσ αρσ* senior citizen ■ **ηλικιωμένη** *ουσ θηλ* senior citizen ■ **οι ηλικιωμένοι** *ουσ αρσ πληθ* senior citizens
ηλιοβασίλεμα *ουσ ουδ* sunset
ηλιοθεραπεία *ουσ θηλ* (*έκθεση στον ήλιο*) sunbathing • (*Ιατρ*) heliotherapy • **κάνω ~** to sunbathe
ηλιοκαμέν|ος, -η, -ο *επιθ* (sun)tanned
ηλιοροφή *ουσ θηλ* (*σε όχημα*) sunroof • (*σε κτήριο*) skylight
ήλιος *ουσ αρσ* (*Αστρ*) sun • (*Βοτ*) sunflower • **έχει ήλιο** it's sunny
ηλιοτρόπιο *ουσ ουδ* (*Βοτ*) heliotrope • (*Χημ*) litmus • **δείκτης ηλιοτροπίου** litmus test
ηλιοφάνεια *ουσ θηλ* (*για καιρό*) sunshine • (*διάρκεια ημέρας*) daylight

ημέρα ουσ θηλ (εβδομάδας, μήνα) day • (φως) daylight • (ως επίρρημα) early in the day • **από τη μια μέρα στην άλλη** overnight • **εντός των ημερών** (επίσ.) within days • **κάθε μέρα** every day • **μέρα με τη μέρα, ~ την ~, από μέρα σε μέρα** day by day • **μέρα-νύχτα ή νύχτα-μέρα** night and day • **μέρα παρά μέρα** every other day • **μια μέρα** one day • **προ ημερών** (επίσ.) a few days ago • **της ημέρας** of the day • **εργάσιμη ~** working day • **~ λαϊκής** market day • **~ πληρωμών** pay day • **~ των Χριστουγέννων** Christmas Day ■ **ημέρας** ουσ θηλ γεν. fresh ■ **ημέρες** πληθ days

ημερήσιος, -α ή -ία, -ο επιθ daily • **σε ημερήσια βάση** on a daily basis • **ημερήσια διάταξη ή διάταξη** agenda • **ημερήσια εκδρομή, ημερήσιο ταξίδι** day trip • **ο ~ Τύπος** the daily papers πληθ.

ημεροδείκτης ουσ αρσ block calendar

ημερολόγιο ουσ ουδ (γενικότ.) calendar • (ημεροδείκτης) block calendar • (βιβλίο) diary • (αεροπλάνου, πλοίου) log • **κρατώ ~** to keep a diary • **διαδικτυακό ~** blog • **έχω ή διατηρώ διαδικτυακό ~** to blog • **επιτραπέζιο ~** desk calendar • **~ τοίχου** wall calendar

ημερομηνία ουσ θηλ date • **~ γεννήσεως** date of birth • **~ έκδοσης** publication date • **~ θανάτου** date ή time of death • **~ λήξεως ή λήξης** (τροφίμων) best-before date • (διαβατηρίου) expiry date

ημερομίσθιος, -α, -ο επιθ day's • **~ εργάτης** day labourer (Βρετ.) ή laborer (Αμερ.) ■ **ημερομίσθιο** ουσ ουδ wage

ημερονύκτιο ουσ ουδ a day and a night

ήμερος, -η, -ο επιθ (ζώο) tame • (φυτό, χόρτα, τόπος) cultivated

ημερώνω ρ μ (τίγρη, λιοντάρι) to tame • (άλογο) to break in • (είδος ζώου) to domesticate • (φυτό) to cultivate ▶ ρ αμ to calm down

ημιαργία ουσ θηλ half day

ημικρανία ουσ θηλ migraine

ημικύκλιο ουσ ουδ semicircle

ημισέληνος ουσ θηλ (επίσ.) (μισοφέγγαρο) half moon • (σύμβολο) crescent • **Ερυθρά Ημισέληνος** Red Crescent

ημισφαίριο ουσ ουδ hemisphere • **αριστερό/δεξί ~** (Ανατ) left/right hemisphere • **βόρειο/νότιο ~** (Γεω) northern/southern hemisphere

ημιτελικός, -ή, -ό επιθ semifinal ■ **ημιτελικά** ουσ ουδ πληθ semifinals ■ **ημιτελικός** ουσ αρσ (αγώνας) semifinal • (φάση) semifinals πληθ.

ημιφορτηγό ουσ ουδ van

ημίφως ουσ ουδ (φυσικό) twilight • (τεχνητό) half light

ημίχρονο, ημιχρόνιο ουσ ουδ half-time

ημίωρος, -η, -ο επιθ half-hour • **ημίωρο** ουσ ουδ half an hour

Ηνωμένες Πολιτείες Αμερικής ουσ θηλ πληθ **οι Ηνωμένες Πολιτείες της Αμερικής** the United States of America

Ηνωμένο Βασίλειο ουσ ουδ **το ~** the United Kingdom

ηνωμένος, -η, -ο επιθ (επίσ.) united • **τα Ηνωμένα Έθνη** the United Nations

Η.Π.Α. συντομ USA

ηπατίτιδα ουσ θηλ hepatitis

Ήπειρος ουσ θηλ Epirus

ήπειρος ουσ θηλ (στεριά) mainland • (γεωγραφική περιοχή) continent • **η γηραιά ~** Europe

ηπειρωτικός, -ή, -ό επιθ continental • **ηπειρωτική Ελλάδα** mainland Greece • **ηπειρωτική Ευρώπη** continental Europe • **ηπειρωτικό κλίμα** continental climate ■ **ηπειρωτικά** ουσ ουδ πληθ mainland

ήπιος, -α, -ο επιθ (άνθρωπος, χαρακτήρας) gentle • (καιρός, χειμώνας) mild • (αντίδραση, κριτική) mild • (στάση) mild • (τόνος) calm • **ήπιες μορφές ενέργειας** alternative forms of energy • **ήπιο κλίμα** mild climate • (μτφ.) calm atmosphere • **~ τουρισμός** eco-tourism

ήρεμα επιρρ quietly • (πεθαίνω) peacefully

ηρεμία ουσ θηλ (θάλασσας, φύσης) calm • (εξοχής, σπιτιού) peace and quiet • (κατάστασης, εκλογών) calm • (έκφρασης, προσώπου, ψυχής) calmness • **ψυχική ~** peace of mind

ηρεμιστικός, -ή, -ό επιθ sedative ■ **ηρεμιστικό** ουσ ουδ sedative

ήρεμος, -η, -ο επιθ (άνθρωπος, τόνος, φωνή) calm • (βλέμμα) serene • (ατμόσφαιρα, περιβάλλον) calm • (πέλαγος, ποτάμι) calm • (περίοδος, εποχή) peaceful • (ζωή) peaceful • (μουσική) sedate

ηρεμώ ρ αμ (ξεθυμαίνω) to calm down • (χαλαρώνω) to unwind • (θάλασσα, νερά) to grow calm • (ζωή, κατάσταση) to calm down ▶ ρ μ (ξεθυμαίνω) to calm (down) • (χαλαρώνω) to relax

ήρωας ουσ αρσ hero

ηρωίδα ουσ θηλ heroine

ηρωικός, -ή, -ό επιθ heroic

ησυχάζω ρ αμ (ηρεμώ) to calm down • (χαλαρώνω) to relax • (κάνω ησυχία) to quieten down (Βρετ.), to quiet down (Αμερ.) • (θάλασσα) to grow calm • (άνεμος) to die down • (αναπαύομαι) to rest ▶ ρ μ to calm down

ησυχία ουσ θηλ (γαλήνη) calm • (ηρεμία) peace and quiet • (σιωπή) quiet • **αφήνω κπν/κτ σε ~** to leave sb/sth alone • **τα λέω με την ~ μου** to have a quiet talk • **διατάραξη κοινής ησυχίας** ≈ breach of the peace • **ώρες κοινής ησυχίας** hours during which it is forbidden to make a lot of noise

ήσυχος, -η, -ο επιθ (άνθρωπος, θάλασσα) calm • (ζωή, βραδιά) quiet • (μέρος) quiet • (σιωπηλός) quiet • **αφήνω κπν ήσυχο** to leave sb alone • **κάτσε ~!** (μείνε ακίνητος) keep still! • (σώπασε) be quiet! • **μένω ή μπορώ να είμαι ~** not to worry

ήτα ουσ ουδ άκλ. eta, seventh letter of the Greek alphabet

ήττα ουσ θηλ defeat

ηττημένος, -η, -ο επιθ defeated ■ **ηττημένος** ουσ αρσ loser

ηφαιστειακός, -ή, -ό επιθ volcanic

ηφαίστειο *ουσ ουδ* volcano • *(μτφ.)* explosive situation
ηχείο *ουσ ουδ (συσκευή)* (loud)speaker • *(οργάνου)* soundbox
ηχογράφηση *ουσ θηλ* recording
ηχογραφώ *ρ μ* to record
ήχος *ουσ αρσ* sound • **ένταση του ήχου** volume
ηχώ¹ *ουσ θηλ (γεν. εν.* **ηχούς)** *(κυριολ., μτφ.)* echo
ηχώ² *ρ αμ* to sound

Θ, θ theta, *eighth letter of the Greek alphabet*

ΛΕΞΗ-ΚΛΕΙΔΙ

θα *μόρ* **1** *(για τον σχηματισμό μελλοντικών χρόνων)* will
■ **2** *(δυνητικό)* would
■ **3** *(πιθανολογικό)* must
■ **θα** *ουσ ουδ πληθ* promises

θάβω *ρ μ (θησαυρό, κόκαλο, νεκρό)* to bury • *(σκάνδαλο, υπόθεση)* to cover up • *(ανεπ.: χαντακώνω)* to ruin • *(ανεπ.: κακολογώ)* to run down *(ανεπ.)* ■ **θάβομαι** *μεσοπαθ* to stagnate
θαλαμηγός *ουσ θηλ* yacht
θαλαμηπόλος *ουσ αρσ, ουσ θηλ (για άνδρα: ξενοδοχείου)* room attendant • *(πλοίου)* steward • *(για γυναίκα: ξενοδοχείου)* chambermaid • *(πλοίου)* stewardess
θάλαμος *ουσ αρσ (δωμάτιο)* room • *(νοσοκομείου)* ward • *(στρατώνα)* barracks *εν. ή πληθ.* • *(πλοίου)* cabin • **~ δοκιμών** test chamber • **νεκρικός ~** burial chamber • **νυφικός ~** bridal suite • **σκοτεινός ~** *(φωτογραφικής μηχανής)* camera body • *(φωτογράφου, κινηματογραφιστή)* darkroom • **τηλεφωνικός ~** (tele)phone booth • **ψυκτικός ~** freezer compartment *(Βρετ.)*, deep-freeze compartment *(Αμερ.)*
θάλασσα *ουσ θηλ* sea • **έχει ~** the sea is rough • **τα κάνω ~** to make a mess of things
θαλασσινά *ουσ ουδ πληθ* seafood *εν.*
θαλασσιν|ός, -ή, -ό *επιθ (αέρας, νερό, ταξίδι)* sea • *(μπάνιο)* in the sea • *(εμπόριο)* at sea • *(ιστορία, ζωή)* marine ■ **θαλασσινός** *ουσ αρσ,* **θαλασσινή** *ουσ θηλ (κάτοικος νησιού)* islander • *(κάτοικος παραθαλάσσιου μέρους)* resident of a seaside town or village • *(ναυτικός)* sailor • *(ψαράς)* fisherman
θαλάσσι|ος, -α, -ο *επιθ (ελέφαντας, ανεμώνη, αρτηρίες, μεταφορά)* sea • *(περιβάλλον, πλούτος, πανίδα, έρευνα)* marine
θάμνος *ουσ αρσ* bush
θαμνώδ|ης, -ης, -ες *επιθ (επίσης:* **θαμνοειδής)** bushy • *(έκταση, περιοχή)* scrubby
θαμπ|ός, -ή, -ό *επιθ (καθρέφτης: από*

πολυκαιρία) tarnished • (τζάμι, καθρέφτης: από υδρατμούς) misted up ή over • (φως) dim • (ουρανός) dull • (φιγούρα, εικόνα) blurred • (μαλλιά, χρώμα) dull

θαμπώνω ρ μ (τζάμι) to mist (up ή over) • (ομορφιά, πλούτη) to dazzle ▶ ρ αμ (καθρέφτης: από πολυκαιρία) to become tarnished • (καθρέφτης, τζάμι: από υδρατμούς) to mist up ή over • (μαλλιά) to become dull • (μάτια) to blur

θαμώνας ουσ αρσ, ουσ θηλ patron

θανάσιμ|ος, -η, -ο επιθ (τραύμα, ενέδρα) fatal • (εχθρός, αντίπαλος) deadly • (κίνδυνος) mortal

θανατηφόρ|ος, -α, -ο επιθ (ατύχημα) fatal • (δηλητήριο, ιός, φάρμακο, επιδημία) deadly

θάνατος ουσ αρσ (γενικότ.) death • (καταστροφή) disaster • «κίνδυνος-θάνατος» "danger of death"

θανατώνω ρ μ to kill

θαρραλέ|ος, -α, -ο επιθ brave

θάρρος ουσ ουδ (τόλμη) courage • (οικειότητα) boldness • **δίνω ~ σε κπν** to encourage sb

θαρρώ ρ μ to think

θαύμα ουσ ουδ miracle • (επίτευγμα) wonder • **~ παράσταση/φαγητό** wonderful show/food • **τα επτά θαύματα του κόσμου** the seven wonders of the world • **παιδί-θαύμα** child prodigy

θαυμάζω ρ μ (απολαμβάνω) to marvel at • (εκτιμώ) to admire

θαυμάσι|ος, -α, -ο επιθ wonderful

θαυμασμός ουσ αρσ (έντονη εντύπωση) wonder • (εκτίμηση) admiration

θαυμαστής ουσ αρσ (τέχνης, πολιτισμού, έργου) admirer • (ηθοποιού, τραγουδιστή) fan

θαυμαστικό ουσ ουδ exclamation mark (Βρετ.), exclamation point (Αμερ.)

θαυμαστ|ός, -ή, -ό επιθ wonderful

θαυμάστρια ουσ θηλ βλ. **θαυμαστής**

θεά ουσ θηλ (κυριολ.) goddess • (μτφ.) beauty

θέα ουσ θηλ (άποψη) view • (κοίταγμα) sight • **έχω ~ σε κτ** to have a view of sth

θέαμα ουσ ουδ (γενικότ.) sight • (για τοπίο, εικόνα) scene • (για τηλεόραση, θέατρο, κινηματογράφο) show

θεαματικ|ός, -ή, -ό επιθ spectacular

θεατής ουσ αρσ (αγώνα, παράστασης) spectator • (ταινίας) viewer • (φόνου, κλοπής) witness

θεατρικ|ός, -ή, -ό επιθ (παράσταση, κοστούμι) theatrical • (κοινό, μονόλογος, τέχνη, σκηνή) dramatic • (κοινό) theatre-going (Βρετ.), theater-going (Αμερ.) • (στάση, χειρονομία, ύφος) dramatic • **θεατρικό έργο** play • **~ κείμενο** play • **~ συγγραφέας** playwright • **θεατρική σχολή** drama school

θέατρο ουσ ουδ (τέχνη, κτήριο, θεατρικός κόσμος) theatre (Βρετ.), theater (Αμερ.) • (λογοτεχνικό είδος) plays πληθ. • (θεατές) audience • **θέατρο** = **θεία Λειτουργία** service

θεοπάλαβος...

θεία² ουσ ουδ πλήθτα ~ all that is holy

θειάφι ουσ ουδ sulphur (Βρετ.), sulfur (Αμερ.)

θεϊκ|ός, -ή, -ό επιθ (πρόνοια, δύναμη, παρέμβαση, αγάπη) divine • (ομορφιά, κορμί, φωνή, τραγούδι) sublime

θειος ουσ αρσ = **θείος¹**

θείος¹ ουσ αρσ (συγγενής) uncle • (ειρων.) old boy (ανεπ.)

θεί|ος², -α, -ο επιθ (θέλημα, διδασκαλία, κήρυγμα) divine • (άνθρωπος, τόπος, μέρος) holy • (φωνή, ομορφιά) sublime • **Θεία Κοινωνία** Holy Communion • **Θεία Λειτουργία** service

θέλημα ουσ ουδ will • **θελήματα** πληθ errands

θέληση ουσ θηλ (επιθυμία) wish • (απαίτηση) demand • (επιμονή) willpower • **ενάντια στη ή αντίθετα από τη ~ μου, χωρίς ή δίχως ή παρά τη θέλησή μου** against one's will • **με τη θελησή μου** of one's own free will

---

ΛΕΞΗ-ΚΛΕΙΔΙ

θέλω ρ μ **1** (επιθυμώ) to want • **θέλω να κάνω κτ** to want to do sth
2 (δέχομαι) to want
3 (επιχειρώ) to try
4 (απαιτώ: ενοίκια, χρήματα) to ask for • (: προσπάθεια, υπομονή) to need • (: ικανοποίηση, σεβασμό) to demand • (: εκδίκηση, ησυχία) to want
5 (ζητώ) to look for
6 (περιμένω) to expect
7 (χρειάζομαι: ξύρισμα, κούρεμα, πότισμα) to need **8** (αξίζω: μάθημα, ξύλο) to need • (: τιμωρία) to deserve
9 (προφορ.: οφείλω) to owe
10 (υπολείπομαι) to need
11 (εννοώ) to be on one's side

θέμα ουσ ουδ (ζήτημα) matter • (ομιλίας, συζήτησης, μελέτης, έρευνας) subject • (ημερήσιας διάταξης) item • (εξετάσεων) paper • (έκθεσης) subject • (διατριβής, εργασίας) subject • (διηγήματος, μυθιστορήματος, πίνακα) theme • (Μους) theme • **δεν είναι δικό σου ~** it's none of your business • **δημιουργώ ~** to make a fuss • **κάνω κτ ~** to make an issue of sth • **το ~ είναι** the point is

θεμέλιο ουσ ουδ foundation

θεμελιώδ|ης, -ης, -ες επιθ fundamental

θεμελιώνω ρ μ (ναό, κτήριο) to lay the foundations of • (επιστήμη, έρευνα, καθεστώς) to found • (άποψη) to back up

θεμιτ|ός, -ή, -ό επιθ (σύμβαση) legal • (μίσθωμα, ανταγωνισμός) fair • (φιλοδοξία, σκοπός, κέρδος) legitimate

θεολογία ουσ θηλ theology

θεολόγος ουσ αρσ, ουσ θηλ (επιστήμονας) theologian • (Σχολ) RE teacher • (Πανεπ) theology professor

θεοπάλαβος, -η, -ο επιθ raving mad

θεόρατ|ος, -η, -ο επιθ enormous

θεός ουσ αρσ (Θρησκ) god • (ίνδαλμα) god • (μτφ.: για άνδρα) Greek god ■ **Θεός** ουσ αρσ **ο Θεός** God • **για όνομα του** ή **προς Θεού** for God's sake

θεία ουσ θηλ = **θεία¹**

θεία¹ ουσ θηλ (συγγενής) aunt • (ειρων.) old girl (ανεπ.)

θεοσκότεινο|ος, -η, -ο *επιθ* pitch-dark
θεότητα *ουσ θηλ* deity
Θεοτόκος *ουσ θηλ* Virgin Mary
θεραπεία *ουσ θηλ* (ασθενούς, ασθένειας) treatment • (για ψυχικές ασθένειες) therapy • (κακού, δεινών) remedy
θεραπευτήριο *ουσ ουδ* hospital
θεραπευτικ|ός, -ή, -ό *επιθ* therapeutic
θεραπεύω *ρ μ* (ασθενή, ασθένεια: γιατρεύω) to cure • (νοσηλεύω) to treat • (τραύματα) to treat • (ζημιά, κακό) to remedy
θέρετρο *ουσ ουδ* (περιοχή) resort • (εξοχικό σπίτι) cottage
θερίζω *ρ μ* (στάρι, καλαμπόκι) to reap • (πληθυσμό, ζώα, φυτά) to decimate
θερινός, -ή, -ό *επιθ* (ωράριο, διακοπές, ρούχα, κατοικία) summer • (κινηματογράφος) open-air • **θερινή ώρα** summer time (Βρετ.), daylight saving time (Αμερ.)
θερισμός *ουσ ουδ* (συγκομιδή) harvest • (περίοδος) harvest (time)
θερμαίνω *ρ μ* (σπίτι, δωμάτιο) to heat • (φαγητό) to heat (up)
θέρμανση *ουσ θηλ* heating • **κεντρική ~** central heating
θερμάστρα *ουσ θηλ* heater
θερμίδα *ουσ θηλ* calorie
θερμοκήπιο *ουσ ουδ* greenhouse • **το φαινόμενο του θερμοκηπίου** the greenhouse effect
θερμοκρασία *ουσ θηλ* temperature • **~ δωματίου** room temperature
θερμόμετρο *ουσ ουδ* thermometer • (μτφ.) barometer • **ανεβαίνει το ~** (μτφ.) tension is rising • **βάζω το ~** to take one's temperature
θερμοπηγή *ουσ θηλ* thermal ή hot spring
θερμός[1] *ουσ ουδ άκλ.* Thermos®
θερμός[2] **, -ή, -ό** *επιθ* (κλίμα, χώρα, αέρας, λουτρό, ρούχο) warm • (υποδοχή, χαιρετισμός, ευχές, λαός) warm • (χειροκρότημα) heartfelt • (ενδιαφέρον) keen • (συζήτηση) intense • (υποστηρικτής) ardent • (γυναίκα, άνδρας) passionate
θερμοσίφωνας *ουσ αρσ* immersion heater
θερμοσίφωνο *ουσ ουδ* (προφορ.) = **θερμοσίφωνας**
θερμοστάτης *ουσ αρσ* thermostat
θερμότητα *ουσ θηλ* (επίσης Φυσ) heat • (χαμόγελου, φωνής) warmth
θερμοφόρα *ουσ θηλ* (με νερό) hot-water bottle • (με ρεύμα) electric warmer
θέση *ουσ θηλ* (μέρος: καναπέ, τραπεζιού, παιχνιδιών) place • (κάθισμα: νταλάπες) part • (κάθισμα) seat • (σε εκδρομή, κρουαζιέρα) ticket • (χώρας, πόλης, χωριού) position • (στο Δημόσιο, σε εταιρεία, σε σχολείο) post • (χώρος: σε αυτοκίνητο, ασανσέρ) room • (στην κοινωνία, σε βαθμολογία) position • (πρόταση) stand • (άποψη) view • (Πανεπ, Φιλοσ) thesis • (Αθλ, Στρατ) position • **(αν ήμουν) στη ~ σου** if I were you • **βάζω κτ στη ~ του** to put sth back where it belongs • **κρατάω ή φυλάω τη ~ κποιου** to keep sb's place • **μείνε στη ~ σου!** stay where you are! • **πρώτη/τουριστική ~** first/tourist class

θεσμός *ουσ αρσ* (κανόνας) rule • (Συντάγματος, γάμου, οικογένειας) institution
Θεσσαλία *ουσ θηλ* Thessaly
Θεσσαλονίκη *ουσ θηλ* Salonica
θετικ|ός, -ή, -ό *επιθ* (οριστικός) definite • (σταθερός) reliable • (επιβεβαιωτικός) affirmative • (Μαθ, Φυσ) positive • **θετικές επιστήμες** exact sciences • **θετική εικόνα** (Φωτογρ) positive ■ **θετικό** *ουσ ουδ* (Ιατρ) positive result ■ **θετικός** *ουσ αρσ* (Γλωσσ) positive
θετ|ός, -ή, -ό *επιθ* (παιδί) adopted • (γονείς) adoptive
θέτω *ρ μ* (επίσ.) (βάζω) to put • (ερώτημα, θέμα) to raise • (όρο) to set • *βλ. κ.* **τίθεμαι**
θεωρείο *ουσ ουδ* (θεάτρου) box • (Βουλής) gallery
θεώρημα *ουσ ουδ* theorem
θεωρημέν|ος, -η, -ο *επιθ* stamped
θεώρηση *ουσ θηλ* (εργασίας, εντύπου) inspection • (ζωής) outlook • (κόσμου) view • (διαβατηρίου) visa • (υπογραφής) attestation
θεωρητικ|ός, -ή, -ό *επιθ* (θέμα, μάθημα, γνώση) theoretical • (κέρδη, κατάσταση, συνθήκες) hypothetical • (για νέρος) idealistic • **θεωρητικές επιστήμες** pure sciences
θεωρία *ουσ θηλ* theory
θεωρώ *ρ μ* (νομίζω, εξετάζω) to consider • (διαβατήριο, απόδειξη, βιβλιάριο) to stamp • (δίπλωμα, έγγραφο) to authenticate • **~ πως** ή **ότι** to think that
θήκη *ουσ θηλ* (γυαλιών, οργάνου) case • (κασέτας, πούρων) box • (όπλου) holster • (σπαθιού, μαχαιριού) sheath • (κάλυμμα δοντιού) crown
θηλάζω *ρ μ* (μωρό) to breast-feed • (μικρά) to suckle ▶ *ρ αμ* (μωρό, ζώάκια) to suckle • (για γυναίκα) to breast-feed
θήλασμα *ουσ ουδ* = **θηλασμός**
θηλασμός *ουσ αρσ* (μωρού) breast-feeding • (νεογέννητου ζώου) suckling
θηλαστικό *ουσ ουδ* mammal
θηλή *ουσ θηλ* nipple
θηλιά *ουσ θηλ* (κρεμάλας) noose • (σχοινιού) noose • (κλειδιών) ring • (παγίδα πουλιών) snare • (πλεχτού) stitch • (παντελονιού, μπλούζας) eyelet • (διχτυού) mesh
θηλυκ|ός, -ή, -ό *επιθ* (παιδί, ζώο) female • (ντύσιμο, βλέμμα, τρόποι) feminine • (Γλωσσ) feminine
θηλυκότητα *ουσ θηλ* femininity
θήραμα *ουσ ουδ* quarry
θηρίο *ουσ ουδ* (άγριο ζώο) wild animal • (μυθικό τέρας) monster • (για πρόσ.) giant • (για πράγμα) whopper (ανεπ.)
θησαυρός *ουσ αρσ* (πλούτος) treasure • (αφθονία) wealth • (Λογ) thesaurus • (Αρχαιολ) treasury
θησαυροφυλάκιο *ουσ ουδ* (τράπεζας) vault • (στη Μ. Βρετανία) Treasury
θήτα *ουσ ουδ άκλ.* theta, *eighth letter of the Greek alphabet*
θητεία *ουσ θηλ* (Στρατ) military service • (Βουλής, υπουργού, βουλευτή) term of office

θίασος *ουσ αρσ* theatre (*Βρετ.*) *ή* theater (*Αμερ.*) company

θίγω *ρ μ* (*συμφέροντα, πολίτευμα*) to damage • (*δικαιώματα*) to erode • (*αισθήματα, άνθρωπο*) to hurt • (*αξιοπρέπεια*) to offend • (*εγωισμό*) to damage • (*θέμα, πρόβλημα*) to touch on

θλιβερ|ός, -ή, -ό *επιθ* (*χρόνια, τραγούδι, νέα*) sad • (*επεισόδια, εμπειρία*) distressing • (*άνθρωπος, χαρακτήρας, κόσμος*) wretched • (*κτήριο*) dilapidated • (*απομίμηση*) pitiful • (*γαλλικά*) deplorable

θλιμμέν|ος, -η, -ο *επιθ* (*χαμόγελο, τραγούδι, άνθρωπος*) sad • (*βλέμμα, έκφραση*) sorrowful

θλίψη *ουσ θηλ* sorrow

θνητ|ός, -ή, -ό *επιθ* mortal ▪ **θνητός** *ουσ αρσ*, **θνητή** *ουσ θηλ* mortal

θολός, -ή, -ό *επιθ* (*νερό, κρασί*) cloudy • (*ατμόσφαιρα*) hazy • (*ποτάμι*) muddy • (*ημέρα, πρωινό*) hazy

θόλος *ουσ αρσ* dome

θολούρα *ουσ θηλ* (*ποταμού*) muddiness • (*νερών*) cloudiness • (*ατμόσφαιρας*) haze • (*ματιών*) blurring

θολώνω *ρ μ* (*νερό, κρασί*) to make cloudy • (*τζάμι*) to mist (up *ή* over) • (*μάτια*) to blur • (*κρίση, αντίληψη*) to cloud • (*μυαλό*) to confuse ▶ *ρ αμ* (*νερό*) to become cloudy • (*τζάμι*) to mist up *ή* over • (*μάτια*) to become blurred • (*συγχύζομαι*) to see red

θολωτ|ός, -ή, -ό *επιθ* vaulted

θόρυβος *ουσ αρσ* (*φασαρία*) noise • (*μτφ.: ντόρος*) stir • **κάνω θόρυβο** to make a noise

Θράκη *ουσ θηλ* Thrace

θρανίο *ουσ ουδ* desk

θράσος *ουσ ουδ* audacity • **έχω το ~ να κάνω κτ** to have the audacity to do sth

θρασύς, -εία, -ύ *επιθ* impudent

θρεπτικ|ός, -ή, -ό *επιθ* (*τροφή*) nutritious • (*αξία*) nutritional

θρέφω *ρ μ* (*τρέφω*) to feed • (*συντηρώ: οικογένεια, παιδιά*) to feed • (*ζώα*) to fatten up ▶ *ρ αμ* to heal over

θρήνος *ουσ αρσ* lament

θρηνώ *ρ μ* to mourn ▶ *ρ αμ* to mourn

θρησκεία *ουσ θηλ* religion

θρήσκευμα *ουσ ουδ* denomination

θρησκευτικ|ός, -ή, -ό *επιθ* religious

θρήσκ|ος, -α, -ο *επιθ* devout

θριαμβευτικ|ός, -ή, -ό *επιθ* triumphant

θριαμβεύω *ρ αμ* (*στρατηγός, πολιτικός, διαγωνιζόμενος*) to triumph • (*ιδέες, πολιτική*) to prevail

θρίαμβος *ουσ αρσ* triumph

θρίλερ *ουσ ουδ άκλ.* (*κυριολ.*) thriller • (*μτφ.*) cliffhanger

θρόμβωση *ουσ θηλ* thrombosis

θρόνος *ουσ αρσ* throne

θρυλικ|ός, -ή, -ό *επιθ* legendary

θρύλος *ουσ αρσ* legend

θρύψαλο *ουσ ουδ* fragment • **γίνομαι θρύψαλα** to be smashed to pieces *ή* smithereens

θυγατέρα *ουσ θηλ* (*λογοτ.*) daughter

θύελλα *ουσ θηλ* storm • **δελτίο θυέλλης** storm warning

θυελλώδ|ης, -ης, -ες *επιθ* stormy • **~ άνεμος** gale

θύμα *ουσ ουδ* (*ληστείας, ατυχήματος, πολέμου*) victim • (*κορόιδο*) dupe • **πέφτω ~** +*γεν.* to fall prey to

θυμάμαι *ρ μ αποθ.* to remember ▶ *ρ αμ* to remember • **αν ~ καλά** if (my) memory serves me correctly • **απ' ό,τι** *ή* **απ' όσο ~** as far as I can remember

θυμάρι *ουσ ουδ* thyme

θυμιατό *ουσ ουδ* (*Θρησκ*) censer • (*στο σπίτι*) incense burner

θυμίζω *ρ μ* **~ κτ σε κπν** to remind sb of sth • **κάτι μου θυμίζει αυτό το όνομα** that name rings a bell

θυμός *ουσ αρσ* anger

θυμούμαι *ρ μ αποθ.*, *ρ αμ αποθ.* = **θυμάμαι**

θυμωμέν|ος, -η, -ο *επιθ* angry • **είμαι ~ μαζί σου/του** I'm angry *ή* cross with you/him

θυμώνω *ρ μ* to make angry ▶ *ρ αμ* (*εκνευρίζομαι*) to get angry • (*είμαι θυμωμένος*) to be angry *ή* cross

θύρα *ουσ θηλ* (*επίσ.*) (*σπιτιού, ναού*) door • (*σταδίου*) gate • (*Πληροφ*) port • **~ εισόδου/ εξόδου** (*Πληροφ*) input/output port

θυρίδα *ουσ θηλ* (*μικρή πόρτα*) opening • (*σε ταχυδρομείο, γραφείο*) window • (*σε κινηματογράφο, θέατρο*) box office • (*επίσης: τραπεζική ~*) safe-deposit box • **ταχυδρομική ~ ΡΟ** box • **~ εισερχομένων μηνυμάτων** (*Πληροφ*) inbox • **~ (πλαίσιο) διαλόγου** (*Πληροφ*) dialogue (*Βρετ.*) *ή* dialog (*Αμερ.*) box

θυροτηλέφωνο *ουσ ουδ* entry-phone

θυρωρείο *ουσ ουδ* (*πολυκατοικίας*) caretaker's lodge • (*υπηρεσίας, εργοστασίου*) porter's lodge

θυρωρός *ουσ αρσ, ουσ θηλ* (*πολυκατοικίας*) caretaker • (*εταιρίας, εργοστασίου*) porter • (*κέντρου, ξενοδοχείου*) doorman

θυσία *ουσ θηλ* sacrifice

θυσιάζω *ρ μ* to sacrifice ▪ **θυσιάζομαι** *μεσοπαθ* (*στερούμαι χάρη σκοπού*) to make sacrifices • (*δίνω τη ζωή μου*) to sacrifice oneself

θώρακας *ουσ αρσ* (*πολεμιστή*) breastplate • (*αλυσιδωτός*) chain mail • (*Ανατ*) thorax

θωράκιση *ουσ θηλ* equipping with armour (*Βρετ.*) *ή* armor (*Αμερ.*) • plate

θωρακισμέν|ος, -η, -ο *επιθ* (*όχημα, μονάδα, άρμα*) armoured (*Βρετ.*), armored (*Αμερ.*) • (*με θάρρος, υπομονή*) armed

θωρηκτό *ουσ ουδ* battleship

Ι, ι iota, ninth letter of the Greek alphabet

ιαματικ|ός, -ή, -ό επιθ (πηγή) mineral • (ιδιότητα, νερό) healing • **ιαματικά λουτρά** spa

Ιανουάριος ουσ αρσ January

Ιάπωνας ουσ αρσ Japanese ▪ **οι Ιάπωνες** πληθ the Japanese

Ιαπωνία ουσ θηλ Japan

Ιαπωνίδα ουσ θηλ βλ. **Ιάπωνας**

ιαπωνικ|ός, -ή, -ό επιθ Japanese ▪ **Ιαπωνικά** ουσ ουδ πληθ Japanese

ιατρείο ουσ ουδ surgery (Βρετ.), office (Αμερ.) • **εξωτερικά ιατρεία** outpatient clinic ή department • **ιδιωτικό ~** private practice

ιατρική ουσ θηλ (επιστήμη, σπουδές) medicine • (σχολή) medical school

ιατρικ|ός, -ή, -ό επιθ medical ▪ **ιατρικό** ουσ ουδ (επίσ.) medicine

ιατρός ουσ αρσ = **γιατρός**

ιδανικ|ός, -ή, -ό επιθ ideal ▪ **ιδανικό** ουσ ουδ ideal

ιδέα ουσ θηλ (γενικότ.) idea • (γνώμη) opinion • (δημοκρατίας, ελευθερίας) notion • **έμμονη ~** fixed idea

ιδεαλιστής ουσ αρσ idealist

ιδεολογία ουσ θηλ (γενικότ.) ideology • (ηθικές αρχές) principles πληθ.

ιδιαίτερα επιρρ (επικίνδυνος, δημιουργικός) highly • (έξυπνος) exceptionally • (κυρίως) especially

ιδιαίτερ|ος, -η ή -έρα, -ο επιθ particular • (προσφορά) peculiar • (προσοχή) special • (λόγος, μέρα) special • (συζήτηση) private • (πρόσκληση) personal • **ιδιαίτερη πατρίδα** home town ▪ **ιδιαίτερα** ουσ ουδ πληθ private ή personal affairs ▪ **ιδιαίτερο** ουσ ουδ private lesson ▪ **ιδιαίτερος** ουσ αρσ ▪ **ιδιαίτερα** ουσ θηλ (επίσης: **ιδιαιτέρα γραμματέας**) personal assistant • (πολιτικού) private secretary

ιδιαιτέρως επιρρ (κατ' ιδίαν) in private • (κυρίως) especially

ιδιοκτησία ουσ θηλ (κυριότητα περιουσίας) ownership • (περιουσία) property • **πνευματική ~** intellectual property

ιδιοκτήτης ουσ αρσ owner

ιδιοκτήτρια ουσ θηλ βλ. **ιδιοκτήτης**

ιδιόρρυθμ|ος, -η, -ο επιθ (σχέση, στοιχείο) particular • (άτομο, συμπεριφορά) eccentric • (ντύσιμο) odd

ίδι|ος¹, -ιδία, - ίδιο επιθ (προσωπικός) personal • (ιδιαίτερος) unique

⭕ **ΛΕΞΗ-ΚΛΕΙΔΙ**

ίδι|ος², -ια, -ιο επιθ+άρθρ. **1** (ο αυτός) same **2** (για έμφαση) own • (σε τηλεφωνική συνομιλία) speaking
3 (όμοιος, ίσος) the same

ιδιοσυγκρασία ουσ θηλ (ανθρώπου) disposition • (λαού) character

ιδιοτέλεια ουσ θηλ self-interest

ιδιοτελ|ής, -ής, -ές επιθ selfish

ιδιότητα ουσ θηλ (σώματος, υλικού) property • (ανθρώπου) characteristic • (βουλευτή, γιατρού) status

ιδιοτροπία ουσ θηλ (ανθρώπου) eccentricity • (ντυσίματος, συμπεριφοράς) eccentricity • (δυστροπία) grumpiness • (καπρίτσιο) whim

ιδιότροπ|ος, -η, -ο επιθ (άνθρωπος, συμπεριφορά) eccentric • (ντύσιμο, χτένισμα) odd • (δύστροπος) bad-tempered • (καπριτσιόζος) capricious

ιδιοφυ|ής, -ής, -ές επιθ (θεωρία, σχέδιο) ingenious • (άνθρωπος) gifted

ιδιοφυΐα ουσ θηλ genius

ιδιωματισμός ουσ αρσ idiom

ιδίως επιρρ especially

ιδιώτης ουσ αρσ private individual

ιδιωτικοποίηση ουσ θηλ privatization

ιδιωτικ|ός, -ή, -ό επιθ (εκπαίδευση, επιχείρηση, φορέας, ασφάλιση) private • (σταθμός, τηλεόραση) independent • (ζωή) private • (θέματα) personal • **ο ~ τομέας** the private sector

ιδού επιρρ (επίσ.) here is • **~ η Ρόδος ~ και το πήδημα** put your money where your mouth is (ανεπ.) • **~ πώς/τι/γιατί** this is how/what/why

ίδρυμα ουσ ουδ (οργανισμός) institute • (ορφανοτροφείο) institution

ίδρυση ουσ θηλ (οργανισμού, σχολής, συλλόγου) foundation • (εταιρείας) creation

ιδρυτής ουσ αρσ founder

ιδρύτρια ουσ θηλ βλ. **ιδρυτής**

ιδρύω ρ μ (επιχείρηση, σταθμό) to set up • (οργανισμό) to found

ίδρωμα ουσ ουδ sweating

ιδρώνω ρ αμ (άνθρωπος, χέρια) to sweat • (κοπιάζω) to sweat (blood) (ανεπ.)

ιδρώτας ουσ αρσ sweat

ιεραρχία ουσ θηλ (επίσης Θρησκ) hierarchy • (αξιών) scale • (κριτηρίων) hierarchy

ιερέας ουσ αρσ priest

ιέρεια ουσ θηλ (θρησκείας) priestess • (Τέχνης) high priestess

ιερό ουσ ουδ (στην αρχαιότητα) shrine • (Θρησκ) sanctuary

ιερ|ός, -ή ή -ά, -ό επιθ (κανόνας, κειμήλιο, λείψανο) holy • (βιβλίο, άμφια, μορφή, τόπος) sacred • (παράδοση, ναός, καθήκον, γη, μνήμη) sacred • **η Ιερά Εξέταση** the Inquisition

• **ιερός Λόχος** (Αρχ Ιστ) Sacred Band, *elite corps of 300 soldiers in the Theban army*

εροσόλυμα *ουσ ουδ πληθ* Jerusalem

εροσυλία *ουσ θηλ* (*γενικότ.*) sacrilege • (*ναού, τάφου*) desecration • (*μτφ.*) sacrilege

Ιερουσαλήμ *ουσ θηλ άκλ.* = **Ιεροσόλυμα**

ησούς *ουσ αρσ* Jesus • ~ **Χριστός** Jesus Christ

θαγένεια *ουσ θηλ* citizenship

θαγεν|ής, -ής, -ές *επίθ* (*πολιτισμός, πληθυσμός*) indigenous • (*ζώο, φυτό*) native • (*της Αυστραλίας*) Aboriginal ■ **ιθαγενής** *ουσ αρσ*, *ουσ θηλ* (*επίσης:* **~ κάτοικος**) native • (*της Αυστραλίας*) Aborigine

ικανοποιημέν|ος, -η, -ο *επίθ* (*άνθρωπος*) satisfied • (*βλέμμα, πρόσωπο*) contented

ικανοποίηση *ουσ θηλ* satisfaction • (*φιλοδοξίας, επιθυμίας*) fulfilment (*Βρετ.*), fulfillment (*Αμερ.*)

ικανοποιητικ|ός, -ή, -ό *επίθ* (*αποτελέσματα, λύση, εξηγήσεις*) satisfactory • (*μισθός, στοιχεία*) adequate

ικανοποιώ *ρ μ* (*άνθρωπο*) to satisfy • (*αίτημα, ανάγκες, απαιτήσεις*) to meet • (*γούστο*) to cater for • (*επιθυμία*) to fulfil (*Βρετ.*), to fulfill (*Αμερ.*)

ικαν|ός, -ή, -ό *επίθ* (*γενικότ.*) capable • (*επαγγελματίας, επιχειρηματίας*) competent • (*τεχνίτης*) skilled

ικανότητα *ουσ θηλ* (*επιδεξιότητα*) ability • (*επαγγελματία*) competence • (*τεχνίτη*) skill • (*δυνατότητα*) power • **αποθηκευτική ~** storage capacity ■ **ικανότητες** *ουσ θηλ πληθ* abilities

ικετεύω *ρ μ* (*Θεό*) to supplicate (*επίσ.*) • (*άνθρωπο*) to beg

ίκτερος *ουσ αρσ* jaundice

ιλαρά *ουσ θηλ* measles *εν.*

ιλιγγιώδ|ης, -ης, -ες *επίθ* (*ύψος*) dizzy • (*φαντασία*) vivid • (*ανάπτυξη*) spectacular • (*ντεκολτέ, μίνι*) revealing • **ιλιγγιώδεις ρυθμοί** dizzy pace • **ιλιγγιώδες ποσό** vast amount (of money) • ~ **ταχύτητα** breakneck speed

ίλιγγος *ουσ αρσ* vertigo • **με πιάνει ή μου 'ρχεται ~** to feel dizzy • **παθαίνω ίλιγγο** to get vertigo

Ιμαλάια *ουσ ουδ πληθ* **τα ~** the Himalayas

ιμάμ μπαϊλντί *ουσ ουδ άκλ.* baked aubergines *with tomatoes, onions and garlic*

ιμάντας *ουσ αρσ* (*λουρί*) strap • (*Μηχαν*) belt • **οι ιμάντες εξουσίας** the levers of power

ιμιτασιόν *επίθ άκλ.* imitation

ίνα *ουσ θηλ* (*επίσ.*) fibre (*Βρετ.*), fiber (*Αμερ.*)

ίνδαλμα *ουσ ουδ* idol

Ινδή *ουσ θηλ βλ.* **Ινδός**

Ινδία *ουσ θηλ* India

Ινδικός *ουσ αρσ* the Indian Ocean

ινδικ|ός, -ή, -ό *επίθ* Indian • **ινδική κάνναβη ή κάνναβις** Indian hemp • **ινδικό χοιρίδιο** guinea pig

Ινδονησία *ουσ θηλ* Indonesia

Ινδός *ουσ αρσ* Indian

ινσουλίνη *ουσ θηλ* insulin

ινστιτούτο *ουσ ουδ* institute • ~ **αισθητικής** beauty salon

Ίντερνετ, Ίντερνετ *ουσ ουδ άκλ.* internet

ίντσα *ουσ θηλ* inch

Ιόνιο *ουσ ουδ* the Ionian Sea

ιός *ουσ αρσ* virus

Ιούλης *ουσ αρσ* = **Ιούλιος**

Ιούλιος *ουσ αρσ* July

Ιούνης *ουσ αρσ* = **Ιούνιος**

Ιούνιος *ουσ αρσ* June

iPod® *ουσ ουδ* iPod®

ιππασία *ουσ θηλ* (*γενικότ.*) (horse) riding • (*Αθλ*) horse-riding competition • (*μετ' εμποδίων*) showjumping • **κάνω ~** to go (horse) riding • (*επαγγελματικά*) to be a professional rider

ιππέας *ουσ αρσ* (*επίσ.*) rider • (*Στρατ*) horseman ■ **ιππείς** *πληθ* (*Αρχ Ιστ*) knights, *citizens of the second class in ancient Athens*

ιππεύω *ρ μ* (*επίσ.*) (*καβαλικεύω*) to get on • (*πηγαίνω καβάλα*) to ride ▶ *ρ αμ* (*καβαλικεύω*) to get on • (*πηγαίνω καβάλα*) to ride

ιπποδρομία *ουσ θηλ* (horse) race • **άλογο ιπποδρομιών** racehorse

ιππόδρομος *ουσ αρσ* (*ιπποδρόμιο*) racecourse (*Βρετ.*), racetrack (*Αμερ.*) • (*στοιχήματα*) the horses

ιπποδύναμη *ουσ θηλ* horsepower

ιππόκαμπος *ουσ αρσ* sea horse

ιπποπόταμος *ουσ αρσ* hippopotamus

ίππος *ουσ αρσ* (*επίσ.*) (*Ζωολ*) horse • (*στο σκάκι*) knight • (*Μηχαν*) horsepower • **δούρειος ~** Trojan horse • **θαλάσσιος ~** walrus • **άλματος** (*Αθλ*) vaulting horse • **πλάγιος ~** (*Αθλ*) beam (*Βρετ.*), balance beam (*Αμερ.*)

ιππότης *ουσ αρσ* knight • **πλανόδιος ή περιπλανώμενος ~** knight errant

ιπτάμεν|ος, -η, -ο *επίθ* flying • **ιπτάμενο δελφίνι** hydrofoil • **ιπτάμενο χαλί** flying carpet • ~ **δίσκος** flying saucer • ~ **συνοδός** air steward ■ **ιπταμένη** *ουσ θηλ* flight attendant ■ **ιπτάμενος** *ουσ αρσ* pilot

Ιράκ *ουσ ουδ άκλ.* Iraq

Ιράν *ουσ ουδ άκλ.* Iran

ίριδα *ουσ θηλ* (*Μετεωρ*) rainbow • (*Ανατ, Βοτ*) iris

Ιρλανδέζα *ουσ θηλ* = **Ιρλανδή**

ιρλανδέζικ|ος, -η ή -ια, -ο *επίθ* = **ιρλανδικός**

Ιρλανδέζος *ουσ αρσ* = **Ιρλανδός**

Ιρλανδή *ουσ θηλ* Irishwoman

Ιρλανδία *ουσ θηλ* Ireland

ιρλανδικ|ός, -ή, -ό *επίθ* Irish ■ **Ιρλανδικά, Ιρλανδέζικα** *ουσ ουδ πληθ* Irish (Gaelic)

Ιρλανδός *ουσ αρσ* Irishman • **οι Ιρλανδοί** the Irish

ίσα¹ *επιρρ* (*ισομερώς*) equally • (*ευθεία: επίσης:* **ίσια**) straight on • (*όρθια: επίσης:* **ίσια**) straight • (*αμέσως: επίσης:* **ίσια**) straight (away) • ~ **ή ίσια πάνω** straight into • ~ **που** (*μόλις που*) only just • (*ελάχιστα*) hardly • **τα λέω σε κπν στα ~ ή ίσια** to tell sb straight out

ίσα² *επιφων* (*ως προτροπή*) come on! • (*προφορ.: ως απειλή*) hang on!

ίσα-ίσα *επιρρ* (*ακριβώς*) just • (*για ποσότητα, μέγεθος*) just enough • (*τέλεια*) perfectly • (*απεναντίας*) on the contrary

ίσαμε *προθ* (*προφορ.*) (*έως*) till • (*μέχρι*) by • (*για τόπο*) as far as • (*για ποσό*) about

ισάξι|ος, -α, -ο *επίθ* (*εφάμιλλος*) equal • (*αθλητές, αντίπαλοι*) evenly matched • (*μόρφωση, βραβεία*) same • (*αντάξιος*) worthy

ισάριθμ|ος, -η, -ο *επιθ* equal in number
ισημερία *ουσ θηλ* equinox • **εαρινή/
φθινοπωρινή ~** vernal *ή* spring/autumnal
equinox
ισημεριν|ός, -ή, -ό *επιθ* (*χλωρίδα*) equatorial
• (*έτος, ημέρα, σημείο*) equinoctial • **ισημερινή
εποχή** equinox
ισθμός *ουσ αρσ* isthmus
ίσια *επιρρ βλ.* **ίσα¹**
ίσ|ιος, -ια, -ιο *επιθ* (*γραμμή, δρόμος*) straight
• (*άνθρωπος, χαρακτήρας*) straightforward
• *βλ. κ.* **ίσα¹** *ή* **ίσος**
ίσιωμα *ουσ ουδ* (*επίπεδη έκταση γης*) plain
• (*δρόμος*) metalled (*Βρετ.*) *ή* metaled (*Αμερ.*)
road
ίσκιος *ουσ αρσ* (*σκιασμένη επιφάνεια*) shadow
• (*σκιασμένος χώρος*) shade • (*μτφ.*) shadow
ισλαμικ|ός, -ή, -ό *επιθ* Islamic
ισλαμισμός *ουσ αρσ* Islam
Ισλανδία *ουσ θηλ* Iceland
ισόβι|ος, -α, -ο *επιθ* (*κάθειρξη, ποινή*) life
• (*αποκλεισμός*) for life • (*δημόσιος λειτουργός*)
for life ■ **ισόβια** *ουσ ουδ πληθ* life
imprisonment
ισόγει|ος, -α, -ο *επιθ* on the ground floor (*Βρετ.*)
ή first floor (*Αμερ.*) ■ **ισόγειο** *ουσ ουδ* ground
floor (*Βρετ.*), first floor (*Αμερ.*)
ισοδύναμ|ος, -η, -ο *επιθ* (*νομίσματα, μεγέθη*)
equivalent • (*ομάδες, αντίπαλοι*) evenly
matched
ίσον *επιρρ* equals ■ **ίσον** *ουσ ουδ* equals sign
ισοπαλία *ουσ θηλ* tie, draw (*Βρετ.*)
ισόπαλ|ος, -η, -ο *επιθ* level
ισόπεδ|ος, -η, -ο *επιθ* flat • **ισόπεδη διάβαση**
(*δρόμων*) intersection • (*δρόμου και
σιδηροδρομικής γραμμής*) level crossing (*Βρετ.*),
grade crossing (*Αμερ.*)
ισοπεδώνω *ρ μ* (*κτίσμα*) to raze (to the ground)
• (*επιφάνεια*) to level • (*αξίες, ιδανικά,
παραδόσεις*) to destroy • (*μαθητές, φοιτητές*) to
bring down to the same level
ισορροπημέν|ος, -η, -ο *επιθ* (*δίαιτα, γεύση*)
balanced • (*πολιτική, ζωή, άτομο*) well-balanced
ισορροπία *ουσ θηλ* (*γενικότ.*) balance • (*Φυσ*)
equilibrium • (*ψυχική*) equilibrium • (*κοινωνική*)
stability
ισορροπώ *ρ μ* (*αντικείμενα*) to balance
• (*συναισθήματα*) to control • (*οικονομικά,
κατάσταση*) to sort out ▸ *ρ αμ* (*άνθρωπος*) to
balance • (*μτφ.*) to strike a balance (*μεταξύ*
between)
ίσ|ος, -η, -ο *επιθ* (*πολίτες, μερίδια, μεταχείριση*)
equal • (*άνθρωπος*) straightforward • (*οικ.:
δρόμος, τοίχος, ξύλο*) straight • (*οικ.: δάπεδο,
κτήμα*) level • **μιλώ σε κπν στα ίσα** *ή* **ίσια**
to be straight with sb • **στα ίσα** equally
• **ίσες ευκαιρίες** equal opportunities
• *βλ. κ.* **ίσα¹**
ισότητα *ουσ θηλ* equality
ισοτιμία *ουσ θηλ* (*ισότητα*) equality • (*πτυχίων*)
equivalence • (*Οικον*) parity (*με, ως προς* with)
• **συναλλαγματική ~** par (of exchange)
ισοφαρίζω *ρ μ* to recoup ▸ *ρ αμ* (*Αθλ*)
to equalize

ισοφάριση *ουσ θηλ* (*εξόδων, ζημίας*) recouping
• **πετυχαίνω την ~** (*Αθλ*) to equalize • **το γκολ
της ισοφάρισης** (*Αθλ*) the equalizer
Ισπανή *ουσ θηλ βλ.* **Ισπανός**
Ισπανία *ουσ θηλ* Spain
Ισπανίδα *ουσ θηλ βλ.* **Ισπανός**
ισπανικ|ός, -ή, -ό *επιθ* Spanish ■ **Ισπανικά** *ουσ
ουδ πληθ* Spanish
Ισπανός *ουσ αρσ* Spaniard ■ **οι Ισπανοί** *πληθ*
the Spanish
Ισραήλ *ουσ ουδ άκλ.* Israel
ιστίο *ουσ ουδ* (*επίσ.*) sail
ιστιοπλοΐα *ουσ θηλ* sailing
ιστιοπλοϊκ|ός, -ή, -ό *επιθ* yacht
ιστιοφόρο *ουσ ουδ* yacht
ιστορία *ουσ θηλ* (*επιστήμη*) history • (*μάθημα*)
history (lesson) • (*βιβλίο*) history book
• (*αφήγηση*) story • (*ερωτική περιπέτεια*) love
affair • (*σύντυχη*) fling • **περνώ** *ή* **μένω στην
~** (*ως/για*) to go down in history (as/for)
■ **ιστορίες** *ουσ θηλ πληθ* trouble *εν.*
ιστορικ|ός, -ή, -ό *επιθ* (*μελέτη, γεγονός,
ενδυμασία*) historical • (*έργο, νίκη*) historic
• **ιστορικοί χρόνοι** (*Γλωσσ*) historic tenses
• **ιστορικό** *ουσ ουδ* (*ασθένειας*) medical *ή* case
history • (*γεγονότων*) record ■ **ιστορικός** *ουσ
αρσ, ουσ θηλ* (*επιστήμονας*) historian • (*Σχολ*)
history teacher • (*Πανεπ*) history professor
ιστός *ουσ αρσ* (*πλοίου, κεραίας*) mast • (*σημαίας,
flagpole • (*αράχνης*) web • (*Βιολ*) tissue
• (*έργου*) structure • (*κοινωνίας*) fabric • **ο
(Παγκόσμιος) Ιστός** (*Πληροφ*) the (World
Wide) Web
ιστοσελίδα *ουσ θηλ* web page
ισχιαλγία *ουσ θηλ* sciatica
ισχυρίζομαι *ρ μ* (*υποστηρίζω*) to maintain
• (*για επιχειρήματα, θεωρία*) to contend
ισχυρισμός *ουσ αρσ* claim
ισχυρογνώμ|ων, -ων, -ον *επιθ* obstinate
■ **ισχυρογνώμονας** *ουσ αρσ, ουσ θηλ*
obstinate *ή* pig-headed person
ισχυρ|ός, -ή, -ό *επιθ* (*τάση, θέληση, δεσμός,
προστασία*) strong • (*αντίπαλος*) spirited
• (*όπλο*) powerful • (*άμυνα*) robust
• (*στρατεύματα, κίνημα*) strong • (*απόδειξη,
επιχείρημα*) strong • (*άνεμος*) strong • (*σεισμός,
δόνηση*) powerful • (*πυρετός*) high • (*βασίλειο,
κράτος, πολιτικός*) powerful • (*φάρμακο*) potent
• (*οικονομική βοήθεια*) effective • (*διαθήκη,
γάμος*) valid ■ **ισχυροί** *ουσ αρσ πληθ* leaders
ισχύς *ουσ θηλ* (*χώρας, κράτους*) power
• (*ανθρώπου, τηλεόρασης*) influence • (*νομική*)
validity • (*πρακτικής*) force
ισχύω *ρ αμ* (*διαβατήριο, συμβόλαιο, διαθήκη*) to
be valid • (*νόμος, μέτρα*) to be in force *ή* effect
• (*τίθεμαι σε ισχύ*) to come into force *ή* effect
• (*λόγια, συμβουλή, νουθεσία*) to apply
ισχύ|ων, -ουσα, -ον *επιθ* (*νομικά*) valid
• (*πρακτικά*) in force ■ **ισχύοντα** *ουσ ουδ πληθ*
regulations
ίσωμα *ουσ ουδ* = **ισίωμα**
ίσως *επιρρ* perhaps
Ιταλία *ουσ θηλ* Italy
Ιταλίδα *ουσ θηλ βλ.* **Ιταλός**

ιταλικ|ός, -ή, -ό επιθ Italian ■ **Ιταλικά** ουσ ουδ πληθ Italian

Ιταλός ουσ αρσ Italian ■ **οι Ιταλοί** πληθ the Italians

ιτιά ουσ θηλ willow (tree)

ιχθυοπωλείο ουσ ουδ (επίσ.) fishmonger's (shop) (ΒΡΕΤ.), fish dealer's (ΑΜΕΡ.)

ιχθύς ουσ αρσ (επίσ.) fish • (Αστρ) Pisces

ιχνογραφία ουσ θηλ (σκίτσο) sketch • (ζωγραφιά) drawing • (Σχολ: μάθημα) drawing lesson • (βιβλίο ή τετράδιο) sketchbook

ίχνος ουσ ουδ (ανθρώπου, ζώου) trail • (ποδιού) (foot)print • (σε σώμα) mark • (παρουσίας) trace • (πολιτισμού) vestige • (λύπης) tinge • (υποψίας, αμφιβολίας) trace • (προφοράς, δυσαρέσκειας) trace • **ακολουθώ τα ίχνη κποιου** to track sb • **χάνω τα ίχνη κποιου** (δραπέτη, κακοποιού) to lose sb's trail • (φίλου, γνωστού) to lose track of sb • **~ άνθρακα** carbon footprint

ιώδιο ουσ ουδ (Χημ, Φαρμ) iodine • (θαλασσινός αέρας) ozone • **βάμμα ιωδίου** tincture of iodine

ιωνικ|ός, -ή, -ό επιθ Ionic • **ιωνική φιλοσοφία** Ionic school of philosophy

ίωση ουσ θηλ virus

ιώτα ουσ ουδ άκλ. = **γιώτα**

K

Κ, κ kappa, *tenth letter of the Greek alphabet*

κ.ά. συντομ et al.

κα (επίσ.) συντομ Mrs

κάβα ουσ θηλ (κελάρι, συλλογή) (wine) cellar • (κατάστημα οινοπνευματωδών) off-licence (ΒΡΕΤ.), package store (ΑΜΕΡ.) • (σε τυχερά παιχνίδια) kitty

καβάλα επιρρ (πηγαίνω, μπαίνω) on horseback • (κάθομαι) astride

καβαλάρης ουσ αρσ rider

καβαλάω ρ μ (καβαλικεύω) to mount • (ποδήλατο, μηχανάκι) to ride • (φράχτη) to sit astride

καβαλιέρος ουσ αρσ (συνοδός) escort • (σε χορό) partner

καβαλικεύω ρ μ to mount

κάβαλος ουσ αρσ crotch

καβαλώ ρ μ = **καβαλάω**

καβγαδίζω ρ αμ to quarrel

καβγάς ουσ αρσ quarrel

κάβος¹ ουσ αρσ (ακρωτήριο) cape

κάβος² ουσ αρσ (παλαμάρι) cable

καβούκι ουσ ουδ shell

κάβουρας ουσ αρσ (Ζωολ) crab • (εργαλείο) monkey wrench

καβούρι ουσ ουδ crab

καγιανάς ουσ αρσ fried egg and tomato

καγκελάριος ουσ αρσ chancellor

κάγκελο ουσ ουδ rail ■ **κάγκελα** πληθ railings

καγκουρό ουσ ουδ άκλ. kangaroo

καδένα ουσ θηλ chain

κάδος ουσ αρσ bin • **~ πλυντηρίου** drum (of a washing machine)

κάδρο ουσ ουδ (κορνίζα) frame • (πίνακας ή εικόνα) picture

καδρόνι ουσ ουδ beam

Κ.Α.Ε. συντομ (Κατάστημα Αφορολογήτων Ειδών) duty-free shop

καζάκα ουσ θηλ jacket

καζίνο ουσ ουδ casino

καημέν|ος, -η, -ο επιθ poor

καημός ουσ αρσ (λύπη) sadness • (πόθος) greatest wish

καθαιρώ ρ μ (αστυνομικό) to dismiss • (στρατιωτικό) to cashier

καθαρίζω ρ μ (σπίτι, φακούς, δρόμο) to clean • (φακές) to sort • (ψάρια) to scale • (χορτάρια) to wash • (μήλο, πορτοκάλι, πατάτες, κρεμμύδια) to peel • (συρτάρια, γραφείο) to clear out • (μυαλό, σκέψη) to clear ▶ αμ (παντελόνι, χαλί) to be cleaned • (ουρανός, μυαλό) to clear • (κατάσταση) to clear up • (αργκ.: ξεκαθαρίζω) to sort things out

καθαριότητα ους θηλ cleanliness
καθάρισμα ους ουδ cleaning
καθαρισμός ους αρσ cleaning up • **σκόνη καθαρισμού** washing powder • **~ προσώπου** facial
καθαριστήριο ους ουδ cleaner's
καθαριστής ους αρσ cleaner
καθαρίστρια ους θηλ βλ. **καθαριστής**
κάθαρμα (υβρ.) ους ουδ creep (ανεπ.)
καθαρόαιμ|ος, -η, -ο επιθ (ζώο) thoroughbred • (επιθετικός, κομουνιστής, δημοτικιστής) full-blooded
καθαρ|ός, -ή, -ό επιθ (σεντόνι, δωμάτιο, ακτή, ατμόσφαιρα, αέρας, νερά) clean • (αναπνοή) fresh • (άνθρωπος, ζώο) clean • (αλκοόλ, χρυσάφι, μετάξι, οινόπνευμα) pure • (πετρέλαιο) refined • (φυλή, έθνος) pure-blooded • (ουρανού, ορίζοντας, βλέμμα) clear • (χρώμα) bright • (προφορά) distinct • (περίγραμμα, άρθρωση, ήχος) distinct • (εικόνα) clear • (γράμματα) clear • (απάντηση, κουβέντες) straight • (υπαινιγμός) clear • (ειρωνεία, τέχνη) pure • (ανοησία, τρέλα) pure • (αντιγραφή) blatant • (νίκη) clear-cut • **είναι καθαρή ληστεία!** it's daylight robbery! • **καθαρό βάρος** net weight • **Καθαρή ή Καθαρά Δευτέρα** first day of Lent, ≈ Ash Wednesday
κάθαρση ους θηλ (Θρησκ) expiation • (δημόσιου βίου, κοινωνίας) purging • (Ψυχολ, Λογ): catharsis
καθαρτικό ους ουδ laxative

○ **ΛΕΞΗ-ΚΛΕΙΔΙ**

κάθε αντων άκλ. **1** (καθένας) each **2** (για επανάληψη) every • **κάθε πότε;** how often? • **κάθε που** (όποτε) when • **κάθε τόσο** fairly often • **κάθε φορά** every time **3** (οποιοσδήποτε) any • **με κάθε τίμημα** at any price **4** (μειωτ.) any
καθεδρικ|ός, -ή, -ό επιθ **~ ναός** cathedral
καθ|ένας, -μία ή -μια, -ένα αντων (ένας-ένας) each • (οποιοσδήποτε) anybody • (μειωτ.: τυχαίος) just anybody • **ο ~ μας** each of us • **ο ~ με τη σειρά του** each one in turn
καθεστώς ους ουδ (πολιτικός) regime • (επικρατούσα κατάσταση) established order
καθετί αντων everything
κάθετ|ος, -η ή -ος, -ο επιθ (τοίχος, άξονας) vertical • (βράχος) sheer • (πλευρές, τομή) vertical • (δρόμος) perpendicular (σε to) • (καταχρ.: κατακόρυφος: αύξηση) steep • (πτώση) sharp • **ο δρόμος που μένω είναι ~ στην Οδό Σταδίου** the road I live on is off Stadiou Street ▪ **κάθετη, κάθετος** ους θηλ

(Γεωμ) perpendicular • (Τυπογρ) forward slash
καθηγητής ους αρσ (γυμνασίου, λυκείου) teacher • (Αγγλικών, Ελληνικών) teacher • (κατ' οίκον) tutor • (πανεπιστημίου) professor
καθηγήτρια ους θηλ βλ. **καθηγητής**
καθήκον ους ουδ duty ▪ **καθήκοντα** πληθ duties • **παράβαση καθήκοντος** breach of duty
καθηλώνω ρ μ (ασθενή, τραυματία) to immobilize • (μισθούς, τιμές) to freeze • (αεροσκάφος) to ground • (εχθρό) to pin down • (τηλεθεατές, ακροατές, κοινό) to captivate
καθημερινά επιρρ every day
καθημερv|ός, -ή, -ό επιθ daily • **η καθημερινή ζωή** everyday ή daily life ▪ **καθημερινά** ους ουδ πληθ everyday clothes ▪ **καθημερινή** ους θηλ workday
καθημερινώς επιρρ = **καθημερινά**
καθησυχάζω ρ μ (επιβάτες, γονείς, κοινό) to reassure • (μωρό, παιδί) to calm • (φόβους, υποψίες) to allay • (αμφιβολίες) to dispel
καθιερωμέν|ος, -η, -ο επιθ (θεσμός) established • (δικαίωμα) institutional • (εορτασμός) official • (συνήθεια, έθιμο) established • (πρότυπο, έκφραση, ερώτηση) standard • (ηθοποιός, επιστήμονας) recognized
καθιερώνω ρ μ to establish
καθίζηση ους θηλ (εδάφους, θεμελίων) subsidence • (Χημ) settling
κάθισμα ους ουδ seat
καθιστικ|ός, -ή, -ό επιθ sedentary ▪ **καθιστικό** ους ουδ living room
καθιστ|ός, -ή, -ό επιθ sitting
καθιστώ (επίσ.) ρ μ (για πρόσ.) to appoint • (για συμφωνία, κατάσταση) to make ▪ **καθίσταμαι** μεσοπαθ to become
καθοδηγώ ρ μ (στρατιώτες) to lead • (παιδιά, νέους) to guide • (σχέση) to control • (κίνημα) to lead
κάθοδος ους θηλ (επιβατών) descent • (φορτίου) unloading • (για οδό) road going to the centre (Βρετ.) ή center (Αμερ.) of town
καθολικ|ός, -ή ή -ιά, -ό επιθ (συμμετοχή, ενδιαφέρον) general • (κίνημα, θεωρία) all-embracing • (ισχύς, χαρακτηριστικά) all-embracing • (Θρησκ) Catholic • **Καθολική Εκκλησία** Catholic Church ▪ **καθολικός** ους αρσ, **καθολική** ους θηλ Catholic
καθόλου επιρρ at all • **δεν έχω ~ χρήματα** I haven't got any money at all • **δεν είμαι ~ κουρασμένος** I'm not at all tired • **δεν θέλω ~ θόρυβους** I don't want to hear a sound
κάθομαι ρ αμ αποθ. (είμαι καθιστός) to be sitting • (τοποθετούμαι σε κάθισμα) to sit down • (καταχρ.: στέκομαι) to stand • (κατοικώ) to live • (παραμένω) to stay • (σκόνη, φαγητό) to settle • **~ φρόνιμα** to behave oneself • **κάτσε λίγο να τα πούμε** stay and talk a while • **κάτσε καλά!** be careful! • **κάτσε!** (περίμενε) hold on!
καθομιλουμένη ους θηλ vernacular
καθορίζω ρ μ (ποινή) to specify • (στάση) to define • (ποσό) to determine • (πορεία) to set
καθορισμέν|ος, -η, -ο επιθ (συνάντηση) fixed • (στάση) defined • (ποινή) set • (ποσότητα) prescribed • **καθορισμένη ώρα** appointed time

καθοριστικ|ός, -ή, -ό επιθ (παράγοντας, ρόλος) decisive • (απόφαση) formative

καθρέπτης ουσ αρσ = **καθρέφτης**

καθρεπτίζω ρ μ = **καθρεφτίζω**

καθρέφτης ουσ αρσ (κάτοπτρο) mirror • (κοινής γνώμης) reflection

καθρεφτίζω ρ μ (κυριολ.) to reflect
■ **καθρεφτίζομαι** μεσοπαθ to be reflected

καθυστερημέν|ος, -η, -ο επιθ (αργοπορημένος) late • (υπανάπτυκτος) backward (αρνητ.) • (με ανεπαρκή νοητική ανάπτυξη) with learning difficulties

καθυστέρηση ουσ θηλ (απόφασης, πληρωμής) delay • (τρένου, πλοίου) delay • (στο ποδόσφαιρο) extra time χωρίς πληθ. (ΒΡΕΤ.), overtime χωρίς πληθ. (ΑΜΕΡ.) • (ανεπαρκής νοητική ανάπτυξη) backwardness • **δίχως ή χωρίς ~** without delay

καθυστερώ ρ μ (οδηγό, μαθητή, συνάδελφο) to hold up • (απόφαση, πληρωμή) to delay
• (ενοίκιο, μισθούς) to be late with ▶ ρ αμ to be late

καθώς σύνδ as • (+μέλλ.) when • **~ έβγαινα απ' το σπίτι...** (just) as I was going out of the house...

⃝ ΛΕΞΗ-ΚΛΕΙΔΙ

και, κι σύνδ **1** (συμπλεκτικός) and
2 (επίσης) also
3 (για συμπέρασμα) and
4 (ενώ) and
5 (για έμφαση) even
6 (όταν) when
7 (γιατί) because
8 (για εισαγωγή τελικής πρότασης) to
9 (αντί του «ότι»): **βλέπω και** to see that
• **ακόμη και αν ή να** even if • **ε, και;** so what?
• **και ... και** both ... and • **και να ... και να** (είτε ... είτε) whether ... or • **και οι δύο** both • **και οι τρεις** all three • **λες ή θαρρείς και** it's as though • **σαν ή όπως και** (just) like

και αν, κι αν σύνδ **όποιος ~** no matter who
• **όσο ~** no matter how much • **και ή κι αν ακόμη, ακόμη και ή κι αν** even if • **ό,τι και ή κι αν** no matter what

και ας, κι ας σύνδ even if

καίγομαι ρ αμ βλ. **καίω**

καΐκι ουσ ουδ caique

καϊμάκι ουσ ουδ (γάλακτος) cream • (καφέ) froth
• **παγωτό ~** ice-cream flavoured with Chios gum mastic

και να σύνδ **όποιος ~** no matter who • **όσο ~** no matter how much • **ό,τι ~** no matter what

καινοτομία ουσ θηλ innovation

καινούργι|ος, καινούριος, -ια, -ιο επιθ new

καιρικ|ός, -ή, -ό επιθ weather

καίρι|ος, -α, -ο επιθ (επέμβαση, παρέμβαση) timely • (θέση, θέμα, ερώτημα) key • (σημασία, πρόβλημα) crucial • (χτύπημα, πλήγμα, τραύμα) fatal

καιρός ουσ αρσ (μετεωρολογικές συνθήκες) weather • (δελτίο καιρού) weather report
• (προφορ.: κακοκαιρία) bad weather

• (ευκαιρία) time • (χρόνος) time • (εποχή) times πληθ. • (ορισμένο χρονικό διάστημα) time
• (μεγάλο χρονικό διάστημα) a long time
• (διαθέσιμος χρόνος) time • **από καιρό σε καιρό, κατά καιρούς** from time to time • **δεν έχω καιρό για χάσιμο** to have no time to lose
• **έχουμε καιρό (ακόμα)** we've got plenty of time • **είχαμε να μιλήσουμε καιρό** we hadn't spoken for a long time • **κάνει καλό/κακό καιρό** the weather is fine/bad • **με τον καιρό** in ή with time • **μένω εδώ/το ξέρω από καιρό** I've known/I've lived here for a long time
• **μετακόμισα στο Παρίσι/έκλεισα θέση από καιρό** I moved to Paris/booked a seat a long time ago • **μια φορά κι έναν καιρό** once upon a time • **ο ~ περνάει γρήγορα** time flies • **χάνω τον καιρό μου** to waste one's time ■ **καιροί** πληθ time

καισαρική ουσ θηλ Caesarean (ΒΡΕΤ.) ή Cesarian (ΑΜΕΡ.) (section)

καίω ρ μ (ξύλο, φωτογραφίες) to burn • (δάσος, σπίτι) to burn down • (ρεύμα, βενζίνη, πετρέλαιο) to use • (θερμίδες, λίπη) to burn up
• (πουκάμισο, παντελόνι, χαλί, μαλλιά) to singe
• (φαγητό) to burn • (πάγος, ελιές, σπαρτά) to damage • (μπαταρίες) to use up • (άνθρωπο, πλάτη, χέρι, γλώσσα) to burn • (οινόπνευμα) to sting • (νεκρό) to cremate ▶ ρ αμ (φωτιά) to burn • (ήλιος, πιπεριές) to be hot • (τσάι, σούπα, φαγητό) to be scalding • (μηχανή, καλοριφέρ, φως, λάμπα) to be on • (σόμπα, καντήλι) to be lit
• (έχω πυρετό) to be burning up • (λαιμός, χέρι) to be sore • (μάτια) to sting ■ **καίγομαι** μεσοπαθ (ξύλα) to burn up • (δάσος, σπίτι, κερί) to burn down • (ασφάλεια, λάμπα) to blow • (χέρι, γλώσσα, πλάτη) to be burnt

κακαβιά ουσ θηλ = **κακκαβιά**

κακάο ουσ ουδ (σκόνη σπόρων κακαόδεντρου) cocoa • (ρόφημα) chocolate

κακία ουσ θηλ (μοχθηρία) malice • (κακεντρεχής λόγος) malicious ή spiteful words πληθ.

κακκαβιά ουσ θηλ fish soup

κακό ουσ ουδ (στοιχείο αντίθετο στον ηθικό νόμο) evil • (ζημιά) harm • (δυσάρεστη κατάσταση) evil
• (συμφορά) trouble • (μειονέκτημα) bad point
• **βροχή και ~** torrential rain • **φασαρία και ~** almighty fuss ή din

κακόβουλ|ος, -η, -ο επιθ malicious

κακόγουστ|ος, -η, -ο επιθ (αστείο, ντύσιμο) tasteless • (άνθρωπος) vulgar

κακόθεια ουσ θηλ (αθλιότητα) wickedness
• (άθλια πράξη) malicious thing to do • (άθλιος λόγος) malicious thing to say

κακοήθ|ης, -ης, -ες επιθ (άνθρωπος, συμπεριφορά, σχόλια, συκοφαντία) malicious
• (όγκος, πάθηση) malignant

κακοκαιρία ουσ θηλ bad weather

κακοκεφιά ουσ θηλ bad mood

κακόκεφ|ος, -η, -ο επιθ moody

κακολογώ ρ μ (διαβάλλω) to speak ill of
• (κατηγορώ) to criticize

κακομαθαίνω ρ μ to spoil ▶ ρ αμ to be spoiled

κακομαθημέν|ος, -η, -ο επιθ (που έχει κακές συνήθειες) spoiled, spoilt (ΒΡΕΤ.) • (αγενής) rude

κακομεταχειρίζομαι ρ μ αποθ. to mistreat
κακομοίρης, -α, -ικο (ανεπ.) επιθ (καημένος)
poor • (μειωτ.: αξιολύπτητος) wretched
κακόμοιρ|ος, -η, -ο (ανεπ.) επιθ = **κακομοίρης**
κακοποίηση ουσ θηλ (παιδιών) abuse
• (κρατουμένων) ill-treatment • (βιασμός:
γυναικών) rape • (: ανηλίκων) abuse • (λόγου,
αλήθειας) distortion
κακοποι|ός, -ός, -ό επιθ criminal ▪ **κακοποιός**
ουσ αρσ criminal
κακοποιώ ρ μ (αιχμαλώτους) to assault
• (γυναίκα) to rape • (ανήλικο) to molest
• (αλήθεια) to distort • (γλώσσα) to abuse
κακ|ός, -ή ή -ιά, -ό επιθ (παιδί, παρέα, συνήθειες,
χαρακτήρας, επιδράσεις, νόμος) bad • (λέξεις)
dirty • (νέα, ειδήσεις, διάθεση, όνειρο, καιρός)
bad • (σκέψεις) unpleasant • (προαίσθημα) bad
• (σχέσεις) poor • (πνεύματα) evil • (άνθρωπος,
κριτική) malicious • (τύχη, μοίρα, μέρα,
περίοδος, περίσταση, εικόνα, στιγμή) bad
• (υγεία) ill • (δίαιτα, διατροφή) poor • (γνώμη)
poor • (χειρισμός) clumsy • (επιλογή, τακτική,
πολιτική) wrong • (γιατρός, κυβερνήτης, γονείς,
τεχνίτης) bad • (μνήμη, ποιότητα, δουλειά,
παράσταση, απόδοση, συνθήκες) bad
• (ενημέρωση, λειτουργία, δίκτυο, κάλυψη) poor
• (γράψιμο, ντύσιμο) awful • **κακοί τρόποι**
rudeness εν. ▪ **κακός** ουσ αρσ baddie (Βρετ.),
bad guy (Αμερ.)
κακοσμία ουσ θηλ bad smell
κακότροπ|ος, -η, -ο επιθ stroppy
κακοτυχία ουσ θηλ misfortune
κακούργος ουσ αρσ criminal
κακουχία ουσ θηλ hardship
κακόφων|ος, -η, -ο επιθ (τραγούδι, νότα)
discordant • (για πρόσ.) who can't sing
κάκτος ουσ αρσ cactus
κακώς επιρρ mistakenly
καλά επιρρ (σωστά: φέρομαι, παίζω, αρχίζω) well
• (: μιλώ) clearly • (: λέω) right • (: σκέφτομαι)
carefully • (φιλικά: μιλώ, υποδέχομαι) nicely • (σε
καλή κατάσταση: νιώθω, αισθάνομαι, στέκω) well
• (εντελώς: χτίζω) solidly • (: φράζω, βουλώνω)
thoroughly • (: καρφώνω) properly • (επαρκώς:
γνωρίζω, διαβάζω, γράφω, θυμάμαι, τρώω,
ανακινώ) well • (: μαθαίνω) properly
• (: καταλαβαίνω) really • (: ντύνομαι) properly
• (αποτελεσματικά: συνεργάζομαι) well
• (: λειτουργώ, δουλεύω) properly • (απειλητικά:
συναινετικά) all right • (απειλητικά) right • (προφορ.: για
έκπληξη) what? • (για έμφαση) my word
• **γίνομαι** ~ to get well • **δεν αισθάνομαι και
πολύ** ~ I don't feel very well • **είμαι** ~ to be well
• **είστε** ~, **κύριε**; are you all right, madam? • **να
είσαι ή να 'στε** ~! (προφορ.) you're welcome!
• **όλα καλά**; is everything all right ή OK? • **όλα** ~
all's well • **περνώ** ~ to have a good ή nice time
καλάθι ουσ ουδ (επίσης Αθλ) basket • ~ **των
αχρήστων** wastepaper basket
καλαθοσφαίριση (επίσ.) ουσ θηλ basketball
καλαισθησία ουσ θηλ good taste
καλαμάκι ουσ ουδ (μικρό καλάμι) small rod
• (σουβλάκι) skewer • (κρέας) kebab
• (για ποτά, αναψυκτικά) straw

καλαμαράκι ουσ ουδ squid χωρίς πληθ.
• **καλαμαράκια τηγανητά** fried squid
καλαμάρι ουσ ουδ (κεφαλόποδο μαλάκιο) squid
χωρίς πληθ. • (παλαιότ.: μελανοδοχείο) inkwell
καλάμι ουσ ουδ (φυτό) reed • (για κατασκευές)
cane • (ψαρέματος) rod • (ανετ.: κόκαλο κνήμης)
shin
καλαμπόκι ουσ ουδ (καλαμποκιά) maize (Βρετ.),
corn (Αμερ.) • (καρπός καλαμποκιάς) sweet
corn • (καλαμποκάλευρο) cornflour (Βρετ.),
cornstarch (Αμερ.)
καλαμποκιά ουσ θηλ maize (Βρετ.), corn
(Αμερ.)
καλαμπούρι (ανεπ.) ουσ ουδ joke
κάλαντα ουσ ουδ πληθ carols
κάλεσμα ουσ ουδ (πρόσκληση) invitation
• (κλήση) call
καλεσμέν|ος, -η, -ο επιθ invited • **το μεσημέρι
είσαι καλεσμένη μου για φαγητό** I'll treat you
to lunch ▪ **καλεσμένος** ουσ αρσ, **καλεσμένη**
ουσ θηλ guest • **έχω καλεσμένους** to have
guests
καλημέρα επιφων good morning • ~ **σας**! good
morning! ▪ **καλημέρα** ουσ θηλ good morning
• **λέω** ~ to say good morning
καλημερίζω ρ μ to say good morning to
καληνύχτα επιφων goodnight • ~ **σας**!
goodnight! ▪ **καληνύχτα** ουσ θηλ goodnight
• **λέω** ~ to say goodnight
καληνυχτίζω ρ μ to say goodnight to
καλησπέρα επιφων good evening • ~ **σας**!
good evening! ▪ **καλησπέρα** ουσ θηλ good
evening • **λέω** ~ to say good evening
καλησπερίζω ρ μ to say good evening to
καλλιέργεια ουσ θηλ (γης, χωραφιού)
cultivation • (καπνού, ελιάς, μαργαριταριών)
growing • (γραμμάτων, τεχνών, γλώσσας,
ποίησης) development • (μόρφωση) culture
▪ **καλλιέργειες** πληθ crops
καλλιεργημέν|ος, -η, -ο επιθ (εδάφη) cultivated
• (περιοχή) farming • (για πρόσ.) cultured
καλλιεργώ ρ μ (γη, εκτάσεις) to farm • (ντομάτα,
καρπούζι, λαχανικά) to grow • (γράμματα,
τέχνες, επιστήμες) to develop
καλλιτέχνημα ουσ θηλ work of art
καλλιτέχνης ουσ αρσ artist
καλλιτέχνιδα ουσ θηλ βλ. **καλλιτέχνης**
καλλιτεχνικ|ός, -ή, -ό επιθ (φύση) artistic
• (γεγονός, εκδηλώσεις) art
καλλιτέχνις (επίσ.) ουσ θηλ βλ. **καλλιτέχνης**
καλλονή ουσ θηλ beauty
καλλυντικ|ός, -ή, -ό επιθ cosmetic
▪ **καλλυντικό** ουσ ουδ cosmetic
καλλωπίζω ρ μ (άνθρωπο, πρόσωπο) to make
more attractive • (σπίτι, κήπο) to decorate
▪ **καλλωπίζομαι** μεσοπαθ to do oneself up
καλλωπιστικ|ός, -ή, -ό επιθ ornamental
• **καλλωπιστικά φυτά** ornamental plants
καλμάρω ρ μ to calm down ▸ ρ αμ (θυμός,
οργή) to wear off • (άνεμος) to drop • (θάλασσα)
to become calm
καλντερίμι ουσ ουδ cobbles πληθ.
καλό ουσ ουδ (αγαθό) good • (ευεργεσία) good
deed • (συμφέρον) good • (πλεονέκτημα) good

point • (ωφέλεια) good thing • (αστείο) good joke • **για ~ και για κακό, καλού κακού** for better or (for) worse • **στο ~!** so long! • **καλά ρούχα** (αγαθά) goods • (επίσης: **καλά ρούχα**) best clothes

καλόβολ|ος, -η, -ο επιθ easy-going

καλόγερος, καλόγηρος ουσ αρσ (μοναχός) monk • (μειωτ.) monk • (κρεμάστρα) hat stand (ΒΡΕΤ.), hat tree (ΑΜΕΡ.) • (ανεπτ.: απόστημα) boil

καλόγουστ|ος, -η, -ο επιθ tasteful

καλοήθης, -ης, -ες επιθ benign

καλοκαιράκι (υποκορ.) ουσ ουδ summer

καλοκαίρι ουσ ουδ summer

καλοκαιρία ουσ θηλ fine ή good weather

καλοκαιριάζω ρ αμ (ανεπτ.) to spend the summer ▪ **καλοκαιριάζει** απρόσ the summer is here

καλοκαιριάτικ|ος, -η, -ο επιθ = **καλοκαιρινός**

καλοκαιριν|ός, -ή, -ό επιθ summer ▪ **καλοκαιρινά** ουσ ουδ πληθ summer clothes

καλόκαρδ|ος, -η, -ο επιθ (άνθρωπος) kind-hearted • (χαμόγελο) good-natured

καλομαθημέν|ος, -η, -ο επιθ (καλοαναθρεμμένος) well-brought-up • (αρνητ.) spoiled, spoilt (ΒΡΕΤ.)

καλοντυμέν|ος, -η, -ο επιθ well-dressed

καλοπέραση ουσ θηλ (καλοζωία) good life • (ζωή με απολαύσεις) high life

καλοπερνώ ρ αμ (καλοζώ) to live well • (διασκεδάζω) to have a good time

καλοπιάνω ρ μ to cajole

καλοριφέρ ουσ ουδ άκλ. (κεντρικό σύστημα θέρμανσης) central heating • (μεταλλικό σώμα θέρμανσης) radiator • (συσκευή θερμάνσεως) heater • (αυτοκινήτου) radiator

καλ|ός, -ή, -ό επιθ good • (ευγενικός) kind • (γεράματα) pleasant • (κερδοφόρος: συμφωνία, εμπόρευμα) profitable • (ευχάριστος: γραμμή, παρουσιαστικό, χαρακτηριστικά) nice • (λόγια) kind • (μερίδα) big • (βολικός: παπούτσια, ρούχα) comfortable • **είμαι ~ με** κπν to be kind to sb • **καλό ταξίδι!** have a good journey! • **καλή διασκέδαση!** have fun! • **καλή ανάρρωση!** get well soon! • **καλή θέληση** goodwill ▪ **καλός** ουσ αρσ (ηθικός άνθρωπος) goodie (ΒΡΕΤ.), good guy (ΑΜΕΡ.) • (αγαπημένος) sweetheart ▪ **καλή** ουσ θηλ (ηθικός άνθρωπος) goodie (ΒΡΕΤ.), good guy (ΑΜΕΡ.) • (αγαπημένη) sweetheart • (υφάσματος, ρούχου) right side

κάλος ουσ αρσ corn

καλοσύνη ουσ θηλ kindness • **έχω την ~ να κάνω** κτ to be kind enough to do sth • **~ σας που** ή **να μας βοηθήσετε** it's very kind of you to help us

καλούπι ουσ ουδ (μήτρα) mould (ΒΡΕΤ.), mold (ΑΜΕΡ.) • (σε οικοδομή) form

καλοψημέν|ος, -η, -ο επιθ (ψάρι, φαγητό) well-cooked • (κρέας) well-done • (ψωμί) well-baked

καλπασμός ουσ αρσ canter

κάλπη ουσ θηλ ballot box • **κάλπες** πληθ polls

κάλπικ|ος, -η, -ο επιθ counterfeit

καλσόν ουσ ουδ άκλ. tights πληθ. (ΒΡΕΤ.), pantyhose χωρίς πληθ. (ΑΜΕΡ.)

κάλτσα ουσ θηλ sock

καλτσόν ουσ ουδ άκλ. = **καλσόν**

καλύβα ουσ θηλ hut

κάλυμμα ουσ ουδ (καναπέ, αυτοκινήτου) cover • (βιβλίου) (dust) jacket • **~ κρεβατιού** bedspread

καλυμμέν|ος, -η, -ο επιθ covered • **καλυμμένη επιταγή** good cheque (ΒΡΕΤ.) ή check (ΑΜΕΡ.)

καλύπτω ρ μ (πρόσωπο, φαγητό, έπιπλο) to cover • (ίχνη, πταίκτη) to cover • (ατέλειες, υπόθεση, έγκλημα) to cover up • (υπευθύνους, δράστες) to conceal • (συνάδελφο) to cover for • (σώμα, επιφάνεια, έκταση) to cover • (ανάγκες, όρο, απαίτηση) to meet • (διαμονή, διατροφή) to cover • (θέση) to fill • (κενό) to fill in • (έλλειψη) to make up • (θόρυβο, φωνές, βουητό) to drown out • (απόσταση, χιλιόμετρα) to cover • (δημοσιογράφος, Μ.Μ.Ε., γεγονός, αγώνα, ομιλία) to cover • (ραδιοσταθμός, πόλη, επικράτεια) to broadcast in • (επιταγή) to cover

καλύτερα επιρρ better

καλύτερευση ουσ θηλ improvement

καλυτερεύω ρ μ to improve ▸ ρ αμ to improve

καλύτερ|ος, -η, -ο επιθ better • **(είμαι) ο ~** (to be) the best • **είναι καλύτερο να κάνω** κτ it's better to do sth • **ό,τι καλύτερο** the best • **στην καλύτερη περίπτωση** at best • **το καλύτερο δυνατό** the best possible

κάλυψη ουσ θηλ (προσώπου, πληγής, δαπέδου, εδάφους) covering • (κάλυμμα) cover • (παρανομίας, ατασθαλιών) covering up • (συναδέλφων, ανωτέρου) covering for • (αναγκών, απαιτήσεων, αιτημάτων, στόχων) meeting • (έλλειψης) making up • (φαρμακευτικών προϊόντων) supply • (δαπανών, εξόδων, ελλειμμάτων) covering • (αγώνα, είδησης, γεγονότος) coverage • (απόστασης) covering • (επιταγής) covering

καλώ ρ μ (προσκαλώ) to invite • (γιατρό, υδραυλικό, ασθενοφόρο) to call • (ταξί) to hail • (τηλεφωνικά) to call • (αριθμό) to dial ▸ ρ αμ to ring • **~** (κπν) **σε βοήθεια** to call ή shout (to sb) for help ▪ **καλούμαι** μεσοπαθ to be called

καλωδιακ|ός, -ή, -ό επιθ cable • **καλωδιακό κανάλι** cable TV channel • **καλωδιακή τηλεόραση** cable TV ή television

καλώδιο ουσ ουδ cable

καλώς επιρρ (σωστά, ευνοϊκά) well • (εντάξει) all right

καλωσορίζω ρ μ to welcome • **καλωσόρισες/ καλωσορίσατε!** welcome!

καλωσόρισμα ουσ ουδ welcome

καμάκι ουσ ουδ (αλιευτικό εργαλείο) harpoon • (οικ.: φλερτ) flirting • (αυτός που φλερτάρει) gigolo

καμάρα ουσ θηλ arch

κάμαρα ουσ θηλ (δωμάτιο) room • (υπνοδωμάτιο) bedroom

καμαριέρα ουσ θηλ (chamber)maid

καμαριέρης ουσ αρσ valet

καμαρίνι ουσ ουδ dressing room

καμαρότος ουσ αρσ steward

καμαρώνω ρ μ (για, κόρη) to be proud of
• (περιουσία, αυτοκίνητο) to show off
▶ ρ αμ to be proud (για of)

καμέλια ουσ θηλ camelia

κάμερα ουσ θηλ camera • **(δια)δικτυακή ~** webcam

κάμερα-μαν ουσ αρσ άκλ. cameraman

καμήλα ουσ θηλ (Ζωολ) camel • (μειωτ.) old cow (ανεπ.)

καμηλοπάρδαλη ουσ θηλ giraffe

καμινάδα ουσ θηλ chimney

καμουφλάζ ουσ ουδ άκλ. camouflage

καμουφλάρω ρ μ to camouflage

καμπάνα¹ ουσ θηλ (εκκλησίας) bell • (αργκ.: τιμωρία) punishment • **παντελόνι ~** flares πληθ

καμπάνα² ουσ θηλ bungalow

καμπαναριό ουσ ουδ belfry

καμπανίτης ουσ αρσ Champagne

καμπαρέ ουσ ουδ άκλ. cabaret

κάμπια ουσ θηλ caterpillar

καμπίνα ουσ θηλ (πλοίου, τρένου) cabin
• (παραλίας) beach hut • (λουτρών) cubicle
• **~ πιλότου** flight deck

κάμπινγκ ουσ ουδ άκλ. camping

καμπινές (ανεπ.) ουσ αρσ toilet, bathroom (ΑΜΕΡ.)

κάμπος ουσ αρσ plain

καμπούρα ουσ θηλ (ανθρώπου) hunchback
• (καμήλας) hump • (μτφ.) bulk

καμπούρ|ης, -α, -ικο επιθ hunchbacked

καμπουριάζω ρ μ (έχω καμπούρα) to be hunchbacked • (λυγίζω την πλάτη) to stoop

κάμπριο, καμπριολέ ουσ ουδ άκλ. convertible

κάμπτω ρ μ (σίδερο, βέργα) to bend • (γόνατα) to bend • (αντίσταση, αδιαλλαξία) to overcome
• (ηθικό) to sap ■ **κάμπτομαι** μεσοπαθ to give in

καμπύλη ουσ θηλ curve ■ **καμπύλες** πληθ curves

καμπύλ|ος, -η, -ο επιθ curved

κάμψη ουσ θηλ (μετάλλου, ξύλου, γονάτων, ποδιών, αγκώνα) bending • (τιμών) fall
• (πληθωρισμού) decline • (εξαγωγών) decline
• (κακοκαιρίας) let-up ■ **κάμψεις** πληθ press-ups (ΒΡΕΤ.), push-ups (ΑΜΕΡ.)

καν επιρρ even

Καναδάς ουσ αρσ Canada

Καναδέζα ουσ θηλ βλ. **Καναδός**

καναδέζικ|ος, -η, -ο επιθ = **καναδικός**

Καναδέζος ουσ αρσ = **Καναδός**

Καναδή ουσ θηλ βλ. **Καναδός**

καναδικ|ός, -ή, -ό επιθ Canadian

Καναδός ουσ αρσ Canadian

κανάλι ουσ ουδ channel • (ραδιοφωνικός σταθμός) station • (Βενετίας, Μπέρμιγκχαμ) canal • **αλλάζω ~** to turn over • **παίζω με τα κανάλια** to channel-hop (ΒΡΕΤ.), to channel-surf (ΑΜΕΡ.) • **το ~ τού Σουέζ** the Suez Canal

καναπές ουσ αρσ sofa • **~ κρεβάτι** sofa bed

καναρίνι ουσ ουδ canary

κάνας, -καμιά, -κάνα (προφορ.) αντων (κανέναν) some • (σε αρνητικές ή ερωτηματικές προτάσεις) any

κανάτα ουσ θηλ jug

κανάτι ουσ ουδ jug

κανείς, -καμία ή -μιά, - κανένα αντων αόριστ
1 (ούτε ένας: για πρόσ.) nobody
2 (κάποιος: για πρόσ.) anybody
3 (οποιοσδήποτε) you
4 (περίπου) about • **με κανέναν τρόπο!** no way!
• **καμιά φορά** sometimes

κανέλα ουσ θηλ cinnamon

κανέν|ας, -καμία ή -μιά, - κανένα αντων αόριστ
= **κανείς**

κανίβαλος ουσ αρσ, ουσ θηλ cannibal

κάνναβη ουσ θηλ hemp

κάνναβις (επίσ.) ουσ θηλ = **κάνναβη**

κάννη ουσ θηλ barrel

κανό ουσ ουδ άκλ. (βάρκα) canoe • (άθλημα) canoeing

κανόνας ουσ αρσ (υπόδειγμα) model
• (ορθογραφικός, γραμματικός) rule
• (μαθηματικός) principle • (φυσικός) law
• (νόμος) rule • **τηρώ/παραβιάζω τους κανόνες** to obey/break the rules

κανόνι ουσ ουδ cannon

κανονίζω ρ μ (ζωή) to sort out • (σχέσεις, δικαιώματα) to determine • (κυκλοφορία) to regulate • (έξοδα, συμπεριφορά) to adjust
• (ταξίδι, πάρτι, εκδήλωση) to organize • (γάμο) to set a date for • (ραντεβού) to arrange
• (υπόθεση, πληρωμή, λογαριασμούς) to settle

κανονικά επιρρ (πληρώνομαι, ενεργώ) regularly
• (κοιμάμαι, τρώω, κάθομαι, ταξιδεύω) as normal
• (παρκάρω) legally • (μιλώ) properly
• (αναπνέω) properly • (χτυπώ, αυξάνομαι) regularly

κανονικ|ός, -ή, -ό επιθ (άδεια, αποδοχές, αποζημίωση) regular • (διακοπή) routine
• (δρομολόγιο) regular • (άνθρωπος, ζωή) normal • (βάρος, ύψος, μήκος) normal
• (θερμοκρασία, ρυθμός) even • (αναπνοή, σφυγμός) regular • (λειτουργία) normal
• (παράσιωμα) legal • (προετοιμασία) standard

κανονισμός ουσ αρσ (νοσοκομείου, κυκλοφορίας, εργασίας, εταιρείας) regulation
• (σχολείου, πολυκατοικίας) rule • (Βουλής) ruling • (βιβλίο κανόνων) regulations πληθ.

κάνουλα ουσ θηλ tap

καντάδα ουσ θηλ serenade

κανταΐφι ουσ ουδ kataifi

καντήλι ουσ ουδ oil lamp (devotional lamp)

καντίνα ουσ θηλ (κυλικείο) canteen • (κινητό αναψυκτήριο) snack van • (με σουβλάκια) kebab van • (με παγωτά) ice-cream van

κάνω ρ μ **1** (πράττω) to do
2 (φτιάχνω: καφέ, έπιπλο) to make • **ο Θεός έκανε τον κόσμο** God created the world
3 (διαπράττω: φόνο, έγκλημα) to commit
4 (διενεργώ: εκλογές, συγκέντρωση, συμβούλιο) to hold • **κάνω διαδήλωση** to hold ή stage a demonstration
5 (ως περίφραση ρήματος): **κάνω γυμναστική** to exercise • **κάνω εντύπωση σε κπν** to make an impression on sb • **κάνω επίσκεψη**

to make ή pay a visit • **κάνω μάθημα/Αγγλικά**
(για μαθητή) to have a lesson/to study English
• (για δάσκαλο) to give a lesson/to teach
English • **κάνω περίπατο** to go for a walk
• **κάνω προσπάθεια** to make an effort • **κάνω
ταξίδι** to make a journey
6 κάνω παιδί to have a baby • **κάνω αβγό** to
lay (an egg) • **κάνω μήλα** to produce apples
7 (μεταποιώ): **έκανε το ισόγειο μαγαζί** he
turned the ground floor into a shop • **έκανε τον
λαγό στιφάδο** he made a stew with ή out of
the hare
8 (διορίζω) to appoint
9 (υποκρίνομαι) to pretend • **κάνει τον
άρρωστο** he's pretending to be ill • **κάνω τον
βλάκα** to act stupid • **κάνω πως** ή **ότι** to
pretend
10 (μένω σε έναν τόπο) to live
11 (διατελώ) to be
12 κάνω κτν να κάνει κτ to make sb do sth
13 (επιχειρώ): **κάνω να** to try to • **δεν έχει να
κάνει τίποτα με σένα** this has nothing to do
with you • **δεν κάνω με κτν** not to get on with
sb • **δεν κάνω χωρίς κτν/κτ** not to be able to
do without sb/sth • **δεν μου κάνει η φούστα**
the skirt doesn't fit me • **έχω να κάνω με κτν/
κτ** to deal with sb • **κάνω καλό/κακό** to do
good/no good • **κάνω λεφτά** to make money
• **κάνω σαν παιδί** to behave ή act like a child
• **κάνω τον δάσκαλο/τον βοηθό** to work as a
teacher/as an assistant • **κάνω φίλους** to
make friends • **κάνω φυλακή** to do time • **μας
κάνει αυτό το εργαλείο** this tool will do • **πόσο
κάνει;** how much is it?, how much does it cost?
• **τα κάνω πάνω μου** (ανεπ.) to wet oneself
• (μτφ.) to be scared witless • **την κάνω** (οικ.) to
sneak off • **τι κάνεις;/κάνετε;** how are you? • **το
ίδιο κάνει** it doesn't make any difference • **τη
κάνω με κτν** (οικ.) to have it off with sb (ανεπ.)
• **το ίδιο μου κάνει** it's all the same to me
▸ απρόσ **δεν κάνει να** it's not good to • **κάνει
καλό/κακό καιρό** the weather is good/bad
• **κάνει κρύο/ζέστη** it's cold/hot

κάπα¹ ουσ ουδ άκλ. kappa, tenth letter of the
Greek alphabet
κάπα² ουσ θηλ (βοσκού) cloak • (μπέρτα) cape
καπάκι ουσ ουδ (κατσαρόλας, δοχείου) lid
• (μπουκαλιού) top
καπαμάς ουσ αρσ lamb or veal cooked with
tomatoes and spices
καπέλο ουσ ουδ (κάλυμμα κεφαλής) hat
• (αθέμιτη αύξηση τιμής) overcharging
καπετάνιος ουσ αρσ captain
καπνίζω ρ μ to smoke ▸ ρ αμ to smoke
κάπνισμα ουσ ουδ smoking • **«απαγορεύεται
το ~»** "no smoking"
καπνιστής ουσ αρσ smoker
καπνιστ|ός, -ή, -ό επιθ smoked ▪ **καπνιστό** ουσ
ουδ smoked meat
καπνίστρια ουσ θηλ βλ. **καπνιστής**
καπνοδόχος ουσ θηλ chimney
καπνοπωλείο ουσ ουδ tobacconist's
καπνοπώλης ουσ αρσ tobacconist

καπνοπώλισσα ουσ θηλ βλ. **καπνοπώλης**
καπνός ουσ αρσ (φωτιάς, τσιγάρου) smoke
• (φυτό) tobacco • (πίπας, πούρου) tobacco
• **προπέτασμα καπνού** smokescreen
καπό ουσ ουδ άκλ. bonnet (ΒΡΕΤ.), hood (ΑΜΕΡ.)

⬤ **ΛΕΞΗ-ΚΛΕΙΔΙ**

κάποι|ος, -οια, -οιο αντων **1** (ένας) someone
• (αόριστα) a
2 (μετά από αόριστο άρθρο) some
3 (σημαντικός) somebody
4 (λίγος: μόρφωση, γνώσεις) some • (: χρήματα)
a little • **κάποιοι** some (people)

κάποτα ουσ θηλ (χυδ.: προφυλακτικό) condom
• (παλαιότ.: κάπα) cloak
κάποτε επιρρ (στο παρελθόν) once • (στο μέλλον)
sometime • (ως διαζευκτικό) sometimes
• **κάποτε-κάποτε** once in a while
κάπου επιρρ (σε κάποιο μέρος) somewhere
• (περίπου) some • (σε κάποιον βαθμό)
somehow • **~ τον ξέρω** I know him from
somewhere • **κάπου-κάπου** occasionally
καπουτσίνο ουσ αρσ άκλ., ουσ ουδ άκλ.
cappuccino
καπρίτσιο ουσ ουδ (ανθρώπου) whim • (έρωτα,
τύχης) vagary
κάπως επιρρ (με κάποιον τρόπο) somehow
• (λίγο) rather • (περίπου) about • **~ αλλιώς**
somewhat differently
καράβι ουσ ουδ (γενικότ.) boat • (ιστιοφόρο
πλοίο) sailing ship
καραβίδα ουσ θηλ crayfish (ΒΡΕΤ.), crawfish
(ΑΜΕΡ.)
καραμέλα ουσ θηλ (βουτύρου) toffee
• (λεμονιού) sweet (ΒΡΕΤ.), candy (ΑΜΕΡ.)
• (λαιμού) pastille • (σιρόπι) caramel
καραμελέ επιθ άκλ. **κρέμα ~** crème caramel
καραμπίνα ουσ θηλ shotgun
καραμπόλα ουσ θηλ (οχημάτων) pile-up • (στο
μπιλιάρδο) cannon
καραντίνα ουσ θηλ quarantine
καράτε ουσ ουδ άκλ. karate
καράτι ουσ ουδ carat
καράφα ουσ θηλ carafe
καραφάκι ουσ ουδ small carafe
καραφλιάζω ρ αμ (κάνω φαλάκρα) to go bald
• (αργκ.: μένω άναυδος) to be struck dumb
▸ ρ μ (αργκ.) to leave speechless
καραφλ|ός, -ή, -ό επιθ = **φαλακρός**
καρβέλι ουσ ουδ loaf
κάρβουνο ουσ ουδ coal
καρδιά ουσ θηλ (μυϊκό όργανο) heart • (σχήμα)
heart • (κουράγιο) courage • (πόλης, χωριού)
heart • (καλοκαιριού, μήνα, νύχτας) middle
• (χειμώνα) depths πληθ. • (προβλήματος) heart
• (μαρουλιού) heart • (καρπουζιού) middle
• **ανακοπή** ή **συγκοπή καρδιάς** heart failure
• **εγχείρηση ανοιχτής καρδιάς** open heart
surgery
καρδιοκατακτητής ουσ αρσ heart-throb
καρδιολόγος ουσ αρσ, ουσ θηλ heart specialist
καρέκλα ουσ θηλ chair
καρεκλάκι ουσ ουδ stool

κάρι *ουσ ουδ άκλ.* curry
καριέρα *ουσ θηλ* career • **κάνω ~** to make a career
καρίνα *ουσ θηλ* keel
καρκίνος *ουσ αρσ* (*Ιατρ*) cancer • (*Ζωολ*) crab • (*Αστρ*) Cancer
καρμπόν *ουσ ουδ άκλ.* carbon paper
καρναβάλι *ουσ ουδ* carnival
Κάρντιφ *ουσ ουδ άκλ.* Cardiff
καρό *ουσ ουδ άκλ.* (*τετράγωνο*) check • (*στην τράπουλα*) diamond • **δέκα/ντάμα ~** ten/queen of diamonds • **~ φούστα/πουκάμισο** check skirt/shirt
κάρο *ουσ ουδ* (*όχημα*) cart • (*προφορ.: σαράβαλο: για άτομο*) old crock (*ανεπ.*) • (*για αυτοκίνητο*) old banger (*ανεπ.*)
καρότο *ουσ ουδ* carrot
καρότσα *ουσ θηλ* back
καροτσάκι *ουσ ουδ* (*μικρό καρότσι*) barrow • (*μωρού*) pushchair (*Βρετ.*), (baby) stroller (*Αμερ.*) • (*νηπίου*) pram (*Βρετ.*), baby carriage (*Αμερ.*) • (*αναπήρου*) wheelchair
καρότσι *ουσ ουδ* (*γενικότ.*) (wheel)barrow • (*για αποσκευές, ψώνια*) trolley • (*μωρού*) pushchair (*Βρετ.*), (baby) stroller (*Αμερ.*) • (*νηπίου*) pram (*Βρετ.*), baby carriage (*Αμερ.*) • (*αναπήρου*) wheelchair
καρούμπαλο *ουσ ουδ* lump
καρπαζιά (*ανεπ.*) *ουσ θηλ* slap
καρπός *ουσ αρσ* (*φυτού*) fruit • (*σπόρος σιτηρών*) grain • (*μτφ.*) fruit • (*Ανατ*) wrist
καρπούζι *ουσ ουδ* watermelon
κάρτα *ουσ θηλ* (*γενικότ.*) card • (*ταχυδρομικό δελτάριο*) (post)card • (*επαγγελματία*) business card • (*καρτοτηλεφώνου*) phonecard • (*κινητού τηλεφώνου*) top-up card • **ευχετήρια ~** greetings card • **~ βίντεο** (*Πληροφ*) video card • **~ εισόδου/εξόδου** entry/exit card • **~ ήχου** (*Πληροφ*) sound card • **~ μέλους** membership card • **~ μνήμης** (*Πληροφ*) memory card • **~ νέων** young person's card • **~ ΣΙΜ** SIM card • **κίτρινη/κόκκινη ~** (*Αθλ*) yellow/red card • **πιστωτική ~** credit card • **πράσινη ~** green card • (**χρονική**) **~ απεριορίστων διαδρομών** travel card
καρτέλα *ουσ θηλ* (*πελάτη*) data card • (*ασθενούς*) chart
καρτοκινητό *ουσ ουδ* pay-as-you-go mobile phone
καρτοτηλέφωνο *ουσ ουδ* card phone
καρτούν *ουσ ουδ άκλ.* cartoon
καρτ ποστάλ *ουσ ουδ άκλ.* postcard
καρύδα *ουσ θηλ* coconut
καρύδι *ουσ ουδ* (*καρπός καρυδιάς*) walnut • (*ανεπ.*) Adam's apple
καρύκευμα *ουσ ουδ* spice
καρφί *ουσ ουδ* (*πρόκα*) nail • (*ανεπ.: προδότης*) informer • (*έμπυνο και καυστικό σχόλιο*) barb • (*στο βόλεϊ*) spike • (*στο τένις, πινγκ-πονγκ*) smash ▪ **καρφιά** *πληθ* (*παπουτσιών ποδοσφαιριστή*) studs • (*παπουτσιών σπρίντερ*) spikes
καρφίτσα *ουσ θηλ* (*μεταλλική βελόνα*) pin • (*κόσμημα*) brooch • **~ ασφαλείας** safety pin

καρφιτσώνω *ρ μ* to pin
καρφώνω *ρ μ* (*σανίδες, κάδρο*) to nail • (*μαχαίρι, σπαθί, ακόντιο*) to plunge • (*τυρί*) to stab • (*καταδίδω*) to inform against • (*κοιτάζω επίμονα*) to stare at • (*στο μπάσκετ*) to dunk • (*στο βόλεϊ*) to hit ▪ **καρφώνομαι** *μεσοπαθ* to stick
καρχαρίας *ουσ αρσ* shark
κασέλα *ουσ θηλ* chest
κασέρι *ουσ ουδ* kasseri cheese, *semi-hard yellow cheese made from sheep's and cow's milk*
κασερόπιτα *ουσ θηλ* kasseri cheese pie
κασέτα *ουσ θηλ* cassette
καστίνα *ουσ θηλ* (*κοσμημάτων*) jewellery (*Βρετ.*) ή jewelry (*Αμερ.*) box • (*μαθητή*) pencil case
κασκόλ *ουσ ουδ άκλ.* scarf
κασμίρι *ουσ ουδ* cashmere
κάστανο *ουσ ουδ* chestnut
κασταν|ός, -ή, -ό *επιθ* brown
κάστορας *ουσ αρσ* beaver
καστόρι *ουσ ουδ* (*δέρμα κάστορα*) beaver skin • (*για παπούτσια, γάντια*) suede
καστορίν|ος, -η, -ο *επιθ* suede
κάστρο *ουσ ουδ* (*φρούριο*) castle • (*τείχος*) city wall

 ΛΕΞΗ-ΚΛΕΙΔΙ

κατά, κατ', καθ' *προθ* **1** (*για κίνηση σε τόπο*) towards, to
2 (*για τοπική προσέγγιση*) near
3 (*για μέρος που γίνεται κάτι*) along
4 (*για χρόνο*) during
5 (*για χρονική προσέγγιση*) around
6 (*για τρόπο*) by
7 +*γεν.* (*εναντίον*) against • **είμαι κατά κποιου/κτ** to be against sb/sth
8 (*για αναφορά*) in • **κατά τα άλλα** otherwise
9 (*σύμφωνα με*) according to • **κατά τη γνώμη μου** in my opinion
10 (*για επιμερισμό*) in
11 (*για κριτήριο επιμερισμού*) by
12 (*για ποσότητα διαφοράς*) by • **τα υπέρ και τα κατά** the pros and cons
καταβάλλω *ρ μ* (*νικώ*) to beat • (*εξαντλώ*) to wear down • (*πληρώνω*) to pay
κατάβαση *ουσ θηλ* descent
καταβολή *ουσ θηλ* (*κόπων*) going to • (*προσπαθειών*) making • (*εξάντληση*) exhaustion • (*φόρου, δόσης, ενοικίου*) payment ▪ **καταβολές** *πληθ* nature *εν.*
καταβρέχω *ρ μ* (*ρούχα*) to spray • (*αυλή*) to sprinkle • (*περαστικό*) to drench
καταγγελία *ουσ θηλ* (*μήνυση*) charge • (*γνωστοποίηση παρανομίας*) denunciation
καταγγέλλω *ρ μ* (*κάνω μήνυση*) to charge • (*γνωστοποίηση παρανομίας*) to denounce
κάταγμα *ουσ ουδ* fracture
κατάγομαι *ρ αμ αποθ.* **~ από** to come from
καταγωγή *ουσ θηλ* (*γενιά*) descent • (*τόπος ή έθνος καταγωγής*) origins *πληθ.* • (*σκέψης, λέξης*) origin • **είμαι Έλληνας/Βρετανός στην ~** to come from Greece/Britain

καταδεκτικ|ός, -ή, -ό επιθ (προσηνής) friendly • (συγκαταβατικός) condescending

καταδέχομαι ρ μ αποθ. (είμαι καταδεκτικός) to be friendly to • (είμαι συγκαταβατικός) to condescend to

καταδεχτικ|ός, -ή, -ό επιθ = **καταδεκτικός**

καταδικάζω ρ μ (για δικαστήριο) to sentence • (κατακρίνω: επέμβαση) to censure • (: έργο) to slate • (: άτομο) to condemn • (μτφ.: προσπάθεια, εγχείρημα) to condemn

καταδίκη ουσ θηλ (ποινή) sentence • (αποδοκιμασία) censure

κατάδικος ουσ αρσ, ουσ θηλ convict

καταδιώκω ρ μ (κακοποιούς) to look for • (εχθρό) to hunt down • (κατατρέχω) to persecute

καταδίωξη ουσ θηλ (ληστών) chase • (εχθρού) pursuit • (αίρεσης, εργαζομένων) persecution

καταδότης ουσ αρσ informer

καταδότρια ουσ θηλ βλ. **καταδότης**

καταδύομαι ρ αμ αποθ. to dive

κατάδυση ουσ θηλ (υποβρυχίου) dive • (Αθλ) diving

καταζητούμεν|ος, -η, -ο επιθ wanted ▪ **καταζητούμενος** ουσ αρσ wanted man

καταζητώ ρ μ to search for

κατάθεση ουσ θηλ (στεφάνου) laying • (χρημάτων) deposit • (Νομ) testimony • **κάνω ~** to make a deposit

καταθέτω ρ μ (στεφάνι) to lay • (ένσταση, έφεση, δικαιολογητικά) to lodge • (χρήματα, ποσό) to deposit • (δίνω κατάθεση) to testify

κατάθλιψη ουσ θηλ depression

καταιγίδα ουσ θηλ (κυριολ.) (thunder)storm • (μτφ.) storm

καταΐφι ουσ ουδ = **κανταΐφι**

κατακλυσμός ουσ αρσ (Ιστ) flood • (νεροποντή) deluge

κατακόκκιν|ος, -η, -ο επιθ (χρώμα, φόρεμα, μήλο, χείλη) bright red • (μάτια) bloodshot

κατάκοπ|ος, -η, -ο επιθ exhausted

κατακόρυφ|ος, -η, -ο επιθ (πτώση, άνοδος, κίνηση) vertical • (αύξηση, μείωση) sharp ▪ **κατακόρυφο** ουσ ουδ **φτάνω στο κατακόρυφο** to reach a peak ▪ **κατακόρυφος** ουσ θηλ vertical (line)

κατακρατώ ρ μ (ύποπτο, μάρτυρα) to detain illegally • (όμηρο) to hold • (έγγραφα) to withhold • (ούρα, υγρά) to retain

κατακρίνω ρ μ to criticize

κατάκτηση ουσ θηλ (εξουσίας, πλούτου, γνώσης, γλώσσας) acquisition • (νίκης, χρυσού μεταλλίου, Παγκοσμίου Κυπέλλου) winning • (επίτευγμα) achievement • (χώρας, εδαφών) conquest • (ερωτική επιτυχία) conquest ▪ **κατακτήσεις** πληθ colonies

κατακτητής ουσ αρσ (χώρας, εδαφών, αιθέρων) conqueror • (τροπαίου) winner

κατακτήτρια ουσ θηλ βλ. **κατακτητής**

κατακτώ ρ μ (χρυσό μετάλλιο) to win • (ελευθερία) to gain • (πλούτο) to acquire • (χώρα, εδάφη) to conquer • (άνδρα, γυναίκα) to conquer

καταλαβαίνω ρ μ (πρόταση, Αγγλικά, αστείο) to understand • (λάθος) to realize • (αντιλαμβάνομαι με αισθήσεις) to realize • (για πρόσ.: νιώθω) to understand • **δίνω σε κπν να καταλάβει** (εξηγώ) to get sb to understand • (δίνω εντύπωση) to give sb to understand • **καταλαβαίνεις τίποτα από Αγγλικά;** do you know any English? • **~ κπν** (επικοινωνώ) to understand sb • (αντιλαμβάνομαι) to see through sb • **κατάλαβες;** do you understand?

καταλαμβάνω (επίσ.) ρ μ (χώρα) to occupy • (κάστρο, πλοίο) to take • (αεροπλάνο) to hijack • (κάνω κατάληψη: σπίτι) to squat • (: σχολείο, γραφεία) to occupy • (για εκτάσεις ή αντικείμενα: δέκα στρέμματα, όροφο, δωμάτιο) to take up • (: για βιβλίο, άρθρο: σελίδες) to comprise • (θέση, κάθισμα) to take • (εξουσία, αρχή) to seize

καταλήγω ρ αμ (δρόμος, ποταμός) to lead (σε to) • (επιστολή, κείμενο) to end • (φτάνω σε συμπέρασμα: συμβούλιο) to conclude • (για πρόσ.: καταντώ) to end up • (Γλωσσ: ρήμα) to end (σε in) • **πού θέλεις να καταλήξεις;** what are you driving at?

κατάληξη ουσ θηλ (ομιλίας) conclusion • (βιβλίου) ending • (σύσκεψης, διαβουλεύσεων) outcome • (ρήματος, επιθέτου) ending

κατάληψη ουσ θηλ (πόλης, οχυρού, εδαφών) capture • (εξουσίας) takeover • (σχολής, εργοστασίου, οδού) occupation

κατάλληλ|ος, -η, -ο επιθ (ρούχα, ενδυμασία) suitable • (άνθρωπος, άτομο, στιγμή) right • (μέτρα, ώρα, χρόνος, φάρμακα, βιβλία, θέαμα) appropriate • **~ για κατανάλωση** fit for consumption

κατάλογος ουσ αρσ (θυμάτων, αγνοουμένων) list • (βιβλίων) catalogue (Βρετ.), catalog (Αμερ.) • (μενού) menu • (μουσείου, πινακοθήκης, εκδοτικού οίκου) catalogue (Βρετ.), catalog (Αμερ.) • (καθηγητή) register • (Πληροφ) menu • **~ κρασιών** wine list • **τηλεφωνικός ~** telephone directory • **~ για ψώνια** shopping list

κατάλυμα ουσ ουδ lodging • **βρίσκω ~** to find lodgings

καταλύω ρ μ (κράτος) to overthrow • (δημοκρατία, τάξη, εμπόδια, φραγμούς) to break down ▶ ρ αμ (ταξιδιώτες, εκδρομείς) to stay • (στρατιώτες) to be quartered

κατάμαυρ|ος, -η, -ο επιθ (μαλλιά, δέρμα) jet black • (σύννεφα) dark black • (αυτοκίνητο, ρούχα) deep black • (δόντια) blackened

καταναλώνω ρ μ (ενέργεια, ηλεκτρικό) to consume • (βενζίνη) to use • (θερμίδες) to burn • (τρόφιμα, νερό) to consume • (φάρμακα) to take • (χρόνο, χρήματα) to spend

κατανάλωση ουσ θηλ (ηλεκτρισμού, καυσίμων, τροφίμων, υλικών) consumption • (θερμίδων) burning • (δυνάμεων) using • (φαρμάκων) taking • (χρόνου, διακοπών) spending

καταναλωτής ουσ αρσ consumer

καταναλώτρια ουσ θηλ βλ. **καταναλωτής**

κατανέμω ρ μ (χρέος, λεία) to divide • (πιστώσεις, κεφάλαια) to distribute • (καθήκοντα, εργασία) to allocate

κατανόηση ουσ θηλ (μαθήματος, κειμένου, θέματος) comprehension • (κατάστασης) understanding

κατανοητ|ός, -ή, -ό επιθ (κείμενο, γλώσσα, έννοια, διατύπωση) intelligible • (αντίδραση, δισταγμός, αμφιβολίες) understandable • **γίνομαι ~** to make oneself understood

κατανοώ ρ μ το understand

καταντώ ρ αμ to end up • (γίνομαι) to become ▶ ρ μ to make

καταξιωμέν|ος, -η, -ο επιθ (καλλιτέχνης, πολιτικός, έργο) accomplished • (επιχειρηματίας, ιστορικός) prominent • (προϊόν, επιχείρηση) successful

καταξίωση ουσ θηλ accomplishment

καταπακτή ουσ θηλ trap door

καταπάνω επιρρ (ορμώ, ρίχνω) at • (πέφτω) on • (έρχομαι) at

καταπατώ ρ μ (οικόπεδο, καμένη περιοχή) to encroach on • (νόμους, ελευθερίες, δικαιώματα) to infringe • (συμφωνίες) to violate • (αξιοπρέπεια, ιδανικά) to trample on • (όρκο, υπόσχεση) to break

καταπιέζω ρ μ (παιδιά, σύζυγο) to tyrannize • (εργαζόμενους, λαό, μειονότητες, φτωχούς,) to oppress • (αισθήματα, επιθυμίες, σκέψεις) to repress

καταπίεση ουσ θηλ (παιδιών, συζύγου) tyranny • (υπαλλήλων, πολιτών, μειονότητας) oppression • (επιθυμιών, αισθημάτων) repression

καταπίνω ρ αμ to swallow ▶ ρ μ to swallow

καταπληκτικ|ός, -ή, -ό επιθ (εμφάνιση, σπίτι, φόρεμα, φαγητό) fantastic • (εγχείρημα, λόγια, θεωρίες) brilliant • (ταλέντο) extraordinary • (άνθρωπος) extraordinary

κατάπληκτ|ος, -η, -ο επιθ amazed

κατάπληξη ουσ θηλ amazement

καταπολεμώ ρ μ (πληθωρισμό, φοροδιαφυγή, έγκλημα) to fight • (ασθένεια, πυρκαγιά) to fight • (ναρκωτικά) to fight against • (άγχος) to combat

καταπραΰνω ρ μ (πόνο) to relieve • (θυμό) to control

κατάπτωση ουσ θηλ (εξάντληση) exhaustion • (κατάθλιψη) depression • (παρακμή) decline

κατάρα ουσ θηλ (ανάθεμα) curse • (δυστυχία) disaster

καταραμέν|ος, -η, -ο επιθ (αναθεματισμένος) cursed • (κλειδιά, ψυγείο) damned

κατάργηση ουσ θηλ (νόμου) abolition • (απόφασης) quashing • (διακρίσεων) end • (εξετάσεων, ελέγχων) invalidation

καταργώ ρ μ (νόμο) to abolish • (απόφαση) to quash • (υπηρεσία) to end • (εξετάσεις) to invalidate • (τυπικότητες) to do away with

καταρράκτης ουσ αρσ (κυριολ.) waterfall • (ιατρ) cataract • **οι καταρράκτες του Νιαγάρα** Niagara Falls

καταρρακτώδ|ης, -ης, -ες επιθ torrential

καταρράχτης ουσ αρσ = **καταρράκτης**

κατάρρευση ουσ θηλ collapse

καταρρέω ρ αμ to collapse

καταρρίπτω ρ μ (αεροπλάνο, ελικόπτερο) to shoot down • (επιχειρήματα, θεωρία) to shoot down • (ρεκόρ) to break

κατάρριψη ουσ θηλ shooting down • (ρεκόρ) breaking

κατάρτι ουσ ουδ mast

καταρτίζω ρ μ (σύμβαση, συμβόλαιο) to draw up • (χρονοδιάγραμμα, πρόγραμμα) to work out • (νομοσχέδιο) to draft • (εργαζόμενους, υπαλλήλους) to train • (καταχρ.: συγκροτώ: επιτροπή, ομάδα) to form

κατασκευάζω ρ μ (κτήριο, αεροσκάφος, λιμάνι, γέφυρα, δίκτυο) to build • (προϊόντα) to manufacture • (αρνητ.: ιστορίες, κατηγορίες, σενάρια) to make up

κατασκευαστής ουσ αρσ manufacturer

κατασκευάστρια ουσ θηλ manufacturer • **~ εταιρεία/χώρα** manufacturing company/country

κατασκευή ουσ θηλ (πλοίου, δρόμου, σπιτιού, αεροσκάφους) construction • (δημιουργία) structure • (αντικειμένου) design • (σώματος) physique • (κατηγορίας, ψευδών ειδήσεων) fabrication • **υπό ~** under construction

κατασκήνωση ουσ θηλ (κάμπινγκ) camping • (εγκατάσταση) camp site • (κατασκηνωτές) camp ▪ **κατασκηνώσεις** πληθ camp εν.

κατασκοπεία ουσ θηλ = **κατασκοπία**

κατασκοπία espionage

κατάσκοπος ουσ αρσ, ουσ θηλ spy

κάταspρ|ος, -η, -ο επιθ (σεντόνι, πουκάμισο) pure white • (επιδερμίδα) snow white • (δόντια) sparkling white

κατάσταση ουσ θηλ (τραυματία, ασθενούς) condition • (απελπισίας, ετοιμότητας) state • (χώρας, ατόμου) situation • (εσόδων, εξόδων, κερδών, δαπανών, ζημιών) record • (μισθοδοσίας) payroll • **είμαι σε καλή/κακή ~** to be in good/bad condition

κατάστημα ουσ ουδ (μαγαζί) shop, store (κυρ. Αμερ.) • (τράπεζας, ταχυδρομείων) office • **κεντρικό ~** head office

καταστηματάρχης ουσ αρσ shopkeeper (Βρετ.), store owner (Αμερ.)

καταστηματάρχισσα ουσ θηλ βλ. **καταστηματάρχης**

καταστρεπτικ|ός, -ή, -ό επιθ (συνέπειες, επιπτώσεις, πολιτική, τακτική) disastrous • (σεισμός, πυρκαγιά, πόλεμος, επίδραση) devastating

καταστρέφω ρ μ (πόλη, πολιτισμό, σπίτια, σοδειά) to destroy • (υγεία, μάτια) to damage • (υπόληψη, μέλλον, καριέρα) to ruin • (επιχείρηση, οικονομία) to wreck ▪ **καταστρέφομαι** μεσοπαθ to be ruined

καταστροφή ουσ θηλ (δάσους) destruction • (οικονομίας) collapse • (συμφορά) disaster ▪ **καταστροφές** πληθ damage εν.

καταστροφικ|ός, -ή, -ό επιθ = **καταστρεπτικός**

κατάστρωμα ουσ ουδ deck

καταστρώνω ρ μ to formulate

κατάσχεση ουσ θηλ confiscation

κατάταξη ουσ θηλ (βιβλίων, εγγράφων) classification • (μαθητών, υπαλλήλων, εμπορευμάτων) grading • (στράτευση) enlistment • (Αθλ) rankings πληθ.

κατατάσσω ρ μ (ταξινομώ: βιβλία, έγγραφα) to classify • (: μαθητές, υπαλλήλους) to grade • (συγκαταλέγω) to rank ■ **κατατάσσομαι** μεσοπαθ (Στρατ) to enlist • (Αθλ) to be ranked

κατατεθέν μτχ βλ. **σήμα**

κατατοπίζω ρ μ to brief

κατατοπιστικ|ός, -ή, -ό επιθ (σημείωμα, εισήγηση) explanatory • (απάντηση, ανάλυση) informative • (χάρτης) detailed • (οδηγίες) clear

κατατρομάζω ρ μ to terrify ▶ ρ αμ to be terrified

καταυλισμός ουσ αρσ (κατασκήνωση) camping • (προσφύγων, σεισμοπλήκτων) camp

καταφατικ|ός, -ή, -ό επιθ (απάντηση) affirmative • (στάση) positive

καταφέρνω ρ μ (κατορθώνω: σπουδαία πράγματα) to accomplish • (χειρίζομαι επιτυχώς: πείθω) to persuade • (ερωτικά) to win over • (καταβάλλω) to beat • (για φαγητό) to manage to eat • **τα ~** to manage

καταφέρω ρ μ (χτύπημα, γροθιά) to land • (πληγμα) to inflict ■ **καταφέρομαι** μεσοπαθ **καταφέρομαι εναντίον** ή **κατά κποιου** to strike ή lash out at sb

καταφεύγω ρ μ (βρίσκω καταφύγιο) to take refuge • (προσφεύγω) to have recourse (σε to) • (χρησιμοποιώ) to resort (σε to)

καταφθάνω ρ αμ to turn up

καταφτάνω ρ αμ = **καταφθάνω**

καταφύγιο ουσ ουδ (τόπος προστασίας) shelter • (προσφύγων) refuge • (υπόγειος χώρος) bunker • (μτφ.) refuge • **αντιαεροπορικό ~** air-raid shelter • **πυρηνικό ~** nuclear bunker ή shelter

κατάχρηση ουσ θηλ (αλκοόλ, φαρμάκων, καλοσύνης, φιλοξενίας) abuse • (δημοσίου χρήματος) misappropriation • **~ εξουσίας** abuse of power ■ **καταχρήσεις** πληθ excess εν.

καταψυγμέν|ος, -η, -ο επιθ = **κατεψυγμένος**

καταψύκτης ουσ αρσ freezer (ΒΡΕΤ.), deep freezer (ΑΜΕΡ.)

κατάψυξη ουσ θηλ (προϊόντων, φαγητών) freezing • (ψυγείου) freezer (ΒΡΕΤ.), deep freezer (ΑΜΕΡ.) • (ειδικός θάλαμος) freezer compartment

κατεβάζω ρ μ (κιβώτιο) to get down • (φορτίο, χέρι, πόδι) to lower • (καπνέ) to pull out • (φούστα, παντελόνι) to pull down • (γιακά, διακόπτη) to put down • (περσίδες, σημαία) to lower • (τέντα, κάδρο) to take down • (φωνή, τόνο, θερμοκρασία, βάρος) to lower • (τιμή, ενοίκιο) to put down • (επιβάτη) to drop (off) • (ιδέες) to come up with • (: ποτό) to knock back • (επίπεδο, ποιότητα) to lower • (Πληροφ) to download • (Πληροφ: αρχείο, πληροφορίες) to download • (θεατρικό έργο, παράσταση) to take off

κατεβαίνω ρ μ (σκάλες) to go down • (αργκ.: παραδάκι, χρήμα) to hand over ▶ ρ αμ (κατέρχομαι) to come down • (στο κέντρο, στην πόλη) to go down • (από αυτοκίνητο) to get out

• (από τρένο, πλοίο, άλογο) to get off • (τιμές) to come down • (ήλιος, νερό, στάθμη, θερμοκρασία) to go down • (πληθυσμός) to fall • (ομίχλη) to come down

κατέβασμα ουσ ουδ (κιβωτίου) getting down • (καναπέ) pulling out • (φορτίου, χεριού, σημαίας) lowering • (φούστας, παντελονιού) taking down • (γιακά) putting down • (τέντας) taking down • (διακόπτη) switching off • (φωνής, τόνου, θερμοκρασίας, χοληστερίνης) lowering • (τιμών, ενοικίου) putting down • (επιβατών) dropping (off) • (ανεπ.: φαγητού, νερού) gulping down • (επιπέδου, ποιότητας) lowering • (Πληροφ: αρχείου, πληροφοριών) downloading

κατεδαφίζω ρ μ to pull down

κατεδάφιση ουσ θηλ (σπιτιού, τοίχου) demolition • (αξιών) tearing down

κατειλημμέν|ος, -η, -ο επιθ (θέση, τουαλέτα) occupied • (τηλεφωνική γραμμή) engaged (ΒΡΕΤ.), busy (ΑΜΕΡ.)

κατεπείγ|ων, -ουσα, -ον επιθ (κλήση, γράμμα) urgent • (ζήτημα) pressing

κατεργάρ|ης, -α, -ικο επιθ crafty ■ **κατεργάρης** ουσ αρσ, **κατεργάρα** ουσ θηλ crafty devil • (χαϊδευτ.) rascal

κατεστημένο ουσ ουδ establishment

κατεστραμμέν|ος, -η, -ο επιθ (πόλη) flattened • (σπίτι) demolished • (υγεία) damaged • (μέλλον, καριέρα, υπόληψη) ruined • (οικονομία) ailing • (επιχείρηση) bankrupt

κατευθείαν, κατ' ευθείαν επιρ (ίσια) direct(ly) • (αμέσως: ξεκινώ) straightaway • (απευθείας) directly • **πάω ~ στο σπίτι** to go straight home

κατεύθυνση ουσ θηλ (φορά) direction • (δραστηριότητας, ενεργειών) area • (ερευνών) avenue • (επιστήμης, ιατρικής, πολιτικής) aim

κατευθύνω ρ μ (αυτοκίνητο) to drive • (πλοίο) to steer • (αεροπλάνο) to fly • (στρατό, λαό) to lead • (άνθρωπο, εξελίξεις) to guide • (κράτος) to steer • (δράση, σκέψη, εκτέλεση) to direct ■ **κατευθύνομαι** μεσοπαθ **κατευθύνομαι προς** (άνθρωπος, στρατός) to head for • (πλοίο) to be bound for

κατέχω ρ μ (περιουσία, μετοχές) to have • (πόλη, χώρα, εδάφη) to occupy • (θέση, αξίωμα) to hold • (τέχνη, γλώσσα) to master

κατεψυγμέν|ος, -η, -ο επιθ frozen

κατηγορηματικ|ός, -ή, -ό επιθ (απάντηση, τόνος, ύφος) categorical • (άρνηση) flat • (διάψευση) vehement • (απόφαση, βεβαίωση) firm • (για πρόσ.) categorical • (Γλωσσ) predicative

κατηγορία ουσ θηλ (επίσης: **κατήγορια**) charge • (επίκριση: επίσης: **κατήγορια**) accusation • (Νομ) charge • (εργαζομένων, υπαλλήλων) category • (ανθρώπων) class • (για πράγματα) grade • (Αθλ) division

κατηγορουμένη ουσ θηλ βλ. **κατηγορούμενος**

κατηγορούμενο ουσ ουδ predicative

κατηγορούμενος ουσ αρσ (γενικότ.) accused • (εναγόμενος) defendant

κατηγορώ *ρ μ* (*αντίπαλο, εχθρό*) to accuse • (*κοινωνία, τηλεόραση*) to blame • (*Νομ*) to charge

κατηφόρα *ουσ θηλ* (*κατωφέρεια*) slope • (*κατήφορος*) downhill slope • (*μτφ.*) dive

κατηφορίζω *ρ μ* to go down ► *ρ αμ* to go down

κατηφορικ|ός, -ή, -ό *επιθ* sloping

κατήφορος *ουσ αρσ* (*κατηφόρα*) downhill slope • (*μτφ.*) decline

---

⬤ ΛΕΞΗ-ΚΛΕΙΔΙ

κάτι *αντων αόριστ άκλ.* **1** (*κάποιο πράγμα*) something • **κάτι σαν ...** something like ... **2 κάτι τέτοιο/τέτοιες** like that • **κάτι τέτοια** things like that • **κάτι τέτοιο** something like that • **ή κάτι τέτοιο** or something (like that) **3** (*λίγο*): **και κάτι** just over • **παρά κάτι** almost **4** (*κάποιος*) some **5** (*ειρων.: για πρόσ.*) really somebody • (*για πράγματα*) something clever **6** (*για θαυμασμό, απορία, έκπληξη*) such

κατοικημέν|ος, -η, -ο *επιθ* inhabited

κατοικία *ουσ θηλ* residence (*επίσ.*) • **εργατική ~** workers' residence • **μόνιμη ~** permanent residence • **τόπος κατοικίας** place of residence

κατοικίδι|ο, -α, -ο *επιθ* domestic

κάτοικος *ουσ αρσ, ουσ θηλ* inhabitant

κατοικώ *ρ αμ* to live ◼ **κατοικούμαι** *μεσοπαθ* to be inhabited

κατολίσθηση *ουσ θηλ* landslide

κατονομάζω *ρ μ* (*υπερτυχερό*) to name • (*δημιουργό, στοιχείο, αιτία, αντίδραση*) to mention • (*ένοχο, υπαίτιο, δράστη*) to name

κατόπιν *προθ* +γεν. after

κατόρθωμα *ουσ ουδ* (*επίτευγμα*) achievement • (*ανδραγάθημα*) deed • (*ειρων.*) exploit

κατορθώνω *ρ μ* to achieve

κατούρημα (*οικ.*) *ουσ ουδ* pee (*ανεπ.*) • **πάω για ~** to go for a pee (*ανεπ.*) • ή leak (*ανεπ.*)

κάτουρο (*ανεπ.*) *ουσ ουδ* (*ούρα*) pee (*ανεπ.*) • (*για ποτά*) cat's pee (*ανεπ.*) • ή piss (*χυδ.*)

κατουρώ (*ανεπ.*) *ρ αμ* to pee (*ανεπ.*) ► *ρ μ* to pee on (*ανεπ.*) ◼ **κατουριέμαι** *μεσοπαθ* (*τα κάνω πάνω μου*) to wet oneself • (*επείγομαι για ούρηση*) to need a pee (*ανεπ.*) • ή the toilet

κατοχή *ουσ θηλ* (*τίτλου, ναρκωτικών, όπλου, μπάλας*) possession • (*χώρας, περιοχής*) occupation

κάτοχος *ουσ αρσ, ουσ θηλ* (*πτυχίου, τίτλου*) holder • (*περιουσίας*) owner • (*βραβείου, κυπέλλου*) winner • **είμαι ~ ξένης γλώσσας** to be proficient in a foreign language

κατρακυλώ *ρ αμ* (*άνθρωπος, βράχος*) to fall • (*οικονομία*) to collapse • (*ήθη*) to decline • (*δείκτης τιμών*) to fall ► *ρ μ* to roll

κατσαβίδι *ουσ ουδ* screwdriver

κατσαρίδα *ουσ θηλ* cockroach

κατσαρόλα *ουσ θηλ* (*μαγειρικό σκεύος*) (sauce) pan • (*περιεχόμενο σκεύους*) pan(ful)

κατσαρόλι *ουσ ουδ* (sauce)pan

κατσαρ|ός, -ή, -ό *επιθ* curly

κατσίκα *ουσ θηλ* (*γίδα*) (nanny) goat • (*υβρ.: για γυναίκα*) cow (*ανεπ.*)

κατσικάκι *ουσ ουδ* (*μικρό κατσίκι*) kid • (*φαγητό*) goat's meat

κατσίκι *ουσ ουδ* goat

κατσικίσι|ος, -ια, -ιο *επιθ* goat's

κατσούφ|ης, -α ή -ισσα, -ικο *επιθ* sullen

κατσουφιασμέν|ος, -η, -ο *επιθ* sullen

κάτω *επιρρ* (*χάμω: κάθομαι, ρίχνω*) down • (*: κοιμάμαι*) on the floor • (*σε χαμηλό ή χαμηλότερο επίπεδο: κοιτάζω*) down • (*σε νότιο σημείο*) down • (*λιγότερο*) under • (*για θερμοκρασία*) below • **από ~** down below • **από τη μέση και ~** from the waist down • **εκεί ~** down there • **έλα ~!** come down! • • **από τα γόνατα** below the knee • • **από το μηδέν** below zero • **~ από το παράθυρο** beneath the window • **~ από το τραπέζι/τα βιβλία** under the table/the books • **~ από τρία εκατομμύρια** less than three million • **μένω (από) ~** (*σε πολυκατοικία*) to live downstairs ή on the floor below • **ο από ~** (*ένοικος κάτω ορόφου*) the person who lives on the floor below • **παιδιά ~ των δέκα ετών** children under ten (years old) • **πέφτω ~** (*σωριάζομαι*) to fall down • (*αρρωσταίνω*) to fall ill • **πιο ~** (*πιο πέρα*) a bit ή little further • (*σε κείμενο ή επίπεδο*) below • **~ όροφος** floor below • **Κάτω...** (*σε τοπωνύμια*) Lower...

κατώτερ|ος, -η, -ο *επιθ* (*σημείο, επίπεδο, στάθμη*) lower • (*υλικό, ποιότητα*) inferior • (*απόδοση, βαθμίδα, επίπεδο*) lower • (*ένστικτα, άνθρωπος, αντίπαλος*) baser • (*μοίρα*) worse • (*υπάλληλος, αξιωματικός*) junior • (*όντα, μορφές ζωής*) lower

κατώφλι *ουσ ουδ* threshold

Κάτω Χώρες *ουσ θηλ πληθ* **οι ~** the Netherlands • *βλ. κ.* Ολλανδία

καυγαδίζω *ρ αμ* = **καβγαδίζω**

καυγάς *ουσ αρσ* = **καβγάς**

καυσαέριο *ουσ ουδ* fumes *πληθ.*

καύση *ουσ θηλ* (*ξύλου, άνθρακα*) burning • (*Χημ*) combustion • (*νεκρών*) cremation

καύσιμ|ος, -η, -ο *επιθ* combustible ◼ **καύσιμο** *ουσ ουδ* fuel

καυσόξυλο *ουσ ουδ* firewood χωρίς *πληθ.*

καυστικ|ός, -ή, -ό *επιθ* (*νάτριο, ποτάσα*) caustic • (*λόγια, κριτική, σχόλια*) scathing • (*χιούμορ*) caustic

καύσωνας *ουσ αρσ* heat wave

καυτερ|ός, -ή, -ό *επιθ* (*σάλτσα, λουκάνικο*) spicy • (*πιπεριά*) hot ◼ **καυτερά** *ουσ ουδ πληθ* spicy food *εν.*

καυτ|ός, -ή, -ό *επιθ* (*νερό*) boiling hot • (*σούπα, τσάι*) scalding (hot) • (*ήλιος, άμμος, αέρας*) scorching (hot) • (*σίδερο, κάρβουνα*) red hot • (*δάκρυα*) scalding • (*φιλί, βλέμμα*) passionate • (*ερώτημα, προβλήματα*) burning • (*είδηση*) hot off the press • (*φωτογραφίες, κορμιά*) provocative

καυχιέμαι, καυχώμαι *ρ μ αποθ.* to boast (*για* about) to brag (*για* about)

καφάσι¹ *ουσ ουδ* crate

καφάσι² (*ανεπ.*) *ουσ ουδ* skull • **μου φεύγει το ~** (*οικ.*) to lose one's mind

καφέ¹ *ουσ ουδ άκλ.* café

καφέ² *επιθ άκλ.* brown ■ **καφέ** *ουσ ουδ* brown
καφέ μπαρ *ουσ ουδ άκλ.* café bar
καφενεδάκι *ουσ ουδ βλ.* **καφενείο**
καφενείο *ουσ ουδ* (*καφέ*) café • (*χώρος χωρίς τάξη*) madhouse (*ανεπ.*)
καφές *ουσ αρσ* coffee • ελληνικός/γαλλικός ~ Greek/French coffee • ~ **σκέτος** black coffee without sugar • ~ **μέτριος/γλυκός** semi-sweet/ sweet black coffee • ~ **φίλτρου** filter coffee
• **κόκκοι καφέ** coffee beans • **μύλος τού καφέ** coffee grinder
καφετερία *ουσ θηλ* = **καφετέρια**
καφετέρια *ουσ θηλ* coffee bar
καφετζής *ουσ αρσ* (*ιδιοκτήτης καφενείου*) café owner • (*υπάλληλος καφενείου*) waiter
καφετζού *ουσ θηλ* (*ιδιοκτήτρια καφενείου*) café owner • (*υπάλληλος καφενείου*) waitress
• (*μάντισσα του καφέ*) fortune teller
καφετιέρα *ουσ θηλ* (*συσκευή*) coffee machine
• (*σκεύος*) coffee pot
καχεκτικ|ός, -ή, -ό *επιθ* (*άνθρωπος*) frail • (*παιδί*) frail • (*δέντρο*) stunted • (*οικονομία*) ailing
καχύποπτ|ος, -η, -ο *επιθ* suspicious
κάψιμο *ουσ ουδ* (*καύση*) burning • (*έγκαυμα*) burn • (*σημάδι εγκαύματος*) burn mark
• (*καούρα*) heartburn • (*στον λαιμό, λάρυγγα*) burning sensation
κάψουλα *ουσ θηλ* capsule
κέδρος *ουσ αρσ* cedar (tree)
κέικ *ουσ ουδ άκλ.* cake
κειμενικ|ός, -ή, -ό *επιθ* textual • **αποστολή κειμενικού μηνύματος** text messaging
• **κειμενικό μήνυμα** text message
κείμενο *ουσ ουδ* text
κειμήλιο *ουσ ουδ* (*γενικότ.*) souvenir
• (*οικογενειακό*) heirloom • (*ιστορικό, ιερό*) relic
κείνος, -η, -ο *αντων* = **εκείνος**
κελαηδώ *ρ αμ* = **κελαϊδώ**
κελάιδημα, κελάιδισμα *ουσ ουδ* singing
κελαϊδώ *ρ αμ* (*τραγουδά*) to sing • (*φλυαρώ*) to chatter • (*ειρων.: αποκαλύπτω*) to talk
κελάρι *ουσ ουδ* cellar
κελί *ουσ ουδ* cell
κέλυφος *ουσ ουδ* shell
κενό *ουσ ουδ* (*χάσμα*) (empty) space • (*στο στομάχι*) emptiness • (*γνώσεων, κατάθεσης, κειμένου*) gap • (*χρόνου*) gap • **πέφτω στο ~** to fall through the air • (*αποτυγχάνω*) to come to nothing • **αέρος** (*διαφορά υψωμετρικής πίεσης*) air pocket • **συσκευασία κενού** vacuum packaging
κεν|ός, -ή, -ό *επιθ* (*μπουκάλι, κιβώτιο*) empty
• (*δωμάτιο ξενοδοχείου, αίθουσα*) vacant
• (*ώρες*) free • (*υποσχέσεις, λόγια*) empty
• (*ελπίδες*) vain • (*άνθρωπος*) vacuous • **κενή εστία** (*στο ποδόσφαιρο*) open goal • **κενή θέση** vacancy
κέντημα *ουσ ουδ* (*τέχνη*) needlework
• (*εργόχειρο*) embroidery • (*μέλισσας*) sting
• (*αλόγου*) kick (with spurs)
κεντητ|ός, -ή, -ό *επιθ* embroidered
κεντρί *ουσ ουδ* sting
κεντρικ|ός, -ή, -ό *επιθ* (*Ασία, Ευρώπη, οροσειρά*) central • (*κατάστημα, πλατεία*) main

• (*ιδέα, νόημα*) main • (*ρόλος*) central • (*κεραία*) main • ~ **αγωγός** mains *πληθ.* • **κεντρικό δελτίο ειδήσεων** main news *πληθ.* • ~ **δρόμος** main road, high (*Βρετ.*) ή main (*Αμερ.*) street
• **κεντρική θέρμανση** central heating
■ **κεντρικά** *ουσ ουδ πληθ* head office *εν.*
κέντρο *ουσ ουδ* centre (*Βρετ.*), center (*Αμερ.*)
• (*ενδιαφέροντος*) focus • (*εταιρείας*) head office
• (*οργανισμού*) central office • (*διασκέδασης*) club • (*εμπορίου, πολιτισμού*) hub • (*ομάδας*) midfield • **εμπορικό ~** shopping centre (*Βρετ.*) ή center (*Αμερ.*) • ~ **βάρους** (*Φυσ*) centre (*Βρετ.*) ή center (*Αμερ.*) of gravity • (*μτφ.*) focal point
κεντώ *ρ μ* (*τραπεζομάντηλο, σχέδια*) to embroider • (*για μέλισσα*) to sting • (*άλογο: με σπιρούνια*) to kick • (*ενδιαφέρον, περιέργεια*) to arouse • (*φαντασία*) to stir
κεραία *ουσ θηλ* (*ραδιοφώνου, τηλεόρασης*) aerial (*Βρετ.*), antenna (*Αμερ.*) • (*εντόμου*) antenna
κεραμίδι *ουσ ουδ* (*πλάκα για κάλυψη στέγης*) tile
• (*στέγη*) roof
κεράσι *ουσ ουδ* cherry
κερασιά *ουσ θηλ* cherry tree
κέρασμα *ουσ ουδ* (*καλεσμένων, φίλων*) treat
• (*ό,τι προσφέρεται*) round • **για το ~** as a treat
• **είναι ~ του καταστήματος** it's on the house
κερατάς (*υβρ.*) *ουσ αρσ* (*απατημένος σύζυγος*) cuckold • (*προσφώνηση ή χαρακτηρισμός*) bastard (*Βρετ.*) (*χυδ.*), son of a bitch (*Αμερ.*) (*χυδ.*)
κέρατο *ουσ ουδ* (*ταύρου, ρινόκερου*) horn
• (*ελαφιού*) antler • (*κεράτωμα*) cheating (*ανεπ.*)
κεράτωμα (*οικ.*) *ουσ ουδ* cheating (*ανεπ.*)
κεραυνοβόλος, -ος ή **-α, -ο** *επιθ* (*αντίδραση, ενέργεια, χτύπημα*) lightning • (*ασθένεια*) acute
• (*βλέμμα*) fierce • ~ **έρωτας** love at first sight
κεραυνός *ουσ αρσ* thunderbolt
κερδίζω *ρ μ* (*δόξα, φήμη*) to win • (*αναγνώριση*) to gain • (*χρήματα*) to earn • (*λαχείο, πέναλτι, φάουλ*) to win • (*αγώνα, δίκη, εκλογές*) to win
• (*εμπιστοσύνη, εκτίμηση, φιλία*) to earn
• (*οπαδούς, κοινό*) to gain • (*άνθρωπο*) to win over ▸ *ρ αμ* (*ωφελούμαι*) to benefit • (*νικώ*) to win • (*κάνω καλή εντύπωση*) to look good
κερδισμέν|ος, -η, -ο *επιθ* **βγαίνω ~ από κτ** to gain from sth • **είμαι ο ~ της υπόθεσης** to be the one that stands to gain
κέρδος *ουσ ουδ* (*όφελος*) profit • (*λαχείου*) winnings *πληθ.* • (*μτφ.*) benefit • **βγάζω ~** to make a profit • **καθαρό/μικτό ~** net/gross profit
κερδοσκοπία *ουσ θηλ* speculation
κερδοφόρ|ος, -α ή **-ος** *επιθ* profitable
κερήθρα *ουσ θηλ* = **κηρήθρα**
κερί *ουσ ουδ* (*μελισσών*) wax • (*λαμπάδα*) candle
• (*έκκριμα αφτιού*) earwax • (*για αποτρίχωση*) wax
κέριν|ος, -η, -ο *επιθ* (*κούκλα, ομοίωμα*) wax
• (*πρόσωπο*) ashen
κερκίδα *ουσ θηλ* (*σταδίου*) stand • (*θεάτρου*) tier
• (*θεατές*) crowd
Κέρκυρα *ουσ θηλ* (*νησί*) Corfu • (*πόλη*) Corfu (town)

κέρμα *ουσ ουδ* coin
κερματοδέκτης *ουσ αρσ* coin slot • **τηλέφωνο με κερματοδέκτη** pay phone
κερνώ *ρ μ* (*επισκέπτες, καλεσμένους*) to offer • (*παρέα, φίλους*) to treat
κέρσορας *ουσ αρσ* cursor
κεσεδάκι *ουσ ουδ* pot
κέτσαπ *ουσ ουδ άκλ.* ketchup (*Βρετ.*), catsup (*Αμερ.*)
κεφαλαία *ουσ ουδ* cápital (letter) • **με κεφαλαία** in block capitals
κεφάλαιο *ουσ ουδ* (*καταστηματάρχη, ιδιώτη, επιχείρησης*) capital • (*κεφαλαιοκράτες*) capitalists *πληθ.* • (*βιβλίου*) chapter • (*ιστορίας*) chapter
κεφάλι *ουσ ουδ* (*ανθρώπου, ζώου*) head • (*καρφίτσας, καρφιού*) head • (*για τυρί*) ball • (*για σκόρδο*) bulb • **γυρίζει το ~ μου** my head's spinning • (**με**) **πονάει το ~ μου** to have a headache
κεφαλιά *ουσ θηλ* (*στο ποδόσφαιρο*) header • (*κουτουλιά*) head butt
Κεφαλληνία *ουσ θηλ* = **Κεφαλλονιά**
Κεφαλλονιά *ουσ θηλ* Cephalonia
κεφαλόπονος *ουσ αρσ* headache
κέφαλος *ουσ αρσ* grey (*Βρετ.*) ή gray (*Αμερ.*) mullet
κεφαλοτύρι *ουσ ουδ* kefalotiri, *hard cheese made from sheep's milk*
κεφάτ|ος, -η, -ο *επιθ* cheerful • (*ιστορία, τραγούδι*) jolly • (*πείραγμα*) playful
κέφι *ουσ ουδ* (*ευδιαθεσία*) good mood • (*διάθεση*) good humour (*Βρετ.*) ή humor (*Αμερ.*) • **έχω/ δεν έχω κέφια** to be in a good/bad mood
κεφτές *ουσ αρσ* meatball
κεχριμπάρι *ουσ ουδ* (*ήλεκτρο*) amber • (*για κρασί*) nectar
κηδεία *ουσ θηλ* (*εκφορά*) funeral • (*νεκρική πομπή*) funeral procession
κηδεμόνας *ουσ αρσ, ουσ θηλ* (*ανηλίκου*) guardian • (*περιουσίας*) trustee
κηδεύω *ρ μ* to bury
κηλίδα *ουσ θηλ* stain • (*χρώματος*) spot • (*μτφ.*) stain • ~ **πετρελαίου** oil slick
κήπος *ουσ αρσ* garden • **εθνικός ~** park
κηπουρός *ουσ αρσ, ουσ θηλ* gardener
κηρήθρα *ουσ θηλ* honeycomb
κηροπήγιο *ουσ ουδ* candlestick
κήρυγμα *ουσ ουδ* (*Θρησκ*) sermon • (*αρνητ.*) lecture
κήρυκας *ουσ αρσ* (*Θρησκ*) preacher • (*αδελφοσύνης, ιδεών*) advocate • (*μίσους*) messenger
κηρύσσω, κηρύττω *ρ μ* (*Ευαγγέλιο, ιδέες*) to preach • (*πόλεμο, πτώχευση, έναρξη εργασιών*) to declare • (*απεργία*) to call ▶ *ρ αμ* to preach a sermon
κι *σύνδ* = **και**
κιάλια *ουσ ουδ πληθ* binoculars
κίβδηλ|ος, -η, -ο (*επίσ.*) *επιθ* counterfeit
κιβώτιο *ουσ ουδ* box • ~ **ταχυτήτων** gearbox
κιγκλίδωμα *ουσ ουδ* (*σκάλας, σταδίου*) railings *πληθ.* • (*τζακιού*) fireguard
κιθάρα *ουσ θηλ* guitar • **μαθαίνω ~** to learn to

play the guitar • **παίζω ~** to play the guitar
κιλό *ουσ ουδ* kilo • **αγοράζω/πουλώ κτ με το ~** to buy/sell sth by the kilo • **έχω παραπάνω ή περιττά κιλά** to be overweight • **παίρνω/χάνω κιλά** to put on/lose weight
κιλότα (*οικ.*) *ουσ θηλ* pants *πληθ.* (*Βρετ.*), panties *πληθ.* (*Αμερ.*)
κιλοτάκι (*υποκορ., οικ.*) *ουσ θηλ* briefs *πληθ.*
κιλότο *ουσ ουδ* rump
κιμάς *ουσ αρσ* mince(meat) (*Βρετ.*), ground beef (*Αμερ.*)
κιμωλία *ουσ θηλ* chalk
Κίνα *ουσ θηλ* China
κινδυνεύω *ρ αμ* (*χώρα, πόλη, υγεία*) to be threatened • (*εταιρεία*) to be at risk • (*εργάτης, ασθενείς*) to be in danger ▶ *ρ μ* to risk
κίνδυνος *ουσ αρσ* (*πολέμου, πνιγμού, ηλεκτροπληξίας*) danger • (*καταστροφής, αποτυχίας, επεισοδίων*) risk • (*ναρκωτικών*) danger • (*διαδρομής*) hazard • (*θάλασσας*) peril • (*ρίσκο*) risk • **διατρέχω κίνδυνο** to be in danger • (*υγεία*) to be at risk • **~ για την υγεία** health hazard • **έξοδος κινδύνου** emergency exit • **προσοχή-κίνδυνος!** danger, beware!
Κινέζα *ουσ θηλ βλ.* **Κινέζος**
κινεζικ|ός, -ή, -ό *επιθ* Chinese ■ **Κινεζικά, Κινέζικα** *ουσ ουδ πληθ* Chinese *εν.* • **αυτά μου φαίνονται Κινέζικα!** it's all Greek to me! ■ **κινέζικο** *ουσ ουδ* (*εστιατόριο*) Chinese restaurant • (*φαγητό*) Chinese food
κινέζικ|ος, -η, -ο *επιθ* = **κινεζικός**
Κινέζος *ουσ αρσ* Chinese • **οι Κινέζοι** the Chinese
κίνημα *ουσ ουδ* (*συνταγματαρχών*) coup • (*ειρήνης, ισότητας, αφοπλισμού*) movement • (*υπερρεαλισμού, Διαφωτισμού*) movement
κινηματογράφος *ουσ αρσ* (*σινεμά*) cinema (*κυρ. Βρετ.*), movies (*Αμερ.*) • (*κινηματοθέατρο*) cinema (*κυρ. Βρετ.*), movie theater (*κυρ. Αμερ.*)
κίνηση *ουσ θηλ* (*σώματος, αυτοκινήτου, μπάλας, αέρα, Γης, άστρων*) movement • (*νερού, αίματος*) flow • (*κεφαλιού*) nod • (*κορμού, ανθρώπου*) gesture • (*ματιών*) blink • (*τουριστών, εκδρομέων, ταξιδιωτών*) traffic • (*προϊόντων, αγαθών, αεροδρομίου*) traffic • (*κυκλοφορία οχημάτων*) traffic • (*κυκλοφορία πεζών*) bustle • (*κινητικότητα*) activity • (*οικολόγων, δημοκρατών*) movement • (*αγοράς, χρηματιστηρίου*) trade • (*βιβλίου, εφημερίδας*) circulation • (*στο σκάκι*) move • **μην κάνεις απότομες κινήσεις** don't make any sudden moves • ~ **στους τέσσερις τροχούς** four-wheel drive • **μπροστινή ~** front-wheel drive ■ **κινήσεις** *πληθ* movements
κινητήρας *ουσ αρσ* engine • **δίχρονος/ τετράχρονος** ~ two-stroke/four-stroke engine
κινητικ|ός, -ή, -ό *επιθ* (*ενέργεια*) kinetic • (*νευρώνας, διαταραχή, ίνα*) motor • (*τύπος*) active
κινητικότητα *ουσ θηλ* (*αρθρώσεων*) mobility • (*δραστηριοποίηση*) mobilization
κινητό *ουσ ουδ* mobile (phone) • ~ (**τηλέφωνο**) **με κάμερα** camera phone

κινητοποίηση *ουσ θηλ* mobilization *χωρίς πληθ.* ■ **κινητοποιήσεις** *πληθ* action *εν.*

κινητ|ός, -ή, -ό *επιθ* (*γέφυρα*) movable • (*σκάλα*) moving • (*καντίνα, συνεργείο τηλεόρασης*) mobile

κίνητρο *ουσ ουδ* (*μελέτης*) motivation • (*φόνου*) motive • (*εργαζομένων, εταιρείας*) incentive

κινούμεν|ος, -η, -ο *επιθ* (*στόχος*) moving • (*αυτοκίνητο*) in motion • **κινούμενη άμμος** quicksand • **κινούμενα σχέδια** (*τέχνη*) animation • (*καρτούν*) animated cartoon

κινώ *ρ μ* (*πόδια, χέρια, ποντίκι*) to move • (*μηχανή*) to start • (*περιέργεια, ενδιαφέρον*) to arouse • (*διαδικασία, έρευνα, αγωγή*) to start • (*πιόνι, στρατεύματα*) to move ▶ *ρ αμ* (*λογοτ.*) to set off ή out ■ **κινούμαι** *μεσοπαθ* to move • (*ταξιδιώτες, αεροσκάφος*) to travel • **κινούμαι με βενζίνη** to run on petrol (*Βρετ.*) ή gas (*Αμερ.*) • **κινούμαι με μικρή/μεγάλη ταχύτητα** to go ή travel at low/high speed

κιόλας *επιρρ* (*ήδη*) already • (*επιπλέον*) as well • **αύριο** ~ tomorrow • **τώρα** ~ right now

κίονας *ουσ αρσ* pillar

κιονόκρανο *ουσ ουδ* capital

κιονοστοιχία *ουσ θηλ* colonnade

κιόσκι *ουσ ουδ* kiosk

κιτρινίζω *ρ αμ* (*φύλλα, δάχτυλα, χαρτιά*) to go ή turn yellow • (*για πρόσ.*) to go pale ▶ *ρ μ* to turn yellow

κίτριν|ος, -η, -ο *επιθ* (*φούστα, φύλλα, λουλούδι*) yellow • (*για πρόσ.*) pale • ~ **πυρετός** yellow fever • ~ **Τύπος** gutter press • **κίτρινο** *ουσ ουδ* yellow

κλάδεμα *ουσ ουδ* (*ελιάς, αμπελιού*) pruning • (*στο ποδόσφαιρο*) hard tackle

κλαδεύω *ρ μ* (*δέντρο, αμπέλι*) to prune • (*λουλούδι*) to cut back • (*στο ποδόσφαιρο*) to tackle hard

κλαδί *ουσ ουδ* branch

κλάδος *ουσ αρσ* (*επίσ.: κλαδί*) branch • (*βιομηχανίας*) branch • (*γλωσσολογίας*) discipline • (*συγκεκριμένη επαγγελματική ομάδα*) profession

κλαίω *ρ αμ* to cry ▶ *ρ μ* to mourn ■ **κλαίγομαι** *μεσοπαθ* (*μειωτ.*) to complain

κλάμα *ουσ ουδ* crying *χωρίς πληθ.* • **βάζω τα κλάματα** to start crying

κλαμέν|ος, -η, -ο *επιθ* (*πρόσωπο*) tear-streaked • (*για πρόσ.*) tearful

κλαμπ *ουσ ουδ άκλ.* (*κέντρο*) club • (*οπαδών ομάδας*) fan club

κλάμπινγκ *ουσ ουδ άκλ.* clubbing

κλάνω (*οικ.*) *ρ αμ* to fart (*ανεπ.*) ▶ *ρ μ* not to give a damn about (*ανεπ.*)

κλάρα *ουσ θηλ* (*μεγάλο κλαρί*) branch • (*για ύφασμα*) flowery material

κλαρί *ουσ ουδ* twig

κλαρίνο *ουσ ουδ* clarinet

κλασικ|ός, -ή, -ό *επιθ* (*συγγραφέας, βιβλίο, ρεπερτόριο*) classical • (*αυτοκίνητο*) classic • (*συνθέτης, μουσικός, πιανίστας*) classical • (*αρχιτεκτονική, περίοδος*) classical • (*επιχείρημα, απάντηση*) classic • (*τεμπέλης, ψεύτης*) complete • (*παράδειγμα, ευκαιρία*) classic • (*ντύσιμο, γραμμή, στυλ, διακόσμηση, επίπλωση*) classic • (*μέθοδος διδασκαλίας*) traditional • **κλασικά εικονογραφημένα** classic comics • **κλασική εποχή** classical age • **κλασικές σπουδές** classical studies ■ **κλασικοί** *ουσ αρσ πληθ* classics

κλάσμα *ουσ ουδ* fraction

κλασσικός, -ή, -ό *επιθ* = **κλασικός**

κλατάρω *ρ αμ* (*λάστιχο*) to burst • (*τραπέζι*) to give way • (*για πρόσ.*) to be worn out

κλαψιάρης, -α, -ικο *επιθ* **είμαι** ~ (*κλαίω εύκολα*) to be a crybaby • (*παραπονιέμαι*) to be always whining

κλάψιμο *ουσ ουδ* (*κλάμα*) crying • (*μειωτ.: κλάψα*) whining

κλέβω *ρ μ* (*λεφτά, πορτοφόλι, αυτοκίνητο*) to steal • (*κατάστημα, σπίτι*) to burgle (*Βρετ.*), to burglarize (*Αμερ.*) • (*περαστικό*) to rob • (*εφορία, εργαζόμενο*) to cheat • (*ιδέα, εφεύρεση*) to steal • (*παιδί*) to kidnap • (*γυναίκα*) to elope with ▶ *ρ αμ* (*είμαι κλέφτης*) to steal • (*στα χαρτιά*) to cheat

κλειδαριά *ουσ θηλ* lock • **ηλεκτρονική** ~ electronic lock • ~ **ασφαλείας** safety lock

κλειδαρότρυπα *ουσ θηλ* keyhole

κλειδί *ουσ ουδ* (*πόρτας, γραφείου, αυτοκινήτου*) key • (*εργαλείο*) spanner (*Βρετ.*), wrench (*Αμερ.*) • **θέση-κλειδί** key position • **λέξη-κλειδί** key word

κλείδωμα *ουσ ουδ* (*πόρτας, αυτοκινήτου*) locking • (*σπιτιού*) locking up

κλειδωνιά *ουσ θηλ* = **κλειδαριά**

κλειδώνω *ρ μ* (*πόρτα, χρηματοκιβώτιο, υπολογιστή, τιμόνι*) to lock • (*σπίτι*) to lock up ▶ *ρ αμ* to lock • **κλειδώνομαι** *μεσοπαθ* to lock oneself away

κλείδωση *ουσ θηλ* joint • (*χεριού*) wrist • (*ποδιού*) ankle

κλείνω *ρ μ* (*πόρτα, συρτάρι, στόμα, μάτια, παραθυρόφυλλα*) to close • (*φάκελο*) to seal • (*βάζο, κατσαρόλα*) to cover • (*χεμίζω: τρύπα*) to fill (in) • (*βιβλίο, περιοδικό*) to close • (*εφημερίδα, χάρτη*) to fold up • (*παντελόνι, σακάκι*) to do up • (*σύνορα, δρόμο*) to close (off) • (*επιχείρηση, εταιρεία*) to close down • (*κατάστημα: οριστικά*) to close down • (*προσωρινά*) to close • (*βρύση, τηλεόραση*) to turn off • (*φως*) to turn off • (*για οχήματα*) to obstruct • (*τραπέζι, δωμάτιο, θέση*) to book • (*κανονίζω: αγώνα*) to arrange • (*υπόθεση*) to close • (*θέμα*) to put an end to • (*συμφωνία, δουλειά*) to finalize • (*διάλεξη, ομιλία, συζήτηση*) to end • (*για ηλικία*) to reach ▶ *ρ αμ* (*πόρτα, παντζούρι, συρτάρι*) to close • (*σακάκι, φούστα*) to do up • (*πληγή, τραύμα*) to close • (*οθόνη, τηλεόραση*) to go off • (*υπόθεση*) to be closed • (*συμφωνία*) to be finalized • (*σχολεία*) to close • (*μαγαζί*) to close • (*πτωχεύω: επιχείρηση, εταιρεία*) to fold • (*πτήση, ξενοδοχείο, θέατρο*) to be fully booked • (*κέντρο πόλης, δρόμοι*) to be closed off • (*ταινία, βιβλίο*) to end • (*δεκαετία, φάση*) to end • ~ **ραντεβού** to arrange to meet • ~ **το τηλέφωνο** to hang up • **κλείνομαι** *μεσοπαθ* (*δεν βγαίνω*) to lock oneself away • (*πόλη, χωριό*) to be hemmed in

κλείσιμο ουσ ουδ (πόρτας, συρταριού, παραθύρων) closing • (τηλεόρασης) turning off • (υπολογιστή) shutting down • (προγράμματος, εφαρμογών) ending • (συνόρων, δρόμων) closure • (σχολείων, εμπορικών) closing • (εργοστασίου, εταιρείας: λόγω πτώχευσης) closure • (συμφωνίας) finalizing • (δωματίου, θέσης) booking • (υπόθεσης) conclusion • (λογαριασμού) settling • (διάλεξης, ομιλίας, συζήτησης) end • (πληγής, τραύματος) healing • ~ ματιού wink

κλειστ|ός, -ή, -ό επιθ (σπίτι) shut ή closed up • (ντουλάπα, σεντούκι, δωμάτιο) closed • (πόρτα, παράθυρο, τσάντα) closed • (κουρτίνα) drawn • (φερμουάρ) done up • (μπλούζα, φόρεμα) with a high neckline • (φάκελος) sealed • (μπουκάλι) closed • (οδός, σύνορα, πορθμός, πλατεία) closed • (βλέφαρα, μάτια) closed • (υπολογιστής, τηλεόραση) off • (εργοστάσιο, κατάστημα, σχολή) closed • (γυμναστήριο) covered • (λέσχη, σωματείο) private • (αριθμός υποψηφίων, φοιτητών) fixed • (αρραβώνας, γάμος, γιορτή) private • (τύπος, άνθρωπος) withdrawn • (κοινωνία, αγορά, οικονομία) closed • **κλειστό κύκλωμα** closed circuit • **κλειστή στροφή** hidden bend

κλειτορίδα ουσ θηλ clitoris
κλέφτης ουσ αρσ thief
κλέφτικο ουσ ουδ kleftiko, spiced meat baked in tin foil
κλέφτρα ουσ θηλ βλ. **κλέφτης**
κλεψιά ουσ θηλ theft
κλέψιμο ουσ ουδ theft
κλεψύδρα ουσ θηλ hourglass
κλήμα ουσ ουδ (κληματόβεργα) vine • (αμπέλι) (grape)vine
κληματαριά ουσ θηλ (αναρριχώμενο αμπέλι) climbing vine • (κατασκευή στήριξης) arbour (Βρετ.), arbor (Αμερ.)
κληματόφυλλο ουσ ουδ vine leaf
κληρικός ουσ αρσ clergyman
κληρονομιά ουσ θηλ (πατέρα, μητέρας) inheritance • (εθνική, πολιτιστική, ιστορική) heritage
κληρονόμος ουσ αρσ, ουσ θηλ heir
κληρονομώ ρ μ to inherit
κληρώνω ρ μ (δικαστές) to choose by lot • (δώρα, αυτοκίνητο) to put in a draw • **κληρώνει** τριτοπρόσ to be drawn ▪ **κληρώνομαι** μεσοπαθ (λαχνός) to be drawn • (αριθμός) to come up • (ομάδες) to be drawn
κλήρωση ουσ θηλ (ενόρκων, ομάδων) selection • (λαχείου, δώρων) draw
κλήση ουσ θηλ (στρατεύσιμου) call-up • (μάρτυρα, κατηγορουμένου) summons εν. • (για τροχαία παράβαση) ticket • (τηλεφωνική) call
κλητήρας ουσ αρσ, ουσ θηλ errand boy • **δικαστικός ~** bailiff
κλίβανος ουσ αρσ (επία.: φούρνος: αρτοποιίας, οικιακός) oven • (βιομηχανικός) furnace • (νοσοκομείου) sterilizer
κλικ ουσ ουδ άκλ. click

κλίμα ουσ ουδ (Μετεωρ) climate • (ανησυχίας, οικογένειας) atmosphere • (πολιτικό, οικονομικό) climate • (συζήτησης) tone
κλίμακα ουσ θηλ scale • ~ **Ρίχτερ** Richter scale
κλιματιζόμεν|ος, -η, -ο επιθ air-conditioned
κλιματική αλλαγή ουσ θηλ climate change
κλιματισμός ουσ αρσ air-conditioning
κλιματιστικ|ός, -ή, -ό επιθ air-conditioning • **κλιματιστική εγκατάσταση** air-conditioning ▪ **κλιματιστικό** ουσ ουδ air-conditioner
κλινική ουσ θηλ (νοσοκομείου) department • (καταχρ.: νοσοκομείο) hospital • **χειρουργική** ~ surgical department
κλίνω ρ μ (κεφάλι) to incline • (σώμα) to bend • (ρήμα) to conjugate • (ουσιαστικό) to decline ▪ ρ αμ to incline
κλισέ ουσ ουδ άκλ. cliché • (στερεότυπο) stereotype
κλίση ουσ θηλ (κεφαλιού) inclination • (σώματος) bending • (πλοίου) listing • (δρόμου, εδάφους, επιπέδου) slope • (ροπή) aptitude • (Γλωσσ: ουσιαστικού) declension • (: ρήματος) conjugation
κλοιός ουσ αρσ cordon
κλονίζω ρ μ (σπίτι, γη) to shake • (μτφ.: ταράζω) to shake up • (υγεία, γάμο) to weaken • (εμπιστοσύνη, πίστη) to shake • (νεύρα) to unsettle
κλόουν ουσ αρσ άκλ. clown
κλοπή ουσ θηλ theft
κλοπιμαί|ος, -α, -ο επιθ stolen ▪ **κλοπιμαία** ουσ ουδ πληθ stolen goods
κλοτσιά ουσ θηλ kick
κλοτσώ ρ μ (μπάλα, πέτρα, άνθρωπο) to kick • (ευκαιρία) to pass up • (τύχη) to turn one's back on ▪ ρ αμ to kick
κλούβα ουσ θηλ (μεγάλο κλουβί) cage • (αστυνομίας) police van (Βρετ.), patrol wagon (Αμερ.)
κλουβί ουσ ουδ (παπαγάλου, λιονταριού) cage • (κουνελιού) hutch • (κοτόπουλων) coop
κ.λπ. συντομ etc.
κλωνοποιώ ρ μ to clone
κλωστή ουσ θηλ thread
κλωσιά ουσ θηλ = **κλοτσιά**
κλωτσώ ρ μ, ρ αμ = **κλοτσώ**
κνήμη ουσ θηλ (γάμπα) leg • (οστό γάμπας) tibia
κόβω ρ μ (σκοινί, καλώδιο, τυρί, κρέας) to cut • (δεσμά) to sever • (ψητό) to carve • (ντομάτα, ψωμί) to cut • (άρθρο εφημερίδας) to cut out • (κλαδί απ' το δέντρο) to cut off • (κεφάλι, μύτη, αφτιά) to cut off • (λουλούδια, μήλα) to pick • (σελίδες από το τετράδιο) to tear out • (λογοκρίνω: τολμηρές σκηνές, τμήμα βιβλίου) to cut • (δέντρα) to cut ή chop down • (ξύλα) to chop (up) • (δάχτυλο, χέρι, πρόσωπο) to cut • (τιμή) to knock down • (δέκα ευρώ) to knock off • (μειώνω διάρκεια: ταινία) to cut • (: ομιλία) to cut short • (μειώνω σε μήκος: μαλλιά) to cut • (: ελαφρά) to trim • (: νύχια) to cut • (: γένια, φαβορίτες) to trim • (: γρασίδι) to cut • (ξυρίζω: μουστάκια, μούσι) to shave off • (νόμισμα) to mint • (εισιτήριο, θεατές) to get • (κινηματογράφος, ταινία) to sell • (απόδειξη) to give • (συνεδρίαση,

τηλεφώνημα) to cut short • (συζήτηση, ομιλητή, συνομιλητή) to interrupt • (θέα) to block • (ήλιο) to block out • (κυκλοφορία) to stop • (μαθητή, φοιτητές, εξεταζόμενο) to fail • (τσιγάρο, ποτό, χαρτιά) to give up • (περικόπτω: συντάξεις, επίδομα, μισθό) to cut • (: δαπάνες) to cut back • (νερό, ρεύμα) to cut off • (τιμόνι) to turn • (καφέ, πιπέρι) to grind • (κιμά) to mince (ΒΡΕΤ.), to grind (ΑΜΕΡ.) • (προφορ.: χτυπώ: πεζό, γάτα, σκύλο) to hit • (για παπούτσια) to pinch ▶ ρ αμ (στα χαρτιά) to cut • (σούπα, γάλα, μαγιονέζα) to go off • (μαχαίρι, ξυράφι) to be sharp • (αέρας) to drop • (βροχή) to stop • (κύμα) to be calm • (ανεπ.: πρόσωπο, μούρη) to look worse • (: χρώμα) to fade ■ **κόβομαι** μεσοπαθ (φοιτητής, εξεταζόμενος) to fail • (τηλεφωνική γραμμή, σύνδεση) to be cut • (κρέας, βούτυρο) to cut

κόγχη ουσ θηλ (Ανατ) socket • (κοίλωμα τοίχου: επίσης: **κόχη**) niche

κοιλάδα ουσ θηλ valley

κοιλιά ουσ θηλ (ανθρώπου) abdomen • (στομάχι) stomach • (ψαριών, ζώων) belly • (έντερα: ψαριών) guts πληθ. • (ζώων) offal • (αεροσκάφους) belly

κοιλόπονος ουσ αρσ stomachache

κοίλ|ος, -η, -ο επιθ (κάτοπτρο) concave • (έδαφος) hollow ■ **κοίλο(ν)** ουσ ουδ auditorium

κοιλότητα ουσ θηλ hollow

κοιμάμαι ρ αμ αποθ. (βρίσκομαι σε κατάσταση ύπνου) to be asleep • (αδρανώ) to do nothing • ~ **με** κπν (κάνω έρωτα) to sleep with sb

κοιμητήριο ουσ ουδ graveyard

κοιμίζω ρ μ to send to sleep

κοιμισμέν|ος, -η, -ο επιθ (οκνηρός) dozy • (αισθήσεις) dormant

κοινό ουσ ουδ (γενικότ.) public • (τραγουδιστή) fans πληθ. • **ευρύ** ~ general public

κοινοβουλευτικ|ός, -ή, -ό επιθ parliamentary

κοινοβούλιο ουσ ουδ parliament

κοιν|ός, -ή, -ό επιθ common • (φίλος) mutual • (λογαριασμός) joint • (μπάνιο, κουζίνα, κήπο, αυλή, αγαθά) shared • (ιδέες, απόψεις) similar • (ύφασμα) ordinary • (αναγνώστης) average • (μέτρο) usual • (απόφαση, προσπάθεια, συμφωνία, πολιτική) joint • (μέτωπο) united • (δράση) joint • **κοινή γνώμη** public opinion ■ **Κοινή** ουσ θηλ vernacular • **Κοινή Ελληνιστική ή Αλεξανδρινή** Koine • **Κοινή Νεοελληνική** Modern Greek

κοινότητα ουσ θηλ (Ελλήνων, Ινδών, Βρετανών) community • (Διοικ) commune • (στην Αγγλία) parish • (στη Σκωτία, Ουαλία) community • **θεραπευτική** ~ help group

κοινόχρηστ|ος, -η, -ο επιθ communal ■ **κοινόχρηστα** ουσ ουδ πληθ communal charges

κοινωνία ουσ θηλ (γενικότ.) society • (μελισσών) swarm • (μυρμηγκιών) colony • **Θεία** ~ Holy Communion • **κλειστή** ~ closed community • **τοπική** ~ local community

κοινωνικ|ός, -ή, -ό επιθ social • (δράση, προσφορά) community • (για πρόσ.) sociable

• (ταινία, σίριαλ) dealing with social issues • **κοινωνική (δια)δικτύωση** social networking • ~ **λειτουργός** social worker ■ **κοινωνικά** ουσ ουδ πληθ society column εν.

κοιτάζω ρ μ (βλέπω) to look at • (φροντίζω: παιδιά, γονείς, σπίτι, κήπο, συμφέρον) to look after • (: μέλλον) to look to • (ελέγχω: έγγραφα) to look over ή at • (: θέμα) to look into • (ασθενή, τραύμα, τραυματία) to examine ▶ ρ αμ (βλέπω) to look • (χαζεύω) to stare • **κοίτα να μην αργήσεις!** don't be late! • ~ **τη δουλειά μου** to mind one's own business • **κοιτάζομαι** μεσοπαθ (παρατηρώ τον εαυτό μου) to look at oneself • (κάνω εξετάσεις) to have a check-up

κοίτη ουσ θηλ bed

κοιτώ ρ μ = **κοιτάζω**

κοιτώνας ουσ αρσ (υπνοδωμάτιο) bedroom • (σχολείου) dormitory

κοκ ουσ ουδ άκλ. chocolate doughnut (ΒΡΕΤ.) ή donut (ΑΜΕΡ.)

κόκα ουσ θηλ (φυτό) coca • (κοκαΐνη) cocaine • (αναψυκτικό) Coke®

κοκαΐνη ουσ θηλ cocaine

κόκα-κόλα ουσ θηλ Coca-Cola®

κόκαλο ουσ ουδ = **κόκκαλο**

κοκαλώνω ρ αμ = **κοκκαλώνω**

κόκκαλο ουσ ουδ bone

κοκκαλώνω ρ αμ (από φόβο) to be rooted to the spot • (από κρύο) to be numb ▶ ρ μ to stop

κοκκινέλι ουσ ουδ red wine

κοκκινίζω ρ αμ (πρόσωπο) to go red • (μάτια) to go red • (από ντροπή) to blush • (ντομάτες) to be ripe ▶ ρ μ to redden

κοκκινίλα ουσ θηλ red mark ή spot ■ **κοκκινίλες** πληθ red spots

κοκκινιστ|ός, -ή, -ό επιθ in tomato sauce ■ **κοκκινιστό** ουσ ουδ meat in tomato sauce

κοκκινογούλι ουσ ουδ beetroot (ΒΡΕΤ.), beet (ΑΜΕΡ.)

κοκκινομάλλης, -α, -ικο επιθ redheaded ■ **κοκκινομάλλης** ουσ αρσ, **κοκκινομάλλα** ουσ θηλ redhead

κόκκιν|ος, -η, -ο επιθ red ■ **κόκκινο** ουσ ουδ red

κόκκος ουσ αρσ grain

κόκορας ουσ αρσ (πετεινός) cock (ΒΡΕΤ.), rooster (ΑΜΕΡ.) • (όπλου) hammer

κοκορέτσι ουσ ουδ spit-roasted lamb's offal

κοκτέιλ ουσ ουδ άκλ. cocktail • **κοκτέιλ-πάρτι** cocktail party

κοκωβιός ουσ αρσ gudgeon

κολακεία ουσ θηλ flattery χωρίς πληθ.

κολακευμέν|ος, -η, -ο επιθ flattered

κολακευτικ|ός, -ή, -ό επιθ flattering

κολακεύω ρ μ to flatter • (ικανοποιώ) to please ■ **κολακεύομαι** μεσοπαθ to be pleased

κολάν ουσ ουδ άκλ. (ποδηλασίας, χορού) leggings πληθ. • (καλσόν) tights πληθ. (ΒΡΕΤ.), pantyhose χωρίς πληθ. (ΑΜΕΡ.) • ~ **παντελόνι** skintight trousers (ΒΡΕΤ.) ή pants (ΑΜΕΡ.)

κολάρο ουσ ουδ collar

κόλαση ουσ θηλ hell • (αργκ.) mayhem

κολατσίζω ρ αμ to have a mid-morning snack

κολατσιό ουσ ουδ mid-morning snack

κολέγιο *ουσ ουδ* (ίδρυμα δευτεροβάθμιας εκπαίδευσης) private school, public school (Βρετ.) • (ίδρυμα τριτοβάθμιας εκπαίδευσης) college

κολιέ *ουσ ουδ άκλ.* necklace

κολικός *ουσ αρσ* colic

κολιός *ουσ αρσ* = **κολοιός**

κόλλα *ουσ θηλ* (κάθε ουσία που κολλά) glue • (φύλλο χαρτιού) sheet of paper

κολλητικ|ός, -ή, -ό *επιθ* (ταινία, ουσία) adhesive • (αρρώστια) contagious

κολλητ|ός, -ή, -ό *επιθ* (κολλημένος) glued down • (σπίτια) adjacent • (παντελόνι, φούστα) tight ■ **κολλητός** *ουσ αρσ*, **κολλητή** *ουσ θηλ* (οικ.) bosom buddy

κολλώ *ρ μ* (γραμματόσημο) to stick (σε on) • (αφίσες) to put up • (κομμάτια, βάζο) to glue together • (αρρώστια, μικρόβιο) to catch • (πάθος, όνομα, παρατσούκλι) to give • (σώμα, χείλη) to press • (προσθέτω) to add • (ενοχλώ) to bother ▶ *ρ αμ* (μπλοκάρω) to be stumped ή stuck • (πάτωμα, τραπέζι) to be sticky • (φαγητό, κατσαρόλα, τηγάνι) to stick • (ταξιδιώτες, ομάδα) to be stuck • (διαπραγματεύσεις) to be deadlocked • (φρένο) to jam • (παράθυρο, πόρτα) to be stuck • (υπολογιστής) to freeze • (μυαλό) to go blank • (για οχήματα) to bump into each other • (πουκάμισο, μαλλιά) to stick • **κόλλα το!** put it there! • **~ σε** κπν (σε παρέα) to hang around up • (σε βουλευτή) to press sb • (σε άνδρα, γυναίκα) to come on to sb • (ενοχλώ) to bother sb

κολοιός *ουσ αρσ* mackerel

κολοκύθα *ουσ θηλ* (μεγάλο κολοκύθι) pumpkin • (νεροκολοκύθα) gourd

κολοκυθάκι *ουσ ουδ* courgette (Βρετ.), zucchini (Αμερ.) • βλ. κ. **κολοκύθι**

κολοκύθι *ουσ ουδ* marrow (Βρετ.), squash (Αμερ.)

κολοκυθοκεφτές *ουσ αρσ* marrow (Βρετ.) ή squash (Αμερ.) patty

κολοκυθοκορφάδες *ουσ θηλ πληθ* pumpkin flowers and shoots

κολόνα *ουσ θηλ* (ναών, σπιτιού) column • (φωτισμού) pillar • (πάγου) tower

κολόνια *ουσ θηλ* cologne

κόλπο *ουσ ουδ* (τέχνασμα) trick • (κομπίνα) scheme • (απάτη) confidence trick

κόλπος¹ *ουσ αρσ* (Γεω) gulf • (Ανατ) vagina • **το ρεύμα του Κόλπου** the Gulf Stream

κόλπος² *ουσ αρσ* (αποπληξία) stroke • **μου 'ρχεται** (μτφ.) to have a fit

κολύμβηση *ουσ θηλ* swimming

κολυμβητήριο *ουσ ουδ* swimming pool

κολυμβητής *ουσ αρσ* swimmer • **χειμερινός ~** winter swimmer

κολυμβήτρια *ουσ θηλ* βλ. **κολυμβητής**

κολυμπώ *ουσ ουδ* swimming • **πηγαίνω για ~** to go for a swim

κολυμπώ *ρ αμ* to swim • **κολυμπάει στο λάδι** it's swimming in oil

κολώνα *ουσ θηλ* = **κολόνα**

κολώνια *ουσ θηλ* = **κολόνια**

κομβόι *ουσ ουδ άκλ.* = **κονβόι**

κόμβος *ουσ αρσ* (συγκοινωνίας) junction • (Ναυτ) knot • (εμπορίου, πολιτισμού) hub

κόμης *ουσ αρσ* count

κομήτης *ουσ αρσ* comet

κόμικς, κόμιξ *ουσ ουδ πληθ άκλ.* comics

κόμιστρο *ουσ ουδ* (ταξί) fare

κόμμα *ουσ ουδ* (Πολιτ) party • (Γλωσσ) comma • (Μαθ) point

κομμάτι *ουσ ουδ* (χρυσού, χαρτιού) piece • (τυριού, πίτας) piece • (ζωής, κοινωνίας) part • (θραύσμα) piece • (εμπόρευμα) item • (Μουσ) piece (of music) • (σε αντί) track • (στο σκάκι: αξιωματικός) bishop • (πύργος) castle • (ίππος) knight • **χίλια δολάρια το ~** ten euros each ή a piece

κομματιάζω *ρ μ* (κρέας) to cut up • (χαρτί) to tear up • (παράταξη) to break up • (μηρό) to shatter

κομμέν|ος, -η, -ο *επιθ* (σκοινί, καλώδιο, τυρί) cut • (ντομάτα, ψωμί, κρέας) sliced • (δεσμά) severed • (άρθρο εφημερίδας) cut out • (κεφάλι, μύτη, αφτιά) severed • (λουλούδια, μήλα) picked • (τολμηρές σκηνές, τμήμα βιβλίου) edited out • (δέντρα) felled • (ξύλα) chopped • (δάχτυλο, χέρι, πρόσωπο) cut • (μειωμένης διάρκειας: ταινία, ομιλία) cut short • (μαλλιά, γρασίδι) cut • (νύχια) clipped • (γένια, φαβορίτες) trimmed • (μουστάκι, μούσι) shaved off • (κυκλοφορία) at a standstill • (μαθητές, φοιτητές) failed • (ταχύτητα, επίδομα, δαπάνες) reduced • (για νερό, ρεύμα) cut off • (καφές, πιπέρι) ground • (κιμάς) minced (Βρετ.), ground (Αμερ.) • (σούπα, μαγιονέζα) spoiled • (γάλα) sour

κόμμωση *ουσ θηλ* hairstyle

κομμωτήριο *ουσ ουδ* hairdresser's

κομμωτής *ουσ αρσ* hairdresser

κομμώτρια *ουσ θηλ* βλ. **κομμωτής**

κομοδίνο *ουσ ουδ* bedside table

κομουνιστής *ουσ αρσ* communist

κομπίνα *ουσ θηλ* (απάτη) fiddle • (πονηριά) scheme

κομπινεζόν *ουσ ουδ άκλ.* slip

κομπιούτερ *ουσ ουδ άκλ.* computer

κομπιουτεράκι *ουσ ουδ άκλ.* calculator

κομπλέ *επιθ άκλ.* (πλήρης) full • (ολοκληρωμένος) finished

κόμπλεξ *ουσ ουδ άκλ.* complex

κομπλιμέντο *ουσ ουδ* compliment • **κάνω ~ σε** κπν to pay sb a compliment

κόμπος *ουσ αρσ* (σχοινιού, γραβάτας) knot • (χεριών) knuckle • (στον λαιμό) lump • **δένω/ λύνω έναν κόμπο** to tie/untie a knot

κομπόστα *ουσ θηλ* stewed fruit

κόμπρα *ουσ θηλ* cobra

κομπρέσα *ουσ θηλ* compress

κομφόρ *ουσ ουδ πληθ άκλ.* comforts

κομψά *επιρρ* (ντύνομαι) smartly • (εκφράζομαι, μιλώ) elegantly

κομψ|ός, -ή, -ό *επιθ* (για πρόσ.) smart • (ντύσιμο, ρούχο) stylish • (μοντέλο, εμφάνιση, τρόποι) elegant • (σώμα, κείρονομία) graceful • (βιβλίο, σπίτι) smart • (έκφραση) elegant

κονβόι *ουσ ουδ άκλ.* convoy

κονδύλι *ουσ ουδ* allocation

κονιάκ ουσ ουδ άκλ. brandy

κονσέρβα ουσ θηλ can, tin (Βρετ.) • **σε ~** canned, tinned (Βρετ.)

κονσερβοκούτι ουσ ουδ tin

κονσερβοποιημέν|ος, -η, -ο επιθ canned, tinned (Βρετ.)

κονσόλα ουσ θηλ (Τεχνολ) console • (έπιπλο) console table

κοντά επιρρ (σε μικρή απόσταση) near • (μαζί: +μου/σου/του/της/μας/σας/τους) with • (σχεδόν: για χρόνο) nearly • (για ποσότητα) about • **από ~** (γνωρίζω, βλέπω) close up • (εξετάζω) closely • (ζω) at first hand • (ακολουθώ) close behind • **εδώ ~** somewhere near here ή nearby • **κάθομαι ~ σε** κπν to sit next to sb • **κατοικώ ~ σε** κπν/κτ to live close to ή near sb/sth • **~ σε** (εκτός από) on top of

κοντάρι ουσ ουδ (γενικότ.) pole • (σημαίας) flagpole • (δόρυ) spear • (ακοντισμού) javelin • (επί κοντώ) pole

κοντέρ ουσ ουδ άκλ. mileometer

κοντεύω ρ αμ to draw near ▶ ρ μ to be getting on for • **~ τα τριάντα** to be getting on for thirty

κοντιν|ός, -ή, -ό επιθ (χωριό, ταβέρνα, περιοχή) neighbouring (Βρετ.), neighboring (Αμερ.) • (δρόμος, μονοπάτι) short • (μπαλιά, σουτ, πάσα) close • (μέλλον, στόχος) immediate • (συγγενής, φίλος, συνεργάτης) close • **κοντινό πλάνο** close-up

κοντομάνικ|ος, -η, -ο επιθ short-sleeved ■ **κοντομάνικο** ουσ ουδ (πουκάμισο) short-sleeved shirt • (μπλουζάκι) short-sleeved top

κοντός¹ (επίσ.) ουσ αρσ (γενικότ.) pole • (δόρατος) shaft (Αθλ) pole

κοντ|ός², -ή, -ό επιθ short • **μου έρχεται κοντό** it's too short for me

κοντοσούβλι ουσ ουδ (μικρή σούβλα) small skewer • (φαγητό) pork kebab

κοπάδι ουσ ουδ (προβάτων) flock • (βοδιών) herd • (ψαριών) shoal

Κοπεγχάγη ουσ θηλ Copenhagen

κοπέλα ουσ θηλ (νεαρή γυναίκα) girl • (ερωμένη) girlfriend

κοπελιά ουσ θηλ girl • **~!** miss!

κόπια ουσ θηλ copy • (φωτοτυπία) photocopy • (ταινίας, εκπομπής) recording

κοπιάζω ρ αμ (μοχθώ) to work hard • (επισκέπτομαι) to drop by

κοπιαστικ|ός, -ή, -ό επιθ (δουλειά, εργασία, ταξίδι) tiring • (μελέτη) painstaking • (πορεία) uphill • **με κόπο** with difficulty

κοπλιμέντο ουσ ουδ = **κομπλιμέντο**

κόπος ουσ αρσ (κούραση) effort • (μόχθος) hard work χωρίς πληθ. • (αμοιβή) wages πληθ. • **δε θα ήθελα να σας βάλω σε κόπο** I don't want to put you to any trouble • **για τον κόπο σου** for your pains • **με κόπο** ~ in vain • **χαμένος ή μάταιος ή άδικος** ~ in vain

κόπρανα ουσ ουδ πληθ faeces (Βρετ.), feces (Αμερ.)

κοπριά ουσ θηλ (κόπρος) manure • (λίπασμα) fertilizer

κόπωση ουσ θηλ tiredness

κόρακας ουσ αρσ crow

κοράκι ουσ ουδ (κόρακας) crow • (μειωτ.: νεκροθάφτης) grave-digger

κοράλλι ουσ ουδ coral

κορδέλα ουσ θηλ (για μαλλιά, περιτύλιξη) ribbon • (για μέτρηση) tape measure

κορδόνι ουσ ουδ (κουδουνιού, κουρτίνας) cord • (παπουτσιών) lace

κόρη ουσ θηλ (θυγατέρα) daughter • (κοπέλα) girl • (Ανατ) pupil • (Αρχαιολ) kore, ancient Greek statue of a young woman

κοριός ουσ αρσ (έντομο) (bed)bug • (συσκευή υποκλοπής) bug • **βγάζω τους κοριούς** (ανεπ.: για συσκευές υποκλοπής) debug • (Πληροφ: για συσκευή, δίκτυο) debug

κοριτσάκι ουσ ουδ (μικρό κορίτσι) little girl • (μωρό) baby girl

κορίτσι ουσ ουδ (κοπέλα) girl • (κόρη) daughter • (φιλενάδα) girlfriend

κορμί ουσ ουδ body

κορμός ουσ αρσ (δέντρου) trunk • (ανθρώπου) torso • (γλυκό) chocolate crunch

κόρνα ουσ ουδ horn

κορνάρω ρ αμ to hoot

κορνίζα ουσ θηλ frame

κορνιζάρω ρ μ to frame

Κορνουάλη ουσ θηλ Cornwall

κορν-φλέικς ουσ ουδ πληθ άκλ. cornflakes

κοροϊδευτικ|ός, -ή, -ό επιθ mocking

κοροϊδεύω ρ μ (εμπαίζω) to laugh at • (κάνω γκριμάτσες) to take off • (γελώ) to cheat

κοροϊδία ουσ θηλ (εμπαιγμός) mockery χωρίς πληθ. • (εξαπάτηση) con (ανεπ.)

κορόιδο (μειωτ.) ουσ ουδ (περίγελος) laughing stock • (αφελής) dupe

κορόνα ουσ θηλ = **κορώνα**

κορυφαί|ος, -α, -ο επιθ (παίκτης, αρχιτέκτονας, επιχειρηματίας, εταιρεία) leading • (έργο) outstanding • (διοργάνωση, αγώνας) top-level • (εκδήλωση) perfect • (στιγμές) crowning

κορυφή ουσ θηλ (επίσης: κορφή) summit • (επίσης: κορφή) crown • (δέντρου, σκάλας, ναού) top • (κύματος) crest • (Γεωμ: πυραμίδας, κώνου, γωνίας) vertex • (βαθμολογίας) top • (επιτυχίας, σταδιοδρομίας) peak

κορφή ουσ θηλ • βλ. κ. **κορυφή**

κορώνα ουσ θηλ crown • (νόμισμα: Δανίας) krone • (: Σουηδίας) krona

κος (επίσ.) συντομ Mr

κόσκινο ουσ ουδ sieve

κόσμημα ουσ ουδ jewel

κοσμηματοπωλείο ουσ ουδ jeweller's (shop) (Βρετ.), jeweler's (Αμερ.)

κοσμηματοπώλης ουσ αρσ jeweller (Βρετ.), jeweler (Αμερ.)

κοσμηματοπώλισσα ουσ θηλ βλ. **κοσμηματοπώλης**

κοσμικ|ός, -ή, -ό επιθ (εξουσία, τέχνη, βίος) secular • (γάμος, συγκέντρωση, στήλες εφημερίδων, ζωή) society • (κέντρο, ταβέρνα) fashionable • (κυρία, κύκλος) sociable • **κοσμική κίνηση** social life • **~ κύκλος** social circle • **~ τύπος** socialite

κόσμι|ος, -α ή -ία, -ο επιθ decent

κοσμοπολίτικ|ος, -η, -ο επιθ cosmopolitan
κόσμος ουσ αρσ (υφήλιος) world • (σύμπαν) cosmos • (ανθρωπότητα) world • (κοινωνικός περίγυρος) people πληθ. • (εγκόσμια) world • (παιδιού, ιδεών) world • (πολιτικής, τηλεόρασης, τέχνης) world • (πλήθος) people πληθ. • (επισκέπτες) guests πληθ. • (πελάτες) customers πληθ. • **έχει κόσμο** it's busy • **όλος ο ~** everybody • **ταξιδεύω σ' όλο τον κόσμο** to travel (all over) the world
κοστίζω ρ μ το cost ▶ ρ αμ (μεγάλη ζωή, ελευθερία, δημοκρατία) to come at a price • (ταξίδια): to be expensive • **ακριβά** to cost a lot • **~ φθηνά** not to cost much
κόστος ουσ αρσ (αξία) cost • (κατασκευής, μεταφοράς) costs πληθ. • (επιλογών) consequences πληθ. • **σε τιμή κόστους** at cost price • **~ συντήρησης** running costs πληθ.
κοστούμι ουσ ουδ suit • **κοστούμια** πληθ costumes
κότα ουσ θηλ (πτηνό) hen • (μειωτ.: φοβητσιάρης) chicken (ανεπ.) • (υβρ.: για γυναίκα) featherbrain (ανεπ.)
κότερο ουσ ουδ yacht
κοτέτσι ουσ ουδ coop
κοτολέτα ουσ θηλ cutlet
κοτόπουλο ουσ ουδ chicken • **~ ψητό** roast chicken
κοτσάνι ουσ ουδ stem
κοτσίδα ουσ θηλ plait
κότσυφας ουσ αρσ blackbird
κουβαλώ ρ μ (ψώνια, ρούχα) to carry • (για ποτάμι: κλαδιά, λάσπη) to carry along • (παρέα, φίλους, γνωστούς) to bring • **κουβαλιέμαι** μεσοπαθ to turn up uninvited
κουβάρι ουσ ουδ (για πλέξιμο) ball of wool • (για σκέψεις) confusion • (για ρούχα) heap
κουβαρίστρα ουσ θηλ bobbin
κουβάς ουσ αρσ bucket
κουβέντα (ανεπ.) ουσ θηλ (συζήτηση) conversation • (λόγος) word • (Πληροφ) chat • **αλλάζω ~** to change the subject • **ανοίγω ή πιάνω (την) ~ (με κπν για κτ)** to start talking (to sb about sth)
κουβεντιάζω (ανεπ.) ρ αμ το talk ▶ ρ μ (διαπραγματεύομαι) to discuss • (κουτσομπολεύω) to talk about • **~ με κπν** to talk to sb
κουβέρ ουσ ουδ άκλ. (ό,τι σερβίρεται επιπλέον) cover • (χρέωση εξυπηρέτησης) cover charge
κουβέρτα ουσ θηλ blanket
κουδούνι ουσ ουδ bell
κουζίνα ουσ θηλ (σπιτιού, καταστήματος) kitchen • (ηλεκτρική συσκευή) cooker • (τρόπος μαγειρέματος) cooking
κουκέτα ουσ θηλ (πλοίου) berth • (τρένου) bunk
κούκλα ουσ θηλ (παιδιού) doll • (καλλονή) beauty • (μοδίστρας, βιτρίνας) dummy
κουκλοθέατρο ουσ ουδ (θέατρο με μαριονέτες) puppet theatre (Βρετ.) ή theater (Αμερ.) • (παράσταση) puppet show
κουκουβάγια ουσ θηλ owl
κουκούλα ουσ θηλ (παλτού, μπουφάν) hood • (αυτοκινήτου) cover

κουκουνάρι ουσ ουδ (πεύκου, ελάτου) cone • (για γέμιση) pine nut ή kernel
κουκούτσι ουσ ουδ (κερασιού) stone • (σταφυλιού) pip
κουλούρι ουσ ουδ (αρτοσκεύασμα) bread roll with sesame seeds, ≈ pretzel • (βούτημα) biscuit (Βρετ.), cookie (Αμερ.)
κουλτούρα ουσ θηλ culture
κουμπάρα ουσ θηλ (σε γάμο) chief bridesmaid (Βρετ.), maid of honour (Αμερ.) • (σε βαφτίσια) godmother
κουμπαράς ουσ αρσ piggy bank
κουμπάρος ουσ αρσ (σε γάμο) best man • (σε βάφτιση) godfather
κουμπί ουσ ουδ button • (στέρεο) control
κουμπότρυπα ουσ θηλ buttonhole
κουμπώνω ρ μ το do up • **κουμπώνομαι** μεσοπαθ (κλείνω τα ρούχα μου με κουμπιά) to button up • (είμαι δύσκολος) to be stand-offish
κουνέλι ουσ ουδ rabbit
κούνελος ουσ αρσ buck (rabbit)
κούνια ουσ θηλ (πλοίου, βάρκας) rocking χωρίς πληθ. • (κεφαλιού) nod • (μαντηλιού) wave • (γυναίκας, άνδρα) wiggle (of the hips)
κουνία ουσ θηλ (λίκνο) cradle, cot (Βρετ.), crib (Αμερ.) • (αιώρα) swing • **κάνω ~** to swing to and fro • **κούνιες** πληθ swings
κουνιάδος ουσ αρσ brother-in-law
κουνούπι ουσ ουδ mosquito • **με τρώνε τα κουνούπια** to be bitten by mosquitoes
κουνουπίδι ουσ ουδ cauliflower
κουνουπιέρα ουσ θηλ mosquito net
κουνώ ρ μ (δάχτυλο) to move • (απειλητικά) to shake • (κεφάλι) to shake • (καταφατικά) to nod • (χέρια) to wave • (ώμους) to shrug • (σώμα) to sway • (ουρά) to wag • (μωρό) to rock • (για σεισμό) to shake • (τραπέζι, γραφείο, δέντρο) to move • (για στέλεχος, υπάλληλο) to move ▶ ρ αμ to roll • **κουνιέμαι** μεσοπαθ (μετακινούμαι) to move • (κάνω γρήγορα) to hurry up • (δραστηριοποιούμαι) to stir oneself
κούπα ουσ θηλ (μεγάλο φλιτζάνι) mug • (στην τράπουλα) heart • **ντάμα/δύο ~** the queen/two of hearts
κουπαστή ουσ θηλ (πλοίου) rail • (σκάλας, μπαλκονιού) handrail
κουπέ ουσ ουδ άκλ. coupé
κουπί ουσ ουδ oar
κουπόνι ουσ ουδ (εφημερίδας, περιοδικού) coupon • (έκπτωσης) voucher • (δωρεάν παροχής) token • (εράνου) receipt (for a donation)
κουράγιο ουσ ουδ courage • **~!** chin up!
κουράζω ρ μ (καταπονώ) to tire out • (ενοχλώ) to annoy • **κουράζομαι** μεσοπαθ το tire ή wear oneself out • (είμαι κουρασμένος): to be tired • (μάτια): to be tired
κουραμπιές ουσ αρσ (γλύκισμα) sugar-coated almond butter biscuits, traditionally eaten at Christmas • (μειωτ.) wimp (ανεπ.)
κούραση ουσ θηλ tiredness • **είμαι πτώμα απ' την ~** to be dead tired
κουρασμέν|ος, -η, -ο επιθ (καταπονημένος) tired • (ενοχλημένος) weary

κουραστικ|ός, -ή, -ό επιθ (δουλειά, ημέρα, ανηφόρα) tiring • (έργο) heavy-going • (μονόλογος) tiresome • (για πρόσ.) tiresome

κουρδίζω ρ μ (ρολόι, παιχνίδι) to wind up • (κιθάρα, πιάνο, βιολί) to tune • (φίλο, γνωστό) to irritate

κουρέας ουσ αρσ barber

κουρείο ουσ ουδ barber shop

κουρέλι ουσ ουδ (ράκος) rag • (μειωτ.: παλιόρουχο) old rag

κούρεμα ουσ ουδ (μαλλιών) haircut • (τριχώματος) shearing • (γκαζόν) mowing • (γρασιδιού) cutting • (στυλ) haircut

κουρεύω ρ μ (για ζώα) to shear • (για γρασίδι) to cut • (για φυτά) to cut back • **~ κπν** to cut sb's hair

κούρσα ουσ θηλ race • (για ταξί) fare • **άλογο κούρσας** racehorse

κουρτίνα ουσ θηλ curtain

κουστούμι ουσ ουδ = **κοστούμι**

κούτα ουσ θηλ (μεγάλο κουτί) box • (τσιγάρων) carton

κουτάβι ουσ ουδ (σκύλου) pup • (λύκου, αλεπούς) cub

κουτάλα ουσ θηλ ladle

κουταλάκι ουσ ουδ teaspoon

κουτάλι ουσ ουδ spoon

κουταλιά ουσ θηλ spoonful

κουταμάρα ουσ θηλ (βλακεία) stupidity • (ανόητη κουβέντα) stupid remark • (ανόητη πράξη) stupid thing to do • **κουταμάρες!** nonsense! • **λέω κουταμάρες** to say stupid things

κούτελο (ανεπ.) ουσ ουδ forehead

κουτί ουσ ουδ (γενικότ.) box • (τσιγάρων, ρυζιού) packet • (γάλακτος) carton • (μπίρας, κόκα-κόλας) can • **μου έρχεται ή πέφτει ~** (οικ.: για ρούχα) it fits me like a glove • (για κατάσταση) it suits me down to the ground • **του κουτιού** (αυτοκίνητο, κοστούμι, ρολόι) brand new

κουτ|ός, -ή, -ό επιθ (βλάκας) stupid • (αφελής) foolish • (ερώτηση, άποψη, λάθος) silly

κουτσαίνω ρ μ ~ κπν (αφήνω κουτσό) to leave sb crippled • (τραυματίζω) to make sb limp ▶ ρ αμ to limp

κουτσομπόλα ουσ θηλ βλ. **κουτσομπόλης**

κουτσομπολεύω ρ μ to gossip about

κουτσομπολιό ουσ αρσ gossip

κουτσομπολιό ουσ ουδ gossip χωρίς πληθ.

κουτσ|ός, -ή, -ό επιθ (χωλός) lame • (καρέκλα, τραπέζι) rickety ▪ **κουτσό** ουσ ουδ hopscotch ▪ **κουτσός** ουσ αρσ, **κουτσή** ουσ θηλ person with a limp

κούτσουρο ουσ ουδ (κορμός) (tree) stump • (καυσόξυλο) log • (αμόρφωτος) dunce

κουφαίνω ρ μ (κυριολ.) to make deaf • (γειτονιά, κατοίκους) to deafen • (αργκ.: καταπλήσσω) to stun ▪ **κουφαίνομαι** μεσοπαθ to go deaf

κουφέτο ουσ ουδ sugared almond

κούφιος, -ια, -ιο επιθ (τοίχος, κολοκύθες) hollow • (καρύδια, κάστανα) rotten • (δόντι) decayed • (για πρόσ.) shallow ▪ **κούφια** ουσ θηλ (χυδ.) smelly fart (χυδ.)

κουφ|ός, -ή, -ό επιθ deaf ▪ **κουφό** ουσ ουδ (αργκ.) crazy talk χωρίς πληθ. (ανεπ.)

κούφωμα ουσ ουδ frame

κοφίνι ουσ ουδ wicker basket

κοφτερ|ός, -ή, -ό επιθ sharp

κοφτ|ός, -ή, -ό επιθ (μακαρονάκι) cut up • (βράχος) abrupt • (κουταλιά) level • (κίνηση) abrupt • (ματιά) swift • (απάντηση, κουβέντες) abrupt

κοχλάζω ρ αμ (νερό) to boil • (από θυμό) to fume • (αίμα) to boil

κοχλαστ|ός, -ή, -ό επιθ boiling

κοχύλι ουσ ουδ (θαλάσσιο μαλάκιο) conch • (κέλυφος) seashell

κόψη ουσ θηλ (cutting) edge

κόψιμο ουσ ουδ (τυριού) cutting • (κρέατος) carving • (τούρτας, ψωμιού) cutting • (υφάσματος, χαρτιού) cutting • (μαλλιών) cutting • (νυχιών) cutting • (κλαδιού δέντρου) cutting off • (λουλουδιών, αχλαδιών) picking • (μισθών, αμοιβών, εξόδων) cut • (για μπλούζα) cut • (για αυτοκίνητο) design • (τραύμα) cut • (τσιγάρου, ποτού) giving up • (στα χαρτιά) cut • (σε εξετάσεις, διαγωνισμό) failing • (γάλακτος, μαγιονέζας) going off • **με πιάνει ~** (οικ.) to get the runs (ανεπ.)

κραγιόν ουσ ουδ άκλ. (καλλυντικό) lipstick • (κηρομπογιά: επίσης: **κραγιόνι**) crayon

κραδασμός ουσ αρσ (γης) tremor • (αυτοκινήτου) jolt

κράκερ ουσ ουδ άκλ. cracker

κράμα ουσ ουδ (μείγμα) mixture • (Χημ) alloy

κράμπα ουσ θηλ cramp • **παθαίνω ή με πιάνει ~** to get cramp

κρανίο ουσ ουδ (Ανατ) cranium • (κεφάλι) head • (νεκροκεφαλή) skull

κράνος ουσ ουδ helmet

κρασάρω ρ αμ to crash

κράση ουσ θηλ constitution

κρασί ουσ ουδ wine

κράσπεδο ουσ ουδ (πεζοδρομίου) kerb (Βρετ.), curb (Αμερ.) • (υφάσματος, ρούχου) hem

κράτηση ουσ θηλ (δωματίου, θέσεων, τραπεζιού) reservation • (Νομ) custody • **κάνω ~** to make a reservation

κρατητήριο ουσ ουδ jail • (σε στρατόπεδο) detention cell • (σε στρατιωτικό νοσοκομείο) detention ward

κρατικ|ός, -ή, -ό επιθ state • (τηλεόραση, τράπεζα, θέατρο) state-owned • (δάνειο) government • (διαγωνισμός, προϋπολογισμός, ασφάλεια) national • (έργα) public

κράτος ουσ ουδ state • **κράτος-μέλος της Ε.Ε** EU member state

κρατώ ρ μ (μπαστούνι, λουλούδι, τιμόνι; χέρι) to hold • (στηρίζω: βάρος) to hold • (έχω αγκαλιά: παιδί, φιλενάδα) to hold • (συγκρατώ) to hold back • (για ανάμνηση: νερό) to retain • (έχω μαζί μου: χρήματα, αναπτήρα) to have (on one) • (θέτω υπό κράτηση: υπόπτους) to hold • (φυλάω: λεφτά, κρασί, φαγητό) to save • (διατηρώ σε κατάσταση) to keep • (αξιοπρέπεια, ποσοστά) to keep • (προσχήματα) to keep up • (επιφυλάξεις) to have • (διατηρώ στη μνήμη)

to remember • (θέση, κάθισμα) to save
• (στρατιωτικές θέσεις) to hold • (μυστικό,
υπόσχεση, όρκο) to keep • (παραδόσεις, ήθη και
έθιμα) to keep up • (πατρώνυμα) to take
• (οικογένεια, ομάδα) to hold together • (γέλια)
to suppress • (θυμό, οργή, αγανάκτηση) to
control • (σημειώνω: τηλέφωνο, στοιχεία) to
write down • (ημερολόγιο, πρακτικά) to keep
• (απουσίες) to mark down • (μαγαζί,
νοικοκυριό) to run • (ταμείο) to manage
• (φροντίζω: παιδιά, μωρό) to look after
• (δωμάτιο, τραπέζι, θέση) to book • (αφαιρώ ή
κρύβω: αλληλογραφία) to keep hold of
• (: στοιχεία, πληροφορίες) to keep back
• (κατέχω: πόλη, περιοχή) to hold ▶ ρ αμ (ρούχα,
γάλα, μηχανή) to last • (αντέχω: μάνα, πατέρας)
to keep going • (συζήτηση, ταινία, κρίση) to last
• (καιρός) to hold • (αντιστέκομαι: εχθρός, οχυρό,
πόλη) to hold out • **κράτα/κρατείστε τα ρέστα!**
keep the change! ▪ **κρατιέμαι** μεσοπαθ
(στηρίζομαι) to hold on (από το) • (συγκρατούμαι)
to contain oneself
κραυγή ουσ θηλ (γενικότ.) cry • (βοήθειας) call
• (αγωνίας) scream • (αποδοκιμασίας) shout
κρέας ουσ ουδ (σάρκα) flesh • (για βρώση) meat
κρεατόσουπα ουσ θηλ broth
κρεβάτι ουσ ουδ bed • **(είμαι/μένω) στο ~** (to
be/stay) in bed
κρεβατοκάμαρα ουσ θηλ bedroom
κρέμα ουσ θηλ cream • **αντηλιακή ~** sun cream
• **~ βανίλιας** vanilla cream • **~ γάλακτος** cream
• **~ ενυδατική** moisturizing cream • **~ μους**
mousse • **~ προσώπου** face cream
• **~ ξυρίσματος** shaving cream
κρεμάλα ουσ θηλ (αγχόνη) gallows • (κρέμασμα)
hanging • (παιχνίδι) hangman
κρέμασμα ουσ ουδ (φώτων, φαναριών) hanging
• (σκουλαρικιού) putting on • (απαγχονισμός)
hanging
κρεμασμέν|ος, -η, -ο επιθ (πανό, ετικέτες)
suspended • (για πρόσ.) hanged
κρεμαστ|ός, -ή, -ό επιθ (σκουλαρίκια) dangling
• (ράφια) suspended • (καθρέφτης) hanging
• (λάμπα, φως) overhead • **κρεμαστή γέφυρα**
suspension bridge • **κρεμαστοί κήποι** hanging
gardens • **κρεμαστή τσάντα** shoulder bag
κρεμάστρα ουσ θηλ (κρεμαστάρι) (coat) hanger
• (καλόγερος) stand • (τοίχου) pegs πληθ.
κρεμμύδι ουσ ουδ onion
κρεμμυδόσουπα ουσ θηλ onion soup
κρέμομαι ρ αμ to hang
κρεμώ ρ μ (ρούχα) to hang (up) • (για στέγνωμα)
to hang out • (παλτό, πίνακα, φωτιστικό,
στολίδια) to hang • (σκουλαρίκια, κοσμήματα) to
put on • (χέρια, πόδια, κεφάλι) to hang
• (γλώσσα) to loll • (κατάδικο) to hang ▶ ρ αμ
(ανεπ.: στήθος, λαιμός, μπράτσο) to sag • (ανεπ.:
σακάκι, τραπεζομάντηλο) to hang down
▪ **κρεμιέμαι** μεσοπαθ (πιάνομαι) to hang on (από
το) • (πολυέλαιος, φωτιστικό) to hang (από from)
• (απαγχονίζομαι) to hang oneself
κρεοπωλείο ουσ ουδ butcher's
κρεοπώλης ουσ αρσ butcher
κρεοπώλισσα ουσ θηλ βλ. **κρεοπώλης**

κρέπα ουσ θηλ pancake
Κρήτη ουσ θηλ Crete
κριάρι ουσ ουδ (κριός) ram • (προφορ.: Αστρ)
Aries
κριθάρι ουσ ουδ barley
κρίκος ουσ αρσ (αλυσίδας, κλειδιών) ring
• (σκουλαρίκι) earring • **συνδετικός ~**
connecting link ▪ **κρίκοι** πληθ (Αθλ) rings
κρίμα ουσ ουδ sin • **είναι ~ (να κάνω κτ)** it's a
shame ή pity (to do sth) • **(τι) ~!** what a shame!
κρίνο ουσ ουδ = **κρίνος**
κρίνος ουσ αρσ lily
κρίνω ρ μ to judge • (καθορίζω) to decide ▶ ρ αμ
to pass judgment
κριός (επίθ.) ουσ αρσ (κριάρι) ram • (Αστρ) Aries
κρίση ουσ θηλ (κριτική ικανότητα) judgment
• (άποψη) opinion • (αξιολόγηση) assessment
• (για δικαστήριο: απόφαση) verdict • (δοκιμασία)
crisis • (Ιατρ) attack • **επιληπτική ~** epileptic
seizure • **~ ταυτότητας** identity crisis • **νευρική**
~ fit of hysterics • (μτφ.) angry outburst
• **υστερική ~ fit** of hysterics • **ψυχολογική ~**
nervous breakdown
κρίσιμ|ος, -η, -ο επιθ critical • (απαντήσεις,
συνάντηση, έγγραφα) crucial
κρισιμότητα ουσ θηλ (κατάστασης,
προβλήματος, περιστάσεων) seriousness
• (διάσκεψης) significance
κρις-κραφτ ουσ ουδ άκλ. speedboat
κριτήριο ουσ ουδ criterion
κριτής ουσ αρσ judge
κριτική ουσ θηλ (σχολιασμός) judgment
• (αξιολόγηση) criticism • (σε εφημερίδα) review
• (αρνητ.) criticism
κριτικ|ός, -ή, -ό επιθ critical ▪ **κριτικός** ουσ αρσ,
ουσ θηλ critic • **~ θεάτρου/κινηματογράφου/**
λογοτεχνίας drama/film/literary critic
Κροάτης ουσ αρσ Croatian
Κροατία ουσ θηλ Croatia
κροατικ|ός, -ή, -ό επιθ Croatian ▪ **Κροατικά,**
Κροάτικα ουσ ουδ πληθ Croatian εν.
κροκόδειλος ουσ αρσ = **κροκόδιλος**
κροκόδιλος ουσ αρσ crocodile
κρόκος ουσ αρσ βλ. **κρόκος**
κρόκος ουσ αρσ yolk
κρούλα ουσ ουδ άκλ. crawl
κρόταφος ουσ αρσ temple
κρότος ουσ αρσ (πυροτεχνήματος, πιστολιού,
εξάρμισης) bang • (κανονιού) boom • (βροντής)
crash • (καταχρ.: σύντομου δυνατού ήχου) bang
• (μεταλλικός) clang • (ξύλων που καίγονταν)
crackle
κρουαζιέρα ουσ θηλ cruise
κρουασάν ουσ ουδ άκλ. croissant
κρούσμα ουσ ουδ case
κρούστα ουσ θηλ (γάλατος, κρέμας) skin
• (πάγου, τυριού) crust • (πληγής) scab
κρύβω ρ μ (χρήματα, δραπέτη, φακέλους,
πρόσωπο) to hide • (μάτια) to cover • (ήλιο) to
blot out • (θέα) to block • (συναίσθημα,
επιθυμία, αλήθεια) to hide • (κίνδυνο, έκπληξη,
μυστικό) to hold • (δύναμη, θάρρος) to have
▪ **κρύβομαι** μεσοπαθ (δραπέτες, παιδιά) to hide
• (δεν εκδηλώνομαι) to hide things

κρύο ουσ ουδ cold • **έχει ή κάνει ~** it's cold
κρυολόγημα ουσ ουδ cold
κρύος, -α, -ο επιθ cold • (κρασί) chilled • (αστείο, ανέκδοτα) bad • **κρύο πιάτο** cold dishes πληθ.
κρυστάλλινͺͺος, -η, -ο επιθ crystal
κρύσταλλο ουσ ουδ crystal χωρίς πληθ.
κρυφά επιρρ secretly • (καπνίζω) on the sly • (κινούμαι) stealthily
κρυφͺός, -ή, -ό επιθ (συνάντηση, πόρτα, έρωτας, πόθος) secret • (ματιά) surreptitious
κρυψώνα ουσ θηλ = **κρυψώνας**
κρυψώνας ουσ αρσ hiding place
κρύωμα ουσ ουδ cold
κρυώνω ρ αμ (άνθρωπος, χέρια, πόδια) to be cold • (σούπα, καφές) to go cold • (όταν είναι πια ζεστό) to cool down • (όταν είναι πολύ ζεστό) to turn cold • (κρυολογώ) to catch a cold • (δεσμός, φιλία) to cool ▶ ρ μ to chill
κτήμα ουσ ουδ (ιδιόκτητο αγρόκτημα) land χωρίς πληθ. • (ιδιοκτησία) property ■ **κτήματα** πληθ (farm) land εν.
κτηνιατρείο ουσ ουδ veterinary clinic
κτηνίατρος ουσ αρσ, ουσ θηλ vet (ΒΡΕΤ.), veterinarian (ΑΜΕΡ.)
κτήνος ουσ αρσ animal
κτηνοτροφία ουσ θηλ stock farming
κτηνοτρόφος ουσ αρσ, ουσ θηλ stock farmer
κτήριο ουσ ουδ building
κτίζω ρ μ = **χτίζω**
κτίριο ουσ ουδ = **κτήριο**
κτίσιμο ουσ ουδ = **χτίσιμο**
κτίσμα ουσ ουδ (οικοδόμημα) building • (δημιούργημα) creation
κτίστης ουσ αρσ = **χτίστης**
κ.τ.λ. συντομ etc.
κυβέρνηση ουσ θηλ government
κυβερνήτης ουσ αρσ, ουσ θηλ (χώρας) leader • (πλοίου, αεροσκάφους) captain
κυβερνώ ρ μ (χώρα, κράτος) to rule • (πλοίο, αεροσκάφος) to captain
κύβος ουσ αρσ (Γεωμ) cube • **~ ζάχαρης** sugar lump
κυδώνι ουσ ουδ quince • **γλυκό ~** quince jelly
κύηση ουσ θηλ gestation
Κυκλάδες ουσ θηλ πληθ Cyclades
κυκλάμινο ουσ ουδ cyclamen
κυκλικͺός, -ή, -ό επιθ circular
κύκλος ουσ αρσ (Γεωμ) circle • (σπουδών) course • (ζωής, εποχών) cycle • (γυναίκας) period
κυκλοφορία ουσ θηλ (αυτοκινήτων, αεροπλάνων, πλοίων, πεζών) traffic • (διάδοση: δίσκου) release • (: πώληση) sales πληθ. • (: λαθραίων τσιγάρων) traffic • (: περιοδικού, εφημερίδας) circulation • (αίματος) circulation • (εμπορευμάτων) trade • (φήμης, μυστικού, προπαγάνδας, ψευδών ειδήσεων) spreading • (κεφαλαίων, χρήματος) circulation
κυκλοφοριακͺός, -ή, -ό επιθ (πρόβλημα, συμφόρηση) traffic • (κόμβος) road
κυκλοφορικͺός, -ή, -ό επιθ (προβλήματα, διαταραχές) circulatory • **κυκλοφορικό σύστημα** (Ανατ) circulatory system

κυκλοφορώ ρ μ (χαρτονόμισμα, ομόλογα) to put into circulation • (δίσκο) to release • (λαθραία τσιγάρα) to traffic in • (βιβλίο, μεταφράσεις) to publish • (οικ.: φίλο, φιλοξενούμενους) to take • (οικ.: αυτοκίνητο) to drive around in ▶ ρ αμ (αυτοκίνητα, πεζοί, λεωφορεία) to move • (γυρίζω) to go around • (φήμες) to go around • (ανέκδοτο) to go around • (είδηση, νέα, πληροφορίες) to go ή get around • (χαρτονόμισμα, γραμματόσημο) to be in circulation • (φάρμακο) to be available on the market • (εφημερίδες) to be on sale • (μελέτη) to be published • (ίωση) to go around
κύκλωμα ουσ ουδ (Φυσ) circuit • (αργητ.: για επαγγελματικό χώρο) circle • (διακίνησης ναρκωτικών) ring
κυκλώνας ουσ αρσ cyclone
κυκλώνω ρ μ (περιοχή, εχθρικές δυνάμεις) to surround • (σωστή απάντηση) to circle
κύκνος ουσ αρσ swan
κυλικείο ουσ ουδ (εταιρείας) canteen • (σταθμού, πλοίου, τρένου) buffet bar
κύλινδρος ουσ αρσ (Γεωμ) cylinder • (Μηχαν) cylinder • (χαρτιού, χαλιού) roll
κυλώ ρ μ to roll ▶ ρ αμ (νόμισμα, ρόδα, μπάλα) to roll along • (νερά, ποτάμι, αίμα) to flow • (ιδρώτας, δάκρυ) to run • (ζωή, χρόνια, ώρες) to go by • (συζήτηση) to go on ■ **κυλιέμαι** μεσοπαθ (περιστρέφω το σώμα μου) to roll • (από πόνο) to writhe • (σέρνομαι: κουρτίνες, παλτό) to drag on the ground
κύμα ουσ ουδ (θάλασσας, λίμνης, ποταμού) wave • (λαού, προσφύγων, αεροπλάνων) wave • (λάβας) stream • (κακοκαιρίας, απεργιών, διαμαρτυριών) spate • (ενθουσιασμού, πανικού) wave • (οργής) surge • (μεταναστών, μετανάστευσης) influx • **μήκος κύματος** (Φυσ) wavelength • (συχνότητας) frequency • **~ καύσωνα** ή **ζέστης** heat wave
κυμαίνομαι ρ αμ αποθ. (θερμοκρασία, τιμές, ρύπανση) to fluctuate • (απόψεις) to vary
κυματίζω ρ μ (μαντήλι) to wave • (φούστα) to flap ▶ ρ αμ (σημαία) to fly • (μαλλιά) to wave
κυματιστͺός, -ή, -ό επιθ (γραμμή, μαλλιά) wavy • (γενειάδα) curly • (επιφάνεια) undulating • (φωνή) singsong • (περπατησιά) rolling
κυματοθραύστης ουσ αρσ breakwater
κύμινο ουσ ουδ cumin
κυνηγητό ουσ ουδ (δράστη) (man)hunt • (ελαφιού, λαγού) chase • (αναζήτηση) searching • (παιδικό παιχνίδι) tag
κυνήγι ουσ ουδ (ζώων) hunting • (πουλιών) shooting • (θήραμα) game • (συμμορίας, δράστη) chase • (δόξας, επιτυχίας, πλούτου) pursuit
κυνηγός ουσ αρσ, ουσ θηλ (ζώων, πουλιών) hunter • (για σκύλο) hunting dog • (πλούτου, τύχης) hunter • (ευτυχίας) seeker • (στο ποδόσφαιρο) striker • **~ ταλέντων** talent scout
κυνηγώ ρ αμ to go hunting ▶ ρ μ (λαγούς) to hunt • (πέρδικες) to shoot • (καταδιώκω: θήραμα) to hunt down • (δραπέτη) to chase • (φονιά, κακοποιό) to hunt down • (διώχνω βίαια) to chase away • (κατατρέχω: τύψεις)

to haunt • (νοιάζομαι: δουλειά) to be interested in • (πλούτο, δόξα, ευτυχία, όνειρο) to pursue • (υποψήφιο σύζυγο) to look for • (γυναίκες, άνδρες) to chase after
κυπαρίσσι ουσ ουδ (Βοτ) cypress • (κυπαρισσόξυλο) cypress (wood)
κύπελλο ουσ ουδ (κούπα) cup • (από μέταλλο) goblet • (βραβείο) cup
κυπριακ|ός, -ή, -ό επιθ Cypriot ■ **Κυπριακά** ουσ ουδ πληθ Cypriot εν.
Κύπριος ουσ αρσ Cypriot
Κύπρος ουσ θηλ Cyprus
κυρία ουσ θηλ (γυναίκα) lady • (προσφώνηση και ιδιότητα) madam • (πριν από όνομα) Mrs • (αξιοπρεπής γυναίκα) lady • (σύζυγος) wife • (προσφώνηση από μαθητές) Miss • **~ μου!** madam!
Κυριακή ουσ θηλ Sunday
κυριαρχία ουσ θηλ (εξουσία) rule • (απόλυτη επιβολή) domination • (Νομ: κράτους) sovereignty
κυριεύω ρ μ (κράτος) to conquer • (πόλη, φρούριο) to take
κύρι|ος¹, -α ή -ία, -ο επιθ main • (ύποπτος) prime • **κατά κύριο λόγο** primarily • **πρώτον και κύριον** first and foremost • **κύριο άρθρο** (σε εφημερίδα) lead story • (σε περιοδικό) main feature • **κυρία είσοδος** main entrance • **κύριο όνομα** proper noun • **κύριο πιάτο** main course
κύριος² ουσ αρσ (άντρας) gentleman • (προσφώνηση) sir • (πριν από όνομα) Mr • (προσφώνηση από μαθητές) Sir • (αξιοπρεπής άνθρωπος) gentleman ■ **Κύριος** ουσ αρσ Lord
κυρίως επιρρ (κατεξοχήν) mainly • (ιδίως) especially
κύρος ουσ αρσ (εταιρείας, πανεπιστημίων, θεσμού) prestige • (προέδρου) weight • (συμβολαίου, εγγράφου) validity
κυρτ|ός, -ή, -ό επιθ (τοίχος, γραμμή, επιφάνεια) curved • (μύτη) hooked • (φακός, κάτοπτρο) convex • (γέροντας, μεσήλικας) stooped • (ώμοι) bowed • **κυρτά γράμματα** italics
κύρωση ουσ θηλ (εγγράφου) authentication • (συμβάσεως) ratification ■ **κυρώσεις** πληθ (ποινή) penalties • (εναντίον χώρας) sanctions
κύστη ουσ θηλ (Ανατ) sac • (ουροδόχος) bladder • (Ιατρ) cyst
κυτταρίτιδα ουσ θηλ cellulite
κύτταρο ουσ ουδ (Βιολ) cell • (φωτοκύτταρο) photoelectric cell • (μτφ.) unit
κυψέλη ουσ θηλ (bee)hive
κωβιός ουσ αρσ gudgeon
κώδικας ουσ αρσ code • **~ ΆΣΚΙ** ASCII Code • **Κώδικας Οδικής Κυκλοφορίας** Highway Code (Βρετ.)
κωδικ|ός, -ή, -ό επιθ (γράμμα) encoded • (όνομα, αριθμός) code ■ **κωδικός** ουσ αρσ (επίσης: ~ αριθμός) code
κωδωνοστάσιο ουσ ουδ bell tower
κώλος (χυδ.) ουσ αρσ (πρωκτός) arsehole (Βρετ.) (χυδ.), asshole (Αμερ.) (χυδ.) • (πισινός) arse (Βρετ.) (χυδ.), ass (Αμερ.) (χυδ.) • (παντελονιού, φούστας) bottom

κωλότσεπη (ανεπ.) ουσ θηλ back ή hip pocket
κώλυμα ουσ ουδ obstacle
κώμα ουσ ουδ coma • **πέφτω/βυθίζομαι/ βρίσκομαι σε ~** to fall into/sink into/be in a coma
κωμικ|ός, -ή, -ό επιθ (ηθοποιός, ταλέντο, ρόλος) comic • (γκριμάτσα, κατάσταση, ταινία) funny • (αρνητ.: δικαιολογία, επιχείρημα, ισχυρισμός) ridiculous • (: δημοσίευμα) laughable ■ **κωμικός** ουσ αρσ, ουσ θηλ (ηθοποιός) comic actor/ actress • (γελωτοποιός) comedian
κωμόπολη ουσ θηλ market town
κωμωδία ουσ θηλ (Τεχν) comedy • (μτφ.) farce
κώνος ουσ αρσ cone
Κωνσταντινούπολη ουσ θηλ Istanbul
κωπηλασία ουσ θηλ rowing
κωφάλαλ|ος, -η, -ο επιθ with a speech and hearing impairment

Λ, λ lamda, *eleventh letter of the Greek alphabet*

λα *ουσ ουδ άκλ.* A

λάβα *ουσ θηλ* lava

λαβαίνω *ρ μ* = **λαμβάνω**

λαβή *ουσ θηλ* (δοχείου, τσεκουριού, μπαστουνιού, μαχαιριού) handle • (όπλου) stock • (πιστολιού) grip • (σπαθιού) hilt • (αλετριού) ploughstaff (*ΒΡΕΤ.*), plowstaff (*ΑΜΕΡ.*) • (Αθλ) hold

λαβίδα *ουσ θηλ* (τσιμπίδα) clip • (χειρουργική) forceps *πληθ.* • (για τα κάρβουνα, για τον πάγο) tongs *πληθ.* • (για τα γραμματόσημα) tweezers *πληθ.*

λαβράκι *ουσ ουδ* sea bass

λαβύρινθος *ουσ αρσ* (Μυθολ) labyrinth • (για κτήριο, χώρο) maze • (γραφειοκρατίας) maze • (για υπόθεση) tangled affair • (σκέψεων, ονείρου) intricacy • (Ανατ) cochlea

λαγάνα *ουσ θηλ* sesame flatbread (*eaten traditionally on Clean Monday*)

λαγός *ουσ αρσ* hare • **στιφάδο** jugged hare

λαγωνικό *ουσ ουδ* (κυνηγετικός σκύλος) tracker dog • (για αστυνομικό) sleuth (*ανεπ.*)

λαδερό *ουσ ουδ* (επιτραπέζιο) cruet (*of olive oil*) • (λαδωτήρι) oilcan

λαδερός, -ή, -ό *επιθ* oily ■ **λαδερά** *ουσ ουδ πληθ* oily foods

λάδι *ουσ ουδ* (ελιάς) olive oil • (ως λιπαντικό, αντηλιακό) oil • **βάζω ~ σε κπν** (αλείφω με αντηλιακό) to rub oil on sb • (βαπτίζω) to be godfather to sb • **η θάλασσα είναι ~** the sea is dead calm ή like a millpond • **~ μαυρίσματος** suntan oil • **~ μηχανής** engine ή motor oil

λαδικό *ουσ ουδ* (επιτραπέζιο) cruet (*of olive oil*) • (λαδωτήρι) oilcan

λαδολέμονο *ουσ ουδ* oil and lemon sauce

λαδομπογιά *ουσ θηλ* oil paint

λαδόξιδο *ουσ ουδ* vinaigrette

λαδορίγανη *ουσ θηλ* oil and oregano sauce

λαδοτύρι *ουσ ουδ* type of full-fat cheese made especially in the Greek islands

λαδόχαρτο *ουσ ουδ* greaseproof paper

λαδόψωμο *ουσ ουδ* olive-oil bread

λαδώνω *ρ μ* (ταψί) to oil • (φύλλο μαγειρικής) to coat in oil • (φόρεμα, τραπεζομάντιλο) to stain

with oil • (μηχανή, μεντεσέ, κλειδαριά) to oil • (δωροδοκώ) to bribe ▶ *ρ αμ* to become greasy

λάθος *ουσ ουδ* (σφάλμα) mistake • (Μαθ) error • (καταχρ.: λανθασμένος) wrong • **αν δεν κάνω ~** if I'm not mistaken • **έχω ~** to be wrong ή mistaken • **κάνω ~** to make a mistake • **κατά ~** by mistake • **πρόκειται για ~ πρόσωπο** it's a case of mistaken identity • **ορθογραφικό ~** spelling mistake

λαθραίος, -αία, -αίο *επιθ* (εισαγωγή, ψάρεμα, ανασκαφή, μετανάστευση) illegal • (τσιγάρα, ποτά) contraband • (όπλα) smuggled • **λαθραίο κυνήγι** poaching ■ **λαθραία** *ουσ ουδ πληθ* contraband *εν.*

λαθρεμπόριο *ουσ ουδ*, **λαθρεμπορία** *ουσ θηλ* (επίσ.) (ναρκωτικών, ζώων, τσιγάρων, ποτών) smuggling • (όπλων) gunrunning

λαθρεπιβάτης *ουσ αρσ* stowaway

λαθρεπιβάτισσα *ουσ θηλ βλ.* **λαθρεπιβάτης**

λαθρομετανάστης *ουσ αρσ* illegal immigrant

λαθρομετανάστρια *ουσ θηλ βλ.* **λαθρομετανάστης**

λάιβ *επιθ άκλ.* live

λαϊκός, -ή, -ό *επιθ* (κίνημα, εξέγερση, αίτημα, φρόνημα, δυσαρέσκεια) popular • (παράδοση, έθιμα, χοροί, θέατρο) folk • (τάξεις) working • (γειτονιά, βάση, άνθρωπος) working-class • (άνθρωπος, τύπος) common • **λαϊκή γλώσσα** vernacular • **λαϊκή τέχνη** Greek folk art • **λαϊκή μουσική** folk music • **λαϊκό τραγούδι** folksong ■ **λαϊκά** *ουσ ουδ πληθ* folk music *εν.* ■ **λαϊκή** *ουσ θηλ* street market ■ **λαϊκός** *ουσ αρσ* layman

λαιμά *ουσ ουδ πληθ* throat *εν.* • **έχω ή πονάνε τα ~ μου** to have a sore throat • *βλ. κ.* **λαιμός**

λαιμαργία *ουσ θηλ* (για φαγητό) greed • (μτφ.: για χρήμα) greed • (για φήμη, δόξα, εξουσία) hunger

λαίμαργος, -η, -ο *επιθ* (αχόρταγος) greedy • (μτφ.: για χρήμα) greedy • (για δόξα, εξουσία, κακές ειδήσεις) hungry

λαιμός *ουσ αρσ* (Ανατ) neck • (εσωτερικό μέρος) throat • (φορέματος) neck(line) • (πουκάμισου, μπλούζας) collar • (μπουκαλιού, ανθοδοχείου) neck • **κλείνει ο ~ μου** to lose one's voice

λάιτ *επιθ άκλ.* light

λακέρδα *ουσ θηλ* salted tuna

λάκκος *ουσ αρσ* (λακκούβα) hole • (στο δρόμο) pothole • (αργητ.: τάφος) grave

λακωνικός, -ή, -ό *επιθ* (πόλεμοι, έθιμα) Laconian • (δήλωση, ύφος, ρήση, πρόσωπο) terse

λαλαγγίτα, λαλαγγίδα *ουσ θηλ* pancake

λαλιά *ουσ θηλ* (ανεπ.: για πρόσ.) voice • (για πουλιά) singing

λαλώ *ρ αμ* (άνθρωπος) to speak • (πετεινός) to crow • (πουλί) to sing • (μουσικό όργανο) to play

λάμα¹ *ουσ θηλ* (μεταλλικό έλασμα) thin steel plate • (λεπίδα) blade

λάμα² *ουσ ουδ άκλ.* llama

λαμαρίνα *ουσ θηλ* (αυτοκινήτου) bodywork • (φούρνου) large baking tin

λαμβάνω *ρ μ* (επίσ.) (επίδομα, δώρο, γράμμα, μήνυμα) to get • (ειδήσεις, νέα) to get • (διαταγή) to receive • (απόφαση) to take • (πρόνοια) to make • (*προσλαμβάνω: διαστάσεις*) to reach • (: *μορφή*) to take on • **λάβετε θέσεις!** (*σε αγώνες*) on your marks! • **~ μέρος (σε κτ)** (*σε εκλογές*) to stand (ΒΡΕΤ.) ή run (ΑΜΕΡ.) (in sth) • (*σε διαγωνισμό, αγώνες*) to compete (in sth) • **~ το θάρρος να** may I be so bold as to • **~ τον λόγο** to speak • **υπ' όψιν ή υπόψη (μου)** to take into account ή consideration

λάμδα, λάμβδα *ουσ ουδ άκλ.* lamda, *eleventh letter of the Greek alphabet*

λάμπα *ουσ θηλ* lamp • **~ δαπέδου** floor lamp • **~ θυέλλης** hurricane lamp • **~ πετρελαίου** paraffin lamp

λαμπάδα *ουσ θηλ* candle

λαμπάκι *ουσ ουδ* (warning) light

λαμπερ|ός, -ή, -ό *επιθ* (*χρυσάφι, μάτια, πρόσωπο, βλέμμα*) shining • (*φως*) brilliant

λαμπόγυαλο *ουσ ουδ* lamp chimney

Λαμπρή *ουσ θηλ* Easter

λαμπρ|ός, -ή, -ό *επιθ* (*ήλιος*) bright • (*μτφ.: βλέμμα, μάτια*) bright • (*μτφ.: επιστήμονας, μαθητής*) brilliant • (: *νίκη*) dazzling • (: *πολιτισμός, φήμη*) glorious

λαμπτήρας *ουσ αρσ* electric lamp

λάμπω *ρ αμ* (*κυριολ., μτφ.*) to shine • (*σπίτι, δωμάτιο*) to be spotlessly clean • (*επιστήμονας, καλλιτέχνης, πόλη*) to excel • **~ από καθαριότητα** to be spotlessly clean

λάμψη *ουσ θηλ* (*φωτιάς*) shine • (*εκτυφλωτική*) glare • (*απαλή*) glow • (*πετραδιού, βλέμματος*) sparkle • (*αστραπή*) flash of lightning • (*μτφ.: χαράς*) beam • (: *προσωπικότητας, ελπίδας*) ray • (: *νίκης, πολιτισμού, ομορφιάς*) splendour (ΒΡΕΤ.), splendor (ΑΜΕΡ.) • **~ του ήλιου** sunlight • **~ του φεγγαριού** moonlight

λανθασμέν|ος, -η, -ο *επιθ* wrong • (*κινήσεις*) false • (*πολιτική*) misguided

λαογραφία *ουσ θηλ* folklore

λαός *ουσ αρσ* (*πολίτες*) people • (*πληθυσμός*) population • (*λαϊκές τάξεις*) populace • (*κόσμος*) crowd • (*καταχρ.: έθνος*) people

λαούτο *ουσ ουδ* lute

λαρύγγι *ουσ ουδ* (*ανεπ.*) throat

λαρυγγίτιδα *ουσ θηλ* laryngitis

λάσπη *ουσ θηλ* (*γενικότ.*) mud • (*χαρμάνι*) mortar • (*ίζημα: ποταμού, λίμνης*) silt • (: *βαρελιού*) dregs πληθ. • (*για μακαρόνια, ρύζι, ψωμί*) mush

λασπόνερο *ουσ ουδ* sludge

λασπωμέν|ος, -η, -ο *επιθ* (*γήπεδο, παπούτσια, δρόμος, άνθρωπος*) muddy • (*μακαρόνια, ρύζι, φαγητό*) soggy

λασπώνω *ρ μ* to get muddy ▶ *ρ αμ* to go soggy

λαστιχάκι *ουσ ουδ* (*στα υδραυλικά*) washer • (*για μαλλιά, συγκράτηση αντικειμένων*) elastic band

λαστιχέν|ιος, -ια, -ιο *επιθ* rubber

λάστιχο *ουσ ουδ* (*καουτσούκ*) rubber • (*αυτοκινήτου, ποδηλάτου*) tyre (ΒΡΕΤ.), tire (ΑΜΕΡ.) • (*νερού, βενζίνης*) hose • (*ρούχου, σεντονιού, κουρτίνας*) elasticated band • **με πιάνει ή μένω από ή παθαίνω ~** to have a flat tyre (ΒΡΕΤ.) ή tire (ΑΜΕΡ.) ή a puncture

λατινικ|ός, -ή, -ό *επιθ* Latin • **Λατινική Αμερική** Latin America • **~ αριθμός** Roman numeral

■ **Λατινικά** *ουσ ουδ πληθ*, **Λατινική** *ουσ θηλ* Latin

λατομείο *ουσ ουδ* quarry

λατρεία *ουσ θηλ* (*Θρησκ*) worship • (*μτφ.*) adoration

λατρεύω *ρ μ* (*Θρησκ*) to worship • (*χρήμα, δόξα, δημοσιότητα, άνδρα, γυναίκα*) to adore • (*τραγουδιστή*) to worship • (*κουζίνα, μουσική, χρώμα*) to love

λαυράκι *ουσ ουδ* = λαβράκι

λάφυρο *ουσ ουδ* loot χωρίς πληθ.

λαχανάκι *ουσ ουδ* (*υποκορ.*) baby vegetable • **λαχανάκια Βρυξελλών** Brussels sprouts

λαχανιάζω *ρ αμ* to pant

λαχανιασμέν|ος, -η, -ο *επιθ* breathless

λαχανικό *ουσ ουδ* vegetable

λάχανο *ουσ ουδ* cabbage

λαχανόκηπος *ουσ αρσ* vegetable ή kitchen (ΒΡΕΤ.) garden

λαχανοντολμάδες *ουσ αρσ πληθ* stuffed cabbage leaves

λαχανόπιτα *ουσ θηλ* vegetable pie

λαχανόρυζο *ουσ ουδ* dish made of rice and cabbage

λαχείο *ουσ ουδ* (*τυχερό παιχνίδι*) lottery • (*λαχνός*) lottery ticket • (*χρηματικό ποσό*) (lottery) prize • **Εθνικό Λαχείο** National Lottery (*drawn once a fortnight*) • **Λαϊκό Λαχείο** National Lottery (*drawn once a week*)

λαχνός *ουσ αρσ* (*κλήρος λαχείου*) lottery ticket • (*αριθμός*) winning number • (*κέρδος*) (lottery) prize

λαχτάρα *ουσ θηλ* (*πόθος*) longing • (*ανυπομονησία*) longing • (*δυνατή συγκίνηση*) scare • (*μεγάλος φόβος*) fright

λαχταρίζω *ρ μ, ρ αμ* = λαχταρώ

λαχταριστ|ός, -ή, -ό *επιθ* (*φαγητό, γλυκό*) tempting • (*άνδρας, γυναίκα*) desirable

λαχταρώ *ρ μ* (*ποθώ*) to lust after • (*επιθυμώ πολύ*) to yearn for • (*φοβίζω*) to scare ▶ *ρ αμ* to get a fright

λεβάντα *ουσ θηλ* lavender

λεβέντης *ουσ αρσ* dashing young man

λέβητας *ουσ αρσ* boiler

λεβιές *ουσ αρσ* lever • **~ ταχυτήτων** gear lever ή stick (ΒΡΕΤ.), gearshift (ΑΜΕΡ.)

λεγόμεν|ος, -η, -ο *επιθ* so-called ■ **λεγόμενα, λεχθέντα** *ουσ ουδ πληθ* **τα λεγόμενα κποιου** what sb says

λέγω *ρ μ* (*καλημέρα, καληνύχτα*) to say • (*ιστορία, ανέκδοτο, αλήθεια*) to tell • (*συζητώ*) to talk about • (*ισχυρίζομαι*) to say • (*σημαίνω*) to mean • (*μνημονεύω: για κείμενο, νόμο*) to say • (*για συγγραφέα*) to mention • (*αξίζω: για ταινία, βιβλίο*) to be good • (*ρωτώ*) to ask • (*απαντώ*) to say • (*υποδεικνύω*) to show • (*παρακαλώ*) to ask • (*αποκαλώ*) to call • (*για ρολόι: δείχνω την ώρα*) to say • **ας πούμε** (*ας υποθέσουμε*) let's say • (*για παράδειγμα*) for example • **δεν λέει να σταματήσει η βροχή** it doesn't look like the rain is going to stop • **δεν ξέρω τι να πω!** I don't know what to say! • **είπες τίποτα**; did you say anything? • **εσύ τι λες**; what do you think? • **η τηλεόραση/το ραδιόφωνο είπε ότι**

it said on the TV/radio that • **θα τα πούμε!** (*αποχαιρετισμός*) see you later! • **λένε πως** ή **ότι ...** they ή people say that ... • **λες/λέτε να ...;** (*για έντονη απορία*) do you (really) think (that) ...? • **λέω σε** κπτν **κτ/να κάνει** κτ to tell sb sth/to do sth • **με λένε Γιώργο** my name is Giorgos • **πώς είπατε;** I beg your pardon? • **τα λέμε** (*οικ.*) see you! • **τι είπες;** what did you say? • **τι θα πει αυτό;** what does that mean? • **τι θα έλεγες/λεγε για κανένα ποτό/σινεμά;** how would you like a drink/going to see a film? • **τι λένε σήμερα οι εφημερίδες;** what do the papers say today? • **του είπα ότι ...** I told him that ... ■ **λέγομαι** *μεσοπαθ* my name is • **πώς λέγεστε;** what's your name?

λεζάντα *ουσ θηλ* caption

λεία *ουσ θηλ* (*λάφυρα*) booty χωρίς πληθ. • (*προϊόν κλοπής ή ληστείας*) loot χωρίς πληθ. • (*θήραμα*) prey

λειαίνω *ρ μ* to smooth

λέιζερ *ουσ ουδ άκλ.* laser

λείος, -α, -ο *επιθ* (*ομαλός στην αφή*) smooth • (*γυαλιστερός*) sleek

λείπω *ρ αμ* (*απουσιάζω*) not to be there • (*για μαθητή, φοιτητή*) to be absent • (*σε δουλειά, διακοπές*) to be away • (*για πράγματα*) to be missing • **δεν μας λείπει τίποτε** we don't want for anything • **~ για δουλειές** to be away on business • **μου λείπει** κπς (*νοσταλγώ*) to miss sb

λειτουργία *ουσ θηλ* (*μηχανής, συσκευής*) operation • (*υπηρεσίας, επιχείρησης, θεσμού, κράτους*) running • (*τρόπος κίνησης: μηχανής*) start • (: *συστήματος*) bringing into operation • (*καρδιάς, πνευμόνων*) function • (*σκοπός, προορισμός: εργαλείου, κατασκευής, συλλόγου, οργανισμού*) function • (*Θρησκ: επίσης:* **Θεία Λειτουργία**) service • **εκτός λειτουργίας** out of order

λειτουργός *ουσ αρσ, ουσ θηλ* public official • **δικαστικός ~** judge • **εκπαιδευτικός ~** teacher

λειτουργώ *ρ αμ* (*μηχανή, συσκευή, ασανσέρ, καλοριφέρ*) to work • (*υπηρεσία, ίδρυμα, τμήμα*) to work • (*εστιατόριο, κινηματογράφος, κατάστημα*) to be open • (*για άνθρωπο*) to act • (*ενεργώ φυσιολογικά*) to function • (*εγκέφαλος, καρδιά*) to function • (*ιερέας*) to officiate • **δεν λειτουργεί** (*σε επιγραφές*) out of order ■ **λειτουργούμαι, λειτουργιέμαι** *μεσοπαθ* to go to church/Mass

λειχούδης, -α, -ικο *επιθ* greedy

λειχουδιά *ουσ θηλ* delicacy

λειώνω *ρ μ, ρ αμ* = **λιώνω**

λεκάνη *ουσ θηλ* (*σκεύος*) bowl • (*αποχωρητηρίου*) bowl • (*πεδιάδα*) basin • (*Ανατ*) pelvis

λεκές *ουσ αρσ* stain

λεκιάζω *ρ μ* to stain ▶ *ρ αμ* (*ρούχο*) to be stained • (*υγρό, κρασί*) to (leave a) stain • (*για υφάσματα*) to stain

λέμβος *ουσ θηλ* (*επίσ.*) (*Ναυτ*) boat • **σωσίβια** ή **ναυαγοσωστική ~** (*κυριολ.*) lifeboat • (*μτφ.*) lifeline

λεμονάδα *ουσ θηλ* lemonade

λεμόνι *ουσ ουδ* lemon

λεμονιά *ουσ θηλ* lemon tree

λεμονίτα *ουσ θηλ* lemonade

λέξη *ουσ θηλ* word • **δεν βγάζω ~** (*σιωπώ*) not to say ή breathe a word • (*για κείμενο*) I can't understand a word • **λέξη-κλειδί** keyword

λεξικό *ουσ ουδ* dictionary

λεξιλόγιο *ουσ ουδ* (*γλώσσας*) vocabulary • (*επιστήμης, επιστημονικού κλάδου*) terminology • (*γλωσσάριο*) glossary

λέοντας *ουσ αρσ* = **λέων**

λεοπάρδαλη *ουσ θηλ*, **λεόπαρδος** *ουσ αρσ* leopard

λέπι *ουσ ουδ* scale

λεπίδα *ουσ θηλ* (*μαχαιριού, σπαθιού, ξυραφιού*) blade • (*ξυραφάκι*) razor blade • **~ ξυρίσματος** razor blade

λεπτά *ουσ ουδ πληθ* = **λεφτά**

λεπταίνω *ρ μ* (*για πρόσ.*) to lose weight • (*για πράγματα*) to get thinner ▶ *ρ μ* (*επιφάνεια αντικειμένου*) to rub down • (*φαβορίτες, μούσι*) to thin out

λεπτό *ουσ ουδ* (*υποδιαίρεση ώρας*) minute • (*υποδιαίρεση ευρώ*) cent • (*παλαιότ.*) lepton • **από ~ σε ~** any minute now • **μισό ~!** (*ως παράκληση να μας περιμένουν*) wait a moment! • **σε ένα** ή **μισό ~** in next to no time • **στο ~** (*αμέσως*) in a jiffy ή minute

λεπτοκαμωμένος, -η, -ο *επιθ* delicate

λεπτομέρεια *ουσ θηλ* detail ■ **λεπτομέρειες** *πληθ* details

λεπτομερής, -ής, -ές *επιθ* (*έλεγχος, εξέταση*) minute • (*καθορισμός*) precise • (*περιγραφή, ανάλυση*) detailed

λεπτός, -ή, -ό *επιθ* (*άνθρωπος, μέση*) slim • (*λαιμός, δάχτυλα*) slender • (*λεπτεπίλεπτος*) delicate • (*μτφ.: άνθρωπος, τρόποι συμπεριφοράς*) refined • (: *αίσθηση, ειρωνεία, χιούμορ*) subtle • (: *πνεύμα*) keen • (*για φωνή, ήχο*) sweet • (*για υφάσματα*) flimsy • (*άρωμα*) delicate • (*χαρτί, φλοιός, στρώμα*) thin • (*ζάχαρη, σκόνη, άμμος*) fine • (*έδαφος, χώμα*) thin • (*μτφ.: θέμα, υπόθεση*) delicate • (*όργανα, μηχανισμός*) sensitive • (*γεύση, όσφρηση*) keen • (*μύτη μολυβιού*) sharp • (*μτφ.: ισορροπία*) fine • **λεπτό γούστο** refined tastes πληθ.

λεπτότητα *ουσ θηλ* (*ισχνότητα*) slenderness • (*δέρματος*) thinness • (*μτφ.*) sensitivity

λερωμένος, -η, -ο *επιθ* (*ρούχα, πρόσωπο, τοίχος*) dirty • (*μτφ.: όνομα, τιμή, υπόληψη*) tarnished

λερώνω *ρ μ* to get dirty • (*μτφ.: όνομα, τιμή, υπόληψη*) to blacken ▶ *ρ αμ* (*ρούχο, ύφασμα*) to stain • (*σοκολάτα*) to (leave a) stain • **λερώνει!** wet paint! ■ **λερώνομαι** *μεσοπαθ* to soil oneself

λεσβία *ουσ θηλ* lesbian

λέσχη *ουσ θηλ* (*κλαμπ*) club • (*κέντρο χαρτοπαιξίας*) gambling house • **φοιτητική ~** students' union

λεύκα *ουσ θηλ* poplar

λευκαίνω *ρ μ* (*δόντια*) to whiten • (*ρούχα*) to clean ▶ *ρ αμ* to go ή turn white

λευκαντικός, -ή, -ό *επιθ* bleaching ■ **λευκαντικό** *ουσ ουδ* bleach

λευκοπλάστης *ους αρσ* sticking plaster
(*Βρετ.*), Band-Aid® (*Αμερ.*)
λευκ|ός, -ή, -ό *επιθ* (*άσπρος*) white • (*σελίδα,
χαρτί*) blank • (*μτφ.: παρελθόν, ποινικό μητρώο*)
clean • (*φυλή, δέρμα, μειοψηφία*) white • **λευκό
κρασί** *ή* **οίνος** white wine • **ο Λευκός Οίκος**
the White House ■ **λευκά** *ους ουδ πληθ* whites
■ **λευκό** *ους ουδ* white • **λευκοί** *ους αρσ πληθ*
whites
λευκόχρυσος *ους αρσ* platinum
λεύκωμα *ους ουδ* (*αναμνήσεων, φωτογραφιών,
γραμματοσήμων*) album • (*ασπράδι αβγού*)
white
Λευκωσία *ους θηλ* Nicosia
λευτεριά *ους θηλ* = **ελευθερία**
λεφτά *ους ουδ πληθ* money *εν.* • **κάνω ~** to
make a lot of money
λέω *ρ μ, ρ αμ* = **λέγω**
λέων *ους αρσ* (*επίσ.*) lion • **θαλάσσιος ~** sea lion
λεωφορειατζής *ους αρσ* (*προφορ.*) bus driver
λεωφορειατζού *ους θηλ* (*προφορ.*) *βλ.*
λεωφορειατζής
λεωφορείο *ους ουδ* (*αστικό*) bus • (*υπεραστικό*)
coach (*Βρετ.*), bus (*Αμερ.*) • **ηλεκτροκίνητο ~**
tram (*Βρετ.*), streetcar (*Αμερ.*)
λεωφόρος *ους θηλ* avenue
λήγω *ρ αμ* (*προθεσμία*) to expire • (*διαβατήριο,
δίπλωμα*) to expire • (*συζήτηση, απεργία,
αγώνας*) to end • (*ρήματα, ονόματα*) to end
λήμμα *ους ουδ* entry
λήξη *ους θηλ* (*τέλος*) end • (*διαβατηρίου,
διπλώματος, ισχύος, συμβάσεως*) expiry
• (*γραμματίου*) maturity
ληστεία *ους θηλ* (*κλοπή με χρήση βίας*) robbery
• (*μτφ.*) daylight robbery (*ανεπ.*) • **ένοπλη ~**
armed robbery
ληστεύω *ρ μ* (*κλέβω με βία: άνθρωπο*) to rob
• (: *σπίτι, κατάστημα*) to burgle (*Βρετ.*), to
burglarize (*Αμερ.*) • (*μτφ.*) to overcharge
ληστής *ους αρσ, ους θηλ* (*αυτός που κάνει
ληστεία*) robber • (*μτφ.*) crook (*ανεπ.*)
λήψη *ους θηλ* (*διαταγής, επιταγής, χρημάτων,
δανείου*) receipt • (*βοήθειας, αίματος*) receiving
• (*μέτρων, πρωτοβουλίας*) taking • (*φαρμάκου*)
use • (*τροφής*) consumption • (*για κεραία*)
reception • (*φωτογραφίας*) taking
λιακάδα *ους θηλ* sunshine • **έχει ~** it's a sunny
day
λιανικ|ός, -ή, -ό *επιθ* retail
λιαν|ός, -ή, -ό *επιθ* (*ξύλο*) thin • (*δάχτυλο*)
slender ■ **λιανά** *ους ουδ πληθ* small change
• **κάνω ~** to get some change
λιβάδι *ους ουδ* meadow
λιβάνι *ους ουδ* incense
Λίβανος *ους αρσ* Lebanon
Λιβύη *ους θηλ* Libya
λιγάκι *επιρρ* (*υποκορ.*) *βλ.* **λίγο**
λίγδα *ους θηλ* (*λεκές από λίπος*) grease stain
• (*λιπαρή βρομιά*) grease
λιγδιάζω *ρ μ* (*ρούχο*) to get grease stains on
• (*νεροχύτη*) to coat in grease ▶ *ρ αμ* (*ρούχο*) to
be grease-stained • (*νεροχύτης*) to be coated in
grease • (*γένια, μαλλιά*) to be greasy
λιγδώνω *ρ μ* = **λιγδιάζω**

λιγν|ός, -ή, -ό *επιθ* (*άνθρωπος*) slim • (*χέρι,
πόδι*) thin

 ΛΕΞΗ-ΚΛΕΙΔΙ

λίγο *επιρρ* **1** (*σε μικρή ποσότητα, ένταση, βαθμό*)
a little
2 (*όχι πολλή ώρα*) a bit • **για λίγο** for a bit *ή*
while
3 (*για μια στιγμή*) for a moment
4 (*παρακαλώ*) please • **λίγο-λίγο** (*βαθμιαία*)
gradually • (*σε μικρές ποσότητες*) a bit at a time

λιγοθυμιά *ους θηλ* = **λιποθυμία**
λιγοθυμώ *ρ αμ* = **λιποθυμώ**
λιγόλογ|ος, -η, -ο *επιθ* = **ολιγόλογος**

ΛΕΞΗ-ΚΛΕΙΔΙ

λίγ|ος, -η, -ο *επιθ* **1** (*σε μικρή ποσότητα*) a little
2 (*σε μικρό αριθμό*) a few
3 (*σύντομος*) some
4 (*μειωτ.: για πρόσ.: ανάξιος*) not good enough

λιγοστεύω *ρ μ* to reduce ▶ *ρ αμ* (*άγχος*) to
lessen • (*ταξιδιώτες, θέσεις*) to decrease
• (*τροφές*) to be in short supply • (*προμήθειες*)
to get smaller • (*φως*) to fail • (*ζωή*) to get
shorter
λιγοστ|ός, -ή, -ό *επιθ* meagre (*Βρετ.*), meager
(*Αμερ.*)
λιγότερο *επιρρ* less • **~ ή περισσότερο** more or
less • **το ~** at least • **αυτό είναι το ~ που θα
μπορούσα να κάνω** it's the least I could do
λιγότερ|ος, -η, -ο *επιθ* (*με μη αριθμητά
ουσιαστικά*) less • (*με αριθμητά ουσιαστικά*)
fewer
λιγούρα *ους θηλ* (*ενόχληση λόγω πείνας*)
faintness (*from hunger*) • (*αναγούλα*) nausea
λιγώνω *ρ μ* – **κπν** (*προκαλώ τάση προς έμετο*)
to make sb feel sick *ή* nauseous • (*προκαλώ
τάση προς ζάλη*) to make sb feel dizzy ▶ *ρ αμ*
(*ξελιγώνομαι*) to feel faint with hunger
• (*αισθάνομαι κορεσμό*) to feel sick *ή* nauseous
■ **λιγώνομαι** *μεσοπαθ* (*ξελιγώνομαι*) to feel faint
with hunger • (*έχω τάση προς έμετο*) to feel sick
ή nauseous • (*έχω τάση προς λιποθυμία*) to feel
faint
λιθάρι *ους ουδ* (*μικρή πέτρα*) pebble • (*πέτρα*)
rock
λιθογραφία *ους θηλ* (*τέχνη*) lithography
• (*εικόνα*) lithograph
λίθος *ους αρσ, ους θηλ* (*επίσ.*) (*πέτρα*) stone • **η
εποχή του λίθου** the Stone Age • **θεμέλιος ~**
foundation stone • **φιλοσοφική ~**
philosopher's stone
λιθόστρωτ|ος, -η, -ο *επιθ* cobbled
■ **λιθόστρωτο** *ους ουδ* cobbles *πληθ.*
λιθρίνι *ους ουδ* = **λυθρίνι**
λικέρ *ους ουδ* άκλ. liqueur
λικνίζω *ρ μ* to rock ■ **λικνίζομαι** *μεσοπαθ* (*κουνώ
το σώμα μου*) to sway • (*σε καρέκλα*) to rock
λίκνισμα *ους ουδ* (*βάρκας, μωρού, καρέκλας*)
rocking • (*κορμιού*) swaying
λίμα *ους θηλ* (*εργαλείο*) file • (*νυχιών*) nail file
λιμάνι *ους ουδ* harbour (*Βρετ.*), harbor (*Αμερ.*)

• (πόλη με λιμάνι) port • (μτφ.) haven

λιμεναρχείο ουσ ουδ (δημόσια υπηρεσία) port authority • (κτήριο) harbour master's (ΒΡΕΤ.) ή harbormaster's (ΑΜΕΡ.) office

λιμένας ουσ αρσ (επίσ.) = **λιμάνι**

λιμενικ|ός, -ή, -ό επιθ harbour (ΒΡΕΤ.), harbor (ΑΜΕΡ.) ■ **Λιμενικό** ουσ ουδ Harbour (ΒΡΕΤ.) ή Harbor (ΑΜΕΡ.) Police ■ **Λιμενικός** ουσ αρσ harbour (ΒΡΕΤ.) ή harbor (ΑΜΕΡ.) official

λιμενοφύλακας ουσ αρσ, ουσ θηλ harbour (ΒΡΕΤ.) ή harbor (ΑΜΕΡ.) guard

λιμήν ουσ αρσ (επίσ.) = **λιμάνι**

λίμνη ουσ θηλ lake • (μτφ.: αίματος) pool • (δακρύων) flood

λιμνίσι|ος, -α, -ο επιθ (ψάρι, χελώνα, χλωρίδα) lake • (οικισμός) lakeside

λιμνοθάλασσα ουσ θηλ lagoon

λιμουζίνα ουσ θηλ limousine

λιν|ός, -ή, -ό επιθ linen • **λινό** ουσ ουδ linen

λιοντάρι ουσ ουδ lion

λιπαρ|ός, -ή, -ό επιθ (επιδερμίδα) oily • (μαλλιά) greasy • (τροφή) fatty • **λιπαρά** ουσ ουδ πληθ fats

λίπασμα ουσ ουδ fertilizer

λιποθυμία, λιποθυμιά ουσ ουδ blackout • **μου έρχεται** ~ to feel faint

λιποθυμώ ρ αμ to faint

λίπος ουσ ουδ fat • **μαγειρικό** ~ cooking fat

λιποτάκτης ουσ αρσ deserter

λίρα ουσ θηλ pound

λιρέτα ουσ θηλ (παλαιότ.) lira

Λισαβόνα ουσ θηλ Lisbon

λίστα ουσ θηλ list • ~ **γάμου** wedding list

λιτανεία ουσ θηλ litany

λιτ|ός, -ή, -ό επιθ (γεύμα, σπιτικό, ζωή) frugal • (ομορφιά, σύνθεση) austere • (διατύπωση, φράση) terse • (επίπλωση) spartan • (σκηνικό, ένδυμα, ύφος) plain

λιτότητα ουσ θηλ (γεύματος) frugality • (ύφους) plainness

λίτρο ουσ ουδ litre (ΒΡΕΤ.), liter (ΑΜΕΡ.)

λίφτινγκ ουσ ουδ άκλ. facelift

λιχούδ|ης, -α, -ικο επιθ = **λειχούδης**

λιχουδιά ουσ θηλ = **λειχουδιά**

λιώμα επιρρ **γίνομαι** ~ (ντομάτες, πατάτες) to turn to mush • **είμαι** ~ (προσφ.: είμαι μεθυσμένος) to be as drunk as a skunk (ανεπ.)

λιώνω ρ μ (πάγο, χιόνι, βούτυρο) to melt • (ασπιρίνη, χάπι) to dissolve • (πατάτες) to mash • (σταφύλια) to crush • (παπούτσια, ρούχα) to wear out • (έντομο) to crush ▶ ρ αμ (κερί, βούτυρο) to melt • (χιόνι, πάγος) to thaw (out) • (ζάχαρη) to dissolve • (παπούτσια, ρούχα, γιακάς, λάστιχα) to be worn out • (στο βράσιμο: κρέας) to be tender • (: καρότα) to be mushy • (νεκρός, φύλλα) to decay • (από ζέστη) to melt

λογαριάζω ρ αμ to count ▶ ρ μ (κρίνω) to reckon • (υπολογίζω: έξοδα) to work out • (συνυπολογίζω) to count • (λαμβάνω υπόψη μου) to take into account • (δεν αγνοώ: άνθρωπο) to show consideration for • (: κοινή γνώμη, βαρύτητα) to consider • (θεωρώ) to consider ■ **λογαριάζομαι** μεσοπαθ to get even

λογαριασμός ουσ αρσ (δαπανών, εξόδων) invoice • (ηλεκτρικού, νερού) bill • (εστιατορίου) bill (ΒΡΕΤ.), check (ΑΜΕΡ.) • (υπολογισμός) calculation • (σε τράπεζα, ταμιευτήριο) account • **για λογαριασμό** κτοιου on behalf of sb • **τραπεζικός** ~ bank account

λόγια ουσ ουδ πληθ (κουβέντες) words • (στίχοι) lyrics • (μειωτ.: κενές κουβέντες) talk εν. • **δεν βρίσκω ή έχω** ~ **να σε ευχαριστήσω** I can't thank you enough • **με δυο** ~ in a word • **μπερδεύω τα** ~ **μου** to get one's words mixed up

λογικεύομαι ρ αμ αποθ. to come to one's senses

λογική ουσ θηλ (ορθή σκέψη) reason • (τρόπος σκέψης: ατόμου) logic • (νοοτροπία: λαού) mentality • (παιχνιδιού, αθλήματος) spirit • (απόφασης, πολιτικής, νομοσχεδίου) rationale ■ **Λογική** ουσ θηλ (Φιλοσ) logic

λογικό ουσ ουδ (λογική) reason • (ανεπ.: μυαλό) mind

λογικ|ός, -ή, -ό επιθ (που έχει λογική: ον) rational • (σώφρων: άτομο) sensible • (μετρημένος: πελάτης, άνθρωπος) reasonable • (απόφαση, κίνηση, πρόταση, απάντηση, στάση) sensible • (επακόλουθο) logical • (τιμές, ποσό, όρια) reasonable • **λογικός** ουσ αρσ, **λογική** ουσ θηλ sane person

λογιστής ουσ αρσ accountant

λογιστική ουσ θηλ accounting

λογίστρια ουσ θηλ βλ. **λογιστής**

λογοκρισία ουσ θηλ censorship

λογοπαίγνιο ουσ ουδ pun

λόγος ουσ αρσ speech • (σε συγκεκριμένο χώρο) language • (γλώσσα) language • (κουβέντα) word • (αιτία) reason • **δεν μου πέφτει** ~ to have no say in the matter • **λόγου χάρη** ή **χάριν** for instance • **χωρίς λόγο** for no reason • **πεζός** ~ prose • **ποιητικός** ή **έμμετρος** ~ verse

λογοτέχνης ουσ αρσ writer (of fiction or poetry)

λογοτεχνία ουσ θηλ literature

λογότυπος ουσ αρσ, **λογότυπο** ουσ ουδ logo

λογοφέρνω ρ αμ to argue

λόγχη ουσ θηλ (πτέα) lance • (στρατιώτη) spear • (όπλου) bayonet

λοιμώδ|ης, -ης, -ες επιθ infectious

λοίμωξη ουσ θηλ infection

λοιπόν, το λοιπόν σύνδ (επομένως) so • (για δήλωση απόφασης) right • (για εισαγωγή θέματος ή μετάβαση σε άλλο θέμα) so • (ως κατακλείδα) then • (για έκφραση απορίας) then • (για ενίσχυση προτροπής) then • (στην αρχή λόγου: για σκέψη, αμηχανία, προτροπή) well • **άντε** ~! come on then! • **και λοιπόν;** so what? • **λοιπόν;** well then?

λοιπ|ός, -ή, -ό επιθ (επίσ.: υπόλοιπος) remaining • **και λοιπά, και τα λοιπά** etcetera

Λονδίνο ουσ ουδ London

λόξιγκας ουσ αρσ = **λόξυγγας**

λοξ|ός, -ή, -ό επιθ (γραμμή, πορεία, κατεύθυνση) oblique • (μτφ.: για άνθρωπο) eccentric • (βλέμμα, ματιά) sidelong

λόξυγγας ουσ αρσ hiccup • **με πιάνει** ~ to have (the) hiccups

λοσιόν ουσ θηλ άκλ. lotion

λοστός ουσ αρσ, **λοστάρι** ουσ ουδ crowbar
λοταρία ουσ θηλ raffle
Λόττο, λόττο ουσ ουδ άκλ. lottery
λούζω ρ μ (μαλλιά, κεφάλι) to wash
• (καταβρέχω: με σαμπάνια) to spray • (βροχή, υδρατμοί) to drench ▪ **λούζομαι** μεσοπαθ to wash one's hair
λουκάνικο ουσ ουδ sausage • ~ **Φρανκφούρτης** frankfurter
λουκέτο ουσ ουδ padlock • **κλειδώνω κτ με** ~ to padlock sth
λούκι ουσ ουδ drainpipe
λουκουμάς ουσ αρσ deep-fried dough ball served with honey and cinnamon
λουκούμι ουσ ουδ Turkish delight
λουλούδι ουσ ουδ flower
λούνα παρκ ουσ ουδ άκλ. amusement park
Λουξεμβούργο ουσ ουδ Luxembourg
λουράκι ουσ ουδ (ρολογιού) watchstrap
• (παπουτσιού) strap
λουρί ουσ ουδ (βαλίτσας, τσάντας) strap
• (αλόγου) rein • (σκύλου) lead (Βρετ.), leash (Αμερ.) • (μηχανής) belt
λουρίδα ουσ θηλ (από δέρμα, ύφασμα, χαρτί: επίσης: **λωρίδα**) strip • (παντελονιού, φορέματος) belt • (επίσης: **λωρίδα**) strip
λούσιμο ουσ ουδ wash
λουστρίνι ουσ ουδ patent leather ▪ **λουστρίνια** πληθ patent leather shoes
λουτρό ουσ ουδ (μπάνιο) bath • (τουαλέτα) bathroom
λουτρόπολη ουσ θηλ spa (town)
λόφος ουσ αρσ hill
λοχαγός ουσ αρσ captain
λοχίας ουσ αρσ sergeant
λόχος ουσ αρσ company
λυγίζω ρ μ (μέση, γόνατο, κλαδί, σίδερο) to bend • (μτφ.: για πρόσ.) to wear down ▶ ρ αμ (γόνατα) to buckle • (χέρι) to flex • (βέργα, κλαδί) to bend • (μτφ.: υποκύπτω) to yield • (μτφ.: χάνω το θάρρος μου) to give up
λυγιστ|ός, -ή, -ό επιθ (εύκαμπτος) supple • (λυγισμένος) bent • (κλαδί) bowed
λυγμός ουσ αρσ sob
λυγώ ρ μ (λυγίζω) to bend • (με χάρη: κορμί, μέση) to sway ▶ ρ αμ to bend ▪ **λυγιέμαι** μεσοπαθ to sway
λυθρίνι ουσ ουδ red sea bream
λύκειο ουσ ουδ ≈ secondary school (Βρετ.), ≈ high school (Αμερ.) (for 15 to 18 year olds)
λυκόπουλο ουσ ουδ (νεογνό λύκου) wolf cub • (μικρός πρόσκοπος) cub (scout)
λύκος ουσ αρσ (ζώο) wolf • (λυκόσκυλο) Alsatian (Βρετ.), German shepherd (Αμερ.)
λύνω ρ μ (γραβάτα) to undo • (ζώνη) to undo • (παπούτσια, κορδόνια, κόμπο) to untie • (μαλλιά) to let down • (βάρκα) to untie • (σκύλο, βάρκα) to let loose • (άλογο) to let loose • (χειρόφρενο) to release • (μηχανή, όπλο) to strip (down) • (ρολόι) to take apart ή to pieces • (απορία) to answer • (εξίσωση, πρόβλημα, αίνιγμα) to solve • (μυστήριο) to solve • (παρεξήγηση, διαφωνία) to clear up • (διαφορές) to resolve • (απεργία) to bring to an end

• (πολιορκία) to raise • (γλώσσα) to loosen
• (πόδια) to loosen up ▪ **Λύνομαι** μεσοπαθ (ζώο, άνθρωπος) to break loose • (πρόβλημα, ζήτημα) to have a solution
λυόμεν|ος, -η, -ο επιθ (έπιπλο) flat-pack
• (κρεβάτι) foldaway • (κατασκευή, σπίτι) prefabricated ▪ **λυόμενο** ουσ ουδ prefab
λυπάμαι ρ μ, ρ αμ βλ. **λυπώ**
λύπη ουσ θηλ (ψυχικός πόνος) sorrow • (οίκτος) pity • (συμπόνια) compassion
λυπημέν|ος, -η, -ο επιθ sad
λυπηρός, -ή, -ό επιθ (επίσ.: γεγονός) regrettable • (σκηνή) distressing
λύπηση ουσ θηλ (οίκτος) pity • (συμπόνια) compassion
λυπητερ|ός, -ή, -ό επιθ sad ▪ **λυπητερή** ουσ θηλ (αργκ.) bill (Βρετ.), check (Αμερ.)
λυπούμαι ρ μ, ρ αμ βλ. **λυπώ**
λυπώ ρ μ to sadden ▪ **λυπάμαι, λυπούμαι** ρ μ μεσοπαθ (συμπονώ) to feel sorry for
• (αισθάνομαι οίκτο) to take pity on
• (υπολογίζω: νιάτα, ζωή, κόπους) to value
• (τσιγκουνεύομαι: λεφτά) to be mean with
• (λάδι, τυρί) to skimp on ▶ ρ αμ μεσοπαθ to be sorry
λύση ουσ θηλ (εξίσωσης, άσκησης) solution
• (απορίας) answer • (αινίγματος, μυστηρίου) solving • (όπλου) stripping • (ρολογιού) dismantling • (διαφοράς, απεργίας) settlement
• (προβλήματος) solution • (κρίσης) resolution
• (παρεξήγησης) clearing up • (γάμου) annulment • (σύμβασης) termination
• (πολιορκίας) raising • ~ **ανάγκης** Hobson's choice
λύσιμο ουσ ουδ (σχοινιών, κάβων) untying
• (κορδονιών) untying • (κοτσίδας) undoing
• (άσκησης) solution
λύσσα ουσ θηλ (ασθένεια) rabies εν. • (τρέλα) fury • (μεγάλη οργή) rage
λυτ|ός, -ή, -ό επιθ (ζώο, μαλλιά) loose
• (παντελόνι, παπούτσι) undone
λύτρα ουσ ουδ πληθ ransom εν.
λυτρώνω ρ μ (απαλλάσσω: από δεινά) to release
• (από βάρος) to relieve • (από πάθος) to liberate ▪ **λυτρώνομαι** μεσοπαθ to be relieved
λύτρωση ουσ θηλ release
λύω ρ μ (επίσ.) (όρκο) to take back • (σύμβαση, συμφωνία) to cancel • **λύεται η συνεδρίαση** (στο δικαστήριο) the court is adjourned
• (γενικότ.) the meeting is adjourned • βλ. κ. **λύνω**
λωποδύτης ουσ αρσ petty thief
λωρίδα ουσ ουδ strip • ~ **κυκλοφορίας** lane
• βλ. κ. **λουρίδα**
λωτός ουσ αρσ lotus

Μ, μ mu, 12th letter of the Greek alphabet

μα¹ σύνδ (αλλά) but • (για υπερβολή) even • (για αλλαγή συζήτησης) but • **μα… well… • μα πού πήγε επιτέλους;** where on earth has he gone? • **μα τι κάνεις εκεί;** what on earth are you doing?

μα² μόρ +αιτ. **μα τον Θεό!** by God! • **μα την αλήθεια!** honestly!

μαγαζάτορας ουσ αρσ shopkeeper (ΒΡΕΤ.), store owner (ΑΜΕΡ.)

μαγαζί ουσ ουδ (κατάστημα) shop (κυρ. ΒΡΕΤ.), store (κυρ. ΑΜΕΡ.) • (νυχτερινό κέντρο) night club • (μπαρ) bar ■ **μαγαζιά** πληθ **τα μαγαζιά** the shops

μαγγώνω ρ μ (δάχτυλο) to catch • (πιάνω δυνατά) to grab ▶ ρ αμ to jam

μαγεία ουσ θηλ (μάγια) magic • (φεγγαριού) beauty • (φύσης) wonder • (μουσικής, στιγμής) magic

μάγειρας ουσ αρσ (γενικότ.) cook • (εστιατορίου) chef

μαγείρεμα ουσ ουδ (κρέατος, λαχανικών) cooking • (αρνητ.) scheme

μαγειρευτ|ός, -ή, -ό επιθ cooked ■ **μαγειρευτά** ουσ ουδ πληθ ready meals

μαγειρεύω ρ μ (κρέας, ψάρια, λαχανικά) to cook • (αρνητ.) to plot ▶ ρ αμ to cook

μαγειρική ουσ θηλ cookery • **οδηγός μαγειρικής** cookbook

μαγείρισσα ουσ θηλ βλ. **μάγειρας**

μαγειρίτσα ουσ θηλ traditional soup made from tripe eaten on Easter night

μάγειρος ουσ αρσ = **μάγειρας**

μαγευτικ|ός, -ή, -ό επιθ (εικόνα, ομορφιά) captivating • (μουσική) entrancing • (ταξίδι) fascinating • (στιγμή) magical • (ηλιοβασίλεμα) spectacular

μαγεύω ρ μ (κάνω μάγια) to cast ή put a spell on • (ακροατήριο, κοινό) to captivate • (νου) to bewitch • (καρδιά) to captivate

μάγια ουσ ουδ πληθ spell εν.

μαγικ|ός, -ή, -ό επιθ magic • (βραδιά, πόλη) magical • **μαγικά** ουσ ουδ πληθ (τεχνάσματα μάγου, ταχυδακτυλουργού) magic εν. • (λόγια) magic words • (ταχυδακτυλουργίες) magic tricks

μαγιό ουσ ουδ άκλ. (γυναικείο) swimsuit • (ανδρικό) swimming trunks πληθ. • **ολόσωμο ~** one-piece swimsuit

μαγιονέζα ουσ θηλ mayonnaise

μάγισσα ουσ θηλ (παραμυθιού) witch • (γόησσα) enchantress • **κυνήγι μαγισσών** (αρνητ.) witch-hunt

μαγκάλι ουσ ουδ brazier

μαγκούρα ουσ θηλ stick

μαγκώνω ρ μ = **μαγγώνω**

μαγνήσιο ουσ ουδ magnesium

μαγνήτης ουσ αρσ magnet

μαγνητίζω ρ μ (σώμα, ράβδο) to magnetize • (μτφ.) to mesmerize

μαγνητικ|ός, -ή, -ό επιθ (κύκλωμα, πόλος, βελόνα) magnetic • (βλέμμα) mesmerizing • **μαγνητικό πεδίο** magnetic field

μαγνητοσκοπημένος, -η, -ο επιθ (pre-)recorded

μαγνητοσκόπηση ουσ θηλ recording

μαγνητοσκοπώ ρ μ to record

μαγνητοφωνημένος, -η, -ο επιθ recorded

μαγνητόφωνο ουσ ουδ tape recorder

μαγνητοφωνώ ρ μ to record

μάγος ουσ αρσ (παραμυθιού) wizard • (φυλής) witch doctor • (ταχυδακτυλουργός) magician • **οι τρεις Μάγοι** the Three Wise Men

μαγουλάδες ουσ θηλ πληθ mumps εν.

μάγουλο ουσ ουδ (ανθρώπου) cheek • (πλοίου) bow

Μάγχη ουσ θηλ **το Στενό της Μάγχης** the English Channel

μαδέρι ουσ ουδ plank

Μαδρίτη ουσ θηλ Madrid

μαδώ ρ μ (μαλλιά) to pull out • (πούπουλα) to pluck • (φύλλα) to pull off • (κότα) to pluck • (μαργαρίτα) to pull the petals off • (εκμεταλλεύομαι οικονομικά) to clean out ▶ ρ αμ (για πρόσ.) to lose one's hair • (σκύλος) to moult (ΒΡΕΤ.), to molt (ΑΜΕΡ.) • (φυτό) to shed its leaves • (λουλούδι) to shed its petals • (πουλόβερ) to be worn

μαέστρος ουσ αρσ (διευθυντής ορχήστρας) conductor • (οργανοπαίκτης) maestro

μάζα ουσ θηλ (αέρα, άμμου) mass • (Φυσ) mass • **οι λαϊκές μάζες** the masses ■ **μάζες** πληθ **οι μάζες** the masses

μάζεμα ουσ ουδ (μήλων, φρούτων) picking • (καλαμποκιού) gathering • (ρούχων) getting in • (πληροφοριών, στοιχείων) gathering • (γραμματοσήμων) collecting • (σπασμένων κομματιών) picking up • (χυμένων νερών) wiping up • (πελατείας) attracting • (δωματίου, σπιτιού) tidying up • (φούστας, παντελονιού, πανιού) taking in • (τέντας) taking down • (από το πλύσιμο: ρούχων) shrinking

μαζεμέν|ος, -η, -ο επιθ (πλήθος) assembled • (άτομο) withdrawn • (ζωή) secluded

μαζεύω ρ μ (σοδειά) to get in • (ελιές, φρούτα, λουλούδια) to pick • (χόρτα) to pull up • (ξύλα) to gather • (σπασμένα κομμάτια) to pick up • (νερά) to wipe up • (γραμματόσημα, νομίσματα, υπογραφές) to collect • (πελατεία) to attract • (στοιχεία, πληροφορίες) to gather • (για *φιλανθρωπίες*) to collect • (*για εκδρομή: χρήματα*) to raise • (*αποταμιεύω*) to save • (*σκόνη, βρομιά*) to attract • (*δωμάτιο, σπίτι*) to tidy up • (*πιάτα*) to put away • (*τραπέζι*) to clear • (*ανασηκώνω: κέρματα, καρφίτσες, βιβλίο*) to pick up • (*ορφανό, άστεγο*) to take in • (*φουστάνι, παντελόνι*) to take up • (*δίχτυα, πανιά*) to take in • (*πόδια*) to draw in • (*παιδί*) to control ▶ *ρ αμ* to shrink • ~ **τα μαλλιά** to put one's hair up ∎ **μαζεύομαι** *μεσοπαθ* (*κόσμος, πλήθος*) to gather • (*δουλειά*) to build up • (*γίνομαι συνεσταλμένος*) to settle down • (*από φόβο*) to cringe • (*επιστρέφω*) to get back • (*περιορίζω έξοδα*) to start saving

μαζί *επιρρ* (*πηγαίνω, φεύγω, γυρίζω, μένω*) together • (*συγχρόνως*) at the same time

μαζικ|ός, -ή, -ό *επιθ* (*διαδήλωση, απεργία, μετανάστευση*) mass • (*επενδύσεις*) massive • (*παραγγελίες*) bulk • **μαζική παραγωγή** mass production

Μάης *ουσ αρσ* (*Μάιος*) May • (*στεφάνι πρωτομαγιάς*) May crown • **~ του '68** (*Ιστ*) May 1968

μαθαίνω *ρ μ* (*Αγγλικά, μάθημα*) to learn • (*διδάσκω*) to teach • (*απομνημονεύω*) to learn • (*εμπεδώνω*) to revise • (*νέα*) to hear • (*καθέκαστα, αλήθεια*) to find out • (*γνωρίζω τον χαρακτήρα*) to get to know ▶ *ρ αμ* (*αποκτώ γνώσεις*) to learn • (*πληροφορούμαι*) to hear • ~ **να κάνω κτ** to learn how to do sth • (*συνηθίζω*) to get used to doing sth • ~ **κολύμπι/οδήγηση/τένις** to learn how to swim/to drive/to play tennis

μαθεύομαι *ρ αμ αποθ.* (*είδηση, γεγονός*) to become known • (*ιστορία*) to come out ∎ **μαθεύτηκε** *απρόσ* **μαθεύτηκε πως** it's said that

μάθημα *ουσ ουδ* (*γνώση*) lesson • (*διδασκαλία*) class • (*Σχολ, Πανεπ*) subject • (*ενότητα για μελέτη*) homework *χωρίς πληθ.* • **βασικό ~** core subject • ~ **υποχρεωτικό/επιλογής** compulsory/optional subject ∎ **μαθήματα** *πληθ* lessons

μαθηματικά *ουσ ουδ πληθ* mathematics *εν.*

μαθηματικ|ός, -ή, -ό *επιθ* mathematical ∎ **μαθηματικός** *ουσ αρσ, ουσ θηλ* (*επιστήμονας*) mathematician • (*καθηγητής*) maths (*Βρετ.*) ή math (*Αμερ.*) teacher

μαθητευόμεν|ος, -η, -ο *επιθ* (*τεχνίτης*) apprentice • (*οδηγός*) learner ∎ **μαθητευόμενος** *ουσ αρσ,* **μαθητευόμενη** *ουσ θηλ* apprentice

μαθητεύω *ρ αμ* to be apprenticed (*κοντά σε to*) ▶ *ρ μ* (*ειρων.*) to teach

μαθητής *ουσ αρσ* pupil • (*Σωκράτη, Ιησού*) disciple

μαθητικ|ός, -ή, -ό *επιθ* school

μαθήτρια *ουσ θηλ βλ.* **μαθητής**

μαία *ουσ θηλ* midwife

μαιευτήρας *ουσ αρσ* obstetrician

μαιευτήριο *ουσ ουδ* maternity hospital

μαϊμού *ουσ θηλ* monkey

μαϊντανός *ουσ αρσ* parsley

Μάιος *ουσ αρσ* May

μακάρι *μόρ* (*είθε*) if only • (*ακόμα και αν*) even if

μακάρι|ος, -α, -ο *επιθ* (*ευτυχισμένος*) happy • (*γαλήνιος*) blissful

μακαρίτης (*ευφημ.*) *ουσ αρσ* **ο ~** the deceased • **ο ~ ο πατέρας μου** my late father

μακαρίτισσα (*ευφημ.*) *ουσ θηλ βλ.* **μακαρίτης**

μακαρονάδα *ουσ θηλ* spaghetti *εν.*

μακαρόνια *ουσ ουδ πληθ* spaghetti *εν.*

Μακεδόνας *ουσ αρσ* Macedonian

Μακεδονία *ουσ θηλ* (*ελληνικό γεωγραφικό διαμέρισμα*) Macedonia • (*κατάχρ.*) (Former Yugoslav Republic of) Macedonia

μακεδονικ|ός, -ή, -ό *επιθ* Macedonian

Μακεδόνισσα *ουσ θηλ βλ.* **Μακεδόνας**

Μακεδονίτης *ουσ αρσ* = **Μακεδόνας**

μακεδονίτικ|ος, -η, -ο *επιθ* = **μακεδονικός**

Μακεδονίτισσα *ουσ θηλ βλ.* **Μακεδόνας**

μακέτα *ουσ θηλ* model

μακιγιάζ *ουσ ουδ άκλ.* make-up

μακιγιάρισμα *ουσ ουδ* making-up

μακιγιάρω *ρ μ* to put make-up on ∎ **μακιγιάρομαι** *μεσοπαθ* to be made-up

μακραίνω *ρ μ* (*φούστα, κουρτίνες*) to lengthen • (*περιγραφή, συζήτηση, ομιλία*) to draw out • (*ζωή*) to lengthen ▶ *ρ αμ* (*μαλλιά, γένια*) to grow • (*σκιά*) to get longer • (*διάλεξη, συζήτηση, διήγηση*) to drag on

μακριά *επιρρ* (*σε μεγάλη απόσταση*) far away • (*για δήλωση απόστασης*) far • (*στο μέλλον*) a long way off • (*στο παρελθόν*) a long time ago • **από ~** from afar • **βρίσκομαι** ή **είμαι (πολύ) ~** to be far away • **πόσο ~ είναι από δω;** how far is it from here?

μακριν|ός, -ή, -ό *επιθ* (*χώρα, πόλη*) distant • (*χωριό*) remote • (*ταξίδι, εκδρομή*) long • (*κίνδυνος, απειλή*) distant • (*περίοδος, εποχή*) far-off • (*παρελθόν*) distant • (*συγγενής*) distant

μακροβούτι *ουσ θηλ* dive

μακροπρόθεσμ|ος, -η, -ο *επιθ* long-term

μάκρος *ουσ ουδ* length • (*επιμήκυνση*) lengthening

μακροχρόνι|ος, -α, -ο *επιθ* (*σχέση, αρρώστια, μελέτη, διαπραγματεύσεις*) long-standing • (*συνέπεια, αποτέλεσμα, κέρδος*) long-lasting

μακρύνω (*επίσ.*) *ρ μ, ρ αμ* = **μακραίνω**

μακρ|ύς, -ιά, -ύ *επιθ* long

μαλάκας (*χυδ.*) *ουσ αρσ, ουσ θηλ* (*αυνανιστής*) wanker (*χυδ.*) • (*υβρ.*) wanker (*χυδ.*) • (*κορόιδο*) idiot • (*οικ.: προσφώνηση*) you idiot (*ανεπ.*)

μαλακία (*χυδ.*) *ουσ θηλ* (*αυναυισμός*) masturbation • (*υβρ.*) bullshit (*χυδ.*)

μαλακ|ός, -ή ή -ιά, -ό *επιθ* soft • (*ήπιος: άνθρωπος*) gentle • (*: φωνή, λόγος, συμπεριφορά*) gentle • (*νερό*) soft • **μαλακά ναρκωτικά** soft drugs • **μαλακά** *ουσ ουδ πληθ* bottom *εν.*

μαλακτική *ουσ θηλ* conditioner

μαλακτικό *ουσ ουδ* fabric softener

μαλακώνω *ρ μ* (*χώμα, χέρια, ρούχα*) to soften • (*λαιμό, βήχα, πόνο*) to relieve ▶ *ρ αμ* (*κρέας*) to become tender • (*παξιμάδι, ρούχα*) to become soft • (*άνθρωπος, φωνή, έκφραση, βλέμμα, στάση*) to soften • (*θυμός, οργή*) to die down • (*κρύο, καιρός*) to ease off

μάλαξη *ουσ θηλ* massage

μαλθακ|ός, -ή, -ό (μειωτ.) επιθ (άνθρωπος) flabby • (ζωή) soft

μάλιστα επιρρ (βεβαίως) yes • (για κατανόηση) right • (επιπλέον) even • (για επιδοκιμασία) of course

μαλλί ουσ ουδ (προβάτου) wool • (φυτών) hair • (καλαμποκιού) beard • (πτηνών) down • (ανεπ.: μαλλιά) hair

μαλλιά ουσ ουδ πληθ hair εν. • **ίσια/σγουρά ~** straight/curly hair

μαλλιαρ|ός, -ή, -ό επιθ (σκύλος) hairy • (γάτα) long-haired

μάλλιν|ος, -η, -ο επιθ woollen (Βρετ.), woolen (Αμερ.) ▪ **μάλλινα** ουσ ουδ πληθ woollens (Βρετ.), woolens (Αμερ.)

μάλλον επιρρ (πιθανόν) probably • (για μετριασμό) a bit • (περισσότερο) more • **ή ~** or rather

Μάλτα ουσ θηλ Malta

μαλωμένος, -η, -ο επιθ **είμαι ~ με** κπν to have fallen out with sb

μαλώνω ρ μ to tell off ▶ ρ αμ (καβγαδίζω) to argue • (διακόπτω σχέσεις) to fall out

μαμά ουσ θηλ mum (Βρετ.), mom (Αμερ.)

μάνα ουσ θηλ (ανεπ.) mum (Βρετ.), mom (Αμερ.) • (στα χαρτιά) bank • (στο τάβλι) ace-point checker

μανάβης ουσ αρσ greengrocer (Βρετ.), produce dealer (Αμερ.)

μανάβικο ουσ ουδ greengrocer's (shop) (Βρετ.), produce store (Αμερ.)

μανάβισσα ουσ θηλ βλ. **μανάβης**

μάνγκο ουσ ουδ άκλ. mango

μανεκέν ουσ ουδ άκλ. (fashion) model

μανέστρα ουσ θηλ noodles πληθ.

μανία ουσ θηλ (Ιατρ) mania • (φυγής, καταστροφής) obsession • (πάθος) passion

μανιακ|ός, -ή, -ό επιθ (δολοφόνος, εγκληματίας) crazed • (παθιασμένος) passionate ▪ **μανιακός** ουσ αρσ, **μανιακή** ουσ θηλ maniac

μάνικα ουσ θηλ hose

μανίκι ουσ ουδ sleeve • **μαζεύω τα μανίκια** to roll up one's sleeves

μανικιούρ ουσ ουδ άκλ. manicure

μανιτάρι ουσ ουδ mushroom • **πυρηνικό ~** mushroom cloud

μανιώδ|ης, -ης, -ες επιθ (παίκτης, καπνιστής) compulsive • (συλλέκτης) fanatical

μάννα ουσ θηλ = **μάνα**

μανό ουσ ουδ άκλ. nail polish

μανούβρα ουσ θηλ manoeuvre (Βρετ.), maneuver (Αμερ.)

μανούλα (χάιδευτ.) ουσ θηλ mummy (Βρετ.) (ανεπ.), mommy (Αμερ.) (ανεπ.)

μανούρι ουσ ουδ cream cheese

μανουσάκι ουσ ουδ daffodil

μανταλάκι ουσ ουδ clothes peg (Βρετ.), clothes pin (Αμερ.)

μάνταλο ουσ ουδ (ξύλινο) latch • (μεταλλικό) bolt

μανταρίνι ουσ ουδ tangerine

μαντάρω ρ μ to mend

μαντείο ουσ ουδ oracle

μαντεύω ρ μ (προφητεύω) to prophesy • (εικάζω) to guess ▶ ρ αμ to guess

μαντηλάκι ουσ ουδ handkerchief

μαντήλι ουσ ουδ (για τη μύτη, το πρόσωπο) handkerchief • (φουλάρι) scarf

μαντιλάκι ουσ ουδ = **μαντηλάκι**

μαντίλι ουσ ουδ = **μαντήλι**

μάντρα ουσ θηλ (τοίχος περίφραξης) wall • (υλικών, αυτοκινήτων) yard • (στάνη) stockyard

μαξιλάρα ουσ θηλ cushion

μαξιλάρι ουσ ουδ (προσκέφαλο) pillow • (καναπέ, πολυθρόνας) cushion

μαξιλαροθήκη ουσ θηλ pillowcase

μάπα ουσ θηλ (λάχανο) cabbage • (οικ.: πρόσωπο) face • (οικ.: για έργο) flop

μαραγκός ουσ αρσ carpenter

μάραθο ουσ ουδ fennel

μαραθώνι|ος, -ια, -ιο επιθ (πεδιάδα) of Marathon • (σύσκεψη, διαπραγματεύσεις) marathon ▪ **μαραθώνιος** ουσ αρσ (Αθλ) marathon (race)

μαραίνω ρ μ (φυτό) to wither • (νιάτα, ομορφιά) to eat away at ▪ **μαραίνομαι** μεσοπαθ (φυτό) to wither • (ομορφιά) to fade • (καρδιά) to break • (για πρόσ.) to waste away

μαργαρίνη ουσ θηλ margarine

μαργαρίτα ουσ θηλ daisy

μαργαριταρένι|ος, -ια, -ιο επιθ (κολιέ, δαχτυλίδι) pearl • (δόντια) pearly

μαργαριτάρι ουσ ουδ (πολύτιμος λίθος) pearl • (ειρων.: γλωσσικό σφάλμα) howler (ανεπ.) ▪ **μαργαριτάρια** πληθ pearls

μαρίδα ουσ θηλ whitebait

μαρίνα ουσ θηλ marina

μαρινάτ|ος, -η, -ο επιθ marinated

μαριονέτα ουσ θηλ puppet

μαριχουάνα ουσ θηλ marijuana

μάρκα ουσ θηλ (τσιγάρων, καλλυντικών, προϊόντων) brand • (αυτοκινήτου) make • (σήμα εταιρείας) logo • (σε παιχνίδι) counter • (σε καζίνο, λέσχη) chip

μαρκαδόρος ουσ αρσ felt-tip pen

μαρμαρένι|ος, -ια, -ιο επιθ = **μαρμάρινος**

μαρμάριν|ος, -η, -ο επιθ marble

μάρμαρο ουσ ουδ marble ▪ **μάρμαρα** πληθ marbles

μαρμελάδα ουσ θηλ jam (Βρετ.), jelly (Αμερ.)

Μαρόκο ουσ ουδ Morocco

μαρούλι ουσ ουδ lettuce

μαρουλοσαλάτα ουσ θηλ lettuce salad

Μάρτης ουσ αρσ March

Μάρτιος ουσ αρσ March

μάρτυρας ουσ αρσ, ουσ θηλ (γεγονότος, τελετής, σκηνής) witness • (αρχιτεκτονικών επιδράσεων) testimony • (Νομ) witness • (Θρησκ) martyr • **αυτόπτης ~** eyewitness • **~ κατηγορίας/ υπεράσπισης** witness for the prosecution/for the defence (Βρετ.) ή defense (Αμερ.)

μαρτυρία ουσ θηλ testimony • (πηγών, αρχείων) evidence χωρίς πληθ. • (συγχρόνων) account

μαρτύριο ουσ ουδ (βασανιστήριο) torment • (Θρησκ) martyrdom

μαρτυρώ ρ μ (επιβεβαιώνω: διαφορά, επίδραση) to reveal • (: ταραχή) to bear witness to • (: καταγωγή) to reveal • (: στοιχεία) to prove

• (φανερώνω: χαρακτήρα, άνθρωπο, ενοχή, πρόθεση) to reveal • (συνάδελφο) to inform against • (συμμαθητή) to tell on • (μυστικό, νέο) to give away • (συνένοχο, δίκτυο) to inform against ▶ **ρ αμ** (υποφέρω: άνθρωπος, ζώο) to go through hell • (Θρησκ) to be martyred ■ **μαρτυρείται, μαρτυρούνται** τριτοπρόσ to be proved

μάρτυς (επίσ.) ουσ αρσ, ουσ θηλ = **μάρτυρας**

μας αντων (προσωπική) us • (για κτήση) our • **~ είπαν** they told us • **το παιδί ~** our child

μασάζ ουσ ουδ άκλ. massage

μασέλα (ανεπ.) ουσ θηλ (γνάθος) jawbone • (οδοντοστοιχία) teeth πληθ. • (τεχνητή οδοντοστοιχία) dentures πληθ.

μάσκα ουσ θηλ (γενικότ.) mask • (κοσμητικό προϊόν) face mask • (αυτοκινήτου) grille • **~ οξυγόνου/καταδύσεων** oxygen/diving mask

μάσκαρα ουσ θηλ mascara

μασκαρεύω ρ μ to disguise ■ **μασκαρεύομαι** μεσοπαθ to dress up

μασκότ ουσ θηλ άκλ. mascot

μασούρι ουσ ουδ (καρούλι) bobbin • (κουβαρίστρα) reel • (χαρτονομισμάτων) wad • (κερμάτων) packet

μάστιγα ουσ θηλ plague

μαστίγιο ουσ ουδ whip

μαστιγώνω ρ μ (άνθρωπο, ζώο) to whip • (για βροχή, άνεμο) to lash

μαστίχα ουσ θηλ mastic • (τσίχλα) (chewing) gum

μάστορας ουσ αρσ (τεχνίτης) qualified workman • (δεξιοτέχνης) craftsman • (οικοδόμος) builder • (αρχιτεχνίτης) foreman

μαστόρεμα ουσ ουδ (από πρακτικό τεχνίτη) building work • (από ερασιτέχνη) odd jobs πληθ. (around the house)

μαστορεύω ρ μ to tinker with ▶ ρ αμ to do odd jobs

μαστός (επίσ.) ουσ αρσ (Ανατ) breast • (Ζωολ) udder

μαστουρωμέν|ος, -η, -ο (αργκ.) επιθ high (ανεπ.)

μαστουρώνω ρ αμ to be high (ανεπ.) ή stoned (ανεπ.)

μασχάλη ουσ θηλ (ανθρώπου) armpit • (φορέματος, πουκαμίσου) armhole

μασώ ρ μ to chew • (κασέτα, κλωστή) to chew up

μάταια επιρρ in vain

μάται|ος, -α ή -η, -ο επιθ vain • **~ κόσμος** vain world

ματαιώνω ρ μ to cancel • (απεργία) to call off • (σχέδια) to thwart

ματαίως επιρρ = **μάταια**

ματαίωση ουσ θηλ (εκδρομής, συναυλίας) cancellation • (σχεδίων) thwarting

μάτι ουσ ουδ (οφθαλμός) eye • (όραση) eyesight • (βασκανία) evil eye • (φυτού) bud • (κουζίνας) hotplate • (πόρτας) peephole • **κλείνουν τα μάτια μου** my eyes are closing • **κλείνω το ~ σε κπν** to wink at sb • **το αυτοκίνητο/πορτοφόλι και τα μάτια σου** take good care of the car/ your wallet • **αβγά μάτια** fried eggs

ματιά ουσ θηλ (βλέμμα) look • (γρήγορο κοίταγμα) glance • (οπτική γωνία) view • **ρίχνω μια ~** (σε κπν/κτ) to have a look (at sb/sth)

ματόφυλλο (λογοτ.) ουσ ουδ eyelid

ματς ουσ ουδ άκλ. match

ματσάκι (υποκορ.) ουσ ουδ (λουλούδια, σέλινα) bunch

μάτσο ουσ ουδ (λουλούδια, ρίγανη) bunch • (γράμματα) pile • (χαρτονομίσματα) wad

ματωμέν|ος, -η, -ο επιθ bloody

ματώνω ρ μ to cut ▶ ρ αμ to bleed

μαυριδερ|ός, -ή, -ό επιθ dark

μαυρίζω ρ μ (ουρανό) to make dark • (για πρόσ.) to tan ▶ ρ αμ (άνθρωπος) to go brown • (ουρανός) to grow dark • (τοίχος, κτήριο) to become black • (χέρια) to get dirty

μαυρίλα ουσ θηλ (νύχτας, ουρανού) blackness • (καπνού) fug • (από χτύπημα) bruise • (από μουντζούρα) stain

μαύρισμα ουσ θηλ (τοίχου, σκεύους) blackening • (από ήλιο) (sun)tan

μαυρισμέν|ος, -η, -ο επιθ (ουρανός) overcast • (από τον ήλιο) brown • (μάτια) black

μαυροδάφνη ουσ θηλ red table wine from Achaia

μαυροπίνακας ουσ αρσ blackboard (Βρετ.), chalkboard (Αμερ.)

μαύρ|ος, -η, -ο επιθ black • (μαυρισμένος) brown • (δόντι) decayed • (Τυπογρ) bold • (ζωή, χρόνια) gloomy • (μέρες) dark • (σκέψεις) dark • (μαντάτα) grim • (απελπισία) black • (πείνα) desperate • (διακοπές) miserable • (ταξίδι) terrible • **μαύρη αγορά** black market • **μαύρη ήπειρος** Africa • **μαύρη κωμωδία** black comedy • **μαύρη λίστα** blacklist • **μαύρη μπίρα** stout • **μαύρο πρόβατο** (μτφ.) black sheep • **μαύρη τρύπα** (κυριολ., μτφ.) black hole • **μαύρη χήρα** (Ζωολ) black widow • **μαύρο χιούμορ** black humour (Βρετ.) ή (Αμερ.) • **μαύρο ψωμί** brown bread ■ **μαύρα** ουσ ουδ πληθ black εν. ■ **μαύρο** ουσ ουδ black ■ **μαύρο** ουσ ουδ, **μαύρη** ουσ θηλ (αργκ.) hash (ανεπ.) ■ **μαύρος** ουσ αρσ, **μαύρη** ουσ θηλ Black person

μαχαίρι ουσ ουδ knife

μαχαιριά ουσ θηλ (χτύπημα με μαχαίρι) stab • (τραύμα) knife wound

μαχαιροπίρουνο ουσ ουδ knife and fork ■ **μαχαιροπίρουνα** πληθ cutlery εν.

μαχαίρωμα ουσ ουδ stabbing

μαχαιρώνω ρ μ to stab ■ **μαχαιρώνομαι** μεσοπαθ to have a knife fight

μάχη ουσ θηλ fight

μαχητής ουσ αρσ (πολεμιστής) combatant • (ελευθερίας, δημοκρατίας, προόδου) fighter

μάχομαι ρ μ αποθ. to fight against ▶ ρ αμ to fight

◯ ΛΕΞΗ-ΚΛΕΙΔΙ

με¹, μ' προθ +αιτ. **1** (για συνοδεία ή συντροφιά, συνύπαρξη) with

2 (για τρόπο): **με προθυμία** willingly

3 (για μέσο μεταφοράς) by • (για όργανο) with

4 (για σχέση, αναφορά) about

5 (για συνθήκες) with

6 (για αιτία) by
7 (για ιδιότητα, περιεχόμενο) with
8 (για όριο χρονικού διαστήματος) from ... to ...
9 (για αντάλλαγμα) for
10 (για αντίθεση, εναντίωση) in spite of • **μοιάζω με κπν** to look like sb

με² αντων me
μεγαλειότητα ουσ θηλ majesty
μεγαλειώδ|ης, -ης, -ες επιθ (εκδήλωση, τέχνη, παράσταση) magnificent • (τοπίο) grandiose
μεγαλέμπορος ουσ αρσ, ουσ θηλ wholesaler
Μεγάλη Βρετανία ουσ θηλ (νησί) Great Britain • (καταχρ.: Ηνωμένο Βασίλειο) United Kingdom
μεγαλοποιώ ρ μ to exaggerate
μεγαλόπολη ουσ θηλ = **μεγαλούπολη**
μεγαλοπρέπεια ουσ θηλ splendour (Βρετ.), splendor (Αμερ.)
μεγαλοπρεπ|ής, -ής, -ές επιθ (ανάκτορα, τελετή, μνημείο, ήλιος) magnificent • (τοπίο) magnificent • (διαδρομή) splendid • (παράστημα) majestic • (εορτασμός) lavish
μεγάλ|ος, -η, -ο επιθ (σπίτι, οικογένεια, εταιρεία, μισθός) big • (βαθμός) high • (απόσταση) great • (ταχύτητα) high • (λεξιλόγιο, αριθμός) large • (βουνό) high • (δέντρο, παιδί) tall • (αναστάτωση, ενδιαφέρον, χαρά, λύπη, πείνα, έρωτας) great • (πειρασμός) great • (καβγάς, σεισμός) big • (πίεση, υπέρταση) high • (ημέρα, διαδρομή) big • (ώριμος) adult • (γέρος) old • (αδελφός, αδελφή) older • (κόρη, γιος) eldest • (επιστήμονας, εξερευνητής, καλλιτέχνης) great • (καπνιστής) heavy • (μεύτης) big • (τέχνη, ποίηση) great • (αλήθειες, όνομα, στιγμή, τιμή, κατόρθωμα) great • (άνδρες, γυναίκες, πολιτικός) great ■ **μεγάλοι** ουσ αρσ πληθ (ηγέτες ισχυρών κρατών) world leaders • (ενήλικες) grown-ups
μεγαλόσωμ|ος, -η, -ο επιθ big
μεγαλούπολη ουσ θηλ major city
μεγαλοφυ|ής, -ής, -ές επιθ (επιστήμονας) brilliant • (ιδέα, επινόηση) ingenious • (έργο) of genius
μεγαλοφυΐα ουσ θηλ genius
μεγαλύτερ|ος, -η, -ο επιθ (σπίτι, οικογένεια, μισθός, εταιρεία, χώρος) bigger • (βαθμός) greater • (ταχύτητα) higher • (απόσταση) greater • (αριθμός, λεξιλόγιο) larger • (βουνό) higher • (δέντρο, παιδί) taller • (αναστάτωση, ενδιαφέρον, χαρά, λύπη, πειρασμός) greater • (πίεση) greater • (υπέρταση) higher • (ημέρα, διαδρομή) bigger • (αδελφός, αδελφή) older • (επιστήμονας, εξερευνητής, καλλιτέχνης) greater • (όνομα, κατόρθωμα) bigger • **είναι μεγαλύτερός μου κατά έξι χρόνια** he's six years older than me • **ο Όλυμπος είναι το μεγαλύτερο βουνό της Ελλάδας** Mount Olympus is the highest mountain in Greece
μεγαλώνω ρ μ (δωμάτιο, σπίτι) to enlarge • (περιουσία) to increase • (παιδί) to bring up ▶ ρ αμ (παιδί, άνθρωπος) to grow up • (μαλλιά) to grow • (σοδειά, λουλούδι) to grow • (πόλη) to develop • (ανησυχία, φιλοδοξίες) to grow • (ημέρα) to get longer • (κρύο) to become more intense • (θόρυβος) to get louder

μέγαρο ουσ ουδ mansion • **~ μουσικής** concert hall
μεγάφωνο ουσ ουδ loudspeaker
μέγεθος ουσ ουδ (ρούχων, παπουτσιού, κτηρίου, επιχείρησης, στρατού) size • (χωραφιού, οικοπέδου) area • (προβλήματος, φιλοδοξιών) extent • (γνώσεων, ομορφιάς, κινδύνου) extent
μεγέθυνση ουσ θηλ (οδού) widening • (κεφαλαίου, προβλήματος) growth • (Φωτογρ) enlargement
μέγιστ|ος, -η ή -ίστη, -ο(ν) επιθ (τιμή) highest • (σημασία) greatest • (ταχύτητα, όριο) maximum ■ **μέγιστο(ν)** ουσ ουδ peak
μεδούλι (ανεπ.) ουσ ουδ marrow
μέδουσα ουσ θηλ jellyfish ■ **Μέδουσα** ουσ θηλ Medusa
μεζεδάκι (υποκορ.) ουσ ουδ snack
μεζεδοπωλείο ουσ ουδ taverna that serves drinks and snacks
μεζές ουσ αρσ snack • **ούζο με μεζέ** ouzo served with appetizers
μεζούρα ουσ θηλ (ράφτη) tape measure • (ποτού) measure
μεθαυριαν|ός, -ή, -ό επιθ the day after tomorrow
μεθαύριο επιρρ the day after tomorrow • **αύριο-μεθαύριο** in a day or two
μέθη (επίσ.) ουσ θηλ drunkenness
μεθοδικ|ός, -ή, -ό επιθ (τρόπος, εργασία, προσέγγιση) methodical • (εξέταση, ανάλυση) systematic • (ταξινόμηση) systematic • (φοιτητής, ερευνήτρια) methodical
μέθοδος ουσ θηλ method • (μέσο) methods πληθ.
μεθόρι|ος, -α ή -ος, -ο επιθ on the border ή frontier • **μεθόρια ή ~ γραμμή** borderline ■ **μεθόριος** ουσ θηλ frontier
μεθύσι ουσ ουδ drunkenness • **στουπί ή σκνίπα ή τύφλα στο ~** (as) drunk as a skunk ή lord
μεθυσμέν|ος, -η, -ο επιθ drunk
μεθώ ρ αμ to get drunk ▶ ρ μ (φίλο) to get drunk • (προκαλώ ευφορία) to intoxicate
μείγμα ουσ ουδ mixture
μέικ-απ ουσ ουδ άκλ. make-up • **βάζω ή κάνω ~** to put on one's make-up
μεικτ|ός, -ή, -ό επιθ = **μικτός**
μείξη ουσ θηλ mix • (Κινημ) mixing
μείον επιρρ (Μαθ) minus ■ **μείον** ουσ ουδ disadvantage
μειονέκτημα ουσ θηλ (σχεδίου, πρότασης) disadvantage • (ανθρώπου) defect
μειονότητα ουσ θηλ minority • **εθνική ~** ethnic minority
μειωμέν|ος, -η, -ο επιθ (τιμές, ταχύτητα) reduced • (ορατότητα) reduced • (έξοδα) lower • (διαφορά) smaller • (πόνος, λύπη) diminished • (άνθρωπος, κύρος) diminished • (αξιοπρέπεια) fallen
μειώνω ρ μ (τιμές, αριθμό εργαζομένων) to cut • (έξοδα) to cut back ή down on • (ταχύτητα, χοληστερίνη) to reduce • (διαφορά, ορατότητα, ποινή) to reduce • (ένταση ήχου) to lower • (ικανότητα) to diminish • (αποτελεσματικότητα)

to decrease • (*άτομο, κύρος*) to diminish
• (*αξιοπρέπεια*) to take away • **~ το φαγητό** to eat less

μείωση *ουσ θηλ* (*γεννήσεων, ταχύτητας, έντασης ήχου, χοληστερίνης*) decrease • (*τιμών, θέσεων εργασίας*) cut • (*εξόδων*) cutback • (*αρτηριακής πίεσης*) lowering • (*προσωπικότητας*) humiliation • (*κύρους*) decline • (*αξιοπρέπειας*) taint

μελαγχολία *ουσ θηλ* melancholy • **με πιάνει ~** to feel depressed ή down

μελαγχολικ|ός, -ή, -ό *επιθ* (*καιρός*) gloomy • (*τραγούδι*) melancholy • (*για πρόσ.*) gloomy • (*φωνή*) glum • (*ατμόσφαιρα, σπίτι*) gloomy

μελαγχολώ *ρ αμ* to be depressed ή down ▶ *ρ μ* to depress

μελαμψ|ός, -ή, -ό *επιθ* dark

μελάνη (*επίσ.*) *ουσ θηλ* ink • **σινική ~** Indian ink, India ink (*ΑΜΕΡ.*) • *βλ. κ.* **μελάνι**

μελάνι *ουσ ουδ* ink

μελανιά *ουσ θηλ* (*λεκές*) (ink) blot • (*μελάνιασμα*) bruise

μελανιάζω *ρ μ* to bruise ▶ *ρ αμ* to turn blue

μελανούρι *ουσ ουδ* (*ψάρι*) saddled bream • (*οικ.*) beautiful brunette

μελάτ|ος, -η, -ο *επιθ* **αβγό μελάτο** soft-boiled egg

μελαχριν|ός, -ή, -ό *επιθ* dark-skinned ■ **μελαχρινός** *ουσ αρσ*, **μελαχρινή** *ουσ θηλ* person with dark skin

μελαψ|ός, -ή, -ό *επιθ ακλ.* = **μελαμψός**

μελέτη *ουσ θηλ* study • (*πόρισμα έρευνας*) findings *πληθ.*

μελετηρ|ός, -ή, -ό *επιθ* studious

μελετώ *ρ μ* (*πρόβλημα, πρόταση, συμπεριφορά, φαινόμενο*) to study • (*μάθημα*) to study • (*κιθάρα, πιάνο*) to practise (*ΒΡΕΤ.*), to practice (*ΑΜΕΡ.*) • (*αναφέρομαι*) to talk about • (*μνημονεύω*) to think about ▶ *ρ αμ* to study

μέλημα *ουσ ουδ* concern

μέλι *ουσ ουδ* honey

μέλισσα *ουσ θηλ* bee

μελίσσι *ουσ ουδ* (*σμάρι*) bee colony • (*κυψέλη*) (bee)hive ■ **μελίσσια** *πληθ* apiary *εν.*

μελισσοκομία *ουσ θηλ* beekeeping

μελιτζάνα *ουσ θηλ* aubergine (*ΒΡΕΤ.*), eggplant (*ΑΜΕΡ.*)

μελιτζανοσαλάτα *ουσ ουδ* aubergine (*ΒΡΕΤ.*) ή eggplant (*ΑΜΕΡ.*) purée

μελλοθάνατ|ος, -η, -ο *επιθ* dying ■ **μελλοθάνατος** *ουσ αρσ*, **μελλοθάνατη** *ουσ θηλ* condemned man/woman

μέλλον *ουσ ουδ* future • **στο ~** in the future

μελλοντικ|ός, -ή, -ό *επιθ* future

μέλλω *ρ μ* ~ **να κάνω κτ** to be going to do sth

μέλλων, -ουσα, -ον (*επίσ.*) *επιθ* future • **μέλλουσα νύφη** bride-to-be

μελό *ουσ ουδ ακλ.* melodrama

μελόδραμα *ουσ ουδ* (*έργο*) drama • (*μτφ.*) melodrama • **λυρικό ~** opera

μελομακάρονο *ουσ ουδ* honey cake

μέλος *ουσ ουδ* (*οργανισμού, ομάδας, οικογένειας*) member • (*ανθρώπου, ζώου*) limb • **ενεργό ~** active member

μελτέμι (*ανεπ.*) *ουσ ουδ* Etesian wind

μελωδία *ουσ θηλ* (*διαδοχή φθόγγων*) melody • (*τραγουδιού*) tune

μελωδικ|ός, -ή, -ό *επιθ* (*τραγούδι*) tuneful • (*ήχος, φωνή*) melodious

μεμβράνη *ουσ θηλ* membrane

μεμιάς *επιρρ* (*με μία φορά*) in one go • (*αμέσως*) immediately

μεμονωμέν|ος, -η, -ο *επιθ* (*εκδρομείς, προσπάθεια*) individual • (*πρόβλημα, γεγονός, περίπτωση*) isolated

μεν *σύνδ* **και οι ~ και οι δε, οι ~ και οι δε** both of them

μενεξές *ουσ αρσ* violet

μένος (*επίσ.*) *ουσ ουδ* fury • **πνέω μένεα (εναντίον κποιου)** to be livid (with sb)

μενού *ουσ ουδ ακλ.* menu

μέντα *ουσ θηλ* (*φυτό*) mint • (*ηδύποτο*) mint-flavoured (*ΒΡΕΤ.*) ή mint-flavored (*ΑΜΕΡ.*) drink • (*γλυκό*) mint

μεντεσές *ουσ αρσ* hinge

μένω *ρ αμ* (*κατοικώ*) to live (*με, σε* with, in) • (*ως φιλοξενούμενος*) to stay • (*παραμένω*) to stay • (*αντικαθιστώ*) to stand in (*για* for) • (*σταματώ*) to leave off • (*καταλήγω*) to be left • (*περισσεύω*) to be left • (*απομένω: κτήρια*) to be left standing • **δεν ~ πια εδώ** I don't live here any more • **δεν μου μένει χρόνος** I haven't got any time left • **~ μόνος** to be left on one's own • **~ μόνος μου** to live alone • **~ σ' ένα φίλο μου/σε ξενοδοχείο** to stay with a friend/at a hotel • **δεν μένει τίποτε άλλο παρά να...** there's nothing else for it but to...

Μεξικό *ουσ ουδ* Mexico

μέρα *ουσ θηλ* = **ημέρα**

μεριά *ουσ θηλ* (*ανεπ.*) place • (*δρόμου*) side • (*πόλης*) part • (*ρούχου, υφάσματος*) side • **από τη μιά μεριά... από την άλλη μεριά...** on one hand... on the other hand...

μερίδα *ουσ θηλ* (*πληθυσμού*) section • (*τύπου*) part • (*φαγητού, εστιατορίου*) portion

μερίδιο *ουσ ουδ* share

μερικ|ός, -ή, -ό *επιθ* (*αναπηρία, έκλειψη ηλίου, καταστροφή*) partial • (*απασχόληση*) part-time ■ **μερικοί, -ές, -ά** *πληθ* some • **μερικοί-μερικοί** (*ειρων.*) some ή certain people

μεριμνώ *ρ αμ* ~ **για** to take care of ▶ *ρ μ* ~ **να** to see to it that

μέρισμα *ουσ ουδ* (*επίσ.: μερίδιο*) share • (*ΟΙΚΟΝ.*) dividend

μερμήγκι *ουσ ουδ* = **μυρμήγκι**

μεροκάματο *ουσ ουδ* (*δουλειά μιας ημέρας*) a day's work • (*ημερομίσθιο*) a day's wages *πληθ.*

μεροληπτικ|ός, -ή, -ό *επιθ* biased • (*κριτήριο, αντιμετώπιση*) discriminatory

μεροληπτώ *ρ αμ* to be biased

μερόνυχτο *ουσ ουδ* = **ημερονύκτιο**

μέρος *ουσ ουδ* (*βιβλίου, σύνθεσης, σελίδας, σώματος*) part • (*χρημάτων, μισθού, περιουσίας, κληρονομιάς*) part • (*σύμβασης, συμφωνίας, δίκης*) party • (*τόπος*) place • (*ευφημ.*) toilet • **από ποιο ~ είστε;** where are you from? • **στα μέρη μας** in our part of the world • **~ του λόγου** part of speech

μέσα, μέσ', μες επιρρ in • **βγάζω κτ ~ από κτ** to take sth out of sth • **γυρίζω κτ το ~ έξω** to turn sth inside out • **η ~ πλευρά** the inside • **μένω ~** to stay in

μεσαί|ος, -α, -ο επιθ (δάχτυλο, πάτωμα, επίπεδο) middle • (ανάστημα, μέγεθος, εισόδημα) average • (αδελφός, στρώματα) middle • **μεσαία τάξη** (Κοινων) middle class ■ **μεσαία** ουσ ουδ πληθ medium wave εν.

μεσαιωνικ|ός, -ή, -ό επιθ medieval • (μειωτ.: αντιλήψεις) antiquated

μεσάνυχτα ουσ ουδ πληθ midnight

μέση ουσ θηλ (δρόμου, χωραφιού, χωριού) middle • (ταξιδιού, εκδήλωσης, νύχτας) middle • (ανθρώπου) waist • (ρούχου) waistband • **με πονάει η ~ μου** my back's aching

μεσημβριν|ός, -ή, -ό επιθ (πρόγραμμα) midday • (παράθυρο, διαμέρισμα) south-facing • **μεσημβρινή ώρα** midday ■ **μεσημβρινός** ουσ αρσ meridian

μεσημέρι ουσ ουδ midday

μεσημεριάζω ρ αμ **μεσημέριασα** it's almost midday ή noon • **μεσημεριάζει** απρόσ it's almost midday ή noon

μεσημεριανό ουσ ουδ lunch

μεσημεριαν|ός, -ή, -ό επιθ midday • **~ ύπνος** siesta • **μεσημεριανό φαγητό** lunch

μεσημεριάτικ|ος, -η, -ο επιθ = **μεσημεριανός**

μεσιτεύω ρ αμ to mediate

μεσίτης ουσ αρσ (για ασφάλειες, επενδύσεις) broker • (κτηματομεσίτης) estate agent (Βρετ.), realtor (Αμερ.)

μεσίτρια ουσ θηλ βλ. **μεσίτης**

μέσο ουσ ουδ (δωματίου, δρόμου, κύκλου) middle • (αγώνα, καλοκαιριού) middle • (διαφήμισης) medium • (προπαγάνδας) vehicle • (πίεσης, διασκέδασης, ελέγχου) means πληθ. • (προσέγγισης) manner • **από τα/στα μέσα Ιουνίου/Ιανουαρίου** from/in mid-June/mid-January • **μεταφορικό ~** means of transport • **Μέσα Μαζικής Ενημέρωσης** mass media • **~ μαζικής μεταφοράς** public transport

μεσογειακ|ός, -ή, -ό επιθ Mediterranean

Μεσόγειος ουσ θηλ the Mediterranean Sea

μεσολάβηση ουσ θηλ (φίλου, υπουργού, οργανισμού) mediation • (καταχρ.: παρέλευση χρόνου) lapse

μεσολαβητής ουσ αρσ mediator

μεσολαβήτρια ουσ θηλ = **μεσολαβητής**

μεσολαβώ ρ αμ (παρεμβαίνω) to intervene • (μεσιτεύω) to mediate • (καταχρ.: διάστημα, χρόνος) to elapse • (: απόσταση) to lie between • (λαμβάνω χώρα) to happen

μέσον ουσ ουδ = **μέσο**

μέσ|ος, -η, -ο επιθ (ηλικία, απόσταση) middle • (θερμοκρασία, βεληνεκές) average • (πολίτης, τηλεθεατής) average • (ύψος) average • (μόρφωση) average • (λύση) compromise • **οι Μέσοι Χρόνοι** (Ιστ) the Middle Ages • **η Μέση Ανατολή** the Middle East • **μέση εκπαίδευση** secondary education • **~ όρος** average • (Μαθ) mean • **μέσος** ουσ αρσ (χεριού) middle finger • (ποδιού) middle toe • (στο ποδόσφαιρο) midfielder

μεσοφόρι ουσ ουδ petticoat

μεστ|ός, -ή, -ό επιρρ (πλήρης: +γεν.) full of • (για καρπούς) ripe

μεστώνω ρ αμ (καρπός) to ripen • (άνθρωπος) to mature ▸ ρ μ to mature

μέσω προθ +γεν. through

μετά¹, μετ', μεθ προθ +αιτ. after • (επίσ.) +γεν. with • **• ~ από** after

μετά² επιρρ (ύστερα) after • (αργότερα) later • **~ από δω που θα πας;** where will you go next?

μεταβαίνω (επίσ.) ρ αμ **~ σε** (πηγαίνω) to go to • (περνώ) to turn to

μεταβάλλω ρ μ to change

μεταβατικ|ός, -ή, -ό επιθ transitional • **μεταβατικό ρήμα** transitive verb

μεταβιβάζω ρ μ (φάρμακα, τρόφιμα) to transport • (μήνυμα, χαιρετισμούς, αίτημα) to pass on • (παραδόσεις) to hand down • (δικαιώματα, περιουσία) to transfer • (αρμοδιότητα) to devolve

μεταβλητ|ός, -ή, -ό επιθ (σημείο, μήκος, άνεμοι) variable • (χαρακτήρας) changeable

μεταβολή ουσ θηλ change

μεταγλωττίζω ρ μ (εκπομπή) to dub • (κείμενο) to translate

μεταγλώττιση ουσ θηλ (εκπομπής) dubbing • (κειμένου) translation

μεταγλωττισμός ουσ αρσ = **μεταγλώττιση**

μεταγραφή ουσ θηλ (ξένων ονομάτων) transliteration • (παίκτη, επαγγελματία) transfer • (ταινίας) recording

μεταδίδω ρ μ (ενθουσιασμό) to communicate • (γνώσεις) to pass on • (ενδιαφέρον) to convey • (κέφι) to spread • (ήχο) to transmit • (μόλυνση) to spread • (ειδήσεις, πληροφορίες) to broadcast • (εικόνες, αγώνα, συναυλία) to broadcast ■ **μεταδίδομαι** μεσοπαθ to spread

μετάδοση ουσ θηλ (ενθουσιασμού) communication • (γνώσεων, άγχους) transmission • (ειδήσεων, αγώνα, συναυλίας) broadcast • (ασθένειας, ιού) transmission • (κίνησης, ηλεκτρικού ρεύματος) transmission

μεταδοτικ|ός, -ή, -ό επιθ (ασθένεια) contagious • (για ενθουσιασμό, χασμουρητό) catching

μετάθεση ουσ θηλ (υπαλλήλου, στρατιωτικού) transfer • (ημερομηνίας, ταξιδιού) postponement • **~ ευθυνών** scapegoating

μεταθέτω ρ μ (ευθύνες) to shift • (συναισθήματα) to transfer • (υπάλληλο, στρατιωτικό) to transfer • (ημερομηνία, ταξίδι) to postpone

μετακίνηση ουσ θηλ (επίπλου, μηχανήματος) moving • (υπαλλήλου, πληθυσμών) transfer • (γήινων πλακών) shifting • (αερίων μαζών) movement • (εκδρομέων) transport

μετακινώ ρ μ (συσκευές, έπιπλα) to move • (λαό, υπάλληλο) to transfer ■ **μετακινούμαι** μεσοπαθ to travel

μετακομίζω ρ αμ to move ▸ ρ μ to move • **~ ένα σπίτι** to move out of a house • **~ σε καινούργιο σπίτι** to move into a new house

μετακόμιση ουσ θηλ (μεταφορά νοικοκυριού) removal • (αλλαγή κατοικίας) move

μεταλλείο ουσ ουδ mine

μετάλλευμα *ουσ ουδ* ore
μεταλλικ|ός, -ή, -ό *επιθ* (*τραπέζι, καρέκλα, έλασμα*) metal • (*νερό, πηγές*) mineral • (*ήχος, φωνή*) ringing • (*χρώμα*) metallic
μετάλλιο *ουσ ουδ* medal • **χρυσό/αργυρό/ χάλκινο ~** gold/silver/bronze medal
μέταλλο *ουσ ουδ* metal
μεταμορφώνω *ρ μ* to transform
μεταμόρφωση *ουσ θηλ* transformation • **η Μεταμόρφωση του Σωτήρος** the Transfiguration
μεταμόσχευση *ουσ θηλ* transplant
μεταμφιέζω *ρ μ* to disguise ■ **μεταμφιέζομαι** *μεσοπαθ* to disguise oneself *ή* dress up (*σε as*)
μεταμφίεση *ουσ θηλ* disguise
μεταμφιεσμέν|ος, -η, -ο *επιθ* disguised • **χορός μεταμφιεσμένων** masked ball
μετανάστευση *ουσ θηλ* (*επίσης:* **εσωτερική ~**) immigration • (*επίσης:* **εξωτερική ~**) emigration • (*πουλιών, ψαριών*) migration
μεταναστεύω *ρ αμ* (*άνθρωποι*) to emigrate • (*χελιδόνια*) to migrate
μετανάστης *ουσ αρσ* immigrant
μετανάστρια *ουσ θηλ βλ.* **μετανάστης**
μετανιωμέν|ος, -η, -ο *επιθ* **είμαι ~ για κτ** (*έχω αλλάξει γνώμη*) to have changed one's mind about sth • (*έχω μετανοήσει*) to be sorry about sth
μετάνοια *ουσ θηλ* remorse
μετανοώ *ρ μ* to regret
μεταξένι|ος, -ια, -ιο *επιθ* (*ύφασμα, κλωστή*) silk • (*μαλλιά*) silky
μετάξι *ουσ ουδ* silk ■ **μετάξια** *πληθ* silks
μεταξύ *προθ* (*για τόπο, χρόνο, μέγεθος, τιμή*) +*γεν.* between • (*για συμπερίληψη σε ομάδα ή σύνολο*) +*γεν.* among • (*για διαφορά*) +*γεν.* between • **εν τω ή στο ~** (*ενώ γίνεται κάτι*) in the meantime • (*ωστόσο*) while
μεταποιώ *ρ μ* to alter
μεταρρυθμίζω *ρ μ* (*εκπαίδευση, σύστημα*) to reform • (*επίπλωση*) to rearrange
μετατοπίζω *ρ μ* (*φορτίο*) to move • (*πληθυσμό*) to displace • (*ευθύνες, φταίξιμο*) to shift • (*ενδιαφέρον*) to shift • (*προσοχή*) to distract
μετατρέπω *ρ μ* (*σπίτι, χώρο*) to convert • (*άνθρωπο*) to change • (*ευρώ, δολάρια*) to change
μετατροπή *ουσ θηλ* (*σπιτιού*) alteration • (*σοφίτας, αποθήκης*) conversion • (*σύστασης, συστήματος*) transformation • (*νομίσματος*) conversion
μεταφέρω *ρ μ* (*επιβάτες*) to transport • (*εμπορεύματα*) to transport • (*έδρα επιχείρησης*) to transfer • (*εκλογικά δικαιώματα*) to transfer • (*χρήματα, ποσό*) to transfer • (*ξένο συγγραφέα, κείμενο*) to translate • (*έργο*) to adapt • (*για μουσική, ποίηση*) to transpose • (*μήνυμα, χαιρετισμό*) to send
μεταφορά *ουσ θηλ* (*ασθενούς, επιβατών, προϊόντων, εμπορευμάτων*) transportation • (*αποβλήτων*) disposal • (*εκλογικών δικαιωμάτων, έδρας επιχείρησης, γνώσεων, δεδομένων*) transfer • (*χρημάτων, ποσού*) transfer • (*κειμένου*) translation

• (*μυθιστορήματος*) adaptation • (*σχήμα λόγου*) metaphor • (*Μουσ*) transposition ■ **μεταφορές** *πληθ* transport *εν.*
μεταφορέας *ουσ αρσ* carrier
μεταφορικ|ός, -ή, -ό *επιθ* (*έξοδα, γραφείο*) transport • (*Λογ*) figurative • **μεταφορικά μέσα** means of transport ■ **μεταφορικά** *ουσ ουδ πληθ* transport costs
μεταφράζω *ρ μ* to translate ■ **μεταφράζεται, μεταφράζονται** *τριτοπρόσ* to mean
μετάφραση *ουσ θηλ* translation
μεταφραστής *ουσ αρσ* (*επίσης:* **μεταφράστρια**) translator • (*διερμηνέας: επίσης:* **μεταφράστρια**) interpreter • (*Πληροφ*) translator
μεταφράστρια *ουσ θηλ βλ.* **μεταφραστής**
μεταφυτεύω *ρ μ* (*λουλούδι: σε γλάστρα*) to repot • (*σε καινούργιο χώμα*) to plant out
μεταχειρίζομαι *ρ μ αποθ.* (*λέξεις, βία, επιρροή*) to use • (*με συγκεκριμένο τρόπο*) to treat
μεταχείριση *ουσ θηλ* (*λέξεων*) use • (*ατόμου*) treatment
μεταχειρισμέν|ος, -η, -ο *επιθ* second-hand
μετεκπαίδευση *ουσ θηλ* postgraduate studies *πληθ.*
μετέχω *ρ αμ* to take part *ή* participate (*σε in*)
μετοχή *ουσ θηλ* (*Οικον*) share • (*Γλωσσ*) participle
μέτοχος, -ος, -ο *επίσ.) επιθ* participating ■ **μέτοχος** *ουσ αρσ, ουσ θηλ* shareholder (*Βρετ.*), stockholder (*Αμερ.*)
μετρ *ουσ αρσ άκλ.* master
μέτρημα *ουσ ουδ* = **μέτρηση**
μετρημέν|ος, -η, -ο *επιθ* (*ψήφοι, βιβλία*) counted • (*μέρες, ώρες*) numbered • (*έξοδα, δαπάνες*) moderate • (*άνθρωπος*) sensible • (*δηλώσεις, κουβέντα*) measured • (*κίνηση*) careful
μέτρηση *ουσ θηλ* measurement • (*πόντων, χρημάτων*) counting • **μονάδα μέτρησης** unit of measurement
μετρητά *ουσ ουδ πληθ* (*ρευστό χρήμα*) cash *εν.* • (*μέρος περιουσίας*) money *εν.* • **τοις μετρητοίς** in cash
μετρητής *ουσ αρσ* (*τηλεφώνου*) counter • (*νερού, ηλεκτρικού ρεύματος*) meter
μετριάζω *ρ μ* (*κέρδη*) to cut • (*ποινή*) to reduce • (*άγχος*) to ease • (*χαρά*) to temper • (*πόνο*) to ease • (*ταχύτητα*) to slow down • (*κάπνισμα*) to cut down on • (*ύφος, αντιδράσεις*) to tone down • (*εντυπώσεις*) to soften
μετριοπαθής, -ής, -ές *επιθ* moderate • (*αντίδραση*) reasonable
μέτρι|ος, -α, -ο *επιθ* (*δυσκολία, θερμοκρασία*) average • (*ανάστημα*) medium • (*άνεμος*) moderate • (*δόνηση*) mild • (*αρνητ.: επίδοση, ποιότητα, μαθητής*) mediocre • (*: εμφάνιση*) indifferent • (*για καφέ*) with a little sugar • (*υπολογισμός*) modest
μετριοφροσύνη *ουσ θηλ* modesty
μετρό *ουσ ουδ* underground (*Βρετ.*), subway (*Αμερ.*)
μέτρο *ουσ ουδ* (*μονάδα μετρήσεως*) measurement • (*μονάδα μετρήσεως μήκους*)

metre (Βρετ.), meter (Αμερ.) • (μετροταινία) tape measure • (κριτήριο αξιολόγησης) measure • (αποφυγή υπερβολής) moderation • **με ~ in moderation** ■ **μέτρα** πληθ (μέτρηση) measurements • (κυβέρνησης) measures
μετρώ ρ μ (ύψος, μήκος, όγκο, έκταση, νοημοσύνη) to measure • (πίεση, θερμοκρασία) to take • (χρήματα, ρέστα) to count • (σφυγμούς) to take • (συμπεριλαμβάνω) to count • (γκολ, καλάθι) to allow • (αναμετρώ) to measure up • (δυνάμεις, δυνατότητες) to estimate ▶ ρ αμ (αριθμώ) to count • (γκολ, καλάθι) to be allowed • (αξίζω) to count ■ **μετριέμαι** μεσοπαθ (συγκρίνομαι) to compare • (αξιολογούμαι) to be estimated • (αναμετριέμαι) to take on
μέτωπο ουσ ουδ (Ανατ) forehead • (Στρατ) front line • (ζώνη μαχών) front • (Μετεωρ) front
μέχρι, μέχρις προθ (όριο τοπικό) (up) to • (όριο χρονικό) until • (για προθεσμία) by • (όριο ποσοτικό ή αριθμητικό) up to • **έλα ~ εδώ** come here • **~ να φτάσουμε, θα έχει νυχτώσει** by the time we get there, it'll be dark • **μέχρις ενός σημείου** up to a point • **περίμενε ~ να τελειώσω** wait until ή till I have finished • **τα νερά ήρθαν ή έφτασαν ~ εδώ** the water came up to here

μη, μην μόρ **1** (για απαγόρευση, συμβουλή, κατάρα) don't **2** (μήπως) in case **3** (δηλώνει αντίστροφη έννοια) non
μηδέν ουσ ουδ (ανυπαρξία) nothing • (Μαθ) zero • (σε θερμόμετρο) zero • (Αθλ) nil (Βρετ.), zero (Αμερ.) • (σε μάθημα) zero
μηδενίζω ρ μ (έσοδα) to cancel out • (γραπτό, μαθητή) to give no marks to
μηδενικό ουσ ουδ zero • (για πρόσ.) nobody
μήκος ουσ αρσ length
μηλίτης ουσ αρσ cider
μήλο ουσ ουδ (καρπός) apple • (προσώπου) cheekbone
μηλόπιτα ουσ θηλ apple pie
μήνας ουσ αρσ month • **~ του μέλιτος** honeymoon
μηνιαίος, -α, -ο επιθ monthly
μηνιγγίτιδα ουσ θηλ meningitis
μήνυμα ουσ ουδ message • (καιρών) sign • (για μέσα ενημέρωσης) news εν. • **στέλνω ~ σε κν** to text sb
μήνυση ουσ θηλ lawsuit
μηνύω ρ μ to prosecute
μήπως σύνδ ή μόρ any chance • **~ είδες το βιβλίο μου;** have you seen my book by any chance? • **~ χάθηκαν;** maybe they got lost • **ρώτησέ τους ~ θέλουν νερό** ask them if they want some water
μηρός ουσ αρσ (Ανατ) thigh • (Ζωολ) haunch
μητέρα ουσ θηλ (ανθρώπου, ζώου) mother • (δημοκρατίας, πολιτισμού, τέχνης) cradle • (γεγονότος, κατάστασης) cause • **γιορτή της μητέρας** Mother's Day • **θετή ~** adoptive

mother • **φυσική ~** birth mother • **μητέρα-φύση** Mother Nature
μητριά ουσ θηλ (μη φυσική μητέρα) stepmother • (άστοργη μητέρα) bad mother
μητρικ|ός¹, -ή, -ό επιθ (ένστικτο) maternal • (αγάπη, αγκαλιά) motherly • (χάδια, γάλα) mother's • (μορφή) mother • (συμπεριφορά) maternal • **μητρική γλώσσα** (Γλωσσ) mother tongue • **μητρική κάρτα** (Πληροφ) motherboard
μητρικ|ός², -ή, -ό επιθ (κόλπος) uterine • (νόσημα) of the uterus ή womb ■ **μητρικά** ουσ ουδ πληθ diseases of the uterus ή womb
μητριός ουσ αρσ = **πατριός**
μητρόπολη ουσ θηλ (χώρα με αποικίες) metropolis • (Αρχ Ιστ) metropolis • (μεγαλούπολη) capital • (τεχνών, πολιτισμού, οικονομίας) capital ■ **Μητρόπολη** ουσ θηλ (καθεδρικός ναός) cathedral • (έδρα μητροπολίτη) metropolis • (κατοικία μητροπολίτη) palace • (περιοχή δικαιοδοσίας μητροπολίτη) diocese
μητροπολίτης ουσ αρσ metropolitan bishop
μητρυιά ουσ θηλ = **μητριά**
μητρώο ουσ ουδ record
μηχανάκι ουσ ουδ (μοτοσυκλέτα μικρού κυβισμού) scooter • (μαραφέτι) gadget
μηχανεύομαι ρ μ αποθ. to devise
μηχανή ουσ θηλ (γενικότ.) machine • (κινητήρας) engine • (μοτοσυκλέτα) motorbike • (βαγόνι τρένου) engine • **χτυπάω κτ στη ~** to type sth • **~ αναζήτησης** (Πληροφ) search engine • **~ λήψεως** camera
μηχάνημα ουσ ουδ machine
μηχανική ουσ θηλ mechanics εν.
μηχανικός¹ ουσ αρσ, ουσ θηλ (επάγγελμα) engineer • (αυτοκινήτων) mechanic • (Ναυτ) engineer • **~ ηχοληψίας** sound engineer • **πολιτικός ~** civil engineer
μηχανικ|ός², -ή, -ό επιθ mechanical • (παραγωγή, εγκατάσταση) machine • (μετάφραση) machine • (βλέμμα) absent-minded • **μηχανική βλάβη** engine trouble • **~ εξοπλισμός** machinery • **μηχανική υποστήριξη** life-support machine
μηχανισμός ουσ αρσ mechanism • **εκρηκτικός ~** explosive device • **κρατικός ~** government ή state machine
μία, μια αντων βλ. **ένας**
μιάμιση επιθ βλ. **ενάμισης**
μίγμα ουσ ουδ = **μείγμα**
μίζα ουσ θηλ (αυτοκινήτου, μηχανής) ignition • (αρνητ.: εταιρείας, πολιτικού) payoff
μιζέρια ουσ θηλ (μεγάλη φτώχεια) extreme poverty • (κακομοιριά) misery • (γκρίνια) peevishness • (τσιγγουνιά) meanness
μικραίνω ρ μ (ρούχο, απόσταση) to shorten • (εικόνα) to make smaller • (μτφ.) to diminish ▶ ρ αμ (διαφορά, κόσμος) to get smaller • (μάτια) to narrow • (μέρες) to get shorter • (σημασία) to decline
μικρόβιο ουσ ουδ (φυματίωσης, πανούκλας, σύφιλης) microbe • (μτφ.) bug • (οικ.: μικρόσωμο άτομο) shrimp (ανεπ.)

μικροκαμωμέν|ος, -η, -ο επιθ (άνθρωπος) slight • (σώμα, χέρι) small

μικροπρεπ|ής, -ής, -ές επιθ petty

μικρ|ός, -ή, -ό επιθ (σπίτι, πόλη, αυτοκίνητο, τραπέζι, νούμερο) small • (απόσταση) short • (δείκτης) little • (σε ηλικία) young • (παιδί, σκύλος) small • (αδελφός, αδελφή) younger • (ζώα) baby • (καθυστέρηση, διάλειμμα, διακοπή) short • (δόση, μερίδα) small • (ποσό) small • (κρόβη) low • (αποζημίωση) little • (ακρωτήριο, κοινό) small • (πόνος, λεπτομέρεια) small • (λάθος) small • (διαφορά) slight • (ταχύτητα) low • (χαρά) little • (γράμμα) small • **μικρές αγγελίες** small ads ∎ **μικρό** ουσ ουδ (ανθρώπου) child • (ζώου) baby • (αρκούδας, λύκου, λιονταριού) cub • (σκύλου) puppy • (γάτας) kitten • (πάπιας) duckling • (αλόγου) foal • (προβάτου) lamb • (αγελάδας) calf ∎ **μικρός** ουσ αρσ (νεαρός) boy • (σερβιτόρος) waiter • (βοηθός) errand boy ∎ **μικροί** ουσ αρσ πληθ (παιδιά) children • (αδύνατοι) little people • **μικροί και μεγάλοι** young and old

μικροσκοπικ|ός, -ή, -ό επιθ (εξέταση) using a microscope • (γράμματα) microscopic • (σώμα, ρούχο) tiny

μικροσκόπιο ουσ ουδ microscope

μικρόσωμ|ος, -η, -ο επιθ small

μικρόφωνο ουσ ουδ microphone

μικρύνω (επίσ.) ρ μ = **μικραίνω**

μικτ|ός, -ή, -ό επιθ (αποτελέσματα, λουτρά, παιχνίδια) mixed • (κέρδος, βάρος) gross • **~ γάμος** mixed marriage • **μικτό σχολείο** co-educational school

μίλι ουσ ουδ mile • **ναυτικό ~** nautical mile

μιλιά (ανεπ.) ουσ θηλ speech

μιλώ ρ μ το speak ή (γλώσσα, διάλεκτο) to speak ▸ ρ αμ (γενικότ.) to talk ή speak (για, σε about, to) • (έχω τον λόγο) to speak • (εκφράζω δυσαρέσκεια) to speak out • (συζητώ, φλυαρώ) to talk • (πράξεις, μάτια, σώμα) to speak • **~ για κπτν/κτ** to talk about sb/sth • (βιβλίο, ταινία) to be about sth • **~ με κπτν** to talk to sb • **~ σε κπτν** to speak to sb ∎ **μιλιέμαι** μεσοπαθ to be spoken

μιμούμαι ρ μ αποθ. (συμπεριφορά, τρόπους) to mimic • (πρότυπο) to imitate

μίνι επιθ άκλ. mini • **~ λεωφορείο** minibus ∎ **μίνι** ουσ ουδ miniskirt

μινιατούρα ουσ θηλ miniature

μίντια ουσ ουδ πληθ άκλ. media

μίξερ ουσ ουδ άκλ. (sound) mixer

μίξη ουσ θηλ = **μείξη**

μιούζικαλ ουσ ουδ άκλ. musical

μισαλλόδοξ|ος, -η, -ο επιθ intolerant

μισάνοιχτ|ος, -η, -ο επιθ (πόρτα) ajar • (χείλη, συρτάρι, μάτια) half-open

μισάωρο ουσ ουδ half an hour

μισθός ουσ αρσ (υπαλλήλου) salary • (εργάτη) wage • **βασικός ή κατώτατος ~** basic pay ή wage • **πρώτος ~** starting salary

μισθώνω (επίσ.) ρ μ το hire • (διαμέρισμα, κτήριο) to rent

μισθωτ|ός, -ή, -ό επιθ (εργάτης) paid

• (υπάλληλος) salaried ∎ **μισθωτοί** ουσ αρσ πληθ wage earners

μισό ουσ ουδ half • **μισά-μισά** fifty-fifty

μισογεμάτ|ος, -η, -ο επιθ half-full

μισ|ός, -ή, -ό επιθ half • **μισή ώρα** half an hour

μίσος ουσ ουδ hate

μισοτιμής επιρρ (στη μισή τιμή) at half-price • (πολύ φθηνά) at a very low price

μισοφέγγαρο ουσ ουδ (ημισέληνος) half-moon • (μουσουλμανικό σύμβολο) crescent

μισώ ρ μ to hate

μνήμα ουσ ουδ tomb

μνημείο ουσ ουδ (πεσόντων, Άγνωστου Στρατιώτη) memorial • (Ακρόπολης, Παρθενώνα) monument • (λόγου) record

μνήμη ουσ θηλ (Πληροφ) memory • **~ μόνο ανάγνωση** read-only memory • **~ τυχαίας προσπέλασης** random access memory ∎ **μνήμες** πληθ memories

μνημονεύω ρ μ to mention

μνηστή (επίσ.) ουσ θηλ fiancée

μνηστήρας ουσ αρσ (επίσ.) fiancé

μοβ επιθ άκλ. mauve • **μοβ** ουσ ουδ mauve

μόδα ουσ θηλ fashion • **γίνομαι/είμαι της μόδας** to come into/be in fashion • **επίδειξη μόδας** fashion show • **οίκος μόδας** fashion house • **σχεδιαστής μόδας** fashion designer

μοδίστρα ουσ θηλ dressmaker

μοιάζω ρ αμ (φέρνω) to look alike • (φαίνομαι) to look

μοίρα ουσ θηλ (πεπρωμένο) destiny • (οικονομίας, θεάτρου, παιδείας) fate • (Γεωμ) degree • (στόλου, αεροσκαφών) squadron (Βρετ.), group (Αμερ.) • (πυροβολικού) unit

μοιράζω ρ μ (διαιρώ: χρήματα, χρόνο) to divide • (: ψωμί, φαγητό) to share out • (διανέμω: περιουσία) to distribute • (: βοήθεια) to give • (: παιχνίδια, βραβεία) to hand out • (κομπλιμέντα, συμβουλές, υποσχέσεις) to dish out ▸ ρ αμ το deal • **~ τη διαφορά** to split the difference ∎ **μοιράζομαι** μεσοπαθ (σπίτι, κέρδη, ευθύνη) to share • (έξοδα) to split • (σκέψεις, συναισθήματα) to share • (διχάζομαι) to be torn (ανάμεσα σε between)

μοιραί|ος, -α, -ο επιθ (προκαθορισμένος) inevitable • (λάθος, χρονιά, έκβαση) fatal • **μοιραία γυναίκα** femme fatale • **μοιραίο** ουσ ουδ death

μοιρασιά ουσ θηλ division

μοίρασμα ουσ ουδ = **μοιρασιά**

μοιρολόγι ουσ ουδ (θρηνητικό τραγούδι) dirge • (μειωτ.) moaning χωρίς πληθ.

μοιρολογώ ρ μ to mourn ▸ ρ αμ (θρηνώ) to lament • (οικ.) to moan

μοιχεία ουσ θηλ adultery

μοκέτα ουσ θηλ (fitted) carpet

μολονότι σύνδ even though

μόλος ουσ αρσ jetty

μόλυβδος ουσ αρσ lead

μολύβι ουσ ουδ (για γραφή) pencil • (ματιών) eyeliner • (χειλιών) lip pencil • (μόλυβδος) lead

μόλυνση ουσ θηλ (πληγής) infection • (ατμόσφαιρας, θάλασσας, περιβάλλοντος) pollution

μολύνω ρ μ (περιβάλλον, θάλασσα, ατμόσφαιρα) to pollute • (ιατρ) to infect

μονάδα ουσ θηλ (γενικότ.: Στρατ, Μαθ) unit • (στο σχολείο) lowest grade, ≈ E • **Μονάδες Αποκατάστασεως της Τάξεως** riot police χωρίς πληθ.

μοναδικ|ός, -ή, -ό επιθ unique • (τύχη) exceptional

Μονακό ουσ ουδ άκλ. Monaco

μοναξιά ουσ θηλ solitude • **νιώθω ~** to feel lonely

μονάρχης ουσ αρσ monarch

μοναρχία ουσ θηλ monarchy • **συνταγματική ~** constitutional monarchy

μοναστήρι ουσ ουδ (ανδρών) monastery • (γυναικών) convent

μονάχα επιρρ only

μοναχή ουσ θηλ nun

μοναχικ|ός, -ή, -ό επιθ (για πρόσ.) lonely • (σπίτι) isolated • (πορεία, περίπατος, ταξίδι) solitary • (τάγμα, σχήμα, βίος) monastic

μοναχογιός ουσ αρσ only son

μοναχοκόρη ουσ θηλ only daughter

μοναχοπαίδι ουσ ουδ only child

μονή (επίσ.) ουσ θηλ (ανδρών) monastery • (γυναικών) convent

μόνιμα επιρρ permanently

μόνιμ|ος, -η, -ο επιθ permanent • (πελατεία) regular

μόνιτορ ουσ ουδ άκλ. monitor

μόνο επιρρ only • **απλώς ή απλά και ~** quite simply • **όχι μόνο..., αλλά και** not only..., but also • **~ και ~** only

μονόγραμμα ουσ ουδ monogram

μονογραφή ουσ θηλ initials πληθ.

μονόδρομος ουσ αρσ (κυριολ.) one-way street • (μτφ.) only solution

μονοήμερ|ος, -η, -ο επιθ one-day • **μονοήμερη εκδρομή** day trip

μονοκατοικία ουσ θηλ detached house (Βρετ.), self-contained house (Αμερ.)

μονόκλινο ουσ ουδ single room

μονομιάς επιρρ (μονοκοπανιά) in one go • (αμέσως) at once • (ξαφνικά) all of a sudden

μονοπάτι ουσ ουδ path

μονοπώλιο ουσ ουδ monopoly

μονορούφι επιρρ in one go ή gulp

μον|ός, -ή, -ό επιθ (κρεβάτι, κλωστή) single • (αριθμός) odd

μόν|ος, -η, -ο επιθ (χωρίς τη βοήθεια άλλου) by oneself • (μοναχός) alone • (έννοια, φορά, όρος) only • **από ~ μου** by oneself • (θέλω) of one's own free will • **ζω ~** to live alone

μονότον|ος, -η, -ο επιθ (τραγούδι, ρυθμός) monotonous • (αφήγηση) flat • (φωνή, ήχος) monotonous • (άνθρωπος) dull

μονόχρωμ|ος, -η, -ο επιθ (επιφάνεια, οθόνη) monochrome • (ρούχα) plain

μοντέλο ουσ ουδ model

μόντεμ ουσ ουδ άκλ. modem

μοντέρν|ος, -α, -ο επιθ modern • (ντύσιμο, διακόσμηση, ρούχα) trendy • **μοντέρνα τέχνη** modern art

μονώνω ρ μ to insulate

μόνωση ουσ θηλ insulation • **ηχητική ~** soundproofing

Μοριάς ουσ αρσ **ο ~** the Peloponnese

μορφή ουσ θηλ (σχήμα) form • (όψη) aspect • (πρόσωπο) face • (φυσιογνωμία) figure • (σύνολο χαρακτηριστικών πράγματος) form

μορφίνη ουσ θηλ morphine

μορφολογία ουσ θηλ morphology

μορφώνω ρ μ to educate ▪ **μορφώνομαι** μεσοπαθ to get an education

μόρφωση ουσ θηλ education

Μόσχα ουσ θηλ Moscow

μοσχάρι ουσ ουδ (Ζωολ) calf • (υβρ.) dunce • **~ ψητό** roast veal

μοσχαρίσι|ος, -α, -ο επιθ veal

μοσχάτο ουσ ουδ muscat(el)

μοσχοβολώ ρ αμ to be fragrant

μοσχοκάρυδο ουσ ουδ nutmeg

μοσχολίβανο ουσ ουδ frankincense

μοσχομυρίζω ρ αμ to be fragrant

μοτοποδήλατο ουσ ουδ moped

μοτοσικλέτα ουσ θηλ = **μοτοσυκλέτα**

μοτοσικλετιστής ουσ αρσ = **μοτοσυκλετιστής**

μοτοσικλετίστρια ουσ αρσ βλ. **μοτοσυκλετιστής**

μοτοσυκλέτα ουσ θηλ motorcycle

μοτοσυκλετισμός ουσ αρσ motorcycle racing

μοτοσυκλετιστής ουσ αρσ motorcyclist

μοτοσυκλετίστρια ουσ θηλ βλ. **μοτοσυκλετιστής**

μου αντων (προσωπική) me • (για κτήση) my

μουγγ|ός, -ή, -ό επιθ unable to speak • (αμίλητος) dumbstruck

μουγκ|ός, -ή, -ό επιθ = **μουγγός**

μουγκρητό ουσ ουδ (βοδιού) bellowing χωρίς πληθ. • (τίγρης, λιονταριού) roar • (ανθρώπου) groan • (θάλασσας, χειμάρρου) roar

μουγκρίζω ρ αμ (βόδι, αγελάδα) to bellow • (λιοντάρι, τίγρη) to roar • (άνθρωπος) to groan • (θάλασσα, ποταμός, μηχανή) to roar

μούγκρισμα ουσ ουδ = **μουγκρητό**

μουδιάζω ρ αμ to go numb ▶ ρ μ to make numb

μουδιασμέν|ος, -η, -ο επιθ numb

μουλάρι ουσ ουδ (ημίονος) mule • (υβρ.) lout

μουλιάζω ρ μ to soak • ρ αμ (πουκάμισο) to soak • (άνθρωπος) to get soaked

μούμια ουσ θηλ (ανθρώπου, ζώου) mummy • (μειωτ.) shrivelled-up (Βρετ.) ή shriveled-up (Αμερ.) person

μούντζα ουσ θηλ contemptuous and insulting gesture made with the open palm

μουντζούρα ουσ θηλ (από μελάνι) stain • (από καπνιά) smudge

μουντιάλ ουσ ουδ άκλ. **το ~** the World Cup

μούρη (οικ.) ουσ θηλ (ανθρώπου) face • (ζώου) snout • (αυτοκινήτου) nose

μουρλ|ός, -ή, -ό (οικ.) επιθ crazy (ανεπ.) ▪ **μουρλός** ουσ αρσ, **μουρλή** ουσ θηλ nutter (ανεπ.)

μουρμούρα ουσ θηλ (μουρμουρητό) murmuring • (γκρίνια) moaning χωρίς πληθ.

μουρμουράω ρ αμ = **μουρμουρίζω**

μουρμουρητό ουσ ουδ (χαμηλόφωνη ομιλία) murmuring • (ψίθυρος) murmur • (γκρίνια) moaning χωρίς πληθ.

μουρμουρίζω ρ μ to murmur ▶ ρ αμ (ψιθυρίζω) to murmur • (γκρινιάζω) to moan

μούρο ουσ ουδ mulberry

μουρούνα ουσ θηλ cod

μούσα ουσ θηλ (Μυθολ) Muse • (γυναίκα που εμπνέει) muse ▪ **Μούσες** πληθ fine arts

μουσακάς ουσ αρσ moussaka

μουσαμάς ουσ αρσ (φορτηγού) tarpaulin • (δαπέδου) linoleum • (στη ζωγραφική) canvas

μουσείο ουσ ουδ (χώρος φύλαξης και έκθεσης) museum • (μειωτ.: για πρόσ.) geriatric

μούσι ουσ ουδ (γένι) beard • (οικ.: ψέμα) lie

μουσική ουσ θηλ (γενικότ.) music • (Σχολ) music (lesson) • **γράφω/παίζω** ~ to write/to play music • **κλασική** ~ classical music • ~ **δωματίου** chamber music • **χορευτική** ~ dance music

μουσικ|ός, -ή, -ό επιθ musical • **μουσική παράδοση** musical tradition • **μουσικός** ουσ αρσ, ουσ θηλ (μουσικοδιδάσκαλος) music teacher • (μουσικοσυνθέτης) composer • (εκτελεστής μουσικών έργων) musician

μούσκεμα ουσ ουδ soaking • **γίνομαι** ~ to get soaked • **είμαι** ~ to be soaking ή dripping wet • **είμαι** ~ **στον ιδρώτα** to be bathed in sweat

μουσκεύω ρ μ to soak ▶ ρ αμ to get soaked

μουσκίδι (οικ.) επιρρ **είμαι/γίνομαι** ~ to be/get soaked through

μούσμουλο ουσ ουδ loquat

μουσουλμάνα ουσ θηλ βλ. **μουσουλμάνος**

μουσουλμάνος ουσ αρσ Muslim

μουστάκι ουσ ουδ moustache (Βρετ.), mustache (Αμερ.) ▪ **μουστάκια** πληθ whiskers

μουστάρδα ουσ θηλ mustard

μούτζα ουσ θηλ = **μούντζα**

μούτρο (οικ.) ουσ ουδ (πρόσωπο) face • (αρνητ.) crook ▪ **μούτρα** πληθ face εν.

μουτρωμένος, -η, -ο (οικ.) επιθ sullen

μουτρώνω (οικ.) ρ αμ to sulk

μούχλα ουσ θηλ mould (Βρετ.), mold (Αμερ.) • (αδράνεια) vegetating

μουχλιάζω ρ αμ (φρούτα, ψωμί) to go mouldy (Βρετ.) ή moldy (Αμερ.) • (τοίχος) to be covered in mould (Βρετ.) ή mold (Αμερ.) ή mildew • (αδρανώ) to vegetate

μουχλιασμέν|ος, -η, -ο επιθ (ψωμί) mouldy (Βρετ.), moldy (Αμερ.) • (τοίχος) covered in mould (Βρετ.) ή mold (Αμερ.) • (ιδέες) fusty

μόχθος ουσ αρσ labour (Βρετ.), labor (Αμερ.)

μοχθώ ρ αμ to labour (Βρετ.), to labor (Αμερ.)

μοχλός ουσ αρσ lever • ~ **ταχυτήτων** gear stick (Βρετ.), gearshift (Αμερ.) • ~ **χειρισμού** joystick

MP3 ουσ ουδ MP3, MP3 player

μπαγιάτικ|ος, -η, -ο επιθ (ψωμί) stale • (φρούτα) dried-up • (αστείο) stale • (νέο) old

μπάζα¹ (οικ.) ουσ θηλ haul • **δεν πιάνω** ~ **μπροστά σε κπν/κτ** not to be a patch on sb/ sth • **κάνω (γερή)** ~ to make a packet (ανεπ.)

μπάζα² ουσ ουδ πληθ rubble εν.

μπάζω ρ μ (άνθρωπο) to let in • (αντικείμενο) to put in • (κατατοπίζω) to brief ▶ ρ αμ (ρούχα, ύφασμα) to shrink • (άμυνα) to be weak • (επιχειρήματα) to be full of holes • (σύστημα) to crumble • **η πόρτα/το παράθυρο μπάζει αέρα**

there's a draught (Βρετ.) ή draft (Αμερ.) coming from the door/window ▪ **μπάζει απρόσ** there's a draught (Βρετ.) ή draft (Αμερ.)

μπαίνω ρ αμ (εισέρχομαι: σε σπίτι, γραφείο) to go in • (σε μπάνιο) to get in • (άμμος, σκόνη) to get in • (γκολ, καλάθι) to go in • (σε χώρα. λιμάνι, στην πόλη) to enter • (επιβιβάζομαι: σε αυτοκίνητο, βάρκα) to get in • (σε αεροπλάνο, τρένο, λεωφορείο) to get on • (αέρας, φως) to come in • (μαζεύω: ύφασμα, ρούχο) to shrink • (χωρώ: τραπέζι, γραφείο) to go in • (: παντελόνι, φούστα) to fit • (τοποθετούμαι: πίνακας, φωτιστικό) to go • (τακτοποιούμαι: αρχείο, βιβλία, ρούχα) to go • (σημειώνομαι: τόνος, κόμμα, απόστροφος) to go • (συμμετέχω: σε συζήτηση) to join in • (εντάσσομαι: σε πανεπιστήμιο, στο Δημόσιο) to get in • (εισάγομαι: σε νοσοκομείο) to be admitted (σε to) • (ορίζομαι: συνέταιρος, μάρτυρας) to become • (εισέρχομαι: στο Διαδίκτυο) to log on • (για εποχές, μήνες) to come • **μου μπήκε ένα αγκάθι στο δάχτυλο** I've got a thorn in my finger • ~ **στα τριάντα/στα σαράντα** to be coming up to ή pushing (ανεπ.) thirty/forty

μπακάλης ουσ αρσ grocer

μπακαλιάρος ουσ αρσ cod • ~ **σκορδαλιά** purée of cod, potatoes and garlic

μπακάλικο ουσ ουδ grocer's (shop) (Βρετ.), grocery store (Αμερ.)

μπακάλισσα ουσ θηλ βλ. **μπακάλης**

μπακλαβάς ουσ αρσ baklava

μπάλα ουσ θηλ (γενικότ.) ball • (χώματος) clod • (ποδόσφαιρο) football • (άχυρο, βαμβάκι) bale • **παίζω** ~ to play ball • ~ **ποδοσφαίρου** football • ~ **τένις/μπιλιάρδου** tennis/billiard ball • ~ **χιονιού** snowball

μπαλάκι ουσ ουδ ball

μπαλάντα ουσ θηλ ballad

μπαλέτο ουσ ουδ ballet • **βραδιά μπαλέτου** evening at the ballet • **κλασικό** ~ classical ballet

μπαλιά ουσ θηλ shot

μπαλκόνι ουσ ουδ balcony ▪ **μπαλκόνια** πληθ (οικ.) big breasts

μπαλόνι ουσ ουδ balloon

μπαλτάς ουσ αρσ axe (Βρετ.), ax (Αμερ.)

μπαλώνω ρ μ (παντελόνι) to patch • (κάλτσες) to darn • (δίχτυα) to mend • (τοίχο) to fill the cracks in

μπαμ (προφορ.) ουσ ουδ άκλ. (δυνατός κρότος) bang • (αμέσως) hey presto

μπάμια ουσ θηλ okra ▪ **μπάμιες** πληθ baked okra

μπαμπάκι ουσ θηλ = **βαμβάκι**

μπαμπάς ουσ αρσ dad

μπανάνα ουσ θηλ (καρπός) banana • (τσαντάκι) bum bag (Βρετ.), fanny pack (Αμερ.) • (θαλάσσια ψυχαγωγία) banana, water sled

μπανιέρα ουσ θηλ bath (Βρετ.), bathtub (Αμερ.) • **κλασική** ~ classic clawfoot bathtub

μπάνιο ουσ ουδ (πλύσιμο) bath • (δωμάτιο) bathroom • (μπανιέρα) bath (Βρετ.), bathtub (Αμερ.) • (κολύμπι) swim ▪ **μπάνια** πληθ spa baths

μπάντα *ουσ θηλ* (πλάι, πλευρά) side
 • (φιλαρμονική) band • (ζώνη συχνοτήτων) band
μπαούλο *ουσ ουδ* chest
μπαρ *ουσ ουδ άκλ.* bar
μπάρα *ουσ θηλ* (αμπάρα) bolt • (πάγκος μπαρ)
 bar • (στην άρση βαρών) dumbbell
μπαργούμαν *ουσ θηλ άκλ.* bartender
μπαρκάρω *ρ αμ* (ναυτολογούμαι) to join
 • (επιβιβάζομαι) to embark
μπάρμαν *ουσ αρσ άκλ.* bartender
μπαρμπούνι *ουσ ουδ* red mullet
μπάσκετ, μπάσκετ-μπολ *ουσ ουδ άκλ.*
 = καλαθοσφαίριση
μπασκέτα *ουσ θηλ* basket (*in basketball*)
μπάσο *ουσ ουδ* (κοντραμπάσο) double bass
 • (ηλεκτρικό μπάσο) bass (guitar) • (φωνής) bass
 ■ **μπάσα** *πληθ* bass εν.
μπάσταρδη (μειωτ.) *ουσ θηλ βλ.* **μπάσταρδος**
μπάσταρδος (μειωτ.) *ουσ αρσ* (νόθο παιδί)
 bastard (χυδ.) • (τετραπέρατος) clever bastard
 (χυδ.)
μπαστούνι *ουσ ουδ* (μαγκούρα) walking stick
 • (στην τράπουλα) spade • (γκολφ) club
μπαταρία *ουσ θηλ* battery
μπατζάκι *ουσ ουδ* (γενικότ.) trouser leg (Βρετ.),
 pant leg (Αμερ.) • (ρεβέρ) turn-up (Βρετ.), cuff
 (Αμερ.)
μπατζανάκης *ουσ αρσ* brother-in-law
μπατίρης *ουσ αρσ* **είμαι** ~ to be stony ή flat
 broke (ανεπ.)
μπατίρισσα *ουσ θηλ βλ.* **μπατίρης**
μπάτσος¹ *ουσ αρσ* slap
μπάτσος² (μειωτ.) *ουσ αρσ* cop (ανεπ.)
μπαχαρικό *ουσ ουδ* spice
μπεζ *επιθ άκλ.* beige ■ **μπεζ** *ουσ ουδ* beige
μπέιζμπολ *ουσ ουδ άκλ.* baseball
μπέικον *ουσ ουδ άκλ.* bacon
μπεϊμπισίτερ, μπέιμπι-σίτερ *ουσ θηλ άκλ.*
 babysitter
μπεκρής *ουσ αρσ* drunk
μπεκρού *ουσ θηλ βλ.* **μπεκρής**
μπελάς *ουσ αρσ* (ενοχλητική κατάσταση) trouble
 • (για πρόσ.) nuisance
μπέμπα *ουσ θηλ* (θηλυκό μωρό) baby girl
 • (χαϊδευτ.: για γυναίκα) baby
μπέμπης *ουσ αρσ* (αρσενικό μωρό) baby boy
 • (χαϊδευτ.: μικρό αγόρι) little boy • (μειωτ.)
 crybaby (ανεπ.)
μπέρδεμα *ουσ ουδ* (σκοινιών, μαλλιών) tangle
 • (σύγχυση) mix-up ■ **μπερδέματα** *πληθ* trouble
 εν.
μπερδεμέν|ος, -η, -ο *επιθ* (μαλλιά, κλωστές,
 σχοινιά) tangled • (σημειώσεις, βιβλία, χαρτιά)
 muddled up • (υπόθεση, ορισμός) muddled
 • (δουλειά) tricky • (συγχυσμένος) confused
μπερδεύω *ρ μ* (σχοινιά, καλώδια) to tangle (up)
 • (χαρτιά, σημειώσεις) to mix up • (χρώματα,
 μπογιές) to mix • (υπόθεση, ζήτημα) to confuse
 • (όνομα, λέξεις) to mix up • (προκαλώ σύγχυση)
 to confuse • (μπλέκω) to mix up (σε in)
 ■ **μπερδεύομαι** *μεσοπαθ* (πόδι) to get caught
 • (εμπλέκομαι) to get involved
μπερέ *ουσ ουδ άκλ.* = **μπερές**
μπερές *ουσ αρσ* beret

μπεστ-σέλερ *ουσ ουδ άκλ.* bestseller
μπετό *ουσ ουδ* concrete ■ **μπετά** *πληθ* concrete
μπετόν *ουσ ουδ άκλ.* concrete • **~ αρμέ**
 reinforced concrete • *βλ. κ.* **μπετό**
μπιζέλι *ουσ ουδ* pea
μπιζού *ουσ ουδ άκλ.* jewellery (Βρετ.), jewelry
 (Αμερ.)
μπικίνι *ουσ ουδ άκλ.* bikini
μπίλια *ουσ θηλ* (βόλος) stud • (μπάλα
 μπιλιάρδου) billiard ball
μπιλιάρδο *ουσ ουδ* (αμερικανικό) pool
 • (γαλλικό) billiards εν.
μπιλιέτο *ουσ ουδ* card
μπιμπελό *ουσ ουδ άκλ.* ornament
μπιμπερό *ουσ ουδ άκλ.* baby's bottle
μπιμπίκι *ουσ ουδ* spot
μπιντές *ουσ αρσ* bidet
μπίρα *ουσ θηλ* (γενικότ.) beer • (ξανθή) lager
 • (μαύρη) stout
μπιραρία *ουσ θηλ* pub (Βρετ.)
μπισκότο *ουσ ουδ* biscuit (Βρετ.), cookie
 (Αμερ.) • **μπισκότα γεμιστά** cream biscuits
 (Βρετ.) ή cookies (Αμερ.)
μπιφτέκι *ουσ ουδ* (βοδινό) beefburger • (χοιρινό)
 hamburger
μπλακάουτ, μπλακ-άουτ *ουσ ουδ άκλ.*
 blackout
μπλε *επιθ άκλ.* blue ■ **μπλε** *ουσ ουδ* blue
μπλέκω *ρ μ* (σκοινιά, κορδόνια) to tangle (up)
 • (κατάσταση, υπόθεση, θέμα) to confuse
 • (προκαλώ σύγχυση) to confuse ▶ *ρ αμ*
 (παρασύρομαι) to get involved • (καθυστερώ) to
 get held up ■ **μπλέκομαι** *μεσοπαθ* (γραμμές
 τηλεφώνου) to be crossed • (πόδι) to get caught
 • (αναμειγνύομαι) to get involved (με with)
 • (έχω δεσμό) to be involved (με with)
μπλέντερ *ουσ ουδ άκλ.* blender
μπλέξιμο *ουσ ουδ* (σκοινιών, καλωδίων) tangle
 • (σύγχυση) confusion • (ανάμειξη) involvement
 ■ **μπλεξίματα** *πληθ* **έχω μπλεξίματα με κπν/κτ**
 to be in trouble with sb/sth
μπλόγκερ *ουσ αρσ άκλ.* blogger
μπλοκ *ουσ ουδ* (επιταγών) book
 • (ζωγραφικής) pad • (στο βόλεϊ) block • (στο
 μπάσκετ) blocked shot • **~ σημειώσεων**
 notepad
μπλοκάρω *ρ αμ* (δρόμος) to be blocked
 • (μυαλό) to go blank ▶ *ρ μ* to block
μπλόκο *ουσ ουδ* roadblock
μπλουζ *ουσ ουδ άκλ.* (μουσική και τραγούδι)
 blues πληθ. • (αργός χορός) slow
μπλούζα *ουσ θηλ* top
μπογιά *ουσ θηλ* (για τοίχο) paint • (για μαλλιά)
 dye • (για παπούτσια) polish • (χρωματιστό
 μολύβι) crayon
μπογιατίζω *ρ μ* to paint
μπόι *ουσ ουδ* (ανεπ.) height
μπολ *ουσ ουδ* bowl
μπόλικ|ος, -η, -ο *επιθ* (φαγητό, χρήματα, ώρα)
 plenty of • (για ρούχα) loose • (μανίκι) wide
μπόμπα *ουσ θηλ* (βόμβα) bomb • (αργκ.:
 νοθευμένο ποτό) rotgut (ανεπ.)
μποξ *ουσ ουδ άκλ.* boxing • **αγώνας ~**
 boxing match

μποξεράκι *ουσ αρσ* boxer shorts *πληθ.*
μπόουλινγκ *ουσ αρσ άκλ.* bowling
μπόρα *ουσ θηλ (ξαφνική και ραγδαία βροχή)* shower • *(καταιγίδα)* storm • *(παροδική συμφορά)* setback
μπορντέλο *ουσ ουδ* = **μπουρδέλο**
μπορντό *επιθ άκλ.* burgundy ▪ **μπορντό** *ουσ ουδ* burgundy

🟢 **ΛΕΞΗ-ΚΛΕΙΔΙ**

μπορώ *ρ μ* +*να* **1** **μπορώ να κάνω κτ** I can do sth
2 *(για ευγένεια)* may, can
▸ *ρ αμ* **μπορείς αύριο;** can you make it tomorrow?
▪ **μπορεί** *απρόσ* **1** *(ενδέχεται)* may
2 *(ίσως)* maybe

μποστάνι *ουσ ουδ (ανεπ.)* vegetable garden
μπότα *ουσ θηλ* boot
μποτίλια *ουσ θηλ* bottle
μποτιλιάρισμα *ουσ ουδ* bottleneck
μπουγάδα *ουσ θηλ* washing • **βάζω/κάνω ~** to do the washing
μπουγάτσα *ουσ θηλ (γλυκιά)* cream-filled pastry • *(αλμυρή)* cheese pie
μπουζί *ουσ ουδ* spark plug
μπουζούκι *ουσ ουδ* bouzouki ▪ **μπουζούκια** *πληθ* bouzouki club *εν.*
μπούκα *ουσ θηλ* mouth • **έχω κπν στη ~** *(του κανονιού)* to have sb in one's sights
μπουκάλα *ουσ θηλ (μεγάλο μπουκάλι)* big bottle • *(οξυγόνου, γκαζιού)* bottle • *(νεανικό παιχνίδι)* spinning the bottle
μπουκάλι *ουσ ουδ* bottle
μπουκέτο *ουσ ουδ (ανθοδέσμη)* bouquet • *(αργκ.)* punch
μπουκιά *ουσ θηλ* mouthful
μπούκλα *ουσ θηλ* curl
μπουκώνω *ρ μ (παιδί)* to stuff • *(γουλιά)* to take • *(μπουχτίζω)* to fill up ▸ *ρ αμ (χορταίνω)* to be full • *(εξάτμιση, αντλία)* to be blocked • *(μηχανή)* to stall • *(μύτη)* to be blocked (up)
μπουλντόζα *ουσ θηλ* bulldozer
μπουμπούκι *ουσ ουδ* bud
μπουμπουνητό *ουσ ουδ (βροντή)* roll of thunder • *(συνεχείς βροντές)* rumble of thunder
μπουμπουνίζω *ρ μ* **τη ~ κπ τιου** *(οικ.)* to shoot sb ▪ **μπουμπουνίζει** *απρόσ* it's thundering
μπουνιά *ουσ θηλ (γροθιά)* fist • *(χτύπημα με γροθιά)* punch • **δίνω ή ρίχνω ~ σε κπν** to punch sb
μπούρδα *ουσ θηλ* nonsense *χωρίς πληθ.*
μπουρδέλο *(χυδ.) ουσ ουδ (πορνείο)* brothel • *(μτφ.: για χώρο)* mess • *(για κατάσταση)* chaos
μπουρέκι *ουσ ουδ (γλύκισμα)* cream pastry • *(φαγητό)* pasty *(Βρετ.)*, patty *(Αμερ.)*
μπουρμπουλήθρα *ουσ θηλ* bubble
μπουρνούζι *ουσ ουδ* bathrobe
μπούστο *ουσ ουδ* bust
μπουτάρω *ρ μ* to boot
μπουτί *(ανεπ.) ουσ ουδ (ανθρώπου)* thigh • *(ζώου)* haunch • *(κοτόπουλου)* leg
μπουτίκ *ουσ θηλ άκλ.* boutique

μπουφάν *ουσ ουδ άκλ. (αντιανεμικό)* jacket • *(αδιάβροχο)* anorak
μπουφές *ουσ αρσ (έπιπλο)* sideboard • *(δεξίωσης)* buffet
μπούφος *ουσ αρσ (πουλί)* horned owl • *(υβρ.)* idiot
μπουχτίζω *ρ αμ (χορταίνω)* to be full • *(αγανακτώ)* to be fed up ▸ *ρ μ* to be fed up with
μπράβο *επιφων* well done! ▪ **μπράβο** *ουσ ουδ* praise
μπράβος *ουσ αρσ (σωματοφύλακας)* minder • *(ταραχοποιός)* henchman
μπράντι *ουσ ουδ άκλ.* brandy
μπρατσάκι *ουσ ουδ (μικρό μπράτσο)* arm • *(μικρό σωσίβιο)* armband
μπράτσο *ουσ ουδ* arm • *(κιθάρας, μπουζουκιού)* neck
μπρελόκ *ουσ ουδ άκλ.* key ring
μπριάμ *ουσ ουδ άκλ.* baked vegetables and potatoes
μπρίζα *(προφορ.) ουσ θηλ* = **πρίζα**
μπριζόλα *ουσ θηλ* cutlet • **χοιρινή/μοσχαρίσια ~** pork/veal cutlet
μπρίκι[1] *ουσ ουδ* coffeepot
μπρίκι[2] *ουσ ουδ (Ναυτ.)* brig
μπρόκολο *ουσ ουδ* broccoli *χωρίς πληθ.*
μπρος *(προφορ.) επιρρ* = **εμπρός**
μπροστινός|ός, -ή, -ό *επιθ* front • *(εξωτερικός)* front ▪ **μπροστινός** *ουσ αρσ*, **μπροστινή** *ουσ θηλ* person in front
μπρούμυτα *επιρρ* prone
μπρούντζ|ινος, -η, -ο *επιθ* bronze
μπρούντζος *ουσ αρσ* bronze
μπρούσκ|ος, -α, -ο *επιθ* dry
μπύρα *ουσ θηλ* = **μπίρα**
μπυραρία *ουσ θηλ* = **μπιραρία**
μυαλό *ουσ ουδ (ανθρώπου, ζώου)* brain • *(οστών) marrow • (νους)* mind • *(εξυπνάδα)* sense • *(για πρόσ.)* head • **έχω στο ~ μου να κάνω κτ** to intend to do sth • **πού έχεις το ~ σου;** watch what you're doing! • **πού τρέχει το ~ σου;** what are you thinking about?
μυαλωμέν|ος, -η, -ο *επιθ* sensible
μύγα *ουσ θηλ* fly
μύγδαλο *ουσ ουδ* = **αμύγδαλο**
μύδι *ουσ ουδ* mussel
μυελός *ουσ αρσ* marrow
μυζήθρα *ουσ θηλ* soft cheese
μυθικ|ός, -ή, -ό *επιθ (ιστορίες, αφήγηση)* mythological • *(πρόσωπο)* imaginary • *(αναφορά)* fictitious • *(ποσά, πλούτη)* fabulous
μυθιστόρημα *ουσ ουδ* novel
μυθολογία *ουσ θηλ* mythology
μύθος *ουσ αρσ (τμήμα μυθικής παράδοσης)* myth • *(αλληγορική αφήγηση)* fable • *(πλάσμα φαντασίας)* fiction • *(υπόθεση)* plot • *(θρύλος)* legend
μυκητίαση *ουσ θηλ* fungal infection
Μύκονος *ουσ θηλ* Mykonos
μύλος *ουσ αρσ (μηχάνημα αλέσεως σιτηρών)* mill • *(λατομείου)* grinder • *(χώρος άλεσης σιτηρών)* mill • *(πιστολιού)* chamber • **~ του καφέ** coffee grinder • **~ πιπεριού** pepper mill *ή* grinder

λωνάς ουσ αρσ (ιδιοκτήτης αλευρόμυλου) mill
wner • (εργάτης αλευρόμυλου) miller
ξα ουσ θηλ mucus
ρίζω ρ μ to smell ▶ ρ αμ to smell ■ **μυρίζει**
πρόσ it smells ■ **μυρίζομαι** μεσοπαθ to sense
ρμήγκι ουσ ουδ ant
ρουδιά ουσ θηλ = **μυρωδιά**
ρωδιά ουσ θηλ smell • (λουλουδιών) scent
ς ουσ αρσ muscle
στήριο ουσ ουδ (στην αρχαιότητα) mysteries
πληθ. • (γάμου, βάπτισης) sacrament • (ζωής,
ημιουργίας, φόνου) mystery • **ταινία**
υστηρίου thriller
στήρι|ος, -α, -ο επιθ (απόφαση, ενέργεια)
mysterious • (άνθρωπος) enigmatic
(παράξενος: τύπος, χαρακτήρας) strange
στηριώδης, -ης, -ες επιθ (έγκλημα, θάνατος,
συνθήκες, ασθένεια) mysterious • (υπόθεση)
uzzling • (κραυγές, ουρλιαχτά) unearthly
(σπίτι) eerie
στικό ουσ ουδ (γενικότ.) secret • (καταχρ.:
υστήριο) mystery • **κρατώ (ένα) ~** to keep a
secret
στικ|ός, -ή, -ό επιθ secret • **μυστική**
στυνομία secret police • **μυστική υπηρεσία**
secret service
στικότητα ουσ θηλ (ανάκρισης, ερευνών)
secrecy • (εχεμύθεια) discretion
τερ|ός, -ή, -ό επιθ (μαχαίρι, μολύβι, ράμφος,
ύχι) sharp • (γένια) pointed • (βράχος) jagged
τζήθρα ουσ θηλ = **μυζήθρα**
τη ουσ θηλ (Ανατ) nose • (βελόνας, μαχαιριού,
αρφίτσας) point • (μολυβιού) tip • (πένας) nib
(παπουτσιού) toe • (λιμανιού) point
(αεροσκάφους, πλοίου) nose • (όσφρηση) nose
ανοίγει ή **ματώνει** ή **λύνεται η ~ μου** my nose
s bleeding • **ρουφώ τη ~ μου** to sniff • **τρέχει η**
~ μου my nose is running • **φυσώ τη ~ μου** to
blow one's nose
τώδης, -ης, -ες επιθ muscular
ωπας ουσ αρσ, ουσ θηλ short-sighted person
Βρετ.), near-sighted person (Αμερ.)
ωψ (επίσ.) ουσ αρσ, ουσ θηλ = **μύωπας**
ωλος ουσ αρσ = **μόλος**
ωλωπας ουσ αρσ bruise
ωρέ (οικ.) επιφων hey (ανεπ.)
ωρή (υβρ.) επιφων hey (ανεπ.)
ωρό ουσ ουδ (βρέφος) baby • (αφελής) baby
• (για άνδρα) hunk (ανεπ.) • (για γυναίκα) babe
ανεπ.) • **~ μου!** (οικ.) baby! (ανεπ.)
ωσαϊκό ουσ ουδ (δάπεδο ή τοιχογραφία)
mosaic • (μτφ.) medley

N, v ni, 13th letter of the Greek alphabet

 ΛΕΞΗ-ΚΛΕΙΔΙ

να σύνδ **1** (σε συμπληρωματικές προτάσεις) to
2 να μη not to
3 (ευχή) I wish • (για όρκο) I swear • (για
ερώτηση ή απορία) shall I
4 το να κάνω κτ doing sth • **... τού να είναι ...**
... of being ...
5 (με αναφορ. και ερωτ. αντων., με επίρρημα)
6 (για τρόπο) how
7 (τελικός, αιτιολογικός, συμπερασματικός) to
8 (υποθετικός) if
9 (χρονικός) when
10 (εναντιωματικός) even if
11 (ειδικός) that • **αντί να** instead of • **μέχρι να**
until • **μόνο να** if only • **μόνο να μη** so long as
... not • **όπου να 'ναι** any time now • **σαν να**
as if • **χωρίς** ή **δίχως να κάνω κτ** without
doing sth
▶ μόρ (με αιτιατική αντωνυμίας ή ονομαστική
ουσιαστικού) there • **να!** here! • **να τα μας!**
what do you know!

ναι επιρρ yes
νάιλον ουσ ουδ άκλ. nylon
νάνος ουσ αρσ (κυριολ.) dwarf • (μτφ.) small fry
χωρίς πληθ.
νανουρίζω ρ μ (μωρό) to sing to sleep • (μτφ.)
to lull
ναός ουσ αρσ (εκκλησία) church
• (μουσουλμανικός) mosque • (ιουδαϊκός)
synagogue • (ινδουιστικός, ειδωλολατρικός)
temple • (μτφ.: τέχνης) temple
νάρθηκας ουσ αρσ (Ιατρ: από γύψο) cast
• (από ξύλο, μέταλλο) splint • (Αρχιτ)
narthex
νάρκη ουσ θηλ (αποχαύνωση) torpor
• (μούδιασμα) numbness • (υπνηλία)
drowsiness • (μτφ.: αποβλάκωση) stupor
• (Στρατ) mine • **θερινή ~** (Βιολ) aestivation
(Βρετ.), estivation (Αμερ.) • **χειμερία ~** (Βιολ)
hibernation
ναρκομανής ουσ αρσ, ουσ θηλ drug addict
ναρκοπέδιο ουσ ουδ minefield

ναρκώνω ρ μ (Ιατρ.) to anaesthetize (Βρετ.), to anesthetize (Αμερ.) • (κοιμίζω) to make drowsy ή lethargic • (μτφ.: αποχαυνώνω) to dull

νάρκωση ουσ θηλ (Ιατρ) anaesthesia (Βρετ.), anesthesia (Αμερ.) • (αναισθησία) torpor • (μτφ.: πνεύματος, αισθήσεων) dulling

ναρκωτικ|ός, -ή, -ό επιθ narcotic ■ **ναρκωτικό** ουσ ουδ (τοξική ουσία) drug • (αναληπτικό) painkiller • **παίρνω ναρκωτικά** to take drugs • **ήπια** ή **μαλακά ναρκωτικά** soft drugs • **σκληρά ναρκωτικά** hard drugs

νάτριο ουσ ουδ sodium

ναυάγιο ουσ ουδ (Ναυτ) (ship)wreck • (μτφ.: διαπραγματεύσεων, συνομιλιών, συμφωνίας) breakdown • (: επιχείρησης) bankruptcy

ναυαγός ουσ αρσ, ουσ θηλ (πλοίου) shipwrecked person • (σε ερημονήσι) castaway

ναυαγοσώστης ουσ αρσ (σε παραλία, πισίνα) lifeguard • (μέλος αποστολής διάσωσης: ναυαγών) lifeboatman • (: πλοίων) salvager

ναυαγοσωστικό ουσ ουδ (για ναυαγούς) lifeboat • (για πλοία) salvage vessel

ναυαγοσώστρια ουσ θηλ βλ. **ναυαγοσώστης**

ναυαγώ ρ αμ (πλοίο) to be wrecked • (μτφ.: άνθρωπος) to be ruined • (: εταιρεία) to go under • (: σχέδια) to fall through • (: διαπραγματεύσεις) to break down • (: ελπίδες) to be dashed • (: όνειρα) to come to nothing

ναύλο ουσ ουδ = **ναύλος**

ναύλος ουσ αρσ (αντίτιμο μεταφοράς: ανθρώπων) fare • (: φορτίου) freight • (μίσθωση πλοίου) charter ■ **ναύλα** ουσ ουδ πληθ (ανθρώπων) fare • (φορτίου) freight

ναυλώνω ρ μ to charter

ναυπηγείο ουσ ουδ shipyard

ναυσιπλοΐα ουσ θηλ navigation

ναύτης ουσ αρσ (ναυτικός) sailor • (μη βαθμοφόρος) ordinary seaman

ναυτία ουσ θηλ (παθολογική κατάσταση) nausea • (στη θάλασσα) seasickness • (μτφ.: αηδία) disgust

ναυτικό ουσ ουδ navy • **Εμπορικό Ναυτικό** merchant navy (Βρετ.), merchant marine (Αμερ.) • **Πολεμικό Ναυτικό** Navy

ναυτικός¹ ουσ αρσ sailor

ναυτικ|ός², -ή, -ό επιθ (στολή, νοσοκομείο, σχολή, δύναμη) naval • (χάρτης) nautical • (μίλι) nautical • (ιστορία, νομοθεσία, κανονισμός, μουσείο) maritime • (ατύχημα) at sea • (έθνος, λαός) seafaring • (καπέλο) sailor's • **ναυτικά αθλήματα** water sports • **ναυτική βάση** naval base • **Ναυτική Εβδομάδα** week-long summer festival of events in honour of the navy • **ναυτική στολή** ουσ ουδ πληθ sailor's uniform εν. ■ **ναυτικός** ουσ αρσ, ουσ θηλ sailor

ναυτιλία ουσ θηλ (επίσης: **εμπορική ~**) merchant navy (Βρετ.) ή marine (Αμερ.) • (ναυσιπλοΐα) navigation

ναφθαλίνη ουσ θηλ (Χημ) naphthalene • (για ρούχα) mothballs πληθ.

Νέα Ζηλανδία ουσ θηλ New Zealand

νεανικ|ός, -ή, -ό επιθ (ντύσιμο, ενθουσιασμός, εμφάνιση) youthful • (έρωτας, καρδιά) young • (ανησυχίες, σκέψη) juvenile • (έργο) early

• (βιβλίο, σίριαλ) for young people • (ταμπεραμέντο) youthful • **νεανική ηλικία** young age

νεαρ|ός, -ή, -ό επιθ (γυναίκα, παιδί, ζευγάρι, ομάδα) young • (βλαστάρια) new • (ζώο) baby • **νεαρή ηλικία** young age ■ **νεαρός** ουσ αρσ youth ■ **νεαρή** ουσ θηλ young woman

Νέα Υόρκη ουσ θηλ New York

νέγρος ουσ αρσ black man

νέκρα ουσ θηλ (η ιδιότητα του νεκρού) deadness • (μτφ.: αγοράς, εμπορίου) stagnation • (μτφ.: απόλυτη σιγή) dead silence

νεκροκεφαλή ουσ θηλ death's head

νεκρός ουσ αρσ dead • (θεωρία, ιδέα) defunct • (δρόμος) empty • **νεκρή περίοδος** dead season • **η Νεκρά Θάλασσα** the Dead Sea • **νεκρό σημείο** (Αυτοκιν) neutral • **νεκρή φύση** still life • **νεκρά** ουσ θηλ, **νεκρό** ουσ ουδ (Αυτοκιν) neutral • **βάζω νεκρά** ή **την ταχύτητα στο νεκρό** to go into neutral • **νεκρός** ουσ αρσ dead man ■ **νεκρή** ουσ θηλ dead woman

νεκροταφείο ουσ ουδ (πόλης) cemetery • (εκκλησίας) graveyard • (μτφ.) graveyard • **~ αυτοκινήτων** scrap yard

νεκροτομείο ουσ ουδ morgue

νεκροφόρα ουσ θηλ hearse

νεκροψία ουσ θηλ autopsy

νέκταρ ουσ ουδ nectar

νεκταρίνι ουσ ουδ nectarine

νέο ουσ ουδ piece of news ■ **νέα** πληθ news εν. • **τι (άλλα) νέα**; what's new? • **έχω νέα κποιου** ή **από κπν** to hear from sb • **μάθατε τα νέα**; have you heard the news? • **περιμένω νέα τους** I'm expecting to hear from them

νεογέννητ|ος, -η, -ο ουσ ουδ (παιδί, ζώο) newborn • (μτφ.: κράτος, οργανισμός) newly established ■ **νεογέννητο** ουσ ουδ newborn (baby)

νεοελληνικ|ός, -ή, -ό επιθ modern Greek ■ **Νεοελληνικά** ουσ ουδ πληθ, **Νεοελληνική** ουσ θηλ Modern Greek

Νεοζηλανδή ουσ θηλ βλ. **Νεοζηλανδός**

Νεοζηλανδός ουσ αρσ New Zealander

νεοκλασικ|ός, -ή, -ό επιθ neoclassical ■ **νεοκλασικό** ουσ ουδ neoclassical building

νεολαία ουσ θηλ ~ young people πληθ. • **μαθητική** ~ schoolchildren • **σπουδάζουσα φοιτητική** ~ university students

νεόνυμφ|ος, -η, -ο επιθ newlywed ■ **νεόνυμφοι** ουσ αρσ πληθ newlyweds

νεόπλουτ|ος, -η, -ο επιθ newly rich ■ **νεόπλουτοι** ουσ αρσ πληθ nouveaux riches

νέ|ος, -α, -ο επιθ (παιδί, γυναίκα) young • (Έλληνας, ελληνισμός) modern • (εφεύρεση, μοντέλο, ιδέες, ήθη, μέθοδοι) new • (βιβλίο, δίσκος) new • (υπάλληλος, πρόεδρος, δάσκαλος) new • **Νέα Ελληνικά** Modern Greek • **Νέος Κόσμος** New World ■ **νέος** ουσ αρσ young man ■ **νέα** ουσ θηλ young woman

νεοσσός ουσ αρσ (κλωσόπουλο) nestling • (νεογέννητο βρέφος) newborn baby

νεότητα ουσ θηλ youth • **κέντρο νεότητας** youth club

νεοφερμέν|ος, νεόφερτος, -η, -ο επιθ new

νεοφερμένος *ουσ αρσ*, **νεοφερμένη** *ουσ θηλ* newcomer

ερᾴίδα *ουσ θηλ* fairy

εράντζι *ουσ ουδ* Seville ή bitter orange

εραντζιά *ουσ θηλ* Seville ή bitter orange (tree)

ερό *ουσ ουδ* (ύδωρ) water • (βροχή) rain
• **ανοίγω/κλείνω το ~** to turn the tap on/off
• **εμφιαλωμένο ~** bottled water • **μεταλλικό ~** mineral water • **~ της βρύσης** tap water
• **πόσιμο ~** drinking water • **νερά** *πληθ* marbling *εν.*

ερόβραστ|ος, -η, -ο *επιθ* (χόρτα, φακές) boiled (in water) • (μτφ.) tasteless • (αστείο) lame

εροζούμι *ουσ ουδ* (φαγητό) insipid ή tasteless food • (ρόφημα) dishwater

εροκανάτα *ουσ θηλ* water jug (ΒΡΕΤ.) ή pitcher (ΑΜΕΡ.)

ερομπογιά *ουσ θηλ* watercolour (ΒΡΕΤ.), watercolor (ΑΜΕΡ.)

εροποντή *ουσ θηλ* downpour

ερουλ|ός, -ή, -ό *επιθ* watery

εροχελώνα *ουσ θηλ* turtle

εροχύτης *ουσ αρσ* (kitchen) sink

εύμα *ουσ ουδ* (κεφαλιού) nod • (ματιών) wink
• (χεριού) wave

ευραλγία *ουσ θηλ* neuralgia

ευριάζω *ρ μ* **~ κπν** (εκνευρίζω) to get on sb's nerves • (εξοργίζω) to make sb angry ▶ *ρ αμ* (εκνευρίζομαι) to get irritated • (εξοργίζομαι) to lose one's temper

ευριασμέν|ος, -η, -ο *επιθ* (εκνευρισμένος) irritated • (θυμωμένος) angry

ευρικ|ός, -ή, -ό *επιθ* nervous • (απόληξη, ίνα, ιστός) nerve • **νευρικό σύστημα** nervous system • **~ κλονισμός** nervous breakdown

ευρικότητα *ουσ θηλ* nervousness

εύρο *ουσ ουδ* (Ανατ, Βιολ) nerve • (μτφ.: δυναμισμός) go (ΒΡΕΤ.) • (άρθρου) punch
■ **νεύρα** *πληθ* nerves • **έχω ή με πιάνουν τα νεύρα μου** to be in a temper

ευρωτικ|ός, -ή, -ό *επιθ* neurotic

εφελώδ|ης, -ης, -ες *επιθ* (καιρός, ουρανός) cloudy • (μτφ.: υποσχέσεις, σκέψεις) vague
• (: κατάσταση, υπόθεση) hazy

έφος *ουσ ουδ* (κυριολ., μτφ.) cloud
• (συγκέντρωση ρύπων) smog

εφρό *ουσ ουδ* kidney

εωτερισμός *ουσ αρσ* (καινοτομία) innovation
• (μόδα) latest fashion

ήμα *ουσ ουδ* (κλωστή) thread • (μάλλινο) yarn
• (Πληροφ) thread • **βαμβακερό ~** cotton thread • **~ τερματισμού** finishing tape • **~ της στάθμης** plumb line • **οδοντιατρικό ~** dental floss

νοπομπή *ουσ θηλ* convoy (of ships)

ηπιαγωγείο *ουσ ουδ* kindergarten

ηπιακ|ός, -ή, -ό *επιθ* (σταθμός) infant • (μτφ.: για ανάπτυξη, βιομηχανία) in its infancy
• **νηπιακή ηλικία** infancy

ήπιο *ουσ ουδ* infant

ησάκι *ουσ ουδ* islet

ησί *ουσ ουδ* island

ησίδα *ουσ θηλ* (νησάκι) islet • (μτφ.) island
• (επίσης: **διαχωριστική ~**) traffic island

νησιώτης *ουσ αρσ* islander

νησιωτικός, νησιώτικος, -ή, -ό *επιθ* island • **ο ~ χώρος** the islands ■ **νησιώτικα** *ουσ ουδ πληθ* island songs

νησιώτισσα *ουσ θηλ βλ.* νησιώτης

νήσος *ουσ θηλ* (επίσ.) island • **οι βρετανικές νήσοι** the British Isles

νηστεία *ουσ θηλ* fast

νηστεύω *ρ αμ* to fast

νηστικ|ός, -ή, -ό *επιθ* hungry

νηφάλι|ος, -α, -ο *επιθ* (λαός, άνθρωπος) calm
• (κρίση, εκτίμηση, υπολογισμός, ύφος) sober
• (δικαστής, κριτικός, νους) astute • (απόφαση) sound • (ξεμέθυστος) sober

νι *ουσ ουδ άκλ.* ni, 13th letter of the Greek alphabet

νιάτα *ουσ ουδ πληθ* (νεότητα) youth *εν.*
• (νεολαία) young people *πληθ*

νίβω *ρ μ* to wash

νίκη *ουσ θηλ* victory • **παίρνω τη ~** to win
• **Άπτερος Νίκη** Wingless Victory • **πύρρειος ~** Pyrrhic ή hollow victory

νικητής *ουσ αρσ* (μάχης, πολέμου) victor
• (αγώνων, διαγωνισμού, εκλογών) winner
• **βγαίνω ~** to come out on top

νικήτρια *ουσ θηλ* winner • **~ στήλη** winning numbers • *βλ. κ.* νικητής

νικώ *ρ μ* (αντίπαλο, εχθρό, ομάδα) to beat
• (υπερασπιστεί) to prevail over • (φόβο, δυσκολίες, εμπόδια, αρρώστια) to overcome
• (πάθη, ορμές) to resist

νιόπαντρ|ος, -η, -ο *επιθ* newlywed
■ **νιόπαντροι** *ουσ αρσ πληθ* newlyweds

νιότη *ουσ θηλ* (λογοτ.) (νιάτα) youth • (νεολαία) young people *πληθ*.

νιπτήρας *ουσ αρσ* (wash)basin (ΒΡΕΤ.), washbowl (ΑΜΕΡ.)

νιφάδα *ουσ θηλ* snowflake • **νιφάδες καλαμποκιού** cornflakes

νιώθω *ρ μ* (κρύο, πόνο, τύψεις, ευθύνη, χαρά) to feel • (κίνδυνο) to sense • (αλήθεια, νόημα) to be aware of • (αντιλαμβάνομαι) to realize
• (καταλαβαίνω) to understand • (συμπονώ) to feel for

Νοέμβρης *ουσ αρσ* = **Νοέμβριος**

Νοέμβριος *ουσ αρσ* November

νόημα *ουσ ουδ* (κειμένου, φράσης, λόγων) meaning • (πράξης) point • (στάσης, άποψης) significance • (νεύμα) sign • (με το κεφάλι) nod
• (με τα χέρια) signal • (με τα μάτια) wink • **κάνω ~ σε κπν** to give sb a sign • (με το κεφάλι) to nod to sb • (με τα χέρια) to beckon to sb • (με τα μάτια) to wink at sb • **χωρίς ~** meaningless

νοημοσύνη *ουσ θηλ* (ευφυΐα) intelligence
• (μυαλό) mind • **τεχνητή ~** artificial intelligence

νοητ|ός, -ή, -ό *επιθ* (κατανοητός) understood
• (ιδεατός) imaginary

νοθεία *ουσ θηλ* (ποτού, τροφής, καυσίμων) adulteration • (εκλογών) rigging

νοθευμέν|ος, -η, -ο *επιθ* (τρόφιμα, ποτά, καύσιμα) adulterated • (έγγραφο) forged

νοθεύω *ρ μ* (τρόφιμα, ποτά) to adulterate
• (καύσιμα, χρυσό) to adulterate • (νόμισμα, έγγραφο) to forge • (εκλογικό αποτέλεσμα) to rig

• (αλήθεια, νόημα) to twist • (μορφή, εντύπωση) to distort • (νίκη, θεσμός) to undermine • (πολίτευμα, αξίες, ιδανικά) to corrupt

νόθ|ος, -ος -ή -α, -ο επιθ illegitimate

νοιάζομαι ρ αμ αποθ. to be concerned ▶ ρ μ (ενδιαφέρομαι) to care about • (φροντίζω) to look after

νοιάζω ρ αμ **με νοιάζει** τριτοπρόσ (με πειράζει) to mind • (με ενδιαφέρει) to care • **δεν με νοιάζει!** (δεν με πειράζει) I don't mind! • (δεν με ενδιαφέρει) I don't care! • **δεν με νοιάζει καθόλου!** (δεν με πειράζει) I really don't mind! • (δεν με ενδιαφέρει) I couldn't care less! • **(κι εμένα) τι με νοιάζει;** what do I care? • **μη σε νοιάζει (γι' αυτό)!** don't worry (about it)! • **να μη σε νοιάζει!** never you mind!

νοίκι ουσ ουδ (ανεπ.) rent

νοικιάζω ρ μ βλ. **ενοικιάζω**

νοικοκυρά ουσ θηλ (οικοδέσποινα) lady of the house • (που ασχολείται με το νοικοκυριό) housewife • (ικανή στα οικιακά) good housewife

νοικοκύρης ουσ αρσ (οικοδεσπότης) head of the household • (οικογενειάρχης) head of the family • (ιδιοκτήτης) landlord • (καλός διαχειριστής) thrifty man • (τακτικός) tidy man

νοικοκυριό ουσ ουδ (οικιακός εξοπλισμός) household goods πληθ. • (σπίτι) household

νοιώθω ρ μ = **νιώθω**

νομαρχία ουσ θηλ prefecture

νομίζω ρ μ to think • **δεν (το) ~** I don't think so • **έτσι ~** I think so • **~ ότι** ή **πως** to think (that) • **όπως νομίζεις** as you please

νομική ουσ θηλ law ■ **Νομική** ουσ θηλ Faculty of Law

νομικ|ός, -ή, -ό επιθ legal • (σχολή, περιοδικό) law • **~ σύμβουλος** legal adviser ■ **νομικά** ουσ ουδ πληθ law εν. ■ **νομικός** ουσ αρσ, ουσ θηλ lawyer

νόμιμ|ος, -η, -ο επιθ (κέρδος, τόκος, διαδικασία, όροι, εκπρόσωπος) legal • (κληρονόμος) rightful • (ωράριο) statutory • (τέκνο) legitimate • **νόμιμη άμυνα** self-defence (Βρετ.), self-defense (Αμερ.)

νόμισμα ουσ ουδ (χώρας) currency • (κέρμα) coin

νομοθεσία ουσ θηλ legislation • **ισχύουσα ~** current legislation • **ποινική ~** penal law

νομός ουσ αρσ prefecture

νόμος ουσ αρσ law • (κανόνας) rule • (συμπεριφοράς) code • (φωνολογίας, φωνητικής) rule • **παραβαίνω τον νόμο** to break the law • **σύμφωνα με τον νόμο** in accordance with the law • **ισχύων ~** law in force • **~ της βαρύτητας** law of gravity • **στρατιωτικός ~** martial law

νομοσχέδιο ουσ ουδ bill

νομοταγής, -ής, -ές επιθ law-abiding

νόμπελ, νομπέλ ουσ ουδ άκλ. Nobel prize

νονά ουσ θηλ godmother

νονός ουσ αρσ godfather

νοοτροπία ουσ θηλ mentality

Νορβηγή ουσ θηλ βλ. **Νορβηγός**

Νορβηγία ουσ θηλ Norway

Νορβηγίδα ουσ θηλ βλ. **Νορβηγός**

νορβηγικ|ός, -ή, -ό επιθ Norwegian ■ **Νορβηγικά** ουσ ουδ πληθ Norwegian

Νορβηγός ουσ αρσ Norwegian

Νορμανδία ουσ θηλ Normandy

νοσηλεία ουσ θηλ (hospital) treatment

νοσηλεύω ρ μ to treat ■ **νοσηλεύομαι** μεσοπαθ to be treated

νοσήλια ουσ ουδ πληθ hospital expenses

νοσοκόμα ουσ θηλ nurse • **αποκλειστική ~** private nurse

νοσοκομειακό ουσ ουδ ambulance

νοσοκομείο ουσ ουδ hospital • **διακομίζω** ή **μεταφέρω κπν στο ~** to take sb to hospital (Βρετ.) ή to the hospital (Αμερ.) • **κρατικό ~** public hospital • **στρατιωτικό ~** military ή army hospital

νοσοκόμος ουσ αρσ (male) nurse

νόσος ουσ θηλ (επίσ.) disease • **επιδημική ~** epidemic • **επάρατη ~** cancer • **~ των δυτών** the bends εν. • **~ των τρελών αγελάδων** mad cow disease

νοσταλγία ουσ θηλ (για την πατρίδα) homesickness • (για το παρελθόν) nostalgia

νοσταλγώ ρ μ (άνθρωπο, χώρο) to miss • (κατάσταση, αντικείμενο) to long for

νοστιμάδα ουσ θηλ (νοστιμιά) flavour (Βρετ.), flavor (Αμερ.) • (μτφ.) charm

νοστιμεύω ρ μ (φαγητό) to flavour (Βρετ.), to flavor (Αμερ.) • (μτφ.: ομορφαίνω) to make more attractive • (ζωή) to add spice to ▶ ρ αμ (φαγητό) to taste better • (μτφ.: ομορφαίνω) to become prettier ή more attractive

νοστιμιά ουσ θηλ (φαγητού) flavour (Βρετ.), flavor (Αμερ.) • (μτφ.: γοητεία) charm ■ **νοστιμιές** ουσ θηλ πληθ delicacies

νοστιμίζω ρ μ = **νοστιμεύω**

νόστιμ|ος, -η, -ο επιθ (τροφή) tasty • (μτφ.: άντρας, γυναίκα) good-looking • (μτφ.: ανέκδοτο, αστείο) good

νότα ουσ θηλ note

Νότια Αμερική ουσ θηλ South America

Νότια Αφρική ουσ θηλ South Africa

νοτιάς ουσ αρσ (άνεμος) south wind • (θερμός και υγρός καιρός) hot and humid weather • (νότος) south

νοτιοανατολικά επιρρ (πηγαίνω, κοιτάζω) south-east • (βρίσκομαι) in the south-west

νοτιοανατολικ|ός, -ή, -ό επιθ (παράθυρο, δωμάτιο) south-east facing • (άνεμος) south-east

νοτιοδυτικά επιρρ (πηγαίνω, κοιτάζω) south-west • (βρίσκομαι) in the south-west

νοτιοδυτικ|ός, -ή, -ό επιθ (παράθυρο, πρόσοψη) south-west facing • (άνεμος) south-west

νότι|ος, -ια, -ιο επιθ (πολιτεία, τομέας, ημισφαίριο) southern • (μέτωπο, δωμάτιο, παράθυρο) south-facing • (ρεύμα) southerly • (για πρόσ.) from the south

Νότιος Πόλος ουσ αρσ **ο ~** the South Pole

νότος ουσ αρσ south • (επίσ.: ιστορία) south wind • **Νότος** ουσ αρσ South

νούμερο ουσ ουδ (αριθμός) number • (για ρούχα, παπούτσια) size • (σε τσίρκο, θέατρο) act

• (σατιρικό) sketch • (χορευτικό) routine

νουά ουσ θηλ = **νονά**

νουνός ουσ αρσ = **νονός**

νους ουσ αρσ (διάνοια) mind • (εξυπνάδα) common sense • (εταιρείας) brains εν. • (σπείρας) brains εν. • (φαντασία) imagination • **κοινός ~** common sense

νούφαρο ουσ ουδ water lily

ντάμα ουσ θηλ (παρτενέρ) partner • (επιτραπέζιο παιχνίδι) draughts (ΒΡΕΤ.), checkers (ΑΜΕΡ.) • (στην τράπουλα) queen

νταντά ουσ θηλ nanny

ντελαπάρω (ανεπ.) ρ αμ = **ντεραπάρω**

ντεμοντέ επιθ άκλ. old-fashioned

ντεμπούτο ουσ ουδ άκλ. debut

ντεπόζιτο ουσ ουδ tank

ντεραπάρω (ανεπ.) ρ αμ to turn over

ντέρμπι ουσ ουδ άκλ. derby

ντίβα ουσ θηλ diva

ντιβάνι ουσ ουδ divan

ντι-βι-ντί ουσ ουδ άκλ. (δίσκος) DVD • (συσκευή) DVD player

ντίζελ ουσ ουδ άκλ. diesel

ντίσκο, ντισκοτέκ ουσ θηλ άκλ. (Μουσ) disco music • (κέντρο διασκέδασης) disco

ντι-τζέι ουσ αρσ άκλ. DJ

ντο ουσ ουδ άκλ. C

ντοκιμαντέρ ουσ ουδ άκλ. documentary

ντοκουμέντο ουσ ουδ document

ντολμάδες ουσ αρσ πληθ stuffed vine leaves

ντομάτα ουσ θηλ tomato

ντοματόζουμο ουσ ουδ tomato juice

ντοματοσαλάτα ουσ θηλ tomato salad

ντόπι|ος, -α, -ο επιθ local ■ **ντόπιος** ουσ αρσ, **ντόπια** ουσ θηλ locals

ντόρος ουσ αρσ commotion • **κάνω ντόρο** to cause a sensation ή stir

ντουβάρι ουσ ουδ (τοίχος) wall • (μειωτ.: στουρνάρι) dunce

ντουέτο ουσ ουδ άκλ. (Μουσ) duet • (ζευγάρι) duo

ντουζ ουσ ουδ άκλ. = **ντους**

ντουζιέρα ουσ θηλ = **ντουσιέρα**

ντουζίνα ουσ θηλ dozen • **μισή ~** half a dozen

ντουλάπα ουσ θηλ wardrobe • **εντοιχισμένη ~** built-in wardrobe • **μεταλλική ~** metal cabinet

ντουλάπι ουσ ουδ (για ρούχα) wardrobe • (για σκεύη) cupboard (ΒΡΕΤ.), closet (ΑΜΕΡ.) • (του μπάνιου) cabinet

ντους ουσ ουδ άκλ. shower • **κάνω ~** to have ή take a shower

ντουσιέρα ουσ θηλ shower

ντρέπομαι ρ μ αποθ. to respect ▶ ρ αμ αποθ. to be ashamed (για of) • **~ να κάνω κτ** to feel awkward about doing sth

ντρίμπλα ουσ θηλ dribble

ντροπαλ|ός, -ή, -ό επιθ shy

ντροπή ουσ θηλ (αιδώς) shame • (έλλειψη θάρρους) shyness • (αίσχος) disgrace • (τσίπα) shame • (ταπείνωση) humiliation • **~ σου!** shame on you!

ντροπιάζω ρ μ (εξευτελίζω) to humiliate • (εκθέτω) to disgrace ■ **ντροπιάζομαι** μεσοπαθ to be disgraced

ντροπιασμέν|ος, -η, -ο επιθ (όνομα, τιμή, οικογένεια) disgraced • (παιδί) ashamed

ντύνω ρ μ (παιδί, μωρό, κούκλα) to dress • (πολυθρόνες) to upholster • (τοίχο, βιβλίο) to cover • (οικογένεια, παιδιά) to clothe • (ηθοποιό, τραγουδιστή) to design clothes for ■ **ντύνομαι** μεσοπαθ (φορώ ρούχα) to dress • (μασκαρεύομαι) to dress up • **ντύνομαι ελαφριά/βαριά** to dress in light/warm clothing • **ντύνομαι καλά** (φορώ καλά ρούχα) to dress up • (φορώ ζεστά ρούχα) to wrap up warm

ντύσιμο ουσ ουδ (παιδιού, κούκλας) outfit • (εργάτη) clothes πληθ. • (βιβλίου) cover • **βραδινό ~** nightwear χωρίς πληθ. • **καλό ~** best clothes πληθ.

νύκτα ουσ θηλ (επίσ.) = **νύχτα**

νυκτεριν|ός, -ή, -ό επιθ = **νυχτερινός**

νυκτόβι|ος, -α, -ο επιθ (επίσης: **νυχτόβιος**) nocturnal

νύστα ουσ θηλ sleepiness • **με πιάνει ~** to be ή feel sleepy

νυστάζω ρ αμ to be ή feel sleepy ▶ ρ μ~ **κπν** to send sb to sleep

νύφη ουσ θηλ (αυτή που παντρεύεται) bride • (βαθμός συγγενείας) daughter-in-law

νυφικ|ός, -ή, -ό επιθ bridal ■ **νυφικό** ουσ ουδ wedding dress

νύχι ουσ ουδ (χεριού) (finger)nail • (ποδιού) (toe) nail • (ζώου, πουλιού) claw • **απ' την κορ(υ)φή ως τα νύχια** from top to toe • **τρώω τα νύχια μου** to bite one's nails

νυχιά ουσ θηλ scratch

νύχτα ουσ θηλ night • **δουλεύω ~** to work nights • **έρωτες της μιας νύχτας** one-night stands • **η πρώτη ~ του γάμου** the wedding night • **μένω για τη ~** to stay the night • **μέσα στη ~** in the night • **όλη ~** all night • **όλη τη ~** all night long • **πέφτει η ~** it's getting dark • **ταξιδεύω ~** to travel by night

νυχτερίδα ουσ θηλ bat

νυχτεριν|ός, -ή, -ό επιθ night

νυχτιά ουσ θηλ = **νυχτιά**

νυχτικό ουσ ουδ nightdress (ΒΡΕΤ.), nightgown (ΑΜΕΡ.)

νυχτόβι|ος, -α, -ο επιθ nocturnal • βλ. κ. **νυκτόβιος**

νυχτώνω ρ αμ to be overtaken by the night ■ **νυχτώνει** απρόσ it's getting dark ■ **νυχτών|ομαι** μεσοπαθ to be overtaken by the night

νωπ|ός, -ή, -ό επιθ (φρούτα, λαχανικά, λουλούδια, αναμνήσεις, μνήμη) fresh • (για χώμα) freshly dug • (ρούχα, ύφασμα, σεντόνι) damp

νωρίς επιρρ early • **από ~** from early on • **~ το πρωί** early in the morning • **πιο ~** earlier • **πολύ ~** very early

νώτα ουσ ουδ πληθ (πλάτη) back εν. • (Στρατ) rear εν.

νωχελικ|ός, -ή, -ό επιθ (συμπεριφορά) indolent • (κίνηση) sluggish

Ξ, ξ xi, 14th letter of the Greek alphabet

ξαδέλφη ουσ θηλ cousin

ξαδέλφι ουσ ουδ cousin

ξάδελφος ουσ αρσ cousin

ξαδέρφη ουσ θηλ = ξαδέλφη

ξαδέρφι ουσ ουδ = ξαδέλφι

ξάδερφος ουσ αρσ = ξάδελφος

ξακουσμέν|ος, -η, -ο επιθ famous

ξακουστ|ός, -ή, -ό επιθ = ξακουσμένος

ξαλαφρώνω ρ αμ (για πρόσ.) to feel relieved
• (κεφάλι, στομάχι) to feel better • (κάνω την ανάγκη μου) to relieve oneself ▶ ρ μ (ξεκουράζω) to relieve (από of) • (πορτοφόλι) to steal • (τσέπη) to empty

ξαλμυρίζω ρ μ = ξαρμυρίζω

ξανά επιρρ again • **βάζω κτ ~ στη θέση του** to put sth back in its place • **~ και ~** again and again

ξανα-, ξαν- προθημ (για επανάληψη) again, re- • (για επιστροφή σε προηγούμενη κατάσταση, θέση, χρονικό σημείο) back

ξαναβάζω ρ μ to put back • **~ μπρος** to restart • βλ. κ. **βάζω** • **ξανα-**

ξαναβγάζω ρ μ to take out again • βλ. κ. **βγάζω** • **ξανα-**

ξαναβγαίνω ρ αμ to come ή go out again • βλ. κ. **βγαίνω** • **ξανα-**

ξαναβλέπω ρ μ to see again ▶ ρ αμ to get one's sight back • βλ. κ. **βλέπω** • **ξανα-**

ξαναβρίσκω ρ μ (ταόντα, γυαλιά) to find again • (λογικό, ισορροπία) to recover • (δύναμη) to get back ■ **ξαναβρίσκομαι** μεσοπαθ
ξαναβρίσκομαι με κπν to meet sb again • βλ. κ. **βρίσκω** • **ξανα-**

ξαναγεννώ ρ μ (μωρό, ζώο) to have another • (αβγά) to lay another ■ **ξαναγεννιέμαι** μεσοπαθ (γεννιέμαι πάλι) to be reborn • (αναμνήσεις, μνήμες) to be revived • (αναζωογονούμαι) to be reborn • βλ. κ. **γεννώ** • **ξανα-**

ξαναγίνομαι ρ αμ αποθ. (επαναλαμβάνομαι) to happen again • (ξαναφτιάχνομαι) to be repaired • (γίνομαι όπως πρώτα) to be the same again • **να μην ξαναγίνει!** don't let it happen again! • βλ. κ. **γίνομαι** • **ξανα-**

ξαναγράφω ρ μ (βιβλίο) to rewrite • (εργασία) to do again ▶ ρ αμ (συγγραφέας, αρθρογράφος) to write again • (μαθητής, φοιτητής) to resit (ΒΡΕΤ.) ή retake (ΑΜΕΡ.) an exam • βλ. κ. **γράφω** • **ξανα-**

ξαναγυρίζω ρ αμ (επιστρέφω) to come back again • (περιστρέφομαι) to turn around • (χρόνος, καιρός) to return ▶ ρ μ (κλειδί, διακόπτη, ρόδα) to turn again • (σκηνές, ταινία) to reshoot • **δεν ~ πια** ή **ποτέ** to never come back • **~ σε κπν/κτ** to go back to sb/sth • βλ. κ. **γυρίζω** • **ξανα-**

ξαναγυρνώ ρ μ, ρ αμ = ξαναγυρίζω

ξαναδένω ρ μ (σχοινί) to tie again • (άνθρωπο, ζώο) to tie up again ▶ ρ αμ to return to port • βλ. κ. **δένω** • **ξανα-**

ξαναδιαβάζω ρ μ to reread ▶ ρ αμ to revise • βλ. κ. **διαβάζω** • **ξανα-**

ξαναδίνω ρ μ (αλάτι, φακό, βιβλίο) to give back • (μάθημα) to do again • (εξετάσεις) to resit (ΒΡΕΤ.), to retake (ΑΜΕΡ.) • βλ. κ. **δίνω** • **ξανα-**

ξαναδοκιμάζω ρ μ (φρένα) to try again • (παίκτη, υπάλληλο) to try out again • (φαγητό) to try again • (ρούχα, παπούτσια) to try on again ▶ ρ αμ to try again • βλ. κ. **δοκιμάζω** • **ξανα-**

ξαναζεσταίνω ρ μ (φαγητό) to reheat • (σχέση, δεσμό) to revive ▶ ρ αμ to warm up again • βλ. κ. **ζεσταίνω** • **ξανα-**

ξαναζητώ ρ μ (πληροφορίες) to ask for more • (δουλειά) to ask for another • (φίλο) to look for another ▶ ρ αμ to be hard up • βλ. κ. **ζητώ** • **ξανα-**

ξαναζωντανεύω ρ αμ (ανασταίνομαι) to come alive again • (περασμένα, σκηνές, μνήμες) to come back to life • (αναζωογονούμαι) to be revived ▶ ρ μ (αναστήνω) to revive • (παρελθόν, γεγονότα) to bring back • βλ. κ. **ζωντανεύω** • **ξανα-**

ξαναθυμάμαι ρ μ αποθ. to remember ▶ ρ αμ αποθ. to get one's memory back • βλ. κ. **θυμάμαι** • **ξανα-**

ξαναθυμίζω ρ μ to remind again • βλ. κ. **θυμίζω** • **ξανα-**

ξανακάνω ρ μ (εργόχειρα) to make again • (καθήκον, χρέος) to do again • **δεν (θα) το ~** I won't do it again • βλ. κ. **κάνω** • **ξανα-**

ξανακλείνω ρ μ (πόρτα, παράθυρο, ψυγείο) to close (again) • (μπουκάλι, σκεύος) to put the top back on • (υπολογιστή, τηλεόραση) to switch off again ▶ ρ αμ (συρτάρι, ντουλάπα) to close ή shut again • (πληγή, τραύμα) to heal again • βλ. κ. **κλείνω** • **ξανα-**

ξανακοιμάμαι ρ αμ αποθ. to go back to sleep • βλ. κ. **κοιμάμαι** • **ξανα-**

ξανακούω ρ μ to hear again ▶ ρ αμ to get one's hearing back ■ **ξανακούομαι** μεσοπαθ (φωνή, θόρυβος, ήχος) to be heard again • (ξαναδίνω σημεία ζωής) to be heard of again • βλ. κ. **ακούω** • **ξανα-**

ξανακτίζω ρ μ = ξαναχτίζω

ξανακυκλοφορώ ρ μ (πλαστά χρήματα) to pass on • (δίσκο, σιντί) to re-release ▶ ρ αμ to be on the road again • βλ. κ. **κυκλοφορώ** • **ξανα-**

ξανακυλώ ρ μ το roll again ▶ ρ αμ (βράχια, δάκρυα, σταγόνες) to fall again • (νερά) to flow again • (υποτροπιάζω) to relapse
■ **ξανακυλιέμαι** μεσοπαθ to get muddy again • βλ. κ. κυλώ • **ξανα-**

ξαναλέω ρ μ το say again • **λέω και ξαναλέω** το say again and again • **μην το ξαναπείς** don't say that again • **τα ξαναλέμε** we'll talk about it another time • βλ. κ. λέγω • **ξανα-**
ξαναλέω ρ μ = **ξαναλέγω**

ξαναμετρώ ρ μ (μήκος, ύψος, πίεση) to measure again • (χρήματα, πιάτα) to re-count ▶ ρ αμ to count ■ **ξαναμετριέμαι** μεσοπαθ to compete again • βλ. κ. μετρώ • **ξανα-**

ξαναμιλώ ρ μ to speak to again ▶ ρ αμ to speak again • **~ σε κπν** to talk ή speak to sb again ■ **ξαναμιλιέμαι** μεσοπαθ (για πρόσ.) to speak to each other again • (για γλώσσα) to be spoken again • βλ. κ. μιλώ • **ξανα-**

ξαναμμέν|ος, -η, -ο επίθ (ανεπ.) (πρόσωπο) flushed • (σεξουαλικά) turned on (ανεπ.)

ξαναμοιράζω ρ μ (μερίδια) to divide again • (φαγητό) to serve again ▶ ρ αμ to deal again ■ **ξαναμοιράζομαι** μεσοπαθ to share • βλ. κ. μοιράζω • **ξανα-**

ξαναμπαίνω ρ αμ (στο σπίτι) to get back • (στο αυτοκίνητο) to get back in • βλ. κ. μπαίνω • **ξανα-**

ξανανεβαίνω ρ μ to go back up ▶ ρ αμ ~ **σε** (βουνό, δέντρο) to go back up • (αεροπλάνο, πλοίο) to get back in ή on • (λεωφορείο) to get back on • βλ. κ. ανεβαίνω • **ξανα-**

ξανανοίγω ρ μ to open again ▶ ρ αμ to open again ■ **ξανανοίγομαι** μεσοπαθ (σπαταλώ) to go out on a limb • (για πλοία) to set sail again • βλ. κ. ανοίγω • **ξανα-**

ξαναπαθαίνω ρ μ (ατύχημα, συμφορά) to have another • (ζημιά) to suffer more • **δεν την ~** (ανεπ.) I won't be had again (ανεπ.) • βλ. κ. παθαίνω • **ξανα-**

ξαναπαίρνω ρ μ (παίρνω πάλι) to take again • (μωρό, βάζω) to pick up again • (παίρνω πίσω) to get back • (τηλεφωνώ πάλι) to call back • βλ. κ. παίρνω • **ξανα-**

ξαναπαντρεύομαι ρ αμ to get married again
ξαναπατώ ρ μ (καρφί) to tread on again • (λάσπες) to tread in again • (σταφύλια) to tread again ▶ ρ αμ (τραπέζι, καρέκλα) to be stable again • **δεν ~ (το πόδι μου)** I'll never set foot there again • βλ. κ. πατώ • **ξανα-**
ξαναπάω ρ μ, ρ αμ = **ξαναπηγαίνω**

ξαναπερνώ ρ αμ to pass by again ▶ ρ μ (δρόμο, ποτάμι) to cross (over) again • (εμπόδιο) to get over again • βλ. κ. περνώ • **ξανα-**

ξαναπηγαίνω ρ μ ~ **κπν** to take sb back ▶ ρ αμ ~ **σε** to go back to • βλ. κ. πηγαίνω • **ξανα-**

ξαναπιάνω ρ μ (μπάλα) to catch again • (στυλό) to pick up again • (δράπετη) to recapture ▶ ρ αμ to start again • βλ. κ. πιάνω • **ξανα-**

ξαναπίνω ρ μ to drink again ▶ ρ αμ to drink again • βλ. κ. πίνω • **ξανα-**

ξαναπληρώνω ρ μ, ρ αμ (εισιτήριο) to buy another • (λογαριασμό) to pay again ▶ ρ αμ to pay again • βλ. κ. πληρώνω • **ξανα-**

ξαναπροσπαθώ ρ αμ to try again ▶ ρ μ ~ **να κάνω κτ** to try to do sth again • βλ. κ. προσπαθώ • **ξανα-**

ξαναρίχνω ρ μ (πέτρα) to throw another • (κλοτσιά) to give another ▶ ρ αμ to fire again ■ **ξαναρίχνει** απρόσ it's raining again ■ **ξαναρίχνομαι** μεσοπαθ **ξαναρίχνομαι σε κπν** (επιτίθεμαι πάλι) to come at sb again • (παρενοχλώ σεξουαλικά πάλι) to make another pass at sb • βλ. κ. ρίχνω • **ξανα-**

ξαναρχίζω ρ μ to start ή begin again ▶ ρ αμ to start all over again • βλ. κ. αρχίζω • **ξανα-**

ξαναρωτώ ρ μ to ask again ▶ ρ αμ to ask again • **ρωτώ και ~** to ask again and again • βλ. κ. ρωτώ • **ξανα-**

ξανασκέπτομαι, ξανασκέφτομαι ρ μ αποθ. to reconsider ▶ ρ αμ αποθ. to think again • **θα το ξανασκεφτώ** I'll think it over • βλ. κ. σκέπτομαι • **ξανα-**

ξανασμίγω ρ μ to get together again ▶ ρ μ to bring back together • βλ. κ. σμίγω • **ξανα-**

ξαναστρώνω ρ μ (κρεβάτι) to make again • (χαλί) to spread again ▶ ρ αμ to settle down again ■ **ξαναστρώνομαι** μεσοπαθ (κάθομαι πάλι) to stretch out again • (μαθητής, φοιτητής) to buckle down again • βλ. κ. στρώνω • **ξανα-**

ξανασυναντώ ρ μ (φίλο, γνωστό) to meet again • (δυσκολίες, εμπόδια) to meet with more ■ **ξανασυναντιέμαι, ξανασυναντώμαι** μεσοπαθ to meet again • **θα ήθελα να ξανασυναντηθούμε** I'd like to see you again • βλ. κ. συναντώ • **ξανα-**

ξανασυνδέω ρ μ to reconnect ■ **ξανασυνδέομαι** μεσοπαθ to get back together ■ **ξανασυνδέομαι στο ίντερνετ** to reconnect to the internet • βλ. κ. συνδέω • **ξανα-**

ξανατρέχω ρ αμ to run again ▶ ρ μ (πρόγραμμα) to run again • (κασέτα, ντι-βι-ντί) to play again • βλ. κ. τρέχω • **ξανα-**

ξανατρώω ρ μ, ρ αμ = **ξανατρώγω**
ξανατρώγω ρ μ to eat again ▶ ρ αμ to eat again ■ **ξανατρώγομαι** μεσοπαθ to argue again • βλ. κ. τρώω • **ξανα-**

ξαναφορτώνω ρ μ (πράγματα) to load again • (Πληροφ) to reload ▶ ρ αμ to reload ■ **ξαναφορτώνομαι** μεσοπαθ (πράγματα, υποχρεώσεις) to take on again • (συνέπειες) to suffer again • βλ. κ. φορτώνω • **ξανα-**

ξαναφτιάχνω ρ μ (προϊόν) to make again • (σπίτι) to do up • (τραπέζι) to lay again • (μαλλιά) to tidy • (κρεβάτι) to make • (υπολογιστή) to mend ▶ ρ αμ (καιρός, κατάσταση, πράγματα) to get better • (αποκαθίσταμαι πάλι) to get back on one's feet • (τηλεόραση, υπολογιστής) to be mended ή repaired • **τα ~ με κπν** (συμφιλιώνομαι πάλι) to make up with sb • (συνδέομαι πάλι) to get back together with sb • βλ. κ. φτιάχνω • **ξανα-**

ξαναχτίζω ρ μ to rebuild • βλ. κ. χτίζω • **ξανα-**
ξανθαίνω ρ μ to dye blonde ▶ ρ αμ (άντρας) to go blond • (γυναίκα) to go blonde
ξανθομάλλης, -α, -ικο επίθ blond(e) ■ **ξανθομάλλης** ουσ αρσ blond ■ **ξανθομάλλα** ουσ θηλ blonde

ξανθ|ός, -ή ή -ιά, -ό *επιθ* (μαλλιά, γένια) blond(e) • (κρόται) blonde • (νεαρός) blond • (στάχυ) golden • **ξανθιά μπίρα** lager ■ **ξανθό** *ουσ ουδ* golden brown ■ **ξανθός** *ουσ αρσ* blond ■ **ξανθή** *ουσ θηλ* blonde

ξαπλώνω *ρ μ* (τραυματία, μωρό) to lay down • (πυροβολώ) to bring down • (χτυπώ) to knock down ▶ *ρ αμ* to lie down

ξαπλώστρα *ουσ θηλ* deckchair

ξαπλωτ|ός, -ή, -ό *επιθ* stretched out

ξαρμυρίζω *ρ μ* to soak the salt out of

ξάστερα *επιρρ* clearly • **μίλα καθαρά και ~** don't beat about the bush

ξάστερ|ος, -η, -ο *επιθ* (ουρανός, νύχτα) starry • (νερό) clear • (κουβέντες, λόγια) straight

ξαφνιάζω *ρ μ* (προκαλώ έκπληξη) to surprise • (αιφνιδιάζω) to take by surprise • (φοβίζω) to startle ■ **ξαφνιάζομαι** *μεσοπαθ* to be surprised

ξαφνικά *επιρρ* suddenly

ξαφνικ|ός, -ή, -ό *επιθ* sudden ■ **ξαφνικό** *ουσ ουδ* bolt from the blue

ξεβάφω *ρ μ* to discolour (Βρετ.), to discolor (Αμερ.) ▶ *ρ αμ* to fade • **~ στο πλύσιμο** to run in the wash ■ **ξεβάφομαι** *μεσοπαθ* to take off ή remove one's make-up

ξεβγάζω *ρ μ* to rinse • **~ κπν μέχρι έξω** to see sb to the door

ξέβγαλμα *ουσ ουδ* rinse

ξεβιδωμέν|ος, -η, -ο *επιθ* (βίδα) unscrewed • (καπάκι) not screwed on • (πόμολο, χερούλι) loose • (ράφι) not screwed in

ξεβιδώνω *ρ μ* (βίδα, καπάκι) to unscrew • (ράφι, καθρέφτη) to take down

ξεβουλώνω *ρ μ* (μπουκάλι, βαρέλι) to uncork • (νιπτήρα, λεκάνη) to unblock

ξεβρακώνω *ρ μ* (ανεπ.) ~ **κπν** (γδύνω) to take sb's trousers (Βρετ.) ή pants (Αμερ.) down • (γελοιοποιώ) to show sb up ■ **ξεβρακώνομαι** *μεσοπαθ* to be shown up

ξεβράκωτ|ος, -η, -ο *επιθ* (ανεπ.) (παιδί) without pants (Βρετ.) ή underpants (Αμερ.) on • (χωρίς πανταλόνι) without trousers (Βρετ.) ή pants (Αμερ.) on • (πάμφτωχος) penniless

ξεβρομίζω *ρ μ* to clean ▶ *ρ αμ* to get clean

ξεγελώ *ρ μ* to fool ■ **ξεγελιέμαι** *μεσοπαθ* to be taken in

ξεγράφω *ρ μ* (λέξεις) to cross out • (χρέος) to write off • (παρελθόν) to put behind one • (φίλο) to give up on • (ξεχνώ) to forget • (άρρωστο) to give up on • (κασέτα) to record over

ξεδιαλύνω *ρ μ* (υπόθεση, μυστήριο, αίνιγμα) to solve • (όνειρο) to explain

ξεδιάντροπ|ος, -η, -ο *επιθ* (ανεπ.) (άνθρωπος) shameless • (ψέμα, ψεύτης) barefaced

ξεδίνω *ρ αμ* (ανεπ.) to let off steam (ανεπ.)

ξεδίπλωμα *ουσ ουδ* (ρούχου, πετσέτας, σεντονιού) unfolding • (σημαίας) unfurling • (αρετών, ταλέντου) revealing

ξεδιπλώνω *ρ μ* (χαρτί, εφημερίδα) to unfold • (σημαία) to unfurl • (ταλέντο, αρετές) to reveal

ξεδιψώ *ρ αμ* to quench one's thirst ▶ *ρ μ* ~ **κπν** to quench sb's thirst

ξεζουμίζω *ρ μ* (λεμόνι, πορτοκάλι) to squeeze • (βιβλίο) to devour

ξεθαρρεύω *ρ αμ* (παίρνω θάρρος) to take heart • (αποθρασύνομαι) to become impertinent

ξεθεωμέν|ος, -η, -ο *επιθ* (ανεπ.) worn out

ξεθεώνω *ρ μ* to wear out ■ **ξεθεώνομαι** *μεσοπ* to wear oneself out

ξεθυμαίνω *ρ αμ* (άρωμα) to evaporate • (αέριο) to leak • (αναψυκτικά, μπίρα) to go flat • (κολόνια) to go off • (καιρός) to settle • (θύελλα) to die down • (αγάπη) to fade • (αντίδραση) to fizzle out • (άνθρωπος) to let off steam (ανεπ.)

ξεθωριάζω *ρ μ* to fade ▶ *ρ αμ* to fade • (ενδιαφέρον) to wane

ξεθωριασμέν|ος, -η, -ο *επιθ* (χρώμα) dingy • (ύφασμα, ρούχο, φωτογραφία) faded • (ανάμνηση) dim

ξεΐδρώνω *ρ αμ* to cool off

ξεκαθαρίζω *ρ μ* to clear up ▶ *ρ αμ* (ουρανός) to clear • (καιρός) to clear up • (πράγματα, ζήτημα κατάσταση) to become clear • **~ σε κπν ότι** to make it clear to sb that

ξεκαθάρισμα *ουσ ουδ* (καιρού, υπόθεσης, κατάστασης) clearing up • (ουρανού) clearing

ξεκάθαρ|ος, -η, -ο *επιθ* (απάντηση) clear • (θέση) clear-cut • (λόγια) plain

ξεκαρδίζομαι *ρ αμ αποθ.* ~ **στα γέλια** to be helpless with laughter

ξεκαρδιστικ|ός, -ή, -ό *επιθ* hilarious

ξεκίνημα *ουσ ουδ* (παιχνιδιού) start • (καριέρας επιχείρησης) outset • (ταξιδιού, πορείας, εκδρομής) start • (για το σπίτι, τη δουλειά) leaving

ξεκινώ *ρ αμ* (για ταξίδι, δουλειά) to set off • (για σταδιοδρομία) to start out • (όχημα, πλοίο) to pull away • (αεροπλάνο) to start up • (δρόμος, επιχείρηση, κουβέντα, καβγάς) to start ▶ *ρ μ* to start • **~ να κάνω κτ** to start doing sth ή to do sth

ξεκλειδώνω *ρ μ* to unlock

ξεκλείδωτ|ος, -η, -ο *επιθ* unlocked

ξεκολλώ *ρ μ* (γραμματόσημο, αυτοκόλλητο) to peel off • (χέρια) to take off ▶ *ρ αμ* (σφράγισμα, χερούλι) to come off • (βιβλίο) to come apart • (από τόπο, το διάβασμα, το σπίτι) to tear oneself away (από from) • (φεύγω) to go

ξεκοριάζω *ρ μ* (ανεπ.) (για έντομα) debug

ξεκουμπώνω *ρ μ* (παντελόνι, μπλούζα) to unbutton • (κουμπί) to undo ■ **ξεκουμπώνομαι** *μεσοπαθ* (παντελόνι, πουκάμισο, κουμπιά) to come undone • (άνθρωπος) to undo one's buttons

ξεκουράζω *ρ μ* (σώμα, μάτια, πόδια) to rest • (μυαλό) to relax • **~ κπν** (σωματικά) to give sb rest • (πνευματικά) to relax sb ■ **ξεκουράζομαι** *μεσοπαθ* (σωματικά) to rest • (πνευματικά) to relax

ξεκούραση *ουσ θηλ* (σωματική) rest • (ψυχική) relaxation • **πέντε λεπτά ~** five-minute break

ξεκούραστ|ος, -η, -ο *επιθ* (σωματικά) rested • (πνευματικά) relaxed • (μυαλό) refreshed • (δουλειά, ζωή) easy • (κρεβάτι) comfortable • (περιβάλλον) relaxing • (ύπνος) refreshing

ξεκουρδίζω, **ξεκουρντίζω** *ρ μ* (ρολόι) to run down • (κιθάρα, πιάνο) to put out of tune

■ **ξεκουρδίζομαι** μεσοπαθ (όργανο) to be out of tune • (ρολόι) to stop • (κουράζομαι πολύ) to wear oneself out

ξεκούρδιστος, ξεκούρντιστος, -η, -ο επιθ (ρολόι) run down • (πιάνο, κιθάρα) out of tune

ξεκρέμαστ|ος, -η, -ο επιθ (κουρτίνα, κάδρο) not hung • (ρούχο) not hung up • (κουβέντα, ιδέες) incoherent

ξεκωλώνω ρ μ (δέντρο, ρίζα) to uproot • (αργκ.: κουράζω υπερβολικά) to do in (ανεπ.)
■ **ξεκωλώνομαι** μεσοπαθ (αργκ.) to be done in (ανεπ.)

ξελιγώνω ρ μ ~ **κπν** (προκαλώ λιγούρα) to make sb's mouth water • (κουράζω πολύ) to wear sb out ■ **ξελιγώνομαι** μεσοπαθ sb's mouth is watering

ξελογιάζω ρ μ to seduce

ξεμαλλιάζω ρ μ ~ **κπν** (βγάζω τα μαλλιά) to pull sb's hair out • (αναμαλλιάζω) to ruffle sb's hair

ξεμέθυστος, -η, -ο επιθ sober

ξεμεθώ ρ αμ to sober up

ξεμένω ρ αμ (απομένω: για πρόσ.) to stay behind • (στην ερημιά) to be stranded • (ποτά, φαγητό, γλυκό) to be left over • (μένω πίσω) to get left behind • ~ **από κτ** to run out of sth

ξεμοναχιάζω ρ μ ~ **κπν** to get sb on their own

ξεμουδιάζω ρ αμ (άνθρωπος) to get the circulation going • (μυαλό) to clear • (αθλητής) to warm up

ξεμπέρδεμα ουσ ουδ (κλωστής, κουβαριού, μαλλιών) untangling • (κατάστασης, προβλήματος, λογαριασμού) sorting out

ξεμπερδεύω ρ μ (κουβάρι, κλωστή, μαλλιά) to untangle • (πρόβλημα, κατάσταση, κληρονομικά) to sort out • (θέμα) to resolve ▶ ρ αμ **ας ή να ξεμπερδεύουμε** let's get it over with

ξεμπλέκω ρ μ (μαλλιά, λάστιχο) to untangle • (δάχτυλα) to disentangle • (πρόβλημα, κατάσταση, υποθέσεις) to sort out • (θέμα) to resolve • (φίλο) to help out • (επιχείρηση) to get out of difficulties ▶ ρ αμ ~ **από κπν** to finish with sb

ξεμπλοκάρω ρ μ to unblock

ξεμυαλίζω ρ μ ~ **κπν** to turn sb's head
■ **ξεμυαλίζομαι** μεσοπαθ to lose one's head

ξεμυτίζω, ξεμυτώ ρ αμ (άνθρωπος) to venture out • (λουλούδι) to come up • (πλοίο) to come into view

ξενάγηση ουσ θηλ guided tour

ξεναγός ουσ αρσ, ουσ θηλ guide

ξεναγώ ρ μ ~ **κπν** to show sb around

ξενικ|ός, -ή, -ό επιθ foreign

ξενιτειά ουσ θηλ = **ξενιτιά**

ξενιτιά ουσ θηλ (ξένα) foreign parts πληθ.
• (αποδημία) living abroad ή in a foreign country

ξενοδοχειακ|ός, -ή, -ό επιθ hotel

ξενοδοχείο ουσ ουδ hotel

ξενοδόχος ουσ αρσ, ουσ θηλ hotelier

ξενοιάζω ρ αμ (δεν έχω έννοιες) to be free from care • (δεν ανησυχώ) not to worry

ξένοιαστ|ος, -η, -ο επιθ carefree

ξενοίκιαστ|ος, -η, -ο επιθ (ανεπ.) empty

ξενομανία ουσ θηλ (αρνητ.) love of everything foreign

ξέν|ος, -η, -ο επιθ (ρούχο, σπίτι) strange
• (περιουσία) somebody else's • (χώρα, έθιμο, γλώσσα) foreign • (άσχετος) unfamiliar (προς with) • (άγνωστος) like a stranger ■ **ξένος** ουσ αρσ, **ξένη** ουσ θηλ (αλλοδαπός) foreigner
• (φιλοξενούμενος) visitor • (άγνωστος) stranger • (μετανάστης) immigrant

ξεντύνω ρ μ to undress ■ **ξεντύνομαι** μεσοπαθ to undress

ξενυχτάδικο ουσ ουδ all-night bar

ξενύχτι ουσ ουδ late night

ξενυχτώ ρ αμ (ξαγρυπνώ) to stay up late
• (διασκεδάζω μέχρι πρωίας) to stay up all night ▶ ρ μ to keep awake all night

ξενώνας ουσ αρσ (δωματίου) guest room • (κτήριο) guest house • ~ **νεότητας** youth hostel

ξεπαγιάζω ρ αμ to be frozen stiff ▶ ρ μ to freeze

ξεπαγώνω ρ μ, ρ αμ to defrost

ξεπακετάρω ρ μ to unpack

ξεπερασμέν|ος, -η, -ο επιθ old-fashioned

ξεπερνώ ρ μ (αντιπάλους, δρομείς) to get ahead of • (όριο, προσδοκία) to go beyond • (εμπόδιο, κρίση, δυσκολία) to overcome • (σοκ) to get over ■ **ξεπερνιέμαι** μεσοπαθ to become obsolete

ξεπέφτω ρ αμ (αξίες, ήθη) to decline • (θέατρο) to be in decline • (ταπεινώνομαι) to demean oneself • (ευγενής, αριστοκρατία, καλλιτέχνης) to become impoverished

ξεπλένω ρ μ (ρούχα, μαλλιά, ποτήρια, φλιτζάνια) to rinse • (πρόσωπο, φρούτο) to wash • (χρήμα) to launder ■ **ξεπλένομαι** μεσοπαθ to wash oneself down

ξεπληρώνω ρ μ (φόρο, χρέος) to pay off
• (ανταποδίδω) to repay • (εκδικούμαι) to pay back

ξεποδαριάζω ρ μ (ανεπ.): ~ **κπν** to walk sb's legs off ■ **ξεποδαριάζομαι** μεσοπαθ to walk one's legs off

ξεπούλημα ουσ ουδ (προϊόντων, εμπορευμάτων) clearance sale • (κληρονομιάς, κειμηλίων) selling off • **γενικό ~** sales πληθ.

ξεπουλώ ρ μ (εμπορεύματα, αγαθά, κειμήλια) to sell off • (πατρίδα, ιδανικά) to betray

ξεπρήζομαι ρ αμ to be less swollen

ξεπροβάλλω ρ αμ (άνθρωπος, ζώο) to appear
• (ήλιος, φεγγάρι) to peep out • (εμφανίζομαι ξαφνικά) to pop up

ξέρα ουσ θηλ (ύφαλος ή σκόπελος) reef
• (ξηρασία) drought • (ξερότοπος) arid land χωρίς πληθ.

ξεραίνω ρ μ (επίσης: **ξηραίνω**) to dry out ή up
• (σύκα, λουλούδια) to dry • (προκαλώ πόνο) to hurt ■ **ξεραίνομαι** μεσοπαθ (στόμα, λαιμός, πηγάδι) to be dry • (κοιμάμαι βαθιά) to be fast asleep • (εκπλήσσομαι) to be stunned

ξεριζώνω ρ μ (χορτάρια, φυτά) to pull up
• (δόντια, μαλλιά, τρίχες) to pull out
• (προκατάληψη, φόβο, κακό) to eradicate
• (λαό) to uproot

ξερνώ ρ μ (ανεπ.) to throw up (ανεπ.) ▶ ρ μ (αίμα, φάρμακο, φαγητό) to bring up • (πτώμα, ναυάγιο) to wash up • (λάβα, φωτιά) to spew
• (μυστικό) to spit out

ξερόβηχας ουσ αρσ (βήχας) hacking cough • (ως ένδειξη αμηχανίας) hemming and hawing • (ως προειδοποίηση) clearing one's throat

ξεροβήχω ρ αμ (έχω ξερόβηχα) to have a hacking cough • (για να προκαλέσω την προσοχή) to clear one's throat • (από αμηχανία) to hem and haw • (από ντροπή) to cough in embarrassment

ξεροβόρι ουσ ουδ icy north wind

ξερονήσι ουσ ουδ desert island

ξερ|ός, -ή, -ό επιθ (κλίμα, καιρός, χείλη) dry • (ποτάμι, πηγάδι) dry • (φύλλα, ξύλα, χορτάρι, κλαδί, ψωμί) dry • (γήπεδο) hard • (σύκα, λουλούδια) dried • (τόπος) arid • (βουνό) bare • (νησί) desert • (κρότος, ήχος, φωνή) hollow • (κουβέντα, απάντηση, ύφος) terse • (άρνηση) blunt • (μισθός) basic • (γνώσεις) rudimentary ■ **ξερό** ουσ ουδ (μειωτ.: κεφάλι) head • (υβρ.: χέρι) paw (ανεπ.) • (πόδι) foot

ξεροσφύρι επιρρ **πίνω κτ ~** to drink sth on an empty stomach

ξεροψήνω ρ μ (κρέας, μπιφτέκια) to roast slowly • (ψωμί) to bake slowly

ξέρω ρ μ (γνωρίζω, κατέχω) to know • (για γλώσσα) to speak • **ν α κολυμπή ή να κολυμπώ** to know how to swim

ξεσηκώνω ρ μ (διαμαρτυρίες, θύελλα αντιδράσεων) to raise • (θύελλα ενθουσιασμού) to whip up • (γειτονιά) to rouse • (λαό, μάζες, φοιτητές) to rouse • (σχέδιο, ζωγραφιά) to copy • (με ημιδιαφανές χαρτί) to trace • (τρόπους, ύφος, γνώμη) to pick up • (συμπεριφορά) to copy ■ **ξεσηκώνομαι** μεσοπαθ to rise up

ξεσκεπάζω ρ μ (σκεύος) to take the lid off • (άνθρωπο) to uncover • (συνωμοσία, σκάνδαλο) to uncover • (ύποπτο, παρανομία) to expose

ξεσκέπαστ|ος, -η, -ο επιθ uncovered

ξεσκίζω ρ μ (ρούχα) to tear up • (αφίσα, πορτραίτο) to tear up • (καρδιά) to break • (για ζώα) to tear apart • (πρόσωπο, μάγουλα) to scratch ■ **ξεσκίζομαι** μεσοπαθ **ξεσκίζομαι στη δουλειά/στο χορό** to work/dance till one drops (ανεπ.)

ξεσκονίζω ρ μ (έπιπλα, σπίτι, παπούτσια) to dust • (υπόθεση, σπίτι) to study in detail • (για γλώσσα, γνώσεις) to brush up

ξεσκόνισμα ουσ ουδ (επίπλου, δωματίου) dusting • (υπόθεσης, βιβλίου) close study • (μτφ.: για γλώσσα, γνώσεις) brushing up

ξέσπασμα ουσ ουδ (οργής, χαράς, γέλιου) outburst • (επανάστασης, πολέμου, επιδημίας) outbreak

ξεσπώ ρ αμ (επιδημία, πυρκαγιά, πόλεμος, ταραχές) to break out • (σκάνδαλο) to break • (καταιγίδα, κακοκαιρία) to blow up • **~ σε γέλια** to burst into laughter • **~ σε κλάματα** to burst into tears

ξεστρώνω ρ μ (κρεβάτι) to strip • (καναπέ) to take the cover off • (τραπέζι) to take the cloth off • (μαζεύω το τραπέζι) to clear away

ξεσυνηθίζω ρ μ to become unaccustomed to

ξεσφίγγω ρ μ to loosen

ξεσχίζω ρ μ = ξεσκίζω

ξετρελαίνω ρ μ~ κπν (ενθουσιάζω) to be a hit with sb • (ξεμυαλίζω) to drive sb to distraction ■ **ξετρελαίνομαι** μεσοπαθ to be infatuated

ξετρυπώνω ρ μ (λαγό, αλεπού) to flush out • (φωτογραφίες, χειρόγραφα) to dig out • (τυχαία) to come across ▶ ρ αμ (ποντίκι, φίδι) to come out of its hole • (εμφανίζομαι ξαφνικά) to pop up • **από πού ξετρύπωσες εσύ;** where did you spring from?

ξετσίπωτ|ος, -η, -ο επιθ brazen

ξετυλίγω ρ μ (καλώδιο) to unwind • (κουβάρι) to unravel • (δώρο, πακέτο) to unwrap ■ **ξετυλίγομαι** μεσοπαθ to unfold

ξεφεύγω ρ αμ (γλυτώνω) to get away (από from) • (από ενέδρα, παγίδα) to get out (από of) • (ξεχλιστρώ) to be evasive • (ομιλητής, μαθητής) to digress • (ηθικά) to stray • (συζήτηση) to drift • (λάθος, λεπτομέρεια) to slip through • **μου ξεφεύγει ένα μυστικό** to let a secret out • **~ από τον έλεγχο κποιου** to be out of control

ξεφλουδίζω ρ μ, ρ αμ to peel

ξεφλούδισμα ουσ ουδ peeling

ξεφορτώνω ρ μ to unload ▶ ρ αμ to be unloaded ■ **ξεφορτώνομαι** μεσοπαθ (βαλίτσες, ψώνια) to put down • (άνθρωπο, άχρηστα αντικείμενα) to get rid of • (κατάσταση) to get out of

ξεφουσκώνω ρ μ to deflate ▶ ρ αμ (λάστιχο, μπάλα) to go down • (στομάχι) to settle

ξεφούσκωτ|ος, -η, -ο επιθ flat

ξέφρεν|ος, -η, -ο επιθ (γλέντι, ενθουσιασμός, πάθος, χορός) wild • (ρυθμός) frenzied • (κούρσα, αγώνας) frantic

ξεφτέρι ουσ ουδ (μτφ.) whizz (ανεπ.)

ξεφτίζω ρ μ to fray the edges of ▶ ρ αμ (χαλί, παντελόνι) to be frayed • (τοίχος, πόρτα) to be the worse for wear

ξεφτίλα ουσ θηλ humiliation

ξεφτισμέν|ος, -η, -ο επιθ (ύφασμα, ρούχο, σκοινί) threadbare • (τοίχος, παράθυρο) dilapidated

ξεφτώ ρ μ = ξεφτίζω

ξεφυλλίζω ρ μ (φυτό, άνθος) to pull the petals off • (περιοδικό, βιβλίο, άλμπουμ) to flick through

ξεφωνητό ουσ ουδ scream

ξεφωνίζω ρ αμ to scream ▶ ρ μ (ανεπ.) to jeer at • **~ από πόνο/φόβο** to scream in pain/fear

ξέφωτο ουσ ουδ clearing

ξεχασμένος, -η, -ο επιθ forgotten

ξεχειλίζω ρ αμ (δοχείο, νερό, ποτάμι) to overflow • (σχολεία, φυλακές) to be overflowing • (χαρά) to bubble over • (θυμός) to erupt ▶ ρ μ to fill to the brim

ξεχειλώνω ρ μ to pull out of shape ▶ ρ αμ to lose its shape

ξεχνώ ρ μ to forget ▶ ρ αμ to forget • **~ να κάνω κτ** to forget to do sth ■ **ξεχνιέμαι** μεσοπαθ (αφαιρούμαι) to forget oneself • (ξεχνώ ό,τι με απασχολεί) to forget everything

ξεχρεώνω ρ μ (τράπεζα, σπίτι, αυτοκίνητο) to pay off • (δανειστή) to settle up with ▶ ρ αμ to be out of debt

ξεχωρίζω ρ μ (διαχωρίζω) to separate (από from) • (διαλέγω) to pick out • (διαφοροποιώ) to set apart • (διακρίνω) to tell • (κάνω διακρίσεις) to differentiate • (αντιλαμβάνομαι) to make out ▶ ρ αμ (φαίνομαι) to be visible • (διακρίνομαι) to stand out

ξεχωριστά επιρρ separately

ξεχωριστ|ός, -ή, -ό επιθ (κρεβάτια, δωμάτια, κοινότητες) separate • (ομορφιά, ικανότητα) exceptional • (επιστήμονας) distinguished • (προσωπικότητα) unique • (γεύση, άρωμα, τιμή) unique

ξεψυχώ ρ αμ to die ▶ ρ μ to torment

ξηλώνω ρ μ (ρούχο) to unstitch • (ραφές) to unpick • (ξύλα) to rip out • (πάτωμα) to pull up • (πλάκες, στέγες) to tear off • (ανεπ.: υπάλληλο, εργαζόμενο) to sack ■ **ξηλώνομαι** μεσοπαθ (φούστα, παντελόνι) to come apart at the seams • (πληρώνω) to spend a lot

ξημεροβραδιάζομαι ρ αμ αποθ. to spend all day and night

ξημέρωμα ουσ ουδ daybreak

ξημερώνω ρ αμ to stay up till dawn ■ **ξημερώνει** απρόσ it's dawn • **ξημέρωσε** it's dawn ■ **ξημερώνομαι** μεσοπαθ (ειρων.) to be late • (μένω άγρυπνος ως την αυγή) to stay up all night

ξηρά ουσ θηλ land • **από ξηρά** ή **δια** ή **μέσω ξηράς** by land • **βγαίνω στην ~** to land

ξηραίνω ρ μ to dry (out)

ξηρασία ουσ θηλ drought

ξηρ|ός, -ή ή -ά, -ό επιθ (δέρμα, κλαδί, χόρτο) dry • (έδαφος, κοιλάδα) arid • (σύκο, δαμάσκηνο) dried • **ξηρά τροφή** dried foods • **ξηροί καρποί** (σύκα) dried fruits • (φιστίκια) nuts • **ξηρό κλίμα** dry climate • **~ οίνος** dry wine • **ξηρές σταφίδες** currants

ξι ουσ ουδ άκλ. xi, 14th letter of the Greek alphabet

ξιδάτ|ος, -η, -ο επιθ pickled (in vinegar)

ξίδι ουσ ουδ vinegar ■ **ξίδια** πληθ (αργκ.) rotgut εν. (χυδ.)

ξινίζω ρ αμ (κρασί) to turn sour • (γάλα) to go ή turn sour • (φαγητό) to go off ▶ ρ μ to sour

ξινό ουσ ουδ citric acid ■ **ξινά** πληθ citrus fruits

ξινόγαλα, ξινόγαλο ουσ ουδ sour ή curdled milk

ξινόμηλο ουσ ουδ crab apple

ξιν|ός, -ή, -ό επιθ sour

ξιφασκία ουσ θηλ fencing

ξιφίας ουσ αρσ swordfish

ξίφος ουσ ουδ (γενικότ.) sword • (ξιφασκίας) foil

ξοδεύω ρ μ (χρήματα) to spend • (καύσιμα, υλικά) to use • (χρόνο, ζωή) to spend • (δυνάμεις, ενέργεια) to use • (προσπάθεια, κόπο) to put in ■ **ξοδεύομαι** μεσοπαθ to spend money

ξύδι ουσ ουδ = **ξίδι**

ξυλεία ουσ θηλ timber, lumber (ΑΜΕΡ.)

ξύλιν|ος, -η, -ο επιθ wooden

ξύλο ουσ ουδ (γενικότ.) wood • (χτυπήματα) beating • **χτύπα ~!** I touch wood! (ΒΡΕΤ.), knock on wood! (ΑΜΕΡ.) ■ **ξύλα** πληθ (fire)wood εν.

ξυλοκόπος ουσ αρσ woodcutter (ΒΡΕΤ.), lumberjack (κυρ. ΑΜΕΡ.)

ξυλουργός ουσ αρσ carpenter

ξύνω ρ μ (μύτη, πλάτη, γένια) to scratch • (σκουριά, μπογιά) to scrape off • (ξύλο, έπιπλο, πάτωμα) to sand (down) • (καρότα, κολοκύθια) to scrape • (τυρί) to grate • (ψάρια) to scale • (μολύβι) to sharpen • (για σφαίρα) to graze • (για όχημα, κλαδί) to scrape ■ **ξύνομαι** μεσοπαθ (κυριολ.) to scratch (oneself) • (ανεπ.: τεμπελιάζω) to loaf around (ανεπ.)

ξύπνημα ουσ ουδ awakening • **πρωινό ~** getting up early

ξυπνητήρι ουσ ουδ alarm clock

ξύπνι|ος, -α, -ο επιθ (ξυπνητός) awake • (έξυπνος) smart • (ειρων.) clever

ξυπνώ ρ μ (αφυπνίζω) to wake up • (ενδιαφέρον) to arouse • (επιθυμία, αναμνήσεις, φιλοδοξίες) to stir • (παρελθόν) to bring back ▶ ρ αμ (αφυπνίζομαι) to wake up • (βλέπω την πραγματικότητα) to open one's eyes • (πόλη, φύση) to come alive • (νεύρα, κορμί) to wake up • (αισθήσεις) to be awakened • **~ κπν από τον ύπνο** to wake sb up

ξυπόλητ|ος, -η, -ο επιθ = **ξυπόλυτος**

ξυπόλυτ|ος, -η, -ο επιθ (παιδί, ψαράς, νέοι) barefoot • (πάμφτωχος) destitute • **περπατάω/ γυρίζω ~** to walk/to walk around barefoot

ξυραφάκι ουσ ουδ (καταχρ.: μηχανή ξυρίσματος) razor • (υποκορ.: λεπίδα) razor blade

ξυράφι ουσ ουδ (ξυριστική μηχανή) razor • (λεπίδα) razor blade

ξυρίζω ρ μ to shave ▶ ρ αμ to be bitter ■ **ξυρίζομαι** μεσοπαθ to shave

ξύρισμα ουσ ουδ (πράξη) shaving • (αποτέλεσμα) shave

ξυριστικ|ός, -ή, -ό επιθ **ξυριστική λεπίδα** razor blade • **ξυριστική μηχανή** (ξυραφάκι) razor • (ηλεκτρική) shaver ■ **ξυριστικά** ουσ ουδ πληθ shaving kit εν.

ξύσιμο ουσ ουδ (πλάτης, μύτης) scratching • (σκουριάς, μπογιάς) scraping off • (ξύλου, επίπλου, πατώματος) sanding down • (ψαριού) scaling • (τυριού) grating • (καρότου) scraping • (μολυβιού) sharpening • (σε όχημα) scrape • (σε πλοίο) scrape • (από σφαίρα) graze • (από κλαδί) scratch

ξυστό ουσ ουδ scratch card

ξύστρα ουσ θηλ (μολυβιού) pencil sharpener • (εργαλείο) rasp

O

O, o omicron, 15th letter of the Greek alphabet

⬤ **ΛΕΞΗ-ΚΛΕΙΔΙ**

ο, -η, - το *άρθρ οριστ* **1** (*ορίζει ουσιαστικά*) the
2 (*οικ.: για έμφαση*) the
3 (*ορίζει ομοειδή*)
4 (*με κύρια ονόματα*)
5 (*για ιδιότητα*) the
6 (*για επιμερισμό*) a
7 (*για χρόνο*) on
8 +*αριθ.*
9 (*με επίθετα, αντωνυμίες, μετοχές*) the
10 (*με συγκριτικό βαθμό, επιρρήματα*) the
11 (*πριν από προτάσεις*)
12 (*σε περιγραφή*)

όαση *ουσ θηλ* oasis
ογδοηκοστός, -ή, -ό *αριθ τακτ* eightieth
ογδόντα *αριθ απολ άκλ.* eighty
όγδο|ος, -η, -ο *αριθ τακτ* eighth ▪ **όγδοη** *ουσ
θηλ* (*ημέρα μήνα*) eighth • (*Μουσ*) octave
▪ **όγδοος** *ουσ αρσ* (*όροφος*) eighth floor
• (*Αύγουστος*) August
όγκος *ουσ αρσ* (*σώματος*) volume • (*μέγεθος*)
size • (*κάστρου, εργασίας*) bulk • (*συναλλαγών,
αιτήσεων*) volume • (*επιστολών*) pile
• (*σπουδαστών, διαδήλωσης*) mass • (*Ιατρ*)
tumour (*Βρετ.*), tumor (*Αμερ.*) • **κακοήθης/
καλοήθης ~** malignant/benign tumour (*Βρετ.*)
ή tumor (*Αμερ.*)
ογκώδ|ης, -ης, -ες *επιθ* (*έπιπλο, βιβλίο, δέμα*)
bulky • (*τοίχοι*) massive • (*συγκέντρωση*) mass
• (*μάζα*) vast • (*μτφ.: άντρας*) heavy
οδήγηση *ουσ θηλ* driving • **άδεια οδήγησης**
driving licence (*Βρετ.*), driver's license (*Αμερ.*)
οδηγία *ουσ θηλ* (*διευθυντή, προϊσταμένου,
δασκάλου*) instructions *πληθ.* • (*γονέων*) advice
χωρίς πληθ. • (*ιατρού*) order • (*δικηγόρου*) brief
• **οδηγίες χρήσης ή χρήσεως** (*φαρμάκου,
προϊόντων*) directions for use • (*μηχανήματος*)
instructions • (*ρούχου*) washing instructions
οδηγός *ουσ αρσ* (*φορτηγού, λεωφορείου*) driver
• (*ξεναγός*) guide • (*βιβλίο*) guide • (*τουριστικός*)
guide(book) • (*Πληροφ*) drive • (*μέλος
οδηγισμού*) Guide (*Βρετ.*), Girl Scout (*Αμερ.*)

• **χρυσός ~** Yellow Pages®
οδηγώ *ρ μ* (*αυτοκίνητο, φορτηγό, λεωφορείο*)
to drive • (*τουρίστες, παιδί, μαθητή*) to guide
• (*κατευθύνω*) to lead • (*καταλήγω*) to lead
(*σε το*) • **~ μεθυσμένος** to drink and drive
οδικ|ός, -ή, -ό *επιθ* (*κυκλοφορία, ατύχημα*) road
• (*συμπεριφορά*) on the road • **οδικό δίκτυο**
road network • **~ χάρτης** (*χώρας, περιοχής*)
road map • (*πόλης*) street map
οδοιπορία *ουσ θηλ* trek
οδοντιατρείο *ουσ ουδ* dentist's surgery
οδοντιατρική *ουσ θηλ* dentistry
οδοντίατρος *ουσ αρσ* dentist
οδοντόβουρτσα *ουσ θηλ* toothbrush
οδοντογιατρός *ουσ αρσ* = **οδοντίατρος**
οδοντογλυφίδα *ουσ θηλ* toothpick
οδοντόκρεμα, οδοντόπαστα *ουσ θηλ*
toothpaste
οδοντοστοιχία *ουσ θηλ* (set of) teeth
• **τεχνητή ~** dentures *πληθ.*
οδός *ουσ θηλ* (*επίσ.*) road • (*σε πόλη*) street
• (*τρόπος επικοινωνίας*) route • (*μτφ.: μέσο*) way
• **εθνική ~** major road
οδυνηρός, -ή, -ό *επιθ* (*εγχείρηση, μνήμες,
χωρισμός*) painful • (*μτφ.: συνέπειες*)
devastating • (: *έκπληξη*) unpleasant • (: *ήττα*)
crushing
Οδύσσεια *ουσ θηλ* (*ομηρικό έπος*) Odyssey
• (*μτφ.*) odyssey
όζον *ουσ ουδ* ozone • **τρύπα του όζοντος** hole
in the ozone layer
οθόνη *ουσ θηλ* screen
οίδημα *ουσ ουδ* swelling • **πνευμονικό ~**
pneumonia
οικειοθελώς *επιρρ* voluntarily
οικεί|ος, -α, -ο *επιθ* (*περιβάλλον, φωνή, χώρος,
καταστάσεις*) familiar • (*κακά, συμφορές,
περιουσία*) personal • (*αυθάδεια, αναίδεια,
θρασύτητα*) brazen • (*οργανισμός, αρχή*)
appropriate ▪ **οικείοι** *ουσ αρσ πληθ* (*συγγενείς*)
family εν. • (*άτομα στενού περιβάλλοντος*) close
friends
οικειότητα *ουσ θηλ* intimacy • **έχω ~ με κπν**
to be on intimate terms with sb ▪ **οικειότητες**
πληθ liberties
οίκημα *ουσ ουδ* house
οικία *ουσ θηλ* (*επίσ.*) home
οικιακ|ός, -ή, -ό *επιθ* (*σκεύος, συσκευές*)
domestic • (*είδη, σκουπίδια*) household • **~/ί**
οικιακή βοηθός domestic help ▪ **οικιακά** *ουσ
ουδ πληθ* (*επίσ.*) housework εν.
οικογένεια *ουσ θηλ* (*γενικότ.: Βιολ*) family
• (*τζάκι*) good family
οικογενειακ|ός, -ή, -ό *επιθ* family
▪ **οικογενειακά** *ουσ ουδ πληθ* family business
εν. *ή* matters
οικογενειακώς, οικογενειακά *επιρρ* as a family
οικογενειάρχης *ουσ αρσ* (*αρχηγός οικογένειας*)
head of the family • (*που έχει οικογένεια*) family
man
οικοδέσποινα *ουσ θηλ* hostess
οικοδεσπότης *ουσ αρσ* host
οικοδομή *ουσ θηλ* (*επίσ.*) building • (*κτήριο που
κτίζεται*) building *ή* construction site

οικοδόμημα ουσ ουδ (κτίσμα) building • (μτφ.) structure

οικοδόμος ουσ αρσ builder

οικολογικ|ός, -ή, -ό επιθ ecological • (σπουδές) ecology • (προϊόν, συσκευασία) environment-friendly

οικονομία ουσ θηλ economy • (οικονομικά) economics εν. ή πληθ. • (δυνάμεων, χρημάτων, χρόνου, μέσων) saving • **κάνω ~** to save money ■ **οικονομίες** πληθ savings

οικονομικά¹ ουσ ουδ πληθ (κράτους, χώρας, σπιτιού, οργανισμού) finances • (επιστήμη) economics εν.

οικονομικά² επιρρ cheaply

οικονομικ|ός, -ή, -ό επιθ (θεωρία, πολιτική, κρίση, σύμβουλος) economic • (διευθυντής, οργανισμός, περιοδικό, εφημερίδα, σκάνδαλο) financial • (εταιρεία) finance • (σπουδές) in economics • (έλεγχος, κατάσταση, δυσκολίες) financial • (για πρόσ.) economical • (αυτοκίνητο) economical • (ζωή, φαγητό) frugal • (διασκέδαση) cheap • (εστιατόριο, διαμέρισμα, ξενοδοχείο) inexpensive • **οικονομική συσκευασία** economy pack ■ **οικονομικό** ουσ ουδ (κόστος) cost • (αμοιβή) wages πληθ.

οικονόμος ουσ αρσ, ουσ θηλ (φειδωλός) thrifty person • (σπιτιού) housekeeper • (ιδρύματος) bursar

οικονομώ ρ μ (αποταμιεύω) to save • (προμηθεύομαι) to get

οικόπεδο ουσ ουδ (building) plot

οίκος ουσ αρσ (επίσ.: σπίτι) house • (για βασιλικές δυναστείες) house • **~ μόδας** fashion house • **εκδοτικός ~** publishing house

οικοτροφείο ουσ ουδ (ίδρυμα για διαμονή) boarding house • (σχολείο) boarding school

οικουμένη ουσ θηλ world

οικουμενικ|ός, -ή, -ό επιθ (προβλήματα) worldwide • (αρμονία) world • (αξία, συνείδηση) universal

οίκτος ουσ αρσ (συμπόνια) pity • (περιφρόνηση) scorn

οινόπνευμα ουσ ουδ (Χημ) alcohol • (για απολύμανση) surgical spirit (Βρετ.), rubbing alcohol (Αμερ.) • (αλκοόλ) alcohol

οινοπνευματώδ|ης, -ης, -ες επιθ alcoholic ■ **οινοπνευματώδες** ουσ ουδ alcoholic drink

οίνος ουσ αρσ (επίσ.): **μηλίτης ~** cider

οιοσδήποτε, -οιαδήποτε, - οιοδήποτε (επίσ.) αντων = **οποιοσδήποτε**

οισοφάγος ουσ αρσ oesophagus (Βρετ.), esophagus (Αμερ.)

οιωνός ουσ αρσ omen

οκταήμερ|ος, -η, -ο επιθ eight-day ■ **οκταήμερο** ουσ ουδ eight-day period

οκτακόσια αριθ απολ άκλ. eight hundred

οκτακόσιοι, -ες, -α αριθ απολ πληθ eight hundred

οκτάωρο ουσ ουδ eight-hour day

οκτάωρ|ος, -η, -ο επιθ eight-hour

οκτώ αριθ απολ άκλ. eight • **στις ~** at eight (o'clock)

Οκτώβρης ουσ αρσ = **Οκτώβριος**

Οκτώβριος ουσ αρσ October

ολέθρι|ος, -α, -ο επιθ (αποτελέσματα, συνέπειες) devastating • (τακτική, σφάλμα) disastrous • (νοοτροπία, επιρροή) pernicious • (τύψεις) bitter

όλεθρος ουσ αρσ devastation

ολημερίς, ολημέρα επιρρ (κατά τη διάρκεια της ημέρας) all day long • (κάθε μέρα) every day

ολιγάριθμ|ος, -η, -ο επιθ small

ολιγόλεπτ|ος, -η, -ο επιθ brief

ολιγόλογ|ος, -η, -ο επιθ (σύντομος) reticent • (απάντηση, ανακοίνωση, έκθεση) brief

ολικ|ός, -ή, -ό επιθ (αμνησία, δαπάνη, έκλειψη, απώλεια) total • (καταστροφή) complete • (ύψος, βάρος) full • (ανακαίνιση) complete

ολισθαίνω ρ αμ (επίσ.): (όχημα) to skid • (άσφαλτος, δρόμος) to be slippery • (κυλώ) to slide • (μτφ.) to lapse

ολισθηρ|ός, -ή, -ό επιθ (δρόμος, δάπεδο) slippery • (επικίνδυνος) dangerous

Ολλανδέζα ουσ θηλ = **Ολλανδή**

ολλανδέζικ|ος, -η, -ο επιθ = **ολλανδικός**

Ολλανδέζος ουσ αρσ = **Ολλανδός**

Ολλανδή ουσ θηλ Dutch woman

Ολλανδία ουσ θηλ Holland

ολλανδικ|ός, -ή, -ό επιθ Dutch ■ **Ολλανδικά, Ολλανδέζικα** ουσ ουδ πληθ Dutch

Ολλανδός ουσ αρσ Dutchman • **οι Ολλανδοί** the Dutch

όλο επιρρ always • **~ και καλύτερα** better and better • **~ και πιο συχνά** increasingly • **τα πόδια του ήταν ~ γρατζουνιές** his feet were covered in scratches

ολόγυμν|ος, -η, -ο επιθ (κοπέλα, παιδί) stark naked • (σώμα) completely naked • (χέρι, πόδι) bare

ολοήμερ|ος, -η, -ο επιθ day

ολοΐδι|ος, -α, -ο επιθ identical (με to)

ολόισια επιρρ straight

ολοκαίνουργι|ος, -ια, -ιο επιθ brand-new

ολοκαίνουρι|ος, -α, -ο επιθ = **ολοκαίνουργιος**

ολοκαύτωμα ουσ ουδ (αυτός που καίγεται τελείως) burnt ashes πληθ. • (απόλυτη θυσία) sacrifice • (Καλαβρύτων, Εβραίων, πολέμου) holocaust

ολόκληρ|ος, -η, -ο επιθ whole • **ολόκληρο το βιβλίο** the whole book • **ολόκληρο εισιτήριο** full-price ticket ■ **ολόκληρο** ουσ ουδ (Μουσ) semibreve (Βρετ.), whole note (Αμερ.)

ολοκληρωμένος, -η, -ο επιθ (έργο, σχέδιο) finished • (άτομο) fully formed • (εικόνα) complete • (μτφ.: προσωπικότητα, άτομο) rounded • (: επιστήμονας) fully fledged

ολοκληρώνω ρ μ (έργο, διαδικασία, σπουδές) to complete • (καταχρ.: τελειώνω: φράση) to finish • (ομιλία) to wind up • (πίνακα) to put the finishing touches to ▶ **ρ αμ** to wind up

ολοκλήρωση ουσ θηλ completion

ολόλευκ|ος, -η, -ο επιθ (δέρμα, σεντόνι) snow white • (ρούχα) all white

ολομόναχ|ος, -η, -ο επιθ (άτομο) all alone • (δέντρο, ζώο) all by itself

ολονυχτίς επιρρ all night long

○ **ΛΕΞΗ-ΚΛΕΙΔΙ**

όλ|ος, -η, -ο επιθ 1 (ολόκληρος) all • **ο όλος**
+ουσ. the whole • **όλοι μαζί** all together
• όλος-όλος, **όλος κι όλος** in all
2 (γεμάτος): **ήταν όλος χαρά** he was full of joy
• **ήταν όλη λάσπες** she was covered in mud
• **είμαι όλος αφτιά/χαμόγελα** to be all ears/all
smiles
■ **όλα** ουσ ουδ πληθ everything εν. • **καλά όλα**
αυτά, αλλά ... that's all very well, but ... • **με τα**
όλα μου every inch • **όλα κι όλα!** that's the limit!

ολοστρόγγυλ|ος, -η, -ο επιθ (πρόσωπο,
κύκλος) perfectly round • (φεγγάρι) full • (μτφ.:
παχουλός) rotund

ολόσωμ|ος, -η, -ο επιθ full-length

ολότελα επιρρ completely

ολόχρυσ|ος, -η, -ο επιθ solid gold • (φόρεμα)
gold • (μτφ.: μαλλιά) golden

Ολυμπία ουσ θηλ Olympia

Ολυμπιάδα ουσ θηλ Olympiad®

ολυμπιακ|ός, -ή, -ό επιθ (σχετικός με την
Ολυμπία) of ή from Olympia • (στάδιο, χωριό)
Olympic® • **ολυμπιακή ιδέα** Olympic idea
• **ολυμπιακή φλόγα** Olympic flame
• **Ολυμπιακοί Αγώνες** Olympic Games®
■ **Ολυμπιακή** ουσ θηλ Olympic Airways

ολυμπιονίκης ουσ αρσ, ουσ θηλ Olympic®
medallist (Βρετ.) ή medalist (Αμερ.)

Όλυμπος ουσ αρσ Mount Olympus

ομάδα ουσ θηλ (ατόμων, μαθητών) group
• (προσκόπων) troop • (ασκήσεων,
προβλημάτων) set • (έρευνας, επιστημόνων,
ειδικών) team • (δράσης) group • (Αθλ) team
• **~ αίματος** blood group • **~ διάσωσης** rescue
party

ομαδικ|ός, -ή, -ό επιθ (πνεύμα) team
• (προσπάθεια) joint • (εργασία, άθλημα) team
• (έξοδος, αυτοκτονία, αποχώρηση) mass
• (έκθεση) collective • (πυρά) grouped
• (επίθεση) concerted • (αντίδραση) common

ομαλ|ός, -ή, -ό επιθ (δρόμος) smooth
• (επιφάνεια) even • (μτφ.: ρυθμός, ανάπτυξη,
βελτίωση) regular • (λειτουργία, πορεία,
κυκλοφορία) normal • (σχέση) steady
• (περίοδος) routine

ομελέτα ουσ θηλ omelette (Βρετ.), omelet
(Αμερ.)

Όμηρος ουσ αρσ Homer

όμηρος ουσ αρσ, ουσ θηλ hostage

όμικρον ουσ ουδ άκλ. omicron, fifteenth letter of
the Greek alphabet

ομιλητής ουσ αρσ (αυτός που μιλά) speaker
• (διάλεξης) lecturer

ομιλητικ|ός, -ή, -ό επιθ talkative

ομιλήτρια ουσ θηλ βλ. **ομιλητής**

ομιλία ουσ θηλ (συγγραφέα) talk
• (πρωθυπουργού, προέδρου) speech
• (καθηγητή) lecture • (συνομιλία) conversation

όμιλος ουσ αρσ (παρέα) group • (σύλλογος) club
• (μουσικός, θεατρικός) society • **αθλητικός ~**
sports club • **θεατρικός ~** dramatic society

ομιλώ ρ αμ (επίσ.) to speak ▶ ρ μ to speak
• βλ. κ. **μιλώ**

ομίχλη ουσ θηλ (καταχνιά) mist • (πυκνή) fog
• (μτφ.: ασαφής κατάσταση) obscurity • **σήμα**
ομίχλης foghorn • **φώτα ομίχλης** fog lights

ομογένεια ουσ θηλ (ομοεθνία) common
ancestry • (Αμερικής, Αυστραλίας) expatriate
community

ομογεν|ής, -ής, -ές επιθ (ομοεθνής) of the same
nationality • (μείγμα, κοινωνία) homogenous
■ **ομογενής** ουσ αρσ, ουσ θηλ expatriate Greek

ομοιάζω ρ αμ = **μοιάζω**

ομοιογένεια ουσ θηλ homogeneity

ομοιοκαταληξία ουσ θηλ rhyme

ομοιόμορφ|ος, -η, -ο επιθ (στολές, κτήρια)
identical • (σύνολο) uniform • (κατανομή) equal
• (κίνηση) smooth

όμοι|ος, -α, -ο επιθ (ίδιος) similar • (δίδυμοι)
identical • (ισάξιος) equal • **είναι όμοιοι μεταξύ**
τους they're identical

ομοίως επιρρ (με όμοιο ή ανάλογο τρόπο)
similarly • (παρομοίως) too

ομολογία ουσ θηλ (προφορική παραδοχή)
admission • (γραπτή παραδοχή) confession
• (Οικον) bond

ομολογώ ρ μ (πράξη) to admit to • (αλήθεια,
ενοχή) to admit • (έγκλημα) to confess to
• (παραδέχομαι) to admit ▶ ρ αμ to own up

ομόνοια ουσ θηλ harmony

όμορφα επιρρ (με όμοιο ή ανάλογο τρόπο)
similarly • (παρομοίως) too

όμορφα επιρρ (ωραία: ζωγρ. μιλώ, γράφω) nicely
• (: κυλώ) well • (: επιπλωμένο) nicely • (φρόνιμα:
κάθομαι) quietly • (: συμπεριφέρομαι) well

ομορφαίνω ρ μ to make more beautiful ▶ ρ αμ
(άντρας) to become ή grow more handsome
• (γυναίκα) to become ή grow more beautiful

ομορφιά ουσ θηλ beauty

όμορφ|ος, -η, -ο επιθ beautiful • (κορίτσι) pretty
• (νέος) handsome • (εποχή, χρόνια) wonderful

ομοσπονδιακ|ός, -ή, -ό επιθ (κυβέρνηση,
στρατός, δυνάμεις, κράτος, σύστημα) federal
• (προπονητής, τεχνικός) national

ομοφυλοφιλία ουσ θηλ homosexuality

ομοφυλόφιλ|ος, -η, -ο επιθ homosexual

ομόφωνα επιρρ unanimously

ομόφων|ος, -η, -ο επιθ unanimous

ομοφώνως επιρρ = **ομόφωνα**

ομπρέλα ουσ θηλ (αλεξιβρόχιο) umbrella
• (αλεξήλιο) parasol

ομφαλός ουσ αρσ navel

όμως σύνδ but

ον ουσ ουδ being • **ανθρώπινο ον** human being

ονειρεμέν|ος, -η, -ο επιθ (ζωή, τοπίο) fairy-tale
• (πλούτη) undreamed-of • (διακοπές, μέρες)
fantastic

ονειρεύομαι ρ αμ αποθ. (βλέπω σε όνειρο) to
dream of ή about • (δημιουργώ με τη φαντασία)
to dream up ▶ ρ μ αποθ. (βλέπω σε όνειρο) to
dream • (μτφ.) to daydream • **~ να κάνω κτ** to
dream of doing sth

όνειρο ουσ ουδ dream • **βλέπω ~** to have a
dream • **όνειρα γλυκά!** sweet dreams!

ονειροπόλ|ος, -α ή -ος, -ο επιθ (ύφος, έκφραση,
βλέμμα) dreamy • (άνθρωπος, κορίτσι, αγόρι) in
a world of one's own ■ **ονειροπόλος** ουσ αρσ,
ονειροπόλα ουσ θηλ dreamer

ον-λάιν επιθ άκλ. online • **είμαι ~** to be online

όνομα ουσ ουδ name • **μεγάλο ~** surname • **μικρό ~** first name • **πατρικό ~** maiden name

ονομάζω ρ μ (δίνω όνομα) to call • (κατονομάζω) to mention by name • (συνενόχους) to name • (διάδοχο) to name ■ **ονομάζομαι** μεσοπαθ to be called • **πως ονομάζεστε;** what is your name?

ονομασία ουσ θηλ (όνομα) name • (απόδοση ονόματος) naming • (απόδοση τίτλου ή διορισμός σε αξίωμα) nomination

ονομαστικ|ός, -ή, -ό επιθ (επιτόκια) nominal • (κατάλογος) of names • **ονομαστική αξία** face value • **ονομαστική εορτή** name day

ονομαστ|ός, -ή, -ό επιθ (γενικότ.) famous • (γιατρός, επιστήμονας) reputable

ονοματεπώνυμο ουσ ουδ full name

οξεία ουσ θηλ acute accent

οξιά ουσ θηλ beech (tree)

οξύ ουσ ουδ acid

οξυγόνο ουσ ουδ (Χημ) oxygen • (καθαρός αέρας) fresh air • **μάσκα οξυγόνου** oxygen mask

οξυζενέ ουσ ουδ άκλ. hydrogen peroxide

οξ|ύς, -εία, -ύ επιθ (μυτερός) pointed • (Γεωμ: γωνία) acute • (μτφ.: διένεξη, λογομαχία) heated • (: ανταγωνισμός, συναγωνισμός) keen • (: κριτική, απάντηση, αντίδραση) sharp • (: πρόβλημα, πόνος, φλεγμονή, γαστρίτιδα) acute • (: πυρετός) high • (αντίληψη) keen • (βλέμμα, όραση, ακοή) keen • (ήχος, φωνή) strident

οπαδός ουσ αρσ, ουσ θηλ (κόμματος) follower • (ιδέας) adherent • (ομάδας) supporter • (αρνητ.) fanatic • **φανατικός ~** fan

όπερα ουσ θηλ (μελόδραμα) opera • (θέατρο) opera (house)

οπή ουσ θηλ (επίσ.) aperture

όπισθεν επιρρ (επίσ.) behind ■ **όπισθεν** ουσ θηλ reverse • **βάζω (την) ~** to go into reverse • **κάνω ~** to reverse

οπίσθι|ος, -α, -ο επιθ (επίσ.: πισινός) rear ■ **οπίσθια** ουσ ουδ πληθ (νώτα) back εν. • (πισινά) behind εν.

οπισθοχώρηση ουσ θηλ (Στρατ) retreat • (μτφ.) step backwards

οπισθοχωρώ ρ αμ (βαδίζω προς τα πίσω) to move back • (με φρίκη) to recoil • (Στρατ) to retreat • (μτφ.) to back down

οπλή ουσ θηλ hoof

όπλο ουσ ουδ (γενικότ.) weapon • (πυροβόλο) gun • (κυνηγετικό) rifle • (μτφ.) weapon

οπλοφορία ουσ θηλ possession of a firearm

οποί|ος, -α, -ο αντων (με άρθρο: για πρόσ.) who • (για ζώο, πράγμα) which • (χωρίς άρθρο) what a

όποι|ος, -α, -ο αντων (για πρόσ.: αυτός που) whoever • (με άρθρο) whatever • **~ κι αν** (για πρόσ.) whoever • (για πράγμα) whichever • **πάρε όποιο θες!** take whichever one you want!

οποιοσδήποτε, -οποιαδήποτε, - οποιοδήποτε αντων (για πρόσ.) whoever • (για ζώα, πράγματα) whichever • (με άρθρο: για πρόσ.) anyone • (για ζώα, πράγματα) any

οπότε σύνδ and then

όποτε σύνδ (όταν) when • (κάθε φορά που) whenever

όπου επιρρ (για τόπο) where • (για χρόνο) when • (για κατάσταση ή περίπτωση) that • **~ κι αν** wherever • **~ να 'ναι** any time now

οπουδήποτε επιρρ anywhere • **~ κι αν** wherever

οπτασία ουσ θηλ apparition

οπτικ|ός, -ή, -ό επιθ (νεύρο) optic • (σήμα, έλεγχος) visual • **κατάστημα οπτικών** optician's • **οπτική απάτη** optical illusion • **οπτική γωνία** (μτφ.) point of view • **οπτικό πεδίο** field of vision • **οπτικά** ουσ ουδ πληθ optician's εν. ■ **οπτικός** ουσ αρσ, ουσ θηλ optician

οπωρικά ουσ ουδ πληθ fruit

οπωροπωλείο ουσ ουδ greengrocer's

όπως¹ επιρρ as • (με ουσιαστικό, αντωνυμία) like • **η τουαλέτα είναι ~ μπαίνεις δεξιά** the toilets are on your right as you go in • **~ θες** as you want

όπως² σύνδ (ενώ) as • (επίσ.: να) to

οπωσδήποτε επιρρ (με κάθε μέσο) come what may • (ούτως ή άλλως) in any event ή case • (βέβαια) certainly

όραμα ουσ θηλ vision

όραση ουσ θηλ (eye)sight

ορατ|ός, -ή, -ό επιθ (αντικείμενο) visible • (μτφ.: κίνδυνος, απειλή, συνέπεια) obvious

ορατότητα ουσ θηλ visibility

οργανισμός ουσ αρσ (Βιολ) organism • (κράση) constitution • (υπηρεσία) organization • **διεθνής ~** international organization • **Ελληνικός Οργανισμός Τουρισμού** Greek tourist board • **κρατικός ~** government body • **Οργανισμός Ηνωμένων Εθνών** United Nations Organization • **Οργανισμός Σιδηροδρόμων Ελλάδος** Greek national railway company • **Οργανισμός Τηλεπικοινωνιών Ελλάδος** Greek national phone company

όργανο ουσ ουδ (Ανατ) organ • (εργαλείο) instrument • (Γυμναστ) equipment χωρίς πληθ. • (μτφ.: μέσο) instrument • (αρνητ.) tool • (ευφημ.) (male) organ • (Μουσ) instrument • (εκκλησιαστικό) organ

οργανωμέν|ος, -η, -ο επιθ (γενικότ.) organized • (σε οργάνωση) signed-up

οργανώνω ρ μ (γενικότ.) to organize • (επιχείρηση, κράτος) to set up • (επανάσταση) to stage • (συνωμοσία) to hatch ■ **οργανώνομαι** μεσοπαθ (εντάσσομαι σε οργάνωση) to become a signed-up member (σε of) • (βάζω πρόγραμμα) to get organized

οργάνωση ουσ αρσ (γενικότ.) organization • (έκθεσης, λόγου) structure • **συνδικαλιστική ~** trade union • **φιλανθρωπική ~** charity

οργασμός ουσ αρσ (Ιατρ) orgasm • (μτφ.) climax

οργή ουσ θηλ rage • **να πάρει η ~!** blast it! (ανεπ.)

όργιο ουσ ουδ (ακολασία) orgy • (μτφ.: νοθείας) spate • (: συναλλαγών, φημών) flurry ■ **όργια** πληθ orgies

οργισμέν|ος, -η, -ο επιθ irate

ορειβασία ουσ θηλ mountaineering • **κάνω ~** to go mountaineering ή climbing
ορειβάτης ουσ αρσ mountaineer
ορειβάτισσα ουσ θηλ = **ορειβάτης**
ορεινός, -ή, -ό επιθ (περιοχή, χώρα, τοπίο) mountainous • (χωριό, κλίμα) mountain ■ **ορεινά** ουσ ουδ πληθ highlands
ορείχαλκος ουσ αρσ bronze
ορεκτικός, -ή, -ό επιθ appetizing • **ορεκτικό ποτό** aperitif • **ορεκτικό** ουσ ουδ hors d'oeuvre, starter (Βρετ.), appetizer (Αμερ.)
όρεξη ουσ θηλ (επιθυμία για φαγητό) appetite • (διάθεση) mood • **καλή ~**! enjoy your meal! • **ανοίγω την ~ κτοιου** (για φαγητό) to give sb an appetite • **μου κόπηκε η ~, χάλασε η όρεξή μου** I've lost my appetite
ορθάνοιχτος, -η, -ο επιθ wide open
όρθιος, -α, -ο επιθ (πλάτη) straight • (κορμί) erect • (στάση) upright • (άνθρωπος, ζώο) standing (up) • (στήλη, κολόνα) upright • **κοιμάμαι ~** (νυστάζω πολύ) to be asleep on one's feet • (μτφ.) to be not all there • **στέκομαι ~** to stand (up)
ορθογραφία ουσ θηλ (λέξη) correct spelling • (μάθημα) spelling lesson • (σύστημα) spelling
ορθογώνιος, -α, -ο επιθ rectangular • **ορθογώνιο παραλληλόγραμμο** rectangle • **ορθογώνιο τρίγωνο** right-angled triangle
ορθόδοξος, -η, -ο επιθ (Θρησκ) Orthodox • (πρακτική, μέθοδος) orthodox • **Ορθόδοξη Εκκλησία** Orthodox Church ■ **ορθόδοξος** ουσ αρσ, **ορθόδοξη** ουσ θηλ person of the Orthodox faith
ορθολογικός, -ή, -ό επιθ rational
ορθοπεδικός, ορθοπαιδικός, -ή, -ό επιθ orthopaedic (Βρετ.), orthopedic (Αμερ.) ■ **ορθοπεδικός, ορθοπαιδικός** ουσ αρσ, ουσ θηλ orthopaedist (Βρετ.), orthopedist (Αμερ.)
ορθός, -ή, -ό επιθ (άνθρωπος) standing (up) • (λόγος, απόφαση) right • (κρίση, γνώμη) sound • **ορθή γωνία** right angle
ορθοστασία ουσ θηλ standing
ορθώνω ρ μ (τείχη, μνημείο, τόκκει) to put up • (κορμί, πλάτη) to hold straight ■ **ορθώνομαι** μεσοπαθ to rise
οριακός, -ή, -ό επιθ (αύξηση, σημείο) marginal • (πλειοψηφία) narrow • (μτφ.: κατάσταση) critical
ορίζοντας ουσ αρσ horizon • **σημεία του ορίζοντα** points of the compass
οριζόντιος, -α, -ο επιθ horizontal
ορίζω ρ μ (ημερομηνία γάμου) to set • (τόπο συνάντησης) to decide on • (σύνορα) to define • (κτήμα) to border • (εκπρόσωπο, μέλη) to appoint • (τιμές, δουλειά) to set • (επίλεγω) to select • (ποινή) to stipulate • **καλώς όρισες/ορίσατε!** welcome!
όριο ουσ ουδ (αγρού, ιδιοκτησίας) boundary • (δήμου) edge • (χώρας) border • (εξουσίας, υπομονής) limit • **~ αντοχής** breaking point • **~ ταχύτητας** speed limit
ορισμένος, -η, -ο επιθ (καθορισμένος: τιμή, ώρα) set • (συγκεκριμένος) certain ■ **ορισμένοι, -ες, -α** πληθ some

ορισμός ουσ αρσ (λέξης) definition • (σε σταυρόλεξο) clue • (τιμής, χρονολογίας) setting
ορίστε επιφων ~! (όταν δίνουμε κάτι) here you are! • (απάντηση σε κάλεσμα) yes (please)! • **ορίστε;** (για απορία, έκπληξη) (I beg your) pardon? • **~, (παρακαλώ)** (σε τηλεφωνική συνδιάλεξη) hello
οριστική ουσ θηλ indicative
οριστικός, -ή, -ό επιθ (απόφαση, λύση) final • (διακοπή) definitive • (απάντηση) definite • (αντωνυμία, άρθρο) definite
όρκος ουσ αρσ vow
ορμή ουσ θηλ (ανέμου, κυμάτων, χιονοστιβάδας) force • (Φυσ) momentum • (Ψυχολ) urge ■ **ορμές** πληθ sexual desire εν.
ορμητικός, -ή, -ό επιθ (άνεμος) violent • (νερά) surging • (επίθεση) all-out • (χαρακτήρας) impetuous
ορμόνη ουσ θηλ hormone
όρμος ουσ αρσ bay
ορμώ ρ αμ (κινούμαι προς τα εμπρός) to rush forward • (πλήθος) to surge forward • (επιτίθεμαι) to rush (πάνω at) ■ **ορμώμαι** μεσοπαθ to be driven (από by)
όρνιο ουσ ουδ (γύπας) vulture • (υβρ.) dolt
ορολογία ουσ θηλ terminology
οροπέδιο ουσ ουδ plateau
ορός ουσ αρσ (Βιολ) pus • (Ιατρ) serum • **~ της αλήθειας** lie detector
όρος¹ ουσ αρσ (προϋπόθεση) condition • (επιστημονική λέξη) term • **εφ' όρου ζωής** for life • **μέσος ~** average ■ **όροι** πληθ (δανείου, συνθήκης, συμβολαίου) terms • (διαβίωσης, εργασίας) conditions • **άνευ όρων** (παραδίδομαι) unconditionally • (παράδοση) unconditional
όρος² ουσ ουδ (επίσ.) mountain • (σε ονομασία) Mount • **Άγιον Όρος** Mount Athos
οροφή ουσ θηλ (δωματίου) ceiling • (σπιτιού, οχήματος) roof
όροφος ουσ αρσ (σπιτιού, πολυκατοικίας) floor • (τούρτας) tier
ορτύκι ουσ ουδ quail
ορυκτό ουσ ουδ mineral
ορυκτός, -ή, -ό επιθ mineral • **ορυκτό καύσιμο** fossil fuel • **~ πλούτος** mineral wealth
ορυχείο ουσ ουδ mine
ορφανός, -ή, -ό επιθ orphaned ■ **ορφανό** ουσ ουδ orphan
ορφανοτροφείο ουσ ουδ orphanage
ορχήστρα ουσ θηλ orchestra • **~ τζαζ** jazz band
όρχις ουσ αρσ testicle
Ο.Σ.Ε. συντομ = **Οργανισμός Σιδηροδρόμων Ελλάδος**
Όσλο ουσ ουδ Oslo
οσμή ουσ θηλ smell
οσμίζομαι ρ μ αποθ. (κυριολ.) to smell • (ναρκωτικές ουσίες) to sniff out • (μτφ.: κακοτοπιές) to sniff out
όσο επιρρ (στον βαθμό που: πίνω, τρώω, αγαπώ) as much as • (: μένω) as long as • (: προσπαθώ) as hard as • (μέχρι) until • (για προθεσμία) by the time • (κατά τον χρόνο που) during • **~ για** as for • **~ κι αν ή και να** no matter how much • **~ να 'ναι**

(καταφατική απάντηση) in any case • **όσον αφορά σε** as far as... is concerned • **πουλώ κτ όσο-όσο** to sell sth for next to nothing

όσ|ος, -η, -ο αντων (με μη αριθμητό ουσιαστικό) as much as • (με αριθμητό ουσιαστικό) as many as • (καθένας) anybody • ~ **και να ή κι αν** (με μη αριθμητό ουσιαστικό) however much • (με αριθμητό ουσιαστικό) however many ■ **όσα** ουσ ουδ πληθ all

οσοσδήποτε, -οσηδήποτε, - οσοδήποτε αντων (με μη αριθμητά ουσιαστικά) as much • (με ουσιαστικά στον πληθυντικό) as many • ~ **κι αν** (με μη αριθμητά ουσιαστικά) no matter how much • (με ουσιαστικά στον πληθυντικό) no matter how many • **μένω οσοδήποτε θέλω** to stay as long as one wants • **παίρνω οσοδήποτε θέλω** to take as many as one wants • **τρώω οσοδήποτε θέλω** to eat as much as one wants

όσπρια ουσ ουδ πληθ pulses

οστό, οστούν ουσ ουδ (επίσ.) bone

όστρακο ουσ ουδ (χελώνας, κάβουρα) shell • (Αρχαιολ) potsherd

όσφρηση ουσ θηλ sense of smell

Οτάβα ουσ θηλ = **Οττάβα**

όταν σύνδ (γενικότ.) when • (ενώ) while

Ο.Τ.Ε. συντομ = **Οργανισμός Τηλεπικοινωνιών Ελλάδος**

 ΛΕΞΗ-ΚΛΕΙΔΙ

ό, τι αντων **1** (αυτό που) what, whatever **2** (για σύγκριση) than **3 ό, τι κι αν ή και να** whatever • **ό, τι καλύτερο/ ομορφότερο/εξυπνότερο** the best/the most beautiful/the cleverest • **ό, τι (που)** just about to
▶ επιθ (όποιος: ανοησία, αδιαθεσία, ρούχα) whatever • (: απορίες) any

ότι σύνδ that

οτιδήποτε αντων anything • ~ **κι αν** whatever

οτοστόπ ουσ ουδ άκλ. hitchhiking • **κάνω ~** to hitchhike

Οττάβα ουσ θηλ Ottawa

Ουαλή ουσ θηλ Welsh woman

Ουαλία ουσ θηλ Wales εν.

ουαλικ|ός, -ή, -ό επιθ Welsh ■ **Ουαλικά** ουσ ουδ πληθ Welsh

Ουαλός ουσ αρσ Welshman • **οι Ουαλοί** the Welsh

Ουάσινγκτον ουσ θηλ άκλ. Washington

Ουγγαρέζα ουσ θηλ βλ. **Ούγγρος**

ουγγαρέζικ|ος, -η, -ο επιθ = **ουγγρικός**

Ουγγαρέζος ουσ αρσ = **Ούγγρος**

Ουγγαρία ουσ θηλ Hungary

ουγγρικ|ός, -ή, -ό επιθ Hungarian ■ **Ουγγρικά, Ουγγαρέζικα** ουσ ουδ πληθ Hungarian

Ούγγρος ουσ αρσ Hungarian

ουγκιά ουσ θηλ ounce

ουδέποτε επιρρ (επίσ.) never

ουδέτερ|ος, -η, -ο επιθ neutral • **ουδέτερο γένος** neuter • **ουδέτερο έδαφος** neutral territory • **ουδέτερη ζώνη** no-man's-land ■ **ουδέτερο** ουσ ουδ neuter noun

ουδετερότητα ουσ θηλ neutrality

ουζάδικο ουσ ουδ bar that serves ouzo and appetizers

ουζερί ουσ ουδ άκλ. βλ. **ουζάδικο**

ούζο ουσ ουδ ouzo

ουζομεζές ουσ αρσ appetizer served with ouzo

ουίσκι ουσ ουδ άκλ. whisky (Βρετ.), whiskey (Αμερ.)

ουλή ουσ θηλ scar

ούλο ουσ ουδ gum

ουρά ουσ θηλ (ζώου) tail • (κόκκυγας) coccyx • (ανθρώπων) queue (Βρετ.), line (Αμερ.) • (αυτοκινήτων) line, tailback (Βρετ.) • (αεροπλάνου, χαρταετού, κομήτη) tail • (πορείας, διαδήλωσης) tail end • (φορέματος) train • (μαλλιών) ponytail • (γράμματος) tail • **μπαίνω στην ~** to get in the queue (Βρετ.) ή in line (Αμερ.) • **στέκομαι στην ~** to stand in the queue (Βρετ.) ή in line (Αμερ.)

ούρα ουσ ουδ πληθ urine εν.

ουράνιο ουσ ουδ uranium

ουρανίσκος ουσ αρσ palate

ουρανοξύστης ουσ αρσ skyscraper

ουρανός ουσ αρσ (ουράνιος θόλος) sky • (αυτοκινήτου) roof • (κρεβατιού, θρόνου) canopy ■ **Ουρανός** ουσ αρσ Uranus

ουρητήριο ουσ ουδ urinal • **δημόσια ουρητήρια** public urinal

ουρλιάζω ρ αμ to howl • (από φρίκη) to scream

ουρλιαχτό ουσ ουδ (ζώου) howl • (ανθρώπου) scream

ουρώ ρ αμ to urinate

ουσία ουσ θηλ (υλικό σώμα) substance • (η πραγματική υπόσταση) essence • (θέματος, ζητήματος, προβλήματος) heart • (προβλήματος) heart • (σπουδαιότητα: λόγου, κειμένου, έργου, συζήτησης) gist • (: πραγμάτων, ζωής) meaning • **τοξική ~** toxic substance

ουσιαστικ|ός, -ή, -ό επιθ (ανάγκες, διαφορά) essential • (σκοπός) main • (λόγος) significant • (διάλογος) meaningful ■ **ουσιαστικό** ουσ ουδ noun

ουσιώδ|ης, -ης, -ες επιθ essential

ούτε σύνδ nor • ~ **εγώ** nor do I • ~ **(καν)** not even • **ούτε... ούτε...** neither... nor...

ουτοπία ουσ θηλ utopia

οφειλή ουσ θηλ (χρέος) debt • (αποζημίωσης, τόκων) sum due • (υποχρέωση) obligation

οφείλω ρ μ to owe ■ **οφείλομαι** μεσοπαθ to be due to

όφελος ουσ ουδ (γενικότ.) gain • (κέρδος) profit

οφθαλμίατρος ουσ αρσ, ουσ θηλ eye specialist

οφθαλμός ουσ αρσ (επίσ.) eye

οφσάιντ ουσ ουδ άκλ. offside

οχ επιφων (για πόνο) ow! • (για έκπληξη, στενοχώρια) oh!

όχημα ουσ ουδ vehicle • **δίκυκλο ~** motorbike • **πυροσβεστικό ~** fire engine (Βρετ.), fire truck (Αμερ.) • **ρυμουλκό ~** tow truck • **φορτηγό ~** lorry (Βρετ.), truck (Αμερ.) • ~ **δημόσιας χρήσεως** public transport χωρίς πληθ. • ~ **ιδιωτικής χρήσεως** private vehicle

όχθη ουσ θηλ (ποταμού) bank • (λίμνης) shore • **περνώ στην απέναντι ~** to go over to the other side

όχι επιρρ no • **και ~ μόνο** and not only • **~ μόνο..., αλλά...** not only..., but... • **~ ότι ή πως** not that ■ **όχι** ουσ ουδ no

οχιά ουσ θηλ adder

όχλος ουσ αρσ (αρνητ.) (ανεξέλεγκτο πλήθος) mob • (Πολιτ: μάζα) populace • (συρφετός) rabble

οχταήμερ|ος, -η, -ο επιθ = **οκταήμερος**

οχτακόσια αριθ απολ άκλ. = **οκτακόσια**

οχτακόσιοι, -ες, -α αριθ απολ πληθ = **οκτακόσιοι**

οχτάωρ|ος, -η, -ο επιθ = **οκτάωρος**

οχτώ αριθ απολ άκλ. = **οκτώ**

οχυρό ουσ ουδ fortress

όψη ουσ θηλ (ανθρώπου, σπιτιού) appearance • (μτφ.: ζωής) aspect • (υφάσματος) top side • (έκφραση) look • (μτφ.: άποψη: πραγμάτων) aspect • **είχε σοβαρή ~** she looked serious • **εκ πρώτης όψεως** at first sight

Π, π pi, 16th letter of the Greek alphabet

παγάκι ουσ ουδ ice cube

παγίδα ουσ θηλ trap • **πέφτω ή πιάνομαι στην ~** to walk ή fall into a trap • **στήνω ~ σε κπν** to set sb up

παγιδεύω ρ μ (ζώο, άνθρωπο) to trap • (τηλέφωνο) to tap • (αυτοκίνητο) to booby-trap ■ **παγιδεύομαι** μεσοπαθ to be trapped

παγκάκι ουσ ουδ bench

πάγκος ουσ αρσ (για εμπορεύματα) stall • (για εργαλεία) workbench • (κουζίνας) bench • (καταστήματος) counter • (πρόχειρο κάθισμα) bench • (ΑΘΛ) bench

παγκοσμιοποίηση ουσ θηλ globalization

παγκόσμι|ος, -α, -ο επιθ (πόλεμος, ρεκόρ, ιστορία) world • (αναγνώριση, ακτινοβολία) universal • **Παγκόσμιος Ιστός** (Πληροφ) World Wide Web

παγόβουνο ουσ ουδ iceberg • **η κορυφή του παγόβουνου** the tip of the iceberg

παγοδρομία ουσ θηλ ice-skating

παγοδρόμιο ουσ ουδ skating rink

παγόνι ουσ ουδ = **παγώνι**

παγοπέδιλο ουσ ουδ ice-skate, skate

πάγος ουσ αρσ (παγωμένο νερό) ice • (παγωνιά) frost • **είμαι ~** (μτφ.: για θάλασσα, χέρια) to be ice-cold, to be like ice • (ένα ποτό) **με πάγο** (a drink) with ice • **σπάω τον πάγο** (μτφ.) to break the ice

παγούρι ουσ ουδ flask

παγωμέν|ος, -η, -ο επιθ (αέρας) icy, ice-cold • (λίμνη) frozen • (μπίρα) iced • (φωνή, βλέμμα) icy • (χέρια, πόδια) ice-cold, freezing (cold)

παγώνι ουσ ουδ peacock

παγωνιά ουσ θηλ frost • **κάνει ~** it's freezing

παγώνω ρ μ to freeze • (σαμπάνια, μπίρα) to chill ▶ρ αμ to freeze • (κρυώνω: για πρόσ.) to be freezing • (χέρια, πόδια) to be frozen • **πάγωσα από τον φόβο μου** I froze with fear

παγωτό ουσ ουδ ice cream • **~ ξυλάκι** ice lolly (ΒΡΕΤ.), Popsicle® (ΑΜΕΡ.) • **~ χωνάκι** ice-cream cone

παζαρεύω ρ μ to haggle over ▶ρ αμ to bargain, to haggle

παζάρι *ουσ ουδ* fair • (*παζάρεμα*) bargaining *εν.*, haggling *εν.*

παθαίνω *ρ αμ* to suffer • to have • **δεν έπαθα τίποτα κακό** I didn't come to any harm • **είδα κι έπαθα να τον πείσω** I had a lot of trouble persuading him • **την έπαθα!** now I'm in trouble!

πάθημα *ουσ ουδ* suffering

πάθηση *ουσ θηλ* disease

παθιάζομαι *ρ αμ* to be *ή* become passionate • **~ με κτ** to be passionate about sth

παθιασμέν|ος, -η, -ο *επιθ* passionate • **είμαι ~ με κτ** to be passionate about sth

πάθος *ουσ ουδ* (*έρωτα*) passion • (*χαρτοπαιξίας*) passion • **έχω ~ με** *ή* **για κτ** to have a passion for sth, to be passionate *ή* mad (*ανεπ.*) about sth ■ **πάθη** *πληθ* suffering *εν.*

παθούσα *ουσ θηλ βλ.* **παθών**

παθών *ουσ αρσ* victim

παιγνίδι *ουσ ουδ* = **παιχνίδι**

παιγνιόχαρτο *ουσ ουδ* playing card

παιδάκι *ουσ ουδ* small child

παίδαρος *ουσ αρσ* (*ανεπ.*) hunk (*ανεπ.*)

παιδεία *ουσ θηλ* (*εκπαίδευση*) education • (*μόρφωση*) learning, culture

παιδεραστής *ουσ αρσ* paedophile (*Βρετ.*), pedophile (*Αμερ.*)

παιδεραστία *ουσ θηλ* paedophilia (*Βρετ.*), pedophilia (*Αμερ.*)

παιδεράστρια *ουσ θηλ βλ.* **παιδεραστής**

παιδεύω *ρ μ* to pester, to torment ■ **παιδεύομαι** *μεσοπαθ* **παιδεύομαι να κάνω κτ** to have a hard time doing sth

παιδί *ουσ ουδ* (*γενικότ.*) child • (*τέκνο*) child • (*νεαρός*) young man, lad (*ανεπ.*) • (*νεαρή*) young woman • (*νεαρός σερβιτόρος*) waiter • (*νεαρός υπάλληλος*) assistant • **από ~** since childhood • **κάνω ~** to have a child • **παιδιά!** (*οικ.*) hey guys! (*ανεπ.*) • **τι λες, βρε ~** *ή* **παιδάκι μου;** (*οικ.*) what are you saying?

παιδιάστικ|ος, -η, -ο *επιθ* childish

παιδικ|ός, -ή, -ό *επιθ* (*αρρώστια, αναμνήσεις, φίλος*) childhood • (*βιβλίο*) children's • **παιδικά είδη** children's wear • **παιδική χαρά** playground

παίζω *ρ αμ* to play ▶ *ρ μ* (*παιχνίδι, όργανο, ρόλο*) to play • (*χρήματα*) to gamble • (*εκπομπή, έργο, τραγούδι*) to show • **δεν είναι παίξε-γέλασε** (*είναι σοβαρό*) it's no laughing matter • (*είναι δύσκολο*) it's no picnic • **εγώ δεν ~!** I'm not kidding! • **~ ρόλο σε κτ** to play a role in sth • **~ το κεφάλι μου** *ή* **τη ζωή μου** to risk one's life *ή* neck (*ανεπ.*) • **τα ~ όλα για όλα** to risk everything

παίκτης *ουσ αρσ* player

παίκτρια *ουσ θηλ βλ.* **παίκτης**

παινεύω *ρ μ* to praise

⬤ **ΛΕΞΗ-ΚΛΕΙΔΙ**

παίρνω *ρ μ* **1** (*πιάνω*) to take
2 (*μετακινώ: έπιπλο*) to move • (*: μαλλιά*) to ruffle
3 (*παρασύρω: αέρος*) to blow away *ή* off
4 (*παραλαμβάνω: γράμμα, δέμα*) to get

5 (*μεταφέρω από κάπου*) to pick up
6 (*δέχομαι: δώρο, μισθό, πτυχίο, δίπλωμα*) to get
7 (*αμείβομαι*) to get
8 (*αγοράζω: σπίτι, αυτοκίνητο, ποδήλατο*) to buy, to get • (*: νοικιάζω*) to hire
9 (*χρησιμοποιώ: λεωφορείο, τρένο, αεροπλάνο*) to take
10 (*τηλεφωνώ*) to call
11 (*κλέβω*) to take
12 (*χωρώ: αίθουσα, χώρος*) to hold • (*: αυτοκίνητο*) to seat
13 (*προσλαμβάνω: υπάλληλο, γραμματέα, βοηθό*) to hire
14 (*κάνω λήψη*) to capture
15 (*αποκτώ: χρώμα*) to get
16 (*παντρεύομαι*) to marry
17 (*κληρονομώ: μάτια, μαλλιά, χαρακτήρα*) to inherit
18 (*λαμβάνω: φαγητό, φάρμακο, ναρκωτικά*) to take
19 (*πετυχαίνω*) to hit
20 (*κυριεύω: πόλη, κάστρο*) to take

παιχνίδι *ουσ ουδ* (*διασκεδαστική δραστηριότητα*) play • (*αντικείμενο για διασκέδαση*) toy • (*αγώνας*) game

παίχτης *ουσ αρσ* = **παίκτης**

παίχτρια *ουσ θηλ βλ.* **παίκτης**

πακετάρισμα *ουσ ουδ* packing

πακετάρω *ρ μ* to pack • (*δώρο*) to wrap up

πακέτο *ουσ ουδ* packet

Πακιστάν *ουσ ουδ άκλ.* Pakistan

Πακιστανή *ουσ θηλ βλ.* **Πακιστανός**

πακιστανικ|ός, -ή, -ό *επιθ* Pakistani

Πακιστανός *ουσ αρσ* Pakistani

πάκο *ουσ ουδ* (*δέμα*) packet • (*στοίβα*) bundle

παλαβ|ός, -ή, -ό (*ανεπ.*) *επιθ* crazy • **είμαι ~ για** *ή* **με κπν** to be nuts about sb (*ανεπ.*)

παλαβώνω (*ανεπ.*) *ρ μ* to drive mad ▶ *ρ αμ* to go mad

παλαιοπωλείο *ουσ αρσ* antique shop

παλαιοπώλης *ουσ αρσ* antique dealer

παλαι|ός, -ή *ή* **-ά, -ό** *επιθ* old • **η Παλαιά Διαθήκη** the Old Testament ■ **παλαιοί** *ουσ αρσ* *πληθ* ancients • *βλ. κ.* **παλιός**

παλαιστής *ουσ αρσ* wrestler

παλαίστρα *ουσ θηλ* (*wrestling*) ring

παλαίστρια *ουσ θηλ βλ.* **παλαιστής**

παλαιώνω *ρ μ* to age ▶ *ρ μ* to age

παλαμάκια *ουσ ουδ πληθ* applause *εν.* • **χτυπώ ~** to clap

παλαμάρι *ουσ ουδ* mooring line

παλάμη *ουσ θηλ* (*χεριού*) palm • (*μονάδα μέτρησης*) hand

παλάτι *ουσ ουδ* palace

παλεύω *ρ αμ* (*Αθλ*) to wrestle • (*αγωνίζομαι*) to struggle

πάλη *ουσ θηλ* (*Αθλ*) wrestling • (*συμπλοκή*) struggle

πάλι *επιρ* (*ξανά*) again • (*πίσω*) back • (*από την άλλη πλευρά*) but

παλιά *επιρ* in the old days • **από ~** from the past

παλιάτσος *ουσ αρσ* clown
παλικάρι *ουσ ουδ* young man • *(γενναίος)* real man
παλιόπαιδο *ουσ ουδ* *(υβρ.)* brat *(ανεπ.)* • *(χαϊδευτ.)* naughty boy
παλιοπράγματα *ουσ ουδ πληθ* junk εν.
παλι|ός, -ιά, -ιό *επιθ* *(έθιμο, κρασί, φίλος, γενιά)* old • *(ήθη, ιδέες)* old-fashioned • *(έπιπλο, παπούτσια)* old • *(ρούχα)* old, shabby • *(τεχνίτης, μάστορας)* experienced
παλιοσίδερα *ουσ ουδ πληθ* scrap (metal) εν.
παλιόφιλος *ουσ αρσ* old friend
παλίρροια *ουσ θηλ* tide
παλιώνω *ρ αμ* *(ρούχα, παπούτσια, έπιπλα)* to become worn • *(κρασί)* to age ▶ *ρ μ* to age
παλμός *ουσ αρσ* *(καρδιάς)* pulse • *(εποχής, κοινωνίας, χώρας)* mood
παλούκι *ουσ ουδ* *(πάσσαλος)* stake • *(οικ.)* stinker *(ανεπ.)*
παλτό *ουσ ουδ* coat
παμπ *ουσ θηλ άκλ.* pub *(Βρετ.)*, bar *(Αμερ.)*
παμπάλαι|ος, -α, -ο *επιθ* ancient
πάμπλουτ|ος, -η, -ο *επιθ* fabulously ή incredibly rich
πάμπολλοι, -ες, -α *επιθ πληθ* very many, numerous
παμπόνηρ|ος, -η, -ο *επιθ* very cunning
παν *ουσ ουδ* everything • **κάνω το ~ ή τα πάντα** to do all ή everything one can • **το ~ είναι ...** the main thing is ... • *βλ. κ.* **πας**
πάνα *ουσ θηλ* nappy *(Βρετ.)*, diaper *(Αμερ.)*
Παναγία, Παναγιά *ουσ θηλ* **~ ή Παναγιά μου!** oh dear!
πανάκριβ|ος, -η, -ο *επιθ* very ή incredibly expensive
πανάρχαι|ος, -α ή -η, -ο *επιθ* ancient
πανδαιμόνιο *ουσ ουδ* pandemonium
πανδοχείο *ουσ ουδ* inn
πανέμορφ|ος, -η, -ο *επιθ* gorgeous
πανέξυπν|ος, -η, -ο *επιθ* ingenious
πανεπιστημιακ|ός, -ή, -ό *επιθ* university ■ **πανεπιστημιακός** *ουσ αρσ, ουσ θηλ* university professor, academic
πανεπιστήμιο *ουσ ουδ* university
πανεύκολ|ος, -η, -ο *επιθ* as easy as pie, very easy
πανευρωπαϊκ|ός, -ή, -ό *επιθ* pan-European
πανηγύρι *ουσ ουδ* festival ■ **πανηγύρια** *πληθ* celebrations
πανηγυρίζω *ρ αμ* to celebrate ▶ *ρ μ* to celebrate
πανηγυρισμός *ουσ αρσ* celebration
πάνθεο, πάνθεον *ουσ ουδ* pantheon
πάνθηρας *ουσ αρσ* panther
πανί *ουσ ουδ* *(κομμάτι υφάσματος)* cloth • *(ιστίο πλοίου)* sail
πανικοβάλλω *ρ μ* to panic • **πανικοβάλλομαι με κτ** to be panic-stricken at sth
πανικός *ουσ αρσ* panic • **με πιάνει/κυριεύει ~** to get into/be in a panic
πάνιν|ος, -η, -ο *επιθ* canvas
πανίσχυρ|ος, -η, -ο *επιθ* mighty
πανοπλία *ουσ θηλ* armour *(Βρετ.)*, armor *(Αμερ.)*

πανόραμα *ουσ ουδ* panorama
πανοραμικ|ός, -ή, -ό *επιθ* panoramic
πανούργ|ος, -α, -ο *επιθ* crafty
πανσέληνος *ουσ θηλ* full moon
πάντα *επιρρ* always • **για ~** forever • **μια για ~** once and for all
πανταλόνι *ουσ ουδ* = **παντελόνι**
παντελόνι *ουσ ουδ* trousers *πληθ.* *(Βρετ.)*, pants *πληθ.* *(Αμερ.)*
παντζάρι *ουσ ουδ* beetroot
παντζούρι *ουσ θηλ* shutters *πληθ.*
παντοπωλείο *ουσ ουδ* grocer's (shop)
παντοπώλης *ουσ αρσ* grocer
πάντοτε *επιρρ* always
παντού *επιρρ* everywhere
παντόφλα, παντούφλα *ουσ θηλ* slipper
παντρεμέν|ος, -η, -ο *επιθ* married ■ **παντρεμένος** *ουσ αρσ* married man ■ **παντρεμένη** *ουσ θηλ* married woman
παντρεύω *ρ μ* *(γιο, κόρη)* to marry • *(μτφ.: ταιριάζω)* to marry ■ **παντρεύομαι** *μεσοπαθ* to get married
πάντως *επιρρ* anyway
πανύψηλ|ος, -η, -ο *επιθ* very tall ή high
πάνω *επιρρ* *(πετάγομαι, σηκώνομαι, τινάζομαι)* up • *(στο δωμάτιο)* upstairs • *(στο τραπέζι, στο χορτάρι, στον τοίχο)* on it • *(από το τζάκι)* over ή above it • *(για αύξηση τιμών)* up • **από ~** *(επιπλέον)* as well • **από ~ ως κάτω** from top to bottom • *(κοιτάζω)* up and down • **από τη μέση και ~** from the waist up • **ο ~ όροφος** the floor above • **από ~** *(περισσότερο)* more than • *(σε ανώτερη ή καλύτερη θέση)* above • **~ απ' όλα** above all • **πάνω-κάτω** *(για κίνηση)* up and down • *(περίπου)* more or less • **~ που...** just as... • **~ σε** *(σε μια επιφάνεια)* on • *(πολύ κοντά)* near • *(για χρόνο)* during • *(λεωφορείο, τρένο)* on • *(σχετικά με)* about • **~ στην ώρα** just in time • **~ στο τραπέζι/στον τοίχο** on the table/wall • **πίνω λίγο παρά ~** to have one too many • **~ πιο ~** *(παραπάνω)* above • **προς τα ~** upwards • **σήκω ~!** get up! • *(ξύπνα)* wake up!
πανωλεθρία *ουσ θηλ* debacle
πανωφόρι *ουσ ουδ* overcoat
παξιμάδι *ουσ ουδ* *(Μαγειρ)* biscuit *(Βρετ.)*, cookie *(Αμερ.)* • *(Μηχαν)* nut
παπαγάλος *ουσ αρσ* parrot
παπάκι *ουσ ουδ* *(μικρή πάπια)* duckling • *(παπί)* motorbike • *(Πληροφ: σύμβολο @)* at
παπαρούνα *ουσ θηλ* poppy
παπάς *ουσ αρσ* *(ιερέας)* priest • *(στην τράπουλα)* king
πάπας *ουσ αρσ* pope
παπί *ουσ ουδ* *(Ζωολ)* duck • **γίνομαι ~** to get soaking wet
πάπια *ουσ θηλ* *(Ζωολ)* duck • *(δοχείο νυκτός για ασθενείς)* bedpan • **κάνω την ~** to play dumb
πάπλωμα *ουσ ουδ* quilt
παπούτσι *ουσ ουδ* shoe
παππούς *ουσ αρσ* *(παππούλης)* grandfather • *(ηλικιωμένος)* old man

⭘ **ΛΕΞΗ-ΚΛΕΙΔΙ**

παρά, παρ' προθ **1** (εναντίον) against • (για αντίθεση) in spite of, despite **2** (για αφαίρεση) but for **3** (για εξαίρεση): **χθες στο μπαρ, δεν ήπια παρά ένα ποτό** I only had one drink at the bar yesterday **4** (επίσ.) +γεν. (για προέλευση) by ▶ **σύνδ 1** (σαν δεύτερος όρος σύγκρισης) than **2** (μετά από άρνηση): **δεν ακουγόταν τίποτ' άλλο παρά ο αέρας** you couldn't hear anything but the wind

πάρα επιρρ **~ πολύς/πολύ** (far) too much • **~ πολύ καλό/κοντά** ever so good/near
παραβαίνω ρ μ to break
παραβάν ουσ ουδ άκλ. (προπέτασμα) screen • (για εκλογές) voting booth
παράβαση ουσ θηλ offence (Βρετ.), offense (Αμερ.)
παραβάτης ουσ αρσ offender
παραβατίδα ουσ θηλ βλ. **παραβάτης**
παραβγαίνω ρ αμ to compete
παραβιάζω ρ μ (ενεαέριο χώρο) to violate • (έδαφος) to invade • (νόμιμο) to break • (απόφαση) to go against • (πόρτα) to force • (προσωπική ζωή) to invade
παραβίαση ουσ θηλ (συνθήκης, δικαιωμάτων, διατάξεως) violation • (πόρτας) forcing (open) • (προσωπικής ζωής) invasion
παραβλέπω ρ μ (ακουσίως) to overlook • (εκουσίως) to ignore
παράβλεψη ουσ θηλ oversight
παραγγελία ουσ θηλ (μήνυμα) message • (στο εμπόριο) order • (για καλλιτέχνη, τεχνίτη) commission • (σε εστιατόριο) order • **παίρνω ~** to take ή have an order
παραγγέλλω ρ μ to order
παραγγέλνω ρ μ = **παραγγέλλω**
παραγίνομαι ρ αμ αποθ. to be overripe • **παράγινε το κακό!** things have gone too far this time!
παράγκα ουσ θηλ shack
παράγοντας ουσ αρσ factor
Παραγουάη ουσ θηλ Paraguay
παράγραφος ουσ θηλ paragraph
παράγω ρ μ to produce
παραγωγή ουσ θηλ (προϊόντων, ταινίας, εκπομπής) production • (ηλεκτρικής ενέργειας) generation
παραγωγικός, -ή, -ό επιθ productive
παραγωγικότητα ουσ θηλ productivity
παραγωγός ουσ αρσ, ουσ θηλ producer
παράδειγμα ουσ ουδ example • **για ~, παραδείγματος χάριν** for example
παράδεισος ουσ αρσ paradise, heaven
παραδέχομαι ρ μ αποθ. to admit • **το ~ πως** I admit that
παραδίδω ρ μ (δέμα) to deliver • (υπόπτους) to turn in • (μαθήματα) to give ■ **παραδίδομαι, παραδίνομαι** μεσοπαθ (στρατιώτες) to surrender • (ύποπτος) to turn oneself in • **παραδίδομαι σε** to give oneself up to

παραδίνω ρ μ to give too much • **βλ. κ. παραδίδω**
παράδοξο ουσ ουδ paradox
παράδοξος, -η, -ο επιθ strange
παράδοση ουσ θηλ (δέματος) delivery • (κακοποιού, στρατιωτών) surrender • (μαθημάτων) teaching • (μάθημα) lesson • (στοιχείο πολιτισμού) tradition • **λαϊκή ~** folklore ■ **παραδόσεις** πληθ traditions
παραδοσιακός, -ή, -ό επιθ traditional
παραθαλάσσιος, -α, -ο επιθ (οικόπεδο, οικισμός) seaside • (δρόμος) coast
παραθερίζω ρ αμ to spend the summer
παραθεριστής ουσ αρσ holidaymaker (Βρετ.), vacationer (Αμερ.)
παράθυρο ουσ ουδ window
παραθυρόφυλλο ουσ ουδ shutter
παραίσθηση ουσ θηλ hallucination
παραίτηση ουσ θηλ (υπαλλήλου) resignation • (έγγραφο) notice
παραιτούμαι ρ αμ αποθ. (εργαζόμενος) to resign • (εγκαταλείπω) to give up
παρακαλώ ρ μ (ζητώ) to ask • **~!** (απάντηση σε ευχαριστία) you're welcome! • (ναι) please (do)! • (στο τηλέφωνο) hello! • **σε/σας ~** (ευγενική παράκληση) please
παρακάνω ρ μ to overdo • **το ~** to go too far
παρακάτω επιρρ (για χώρο) further down • (για χρόνο) later on • (περισσότερο) further ▶ επιθ **ο ~** the following • **(ας) πάμε ~** let's move on
παρακινώ ρ μ to spur (on)
παράκληση ουσ θηλ request • (ικετευτική) entreaty
παρακμάζω ρ αμ to decline
παρακμή ουσ θηλ decline
παρακολούθηση ουσ θηλ (προγράμματος, ταινίας) watching • (εργαστηρίου, μαθημάτων) attendance • (ασθενούς) observation • (αστυνομίας) surveillance
παρακολουθώ ρ μ (ακολουθώ από κοντά) to follow • (εκπομπή, τηλεόραση) to watch • (μαθήματα, διαλέξεις) to go to, to attend • (γεγονότα) to keep up with • (κακοποιό, υπόπτους) to have under surveillance • (ομιλητή) to listen to • (ασθενή) to have under observation ▶ ρ αμ to listen
παρακούω ρ μ to disobey ▶ ρ αμ to mishear
παραλαβή ουσ θηλ receipt
παραλαμβάνω ρ μ (δέματα) to receive • (πρόσφυγα) to take in • (προσκεκλημένο) to meet • **~ κπν από το αεροδρόμιο/λιμάνι** to pick sb up ή to meet sb at the airport/port
παραλείπω ρ μ (αποκρύπτω σκοπίμως) to leave out • (ξεχνώ) to forget
παράλειψη ουσ θηλ omission
παραλήπτης ουσ αρσ recipient
παραλήπτρια ουσ θηλ βλ. **παραλήπτης**
παραλία ουσ θηλ beach
παράλια ουσ ουδ πληθ coast(line) εν.
παραλιακός, -ή, -ό επιθ seaside
παραλίγο επιρρ nearly
παραλλαγή ουσ θηλ (μύθου, φράσης, ποιήματος, άσκησης) variation

παράλληλ|ος, -η, -ο *επιθ* parallel
■ **παράλληλος** *ουσ αρσ,* *ουσ θηλ* parallel
παράλογ|ος, -η, -ο *επιθ* absurd • (*απαιτήσεις*)
unreasonable • (*φόβος, άνθρωπος*) irrational
παράλυση *ουσ θηλ* (*χεριών, ποδιών*) paralysis
• (*μτφ.: κυκλοφορίας*) disruption • (*: αντίστασης*)
breakdown
παράλυτ|ος, -η, -ο *επιθ* paralyzed ■ **παράλυτος**
ουσ αρσ, **παράλυτη** *ουσ θηλ* paralyzed person
παραλύω *ρ αμ* (*πόδι, μυς, νεύρα*) to be
paralyzed • (*από φόβο, συγκίνηση*) to be
paralyzed (*από* with) ▶ *ρ μ* to bring to a halt *ή*
standstill
παραμάνα *ουσ θηλ* (*καρφίτσα ασφαλείας*) safety
pin • (*τροφός*) nanny
παραμένω *ρ αμ* to remain
παραμερίζω *ρ μ* (*χόρτα, χώματα*) to push aside
• (*διαφορές*) to set aside • (*αντίπαλο*) to push
aside ▶ *ρ αμ* to stand aside
παραμικρ|ός, -ή, -ό *επιθ* slightest ■ **παραμικρό**
ουσ ουδ least *ή* slightest thing • **με το
παραμικρό** at the slightest *ή* least thing
παραμονεύω *ρ μ~* κπν to lie in wait for sb
▶ *ρ αμ* to lie in wait
παραμονή *ουσ θηλ* (*γεγονότος, νίκης, γιορτής*)
eve • (*διαμονή*) stay • **~ της Πρωτοχρονιάς/των
Χριστουγέννων** New Year's/Christmas Eve
■ **οι παραμονές** *πληθ* +*γεν.* the eve of
παραμύθι *ουσ ουδ* (*ιστορία*) fairy tale *ή* story
• (*ψέμα*) tall story
παρανοϊκ|ός, -ή, -ό *επιθ* paranoid
■ **παρανοϊκός** *ουσ αρσ,* **παρανοϊκή** *ουσ θηλ*
paranoid person
παρανομία *επιρρ* illegally
παρανομία *ουσ θηλ* illegality
παράνομ|ος, -η, -ο *επιθ* unlawful ■ **παράνομος**
ουσ αρσ, **παράνομη** *ουσ θηλ* outlaw
παρανόμως *επιρρ* = **παράνομα**
παραξενεύω *ρ μ* to surprise ▶ *ρ αμ* to become
eccentric ■ **παραξενεύομαι** *μεσοπαθ* to be
surprised
παράξεν|ος, -η, -ο *επιθ* strange, eccentric
• (*έθιμα, πολιτεία*) strange
παραπάνω *επιρρ* (*πιο πάνω*) further up
• (*παραπέρα*) further on • (*επιπλέον*) more (*από*
than) • (*για χρόνο*) longer • (*ανωτέρω*) above
• **κάτι ~** a bit more
παραπατώ *ρ αμ* (*σκοντάφτω*) to stumble
• (*μεθυσμένος*) to stagger
παραπέφτω *ρ αμ* to be mislaid
παραπλανητικ|ός, -ή, -ό *επιθ* misleading
παραποίηση *ουσ θηλ* distortion
παραπονεμέν|ος, -η, -ο *επιθ* (*λόγια, τραγούδι*)
plaintive • (*για πρόσ.*) discontented
παραπονιέμαι *ρ αμ* = **παραπονούμαι**
παράπονο *ουσ ουδ* complaint • **κάνω
παράπονα** to make complaints
παραπονούμαι *ρ αμ* to complain
παράπτωμα *ουσ ουδ* misdemeanour (*ΒΡΕΤ.*),
misdemeanor (*ΑΜΕΡ.*)
παράρτημα *ουσ ουδ* (*υπογράφου*) annexe (*ΒΡΕΤ.*),
annex (*ΑΜΕΡ.*) • (*βιβλίου, κανονισμού*) appendix
• (*λεξικού*) supplement • (*οργανισμού,
βιβλιοθήκης*) branch • (*σχολείου, κτιρίου*)

annexe (*ΒΡΕΤ.*), annex (*ΑΜΕΡ.*) • **έκτακτο ~**
(*εφημερίδας*) special edition *ή* issue
παράσημο *ουσ ουδ* medal
παράσιτο *ουσ ουδ* (*Βιολ*) parasite • (*για πρόσ.*)
parasite
παρασκευάζω *ρ μ* to prepare
Παρασκευή *ουσ θηλ* Friday
παράσταση *ουσ θηλ* (*απεικόνιση*)
representation • (*στο θέατρο*) performance
• **θεατρική ~** play
παραστέκομαι, παραστέκω *ρ αμ~* σε κπν to
stand by sb
παρασύρω *ρ μ* (*μετακινώ: άνεμος, θάλασσα,
πλήθος*) to sweep away • (*πείθω*) to entice
• (*πεζό*) to run over
παράταξη *ουσ θηλ* (*σειρά*) line • (*πολιτικό κόμμα*)
party
παράταση *ουσ θηλ* (*άδειας, προθεσμίας*)
extension • (*ΑΘΛ: αγώνα*) extra time • **παίρνω ~**
to get an extension
παρατάσσω *ρ μ* (*μαθητές*) to line up • (*πλοία*) to
deploy
παρατάω *ρ μ βλ.* **παρατώ**
παρατείνω *ρ μ* to extend
παρατήρηση *ουσ θηλ* (*φύσης, συμπεριφοράς,
φαινομένου*) observation • (*επίκριση*) criticism
• (*σχόλιο*) observation • (*σημείωση*) note
παρατηρώ *ρ μ* (*προσέχω*) • to notice • to watch
• (*σημειώνω*) to note • to remark • (*επικρίνω*) to
criticize ■ **παρατηρούμαι** *μεσοπαθ*
παρατηρείται ότι to be observed that
παρατσούκλι *ουσ ουδ* (*ανεπ.*) nickname
παρατώ *ρ μ* (*αφήνω*) to drop • (*σύντροφο*) to
dump • (*δουλειά*) to quit • **τα παρατάω** to quit
• **παράτα με!** (*οικ.*) leave me alone!
παραφέρομαι *ρ αμ αποθ.* to get carried away
παράφορ|ος, -η, -ο *επιθ* passionate
παραχώρηση *ουσ θηλ* concession
παραχωρώ *ρ μ* (*περιουσία*) to transfer
• (*δικαίωμα, προνόμια*) to grant
παρέα *ουσ θηλ* company • **είμαι με ~** to have
company • **έχω ~** to have friends • **κάνω καλή/
κακή ~** to be good/bad company • **κάνω ~ με
κπν** • **κάνω ~ σε κπν** to keep sb company
• **~ με** with
παρέλαση *ουσ θηλ* parade
παρελθόν *ουσ ουδ* past
παρεμβαίνω *ρ αμ* to intervene
παρεμβάλλω *ρ μ* to insert
παρέμβαση *ουσ θηλ* intervention
παρεμβολή *ουσ θηλ* insertion • (*για ράδιο*)
interference *χωρίς πληθ.*
παρεμποδίζω *ρ μ* to obstruct
παρενέργεια *ουσ θηλ* side effect
παρένθεση *ουσ θηλ* (*παρέκβαση*) parenthesis
• (*σημείο στίξης*) bracket
παρεξήγηση *ουσ θηλ* misunderstanding
παρεξηγώ *ρ μ* to misinterpret ■ **παρεξηγούμαι**
μεσοπαθ to be offended
παρέχω *ρ μ* (*δυνατότητα, δικαίωμα, ικανοποίηση*)
to give • (*αγαθά, ασφάλεια*) to provide
παρηγοριά *ουσ θηλ* comfort
παρθένα *ουσ θηλ* virgin
παρθενιά *ουσ θηλ* virginity

παρθέν|ος, -α, -ο επιθ (για πρόσ.) virgin • (Αστρ) Virgo

Παρθενώνας ουσ αρσ Parthenon

Παρίσι ουσ ουδ Paris

παριστάνω ρ μ (περιγράφω παραστατικά) to represent • (υποκρίνομαι) to act

παρκάρω ρ μ to park

πάρκο ουσ ουδ (γενικότ.) park • (για μωρά) playpen

παρμεζάνα ουσ θηλ Parmesan (cheese)

παρμπρίζ ουσ ουδ άκλ. windscreen (Βρετ.), windshield (Αμερ.)

πάροδος ουσ θηλ (δευτερεύων στενός δρόμος) side street • (ηλικίας, χρόνου) passing • (προθεσμίας, συμφωνίας) expiry

παροιμία ουσ θηλ proverb

παρομοιάζω ρ μ to compare (με to)

παρόμοι|ος, -α, -ο επιθ similar

παρόν ουσ ουδ present • **προς το ~** for the time being • βλ. κ. **παρών**

παρουσία ουσ θηλ presence

παρουσιάζω ρ μ (βιβλίο, τραγούδι) to present • (αδυναμίες, τάση) to show • (συμπτώματα) to have • (συστήνω) to introduce • (θεατρικό έργο) to put on • (σταθμός, προγράμματα) to show • (εκπομπή) to host • (πιστοποιητικά, αποδείξεις) to show • **~ ενδιαφέρον** to look interesting ■ **παρουσιάζομαι** μεσοπαθ to appear • (ανάγκη, ευκαιρία) to arise • (εκτίθεμαι) to be presented

παρουσίαση ουσ θηλ (για πρόσ.) introduction • (κατάστασης, συνθηκών, χαρακτήρα) portrayal • (σχεδίου, θεωρίας, απόψεων, εργασίας) presentation • (βιβλίου) presentation • (εκπομπής) hosting • (εγγράφων, στοιχείων, αποδείξεων) presentation

παρουσιαστής ουσ αρσ (δελτίου ειδήσεων) newsreader • (εκπομπής) presenter, host

παρουσιάστρια ουσ θηλ βλ. **παρουσιαστής**

παρτίδα ουσ θηλ (σκάκι, χαρτιά, τάβλι) game • (προϊόντων, παραγωγής) batch, lot

παρυφή ουσ θηλ edge

παρ|ών, -ούσα, -όν επιθ present

παρωνύμιο ουσ ουδ nickname

πας, -πάσα, - παν αντων (όλος) all • (κάθε) every, all ■ **πάντες** ουσ αρσ πληθ everybody

πάσα¹ ουσ θηλ (Αθλ) pass

πάσα² αντων (όλη) all • (κάθε) every, all • **ανά ~ στιγμή** at any moment • **εν πάση περιπτώσει** anyway • **κατά ~ πιθανότητα** in all likelihood • **πάση θυσία** at all costs • **πάσης φύσεως** of all kinds

πασάρω (οικ.) ρ μ (ξεφορτώνομαι) to foist off on • (Αθλ) to pass

πασατέμπος ουσ αρσ roasted gourd seeds

πασίγνωστος, -η, -ο επιθ well-known

πάσο ουσ ουδ άκλ. (κάρτα φοιτητού) pass • (χώρισμα ανάμεσα σε δύο χώρους) hatch • **πάω ~** (σε τυχερά παιχνίδια) to pass

πάσσαλος ουσ αρσ stake

πάστα ουσ θηλ (γλυκό) pastry • (ζυμαρικά) pasta

παστέλι ουσ ουδ sesame cake

παστίτσιο ουσ ουδ macaroni pie

παστ|ός, -ή, -ό επιθ salted

Πάσχα ουσ ουδ άκλ. (χριστιανική γιορτή) Easter • (εβραϊκή γιορτή) Passover • **καλό ~!** (ευχή) Happy Easter!

πασχαλιν|ός, -ή, -ό επιθ Easter

πασχίζω ρ μ to try hard

πάσχω ρ αμ (υποφέρω από ασθένεια) to suffer (από from) • (δοκιμάζομαι ή υποφέρω) to suffer

πάταγος ουσ αρσ (ισχυρός κρότος) bang • (μτφ.) uproar • **κάνω πάταγο** to cause ή create a stir

παταγώδ|ης, -ης, -ες επιθ **~ αποτυχία** flop

πατάρι ουσ ουδ attic

πατάτα ουσ θηλ potato ■ **πατάτες** πληθ (τηγανητές) chips (Βρετ.), French fries (Αμερ.)

πατατάκια ουσ ουδ πληθ crisps (Βρετ.), chips (Αμερ.)

πατατοκεφτέδες ουσ αρσ πληθ potato croquettes

πατέντα ουσ θηλ patent

πατέρας ουσ αρσ father • **γίνομαι ~** to become a father ■ **πατέρες** πληθ forefathers

πατερίτσα ουσ θηλ (δεκανίκι) crutch • (ράβδος αρχιερέα) crozier

πάτημα ουσ ουδ (κουμπιού, διακόπτη) press • (πατησιά: για πρόσ.) step • (ίχνος) footprint • (ζώου) track

πατημασιά ουσ θηλ (ανθρώπου) footprint • (ζώου) track

πατήρ ουσ αρσ father

πατινάζ ουσ ουδ άκλ. skating

πατίνι ουσ ουδ skateboard • (με κάθετο τιμόνι) scooter ■ **πατίνια** πληθ roller-skates

πάτος ουσ αρσ (πηγαδιού, θάλασσας, δοχείου, μπουκάλας) bottom • (παπουτσιού) sole • **άσπρο πάτο!** bottoms up!

πατούσα ουσ θηλ (πέλμα ποδιού) sole • (αποτύπωμα πέλματος) footprint

πατριάρχης ουσ αρσ patriarch

πατρίδα ουσ θηλ (γενικότ.) homeland • (τόπος γέννησης) birthplace • (χώρα διαμονής) country • (μτφ.: κοιτίδα) cradle • **ιδιαίτερη ~** home town

πατρικ|ός, -ή, -ό επιθ paternal ■ **πατρικό** ουσ ουδ (το σπίτι των γονιών) family home • (οικογενειακό όνομα γυναίκας) maiden name

πατριός ουσ αρσ stepfather

πάτρι|ος, -α, -ο επιθ (επίσ.) ancestral

πατριώτης ουσ αρσ (συμπατριώτης) compatriot • (φιλόπατρις) patriot • (ανεπ.: προσφώνηση) mate (Βρετ.) (ανεπ.), buddy (Αμερ.) (ανεπ.)

πατριωτικ|ός, -ή, -ό επιθ patriotic

πατριώτισσα ουσ θηλ βλ. **πατριώτης**

πατρότητα ουσ θηλ fatherhood

πατρυιός ουσ αρσ = **πατριός**

πατρώνυμο ουσ ουδ father's name • (για γυναίκα) maiden name

πατσά ουσ θηλ = **πατσάς**

πατσάς ουσ αρσ tripe

πατσατζίδικο ουσ ουδ restaurant serving tripe

πατώ ρ μ (βάζω το πόδι μου πάνω σε κάτι) to tread on • (χώρα) to set foot in • (νησί) to set foot on • (κουμπί) to push • (σκανδάλη) to pull • (σταφύλια) to tread • (άνθρωπο, πεζό, σκύλο) to run over ▶ ρ αμ (ακουμπώ τα πόδια μου κάπου) to step • (στη θάλασσα: πατώνω) to touch the bottom • **έχω πατήσει τα 40/50/60** (για ηλικία) to have turned 40/50/60 • **~ πόδι**

to put one's foot down • ~ **φρένο** to put on the
brakes • **το πατάω** to step on it
πάτωμα ουσ ουδ floor • **κάτω/πάνω** ~ the floor
below/above
πατώνω ρ αμ (στη θάλασσα) to touch the
bottom • (σε διαγωνισμό, βαθμολογία) to be at
the bottom ▶ ρ μ (σπίτι) to lay the floor in
• (δοχείο, βαρέλι) to bottom
παύλα ουσ θηλ dash
παύση ουσ θηλ (εργασιών, πληρωμών)
stoppage • (διακοπή ομιλίας) pause • **κάνω** ~
to pause
παυσίπονο ουσ ουδ painkiller
παύω ρ μ (παιχνίδι, εργασία, συζήτηση) to stop
• (επίσ.: πρόεδρο, υπουργό, στρατιωτικό) to
relieve of one's duties ▶ ρ αμ to stop
Πάφος ουσ θηλ Paphos
παχαίνω ρ αμ (αυξάνεται το βάρος μου) to put
on weight • (φαγητό, ποτό) to be fattening
▶ ρ μ to fatten up
πάχος ουσ αρσ (κλαδιού, χαλιού, σανίδας)
thickness • (ανθρώπου, ζώου) fatness • (λίπος:
κρέατος, κοτόπουλου) fat
παχουλ|ός, -ή, -ό επιθ (ζώο) plump
• (άνθρωπος, δάχτυλα, πόδια) chubby
παχύρρευστ|ος, -η, -ο επιθ thick
παχ|ύς, -ιά ή -εία, -ύ επιθ (άνθρωπος, ζώο) fat
• (στρώμα, χορτάρι) thick • (κρέας, τυρί) fatty
• (σάλτσα, γάλα) thick
παχύσαρκ|ος, -η, -ο επιθ obese
πάω ρ μ, ρ αμ βλ. **πηγαίνω**
πέδιλο ουσ ουδ (σανδάλι) sandal
• (βατραχοπέδιλο) flipper (ΒΡΕΤ.), fin (ΑΜΕΡ.)
• (παγοπέδιλο) ice skate • (πάνου) pedal
πεδίο ουσ ουδ field
πεζοδρόμιο ουσ ουδ pavement (ΒΡΕΤ.),
sidewalk (ΑΜΕΡ.)
πεζ|ός, -ή, -ό επιθ (στρατιώτης) foot
• (ταχυδρόμος, διαδηλωτής) on foot • (κείμενο,
απόσπασμα) prose • (άνθρωπος, ύφος,
πραγματικότητα) dull ■ **πεζός** ουσ αρσ, **πεζή**
ουσ θηλ pedestrian
πεθαίνω ρ αμ βλ. πεθαίνω ▶ ρ μ (οδηγώ στον θάνατο)
to kill • (μτφ.: βασανίζω) to kill • ~ **από** (κυριολ.,
μτφ.) to die of • ~ **για** (θυσιάζομαι) to die for
• (επιθυμώ πολύ) to be mad about
πεθερά ουσ θηλ mother-in-law
πεθερικά ουσ ουδ πληθ in-laws
πεθερός ουσ αρσ father-in-law
πειθαρχία ουσ θηλ discipline
πειθαρχώ ρ μ to obey
πείθω ρ μ to persuade
πείνα ουσ θηλ (ανθρώπου, ζώου) hunger
• (έλλειψη τροφίμων) starvation • **πεθαίνω από
την** ~ to die of starvation • **πεθαίνω ή ψοφάω
της πείνας** ή **στην** ~ to be starving
πεινασμέν|ος, -η, -ο επιθ hungry
πεινώ ρ αμ (αισθάνομαι πείνα) to be hungry
• (τρέφομαι ανεπαρκώς) to go hungry
πείρα ουσ θηλ experience
πείραγμα ουσ ουδ (καλοπροαίρετο) teasing
• (ερωτικό) flirting • (ενοχλητικό) taunt
πειράζω ρ μ (εκνευρίζω) to bother • **κάνω
αστεία** to tease • (βλάπτω) to bother • (ρολόι,

τηλεόραση) to fiddle ή tamper with • **σε
πειράζει να γυρίσουμε σπίτι νωρίς;** do you
mind if we go home early? ■ **πειράζει** απρόσ to
matter • **δεν πειράζει** it doesn't matter
• **πειράζει να καπνίσω;** do you mind if I
smoke? ■ **πειράζομαι** μεσοπαθ to be annoyed
πείραμα ουσ ουδ experiment
πειραματίζομαι ρ αμ αποθ. to experiment
πειραματικ|ός, -ή, -ό επιθ experimental
πειρασμός ουσ αρσ temptation
πειρατεία ουσ θηλ piracy
πειρατής ουσ αρσ pirate
πειστήριο ουσ ουδ proof
πειστικ|ός, -ή, -ό επιθ convincing
Πεκίνο ουσ ουδ Beijing
πέλαγος ουσ ουδ sea
πελαργός ουσ αρσ stork
πελατεία ουσ θηλ (μαγαζιού) custom
• (επιχείρησης) clientele • (γιατρού, δικηγόρου)
practice
πελάτης ουσ αρσ (καταστήματος) customer
• (εστιατορίου) customer, patron • (γιατρού)
patient • (δικηγόρου) client
πελεκάνος ουσ αρσ pelican
πελέκυς ουσ αρσ (επίσ.: τσεκούρι) axe (ΒΡΕΤ.), ax
(ΑΜΕΡ.) • (μτφ.) axe (ΒΡΕΤ.), ax (ΑΜΕΡ.)
πέλμα ουσ ουδ (ανθρώπου) sole • (ζώου) paw
• (σόλα) sole • (Μηχαν) shoe pad
Πελοπόννησος ουσ θηλ Peloponnese
πελτές ουσ αρσ (ντομάτας) tomato paste
• (φρούτων) fruit purée
πελώρι|ος, -α, -ο επιθ enormous
Πέμπτη ουσ θηλ Thursday
πέμπτ|ος, -η, -ο αριθ τακτ fifth ■ **πέμπτος** ουσ
αρσ (όροφος) fifth floor (ΒΡΕΤ.), sixth floor
(ΑΜΕΡ.) • (Μάιος) May ■ **πέμπτη** ουσ θηλ (ημέρα)
fifth • (ταχύτητα) fifth (gear) • (τάξη δημοτικού)
fifth grade
πένα[1] ουσ θηλ (για γραφή) pen • (Μουσ)
plectrum
πένα[2] ουσ θηλ penny
πέναλτι ουσ ουδ άκλ. penalty
πενήντα αριθ απολ άκλ. fifty
πενηνταριά ουσ θηλ καμιά ~ about fifty
πενθήμερο ουσ ουδ five days πληθ.
πενθήμερ|ος, -η, -ο επιθ five-day
πένθιμ|ος, -η, -ο επιθ (ρούχα), mourning
• (τελετή, εμβατήριο) funeral • (ύφος, τόνος,
τοπίο) gloomy
πένθος ουσ ουδ mourning • (μαύρη ταινία)
mourning band
πενθώ ρ μ to mourn ▶ ρ αμ (φορώ πένθος) to be
in mourning • (θλίβομαι) to be in mourning
πενικιλίνη ουσ θηλ penicillin
πένσα ουσ θηλ pliers πληθ.
πένταθλο ουσ ουδ pentathlon
πεντακόσια αριθ απολ άκλ. five hundred
πεντακόσι|οι, -ες, -α αριθ απολ πληθ five
hundred
πεντάλ ουσ ουδ άκλ. pedal
πεντάλεπτο ουσ ουδ five minutes πληθ.
πεντάλεπτ|ος, -η, -ο επιθ five-minute
πεντάμορφ|ος, -η, -ο επιθ ravishing
πεντανόστιμ|ος, -η, -ο επιθ delicious

εντάρα ουσ θηλ five-lepta coin • **δεν δίνω ~ I** don't give a damn (ανεπ.) ■ **πεντάρες** πληθ fives
εντάρι ουσ ουδ five • (διαμέρισμα) five-room apartment
εντάωρ|ος, -η, -ο επιθ five-hour
έντε αριθ απολ άκλ. five
εντηκοστ|ός, -ή, -ό αριθ τακτ fiftieth
έος ουσ αρσ penis
έπλο ουσ ουδ veil
εποίθηση ουσ θηλ (ακλόνητη βεβαιότητα) conviction • (αυτοπεποίθηση) confidence ■ **πεποιθήσεις** πληθ beliefs
επόνι ουσ ουδ melon
επρωμένο ουσ ουδ fate
επτικ|ός, -ή, -ό επιθ digestive
έρα επιρρ (για χρόνο) from now on • (για τόπο: μακριά) far away • **από δω και ~** from now on • **~ από** (για τόπο) beyond • (για ώρα) after • (για ποσό) more than • **πέρα-δώθε** to and fro • **τα βγάζω ~** to cope
έρασμα ουσ ουδ (ποταμού, γέφυρας) crossing • (σημείο διάβασης: για ποτάμι) ford • (για δάσο, βλάστηση) way through • (χρόνου, καιρού) passage
ερασμέν|ος, -η, -ο επιθ past
εραστικ|ός, -ή, -ό επιθ brief ■ **περαστικός** ουσ αρσ passer-by
έρδικα ουσ θηλ partridge
ερηφανεύομαι ρ αμ αποθ. = **υπερηφανεύομαι**
ερηφάνια ουσ θηλ = **υπερηφάνεια**
ερήφαν|ος, -η, -ο επιθ = **υπερήφανος**
εριαυτολογώ ρ αμ to brag
εριβάλλον ουσ ουδ environment
εριβάλλω ρ μ (είμαι γύρω-γύρω) to surround • (περιζώνω) to surround • (δείχνω) to have
ερίβλημα ουσ ουδ casing
εριβολή ουσ θηλ (επίσ.) clothes πληθ.
εριβόλι ουσ ουδ (με οπωροφόρα) orchard • (με λουλούδια, λαχανικά) garden
ερίγραμμα ουσ ουδ outline
εριγραφή ουσ θηλ account
εριγράφω ρ μ to describe
εριδέραιο ουσ ουδ necklace
εριεκτικ|ός, -ή, -ό επιθ succinct
εριέργεια ουσ θηλ curiosity
ερίεργ|ος, -η, -ο επιθ (επίμονος να μάθει) inquisitive, curious • (ιδιόρρυθμος) weird, curious • (αδιάκριτος) nosey, curious • (παράδοξος) unusual
εριεχόμενο ουσ ουδ (δέματος) contents πληθ. • (μελέτης, κειμένου, διάταξης) subject matter, content • (βαθύτερη ουσία) substance ■ **περιεχόμενα** πληθ contents
εριέχω ρ μ to include
εριζήτητ|ος, -η, -ο επιθ (much) sought-after
ερίθαλψη ουσ θηλ care • **ιατρική ~** medical care
εριθώριο ουσ ουδ margin • (κοινωνίας) margins πληθ.
ερικεφαλαία ουσ θηλ helmet
ερικοπή ουσ θηλ cut
ερικυκλώνω ρ μ to surround
εριληπτικ|ός, -ή, -ό επιθ concise
ερίληψη ουσ θηλ summary

περιμένω ρ μ (φίλο, τρένο, ταξί, αποτελέσματα) to wait for • (θεωρώ κτ πιθανό) to expect • (προσδοκώ) to look forward to • (έχω ελπίδα) to hope for ▸ ρ αμ to wait
περίμετρος ουσ θηλ (κτηρίου, στρατοπέδου, γης) perimeter • (Γεωμ) circumference
περιοδεία ουσ θηλ tour
περιοδικό ουσ ουδ magazine
περίοδος ουσ θηλ period
περιορίζω ρ μ (περικλείω μέσα σε όρια) to confine • (φωτιά) to contain • (τσιγάρο, ποτό, έξοδα) to cut down on • (συνετίζω, χαλιναγωγώ) to restrain ■ **περιορίζομαι** μεσοπαθ to limit oneself
περιορισμέν|ος, -η, -ο επιθ limited • (αντίληψη, μυαλό) narrow
περιορισμός ουσ αρσ (χρημάτων, εξόδων, ποτού) cutting down • (συνένωση) restriction
περιοριστικ|ός, -ή, -ό επιθ restrictive
περιουσία ουσ θηλ estate
περιοχή ουσ θηλ (τοπική έκταση) area • (περιφέρεια) region • (χώρος πνευματικής δραστηριότητας) domain
περιπαικτικ|ός, -ή, -ό επιθ mocking
περίπατος ουσ αρσ walk
περιπέτεια ουσ θηλ (περιστατικό γεμάτο κινδύνους) adventure • (συμφορά) problem • (ερωτικό μπλέξιμο) affair
περιπετειώδης, -ης, -ες επιθ eventful
περιπλανιέμαι ρ αμ αποθ. (σκέψη, μυαλό) to wander • (για πρόσ.) to wander • (χάνω το δρόμο μου) to wander around
περιπλανώμαι ρ αμ αποθ. = **περιπλανιέμαι**
περίπλοκ|ος, -η, -ο επιθ tricky
περιποιημέν|ος, -η, -ο επιθ (δωμάτιο) neat • (κήπος) tidy • (χέρια) well-cared-for • (για πρόσ.) neat
περιποίηση ουσ θηλ care
περιποιητικ|ός, -ή, -ό επιθ attentive
περιποιούμαι ρ μ αποθ. (κήπο) to tend • (σώμα, μαλλιά) to take care of • (δείχνω εξυπηρετικός) to be attentive towards
περιπολία ουσ θηλ patrol
περιπολικό ουσ ουδ patrol car
περίπολος ουσ θηλ patrol
περίπου επιρρ about
περίπτερο ουσ ουδ (γενικότ.) kiosk • (έκθεσης έργων τέχνης) stand • (αναψυκτήριο) stall
περίπτωση ουσ θηλ (ενδεχόμενο) case • (πιθανότητα) chance
περίσσευμα ουσ ουδ surplus • (για φαγητό) leftovers πληθ.
περισσότερ|ος, -η, -ο επιθ more • βλ. κ. **πολύς**
περίσταση ουσ θηλ (περίπτωση) circumstances πληθ. • (ευκαιρία) occasion ■ **περιστάσεις** πληθ circumstances
περιστατικό ουσ ουδ (γεγονός) incident • (σε νοσοκομείο) case
περιστέρι ουσ ουδ pigeon
περιστρέφω ρ μ to turn round ■ **περιστρέφομαι** μεσοπαθ to revolve
περιστροφή ουσ θηλ revolution • **χωρίς περιστροφές** straight out
περίστροφο ουσ ουδ revolver

περισυλλέγω ρ μ (σκουπίδια) to pick up
• (πληροφορίες) to gather • (άστεγο) to take in
• (ναυαγό, τραυματία) to pick up

περισυλλογή ουσ θηλ (περίσκεψη)
contemplation • (ναυαγού, τραυματία) picking
up • (χρημάτων) collection • (καρπών)
gathering

περίτεχν|ος, -η, -ο επιθ flowery • elaborate

περιτριγυρίζω ρ μ to haunt • (αρνητ.) to hang
around

περιττ|ός, -ή, -ό επιθ (λόγος, θεσμός)
superfluous • (πολυτέλεια, κιλά) excess • (Μαθ)
odd

περιτύλιγμα ουσ ουδ (σοκολάτας) wrapper
• (κουτιού) wrapping

περιφέρεια ουσ θηλ (περιοχή έξω από το
κέντρο) region • (γης, δέντρου) circumference
• (Γεωμ) circumference • (ανεπ.: ογκώδεις
γλουτοί) backside

περιφερειακ|ός, -ή, -ό επιθ regional

περίφημ|ος, -η, -ο επιθ (μάχη, δίκη) famous
• (πολιτικός, δάσκαλος) eminent

περιφρόνηση ουσ θηλ contempt

περιφρονητικ|ός, -ή, -ό επιθ contemptuous

περιφρονώ ρ μ (άνθρωπο) to hold in contempt
• (θεωρώ ανάξιο προσοχής) to sniff at

περίχωρα ουσ ουδ πληθ outskirts

πέρκα ουσ θηλ perch

πέρλα ουσ θηλ pearl

περμανάντ ουσ θηλ άκλ. perm

περνώ ρ μ (διατρυπώ) to go through • (βελόνα)
to thread • (διασχίζω: δρόμο, ποτάμι) to cross
• (οδηγώ δια μέσου) to go ή pass through
• (ξεπερνώ σε ηλικία) to be older than
• (καταγράφω) to put down • (καιρό, μέρα) to
spend • (υφίσταμαι) to go through ▶ ρ αμ
(παύω: θυμός, πόνος) to die down • (διέρχομαι)
to pass through • (άνεμος) to blow through
• (επισκέπτομαι) to pass by, to drop by
• (καιρός, εποχή) to pass • **μου πέρασε από
το νου** ή **μυαλό** it occurred to me • **μου
πέρασε η ιδέα** it occurred to me • **~ κτ με
λούστρο** to varnish sth

Περού ουσ ουδ άκλ. Peru

περούκα ουσ θηλ wig

περπατώ ρ αμ (βαδίζω) to walk • (κάνω
περίπατο) to stroll

πέρσι επιρρ = **πέρυσι**

Περσία ουσ θηλ (στην αρχαιότητα) Persia
• (Ιράν) Iran

Περσικός ουσ αρσ the (Persian) Gulf

περσιν|ός, -ή, -ό επιθ last year's

πέρυσι επιρρ last year

πέσιμο ουσ ουδ fall

πεσμέν|ος, -η, -ο επιθ lying down, fallen

πέστροφα ουσ θηλ trout

πέταγμα ουσ ουδ (πουλιού, αεροπλάνου) flight
• (δίσκου, ακοντίου) throw

πετάλι ουσ ουδ pedal

πέταλο ουσ ουδ (αλόγου) horseshoe
• (λουλουδιού) petal

πεταλούδα ουσ θηλ butterfly

πεταχτ|ός, -ή, -ό επιθ (φιλί, ματιά) quick
• (για πρόσ.: ζωηρός) lively • (ρυθμός) lively

• (αφτιά) sticking out • (μάτια) bulging
• (πιγούνι) prominent • **στα πεταχτά** hastily

πετάω ρ αμ βλ. **πετώ**

πετεινός ουσ αρσ rooster

πέτο ουσ ουδ lapel

πέτρα ουσ ουδ (γενικότ.) stone • (βράχος) rock
• (δαχτυλιδιού) stone, gem • (Ιατρ) stone
• **γίνομαι/είμαι ~** to go/to be rock hard

πετραδάκι ουσ ουδ grit

πετράδι ουσ ουδ gem

πετρέλαιο ουσ ουδ oil, petroleum

πετρελαιοπηγή ουσ θηλ oil well

πέτριν|ος, -η, -ο επιθ (πύργος, σκάλα, άγαλμα)
stone • (μτφ.: καρδιά) of stone • (: σιωπή,
αδιαφορία) stony

πετρώδ|ης, -ης, -ες επιθ stony

πέτρωμα ουσ ουδ rock

πετσέτα ουσ θηλ (προσώπου, μπάνιου) towel
• (για στέγνωμα αντικειμένων) tea towel ή cloth
(ΒΡΕΤ.), dish towel (ΑΜΕΡ.) • (φαγητού) napkin

πέτσιν|ος, -η, -ο επιθ leather ∎ **πέτσινο** ουσ ου
leather jacket

πετυχαίνω ρ αμ (παράσταση) to be a success
• (εγχείρηση) to be successful • (επαγγελματίας)
to succeed ▶ ρ μ (βρίσκω το στόχο) to hit
• (σκοπό, νίκη) to achieve • (τέρμα) to score
• (συναντώ τυχαία) to bump into • (εκτελώ με
επιτυχία) to make a success of

πετυχημέν|ος, -η, -ο επιθ = **επιτυχημένος**

πετώ ρ αμ to fly ▶ ρ μ (πέτρα) to throw • (βέλος)
to shoot • (ιδέα) to give • (άχρηστο ή παλιό
αντικείμενο) to throw away ή out • (δίνω
περιφρονητικά) to toss • (λεφτά) to throw away
• (κλαδιά, φύλλα) to sprout • **πετάω έξω** to
throw out

πεύκη ουσ θηλ = **πεύκο**

πεύκο ουσ ουδ (pine) tree

πέφτω ρ αμ to fall • (ανατρέπομαι) to fall over
• (κεραυνός, αρρώστια) to strike • (ελαττώνομαι
to drop • **~ από** to fall off • **~ άρρωστος** to fall
ill • **~ έξω** to be wrong • **~ νεκρός** to drop dead
• **~ σε** to fall into • **την ~ σε κτν** (αργκ.:
πλησιάζω ερθικά) to jump on sb • (πλησιάζω
ερωτικά) to make a pass at sb

πέψη ουσ θηλ digestion

πηγάδι ουσ ουδ well

πηγάζω ρ αμ (ποταμός) to rise • **~ από** (μτφ.) to
stem from

πηγαινοέρχομαι ρ αμ αποθ. to come and go

πηγαίνω ρ αμ (μεταβαίνω κάπου) to go
• (φεύγω) to go, to be off • (οδηγώ: δρόμος) to
go, to lead • (λειτουργώ: ρολόι) to work
• (ξοδεύομαι: χρήματα) to go • (είμαι: ώρα) to be
▶ ρ μ (μεταφέρω) to take • **πάω καλά/άσχημα**
to be/not to be well • **πάω κτν** (αργκ.:
συμπαθώ) to like sb • **πήγαινε από δω!** get out
of here! • **~ σε** (συχνάζω, φοιτώ) to go to • **πού
το πας;** what are you getting at? • **πώς τα
πας;** how are you getting on (ΒΡΕΤ.) ή along?
• **τα ~ καλά/άσχημα με κτν** to get on well/
badly with sb • **τα ~ καλά/άσχημα σε κτ** to do
well/badly at sth

πηγή ουσ θηλ (ύδατος) spring • (πετρελαίου) we
• (μτφ.) source

πηγούνι *ουσ ουδ* = πιγούνι

πηδάλιο *ουσ ουδ* (*πλοίου*) helm • (*αυτοκινήτου, αεροπλάνου*) controls *πληθ.*

πήδημα *ουσ ουδ* (*άλμα*) jump, leap • (*χυδ.*) screw (*χυδ.*)

πηδώ *ρ αμ* to jump ▶ *ρ μ* (*τοίχο, μάντρα, εμπόδιο*) to jump over • (*αράδα, σελίδα, κεφάλαιο*) to leave out • (*χυδ.*) to screw (*χυδ.*)

πήζω *ρ μ* to curdle ▶ *ρ αμ* (*γάλα*) to curdle • (*γιαούρτι*) to set • (*σάλτσα*) to thicken • (*δωμάτιο, αίθουσα*) to be packed

πηκτ|ός, -ή, -ό *επιθ* = πηχτός

πήλιν|ος, -η, -ο *επιθ* earthen(ware) • terracotta

πηλός *ουσ αρσ* clay

πηχτή *ουσ θηλ* brawn

πηχτ|ός, -ή, -ό *επιθ* thick

πι *ουσ ουδ άκλ.* pi, 16th letter of the Greek alphabet • **στο πι και φι** at the drop of a hat

πια *επιρρ* no longer • **ποτέ ~** never again • **αμάν ~!** for God's sake!

πιανίστας *ουσ αρσ* pianist

πιανίστρια *ουσ θηλ βλ.* **πιανίστας**

πιάνο *ουσ ουδ* piano

πιάνω *ρ μ* (*κρατώ*) to hold • (*αρπάζω*) to grab • (*αγγίζω*) to touch • (*συλλαμβάνω*) to catch • (*καταλαμβάνω*) to take up • (*νοικιάζω*) to rent • (*τρέλα*) to possess ▶ **με πιάνουν τα νεύρα μου** to lose one's temper • **~ κπν να κάνει κτ** to catch sb doing sth ▪ **πιάνομαι** *μεσοπαθ* to get caught

πιασμέν|ος, -η, -ο *επιθ* (*θέση*) taken • (*χέρι, πόδι, κορμί*) stiff

πιατέλα *ουσ θηλ* large flat dish

πιάτο *ουσ ουδ* (*σκεύος*) plate, dish • (*γεύμα*) dish

πιάτσα *ουσ θηλ* taxi rank (*ΒΡΕΤ.*), taxi stand (*ΑΜΕΡ.*)

πιγκουίνος *ουσ αρσ* penguin

πιγούνι *ουσ ουδ* chin

πιέζω *ρ μ* to push

πίεση *ουσ θηλ* pressure

πιθαμή *ουσ θηλ* = σπιθαμή

πιθανόν *επιρρ* maybe • **είναι ~** it's probable ή likely that

πιθαν|ός, -ή, -ό *επιθ* likely

πιθανότητα *ουσ θηλ* likelihood, possibility

πιθανώς *επιρρ* possibly

πίθηκος *ουσ αρσ* ape

πικάντικ|ος, -η, -ο *επιθ* (*γεύση, μεζές*) spicy • (*μτφ.: ταινία, ανέκδοτα*) racy

πίκρα *ουσ θηλ* (*καφέ, φρούτου, φαρμάκου*) bitter taste • (*μτφ.*) bitterness

πικραίνω *ρ μ* to upset

πικραμέν|ος, -η, -ο *επιθ* embittered

πικρ|ός, -ή, -ό *επιθ* bitter

πιλάφι *ουσ ουδ* pilaff

πιλότος *ουσ αρσ* pilot

πίνακας *ουσ αρσ* (*τάξης*) (black)board (*ΒΡΕΤ.*), chalkboard (*ΑΜΕΡ.*) • (*ζωγραφικής, ζωγράφου*) painting • (*κατάλογος*) table • (*αεροδρομίου*) (arrivals/departures) board • (*γηπέδου*) scoreboard • (*ρεύματος*) meter • **~ ανακοινώσεων** notice board (*ΒΡΕΤ.*), bulletin board (*ΑΜΕΡ.*)

πινακίδα *ουσ θηλ* (*ταμπέλα*) sign • (*σήμα της τροχαίας*) traffic sign

πινακοθήκη *ουσ θηλ* art gallery

πινέζα *ουσ θηλ* drawing pin (*ΒΡΕΤ.*), thumbtack (*ΑΜΕΡ.*)

πινέλο *ουσ ουδ* brush

πίνω *ρ μ* (*νερό, κρασί, φάρμακο*) to drink • (*προφορ.: τσίγαρο*) to smoke • (*απορροφώ*) to absorb ▶ *ρ αμ* (*γενικότ.*) to drink • (*είμαι αλκοολικός*) to be a heavy drinker

 ΛΕΞΗ-ΚΛΕΙΔΙ

πιο *επιρρ* **1** +*επίθ.*/+*επιρρ.* more **2** +*ουσ.* more • **λίγο πιο** +*επίθ.*/+*επιρρ.* a bit more • **ο πιο** +*ουσ.* the most • **πιο πριν** earlier • **πολύ πιο** +*επίθ.*/+*επιρρ.* much ή a lot more

πιόνι *ουσ ουδ* pawn

πίτα *ουσ θηλ* pipe

πιπέρι *ουσ ουδ* pepper

πιπεριά *ουσ θηλ* pepper

πιπίλα *ουσ θηλ* dummy (*ΒΡΕΤ.*), pacifier (*ΑΜΕΡ.*)

πιρούνι *ουσ ουδ* fork

πισίνα *ουσ θηλ* (swimming) pool

πισιν|ός¹, -ή, -ό *επιθ* back

πισινός² *ουσ αρσ* (*προφορ.*) backside • (*αυτός που στέκεται ή κάθεται από πίσω*) person behind

πίστα *ουσ θηλ* (*κέντρου*) dance floor • (*αυτοκινήτων*) racetrack • (*ιπποδρόμου*) racecourse (*ΒΡΕΤ.*), racetrack (*ΑΜΕΡ.*) • (*πατινάζ*) rink • (*αεροδρομίου, απογείωσης, προσγείωσης*) runway • **χιονοδρομική ~** ski slope

πιστεύω *ρ μ* to believe • to believe in • (*θρησκεία, Θεό*) to believe in

πίστη *ουσ θηλ* faith • (*αφοσίωση*) loyalty

πιστολάκι *ουσ ουδ* (*προφορ.*) hair dryer

πιστόλι *ουσ ουδ* gun

πιστοποιητικό *ουσ ουδ* certificate

πιστοποιώ *ρ μ* to certify

πιστ|ός, -ή, -ό *επιθ* (*φίλος*) loyal • (*σύζυγος*) faithful • (*αντιγραφή, απομίμηση, διήγηση*) faithful

πίστωση *ουσ θηλ* credit • **έλλειψη πίστωσης** credit crunch

πιστωτικ|ός, -ή, -ό *επιθ* credit • **πιστωτική κάρτα** credit card

πίσω *επιρρ* (*για στάση, θέση*) behind • (*για κίνηση*) back • (*μτφ.: για καθυστέρηση*) behind • **από ~** from behind

πισώπλατα *επιρρ* in the back

πίτα *ουσ θηλ* (*Μαγειρ*) pie • (*βασιλόπιτα*) New Year's cake • (*είδος άζυμου ψωμιού*) pitta bread

πίτσα *ουσ θηλ* pizza

πιτσιλίζω *ρ μ* to splash

πιτσιρίκα *ουσ θηλ βλ.* **πιτσιρίκος**

πιτσιρίκι *ουσ ουδ* (*οικ.*) kid (*ανεπ.*)

πιτσιρίκος *ουσ αρσ* (*οικ.*) kid (*ανεπ.*)

πιτυρίδα *ουσ θηλ* dandruff

πλαγιά *ουσ θηλ* side

πλάγια *ουσ ουδ πληθ* **τα ~** the sides

πλαγιάζω *ρ αμ* to lie down • **~ με κπν** to go to bed with sb

πλάγι|ος, -α, -ο επιθ (γράμμα, γραμμή) oblique • (ματιά) sidelong • (παράπλευρος) side • (λύση, απάντηση, ύφος) indirect • (μέσα, ενέργεια) devious

πλαζ ουσ θηλ άκλ. beach

πλάθω ρ μ (κυριολ., μτφ.) to shape • (ιστορίες) to make up

πλάι επιρρ ~ **σε κπν/κτ** next to sb/sth • **πλάι-πλάι** side by side • **στο ~** on its side

πλαϊν|ός, -ή, -ό επιθ (σπίτι) neighbouring (Βρετ.), neighboring (Αμερ.) • (θέση, ραφή) next ▸ ουσ neighbour (Βρετ.), neighbor (Αμερ.)

πλαίσιο ουσ ουδ (πόρτας, καθρέφτη, φωτογραφίας) frame • (σύστημα) framework

πλάκα ουσ θηλ (δαπέδου, αυλής) flagstone • (τοίχου) tile • (τάφου, μνήματος) tombstone • (αστείο) fun χωρίς πληθ. • (ταράτσα: κτηρίου) flat roof • (σαπούνι) bar • (επίσης: **οδοντική ~**) dental plaque ▸ επιθ flat • **για ~** for fun • **κάνω ~** to be kidding • **κάνω ~ σε κπν** to pull sb's leg

πλακάκι ουσ ουδ tile

πλακέ επιθ άκλ. ~ **μπουκάλι** flask

πλακί ουσ ουδ άκλ. oven-baked dish with onions, tomatoes and olive oil

πλακόστρωτ|ος, -η, -ο επιθ paved

πλακώνω ρ μ (πιέζω με βάρος) to weigh down • (άνθρωπο, ζώο, σπίτι) to crush • (προφορ.: χτυπώ) to beat up ▸ ρ αμ (κρύο, χειμώνας) to set in • (πελατεία, κόσμος) to rush ▸ ρ pour in

πλανήτης ουσ αρσ planet

πλάνο ουσ ουδ plan • (Κινημ: τοπίου, έργου) shot

πλανόδι|ος, -α, -ο επιθ itinerant

πλαστικό ουσ ουδ plastic

πλαστογραφία ουσ θηλ forgery

πλαστογραφώ ρ μ to forge • (μτφ.) to falsify

πλαστ|ός, -ή, -ό επιθ forged • (όνομα) false

πλαταίνω ρ μ (δρόμο) to widen • (ψυχή, γνώση) to broaden ▸ ρ αμ (ποτάμι) to widen • (νους) to broaden

πλατάνι ουσ ουδ βλ. **πλάτανος**

πλάτανος ουσ αρσ plane tree

πλατεία ουσ θηλ (πόλης, χωριού) square • (θεάτρου, ορχήστρας) stalls πληθ.

πλάτη ουσ θηλ back • **πίσω απ' την ~ κπιου** (προφορ.) behind sb's back

πλατίνα ουσ θηλ platinum

πλατινένι|ος, -α, -ο επιθ platinum

πλάτος ουσ αρσ (παραλίας, δρόμου, κτηρίου) width • (μτφ.) breadth • (σήματος, συχνότητας, κύματος) amplitude

πλατ|ύς, -ιά ή -εία, -ύ επιθ wide • (κοινό) general

πλατφόρμα ουσ θηλ platform

πλειοψηφία ουσ θηλ majority

πλειστηριασμός ουσ αρσ auction

πλεκτό ουσ ουδ knitting

πλεκτ|ός, -ή, -ό επιθ = **πλεχτός**

πλέκω ρ μ (μπλούζα, στεφάνι, κουκούλι) to knit • (χέρια, δάχτυλα) to clasp • (μαλλιά) to plait

πλένω ρ μ to wash

πλεξίδα ουσ θηλ, **πλεξούδα** plait, braid

πλέξιμο ουσ ουδ (πουλόβερ) knitting • (μαλλιών) plaiting, braiding

πλεονέκτημα ουσ ουδ (όφελος) advantage, benefit • (στου) advantage • (προβάδισμα) advantage • **αφήνω ~ σε κπν** to give sb the advantage ή an edge

πλευρά ουσ θηλ side • rib • **από την άλλη ~** on the other hand • **από την ~ κπιου** from sb's point of view

πλευρό ουσ ουδ side • (οστό) rib

πλεχτ|ός, -ή, -ό επιθ (γάντια, μπλούζα) knitted • (καλάθι) wicker

πλέω ρ αμ to float • (μτφ.) to be too big

πληγή ουσ θηλ (τραύμα) wound • (μτφ.) curse

πλήγμα ουσ ουδ (δυνατό χτύπημα) blow • (μτφ.) blow

πληγώνω ρ μ (άνθρωπο, ζώο) to wound • (μτφ.) to hurt

πληθαίνω ρ αμ to increase ▸ ρ μ to multiply

πληθοπορισμός ουσ αρσ crowdsourcing

πλήθος ουσ ουδ (ανθρώπων, ζώων, πραγμάτων) a large number, a lot of • (πολλοί άνθρωποι) crowd

πληθυντικός ουσ αρσ plural

πληθυσμός ουσ αρσ population

πληθωρικ|ός, -ή, -ό επιθ (άνθρωπος, χαρακτήρας) expansive • (στήθος, γυναίκα) plump • (μτφ.: παρουσία) imposing

πληκτικ|ός, -ή, -ό επιθ (άνθρωπος, ομιλία, απόγευμα) boring • (επίπλωση, διακόσμηση, σπίτι) dull

πλήκτρο ουσ ουδ key

πληκτρολόγιο ουσ ουδ keyboard

πλημμύρα ουσ θηλ flood • (νεροποντή) downpour • (μτφ.) flood

πλημμυρίδα ουσ θηλ high tide

πλημμυρίζω ρ μ (πόλη, δρόμο) to flood • (μτφ.) to inundate ▸ ρ αμ to flood • to be flooded

πλην προθ (Μαθ) minus • (εκτός από) except

πλήξη ουσ θηλ boredom

πλήρ|ης, -ης, -ες επιθ full • (κείμενο, εικόνα, γεύμα) complete • **πλήρες ωράριο** full time

πληροφορημέν|ος, -η, -ο επιθ well-informed

πληροφόρηση ουσ θηλ information χωρίς πληθ.

πληροφορία ουσ θηλ information χωρίς πληθ. • **ζητώ πληροφορίες** to make inquiries • **παίρνω πληροφορίες** to get information • **πληροφορίες** information desk εν.

πληροφορώ ρ μ to inform

πληρώ ρ μ to fulfil (Βρετ.), to fulfill (Αμερ.)

πλήρωμα ουσ ουδ crew

πληρωμή ουσ θηλ payment

πληρώνω ρ μ to pay

πλησιάζω ρ μ (φέρνω κάτι κοντά σε κάτι άλλο) to move ή bring near to • (έρχομαι κοντά) to approach • (αρνητ.) to go near ▸ ρ αμ (για πρόσ.) to draw near • (εξετάσεις, άνοιξη) to be approaching

πλήττω ρ αμ to be bored

πλοηγός ουσ αρσ pilot

πλοίαρχος ουσ αρσ captain

πλοίο ουσ ουδ boat, ship • **~ της γραμμής** liner

πλοκή ουσ θηλ plot

πλους ουσ αρσ course

πλούσιος, -α, -ο επιθ rich • (μαλλιά, γένια) thick • (λεξιλόγιο) rich • (βιβλιογραφία) substantial • (γεύμα) lavish • (διακόσμηση, έπιπλα) opulent • (φόρεμα) sumptuous

πλουτίζω ρ αμ to become ή get rich ▶ ρ μ to enrich

πλούτος ουσ αρσ (αφθονία υλικών αγαθών) wealth • (γλώσσας, λεξιλογίου) wealth • (πληροφοριών, εμπειριών, γνώσεων) wealth

πλυντήριο ουσ ουδ (πιάτων) dishwasher • (ρούχων) washing machine • (κατάστημα) laundry • (εργοστασίου) industrial washer

πλύση ουσ θηλ washing

πλύσιμο ουσ ουδ washing

πλώρη ουσ θηλ bow

πλωτός, -ή, -ό επιθ (γέφυρα) pontoon • (ποταμός) navigable

πνεύμα ουσ ουδ (για πρόσ.) mind • (ευφυΐα) genius • (εποχής, λαού) spirit • (ό,τι είναι άυλο) spirit • (αγάπης, συνεργασίας) spirit

πνευματικός, -ή, -ό επιθ (ενδιαφέροντα, ικανότητα) intellectual • (άυλος) spiritual

πνεύμονας ουσ αρσ lung

πνευμονία ουσ θηλ pneumonia

πνέω ρ αμ (επίσ.) to blow

πνιγμός ουσ αρσ drowning

πνίγω ρ μ (στη θάλασσα, στο νερό) to drown • (με μαξιλάρι) to suffocate • (με σχοινί) to choke • (στραγγαλίζω) to strangle • (μτφ.) to suffocate • (χορτάρια) to choke • (μτφ.: θυμό, οργή) to choke back ▪ **πνίγομαι** μεσοπαθ to suffocate

πνίξιμο ουσ ουδ (σε νερό) drowning • (από φαγητό) choking

πνοή ουσ θηλ breath • (μτφ.) spirit

ποδηλασία ουσ θηλ cycling

ποδηλάτης ουσ αρσ cyclist

ποδηλατικός, -ή, -ό επιθ cycling

ποδήλατο ουσ ουδ bicycle

πόδι ουσ ουδ (ανθρώπου) leg • (κάτω από τον αστράγαλο) foot • (μονάδα μήκους) foot • **με τα πόδια** on foot • **παίρνω ~** to be fired ή sacked • **σηκώνω στο ~** to rouse • **στο ~** anyhow • **το βάζω στα πόδια** to run away

ποδιά ουσ θηλ apron • (μαθητή) pinafore

podcast ουσ ουδ podcast

ποδοπατώ ρ μ to trample • (εξευτελίζω) to trample on

ποδοσφαιριστής ουσ αρσ footballer (ΒΡΕΤ.), soccer player (ΑΜΕΡ.)

ποδοσφαιρίστρια ουσ θηλ βλ. **ποδοσφαιριστής**

ποδόσφαιρο ουσ ουδ football (ΒΡΕΤ.), soccer (ΑΜΕΡ.)

πόζα ουσ θηλ pose

ποζάρω ρ αμ to pose

ποθητός, -ή, -ό επιθ desired • coveted

πόθος ουσ αρσ (επιθυμία) wish • (ερωτική επιθυμία) desire

ποθώ ρ μ (επιθυμώ) to wish for • (άνθρωπο) to lust after

ποίημα ουσ ουδ poem • (μτφ.) poetry

ποίηση ουσ θηλ poetry

ποιητής ουσ αρσ poet

ποιητικός, -ή, -ό επιθ poetic

ποικιλία ουσ θηλ (αρωμάτων, λύσεων, υπηρεσιών) choice • (φαγητό) hors d'oeuvres πληθ. • (ζώων, φυτών) variety

ποικίλλω ρ αμ to vary

ποινή ουσ θηλ (τιμωρία) punishment • (Νομ) sentence

ποιος, -α, - ο αντων (για πρόσ.) who • (προσδιορίζοντας ουσιαστικό) which • **~ από τους δύο/απ' όλους** which of the two/of them

ποιότητα ουσ θηλ quality

ποιοτικός, -ή, -ό επιθ quality

πολεμικός, -ή, -ό επιθ war

πολεμιστής ουσ αρσ warrior

πολεμίστρια ουσ θηλ βλ. **πολεμιστής**

πόλεμος ουσ αρσ war

πολεμώ ρ αμ to fight ▶ ρ μ to fight • **~ να κάνω κτ** (μοχθώ) to struggle to do sth

πόλη ουσ θηλ town • (μεγάλη) city

Πόλη του Μεξικού ουσ θηλ Mexico City

πολικός, -ή, -ό επιθ polar

πολιορκία ουσ θηλ (πόλης, κάστρου) siege • (συνωστισμός πλήθους) mobbing • (φορτική ενόχληση) harassing

πολιορκώ ρ μ (πόλη, κάστρο) to lay siege to • (συγκεντρώνομαι) to mob • (ενοχλώ επίμονα) to harass

πολιτεία ουσ θηλ (κράτος) state • (κυβέρνηση) government • (χώρα) country

πολίτευμα ουσ ουδ system of government, regime

πολίτης ουσ αρσ (που έχει πολιτικά δικαιώματα) citizen • (ο μη στρατιωτικός ή κληρικός) civilian

πολιτική ουσ θηλ (γενικότ.) policy • (πολιτικά) politics εν.

πολιτικός[1] ουσ αρσ, ουσ θηλ politician

πολιτικός[2], -ή, -ό επιθ (δικαιώματα) civil • (σύστημα, παράταξη, ζήτημα, φρονήματα) political

πολίτις ουσ θηλ βλ. **πολίτης**

πολιτισμένος, -η, -ο επιθ civilized

πολιτισμός ουσ αρσ (γενικότ.) civilization • (κουλτούρα) culture

πολιτιστικός, -ή, -ό επιθ cultural

πολλαπλασιασμός ουσ αρσ (Μαθ) multiplication • (φυτών) propagation • (ζώων) reproduction • (μτφ.) proliferation

πολλαπλός, -ή, -ό επιθ multiple

πολλοί, -ές, -ά επιθ πληθ = **πολύς**

πόλος ουσ αρσ pole

πολτός ουσ αρσ pulp

πολύ επιρ (σε μεγάλο βαθμό: μου αρέσει, θαυμάζω, κοιμάμαι, πίνω) a lot • +επιθ./+επίρρ. very • (για μεγάλο χρονικό διάστημα) long • **πάρα ~** (θέλω, ευχαριστώ) very much • (δουλεύω, τρώγω) ever so much • (έξυπνος, καλός, μικρός) ever so • **το ~** (για χρόνο) at the latest • **το πολύ-πολύ** at the very most

πολυάριθμος, -η, -ο επιθ large

πολυάσχολος, -η, -ο επιθ busy

πολυβόλο ουσ ουδ machine gun

πολυέλαιος ουσ αρσ chandelier

πολυέξοδος, -η, -ο επιθ extravagant

πολυήμερος, -η, -ο επιθ lasting many days

πολυθρόνα ουσ θηλ armchair

πολυκατάστημα *ουσ ουδ* department store
πολυκατοικία *ουσ θηλ* block of flats (*Βρετ.*),
apartment building (*Αμερ.*)
πολυλογία *ουσ θηλ* constant chatter
πολύπλοκ|ος, -η, -ο *επιθ* (*πρόβλημα, νόημα*)
complicated • (*μηχάνημα*) complex • (*σχέδιο,
εικόνα*) elaborate

○ ΛΕΞΗ-ΚΛΕΙΔΙ

πολ|ύς, -πολλή, - πολύ *επιθ* **1** (*κόσμος, χρήμα,
χώρος*) a lot of • **γίνεται πολύς λόγος για**
there's a lot of talk about
2 (*μεγάλος σε ένταση: βροχή*) a lot of • (: *θάρρος,
θόρυβος*) a lot of, a great deal of • (: *άνεμος*) high
3 (*στον πληθυντικό: φίλοι, βιβλία, λάθη*) many
• **πολλές φορές** many times
4 (*για χρόνο: καιρός, καιρός*) long • **προ
πολλού** a long time ago
■ **οι πολλοί** *ουσ αρσ πληθ* **1** (*πλειοψηφία*) the
majority *εν.*
2 (*λαός*) the masses
■ **πολλά** *ουσ ουδ πληθ* a lot *εν.* • **δεν έχω
πολλά-πολλά με κπν** not to have much to do
with sb • **με τα πολλά** after a lot of effort
• **πολλά-πολλά** fuss

πολυτέλεια *ουσ θηλ* luxury
πολυτελής, -ής, -ές *επιθ* posh
πολύτιμ|ος, -η, -ο *επιθ* (*αντικείμενο, χρυσαφικά*)
valuable • (*φίλος, συνεργάτης*) valued
• (*εμπειρία, βοήθεια*) invaluable
πολύφωτο *ουσ ουδ* chandelier
πολύχρωμ|ος, -η, -ο *επιθ* multi-coloured
(*Βρετ.*), multi-colored (*Αμερ.*)
πολύωρ|ος, -η, -ο *επιθ* long
πολυώροφ|ος, -η, -ο *επιθ* multi-storey (*Βρετ.*),
multi-story (*Αμερ.*)
Πολωνέζα *ουσ θηλ βλ.* **Πολωνός**
πολωνέζικ|ος, -η, -ο *επιθ* = **πολωνικός**
Πολωνέζος *ουσ αρσ* = **Πολωνός**
Πολωνή *ουσ θηλ βλ.* **Πολωνός**
Πολωνία *ουσ θηλ* Poland
πολωνικ|ός, -ή, -ό *επιθ* Polish ■ **Πολωνικά,
Πολωνέζικα** *ουσ ουδ πληθ* Polish
Πολωνός *ουσ αρσ* Pole
πομπή *ουσ θηλ* procession
πομπός *ουσ αρσ* transmitter
πονηριά *ουσ θηλ,* **πονηρία** cunning
πονηρ|ός, -ή, -ό *επιθ* cunning • (*καχύποπτος*)
distrustful
πονόδοντος *ουσ αρσ* toothache
πονοκέφαλος *ουσ αρσ* (*κυριολ., μτφ.*) headache
πονόλαιμος *ουσ αρσ* sore throat
πόνος *ουσ αρσ* pain • (*μεγάλη στενοχώρια*) grief
• **δυνατός** = sharp pain ■ **πόνοι** *πληθ* labour
(*Βρετ.*) ή labor (*Αμερ.*) pains
πονόψυχ|ος, -η, -ο *επιθ* compassionate
ποντίκι *ουσ ουδ* (*Ζωολ*) mouse • (*ανεπ.: μυς*)
muscle
ποντικός *ουσ αρσ* mouse
πόντος *ουσ αρσ* (*εκατοστό*) centimetre (*Βρετ.*),
centimeter (*Αμερ.*) • (*Αθλ*) point • (*πλεχτού*)
stitch • (*κάλτσας, καλσόν*) ladder (*Βρετ.*),
run (*Αμερ.*)

πονώ *ρ αμτ* to hurt ▶ *ρ μ* (*προκαλώ πόνο*) to hurt
• (*νοιάζομαι*) to care about
πορδή *ουσ θηλ* fart (*χυδ.*)
πορεία *ουσ θηλ* course
πορθμός *ουσ αρσ* strait
πορνεία *ουσ θηλ* prostitution
πορνείο *ουσ ουδ* brothel
πόρνη *ουσ θηλ* prostitute
πόρος *ουσ αρσ* pore ■ **πόροι** *πληθ* revenue *εν.*
πόρπη *ουσ θηλ* buckle
πορσελάνη *ουσ θηλ* porcelain ■ **πορσελάνες**
πληθ china(ware)
πορσελάνιν|ος, -η, -ο *επιθ* porcelain
πόρτα *ουσ θηλ* door
πορτάκι *ουσ ουδ* hatch
πορτατίφ *ουσ ουδ άκλ.* reading lamp
πορτιέρης *ουσ αρσ* porter
πορτμπαγκάζ, πορτ-μπαγκάζ *ουσ ουδ άκλ.*
boot (*Βρετ.*), trunk (*Αμερ.*)
Πορτογαλέζα *ουσ θηλ βλ.* **Πορτογάλος**
πορτογαλέζικ|ος, -η, -ο *επιθ* = **πορτογαλικός**
Πορτογαλέζος *ουσ αρσ* = **Πορτογάλος**
Πορτογαλία *ουσ θηλ* Portugal
Πορτογαλίδα *ουσ θηλ βλ.* **Πορτογάλος**
πορτογαλικ|ός, -ή, -ό *επιθ* Portuguese
■ **Πορτογαλικά, Πορτογαλέζικα** *ουσ ουδ πληθ*
Portuguese
Πορτογάλος *ουσ αρσ* Portuguese
πορτοκαλάδα *ουσ θηλ* orange juice
πορτοκαλής, -ιά, -ί *επιθ* orange ■ **πορτοκαλί**
ουσ ουδ orange
πορτοκάλι *ουσ ουδ* orange
πορτοκαλιά *ουσ θηλ* orange (tree)
πορτοφολάκι *ουσ ουδ* purse (*Βρετ.*), change
purse (*Αμερ.*)
πορτοφολάς *ουσ αρσ* pickpocket
πορτοφόλι *ουσ ουδ* wallet (*Βρετ.*), billfold (*Αμερ.*)
πορτρέτο *ουσ ουδ* portrait
ποσό *ουσ ουδ* amount
πόσο *επιρρ* how much ▶ *επιθων* how
πόσ|ος, -η, -ο *αντων* how much ■ **πόσοι,
πόσες, πόσα** *πληθ* how many
ποσοστό *ουσ ουδ* percentage
ποσότητα *ουσ θηλ* amount
ποστάρω *ρ μ* (*Πληροφ*) to post
πόστο *ουσ ουδ* post
ποτάμι *ουσ ουδ* river
ποταμός *ουσ αρσ* river
ποτέ *επιρρ* (*αρνητ.*) never, not ... ever • (*κάποτε*)
ever • **~ πια!** never again!
πότε *επιρρ* when
ποτήρι *ουσ ουδ* glass
ποτίζω *ρ μ* (*γη, δέντρα, ζώα*) to water • (*μτφ.*) to
give a drink to ▶ *ρ αμ* to soak
πότισμα *ουσ ουδ* watering
ποτό *ουσ ουδ* drink • **το ρίχνω στο ~** to take to
the bottle
ποτοπωλείο *ουσ ουδ* off-licence (*Βρετ.*), wine
and liquor store (*Αμερ.*)

○ ΛΕΞΗ-ΚΛΕΙΔΙ

που *αντων άκλ.* **1** (*οποίος*) that
2 (*όπου*) where

3 (όπως) as
4 (προφορ.: για τόπο) where • (για πρόσ.) with whom
▶ **σύνδ 1** (όταν) when • (αφότου) for • **με το που** as soon as
2 (επειδή, ώστε, ότι) that
3 (αντί του «να»)
4 που να (ακόμη κι αν) even if
5 (με το να): **καλά έκανες που της μίλησες έτσι!** it was good that you spoke to her like that!
▶ **μόρ 1** (είθε): I hope • **που να μη σώσεις!** damn you! • **που να μην** I wish I hadn't
3 (για θαυμασμό): **τι όμορφη που είσαι απόψε!** how beautiful you are tonight! • **που λες** so

ΛΕΞΗ-ΚΛΕΙΔΙ

πού επιρρ **1** (για τόπο) where
2 (για απορία) how (on earth) • **από πού κι ως πού** how come • **που να...;** how
3 (για έντονη άρνηση): **πού τον είδες τον κύριο; ένας αχρείος είναι!** what do you mean a gentleman? he's a scoundrel! • **αραιά και πού** every now and again • **πού είχα μείνει;** (now) where was I? • **πού και πού** sometimes • **πού το πας;** what are you driving ή getting at?

πούδρα ουσ θηλ (face) powder
πουθενά επιρρ (με άρνηση) not ... anywhere, nowhere • (απόλυτο) nowhere • (για τόπο) somewhere • **δεν βγάζω ~** not to get anywhere
πουκάμισο ουσ ουδ shirt
πουλάκι ουσ ουδ (μικρό πουλί) chick, little bird • (οικ.: παιδικό πέος) willie (ανεπ.) • **κοίταξε το ~!** (για φωτογράφιση) watch the birdie!
πουλάω ρ μ, ρ αμ βλ. πουλώ
πουλερικά ουσ ουδ πληθ poultry
πούλημα ουσ ουδ sale
πουλί ουσ ουδ bird
πουλώ ρ μ to sell out ▶ ρ αμ to sell
πούπουλο ουσ ουδ feather
πουρές ουσ αρσ mashed potatoes πληθ
πουρμπουάρ ουσ ουδ άκλ. tip
πούρο ουσ ουδ cigar
πουτάνα (χυδ.) ουσ θηλ (πόρνη) whore
πουτίγκα ουσ θηλ pudding
πράγμα ουσ ουδ (γενικότ.) thing • (υπόθεση) thing • (εμπόρευμα) goods πληθ • **δεν είναι μικρό ~** it's no small thing ή matter • **όπως και να 'χει το ~** in any case, whatever happens • **σπουδαίο πράμα!** big deal! • **τι πράγμα;** what?
πράγματι επιρρ indeed
πραγματικά επιρρ really
πραγματικ|ός, -ή, -ό επιθ real
πραγματικότητα ουσ θηλ reality • **στην ~** in reality ή fact
πραγματοποιώ ρ μ to realize
πρακτική ουσ θηλ practice
πρακτικ|ός, -ή, -ό επιθ practical
πράκτορας ουσ αρσ, ουσ θηλ agent • **μυστικός ~** secret agent
πρακτορείο ουσ ουδ agency • **ταξιδιωτικό ~** travel agency

πράμα ουσ ουδ (ευφημ.) private parts πληθ. • **βλ. κ. πράγμα**
πράξη ουσ θηλ (ενέργεια) act • (δοσοληψία) transaction • (Μαθ) operation • (στο θέατρο) act
πρά|ος, -α, -ο επιθ (άνθρωπος) gentle • (βλέμμα, ύφος) gentle
πράσινο ουσ ουδ (χρώμα) green • (φωτεινού σηματοδότη) green light • (βλάστηση) greenery
πράσιν|ος, -η, -ο επιθ green
πράσο ουσ ουδ leek
πράττω ρ μ (επίσ.) to do
πρεμιέρα ουσ θηλ première

ΛΕΞΗ-ΚΛΕΙΔΙ

πρέπει ρ απρόσ **1** (είναι υποχρεωτικό) to have to • (είναι σωστό) should • (είναι απαραίτητο) must
2 (μάλλον): **πρέπει να** must • **(θα) έπρεπε να** I should have ή ought to have
3 μου πρέπει to deserve • **όπως πρέπει** properly • **ό,τι πρέπει** just the thing

πρέπον ουσ ουδ the right thing
πρεσβεία ουσ θηλ (χώρας) embassy • (αντιπροσωπεία) deputation
πρεσβευτής ουσ αρσ ambassador
πρέσβης ουσ αρσ, **πρέσβυς** ambassador
πρεσβύωπας ουσ αρσ, ουσ θηλ long-sighted person (Βρετ.), far-sighted person (Αμερ.)
πρήζω ρ μ to pester ■ **πρήζομαι** μεσοπαθ to become swollen
πρήξιμο ουσ ουδ swelling
πρίγκιπας ουσ αρσ prince
πριγκίπισσα ουσ θηλ princess
πρίζα ουσ θηλ socket
πριν προθ before • **~ από δέκα μέρες/δύο μήνες** ten days/two months ago • **~ από σένα** before you • **~ (από) την άνοιξη** before spring • **~ (να) φύγω** before I go
πριόνι ουσ ουδ saw
πριονίζω ρ μ to saw
προάγω ρ μ (υπάλληλο) to promote • (προσωπικότητα) to develop • (συμφέρον) to promote • (έρευνα) to encourage
προαγωγή ουσ θηλ promotion • **παίρνω ~** to get promoted ή a promotion
προαιρετικός, -ή, -ό επιθ optional (Βρετ.), elective (Αμερ.)
προαισθάνομαι ρ μ αποθ. to have a presentiment of • **~ ότι** ή **πως** to have a feeling that
προάλλες επιρρ τις **~** the other day
προάστιο ουσ ουδ suburb
προαύλιο ουσ ουδ forecourt
πρόβα ουσ θηλ (για θέατρο, ορχήστρα) rehearsal • (δοκιμή ρούχου) fitting • **κάνω ~** to rehearse
προβάδισμα ουσ ουδ precedence
προβαίνω ρ αμ to proceed
προβάλλω ρ μ (κεφάλι, πόδι) to stick out • (φιλμ) to show • (τονίζω) to highlight • (άποψη, πρόταση) to put forward • (δικαιολογία) to make ▶ ρ αμ to appear ■ **προβάλλομαι** μεσοπαθ to push ή sell oneself

προβάρω ρ μ to try on
πρόβατο ουσ ουδ sheep • (μτφ.) sheep
πρόβει|ος, -α, -ο επιθ sheep's • sheep's milk
προβιά ουσ θηλ (δέρμα προβάτου) sheepskin
• (δέρμα ζώου) skin
προβιβάζω ρ μ (υπάλληλο, στρατιωτικό) to
promote • (μαθητή, φοιτητή) to move up
■ **προβιβάζομαι** μεσοπαθ (υπάλληλος,
αξιωματούχος) to be promoted • (μαθητής) to
move up
προβλέπω ρ μ (προϋπολογίζω) to foresee
• (ΕΜΥ) to forecast • (προμαντεύω) to predict
• (κανονίζω) to plan • (συμβόλαιο, Σύνταγμα,
συμφωνία) to provide for ▸ ρ αμ (μαντεύω) to
guess • ~ για κτ (περίπτωση) to allow for sth
• (πυρκαγιά, σεισμό) to take precautions
against sth • (μέλλον) to plan for sth
■ **προβλέπεται, προβλέπονται** μεσοπαθ
τριτοπρόσ to be expected
πρόβλεψη ουσ θηλ (εκτίμηση) prediction
• (καιρού, εκλογικών αποτελεσμάτων) forecast
• (πρόνοια) provision
πρόβλημα ουσ ουδ problem • αυτό είναι
πρόβλημά σου (προφορ.) that's your problem
• **έχω ~** (ανεπ.) to have a problem
προβληματίζω ρ μ to trouble
■ **προβληματίζομαι** μεσοπαθ (ανησυχώ) to be
concerned (με with) • (βρίσκομαι σε εγρήγορση)
to ask oneself questions
προβληματισμέν|ος, -η, -ο επιθ troubled
προβληματισμός ουσ αρσ questioning
προβλήτα ουσ θηλ jetty, pier
προβολέας ουσ αρσ (αυτοκινήτου) headlight
• (γηπέδου) floodlight • (θεάτρου) spotlight
• (Κινημ) projector
προβολή ουσ θηλ (παρουσίαση φωτεινών
εικόνων) projection • (ταινίας) showing
• (κοινωνική αναγνώριση) publicity
προβοσκίδα ουσ θηλ trunk
πρόγευμα ουσ ουδ breakfast
πρόγνωση ουσ θηλ forecast
πρόγονος ουσ αρσ, ουσ θηλ ancestor
■ **πρόγονοι** πληθ ancestors
πρόγραμμα ουσ ουδ (διακοπών) programme
(Βρετ.), program (Αμερ.) • (μαθημάτων)
curriculum • (για μουσικές εκδηλώσεις) bill
• (κυβέρνησης) manifesto (Βρετ.), platform
(Αμερ.) • (εργαζομένου) schedule • (Πληροφ)
program • **βάζω ~** to plan • **είναι στο ~** it is to
be expected
προγραμματίζω ρ μ (ενέργεια, ζωή) to plan
• (Πληροφ) to program
προγραμματισμός ουσ αρσ (εργασιών,
στόχων) planning • (Πληροφ) programming
προδίδω ρ μ (αρχές, πατρίδα, φίλο) to betray
• (προτίμηση, πρόθεση, ενδιαφέρον) to reveal
• (μυστικό) to give away • (σχέδιο, σχέση) to
disclose ■ **προδίδομαι** μεσοπαθ to come to
nothing
προδίνω ρ μ = **προδίδω**
προδοσία ουσ θηλ betrayal • **εσχάτη ~** high
treason
προδότης ουσ αρσ traitor
προδότρια ουσ θηλ βλ. **προδότης**

προεδρικ|ός, -ή, -ό επιθ presidential
πρόεδρος ουσ αρσ, ουσ θηλ (εταιρείας,
διάσκεψης, συνεδρίου) chairman • (Πολιτ)
president • (τάξης) president
προειδοποίηση ουσ θηλ notice
προειδοποιητικ|ός, -ή, -ό επιθ warning
προειδοποιώ ρ μ (για κίνδυνο) to warn
• (προαναγγέλλω) to notify • **~ κπν για κτ** to
warn sb of sth
προέκταση ουσ θηλ extension
προεκτείνω ρ μ to extend
προέλευση ουσ θηλ origin
προεξέχω ρ αμ to jut ή stick out
προεξόφληση ουσ θηλ discount
προέρχομαι ρ αμ αποθ. **~ από** (κατάγομαι) to
come from • (χρήματα, επιδημία) to come from
• (φωτιά) to be caused by • (ιδέα, πληροφορία,
στοιχεία) to come ή originate from
προετοιμάζω ρ μ (μαθητή) to tutor • (αθλητή) to
train • (δρόμο) to prepare • (μέλλον, υποδοχή)
to prepare for • (προδιαθέτω) to prepare
προετοιμασία ουσ θηλ preparation
προηγμέν|ος, -η, -ο επιθ advanced
προηγουμένη ουσ θηλ **την ~** the day before
προηγούμεν|ος, -η, -ο επιθ preceding
προημιτελικά ουσ ουδ πληθ quarter-finals πληθ
προημιτελικ|ός, -ή, -ό επιθ quarter-final
προθέρμανση ουσ θηλ (φούρνου, θαλάμου)
warming (up) • (ομάδας, ποδοσφαιριστή)
warm-up
πρόθεση ουσ θηλ (προαίρεση) intention
• (Γλωσσ) preposition
προθεσμία ουσ θηλ deadline • **εντός (της)
προθεσμίας** within the required ή allotted
time
προθυμία ουσ θηλ willingness • **με ~** willingly
προθυμοποιούμαι ρ μ αποθ. **~ να κάνω κτ**
to be willing ή ready to do sth
πρόθυμ|ος, -η, -ο επιθ willing • **είμαι ~ να
κάνω κτ** to be willing ή ready to do sth
προικισμέν|ος, -η, -ο επιθ gifted
προϊόν ουσ ουδ (βιομηχανίας) product • (γης)
produce
προϊσταμένη ουσ θηλ βλ. **προϊστάμενος**
προϊστάμενος ουσ αρσ head
πρόκα ουσ θηλ (προφορ.) tack
προκαλώ ρ μ (καλώ σε αναμέτρηση) to
challenge • (εξοργίζω) to provoke • (πανικό,
βλάβη, διαταραχές) to cause • (θυμό) to arouse
• (προσοχή, ενδιαφέρον) to arouse
προκαταβολή ουσ θηλ down payment
προκαταβολικά επιρρ in advance
προκαταβολικ|ός, -ή, -ό επιθ advance
προκαταβολικώς επιρρ = **προκαταβολικά**
προκατάληψη ουσ θηλ prejudice
προκατειλημμέν|ος, -η, -ο επιθ prejudiced
πρόκειται ρ απρόσ **~ για** it's about • **~ να κάνω
κτ** to be going to do sth
πρόκληση ουσ θηλ challenge • (από εχθρό)
provocation • (ασθενειών, προβλημάτων) cause
προκλητικ|ός, -ή, -ό επιθ provocative
προκριματικ|ός, -ή, -ό επιθ qualifying
■ **προκριματικά** ουσ ουδ πληθ qualifying
round εν.

προκρίνω ρ μ to choose ■ **προκρίνομαι**
μεσοπαθ to qualify
πρόκριση *ουσ θηλ* qualification
προκυμαία *ουσ θηλ* quay
προλαβαίνω ρ μ (τρένο, λεωφορείο) to catch
• (άνθρωπο) to catch (up) • (διάλεξη) to arrive in
time for • (αρρώστια) to catch (in time) • (κακό,
επίθεση) to ward off • (τρακάρισμα) to avoid
• (κίνδυνο) to avert • **~ να κάνω κτ** to have time
to do sth
προληπτικ|ός, -ή, -ό *επιθ* (δεισιδαίμων)
superstitious • (έλεγχος, μέτρα, ιατρική)
preventive
πρόληψη *ουσ θηλ* (ασθενειών, δυσκολιών,
προβλημάτων) prevention • (δεισιδαιμονία)
superstition
προμήθεια *ουσ θηλ* (υλικού, εμπορευμάτων,
μηχανημάτων) supply • (μεσάζοντα) commission
■ **προμήθειες** *πληθ* supplies
προμηθευτής *ουσ αρσ* supplier
προμηθεύτρια *ουσ θηλ βλ.* **προμηθευτής**
προμηθεύω ρ μ to supply ■ **προμηθεύομαι**
μεσοπαθ to get (a supply of)
προνοητικ|ός, -ή, -ό *επιθ* prudent
προνόμιο *ουσ ουδ* privilege
προνοώ ρ αμ to make provision
προξενείο *ουσ ουδ* consulate
πρόξενος *ουσ αρσ θηλ* consul
προξενώ ρ μ (βλάβη, ζημιά, έκπληξη, λύπη) to
cause • (χαρά) to give
προοδευτικ|ός, -ή, -ό *επιθ* progressive
• (μείωση, αύξηση) gradual
προοδεύω ρ αμ to progress
πρόοδος *ουσ θηλ* progress
προοπτική *ουσ θηλ* perspective
προορίζω ρ μ to intend
προορισμός *ουσ αρσ* (οργάνωσης, ιδρύματος)
purpose • (αποστολή: ανθρώπου) calling
• (τέρμα: ταξιδιού) destination
προπαγάνδα *ουσ θηλ* propaganda
προπαντός *επιρρ* above all
προπέλα *ουσ θηλ* propeller
πρόπερσι *επιρρ* two years ago
προπληρωμή *ουσ θηλ* advance payment
προπληρώνω ρ μ to pay in advance
πρόποδες *ουσ αρσ πληθ* foot εν.
προπόνηση *ουσ θηλ* training
προπονητής *ουσ αρσ* coach
προπονήτρια *ουσ θηλ βλ.* **προπονητής**
προπονώ ρ μ to train ■ **προπονούμαι** *μεσοπαθ*
to train
πρόποση *ουσ θηλ* toast
προς *προθ* (για κατεύθυνση) towards • (για
αναφορά, αίτηση) to
προσανατολίζω ρ μ to direct
■ **προσανατολίζομαι** *μεσοπαθ* to find one's
bearings • **προσανατολίζομαι προς** (μτφ.) to
move towards
προσαρμόζω ρ μ to adapt ■ **προσαρμόζομαι**
μεσοπαθ to adapt
πρόσβαση *ουσ θηλ* (προσέγγιση) approach
• (τρόπος προσέγγισης) access
προσβολή *ουσ θηλ* (υβριστική συμπεριφορά)
insult • (βλάβη υγείας) damage

προσγειωμέν|ος, -η, -ο *επιθ* down-to-earth
προσγειώνω ρ μ (αεροπλάνο, ελικόπτερο) to
land • (επαναφέρω στην πραγματικότητα) to
bring down to earth ■ **προσγειώνομαι**
μεσοπαθ to land
προσγείωση *ουσ θηλ* (αεροπλάνου,
αεροσκάφους) landing • (αντιμετώπιση της
πραγματικότητας) rude awakening
προσδένω ρ μ to attach • **προσδεθείτε!** fasten
your seatbelts!
προσδιορίζω ρ μ to determine
προσδιορισμός *ουσ αρσ* determination
προσδοκία *ουσ θηλ* expectation
• **ανταποκρίνομαι στις προσδοκίες** to come
up to ή meet one's expectations
προσδοκώ ρ μ to expect
προσεγγίζω ρ μ to approach ▸ ρ αμ to
approach
προσέγγιση *ουσ θηλ* approach • **κατά ~**
approximately
προσεκτικ|ός, -ή, -ό *επιθ* (οδηγός) careful
• (μαθητής) attentive • (μελέτη) painstaking
• (αξιολόγηση) careful • (συνετός) cautious
προσευχή *ουσ θηλ* prayer
προσεύχομαι ρ μ αποθ., ρ αμ αποθ. to pray
προσεχής, -ής, -ές *επιθ* next
προσεχτικ|ός, -ή, -ό *επιθ* = **προσεκτικός**
προσέχω ρ μ (ρούχα, υγεία, αυτοκίνητο) to look
after • (μάθημα) to pay attention to • (κίνηση,
λόγια, βάρος) to watch • (επιτηρώ: μαθητές) to
keep an eye on • (: παιδιά, οικογένεια,
συνεργάτες) to look after • (προφυλάσσω) to
beware of • (παρατηρώ) to notice ▸ ρ αμ to be
careful • **πρόσεχε!** be careful!
προσεχώς *επιρρ* shortly
πρόσθεση *ουσ θηλ* addition
προσθέτω ρ μ to add ▸ ρ αμ to add
προσιτ|ός, -ή, -ό *επιθ* (κορυφή, βιβλιογραφία,
αρχείο) accessible • (τιμές) affordable • (για
πρόσ.) approachable
προσκαλώ ρ μ to invite
προσκεκλημέν|ος, -η, -ο *επιθ* invited ▸ *ουσ*
guest
πρόσκληση *ουσ θηλ* invitation
προσκυνώ ρ μ to bow to • (μτφ.: δηλώνω
υποταγή) to kowtow to
προσλαμβάνω ρ μ to hire
πρόσληψη *ουσ θηλ* hiring
προσόν *ουσ ουδ* asset ■ **προσόντα** *πληθ*
qualifications *πληθ.*
προσοχή *ουσ θηλ* (προσήλωση) attention
• (προφύλαξη) care • **δίνω ~** to pay attention
• **προκαλώ την ~** to attract attention • **~!**
be careful!
πρόσοψη *ουσ θηλ* front
προσπάθεια *ουσ θηλ* (καταβολή κόπων για την
επίτευξη σκοπού) effort • (απόπειρα) attempt
προσπαθώ ρ μ (κάνω απόπειρα) to try
• (καταβάλλω κόπους για την επίτευξη σκοπού)
to make an effort ▸ ρ αμ to try
προσπερνώ ρ μ (αυτοκίνητο) to overtake
• (εμπόδιο, δυσκολία) to overcome • (περνώ
μπροστά) to go past
προσποίηση *ουσ θηλ* affectation

προσποιούμαι ρ μ αποθ. to pretend
προστασία ους θηλ protection
προστατευομένη ους θηλ βλ.
  προστατευόμενος
προστατευόμενος ους αρσ protégé
προστατευτικ|ός, -ή, -ό επιθ protectionist
προστατεύω ρ μ to protect
προστάτης ους αρσ (πολιτισμού) protector
  • (τέχνης) patron • (φτωχού) defender
  • (ορφανού, οικογένειας) support • (Ανατ)
  prostate
προστάτιδα ους θηλ βλ. **προστάτης**
πρόστιμο ους ουδ fine
πρόστυχ|ος, -η, -ο επιθ (συμπεριφορά) shabby
  • (χειρονομία, λόγος) vulgar • (για πρόσ.) low
πρόσφατ|ος, -η, -ο επιθ recent
προσφέρω ρ μ to offer ■ **προσφέρομαι**
  μεσοπαθ **προσφέρομαι να κάνω κτ** to offer to
  do sth • **προσφέρομαι για κτ** (είμαι κατάλληλος)
  to be suitable for sth
προσφεύγω ρ αμ (αόρ. **προσέφυγα**) **~ σε** to
  resort to
προσφορά ους θηλ (γενικότ.) offer • (ανθρώπου,
  θεωρίας) contribution (σε το) ■ **προσφορές**
  πληθ sales πληθ.
πρόσφυγας ους αρσ, ους θηλ refugee
προσωπικά[1] ους ουδ πληθ personal matters
  • **έχουν ~ μεταξύ τους** there is friction between
  them
προσωπικά[2] επιρρ personally
προσωπικό ους ουδ staff
προσωπικ|ός, -ή, -ό επιθ personal
προσωπικότητα ους θηλ personality
πρόσωπο ους ουδ (γενικότ.) face • (δράματος,
  έργου, θιάσου) character • (ρήματος) person
προσωριν|ός, -ή, -ό επιθ temporary
πρόταση ους θηλ (γενικότ.) proposal • (Γλωσσ)
  clause • **~ γάμου** marriage proposal
προτείνω ρ μ to suggest • (όπλο) to point • **~ να
  κάνω κτ** to suggest doing sth
προτελευταί|ος, -α, -ο επιθ last but one
προτεραιότητα ους θηλ priority • **έχω ~** to
  have priority • **κατά σειρά προτεραιότητας** in
  order of precedence
προτέρημα ους ουδ asset
προτίθεμαι ρ μ αποθ. (επίσ.) to intend
προτίμηση ους θηλ preference • **κατά**
  preferably
προτιμότερ|ος, -η, -ο επιθ preferable • **είναι
  προτιμότερο να κάνω κτ** I had better do sth
προτιμώ ρ μ to prefer • **~ να κάνω κτ** I prefer to
  do sth, I would rather do sth
προτομή ους θηλ bust
προτρέπω ρ μ to urge
προτροπή ους θηλ urging, encouragement
πρότυπο ους ουδ model
πρότυπ|ος, -η, -ο επιθ (σχολή, κατοικία,
  ανάλυση) model • (συμπεριφορά) exemplary
προϋπαντώ ρ μ to meet
προϋπηρεσία ους θηλ previous working
  experience
προϋπόθεση ους θηλ condition
προφανώς επιρρ (χωρίς αμφιβολία) clearly
  • (όπως φαίνεται) apparently

προφέρω ρ μ to pronounce
προφητεία ους θηλ (πρόβλεψη) prediction
  • (Θρησκ) prophecy
προφήτης ους αρσ prophet
προφορά ους θηλ (λέξης, φράσης)
  pronunciation • (γλώσσας) accent
προφορικ|ός, -ή, -ό επιθ (λόγος) spoken
  • (άδεια, επικοινωνία) verbal
προφταίνω ρ μ, ρ αμ (προλαβαίνω) to have
  time • (καταφέρνω να φτάσω) to catch up with
  • (τρένο, λεωφορείο) to catch • **~ τα νέα ή την
  είδηση σε κπν** to break the news to sb
προφυλακτήρας ους αρσ bumper
προφυλακτικό ους ουδ condom
προφύλαξη ους θηλ (προστασία) protection
  • (μέσο προστασίας) precaution • **παίρνω
  προφυλάξεις** to take precautions
προφυλάσσω ρ μ to protect
  ■ **προφυλάσσομαι** μεσοπαθ to protect oneself
πρόχειρα επιρρ roughly • **ντύνομαι ~** to dress
  casually
πρόχειρ|ος, -η, -ο επιθ (γεύμα, ομιλία)
  improvised • (σχέδιο, ερμηνεία, υπολογισμός)
  rough • (δουλειά) shoddy • (ρούχο) casual
  • **έχω κτ πρόχειρο** to have sth at hand
προχθές επιρρ the day before yesterday
προχτές επιρρ = **προχθές**
προχωρημέν|ος, -η, -ο επιθ advanced
προχωρώ ρ αμ (αυτοκίνητο, άνθρωπος) to go ή
  move (forward) • (μτφ.: προοδεύω, εξελίσσομαι)
  to make progress • (μτφ.: δουλειά, συζήτηση) to
  progress • (: έρευνα) to move forward • (ώρα,
  νύχτα) to move on
προωθώ ρ μ to promote • (συμφέρον, σχέδιο,
  βιβλίο) to promote
πρόωρ|ος, -η, -ο επιθ (σύνταξη, εκλογές) early
  • (τοκετός) premature
πρύμνη ους θηλ stern
πρύτανης ους αρσ, ους θηλ dean
πρώην επιθ άκλ. former • **ο/η ~ μου** my ex
πρωθυπουργός ους αρσ, ους θηλ Prime
  Minister
πρωί ους ουδ άκλ. morning ▶ επιρρ in the
  morning • **από το ~ έως το βράδυ** from
  morning till night • **πρωί-πρωί** early in the
  morning
πρωινό ους ουδ (πρωί) morning • (πρόγευμα)
  breakfast
πρωιν|ός, -ή, -ό επιθ morning
πρώτα επιρρ (κατ' αρχάς) first • (άλλοτε) before
  • **όπως ~** like before • **~ απ' όλα** first of all
  • **πρώτα-πρώτα** first and foremost • **σαν ~** as
  before
πρωταγωνιστής ους αρσ (αυτός που έχει τον
  πρώτο ρόλο) leading actor • (μτφ.) protagonist
πρωταγωνιστικ|ός, -ή, -ό επιθ leading
πρωταγωνίστρια ους θηλ (αυτή που έχει τον
  πρώτο ρόλο) leading actress • (μτφ.)
  protagonist
πρωτάθλημα ους ουδ championship • **παίρνω
  το ~** to win the championship
πρωταθλητής ους αρσ champion
πρωταθλήτρια ους θηλ βλ. **πρωταθλητής**
Πρωταπριλιά ους θηλ first of April

πρωταπριλιάτικ|ος, -η, -ο *επιθ* April Fool's

πρωτεύουσα *ουσ θηλ* capital

πρωτόγον|ος, -η, -ο *επιθ* primitive

πρωτοετ|ής, -ής, -ές *επιθ* first-year
■ **πρωτοετής** *ουσ αρσ, ουσ θηλ* first-year student

Πρωτομαγιά *ουσ θηλ* May Day

πρώτον *επιρρ* firstly

πρώτ|ος, -η, -ο *αριθ τακτ* first • **έρχομαι ~** to come first • **με την πρώτη** ή **το πρώτο** (*καταλαβαίνω*) at once • (*επιτυγχάνω, περνώ*) the first time around • **πρώτος-πρώτος** first of all ■ **πρώτος** *ουσ αρσ* (*όροφος*) first floor (*ΒΡΕΤ.*), second floor (*ΑΜΕΡ.*) • (*Ιανουάριος*) January ■ **πρώτη** *ουσ θηλ* (*ημέρα*) first • (*ταχύτητα*) first (gear) • (*σχολική τάξη*) first year

πρωτότυπο *ουσ ουδ* original

πρωτότυπ|ος, -η, -ο *επιθ* original

Πρωτοχρονιά *ουσ θηλ* New Year's Day

πρωτοχρονιάτικ|ος, -η, -ο *επιθ* New Year's

πτέρυγα *ουσ θηλ* wing

πτερύγιο *ουσ ουδ* (*ψαριού*) fin • (*χελώνας, φώκιας*) flipper • (*αεροπλάνου*) flap

πτηνό *ουσ ουδ* (*επίσ.*) bird

πτήση *ουσ θηλ* flight • **εν πτήσει** during the flight

πτοώ *ρ μ* to intimidate ■ **πτοούμαι** *μεσοπαθ* to be intimidated

πτυχή *ουσ θηλ* (*φορέματος, σημαίας*) fold • (*εδάφους*) fold • (*μτφ.*) aspect

πτυχίο *ουσ ουδ* degree • **παίρνω το ~ μου** to graduate

πτυχιούχος *ουσ αρσ, ουσ θηλ* graduate

πτώμα *ουσ ουδ* corpse

πτώση *ουσ θηλ* fall • **ελεύθερη ~** free fall

πτώχευση *ουσ θηλ* bankruptcy

πυγμαχία *ουσ θηλ* boxing

πυγμάχος *ουσ αρσ, ουσ θηλ* boxer

πυθμένας *ουσ αρσ* bottom

πύθωνας *ουσ αρσ* python

πυκν|ός, -ή, -ό *επιθ* (*χορτάρι*) thick • (*βλάστηση, φύλλωμα*) dense • (*κυκλοφορία*) heavy • (*ακροατήριο*) crowded • (*γενειάδα*) bushy • (*χιόνι, βροχή*) heavy • (*ομίχλη*) dense • (*σκοτάδι*) pitch • (*μυστήριο*) deep • (*πυρά*) heavy • (*επισκέψεις, αλληλογραφία, συναντήσεις*) frequent • (*ύφος, έκφραση*) compact • (*νόημα*) dense

πυκνότητα *ουσ θηλ* (*Φυσ*) density • (*νοήματος, έκφρασης, ύφους*) density

πυκνώνω *ρ αμ* (*μαλλιά, γενειάδα*) to become thick ή bushy • (*δέντρα, φυτά*) to become dense • (*επισκέψεις, τηλεφωνήματα*) to become more frequent • (*σιρόπι, διάλυμα*) to thicken • (*οργάνωση, παράταξη*) to grow

πύλη *ουσ θηλ* gate

πυξίδα *ουσ θηλ* compass

πυρ *ουσ ουδ* fire • **ανοίγω ~** to open fire • **είμαι** ή **γίνομαι ~ και μανία** to hit the roof • **παύσατε ~!** cease fire! • **~! fire!** ■ **πυρά** *πληθ* fire *εν.*

πυρακτωμέν|ος, -η, -ο *επιθ* red-hot

πυραμίδα *ουσ θηλ* pyramid

πύραυλος *ουσ αρσ* rocket • (*βλήμα*) missile

• **παγωτό ~** ice-cream cone

πύργος *ουσ αρσ* (*τείχους, ακρόπολης*) tower • (*άρχοντα, φεουδάρχη*) castle • (*στο σκάκι*) castle • **ο ~ του 'ιφελ** the Eiffel Tower • **ο ~ της Πίζας** the Leaning Tower of Pisa • **~ ελέγχου** control tower

πυρετός *ουσ αρσ* fever • **ψήνομαι στον πυρετό** to have a raging fever

Πυρηναία *ουσ ουδ πληθ* Pyrenees

πυρήνας *ουσ αρσ* (*καρπού*) stone • (*κυττάρου*) nucleus • (*ατόμου*) nucleus • (*γης, ήλιου*) core • (*μτφ.*) cell

πυρηνικ|ός, -ή, -ό *επιθ* nuclear

πύριν|ος, -η, -ο *επιθ* (*βέλος*) burning • (*γλώσσες, λόγια*) fiery

πυρίτιδα *ουσ θηλ* gunpowder

πυρκαγιά *ουσ θηλ* fire

πυροβολισμός *ουσ αρσ* (gun)shot

πυροβόλο *ουσ ουδ* gun

πυροβολώ *ρ αμ* to shoot ▶ *ρ μ* to shoot

πυροσβεστήρας *ουσ αρσ* fire extinguisher

πυροσβέστης *ουσ αρσ* fire fighter

Πυροσβεστική *ουσ θηλ* fire brigade (*ΒΡΕΤ.*), fire department (*ΑΜΕΡ.*)

πυροσβεστικ|ός, -ή, -ό *επιθ* fire • fire-fighting

πυροτέχνημα *ουσ θηλ* firework

πυτζάμα *ουσ θηλ* = πιτζάμα

πώληση *ουσ θηλ* sale • **προς ~** for sale

πωλητής *ουσ αρσ* salesman • **πλανόδιος ~** street vendor

πωλήτρια *ουσ θηλ βλ.* πωλητής

πωλώ *ρ μ* (*επίσ.*) to sell • *βλ. κ.* πουλώ

πώμα *ουσ ουδ* cap

πως *σύνδ* that • **όχι πως...** not that...

πώς *επιρρ* (*για τρόπο, εξέλιξη*) how • (*ευτυχώς που*) luckily • (*ειρων.*) and how • **κάνω** ή **περιμένω ~ και ~** ή **τι** to be really looking forward to sth • **~ (είπατε);** what (did you say)?, excuse me? • **~ είναι** ή **πάνε τα πράγματα;** how are things? • **~ είστε;** how are you? • **~ (κι) έτσι;** how come? • **~ και (δεν) ...;** how come ...? • **~ πάει;** (*οικ.*) how is it going? (*ανεπ.*) • **~ σε λένε;** what's your name? • **~ σου φαίνεται το καινούριο αυτοκίνητο;** what do you think of the new car?

P, ρ rho, 17th letter of the Greek alphabet

ραβανί *ουσ ουδ άκλ.* cake coated in syrup

ραβδί *ουσ ουδ* stick

ράβω *ρ μ (κουμπί, φερμουάρ)* to sew on • *(φύλλα)* to sew ή stitch together • *(κάλτσες)* to darn • *(ασθενή)* to give stitches to • *(πληγή, τραύμα)* to stitch up ▶ *ρ αμ* to sew • **~ ένα κοστούμι/φόρεμα** to have a suit/dress made • **~ στη ραπτομηχανή** to use a sewing machine ■ **ράβομαι** *μεσοπαθ* to have one's clothes made *(σε by)*

ράγα *ουσ θηλ* rail

ραγδαῖ|ος, -α, -ο *επιθ (βροχή)* pelting • *(χιονοπτώσεις)* heavy • *(μτφ.)* rapid • *(: αλλαγές)* abrupt

ραγίζω *ρ αμ* to crack ▶ *ρ μ* to crack

ράγισμα *ουσ ουδ (σε τοίχο, πέτρα)* crack • *(σε κόκαλο)* fracture

ραδιενέργεια *ουσ θηλ* radiation

ραδίκι *ουσ ουδ* chicory, endive *(ΑΜΕΡ.)*

ράδιο¹ *ουσ ουδ* radio • **στο ~** on the radio

ράδιο² *ουσ ουδ* radium

ραδιολογία *ουσ θηλ (κλάδος φυσικής)* radiation physics εν. • *(κλάδος ιατρικής)* radiology

ραδιοσταθμός *ουσ αρσ* radio station

ραδιοφωνία *ουσ θηλ* radio (broadcasting)

ραδιοφωνικός, -ή, -ό *επιθ* radio • **~ σταθμός** radio station • **~ χρόνος** airtime

ραδιόφωνο *ουσ ουδ (συσκευή)* radio • *(ραδιοσταθμός)* radio station • *(ραδιοφωνία)* radio

ραΐζω *ρ αμ* = **ραγίζω**

ρακέτα *ουσ θηλ (τένις)* racket • *(πινγκ-πόνγκ)* bat ■ **ρακέτες** *πληθ* beach tennis

ράκος *ουσ ουδ (επίσ.: κουρέλι)* rag • *(μτφ.: για πρόσ.)* wreck

ράλι *ουσ ουδ άκλ.* rally • **«Ακρόπολις»** Acropolis rally • **ράλι-αντίκα** vintage car rally

ράμμα *ουσ ουδ (Ιατρ)* stitch

ράμπα *ουσ θηλ (σε κτήρια, οικοδομές)* ramp • *(σε συνεργείο αυτοκινήτων)* rack

ράμφος *ουσ ουδ* beak

ραντεβού *ουσ ουδ άκλ. (γενικότ.)* appointment • *(μυστικό)* rendezvous • *(επίσης:* **ερωτικό ~***)* date • **βγαίνω ~ με κπν** to go out with sb

• **είμαι Άγγλος ή Εγγλέζος στα ~ μου** to be very punctual • **κλείνω ~** to make an appointment

ραντίζω *ρ μ (περιβρέχω)* to sprinkle • *(ψεκάζω)* to spray

ραπ *ουσ θηλ άκλ.* rap (music)

ραπανάκι *ουσ ουδ (υποκορ.: μικρό ραπάνι)* small radish

ραπάνι *ουσ ουδ* radish

ραπτομηχανή *ουσ θηλ* sewing machine

ράσο *ουσ ουδ (μοναχού)* habit • *(κληρικού)* cassock

ράτσα *ουσ θηλ (γένος)* race • *(για ζώα)* breed • **άλογο ράτσας** pedigree ή thoroughbred horse • **σκύλος ράτσας** pedigree dog

ρατσισμός *ουσ αρσ* racism

ρατσιστής *ουσ αρσ* racist

ρατσιστικός, -ή, -ό *επιθ* racist

ρατσίστρια *ουσ θηλ* = **ρατσιστής**

ραφείο *ουσ ουδ* tailor's (shop)

ραφή *ουσ θηλ (ράψιμο)* sewing εν. • *(γραμμή ραψίματος)* seam • *(Ιατρ)* suture

ράφι *ουσ ουδ* shelf

ράφτης *ουσ αρσ* tailor

ράχη *ουσ θηλ (ανθρώπου, ζώου)* back • *(ραχοκοκαλιά)* backbone • *(καρέκλας)* back • *(κρεβατιού)* bed head • *(μαχαιριού, φακέλου)* edge • *(βιβλίου)* spine • *(βουνού)* ridge

ράψιμο *ουσ ουδ* sewing • *(κουμπιού)* sewing on • *(τραύματος, πληγής)* stitching (up)

ρεαλισμός *ουσ αρσ* realism

ρεβεγιόν *ουσ ουδ άκλ.* New Year's Eve feast

ρεβέρ *ουσ ουδ άκλ. (σε μανίκι)* cuff • *(σε παντελόνι)* turn-up *(ΒΡΕΤ.)*, cuff *(ΑΜΕΡ.)* • *(στο τένις, πινγκ-πόνγκ)* backhand

ρεβίθι *ουσ ουδ* chickpea ■ **ρεβίθια** *πληθ* chickpeas • **σούπα ρεβίθια** chickpea soup

ρέγγα *ουσ θηλ* = **ρέγκα**

ρέγκα *ουσ θηλ* herring

ρέγκε *ουσ θηλ άκλ.* reggae

ρεζέρβα *ουσ θηλ (εφεδρεία)* spare • *(ρόδα)* spare tyre *(ΒΡΕΤ.)* ή tire *(ΑΜΕΡ.)* • **αλλαξιά ~** change of clothes • **κλειδί ~** spare key ■ **ρεζέρβες** *πληθ (Αθλ)* reserves

ρεζερβέ *επιθ άκλ.* reserved

ρεζερβουάρ *ουσ ουδ άκλ.* petrol tank *(ΒΡΕΤ.)*, gas tank *(ΑΜΕΡ.)*

ρεζίλι *ουσ ουδ (γελοιοποίηση)* ridicule • *(εξευτελισμός)* humiliation

Ρέικιαβικ *ουσ ουδ άκλ.* = **Ρέυκιαβικ**

ρεκόρ *ουσ ουδ άκλ.* record

ρέμα *ουσ ουδ (κοίτη χειμάρρου)* river bed • *(χείμαρρος)* stream

ρεμβάζω *ρ αμ* to daydream

ρεντίκολο *ουσ ουδ* laughing-stock

ρεπάνι *ουσ ουδ* = **ραπάνι**

ρεπερτόριο *ουσ ουδ* repertoire

ρεπό *ουσ ουδ άκλ.* day off

ρεπορτάζ *ουσ ουδ άκλ.* report

ρεπόρτερ *ουσ αρσ άκλ., ουσ αρσ, ουσ θηλ* reporter

ρεσεψιόν *ουσ θηλ άκλ.* reception

ρεσεψιονίστ *ουσ αρσ άκλ., ουσ αρσ, ουσ θηλ* receptionist

ρεσιτάλ ουσ ουδ άκλ. (κυριολ.) recital • (μτφ.) dazzling performance

ρέστα ουσ ουδ πληθ change εν.

ρεστοράν ουσ ουδ άκλ. restaurant

ρετιρέ ουσ ουδ άκλ. penthouse

ρετσίνα ουσ θηλ retsina, resinated Greek wine

ρετσίνι ουσ ουδ resin

Ρέυκιαβικ ουσ ουδ άκλ. Reykjavik

ρεύμα ουσ ουδ (θάλασσας, ποταμού) current • (ρέμα) stream • (Μετεωρ) airstream • (φύσημα αέρα) draught (ΒΡΕΤ.), draft (ΑΜΕΡ.) • (Ηλεκτρ) current • (ηλεκτρικό) electricity • (λογαριασμός) electricity bill • (κόσμου, διαδηλωτών) flow • (τέχνης) trend • **διακοπή ρεύματος** power cut • **~ κυκλοφορίας** traffic lane • **μεταναστευτικό ~ flow of** immigrants • **συνεχές/ εναλλασσόμενο ~** direct/alternating current

ρευματισμοί ουσ αρσ πληθ rheumatism εν.

ρεύομαι ρ αμ αποθ. to burp

ρευστ|ός, -ή, -ό επιθ (για σώματα) liquid • (μτφ.: σχέδια) up in the air • (: κατάσταση) unstable ▪ **ρευστό** ουσ ουδ cash

ρέψιμο ουσ ουδ burp

ρέω ρ αμ to flow • (χρόνος) to go by • (ξεχύνομαι: αίμα, νερό) to gush

ρήγας ουσ αρσ (λογοτ.: κυριολ.) king

ρήγμα ουσ ουδ (ρωγμή) crack • (μτφ.) rift

ρήμα ουσ ουδ verb • **ανώμαλο/ομαλό ~** irregular/regular verb • **βοηθητικό ~** auxiliary verb

ρήξη ουσ θηλ (σπάσιμο) break • (Ιατρ) rupture • (διάσπαση) break-up • (διατάραξη: σε κόμμα, οικογένεια) rift • (με φίλους) falling out

ρητό ουσ ουδ saying

ρηχ|ός, -ή, -ό επιθ shallow ▪ **ρηχά** ουσ ουδ πληθ shallows

ρίγα ουσ θηλ (γραμμή) line • (υφάσματος) stripe

ρίγανη ουσ θηλ oregano

ριγέ επιθ άκλ. (χαρτί, τετράδιο) ruled • (κουστούμι, πουκάμισο, παντελόνι) striped

ρίγος ουσ ουδ (από κρύο, πυρετό) shiver • (από συγκίνηση) thrill • (από ηδονή, επιθυμία) quiver • (από φόβο) shudder

ριγωτ|ός, -ή, -ό επιθ (χαρτί) ruled • (ύφασμα) striped

ρίζα ουσ θηλ root • (δέντρο) tree • (μτφ.: βράχου, τοίχου) foot • (: κολόνας) base • (: βουνού) foothill • (: λόφου) bottom • **τετραγωνική/ κυβική ~** square/cube root ▪ **ρίζες** πληθ (μτφ.) roots

ριζικ|ός, -ή, -ό επιθ (Βοτ, Ανατ) root • (αλλαγή, ανακατάταξη, διαφορά) radical • (διαφωνία) fundamental • (ανακαίνιση) complete

ριζοσπαστικ|ός, -ή, -ό επιθ radical

ρινόκερος, ρινόκερως ουσ αρσ rhinoceros

ρισκάρω ρ μ to risk ▶ ρ αμ to take risks

ρίσκο ουσ ουδ risk • **παίρνω ~** to take a risk

ρίχνω ρ μ (ποτήρι, βάζο) to drop • (φύλλα) to shed • (άγκυρα) to drop • (παραγάδι, δίχτυα) to cast • (αεροπλάνο) to bring down • (σπίτι, τοίχο) to pull down • (κυβέρνηση) to overthrow • (ομάδα) to topple • (τιμές, θερμοκρασία) to bring down • (επίπεδο συζήτησης) to lower • (πέτρα, ακόντιο, δίσκο) to throw • (σφαίρα,

βολή, βλήματα, πύραυλο) to fire • (βόμβες) to drop • (ρύζι, κουφέτα, λουλούδια) to throw • (λίπασμα) to spread • (λάδι, κρασί, νερό) to pour • (ανεπ.: ξεγελώ) to take in • (πείθω) to talk around • (ανεπ.: άνδρα, γυναίκα) to pull (ΒΡΕΤ.) (ανεπ.) • (ανεπ.: για ποινή) to give ▶ ρ αμ to fire (εναντίον at) • **~ ένα βλέμμα σε κπν** to give sb a look • **~ κτ κάτω** to drop sth • **~ κπν κάτω** to throw sb to the ground • **~ τα σκουπίδια στον κάδο** to throw the rubbish in the bin (ΒΡΕΤ.), to throw the garbage in the trash can (ΑΜΕΡ.) • **~ κτ πάνω μου** to put sth on ▪ **ρίχνει** απρός it's raining ▪ **ρίχνομαι** μεσοπαθ **ρίχνομαι σε κπν** to throw oneself at sb

ρίψη ουσ θηλ (σκουπιδιών, πετρών) throwing • (βομβών) dropping • (αλεξιπτωτιστών, τροφίμων, εφοδίων) drop • (νομίσματος) insertion ▪ **ρίψεις** πληθ throwing events

ριψοκινδυνεύω ρ μ (ζωή, περιουσία, υπόληψη, θέση) to risk • (υγεία) to endanger • (μτφ.: πρόβλεψη) to hazard ▶ ρ αμ to take risks

ριψοκίνδυν|ος, -η, -ο επιθ (για πρόσ.) daring • (για πράξεις) risky • (οδηγός, οδήγηση) reckless

ρο ουσ αρσ άκλ. rho, 17th letter of the Greek alphabet

ρόδα ουσ θηλ wheel

ροδάκινο ουσ ουδ peach

ροδιά ουσ θηλ (δέντρο) pomegranate tree • (ίχνος ρόδας) tyre (ΒΡΕΤ.) ή tire (ΑΜΕΡ.) track

ρόδιν|ος, -η, -ο επιθ (στεφάνι) of roses • (μάγουλα) rosy • (ουρανός, σύννεφα) pink • (μτφ.: μέλλον, προοπτικές) rosy

ρόδο ουσ ουδ rose

Ρόδος ουσ θηλ Rhodes

ροζ επιθ άκλ. pink ▪ **ροζ** ουσ ουδ pink

ροζέ επιθ άκλ. rosé

ροή ουσ θηλ (γενικότ.) flow • (μτφ.: πορεία) course

ροκ ουσ θηλ άκλ., ουσ ουδ άκλ. (Μουσ) rock

ρολό ουσ ουδ (κύλινδρος) roll • (φαγητό) roulade • (πόρτας, παράθυρου) roller blind • (ελαιοχρωματιστή) roller

ρολόι ουσ ουδ (για μέτρηση χρόνου) clock • (χειρός) watch • (για μέτρηση κατανάλωσης) metre (ΒΡΕΤ.), meter (ΑΜΕΡ.)

ρόλος ουσ αρσ role

ρομάντζο ουσ ουδ romance

ρομαντικ|ός, -ή, -ό επιθ romantic

ρόμβος ουσ αρσ rhombus

ρόμπα ουσ θηλ (πρόχειρο γυναικείο ένδυμα) dressing gown • (γιατρού) gown • (κουρέα) smock

ρομπότ ουσ ουδ άκλ. robot

ρόπαλο ουσ ουδ club

ροπή ουσ θηλ (Φυσ) moment • (μτφ.: τάση) tendency

ρότα ουσ θηλ course

ρούβλι ουσ ουδ rouble (ΒΡΕΤ.), ruble (ΑΜΕΡ.)

ρουζ ουσ ουδ άκλ. rouge

ρουθούνι ουσ ουδ nostril

ρουκέτα ουσ θηλ rocket

ρουλέτα ουσ θηλ roulette

Ρουμάνα ουσ θηλ βλ. **Ρουμάνος**

Ρουμανία *ουσ θηλ* Romania
ρουμανικ|ός, -ή, -ό *επιθ* Romanian
■ **Ρουμανικά, Ρουμάνικα** *ουσ ουδ πληθ* Romanian
ρουμάνικ|ος, -η, -ο *επιθ* = **ρουμανικός**
Ρουμάνος *ουσ αρσ* Romanian
ρούμι *ουσ ουδ* rum
ρουμπίνι *ουσ ουδ* ruby
ρουσφέτι *ουσ ουδ* favour (*Βρετ.*), favor (*Αμερ.*)
ρουτίνα *ουσ θηλ* routine
ρουφηξιά *ουσ θηλ* (*ρούφηγμα*) sucking • (*γουλιά*) sip • (*για τσιγάρο*) puff
ρουφηχτ|ός, -ή, -ό *επιθ* (*αβγά*) soft-boiled • (*φιλί*) smacking
ρουφήχτρα *ουσ θηλ* (*ανεπ.: δίνη*) whirlpool • (*μτφ.*) heavy drinker
ρουφώ *ρ μ* (*καφέ, γάλα*) to sip • (*από μπιμπερό, με καλαμάκι*) to suck • (*μτφ.: δύναμη*) to drain • (*σούπα, καφέ*) to slurp • (*αέρα, μυρωδιά*) to breathe in • (*καπνό*) to inhale • (*απορροφώ: υγρασία, νερό*) to soak up • (*μάγουλα*) to suck in • (*στομάχι, κοιλιά*) to pull in • (*πίνω λαίμαργα*) to gulp • (*μτφ.: φιλώ με πάθος*) to kiss passionately
ρουχισμός *ουσ αρσ* clothing
ρούχο *ουσ ουδ* garment ■ **ρούχα** *πληθ* (*ενδύματα*) clothes • (*κλινοσκεπάσματα*) bedclothes • **γυναικεία/ανδρικά/παιδικά ρούχα** women's/men's/children's clothes • **έχω τα ρούχα μου** (*ανεπ.*) to be having one's period
ρόφημα *ουσ ουδ* beverage
ροχαλητό *ουσ ουδ* (*το να ροχαλίζει κανείς*) snoring • (*θορυβώδης αναπνοή*) snore
ροχαλίζω *ρ αμ* to snore
ρυάκι *ουσ ουδ* creek
ρύγχος *ουσ ουδ* (*ζώου*) snout • (*ψαριού*) jaw • (*αεροσκάφους, εργαλείου*) nozzle
ρύζι *ουσ ουδ* rice
ρυζόγαλο *ουσ ουδ* rice pudding
ρυθμιζόμεν|ος, -η, -ο *επιθ* adjustable
ρυθμίζω *ρ μ* (*χρόνο, πρόγραμμα, ρολόι*) to set • (*θερμοκρασία, κλιματιστικό*) to set • (*φωτογραφική μηχανή, τηλεσκόπιο*) to focus • (*κυκλοφορία, παραγωγικότητα*) to regulate • (*εικόνα, χρώματα*) to adjust • (*λεπτομέρειες*) to arrange • (*θέμα, ζητήματα*) to settle • (*ζωή*) to sort out • (*μέλλον*) to plan for • (*σχέση*) to clarify
ρυθμικ|ός, -ή, -ό *επιθ* rhythmic(al) ■ **ρυθμική** *ουσ θηλ* rhythmic gymnastics *εν.*
ρύθμιση *ουσ θηλ* (*ρολογιού, στάθμης*) setting • (*θερμοκρασίας, μηχανισμού*) adjustment • (*κυκλοφορίας*) control • (*προβλήματος, ζωής*) sorting out • (*χρέους, πληρωμής, θέματος*) settling • (*μέλλοντος*) planning
ρυθμός *ουσ αρσ* (*κολύμβησης, κωπηλασίας*) stroke • (*κούρσας*) pace • (*κυμάτων, σώματος*) rhythm • (*καρδιάς*) beat • (*γεννήσεων, θανάτων, γάμων, παραγωγής*) rate • (*ζωής, ομάδας*) pace • (*εργασίας, διαβάσματος*) rate • (*Μουσ*) rhythm • (*Ποιησ*) rhythm • (*Τεχν*) style • (*αρχιτεκτονικός*) order • ~ **ανάπτυξης** growth rate
ρυμουλκό *ουσ ουδ* (*επίσης: ~ πλοίο*) tug (boat) • (*επίσης: ~ όχημα*) tow truck

ρυμουλκώ *ρ μ* to tow
ρυπαίνω *ρ μ* to pollute
ρύπανση *ουσ θηλ* pollution
ρύπος *ουσ αρσ* (*επίσ.*) (*ακαθαρσία*) dirt • (*ουσία που μολύνει*) pollutant
ρυτίδα *ουσ θηλ* wrinkle • **κάνω ρυτίδες** to become wrinkled
ρώγα *ουσ θηλ* (*σταφυλιού*) grape • (*ανεπ.: θηλή στήθους*) nipple • (*μτφ.: εσωτερικό άκρης δακτύλων*) tip
ρωγμή *ουσ θηλ* (*σε τοίχο, έδαφος*) crack • (*σε κόκαλο*) fracture • (*μτφ.*) rift
Ρωμαία *ουσ θηλ βλ.* **Ρωμαίος**
ρωμαϊκ|ός, -ή, -ό *επιθ* Roman • **Ρωμαϊκή Εκκλησία** Roman Catholic Church
ρωμαιοκαθολικ|ός, -ή, -ό *επιθ* Roman Catholic • **Ρωμαιοκαθολική Εκκλησία** Roman Catholic Church ■ **ρωμαιοκαθολικός** *ουσ αρσ*, **ρωμαιοκαθολική** *ουσ θηλ* (Roman) Catholic
Ρωμαίος *ουσ αρσ* Roman
ρωμαλέ|ος, -α, -ο *επιθ* (*άνθρωπος, σώμα, μπράτσο*) strong • (*υγεία, νιότη*) robust
Ρώμη *ουσ θηλ* Rome
Ρωσία *ουσ θηλ* Russia
Ρωσίδα *ουσ θηλ βλ.* **Ρώσος**
ρωσικ|ός, -ή, -ό *επιθ* Russian ■ **Ρωσικά, Ρώσικα** *ουσ ουδ πληθ* Russian
ρώσικ|ος, -η, -ο *επιθ* = **ρωσικός**
Ρώσος *ουσ αρσ* Russian
ρώτημα *ουσ ουδ* question
ρωτώ *ρ μ* to ask (*για* about) ▶ *ρ αμ* to ask a question *ή* questions

σ

Σ, σ, ς sigma, 18th letter of the Greek alphabet

Σάββατο *ουσ ουδ* Saturday

σαββατόβραδο *ουσ ουδ* Saturday night

σαββατοκύριακο *ουσ ουδ* weekend

σαβούρα *ουσ θηλ* (*έρμα*) ballast • (*ανεπ.: σκουπίδια*) junk (*ανεπ.*)

σαγανάκι *ουσ ουδ* (*Μαγειρ*) fried cheese • (*σκεύος*) small frying pan with two handles • **γαρίδες/μύδια ~** prawns (*Βρετ.*) ή shrimps (*Αμερ.*)/mussels in sauce

σαγηνεύω *ρ μ* to enchant

σαγιονάρα *ουσ θηλ* flip-flops *πληθ.* (*Βρετ.*), thongs *πληθ.* (*Αμερ.*)

σαγκουίνι *ουσ ουδ* blood orange

σαγόνι *ουσ ουδ* (*σιαγόνα*) jaw • (*πιγούνι*) chin

σαιζλόνγκ *ουσ θηλ άκλ.* = σεζλόνγκ

σαιζόν *ουσ θηλ άκλ.* = σεζόν

σάκα *ουσ θηλ* school bag

σακάκι *ουσ ουδ* jacket • **μονόπετο ~** single-breasted jacket • **σταυρωτό ~** double-breasted jacket

σακατεύω (*ανεπ.*) *ρ μ* (*καθιστώ ανάπηρο*) to cripple • (*ταλαιπωρώ*) to wear out

σακ-βουαγιάζ *ουσ ουδ άκλ.* travel bag

σακί *ουσ ουδ* (*μικρός σάκος*) bag • (*τσουβάλι*) sack • (*περιεχόμενο τσουβαλιού*) sack(ful)

σακίδιο *ουσ ουδ* (*δισάκι*) bag • (*γυλιός: στρατιώτη*) kitbag • (: *πεζοπόρου*) backpack

σάκος *ουσ αρσ* (*σακί*) bag • (*τσουβάλι*) sack

σακούλα *ουσ θηλ* (*τσάντα*) bag • (*από πλαστικό*) carrier bag • (*περιεχόμενο τσάντας*) bag(ful) • **γιαούρτι σακούλας** strained yoghurt ▪ **σακούλες** *πληθ* bags (*under the eyes*)

σακουλιάζω *ρ μ* to put in a bag ▸ *ρ αμ* to be baggy

σάλα *ουσ θηλ* (*σαλόνι*) living room • (*αίθουσα εκδηλώσεων*) hall

σαλάμι *ουσ ουδ* salami

Σαλαμίνα *ουσ θηλ* (*νησί*) Salamis • (*πρωτεύουσα*) Salamina

σαλάτα *ουσ θηλ* (*σαλατικό*) salad • (*μτφ.*) mess

σαλατιέρα *ουσ θηλ* salad bowl

σαλατικό *ουσ ουδ* salad

σαλεύω *ρ αμ* (*φύλλο*) to stir • (*χείλη*) to move ▸ *ρ μ* to move

σάλι *ουσ ουδ* shawl

σαλιάρα *ουσ θηλ* bib

σαλιγκάρι *ουσ ουδ* snail

σαλίγκαρος *ουσ αρσ* = σαλιγκάρι

σάλιο *ουσ ουδ* saliva *χωρίς πληθ.*

σαλιώνω *ρ μ* to lick

σαλόνι *ουσ ουδ* (*σάλα*) living room • (*έπιπλα σάλας*) living room furniture *χωρίς πληθ.* • (*αυτοκινήτου*) interior • (*διεθνής έκθεση*) show

Σαλονίκη *ουσ θηλ* = Θεσσαλονίκη

σάλος *ουσ αρσ* uproar

σαλπάρω *ρ αμ* to set sail

σάλπιγγα *ουσ θηλ* (*Μουσ*) trumpet • (*στρατιωτική*) bugle • (*Ανατ*) Fallopian tube

σάλτο *ουσ ουδ* leap

σάλτσα *ουσ θηλ* sauce ▪ **σάλτσες** *πληθ* window dressing *εν.*

σαλτσιέρα *ουσ θηλ* sauce boat

σαματάς *ουσ αρσ* racket (*ανεπ.*)

σαμπάνια *ουσ θηλ* champagne

σαμπό *ουσ ουδ άκλ.* clog

σαμποτάζ *ουσ ουδ άκλ.* sabotage

σαμποτάρω *ρ μ* to sabotage

σαμπουάν *ουσ ουδ άκλ.* shampoo

σαμπρέλα *ουσ θηλ* (*ποδηλάτου, αυτοκινήτου*) inner tube • (*μπάλας*) bladder

σαν¹ *μόρ* (*όπως*) like • (*καταχρ.: ως*) as • (*σάμπως*) as if • (*άραγε*) I wonder • **~ να** as if

σαν² (*λογοτ.*) *σύνδ* (*όταν*) when • (*μόλις*) as soon as • (*κάθε φορά που*) when • (*εάν*) if

σανατόριο *ουσ ουδ* sanatorium (*Βρετ.*), sanitarium (*Αμερ.*)

σανδάλι *ουσ ουδ* sandal

σανίδα *ουσ θηλ* (*wooden*) plank • (*πατώματος*) floorboard • (*κρεβατιού*) slat • **~ για βουτιές** diving board • **~ σέρφινγκ** surfboard • **~ του ψωμιού** breadboard

σανιδένι|ος, -ια, -ιο *επιθ* (*πάτωμα*) wooden • (*ταβάνι*) timbered

σανίδι *ουσ ουδ* (*σανίδα*) (*wooden*) plank • (*πατώματος*) floorboard • (*κρεβατιού*) slat • (*σκηνή θεάτρου*) stage

σάντουιτς *ουσ ουδ άκλ.* sandwich

σαντούρι *ουσ ουδ* dulcimer

Σαουδική Αραβία *ουσ θηλ* Saudi Arabia

σάουνα *ουσ θηλ* sauna

σάουντρακ *ουσ ουδ άκλ.* (*μουσική ταινίας*) soundtrack • (*βασικό μουσικό θέμα ταινίας*) theme music ή song

σαπίζω *ρ μ* to rot ▸ *ρ αμ* (*φρούτα*) to go rotten • (*κρέας*) to spoil • (*πάτωμα, πόρτα*) to rot • (*δόντι*) to decay • (*πτώμα, ψοφίμι*) to decompose • (*άνθρωπος, κοινωνία*) to go to the bad

σάπι|ος, -ια, -ιο *επιθ* (*φρούτα, λαχανικά, κρέατα*) rotten • (*πάτωμα, σανίδα*) rotten • (*έπιπλο*) dilapidated • (*δόντι*) decayed • (*κοινωνία, σύστημα*) rotten • (*μυαλό*) corrupt • **σάπιο μήλο** (*χρώμα*) reddy brown

σαπουνάδα *ουσ θηλ* (*σαπουνόνερο*) soapy water • (*αφρός σαπουνόνερου*) (*soap*)suds *πληθ.*

σαπούνι *ουσ ουδ* soap • **υγρό ~** liquid soap • **~ σε σκόνη** soap powder

σαπουνίζω *ρ μ* to wash with soap
σαπουνόπερα *ουσ θηλ* soap (opera)
σαράκι *ουσ ουδ (σκόρος)* woodworm • *(μτφ.)* canker
σαράντα *αριθ απολ άκλ.* forty • **είμαι στα ~ μου** to be in one's forties
σαρανταοκτάωρο *ουσ ουδ* forty-eight hours *πληθ.*
σαραντακτάωρ|ος, -η, -ο *επιθ* forty-eight hour
σαρανταποδαρούσα *ουσ θηλ* centipede
σαρδέλα *ουσ θηλ (ψάρι)* sardine • *(αργκ.: σιρίτι)* stripe
σαρίκι *ουσ ουδ* turban
σάρκα *ουσ θηλ* flesh
σαρκασμός *ουσ αρσ* sarcasm
σαρκαστικ|ός, -ή, -ό *επιθ* sarcastic
σαρκοφάγος[1] *ουσ θηλ (Αρχαιολ)* sarcophagus
σαρκοφάγ|ος[2], -ος, -ο *επιθ (σαρκοβόρος)* carnivorous • **σαρκοφάγα φυτά** carnivorous plants
σαρώνω *ρ μ (για άνεμο, θύελλα)* to sweep through • *(βραβεία, Όσκαρ)* to make a clean sweep of • *(σκανάρω)* to scan • *(πάτωμα)* to sweep • *(φύλλα)* to sweep up ▶ *ρ αμ* to sweep the board
σας *αντων* you • **~ παρακαλώ** please
σασί *ουσ ουδ άκλ.* chassis
σαστίζω *ρ μ* to confuse ▶ *ρ αμ (είμαι σε αμηχανία)* to be confused • *(μένω έκπληκτος)* to be taken aback
σάστισμα *ουσ ουδ* confusion
σατανάς *ουσ αρσ (Θρησκ)* Satan • *(πανέξυπνο άτομο)* sharp-witted person • *(χαϊδευτ.: διαβολάκι)* little devil
σατέν *επιθ άκλ.* satin ▪ **σατέν** *ουσ ουδ* satin
σάτιρα *ουσ θηλ* satire
σατιρίζω *ρ μ* to satirize
σατιρικ|ός, -ή, -ό *επιθ* satirical
σαύρα *ουσ θηλ* lizard
σαφάρι *ουσ ουδ άκλ.* safari
σαφήνεια *ουσ θηλ* clarity
σαφηνίζω *ρ μ* to clarify
σαφ|ής, -ής, -ές *επιθ (οδηγίες, προειδοποίηση, περιγραφή, απάντηση)* clear • *(γνώμη)* definite • *(βελτίωση)* distinct • *(δείγματα)* clear • **γίνομαι ~** to make oneself clear
σαφώς *επιρρ (ξεκάθαρα)* clearly • *(φανερά)* obviously
Σαχάρα *ουσ θηλ* **η *(έρημος)*** ~ the Sahara (Desert)
σαχλαμάρα *ουσ θηλ (σάχλα)* nonsense *χωρίς πληθ.* • *(ανόητη πράξη)* fooling around *χωρίς πληθ.*
σαχλ|ός, -ή, -ό *επιθ (νεαροί)* foolish • *(κρύος)* who tells corny jokes • *(βιβλίο, ταινία)* corny
σβέλτ|ος, -η, -ο *(ανεπ.)* *επιθ* agile
σβέρκος *ουσ αρσ* neck
σβήνω *ρ μ (πυρκαγιά)* to put out • *(τσιγάρο)* to put out • *(κερί)* to put out ή *(φυσώ)* to blow out • *(φως, μηχανή)* to turn ή switch off • *(τηλεόραση)* to turn ή put off • *(λάθος, λέξεις: με γομμολάστιχα)* to erase • *(με πένα)* to cross out • *(πίνακα)* to wipe • *(δίψα)* to quench • *(επιθετικό, αντιπάλους)* to wipe the floor with

• *(μνήμη, ντροπή, προσβολή)* to wipe out ▶ *ρ αμ (φωτιά)* to go out • *(κερί)* to go ή blow out • *(φως, λάμπα)* to go out • *(οθόνη)* to go off • *(μηχανή)* to stall • *(έρωτας, ανάμνηση, ελπίδες)* to fade • *(παραδόσεις)* to die out • *(ήχος)* to fade (away) • *(λιποθυμώ)* to pass out • *(πεθαίνω)* to die
σβήσιμο *ουσ ουδ (σβέση: φωτιάς, τσιγάρου)* putting out • *(: παύση καύσης)* dying out • *(κλείσιμο: φώτων, λάμπας, μηχανής)* turning ή switching off • *(παύση λειτουργίας: μηχανής)* stalling • *(: οθόνης)* going off
σβησμέν|ος, -η, -ο *επιθ (φωτιά)* (put) out • *(κερί)* snuffed (out) • *(τσιγάρο)* stubbed out • *(ηφαίστειο)* extinct • *(φως)* out • *(μηχανή)* (switched) off • *(γράμματα, επιγραφή)* faded
σβηστ|ός, -ή, -ό *επιθ (φωτιά)* (put) out • *(τσιγάρο)* stubbed out • *(φως, φανάρι)* out • *(μηχανή)* (switched) off
σβούρα *ουσ θηλ (παιχνίδι)* (spinning) top • *(για πρόσ.)* live wire *(ανεπ.)*
σγουραίνω *ρ μ* to curl ▶ *ρ αμ* to curl
σγουρ|ός, -ή, -ό *επιθ (μαλλιά)* curly • *(κατσαρομάλλης)* curly-haired • *(βασιλικός)* bushy

⭕ ΛΕΞΗ-ΚΛΕΙΔΙ

σε[1], σ' *προθ* **1** *(για κίνηση)* into • *(για θέση σε χώρο)* in
2 *μέσα σε (ανάμεσα)* among
3 *(γύρω από)* around
4 *(κοντά)* by
5 *(επάνω)* on
6 +*γεν. (για δήλωση τόπου)* at
7 *(για χρόνο)*: **στις δύο/πέντε** at two/five (o'clock)
8 *(για κατάσταση)* in
9 *(για τρόπο)* in
10 *(για αναφορά)* in
11 *(για σκοπό)* to
12 *(για αποτέλεσμα)* to
13 *(για ποσό, αξία)* up to
14 *(για μέσο ή όργανο)* in
15 *(για αναλογία, ποσοστό)* out of
16 +*ρηματικό επίθετο* by

σε[2] *αντων* you
σεβασμός *ουσ αρσ* respect *(σε, προς* for)
σεβαστ|ός, -ή, -ό *επιθ (γέροντας)* venerable • *(δάσκαλος)* respected • *(απόψεις, επιχειρήματα)* worthy of respect • *(ποσό, εισόδημα)* sizeable
σέβομαι *ρ μ αποθ.* to respect • *(κανόνες, νόμους)* to abide by • *(υπόσχεση)* to keep • *(μόχθο, κούραση)* to appreciate
σεζλόνγκ *ουσ θηλ άκλ.* deck chair
σεζόν *ουσ θηλ άκλ.* season
σειρά *ουσ θηλ (καθισμάτων, δέντρων)* row • *(στρατιωτών)* column • *(σε κατάστημα, στάση)* queue *(Βρετ.)*, line *(Αμερ.)* • *(ποιήματος, σελίδας)* line • *(άρθρων, βιβλίων)* series • *(ερωτήσεων)* series • *(απεργιών)* series • *(μέτρων)* package • *(γραμματοσήμων)* set • *(στην τηλεόραση)* series • *(ομιλητή,*

διαγωνιζομένου) turn • (κατάταξη) order • (κοινωνική θέση) class • **όλοι θα πάρετε με τη ~!** everyone will have a turn! • **παίρνω ~** (για διορισμό) to be next in line • (ετοιμάζομαι να ακολουθήσω) to follow after • **τηλεοπτική ~** TV series • **~ μαθημάτων** course

Σειρήνα ουσ θηλ (Μυθολ) Siren • (μετωνυμ.) siren

σειρήνα ουσ θηλ siren

σεις αντων = εσείς

σεισμικ|ός, -ή, -ό επιθ seismic • **σεισμικές δονήσεις** earth tremors • **σεισμική ζώνη** earthquake zone

σεισμογενής, -ής, -ές επιθ seismic

σεισμογράφος ουσ αρσ seismograph

σεισμός ουσ αρσ (κυριολ.) earthquake • (μτφ.) uproar

σείω ρ μ (κουνώ) to shake • (μτφ.) to rock ■ **σείομαι** μεσοπαθ to sway

σέλα ουσ θηλ saddle

σελάχι ουσ ουδ ray

Σελήνη ουσ θηλ moon

σεληνιασμός (ανεπ.) ουσ αρσ epilepsy

σελίδα ουσ θηλ (βιβλίου, εφημερίδας) page • (φύλλου χαρτιού) side • (στο Διαδίκτυο) web page ■ **σελίδες** πληθ (δόξας, ηρωισμού) deeds • **πρότυπη ~** (Πληροφ) page layout • **ρύθμιση σελίδας** (Πληροφ) page setup

σελιδοδείκτης ουσ αρσ bookmark

σελίνι ουσ ουδ shilling

σέλινο ουσ ουδ celery

σέλφι ουσ ουδ selfie

σελφ-σέρβις ουσ ουδ άκλ. self-service

σεμινάριο ουσ ουδ seminar

σεμν|ός, -ή, -ό επιθ modest

σένα αντων βλ. εσύ

σενάριο ουσ ουδ (ταινίας) script • (μτφ.) scenario

σεντόνι ουσ ουδ sheet

σεντούκι ουσ ουδ chest

σέντρα ουσ θηλ (μπαλιά) chip shot • (κέντρο γηπέδου) centre (Βρετ.), center (Αμερ.) • (λευκό σημάδι στο κέντρο) spot • (εναρκτήριο λάκτισμα) kickoff

σεξ ουσ ουδ άκλ. sex • **σύμβολο του ~** sex symbol

σέξι επιθ άκλ. sexy

σεξιστής (αρνητ.) ουσ αρσ sexist

σεξιστικ|ός, -ή, -ό (αρνητ.) επιθ sexist

σεξίστρια (αρνητ.) ουσ θηλ βλ. **σεξιστής**

σεξουαλικ|ός, -ή, -ό επιθ (ζωή, σκάνδαλο) sex • **σεξουαλική αγωγή** sex education • **σεξουαλική κακοποίηση** sexual abuse • **σεξουαλική παρενόχληση** sexual harassment

σεξουαλικότητα ουσ θηλ sexuality

Σεπτέμβρης ουσ αρσ = **Σεπτέμβριος**

Σεπτέμβριος ουσ αρσ September

σέρβερ ουσ αρσ άκλ. server

Σερβία ουσ θηλ Serbia

σερβιέτα ουσ θηλ sanitary pad

σερβιετάκι ουσ ουδ panty liner

σερβικ|ός, -ή, -ό επιθ Serbian

σερβίρισμα ουσ ουδ (φαγητού, γλυκού) serving • (Αθλ) serve

σερβίρω ρ μ (ποτό, γεύμα) to serve • (θεωρίες, ιδέες) to come out with • (Αθλ) to serve

σερβίς ουσ ουδ άκλ. serve

σέρβις ουσ ουδ άκλ. service

σερβιτόρα ουσ θηλ waitress

σερβιτόρος ουσ αρσ waiter

σερβίτσιο ουσ ουδ (dinner) service • **~ τσαγιού** tea set

σέρνω ρ μ (άμαξα, βαλίτσα) to pull • (παιδιά) to pull along • (φορτίο, καρότσι, μπαούλο) to pull • (τραπέζι, ντουλάπα, πόδια) to drag ▶ ρ αμ (ανεπ.) to go ■ **σέρνομαι** μεσοπαθ (στρατιώτες, μωρό) to crawl • (φυτό) to creep • (φόρεμα, παλτό) to drag • (παιδιά) to roll • (ομάδα, παίκτες) to play badly • (γρίπη, ιλαρά) to be going around

σερφ ουσ ουδ άκλ. (ιστιοσανίδα) sailboard • (σανίδα σέρφινγκ) surfboard

σερφάρω ρ αμ (με ιστιοσανίδα) to windsurf • (με σανίδα σέρφινγκ) to surf • (αργκ.: Πληροφ) to surf (the Net)

σέρφερ ουσ αρσ άκλ., ουσ αρσ, ουσ θηλ (με ιστιοσανίδα) windsurfer • (με σανίδα σέρφινγκ) surfer • (αργκ.: Πληροφ) surfer

σέρφινγκ ουσ ουδ άκλ. surfing

σεσουάρ ουσ ουδ άκλ. hairdryer

σεφταλιά ουσ θηλ seftalia, minced meat wrapped in suet

σηκώνω ρ μ (κεφάλι, σκόνη) to raise • (χέρι) to put up • (για να καλέσω ταξί) to put out • (μανίκια) to roll up • (μολύβι, βιβλίο, παιδί) to pick up • (τοίχο, φράχτη) to raise • (τσάντες, βαλίτσες) to carry • (ξυπνώ) to wake up • (λεφτά) to withdraw • (βάρος κατασκευής, όροφο) to support • (αστεία, πλάκα, αντιρρήσεις) to tolerate • (έξοδα) to afford • (μαγαζί, σπίτι) to rob • (μαθητή) to examine • **~ κτν** (επιβάτη) to make sb get up • **~ το τραπέζι** to clear the table ■ **σηκώνει** τριτοπρόσ to call for ■ **σηκώνομαι** μεσοπαθ (επιβάτης, μαθητής) to stand up • (άρρωστος) to be up and about • (τρίχα, μαλλιά) to stand on end • (αέρας) to pick up

σήμα ουσ ουδ (προϊόντων) trademark • (αυτοκινήτου) badge • (καναλιού, ραδιοφωνικού σταθμού) signature tune • (συλλόγου, οργάνωσης) logo • (στρατιωτικού, αστυνομικού) insignia • (πομπού, εκπομπής) signal • (Αστυνομίας, Διωκτικών Αρχών) message • (προειδοποίησης) sign • **εκπέμπω ή στέλνω ~ κινδύνου** to send an S.O.S. • **κάνω ~ σε κτν** to signal to sb • (σε ταξί) to hail sb • **~ κατατεθέν** registered trademark • (μτφ.) trademark • **~ κινδύνου** (σε τρένο) communication cord • (για πλοίο) S.O.S. ■ **σήματα** πληθ traffic signs

σημαδεμέν|ος, -η, -ο επιθ (ζώο, κοπάδι) branded • (πόρτα) marked • (πρόσωπο, πόδια) bruised • (για πρόσ.: κυριολ., μτφ.) scarred

σημαδεύω ρ μ (ζώο) to brand • (σπίτια, πόρτα) to mark • (στόχο, στρατιώτη) to aim at • (τέλος, ζωή, αιώνα) to mark

σημάδι ουσ ουδ (οικοπέδου, κτήματος) mark • (βασανιστηρίων, αρρώστιας) mark • (ακμής) scar • (αλλαγής, προόδου, ζωής) sign • (ίχνος: ζώου) track

σημαδούρα *ουσ θηλ* buoy
σημαία *ουσ θηλ* flag • (*σύμβολο προσπάθειας: αγώνα*) banner
σημαιάκι *ουσ ουδ* flag
σημαίνω *ρ μ* to mean • (*σύμβολο*) to stand for • (*ευρήματα, ανακάλυψη*) to signify • (*χτυπώ: μεσάνυχτα, μεσημέρι*) to ring • (: *εγερτήριο, επίθεση, συναγερμό*) to sound ▶ *ρ αμ* (*καμπάνες, σήμαντρο*) to ring • (*Ναυτ*) to signal
σημαντικ|ός, -ή, -ό *επιθ* (*πρόσωπο, εξελίξεις, αποφάσεις, γεγονός*) significant • (*αύξηση*) significant • (*βοήθημα*) considerable
σήμαντρο *ουσ ουδ* bell
σημασία *ουσ θηλ* (*έννοια*) meaning • (*σπουδαιότητα*) importance • **άνευ σημασίας** of no importance • **δεν έχει ~** it doesn't matter • **έχει ~ αν έχει σημασία;** does it matter? • **τι ~ έχει;** what difference does it make?
σηματοδότης *ουσ αρσ* (*σε σταυροδρόμι*) traffic lights *πληθ* • (*σιδηροδρομικών διαβάσεων*) signal • (*τρένων*) signal
σημείο *ουσ ουδ* (*εκκίνησης, άφιξης, συνάντησης*) point • (*σώματος*) place • (*διαφωνίας, βιβλίου, κειμένου, λόγου*) point • (*παράστασης*) part • (*βαθμός: ανδρείας, χαράς*) level • (*Φυσ, Χημ*) point • (*αναγνώρισης, γήρανσης*) sign • (*Ναυτ*) signal • (*οιωνός*) sign • (*Μαθ*) sign • **δεν έχει δώσει σημεία ζωής** he hasn't shown any sign of life • **τα τέσσερα σημεία του ορίζοντα** the four points of the horizon • **~ ελέγχου** checkpoint • **~ στίξης** punctuation mark • **~ τονισμού** accent
σημείωμα *ουσ ουδ* note • (*εφορίας, Δ.Ε.Η., Ο.Τ.Ε.*) bill
σημειωματάριο *ουσ ουδ* notebook
σημειώνω *ρ μ* (*λάθη, θέση*) to mark • (*απουσία*) to mark down • (*σταυρό, σημείο ΠΡΟ-ΠΟ*) to put • (*διεύθυνση, έξοδα*) to jot down • (*σκορ*) to keep • (*τονίζω*) to point out • (*πρόοδο*) to make • (*τέρμα, καλάθι*) to score • (*ρεκόρ*) to set • (*για πωλήσεις: κάμψη*) to show • **η θερμοκρασία θα σημειώσει πτώση** temperatures will fall ■ **σημειώνεται, σημειώνονται** *τριτοπρόσ* there is/are
σημείωση *ουσ θηλ* (*πληροφορίας, στοιχείου*) note • (*στο τέλος σελίδας*) footnote • (*στο τέλος κεφαλαίου, κειμένου*) end note • **κρατώ ~** to make a note ■ **σημειώσεις** *πληθ* notes
σήμερα *επιρρ* today • **από ~ και στο εξής** from this day forward *ή* on • **σήμερα-αύριο** any day now
σημεριν|ός, -ή, -ό *επιθ* (*ψωμί, αβγά*) fresh • (*μενού, εφημερίδα*) today's • (*προβλήματα, θέματα*) current • (*γυναίκα*) today's • (*εντυπώσεις*) present
σηπτικός, -ή, -ό *επιθ* septic
σήραγγα *ουσ θηλ* tunnel
σήτα *ουσ θηλ* (*παράθυρου*) screen • (*κρησάρα*) fine sieve
σηψαιμία *ουσ θηλ* septicaemia (*Βρετ*.), septicemia (*Αμερ*.)
σήψη *ουσ θηλ* (*δέντρου, ξύλου, δοντιού*) decay • (*πτώματος*) decomposition • (*κοινωνίας, ηθών*) corruption

σθεναρ|ός, -ή, -ό *επιθ* (*αντίδραση*) spirited • (*στάση*) firm • (*για πρόσ*.) strong
σθένος *ουσ ουδ* strength
σι *ουσ ουδ άκλ*. si
σιαγόνα *ουσ θηλ* jaw
σιάζω (*ανεπ*.) *ρ μ* to straighten ▶ *ρ αμ* to get better ■ **σιάχνομαι** *μεσοπαθ* to straighten one's clothes
σιάτσου *ουσ ουδ άκλ*. shiatsu
σιγά *επιρρ* (*χαμηλόφωνα*) quietly • (*καταχρ*.: *αργά*) slowly • **πιο ~!** slow down! • **σιγά-σιγά** (*λίγο-λίγο*) gradually • (*προσεκτικά*) carefully
σιγαν|ός, -ή, -ό *επιθ* (*φωνή, κλάμα*) soft • (*ρυθμός*) gentle • (*φωτιά*) low
σιγαστήρας *ουσ αρσ* silencer
σιγή *ουσ θηλ* silence
σίγμα *ουσ ουδ άκλ*. sigma, 18th letter of the Greek alphabet • **με το νι και με το ~** in every detail
σιγοβράζω *ρ μ* to simmer ▶ *ρ αμ* to simmer
σιγοβρέχω *ρ αμ* **σιγοβρέχει** *απρόσ*. it's drizzling
σίγουρα *επιρρ* definitely • **~!** definitely!
σιγουριά *ουσ θηλ* (*ασφάλεια*) safety • (*βεβαιότητα*) certainty
σίγουρ|ος, -η, -ο *επιθ* (*μέρος, καταφύγιο*) safe • (*θέση, δουλειά, μετοχές*) secure • (*που αισθάνεται ασφαλής*) secure • (*που αισθάνεται βέβαιος*) sure • (*νίκη, επιτυχία*) certain • **είναι σίγουρο ότι** *ή* **πως** it is certain that
σιδεράκια *ουσ ουδ πληθ* braces
σιδερένι|ος, -ια, -ιο *επιθ* iron • (*νεύρα*) of steel
σίδερο *ουσ ουδ* iron • (*σιδέρωμα*) ironing ■ **σίδερα** *πληθ* (*ανεπ*.) bars
σιδέρωμα *ουσ ουδ* ironing
σιδερωμέν|ος, -η, -ο *επιθ* ironed
σιδερώνω *ρ μ* to iron
σιδερώστρα *ουσ θηλ* ironing board
σιδηροδρομικ|ός, -ή, -ό *επιθ* (*γέφυρα*) railway (*Βρετ*.), railroad (*Αμερ*.) • (*δυστύχημα, δίκτυο*) rail • (*συγκοινωνία, μεταφορές*) rail • (*ταξίδι*) train • **~ σταθμός** railway (*Βρετ*.) *ή* railroad (*Αμερ*.) station ■ **σιδηροδρομικός** *ουσ αρσ* railwayman (*Βρετ*.), railroad worker (*Αμερ*.)
σιδηροδρομικώς *επιρρ* by rail
σιδηρόδρομος *ουσ αρσ* (*οδός αμαξοστοιχίας*) railway (*Βρετ*.), railroad (*Αμερ*.) • (*αμαξοστοιχία*) train • (*για λέξεις*) mouthful ■ **σιδηρόδρομοι** *πληθ* railways (*Βρετ*.), railroads (*Αμερ*.)
σίδηρος *ουσ αρσ* iron • **Εποχή του Σιδήρου** Iron Age
σιδηροτροχιά *ουσ θηλ* rail
σιδηρουργείο *ουσ ουδ* blacksmith's
σιδηρουργός *ουσ αρσ* ironworker
σιθρού *επιθ άκλ*. see-through
σικ *επιθ άκλ*. (*κυρία, ντύσιμο*) chic • (*τρόποι*) refined • **ντύνομαι ~** to be chic *ή* stylish
σίκαλη *ουσ θηλ* rye • **ψωμί σικάλεως** rye bread
Σικελία *ουσ θηλ* Sicily
σιλουέτα *ουσ θηλ* (*Τεχν*: *ανθρώπου*) silhouette • (: *κτηρίου, πλοίου*) outline • (*γραμμές σώματος*) figure • (*λεπτό σώμα*) figure
σιμιγδάλι *ουσ ουδ* semolina
σιμώνω (*ανεπ*.) *ρ μ* to approach ▶ *ρ αμ* to approach

σινεμά *ουσ ουδ άκλ.* (κινηματογράφος) cinema • (αίθουσα προβολής) cinema (Βρετ.), movie theater (Αμερ.) • **πηγαίνω ~** to go to the cinema (Βρετ.), to go to the movies (Αμερ.) • **θερινό ~** open-air cinema (Βρετ.) *ή* movie theater (Αμερ.), ≈ drive-in (Αμερ.)

σινιάλο *ουσ ουδ* signal • **κάνω ~ (σε κπν)** to signal (to sb)

σιντί *ουσ ουδ άκλ.* (ψηφιακός δίσκος) CD • (συσκευή ψηφιακού δίσκου) CD player

σιντιρόμ *ουσ ουδ άκλ.* CD-ROM

σιντριβάνι *ουσ ουδ* fountain

σίριαλ *ουσ ουδ άκλ.* (σειρά) serial • (μτφ.) long-drawn-out affair

σιρόπι *ουσ ουδ* syrup (Βρετ.), sirup (Αμερ.)
■ **σιρόπια, σορόπια** *πληθ* (ειρων.) soppiness *εν.*

σιτάρι *ουσ ουδ* wheat

σιτηρά *ουσ ουδ πληθ* cereals

σιτίζω *ρ μ* to feed

σιφονιέρα *ουσ θηλ* chest of drawers

σίφουνας *ουσ αρσ* (Μετεωρ.) tornado • (μτφ.) whirlwind

σιχαίνομαι *ρ μ αποθ.* (μυρωδιά, ακαθαρσίες, δουλειά, ψέματα) to hate • (κατάσταση, συμπεριφορά) to be sick of

σιχαμέν|ος, -η, -ο *επιθ* disgusting

σιχαμερ|ός, -ή, -ό (ανεπ.) *επιθ* (θέαμα, μυρωδιά) disgusting • (άνθρωπος) repulsive • (εγκληματίας, κατάσταση) sickening

σιωπή *ουσ θηλ* silence

σιωπηλ|ός, -ή, -ό *επιθ* silent • (λιγόλογος) quiet

σιωπώ *ρ αμ* (σωπαίνω) to remain silent • (σιγώ) to fall silent

σκάβω *ρ μ* (χώμα, κήπο, αυλάκι, τάφρο) to dig • (βράχια) to erode • (ξύλο, μάρμαρο) to carve

σκάζω *ρ μ* (μπαλόνι, σακούλα) to burst • (για πρόσ.) to be the death of • (οικ.: λεφτά) to fork out (ανεπ.) ▶ *ρ αμ* (δέρμα, χείλη, χέρια) to be chapped • (φούσκαλα) to burst • (τοίχος) to crack • (λάστιχο, σωλήνας) to burst • (οβίδα, βόμβα) to go off • (καρπούζι, πεπόνι) to burst open • (για πρόσ.: στενοχωριέμαι) to be in a state • (μπουμπούκια) to burst open • (στο φαγητό) to be bursting • (οικ.: σωπαίνω) to shut up (ανεπ.) • **σκάσε!** (οικ.) shut up! (ανεπ.)

σκαθάρι *ουσ ουδ* (έντομο) beetle • (για παιδί) handful

σκάκι *ουσ ουδ* chess

σκάλα *ουσ θηλ* (κλίμακα) stairs πληθ • (σκαλί) step • (μτφ.: αξίων) scale • (: για μαλλιά) layers πληθ • (φώτων αυτοκινήτου) position • (αναβολέας) stirrup • (Μουσ.) scale • (λιμάνι) port

σκαλί *ουσ ουδ* (σκάλας) step • (εξουσίας, ιεραρχίας) rung

σκαλίζω *ρ μ* (χώμα, κήπο, φυτά) to hoe • (μύτη, δόντια) to pick • (για ζώα: χώμα) to scratch • (φωτιά, κάρβουνα) to poke • (έπιπλο, δέντρο) to carve • (χαρτιά, σημειώσεις, πράγματα) to rummage through • (βίντεο, υπολογιστή, ρολόι) to tamper with • (υπόθεση, παρελθόν) to dig up

σκάλισμα *ουσ ουδ* (λουλουδιών, χώματος) hoeing • (μύτης, δοντιών) picking • (για ζώα: χώματος) scratching • (φωτιάς) poking • (επίπλου, ξύλου) carving • (χαρτιών, προσωπικών αντικειμένων) rummaging • (τηλεόρασης, βίντεο, ρολογιού) tampering • (υπόθεσης, παρελθόντος) digging ή raking up

σκαλιστήρι *ουσ ουδ* hoe

σκαλιστ|ός, -ή, -ό *επιθ* carved

σκαλοπάτι *ουσ ουδ* (σκαλί) step • (μτφ.: ιεραρχίας) rung • (: επιτυχίας) stepping stone

σκαλώνω *ρ αμ* (φόρεμα, μπλούζα) to snag • (δουλειά, υπόθεση) to hit a snag

σκαλωσιά *ουσ θηλ* scaffolding χωρίς πληθ.

σκαμνί *ουσ ουδ* stool

σκαμπίλι (ανεπ.) *ουσ ουδ* slap

σκαμπιλίζω (ανεπ.) *ρ μ* to slap

σκαμπό *ουσ ουδ άκλ.* stool

σκανδάλη *ουσ θηλ* trigger

σκανδαλιά *ουσ θηλ* = **σκανταλιά**

σκανδαλιάρ|ης, -α, -ικο *επιθ* = **σκανταλιάρης**

σκανδαλίζω *ρ μ* (σκάρω) to shock • (προκαλώ) to tease

σκάνδαλο *ουσ ουδ* scandal • **ροζ ~** sex scandal

σκανδαλώδ|ης, -ης, -ες *επιθ* scandalous

Σκανδιναβή *ουσ θηλ βλ.* **Σκανδιναβός**

Σκανδιναβία *ουσ θηλ* Scandinavia

σκανδιναβικ|ός, -ή, -ό *επιθ* Scandinavian • **σκανδιναβικές γλώσσες** Scandinavian languages • **η Σκανδιναβική Χερσόνησος** Scandinavia

Σκανδιναβός *ουσ αρσ* Scandinavian

σκάνερ *ουσ αρσ άκλ.*, *ουσ ουδ άκλ.* scanner

σκανταλιά *ουσ ουδ* mischief χωρίς πληθ.

σκανταλιάρ|ης, -α, -ικο *επιθ* (πολιτικός, καλλιτέχνης) trouble-making • (για παιδί) mischievous • (γυναίκα, άνδρας) seductive

σκαντζόχοιρος *ουσ αρσ* hedgehog

σκάρτ|ος, -η, -ο *επιθ* (πράγματα, δουλειά) shoddy • (μηχανή) faulty • (φρούτα) bad • (για πρόσ.) bad

σκαρφάλωμα *ουσ ουδ* (αναρρίχηση) climbing • (τιμών) rise

σκαρφαλώνω *ρ αμ* (αναρριχώμαι) to climb • (τιμές) to rise

σκαρώνω *ρ μ* (ιστορία, δικαιολογία) to make up • (ζαβολιά) to be up to

σκασμέν|ος, -η, -ο *επιθ* (λάστιχο) flat • (τοίχος) cracked • (στενοχωρημένος) stressed • (από το κακό μου) beside oneself • (κακομαθημένος) rude

σκασμός (οικ.) *ουσ αρσ* ~! shut up! (ανεπ.)

σκατό (χυδ.) *ουσ ουδ* (ακαθαρσία) shit (χυδ.) • (μικρό αντικείμενο) crap χωρίς πληθ. (χυδ.) • (μειωτ.: για παιδί) little shit (χυδ.) ■ **σκατά** πληθ shit *εν.*

σκάφανδρο *ουσ ουδ* diving suit

σκάφη *ουσ θηλ* (για πλύσιμο) tub • (για ζύμωμα) bowl • (για τρόφιμα ζώων) trough

σκάφος *ουσ ουδ* (πλοίο) boat • (αεροσκάφος) plane • (κύριο σώμα πλοίου) hull • (Μουσ.) soundbox • **πολεμικό ~** warship • **~ αναψυχής** pleasure craft

σκάψιμο *ουσ ουδ* digging

σκάω *ρ μ, ρ αμ* = **σκάζω**

σκελετός *ουσ αρσ* skeleton • (*γέφυρας*) framework • (*γυαλιών*) frames *πληθ.* • (*ομιλίας, έκθεσης, εργασίας*) framework

σκελίδα *ουσ θηλ* clove

σκέλος *ουσ ουδ* (*ανθρώπου*) leg • (*ζώου*) back leg • (*συζήτησης, προβλήματος, επιχειρήματος*) part • (*ταξιδιού*) leg • (*διαβήτη, ζυγαριάς*) arm

σκεπάζω *ρ μ* to cover • (*κατσαρόλα*) to put the lid on • (*σπίτι*) to put a roof on • (*σκάνδαλο, λάθος, ίχνη*) to cover up ■ **σκεπάζομαι** *μεσοπαθ* to cover oneself up • **κάνει κρύο, σκεπάσου** it's cold, wrap up warm

σκέπασμα *ουσ ουδ* (*κάλυψη: προσώπου, φαγητού, σκεύους*) covering • (*κάλυμμα: κατσαρόλας*) lid • (*: επίπλου*) cover ■ **σκεπάσματα** *πληθ* bedclothes

σκεπαστ|ός, -ή, -ό *επιθ* covered

σκεπή *ουσ θηλ* roof

σκεπτικ|ός, -ή, -ό *επιθ* (*συλλογισμένος*) pensive • (*φιλόσοφος, φιλοσοφία*) sceptic (*ΒΡΕΤ.*), skeptic (*ΑΜΕΡ.*)

σκέπτομαι *ρ μ αποθ.* (*κάνω σκέψεις*) to think about • (*επινοώ*) to think of • (*λογαριάζω*) to think of • (*αναπολώ*) to think about ▶ *ρ αμ* to think • **ούτε να το σκέφτεσαι!** don't even think about it! • ~ **να κάνω κτ** to be thinking about doing sth

σκέρτσο *ουσ ουδ* coquetry ■ **σκέρτσα** *πληθ* flirtation *εν.*

σκέτ|ος, -η, -ο *επιθ* (*μακαρόνια, μπιφτέκια*) plain • (*καφές*) black • (*ουίσκι*) straight • (*φόρεμα, έπιπλο*) plain • (*αποτυχία*) complete • (*απογοήτευση*) utter • (*παλιάνθρωπος*) out-and-out

σκετς *ουσ ουδ άκλ.* sketch

σκεύος *ουσ ουδ* utensil • **επιτραπέζια σκεύη** tableware • **μαγειρικά σκεύη** cooking utensils

σκευοφόρος *ουσ θηλ* luggage car ή van

σκευωρία *ουσ θηλ* scheming *χωρίς πληθ.*

σκεφτικ|ός, -ή, -ό *επιθ* = **σκεπτικός**

σκέφτομαι *ρ μ αποθ., ρ αμ αποθ.* = **σκέπτομαι**

σκέψη *ουσ θηλ* thought • **βάζω κπν σε σκέψεις** to get ή set sb thinking

σκηνή *ουσ θηλ* (*τέντα*) tent • (*θεάτρου*) stage • (*έργου, ταινίας*) scene • (*υστερίας, καβγά, ατυχήματος*) scene • **κάνω ~ (σε κπν)** to make a scene (in front of sb) • **διευθυντής σκηνής** stage manager

σκηνικ|ός, -ή, -ό *επιθ* (*εφέ, οδηγίες*) stage • (*τέχνη*) dramatic ■ **σκηνικό** *ουσ ουδ* scene ■ **σκηνικά** *ουσ ουδ πληθ* scenery *εν.*

σκηνοθεσία *ουσ θηλ* (*Τεχν*) direction • (*μτφ.*) act

σκηνοθέτης *ουσ αρσ* director

σκηνοθέτρια *ουσ θηλ βλ.* **σκηνοθέτης**

σκηνοθετώ *ρ μ* (*ταινία, έργο, εκπομπή*) to direct • (*αρνητ.: θάνατο, διάρρηξη, ατύχημα*) to orchestrate

σκήπτρο *ουσ ουδ* sceptre (*ΒΡΕΤ.*), scepter (*ΑΜΕΡ.*)

σκι *ουσ ουδ άκλ.* (*πέδιλο*) ski • (*άθλημα*) skiing • **θαλάσσιο ~** water-skiing

σκιά *ουσ θηλ* (*σκιασμένος χώρος*) shade *χωρίς*

πληθ. • (*σκιασμένη επιφάνεια*) shadow • (*σκοτεινή σιλουέτα*) shadow • (*: για πρόσ.*) shadowy form • **35 βαθμοί υπό σκιάν** 35 degrees in the shade • ~ **ματιών** eye shadow

σκιάζω¹ *ρ μ* (*μάτια, σπίτι*) to shade • (*εορτασμό, εκλογές*) to cast a shadow over • (*στη ζωγραφική: σκίτσο*) to shade (in)

σκιάζω² (*ανεπ.*) *ρ μ* to frighten ■ **σκιάζομαι** *μεσοπαθ* to be scared ή frightened

σκιάχτρο *ουσ ουδ* (*σε καλλιέργειες*) scarecrow • (*φόβητρο*) bugbear • (*άσχημος άνθρωπος*) gargoyle

σκιέρ *ουσ αρσ άκλ., ουσ αρσ, ουσ θηλ* skier

σκιερ|ός, -ή, -ό *επιθ* shady

σκίζω *ρ μ, ρ αμ* = **σχίζω**

σκίουρος *ουσ αρσ* squirrel

σκιρτώ *ρ αμ* (*αναπηδώ*) to start • (*καρδιά*) to hammer

σκίσιμο *ουσ ουδ* = **σχίσιμο**

σκιστ|ός, -ή, -ό *επιθ* = **σχιστός**

σκίτσο *ουσ ουδ* (*σκιαγράφημα*) sketch • (*γελοιογραφία*) cartoon • (*σύντομη περιγραφή*) outline

σκλάβος *ουσ αρσ* slave

σκλαβώνω *ρ μ* (*υποδουλώνω*) to enslave • (*μτφ.: κατακτώ*) to enthral ■ **σκλαβώνομαι** *μεσοπαθ* to be tied down

σκληρά *επιρρ* (*φέρομαι, συμπεριφέρομαι*) roughly • (*μιλώ*) harshly • (*μεταχειρίζομαι*) roughly • (*δουλεύω, προπονούμαι, προσπαθώ*) hard

σκληραίνω *ρ μ* (*χώμα*) to make hard • (*ψυχή, άτομο*) to harden ▶ *ρ αμ* (*ψωμί, έδαφος*) to go hard • (*τρόπους, φωνή*) to harden

σκληρ|ός, -ή, -ό *επιθ* (*έδαφος, χώμα, στρώμα, εξώφυλλο, καπέλο*) hard • (*τροφή, κρέας*) tough • (*δέρμα*) hard • (*σεντόνι, μαλλιά, χέρια*) rough • (*ζωή, γεγονός, χρόνια*) hard • (*χειμώνας, πραγματικότητα*) harsh • (*μοίρα*) cruel • (*αλήθεια*) hard • (*ανταγωνισμός*) fierce • (*γλώσσα, λόγια, κριτική, ανακοίνωση*) harsh • (*νόμος, γονιός, φωνή*) harsh • (*μεταχείριση*) rough • (*εργοδότης*) tough • (*έθιμο, καρδιά, κοινωνία, γέλιο*) cruel • (*βλέμμα*) hard • (*στάση, πολιτική, αντίπαλος*) tough • (*δουλειά, προπόνηση*) hard • (*διάβασμα*) serious • (*προσπάθεια*) strenuous • (*νερό, ναρκωτικά, φάρμακα*) hard • ~ **πυρήνας** hard core

σκληρύνω *ρ μ, ρ αμ* = **σκληραίνω**

σκνίπα *ουσ θηλ* gnat

σκοινένι|ος, -ια, -ιο *επιθ* = **σχοινένιος**

σκοινί *ουσ ουδ* = **σχοινί**

σκόνη *ουσ θηλ* (*κονιορτός*) dust *χωρίς πληθ.* • (*σαπουνιού, γάλακτος, φαρμάκου*) powder

σκονίζω *ρ μ* to cover in dust

σκοντάφτω *ρ αμ* (*διαβάτης, περαστικός*) to trip up • (*υπόθεση, προσπάθεια, συμφωνία*) to hit a snag

σκόντο *ουσ ουδ* discount

σκόπελος *ουσ αρσ* (*κυριολ.*) reef • (*μτφ.*) obstacle

σκοπεύω *ρ αμ* to aim ▶ *ρ μ* (*στόχο, λαγό*) to aim at • (*με τηλεσκόπιο, κιάλια*) to observe

σκόπιμα *επιρρ* on purpose

σκόπιμ|ος, -η, -ο επιθ deliberate • (που εξυπηρετεί σκοπό) worthwhile

σκοπίμως επιρρ = **σκόπιμα**

σκοπός ουσ αρσ (ενεργειών, πράξεων) aim • (για γάμο, προσωπικά σχέδια) intention • (ελευθερίας, δημοκρατίας) cause • (στρατοπέδου, κτηρίου) guard • (Μουσ) tune

σκορ ουσ ουδ άκλ. score

σκοράρω ρ αμ to score

σκορδαλιά ουσ θηλ mashed potatoes πληθ. with garlic

σκόρδο ουσ ουδ garlic

σκορδοστούμπι ουσ ουδ (ψητό κρέας με σκόρδο) roast meat with garlic • (σκορδόξιδο) garlic and vinegar paste

σκορδόψωμο ουσ ουδ garlic bread

σκόρερ ουσ αρσ άκλ. scorer

σκόρος ουσ αρσ moth

σκορπίζω ρ μ (λουλούδια, στάχτη, χαρτιά) to scatter • (σύννεφα, καπνό) to disperse • (διαδηλωτές, πλήθος) to disperse • (μυρωδιά) to give off • (ήχους) to make • (μελωδία) to play • (διάλυω: φόβους, αμφιβολίες, ερωτηματικά) to dispel • (γέλιο, ευτυχία, χαρά) to spread • (θλίψη) to exude • (χρήματα, περιουσία) to squander ▶ ρ αμ (γυαλιά, καφές) to scatter • (σύννεφα, κερτέδες, κουραμπιέδες) to break up • (διαδηλωτές) to disperse • (παρέα) to break up

σκορπιός ουσ αρσ (Ζωολ) scorpion • (ψάρι) scorpion fish • **Σκορπιός** Scorpio

σκόρπι|ος, -ια, -ιο επιθ (χαρτιά, σελίδες, σπίτια) scattered • (λόγια, λέξεις, ήχοι) disjointed

σκορπώ ρ μ, ρ αμ = **σκορπίζω**

σκοτάδι ουσ ουδ dark • **πέφτει (το)** ~ to get dark • **φοβάμαι το** ~ to be afraid of the dark

σκοτεινιά επιρρ dark

σκοτεινιάζω ρ μ to darken ▶ ρ αμ (ουρανός, ορίζοντας) to grow dark • (δωμάτιο) to go dark • (πρόσωπο) to cloud over • (βλέμμα, μάτια) to darken ■ **σκοτεινιάζει** απρόσ it's getting dark • **μόλις σκοτεινιάζει** as soon as it gets dark

σκοτειν|ός, -ή, -ό επιθ (νύχτα, ουρανός, δωμάτιο) dark • (χρώμα) dark • (υπόθεση, ιστορία) mysterious • (παρελθόν) murky • (ύφος, έννοια) obscure • (μυαλό, ψυχή, δυνάμεις) dark • (σχέδια) sinister • (δουλειές, συναλλαγές) shady • (μέλλον) uncertain • (εποχή, μέρες) dark • (ζωή) dismal • **στα σκοτεινά** (κυριολ., μτφ.) in the dark

σκοτίζω ρ μ (δωμάτιο) to darken • (φίλους, γνωστούς) to bother ■ **σκοτίζομαι** μεσοπαθ to worry

σκοτοδίνη ουσ θηλ dizziness

σκοτούρα ουσ θηλ (ανεπ.) dizziness ■ **σκοτούρες** πληθ worries

σκότωμα ουσ ουδ (θανάτωση) killing • (εξάντληση) hassle

σκοτωμός ουσ αρσ (φόνος) murder • (συνωστισμός) crush

σκοτώνω ρ μ (άνθρωπο, ζώο) to kill • (με πιστόλι, τουφέκι) to shoot • (στενοχωρώ) to be the death of • (χέρι, πόδι) to hurt • (απογοητεύω) to upset • (τραγούδι, μελωδία,

γλώσσα) to murder ■ **σκοτώνομαι** μεσοπαθ (χάνω τη ζωή μου) to be killed • (αυτοκτονώ) to kill oneself • (τραυματίζομαι) to hurt oneself • (εξαντλούμαι) to wear oneself out

σκούζω (ανεπ.) ρ αμ to scream

σκουλαρίκι ουσ ουδ earring

σκουλήκι ουσ ουδ (Ζωολ) worm • (σε σάπια τροφή) maggot • (μεταξοσκώληκας) silkworm • (προνύμφη) larva • (μειωτ.: για πρόσ.) worm

σκουντώ ρ μ (σπρώχνω με τον αγκώνα) to nudge • (παροτρύνω) to push

σκούπα ουσ θηλ (απλή) broom • (ηλεκτρική) vacuum cleaner • **βάζω** ~ to vacuum

σκουπιδαριό (ανεπ.) ουσ ουδ rubbish dump (Βρετ.), garbage dump (Αμερ.)

σκουπίδι ουσ ουδ rubbish χωρίς πληθ. (Βρετ.), trash χωρίς πληθ. (Αμερ.) ■ **σκουπίδια** πληθ rubbish εν. (Βρετ.), garbage εν. (Αμερ.), trash εν. (Αμερ.) • **κάνω σκουπίδια** to make a mess • **πετάω ή ρίχνω κτ στα σκουπίδια** (μτφ.) to bin sth

σκουπιδοντενεκές, σκουπιδοτενεκές ουσ αρσ dustbin (Βρετ.), garbage ή trash can (Αμερ.)

σκουπίζω ρ μ (πάτωμα, πεζοδρόμιο) to sweep • (με ηλεκτρική σκούπα) to vacuum • (έπιπλα, τζάμια, γυαλιά οράσεως, γυαλιά ηλίου) to clean • (τραπέζι) to wipe • (για υγρασία: πιάτα, ποτήρια, πρόσωπο, σώμα, χέρια) to dry • (: για ακαθαρσίες: πρόσωπο, στόμα, ιδρώτα) to wipe • (: δάκρυα) to wipe away

σκούπισμα ουσ ουδ (πατώματος, αυλής) sweeping • (με ηλεκτρική σκούπα) vacuuming • (τραπεζιού) wiping • (γυαλιών, επίπλων, τζαμιών) cleaning • (για υγρασία: πιάτων, ποτηριών, προσώπου, σώματος, χεριών) drying • (: για ακαθαρσίες: χειλιών, δακρύων, ιδρώτα) wiping

σκουριά ουσ θηλ rust

σκουριάζω ρ αμ (σίδερο, κάγκελα) to go rusty • (μτφ.) to be rusty ▶ ρ μ to make rusty

σκουριασμέν|ος, -η, -ο επιθ (σίδερο, λουκέτο) rusty • (ιδέες, αντιλήψεις) stuffy

σκούρ|ος, -α, -ο επιθ dark

σκούτερ ουσ ουδ άκλ. scooter

σκουφάκι ουσ ουδ cap • ~ **του μπάνιου** bathing cap

σκουφί ουσ ουδ cap

σκούφος ουσ αρσ cap

σκρολάρω ρ αμ to scroll

σκύβω ρ αμ (προς τα κάτω) to bend down • (προς το πλάι) to lean over • ~ **για να αποφύγω κτ** to duck out of the way of sth • ~ **έξω από το παράθυρο** to lean out of the window • ~ **κάτω** to bend down

σκύλα ουσ θηλ (θηλυκό σκυλί) bitch • (υβρ.: για γυναίκα) bitch (χυδ.)

σκυλάκι ουσ ουδ (μικρόσωμο σκυλί) small dog • (κουτάβι) puppy

σκυλί ουσ ουδ (σκύλος) dog • (μειωτ.: για πρόσ.) animal

σκυλιάζω ρ αμ to fly into a rage ▶ ρ μ to infuriate

σκύλος ουσ αρσ (αρσενικό σκυλί) dog • (σκυλόψαρο) dogfish

σκυλόσπιτο ουσ ουδ kennel (ΒΡΕΤ.), doghouse (ΑΜΕΡ.)
σκυλόψαρο ουσ ουδ dogfish
σκυμμέν|ος, -η, -ο επιθ bent
σκυτάλη ουσ θηλ (Αθλ) baton
σκυταλοδρομία ουσ θηλ relay race
σκυφτ|ός, -ή, -ό επιθ stooping
σκωληκοειδίτης (ανεπ.) ουσ αρσ = σκωληκοειδίτιδα
σκωληκοειδίτιδα ουσ θηλ appendicitis
Σκωτία ουσ θηλ Scotland
Σκωτσέζα ουσ θηλ Scot
σκωτσέζικ|ος, -η, -ο επιθ (ιστορία, μουσική) Scottish • (προφορά) Scots
Σκωτσέζος ουσ αρσ Scot • **οι Σκωτσέζοι** the Scots
σλάλομ ουσ ουδ άκλ. slalom
σλιπ ουσ ουδ άκλ. briefs πληθ.
σλίπινγκ-μπαγκ ουσ ουδ άκλ. sleeping bag
Σλοβακία ουσ θηλ Slovakia
σλοβακικός, -ή, -ό επιθ Slovak ■ **Σλοβακικά, Σλοβάκικα** ουσ ουδ πληθ Slovak
Σλοβάκος ουσ αρσ Slovak
Σλοβενία ουσ θηλ Slovenia
σλοβενικός, -ή, -ό επιθ Slovene ■ **Σλοβενικά, Σλοβένικα** ουσ ουδ πληθ Slovene
Σλοβένος ουσ αρσ Slovene
σμάλτο ουσ ουδ enamel
σμαράγδι ουσ ουδ emerald (stone)
smartphone ουσ ουδ smartphone
σμέρνα ουσ θηλ moray (eel)
σμήνος ουσ ουδ (μελισσών, ακρίδων) swarm • (χελιδονιών, σπουργιτιών) flock • (αεροπλάνων) flight
σμίγω ρ αμ (συναντιέμαι: φίλοι, συνεργάτες) to meet (up) • (κάνω σχέση) to get together • (ενώνομαι: δρόμοι, ωκεανοί, θάλασσες) to meet ▶ ρ μ to bring together
σμίκρυνση ουσ θηλ reduction
σμικρύνω ρ μ to reduce
σμίλη ουσ θηλ chisel
σμόκιν ουσ ουδ άκλ. dinner jacket (ΒΡΕΤ.), tuxedo (ΑΜΕΡ.)
σμπάρος ουσ αρσ (ανεπ.) shot
σνακ ουσ ουδ άκλ. snack
σοβαρά επιρρ (χωρίς αστεία) seriously • (ευπρεπώς) soberly • (σε κρίσιμη κατάσταση) seriously • (για έκπληξη, απορία: κερδίζω, γίνομαι) really • (υπεύθυνα και συστηματικά) conscientiously • **είμαι ~** (ασθενής, τραυματίας) to be in a critical condition • **μιλάς σοβαρά;** are you serious? • **σοβαρά;** really?
σοβαρεύω ρ αμ to get ή become serious ■ **σοβαρεύομαι** μεσοπαθ (παίρνω σοβαρό ύφος) to get ή become serious • (ωριμάζω) to settle down
σοβαρ|ός, -ή, -ό επιθ (αξιοπρεπής: άνθρωπος) reliable • (: οικογενειάρχης) decent • (: πελάτης) good • (που έχει αυστηρό ύφος) serious • (επιστήμονας) eminent • (καλλιτέχνης) serious • (τραύμα, αρρώστια, κατάσταση) serious • (εγκαύματα) severe • (προτάσεις, έρευνα, μελέτη) serious • (πρόβλημα, απόφαση, θέμα) serious • (λόγοι) good • (βοήθεια) real • (ύφος, πρόσωπο) serious • (ρούχα) sober • (χρώματα)

quiet • (βιβλίο, μουσική, ταινία) serious • (ποσό) considerable • **παίρνω κπν/κτ στα σοβαρά** to take sb/sth seriously • **το λες στα σοβαρά;** do you really mean that?
σοβαρότητα ουσ θηλ (υπευθυνότητα) conscientiousness • (προβλήματος, κρίσης) gravity • (ασθένειας, τραύματος) severity
σοβινισμός ουσ αρσ chauvinism • **ανδρικός ~** (male) chauvinism
σοβινιστής ουσ αρσ chauvinist
σοβινίστρια ουσ θηλ βλ. **σοβινιστής**
σόγια ουσ θηλ (φυτό) soya (ΒΡΕΤ.), soy (ΑΜΕΡ.) • (σπόρος) soya bean (ΒΡΕΤ.), soybean (ΑΜΕΡ.)
σόδα ουσ θηλ fizzy drink (ΒΡΕΤ.), soda (ΑΜΕΡ.) • **ουίσκι με ~** whisky (ΒΡΕΤ.) ή whiskey (ΑΜΕΡ.) and soda • **μαγειρική/φαρμακευτική ~** bicarbonate of soda
σοδειά ουσ θηλ (συγκομιδή) harvest • (καρποί συγκομιδής) crop
σοδιάζω ρ μ to harvest
σόι ουσ ουδ (καταγωγή) family • (συγγενείς) relatives πληθ. • (μειωτ.: ποιόν) kind
σοκάκι ουσ ουδ alley
σοκάρω ρ μ to shock ■ **σοκάρομαι** μεσοπαθ to be shocked
σοκολάτα ουσ θηλ (γάλακτος, αμυγδάλου) chocolate • (ζεστό ρόφημα) hot chocolate
σοκολατάκι ουσ ουδ chocolate
σοκολατένι|ος, -ια, -ιο επιθ chocolate
σόλα ουσ θηλ sole
σόλοικ|ος, -η, -ο επιθ ungrammatical
σολομός ουσ αρσ salmon
σόμπα ουσ θηλ (πετρελαίου, γκαζιού) heater • (με ξύλα) stove
σόου ουσ ουδ άκλ. show
σορτς ουσ ουδ άκλ. shorts πληθ.
σος ουσ θηλ άκλ. sauce
σοσιαλιστής ουσ αρσ socialist
σου¹ ουσ ουδ άκλ. choux bun
σου² αντων (προσωπική αντωνυμία) you • (κτητική αντωνυμία) your • **είναι δικό ~** it's yours • **~ είπα τι θέλω!** I told you what I want! • **τα βιβλία ~** your books
σουβενίρ ουσ ουδ άκλ. (ενθύμιο) memento • (για τουρίστες) souvenir
σούβλα ουσ θηλ spit
σουβλάκι ουσ ουδ souvlaki • **~ με πίτα** shish kebab
σουβλερ|ός, -ή, -ό επιθ sharp • (μύτη) pointed
σουβλί ουσ ουδ (μικρή σούβλα) small spit • (εργαλείο) bradawl
σουβλίζω ρ μ (κρέας) to skewer • (αρνί) to roast on a spit ▶ ρ αμ to spend Easter
σουγιάς ουσ αρσ penknife
Σουηδία ουσ θηλ Sweden
σουηδικ|ός, -ή, -ό επιθ Swedish • **σουηδική γυμναστική** Swedish gymnastics εν. ■ **Σουηδικά, Σουηδέζικα** ουσ ουδ πληθ Swedish
Σουηδός ουσ αρσ Swede
σουλτανίνα ουσ θηλ (σταφύλι) sultana grape • (σταφίδα) sultana
σουντόκου ουσ ουδ ουδ άκλ. sudoku
σουξέ ουσ ουδ άκλ. (για τραγούδι) hit • (για ταινία) box-office success

σούπα ουσ θηλ soup

σούπερ-μάρκετ, σουπερμάρκετ ουσ ουδ άκλ. supermarket

σουπιά ουσ θηλ (θαλασσινό μαλάκιο) cuttlefish • (για πρόσ.: πονηρός) sly fox

σούρα[1] ουσ θηλ pleat

σούρα[2] (ανεπ.) ουσ θηλ **γίνομαι** ή **είμαι ~** to be smashed (ανεπ.)

σούρουπο ουσ ουδ dusk

σουρώνω[1] ρ μ (μακαρόνια) to drain • (χαμομήλι) to strain • (φούστα, φόρεμα) to pleat ▶ ρ αμ to pleat

σουρώνω[2] (ανεπ.) ρ αμ to get smashed (ανεπ.)

σουρωτήρι ουσ ουδ (για χαμομήλι, τσάι) strainer • (για μακαρόνια) colander

σουσάμι ουσ ουδ sesame

σούστα ουσ θηλ (καναπέ, κρεβατιού) spring • (φορέματος) press stud

σουτάρω ρ αμ to shoot

σουτζουκάκια ουσ ουδ πληθ spicy meatballs

σουτιέν ουσ ουδ άκλ. bra

σούφρωμα (ανεπ.) ουσ ουδ (ζάρωμα) crease • (γηρατειών) wrinkling • (αργκ.: χρημάτων, πορτοφολιού) pinching (ανεπ.)

σουφρώνω (ανεπ.) ρ αμ (ρούχο, ύφασμα) to crease • (για πρόσ.) to become wrinkled ▶ ρ μ (φόρεμα) to crease • (αργκ.: κλέβω) to pinch (ανεπ.)

σοφία ουσ θηλ wisdom

σοφίτα ουσ θηλ loft

σοφ|ός, -ή, -ό επιθ (άνθρωπος, γέροντας) wise • (επιστήμονας, δάσκαλος) learned • (νέος, παιδί) clever • (κουβέντα, λόγια, επιλογή) wise ▪ **σοφός** ουσ αρσ wise man

σπαγγέτι ουσ ουδ άκλ. = **σπαγκέτι**

σπάγγος ουσ αρσ = **σπάγκος**

σπαγκέτι ουσ ουδ άκλ. spaghetti

σπάγκος ουσ αρσ (λεπτό σχοινί) string • (αρνητ.: για πρόσ.) miser

σπάζω ρ μ to break • (κώδικα) to crack • (μονοτονία) to relieve • (γεύση) to counteract • (προκαταλήψεις) to break down • (παράδοση) to break with ▶ ρ αμ to break • (λάστιχο) to burst • (πόδι, χέρι) to be broken • (δέρμα, πρόσωπο) to wrinkle • (γκίνια, γκαντεμιά) to stop ▪ **σπάζομαι** μεσοπαθ (αργκ.) to be pissed off (ΒΡΕΤ.) (χυδ.), to be pissed (ΑΜΕΡ.) (ανεπ.)

σπαθί ουσ ουδ (ξίφος) sword • (στην τράπουλα) club • **ντάμα/δέκα ~** queen/ten of clubs

σπανάκι ουσ ουδ spinach

σπανακόπιτα ουσ θηλ spinach pie

σπάνια επιρρ rarely

σπανίζω ρ αμ to be rare

σπάνι|ος, -ια, -ιο επιθ (γραμματόσημο, είδος, περιστατικό, περίπτωση) rare • (χαρακτήρας, ομορφιά) exceptional

σπανίως επιρρ = **σπάνια**

σπαράγγι ουσ ουδ asparagus

σπαράζω ρ μ (επίσης: **σπαράσσω**) to tear apart ή to pieces ▶ ρ αμ (σπαρατάρω: επίσης: **σπαράσσω**) to shiver violently • (από τον πόνο) to writhe • (καταθλίβομαι: επίσης: **σπαράσσω**) to be heartbroken

σπαρτά ουσ ουδ πληθ crops

σπαρταρώ ρ αμ to writhe

Σπάρτη ουσ θηλ Sparta

σπάσιμο ουσ ουδ (τζαμιού, ξύλου, δοντιού) breaking • (χεριού) breaking • (αργκ.: έντονος εκνευρισμός) damn nuisance (ανεπ.) • (κώδικα) cracking

σπασμέν|ος, -η, -ο επιθ broken • (αργκ.: εκνευρισμένος) pissed off (ΒΡΕΤ.) (χυδ.), pissed (ΑΜΕΡ.) (ανεπ.)

σπασμός ουσ αρσ spasm

σπαστ|ός, -ή, -ό επιθ (καρέκλα) folding • (Αγγλικά, Ελληνικά) broken • (μαλλιά) wavy • **σπαστό ωράριο** flexitime (ΒΡΕΤ.), flextime (ΑΜΕΡ.)

σπατάλη ουσ θηλ (χρημάτων, χρόνου, δυνάμεων) waste • (εταιρείας) overspending

σπάταλ|ος, -η, -ο επιθ extravagant • (επιχείρηση, διαχείριση) wasteful

σπαταλώ ρ μ to waste

σπάω ρ μ, ρ αμ = **σπάζω**

σπείρα ουσ θηλ (λαθρεμπόρων, αρχαιοκαπήλων) ring • (βίδας) thread • (σχοινιού, ελατηρίου) coil • (δακτυλικών αποτυπωμάτων) whorl • (αγγείου) helix • (κιονόκρανου) volute

σπέρμα ουσ ουδ (Βιολ, Ιατρ) semen • (Βοτ) seed • (διχόνοιας, κακού) seed

σπέρνω ρ μ (χωράφι, σιτάρι) to sow • (πανικό, τρόμο) to spread • (ιδέες) to disseminate

σπέσιαλ επιθ άκλ. special

σπεσιαλιτέ ουσ θηλ άκλ. speciality (ΒΡΕΤ.), specialty (ΑΜΕΡ.)

σπετζοφάι ουσ ουδ άκλ. casserole with sausage, tomatoes and green peppers

σπήλαιο ουσ ουδ (Γεω) cave

σπηλιά ουσ θηλ cave

σπίθα ουσ θηλ (σπινθήρας) spark • (πολέμου) trigger • (έρωτα) spark • (για πρόσ.) bright spark

σπιθαμή ουσ θηλ (ανοικτή παλάμη) span • (μτφ.) inch

σπιθούρι (ανεπ.) ουσ ουδ spot

σπινθήρας ουσ αρσ spark

σπίρτο ουσ ουδ (ασφαλείας) match • (ανεπ.: δυνατό ποτό) strong stuff (ανεπ.) • **ανάβω ένα ~** to strike a match

σπίτι ουσ ουδ (κατοικία) house • (οικογένεια) family • (σπιτικό) home • (νοικοκυριό) household • **κάθομαι ~** to stay at home • **κάνω ή μαζεύω ή τακτοποιώ το ~** to tidy up the house • **πάω ~** to go home • **σαν στο ~ σου!** make yourself at home! • **εξοχικό ~** country house

σπιτικό ουσ ουδ (σπίτι) home • (νοικοκυριό) household

σπιτικ|ός, -ή, -ό επιθ (φαγητό, γλυκό) homemade • (ζωή) home • (ατμόσφαιρά) homely (ΒΡΕΤ.), homey (ΑΜΕΡ.) • **σπιτικές δουλειές** housework εν.

σπιτονοικοκυρά ουσ θηλ landlady

σπιτονοικοκύρης ουσ αρσ landlord

σπλήνα ουσ θηλ (Ανατ: επίσης: **σπλήνας**) spleen • (φαγητό) spleen

σπλήνας ουσ αρσ βλ. **σπλήνα**

σπόγγος ουσ αρσ sponge
σπονδυλικ|ός, -ή, -ό επιθ vertebral
• **σπονδυλική στήλη** spinal ή vertebral column
σπόνδυλος ουσ αρσ vertebra
σπορ ουσ ουδ άκλ. sport • **ντύνομαι ~** to dress casually • **~ αυτοκίνητο** sports car ▪ **σπορ** ουσ ουδ πληθ sports
Σποράδες ουσ θηλ πληθ **οι ~** the Sporades
σποραδικ|ός, -ή, -ό επιθ (βροχοπτώσεις) scattered • (πυρά) sporadic
σπόρος ουσ αρσ (Βοτ) seed • (σπέρμα) sperm • (ανεπ.: απόγονος) offspring
σποτ ουσ ουδ άκλ. (σύντομο διαφημιστικό) commercial • (φορητό φωτιστικό) spotlight
σπουδάζω ρ αμ (ακολουθώ κύκλο σπουδών) to study • (μορφώνομαι) to get an education ▶ ρ μ to study
σπουδαί|ος, -α, -ο επιθ (απόφαση, υπόθεση, παιχνίδι, εφεύρεση) important • (νέα) big • (παράγοντας) important • (ηθοποιός) top • (επιστήμονας) top • (γιατρός, έργο) excellent • (κερδοφόρος: δουλειά) big • (σωστός: άνθρωπος, χαρακτήρας) decent • **σπουδαία δικαιολογία βρήκες!** (ειρων.) that's a fine excuse! • **~ φίλος είσαι!** (ειρων.) you're a fine friend!
σπουδαιότητα ουσ θηλ importance
σπουδασμέν|ος, -η, -ο επιθ educated
σπουδαστής ουσ αρσ student
σπουδάστρια ουσ θηλ βλ. **σπουδαστής**
σπουδή ουσ θηλ (μελέτη) study • (γρηγοράδα) haste ▪ **σπουδές** πληθ studies • **κύκλος σπουδών** course • **μεταπτυχιακές σπουδές** post-graduate studies • **οδηγός σπουδών** course prospectus • **τίτλος σπουδών** qualification
σπουργίτης ουσ αρσ = **σπουργίτι**
σπουργίτι ουσ ουδ sparrow
σπρέι ουσ ουδ άκλ. spray
σπρίντερ ουσ αρσ άκλ., ουσ αρσ, ουσ θηλ sprinter
σπρωξιά ουσ θηλ push
σπρώξιμο ουσ ουδ push
σπρώχνω ρ μ to push • (παρασύρω) to drive ▶ ρ αμ to push
σπυράκι ουσ ουδ spot
σπυρί ουσ ουδ grain • (εξάνθημα) spot • **βγάζω σπυριά** (οικ.) it turns my stomach
στάβλος ουσ αρσ (αλόγων) stable • (αγελάδων) stall • (μτφ.) mess
σταγόνα ουσ θηλ drop • **~ βροχής** raindrop ▪ **σταγόνες** πληθ (Φαρμ) drops
σταδιακ|ός, -ή, -ό επιθ gradual
στάδιο ουσ ουδ (Αθλ) stadium • (ανάπτυξης, διαδικασίας, θεραπείας) stage
σταδιοδρομία ουσ θηλ career
σταθερά¹ ουσ θηλ (Φυσ, Μαθ) constant
σταθερά² επιρρ steadily
σταθεροποιώ ρ μ to stabilize
σταθερ|ός, -ή, -ό επιθ (χέρι, φωνή, βήμα) steady • (γέφυρα, σκάλα) stable • (θερμοκρασία) even • (ταχύτητα, πτώση τιμών) steady • (καιρός) settled • (τιμές, νόμισμα) stable • (απασχόληση, παράγοντας) constant • (απόφαση) firm

• (πιστός: φίλος) firm • (: σχέση) stable • (: απόψεις, αρχές) unwavering • **σταθερό τηλέφωνο** land line
σταθερότητα ουσ θηλ (χεριού, φωνής) steadiness • (νομίμας) stability • (καιρού, τιμών, αγοράς, οικονομίας) stability • (θερμοκρασίας) evenness • (ταχύτητας) steadiness • (απόφασης) firmness
σταθμάρχης ουσ αρσ stationmaster
στάθμευση ουσ θηλ parking
σταθμεύω ρ αμ (οδηγός, όχημα) to park • (ταξιδιώτες, στρατιώτες) to stop ▶ ρ μ to park
στάθμη ουσ θηλ (αλφάδι) plumb line • (νερού, λίμνης, θάλασσας) level • (επίπεδο) level
σταθμίζω ρ μ (ζυγίζω) to weigh • (αλφαδιάζω) to plumb • (μτφ.) to weigh up
σταθμός ουσ αρσ station • **ηλεκτρικός ~** power plant • **τηλεοπτικός ~** TV station
στάλα (λογοτ.) ουσ θηλ drop
σταλαγματιά (λογοτ.) ουσ θηλ drop
σταλάζω ρ μ (κονιάκ, φάρμακο) to drip • (μτφ.) to instil (ΒΡΕΤ.), to instill (ΑΜΕΡ.) ▶ ρ αμ to drip
σταματώ ρ αμ to stop • (μάθημα) to end • (ταξιδιώτες) to stop off ▶ ρ μ to stop • (εχθρό) to intercept • (σχολείο) to drop out • **σταμάτα (πια)!** stop it! • (μη μιλάς) be quiet!
στάμνα ουσ θηλ pitcher
σταρ ουσ αρσ άκλ., ουσ αρσ, ουσ θηλ star
στάρι ουσ ουδ = **σιτάρι**
στάση ουσ θηλ (σώματος) position • (σταμάτημα: οδηγού, οχήματος) stop • (πληρωμών, συναλλαγών) suspension • (συμπεριφορά) attitude • (εξέγερση) rebellion • (για πλήρωμα, στρατιώτες) mutiny • **κάνω ~** (οδηγός, λεωφορείο) to stop • **~ εργασίας** stoppage • **~ λεωφορείου** bus stop
στάσιμ|ος, -η, -ο επιθ stagnant • (κατάσταση υγείας) stable • (μαθητής) not progressing • **κρίνομαι ~ για προαγωγή** to be judged unfit for promotion
στασιμότητα ουσ θηλ stagnation • (συνομιλιών) deadlock
στατιστική ουσ θηλ statistics εν.
σταύλος ουσ αρσ = **στάβλος**
σταυροδρόμι ουσ ουδ crossroads πληθ.
σταυρόλεξο ουσ ουδ crossword (puzzle)
σταυροπόδι επιρρ **κάθομαι ~** to sit cross-legged
σταυρός ουσ αρσ cross • **Ερυθρός Σταυρός** Red Cross • **Τίμιος Σταυρός** Holy Cross
σταυροφορία ουσ θηλ (Ιστ) Crusade • (μτφ.) crusade
σταυρώνω ρ μ (θανατώνω με σταύρωση) to crucify • (ταλαιπωρώ) to pester • (ξύλα, πόδια) to cross • **~ τα χέρια** to cross one's arms • (μτφ.) to do nothing
σταφίδα ουσ θηλ (αμπέλι) vineyard • (καρπός) raisin
σταφιδόψωμο ουσ ουδ raisin ή currant bread
σταφυλή ουσ θηλ uvula
σταφύλι ουσ ουδ grapes πληθ.
στάχτη ουσ θηλ (ξύλου, τσιγάρου) ash χωρίς πληθ. • (νεκρού) ashes πληθ.
σταχτ|ής, -ιά, -ί επιθ grey (ΒΡΕΤ.), gray (ΑΜΕΡ.)

■ **σταχτί** ουσ ουδ άκλ. ash (grey (ΒΡΕΤ.) ή gray (ΑΜΕΡ.))

σταχτοδοχείο ουσ ουδ ashtray

σταχτοθήκη ουσ θηλ = **σταχτοδοχείο**

στάχυ ουσ ουδ ear (of corn)

στεγάζω ρ μ (σεισμοπαθείς, πρόσφυγες) to shelter • (σπίτι) to roof • (γήπεδο) to cover ■ **στεγάζομαι** μεσοπαθ to be housed

στεγανό|ς, -ή, -ό επιθ watertight ■ **στεγανά** ουσ ουδ πληθ bulkheads

στέγη ουσ θηλ (σκεπή) roof • (σπίτι) house

στεγνοκαθαριστήριο ουσ ουδ dry-cleaner's

στεγν|ός, -ή, -ό επιθ (ρούχα, ξύλα, μάτια) dry • (άνθρωπος, φωνή, ύφος) dull ■ **στεγνό καθάρισμα** dry-cleaning

στέγνωμα ουσ ουδ drying

στεγνώνω ρ μ το dry ▶ ρ αμ (άνθρωπος) to dry oneself • (σεντόνι) to dry • (λαιμός, στόμα) to go dry

στείβω ρ μ = **στύβω**

στέκα ουσ θηλ (μπιλιάρδου) cue • (για μαλλιά) hairpin • (μειωτ.: για πρόσ.) beanpole (ανεπ.)

στέκι ουσ ουδ haunt

στέκομαι ρ αμ (παύω να προχωρώ: επίσης: **στέκω**) to stop • (είμαι όρθιος: επίσης: **στέκω**) to stand (up) • (κάστρο, εκκλησία: επίσης: **στέκω**) to stand • (πορτατίφ, βάζο) to stand up • (αποδεικνύομαι) to be • **στάσου ένα λεπτό!** wait a minute!

στέκω (προφορ., λογοτ.) ρ αμ **στέκει, στέκουν** τριτοπρόσ to stand up • βλ. κ. **στέκομαι**

στέλεχος ουσ ουδ (επιχείρησης, τράπεζας) executive • (κόμματος) official • (Στρατ) cadre • (τμήμα διπλότυπου μπλοκ) counterfoil

στέλνω ρ μ to send

στέμμα ουσ ουδ crown

στεναγμός ουσ αρσ (αναστεναγμός) sigh • (θρήνος) lamenting

στενάζω ρ αμ (αναστενάζω) to sigh • (θρηνώ) to lament

στεναχωρημέν|ος, -η, -ο επιθ = **στενοχωρημένος**

στεναχώρια ουσ θηλ = **στενοχώρια**

στεναχωρώ ρ μ = **στενοχωρώ**

στένεμα ουσ ουδ (παντελονιού, φούστας) taking in • (δρόμου) narrowing • **χρειάζεται ή θέλει ~** (ρούχα) it needs taking in

στενεύω ρ μ (παντελόνι, φούστα) to take in • (για παπούτσια) to be too tight for ▶ ρ αμ (δρόμος) to narrow • (περιβλήματα, ορίζοντες) to be narrow

στενό ουσ ουδ alley ■ **στενά** πληθ straits

στενογραφία ουσ θηλ shorthand

στενοκέφαλ|ος, -η, -ο επιθ (ξεροκέφαλος) narrow-minded • (ξεροκέφαλος) stubborn

στενόμυαλ|ος, -η, -ο επιθ = **στενοκέφαλος**

στεν|ός, -ή, -ό επιθ (παπούτσια, ρούχα) tight • (δρόμος) narrow • (δωμάτιο) cramped • (χώρος) confined • (συγγενείς, συνεργασία) close • (φίλος) close • (σχέσεις) intimate • (κύκλος) close • (μυαλό) narrow

στενότητα ουσ θηλ (χώρου, δωματίου) crampedness • (δρόμου) narrowness • (πνεύματος) narrowness • (χρημάτων, χρόνου) lack • (σχέσης) closeness

στενοχωρημέν|ος, -η, -ο επιθ sad • **είμαι/ φαίνομαι ~** to be/look sad ή upset

στενοχώρια ουσ θηλ sadness ■ **στενοχώριες** πληθ troubles

στενόχωρ|ος, -η, -ο επιθ (σπίτι, δωμάτιο) cramped • (που δυσφορεί εύκολα) easily upset • (απασχόληση, δουλειά, νέα, ειδήσεις) distressing

στενοχωρώ ρ μ to upset ■ **στενοχωρούμαι, στενοχωριέμαι** μεσοπαθ to be upset

στερε|ός, -ή -ά, -ό επιθ (σώμα, καύσιμα, τοίχος, έδαφος) solid • (επίσης: **στέρεος**) sound • (επίσης: **στέρεος**) firm • **Στερεά Ελλάδα** Central Greece

στέρεος επιθ βλ. **στερεός**

στερεοφωνικ|ός, -ή, -ό επιθ stereo • **στερεοφωνικό (συγκρότημα)** stereo (sound)

στερεύω ρ μ (ποταμός, πηγή) to dry up • (μτφ.: δάκρυα) to dry

στερεώνω ρ μ (τραπέζι) to make stable • (ράφι) to fix • (παράθυρο) to prop up • (μαλλιά) to pin up ή back • (φιλία) to cement ▶ ρ αμ **στεριώνω** ή ~ **σε μια δουλειά** to have a steady job

στέρηση ουσ θηλ loss ■ **συναισθηματική ~** emotional deprivation ■ **στερήσεις** πληθ deprivation εν.

στεριά ουσ θηλ land

στερλίνα ουσ θηλ sterling

στέρνα ουσ θηλ water tank

στέρνο ουσ ουδ sternum

στερώ ρ μ **~** κποιου κτ ή από κπν κτ to deprive sb of sth ■ **στερούμαι** μεσοπαθ (οικογένεια) to miss • (φαγητό, ρούχα) to want for • (υπηρεσίες) to do without

στέφανα ουσ ουδ πληθ wedding wreaths

στεφάνη ουσ θηλ (βαρελιού) hoop • (τροχού) rim • (στην καλαθοσφαίριση) rim

στεφάνι ουσ ουδ (γενικότ.) wreath • (στην καλαθοσφαίριση) rim • (βαρελιού) hoop • (νυφικός στέφανος) wedding wreath • (νόμιμος σύζυγος) spouse

στεφανώνω ρ μ (νικήτή, αθλητή) to crown • (παντρεύω) ≈ to be best man to ■ **στεφανώνομαι** μεσοπαθ to get married

στηθόδεσμος ουσ αρσ bra

στήθος ουσ ουδ (Ανατ) chest • (μαστοί γυναίκας) breasts πληθ. • (Μαγειρ) breast

στήλη ουσ θηλ (Αρχαιολ) pillar • (καπνού) pillar • (εφημερίδας) column • **επιτύμβια ~** headstone • **ηλεκτρική ~** battery

στήνω ρ μ (κοντάρι, μπουκάλι) to stand • (τέντα) to pitch • (καταυλισμό) to set up • (άγαλμα, μνημείο) to put up • (επιχείρηση, εταιρεία) to set up • (παράσταση) to put on • (αρνητ.: αγώνα, διαγωνισμό) to fix • (μοντάρω: μηχανή) to mount • (: πλατφόρμα) to erect • ~ **κπν** (σε ραντεβού) to stand sb up ■ **στήνομαι** μεσοπαθ to hang around

στήριγμα ουσ ουδ support • (μέσο στήριξης) prop

στηρίζω ρ μ (υποβαστάζω) to support • (σκάλα) to stand • (αγκώνες, κεφάλι) to rest • (βοηθώ) to support • (ιδέα, κόμμα, προστάθεια) to support • (απόφαση, απόψεις) to base • (ελπίδες) to pin

■ **στηρίζομαι** μεσοπαθ **στηρίζομαι • σε** to rely on
στήριξη ουσ θηλ (στερέωση) support • (σκάλας) standing • (κεφαλιού) resting
στήσιμο ουσ ουδ (πασσάλου, σημαίας) putting up • (τέντας) pitching • (κεραίας) putting up • (επιχείρησης, νοικοκυριού) setting up • (παράστασης) putting on • (σε ραντεβού) standing up • (αγώνα) fixing
στιβάδα ουσ θηλ layer
στίβος ουσ αρσ (σταδίου) track • (ιπποδρόμου) racecourse (ΒΡΕΤ.), racetrack (ΑΜΕΡ.) • (ΑΘΛ: αγωνίσματα) athletics πληθ. (ΒΡΕΤ.), track and field (ΑΜΕΡ.) • (μτφ.) arena
στίγμα ουσ ουδ (κηλίδα) spot • (σπάν.: λεκές) mark • (ηθική κηλίδα) disgrace • (για πλοίο, αεροπλάνο) position • (Βοτ) stigma
στιγματίζω ρ μ (σημειώνω με στίγματα) to spot • (στηλιτεύω) to condemn • (επιδρώ: ζωή, περιοχή) to mark • (υπόληψη, φήμη) to tarnish • (επέτειο) to cast a pall over
στιγμή ουσ θηλ moment • **ανά πάσα ~** at any time • **από ~ σε ~** any moment ή time (now) • **από τη μια ~ στην άλλη** from one moment to the next • **από τη ~ που** (αφότου) from the moment (that) • (εφόσον) seeing as • **μέχρι στιγμής** up until ή to now • **μια ~!** I hang on a minute! • **την τελευταία ~** at the last minute
στιγμιαί|ος, -α, -ο επιθ (λάμψη) brief • (ξέσπασμα) momentary • (καφές) instant
στικάκι ουσ ουδ άκλ. memory stick
στιλέτο ουσ ουδ stiletto (knife)
στιφάδο ουσ ουδ meat stewed in onions and tomato sauce
στίφος ουσ ουδ horde
στίχος ουσ αρσ verse ■ **στίχοι** πληθ lyrics
στοά ουσ θηλ (Αρχαιολ) stoa • (πέρασμα) passageway • (λαγούμι) gallery • **εμπορική ~** shopping arcade • **τεκτονική ~** Masonic lodge
στοίβα ουσ θηλ pile
στοιβάζω ρ μ (βιβλία, ρούχα, ξύλα) to put in a pile • (στριμώχνω σε στενό χώρο) to cram ■ **στοιβάζομαι** μεσοπαθ to cram
στοιχείο ουσ ουδ (μέρος συνόλου) element • (Φυσ, Χημ) element • (Τυπογρ) type • (πρόοδος, ευημερίας) factor • (απόδειξη) proof χωρίς πληθ. • (πληροφορίες) information χωρίς πληθ. • (θεμελιώδεις γνώσεις) basics πληθ. • **αποδεικτικό ~** proof χωρίς πληθ. • **περιουσιακά στοιχεία** assets ■ **στοιχεία** πληθ (δεδομένα) data
στοιχειώδ|ης, -ης, -ες επιθ (γραμματική, αρχή) basic • (ανάγκη, δικαιώματα) basic • (γνώσεις) basic • **~ εκπαίδευση** primary education (ΒΡΕΤ.), elementary education (ΑΜΕΡ.)
στοίχημα ουσ ουδ bet • (ποσό) stake • **βάζω ~** to make a bet • (επίσης: μτφ.) to bet
στοιχηματίζω ρ μ to bet ▸ ρ αμ to bet
στοιχίζω ρ μ (κοστίζω) to cost • (προξενώ λύπη: θάνατος, χωρισμός) to upset • (διατάσσω σε στοίχους) to line up ▸ ρ αμ (κοστίζω) to cost • (έχω υψηλό κόστος) to cost a lot • **~ φθηνά** to be cheap • **~ ακριβά** ή **πολύ** to cost a lot
στοίχος ουσ αρσ line
στολή ουσ θηλ uniform • **αστυνομική ~** police

uniform • **~ για καταδύσεις** wet suit • **~ δύτη** diving suit • **~ του σκι** ski suit • **στρατιωτική ~** military uniform
στολίδι ουσ ουδ (κόσμημα) jewel • (μπιχλιμπίδι) bauble • **χριστουγεννιάτικα στολίδια** Christmas decorations
στολίζω ρ μ (χριστουγεννιάτικο δέντρο, σπίτι) to decorate • (νύφη) to dress up • (δρόμο, λόφο) to adorn ■ **στολίζομαι** μεσοπαθ to dress up
στόλισμα ουσ ουδ (δέντρου, σπιτιού) decorating • (στολίδι) adornment
στολισμός ουσ αρσ (δέντρου, σπιτιού, εκκλησίας) decorating • (στολίδι) adornment
στόλος ουσ αρσ fleet
στόμα ουσ ουδ mouth • **από το ~ μου το πήρες** you took the words (right) out of my mouth • **μ' ένα ~** with one voice
στομάχι ουσ ουδ stomach
στοπ ουσ ουδ άκλ. (γενικότ.) stop • (σήμα της Τροχαίας) stop sign • (αυτοκινήτου) brake light • **κάνω ~** to stop
στοργή ουσ θηλ affection
στοργικ|ός, -ή, -ό επιθ (φροντίδα, περιποιήσεις, σχέση) loving • (φιλί, λόγος) affectionate • (ματιά) affectionate • (μάνα, αδελφός) loving
στοχάζομαι ρ μ to think of ▸ ρ αμ to reflect (για on)
στοχασμός ουσ αρσ thought
στόχος ουσ αρσ target • (σκοπός) aim
στραβά επιρρ (λοξά) crookedly • (εσφαλμένα) wrongly
στραβομάρα ουσ θηλ = **στραβωμάρα**
στραβ|ός, -ή, -ό επιθ (μύτη, γραμμές, ξύλο) crooked • (τοίχος, κολόνα) leaning • (στέγη) sloping • (μειωτ.: τυφλός) blind
στραβωμάρα ουσ θηλ (οικ.) blindness
στραβώνω ρ μ (κλειδί) to bend • (ξύλο) to warp • (κεφάλι, λαιμό) to twist (around) • (δουλειά) to mess up • (τυφλώνω) to blind • (με φώτα) to dazzle ▸ ρ αμ (γίνομαι στραβός) to bend • (ξύλα) to warp • (χαλάω: δουλειά) to go wrong ■ **στραβώνομαι** μεσοπαθ (γίνομαι τυφλός) to go blind • (κουράζω πολύ τα μάτια) to strain one's eyes
στραγάλι ουσ ουδ roasted chickpea
στραγγαλίζω ρ μ to strangle
στραγγίζω ρ μ (ρούχα, νερό, σφουγγάρι) to wring out • (γάλα, κρασί) to strain ▸ ρ αμ (ρούχα) to drip • (πιάτα) to drain
στραγγιστήρι ουσ ουδ draining board (ΒΡΕΤ.), drain board (ΑΜΕΡ.)
στραμπουλίζω ρ μ to sprain
στρατατσάρω ρ μ (αυτοκίνητο) to wreck • (φόρεμα, ζωή) to ruin • (εξευτελίζω) to humiliate
στράταρχης ουσ αρσ field marshal
στράτευμα ουσ ουδ army
στρατεύομαι ρ αμ to join the army
στρατηγείο ουσ ουδ headquarters
στρατηγική ουσ θηλ strategy
στρατηγός ουσ αρσ general
στρατιά ουσ θηλ army
στρατιώτης ουσ αρσ (Στρατ) soldier • (μτφ.: ειρήνης) advocate

στρατιωτικό ουσ ουδ military service
στρατιωτικ|ός, -ή, -ό επιθ (θητεία, εξοπλισμός, δύναμη, σχολή, ισχύς) military • (νοσοκομείο, βάση, μονάδα) army ■ **στρατιωτικός** ουσ αρσ commissioned officer
στρατολογία ουσ θηλ (κλήση) enlistment • (υπηρεσία) (army) recruiting office
στρατόπεδο ουσ ουδ camp • ~ **συγκεντρώσεως** concentration camp
στρατός ουσ αρσ army
στρείδι ουσ ουδ oyster
στρες ουσ ουδ άκλ. stress
στρέφω ρ μ to turn • (προσπάθειες) to direct ■ **στρέφομαι** μεσοπαθ to turn (προς το ή towards)
στρίβω ρ μ (σβούρα, τιμόνι) to spin • (νήμα, σκοινί) to twist • (κεφάλι) to twirl • (κεφάλι) to turn • (λαιμό: με συναίσθημα πόνου) to crick ▶ ρ αμ (τιμόνι) to spin • (άνθρωπος, αυτοκίνητο, οδηγός, δρόμος) to turn
στριμμέν|ος, -η, -ο επιθ (τσιγάρο) rolled • (σχοινί) twisted • (για πρόσ.) grouchy
στριμωγμέν|ος, -η, -ο μτχ (επιβάτες) crushed • (έπιπλα) crammed in • (οικονομικά) in a tight spot • **στριμωγμένοι σαν σαρδέλες** packed in ή crammed in like sardines
στριμώχνω ρ μ (ρούχα, έπιπλα, κόσμο) to squeeze in • (σπρώχνω) to crush • (φέρνω σε αδιέξοδο) to corner • (φέρνω σε δύσκολη θέση) to put on the spot • (για σωματική βία) to pin down • (για ερωτικό σκοπό) to get alone • (κολλάω πάνω) to squeeze up ■ **στριμώχνομαι** μεσοπαθ (οικονομικά) to be hard up
στριφογυρίζω ρ μ to spin ▶ ρ αμ (περιστρέφομαι) to spin • (στο κρεβάτι) to toss and turn
στριφογυρνώ ρ μ, ρ αμ = **στριφογυρίζω**
στριφτ|ός, -ή, -ό επιθ twisted • **στριφτό τσιγάρο** roll-up
στρογγυλ|ός, -ή, -ό επιθ round • ~ **αριθμός** round number
στροφή ουσ θηλ (περιστροφή) turn • (μηχανής, κινητήρα, ουρανίων σωμάτων, δίσκου μουσικής) revolution • (αλλαγή κατευθύνσεως) turn • (στρίψιμο: σώματος, οχήματος) turning • (πλοίου) tacking • (για δρόμο: καμπή) bend • (διακλάδωση) turning • (ποιήματος) stanza • (τραγουδιού) verse • **ανοιχτή/κλειστή** ~ wide/ sharp bend ή turn • **παίρνω ανοιχτά/κλειστά μια** ~ to take a wide/sharp turn
στρόφιγγα ουσ θηλ tap
στρυμώχνω ρ μ = **στριμώχνω**
στρυφν|ός, -ή, -ό επιθ (για πρόσ.) grouchy • (φυσιογνωμία, έκφραση) sour • (ύφος, κείμενο) abstruse
στρώμα ουσ θηλ (για κρεβάτι) mattress • (λάσπης, σκόνης) layer • (πάγου) layer • (χιονιού, ομίχλης) blanket • (φύλλων) carpet • (κρεβάτι) bed
στρώνω ρ μ (σεντόνια, κουβέρτα) to spread • (καλύπτω επιφάνεια: αυλή, δρόμο) to cover • (: με πλακάκια, μωσαϊκό) to tile • (: με μάρμαρο, πλάκες) to pave • (: με μπετόν) to lay • (μαλλιά) to tidy • (μουστάκι) to smooth down • (σακάκι)

to smooth down ή out • (μτφ.: για πρόσ.) to bring into line ▶ ρ αμ (φόρεμα, φούστα, γιακάς) to fit • (μαλλιά, τσουλούφι) to lie flat • (πράγματα, δουλειά) to settle down • (μηχανή) to run smoothly • (καιρός) to clear up • (για πρόσ.) to settle down • **θα σου στρώσω το κρεβάτι** I'll make a bed up for you • ~ **το κρεβάτι** to make the bed • ~ **το τραπέζι** to set the table ■ **στρώνομαι** μεσοπαθ (αρνητ.) to install oneself
στρώση ουσ θηλ layer
στρωτ|ός, -ή, -ό επιθ (επιφάνεια, δρόμος) smooth • (βάδισμα) even • (ζωή) regular • (γλώσσα, ύφος, σύνταξη) flowing • (φόρεμα) well-fitting
στύβω ρ μ (ντομάτες, λεμόνια, πορτοκάλια) to squeeze • (σταφύλια) to press • (ρούχα, πετσέτα) to wring out • (άνθρωπο: σωματικά, πνευματικά) to drain • (οικονομικά) to bleed dry
στυλ ουσ ουδ άκλ. style • **έχω** ~ to have style
στυλό ουσ ουδ άκλ. pen
στύλος ουσ αρσ (κολόνα) post • (σκηνής) pole • (ναού) pillar • (ηλεκτροδοτήσεως) pylon
στυλώνω ρ μ (σπίτι, τοίχο, σκεπή) to prop up • (μτφ.: φαγητό, εμπιστοσύνη) to give strength to • (: κρασί) to buck up • (αφή) to prick up • (βλέμμα) to fix ■ **στυλώνομαι** μεσοπαθ to get one's strength back
στύση ουσ θηλ erection • **έχω** ~ to have an erection
στυφ|ός, -ή, -ό επιθ sour • (γεύση) bitter
στωικ|ός, -ή, -ό επιθ (φιλοσοφία, αντίληψη) Stoic • (ύφος, απάθεια) stoic(al) ■ **στωικός** ουσ αρσ (Φιλοσ) Stoic
SUV ουσ ουδ SUV
συγγένεια ουσ θηλ (κυριολ.) relationship • (μτφ.: ομοιότητα) similarity • (γλωσσών) common roots πληθ. • ~ **εξ αίματος** blood relationship • ~ **εξ αγχιστείας** relationship by marriage
συγγενεύω ρ αμ (είμαι συγγενής) to be related • (μτφ.) to be related (με to) • (μοιάζω) to be similar
συγγεν|ής[1], -ής, -ές επιθ (παρεμφερής) related • (νόσος, διαταραχή) congenital
συγγενής[2] ουσ αρσ, ουσ θηλ relative • **στενός/ μακρινός** ~ close/distant relative ■ **συγγενείς** ουσ αρσ πληθ relatives
συγγνώμη ουσ θηλ forgiveness • **ζητώ** ~ **(από σε κπν)** to apologize (to sb) • ~! I'm sorry!
συγγραφέας ουσ αρσ, ουσ θηλ writer • **θεατρικός** ~ playwright
συγγράφω ρ μ (επίσ.) to write
συγκαλύπτω ρ μ (αλήθεια) to cover up • (γεγονός) to disguise • (σκάνδαλο) to hush up
συγκαλώ ρ μ (συνέλευση) to call • (επιτροπή, συμβούλιο) to convene
συγκατάθεση ουσ θηλ consent • **δίνω τη συγκατάθεσή μου** to give one's consent
συγκατατίθεμαι ρ αμ αποθ. to accept
συγκατοίκηση ουσ θηλ (γενικολ.) living together • (συνοίκηση) sharing • **ζητείται φοιτητής για** ~ looking for a student to share
συγκάτοικος ουσ αρσ, ουσ θηλ flatmate (Βρετ.), roommate (Αμερ.)

συγκατοικώ ρ αμ to live together
συγκεκριμέν|ος, -η, -ο επιθ (οδηγίες, έννοια) precise • (καθορισμένος: αριθμός, πρόταση) specific • (: ο εν λόγω) particular • (σαφής: για πρόσ.) clear
συγκεντρώνω ρ μ (στοιχεία, πληροφορίες) to gather • (φίλους, συνεργάτες) to gather • (στρατεύματα) to mass • (υπογραφές, χρήματα) to collect • (βαθμολογία) to get • (χαρίσματα, προσόντα) to have • (προσοχή) to focus • (δυνάμεις) to gather • (ενδιαφέρον) to draw ■ **συγκεντρώνομαι** μεσοπαθ (διανοητικά) to concentrate • (συναθροίζομαι) to gather
συγκέντρωση ουσ θηλ (στρατευμάτων) concentration • (σύναξη) meeting • (συνάθροιση) get-together • (οικογενειακή) gathering • (πρόσωπα που συναθροίζονται) crowd • (πληροφοριών, αποδεικτικών στοιχείων) gathering • (χρημάτων, υπογραφών) collection
συγκίνηση ουσ θηλ (γενικότ.) emotion • (έντονη χαρά) excitement • (αναγνώστη) moving • νιώθω ~ to feel moved
συγκινητικ|ός, -ή, -ό επιθ moving
συγκινώ ρ μ (ιστορία, δράμα, ανάμνηση) to move • (ταξίδια, ιδέες, τέχνη) to appeal to • (θάνατος φίλου, γονιών) to affect ■ **συγκινούμαι** μεσοπαθ to be emotional
συγκλίνω ρ αμ to converge
συγκλονίζω ρ μ (ταράσσω: χώρα, σεισμός) to shake • (: σκάνδαλο, γεγονός) to rock • (προκαλώ έντονη ψυχική ταραχή) to shock
συγκλονιστικ|ός, -ή, -ό επιθ shocking
συγκοινωνία ουσ θηλ (σύνδεση) communications πληθ. • (μεταφορά προσώπων, πραγμάτων) transport • (λεωφορείο, τρόλεϊ) public transport
συγκολλώ ρ μ (με κόλλα) to glue • (με καλάι) to solder • (με οξυγόνο) to weld
συγκομιδή ουσ θηλ (σοδειά) crop • (μάζεμα) harvesting
συγκοπή ουσ θηλ (Ιατρ) fainting • (καρδιάς) failure • (Γλωσσ) contraction • (Μουσ) syncopation
συγκρατημέν|ος, -η, -ο μτχ (άνθρωπος, γέλιο) restrained • (αισιοδοξία) mild • (αύξηση) moderate • (εκτιμήσεις) conservative
συγκρατώ ρ μ (στερεώνω) to hold (in place) • (στηρίζω) to support • (κρατώ μέσα: νερό) to retain • (διαδηλωτές, δράστη) to hold back • (θυμό, ορμές) to hold in check • (χαρά, ενθουσιασμό) to contain • (δάκρυα) to hold back • (ανάσα) to hold • (πληθωρισμό) to curb • (τιμές) to hold down • (γεγονός, κατάσταση, όνομα, έννοια) to remember ■ **συγκρατούμαι** μεσοπαθ to control oneself
συγκρίνω ρ μ to compare ■ **συγκρίνομαι** μεσοπαθ **συγκρίνομαι με** (παραβάλλομαι προς) to be compared to • (θεωρούμαι ισάξιος) to compare with
σύγκριση ουσ θηλ comparison • **σε ~ με** compared to • **μέτρο σύγκρισης** benchmark
συγκριτικ|ός, -ή, -ό επιθ comparative • ~ (βαθμός) comparative (degree)
συγκρότημα ουσ ουδ (σύνολο κτηρίων,

κατοικιών) complex • (ποπ, λαϊκής μουσικής: επίσης: **μουσικό ~**) group • (ροκ) group • (τζαζ, χορευτικό) band
συγκρούομαι ρ αμ αποθ. (αυτοκίνητο, αεροσκάφη) to collide (με with) • (συμφέροντα) to clash • (συμπλέκομαι) to clash • (έρχομαι σε ρήξη) to clash
σύγκρουση ουσ θηλ (αεροπλάνων, πλοίων, αυτοκινήτων) collision • (συμπλοκή) clash • (συμφερόντων, απόψεων) clash
συγκυρία ουσ θηλ circumstances πληθ.
συγνώμη ουσ θηλ = **συγγνώμη**
συγυρίζω ρ μ το tidy up • (μτφ.) to deal with ▶ ρ αμ to tidy up ■ **συγυρίζομαι** μεσοπαθ to tidy oneself up
συγχαίρω ρ μ to congratulate (για on)
συγχαρητήρια ουσ ουδ πληθ congratulations • **δίνω ~ σε κπτν** to congratulate sb
συγχρονίζω ρ μ to synchronize
σύγχρον|ος, -η, -ο επιθ (τωρινός: θεωρίες, κόσμος, κοινωνία) contemporary • (: τέχνη, μουσική) modern • (: ζωή) modern-day • (μοντέρνος: σύστημα, λεξικό) up-to-date • (: τεχνολογία, απόψεις, κτήρια) modern • (: για πρόσ.) modern • (ταυτόχρονος: δράση, συζητήσεις, έρευνες) simultaneous ■ **σύγχρονος** ουσ αρσ, **σύγχρονη** ουσ θηλ contemporary
συγχρόνως επιρρ at the same time
συγχύζω ρ μ to upset ■ **συγχύζομαι** μεσοπαθ to get upset
σύγχυση ουσ θηλ (αναταραχή) commotion • (μπέρδεμα) confusion • (στενοχώρια) upset
συγχυσμέν|ος, -η, -ο επιθ (εξοργισμένος) upset • (μπερδεμένος) confused
συγχώρηση ουσ θηλ, **συγχώρεση** forgiveness
συγχωρώ ρ μ (δίνω τη συγγνώμη) to forgive • (επιτρέπω: αναβολές, αδιαφορία, αφέλεια) to tolerate • **με συγχωρείτε, επαναλαμβάνετε; excuse me** ή I'm sorry, can you repeat that?
συζήτηση ουσ θηλ (ανταλλαγή απόψεων) discussion • (κάθε συνομιλία) conversation • (ζωηρός και εκτενής διάλογος) argument • (δημόσια) debate • (διαμάχη) controversy • **πιάνω ~ με κπτν** to fall into conversation with sb
συζητώ ρ μ (θέμα, πρόβλημα) to discuss • (προσωπικά, διαφορές) to talk about • (σχολιάζω) to talk about ▶ ρ αμ to talk (για about) ■ **συζητιέμαι** μεσοπαθ (πρόταση, ζήτημα) to be discussed • (ηθοποιός) to be talked about
συζυγικ|ός, -ή, -ό επιθ (απιστία, δεσμός, προβλήματα, ευτυχία) marital • (ζωή) married • (αγάπη, κλίνη, δικαιώματα, καθήκοντα) conjugal
σύζυγος ουσ αρσ, ουσ θηλ spouse • (άντρας) husband • (γυναίκα) wife ■ **σύζυγοι** πληθ couple εν.
συζώ ρ αμ to live together • **~ με κπτν** to live with sb
συκιά ουσ θηλ fig tree
σύκο ουσ ουδ fig
συκώτι ουσ ουδ liver

συλλαβή ουσ θηλ syllable
συλλαμβάνω ρ μ (άνθρωπο) to arrest • (για θήραμα, ζώο) to catch • (ιδέα) to conceive • (θεωρία) to think up
συλλέγω ρ μ (δίσκους, γραμματόσημα, αυτόγραφα) to collect • (στοιχεία, πληροφορίες, υλικό) to gather • (τροφή) to gather • (καρπούς) to pick
συλλέκτης ουσ αρσ (βιβλίων, γραμματοσήμων) collector • (καρπών) picker
σύλληψη ουσ θηλ (κατασκόπου) capture • (ενόχων, κακοποιού) arrest • (ζώου) capture • (ιδέας, θεωρίας) conception
συλλογή ουσ θηλ (καρπών, πορτοκαλιών) picking • (δίσκων, νομισμάτων, διηγημάτων) collection
συλλογιέμαι (προφορ.) ρ μ αποθ. βλ. **συλλογίζομαι**
συλλογίζομαι ρ μ αποθ. (σκέφτομαι) to think about • (λογαριάζω) to consider ▶ ρ αμ to think up
συλλογισμός ουσ αρσ reasoning
σύλλογος ουσ αρσ (εργατικός, εμπορικός) association • (ιστορικός, θεατρικός, μουσικός) society • (ορειβατικός) club
συλλυπητήρια ουσ ουδ πληθ condolences
συμβαδίζω ρ μ to keep up with
συμβαίνω ρ αμ **συμβαίνει, συμβαίνουν** τριτοπρόσ to happen • **συμβαίνουν αυτά** these things happen • **συμβαίνει τίποτε;** is anything the matter? • **τι σου συμβαίνει συνέβη;** what's the matter? • **συμβαίνει;** (τι γίνεται) what's happening? • (τι τρέχει) what's wrong?
συμβάλλω ρ αμ ~ **σε** (βοηθώ) to contribute to • (ποτάμι) to flow into
συμβάν ουσ ουδ incident
σύμβαση ουσ θηλ (συμφωνία) contract • (συνθήκη) treaty
συμβατικ|ός, -ή, -ό επιθ (υποχρέωση, ημερομίσθιο, έγγραφο) contractual • (Δίκαιο) contract • (γάμος, συνήθεια, σχέση) conventional • (για πρόσ.) conventional
συμβιβάζω ρ μ to reconcile ■ **συμβιβάζομαι** μεσοπαθ (υποχωρώ) to compromise • (ταιριάζω) to be reconciled (με with)
συμβιβασμός ουσ αρσ compromise • **κάνω συμβιβασμούς** to make compromises
συμβιώνω ρ αμ to coexist • ~ **με κπν** to live with sb
συμβίωση ουσ θηλ living together
συμβόλαιο ουσ ουδ (εργασίας, αγοράς) contract • (μεταβίβασης) deed • (ασφάλισης) policy
συμβολαιογράφος ουσ αρσ, ουσ θηλ notary (public), ≈ solicitor (Βρετ.)
συμβολή ουσ θηλ (οδών, ποταμών) junction • (αγωγού) join • (συνεισφορά: ανθρώπου, επιστήμης, εκπαίδευσης) contribution
συμβολίζω ρ μ to symbolize
συμβολικ|ός, -ή, -ό επιθ (παρουσία, απεικόνιση, πράξη) symbolic • (σύστημα) of symbols • (αμοιβή) nominal • (χειρονομία) symbolic
σύμβολο ουσ ουδ symbol
συμβουλεύω ρ μ to advise ■ **συμβουλεύομαι** μεσοπαθ to consult

συμβουλή ουσ θηλ advice χωρίς πληθ.
συμβούλιο ουσ ουδ committee • **Συμβούλιο της Ευρώπης** Council of Europe
σύμβουλος ουσ αρσ, ουσ θηλ (συμβουλάτορας) adviser • (μέλος συμβουλίου: δημοτικός) councillor (Βρετ.), councilor (Αμερ.) • (εταιρείας) director
συμμαζεύω ρ μ (συγκεντρώνω: βιβλία) to pick up • (: ακαταστασία) to pick up • (: σημειώσεις) to get together • (τακτοποιώ: δωμάτιο, σπίτι) to tidy up • (: σκέψεις) to order • (μαλλιά) to tidy up • (χαλιναγωγώ: άνθρωπο) to restrain • (: έξοδα) to curb • (για ρούχα) to take in ▶ ρ αμ to tidy up ■ **συμμαζεύομαι** μεσοπαθ to cringe
συμμαθητής ουσ αρσ (στο ίδιο σχολείο) schoolmate • (στην ίδια τάξη) classmate
συμμαχία ουσ θηλ alliance
σύμμαχος ουσ αρσ, ουσ θηλ ally
συμμερίζομαι ρ μ αποθ. (λύπη, κατάσταση, πόθο) to sympathize with • (γνώμη, άποψη) to share
συμμετέχω ρ αμ ~ **σε** (έργο, προσπάθεια, σύσκεψη) to participate in • (παιχνίδι, εκδήλωση) to take part in • (συζήτηση) to join in • (εξετάσεις, διαγωνισμό) to go in for • (κέρδη) to share in • (πόνους, χαρές) to share
συμμετοχή ουσ θηλ (ανθρώπου, κράτους) participation • (σε διαγωνισμό) attendance • (σε διαγωνισμό) entry • **δηλώνω ~ σε διαγωνισμό** to enter oneself in a competition
συμμέτοχ|ος, -η, -ο επιθ γίνομαι ή είμαι ~ **σε** (πράξεις, γεγονότα) to be party to • (έγκλημα) to be an accomplice in • (κέρδη) to share in
συμμετρία ουσ θηλ symmetry
συμμετρικ|ός, -ή, -ό επιθ symmetrical
συμμορία ουσ θηλ gang
συμμορφώνω ρ μ (παιδί, μαθητή) to bring into line • (συμπεριφορά) to improve • (έκθεση) to knock into shape • (φόρεμα) to smarten up ■ **συμμορφώνομαι** μεσοπαθ to tidy oneself up • **συμμορφώνομαι με ή προς κτ** to comply with sth
συμπάθεια ουσ θηλ (συμπόνια) sympathy • (αγάπη) fondness • (φιλική ή ερωτική έλξη) attraction
συμπαθ|ής, -ής, -ές επιθ likeable
συμπαθητικ|ός, -ή, -ό επιθ nice
συμπαθώ ρ μ (αισθάνομαι συμπάθεια) to like • (συμπονώ) to feel for
σύμπαν ουσ ουδ universe
συμπαράσταση ουσ θηλ support
συμπαραστέκομαι ρ μ αποθ. to support
συμπατριώτης ουσ αρσ (ομοεθνής) compatriot • (συγχωριανός) person from the same village • (συμπολίτης) person from the same town
συμπεραίνω ρ μ (διαμορφώνω κρίση) to conclude • (υποθέτω) to suppose
συμπέρασμα ουσ ουδ conclusion
συμπεριλαμβάνω ρ μ to include
συμπεριφέρομαι ρ αμ αποθ. to behave
συμπεριφορά ουσ θηλ behaviour (Βρετ.), behavior (Αμερ.) • (μηχανήματος, κυκλώματος, αυτοκινήτου) performance

συμπίπτω ρ αμ (προτάσεις, απόψεις) to coincide • (κατάθεση) to tally (με with) • (συνταυτίζομαι χρονικά) to happen ή take place at the same time • (για ατυχή σύμπτωση) to clash • (για μερική κάλυψη) to overlap

συμπλέκτης ουσ αρσ clutch

συμπλήρωμα ουσ ουδ (διατροφής) supplement • (φαγητού) extra helping • (βιβλίου) supplement

συμπληρώνω ρ μ (θέση) to fill • (αριθμό, προτάσεις) to fill in • (αίτηση, έντυπο) to fill in (ΒΡΕΤ.), to fill out (ΑΜΕΡ.) • (ποσό) to make up • (εισόδημα) to supplement • (ολοκληρώνω) to complement • ~ τα τριάντα to be thirty

συμπλήρωση ουσ θηλ (θέσης) filling • (αριθμού, κενών) filling in • (αίτησης) filling in (ΒΡΕΤ.), filling out (ΑΜΕΡ.) • (ολοκλήρωση) completion

συμπλοκή ουσ θηλ (τσακωμός) fight • (διαδηλωτών, αστυνομικών, ομάδων) clash

σύμπνοια ουσ θηλ concord

συμπολιτεία ουσ θηλ confederacy

συμπολίτης ουσ αρσ fellow citizen

συμπόνια ουσ θηλ compassion

συμπονώ ρ μ to sympathize with

συμπόσιο ουσ ουδ (συνεστίαση) banquet • (συνέδριο) symposium

σύμπραξη ουσ θηλ collaboration

συμπρωταγωνιστής ουσ αρσ co-star

συμπτύσσω ρ μ (κείμενο, άρθρο) to shorten • (λόγο) to cut short • (αποτελέσματα) to summarize • (συγκεντρώνω) to gather ∎ **συμπτύσσομαι** ρ αμ αποθ to retreat

σύμπτωμα ουσ ουδ (ασθένειας) symptom • (μτφ.) sign

σύμπτωση ουσ θηλ coincidence • **κατά** ~ by coincidence

συμπυκνώνω ρ μ (τροφές) to concentrate • (γάλα) to condense

συμφέρον ουσ ουδ interest

συμφέρ|ων, -ουσα, -ον επιθ (προσφορά) attractive • (τιμή) good

συμφιλιώνω ρ μ to reconcile ∎ **συμφιλιώνομαι** μεσοπαθ to become reconciled (με with)

συμφιλίωση ουσ θηλ reconciliation

συμφορά ουσ θηλ (δυστυχία) calamity • (ανεπ.: για πρόσ.) walking disaster (ανεπ.)

συμφόρηση ουσ θηλ congestion

σύμφορ|ος, -ος, -ο επιθ βλ. **συμφέρων**

σύμφωνα επιρρ • **με** according to

συμφωνητικό ουσ ουδ contract

συμφωνία ουσ θηλ (γενικότ.) agreement • (συνομολόγηση συμβάσεων) deal • (όρος) condition • (χαρακτήρων) accord • (χρωμάτων) match • (Μουσ) symphony • **κάνω** ~ to make a deal

σύμφωνο ουσ ουδ (Γλωσσ) consonant • (συμφωνητικό) contract • (φιλίας, συνεργασίας) pact

σύμφων|ος, -η, -ο επιθ (για πρόσ.) in agreement • (γνώμη, απόφαση) favourable (ΒΡΕΤ.), favorable (ΑΜΕΡ.) • (συνεπής) consistent • **(είμαστε) σύμφωνοι;** (is that) agreed?

συμφωνώ ρ αμ (έχω την ίδια γνώμη) to agree (με with) • (ταιριάζω) to match • (παρουσιάζω

συνέπεια) to be consistent (με with) ▶ ρ μ (αμοιβή) to agree on • ~ **με κτ** (ταιριάζω) to match sth • ~ **σε κτ** to agree on sth

συν (επτα.) πρόθ plus ∎ **συν** ουσ ουδ (Μαθ) plus

συναγερμός ουσ αρσ (γενικότ.) alarm • (κτηρίου) burglar alarm

συναγωγή ουσ θηλ (επτα.: συσσώρευση) gathering • (Θρησκ) synagogue

συναγωνίζομαι ρ αμ αποθ. (ανταγωνίζομαι) to compete • (μάχομαι από κοινού) to fight together ▶ ρ μ to rival

συναγωνισμός ουσ αρσ competition

συναγωνιστής ουσ αρσ (αγωνιστής σε κοινό αγώνα) comrade-in-arms • (ανταγωνιστής) competitor

συνάδελφος ουσ αρσ, ουσ θηλ colleague

συναισθάνομαι ρ μ αποθ. (σφάλμα) to realize • (ευθύνη, υποχρέωση, κίνδυνο) to be aware of

συναίσθημα ουσ ουδ feeling • (καρδιά) emotion • **έχω το ~ ότι...** I have ή get the feeling that... • **τρέφω συναισθήματα για κπν** to have feelings for sb

συναισθηματικ|ός, -ή, -ό επιθ emotional • (ευαίσθητος) sentimental

συναίσθηση ουσ θηλ (καθήκοντος, ευθύνης) sense • (δυσκολιών, κινδύνου) awareness

συναλλαγή ουσ θηλ transaction ∎ **συναλλαγές** πληθ dealings

συνάλλαγμα ουσ ουδ foreign exchange • **τιμή συναλλάγματος** exchange rate

συναλλάσσομαι ρ μ αποθ. to do business • ~ **με κπν** to do business with sb

συνάμα επιρρ at the same time

συναναστρέφομαι ρ μ αποθ. to associate (με with)

συναναστροφή ουσ θηλ (παρέα) company • (φιλική συγκέντρωση) get-together

συνάντηση ουσ θηλ meeting • (ματς) match • **μια τυχαία/απρόοπτη** ~ a chance/an unexpected encounter

συναντώ ρ μ (ανταμώνω) to meet • (αντίσταση) to meet with • (εμπόδια) to encounter • (δυσκολίες) to come up against • (κινδύνους) to face • (βρίσκω κατά τύχη) to come across • ~ **κπν τυχαία** to bump ή run into sb

συνάπτω (επτα.) ρ μ (συνενώνω: δικαιολογητικά) to attach • (γάμο) to contract • (συνθήκη, συμμαχία, σύμβαση) to enter into • (δάνειο) to take out • (ειρήνη, γνωριμία) to make • (σχέσεις) to establish

συναρμολόγηση ουσ θηλ assembly

συναρμολογώ ρ μ to assemble

συναρπαστικ|ός, -ή, -ό επιθ (ιστορία, ταινία, αγώνας) gripping • (ομορφιά) arresting • (ομιλητής, θέμα) fascinating

συνάρτηση ουσ θηλ (αλληλεξάρτηση) interrelation • (πολλών παραγόντων) combination • (Μαθ) function • **σε** ~ **με** in relation to

συνασπισμός ουσ αρσ alliance

συναυλία ουσ θηλ concert • **δίνω** ~ to give a concert

συνάφεια ουσ θηλ link

συνάχι ουσ ουδ cold • **αρπάζω** ~ to catch a cold

συναχώνομαι ρ αμ to catch a cold
σύναψη ουσ θηλ (συμφωνίας, συνθήκης)
entering into • (δανείου) taking out • (γάμου)
contracting • (σχέσεων) establishing
συνδεδεμέν|ος, -η, -ο μτχ (καλώδιο, σύρμα)
connected (με to) • (που έχει σχέση) close (με
to)
σύνδεση ουσ θηλ (συνένωση) link • (υπολογιστή,
γεννήτριας, σωλήνων) connection • (βαγονιών)
coupling • (στις τηλεπικοινωνίες) link • (για
κράτος: με την Ε.Ε.) joining • (πολιτική)
affiliation • (εμπορική, πολιτιστική) link
• (Πληροφ) login
σύνδεσμος ουσ αρσ (φοιτητών, εμπόρων,
βιομηχάνων) union • (για πρόσ.) contact
• (Γλωσσ) conjunction • (Πληροφ) link
• (Μηχαν) coupler
συνδετήρας ουσ αρσ (paper) clip
συνδετικ|ός, -ή, -ό επιθ connective
συνδέω ρ μ (ενώνω) to connect • (τηλέφωνο,
ρεύμα, τηλεόραση, βίντεο) to connect • (σχετίζω)
to link • (Ψυχολ) to associate • (ενώνω σε στενή
σχέση) to bind (together) • **με συνδέετε με τον
κύριο διευθυντή, παρακαλώ;** can you put me
through to the manager, please? ■ **συνδέομαι**
μεσοπαθ (με φίλους) to be close • (για
ερωτευμένους) to be going out together • (στις
τηλεπικοινωνίες) to link up (με with)
• (σχετίζομαι) to be linked • **συνδέομαι με το
Διαδίκτυο** to connect to the internet
συνδιαλέγομαι (επίσ.) ρ αμ αποθ. to converse
συνδιάλεξη ουσ θηλ conversation
• **τηλεφωνική ~** telephone call
συνδικάτο ουσ ουδ syndicate • **εργατικό ~**
(trade) union (Βρετ.), (labor) union (Αμερ.)
συνδρομή ουσ θηλ (σε περιοδικά, εφημερίδες,
οργανώσεις) subscription • (βοήθεια) help
συνδρομητής ουσ αρσ subscriber
συνδρομήτρια ουσ θηλ βλ. **συνδρομητής**
σύνδρομο ουσ ουδ syndrome
συνδυάζω ρ μ (ενώνω) to combine • (ταιριάζω)
to match • (συνδέω) to link ■ **συνδυάζομαι**
μεσοπαθ to match • **συνδυάζομαι με κτ** to
match sth
συνδυασμός ουσ αρσ combination • **σε
συνδυασμό** together • **κλειδαριά
συνδυασμού** combination lock
• **~ χρηματοκιβωτίου** combination
• **συνδυασμοί χρωμάτων** colour (Βρετ.) ή color
(Αμερ.) scheme
συνεδριάζω ρ αμ to sit
συνεδρίαση ουσ θηλ (συμβουλίου, επιτροπής)
meeting • (Βουλής) session
συνέδριο ουσ ουδ congress
σύνεδρος ουσ αρσ, ουσ θηλ congress ή
conference participant
συνείδηση ουσ θηλ (επίγνωση) awareness
• (Ψυχολ) consciousness • (πολιτική, εθνική,
κοινωνική) consciousness • (ιδιότητα να διακρίνει
κανείς το καλό από το κακό) conscience
συνειδητοποιώ ρ μ to realize
συνειδητ|ός, -ή, -ό επιθ (αγώνας, επιλογή)
conscious • (οικολόγος, φεμινίστρια, εργάτης)
committed ■ **συνειδητό** ουσ ουδ consciousness

συνεισφέρω ρ μ to contribute ▶ ρ αμ to
contribute (σε to)
συνέλευση ουσ θηλ meeting • **Εθνική
Συνέλευση** National Assembly
συνεννόηση ουσ θηλ (επικοινωνία)
communication • (συμφωνία) understanding
• (ανταλλαγή απόψεων) consultation
συνεννοούμαι ρ αμ αποθ. (επικοινωνώ, γίνομαι
κατανοητός) to communicate • (συμφωνώ) to
have an understanding • (ανταλλάσσω σκέψεις)
to exchange views • **συνεννοηθήκαμε;** do we
understand each other?
συνένοχος ουσ αρσ, ουσ θηλ accomplice
συνέντευξη ουσ θηλ interview • **δίνω ~ σε κπν**
to give sb an interview • **παίρνω ~ από κπν** to
interview sb
συνεπαίρνω ρ μ (μουσική, θέαμα, ομορφιά) to
bowl over • (χαρά, αγάπη, ενθουσιασμός) to
transport
συνέπεια ουσ θηλ (πράξεων) consequence
• (λογική αλληλουχία) consistency • (η ιδιότητα
του συνεπούς) reliability • **έχω κτ ως ή σαν ~**
to result in sth
συνεπ|ής, -ής, -ές επιθ (υπάλληλος, σύστημα)
reliable • (επιχείρημα) coherent • (πορεία)
consistent • **είμαι ~ στα ραντεβού μου** to be
punctual
συνεπώς επιρρ therefore
σύνεργα ουσ ουδ πληθ tools
συνεργάζομαι ρ αμ αποθ. (εργάζομαι μαζί) to
work together • (αλληλοβοηθούμαι) to
cooperate • (συμμετέχω σε ομαδικό έργο) to
contribute • (αρνητ.) to collaborate
συνεργασία ουσ θηλ (σύμπραξη) working
together • (βοήθεια) cooperation • (προσφορά
εργασίας) contribution • (αρνητ.: με τον εχθρό)
collaboration
συνεργάτης ουσ αρσ (συνέταιρος) (work)
colleague • (καταχρ.: βοηθός) assistant
• (περιοδικού, εφημερίδας) contributor
• (αρνητ.) collaborator
συνεργείο ουσ ουδ (τηλεοπτικό, κινηματογραφικό)
crew • (μαστόρων, καθαριότητας τού δήμου)
party • **αυτοκινήτων** car repair shop
συνέρχομαι ρ αμ αποθ. (από αδιαθεσία) to come
around • (από αρρώστια) to recover • (από
ψυχική ταραχή) to rally • (μτφ.: παίκτες,
οικονομία) to recover • (συνεδριάζω) to meet
• **~ από κτ** (τραυματισμό) to recover from sth
• (σοκ, χωρισμό) to get over sth
σύνεση ουσ θηλ caution
συνεταιρισμός ουσ αρσ cooperative
συνέταιρος, συνεταίρος ουσ αρσ, ουσ θηλ
partner
συνετ|ός, -ή, -ό επιθ sensible
συνέχεια¹ ουσ θηλ (εσωτερική συνοχή)
continuity • (γιορτής, συνεδρίου, εκδήλωσης)
follow-up • **στη ~, εν συνεχεία** (επίσ.) then
■ **συνέχειες** πληθ instalments (Βρετ.),
installments (Αμερ.)
συνέχεια² επιρρ (διαρκώς: πίνω, ενοχλώ) all the
time • (: μιλώ) nonstop • (στη σειρά) in a row
συνεχ|ής, -ής, -ές επιθ (διαρκής: αγώνας,
ανησυχία) constant • (: πορεία) continuous

• (: προσπάθεια) sustained • (επαναλαμβανόμενος) continual • (διαδοχικός) successive

συνεχίζω ρ μ to continue ▶ ρ αμ to carry on • **συνεχίστε, παρακαλώ** please go on • **συνεχίζομαι** μεσοπαθ (αγώνας, παράσταση) to go on • (βροχή) to keep up

συνεχόμεν|ος, -η, -ο επιθ (φόνοι, αγώνες) successive • (παραβάσεις) continual • (δωμάτια, αγροί, σπίτια) adjacent

συνεχώς επιρρ constantly

συνήγορος ουσ αρσ, ουσ θηλ (Νομ) counsel • (μτφ.) advocate

συνήθεια ουσ θηλ (έξη) habit • (έθιμο) custom

συνήθης, -ης, -σύνηθες επιθ usual

συνηθίζω ρ μ to get used to ▶ ρ αμ to become accustomed ■ **συνηθίζεται** απρόσ it is the custom ■ **συνηθίζεται** τριτοπρόσ to be common

συνηθισμέν|ος, -η, -ο επιθ (συνήθης: προβλήματα, σύμπτωμα) common • (: ώρα, μποτιλιάρισμα, αστείο) usual • (: γιορτές, τελετές) customary • (που δεν ξεχωρίζει) ordinary

συνήθως επιρρ usually

σύνθεση ουσ θηλ (ένωση: θεωριών, γνώσεων) synthesis • (: ήχου και φωτός) combination • (αέρα, εδάφους) composition • (κυβέρνησης, επιτροπής, πληρώματος) members πληθ. • (ομάδας) line-up • (Μουσ, Τεχν) composition

συνθέτης ουσ αρσ composer

συνθετικός, -ή, -ό επιθ synthetic

σύνθετ|ος, -η, -ο επιθ (εικόνα, έργο) composite • (υλικά, σώματα) compound • (πρόβλημα, διαδικασία) complex • (λέξη, ρήμα, ουσιαστικό) compound

συνθέτω ρ μ (ποίημα, στίχους, μουσική) to compose • (σύνολο) to make up

συνθήκη ουσ θηλ treaty ■ **συνθήκες** πληθ conditions

σύνθημα ουσ ουδ (σήμα) signal • (προσυμφωνημένη φράση) code word • (σλόγκαν) slogan • (διαδηλωτών, πλήθους) chant

συνθλίβω ρ μ to crush

συνίσταμαι ρ αμ ~ **από** to be composed of • **συνίσταται, συνίστανται σε** to consist in

συνιστώ ρ μ (συμβουλεύω) to advise • (αποτελώ) to constitute • (ιδρύω: εταιρεία, σύλλογο, σωματείο) to form

συννεφιάζω ρ αμ (ουρανός) to become cloudy ή overcast • (πρόσωπο, βλέμμα) to cloud over ■ **συννεφιάζει** απρόσ it's getting cloudy

συννεφιασμέν|ος, -η, -ο επιθ (ουρανός, καιρός) cloudy • (μτφ.: βλέμμα, πρόσωπο) grim

σύννεφο ουσ ουδ (μτφ.) cloud • (: ακρίδων) swarm

συννυφάδα ουσ θηλ sister-in-law

συνοδεία ουσ θηλ (ακολουθία) escort • (βασιλική) retinue • (Μουσ) accompaniment

συνοδεύω ρ μ (ακολουθώ) to accompany • (συμπληρώνω) to go with • (γυναίκα, κορίτσι) to escort • (Μουσ) to accompany • **το ψάρι συνοδεύεται από λευκό κρασί** fish is served with white wine

συνοδός ουσ αρσ, ουσ θηλ (ασθενή, ηλικιωμένου) companion • (παιδιού) chaperone

• (καβαλιέρος, ντάμα) escort • **ιπταμένη ~** flight attendant • **ιπτάμενος ~** flight attendant

σύνοδος ουσ θηλ (Θρησκ) synod • (της Βουλής) session • (πολιτικών, χωρών) meeting • (Αστρ) conjunction • **Οικουμενική Σύνοδος** Ecumenical Synod • **Ιερά Σύνοδος (της Εκκλησίας της Ελλάδας)** Holy Synod (of the Church of Greece)

συνοικία ουσ θηλ neighbourhood (Βρετ.), neighborhood (Αμερ.)

συνολικ|ός, -ή, -ό επιθ (ποσό, τιμή, χρόνος) total • (απόδοση, εικόνα) overall • (αποτέλεσμα) end

σύνολο ουσ ουδ (ομάδα: κρατών, ανθρώπων) group • (: πραγμάτων) whole • (συνολικό ποσό) total • (για ρούχα) outfit • (Μαθ: αριθμών) set

συνομήλικ|ος, -η, -ο επιθ of the same age ■ **συνομήλικος** ουσ αρσ, **συνομήλικη** ουσ θηλ peer

συνομιλητής ουσ αρσ (γενικός) interlocutor (επίσ.) • (Πολιτ) negotiator

συνομιλία ουσ θηλ conversation ■ **συνομιλίες** πληθ talks

συνομιλώ ρ αμ to talk

συνοπτικ|ός, -ή, -ό επιθ (έκθεση, ανάλυση) concise • (παρουσίαση, επισκόπηση, περιγραφή) brief

συνορεύω ρ αμ (χώρες, περιοχές) to share a border • **~ με** (κράτος, περιοχή, οικόπεδο) to border (on)

σύνορο ουσ ουδ (περιοχής, έκτασης) border • (μτφ.) boundary ■ **σύνορα** πληθ border εν.

συνουσία (επίσ.) ουσ θηλ sexual intercourse

συνοχή ουσ θηλ (κόμματος, οικογένειας, ομάδας) cohesion • (κειμένου, σκέψεων) coherence

σύνοψη ουσ θηλ summary

συνταγή ουσ θηλ (Μαγειρ) recipe • (για φάρμακα) prescription • (μτφ.) recipe

σύνταγμα ουσ ουδ (Πολιτ) constitution • (Στρατ) regiment

συνταγματικ|ός, -ή, -ό επιθ constitutional

συντάκτης ουσ αρσ (άρθρου, σχεδίου) writer • (εφημερίδας, λεξικού) editor

σύνταξη ουσ θηλ (έκθεσης, βιβλίου, επιστολής) writing • (διαθήκης) drawing up • (νόμου, νομοσχεδίου) drafting • (σύνολο συντακτών εφημερίδας) editorial staff • (μηνιαία χρηματική επιχορήγηση) pension • **βγαίνω στη ~** to retire on a pension

συνταξιούχος ουσ αρσ, ουσ θηλ pensioner

συνταρακτικ|ός, -ή, -ό επιθ shocking

συντάσσω ρ μ (έκθεση, αναφορά) to write • (νομοσχέδιο) to draft • (διαθήκη, συμβόλαιο) to draw up • (πόρισμα) to write up • (στρατιώτες) to line up

συντελώ ρ αμ ~ **σε** to contribute to ■ **συντελούμαι** μεσοπαθ (αλλαγές) to take place • (έργο) to be realized • (πρόοδος) to be made

συντεχνία ουσ θηλ (Ιστ) guild • (αρνητ.) corporation

συντήρηση ουσ θηλ (πλοίου, αυτοκινήτου) maintenance • (μνημείου) conservation • (τροφίμων) preservation • (οικογένειας) upkeep

συντηρητικ|ός, -ή, -ό επιθ (διάλυμα) preservative • (αρχές, αντιλήψεις, πνεύμα, ντύσιμο) conservative

συντηρώ ρ μ (τρόφιμα, κτήριο) to preserve • (ελπίδα) to keep up • (μύθο) to preserve • (παράδοση) to preserve • (ανισότητες) to maintain • (παιδιά, οικογένεια) to support ■ **συντηρούμαι** μεσοπαθ **συντηρούμαι με** to live on

σύντομα επιρρ soon

συντομεύω ρ μ (κείμενο) to abridge • (λέξεις) to abbreviate • (απόσταση) to reduce • (διαδρομή, ταξίδι, διαδικασία, έρευνα) to cut short ▶ ρ αμ to be quick

σύντομ|ος, -η, -ο επιθ (αφήγημα, δρόμος) short • (διακοπές, παύση, θεραπεία) short • (ανακοίνωση, απάντηση) brief • (ανασκόπηση) quick • (για πρόσ) brief

συντόμως επιρρ = **σύντομα**

συντονίζω ρ μ (ενέργειες, δραστηριότητες) to coordinate • (συχνότητα) to tune in ■ **συντονίζομαι** μεσοπαθ **συντονίζομαι με** to be in tune with

συντονισμέν|ος, -η, -ο επιθ (προσπάθεια) concerted • (έρευνες) joint

συντονισμός ουσ αρσ coordination

συντρέχω ρ μ to help • **δεν συντρέχει λόγος** there's no reason • **όταν συντρέχει εξαιρετική περίπτωση** in exceptional circumstances • **πρέπει να συντρέξουν ειδικές προϋποθέσεις** certain conditions must apply

συντριβάνι ουσ ουδ fountain

συντριβή ουσ θηλ (αεροσκάφους) crash • (ολοκληρωτική νίκη) crushing defeat

συντρίβω ρ μ (αντίπαλο, εχθρό) to crush • (ηθικό) to shatter ■ **συντρίβομαι** μεσοπαθ to crash

συντροφιά ουσ θηλ (φιλική συναναστροφή) company • (σύνολο φίλων) party • **κρατώ ~ σε κπν** to keep sb company

σύντροφος ουσ αρσ, ουσ θηλ (σε ερωτική σχέση) partner • (φίλος) companion

συνύπαρξη ουσ θηλ coexistence

συνυπάρχω ρ αμ to coexist

συνωμοσία ουσ θηλ conspiracy

συνωμοτώ ρ μ to plot

συνωνυμία ουσ θηλ (ταυτότητα ονόματος) sharing the same name • (Γλωσσ) synonymity

συνωστισμός ουσ αρσ throng

Συρία ουσ θηλ Syria

σύριγγα ουσ θηλ syringe

σύρμα ουσ ουδ (μεταλλικό νήμα) wire • (για σκεύη) scourer • (καλώδιο) wire

συρμάτιν|ος, -η, -ο επιθ wire

συρματόπλεγμα ουσ ουδ wire netting

συρματόσχοινο ουσ ουδ cable

συρόμεν|ος, -η, -ο επιθ sliding

σύρραξη ουσ θηλ conflict

συρραπτικό ουσ ουδ stapler

συρροή ουσ θηλ influx

συρτάρι ουσ ουδ drawer

σύρτης ουσ αρσ bolt

συρτ|ός, -ή, -ό επιθ (βήμα) dragging • (σουτ) rolling

σύρω ρ μ = **σέρνω**

συσκευάζω ρ μ to pack

συσκευασία ουσ θηλ packaging

συσκευή ουσ θηλ apparatus • (ηλεκτρική) appliance • (τηλεοπτική, ραδιοφωνική) set • **οικιακές συσκευές** household ή domestic appliances • **τηλεφωνική ~** telephone

σύσκεψη ουσ θηλ conference

συσκότιση ουσ θηλ blackout

σύσπαση ουσ θηλ spasm ■ **συσπάσεις** πληθ contractions

συσσώρευση ουσ θηλ accumulation

σύσταση ουσ θηλ (επιτροπής) formation • (εταιρείας) setting up • (ομάδας) forming • (εδάφους, φαρμάκου, ύδατος) composition • (συμβουλή) advice χωρίς πληθ. ■ **συστάσεις** πληθ (για δουλειά) references • (γνωριμία) introductions

συστατικό ουσ ουδ component

συστατικ|ός, -ή, -ό επιθ constituent

συστέλλω ρ μ to contract ■ **συστέλλομαι** μεσοπαθ to contract

σύστημα ουσ ουδ system • **με ~** systematically

συστηματικ|ός, -ή, -ό επιθ systematic • (παρενόχληση) habitual

συστημέν|ος¹, -η, -ο επιθ recommended

συστημέν|ος², -η, -ο επιθ (φοιτητής, υποψήφιος) with references • (γράμμα, δέμα) registered

συστήνω ρ μ (γνωρίζω) to introduce • (προτείνω ως αξιόλογο) to recommend

συστολή ουσ θηλ (ντροπή) shyness • (Φυσ) contraction

συσφίγγω ρ μ (σκοινιά, γροθιά) to tighten • (σίδερα) to clamp • (σχέσεις, δεσμούς) to strengthen

συσχετίζω ρ μ to connect

συσχέτιση ουσ θηλ connection

σύφιλη ουσ θηλ syphilis

συχνά επιρρ often • **πόσο συχνά;** how often?

συχν|ός, -ή, -ό επιθ frequent

συχνότητα ουσ θηλ frequency

σφαγείο ουσ ουδ slaughterhouse

σφαγή ουσ θηλ (ζώων) slaughter • (ανθρώπων) massacre

σφάζω ρ μ (φονεύω με μαχαίρι) to stab • (πρόβατα, βόδια) to slaughter

σφαίρα ουσ θηλ (Γεωμ) sphere • (όπλου) bullet • (Αθλ: μπάλα) shot • (άθλημα) shot put • (μτφ.: φαντασίας) realms πληθ.

σφαιρικ|ός, -ή, -ό επιθ (επιφάνεια, θόλος, σχήμα) spherical • (μτφ.) global

σφαιριστήριο ουσ ουδ billiard room (Βρετ.), poolroom (Αμερ.)

σφαιροβολία ουσ θηλ shot put

σφαιροβόλος ουσ αρσ, ουσ θηλ shot putter

σφαλιάρα ουσ θηλ slap

σφάλλω ρ αμ (κάνω λάθος) to make a mistake • (αμαρτάνω) to do wrong

σφάλμα ουσ ουδ mistake • **κάνω ~** to make a mistake • **το ~ είναι δικό τους** it's their fault

σφάξιμο ουσ ουδ slaughter

σφήκα ουσ θηλ wasp

σφήνα ουσ θηλ wedge • (μτφ.) interruption

σφηνώνω ρ μ to wedge ▶ ρ αμ to be jammed ή stuck ▪ **σφηνώνομαι** μεσοπαθ to get stuck

σφίγγω ρ μ (συσφίγγω) to squeeze • (κλοιό) to tighten • (στενεύω: για παπούτσια) to pinch • (για παντελόνι) to be too tight for • (δένω σφιχτά: κορδόνια, σπάγκο) to tighten • (μηρούς) to firm • (βίδα, κόμπο) to tighten • (βρύση) to turn off tight • (μτφ.: κίνδυνος, ανάγκη) to close in on ▶ αμ (κλοιός) to tighten • (μέτρα) to pinch • (μυς) to become firm • (ζελέ, τσιμέντο) to set • (ασπράδι αβγού) to form stiff peaks • ~ **το χέρι κποιου** to shake sb's hand ▪ **σφίγγομαι** μεσοπαθ (προφορ.: καταβάλλω μεγάλη προσπάθεια) to try hard • (πιέζομαι οικονομικά) to be hard up • (προσπαθώ να αφοδεύσω) to strain

σφίξιμο ουσ ουδ (το να σφίγγει κανείς κτ) squeezing • (βίδας) tightening • (στο στήθος) tightness • (σφίξη) pressure

σφιχτ|ός, -ή, -ό επίθ (ζώνη, παντελόνι, αγκάλιασμα, κλοιός) tight • (βίδα, κόμπος) tight • (σάλτσα, μπεσαμέλ) thick • (μυς, σώμα) firm • (μτφ.: για πρόσ.) thrifty

σφοδρ|ός, -ή, -ό επίθ fierce • (σύγκρουση) violent • (έρωτας, πόνος) intense • (αντιρρήσεις) strenuous • (επίθεση) ferocious

σφουγγάρι ουσ ουδ sponge

σφουγγαρίστρα ουσ θηλ mop

σφουγγαρόπανο ουσ ουδ mop

σφραγίδα ουσ θηλ stamp

σφραγίζω ρ μ (έγγραφα, βιβλία, αποδείξεις) to stamp • (φάκελο, δέμα: με βουλοκέρι) to seal • (δόντι) to fill

σφράγισμα ουσ ουδ (για δόντι) filling • (φακέλων, εγγράφων) stamping • (μπουκαλιού, πόρτας) sealing

σφραγισμέν|ος, -η, -ο επίθ (δόντι) filled • (πόρτα, δωμάτιο) sealed • (μτφ.: χείλια) sealed

σφυγμός ουσ αρσ pulse

σφύζω ρ αμ to throb • ~ **από ζωή ή ζωντάνια** to pulse ή throb with life • ~ **από δραστηριότητα** to be bustling with activity

σφυρί ουσ ουδ hammer

σφύριγμα ουσ ουδ whistle

σφυρίζω ρ μ (σκοπό, μελωδία) to whistle • (απάντηση) to whisper • (αποδοκιμάζω) to hiss at ▶ ρ αμ (για πρόσ.) to whistle • (αφτιά) to ring • (σφαίρα, άνεμος, τρένο, οβίδας) to whir

σφυρίχτρα ουσ θηλ whistle

σχεδία ουσ θηλ raft

σχεδιάγραμμα ουσ ουδ (έκθεσης, διάλεξης) outline • (απεικόνιση) drawing

σχεδιάζω ρ μ (εικόνες, σκίτσα, γελοιογραφία) to draw • (ρούχα, κτήρια, έπιπλα) to design • (σκοπεύω) to plan • (εκστρατεία, επίθεση) to plan

σχεδιαστής ουσ αρσ (ρούχων, αυτοκινήτων) designer • (σπιτιών) draughtsman (ΒΡΕΤ.), draftsman (ΑΜΕΡ.)

σχέδιο ουσ ουδ (πρόγραμμα, σκοπός) plan • (σκίτσο) drawing • (διάγραμμα: οικοδομής) plan • (διακοσμητικό: σε χαρτί, φόρεμα, ύφασμα) pattern • (βιβλίου, ομιλίας, αποφάσεως) outline • (συμφωνίας, νόμου) draft ▪ **σχέδια** πληθ plans

σχεδόν επιρρ almost

σχέση ουσ θηλ (δεσμός) relationship • (συσχέτιση) relation ▪ **σχέσεις** πληθ (δεσμός) relationship • (ερωτική επαφή) intercourse χωρίς πληθ.

σχετικά επιρρ relatively

σχετικ|ός, -ή, -ό επίθ (συναφής) related • (με κτ που έχει ήδη αναφερθεί) relevant • (ποσό, βάρος, ύψος) proportional • (επιτυχία, ηρεμία) relative

σχήμα ουσ ουδ (μορφή) shape • (Γεωμ, Μαθ) figure • (ομάδα) team • (μουσικών) group • (Τυπογρ) format

σχηματίζω ρ μ (φάλαγγα, ρυάκια, κύκλο) to form • (σήμα) to make • (νούμερο τηλεφώνου) to dial • (γνώμη, εντύπωση) to form ▪ **σχηματίζομαι** μεσοπαθ (έμβρυο, πυρήνες) to be formed • (ρυτίδες) to form

σχίζω ρ μ (έγγραφο, χαρτιά) to tear up • (ξύλα) to split • (μανίκι, ρούχο) to tear • (φάκελο) to tear open • (αποσπώ: σελίδα) to tear out • (κεφάλι, φρύδι, γόνατο) to cut open • (προκαλώ ρωγμή) to split • (μτφ.: διαπερνώ) to tear through • (κατανικώ) to thrash ▶ ρ αμ (παράσταση) to be a hit • (ομάδα) to win hands down ▪ **σχίζομαι** μεσοπαθ (για ρούχα, υφάσματα) to tear • (ποταμός, μονοπάτι) to split • (στη δουλειά, στο διάβασμα) to knock oneself out • (για να εξυπηρετήσω κπν) to bend over backwards

σχίσιμο ουσ ουδ (ενέργεια του σκίζω) tearing • (γονάτου, χεριού) cut • (υφάσματος) tear • (φούστας, φορέματος) slit

σχίσμα ουσ ουδ (διαφορά απόψεων) rift • (Θρησκ) schism

σχισμή ουσ θηλ (κερματοδέκτη, μηχανήματος) slot • (βράχου) crevice • (στην πόρτα) crack

σχιστ|ός, -ή, -ό επίθ slit

σχοινένι|ος, -ια, -ιο επίθ rope

σχοινί ουσ ουδ rope • ~ **για τα ρούχα** clothes line

σχόλασμα ουσ ουδ (μαθητή) end of the school day • (εργαζομένου) end of the (working) day • (απόλυση) dismissal

σχολαστικ|ός, -ή, -ό επίθ (τυπικός) meticulous • (υπερβολικά λεπτολόγος) fastidious • (λεπτομέρεια) meticulous • (έλεγχος) thorough

σχολείο ουσ ουδ school • **έχω ~** to have school • **πηγαίνω** or **πάω ~** to go to school • **δημόσιο ~** state (ΒΡΕΤ.) ή public (ΑΜΕΡ.) school • **δημοτικό ~** primary (ΒΡΕΤ.) ή elementary (ΑΜΕΡ.) school • **ιδιωτικό ~** private school

σχολή ουσ θηλ (τεχνική, γεωργική, νοσοκομειακή) college • (εμπορική, χορού, ξένων γλωσσών) school • (μουσικής) academy • (διδακτικό προσωπικό) faculty

σχολιάζω ρ μ (κρίνω) to comment on • (κριτικάρω) to criticize

σχολιασμός ουσ αρσ (πράξεων, λεγομένων) commenting • (υπομνηματισμός) annotation

σχολιαστής ουσ αρσ (δημοσιογράφος) editor • (ραδιοφώνου, τηλεόρασης) commentator • (κειμένου) annotator

σχολικό ουσ ουδ school bus

σχολικ|ός, -ή, -ό επιθ (τάξη, πρόγραμμα, βιβλίο, μαθήματα) school • (γνώσεις, εμπειρίες) acquired at school

σχόλιο ουσ ουδ comment • **ουδέν σχόλιον!** no comment!

σχολώ ρ μ (αργκ.) to fire ▶ ρ αμ (εργαζόμενος) to get off work • (μαθητής) to finish school • (σχολείο, υπηρεσία, εργοστάσιο) to be let out

σωβινισμός ουσ αρσ = **σοβινισμός**

σωβινιστής ουσ αρσ = **σοβινιστής**

σωβινίστρια ουσ θηλ βλ. **σοβινιστής**

σώβρακο ουσ ουδ (ανεπ.) underpants πληθ.

σώζω ρ μ (γενικότ.) to save ■ **σώζομαι** μεσοπαθ (διασώζομαι) to survive • (εξασφαλίζομαι) to be home and dry

σωθικά ουσ ουδ πληθ (για πρόσ.) intestines • (για ζώο) entrails

σωληνάριο ουσ ουδ tube

σωλήνας ουσ αρσ pipe

σώμα ουσ ουδ body • (συσκευή θερμάνσεως) heater • **αστυνομικό ~** police force • **ουράνιο ~** celestial body

σωματείο ουσ ουδ association

σωματικ|ός, -ή, -ό επιθ physical • (βάρος, λίπος, φροντίδα) body

σωματοφύλακας ουσ αρσ, ουσ θηλ bodyguard

σωματώδης, -ης, -ες επιθ hefty

σώνω¹ ρ μ = **σώνω²**

σώνω² ρ αμ (προφορ.) to be enough ■ **σώνομαι** μεσοπαθ to run out

σώ|ος, -α, -ο επιθ safe • **~ και αβλαβής** safe and sound

σωπαίνω ρ αμ to be silent • (παύω να μιλώ) to fall silent

σωριάζω ρ μ (βάζω πάνω) to pile • **σωριάζομαι** μεσοπαθ to collapse

σωρός ουσ αρσ pile

σωσίβιο ουσ ουδ (κυριολ.) life jacket • (μτφ.: μέσο σωτηρίας) buoy

σωστά επιρρ right • **αν θυμάμαι ~** if I remember correctly • **~, έχετε δίκιο** indeed, you're right

σωστό ουσ ουδ **το ~** the right thing

σωστ|ός, -ή, -ό επιθ (απάντηση) right • (δουλειά) proper • (ακέραιος) intact • (ακριβής: ώρα) right • (φίλος, δημοκράτης) true • (κατάλληλος: άνθρωπος, απόφαση, δρόμος) right • (ηθικός) fair

σωτήρας ουσ αρσ saviour (Βρετ.), savior (Αμερ.)

σωτηρία ουσ θηλ salvation

σωφρονίζω ρ μ (παιδί) to bring into line • (φυλακισμένο) to undergo reform

T

Τ, τ tau, 19th letter of the Greek alphabet

τα¹ άρθρ οριστ the ▶ βλ. **ο**

τα² αντων them

ταβάνι ουσ ουδ ceiling

ταβέρνα ουσ θηλ taverna

ταβερνιάρης ουσ αρσ taverna owner

ταβερνιάρισσα ουσ θηλ βλ. **ταβερνιάρης**

τάβλα ουσ θηλ (σανίδα) plank • (χαμηλό τραπέζι) table

τάβλι ουσ ουδ backgammon

ταγέρ ουσ ουδ άκλ. suit

ταγκάρω ρ μ to tag

ταγκό ουσ ουδ άκλ. = **τανγκό**

τάγμα ουσ ουδ (Στρατ) battalion • (Θρησκ) order

ταγματάρχης ουσ αρσ, ουσ θηλ major

τάδε αντων αόριστ άκλ. (για πρόσ.) so-and-so • (για πράγμα) such-and-such

τάζω ρ μ (υπόσχομαι) to promise • (υπόσχομαι αφιέρωμα) to dedicate

ταΐζω ρ μ to feed

τάιμινγκ ουσ ουδ άκλ. timing

ταινία ουσ θηλ (κορδέλα: μονωτική) tape • (για μαλλιά, γραφομηχανή) ribbon • (για πένθος) band • (από δέρμα, χαρτί) strip • (μετροταινία) tape measure • (φιλμ) film

ταίρι ουσ ουδ (για πρόσ.) companion • (για ζώο) mate

ταιριάζω ρ μ (βάζω) to match up • (κάλτσες) to put into pairs • (χρώματα) to match • (ιδέες, έννοιες) to connect ▶ ρ αμ (χρώματα) to match • (φωνές) to go well together • (κλειδί, κομμάτι παζλ) to fit • (για πρόσ.) to get on ■ **ταιριάζει** τριτοπρόσ το be becoming

ταιριαστ|ός, -ή, -ό επιθ (καπέλο, ρούχα, χρώματα) matching • (ζευγάρι, ανδρόγυνο) compatible

τακούνι ουσ ουδ heel

τακτ ουσ ουδ άκλ. tact

τακτικά επιρρ (συχνά) often • (με τάξη) neatly

τακτική ουσ θηλ (ατόμου, προπονητή, εταιρείας) tactics πληθ. • (κυβέρνησης) policy • (Στρατ) tactics πληθ.

τακτικ|ός, -ή, -ό επιθ (περίπατος) usual • (πελάτης, επισκέπτης, αναγνώστης) regular • (μέλος, υπάλληλος) permanent • (σε δουλειές) steady • (μαθητής) neat • **είμαι ~ στα ραντεβού μου** to be punctual • **τακτικό αριθμητικό** ordinal (number)

τακτοποίηση ουσ θηλ (δωματίου, σπιτιού, γραφείου, μαλλιών) tidying up • (επίπλων, λουλουδιών) arranging • (γραβάτας) straightening • (χρέους) settling • (εγκατάσταση) putting up

τακτοποιώ ρ μ (δωμάτιο, γραφείο, μαλλιά) to tidy up • (γραβάτα) to straighten • (λουλούδια, έπιπλα) to arrange • (βιβλία) to put away • (θέμα, εκκρεμότητα, οφειλή) to settle • (ζωή, δουλειές) to sort out • (εγκαθιστώ) to put up ∎ **τακτοποιούμαι** μεσοπαθ (εγκαθίσταμαι) to settle down • (προσωπικά) to stay • (αποκαθίσταμαι) to settle • **τακτοποιούμαι σε ένα διαμέρισμα** to move into an apartment ή flat (Βρετ.)

ταλαιπωρία ουσ θηλ (βάσανο) hassle • (κακουχία) hardship

ταλαίπωρ|ος, -η, -ο επιθ poor

ταλαιπωρώ ρ μ to plague ∎ **ταλαιπωρούμαι** μεσοπαθ to have a lot of trouble

ταλαντούχ|ος, -α ή -ος, -ο επιθ talented

ταλέντο ουσ ουδ talent

τακ ουσ ουδ άκλ. medicated talc

ταμειακ|ός, -ή, -ό επιθ fiscal • **ταμειακή μηχανή** cash register

ταμείο ουσ ουδ (καταστήματος) cash desk • (τράπεζας) cashier's desk • (κινηματογράφου, θεάτρου) box office • (συλλόγου, λέσχης, εταιρείας) funds πληθ. • (οικονομική διαχείριση) money management

ταμίας ουσ αρσ, ουσ θηλ (μαγαζιού) cashier • (τράπεζας) teller • (συλλόγου, εταιρείας, επιχείρησης) treasurer • (πλοίου) purser • (κολεγίου) bursar

ταμιευτήριο ουσ ουδ savings bank • **κατάθεση ταμιευτηρίου** deposit account (Βρετ.), savings account (Αμερ.)

ταμπέλα ουσ θηλ (πινακίδα) sign • (ετικέτα) label

ταμπεραμέντο ουσ ουδ temperament

τάμπλετ ουσ ουδ άκλ. (Πληροφ) tablet

ταμπλέτα ουσ θηλ (χάπι) tablet • (εντομοαπωθητικό) insect repellent tablet

ταμπλό ουσ ουδ άκλ. (ανακοινώσεων) notice board (Βρετ.), bulletin board (Αμερ.) • (διαφημίσεων) hoarding • (πίνακας οργάνων) instrument panel • (αυτοκινήτου) dashboard

ταμπόν ουσ ουδ άκλ. tampon

ταμπού ουσ ουδ άκλ. taboo

ταμπούρλο ουσ ουδ drum

τανάλια ουσ θηλ pliers πληθ.

τανγκό ουσ ουδ άκλ. tango

τανκ ουσ ουδ άκλ. tank

τάξη ουσ θηλ order • (τήρηση κανόνων) obedience • (ευταξία) order • (κοινωνίας, αστών) class • (επίπεδο σπουδών) year (Βρετ.), grade (Αμερ.) • (μαθητές) class • (αίθουσα) classroom • **με ~** in an orderly way • **εργατική ~** working class

ταξί ουσ ουδ άκλ. taxi • **πιάτσα των ~** taxi rank (Βρετ.) ή stand (Αμερ.)

ταξιδεύω ρ αμ to travel • (καράβι) to sail

• (ονειροπολώ) to drift ▶ ρ μ (λογοτ.: για πλοίο, μυθιστόρημα, μουσική) to transport • **~ με αεροπλάνο** to fly • **~ με πλοίο/τρένο** to travel by sea/rail

ταξίδι ουσ ουδ journey • **καλό ~!** have a good trip! • **λείπω (σε) ~** to be away • **γραφείο ταξιδίων** travel agency • **ταξίδι-αστραπή** lightning trip

ταξιδιώτης ουσ αρσ traveller (Βρετ.), traveler (Αμερ.)

ταξιδιωτικ|ός, -ή, -ό επιθ (σάκος, έγγραφο, ρεπορτάζ, λογοτεχνία) travel • (εντυπώσεις, περιγραφή) of one's journey • (ντύσιμο) travelling (Βρετ.), traveling (Αμερ.) • **ταξιδιωτικό γραφείο** travel agency • **ταξιδιωτική επιταγή** traveller's cheque (Βρετ.), traveler's check (Αμερ.) • **ταξιδιωτική οδηγία** travel guidelines πληθ. • **~ οδηγός** tour guide • **~ πράκτορας** travel agent

ταξιδιώτισσα ουσ θηλ βλ. **ταξιδιώτης**

ταξιθέτης ουσ αρσ usher

ταξιθέτρια ουσ θηλ βλ. **ταξιθέτης**

ταξικ|ός, -ή, -ό επιθ (πάλη, διακρίσεις, συνείδηση) class • (κοινωνία) class-based

ταξίμετρο ουσ ουδ meter

τάξιμο ουσ ουδ (υπόσχεση) vow • (σε άγιο) offering

ταξινόμηση ουσ θηλ classification

ταξινομώ ρ μ (βιβλία, έγγραφα, αρχεία) to classify • (φακέλους) to sort

ταξιτζής ουσ αρσ taxi driver

ταξιτζού ουσ θηλ βλ. **ταξιτζής**

τάπα¹ ουσ θηλ (βαρελιού, μπουκαλιού) bung • (μπάνιου, νεροχύτη) plug • (μειωτ.) shorty (ανεπ.) • (στην καλαθοσφαίριση) block

τάπα² ουσ θηλ stud

ταπειν|ός, -ή, -ό επιθ humble • (ζωή) abject • (συνοικία) poor • (αρνητ.: κόλακας, ένστικτα, κίνητρα, πράξη) base

ταπεινώνω ρ μ to humiliate ∎ **ταπεινώνομαι** μεσοπαθ to be humbled

ταπεινωτικ|ός, -ή, -ό επιθ humiliating

ταπεραμέντο ουσ ουδ = **ταμπεραμέντο**

ταπετσαρία ουσ θηλ (τοίχου) wallpaper • (αυτοκινήτου, επίπλων) upholstery

τάπητας (επίσ.) ουσ αρσ (χαλί) carpet • (γηπέδου) ground

ταπητουργία ουσ θηλ (τέχνη) carpet making • (ταπητουργείο) carpet factory

ταπί ουσ ουδ άκλ. (στην πάλη) canvas • (στην γυμναστική) mat

ταραγμέν|ος, -η, -ο επιθ (θάλασσα, λίμνη) rough • (νους, άνθρωπος) agitated • (ύπνος) restless • (ζωή) turbulent

ταράζω ρ μ (νερό) to disturb • (ύπνο) to disturb • (ψυχική γαλήνη) to upset • (στην πολυλογία, στο ψέμα) to wear out • (γλυκά, φαγητό) to gobble ∎ **ταράζομαι** μεσοπαθ to get upset

ταρακούνημα ουσ ουδ jolt

ταρακουνώ ρ μ to shake

ταραμάς ουσ αρσ fish roe

ταραμοκεφτές ουσ αρσ roe fish cake

ταραμοσαλάτα ουσ θηλ taramosalata

ταράσσω (επίσ.) ρ μ = **ταράζω**

ταράτσα *ουσ θηλ* flat roof
ταραχή *ουσ θηλ* (*συγκίνηση*) agitation
• (*αναστάτωση*) riot ■ **ταραχές** *πληθ*
disturbances
ταρίφα *ουσ θηλ* (*τιμή*) tariff • (*για ταξί*) fare
• **διπλή ~** night rate
τάρτα *ουσ θηλ* (*γλυκιά*) tart • (*αλμυρή*) pie
τασάκι *ουσ ουδ* ashtray
τάση *ουσ θηλ* (*αγοράς, ανεξαρτησίας*) trend
• (*ροπή*) tendency • (*Ηλεκτρ*) voltage
τάσι *ουσ ουδ* (*ποτήρι*) goblet • (*σε αυτοκίνητο*)
hubcap
τάσσω *ρ μ* (*επία.*) to lay down
τατού *ουσ ουδ άκλ.* = **τατουάζ**
τατουάζ *ουσ ουδ άκλ.* tattoo
ταυ *ουσ ουδ άκλ.* (*γράμμα*) tau, 19th letter of the
Greek alphabet • (*εργαλείο*) T-square
ταυρομαχία *ουσ θηλ* bullfighting
ταύρος *ουσ αρσ* (*αρσενικό βόδι*) bull • (*Αστρ*)
Taurus
ταυτίζω *ρ μ* (*θεωρώ ίδιο*) to equate
• (*εξακριβώνω*) to identify ■ **ταυτίζομαι** *μεσοπαθ*
to agree
ταυτόσημο|ς, -η, -ο *επιθ* (*όροι, λέξη*)
synonymous • (*διακοίνωση, αντίδραση*)
identical
ταυτότητα *ουσ θηλ* (*απόψεων, θέσεων*)
similarity • (*θύματος, πολιτισμού*) identity
• (*πολίτη*) identity card • (*δημοσιογράφου*) press
card • (*βραχιόλι ή μενταγιόν*) identity bracelet
• **αστυνομική ~** identity card
ταυτόχρονα *επιρρ* = **ταυτοχρόνως**
ταυτόχρον|ος, -η, -ο *επιθ* simultaneous
ταυτοχρόνως *επιρρ* simultaneously
ταφή *ουσ θηλ* burial
τάφος *ουσ αρσ* (*μνήμα*) grave • (*καταχρ.: μνημείο*)
tomb • (*θάνατος*) death • **Άγιος ή Πανάγιος
Τάφος** Holy Sepulchre • **οικογενειακός ~** family
grave • **ομαδικός ~** mass grave
τάφρος *ουσ αρσ* ditch
τάχα *επιρρ* (*δήθεν*) supposedly • (*μήπως*) maybe
• (*άραγε*) I wonder
τάχατε, τάχατες *επιρρ* = **τάχα**
ταχεία *ουσ θηλ* express
ταχίνι *ουσ ουδ* tahini
ταχτικός, -ή, -ό *επιθ* = **τακτικός**
ταχτοποίηση *ουσ θηλ* = **τακτοποίηση**
ταχτοποιώ *ρ μ* = **τακτοποιώ**
ταχυδρομείο *ουσ ουδ* mail, post (*Βρετ.*)
• (*γραφείο ή παράρτημα*) post office • **λαμβάνω
ή παίρνω το ~** to get the mail • **σφραγίδα του
ταχυδρομείου** postmark
ταχυδρομικ|ός, -ή, -ό *επιθ* (*υπηρεσία, δίκτυο*)
postal • (*όχημα, γραφείο*) post • **ταχυδρομική
επιταγή** postal order • **ταχυδρομική θυρίδα**
PO Box • **Ταχυδρομικός Κώδικας ή Κωδικός**
postcode (*Βρετ.*), zip code (*Αμερ.*)
• **ταχυδρομική σφραγίδα** postmark
• **ταχυδρομικό ταμιευτήριο** post-office savings
bank • **ταχυδρομικό τέλος** postage
■ **ταχυδρομικός** *ουσ αρσ, ουσ θηλ* postal
worker
ταχυδρομικώς *επιρρ* by post
ταχυδρόμος *ουσ αρσ, ουσ θηλ* (*ταχυδρομικός*

**διανομέας*) postman(-woman) (*Βρετ.*),
mailman(-woman) (*Αμερ.*) • (*μτφ.*) messenger
ταχυδρομώ *ρ μ* to post (*Βρετ.*), to mail (*Αμερ.*)
ταχύνω *ρ μ, ρ αμ* = **επιταχύνω**
ταχύπλοο *ουσ ουδ* speedboat
ταχ|ύς, -εία, -ύ *επιθ* (*αύξηση, εξέλιξη, επέμβαση*)
rapid • (*εκμάθηση*) intensive • (*βήμα, ρυθμός*)
brisk • (*σκάφος*) fast • (*αλλαγή*) sudden
• (*αναπνοή, σφυγμός*) quick • **δρόμος ταχείας
κυκλοφορίας** expressway • **λωρίδα ταχείας
κυκλοφορίας** fast lane
ταχύτητα *ουσ θηλ* speed • (*ανώτατο*) **όριο
ταχύτητας** speed limit • **αναπτύσσω ~** to pick
up speed • **κόβω ~** to reduce speed • **βάζω/
αλλάζω ~** to go into/change gear • **έχω
πρώτη/δεύτερη/τρίτη ~** to be in first/second/
third gear • **αγώνας ταχύτητας** race
■ **ταχύτητες** *πληθ* gears • **κιβώτιο ταχυτήτων**
gearbox • **αυτόματη αλλαγή ταχυτήτων**
automatic gear shift
ταψί *ουσ ουδ* baking tin
τεθωρακισμέν|ος, -η, -ο *επιθ* armoured
(*Βρετ.*), armored (*Αμερ.*) ■ **τεθωρακισμένο** *ουσ
ουδ* armoured (*Βρετ.*) ή armored (*Αμερ.*) vehicle
τείνω (*επία.*) *ρ μ* (*χορδή*) to stretch • (*χέρι,
βιβλίο*) to hold out ▶ *ρ αμ* (*αποσκοπώ*) to aim
• (*κλίνω*) to tend
τείχος *ουσ ουδ* wall • **το Σινικό ή Μέγα ~** the
Great Wall of China • **το ~ του Βερολίνου** the
Berlin wall
τεκίλα *ουσ θηλ* tequila
τελάρο *ουσ ουδ* (*κάσι*) crate • (*ζωγραφικού
πίνακα, κεντήματος, πόρτας, παραθύρου*) frame
τελεία *ουσ θηλ* (*σημείο στίξης*) full stop (*Βρετ.*),
period (*Αμερ.*) • (*κουκκίδα*) dot • **άνω και κάτω
~** colon • **άνω ~** semicolon
τέλεια *επιρρ* perfectly • **περνώ ~** to have a
marvellous (*Βρετ.*) ή marvelous (*Αμερ.*) time
τελειοποιώ *ρ μ* (*τεχνική*) to perfect • (*καταχρ.:
βελτιώνω*) to improve
τέλει|ος, -α, -ο *επιθ* (*συνεργασία, εκτέλεση,
τεχνική, αναπαράσταση*) perfect • (*φίλος,
εραστής, αναλογίες*) ideal • (*απατεώνας, γυναίκα,
άντρας*) complete • (*αδιαφορία*) complete
• (*εκβιασμού*) out-and-out ■ **τέλειο(ν)** *ουσ ουδ*
perfection
τελειότητα *ουσ θηλ* perfection
τελείωμα, τέλειωμα *ουσ ουδ* (*περιόδου, έργου,
ομιλίας*) end • (*ρούχου, κουρτίνας*) hem
τελειωμένος, -η, -ο *επιθ* finished
τελειωμός *ουσ αρσ* end
τελειώνω *ρ μ* (*εργασία, διάβασμα, σπουδές*) to
finish • (*συζήτηση*) to end • (*προσπάθεια*) to
give up • (*σχολή, Νομική*) to graduate from
• (*Λύκειο, Δημοτικό*) to leave • (*φαγητό, ποτό*) to
finish ▶ *ρ αμ* (*φτάνω στο τέλος*) to finish
• (*αγώνας, εκπομπή*) to finish • (*γιορτή,
διακοπές, πόλεμος*) to end • (*δοκιμασία*) to come
to an end • (*έτος, ταξίδι, διάσκεψη*) to end
• (*χρόνος, χρήματα, τρόφιμα*) to run out
• (*δυνάμεις*) to give out • (*ανεπ.: φθάνω σε
οργασμό*) to come (*ανεπ.*)
τελείως *επιρρ* completely
τελειωτικ|ός, -ή, -ό *επιθ* (*ήττα, νίκη*) decisive

• (θρίαμβος) crowning • (απάντηση, απόφαση, αναχώρηση) final • (θέση) rigid • (ρήξη, εξάντληση, διάλυση) complete

τέλεση ουσ θηλ (εγκλήματος, αδικήματος) commission • (πράξης, καθήκοντος) performance • (αγώνα) playing • (μυστηρίων) celebration

τελετή ουσ θηλ ceremony

τελευταί|ος, -α, -ο επιθ (μέρα, θρανίο, αφηγητής) last • (βιβλίο, φάρμακο, νέα, μόδα, χρόνος) latest • (ενέργεια, καιρός) recent • (μαθητής) bottom • (οπαδός, υπάλληλος, εργαζόμενος) lowliest • (που μνημονεύθηκε στο τέλος) latter • **για τελευταία φορά** for the last time • **η τελευταία λέξη της μόδας** the latest thing

τέλεφαξ ουσ ουδ άκλ. fax

τελεφερίκ ουσ ουδ άκλ. cable car

τελικά επιρρ eventually

τελικ|ός, -ή, -ό επιθ final • **τελική ευθεία** home straight (κυρ. Βρετ.), home stretch (κυρ. Αμερ.) ■ **τελικοί** ουσ αρσ, **τελικά** ουσ ουδ πληθ (Αθλ) finals ■ **τελικός** ουσ αρσ (Αθλ) final • **μεγάλος ~** cup final • **μικρός ~** third-place play-off

τέλμα ουσ ουδ (έλος) swamp • (μτφ.) impasse

τέλος ουσ ουδ end • (προθεσμίας) expiry • (φόρος: χαρτοσήμου) duty • (: κυκλοφορίας, ακίνητης περιουσίας) tax • **προς το ~** towards the end • **στο ~** in the end • **~** (τελικά) finally • **ταχυδρομικά τέλη** postal rates

τέλος πάντων επιρρ anyway

τελώ (επίσ.) ρ μ (γάμο) to celebrate • (μνημόσυνο) to hold • (τελετή) to perform • (έγκλημα) to commit ▶ ρ αμ to be

τελωνειακ|ός, -ή, -ό επιθ customs ■ **τελωνειακός** ουσ αρσ customs officer

τελωνείο ουσ ουδ (υπηρεσία) customs εν. • (παράρτημα) customs house • (δασμοί) duty

τελώνης ουσ αρσ customs inspector

τεμαχίζω (επίσ.) ρ μ (κομματιάζω) to cut up • (κρέας: σε φέτες) to carve • (σε κύβους) to chop up • (διαιρώ) to divide

τεμάχιο (επίσ.) ουσ ουδ piece

τέμενος ουσ ουδ (στην αρχαιότητα) temple • (μουσουλμανικό τζαμί) mosque

τεμπέλης, -α, -ικο επιθ lazy

τεμπελιάζω ρ αμ (φυγοπονώ) to idle • (χασομερώ) to laze around

τενεκεδένι|ος, -α, -ο επιθ tin

τενεκές ουσ αρσ (λευκοσίδηρος) tin • (λαδιού, τυριού) can • (υβρ.) good-for-nothing

τένις ουσ ουδ άκλ. = **αντισφαίριση**

τενίστας ουσ αρσ tennis player

τενίστρια ουσ θηλ βλ. **τενίστας**

τένοντας ουσ αρσ tendon • **αχίλλειος ~** Achilles tendon

τενόρος ουσ αρσ tenor

τέντα ουσ θηλ (αντίσκηνο) tent • (μεγάλη σκηνή) marquee • (τσίρκου) big top • (σπιτιού) awning • (τεντόπανο) canvas

τέντζερης ουσ αρσ copper pan

τέντωμα ουσ ουδ (λάστιχου) inflating • (μπλούζας) stretching • (χεριών, ποδιών) opening wide

τεντωμέν|ος, -η, -ο επιθ (νεύρα) strained • (για πρόσ.) tense

τεντώνω ρ μ (ύφασμα, λάστιχο) to stretch • (σχοινί, χορδή) to tighten • (λαιμό) to crane • (χέρι, πόδι) to stretch out • (τραπεζομάντηλο, σεντόνι) to spread out • (δέρμα) to tone ▶ ρ αμ (σχοινί, λάστιχο) to be taut • (ρούχο, σεντόνι) to be smoothed out • (πόδι) to flex • (δέρμα) to be toned ■ **τεντώνομαι** μεσοπαθ (ανακλαδίζομαι) to stretch • (τείνω το σώμα μου) to strain

τέρας ουσ ουδ (έκτρωμα) freak • (φανταστικό πλάσμα) monster • (πολύ άσχημο άτομο) ugly monster • (για κτήριο) monstrosity • (άνθρωπος κακός) monster • (χάιδευτ.: για παιδί) little monster • **~ μορφώσεως/γνώσεων/σοφίας** fountain of learning/knowledge/wisdom

τεράστι|ος, -α, -ο επιθ enormous • (στράτευμα) huge • (πλούτος) immense • (αποθέματα) vast • (νίκη, ανάπτυξη, άνοδος) tremendous • (κύκλος γνωριμιών) vast

τερηδόνα ουσ θηλ decay • **~ των δοντιών** tooth decay

τέρμα ουσ ουδ (δρόμου, ομιλίας, σχέσης, κατάστασης, εποχής) end • (σκοπού) end • (Αθλ: εστία) goalpost • (γκολ) goal • (αγώνα δρόμου, αγώνα ταχύτητας) finishing line • (λεωφορείου, τρένου) terminus • **πατάω ~ το γκάζι** to floor the accelerator

τερματίζω ρ μ (ομιλία, καριέρα) to conclude • (συνεργασία, εγκυμοσύνη) to terminate • (συνεδρίαση) to wind up • (υπόθεση) to put an end to ▶ ρ αμ to finish

τερματικό ουσ ουδ (Πληροφ) terminal • (θέση εργασίας) computer department

τερματισμός ουσ αρσ (σχολικού έτους, λόγου, φιλίας, πολέμου, κρίσης) end • (σε αγώνες) finish

τερματοφύλακας ουσ αρσ, ουσ θηλ goalkeeper

τερπν|ός, -ή, -ό (επίσ.) επιθ delightful • **το τερπνόν μετά του ωφελίμου** business before pleasure

τες αντων them

τεσσαρακοστ|ός, -ή, -ό αριθ τακτ fortieth

τεσσάρι ουσ ουδ four • (διαμέρισμα) four-room(ed) apartment ή flat (Βρετ.)

τέσσερα αριθ απολ άκλ. four

τεσσεράμισι αριθ απολ άκλ. four and a half

τέσσερ|εις, -εις, -α αριθ απολ πληθ four

τέσσερ|ις, -ις, -α αριθ απολ πληθ = **τέσσερεις**

τεσσερισήμισι αριθ απολ άκλ. = **τεσσεράμισι**

τεστ ουσ ουδ άκλ. test • **~ εγκυμοσύνης/ αντοχής/νοημοσύνης** pregnancy/endurance/ intelligence test • **~ Παπανικολάου, Παπ-τεστ** smear (Βρετ.), pap smear ή test (Αμερ.)

τέτανος ουσ αρσ tetanus

Τετάρτη ουσ θηλ Wednesday

τέταρτ|ος, -η, -ο αριθ τακτ fourth • **τέταρτος** ουσ αρσ (ορόφος) fourth floor (Βρετ.), fifth floor (Αμερ.) • (Απρίλιος) April • **τέταρτη** ουσ θηλ (ταχύτητα) fourth (gear) • (ημέρα) fourth • (σχολική τάξη) fourth year • **τέταρτο** ουσ ουδ (τεταρτημόριο) quarter • (ώρας) quarter of an hour • **η ώρα είναι τρεις και τέταρτο** it's quarter past three

τετατέτ, τετ-α-τετ επιρρ face to face

τετελεσμέν|ος, -η, -ο επιθ accomplished

τέτοι|ος, -οια, -οιο αντων δεικτ (όμοιος) like that • (εποχή) same • (φόβος, ένταση) such • (ειρων.) like that • (ανειπ.: αντί ονόματος: για άντρα) what's-his-name • (για γυναίκα) what's-her-name • **κι εγώ έχω τέτοιο αυτοκίνητο** I've got a car like that too • **πέρυσι τέτοια εποχή** this time last year

τετραγωνικ|ός, -ή, -ό επιθ square ■ **τετραγωνικό** ουσ ουδ square metre (ΒΡΕΤ.) ή meter (ΑΜΕΡ.)

τετράγωνο ουσ ουδ square

τετράγων|ος, -η, -ο επιθ (χαλί, επιφάνεια, πιγούνι, ώμοι) square • (λογική, συλλογισμός, νους) sound

τετράδιο ουσ ουδ exercise book

τετραήμερο ουσ ουδ four-day period

τετραήμερ|ος, -η, -ο επιθ four-day

τετρακόσια αριθ απολ άκλ. four hundred

τετρακόσι|οι, -ιες, -ια αριθ απολ πληθ four hundred

τετραπέρατ|ος, -η, -ο επιθ astute

τετράπορτ|ος, -η, -ο επιθ saloon (ΒΡΕΤ.), sedan (ΑΜΕΡ.)

τετράτροχ|ος, -η, -ο επιθ four-wheeled

τετραώροφ|ος, -η, -ο επιθ four-storey (ΒΡΕΤ.), four-story (ΑΜΕΡ.) ■ **τετραώροφο** ουσ ουδ four-storey (ΒΡΕΤ.) ή four-story (ΑΜΕΡ.) building

τεύχος ουσ ουδ (περιοδικού) issue • (βιβλίου) volume

τέφρα (επίσ.) ουσ θηλ (στάχτη) ash • (νεκρού) ashes πληθ. • **ηφαιστειακή ~** volcanic ash

τέχνασμα ουσ ουδ ploy

τέχνη ουσ θηλ (γενικότ.) art • (καλλιτεχνικό δημιούργημα) work • (τεχνοτροπία) style • (δημιουργική ικανότητα) talent • (μαστοριά) artistry • (για χειροτέχνη) craftsmanship • (επάγγελμα) trade • **δραματική ~** theatre (ΒΡΕΤ.), theater (ΑΜΕΡ.) • **έβδομη ~** cinema • **εικαστικές τέχνες** visual arts • **ένατη ~** comics πληθ. • **έργο τέχνης** (κυριολ., μτφ.) work of art • **καλές τέχνες** fine arts • **όγδοη ~** photography

τεχνητός, -ή, -ό επιθ (λίμνη, μέλος σώματος) artificial • (διώρυγα) man-made • (δόντια) false • (μετάξι) synthetic • (ανάγκες, κρίση, κλίμα αισιοδοξίας) artificial

τεχνική ουσ θηλ technique

τεχνικ|ός, -ή, -ό επιθ technical • **~ έλεγχος** (σε όχημα) MOT test (ΒΡΕΤ.), inspection (ΑΜΕΡ.) • **~ όρος** technical term ■ **τεχνικός** ουσ αρσ (σταθμού) technician • (τηλεόρασης) engineer • (ομάδας) manager

τεχνίτης ουσ αρσ (μάστορας) craftsman • (για υδραυλικά, ηλεκτρικά) workman • (μτφ.) master • (ειρων.) past master

τεχνίτρια ουσ θηλ βλ. **τεχνίτης**

τεχνολογία ουσ θηλ technology

τέως (επίσ.) επιρρ former

τζαζ ουσ θηλ άκλ. jazz • **~ κομμάτι/συγκρότημα** jazz number/band

τζάκι ουσ ουδ fireplace ■ **τζάκια** πληθ elite εν.

τζακούζι ουσ ουδ άκλ. Jacuzzi®

τζάκποτ, τζακ-ποτ ουσ ουδ άκλ. rollover

τζαμαρία ουσ θηλ (σπιτιού) picture window • (καταστήματος) window • (θερμοκηπίου) glass

χωρίς πληθ. • (σαλονιού) French window (ΒΡΕΤ.), French door (ΑΜΕΡ.)

τζαμί ουσ ουδ mosque

τζάμι ουσ ουδ (γυαλί) glass • (πόρτας, πούλμαν) window • **~ παραθύρου** window pane ■ **τζάμια** πληθ (μειωτ.) glasses

τζάμπα (ανεπ.) επιρρ (δωρεάν) for free • (πολύ φθηνά) for next to nothing • (μάταια) in vain

τζαμπατζής ουσ αρσ (που αποκτά χωρίς να πληρώνει) freeloader (ανεπ.) • (μειωτ.) cheapskate (ανεπ.) • (σε συναυλία, αγώνα) person who sneaks in without paying

τζαμπατζού ουσ θηλ βλ. **τζαμπατζής**

τζάμπο, τζάμπο-τζετ ουσ ουδ άκλ. jumbo jet

τζατζίκι ουσ ουδ tzatziki

τζελ ουσ ουδ άκλ. gel

τζέντλεμαν ουσ αρσ άκλ. gentleman

τζετ ουσ ουδ άκλ. jet

τζετ-λανγκ ουσ ουδ άκλ. jet lag

τζετ-σκι ουσ ουδ άκλ. jet ski

τζιν¹ ουσ ουδ άκλ. (ανθεκτικό ύφασμα) denim • (παντελόνι) jeans πληθ. • (κάθε τέτοιο ρούχο) denims πληθ. • **~ πουκάμισο/φούστα** denim shirt/skirt • **~ παντελόνι** jeans πληθ.

τζιν² ουσ ουδ άκλ. gin

τζίνι ουσ θηλ (φανταστικό πνεύμα) genie • (μτφ.) genius

τζιπ ουσ ουδ άκλ. jeep

τζίρος ουσ αρσ turnover

τζίτζικας ουσ αρσ cicada

τζιτζίκι ουσ ουδ = **τζίτζικας**

τζίτζιρας ουσ αρσ = **τζίτζικας**

τζογαδόρος ουσ αρσ gambler

τζόγκινγκ ουσ ουδ jogging

τζόγος ουσ αρσ (χαρτοπαιξία) cards πληθ. • (κάθε τυχερό παιχνίδι) gambling χωρίς πληθ.

τζόκεϊ ουσ αρσ άκλ. jockey ■ **τζόκεϊ** ουσ ουδ cap

τζόκινγκ ουσ ουδ άκλ. = **τζόγκινγκ**

τζούντο ουσ ουδ άκλ. judo

τηγανητ|ός, -ή, -ό επιθ fried ■ **τηγανητά** ουσ ουδ πληθ fried foods

τηγάνι ουσ ουδ frying pan

τηγανίζω ρ μ to fry ▸ ρ αμ to fry

τηγανόψωμο ουσ ουδ fried bread roll filled with cheese

τήκω (επίσ.) ρ μ to melt

τηλεγράφημα ουσ θηλ telegram

τηλεγραφώ ρ μ to cable ▸ ρ αμ to send a telegraph

τηλεθέαση ουσ θηλ viewers πληθ.

τηλεθεατής ουσ αρσ viewer

τηλεθεάτρια ουσ θηλ βλ. **τηλεθεατής**

τηλεκάρτα ουσ θηλ phone card

τηλεκατεγραφόμεν|ος, -η, -ο επιθ downloadable

τηλεκατευθυνόμεν|ος, -η, -ο επιθ (βλήμα) guided • (αυτοκίνητο) remote-controlled

τηλεκοντρόλ ουσ ουδ άκλ. = **τηλεχειριστήριο**

τηλεομοιοτυπία ουσ θηλ fax

τηλεοπτικ|ός, -ή, -ό επιθ television

τηλεόραση ουσ θηλ television • **ανοίγω/κλείνω την ~** to turn the television ή TV on/off

• **κλειστό κύκλωμα τηλεοράσεως** closed-circuit television • **~ ευρείας οθόνης** widescreen TV

τηλεπάθεια *ους θηλ* telepathy

τηλεπαιχνίδι *ους ουδ* game show

τηλεπαρουσιαστής *ους αρσ* TV presenter

τηλεπαρουσιάστρια *ους θηλ* βλ. **τηλεπαρουσιαστής**

τηλεπικοινωνία *ους θηλ* telecommunications *εν.* ▪ **τηλεπικοινωνίες** *πληθ* telecommunications *εν.*

τηλεσκόπιο *ους ουδ* telescope

τηλεφώνημα *ους ουδ* (phone) call • **κάνω ένα ~ σε κπν** to give sb a call • **τοπικό/υπεραστικό ~** local/long-distance call

τηλεφωνητής *ους αρσ* (υπάλληλος τηλεφωνικού κέντρου) operator • (επίσης: **αυτόματος ~**) answering machine

τηλεφωνήτρια *ους θηλ* βλ. **τηλεφωνητής**

τηλεφωνία *ους θηλ* (σύνολο τηλεφωνικών εγκαταστάσεων) telephone network • (επικοινωνία μέσω τηλεφώνου) telephony • **κινητή ~** mobile telephony

τηλεφωνικ|ός, -ή, -ό *επιθ* telephone • (επαφή, συνομιλία) phone • **~ θάλαμος** phone box (Βρετ.), phone booth (Αμερ.) • **~ κατάλογος** phone book • **τηλεφωνικό κέντρο** call centre (Βρετ.) ή center (Αμερ.)

τηλέφωνο *ους ουδ* (συσκευή) telephone • (τηλεφώνημα) (phone) call • (αριθμός κλήσης) phone number • (λογαριασμός) phone bill • **παίρνω κπν ~** to phone sb • **βάζω ~** to have a phone put in • **είμαι στο ~** to be on the phone ή telephone • **κάνω ένα ~** to make a phone ή telephone call • **σηκώνω το ~** to answer the phone ή telephone • **φορητό ή ασύρματο ~** cordless phone

τηλεφωνώ *ρ αμ* to be on the phone ▸ *ρ μ* to phone ▪ **τηλεφωνιέμαι** *μεσοπαθ* to speak on the phone

τηλεχειριστήριο *ους ουδ* remote control

τήρηση *ους θηλ* (εθίμων, παράδοσης) upholding • (νόμου) observance • (συμφωνίας, υπόσχεσης) keeping • (ανωνυμίας) preservation • (βιβλίου, αρχείου) keeping

τηρώ (επίσ.) *ρ μ* (ήθη, έθιμα, παράδοση) to uphold • (συμφωνία) to honour (Βρετ.), to honor (Αμερ.) • (συνθήκη, διαδικασία) to adhere to • (νόμο, κανόνα) to abide by • (λόγο, υπόσχεση) to keep • (δίαιτα) to keep to • (αρχή) to uphold • (ανωνυμία) to preserve • (βιβλία, αρχείο) to keep • (πρόσχημα) to keep up • (τύπους) to observe • (στάση, θέση) to take

της[1] *άρθρ οριστ* ▸ βλ. **ο**

της[2] *αντων* her • **η μητέρα ~** her mother • **~ έδωσα κάτι** I gave her something

○ **ΛΕΞΗ-ΚΛΕΙΔΙ**

τι *ερωτ αντων* **1** (για ερώτηση) what • **τι δουλειά κάνεις;** what (job) do you do? • **και τι έγινε;** so what? • **και τι μ' αυτό!** what of it? • **ξέρεις τι;** you know what? • **προς τι;** why? • **τι;** what? • **τι άλλο** what else • **τι κι αν** so what if
2 (για έμφαση) what

3 (επιδοκιμαστικά ή μειωτικά) how
4 (για αποδοκιμασία ή αντίρρηση) what do you mean
5 +άρθρ. (πόσα πολλά) all that • (αυτό που) what
▸ **επιθ** (τι είδους) what kind ή sort of • (πόσος) how much • **τι λεφτά παίρνεις;** how much do you get (paid)?
▸ **επιρρ** (γιατί) why • (σε τι) what

τίγρη *ους θηλ* tiger

τίγρης *ους αρσ* βλ. **τίγρη**

τίθεμαι *ρ αμ* (τοποθετούμαι) to be placed • (θέμα, ζήτημα, ερώτημα, απορία) to be raised • (αρχές, προδιαγραφές) to be laid down

τιμαλφή (επίσ.) *ους ουδ πληθ* valuables *πληθ.*

τιμάριθμος *ους αρσ* retail price index (Βρετ.), cost-of-living index (Αμερ.)

τιμή *ους θηλ* (προϊόντος, καυσίμων) price • (υπόληψη) honour (Βρετ.), honor (Αμερ.) • (ένδειξη σεβασμού) honour (Βρετ.), honor (Αμερ.) • (καμάρι) pride • **ανεβάζω/κατεβάζω την ~** to raise/lower the price • **σε καλή ~** at a good price • **~ μου!** it's my pleasure! • **~ ευκαιρίας** bargain price • **~ κόστους** cost price ▪ **τιμές** *πληθ* honours (Βρετ.), honors (Αμερ.)

τίμημα *ους ουδ* price

τίμι|ος, -α, -ο *επιθ* honourable (Βρετ.), honorable (Αμερ.) • (κουβέντες, μοιρασιά, συναλλαγές) fair • (Θρησκ: ξύλο, σταυρός, δώρα) holy

τιμιότητα *ους θηλ* honesty

τιμοκατάλογος *ους αρσ* price list

τιμολόγιο *ους ουδ* (υπηρεσίας) rates *πληθ.* • (προϊόντος) tariff • (απόδειξη πώλησης) invoice

τιμόνι *ους ουδ* (αυτοκινήτου) steering wheel • (ποδηλάτου) handlebars *πληθ.* • (πλοίου) helm

τιμώ *ρ μ* (ήρωα, μνήμη) to honour (Βρετ.), to honor (Αμερ.) • (έργο, θυσία) to pay tribute to • (πολιτικό, λογοτέχνη, σκηνοθέτη) to recognize (με with) to honour (Βρετ.), to honor (Αμερ.) (με with) • (εξυψώνω: γονείς, δασκάλους) to be a credit to • (για φαγητό) to do justice to • (όρκο, υπόσχεση) to keep ▪ **τιμάται, τιμώνται** *τριτοπρόσ* (επίσ.) to cost

τιμώμενος, -η, -ο *επιθ* honorary

τιμωρία *ους θηλ* punishment • (για μαθητή) detention

τιμωρώ *ρ μ* to punish

τίναγμα *ους ουδ* (κεφαλιού, μαλλιών) toss • (σεντονιών, κουβέρτας, ρούχων, δέντρου) shaking • (χαλιών) beating • (σώματος, τρένου) jolt

τινάζω *ρ μ* (κεφάλι, μαλλιά) to toss • (σεντόνια, κουβέρτες) to shake (out) • (με χτυπήτρι: χαλί, μοκέτα) to beat • (δέντρο) to shake • (καρέκλα, ποτήρι) to fling ▪ **τινάζομαι** *μεσοπαθ* (αναπηδώ) to start • (συσπώμαι) to shake

○ **ΛΕΞΗ-ΚΛΕΙΔΙ**

τίποτε, τίποτα *αντων άκλ.* **1** (κάτι) anything (καθόλου) nothing

2 +ουσ. πληθ. (σε ερωτ. προτάσεις) any • **άλλο τίποτε** nothing but • **από το τίποτα** from nothing • **για ή με το τίποτα** for no reason • **δεν γίνεται τίποτα** there's nothing we can do • **δεν έχει τίποτα** (για πρόσ.) there's nothing wrong with him/her • **δεν έχω τίποτα εναντίον κποιου** to have nothing against sb • **δεν κάνει τίποτε!** (παρακαλώ) you're welcome! • **δεν το 'χω σε τίποτα να** it's no big deal for me to ... • **είναι ένα τίποτα** it's/he's nothing • **με τίποτα** no way • **με τίποτα στον κόσμο δεν θα 'κανα αυτό** I wouldn't do that for anything in the world • **πολύ κακό για το τίποτα** a storm in a teacup • **τίποτα άλλο** nothing else • **τίποτε άλλο, ευχαριστώ** that's all, thank you • **τίποτε άλλο από** nothing but • **τίποτα άλλο εκτός ή παρά** nothing but • **τίποτα απολύτως** nothing at all • **τίποτα το λες εσύ ...** you say it's nothing ...

τιράντα ουσ θηλ (παντελονιού) braces πληθ. (ΒΡΕΤ.), suspenders πληθ. (ΑΜΕΡ.) • (σουτιέν, νυχτικού) strap

τιρμπουσόν ουσ ουδ άκλ. corkscrew

τις¹ άρθρ ορισт the • **άκουσα ~ εκρήξεις** I heard the explosions • **ήρθε στις πέντε** he came at five o'clock • **κατά ~ τρεις** around three o'clock • **στις δέκα Απριλίου** on the tenth of April ▶ βλ. **ο**

τις² αντων them • **~ ήξερα** I knew them

τίτλος ουσ αρσ (βιβλίου, περιοδικού, πίνακα, ταινίας) title • (κεφαλαίου) heading • (βιβλίο) title • (επιχείρησης, οργανισμού) name • (σπουδών) qualification • (αξίωμα) title • **κύριος ~** headline ▣ **τίτλοι** πληθ credits

τμήμα ουσ ουδ (κορμού, οστών) piece • (γλυκού) portion • (πόλης, χώρας) part • (βιβλίου) section • (πωλήσεων, ερευνών, μάρκετινγκ) department • (σε σχολείο) class • **αστυνομικό ~** police station • **εκλογικό ~** polling station

το¹ άρθρ οριστ the ▶ βλ. **ο**

το² αντων (για έμψυχα) him/her/it • **το είδα** I saw him/her/it

τοιχογραφία ουσ θηλ mural

τοιχοκόλληση ουσ θηλ billposting

τοιχοκολλώ ρ μ to post

τοίχος ουσ αρσ wall

τοίχωμα ουσ ουδ side

τοκετός ουσ αρσ childbirth

τοκίζω ρ μ ~ κπν to lend money to sb at interest ▣ **τοκίζομαι** μεσοπαθ to accrue interest

Τόκιο, Τόκυο ουσ ουδ Tokyo

τοκομερίδιο ουσ ουδ dividend

τόκος ουσ αρσ (τραπεζικού λογαριασμού) interest • (επιτόκιο) interest rate

τοκσόου, τοκ-σόου ουσ ουδ άκλ. chat show (ΒΡΕΤ.), talk show (ΑΜΕΡ.)

τόλμη ουσ θηλ daring

τολμηρός, -ή, -ό επιθ (άνθρωπος) daring • (μέτρο, απόφαση) bold • (εγχείρημα) daring • (αρνητ.: θρασύς) presumptuous • (εικόνα) naughty • (σκηνή, ταινία) racy • (ντύσιμο) revealing

τολμώ ρ μ to dare ▶ ρ αμ to take risks

τομάρι ουσ ουδ (κατσίκας, προβάτου, λιονταριού) hide • (αρνητ.: παλιάνθρωπος) swine

τομάτα ουσ θηλ = **ντομάτα**

τοματοσαλάτα ουσ θηλ = **ντοματοσαλάτα**

τομέας ουσ αρσ (έρευνας) field • (δράσης) sphere • (πρόνοιας, οικονομίας, πωλήσεων, διανομής) sector • (υπηρεσίας) section • (γνώσης, μαθηματικών, φιλοσοφίας) field • (πόλης) district • (περιοχής) sector • (σε πανεπιστήμιο) department • **δημόσιος/ ιδιωτικός ~** pubic/private sector

τομή ουσ θηλ (κόψιμο) cut • (το σημείο κοπής) cut • (χειρουργική διάνοιξη) incision • (ίχνος χειρουργικής διάνοιξης) incision • **καισαρική ~** Caesarean (ΒΡΕΤ.) ή Cesarean (ΑΜΕΡ.) section

τόμος ουσ αρσ volume

τον¹ άρθρ οριστ the ▶ βλ. **ο**

τον² αντων (για έμψυχα) him • (για άψυχα) it • **~ είδα** I saw him/it

τονίζω ρ μ to stress • (πρόσωπο, μάτια) to highlight • (μέση) to show off

τονισμός ουσ αρσ (εκφώνηση λέξης) intonation • (τοποθέτηση τόνου) accentuation • (χρωμάτων, μορφής, στοιχείου) prominence • (αδυναμιών) showing up

τόννος ουσ αρσ tuna

τόνος¹ ουσ αρσ (Γλωσσ: ύψος ή ένταση φωνής) stress • (σημείο δήλωσης έντασης) accent • (για φωνή: ένταση) pitch • (τρόπος της ομιλίας) tone (of voice) • (χρώματος) shade

τόνος² ουσ αρσ (μονάδα βάρους) tonne • (μέτρο χωρητικότητας πλοίου) tonnage

τονοσαλάτα ουσ θηλ tuna salad

τονώνω ρ μ (οργανισμό) to build up • (οικονομία, ηθικό, αυτοπεποίθηση) to boost • (σχέσεις) to strengthen

τόνωση ουσ θηλ boost

τονωτικ|ός, -ή, -ό επιθ (καλλυντικό, λοσιόν: για το δέρμα) toning • (για τα μαλλιά) conditioning • **τονωτικό ποτό** tonic • **τονωτικό φάρμακο** tonic

τοξικομανής ουσ αρσ, ουσ θηλ drug addict

τοξικ|ός, -ή, -ό επιθ toxic

τόξο ουσ ουδ (όπλο) bow • (Αθλ) bow • (σήμα) arrow • (Αρχιτ) arch

τοξότης ουσ αρσ (στρατιώτης) archer • (Αστρ) Sagittarius

τόπι ουσ ουδ (μπάλα) ball • (ρολό υφάσματος) roll

τοπικ|ός, -ή, -ό επιθ local • (πάχος, θεραπεία) localized • **τοπική συγκοινωνία** local transport

τοπίο ουσ ουδ landscape • (σκηνικό) scene

τόπλες επιρρ topless

τοπογραφία ουσ θηλ (επιστήμη) topography • (περιοχής) survey

τοποθεσία ουσ θηλ (χωριού, πόλης) location • **(διαδικτυακή) ~** (Πληροφ) website

τοποθέτηση ουσ θηλ (πιάτων, βιβλίων) putting (away) • (πόρτας, ντουλαπιού) putting in • (δράσης) location • (υπαλλήλου, υπουργού, διευθυντού) appointment • (άποψη) stand

τοποθετώ ρ μ (γενικότ.) to put • (φυτό) to plant • (κατατάσσω) to class • (θέτω) to put • (ορίζω σε θέση) to appoint (σε το) ▣ **τοποθετούμαι**

μεσοπαθ (παίρνω θέση) to position oneself • (εκφράζω άποψη) to take a stand

τόπος ουσ αρσ (τοποθεσία) place • (πατρίδα) country • (πόλη) town • (χωριό) village • (θέση) place • (στο Διαδίκτυο) site • **οι Άγιοι Τόποι** the Holy Land • **~ γεννήσεως** birthplace

τοπωνύμιο ουσ ουδ (για χώρα, πόλη) place name • (για ποταμού, δρόμων) name

τος αντων (για έμψυχα) he • (για άψυχα) it • **να ~!** here he/it is!

τόσο επιρρ (για μέγεθος, ύψος, ποσότητα, όγκο) so • (για έμφαση: αργά, γρήγορα, πολύ, νωρίς) so • (: θόρυβος, ανάγκη) such • (: αγαπώ, καπνίζω) so much

τόσ|ος, -η, -ο αντων δεικτ (πάρα πολύς: με μη αριθμητό ουσιαστικό) so much • (με ουσιαστικό στον πληθυντικό) so many • **είχα τόση ανάγκη να τα πω κάτου** I so badly needed to talk about it • **κάνω το τόσο (άλλο) τόσο** to exaggerate • **τόσοι και τόσοι (άνθρωποι)** so many people • **~ καιρός, τόση ώρα** such a long time • **τόσος... ώστε ή που...** so... that... • **τριακόσιες τόσες χιλιάδες** three hundred thousand plus

τοστ ουσ ουδ άκλ. toasted sandwich

τοστάδικο ουσ ουδ άκλ. toasted sandwich shop

τότε επιρρ (γενικότ.) then • (εκείνη τη στιγμή ή περίοδο) then • **από ~** since then • **ο ~ πρόεδρος** the then president • **~, θα του καλέσω αύριο** I'll invite them tomorrow then

του¹ άρθρ ορwhen of ▶ βλ. **ο**

του² αντων (προσωπικό) him • (κτητική) his • **η μηχανή ~** his bike • **~ έδωσα κάτι** I gave him something

τουαλέτα ουσ θηλ (αποχωρητήριο) toilet (Βρετ.), rest room (Αμερ.) • (έπιπλο) dressing table • (επίσημο φόρεμα) evening gown • **δημόσιες τουαλέτες** public convenience εν. (Βρετ.), rest room εν. (Αμερ.)

τούβλο ουσ ουδ (δομικό υλικό) brick • (μειωτ.) dunce

τουιτάρω ρ μ (στο Twitter) to tweet

τουλάχιστον επιρρ at least

τουλίπα ουσ θηλ tulip

τουλούμι ουσ ουδ **βρέχει με το ~** it's pouring down

τούμπα¹ ουσ θηλ (περιστροφή σώματος) somersault • (πτώση) fall

τούμπα² ουσ θηλ (Μουσ) tuba

τούμπανο ουσ ουδ drum • **γίνομαι ~** (για κοιλιά) to be as tight as a drum • (για πόδι, χέρι) to be all swollen • **κάνω κτ ~** to shout sth from the rooftops • **ο κόσμος το 'χει ~ (κι εμείς κρυφό καμάρι)** (παροιμ.) it's an open secret

τουμπάρω ρ μ (τραπέζι, καρέκλα) to overturn • (μτφ.: καταφέρνω) to talk around • (ξεγελώ) to cheat ▶ ρ αμ (αυτοκίνητο) to roll over • (βάρκα) to capsize

τούνελ ουσ ουδ άκλ. tunnel

τουρισμός ουσ αρσ tourism • **μαζικός ~** mass tourism

τουρίστας ουσ αρσ tourist

τουριστικ|ός, -ή, -ό επιθ (βιομηχανία, κατάστημα, είδη, χάρτης) tourist • (για νησί,

χώρα) popular with tourists • **τουριστική αστυνομία** tourist police • **τουριστικό γραφείο ή πρακτορείο** travel agency • **τουριστική θέση** tourist class • **τουριστικό λεωφορείο** tour coach • **τουριστικός** guidebook • **τουριστική περίοδος** tourist season • **~ πράκτορας** travel agent

τουρίστρια ουσ θηλ βλ. **τουρίστας**

Τουρκάλα ουσ θηλ βλ. **Τούρκος**

Τουρκία ουσ θηλ Turkey

τουρκικ|ός, -ή, -ό επιθ Turkish ■ **Τουρκικά, Τούρκικα** ουσ ουδ πληθ Turkish

τούρκικ|ος, -η, -ο επιθ = **τουρκικός**

Τουρκοκύπρια ουσ θηλ βλ. **Τουρκοκύπριος**

Τουρκοκύπριος ουσ αρσ Turkish Cypriot

Τούρκος ουσ αρσ Turk

τουρνουά ουσ ουδ άκλ. tournament

τουρσί ουσ ουδ pickle • **αγγούρια/πιπεριές ~** pickled cucumbers/peppers

τούρτα ουσ θηλ cake

τουρτουρίζω ρ αμ to shiver

τους¹ άρθρ ορ the ▶ βλ. **ο**

τους² αντων (προσωπικό) them • (κτητική) their • **αυτό είναι δικό ~** it's theirs • **ήρθαν με τις γυναίκες ~** they came with their wives • **~ είδα** I saw them

τούτ|ος, -η, -ο αντων δεικτ (λογοτ.) this • **τούτο είναι το βιβλίο μου** that's my book • **τούτο το καλοκαίρι** this summer

τούφα ουσ θηλ lock

τουφέκι ουσ ουδ rifle

τράβηγμα ουσ ουδ (πόρτας, παραθύρου) pulling • (τραπεζιού, καρέκλας, επίπλου) dragging • (φρυδιών) plucking • (δοντιού) pull • (νερού, κρασιού) drawing • (καλωδίου, σχοινιού) pulling • (για παλίρροια) pull • (γραμμών, μολυβιάς) drawing • (φωτογραφίας) taking • (σκηνής) shooting • (Avat) wrench • (στην τράπουλα) drawing ■ **τραβήγματα** πληθ trouble

τραβώ ρ μ (καρέκλα, τραπέζι, άνθρωπο) to pull • (αυτοκίνητο, βάρκα) to tow • (δίχτυα) to pull in • (χειρόφρενο) to pull on • (πιστόλι, μαχαίρι) to draw • (μαλλιά, γένια) to pull • (τρίχες) to pull out • (φούστα) to pull down • (για μαγνήτη) to attract • (αντλώ: νερό, κρασί) to draw • (: απορροφώ: νερό) to absorb • (πίνω) to drink • (χρήματα) to take out • (τόκους) to get • (φωτογραφίες) to take • (σκηνές) to shoot • (ενδιαφέρον) to catch • (προσοχή, άνδρα, γυναίκα) to attract • (υποφέρω) to go through • (επιθυμώ) to want • (τραβολογώ) to drag • (γραμμές, μολυβιά) to draw ▶ ρ αμ (τζάκι, αντλία) to draw • (κατάσταση, υπόθεση) to drag on • (μηχανή, κινητήρας, αυτοκίνητο) to pull • **τον τράβηξε η θάλασσα/η ομορφιά της** he was drawn by the sea/her beauty ■ **τραβιέμαι** μεσοπαθ (αποσύρομαι) to retire • (για παλίρροια) to go out • (οπισθοχωρώ) to pull back • (ταιριάζω) to go well with • (ταλαιπωρούμαι) to have trouble

τραγανιστ|ός, -ή, -ό επιθ crunchy

τραγαν|ός, -ή, -ό επιθ (μπισκότα) crunchy • (κεράσια) hard

τραγικ|ός, -ή, -ό επιθ tragic • (γονείς)

grief-stricken ▪ **τραγικός** ουσ αρσ tragic poet

τράγος ουσ αρσ billy goat

τραγούδι ουσ ουδ (άσμα) song • (βιολιού, φλάουτου) melody • (το να τραγουδά κανείς) singing

τραγουδιστής ουσ αρσ singer

τραγουδίστρια ουσ θηλ βλ. **τραγουδιστής**

τραγουδώ ρ αμ/το sing ▸ ρ μ (τραγούδι) to sing • (έρωτα, αγάπη, φύση) to sing of

τραγωδία ουσ θηλ tragedy

τραγωδός ουσ αρσ, ουσ θηλ (τραγικός ποιητής) tragic poet • (ηθοποιός τραγωδίας) tragedian

τρακ ουσ ουδ άκλ. nerves πληθ.

τρακάρω¹ ρ μ (αυτοκίνητο, μηχανάκι) to crash • (συναντώ τυχαία) to bump into ▸ ρ αμ to have a crash • ~ **σε κτ** to crash into sth

τρακάρω² ρ μ ~ **κπν** (προκαλώ τρακ) to make sb nervous ▪ **τρακάρομαι, τρακαρίζομαι** μεσοπαθ to get nervous ή the jitters (ανεπ.)

τράκο ουσ ουδ άκλ. (τρακάρισμα) crash • (ζημιά) blow

τρακτέρ ουσ ουδ άκλ. tractor

τραμ ουσ ουδ άκλ. tram (ΒΡΕΤ.), streetcar (ΑΜΕΡ.)

τραμπολίνο ουσ ουδ trampoline

τράνζιτ ουσ ουδ άκλ. transit

τραν|ός, -ή, -ό (λογοτ.) επιθ (για πρόσ.) important • (απόδειξη, τεκμήριο) clear • (παράδειγμα) prime • (αλήθεια) absolute

τράνταγμα ουσ ουδ (σπιτιού, θεάτρου) shaking χωρίς πληθ. • (αυτοκινήτου) jolt • (ψυχικό) jolt

τραντάζω ρ μ (σπίτι) to shake • (βροχή, στέγη) to hammer on • (μτφ.) to shake

τράπεζα ουσ θηλ bank • **Αγία Τράπεζα** high altar • ~ **αίματος/σπέρματος** blood/sperm bank • ~ **πληροφοριών** database

τραπεζαρία ουσ θηλ (δωμάτιο) dining room • (έπιπλο) dining table

τραπέζι ουσ ουδ table • **καλώ κπν σε** ~ to ask ή invite sb to dinner • **κάνω το** ~ **σε κπν** to have sb to dinner • **κλείνω** ~ to book ή reserve a table • **μαζεύω το** ~ to clear the table

τραπεζικ|ός, -ή, -ό επιθ bank • **τραπεζικό απόρρητο** banking ή bank secrecy ▪ **τραπεζικός** ουσ αρσ bank clerk

τραπεζίτης ουσ αρσ (επάγγελμα) banker • (Ανατ) molar

τραπεζιτικ|ός, -ή, -ό επιθ (σύστημα, συμφέροντα) banking • (επιταγή) banker's

τραπεζομάντηλο, τραπεζομάντιλο ουσ ουδ tablecloth

τράπουλα ουσ θηλ pack of cards

τραπουλόχαρτο ουσ ουδ (playing) card

τρατάρω ρ μ to offer

τραυλίζω ρ αμ to stammer ▸ ρ μ to stammer (out)

τραυλ|ός, -ή, -ό επιθ **είμαι** ~ to stammer ▪ **τραυλός** ουσ αρσ, **τραυλή** ουσ θηλ person who stammers ή stutters

τραύμα ουσ ουδ (Ιατρ) injury • (από σφαίρα, μαχαίρι) wound • (μτφ.) blow ▪ **τραύματα** πληθ trauma εν.

τραυματίας ουσ αρσ, ουσ θηλ wounded person **τραυματίζω** ρ μ (στρατιώτη, φύλακα)

to wound • (αξιοπρέπεια, υπερηφάνεια) to wound • (αξιοπιστία) to damage • (νοημοσύνη) to be an insult to • (προκαλώ ψυχικό τραύμα) to traumatize

τραυματικ|ός, -ή, -ό επιθ traumatic

τραυματισμός ουσ αρσ wounding • (κύρους, προσωπικότητας) damage

τραχεία ουσ θηλ trachea

τράχηλος ουσ αρσ neck

τραχ|ύς, -ιά ή -εία, -ύ επιθ (έδαφος, τοίχος, πέτρα, χέρια) rough • (ύφασμα) coarse • (κρύο) bitter • (χειμώνας) harsh • (άνθρωπος, τόνος, λόγια, φωνή) gruff

τρέιλερ ουσ ουδ άκλ. trailer

τρεις, -~, - τρία αριθ απολ πληθ three • **στις** ~ **του μηνός** on the third of the month

τρεισήμισι επιθ άκλ. three and a half

τρέλα ουσ θηλ (Ιατρ) insanity • (ανοησία) foolish act • (παράτολμη ενέργεια) reckless act • (νιότης) folly ▪ **τρέλες** πληθ high jinks

τρελαίνω ρ μ ~ **κπν** (μουρλαίνω) to drive sb insane ή mad • (ταλαιπωρώ) to drive sb mad • (ενθουσιάζω) to drive sb wild ▪ **τρελαίνομαι** μεσοπαθ to go mad • **τρελαίνομαι για κπν/κτ** to be mad about sb/sth

τρελοκομείο ουσ ουδ (τρελάδικο) psychiatric hospital • (μτφ.: για χώρο) madhouse

τρελ|ός, -ή, -ό επιθ (μουρλός) mad • (παθιασμένος) mad (με, για about) crazy (ανεπ.) (με, για about) • (ρυθμοί, συνδυασμός, χορός, σύνθεση) crazy • (σκέψη, ιδέα) crazy • (φιλιά, έρωτας) passionate • (πάρτι, παρέα, παιδί) wild ▪ **τρελός** ουσ αρσ madman ▪ **τρελή** ουσ θηλ madwoman

τρεμούλα ουσ θηλ (από φόβο, ένταση, άγχος) shudder • (από κρύο, πυρετό) shiver • **με πιάνει** ~ (από φόβο, ένταση, άγχος) to start trembling • (από κρύο, πυρετό) to start shivering

τρέμω ρ αμ (άνθρωπος, μέλος σώματος) to shake • (χείλη) to quiver • (έδαφος, γη) to shake • (εικόνα) to flicker • (φωνή) to quaver • (φοβάμαι υπερβολικά) to tremble (with fear)

τρένο ουσ ουδ train • **παίρνω το** ~ to take the train • **χάνω το** ~ (μτφ.) to miss the boat

τρέξιμο ουσ ουδ (γενικότ.) running • (Αθλ) race • (μεγάλη προσπάθεια) effort • (ροή νερού) flow ▪ **τρεξίματα** πληθ trouble εν.

τρέπω ρ μ (κατευθύνω) to divert • (κλάσμα, δεκαδικούς) to convert • (νομίσματα) to change

τρέφω ρ μ (μωρό, παιδί) to feed • (παρέχω τα προς το ζην) to provide for • (εγκληματικότητα) to foster • (εκτίμηση, προσδοκίες) to have • (αγάπη, μίσος) to feel • (ελπίδες) to cherish • (πρόβατα, αγελάδες) to raise • (πληγή) to heal ▪ **τρέφομαι** μεσοπαθ to feed (με on) ▸ ρ αμ to be raised (με on)

τρεχούμεν|ος, -η, -ο επιθ (νερό) running • (λογαριασμός) current

τρέχω ρ αμ (κινούμαι γρήγορα) to run • (σε αγώνα δρόμου) to run • (σε αγώνα ταχύτητας) to race • (για οδηγό) to speed • (σπεύδω) to hurry • (μυαλό, νους, σκέψεις) to race • (για δουλειές, υποθέσεις) to run about ή around • (για φίλο, γνωστό) to run around • (εργάζομαι πολύ) to be

rushed off one's feet • (στα μπαρ, πάρτι) to go to
• (περιπλανιέμαι άσκοπα) to hang out • (νερό,
αίμα, δάκρυα) to pour • (καιρός) to fly • (ώρα,
χρόνος) to fly past ή by • (ρολόι) to be fast
• (γεγονότα, εξελίξεις) to unfold • (μισθός) to be
paid • (τόκοι) to accumulate ▶ ρ μ (στο
νοσοκομείο, στο γιατρό) to rush • (ταλαιπωρία)
to hector • (σέρνω) to drag • (οικ.: πρόγραμμα)
to run • (: κασέτα, σιντί) to fast forward
• (αυτοκίνητο, μηχανή) to race ■ **τρέχει**
τριτοπρόστι τρέχει; (τι συμβαίνει) what's
happening? • (τι σου συμβαίνει) what's wrong?
• **δεν τρέχει τίποτα** (για ησυχαστικά) there's
nothing wrong • (για αδιαφορία) so what?
τρία αριθ απολ άκλ. three
τριακόσια αριθ απολ άκλ. three hundred
τριακόσι|οι, -ες, -α αριθ απολ πληθ three
hundred
τριακοστός, -ή, -ό αριθ τακτ thirtieth
■ **τριακοστή** ουσ θηλ thirtieth (of the month)
■ **τριακοστό** ουσ ουδ thirtieth (fraction)
τριάμισι επιθ άκλ. = **τρεισήμισι**
τριάντα αριθ απολ άκλ. thirty
τριανταφυλλιά ουσ θηλ rose(bush)
τριαντάφυλλο ουσ ουδ rose
τριάρι ουσ ουδ three • (διαμέρισμα) three-
room(ed) apartment ή flat (Βρετ.)
τριβή ουσ θηλ (Φυσ) friction • (τρίψιμο) rubbing
• (λιώσιμο) wear • (μτφ.) friction
τρίβω ρ μ to scrub • (για να ανακουφίσω) to rub
• (ξύλο) to sand • (τυρί, κρεμμύδι) to grate
• (καφέ, πιπέρι) to grind • (κουλούρι, παξιμάδι)
to crumble • (πουκάμισο) to wear out
■ **τρίβομαι** μεσοπαθ (αγκώνες) to rub • (γλυκό)
to crumble • (παντελόνι, γιακάς) to be worn out
τριγωνικός, -ή, -ό επιθ triangular
τρίγωνο ουσ ουδ triangle • (σχεδιαστικό
όργανο) set square • **ερωτικό** ~ love triangle
τρίζω ρ μ (πόρτα, κρεβάτι, ξύλα) to creak
• (παπούτσια) to squeak • (ξερόκλαδα) to crack
• (φρένα) to squeal • (θεμέλια) to shake
• (επιχείρηση) to collapse ▶ ρ μ (δόντια) to grind
• (αρθρώσεις) to crack
τριήμερο ουσ ουδ three days πληθ.
τριήμερ|ος, -η, -ο επιθ three-day
τρίκλινο ουσ ουδ room with three beds
τρικλοποδιά ουσ θηλ **βάζω** ~ **σε** κπν to trip sb
up
τρικυμία ουσ θηλ (θαλασσοταραχή) storm
• (αναταραχή) turmoil
τρικυμιώδης, -ης, -ες επιθ (θάλασσα) heavy
• (σχέση) stormy • (ζωή, καριέρα) chequered
(Βρετ.), checkered (Αμερ.)
τρίλεπτο ουσ ουδ three minutes πληθ.
τριμηνία ουσ θηλ three months πληθ.
τριμηνιαί|ος, -α, -ο επιθ (περίοδος) three-
month • (περιοδικό) quarterly
τρίμηνο ουσ ουδ (διάστημα τριών μηνών)
quarter • (Σχολ) term
τρίμην|ος, -η, -ο επιθ three-month
τρίμμα ουσ ουδ crumb
τριμμέν|ος, -η, -ο επιθ (τυρί, μυζήθρα) grated
• (πιπέρι, καφές) ground • (ρούχα) fraying
τρίξιμο ουσ ουδ (ξύλου) crack • (πόρτας, ξύλων)

creaking • (αλυσίδων) rattle • (παπουτσιών)
squeak • (δοντιών) grinding χωρίς πληθ.
• (αρθρώσεων) cracking χωρίς πληθ.
τρίπλα ουσ θηλ = **ντρίμπλα**
τριπλασιάζω ρ μ to treble ■ **τριπλασιάζομαι**
μεσοπαθ to treble
τριπλάσι|ος, -α, -ο επιθ threefold
τριπλ|ός, -ή, -ό επιθ (επένδυση) three-way
• (δόση, χτύπημα) triple
τρίποδας ουσ αρσ tripod • (καβαλέτο) easel
τρίποδο ουσ ουδ tripod • βλ. κ. **τρίποδας**
τρισδιάστατ|ος, -η, -ο επιθ three-dimensional
Τρίτη ουσ θηλ Tuesday • ~ **και δεκατρείς**
≈ Friday the thirteenth
τρίτον επιρρ thirdly
τρίτ|ος, -η, -ο αριθ τακτ third • **προϊόν τρίτης
διαλογής** poor quality product • **Τρίτος
Κόσμος** Third World ■ **τρίτος** ουσ αρσ (άσχετος)
third party • (Ναυτ) third mate • (όροφος) third
floor (Βρετ.), fourth floor (Αμερ.) • (Μάρτιος)
March • **τρίτη** ουσ θηλ (ταχύτητα) third gear
• (ημέρα) third • (Δημοτικού, Γυμνασίου,
Λυκείου) third year ■ **τρίτο** ουσ ουδ third
τρίπτης ουσ αρσ grater
τριφύλλι ουσ ουδ clover
τρίχα ουσ θηλ (ανθρώπου, ζώου) hair
• (οδοντόβουρτσας) bristle • **παρά** ~ by a
whisker
τριχιά ουσ θηλ thick rope • **κάνω την τρίχα** ~ to
make a mountain out of a molehill
τρίχωμα ουσ ουδ (ανθρώπου) hair • (ζώου) fur
τριχωτ|ός, -ή, -ό επιθ (πόδι, χέρι) hairy • (ζώο)
furry
τρίψιμο ουσ ουδ (επιφάνειας, ρούχων, σκεύους)
scrubbing • (ξύλου, επίπλου) sanding • (πλάτης,
ποδιών, ματιών) rubbing • (τυριού) grating
• (πιπεριού, καφέ) grinding • (φρυγανιάς,
ψωμιού) crumbling
τρίωρο ουσ ουδ three hours πληθ.
τρίωρ|ος, -η, -ο επιθ three-hour
τριώροφ|ος, -η, -ο επιθ three-storey (Βρετ.),
three-story (Αμερ.) ■ **τριώροφο** ουσ ουδ
three-storey (Βρετ.) ή three-story (Αμερ.)
building
Τροία ουσ θηλ Troy
τρολάρω ρ αμ to troll
τρόλεϊ ουσ ουδ άκλ. trolley bus
τρομαγμέν|ος, -η, -ο επιθ frightened
τρομάζω ρ μ to frighten ▶ ρ αμ to be frightened
ή scared
τρομακτικ|ός, -ή, -ό επιθ (γενικότ.) scary
• (εμπειρία, θέαμα) frightening • (έκρηξη) terrific
• (θάρρος, θέληση, κατόρθωμα) tremendous
τρομαχτικ|ός, -ή, -ό επιθ = **τρομακτικός**
τρομερ|ός, -ή, -ό επιθ (θέαμα, όψη, θάνατος,
πόνος, κίνδυνος) terrible • (καυγάς) terrific
• (μνήμη) incredible • (ικανότητα) extraordinary
• (έξοδα) enormous • (θόρυβος) tremendous
• (αθλητής) superb • (ομιλητής, δάσκαλος)
brilliant • (αντίπαλος) formidable • **κάνει
τρομερό κρύο** it's terribly cold
τρομοκρατημέν|ος, -η, -ο επιθ terrified
τρομοκρατία ουσ θηλ (παράνομων ομάδων)
terrorism • (εργοδότη) bullying tactics πληθ.

τρομοκρατώ ρ μ (τρομάζω) to terrify
• (πληθυσμό) to panic • (μαθητές) to bully
• (υπαλλήλους) to intimidate • (περιοχή, συνοικίες, χώρα, κοινωνία) to terrorize ■ **τρομοκρατούμαι** μεσοπαθ to be terrified

τρόμος ουσ αρσ terror

τρόμπα ουσ θηλ pump

τρομπέτα ουσ θηλ trumpet

τρομπόνι ουσ ουδ trombone

τρόπαιο ουσ ουδ trophy • (θριαμβευτική νίκη) triumph

τροπή ουσ θηλ (αλλαγή κατεύθυνσης) turn
• (κλάσματος, φωνήεντος) conversion

τροπικ|ός, -ή, -ό επιθ tropical ■ **τροπικός** ουσ αρσ (Γεω) tropic

τροπολογία ουσ θηλ amendment

τροποποιημέν|ος, -η, -ο επιθ modified
• **γενετικά ~** genetically modified

τροποποίηση ουσ θηλ amendment

τροποποιώ ρ μ (απόψεις) to change
• (νομοσχέδιο, καταστατικό) to amend

τρόπος ουσ αρσ (μέσο) way • (διαγωγή, φέρσιμο) manner • (ικανότητα) knack • **με κάθε τρόπο, παντί τρόπω** (επίσ.) at all costs • **με κανέναν τρόπο** by no means • **~ ζωής** lifestyle ■ **τρόποι** πληθ manners

τρούλος ουσ αρσ dome

τροφή ουσ θηλ (φαγητό) food • (για χοίρους) feed
• (για αγελάδες) fodder • (για σχόλια, κουτσομπολιά) fodder • **~ για γάτες/σκύλους** cat/dog food

τροφικ|ός, -ή, -ό επιθ food • **τροφική αλυσίδα** food chain

τρόφιμα ουσ ουδ πληθ foods • **νωπά/κατεψυγμένα ~** fresh/frozen foods

τρόφιμος ουσ αρσ, ουσ θηλ (οικότροφος: σχολείου) boarder • (: ασύλου, φρενοκομείου) inmate

τροφοδότης ουσ αρσ (πλοίου) chandler
• (στρατού) quartermaster • (προμηθευτής) supplier

τροφοδοτώ ρ μ (στρατό, στόλο) to supply
• (μηχανή, κινητήρα) to fuel • (κύκλωμα) to feed
• (κλίβανο) to stoke • (μτφ.) to provide
• (φαντασία) to fire • (Αθλ) to feed

τροχαί|ος, -α, -ο επιθ (ατύχημα, κίνηση) road
• (παράβαση) traffic ■ **τροχαίο** ουσ ουδ road accident

τροχιά ουσ θηλ (Αστρ) orbit • (Φυσ: βλήματος) trajectory • (μτφ.) path

τροχονόμος ουσ αρσ, ουσ θηλ traffic warden

τροχοπέδη (επίσ.) ουσ θηλ (φρένο) brake
• (μτφ.) obstacle

τροχός ουσ αρσ (αυτοκινήτου, αεροπλάνου) wheel • (οδοντιάτρου) polisher
• **~ αγγειοπλάστη** potter's wheel

τροχόσπιτο ουσ ουδ (ρυμουλκούμενο) caravan (Βρετ.), trailer (Αμερ.) • (αυτοκινούμενο) camper (van) • (λυόμενο) mobile home

τρύγος ουσ αρσ grape harvest

τρύπα ουσ θηλ hole

τρυπάνι ουσ ουδ drill

τρύπημα ουσ ουδ (σε λάστιχο) puncture • (σε αφτιά) piercing • (σε έδαφος) making a hole in

• (βελόνας, αγκαθιού) prick

τρυπητήρι ουσ ουδ punch

τρυπητ|ός, -ή, -ό επιθ slotted ■ **τρυπητή** ουσ θηλ slotted spoon ■ **τρυπητό** ουσ ουδ colander

τρυπώ ρ μ (έδαφος, τοίχο) to make a hole in
• (αφτιά) to pierce • (λάστιχα) to puncture
• (εισιτήριο) to punch • (δάχτυλο, μπράτσο) to prick • (για πόνο, κρύο, θόρυβο) to pierce
▶ ρ αμ (μπάλα, λάστιχο) to have a puncture
• (παπούτσια, βάρκα) to be full of holes
• (βελόνα, αγκάθια) to prick ■ **τρυπιέμαι** μεσοπαθ (αργκ.) to shoot up (ανεπ.)

τρυπώνω ρ αμ (κρύβομαι) to hide • (μπαίνω σε δουλειά) to wangle a job (σε with) ▶ ρ μ (βιβλίο, κάλτσες, τσάντα) to hide • (στρίφωμα) to tack

τρυφερ|ός, -ή, -ό επιθ (δέρμα, χέρια) soft
• (κρέας, κλωνάρι) tender • (καρδιά, ψυχή) tender • (λόγια, στιγμή, αισθήματα, φωνή) tender • (φιλία) loving • (μητέρα) fond • (φιλί, ματιά, σχέση) loving

τρυφερότητα ουσ θηλ (δέρματος, χεριών) softness • (κρέατος) tenderness • (μητέρας, φωνής, αισθημάτων) tenderness ■ **τρυφερότητες** πληθ petting χωρίς πληθ.

τρώγω ρ μ, ρ αμ = **τρώω**

τρώω ρ αμ (γενικότ.) to eat • (κλέβω ή χρηματίζομαι) to line one's pockets ▶ ρ μ (φαγητό) to eat • (δαγκώνω ή τσιμπώ: σκύλος, έντομα) to bite • (νύχια) to bite • (στυλό, μολύβι) to chew • (παραλείπω: παράγραφο, πρόταση) to miss out • (ιστορίες, παραμύθια) to swallow
• (ψέματα) to fall for • (διαβρώνω ή φθείρω: μέταλλο, βράχια) to erode • (: μάλλινα, έπιπλα, παπούτσια) to wear out • (καταστρέφω) to destroy • (καταναλώνω: χρήματα) to use up
• (: τρόφιμα) to get through • (: βενζίνη) to use
• (σπαταλώ: περιουσία, κληρονομιά, οικονομίες) to squander • (ξοδεύω: νιάτα, ζωή, μήνα) to spend • (καταχρώμαι: χρήματα) to embezzle
• (: κονδύλιο) to pilfer • (βασανίζω: καημός, φθόνος, ζήλια, αγωνία, περιέργεια) to eat away at • (ταλαιπωρώ: με γκρίνια, ιδιοτροπίες) to bug
• (νικώ: αντίπαλο) to beat • (σκοτώνω) to kill
• (πυροβολώ) to shoot • (κατασπαράζω: λύκος, λιοντάρι) to eat • (μαγνητόφωνο, βίντεο, κασέτα) to snarl up • (μηχανή, δάχτυλα) to catch
• (κατακρατώ: κέρμα) to eat • (δέχομαι: γκολ, καλάθι) to let in • (πρόστιμο, τιμωρία, φυλακή, κάρτα) to get • **με τρώει η μύτη μου** (είμαι προκλητικός) to be looking for trouble ■ **τρώει, τρώνε** τριτοπρόσ to itch ■ **τρώγομαι** μεσοπαθ (είμαι φαγώσιμος) to be edible • (είμαι υποφερτός) to be all right • (καβγαδίζω) to quarrel • βλ. κ. **φαγωμένος**

τσαγιέρα ουσ θηλ teapot

τσαγκάρης ουσ αρσ shoemaker

τσάι ουσ ουδ tea

τσακάλι ουσ ουδ (Ζωολ) jackal • (επιτήδειος) shrewd person

τσακίζω ρ μ (κλαδί) to snap • (πλοίο) to break up
• (χέρι, πόδι) to break • (χαρτί) to fold
• (καταβάλλω) to take it out of • (εχθρό) to crush
▶ ρ αμ (άνεμος, κρύο) to let up • (καταβάλλομαι) to break down • (καρδιά) to break • (υγεία) to fail

■ **τσακίζομαι** *μεσοπαθ* (*πλοίο*) to break up • (*τραυματίζομαι βαριά*) to hurt oneself badly • (*προθυμοποιούμαι*) to bend over backwards • (*οικ.: εκτελώ πολύ γρήγορα*) to put one's skates on (*ανεπ.*)

τσάκιση *ουσ θηλ* crease • (*χαρτιού*) fold

τσακιστ|ός, -ή, -ό *επιθ* crushed

τσακωρός *ουσ αρσ* row

τσακώνω *ρ μ* (*συλλαμβάνω*) to catch • (*αρπάζω*) to grab ■ **τσακώνομαι** *μεσοπαθ* to quarrel

τσακωτ|ός, -ή, -ό *επιθ* **κάνω κπν τσακωτό** to catch sb red-handed

τσαλακώνω *ρ μ* (*φούστα, παντελόνι*) to crease • (*χαρτί*) to crumple • (*αυτοκίνητο, λαμαρίνα*) to dent • (*αξιοπρέπεια, υπόληψη*) to destroy ▶ *ρ αμ* to crease

τσάμπα (*ανεπ.*) *επιρρ* = **τζάμπα**

τσαμπί *ουσ ουδ* bunch

τσάντα *ουσ θηλ* (*γενικότ.*) bag • (*γυναικείο αξεσουάρ*) handbag (*Βρετ.*), purse (*Αμερ.*) • (*μαθητή*) school bag • (*για ψώνια*) shopping bag

τσάρτερ *ουσ ουδ άκλ.* charter • **πτήση** ~ charter flight

τσατσάρα *ουσ θηλ* comb

τσεκ *ουσ ουδ άκλ.* cheque (*Βρετ.*), check (*Αμερ.*)

τσεκάρω *ρ μ* to check

τσεκούρι *ουσ ουδ* axe (*Βρετ.*), ax (*Αμερ.*)

τσελεμεντές *ουσ αρσ* cookbook

τσέπη *ουσ θηλ* pocket • **αντέχει η ~ μου** I can afford it • **πληρώνω (κτ) απ' την ~ μου** to pay (for sth) out of one's own pocket

τσεπώνω *ρ μ* to pocket

Τσέχα *ουσ θηλ βλ.* **Τσέχος**

Τσεχία *ουσ θηλ* Czech Republic

τσεχικ|ός, -η, -ο *επιθ* Czech ■ **Τσεχικά, Τσέχικα** *ουσ ουδ πληθ* Czech

τσέχικ|ος, -η, -ο *επιθ* = **τσεχικός**

Τσέχος *ουσ αρσ* Czech

τσιγαρίζω *ρ μ* (*κρεμμύδια, κρέας, λαχανικά*) to brown • (*μτφ.*) to torment

τσιγαριλίκι *ουσ ουδ* joint

τσιγάρισμα *ουσ ουδ* browning

τσιγαριλίκι *ουσ ουδ* = **τσιγαριλίκι**

τσιγάρο *ουσ ουδ* (*λεπτό κυλινδρικό χαρτί με καπνό*) cigarette • (*αποτσίγαρο*) (cigarette) butt • (*κάπνισμα*) smoking • **ένα πακέτο με τσιγάρα** a packet of cigarettes • **κάνω ένα ~** to have a cigarette • **κόβω το ~** to give up smoking ■ **τσιγάρα** *πληθ* cigarettes

τσιγαροθήκη *ουσ θηλ* (*ταμπακιέρα*) cigarette case • (*καταχρ.: σταχτοδοχείο*) ashtray

τσιγαρόχαρτο *ουσ ουδ* (*χαρτί τυλίγματος καπνού*) cigarette paper • (*χαρτί για σχέδιο*) tissue paper

Τσιγγάνα *ουσ θηλ βλ.* **Τσίγγανος**

Τσίγγανος *ουσ αρσ* gipsy

τσιγγούν|ης, -α, -ικο *επιθ* mean ▶ *ουσ* miser

τσίγκος *ουσ αρσ* zinc

τσιγκούν|ης, -α, -ικο *επιθ* = **τσιγγούνης**

τσίκνα *ουσ θηλ* smell of burning meat

τσικνίζω *ρ μ* (*φαγητό*) to burn • (*τσιγαρίζω*) to brown ▶ *ρ αμ* (*βγάζω τσίκνα*) to smell burnt • (*εορτάζω την Τσικνοπέμπτη*) to eat grilled meat

τσικουδιά *ουσ θηλ* raki

τσίλι *ουσ ουδ άκλ.* chilli (*Βρετ.*), chili (*Αμερ.*)

τσιμεντένι|ος, -ια, -ιο *επιθ* concrete

τσιμέντο *ουσ ουδ* cement

τσιμουδιά *ουσ θηλ* whisper

τσίμπημα *ουσ ουδ* (*σφήκας*) sting • (*κουνουπιού*) bite • (*βελόνας*) prick • (*με τα δάχτυλα*) pinch • (*πόνος*) pain

τσιμπημέν|ος, -η, -ο *επιθ* (*ερωτευμένος*) smitten • (*ακριβός*) pricey

τσιμπίδα *ουσ θηλ* (*λαβίδα*) tongs *πληθ.* • (*για τη φωτιά*) poker

τσιμπιδάκι *ουσ ουδ* (*για τα φρύδια*) tweezers *πληθ.* • (*για τα μαλλιά*) hair clip

τσιμπούκι *ουσ ουδ* (*είδος πίπας*) pipe • (*χυδ.*) blow job (*χυδ.*)

τσιμπούσι *ουσ ουδ* feast

τσιμπώ *ρ αμ* (*ψάρια*) to bite • (*τρώω λίγο*) to peck at one's food ▶ *ρ μ* (*με τα δάχτυλα*) to pinch • (*σφήγγα*) to sting • (*κουνούπι*) to sting • (*με καρφίτσα, βελόνα*) to prick • (*πουλί, καλαμπόκι, κανναβούρι*) to peck at ■ **τσιμπιέμαι** *μεσοπαθ* to be smitten

τσίνορο *ουσ ουδ* eyelash

τσιπούρα *ουσ θηλ* bream

τσίπουρο *ουσ ουδ* raki

τσίριγμα *ουσ ουδ* shriek

τσίρκο *ουσ ουδ* circus

τσίρλα *ουσ θηλ* **με πάει ~** to have the runs (*ανεπ.*) ή trots (*ανεπ.*)

τσίρος *ουσ αρσ* dried mackerel

τσιρότο *ουσ ουδ* (sticking) plaster (*Βρετ.*), Band-Aid® (*Αμερ.*)

τσιτώνω *ρ μ* (*σκοινί*) to tighten • (*δέρμα, επιδερμίδα, πόδια*) to stretch • (*πιέζω*) to push

τσιφλίκι *ουσ ουδ* (*παλαιότ.*) estate • (*μτφ.*) property

τσόκαρο *ουσ ουδ* (*ξύλινο πέδιλο*) clog • (*υβρ.: για γυναίκα*) slut (*χυδ.*)

τσόντα *ουσ θηλ* (*προσθήκη υφάσματος*) additional length of material • (*συμπλήρωμα*) addition

τσοντάρω *ρ μ* (*προσθέτω τσόντα*) to add on • (*λεφτά*) to contribute

τσουβάλι *ουσ ουδ* (*σάκος*) sack • (*περιεχόμενο σάκου*) sack(ful)

τσουγκράνα *ουσ θηλ* rake

τσουγκρίζω *ρ μ* (*ποτήρια*) to clink • (*αβγά*) to crack ▶ *ρ αμ* to collide

τσούζω *ρ αμ* (*μάτια*) to sting • (*αέρας*) to be bitterly cold • (*λόγια, αλήθεια*) to hurt • (*τιμές*) to be high ▶ *ρ μ* to hurt

τσουκάλι *ουσ ουδ* earthenware pot

τσουκνίδα *ουσ θηλ* nettle

τσούλα *ουσ θηλ* (*πόρνη*) tart (*χυδ.*) • (*ανήθικη γυναίκα*) tramp (*ανεπ.*)

τσουλήθρα *ουσ θηλ* slide • **κάνω ~** to play on the slide

τσουλί *ουσ ουδ βλ.* **τσούλα**

τσουλώ *ρ μ* to push ▶ *ρ αμ* (*γλιστρώ*) to slide down • (*αυτοκίνητο, τρένο*) to trundle along • (*υπόθεση, ζήτημα*) to be in hand • (*εκπομπή, προϊόν*) to be popular

τσούξιμο *ουσ ουδ* sting

τσουρέκι ουσ ουδ brioche

τσουρουφλίζω ρ μ (μαλλιά) to singe • (δέρμα) to burn • (προξενώ κακό) to sting (ανεπ.)
■ **τσουρουφλίζομαι** μεσοπαθ to get burnt

τσουχτερ|ός, -ή, -ό επιθ (άνεμος) biting • (λόγια, παρατήρηση, τόνος) scathing • (τιμές, λογαριασμός, πρόστιμο) steep • **κάνει τσουχτερό κρύο** it's bitterly cold

τσούχτρα ουσ θηλ jellyfish

τσόφλι ουσ ουδ (αβγού) (egg)shell • (καρπού) shell • (φρούτων) skin

τσόχα ουσ θηλ (μάλλινο ύφασμα) felt • (πράσινο ύφασμα χαρτοπαιξίας) baize

τυλίγω ρ μ (σύρμα, σκοινί) to coil • (κλωστή, καλώδιο, φιλμ, πετονιά) to wind • (χαλί, χάρτη, αφίσα) to roll up • (δώρο, τρόφιμα, πόδι, πίτες) to wrap • (μαλλιά) to put in rollers ■ **τυλίγομαι** μεσοπαθ (περιστρέφομαι: φιλμ, καλώδιο, νήματα) to wind • (μαζεύομαι: γάτα, λιοντάρι, σκαντζόχοιρος) to curl up • (στη γούνα, στο παλτό, με κουβέρτες) to wrap oneself up • (καλύπτομαι) to be engulfed

τυλώνω (οικ.) ρ μ την **τύλωσα** I stuffed myself (ανεπ.)

τύμπανο ουσ ουδ (Μουσ) drum • (Ανατ) eardrum

Τυνησία ουσ θηλ Tunisia

τυπικ|ός, -ή, -ό επιθ (συμφωνία, ενέργεια) formal • (διαδικασία) established • (σύμπτωμα, γνώρισμα, χαρακτηριστικά) typical • (περίπτωση, παράδειγμα, εκδήλωση αδιαφορίας) typical • (χριστουγεννιάτικο έθιμο) traditional • (που ακολουθεί τους κανονισμούς) particular (σε about) • (επικύρωση, προσόντα) formal • (μορφές επικοινωνίας, γνωριμία, ευγένεια) formal • (χαμόγελο, χαιρετισμός, συζήτηση) stiff • (επιφανειακός: έρευνα, έλεγχος) perfunctory • (: διαδικασία) routine • (γλώσσα) formal • **είμαι πολύ ~** (ακολουθώ τους κοινωνικούς τύπους) to be very courteous

τυπικότητα ουσ θηλ (διαδικασίας) formality • (απόφασης, προσόντων) formal nature • (συνέπεια) diligence

τυπογραφείο ουσ ουδ print shop

τυπογραφία ουσ θηλ printing

τυπογράφος ουσ αρσ, ουσ θηλ printer

τύπος ουσ αρσ (κατηγορία: ανθρώπων, κοινωνιών, αίματος) type • (χαρακτήρας) type • (αργκ.: άτομο) guy (ανεπ.), bloke (Βρετ.) (ανεπ.) • (πρότυπο: εργαζομένου) perfect example • (σχέδιο: αιτήσεως, αναφοράς) form ■ **Τύπος** ουσ αρσ **ο Τύπος** the press • **κίτρινος Τύπος** gutter press (Βρετ.), scandal sheets (Αμερ.) • **πρακτορείο Τύπου** press agency • **συνέντευξη Τύπου** press conference

τυπώνω ρ μ to print

τυρί ουσ ουδ (γαλακτοκομικό προϊόν) cheese • (μειωτ.) yokel

τυροκαυτερή ουσ θηλ spicy cheese and onion salad

τυροκροκέτα ουσ θηλ cheese croquette

τυρόπιτα ουσ θηλ cheese pie

τυροπιτάδικο ουσ ουδ shop selling cheese pies

τυροσαλάτα ουσ θηλ cheese salad

τυφλοπόντικας ουσ αρσ mole

τυφλ|ός, -ή, -ό επιθ (στραβός) blind • (πάθος, έρωτας) blinding • (φανατισμός) blind • (βία) indiscriminate • (υπακοή, πίστη) blind • (πεποίθηση) absolute • (εμπιστοσύνη) implicit • **ραντεβού στα τυφλά** blind date ■ **τυφλός** ουσ αρσ, **τυφλή** ουσ θηλ blind person

τυφλώνω ρ μ to blind • (χρήμα) to dazzle ■ **τυφλώνομαι** μεσοπαθ (στραβώνομαι) to go blind • (από προβολείς, τον ήλιο) to be dazzled ή blinded

τύφλωση ουσ θηλ blindness

τύφος ουσ αρσ typhus

τυφώνας ουσ αρσ typhoon

τυχαίνω ρ αμ (συμβαίνω τυχαία) to chance by • (παράξενα γεγονότα) to happen ■ **τυχαίνει απρόσ τυχαίνει να την ξέρω** I happen to know her

τυχαί|ος, -α, -ο επιθ (συνάντηση) chance • (γεγονός) chance • (επιλογή, αριθμός) random • (γνωριμία) casual • (ασήμαντος) ordinary

τυχερό ουσ ουδ destiny ■ **τυχερά** πληθ (επαγγέλματος) perks • (φιλοδωρήματα) tips

τυχερ|ός, -ή, -ό επιθ lucky • **τυχερά παιχνίδια** games of chance

τύχη ουσ θηλ (μοίρα) fate • (καλή τύχη) luck • (σύμπτωση γεγονότων) luck • **κακή ~** bad luck • **καλή ~!** (ευχή) good luck! • **κατά ~** by chance ■ **τύχες** πληθ fortunes

τυχοδιώκτης ουσ αρσ opportunist

τυχοδιώκτρια ουσ θηλ βλ. **τυχοδιώκτης**

τύψη ουσ θηλ remorse χωρίς πληθ.

τώρα επιρρ (αυτή τη στιγμή, αμέσως) now • (αυτόν τον καιρό) at the moment • (σε αυτή την περίπτωση) then • **από τώρα;** already? • **έλα εδώ, ~!** come here right now! • **έλα ~!** come on! • **(και) ~ τι κάνουμε;** what shall we do now? • **μόλις** ~ just now • **~!** (ως απάντηση σε προσφώνηση) all right!

τωριν|ός, -ή, -ό επιθ (καιροί, κατάσταση) present • (γενιά) today's • (εποχή, ζωή) contemporary • (δουλειά) current

U

Y, υ upsilon, 20th letter of the Greek alphabet
υαλοπωλείο ουσ ουδ glassware store
υαλοπώλης ουσ αρσ glassware vendor
υαλουργία ουσ θηλ glass-blowing
υαλουργός ουσ αρσ, ουσ θηλ glass-blower
υβρίζω ρ μ (επίσ.) to insult
ύβρις ουσ θηλ (επίσ.) insult
υβριστικ|ός, -ή, -ό επιθ (λόγος, σχόλια) insulting • (γλώσσα) abusive • (συμπεριφορά, άρθρο, δημοσίευμα) offensive
υγειά ουσ θηλ = **υγεία**
υγεία ουσ θηλ health • **εις υγείαν, στην υγειά σας** to your health • **με τις υγείες σου/σας!** (γείτσες) bless you! • **(ευχή σε κπν που έφαγε και ήπιε)** I hope you enjoyed your meal! • (ειρων.: σε απουχόντα) that's life! • **Εθνικό Σύστημα Υγείας** public health service, ≈ National Health Service (ΒΡΕΤ.)
υγειονομικ|ός, -ή, -ό επιθ (σύστημα, υπηρεσία, αρχές, περίθαλψη, κέντρο) health • (επιτροπή, μονάδα, σώμα) medical • (έλεγχος, εξέταση) hygiene • **υγειονομική ταφή** sanitary landfill ■ **υγειονομικό** ουσ ουδ department of health
υγιαίνω ρ αμ to be healthy • **υγίαινε!, υγιαίνετε!** (ευχή) to your (good) health! • (αποχαιρετισμός) goodbye!
υγιεινή ουσ θηλ hygiene • **προσωπική ~** personal hygiene • **~ τροφίμων** food hygiene • **~ των δοντιών** dental hygiene
υγιειν|ός, -ή, -ό επιθ (τροφή, κλίμα, περιβάλλον) healthy
υγιής, -ής, -ές επιθ (γενικότ.) healthy • (πνευματικά) sane • (μτφ.: οικονομία, επιχείρηση) healthy
υγραίνω ρ μ (χείλη, γλώσσα) to moisten • (ρούχα) to dampen ■ **υγραίνομαι** μεσοπαθ (μάτια) to grow moist • (ρούχα) to get damp
υγρασία ουσ θηλ (Μετεωρ) damp ή wet weather • (με ζέστη) humidity • (δωματίου, σπιτιού) damp • (σταγονίδια νερού) moisture • (τοίχου) damp • (στα παράθυρα) condensation
υγρό ουσ ουδ fluid
υγροποιώ ρ μ to liquefy
υγρ|ός, -ή, -ό επιθ (τροφή, διάλυμα, καύσιμα) liquid • (κλίμα, δωμάτιο, σεντόνια, πανί) damp

• (μέρος, χώρα) wet • (μάτια) moist
υδαταγωγός ουσ αρσ water main
υδατικ|ός, -ή, -ό επιθ water • **υδατική κρέμα** moisturizing cream
υδάτιν|ος, -η, -ο επιθ (όγκος) of water • (αποθέματα, ορίζοντας) water • (βαφή, διάλυμα) water-based • (μτφ.: γραμμή) faint
υδατοστεγής, -ής, -ές επιθ waterproof
υδατοσφαίριση ουσ θηλ water polo
υδατοφράκτης ουσ αρσ (καναλιού) sluice (gate) • (ποταμού) floodgate
υδραγωγείο ουσ ουδ (δεξαμενή νερού) reservoir • (σύστημα ύδρευσης ή άρδευσης) water mains πληθ.
υδραντλία ουσ θηλ water pump
υδράργυρος ουσ αρσ mercury • **ανεβαίνει/ κατεβαίνει ο ~** (κυριολ.) the temperature is rising/falling • (μτφ.) things are hotting up/ cooling down
υδρατμός ουσ αρσ steam χωρίς πληθ.
υδραυλική ουσ θηλ hydraulics εν.
υδραυλικ|ός, -ή, -ό επιθ (σωλήνας) water • (πιεστήριο, σύστημα, φρένα, ανελκυστήρας) hydraulic • **υδραυλική εγκατάσταση** plumbing χωρίς πληθ. ■ **υδραυλικός** ουσ αρσ (τεχνίτης) plumber • (μηχανικός) hydraulic engineer ■ **υδραυλικά** ουσ ουδ πληθ plumbing εν.
ύδρευση ουσ θηλ water supply
υδρόγειος ουσ θηλ globe
υδρογόνο ουσ ουδ hydrogen
υδροδότηση ουσ θηλ laying on a water supply
υδροηλεκτρικ|ός, -ή, -ό επιθ hydroelectric
υδρόμυλος ουσ αρσ water mill
υδροπλάνο ουσ ουδ hydroplane
υδρορροή ουσ θηλ gutter
υδροφοβία ουσ θηλ hydrophobia
Υδροχόος ουσ αρσ Aquarius
υδρόχρωμα ουσ ουδ water colour (ΒΡΕΤ.), water color (ΑΜΕΡ.)
ύδωρ (επίσ.) ουσ ουδ water
υιοθεσία ουσ θηλ adoption
υιοθέτηση ουσ θηλ adoption
υιοθετώ ρ μ to adopt
υιός ουσ αρσ (επίσ.) son
ύλη ουσ θηλ (θεμελιώδης ουσία του σύμπαντος) matter χωρίς πληθ. • (ουσία κατασκευής) material • (περιεχόμενο βιβλίου ή εντύπου) contents πληθ. • (Σχολ) syllabus • (υλικά αγαθά) material things • (υλικές απολαύσεις) material world • **γραφική ~** stationery • **πρώτη ~** (Οικον) raw material • (για μαγειρική) basic ingredient • **αέρια ~** gases πληθ. • **στερεή ~** solids πληθ. • **υγρή ~** liquids πληθ.
υλικό ουσ ουδ (δομικό) material • (για μαγειρική) ingredient • (έντυπο, διαφημιστικό, για διάβασμα) matter χωρίς πληθ. • (για φιλμ, ιστορία) material • (για συζήτηση) subject matter • **οικοδομικά υλικά** building materials
υλικ|ός, -ή, -ό επιθ material
υλισμός ουσ αρσ materialism
υλιστής ουσ αρσ materialist
ύμνος ουσ αρσ (προς τιμήν θεού, ήρωα, αγίου) hymn • (εγκωμιαστικό ποίημα ή τραγούδι) ode • (μτφ.) praise • **εθνικός ~** national anthem

• **εκκλησιαστικός** ~ hymn
υμνώ ρ μ (ψάλλω ύμνους) to sing hymns to • (εξυμνώ) to praise
υπαγόρευση ουσ θηλ (εκφώνηση) dictation • (υπόδειξη) dictate
υπαγορεύω ρ μ to dictate
υπάγω ρ μ (επίσ.) to place under ▶ ρ αμ to go • **ύπαγε εν ειρήνη** go in peace • **ύπαγε οπίσω μου Σατανά!** get behind me Satan! ▪ **υπάγομαι** μεσοπαθ **υπάγομαι σε** (κατατάσσομαι) to be classified as • (ανήκω) to be answerable to
υπαίθριος, -α, -ο επιθ (θέατρο, χώρος, παράσταση) open-air • (ζωή, παιχνίδι) outdoor • (αγορά) open-air • (γιορτή, γεύμα) alfresco
ύπαιθρο ουσ ουδ outdoors εν.
ύπαιθρος, -η, -ό countryside
υπαινιγμός ουσ αρσ (έμμεση παρατήρηση) allusion • (υπονοούμενο) insinuation • (νύξη) hint
υπαινίσσομαι ρ μ αποθ. to insinuate
υπαίτιος, -α, -ο επιθ responsible
υπακοή ουσ θηλ obedience (σε to)
υπάκουος, -η, -ο επιθ obedient
υπακούω ρ αμ to obey
υπάλληλος ουσ αρσ, ουσ θηλ (γενικότ.) employee • (σε κατάστημα) assistant (Βρετ.), clerk (Αμερ.) • **δημόσιος** ~ public-sector employee • (σε κρατική υπηρεσία) civil servant • **δημοτικός** ~ municipal worker • **τραπεζικός** ~ bank clerk • **τελωνειακός** ~ customs officer • **ταχυδρομικός** ~ post-office worker • ~ **γραφείου** office worker • ~ **μαγαζιού** sales assistant (Βρετ.), sales clerk (Αμερ.)
υπανάπτυκτος, -η, -ο επιθ (χώρα, λαός) underdeveloped • (για πρόσ.) uneducated
υπαξιωματικός ουσ αρσ, ουσ θηλ non-commissioned officer
υπαρκτός, -ή, -ό επιθ real
ύπαρξη ουσ θηλ (υπόσταση) existence • (η ανθρώπινη ζωή) life • (άνθρωπος) person
υπάρχοντα ουσ ουδ πληθ belongings
υπάρχω ρ αμ (έχω υπόσταση) to be • (ζω) to exist • (διατελώ) to be • (μτφ.: έχω αξία) to exist (για for) • **δεν υπάρχει ελπίδα** there's no hope • **υπάρχει κανένα εστιατόριο εδώ κοντά;** is there a restaurant nearby?
ύπατος[1] ουσ αρσ consul
ύπατος[2]**, -η, -ο** επιθ (αρχηγός) supreme • (αξιώματα) highest • (αρμοστεία) high • ~ **αρμοστής high commissioner** • **Ύπατη Αρμοστεία του Ο.Η.Ε. για τους Πρόσφυγες** United Nations High Commission for Refugees
υπεκφεύγω ρ αμ to hedge
υπενθυμίζω ρ μ to remind
υπενθύμιση ουσ θηλ reminder
υπενοικιάζω ρ μ to sublet
υπέρ προθ (+γεν.) for, in favour (Βρετ.) ή favor (Αμερ.) of • (+αιτ.) more than
υπεραμύνομαι ρ μ αποθ. +γεν. (επίσ.) to defend
υπεράνθρωπος, -η, -ο επιθ superhuman ▪ **υπεράνθρωπος** ουσ αρσ superman
υπεράνω (επίσ.) επιρρ +γεν. above
υπεραρκετός, -ή, -ό επιθ more than enough
υπερασπίζω ρ μ to defend • (αρχές) to stand

up for • (αλήθεια, δικαιοσύνη, ελευθερίες) to fight for • (υπόληψη) to protect
υπεράσπιση ουσ θηλ defence (Βρετ.), defense (Αμερ.) ▪ **η υπεράσπιση** ουσ θηλ the defence (Βρετ.), the defense (Αμερ.)
υπεραστικός, -ή, -ό επιθ (συγκοινωνία) long-distance • (σιδηρόδρομος) intercity • **υπεραστικό** ουσ ουδ (λεωφορείο) coach (Βρετ.), intercity bus (Αμερ.) • (τηλεφώνημα) long-distance call
υπερατλαντικός, -ή, -ό επιθ transatlantic
υπερβαίνω ρ μ (λόφο, βουνό) to go over • (εμπόδιο) to get over • (μέσο όρο) to be above • (ηλικία) to be over • (ποσό, αριθμό, προσδοκία, όριο ταχύτητας) to exceed • (δυνατότητα) to be beyond
υπερβάλλω ρ αμ to exaggerate ▶ ρ μ (ξεπερνώ) to surpass • (δυσκολία) to overcome
υπερβάλλων, -ουσα, -ον επιθ (επίσ.) excessive
υπέρβαρος, -η, -ο επιθ overweight • **υπέρβαρες αποσκευές** excess baggage εν.
υπέρβαση ουσ θηλ (κρίσης, στασιμότητας, αντιθέσεων) overcoming • (ορίου ταχύτητας) exceeding • (προϋπολογισμού, ορίων άσκησης) exceeding • (εξόδων) excess • (δικαιωμάτων, αρμοδιοτήτων, εξουσίας) abuse • (ποταμού, φαραγγιού, όρους) crossing • ~ **λογαριασμού** overdraft
υπερβολή ουσ θηλ (υπεράνω του κανονικού, ακρότητα) excess • (στο ντύσιμο) extravagance • (εξόγκωση) exaggeration • **χωρίς** ~, **άνευ υπερβολής** (επίσ.) without ή no exaggeration
υπερβολικά επιρρ too much • (χοντρός, ισχυρογνώμων, εύκολο) too
υπερβολικός, -ή, -ό επιθ (αγάπη, ποσότητα, απαιτήσεις, αισιοδοξία) excessive • (θόρυβος, ενθουσιασμός, φαγητό, ποτό, ύπνος) too much • (βάρος) excess • (τιμή) exorbitant • (ευγένεια) exaggerated • (φιλοδοξίες) overblown • (εμπιστοσύνη) undue • **γίνομαι** ~ to exaggerate
υπέργειος, -α, -ο επιθ (ρίζα, βλαστός) above ground • (σιδηρόδρομος) elevated
υπερδύναμη ουσ θηλ superpower
υπερένταση ουσ θηλ tension
υπερευαίσθητος, -η, -ο επιθ (άνθρωπος) oversensitive • (ραντάρ, μηχάνημα) highly sensitive • (δέρμα) sensitive
υπερέχω ρ αμ to be superior ▶ ρ μ +γεν. to be better than
υπερηφάνεια ουσ θηλ (αυτοεκτίμηση) pride • (αξιοπρέπεια) dignity • (αρνητ.) arrogance
υπερηφανεύομαι ρ αμ αποθ. (είμαι υπερήφανος) to be proud • (αρνητ.) to boast (για, ότι about, that)
υπερήφανος, -η, -ο επιθ (που νιώθει υπερηφάνεια) proud • (αξιοπρεπής) dignified • (αρνητ.) arrogant
υπερηχητικός, -ή, -ό επιθ (αεροπλάνο, πτήση) supersonic • (κύμα) ultrasonic • **υπερηχητική ταχύτητα** supersonic speed
υπερθέαμα ουσ ουδ blockbuster
υπερθετικός, -ή, -ό επιθ superlative
υπερίπταμαι ρ αμ αποθ. to cruise

υπερισχύω ρ αμ to prevail ▶ ρ μ +γεν. (αντιπάλων) to triumph over • (πάθους) to conquer
υπεριώδης, -ης, -ες επιθ ultraviolet
υπερκόπωση ουσ θηλ fatigue
υπέρμαχος ουσ αρσ, ουσ θηλ champion
υπερμεγέθης, -ης, -ες επιθ (επίσ.) huge
υπέρμετρ|ος, -η, -ο επιθ excessive
υπερνικώ ρ μ to conquer • (εμπόδια, δυσκολίες) to overcome
υπέρογκ|ος, -η, -ο επιθ (δέμα, κιβώτιο, ποσό, δαπάνες) huge • (τιμή) exorbitant
υπερόπτης ουσ αρσ (επίσ.) haughty person
υπεροπτικ|ός, -ή, -ό επιθ haughty
υπερόπτρια ουσ θηλ (επίσ.) βλ. **υπερόπτης**
υπεροχή ουσ θηλ superiority
υπέροχ|ος, -η, -ο επιθ (άνθρωπος, συναίσθημα, καιρός) wonderful • (τέχνη) exquisite • (καθηγητής, συμπεριφορά) excellent • (φωνή, αυτοκίνητο) fabulous • (θέα, τοπίο, πίνακας) magnificent
υπεροψία ουσ θηλ haughtiness
υπερπαραγωγή ουσ θηλ (Οικον) overproduction • (θεατρικό έργο) spectacular • (ταινία) big-budget production
υπερπηδώ ρ μ (τάφρο, χαντάκι) to jump over • (μτφ.) to overcome
υπερπόντι|ος, -α ή -ος, -ο επιθ overseas • ~ αλιεία deep-sea fishing
υπερσύγχρον|ος, -η, -ο επιθ state-of-the-art
υπερσύνδεση ουσ θηλ hyperlink
υπέρταση ουσ θηλ high blood pressure
υπέρτατ|ος, -η, -ο επιθ (κακό, αρχή, τιμή) supreme • (αγαθό) most precious • (θυσία) supreme • (βαθμός) superlative
υπερτερώ ρ αμ +γεν. (επίσ.) to be superior to
υπερτιμημένος, -η, -ο επιθ (ταλέντο) overrated • (αξία) overestimated • (νόμισμα) overvalued
υπερτιμώ ρ μ (άνθρωπο, επίδραση, δεινότητα) to overrate • (τρόφιμα, είδη διατροφής) to put up the price of • (νόμισμα) to overvalue
υπερτροφία ουσ θηλ (Ιατρ) hypertrophy • (υπερβολική λήψη τροφής) overeating • (υπερβολική θρέψη) overfeeding • (μτφ.) excessive growth
υπερτυχερός, -ή, -ό επιθ very lucky ◼ **υπερτυχερός** ουσ αρσ, **υπερτυχερή** ουσ θηλ (prize)winner
υπέρυθρ|ος, -η, -ο επιθ infrared • **υπέρυθρες ακτίνες** infrared rays • **υπέρυθρη ακτινοβολία** infrared radiation
υπερυψωμέν|ος, -η, -ο επιθ elevated • **υπερυψωμένη διάβαση** overpass • **υπερυψωμένη σιδηροδρομική γραμμή** elevated railway
υπερφυσικ|ός, -ή, -ό επιθ (ον, δυνάμεις, φαινόμενο, λογιστήριο) supernatural • (μτφ.: ύψος, μέγεθος) colossal • (: δύναμη) superhuman
υπερωρία ουσ θηλ overtime χωρίς πληθ.
υπεύθυν|ος, -η, -ο επιθ (γενικότ.) responsible (για for) • (σε κατάστημα) in charge ◼ **υπεύθυνος** ουσ αρσ, **υπεύθυνη** ουσ θηλ (τμήματος πωλήσεων, κατασύήματος, τροφοδοσίας, εργαστηρίου) head • (μτφ.) manager • **ποιος είναι ο ~ εδώ;** who is in charge here?

υπευθυνότητα ουσ θηλ responsibility
υπήκοος ουσ αρσ, ουσ θηλ (πολίτης κράτους) citizen • (που υπόκειται στην εξουσία) subject • **ξένος ~** foreign national
υπηκοότητα ουσ θηλ citizenship
υπηρεσία ουσ θηλ (εργασία) duty • (χρόνος εργασίας) service • (κλάδος: εταιρείας, ιδιωτικού οργανισμού) department • (: στρατού, δημοσίου οργανισμού) service • (προσφερόμενη παροχή εταιρείας) service • (εξυπηρέτηση) service • (υπηρετικό προσωπικό) domestic staff • (υπηρέτης) (man)servant • (υπηρέτρια) maid • **είμαι ~** to be on duty • **αξιωματικός υπηρεσίας** duty officer • **αρχαιολογική ~** archaeology department • **δημόσια/ιδιωτικ ~** public/private sector • **ενεργός ~** active service • **μυστική ~** secret service • **τελωνειακή ~** customs service
υπηρεσιακ|ός, -ή, -ό επιθ (έγγραφο, αλληλογραφία, ανάγκη) departmental • (καθήκον) official • (αυτοκίνητο, όπλο, περίστροφο) service • (μονάδα) active
υπηρέτης ουσ αρσ servant
υπηρέτρια ουσ θηλ maid
υπηρετώ ρ μ to serve ▶ ρ αμ (στρατιώτης) to serve • (υπάλληλος, καθηγητής) to work
υπναλέ|ος, -α, -ο επιθ sleepy
υπνοβάτης ουσ αρσ sleepwalker
υπνοβατώ ρ αμ to sleepwalk
υπνοδωμάτιο ουσ ουδ bedroom
ύπνος ουσ αρσ (νάρκη) sleep • (μτφ.: νωθρότητα) torpor • (μειωτ.: για πρόσ.) sleepyhead (ανεπ.) • **με παίρνει ο ~** to fall asleep • **πάω ή πέφτω για ύπνο** to go to bed
υπνόσακος ουσ αρσ sleeping bag
ύπνωση ουσ θηλ hypnosis
υπνωτίζω ρ μ (κοιμίζω) to hypnotize • (μτφ.) to mesmerize ◼ **υπνωτίζομαι** μεσοπαθ to be hypnotized
υπνωτικό ουσ ουδ soporific
υπό, υπ', υφ' προθ +γεν. (ποιητικό αίτιο) by • +αιτ. under
υποανάπτυκτ|ος, -η, -ο επιθ = **υπανάπτυκτος**
υποβαθμίζω ρ μ (υποβιβάζω: ρόλο) to undermine • (: σπουδές, πτυχίο) to debase • (μειώνω: επεισόδιο, συμβάν) to play down • (μτφ.: περιβάλλον) to degrade • (πόλη, περιοχή, συνοικία) to spoil
υποβάθμιση ουσ θηλ (υποβιβασμός: παιδείας) dumbing down • (: σπουδών, πανεπιστημίων, πτυχίου) debasement • (: ρόλου) undermining • (υποτίμηση: επεισοδίου, συμβάντος) playing down • (μτφ.: περιοχής, περιβάλλοντος, πόλης) degradation • (: ζωής) decline in quality
υπόβαθρο ουσ ουδ (υποστήριγμα: σπιτιού) foundations πληθ. • (εξέδρας, κατασκευής) base • (μτφ.: ατόμου) background • (: για ανάπτυξη, φαινόμενο) backdrop
υποβάλλω ρ μ (αίτηση, αξιώσεις) to put in • (μήνυση) to file • (αποδείξεις, δήλωση) to submit • (πρόταση, σχέδιο, υποψηφιότητα) to put forward • (προσφορά) to put in • (παραίτηση) to hand in • (έκθεση) to hand in • (ερώτηση) to ask ◼ **υποβάλλομαι** μεσοπαθ

to be open to suggestion • **υποβάλλομαι σε κτ** to undergo sth

υποβαστάζω _ρ μ_ to support

υποβιβάζω _ρ μ_ (αξιωματικό, υπάλληλο) to demote • (ομάδα) to relegate • (άνθρωπο) to degrade • (μτφ.: εξευτελίζω) to insult
• **υποβιβάζει τη νοημοσύνη μας** it's an insult to our intelligence

υποβολή _ουσ θηλ_ (πρότασης, σχεδίου, υποψηφιότητας) submission • (αίτησης, αξιώσεων, μήνυσης) filing • (παραίτησης, έκθεσης) handing in • (ερώτησης) asking • (σε έλεγχο, σε χειρουργική επέμβαση) subjecting (σε το) • (επίδραση) suggestion

υποβρύχιο _ουσ ουδ_ (πλοίο) submarine
• (βανίλια) vanilla-flavoured sweet served on a spoon in a glass of water

υποβρύχιος, -α, -ο _επιθ_ (φυτά, ζωή, καλώδιο) submarine • (ψάρεμα, φωτογράφιση, έρευνα) underwater

υπόγειο _ουσ ουδ_ basement

υπόγειος, -α, -ο _επιθ_ underground ▪ **υπόγειος** _ουσ αρσ_ underground (Βρετ.), subway (Αμερ.)

υπογραμμίζω _ρ μ_ (λέξη, φράση) to underline
• (μτφ.) to emphasize

υπογραφή _ουσ θηλ_ (αναγραφή ονόματος και επωνύμου) signature • (συνομολόγηση: συνθήκης, ειρήνης, συμφωνίας) ratification
• (: συμβολαίου, διαθήκης) signing • **βάζω την ~ μου** (κυριολ.) to sign • (συμφωνώ απόλυτα) to be in complete agreement

υπογράφω _ρ μ_ (έγγραφο, επιστολή, συμβόλαιο, επιταγή) to sign • (ταινία) to make • (βιβλίο) to write • (μτφ.: εγκρίνω) to approve • (συνθήκη, συμφωνία) to ratify

υπόδειγμα _ουσ ουδ_ (ερμηνείας, αίτησης, έκθεσης) model • (μτφ.: για άνθρωπο) paragon

υποδειγματικός, -ή, -ό _επιθ_ (συμπεριφορά, εργασία) exemplary • (πατέρας, μητέρα, σύζυγος, εργαζόμενος) model • (πρότυπο: διδασκαλία, καλλιέργεια, προϊόν) model
• (: συγγραφέας, ταινία) original

υποδεικνύω _ρ μ_ (υποδηλώνω: λάθη, αβλεψίες) to point out • (δείχνω φανερά, καθορίζω: σημείο, πέναλτι) to indicate • (: διάδοχο, αντικαταστάτη) to appoint • (συμβουλεύω: άτομο) to advise • (: ενέργειες, λύσεις, πορεία) to recommend

υπόδειξη _ουσ θηλ_ (δείξιμο) indication
• (συμβουλή) recommendation

υποδέχομαι _ρ μ αποθ_ (δοχείο, δεξαμενή) to collect • (προϋπαντώ: καλεσμένους, πρωτινούργό, ηγέτη) to receive (επία.)
• (φίλους, συγγενείς) to welcome • (ομάδα) to host • (άνοιξη) to welcome • (μτφ.: εκλαμβάνω) to receive

υπόδημα _ουσ ουδ_ (επία.) footwear χωρίς πληθ.

υποδηματοποιείο _ουσ ουδ_ (επία.) shoemaker's (shop)

υποδιαιρώ _ρ μ_ to subdivide ▪ **υποδιαιρούμαι** _μεσοπαθ_ to be subdivided (σε into)

υποδιαστολή _ουσ θηλ_ (Μαθ) decimal point
• (Γλωσσ) comma

υποδιευθυντής _ουσ αρσ_ (καταστήματος,

τράπεζας, εταιρείας, υπηρεσίας) assistant manager • (σχολείου) deputy head (Βρετ.), assistant principal (Αμερ.)

υπόδικος, -η, -ο _επιθ_ (Νομ) awaiting trial
• (μτφ.) responsible

υποδομή _ουσ θηλ_ (βάση) infrastructure
• (υπόγειο τμήμα δομικού έργου) substructure
• (κατασκευή ως βάση μεγαλύτερου τεχνικού έργου) skeleton

υποδοχή _ουσ θηλ_ reception • (φιλοξενία) welcome • (ρεύματος) socket • (θυρίδας) slot

υπόθεμα _ουσ ουδ_ (υπόβαθρο) stand • (υπόθετο) suppository

υπόθεση _ουσ θηλ_ (εικασία) hypothesis • (θέμα) matter • (ζήτημα: υποκλοπών) affair
• (: λαθρομετανάστών, ναρκωτικών, αμβλώσεων, συνόργων) issue • (επιχειρηματία) business
• (επαγγελματία, ατόμου) work • (Νομ) case
• (βιβλίου, ταινίας) plot • **αυτό δεν είναι δική μου/δική σου ~** that's none of my/your business • **είναι προσωπική μου ~!** that's my business!

υποθετικός, -ή, -ό _επιθ_ (υποτιθέμενος) hypothetical • (φανταστικός) imaginary
• **~ λόγος** conditional sentence • **υποθετική πρόταση** conditional clause • **~ σύνδεσμος** conditional conjunction

υποθέτω _ρ μ_ (θεωρώ κτ πραγματικό) to suppose
• (εικάζω) to imagine ▪ **υποτίθεται** _απρόσ_ supposedly

υποθηκεύω _ρ μ_ to mortgage

υποθήκη _ουσ θηλ_ (Νομ) mortgage • (συμβουλή) counsel

υποκαθιστώ _ρ μ_ (επίσ.) (λίπη, καφέ) to substitute • (κηπουρό, υπάλληλο, γραφομηχανή, μηχανή) to replace • (διευθυντή) to stand in for

υποκατάστημα _ουσ ουδ_ branch

υπόκειμαι _ρ αμ αποθ_ (επίσ.) to underlie

υποκειμενικός, -ή, -ό _επιθ_ subjective

υποκείμενο _ουσ ουδ_ (έρευνας, πειράματος) subject • (συζήτησης) topic • (φροντίδας) object
• (μειωτ.) individual • (Γλωσσ) subject

υποκλίνομαι _ρ αμ αποθ_ (κυριολ., μτφ.) to bow
• (γυναίκα, κοπέλα) to curtsey

υπόκλιση _ουσ θηλ_ bow

υπόκοσμος _ουσ αρσ_ underworld

υποκρίνομαι _ρ μ_ (προσποιούμαι) to pretend
• (στο θέατρο: ρόλο) to play ▶ _ρ αμ_ to pretend

υπόκριση _ουσ θηλ_ (ηθοποιία) acting
• (υποκρισία) hypocrisy

υποκρισία _ουσ θηλ_ hypocrisy

υποκριτής _ουσ αρσ_ (ανειλικρινής) hypocrite
• (στο θέατρο) actor

υποκριτικός, -ή, -ό _επιθ_ (συμπεριφορά) hypocritical • (χαμόγελο) insincere • (χαρά, αγάπη, ενθουσιασμός) feigned • (στο θέατρο: προσόντα, ικανότητα) acting • (: ταλέντο) as an actor

υποκύπτω _ρ αμ_ to give in (σε to)

υπόκωφος, -η, -ο _επιθ_ deep

υπόλειμμα _ουσ ουδ_ (τροφής) leftovers πληθ.
• (σαπουνιού) end • (καφέ) dregs πληθ.
• (αρχαίων πολιτισμών) vestige

υπολείπομαι ρ αμ αποθ. (χρόνου, ποσού) to be left • (υστερώ) to be inferior • (σε τεχνολογία) to be behind

υπόληψη ουσ θηλ (εκτίμηση) esteem • (καλή φήμη) reputation

υπολογίζω ρ μ (λογαριάζω: δαπάνη, κόστος, ζημία, ταχύτητα, απόσταση) to calculate • (: εκτιμώ κατά προσέγγιση: αριθμό, βάρος, ύψος) to estimate • (συμπεριλαμβάνω: άτομο, χώρα) to count (ανάμεσα σε among ή as) • (μτφ.: γνώμη, άποψη, εξέλιξη) to take into account • (: λύση, συνέπειες) to consider • (σέβομαι: ομάδα, εταιρεία, καθηγητή, άτομο) to rate highly • (: φοβάμαι) to be in awe of • **υπολογίζεται ότι** it is estimated that

υπολογισμός ουσ αρσ (κέρδους, ποσού, εξόδων, εσόδων) calculation • (εκτίμηση) estimate

υπολογιστής ουσ αρσ (συμφεροντολόγος) calculating person • (επίσης: **ηλεκτρονικός ~**) computer • (αριθμομηχανή) calculator
• **προσωπικός ~** personal computer
• **φορητός ~** portable computer
▣ **υπολογιστές** πληθ computer science εν.

υπόλογ|ος, -η, -ο επιθ accountable

υπόλοιπο ουσ ουδ remainder • **~ (τραπεζικού) λογαριασμού** (bank) balance

υπόλοιπ|ος, -η, -ο επιθ rest of

υπομένω ρ μ to endure ▸ ρ αμ to be patient

υπόμνημα ουσ ουδ (εντός εταιρείας, οργανισμού) memo • (σε βιβλίο, σε κείμενο) notes πληθ. • (σε χάρτη) key

υπόμνηση ουσ θηλ (επίσ.) reminder

υπομονετικ|ός, -ή, -ό επιθ patient

υπομονή ουσ θηλ patience • **κάνω ή έχω ~** to be patient

υπονομεύω ρ μ (κράτος, πολιτική, αξίες, θεσμούς) to undermine • (έδαφος) to dig a tunnel in

υπόνομος ρ μ (βόθρος) drain • (βρομόστομα) mouth like a sewer

υπονοώ ρ μ to insinuate ▣ **υπονοείται** τριτοπρόσ it's understood

υποπροϊόν ουσ ουδ by-product

υποπρόξενος ουσ αρσ vice-consul

υποπτεύομαι ρ μ αποθ. to suspect

ύποπτ|ος, -η, -ο επιθ (κινήσεις, πρόσωπο, συμπεριφορά, εμφάνιση) suspicious • (χαρτιά) incriminating • (κυκλώματα, δραστηριότητα) dubious • (στέκια, δρόμοι, μαγαζιά, μπαρ, παρέες) seedy ▣ **ύποπτος** ουσ αρσ, **ύποπτη** ουσ θηλ suspect

υποσιτισμός ουσ αρσ undernourishment

υποσκελίζω ρ μ (συνάδελφο, αντίπαλο) to supplant • (προσπάθεια) to thwart

υπόσταση ουσ θηλ (οντότητα) existence • (μτφ.: φημών, λόγων, πληροφοριών) substance • (προσωπικότητα) character • **νομική ~** legal entity

υπόστεγο ουσ ουδ awning

υποστέλλω ρ μ (σημαία) to lower • (ταχύτητα) to reduce • (κέρδη) to cut

υποστηρίζω ρ μ (τοίχο, κτήριο, φράγμα) to shore up • (άποψη, θέση, θεωρία) to defend

• (ιδέες) to stand up for • (ισχυρισμούς) to back up • (μτφ.: φίλο, οικογένεια, κόμμα) to support • (είμαι υπέρ) to support

υποστηρικτής ουσ αρσ supporter • (θεωρίας, ιδεών, άποψης) exponent

υποστηρίκτρια ουσ θηλ βλ. **υποστηρικτής**

υποστήριξη ουσ θηλ (κτηρίου) shoring up • (οροφής, στέγης) propping up • (ενίσχυση, βοήθεια) support • (θεωρίας, θέσης, άποψης, διδακτορικής διατριβής) defence (ΒΡΕΤ.), defense (ΑΜΕΡ.)

υπόσχεση ουσ θηλ promise

υπόσχομαι ρ μ αποθ. to promise • **σου το ~** I promise you

υποταγή ουσ θηλ (κράτους, λαού, κυβέρνησης, ατόμου) submission • (μτφ.: υπαγωγή) subordinating • (μτφ.: πέρασμα σε δεύτερη μοίρα) reducing • (υπακοή) obedience

υποταγμέν|ος, -η, -ο επιθ (κράτος, περιοχή) subjugated • (ζώο) subdued • (μτφ.) downtrodden

υποτακτική ουσ θηλ subjunctive

υπόταση ουσ θηλ low blood pressure

υποτάσσω ρ μ (κράτος, χώρα, λαό, στρατό) to subjugate • (μτφ.: πάθη, αδυναμίες) to overcome ▣ **υποτάσσομαι** μεσοπαθ to be subjugated (σε by)

υποτεταγμέν|ος, -η, -ο επιθ = **υποταγμένος**

υποτιθέμεν|ος, -η, -ο επιθ alleged

υποτίμηση ουσ θηλ (μετοχών) depreciation • (προϊόντων) fall in price • (νομίσματος) depreciation • (μτφ.: αντιπάλου, εχθρού) underestimation • (: γυναίκας) degradation

υποτιμητικ|ός, -ή, -ό επιθ (παρατήρηση) derogatory • (συμπεριφορά) disrespectful

υποτιμώ ρ μ (μετοχές) to depreciate • (προϊόν) to mark down • (νόμισμα) to devalue • (μτφ.: αντίπαλο, εχθρό, ομάδα, παιδί, πρόβλημα) to underestimate

υπότιτλος ουσ αρσ subtitle ▣ **υπότιτλοι** πληθ subtitles

υποτροφία ουσ θηλ grant

ύπουλ|ος, -η, -ο επιθ (άνθρωπος, εχθρός, αντίπαλος) devious • (σύμμαχος) treacherous • (επίθεση) sneak • (μτφ.: ασθένεια, αρρώστια, ιός) insidious

υπουργείο ουσ ουδ ministry (ΒΡΕΤ.), department (κυρ. ΑΜΕΡ.)

υπουργικ|ός, -ή, -ό επιθ ministerial • **υπουργικό συμβούλιο** cabinet

υπουργός ουσ αρσ, ουσ θηλ minister

υποφερτ|ός, -ή, -ό επιθ (ζωή, καθημερινότητα, κρύο, πόνος) bearable • (μέτριος: εμφάνιση, ομιλητής, άνθρωπος) passable

υποφέρω ρ μ (ζέστη, κρύο, πόνο, άνθρωπο, παρουσία) to stand • (ψευτιά) to tolerate • (μαρτύρια, κακουχίες) to suffer

υποχρεώνω ρ μ to oblige ▣ **υποχρεώνομαι** μεσοπαθ (από τις αρχές μου, από τη συνείδησή μου) to be compelled (από by) • (από νόμο) to be bound ή obliged (από by) • (είμαι ευγνώμων) to be grateful

υποχρέωση ουσ θηλ (οικονομική, ηθική) obligation • (οικογενειακή, επαγγελματική, κοινωνική) commitment • (στρατιωτική) duty • (ηθική οφειλή) debt of gratitude ■ **υποχρεώσεις** πληθ commitments

υποχρεωτικός, -ή, -ό επιθ compulsory • (απόφαση) mandatory • (γείτονες, άνθρωπος) obliging

υποχώρηση ουσ θηλ (στρατεύματος) retreat • (πτώση: τιμών, ευρώ, δολαρίου) fall • (εδάφους) subsidence • (μτφ.) concession • ~ ζέστης fall ή drop in temperature

υποχωρώ ρ αμ (στρατός) to retreat • (έδαφος) to give way • (στέγη) to cave in • (τιμές, νόμισμα) to fall • (ζέστη, πυρετός) to subside • (μτφ.: παραιτούμαι) to back down • (συμβιβάζομαι) to compromise

υπόψη επιρρ **έχω κτ ~ (μου)** to remember sth • **έχω ~ (μου) να κάνω** to intend to do sth • βλ. κ. **όψη**

υποψήφιος, -α, -ο επιθ prospective • ~ **γαμπρός** suitor ■ **υποψήφιος** ουσ αρσ, **υποψήφια** ουσ θηλ (κόμματος, για θέση εργασίας) candidate • (πανεπιστημιακού ιδρύματος) applicant • (διαγωνισμού) entrant

υποψία ουσ θηλ (αμφιβολία) suspicion • (μτφ.) touch

υποψιάζομαι ρ μ αποθ. to suspect

ύπτιος, -α, -ο επιθ supine ■ **ύπτιο** ουσ ουδ (Αθλ) backstroke

ύστατος, -η, -ο επιθ (επιθυμία, στιγμή) last • (απόδειξη) final • (προσπάθεια, αγώνα) last-ditch

ύστερα επιρρ then • **κι ύστερα; so what?** • ~ **από** after

υστέρημα ουσ ουδ **από το υστέρημά μου** from the little that one has

υστερία ουσ θηλ hysteria • **μαζική ~** mass hysteria

ύστερος, -η, -ο επιθ later

υστερώ ρ αμ +γεν./έναντι (μειονεκτώ) to be inferior to • (έχω ελλείψεις) to be lacking (σε in) ■ **υστερούμαι** μεσοπαθ to lack

υφαίνω ρ μ (χαλί, κουβέρτα) to weave • (μτφ.: αράχνη, ιστό) to spin • (μτφ.: συνωμοσία) to hatch

ύφαλος ουσ αρσ reef

υφαντός, -ή, -ό επιθ woven

υφαντουργία ουσ θηλ (τέχνη και τεχνική) weaving • (κλάδος οικονομίας) textiles πληθ. • (κτήριο) textile mill

ύφασμα ουσ ουδ material

υφή ουσ θηλ (υφάσματος) weave • (χαρτιού, ξύλου, μετάλλου) texture • (αίσθηση επαφής) touch

υφήλιος ουσ θηλ world • **Μις Υφήλιος** Miss World

υφιστάμενος, -η, -ο επιθ existing ■ **υφιστάμενος** ουσ αρσ, **υφισταμένη**, **υφισταμένη** ουσ θηλ (επίσ.) subordinate

ύφος ουσ ουδ (ατόμου) air • (έκφραση τού προσώπου) look • (τρόπος ομιλίας) tone • (έκφραση, στυλ) style

υψηλός, -ή, -ό επιθ (γενικότ.) high • (κέρδη, ποσό, ποσοστό) large • (βάρος, κίνδυνος) great • (θέση) superior • (ποιότητα) top • (αίσθημα

ευθύνης) keen • (ιδανικά, ιδεώδη) high • (στόχοι, ιδέες, αξίες) lofty • (καλεσμένοι, προσκεκλημένοι) VIP • (έργο, καθήκον, αποστολή, αξίωμα) worthy • **υψηλές προσωπικότητες, υψηλά πρόσωπα** VIPs

ύψιλον ουσ ουδ άκλ. upsilon, 20th letter of the Greek alphabet

υψίπεδο ουσ ουδ plateau

υψίφωνος, -η, -ο επιθ soprano ■ **υψίφωνος** ουσ αρσ, ουσ θηλ (γυναίκα) soprano • (άντρας) alto • (παιδί) treble

υψόμετρο ουσ ουδ (για τόπο) elevation • (όργανο πλοήγησης) altimeter

ύψος ουσ ουδ (κτηρίου, βουνού, πλαγιάς, τοίχου, ανθρώπου, επίπλου) height • (χωριού) elevation • (αεροπλάνου) altitude • (Αθλ) high jump • (συναλλαγών) volume • (τιμών, δαπανών) level • **παίρνω/χάνω ~** (αεροπλάνο) to gain/lose altitude

ύψωμα ουσ ουδ (ψήλωμα) rise • (Θρησκ) wafer

υψώνω ρ μ to raise • (μτφ.) to elevate ■ **υψώνομαι** μεσοπαθ to climb

Φ, φ phi, *21st letter of the Greek alphabet*

φα *ουσ ουδ άκλ.* F

φάβα *ουσ θηλ* broad bean (*Βρετ.*), fava bean (*Αμερ.*) • *(φαγητό)* broad (*Βρετ.*) ή fava (*Αμερ.*) bean purée

φαβορί *ουσ ουδ άκλ.* favourite (*Βρετ.*), favorite (*Αμερ.*)

φαγητό *ουσ ουδ (τροφή)* food • *(γεύμα)* lunch • *(δείπνο)* dinner • **βγαίνω για** ~ to eat out • *(το μεσημέρι)* to go out to lunch • *(το βράδυ)* to go out to dinner • **η ώρα του φαγητού** *(το μεσημέρι)* lunchtime • *(το βράδυ)* dinnertime • **έτοιμο** ~ ready meal • **βραδινό** ~ dinner • **μεσημεριανό** ~ lunch • ~ **σε πακέτο** takeaway (food) (*Βρετ.*), takeout (food) (*Αμερ.*)

φαγκότο *ουσ ουδ* bassoon

φαγοπότι *ουσ ουδ* feasting • **το ρίχνω στο** ~ to eat and drink

φαγούρα *ουσ θηλ* itch • **με πιάνει** ~ to itch • **με πιάνει** ~ **στην πλάτη/στο λαιμό** my back/my neck is itching

φάγωμα *ουσ ουδ (φαγητού, γλυκού)* eating • *(βράχου, τοίχου)* erosion • *(σίδερου)* corrosion • *(ελαστικών αυτοκινήτου)* wear • *(νυχιών)* biting • *(φαγωμάρα)* squabbling • *(σε ομάδα, κόμμα)* in-fighting

φαγωμέν|ος, -η, -ο *επιθ (φαγητό)* eaten • *(τοίχος, βράχος)* eroded • *(σίδερο)* corroded • *(ελαστικά αυτοκινήτου)* worn • *(μπράτσα, πρόσωπο)* weather-beaten

φαγώσιμ|ος, -η, -ο *επιθ* edible ▪ **φαγώσιμα** *ουσ ουδ πληθ* food *εν.*

φαΐ *ουσ ουδ βλ.* φαγητό

φαιδρ|ός, -ή, -ό *επιθ (χαρούμενος)* cheerful • *(αστείος)* funny • *(γελοίος)* foolish

⊙ ΛΕΞΗ-ΚΛΕΙΔΙ

φαίνομαι *ρ αμ αποθ.* **1** *(διακρίνομαι)* to be seen • *(εμφανίζομαι)* to appear **2** *(δείχνω)* to look **3** *(αποδεικνύομαι)* to prove • **είσαι και φαίνεσαι!** *(ανεπ.)* and the same to you too! *(ανεπ.)*, and the same to you with knobs on! (*Βρετ.*) *(ανεπ.)* ▪ **φαίνεται** *απρόσ* it seems • **από πού φαίνεται**

ότι είναι ειδικός; how do you know he's an expert? • **δεν πρόλαβα να χτενιστώ. — Φαίνεται!** I didn't have time to comb my hair. – It shows! • **δεν σου φαίνεται ότι είσαι τριάντα χρονών** you don't look thirty • **δεν του φαίνονται τα χρόνια του** he doesn't look his age • **μου φαίνεται ότι** it seems to me that • **φαίνεται από μακριά!** *(μτφ.)* it sticks out a mile!

φαινομενικά *επιρρ* seemingly

φαινόμενο *ουσ ουδ* phenomenon • **καιρικά/φυσικά φαινόμενα** weather/natural phenomena

φάκα *ουσ θηλ* mousetrap

φάκελο *ουσ ουδ βλ.* φάκελος

φάκελος *ουσ αρσ (για επιστολές, γράμματα: επίσης:* **φάκελο)** envelope • *(θήκη για έγγραφα)* folder • *(για θέμα, άτομο)* file

φακή *ουσ θηλ* lentil ▪ **φακές** *πληθ* lentils

φακίδα *ουσ θηλ* freckle

φακός *ουσ αρσ (γενικότ.)* lens • *(ηλεκτρική λυχνία)* torch (*Βρετ.*), flashlight (*Αμερ.*) • **φακοί επαφής** contact lenses

φάλαγγα *ουσ θηλ (Στρατ: στρατιωτών)* column • *(: πλοίων)* convoy • *(ανθρώπων, αυτοκινήτων)* line • *(οχημάτων, φορτηγών)* convoy

φάλαινα *ουσ θηλ (Ζωολ)* whale • *(υβρ.: για γυναίκα)* tub of lard *(ανεπ.)*

φαλακρός, -ή, -ό *επιθ (άνδρας)* bald • *(βουνό, έδαφος)* bare

φαλλοκρατία *ουσ θηλ* (male) chauvinism

φανάρι *ουσ ουδ (φανός)* lamp • *(αυτοκινήτου)* light • *(σηματοδότης)* traffic lights *πληθ.* (*Βρετ.*), traffic light (*Αμερ.*) • **με πιάνει** ~ to come to a red light

φαναρτζής *ουσ αρσ (ανεπ.) (για αυτοκίνητα)* body shop worker

φανατίζω *ρ μ* to stir up • **φανατισμένοι οπαδοί** fanatical supporters

φανατικ|ός, -ή, -ό *επιθ (οπαδός, υποστηρικτής, ιδεολογία, πίστη)* fanatical • *(καπνιστής)* heavy • *(θαυμαστής)* ardent

φανατισμός *ουσ αρσ* fanaticism

φανέλα *ουσ θηλ (ύφασμα)* flannel (*Βρετ.*), washcloth (*Αμερ.*) • *(εσώρουχο)* vest (*Βρετ.*), undershirt (*Αμερ.*) • *(μπλούζα)* shirt • *(στο ποδόσφαιρο)* strip • *(ομάδα)* team

φανερός, -ή, -ό *επιθ (κίνδυνος, αιτία, στόχος, εκδήλωση, αντίδραση)* obvious • *(αποδείξεις)* clear • *(εχθρός)* open • **είναι φανερό ότι** it is obvious ή clear that

φανερώνω *ρ μ (θησαυρό, αντικείμενο)* to show • *(μυστικό, σχέδιο, προθέσεις, ταυτότητα, χαρακτήρα, αμηχανία)* to reveal • *(αισθήματα, σάστισμα)* to show • *(επιθυμία)* to express • *(απάτη, δολοπλοκία)* to uncover ▪ **φανερώνομαι** *μεσοπαθ* to appear

φανοποιείο *ουσ ουδ (επίσ.: αυτοκινήτων)* body shop

φαντάζομαι *ρ μ αποθ.* (*πλάθω με την φαντασία μου)* to imagine • **για φαντάσου!** just fancy! • ~ **ότι** ή **πως** *(νομίζω)* to think (that) • *(υποθέτω)* to suppose (that)

φαντασία *ουσ θηλ* (γενικότ.) imagination
• (μειωτ.) fantasy • **επιστημονική ~** science
fiction

φαντασίωση *ουσ θηλ* fantasy

φάντασμα *ουσ ουδ* (στοιχείο) ghost • (πολύ
αδύνατος) skeleton • **εταιρεία-/οργάνωση-
φάντασμα** bogus company/organization
• **πόλη-/πλοίο-φάντασμα** ghost town/ship

φαντασμέν|ος, -η, -ο *επιθ* conceited

φαντασ|τικός, -ιά, -ό *επιθ* (κίνδυνος, εμπόδια,
φόβοι, εχθρός) imaginary • (διήγημα, ιστορία)
fictional • (φαγητό, θέα, καιρός) fantastic
• (άνθρωπος, χαρακτήρας) incredible • (τιμές)
incredibly low

φανταχτερ|ός, -ή, -ό *επιθ* (ρούχα, κόσμημα)
flamboyant • (χρώμα) loud

φαξ *ουσ ουδ άκλ.* (συσκευή) fax (machine)
• (μήνυμα) fax

φάουλ *ουσ ουδ άκλ.* (παράβαση) foul • (βολή: στο
ποδόσφαιρο) free kick • (στην καλαθοσφαίριση)
free throw

φάπα *ουσ θηλ* slap

φαράγγι *ουσ ουδ* gorge

φαράσι *ουσ ουδ* dustpan

φαρδαίνω *ρ μ* (δρόμο) to widen • (φούστα,
φόρεμα) to let out ▶ *ρ αμ* (μονοπάτι, δρόμος) to
widen • (ρούχα) to be too big

φάρδος *ουσ αρσ* width

φαρδ|ύς, -ιά, -ύ *επιθ* (δρόμος, σκάλα) wide
• (ώμος, πλάτη) broad • (φούστα, ζώνη)
loose-fitting • (παντελόνι) baggy • **αυτό το
παντελόνι είναι φαρδύ για μένα** these
trousers are too big for me

φάρμα *ουσ θηλ* farm

φαρμακείο *ουσ ουδ* (κατάστημα) chemist's
(Βρετ.), drugstore (Αμερ.) • (κουτί) first-aid kit
• (ντουλάπι) medicine cabinet • (μτφ.) rip-off
(ανεπ.)

φαρμακερ|ός, -ή, -ό *επιθ* (φίδι) venomous
• (φυτό) poisonous • (λόγια, κουβέντα, γλώσσα,
ματιά) venomous • (κρύο) bitter

φαρμάκι *ουσ ουδ* (δηλητήριο) poison • (φιδιού)
venom • (πικρία) disappointment

φάρμακο *ουσ ουδ* (γιατρικό) medicine • (μτφ.)
remedy

φαρμακοποιός *ουσ αρσ, ουσ θηλ* pharmacist

φαρμακώνω *ρ μ* (δηλητηριάζω) to poison
• (καταστενοχωρώ) to hurt deeply
■ **φαρμακώνομαι** *μεσοπαθ* to poison oneself

φάρος *ουσ αρσ* (φωτιστική συσκευή) beacon
• (κτήριο) lighthouse • (μτφ.) beacon

φάρσα *ουσ θηλ* (πλάκα) practical joke • (για
βόμβα) hoax • (θεατρικό έργο) farce
• **πρωταπριλιάτικη ~** April Fool • **τηλεφωνική
~** hoax call

φασαρία *ουσ θηλ* (έντονος θόρυβος) noise
• (αναστάτωση) fuss χωρίς πληθ. • (ταραχή)
disturbance • (καβγάς) trouble • (κόπος) bother
• **γίνεται ~** (για θόρυβο) there's a lot of noise
• (για καβγά) there's trouble • **κάνω ~** (θορυβώ)
to make a noise • (κάνω σκηνή) to make a fuss
• **μη μπαίνετε σε ~** don't go to any trouble
■ **φασαρίες** *πληθ* (μπελάδες) trouble εν.
• (ταραχές) disturbances

φάση *ουσ θηλ* (στάδιο) phase • (Αστρ, Ηλεκτρ)
phase • (Αθλ) passage of play • (περίσταση)
circumstances *πληθ.* • **οι καλύτερες φάσεις**
(αγώνα) the highlights

φασιανός *ουσ αρσ* pheasant

φασίνα *ουσ θηλ* clean-up

φασισμός *ουσ αρσ* fascism

φασιστ|ικός, -ή, -ό *επιθ* fascist

φασκόμηλο *ουσ ουδ* (φυτό) sage • (αφέψημα)
sage tisane

φάσκω *ρ μ* **~ και αντιφάσκω** to contradict
oneself

φάσμα *ουσ ουδ* spectrum • (πολέμου, πείνας)
spectre (Βρετ.), specter (Αμερ.)

φασολάδα *ουσ θηλ* white bean soup

φασολάκια *ουσ ουδ πληθ* green beans

φασόλι *ουσ ουδ* (white) bean ■ **φασόλια** *πληθ*
white bean soup

φαστ-φούντ *ουσ ουδ άκλ.* fast-food restaurant

φαστφουντάδικο *ουσ ουδ* (ανεπ.) = **φαστ-
φούντ**

φάτσα *ουσ θηλ* (ανεπ.) (μούρη) face • (ύποπτο
άτομο) shady character (ανεπ.) • (για κτήρια)
facade • **~ σε** opposite

φατσούλα *ουσ θηλ* emoticon

φαύλ|ος, -η, -ο *επιθ* (επίσ.) unscrupulous

φαφλατάς *ουσ αρσ* (φλύαρος) chatterbox
• (καυχησιάρης) boaster

Φεβρουάριος *ουσ αρσ* February

φεγγάρι *ουσ ουδ* (Σελήνη) moon
• (φεγγαρόφωτο) moonlight

φεγγαρόφωτο *ουσ ουδ* moonlight

φεγγίζω *ρ αμ* (φωτίζω αμυδρά) to glimmer
• (για ρούχα) to be see-through

φεγγίτης *ουσ αρσ* (σε στέγη) skylight • (σε τοίχο)
dormer

φέγγω *ρ αμ* (φεγγάρι, αστέρια, προβολέας) to
shine • (αδυνατίζω πολύ) to waste away ▶ *ρ μ*
~ τον δρόμο σε κπν to light sb's way • **φέγγει**
απρόσ dawn is breaking

φείδομαι (επίσ.) *ρ μ αποθ.* +γεν. to spare

φειδωλ|ός, -ή, -ό *επιθ* thrifty

φελλός *ουσ αρσ* (μπουκαλιού, διχτύων,
αγκιστριού) cork • (υβρ.) airhead (ανεπ.)

φεμινισμός *ουσ αρσ* feminism

φεμινιστής *ουσ αρσ* feminist

φεμινίστρια *ουσ θηλ βλ.* **φεμινιστής**

φέρετρο *ουσ ουδ* coffin, casket (Αμερ.)

φέρι *ουσ ουδ άκλ.* = **φεριμπότ**

φεριμπότ, φέρι-μποτ *ουσ ουδ άκλ.* ferry

φερμέν|ος, -η, -ο *επιθ* brought

φερμουάρ *ουσ ουδ άκλ.* zip (Βρετ.), zipper
(Αμερ.)

φέρνω *ρ μ* (μεταφέρω) to bring • (εισάγω) to
introduce • (προϊόντα) to import • (οδηγώ:
κατάσταση) to lead • (: δρόμος, μονοπάτι) to go
• (παιδιά, φίλους) to bring • (γιατρό, ηλεκτρολόγο,
υδραυλικό) to call • (προκαλώ: αποτέλεσμα) to
produce • (: πόλεμο) to cause • (: τύχη, ατυχία)
to bring • (αποφέρω: κέρδη, λεφτά) to bring in
• (προβάλλω: αντιρρήσεις) to raise ▶ *ρ αμ*
~ σε κπν to look like sb ■ **φέρνομαι** *μεσοπαθ*
to behave • **μου φέρνεται καλά/άδικα/με
σεβασμό** he treats me well/fairly/with respect

φέρσιμο ουσ ουδ manner

φέρω ρ μ (επίσ.) (βαστάζω: βάρος) to carry
• (ευθύνη) to bear • (έχω: χρήματα, τίτλο) to have
• (: σημάδια, ίχνη, όπλο, όνομα, ένδειξη) to bear
• (: μπουφάν, φόρεμα, παντελόνι, παπούτσια) to
wear

φεστιβάλ ουσ ουδ άκλ. festival

φέτα ουσ θηλ (ψωμιού, φρούτου) slice • (τυρί)
feta (cheese) • (καλοριφέρ) bar

φετιν|ός, -ή, -ό επιθ this year's • **φετινό
καλοκαίρι** this summer • **~ χειμώνας** this
winter

φέτος επιρρ this year

φευγάλα ουσ θηλ escape

φευγάτ|ος, -η, -ο επιθ (που έχει φύγει) gone
• (μειωτ.) in a world of one's own • **είναι ήδη
φευγάτη** she has already gone

φεύγω ρ αμ (αναχωρώ: άνθρωπος, αεροπλάνο,
πλοίο, τρένο) to leave • (απομακρύνομαι με τη
βία: από χώρα) to flee • (από ομάδα, δουλειά) to
be forced to leave • (απομακρύνομαι βιαστικά) to
flee • (δραπετεύω: κρατούμενος,
καταζητούμενος, σκύλος) to escape • (γλιστρώ:
ποτήρι, βάζο) to slip (από out of) • (κουβέντα) to
slip out • (εγκαταλείπω οριστικά: ενοικιαστής,
σύζυγος) to leave • (αποχωρώ: εργαζόμενος,
υποστηρικτής) to leave • (: μτφ.: κυβέρνηση) to
go • (: επιθυμία, δίψα) to go away • (ευφημ.:
πεθαίνω) to pass away • (περνώ: νιάτα, ζωή) to
pass • (αποσπώμαι: σελίδα) to come out
• (βγαίνω: λεκές) to come out • (: χρώμα) to fade
• **~ από τη χώρα** to flee the country • **~ για
διακοπές** to go on holiday (Βρετ.) ή vacation
(Αμερ.) • **ώρα να φεύγουμε!** it's time we were
off!

φήμη ουσ θηλ (διάδοση) rumour (Βρετ.), rumor
(Αμερ.) • (υπόληψη) reputation • (δόξα) renown

φημίζομαι ρ αμ αποθ. to be renowned (για for)

φημισμέν|ος, -η, -ο επιθ renowned

φθάνω ρ αμ (έρχομαι: τρένο, πλοίο, αεροπλάνο,
φαξ, μήνυμα) to arrive • (: γράμμα) to arrive
• (πλησιάζω: χειμώνας) to be coming • (: τέλος)
to be near • (επαρκώ: φαγητό, χρήματα,
ύφασμα) to be enough • (πιάνω) to reach ▸ ρ μ
(προφθάνω) to catch up with • (πιάνω) to reach
• (ανταγωνιστή, συμμαθητή) to be as good as
• (χρέη) to amount to • **έφτασα!, έφτασε!**
coming! • **υπομονή, φτάνουμε!** be patient,
we're nearly there! • **~ ως** (μυρωδιά, φήμη) to
reach • (πεδιάδα, πάρκο) to extend to

φθαρμέν|ος, -η, -ο επιθ (επίπλωση, ρουχισμός)
shabby • (μηχάνημα) battered

φθαρτ|ός, -ή, -ό επιθ perishable

φθείρω ρ μ (καταστρέφω: κτήριο) to erode
• (: υγεία) to ruin • (: δυνάμεις, νιάτα) to waste
• (: ρούχο) to wear out • (διαφθείρω) to corrupt
■ **φθείρομαι** μεσοπαθ (ήθη, γλώσσα, κόμμα) to
become corrupted • (θεσμοί) to weaken

φθηνά επιρρ cheaply

φθην|ός, -ή, -ό επιθ (προϊόν, ξενοδοχείο, μαγαζί)
cheap • (ενοίκιο, τιμή) low • (άνθρωπος,
χιούμορ, υλικά) cheap • (επιχείρημα, δικαιολογία)
lame

φθινοπωριάτικ|ος, -η, -ο επιθ = φθινοπωρινός

φθινοπωριν|ός, -ή, -ό επιθ autumn
■ **φθινοπωρινά** ουσ ουδ πληθ autumn clothes

φθινόπωρο ουσ ουδ autumn

φθίνω ρ αμ (δυνάμεις, αριθμός) to decline
• (γεννήσεις) to be on the decline • (δάση) to be
disappearing • (επιρροή) to wane
• (παρακμάζω) to go into decline

φθίση ουσ θηλ (φθορά) decline • (Ιατρ)
tuberculosis

φθόγγος ουσ αρσ (Γλωσσ) speech sound
• (Μουσ) note

φθονερ|ός, -ή, -ό επιθ (για πρόσ.) envious
• (παγίδα, σχέδιο) malicious • (ψυχή)
malevolent

φθόνος ουσ αρσ envy

φθονώ ρ μ to envy

φθορά ουσ θηλ (βαθμιαία καταστροφή) decay
• (στις σχέσεις) deterioration • (βλάβη από
χρήση) wear (and tear) • (παρακμή) decline
• (ζημιά) damage

φι ουσ ουδ άκλ. phi, 21st letter of the Greek alphabet

φιάλη ουσ θηλ bottle

φιγούρα ουσ θηλ (εικόνα, ομοίωμα, μορφή)
figure • (στην τράπουλα) face card, court card
(Βρετ.) • (χορού) figure • (επίδειξη) show

φιγουράρω ρ μ to appear

φιδές ουσ αρσ noodles πληθ.

φίδι ουσ ουδ (κυριολ.) snake • (μτφ.) snake in the
grass

φιδωτ|ός, -ή, -ό επιθ winding

φιέστα ουσ θηλ celebration

φίλαθλ|ος, -η, -ο επιθ sporting ■ **φίλαθλος** ουσ
αρσ, ουσ θηλ fan

φιλαλήθ|ης, -ης, -ες επιθ truthful

Φιλανδέζα ουσ θηλ βλ. Φινλανδός

φιλανδέζικ|ος, -η, -ο επιθ = φινλανδικός

Φιλανδέζος ουσ αρσ = Φινλανδός

Φιλανδή ουσ θηλ βλ. Φινλανδός

Φιλανδία ουσ θηλ = Φινλανδία

φιλανδικ|ός, -ή, -ό επιθ = φινλανδικός

Φιλανδός ουσ αρσ = Φινλανδός

φιλανθρωπία ουσ θηλ (αγάπη προς
συνάνθρωπο) philanthropy • (αγαθοεργία)
charity εν.

φιλανθρωπικ|ός, -ή, -ό επιθ (ίδρυμα, σωματείο)
charitable • (έργο) charity

φιλάνθρωπ|ος, -η, -ο επιθ philanthropic

φιλαράκι ουσ ουδ mate (Βρετ.) (ανεπ.), buddy
(κυρ. Αμερ.) (ανεπ.)

φιλαράκος ουσ αρσ (ειρων.) mate (Βρετ.)
(ανεπ.), buddy (κυρ. Αμερ.) (ανεπ.)

φιλαρμονική ουσ θηλ band ■ **Φιλαρμονική** ουσ
θηλ Philharmonic

φιλέ ουσ ουδ άκλ. = φιλές

φιλελευθερισμός ουσ αρσ liberalism

φιλελεύθερ|ος, -η, -ο επιθ liberal
■ **φιλελεύθερος** ουσ αρσ liberal

φιλέλληνας ουσ αρσ philhellene

φιλενάδα ουσ θηλ (ανεπ.) (φίλη) (girl)friend
• (ανύπαντρου) girlfriend • (παντρεμένου)
mistress

φιλές ουσ αρσ (για μαλλιά) hairnet • (Αθλ) net

φιλέτο ουσ ουδ fillet • **κόντρα ~** sirloin

φιλεύω ρ μ to give

φίλη *ουσ θηλ* (φιλενάδα) friend • (καταχρ.: γνωστή) acquaintance • (ανύπαντρου) girlfriend • (παντρεμένου) mistress

φίλημα *ουσ ουδ* kiss

φιλήσυχ|ος, -η, -ο *επιθ* (ήρεμος) quiet • (νομοταγής) law-abiding

φιλί *ουσ ουδ* kiss • **δίνω ~ σε κπν (στο στόμα/ μάγουλο)** to kiss sb (on the mouth/cheek) • **(πολλά) φιλιά!** lots of love!

φιλία *ουσ θηλ* (σχέση φίλων) friendship • (εύνοια) favour (Βρετ.), favor (Αμερ.) • **πιάνω ~ ή φιλίες με κπν** to make friends with sb

φιλικ|ός, -ή, -ό *επιθ* (γενικότ.) friendly • (επίσκεψη, συζήτηση) informal • (διάθεση) amiable • (ακροατήριο) sympathetic • (Αθλ) friendly • **είναι ~ μαζί μου** he's friendly to me • **~ προς το περιβάλλον** environmentally-friendly • **~ προς τον χρήστη** user-friendly ∎ **φιλικό** *ουσ ουδ* friendly (match)

φιλμ *ουσ ουδ άκλ.* film

φίλντισι *ουσ ουδ* mother-of-pearl

φιλοδοξία *ουσ θηλ* ambition

φιλόδοξ|ος, -η, -ο *επιθ* ambitious

φιλοδοξώ *ρ μ* ~ **να γίνω/κάνω** to aspire to be/ to do

φιλοδώρημα *ουσ ουδ* tip

φιλοκερδ|ής, -ής, -ές *επιθ* greedy

φιλολογία *ουσ θηλ* (επιστήμη) philology • (γραμματεία) literature ∎ **φιλολογίες** *πληθ* hot air (ανεπ.)

φιλόλογος *ουσ αρσ, ουσ θηλ* (επιστήμονας) philologist • (Σχολ) humanities teacher

φιλονικία *ουσ θηλ* argument

φιλονικώ *ρ αμ* to argue

φιλοξενία *ουσ θηλ* (υποδοχή και περιποίηση ξένων) hospitality • (παροχή στέγης και περιποίησης) accommodation

φιλόξεν|ος, -η, -ο *επιθ* hospitable

φιλοξενούμενη *ουσ θηλ* = **φιλοξενούμενος**

φιλοξενούμενος *ουσ αρσ* (ξένος) guest • (Αθλ) visitor

φιλοξενώ *ρ μ* (ξένο, επισκέπτη) to put up • (άστεγο) to take in • (επί πληρωμή) to accommodate • (εκδήλωση, έκθεση, αγώνες) to host • (σε έντυπο) to publish • (σε ραδιοφωνική ή τηλεοπτική εκπομπή) to have as a guest

φιλοπατρία *ουσ θηλ* patriotism

φιλόπον|ος, -η, -ο *επιθ* diligent

φίλος *ουσ αρσ* (γενικότ.) friend • (καταχρ.: γνωστός) acquaintance • (ανύπαντρος) boyfriend • (παντρεμένης) lover • (τεχνών, γραμμάτων) lover • (ανεπ.: αυτός) our friend • **γίνομαι ~ με κπν** to become friends with sb • **φίλε (μου)** (ανεπ.) mate (Βρετ.) (ανεπ.), buddy (Αμερ.) (ανεπ.) • **φίλη χώρα** friendly nation

φιλοσοφία *ουσ θηλ* philosophy

φιλοσοφικ|ός, -ή, -ό *επιθ* philosophical ∎ **Φιλοσοφική** *ουσ θηλ* philosophy school

φιλόσοφος *ουσ αρσ, ουσ θηλ* philosopher

φιλοτελισμός *ουσ αρσ* philately (επίσ.)

φιλοτέχνημα *ουσ ουδ* work of art

φιλότεχν|ος, -η, -ο *επιθ* **είμαι ~** to be an art lover

φιλοτιμία *ουσ θηλ* (τιμή, αξιοπρέπεια) pride

• (ευσυνειδησία) conscientiousness

φιλότιμ|ος, -η, -ο *επιθ* (υπερήφανος) proud • (ευσυνείδητος) conscientious • (προσπάθεια) spirited

φιλοφρόνηση *ουσ θηλ* compliment

φίλτρο¹ *ουσ ουδ* filter

φίλτρο² *ουσ ουδ* (ελιξίριο) potion • (στοργή) love

φιλώ *ρ μ* to kiss • **σε/σας ~** with love ∎ **φιλιέμαι** *μεσοπαθ* to kiss

φιμώνω *ρ μ* (ζώο) to muzzle • (άνθρωπο) • (μτφ.) to silence • (τον τύπο) to gag

φίμωτρο *ουσ ουδ* (ζώου) muzzle • (ανθρώπου) gag • (μτφ.) gag

φινάλε *ουσ ουδ άκλ.* (παράστασης, γιορτής) finale • (κινηματογραφικού έργου) ending • (προσπάθειας, υπόθεσης) outcome • (ιστορίας) conclusion

φινέτσα *ουσ θηλ* (για πρόσ.) finesse • (ντυσίματος) good taste • (λόγων, τρόπων) delicacy • (συμπεριφοράς) tact

Φινλανδέζα *ουσ θηλ* βλ. **Φινλανδός**

φινλανδέζικ|ος, -η, -ο *επιθ* = **φινλανδικός**

Φινλανδέζος *ουσ αρσ* = **Φινλανδός**

Φινλανδή *ουσ θηλ* βλ. **Φινλανδός**

Φινλανδία *ουσ θηλ* Finland

φινλανδικ|ός, -ή, -ό *επιθ* Finnish ∎ **Φινλανδικά, Φινλανδέζικα** *ουσ ουδ πληθ* Finnish

Φινλανδός *ουσ αρσ* Finn

φίν|ος, -α, -ο *επιθ* (για πρόσ.) refined • (χέρια, δάχτυλα, χαρακτηριστικά) delicate • (γούστο, συμπεριφορά) refined • (τέχνη, ύφασμα, μετάξι) fine • (ρούχο) chic • (φίλος, παρέα, μαγαζί) great (ανεπ.)

φιόγκος *ουσ αρσ* (κόμπος) knot • (κορδέλα) bow • (μειωτ.) fop

φίρμα *ουσ θηλ* (επωνυμία εταιρείας) trade name • (εταιρεία) firm • (μάρκα) trademark • (διασημότητα) celebrity

φιστίκι *ουσ ουδ* (επίσης: **φιστίκια Αιγίνης**) pistachio • (επίσης: ~ **αράπικο**) peanut

φλάουτο *ουσ ουδ* flute

φλας *ουσ ουδ άκλ.* (φωτογραφικής μηχανής) flash • (αυτοκινήτου) indicator (Βρετ.), blinker (Αμερ.)

φλασκί *ουσ ουδ* flask

φλέβα *ουσ θηλ* seam • (κλίση) talent

Φλεβάρης *ουσ αρσ* (ανεπ.) = **Φεβρουάριος**

φλέγμα *ουσ ουδ* (πτύελο) phlegm

φλεγματικ|ός, -ή, -ό *επιθ* phlegmatic

φλεγμονή *ουσ θηλ* inflammation

φλέγομαι *ρ μ* to consume ∎ **φλέγομαι** *μεσοπαθ* (καίγομαι) to be on fire • (από πυρετό) to burn

φλέγων, -ουσα, -ον *επιθ* burning

φλέμα *ουσ ουδ* (προφορ.) βλ. **φλέγμα**

φλερτ *ουσ ουδ άκλ.* (ερωτοτροπία) flirting *χωρίς πληθ.* • (δεσμός) romance • (φίλος) boyfriend • (φίλη) girlfriend • **~ του καλοκαιριού** holiday romance

φλερτάρω *ρ μ* to flirt with ▶ *ρ αμ* to flirt • **~ με κπν/κτ** to flirt with sb/sth

φλις *ουσ ουδ άκλ.* fleece

φλιτζάνι *ουσ ουδ* = **φλυτζάνι**

φλόγα *ουσ θηλ* (φωτιάς, κεριού, αναπτήρα, σπίρτου) flame • (μτφ.) ardour (Βρετ.), ardor (Αμερ.) ∎ **φλόγες** *πληθ* flames

φλογέρα ουσ θηλ pipe

φλογερ|ός, -ή, -ό επιθ (άνθρωπος, εραστής, έρωτας, λόγος) passionate • (μάτια, βλέμμα) fiery • (επιθυμία) burning • (πατριωτισμός, υποστηρικτής) ardent

φλογίζω ρ μ to fire ■ **φλογίζομαι** μεσοπαθ (κοκκινίζω) to go ή turn red • (φλέγομαι) to be burning up

φλόγωση ουσ θηλ inflammation

φλοιός ουσ αρσ (δέντρου) bark • (καρπού) peel • (της γης) crust

φλοκάτη ουσ θηλ flokati (rug), handwoven shaggy woollen rug

φλούδα ουσ ουδ (ανεπ.) (δέντρου, κλαδιού) bark • (καρπού) peel • (αβγού) shell

φλούδι ουσ ουδ (ανεπ.) (δέντρου, κλαδιού) bark • (καρπού) peel ■ **φλούδια** πληθ shells

φλουρί ουσ ουδ florin

φλυαρία ουσ θηλ chatter

φλύαρ|ος, -η, -ο επιθ chatty

φλυαρώ ρ αμ to chatter

φλιτζάνι ουσ ουδ cup • **~ του καφέ/τσαγιού** coffee/tea cup

φοβάμαι ρ αμ αποθ. (τρομάζω) to be afraid • (έχω αγωνία) to be worried (για about) ▶ ρ μ (άνθρωπο, σκοτάδι, απoτυχία) to be afraid of • (υποψιάζομαι: επεισόδια) to fear • **~ να κάνω κτ** to be afraid to do sth • **~ πως** ή **ότι** to be afraid that

φοβέρα ουσ θηλ threat

φοβερίζω ρ μ to threaten

φοβερ|ός, -ή, -ό επιθ (άνθρωπος, όψη) fearsome • (κρότος, θέαμα, έγκλημα) horrendous • (καταχρ.: ψεύτης, απατεώνας) monumental • (ζέστη) tremendous • (σφάλμα, καταστροφές, πόνοι) terrible • (καταχρ.: εκπληκτικός) terrific • **φοβερό!** (έκφραση έκπληξης ή θαυμασμού) terrific!

φοβητσιάρ|ης, -α, -ικο επιθ cowardly

φοβία ουσ θηλ phobia

φοβίζω ρ μ to scare

φόβος ουσ αρσ fear

φοβούμαι ρ μ αποθ., ρ αμ αποθ. = **φοβάμαι**

φόδρα ουσ θηλ lining

φοίνικας ουσ αρσ palm (tree)

φοινικιά ουσ θηλ (ανεπ.) = **φοίνικας**

φοινικόδεντρο ουσ ουδ palm tree

φοίτηση ουσ θηλ course

φοιτητής ουσ αρσ (undergraduate) student

φοιτητικ|ός, -ή, -ό επιθ student

φοιτήτρια ουσ θηλ βλ. **φοιτητής**

φοιτώ ρ αμ to study

φονεύω ρ μ (επίσ.) to kill

φονιάς ουσ αρσ killer

φονικ|ός, -ή, -ό επιθ (ενέργεια, τάσεις) homicidal • (νέφος, όπλο, όργανο, σφαίρα, σύγκρουση) lethal • (βλέμμα) murderous ■ **φονικό** ουσ ουδ (ανεπ.) murder

φόνισσα ουσ θηλ killer

φόνος ουσ αρσ murder

φόντο ουσ ουδ background

φορά ουσ θηλ (πορεία: ρεύματος, ποταμού) flow • (: δεικτών ρολογιού) direction • (εξέλιξη: γεγονότων) course • (περίπτωση) time

• (Μαθ) times • **αυτή τη ~** this time • **δυο φορές** twice • **μια ~** once • **πρώτη ~** the first time

φόρα¹ ουσ θηλ speed

φόρα² ουσ θηλ **βγάζω κτ στη ~** to bring sth out into the open

φοράδα ουσ θηλ (θηλυκό άλογο) mare • (υβρ.) cow (ανεπ.)

φορέας ουσ αρσ (αλλαγής, ιδεών) vehicle • (ασθένειας, μικροβίων, έτζ) carrier • (για υπηρεσία, οργανισμό, κόμμα) body

φορείο ουσ ουδ stretcher

φόρεμα ουσ ουδ (ένδυμα) dress • (η ενέργεια του φορώ) wearing

φορεσιά ουσ θηλ outfit

φορητ|ός, -ή, -ό επιθ (κασετόφωνο, τηλέφωνο) portable • (όπλο) hand • **~ υπολογιστής** laptop (computer)

φόρμα ουσ θηλ (μορφή) form • (ρούχου) shape • (γλυκού) cake tin (Βρετ.), pan (Αμερ.) • (εργασίας) overalls πληθ. • (γυμναστικής) tracksuit (Βρετ.), sweatsuit (Αμερ.) • (μωρού) crawlers πληθ.

φοροδιαφυγή ουσ θηλ tax evasion

φορολογία ουσ θηλ taxation

φορολογούμεν|ος, -η, -ο επιθ taxpaying ■ **φορολογούμενος** ουσ αρσ, **φορολογούμενη** ουσ θηλ taxpayer

φορολογώ ρ μ to tax

φόρος ουσ αρσ tax • **Φόρος Προστιθέμενης Αξίας (Φ.Π.Α.)** value added tax

φόρουμ ουσ ουδ άκλ. forum

φορτηγατζής ουσ αρσ lorry driver (Βρετ.), trucker (Αμερ.)

φορτηγατζού ουσ θηλ = **φορτηγατζής**

φορτηγό ουσ ουδ lorry (Βρετ.), truck (Αμερ.) • cargo boat

φορτίζω ρ μ (μπαταρία) to charge • (σχέσεις, κλίμα) to make tense • (ατμόσφαιρα) to charge

φορτίο ουσ ουδ (φορτηγού) load • (τρένου) freight • (πλοίου, αεροπλάνου) cargo • (μτφ.) burden

φόρτιση ουσ θηλ (μπαταρίας) charging • (ατμόσφαιρας, κλίματος) tension

φορτιστής ουσ αρσ charger

φόρτος ουσ αρσ load • **~ εργασίας** workload

φορτσάρω ρ αμ (ανεπ.) to buckle down (ανεπ.)

φορτωμένος, -η, -ο επιθ (υπερβολικά καλυμμένος) loaded • (επιβαρυμένος) busy

φορτώνω ρ μ (αυτοκίνητο, προϊόντα, βαλίτσες) to load • (δουλειά, έργο) to palm off • (μαθητή) to burden • (παίρνω φορτίο) to take on • (Πληροφ) to load ▶ ρ αμ to take on cargo ■ **φορτώνομαι** μεσοπαθ (φορτίο) to carry • (συνέπειες) to bear • (γίνομαι φορτικός) to be a nuisance

φορώ ρ μ (έχω πάνω μου: ρούχο, κόσμημα, γυαλιά, καπέλο, κολόνια, παπούτσια) to wear • (: βάζω) to put on • (χρησιμοποιώ: κολόνια, μέικ-απ) to wear • (: αποσμητικό) to use • **φοριέται πολύ** to be in fashion

φουγάρο ουσ ουδ (πλοίου) funnel • (εργοστασίου, τζακιού) chimney

φουλάρι ουσ ουδ scarf

φουλάρω ρ μ to fill ▸▸ αμ (τρέχω πολύ) to go flat out ή at full speed • (βάζω τα δυνατά μου) to pull out all the stops

φουμάρω ρ μ to smoke ▸▸ αμ to smoke
• **ξέρουν/έχουν μάθει τι καπνό ~** they know/they've found out what kind of person I am

φουντάρω ρ μ (ανεπ.) (καράβι) to sink
• (άνθρωπο) to throw in the water • (άγκυρα) to drop • (επιχείρηση, μαγαζί) to ruin ▸▸ ρ αμ (βυθίζομαι) to sink • (επιχείρηση) to go under

φουντούκι ουσ ουδ hazelnut

φουντώνω ρ αμ (δέντρο, φυτό, μαλλιά) to grow
• (φωτιά) to spread • (εξέγερση, μάχη) to spread
• (έρωτας, αγάπη) to grow • (θόρυβος) to grow louder • (ερεθίζομαι) to become excited
• (οργίζομαι) to flare up

φουντωτ|ός, -ή, -ό επιθ (δέντρο, φυτό) bushy
• (μαλλιά) thick • (γένια) bushy

φουρκέτα ουσ θηλ (για μαλλιά) hairpin • (κλειστή στροφή) hairpin bend

φούρναρης ουσ αρσ baker

φουρνάρισσα ουσ θηλ βλ. **φούρναρης**

φούρνος ουσ αρσ (για ψήσιμο) oven
• (αρτοποιείο) bakery • **~ είναι εδώ μέσα!** it's like an oven in here! • **~ μικροκυμάτων** microwave oven

φουρτούνα ουσ θηλ (τρικυμία) storm
• (αναστάτωση) turmoil • (φοβερή περιπέτεια, συμφορά) misfortune

φουρτουνιασμέν|ος, -η, -ο επιθ (θάλασσα, πέλαγος) rough • (χρόνια, καιροί) troubled
• (αναστατωμένος) in turmoil

φούσκα ουσ θηλ (φουσκάλα) blister • (μπαλόνι) balloon • (προφορ.: κύστη) bladder

φουσκάλα ουσ θηλ (στο δέρμα) blister • (καφέ, νερού) bubble

φούσκωμα ουσ ουδ (ελαστικών) inflating • (στο πρόσωπο, χέρι, πόδι) swelling • (βαρυστομαχιά) bloated stomach • (λογαριασμού) inflation
• (κάρτας) building up

φουσκωμέν|ος, -η, -ο επιθ (μπαλόνι, λάστιχο) inflated • (από χτύπημα) swollen • (για στομάχι) bloated • (λογαριασμό) inflated • (για ποτάμι) swollen • (για θάλασσα) rough

φουσκώνω ρ μ (μπαλόνι, λάστιχο) to inflate
• (μάγουλο) to puff out • (πανί) to fill • (στομάχι, κοιλιά) to bloat • (λογαριασμό) to inflate
• (κάρτα) to build up • (πράγματα, κατάσταση) to exaggerate ▸▸ (γάλα, καφές) to bubble up
• (ξύλο, ποτάμι, πτώμα) to swell • (ψωμί) to rise
• (μάτια, φλέβες) to bulge • (λαχανιάζω) to be out of breath • (φουρτουνιάζω: θάλασσα) to become rough • (αισθάνομαι κορεσμό) to be bloated

φούστα ουσ θηλ skirt

φουστανέλα ουσ θηλ fustanella

φουστάνι ουσ ουδ dress

φούξια ουσ θηλ = **χούφτα**

φράγκο ουσ ουδ (παλαιότ.) franc • (δραχμή) drachma

φραγκοστάφυλο ουσ ουδ gooseberry

φραγκοσυκιά ουσ θηλ prickly pear

φραγκόσυκο ουσ ουδ prickly pear

φράγμα ουσ ουδ (ποταμού) dam • (μτφ.) barrier

φραγμός ουσ αρσ barrier

φράζω ρ μ (χωράφι, αυλή) to enclose
• (πέρασμα, δρόμο, είσοδο, τρύπα) to block
• (στόμα) to cover ▸▸ αμ to be blocked

φράκο ουσ ουδ tailcoat

φράντζα ουσ θηλ fringe (ΒΡΕΤ.), bangs πληθ. (ΑΜΕΡ.)

φραντζόλα ουσ θηλ loaf

φράουλα ουσ θηλ (φρούτο) strawberry
• (ποικιλία σταφυλιού) type of grape

φραουλιά ουσ θηλ strawberry plant

φραπέ επιθ άκλ. = **φραπές**

φραπές ουσ αρσ iced coffee

φράση ουσ θηλ (Γλωσσ, Μουσ) phrase
• (καταχρ.: έκφραση) expression

φράσσω ρ μ (επίσ.) = **φράζω**

φράχτης ουσ αρσ (τεχνητός) fence • (φυσικός) hedge • (πέτρινος) wall

φρεάτιο ουσ ουδ (αποχέτευσης) manhole
• (ασανσέρ) shaft

φρενάρισμα ουσ ουδ (τροχοπέδηση) braking
• (ίχνος τροχοπέδησης) skid mark

φρενάρω ρ αμ to brake ▸▸ ρ μ (όχημα) to apply the brakes of • (μτφ.) to put a brake on

φρένες ουσ θηλ πληθ **έξω φρενών** furious

φρένο ουσ ουδ brake • **πατώ ~** to put the brakes on • **τα φρένα δεν έπιασαν** the brakes failed

φρενοκομείο ουσ ουδ psychiatric hospital

φρεσκάδα ουσ θηλ freshness

φρεσκάρω ρ μ (πρόσωπο) to freshen up • (ξένη γλώσσα) to brush up • (δωμάτιο, τοίχους) to redecorate • (μνήμη) to refresh ▪ **φρεσκάρομαι** μεσοπαθ to freshen up

φρέσκο ουσ ουδ (Τεχν) fresco • (αργκ.) jail

φρέσκ|ος, -ια, -ο επιθ (λαχανικά, φρούτα, ψωμί) fresh • (μπογιά) wet • (εντυπώσεις, εικόνα) vivid
• (ειδήσεις, νέα, γεγονότα) latest

φρίκη ουσ θηλ horror

φρικιάζω ρ αμ to shudder

φρικιαστικ|ός, -ή, -ό επιθ (θέαμα, έγκλημα) gruesome • (κραυγή) blood-curdling

φρικτ|ός, -ή, -ό επιθ terrible

φριχτ|ός, -ή, -ό επιθ = **φρικτός**

φρόκαλο ουσ ουδ (ανεπ.) (σκουπίδι) rubbish
• (σκούπα) broom

φρόνημα ουσ ουδ morale ▪ **φρονήματα** πληθ beliefs

φρόνηση ουσ θηλ wisdom

φρονιμάδα ουσ θηλ (σύνεση) wisdom • (λογική) sense

φρονιμίτης ουσ αρσ wisdom tooth

φρόνιμ|ος, -η, -ο επιθ (συνετός: για πρόσ.) sensible • (λόγια) wise • (συμβουλές) sound
• (υπάκουος: παιδί) well-behaved • (: πολίτης) law-abiding

φροντίδα ουσ θηλ (μέριμνα) care • (εκδήλωσης, έργου, σκοπού) responsibility

φροντίζω ρ μ (καριέρα, σπουδές) to attend to
• (οικογένεια, παιδί, ασθενή, υγεία) to take care of • (σιλουέτα) to watch • (ντύσιμο, εμφάνιση) to care about • (αυτοκίνητο, σπίτι, κήπο) to look after • (κήπο) to look after

φροντιστήριο ουσ ουδ (ιδιωτικό εκπαιδευτήριο) tutorial college • (προγύμναση) tuition

■ **φροντιστήριο** ουσ ουδ language school
φρουρά ουσ θηλ (φρούρηση) guarding
• (πρωθυπουργού, υπουργού) guard • (πόλης)
garrison • **τιμητικής ~** guard of honour (ΒΡΕΤ.) ή
honor (ΑΜΕΡ.)
φρούρηση ουσ θηλ guarding
φρούριο ουσ ουδ (κάστρο) fort • (μτφ.) fortress
φρουρός ουσ αρσ guard • (μτφ.) guardian
φρουρώ ρ μ to guard
φρούτο ουσ ουδ (καρπός) fruit • (ειρων.) freak
φρουτοσαλάτα ουσ θηλ fruit salad
φρουτοχυμός ουσ αρσ fruit juice
φρυγανιά ουσ θηλ toast
φρυγανιέρα ουσ θηλ toaster
φρύδι ουσ ουδ eyebrow
φταίξιμο ουσ ουδ fault • **δικό μου το ~** it's my
fault
φταίχτης ουσ αρσ culprit
φταίχτρα ουσ θηλ = **φταίχτης**
φταίω ρ αμ (είμαι ένοχος) to be to blame • (κάνω
σφάλμα) to be in the wrong • **δεν φταις εσύ** it
isn't your fault • **τα ~** it's my fault
φτάνω ρ μ, ρ αμ = **φθάνω**
φταρνίζομαι ρ αμ to sneeze
φτάρνισμα ουσ ουδ sneeze
φτέρνα ουσ θηλ heel
φτερνίζομαι ρ αμ = **φταρνίζομαι**
φτέρνισμα ουσ ουδ = **φτάρνισμα**
φτερό ουσ ουδ (πούπουλο) feather • (φτερούγα)
wing • (ανεμόμυλου) sail • (αεροπλάνου) wing
• (για ξεσκόνισμα) feather duster • (αυτοκινήτου)
wing (ΒΡΕΤ.), fender (ΑΜΕΡ.)
φτερούγα ουσ θηλ wing
φτερουγίζω ρ αμ (κουνώ τα φτερά μου) to flap
its wings • (πετώ κουνώντας τα φτερά μου) to fly
φτερούγισμα ουσ ουδ flutter
φτηναίνω ρ αμ to decline
φτην|ός, -ή, -ό επιθ = **φθηνός**
φτιαγμέν|ος, -η, -ο επιθ (κατασκευασμένος)
made • (αποκατεστημένος) established • (αργκ.:
εύθυμος από αλκοόλ) tipsy • (αργκ.:
μαστουρωμένος) stoned (ανεπ.) • (αργκ.:
ερεθισμένος) horny (ανεπ.)
φτιάχνω ρ μ (κατασκευάζω: έπιπλα, σχέδια) to
make • (: σπίτι, γέφυρα) to build • (: εικόνες,
ατμόσφαιρα) to create • (: τραγούδια, ποιήματα)
to write • (: θεωρία, ιστορίες, μύθους) to make
up • (: ομάδα, συγκρότημα) to form • (ετοιμάζω:
φαγητό, γλυκό, καφέ, σαλάτα, λίστα) to make
• (: βαλίτσα) to pack • (τακτοποιώ: δωμάτιο,
συρτάρια) to tidy • (: κρεβάτι) to make • (: μαλλιά,
μακιγιάζ) to do • (: γραβάτα) to straighten
• (διορθώνω: παπούτσια, ρολόι, αυτοκίνητο,
τηλεόραση) to mend • (βελτιώνω: διάθεση, κέφι)
to improve • (: στομάχι) to settle ▶ ρ αμ
(βελτιώνομαι) to get better • **τα ~ με κπν**
(προφορ.: σνάπτω ερωτικό δεσμό) to be going
out with sb • (συμφιλιώνομαι) to make up with
sb ■ **φτιάχνομαι** μεσοπαθ (αποκαθίσταμαι) to
establish oneself • (καλλωπίζομαι) to tidy
oneself up • (αργκ.: έρχομαι σε κέφι) to cheer up
• (μεθώ ελαφρά) to get tipsy • (αργκ.: ερεθίζομαι)
to get turned on (ανεπ.) • (αργκ.: μαστουρώνω)
to be stoned (ανεπ.) ή high (ανεπ.)

φτιαχτ|ός, -ή, -ό επιθ (τεχνητός) artificial
• (προσποιητός: κατηγορία) trumped-up
• (: απορία) feigned • (: ύφος, γέλιο) false
• (: αποτέλεσμα, αγώνας) fixed • (ανεπ.: σπιτικός)
home-made
φτυάρι ουσ ουδ (εργαλείο) shovel • (για
φούρνισμα) peel, long-handled shovel for putting
bread in an oven
φτύνω ρ αμ to spit ▶ ρ μ (άνθρωπο) to spit at
• (φαγητό, κουκούτσι) to spit out • (μοίρα, τύχη)
to curse • (αργκ.: περιφρονώ) to spit on
φτύσιμο ουσ ουδ (σάλιου) spitting • (φαγητού)
spitting out • (αργκ.: περιφρόνηση) contempt
φτυστ|ός, -ή, -ό (ανεπ.) επιθ **είμαι ~ ο
πατέρας/η μητέρα μου** to be the spitting
image of one's father/mother
φτωχαίνω ρ αμ (γίνομαι φτωχός) to become
poor • (λεξιλόγιο, παράδοση) to become
impoverished ▶ ρ μ (κάνω φτωχό: άνθρωπο) to
make poor • (: λεξιλόγιο, έργο) to impoverish
φτώχεια, φτώχια ουσ θηλ poverty
φτωχικ|ός, -ή, -ό επιθ (ρούχο, σπίτι) shabby
• (φαγητό) meagre (ΒΡΕΤ.), meager (ΑΜΕΡ.)
• (γειτονιά) poor ■ **φτωχικό** ουσ ουδ (ανεπ.)
humble home
φτωχ|ός, -ή, -ό επιθ (άνθρωπος, χώρα,
οικογένεια) poor • (δώρο) cheap • (έπιπλα,
ρούχα) shabby • (έδαφος, μετάλλευμα, λεξιλόγιο)
poor • (βλάστηση) sparse • (δυστυχής) poor
■ **φτωχοί** ουσ αρσ πληθ **οι φτωχοί** the poor
φυγάς ουσ αρσ fugitive
φυγή ουσ θηλ (ατόμου, πληθυσμού) flight
• (καταζητούμενου) escape • (μτφ.) escape
φυγόπον|ος, -η, -ο επιθ lazy
φύκι ουσ ουδ seaweed
φυλάγω ρ μ (πόλη, σύνορα, φυλακισμένο) to
guard • (μυστικό) to keep • (πράγματα, βαλίτσες,
μωρό) to look after • (κοπάδι) to watch over
• (προστατεύω) to protect • (γράμματα) to keep
• (χρήματα, φαγητό) to save ▶ ρ αμ to be on
guard duty ■ **φυλάγομαι** to look after
oneself • **φυλάγομαι από τη βροχή** to take
cover from the rain
φύλακας ουσ αρσ, ουσ θηλ (εργοστασίου,
πύλης) gatekeeper • (κήπου, μουσείου)
attendant • (σε φυλακή) guard • (γνώσης,
πολιτισμού) guardian
φυλακή ουσ θηλ (σωφρονιστικό ίδρυμα) prison
• (ποινή φυλάκισης) imprisonment • (μτφ.)
prison • **κλείνω ή βάζω κπν (στη) ~** to
imprison sb ■ **φυλακές** πληθ prison εν.
φυλακίζω ρ μ (εγκληματία, ένοχο) to jail
• (περιορίζω) to restrict
φυλάκιο ουσ ουδ (οίκημα φρουρών) guardhouse
• (προκεχωρημένη θέση) outpost
φυλάκιση ουσ θηλ imprisonment
φυλακισμέν|ος, -η, -ο επιθ imprisoned
■ **φυλακισμένος** ουσ αρσ, **φυλακισμένη** ουσ
θηλ prisoner
φύλαξη ουσ θηλ (συνόρων, κρατουμένων,
μουσείου) guarding • (δάσους) protection
• (παιδιού) looking after • (τροφίμων, ποτών,
ρούχων) keeping
φυλάσσω ρ μ, ρ αμ = **φυλάγω**

φυλαχτό ους ουδ lucky charm
φυλετικ|ός, -ή, -ό επιθ racial
φυλή ους θηλ (μαύρων, λευκών) race • (ζώων) breed • (έθνος) nation • (ιθαγενών) tribe
φυλλάδα ους θηλ rag (ανεπ.)
φυλλάδιο ους ουδ (ενημερωτικό) booklet • (διαφημιστικό) brochure
φύλλο ους ουδ (φυτού) leaf • (μετάλλου) sheet • (χρυσού, ασημιού) leaf • (μαγειρικής, ζαχαροπλαστικής) (sheet of) filo pastry • (κομμάτι χαρτιού) sheet (of paper) • (βιβλίου) leaf • (αντίτυπο εφημερίδας) edition • (εφημερίδα) paper • (στην τράπουλα) card • (πόρτας, παραθύρου) panel • (τραπεζιού) leaf • **δεν κουνιέται ~** there's not a breath of wind • (μτφ.) there's no sign of life
φύλλωμα ους ουδ foliage χωρίς πληθ.
φυλλωσιά ους θηλ foliage χωρίς πληθ.
φύλο ους ουδ (ανθρώπου, ζώου) sex • (φυλή) tribe
φυλώ ρ μ, ρ αμ = **φυλάγω**
φυραίνω ρ αμ (στάρι) to lose volume • (χόρτα) to shrink • (άνθρωπος) to lose one's mind • (μυαλό, νους) to slip
φυσαλίδα ους θηλ (μπουρμπουλήθρα) bubble • (Ιατρ) blister
φυσαρμόνικα ους θηλ (όργανο) harmonica • (για λεωφορείο) articulated bus
φύση ους θηλ nature • (εξοχή) country(side)
φύσημα ους ουδ (ενέργεια του φυσού) breathing • (αέρας που φυσά κανείς) breath • (ανέμου) puff
φυσικά επιρρ (μη τεχνητά, απροσποίητα) naturally • (ως επιβεβαίωση) of course
φυσική ους θηλ physics εν. • (μάθημα) physics (lesson) • (βιβλίο) physics book
φυσικό ους ουδ (ανεπ.) nature
φυσικοθεραπεία ους θηλ physiotherapy (Βρετ.), physical therapy (Αμερ.)
φυσικοθεραπευτής ους αρσ physiotherapist (Βρετ.), physical therapist (Αμερ.)
φυσικοθεραπεύτρια ους θηλ βλ. **φυσικοθεραπευτής**
φυσικ|ός, -ή, -ό επιθ (γενικότ.) natural • (γλώσσα) native • (εξήγηση, ερμηνεία, ανάγκες, ορμές) physical • **πεθαίνω από φυσικό θάνατο** to die of natural causes • **φυσική επιστήμη** natural science • **φυσική κατάσταση** health • **φυσική ή σωματική αγωγή** (Σχολ) PE • **φυσικό αέριο** (Χημ) natural gas • **~ αριθμός** (Μαθ) natural number ▪ **φυσικός** ους αρσ, ους θηλ (επιστήμονας) physicist • (Σχολ) physics teacher • (Πανεπ) physics professor
φυσικότητα ους θηλ naturalness
φυσιογνωμία ους θηλ (μορφή) face • (εξέχουσα προσωπικότητα) personage
φυσιοθεραπεία ους θηλ = **φυσικοθεραπεία**
φυσιοθεραπευτής ους αρσ = **φυσικοθεραπευτής**
φυσιοθεραπεύτρια ους θηλ βλ. **φυσικοθεραπευτής**
φυσιολογία ους θηλ physiology
φυσιολογικ|ός, -ή, -ό επιθ normal

φυσούνα ους θηλ (φυσερό) bellows πληθ. • (λεωφορείου) articulation • (σε γήπεδο) tunnel • (σε αεροδρόμιο) jet bridge
φυστίκι ους ουδ = **φιστίκι**
φυσώ ρ μ (καπνό, μύτη) to blow • (τσάι, σούπα, φωτιά) to blow on ▸ ρ αμ (άνεμος) to blow ▪ **φυσάει** απρόσ it's windy
φυτεία ους θηλ plantation
φυτεύω ρ μ (δέντρο, λουλούδια) to plant • (μειωτ.) to bury
φυτίνη ους θηλ vegetable butter
φυτό ους ουδ (Βιολ) plant • (μτφ.) vegetable • (για μαθητή, σπουδαστή) swot (Βρετ.) (ανεπ.), nerd (Αμερ.) (ανεπ.)
φυτοκομία ους θηλ horticulture
φύτρα ους θηλ (πατάτας) eye • (ντομάτας) seed • (γενιά) family
φυτρώνω ρ αμ (χορτάρι, σπόρος, λουλούδια) to germinate • (γένια, κέρατα) to grow • (μτφ.) to turn up
φώκια ους θηλ (θηλαστικό) seal • (υβρ.) tub of lard (ανεπ.)
φωλιά ους θηλ (πουλιών, φιδιού) nest • (αετού) eyrie (Βρετ.), aerie (Αμερ.) • (λαγού) burrow • (αλεπούς) hole • (λιονταριού, λύκου) den • (ληστών) den • (πειρατών) lair • **πυροσβεστική ~** fire extinguisher
φωνάζω ρ αμ (κραυγάζω) to shout • (ουρλιάζω) to yell ▸ ρ μ (λέω κτ δυνατά) to shout • (απευθύνομαι προς κπν) to shout to • (μαλώνω) to shout at • (καλώ ονομαστικά) to call • (γιατρό, τεχνίτη) to call • (ταξί) to hail
φωνή ους θηλ (λαλιά) voice • (κραυγή) cry • **βάζω ή μπήγω τις φωνές (σε κπν)** to scream (at sb) • **ενεργητική/παθητική/μέση ~** (Γλωσσ) active/passive/middle voice • **πρώτη/δεύτερη/τρίτη ~** (Μουσ) first/second/third voice ▪ **φωνές** πληθ shouting εν.
φωνήεν ους ουδ vowel
φωνητική ους θηλ phonetics εν.
φωνητικ|ός, -ή, -ό επιθ (όργανα, άσκηση, μουσική) vocal • (Γλωσσ) phonetic • **διεθνές φωνητικό αλφάβητο** international phonetic alphabet • **φωνητικές χορδές** vocal cords
φως ους ουδ (φέγγος, λαμπτήρας) light • (όραση) eyesight • **~ του ηλίου** sunlight • **~ της ημέρας** daylight • **~ των κεριών** candlelight • **~ της σελήνης** moonlight ▪ **φώτα** πληθ insight εν.
φωταγωγώ ρ μ to illuminate
φωταέριο ους ουδ gas
φωτάκι ους ουδ (μικρή λάμπα) lamp • (σε πίνακα ελέγχου) warning light
φωτάω ρ μ, ρ αμ (ανεπ.) = **φωτίζω**
φωτειν|ός, -ή, -ό επιθ (ουρανός, αστέρι) bright • (δείκτες, σταυρός) luminous • (ακτίνα, πηγή) of light • (δωμάτιο, χώρος, σπίτι) well-lit • (μέλλον, χαμόγελο, μάτια, χρώματα) bright • **~ σηματοδότης** traffic lights πληθ.
φωτιά ους θηλ (πυρκαγιά) fire • (για τσιγάρο) light • (φλόγα) flame • **έχω κτ στη ~** to be cooking sth
φωτίζω ρ μ (δωμάτιο, δρόμο, πρόσωπο, ουρανό) to light up • (υπόθεση, μυστήριο, έγκλημα)

to shed light on ▸ *ρ αμ* to shine ■ **φωτίζει**
απρόσ it's getting light
φωτισμός *ουσ αρσ* lighting *χωρίς πληθ.*
φωτιστικ|ός, -ή, -ό *επιθ (εφέ, συσκευή)* lighting
• *(πετρέλαιο, οινόπνευμα)* lighter ■ **φωτιστικό**
ουσ ουδ light • **φωτιστικό δαπέδου** standard
lamp *(Βρετ.)*, floor lamp *(Αμερ.)* • **φωτιστικό**
επιτραπέζιο table lamp
φωτοαντίγραφο *ουσ ουδ* photocopy
φωτοβολίδα *ουσ ουδ (για πανηγυρικό φωτισμό)*
rocket • *(για σηματοδότηση)* flare
φωτογραφείο *ουσ ουδ* photographic studio
φωτογραφία *ουσ θηλ (τέχνη)* photography
• *(εικόνα)* photo
φωτογραφία προφίλ *ουσ ουδ* profile picture
φωτογραφίζω *ρ μ (άνθρωπο, τοπίο)* to take a
photo of • *(μτφ.)* to portray
φωτογραφικ|ός, -ή, -ό *επιθ* photographic
• ~ **θάλαμος** photo booth • **φωτογραφική**
μηχανή camera
φωτογράφος *ουσ αρσ, ουσ θηλ* photographer
φωτομοντέλο *ουσ ουδ* model
φωτοστέφανο *ουσ ουδ (Θρησκ)* halo • *(Μετεωρ)*
corona • *(μτφ.: αρετής, επιτυχίας)* aura
φωτοτυπία *ουσ θηλ (μέθοδος)* photocopying
• *(φωτοαντίγραφο)* photocopy
φωτοτυπικ|ός, -ή, -ό *επιθ* photocopying
■ **φωτοτυπικό** *ουσ ουδ* photocopier

X, χ chi, *22nd letter of the Greek alphabet*
• **άγνωστος Χ** *(Μαθ)* unknown quantity
• **ακτίνες Χ** *(Φυσ)* X-rays
χαβιάρι *ουσ ουδ* caviar
Χάγη *ουσ θηλ η* ~ the Hague
χάδι *ουσ ουδ (μητέρας, πατέρα)* pat • *(εραστή,*
συντρόφου) caress • *(καλόπιασμα)* wheedling
χαζεύω *ρ αμ (ξεκουτιαίνω)* to be stupid
• *(σπαταλώ τον χρόνο μου)* to waste time
• *(μένω με το στόμα ανοιχτό)* to gape ▸ *ρ μ*
to stare at • ~ **τις βιτρίνες** to go window
shopping
χάζι *ουσ ουδ* **έχω** ~ to be funny *ή* amusing
χαζομάρα *ουσ θηλ* stupidity
χαζ|ός, -ή, -ό *επιθ* stupid
χαϊδεμέν|ος, -η, -ο *επιθ* pampered
χαϊδεύω *ρ μ (πρόσωπο)* to stroke • *(μωρό)* to
cuddle • *(εραστή, ερωμένη)* to caress • *(ζώο)* to
stroke • *(χορδές)* to strum • *(τιμόνι)* to touch
• *(περιποιούμαι: παιδί)* to pamper ■ **χαϊδεύομαι**
μεσοπαθ (παιδί) to want a cuddle • *(γάτα)* to
want to be stroked • *(εραστές)* to caress each
other
χαιρέκακ|ος, -η, -ο *επιθ* malicious
χαιρετίζω *ρ μ (απευθύνω χαιρετισμό)* to greet
(επίσ.) • *(αποχαιρετώ)* to say goodbye to • *(με*
κίνηση του κεφαλιού) to nod at • *(κουνώντας το*
χέρι) to wave at • *(στέλνω χαιρετίσματα)* to send
one's regards to
χαιρετίσματα *ουσ ουδ πληθ (χαιρετισμοί)*
regards • *(ειρων.)* forget it *(ανεπ.)*
χαιρετισμός *ουσ αρσ* greeting • *(βασιλιά)*
bowing to • *(σημαίας)* saluting ■ **χαιρετισμοί**
πληθ (χαιρετίσματα) regards • **με εγκάρδιους** *ή*
φιλικούς χαιρετισμούς *(σε γράμματα,*
επιστολές) kind *ή* best regards
χαιρετώ *ρ μ (χαιρετίζω)* to greet *(επίσ.)*
• *(αποχαιρετώ)* to say goodbye to • *(με μια*
κίνηση του κεφαλιού) to nod at • *(κουνώντας το*
χέρι) to wave at • *(στέλνω χαιρετίσματα)* to send
one's regards to • *(βασιλιά)* to bow to
• *(στρατιώτης, σημαία, πρωθυπουργό)* to salute
• *(εορτάζοντα, νεόνυμφους)* to visit
χαίρομαι *ρ αμ αποθ. (είμαι ευτυχισμένος)*
to be happy • *(είμαι χαρούμενος)* to be glad

► ρ μ (παιδιά, ζωή, πλούτη) to enjoy • **να χαίρεσαι την γιορτή σου!** (ευχή) happy name day! • **χάρηκα (πολύ) για την γνωριμία** nice meeting you

χαίρω ρ μ (επίσ.) (είμαι ευτυχισμένος) to be happy • (είμαι χαρούμενος) to be glad • **χαίρετε!** (προσφώνηση χαιρετισμού) hello! • (προσφώνηση αποχαιρετισμού) goodbye! • **~ πολύ** pleased to meet you

χαίτη ουσ θηλ (λιονταριού, αλόγου) mane • (για πρόσ.) long hair εν.

χαλάζι ουσ ουδ hail

χαλάκι ουσ ουδ (κρεβατιού, κουζίνας) rug • (εξώπορτας) doormat

χαλαρ|ός, -ή, -ό επιθ (σκοινί, μύες) slack • (κόμπος, δεσμά, ζώνη, ύφανση) loose • (εμπορική κίνηση) slack • (φρούρηση, πολιτική, πειθαρχία) lax • (ήθη) lax

χαλαρώνω ρ μ (σκοινί, γραβάτα) to loosen • (πρόγραμμα, πολιτική, πειθαρχία) to relax • (ατμόσφαιρα) to lighten ► ρ αμ (επίδεσμος, δέσιμο, βίδα) to come loose • (σκοινί) to go slack • (σώμα, μυς) to loosen up • (για απώλεια σφριγηλότητας: δέρμα) to lose its firmness • (δεσμός, επιτήρηση, πρόγραμμα) to ease off • (ενδιαφέρον) to flag • (ήθη, πειθαρχία) to become lax • (για πρόσ.) to relax

χαλάρωση ουσ θηλ (ζώνης) loosening • (σκοινιού) slackening • (μυών) loosening • (δέρματος) sagging • (πειθαρχίας, ηθών) slackening • (Ιατρ) relaxation

χάλασμα ουσ ουδ (μηχανής, συσκευής) breakdown • (γκρέμισμα) demolition • (ερείπιο) ruin

χαλασμέν|ος, -η, -ο επιθ (αυτοκίνητο, μηχανή) broken-down • (παιχνίδι, τηλεόραση) broken • (τηλέφωνο) out of order • (δόντια) decayed • (φρούτα) rotten • (τυρί) rancid • (σοκολάτα) stale • (κρέας, ψάρι) stale • **το κρέας/ψάρι είναι χαλασμένο** the meat/fish is off

χαλασμός ουσ αρσ (καταστροφή) devastation • (γενική αναστάτωση) chaos • (κακοκαιρία) bad weather

χαλβάς ουσ αρσ (γλυκό) halva(h) • (μειωτ.) idiot

χαλί ουσ ουδ carpet

χάλι ουσ ουδ sorry state • **έχω το ~ ή τα χάλια μου** to be in a bad way ή sorry state ■ **χάλια** πληθ **είμαι ή γίνομαι χάλια** (ρούχα) to be a mess • (δουλειές) to be bad • **νιώθω ή είμαι/ φαίνομαι χάλια** to feel/look awful

χαλίκι ουσ ουδ (μικρή πέτρα) pebble • (για στρώσιμο δρόμου, σιδηροδρομικής γραμμής) gravel χωρίς πληθ.

χαλινάρι ουσ ουδ (χαλινός) bridle • (στομίδα) bit

Χαλκιδική ουσ θηλ Chalkidiki

χάλκιν|ος, -η, -ο επιθ (νόμισμα, σκεύος) copper • (άγαλμα) bronze • (Μουσ: όργανα) brass ■ **χάλκινο** ουσ ουδ bronze (medal)

χαλκογραφία ουσ θηλ copper engraving

χαλκός ουσ αρσ copper • **Εποχή του Χαλκού** Bronze Age

χαλούμι ουσ ουδ haloumi, hard white cheese from Cyprus

χαλύβας ουσ αρσ steel

χαλύβδιν|ος, -η, -ο επιθ (ράβδος, σφαίρα) steel • (θέληση) iron • (αποφασιστικότητα) steely • (ψυχή) indomitable • (πίστη) unshakeable

χαλώ ρ μ (τηλεόραση, παιχνίδι) to break • (παπούτσια, ρούχα) to wear out • (τοίχο) to pull down • (σπίτι) to demolish • (φιλία, σχέσεις) to break off • (συμφωνία) to break • (σχέδια, βραδιά) to ruin • (ησυχία) to disturb • (έκπληξη) to spoil • (χτένισμα, μαλλιά) to mess up • (ομορφιά) to mar • (όρεξη) to spoil • (κακομαθαίνω) to spoil • (διαφθείρω) to lead astray • (χαρτονόμισμα) to change • (περιουσία, πολλά λεφτά) to squander • (χρόνο, καιρό, ζωή, νιάτα) to waste • (στομάχι) to upset • (υγεία, μάτια) to ruin ► ρ αμ (ρολόι, βίντεο) to be broken • (αυτοκίνητο) to break down • (μπότες, μάλλινα) to wear out • (σχέδια, δουλειά) to fall through • (γάμος) to break up • (χτένισμα) to be a mess • (δόντια) to decay • (κρέας, τυρί) to go off • (φρούτα) to go bad • (διαφθείρομαι) to go to the bad • (καιρός) to change for the worse • **~ την διάθεση ή το κέφι κποιου** to bring sb down

χαμέν|ος, -η, -ο επιθ (πορτοφόλι, βιβλίο, κλειδιά) lost • (άνθρωπος) missing • (που έχει χάσει τον προσανατολισμό του) lost • (ώρα, μέρα) wasted • (σε τυχερά παιχνίδια, επιχειρήσεις) ruined • (ευκαιρία) lost • (ελπίδες) dashed • (όνειρα) vanished • **τα 'χω χαμένα** (έχω σαστίσει) to be stunned • (έχασα τα λογικά μου) to have lost it (ανεπ.) • **χαμένο έδαφος** lost ground • **~ κόπος** a waste of effort • **χαμένο κορμί** good-for-nothing • **χαμένη υπόθεση** lost cause • **~ χρόνος** a waste of time ■ **χαμένος** ουσ αρσ (υβρ.) low life

χαμηλ|ός, -ή, -ό επιθ (γενικότ.) low • (βλέμμα, ματιά) lowered • (νότα) base

χαμηλώνω ρ μ (τοίχο, φράχτη) to lower • (φούστα, κουρτίνες) to let down • (τέντα) to take down • (γυαλιά) to take off • (κεφάλι) to lower • (ραδιόφωνο, τηλεόραση, ένταση) to turn down • (φωνή, φως) to lower • (θερμοκρασία, ταχύτητα, τιμές, ενοίκιο, μισθό) to lower ► ρ αμ (κονταίνω) to come down • (ποτάμι, νερά) to go down • (σκύβω) to bend down • (αεροπλάνο) to make its descent • (ήλιος) to go down • (φως) to dim • (ένταση, θερμοκρασία) to go down • (φωνή) to drop to a whisper

χαμογελαστ|ός, -ή, -ό επιθ smiling

χαμόγελο ουσ ουδ smile

χαμογελώ ρ αμ to smile ► ρ μ to smile • **~ σε κπν** to smile at sb

χαμομήλι ουσ ουδ (φυτό) camomile • (αφέψημα) camomile tea

Χανιά ουσ ουδ πληθ Chania

χαντάκι ουσ ουδ (σε δρόμο, χωράφι) ditch • (για τοποθέτηση καλωδίων) trench

χάντμπολ ουσ ουδ άκλ. handball

χάντρα ουσ θηλ bead

χάνω ρ μ (κλειδί, χρήματα, άνθρωπο, χέρι, έλεγχο) to lose • (αγώνα, πόλεμο, εκλογές, δίκη) to lose • (αέρα, λάδια) to leak • (λεωφορείο, καράβι, ταινία) to miss • (καιρό, ώρα, νιάτα) to waste • (ευκαιρία) to miss • (δικαίωμα) to forfeit

▶ ρ αμ (νικιέμαι) to lose • (ζημιώνομαι) to lose out • (στερούμαι κτ σημαντικό) to miss out • (ρολόι) to be slow • (μυαλό) to go soft • **τα ~** to be stunned ■ **χάνομαι** μεσοπαθ (εξαφανίζομαι) to vanish • (λιπόθυμοί) to pass out • (πεθαίνω) to perish • (καταστρέφομαι) to be finished • (βυθίζομαι) to sink • (χαραμίζομαι) to throw oneself away • (αποπροσανατολίζομαι) to be ή get lost • **άι χάσου!** (υβρ.) get lost! (ανεπ.)

χάος ουσ ουδ (το άπειρο) chaos • (άβυσσος) abyss • (σύγχυση) chaos • (ακαταστασία) mess

χαοτικ|ός, -ή, -ό επιθ chaotic

χάπι ουσ ουδ pill

χαρά ουσ θηλ joy • **γεια (και) ~** (ως χαιρετισμός) hello • (ως αποχαιρετισμός) goodbye • **μετά χαράς** with pleasure • **μια ~** very well • **παιδική ~** playground

χαράδρα ουσ θηλ ravine

χαράζω ρ μ (όνομα, επιγραφή: σε δέντρο) to carve • (σε βέρα, σε πλάκα) to engrave • (τραπέζι, έπιπλο) to scratch • (σελίδα) to rule lines on • (δρόμο, όρια, σύνορα) to mark out **▶ ρ αμ** to cut ■ **χαράζει** απρόσ the day is breaking

χάρακας ουσ αρσ ruler

χαρακιά ουσ θηλ (σε δέντρο) notch • (σε έπιπλο) scratch • (σε σώμα) cut • (γραμμή από χάρακα) ruled line

χαράκτηρας ουσ αρσ (ιδιαίτερο γνώρισμα) nature • (καλλιτέχνη, λογοτέχνη) style

χαρακτηρίζω ρ μ (προσδιορίζω ιδιαίτερα γνωρίσματα) to characterize • (αποτελώ ιδιαίτερο γνώρισμα) to be characteristic of ■ **χαρακτηρίζομαι** μεσοπαθ to be characterized

χαρακτηρισμός ουσ αρσ characterization

χαρακτηριστικ|ός, -ή, -ό επιθ (αντιπροσωπευτικός) characteristic • (τυπικός) typical ■ **χαρακτηριστικά** ουσ ουδ πληθ features ■ **χαρακτηριστικό** ουσ ουδ characteristic

χαρακώνω ρ μ to cut • (έπιπλο) to scratch • (χαράζω με χάρακα) to rule

χάρασμα ουσ ουδ (μτφ.) dawn

χαραμάδα ουσ θηλ crack

χαραμίζω ρ μ to waste • (περιουσία) to squander ■ **χαραμίζομαι** μεσοπαθ to throw oneself away

χάραξη ουσ θηλ (αφιέρωσης, ονόματος) engraving • (τράβηγμα γραμμών με χάρακα) ruling • (δρόμου, ορίων) marking out

χαράσσω ρ μ = **χαράζω**

χαραυγή ουσ θηλ dawn

χάρη ουσ θηλ (για πρόσ.) grace • (αφήγησης, λόγου) elegance • (προτέρημα) gift • (εξυπηρέτηση ή μεροληψία) favour (ΒΡΕΤ.), favor (ΑΜΕΡ.) • (ευγνωμοσύνη) gratitude • (Νομ) pardon • ~ ή **χάρις σε** thanks to

χαρίζω ρ μ (παιχνίδι, δαχτυλίδι) to give • (εξασφαλίζω: βραβείο, υγεία) to guarantee • (: ζωή) to give • (παιδιά) to bear • (τραγούδι) to dedicate • (χρέος) to let off • (ποινή) to pardon ■ **χαρίζομαι** μεσοπαθ **χαρίζομαι σε κτν** (ευνοώ) to favour (ΒΡΕΤ.) ή favor (ΑΜΕΡ.) sb

χάρισμα ουσ ουδ gift

χαριτωμέν|ος, -η, -ο επιθ (συμπαθής: άνθρωπος, πρόσωπο, φόρεμα) lovely • (κίνηση) graceful • (κουβέντα, αστείος) enjoyable

χαροποιώ ρ μ to make happy

χάρος ουσ αρσ death ■ **Χάρος** ουσ αρσ Charon

χαρούμεν|ος, -η, -ο επιθ (ευχαριστημένος) happy • (βλέμμα, φωνή, άνθρωπος, τραγούδι) cheerful • (ανάμνηση) happy • (φόρεμα, χρώμα) bright

χαρταετός ουσ αρσ kite

χαρτζιλίκι ουσ ουδ pocket money (ΒΡΕΤ.), allowance (ΑΜΕΡ.)

χάρτης ουσ αρσ map

χαρτί ουσ ουδ (γραφής, αλληλογραφίας) paper • (πτυχίο) degree • (δίπλωμα) diploma • (απολυτήριο Λυκείου) school certificate • (απολυτήριο στρατού) discharge papers πληθ • (τραπουλόχαρτο) (playing) card • **μοιράζω ή κάνω χαρτιά** to deal (the cards) • **γυαλιστερό ~** glossy paper • ~ **κουζίνας** paper towel • ~ **περιτυλίγματος** wrapping paper • ~ **υγείας** ή **τουαλέτας** toilet paper ■ **χαρτιά** πληθ (επίσημο έγγραφο) papers • (τράπουλα) cards

χαρτικά ουσ ουδ πληθ stationery εν.

χάρτιν|ος, -η, -ο επιθ paper

χαρτόδεμα ουσ ουδ parcel (ΒΡΕΤ.), package (ΑΜΕΡ.)

χαρτομάντηλο, χαρτομάντιλο ουσ ουδ tissue

χαρτόνι ουσ ουδ cardboard

χαρτονόμισμα ουσ ουδ paper money

χαρτοπαίγνιο ουσ ουδ (επίσ.) (παιχνίδι με χαρτιά) card game • (χαρτοπαιξία) gambling χωρίς πληθ.

χαρτοπαιξία ουσ θηλ gambling χωρίς πληθ.

χαρτοπετσέτα ουσ θηλ serviette (ΒΡΕΤ.), napkin (ΑΜΕΡ.)

χαρτοπωλείο ουσ ουδ stationer's

χαρτόσημο ουσ ουδ stamp

χαρτοφύλακας ουσ αρσ briefcase

χασάπης ουσ αρσ (κυριολ., μτφ.) butcher • (για χειρουργό: μειωτ.) sawbones (ανεπ.)

χασάπικο ουσ ουδ butcher's shop

χάσιμο ουσ ουδ (βιβλίου, ψυχραιμίας, στα χαρτιά) losing • (λεωφορείου) missing

χασίς ουσ ουδ άκλ. cannabis

χασίσι ουσ ουδ = **χασίς**

χάσμα ουσ ουδ (βάραθρο) chasm • (κενό) gap • (διαφορά) gulf • ~ **(των) γενεών** generation gap

χασμουρητό ουσ ουδ yawn

χασμουριέμαι ρ αμ αποθ. to yawn

χασομερώ ρ αμ (σπαταλώ χρόνο) to waste one's time • (χρονοτριβώ) to dawdle **▶ ρ μ ~ κτν** to hold sb up

χαστούκι ουσ ουδ (σκαμπίλι) slap • (μτφ.) blow

χατίρι ουσ ουδ (ανεπ.) favour (ΒΡΕΤ.), favor (ΑΜΕΡ.)

χαώδης, -ης, -ες επιθ chaotic

χέζω (χυδ.) ρ αμ to shit (χυδ.) **▶ ρ μ** to shit on (χυδ.) ■ **χέζομαι** μεσοπαθ to shit oneself (χυδ.)

χείλι ουσ ουδ lip • βλ. κ. **χείλος**

χείλος ουσ ουδ (Ανατ) lip • (ποτηριού, μπουκαλιού) rim • (γκρεμού) edge • **φιλώ κτν στα χείλη** to kiss sb on the lips ή on the mouth

χείμαρρος ουσ αρσ (ορμητικό ρεύμα νερού) torrent • (δακρύων) floods πληθ. • (λέξεων) stream • (οργής) surge

χειμερινός, -ή, -ό επίθ winter ■ **χειμερινά** ουσ ουδ πληθ winter clothes

χειμέριος, -ια ή **-ία, -ιο** επίθ (επίσ.) winter • **πέφτω σε χειμερία νάρκη** to hibernate • **χειμερία νάρκη** hibernation

χειμώνας ουσ αρσ winter

χειμωνιάτικος, -η, -ο επίθ winter ■ **χειμωνιάτικα** ουσ ουδ πληθ winter clothes

χειραποσκευή (επίσ.) ουσ θηλ hand luggage χωρίς πληθ.

χειραψία ουσ θηλ handshake • **ανταλλάσσω ~ με κπν** to shake hands with sb

χειρίζομαι ρ μ αποθ. (εργαλείο, όπλο) to handle • (μηχάνημα) to operate • (γλώσσα) to use • (θέμα, υπόθεση, κρίση, κατάσταση, άνθρωπο) to handle

χειρισμός ουσ αρσ (μηχανήματος) operation • (οργάνου) handling • (αυτοκινήτου) manoeuvre (Βρετ.), maneuver (Αμερ.) • (γλώσσας) use • (ζητήματος, θέματος, υπόθεσης) handling

χειριστήριο ουσ ουδ control

χειριστής ουσ αρσ (μηχανήματος, γερανού) operator • (αεροσκάφους) pilot

χειρίστρια ουσ θηλ βλ. **χειριστής**

χειροβομβίδα ουσ ουδ (hand) grenade

χειρόγραφο ουσ ουδ manuscript

χειρόγραφος, -η, -ο επίθ handwritten

χειροκρότημα ουσ ουδ applause χωρίς πληθ.

χειροκροτώ ρ μ (ηθοποιό, τραγουδιστή) to applaud • (πρωτοβουλία, πρόταση) to approve of ▸ ρ αμ to clap

χειρομαντεία ουσ θηλ palm reading

χειρονομία ουσ θηλ (γενικότ.) gesticulation • (συνειδητή κίνηση χεριών) gesture • (προσβλητικό άγγιγμα) pawing χωρίς πληθ. • (μτφ.) gesture

χειροπέδες ουσ θηλ πληθ handcuffs

χειροποίητος, -η, -ο επίθ handmade

χειροσφαίριση (επίσ.) ουσ θηλ handball

χειροτέρευση ουσ θηλ deterioration

χειροτερεύω ρ μ to make worse ▸ ρ αμ to deteriorate

χειρότερος, -η, -ο επίθ worse • **ο ~** βαθμός the worst grade • **~ από** worse than ■ **χειρότερο** ουσ ουδ **τόσο το χειρότερο** so much the worse

χειροτεχνία ουσ θηλ handicraft

χειρουργείο ουσ ουδ operating theatre (Βρετ.) ή room (Αμερ.)

χειρουργική ουσ θηλ surgery • **κοσμητική ~** cosmetic surgery • **πλαστική ~** plastic surgery

χειρουργικός, -ή, -ό επίθ surgical • **χειρουργική επέμβαση** operation • **χειρουργικό τραπέζι** operating table

χειρούργος ουσ αρσ, ουσ θηλ surgeon

χειρούργος (ανεπ.) ουσ αρσ, ουσ θηλ surgeon • **~ οδοντίατρος** dental surgeon

χειρόφρενο ουσ ουδ handbrake (Βρετ.), parking brake (Αμερ.) • **βάζω/λύνω το ~** to apply/release the handbrake (Βρετ.) ή the parking brake (Αμερ.)

χειρωνακτικός, -ή, -ό επίθ manual

χέλι ουσ ουδ eel

χελιδόνι ουσ ουδ swallow

χελώνα ουσ θηλ tortoise • **θαλάσσια ~** turtle (Βρετ.), sea turtle (Αμερ.)

χεράκι ουσ ουδ (little) hand

χέρι ουσ ουδ (παλάμη) hand • (μπράτσο) arm • (μοίρας, νόμου, Θεού) hand • (χερούλι) handle • (στο ποδόσφαιρο) handball • **αλλάζω χέρια** to change hands • **από δεύτερο ~** secondhand • **από πρώτο ~** firsthand • **από ~ σε ~, ~ με ~** from hand to hand • **βάζω ή δίνω ένα ~** to lend ή give a hand • **δίνω τα χέρια με κπν** (κάνω χειραψία) to shake hands with sb • (συμφιλιώνομαι) to make up with sb • **κάτω τα χέρια!** hands off! • **παίρνω ή πιάνω κπν από το ~** to take sb by the hand • **τα χέρια μου είναι δεμένα** my hands are tied • **τρώω με τα χέρια** to eat with one's hands • **χέρια** πληθ labour (Βρετ.), labor (Αμερ.) • **εργατικά χέρια** labour (Βρετ.), labor (Αμερ.)

χερούλι ουσ ουδ (γενικότ.) handle • (πόρτας) door handle • (στρογγυλό) doorknob

χερσαίος, -α, -ο επίθ land

χερσόνησος ουσ θηλ peninsula

χημεία ουσ θηλ (επιστήμη) chemistry • (μάθημα) chemistry (lesson)

χημικός, -ή, -ό επίθ (διάλυμα, μέθοδος) chemical • (εργαστήριο) chemistry ■ **χημικά** ουσ ουδ πληθ chemicals ■ **χημικός** ουσ αρσ, ουσ θηλ (επιστήμονας) chemist • (καθηγητής) chemistry teacher

χήνα ουσ θηλ goose

χήρα ουσ θηλ widow • **μένω ~** to be widowed

χήρος ουσ αρσ widower

χθες επιρρ yesterday • **μέχρι ~** until recently ■ **χθες** ουσ ουδ το **~** the past

χθεσινός, -ή, -ό επίθ (ψωμί, γεγονός) yesterday's • (πολύ πρόσφατος) recent

χι ουσ ουδ άκλ. chi, 22nd letter of the Greek alphabet

Χιλή ουσ θηλ Chile

χίλια αριθ απόλ άκλ. thousand

χιλιάδα ουσ θηλ thousand

χιλιετηρίδα ουσ θηλ (χίλια χρόνια) millennium • (χιλιοστή επέτειος) thousandth anniversary

χιλιετία ουσ θηλ = **χιλιετηρίδα**

χιλιόγραμμο ουσ ουδ (επίσ.) kilogramme (Βρετ.), kilogram (Αμερ.)

χίλιοι, -ες, -α αριθ απόλ πληθ **~ άνθρωποι** a thousand people

χιλιόλιτρο ουσ ουδ thousand litres (Βρετ.) ή liters (Αμερ.)

χιλιομετρικός, -ή, -ό επίθ in kilometres (Βρετ.) ή kilometers (Αμερ.)

χιλιόμετρο ουσ ουδ kilometre (Βρετ.), kilometer (Αμερ.) • **ανά ~** per kilometre (Βρετ.) ή kilometer (Αμερ.) • **τετραγωνικό ~** square kilometre (Βρετ.) ή kilometer (Αμερ.)

χιλιοστόμετρο ουσ ουδ millimetre (Βρετ.), millimeter (Αμερ.)

χιλιοστός, -ή, -ό αριθ τακτ (βιβλίο, αυτοκίνητο) thousandth • (για έμφαση) umpteenth ■ **χιλιοστό** ουσ ουδ (ένα από χίλια ίσα μέρη) thousandth • (χιλιοστόμετρο) millimetre (Βρετ.), millimeter (Αμερ.)

χιμίζω ρ αμ = **χιμώ**

χιμπαντζής, χιμπατζής ουσ αρσ chimpanzee

χιμώ ρ αμ (ορμώ) to rush • (με επιθετικές διαθέσεις) to pounce

χιονάνθρωπος ουσ αρσ snowman

χιονάτ|ος, -η, -ο (λογοτ.) επιθ snow-white • **η Χιονάτη και οι εφτά νάνοι** Snow White and the Seven Dwarfs

χιόνι ουσ ουδ snow • **ρίχνει ή πέφτει ~** it's snowing • **χιόνια** πληθ snow εν.

χιονισμέν|ος, -η, -ο επιθ (βουνό) snow-capped • (στέγη) covered in snow

χιονοδρομία ουσ θηλ (επία.) ski race

χιονοδρομικ|ός, -ή, -ό επιθ (πίστα) ski • (ρούχα, εξοπλισμός) skiing • **χιονοδρομικό κέντρο** ski resort

χιονοθύελλα ουσ θηλ snowstorm

χιονόμπαλα ουσ θηλ snowball

χιονοπέδιλο ουσ ουδ ski

χιονοστιβάδα ουσ ουδ avalanche

Χίος ουσ θηλ Chios

χιούμορ ουσ ουδ άκλ. humour (Βρετ.), humor (Αμερ.) • **έχω ~** (άνθρωπος) to have a sense of humour (Βρετ.) ή humor (Αμερ.) • (ταινία) to be funny ή humorous

χιουμορίστα ουσ θηλ βλ. **χιουμορίστας**

χιουμορίστας ουσ αρσ (που έχει χιούμορ) wit • (ευθυμογράφος) humorist

χιουμοριστικ|ός, -ή, -ό επιθ (σκηνή, διάλογος) funny • (διάθεση) joky

χιπ-χοπ ουσ θηλ άκλ., ουσ ουδ άκλ. hip-hop

χλευάζω ρ μ (αντίπαλο, επιστήμονα) to mock • (θεωρία, άποψη) to scoff at

χλευαστικ|ός, -ή, -ό επιθ (σχόλιο) derisive • (συμπεριφορά) mocking

χλιαρ|ός, -ή, -ό επιθ lukewarm

χλιδή ουσ θηλ luxury

χλοερ|ός, -ή, -ό επιθ grassy

χλόη ουσ θηλ (γρασίδι) grass • (γκαζόν) lawn

χλομιάζω ρ αμ to go ή turn pale

χλομ|ός, -ή, -ό επιθ (πρόσωπο, άνθρωπος, δέρμα) pale • (φως) dim • (χαμόγελο) faint • (βλέμμα) lifeless

χλωμιάζω ρ αμ = **χλομιάζω**

χλωμ|ός, -ή, -ό επιθ = **χλομός**

χλωρίδα ουσ θηλ flora

χλωρίνη ουσ θηλ (απορρυπαντικό) bleach • (Χημ.) chlorine

χλώριο ουσ ουδ chlorine

χλωρ|ός, -ή, -ό επιθ (κλαδί, χορτάρι) green • (τυρί) fresh

χλωροφόρμιο ουσ ουδ chloroform

χνούδι ουσ ουδ (προσώπου) fuzz • (νεοσσών, φυτού, καρπού) down • (υφάσματος, ρούχου) fuzz • (χαλιού) fluff • (σκόνη) dust

χνουδωτ|ός, -ή, -ό επιθ (μάγουλο) fuzzy • (πετσέτα) fluffy • (φρούτο) downy

χοιριν|ός, -ή, -ό επιθ pork ■ **χοιρινή** ουσ θηλ pork chop • **χοιρινό** ουσ ουδ pork • **καπνιστό χοιρινό** smoky bacon

χοιρομέρι ουσ ουδ ham

χοίρος ουσ αρσ (επία.) pig

χόκεϊ ουσ ουδ άκλ. hockey (Βρετ.), field hockey (Αμερ.) • **~ επί πάγου** ice hockey (Βρετ.), hockey (Αμερ.) • **~ επί χόρτου** hockey (Βρετ.), field hockey (Αμερ.)

χολ ουσ ουδ άκλ. hall

χολή ουσ θηλ (πεπτική ουσία) bile • (χοληδόχος κύστη) gall bladder • (έντονη πικρία) venom

χοληστερίνη ουσ θηλ cholesterol

χοληστερόλη ουσ θηλ = **χοληστερίνη**

χολιάζω ρ αμ (ανεπ.) (οργίζομαι) to be indignant ▸ ρ μ to make indignant

χόμπι ουσ ουδ άκλ. hobby

χονδρικά επιρρ = **χοντρικώς**

χονδρικ|ός, -ή, -ό επιθ wholesale

χονδρικώς επιρρ (για επαγγελματία) wholesale • (για καταναλωτή) in bulk

χονδρ|ός, -ή, -ό επιθ = **χοντρός**

χοντραίνω ρ μ (σοκολάτα, γλυκά) to make fat • (δείχνω πιο χοντρό) to make look fatter ▸ ρ αμ (παχαίνω) to put on weight • (φωνή) to get deeper

χοντροκέφαλ|ος, -η, -ο επιθ (βλάκας) stupid • (ξεροκέφαλος) pig-headed

χοντροκομμέν|ος, -η, -ο επιθ (καφές) coarsely ground • (τυρί) coarsely chopped • (κρεμμύδι, ντομάτες) roughly chopped • (έπιπλο) crudely made • (άτομο, συμπεριφορά) crude • (αστείο) rude

χοντρός ουσ αρσ (παχύσαρκος) fat • (χέρια, πόδια) big • (τζάμια, βιβλίο) thick • (ύφασμα, ρούχα) heavy • (σταγόνες) fat • (αλεύρι, σιμιγδάλι) coarse • (φωνή) deep • (ψέματα) blatant • (παρεξήγηση, λάθος) big • (αστείο, τρόποι) coarse • **χοντρό αλάτι** sea salt • **χοντρό πιπέρι** peppercorns πληθ. ■ **χοντρά** ουσ ουδ πληθ paper money εν. ■ **χοντρό** ουσ ουδ (ευφημ.) number two

χορδή ουσ θηλ string

χορευτής ουσ αρσ dancer

χορευτικ|ός, -ή, -ό επιθ dance ■ **χορευτικό** ουσ ουδ choreography

χορεύτρια ουσ θηλ βλ. **χορευτής**

χορεύω ρ μ (χορό) to dance • (κινώ ρυθμικά: μωρό) to bounce up and down ▸ ρ αμ (άνδρας, γυναίκα) to dance • (καράβι) to pitch and toss • **~ κπν** to dance with sb

χορήγηση ουσ θηλ (φαρμάκου, βιταμίνης) administration • (υποτροφίας) award • (αδειών, δανείου) granting • (βοήθειας, τροφίμων) provision

χορηγία ουσ θηλ (προσφορά χρημάτων) sponsorship • (για κοινωφελές έργο) grant • (χρηματικό ποσό) grant

χορηγός ουσ αρσ (εκπομπής, αγώνων) sponsor • (κοινωφελούς έργου) benefactor • (χαράς, ζωής) provider

χορηγώ ρ μ (αγώνες, εκπομπή) to sponsor • (φάρμακα) to administer • (τρόφιμα) to supply • (δάνειο, υποτροφία) to grant • (σύνταξη, αποζημίωση, βοήθεια) to provide • (άδεια, πιστοποιητικό) to give

χορογραφία ουσ θηλ choreography

χορογράφος ουσ αρσ, ουσ θηλ choreographer

χοροπηδώ ρ αμ (αναπηδώ) to jump • (αρνάκι,

κατσικάκι) to gambol • (*καράβι, βάρκα*) to bob up and down

χορός *ουσ αρσ* (*γενικότ.*) dance • (*το να χορεύει κάποιος*) dancing • (*χορεοεπερίδια*) dance • (*Θρησκ*) choir • (*Αρχ Ιστ*) chorus • **δεν ξέρω χορό** I can't dance • **τρελαίνομαι για χορό** to love dancing • **αίθουσα χορού** (*ξενοδοχείου*) ballroom • **πίστα χορού** dance floor • **~ της κοιλιάς** belly dance

χορταίνω *ρ αμ* to be full ▶ *ρ μ* (*πείνα*) to satisfy • (*δίψα*) to quench • (*ψωμί*) to have enough • (*τρώω σε μεγάλη ποσότητα*) to eat one's fill of • (*βροχή, ύπνο*) to have had enough of • **χόρτασα** I'm full • **χόρτασες;** have you had enough (to eat)?

χορτάρι *ουσ ουδ* grass

χορταρικά *ουσ ουδ πληθ* greens

χόρτο *ουσ ουδ* (*πρασινάδα*) grass *χωρίς πληθ.* • (*γκαζόν*) lawn • (*ζωοτροφή*) hay *χωρίς πληθ.* • (*αργκ.*) grass (*ανεπ.*) ■ **χόρτα** *πληθ* greens

χορτόπιτα *ουσ θηλ* herb and vegetable pie

χορτόσουπα *ουσ θηλ* vegetable soup

χορτοφάγ|ος, -ος, -ο *επιθ* herbivorous • **είμαι ~** I'm (a) vegetarian ■ **χορτοφάγος** *ουσ αρσ, ουσ θηλ* vegetarian

χορωδία *ουσ θηλ* choir

hotspot *ουσ ουδ* (*Πληροφ*) hotspot

χουζουρεύω *ρ αμ* to lie in (*Βρετ.*), to sleep in (*Αμερ.*)

χούλιγκαν *ουσ αρσ άκλ.* hooligan

χουρμάς *ουσ αρσ* date

χούφτα *ουσ θηλ* (*παλάμη*) palm • (*όσο χωρά μια παλάμη*) handful

χουφτώνω *ρ μ* (*πιάνω δυνατά*) to grip • (*αρπάζω*) to grab • (*βάζω χέρι*) to grope

χοχλάζω *ρ αμ* = **κοχλάζω**

χόχλος *ουσ αρσ* boiling

χρειάζομαι *ρ μ αποθ.* to need ▶ *ρ αμ αποθ.* to be necessary • **~ καθάρισμα** to need cleaning ■ **χρειάζεται** *απρόσ αν χρειαστεί* if necessary • **είναι ό,τι χρειάζεται για το κρύο/την κούραση** it's just what you need for the cold weather/to relax • **χρειάζεται να έρθω κι εγώ μαζί;** do I have ή need to come with you? • **χρειάζεται προσοχή** you have ή need to pay attention

χρεοκοπία *ουσ θηλ* = **χρεωκοπία**

χρεοκοπώ *ρ αμ* = **χρεωκοπώ**

χρέος *ουσ ουδ* (*χρηματική οφειλή*) debt • (*καθήκον*) duty • **βάζω ~** (*δανείζομαι*) to take out a loan • (*αγοράζω με δόσεις*) to buy on credit

χρεωκοπία *ουσ θηλ* (*πτώχευση*) bankruptcy • (*αποτυχία*) failure

χρεωκοπώ *ρ αμ* (*πτωχεύω*) to go bankrupt • (*αποτυγχάνω*) to fail

χρεωμέν|ος, -η, -ο *επιθ* (*εταιρεία, άνθρωπος*) in debt • (*σπίτι*) mortgaged • (*αυτοκίνητο*) on credit

χρεώνω *ρ μ* (*αγοραστή*) to charge • (*προϊόν, υπηρεσία*) to cost • **δεν έχω χρήματα μαζί μου, χρέωσέ τα** I don't have any money on me, put it on my account • **πόσο με χρεώνεις;** how much do I owe you? ■ **χρεώνομαι** *μεσοπαθ*

αποκτώ χρέη) to get into debt • (*δανείζομαι*) to take out a loan • (*αποτυχία*) to be blamed for

χρέωση *ουσ θηλ* (*επιβάρυνση με χρέος*) charge • (*εγγραφή χρέους σε λογαριασμό*) debit

χρεώστης *ουσ αρσ* debtor

χρήμα *ουσ ουδ* money *χωρίς πληθ.* • **ο χρόνος είναι ~** time is money (*proverb*) • **βρόμικο ~** dirty money • **πλαστικό ~** plastic (money) ■ **χρήματα** *πληθ* money *εν.*

χρηματίζω *ρ αμ* (*επίσ.*) to serve as

χρηματικ|ός, -ή, -ό *επιθ* (*παροχές, εγγύηση, πόροι*) cash • (*ενίσχυση*) financial • **χρηματικό βραβείο** prize money • **χρηματικές κυρώσεις, χρηματική ποινή** fine • **χρηματικό πρόστιμο, χρηματική ποινή** fine • **χρηματικό ποσό** amount ή sum of money

χρηματιστήριο *ουσ ουδ* stock exchange • **Χρηματιστήριο Αξιών** stock exchange

χρηματιστής *ουσ αρσ* stockbroker

χρηματοδότης *ουσ αρσ* financier

χρηματοδοτώ *ρ μ* to finance

χρηματοκιβώτιο *ουσ ουδ* safe

χρήση *ουσ θηλ* use • **είμαι σε ~** to be in use • **πολλαπλών χρήσεων** multiple use

χρησιμεύω *ρ αμ* to be useful

χρησιμοποιημέν|ος, -η, -ο *επιθ* (*συσκευή, ρούχο*) used • (*φυσίγγια, σπίρτα*) spent

χρησιμοποίηση *ουσ θηλ* use

χρησιμοποιώ *ρ μ* to use

χρήσιμ|ος, -η, -ο *επιθ* useful

χρησιμότητα *ουσ θηλ* usefulness

χρήστης *ουσ αρσ* user • **αριθμός χρήστη** user number • **όνομα χρήστη** user name

χρηστ|ός, -ή, -ό *επιθ* (*επίσ.*) (*άνθρωπος, χαρακτήρας*) upright • (*πολίτης*) upstanding

χριστιανή *ουσ θηλ βλ.* **χριστιανός**

χριστιανικ|ός, -ή, -ό *επιθ* Christian

χριστιανισμός *ουσ αρσ* Christianity

χριστιανός *ουσ αρσ* Christian

Χριστός *ουσ αρσ* Christ • **προ Χριστού/μετά Χριστόν** BC/AD

Χριστούγεννα *ουσ ουδ πληθ* Christmas *εν.* • **καλά ή ευτυχισμένα ~!** Happy ή Merry Christmas!

χριστουγεννιάτικ|ος, -η, -ο *επιθ* Christmas

χροιά *ουσ θηλ* (*απόχρωση*) hue • (*Μουσ*) timbre • (*χαρακτήρας*) tone

χρονιά *ουσ θηλ* (*χρόνος*) year • (*σχολικό έτος*) school year • **καλή ~!** (*ευχή*) Happy New Year!

χρόνια *ουσ ουδ πληθ* (*έτη*) years • (*εποχή*) times • (*ηλικία*) age *εν.* • **~ πολλά!** (*ευχή σε γενέθλια*) Happy Birthday! • (*την πρωτοχρονιά*) Happy New Year! • *βλ. κ.* **χρόνος**

χρονικό *ουσ ουδ* (*αφήγηση ιστορικών γεγονότων*) chronicle • (*στη δημοσιογραφία*) report ■ **χρονικά** *πληθ* (*στήλη εφημερίδας*) news in brief • (*περιοδική έκδοση ιδρύματος ή σωματείου*) annals *πληθ.*

χρονικ|ός, -ή, -ό *επιθ* time

χρόνι|ος, -ια, -ιο *επιθ* (*έλλειψα, χρέος*) permanent • (*πρόβλημα*) perennial • (*ασθένεια*) chronic

χρονοβόρ|ος, -α ή -ος, -ο *επιθ* time-consuming

χρονοδιάγραμμα *ουσ ουδ* schedule

χρονοκάρτα *ουσ θηλ* phonecard
χρονολόγηση *ουσ θηλ* dating
χρονολογία *ουσ θηλ* date
χρονολογώ *ρ μ* to date ▪ **χρονολογούμαι** *μεσοπαθ* to date back
χρονόμετρο *ουσ ουδ* stopwatch
χρονομετρώ *ρ μ* to time
χρόνος *ουσ αρσ* (επίσης Φυσ, Αθλ) time • (έτος) year • (Γλωσσ) tense • **είμαι είκοσι χρόνων** or **χρονών** I'm twenty (years old) • **ευτυχισμένος ο καινούργιος ~!** Happy New Year! • **του χρόνου** next year • **χρόνο με τον χρόνο** over the years ▪ **χρόνοι** *πληθ* times
χρυσάνθεμο *ουσ ουδ* chrysanthemum
χρυσάφι *ουσ ουδ* gold
χρυσαφικό *ουσ ουδ* gold jewel ▪ **χρυσαφικά** *πληθ* gold jewellery *εν.* (Βρετ.) ή jewelry *εν.* (Αμερ.)
χρυσή *ουσ θηλ* jaundice
χρυσός¹ *ουσ αρσ* (Χημ) gold • **καθαρός ~** pure gold
χρυσ|ός², -ή, -ό *επιθ* (δαχτυλίδι, λίρα, κόσμημα, γοβάκια, φόρεμα, κλωστή) gold • (μαλλιά) golden • (άνθρωπος, γυναίκα, παιδί) lovely • (εποχή, μέρες) golden • (κέρδη) handsome • (ζωή) high • **χρυσή καρδιά** (χρυσός αθλητής) gold medallist (Βρετ.) ή medalist (Αμερ.) • **~ αιώνας** golden age • **~ δίσκος** gold record • **χρυσή ευκαιρία** golden opportunity • **~ κανόνας** golden rule • **χρυσή τομή** golden mean ▪ **χρυσό** *ουσ ουδ* gold (medal)
χρυσοχοείο *ουσ ουδ* jeweller's (Βρετ.), jeweler's (Αμερ.), jewellery shop (Βρετ.), jewelry store (Αμερ.)
χρυσοχόος *ουσ αρσ, ουσ θηλ* goldsmith
χρυσόψαρο *ουσ ουδ* goldfish
χρυσώνω *ρ μ* (επιχρυσώνω) to gild • (νύφη, γαμπρό) to deck in gold • (χρυσοπληρώνω) to pay a fortune to
χρώμα *ουσ ουδ* colour (Βρετ.), color (Αμερ.) • (μπογιά) paint • (στην τράπουλα) flush ▪ **χρώματα** *πληθ* colours (Βρετ.), colors (Αμερ.)
χρωματίζω *ρ μ* (σχέδιο, τοίχο, σπίτι) to paint • (τοπίο, ορίζοντα) to colour (Βρετ.), to color (Αμερ.) • (μάγουλα, πρόσωπο) to colour (Βρετ.), to color (Αμερ.) • (λόγο, ομιλία, διήγηση) to give colour (Βρετ.) ή color (Αμερ.) • το ~ (φωνή) to modulate • (κατάσταση) to paint
χρωματικ|ός, -ή, -ό *επιθ* colour (Βρετ.), color (Αμερ.)
χρωματιστ|ός, -ή, -ό *επιθ* (ύφασμα, ρούχα) coloured (Βρετ.), colored (Αμερ.) • (τοίχοι) painted
χρώμιο *ουσ ουδ* chromium
χρωστώ *ρ μ* to owe • **τι σου χρωστάω;** what have I done to you?
χταπόδι *ουσ ουδ* octopus
χτένα *ουσ θηλ* comb
χτενάκι *ουσ ουδ* (small) comb
χτένι *ουσ ουδ* (χτένα) comb • (στον αργαλειό) reed • (τσουγκράνα) rake
χτενίζω *ρ μ* to comb • **~ κπν** to comb sb's hair ▪ **χτενίζομαι** *μεσοπαθ* to comb one's hair
χτένισμα *ουσ ουδ* (στυλ) hairstyle • (περιοχής) combing

χτες *επιρρ* = **χθες**
χτεσιν|ός, -ή, -ό *επιθ* = **χθεσινός**
χτήμα *ουσ ουδ* = **κτήμα**
χτίζω *ρ μ* (σπίτι, εκκλησία) to build • (επιχείρηση) to build up • (σχέση) to build on • (άνοιγμα, παράθυρο, πόρτα) to block up • (πόλη) to found
χτίσιμο *ουσ ουδ* (σπιτιού) building • (επιχείρησης) building up • (σχέσης) building on • (παραθύρου, πόρτας) blocking up • (πόλης) foundation
χτίσμα *ουσ ουδ* building
χτίστης *ουσ αρσ* builder
χτύπημα *ουσ ουδ* (κρούση) knocking • (ήχος: πόρτας, παραθύρου) knock • (: καμπάνας, τηλεφώνου, κουδουνιού) ring • (: βροχής) patter • (: ρολογιού) stroke • (: χεριών) clap • (: ποδιών) stamp • (: δοντιών) chattering *χωρίς πληθ.* • (: φτερών) flap • (αυγών, κρέας) beating • (καφέ) stirring • (σπαθιού, σφυριού) blow • (μαστιγίου) lash • (σε κόμμα, αντίπαλο) blow • (γροθιά) punch • (στο κεφάλι, στην πλάτη: τραύμα) cut • (μελανιά) bruise • (σε αυτοκίνητο) dent • (εχθρού, στρατού, τρομοκρατών) attack • (αποδυνάμωση) blow • (φοροδιαφυγής) clamping down on • (πληθωρισμού) curbing • (μοίρας) blow • **~ πέναλτι** penalty kick
χτυπητ|ός, -ή, -ό *επιθ* (αυγά, κρόκοι, ζύμη) beaten • (ρούχα) loud • (χρώματα) garish • (αντιθέσεις, ομοιότητες, διαφορές) striking
χτυποκάρδι *ουσ ουδ* heartbeat
χτύπος *ουσ αρσ* (στην πόρτα) knock • (βροχής) patter • (τακουνιών) click • (ρολογιού) stroke • (καρδιάς) beat
χτυπώ *ρ μ* (πόρτα) to knock at ή on • (κουδούνι, καμπάνα) to ring • (τύμπανο) to bang on • (ελαφρά) to tap at ή on • (χέρια, παλαμάκια) to clap • (πόδια) to stamp • (πλήκτρα) to hit • (άνδρα, γυναίκα, άλογο) to hit • (στήθος) to pound • (δέρνω) to beat • (αέρας, παραθυρόφυλλα, πόρτα) to bang • (κύματα, πλοίο) to batter • (βροχή, στέγη) to patter on • (κεραυνό, δέντρο, άνθρωπο) to strike • (ήλιος, σπίτι, μπαλκόνι) to shine on • (αβγά, αβγολέμονο, κρέμα) to beat • (καφέ) to stir • (φτερά) to flap • (ουρά: για άλογο) to swish • (για σκύλο) to wag • (στόχο, αεροπλάνο, πλοίο) to hit • (με σπαθί, καραμπίνα) to hit • (με μαχαίρι) to stab • (εχθρό, αντίπαλο) to attack • (φοροδιαφυγή) to clamp down on • (πληθωρισμό) to tackle • (πληθωρισμός, ανεργία, φτώχεια) to hit • (ανταγωνίζομαι: χώρα, ομάδα) to touch • (αυτοκίνητο, πεζό) to hit • (ρολόι, μεσάνυχτα) to strike • (σειρήνα, συναγερμό) to sound • (ποσοστά τηλεθέασης, μεγάλη ακροαματικότητα) to get • (ρεκόρ πωλήσεων) to achieve • (τιμές) to knock down • (για παπούτσια) to pinch • (αργκ.: πρωτάθλημα, θέση στο τσάμπιονς λιγκ) to win • (: παντελόνι, φούστα, βάζο) to pick up for a song (ανεπ.) • (: γκόμενα, γκόμενο) to pick up (ανεπ.) • (: σφηνάκια, ποτά) to down • (: πίτες) to eat ▪ *ρ αμ* (πόρτα, παράθυρο) to bang • (ρολόι) to strike • (ξυπνητήρι) to go off • (κουδούνι, τηλέφωνο, καμπάνα) to ring • (δόντια) to chatter

• (σπαθιά) to clang • (τύμπανα) to sound
• (καρδιά) to beat • (μηνίγγια) to throb • (στο πόδι, στο κεφάλι) to hurt oneself • (κρασί, βότκα) to have a kick to it • **~ στο κεφάλι** to bang one's head • (ποτά) to go to one's head ■ **χτυπιέμαι** μεσοπαθ (συγκρούομαι) to fight • (για διαδηλωτές, αστυνομία) to clash • (βασανίζομαι) to struggle • (δέρνομαι) to beat one's chest • (διαμαρτύρομαι έντονα) to shout

χυδαί|ος, -α, -ο επιθ vulgar

χυδαιότητα ουσ θηλ vulgarity

χυλοπίτες ουσ θηλ πληθ noodles

χυλός ουσ αρσ (γενικότ.) pulp • (φαγητό) gruel • (πολτοποιημένο φαγητό) mush

χύμα επιρρ (χωρίς συσκευασία) loose • (ανάκατα) in a heap

χυμίζω ρ αμ = **χυμώ**

χυμός ουσ αρσ (φρούτων) juice • (δέντρου) sap • **φυσικός ~** natural juice

χυμώ ρ αμ = **χυμώ**

χυμώδ|ης, -ης, -ες επιθ (επίσ.) (φρούτα, πορτοκάλια, σταφύλια) juicy • (γυναίκα) luscious

χύνω ρ μ (νερό, καφέ, ρύζι, ζάχαρη, φασόλια) to spill • (για μέταλλα) to cast • (φως) to shed • (μυρωδιές, αρώματα) to give off ▶ ρ αμ (χυδ.) to come (χυδ.) ■ **χύνομαι** μεσοπαθ (εκβάλλω) to flow • (ορμώ) to dash

χύσιμο ουσ ουδ (για υγρά, ζάχαρη, φασόλια) spilling • (για μέταλλα) casting • (χυδ.: εκσπερμάτιση) coming (ανεπ.)

χυτήριο ουσ ουδ foundry

χυτ|ός, -ή, -ό επιθ (μαλλιά) loose • (μέταλλο) cast • (κορμί, πόδια) shapely

χυτοσίδηρος ουσ αρσ cast iron

χύτρα ουσ θηλ pan • **~ ταχύτητας** pressure cooker

χωλ ουσ ουδ άκλ. = **χολ**

χωλαίνω ρ αμ (επίσ.) (κουτσαίνω) to limp • (μτφ.) to make no progress

χώμα ουσ ουδ (λεπτό στρώμα εδάφους) earth • (για λουλούδια) compost • (γη) ground • (πατρίδα) land • (σκόνη) dirt

χωματένιος, -ια, -ιο επιθ = **χωμάτινος**

χωμάτινος, -η, -ο επιθ dirt

χωνάκι ουσ ουδ cone • **παγωτό ~** ice-cream cone

χώνευση ουσ θηλ digestion

χωνεύω ρ μ to digest • (μέταλλο) to cast ▶ ρ αμ (ολοκληρώνω την πέψη) to digest • (κάρβουνα) to burn to ashes

χώνεψη ουσ θηλ (ανεπ.) = **χώνευση**

χωνί ουσ ουδ funnel

χώνω ρ μ (πασσάλους, μαχαίρι, σπόρους) to stick • (βάζω) to put • (θάβω) to bury • (σφαλιάρα, μπουνιά) to give ■ **χώνομαι** μεσοπαθ (τρυπώνω) to get ή go into • (κρύβομαι) to hide • (ανακατεύομαι) to meddle (σε in)

χώρα ουσ θηλ (κράτος) country • (πρωτεύουσα νησιού) main town • **οι Κάτω Χώρες** the Netherlands

χωράφι ουσ ουδ field

χωρητικότητα ουσ θηλ (αίθουσας) (seating) capacity • (δοχείου) capacity

χώρια επιρρ (χωριστά: ζω) apart • (: βάζω, πλένω) separately • (εκτός) apart from • **~ που** on top of the fact that

χωριάτης ουσ αρσ (χωρικός) villager • (μειωτ.) boor

χωριάτικ|ος, -η, -ο επιθ (ζωή, ήθη, έθιμα) country • (σπίτι) rustic • (φαγητό) home-cooked • (μειωτ.: τρόποι, συμπεριφορά) uncouth • **χωριάτικο ψωμί** farmhouse loaf ■ **χωριάτικη** ουσ θηλ Greek salad

χωρίζω ρ μ (χρωματιστά, λευκά, χρήσιμα, άχρηστα,) to separate (από from) • (φίλους) to separate • (τοίχος, ποτάμι) to separate • (μίσος) to tear apart • (σε καβγά) to separate • (κοινωνία, κοινή γνώμη) to divide • (διασπώ: βαγόνι) to unhitch • (: χημική ένωση) to break down • (περιουσία, γη, γλυκό) to divide • (μαλλιά) to part • (σύζυγο) to divorce ▶ ρ αμ (ποτάμι) to divide • (στα δύο) to fork • (μαλλιά) to be parted • (φίλοι, παρέα) to part • (συνεργάτες, συνέταιροι) to go their separate ways • (παίρνω διαζύγιο) to divorce • (τα χαλάω) to break up ■ **χωρίζομαι** μεσοπαθ (ποταμός) to divide • (στα δύο) to fork • (χώρα) to break up • (φίλοι) to part • (ζευγάρι) to break up

χωρικ|ός, -ή, -ό επιθ village • **χωρικά ύδατα** territorial waters ■ **χωρικός** ουσ αρσ, **χωρική** ουσ θηλ villager

χωριό ουσ ουδ (οικισμός, χωρικοί) village • (ανεπ.: ιδιαίτερη πατρίδα) home town (Βρετ.), hometown (Αμερ.)

χωρίς προθ without

χώρισμα ουσ ουδ (περιουσίας, γης) division • (ζευγαριού) separation • (δωματίου, διαμερίσματος, ντουλάπας) partition

χωρισμέν|ος, -η, -ο επιθ separated

χωρισμός ουσ αρσ separation • (γης, περιουσίας) division • (εμπορικής συμφωνίας, συνεργασίας) breaking off • (διακοπή σχέσης) break-up

χωριστά επιρρ (ζω) apart • (εξετάζω, κοιτάζω, πηγαίνω) separately • (εκτός από) apart from

χωριστ|ός, -ή, -ό επιθ separate

χωρίστρα ουσ θηλ parting (Βρετ.), part (Αμερ.)

χώρος ουσ αρσ (περιβάλλον) environment • (περιοχή) space • (κενή έκταση) room • (αισθητή έκταση) space • (επιστημονικό, παιδείας) domain • (Φυσ, Φιλοσ) space • **κάνω ή ανοίγω χώρο** to make room • **αγωνιστικός ~** playing field • **αρχαιολογικός ~** arch(a)eological site • **~ αθλοπαιδιών** sports ground • **~ αναμονής** waiting room • **~ αναψυχής** recreation area • **~ εργασίας** workplace • **~ στάθμευσης** parking area ■ **χώροι** πληθ room εν.

χωροφύλακας ουσ αρσ gendarme

χωρώ ρ μ (θεατές, επιβάτες, νερό, ρούχα) to hold • (δεδομένα) to take ▶ ρ αμ (περιέχομαι) to fit in • (αναλογώ) to go into • **δεν χωρεί αμφιβολία (ότι)** there is no doubt (that)

Ψ, ψ psi, 23rd letter of the Greek alphabet

ψάθα ουσ θηλ (φυτό) bulrush • (στρώμα) rush matting • (για την πόρτα) doormat • (για την παραλία) beach mat • (παραθύρου) blind • (καπέλο) straw hat

ψαθί ουσ ουδ (φυτό) bulrush • (στρώμα) rush matting • (για την πόρτα) doormat • (για την παραλία) beach mat • (ψαθάκι) straw hat

ψάθιν|ος, -η, -ο επιθ (καρέκλα, τσάντα, καλάθι) wicker • (καπέλο) straw • (σκεπή) thatched

ψαλίδα ουσ θηλ (εργαλείο) shears πληθ. • (σαρανταποδαρούσα) centipede • (έντομο) earwig • (ασθένεια της τρίχας) split ends πληθ. • **έχω ~** to have split ends

ψαλιδάκι ουσ ουδ (μικρό ψαλίδι) scissors πληθ. • (νυχιών) nail scissors πληθ.

ψαλίδι ουσ ουδ (εργαλείο) scissors πληθ. • (κηπουρού) shears πληθ. • (αυτοκινήτου) wishbone • **ένα ~** a pair of scissors

ψαλιδίζω ρ μ (ρούχο, χαρτί) to cut • (μαλλιά, γένια) to cut • (ελαφρά) to trim • (μισθούς, φόρους) to cut • (δραστικά) to slash • (δαπάνες, έξοδα) to cut back on • (αρμοδιότητες) to reduce • (ελπίδες) to dash • (ενθουσιασμό) to dampen • (κείμενο, βιβλίο, ταινία) to cut • (κεφάλαιο, σκηνή) to cut (out)

ψάλλω ρ μ (τραγούδι) to sing • (δόξα, ηρωισμό) to praise ▸ ρ αμ to be a cantor

ψαλμός ουσ αρσ psalm ■ **Ψαλμοί** ουσ αρσ πληθ Psalms εν. • **Βιβλίο των Ψαλμών** Book of Psalms

ψάξιμο ουσ ουδ search

ψαραδίκ|ος, -η, -ο επιθ fishing • **ψαράδικο παντελόνι** short trousers πληθ. • **ψαράδικο χωριό** fishing village ■ **ψαράδικα** ουσ ουδ πληθ fish market εν. ■ **ψαράδικο** ουσ ουδ (ιχθυοπωλείο) fishmonger's (Βρετ.), fish dealer's (Αμερ.) • (ψαροκάικο) fishing boat

ψαράκι ουσ ουδ (μικρό ψάρι) little fish • (ζώδιο) Pisces εν.

ψαράς ουσ αρσ (αυτός που ψαρεύει) fisherman • (ιχθυοπώλης) fishmonger (Βρετ.), fish dealer (Αμερ.)

ψάρεμα ουσ ουδ (αλιεία) fishing • (μτφ.) fishing for information • **πηγαίνω για ~** to go fishing

• **καλάμι ψαρέματος** fishing rod (Βρετ.), fishing pole (Αμερ.) • **σύνεργα ψαρέματος** fishing tackle • **υποβρύχιο ~** spearfishing

ψαρεύω ρ μ (ψάρια) to fish • (σφουγγάρια, μαργαριτάρια) to dive for • (ανελκύω από τον βυθό) to hook • (μυστικό, είδηση) to try to find out • (πληροφορίες) to fish for ▸ ρ αμ to fish • **~ πελάτες** to tout for custom

ψάρι ουσ ουδ (ιχθύς) fish • (μειωτ.: αφελής) sucker (ανεπ.) • (καινούργιος) greenhorn (ανεπ.) • (στον στρατό) rookie (ανεπ.) • (ζώδιο) Pisces εν.

ψαριά ουσ θηλ (κυριολ.) catch • (μτφ.) results πληθ.

ψαρόβαρκα ουσ θηλ fishing boat

ψαροκάικο ουσ ουδ fishing boat

ψαρ|ός, -ή, -ό επιθ (μαλλιά, ζώα) grey (Βρετ.), gray (Αμερ.) • (για πρόσ.) grey-haired (Βρετ.), gray-haired (Αμερ.)

ψαρόσουπα ουσ θηλ fish soup

ψαροταβέρνα ουσ θηλ fish taverna

ψαχνό ουσ ουδ (κρέας χωρίς κόκαλα) fillet • (ουσία) essence • (κέρδος) gain

ψάχνω ρ μ (προσπαθώ να βρω: φίλες, σημειωματάριο, διέξοδο, πληροφορίες) to look for • (: λύση, τρόπο) to try to find • (σε τηλεφωνικό κατάλογο, λεξικό) to look up • (ύποπτο, επιβάτη) to search • (γραφείο, δωμάτιο, συντρίμμια, κτήριο) to search • (συρτάρι) to search • (στήριγμα) to look for • (το νόημα της ζωής) to look for • (τον δρόμο μου) to try to find ▸ ρ αμ to look • (για/σε) • **~ να βρω κτ** to try to find sth • **~ τις τσέπες μου για κτ** to search one's pockets for sth ■ **ψάχνομαι** μεσοπαθ (αναζητώ κτ επάνω μου) to search one's pockets • (σκέπτομαι) to think about it • (προβληματίζομαι) to ask oneself questions

ψαχουλεύω ρ μ (τσέπη, πορτοφόλι) to fumble in • (συρτάρι) to rummage through • (τοίχο) to feel

ψεγάδι ουσ ουδ (σώματος) blemish • (κειμένου, χαρακτήρα) flaw

ψείρα ουσ θηλ (έντομο) louse • (ψείρας) nit-picker ■ **ψείρες** πληθ (για γράμματα) cramped handwriting εν. • (λεπτομέρειες) trifles

ψεκάζω ρ μ, ρ αμ to spray

ψέκασμα ουσ ουδ = **ψεκασμός**

ψεκασμός ουσ αρσ spraying

ψεκαστήρας ουσ αρσ (Βοτ) spray • (Τεχνολ) spray gun

ψελλίζω ρ μ to mumble ▸ ρ αμ to stammer

ψέμα ουσ ουδ lie

ψευδαίσθηση ουσ θηλ (Ψυχολ) delusion • (οπτική) hallucination • (αυταπάτη) illusion

ψευδάργυρος ουσ αρσ zinc

ψευδ|ής, -ής, -ές επιθ (επίσ.) false • (αγάπη, φιλία) sham

ψεύδομαι ρ αμ (επίσ.) to lie

ψευδομαρτυρώ ρ αμ (επίσ.) to give false evidence

ψευδορκία ουσ θηλ perjury

ψευδορκώ ρ αμ to perjure oneself

ψευδώνυμο ουσ ουδ (γενικότ.) pseudonym • (λογοτέχνη) pen name • (κακοποιού) alias

ψεύτης ουσ αρσ (αυτός που ψεύδεται) liar • (απατεώνας) crook

ψευτιά *ουσ θηλ* lie

ψεύτ|ικος, -η, -ο *επιθ* (πληροφορία, είδηση, εικόνα) false • (αγάπη, φιλία) sham • (δήλωση, κατάθεση) false • (συμπεριφορά) deceitful • (λόγια, υποσχέσεις) hollow • (αδιαφορία) feigned • (επίθεση) mock • (δόντια, μάτια, βλεφαρίδες, στήθη) false • (μαλλιά, λουλούδια) artificial • (κόσμημα) fake • (μιστόλι) fake • (χαρτονόμισμα, διαθήκη, υπογραφή, διαβατήριο, ταυτότητα) forged • (προϊόν) cheap • (δουλειά) shoddy

ψεύτρα *ουσ θηλ βλ.* **ψεύτης**

ψηλά *επιρρ* (σε υψόμετρο) high (up) • (προς τα πάνω) up • (σε ανώτερο επίπεδο: στοχεύω) high • **από ~** (από τον ουρανό) from above • (από τον Θεό) from on high

ψηλαφίζω *ρ μ* (ύφασμα, ρούχο, όγκο, τοίχο) to feel • (θέμα, πρόβλημα) to touch on

ψηλαφώ *ρ μ* = **ψηλαφίζω**

ψηλ|ός, -ή, -ό *επιθ* (άνθρωπος, καμινάδα, δέντρο) tall • (τοίχος, φράχτης, βουνό, ράφι, γέφυρα, νότα) high • **ψηλό καπέλο** top hat • ■ **ψηλά** *ουσ ουδ πληθ* high ground *εν.*

ψηλώνω *ρ αμ* (άνθρωπος, δέντρο) to grow (taller) • (λογοτ.: ήλιος, αστέρια) to rise ▶ *ρ μ* to make higher

ψημέν|ος, -η, -ο *επιθ* (γενικότ.) cooked • (στον φούρνο: ψωμί, γλυκό, ψάρι) baked • (κρέας) roasted • (στα κάρβουνα) barbecued • (στη σχάρα) grilled (*Βρετ.*), broiled (*Αμερ.*) • (στη σούβλα) spit-roasted • (κρασί, μπίρα) matured • (από ήλιο, αέρα) weather-beaten • (έμπειρος, δοκιμασμένος) hardened

ψήνω *ρ μ* (γενικότ.) to cook • (ψωμί, γλυκό, κουλούρια, πηλό) to bake • (κρέας: στον φούρνο) to roast • (στα κάρβουνα) to barbecue • (στη σχάρα) to grill (*Βρετ.*), to broil (*Αμερ.*) • (στη σούβλα) to spit-roast • (καφέ, χαμομήλι) to make • (ήλιος, ζέστη) to make too hot • (βασανίζω) to torment • (με γκρίνια, μουρμούρα) to pester • (πείθω) to persuade ■ **ψήνομαι** *μεσοπαθ* (κρασί, μπίρα) to mature • (τυρί) to ripen • (εξελίξεις) to be in the pipeline • (καίγομαι) to bake (*ανεπ.*) • **ψήνομαι στον πυρετό** to be burning up with fever

ψήσιμο *ουσ ουδ* (γενικότ.) cooking • (ψωμιού, γλυκών, πηλού) baking • (κρέατος: στον φούρνο) roasting • (στη σχάρα) grilling (*Βρετ.*), broiling (*Αμερ.*) • (στα κάρβουνα) barbecuing • (κρασιού, μπύρας) maturing • (τυριού) ripening

ψησταριά *ουσ θηλ* (συσκευή) barbecue • (κατάστημα) grill

ψητό *ουσ ουδ* (σε φούρνο) roast (meat) • (στα κάρβουνα) barbecued meat • (σε σούβλα) spit-roast meat • (ουσία) essence • (κέρδος) profit

ψητοπωλείο *ουσ ουδ* grill

ψητ|ός, -ή, -ό *επιθ* (στον φούρνο) roast • (στη σχάρα) grilled (*Βρετ.*), broiled (*Αμερ.*) • (στα κάρβουνα) barbecued • **ψητό μοσχάρι** roast beef • **ψητό σούβλα** spit roast • **ψητό της κατσαρόλας** casserole

ψηφιακ|ός, -ή, -ό *επιθ* digital • **~ βιντεοδίσκος** DVD ■ **ψηφιακή** *ουσ θηλ* digital TV *ή* television

ψηφιδωτ|ός, -ή, -ό *επιθ* mosaic ■ **ψηφιδωτό** *ουσ ουδ* mosaic

ψηφίζω *ρ αμ/μ* to vote ▶ *ρ μ* to vote for

ψηφίο *ουσ ουδ* (αραβικός αριθμός) digit • (αριθμός ή γράμμα) character • (Τυπογρ) type

ψήφισμα *ουσ ουδ* (συμβουλίου, οργανισμού) resolution • (διαδηλωτών, φοιτητών, απεργών) petition • **εκδίδω ή βγάζω ~** to get up a petition

ψηφοδέλτιο *ουσ ουδ* ballot paper

ψηφοδόχος *ουσ θηλ* ballot-box

ψήφος *ουσ θηλ* (ψηφοδέλτιο) ballot paper • (ψηφοφορία) vote • (δικαίωμα ψήφου) franchise

ψηφοφορία *ουσ θηλ* vote • **καθολική ~** universal suffrage • **μυστική ~** secret ballot

ψηφοφόρος *ουσ αρσ, ουσ θηλ* voter

ψι *ουσ ουδ άκλ.* psi, 23rd letter of the Greek alphabet

ψιθυρίζω *ρ μ* (μιλώ σιγανά) to whisper • (μουρμουρίζω) to murmur ▶ *ρ αμ* (μιλώ σιγανά) to whisper • (μουρμουρίζω) to murmur • (ρυάκι) to babble ■ **ψιθυρίζεται** *απρόσ* it is rumoured (*Βρετ.*) *ή* rumored (*Αμερ.*)

ψίθυρος *ουσ αρσ* (μουρμούρισμα) whisper • (ρυακιού) babbling • (θάλασσας) lapping χωρίς *πληθ.* • (φύλλων) rustle ■ **ψίθυροι** *πληθ* rumours (*Βρετ.*), rumors (*Αμερ.*)

ψιλά *ουσ ουδ πληθ* (κέρματα) loose *ή* small change *εν.* • (ευτελές ποσό) pittance *εν.* • (εφημερίδας) news *εν.* in brief • **κάνω ~** to get some change

ψιλικά *ουσ ουδ πληθ* (φθηνά μικροαντικείμενα) small and cheap goods • (ψιλικατζίδικο) shop selling small and cheap goods • (που πουλά και οινοπνευματώδη) off-licence (*Βρετ.*), package store (*Αμερ.*)

ψιλοβρέχω *ρ αμ* **ψιλοβρέχει** *απρόσ.* it's drizzling

ψιλοκόβω *ρ μ* (κρέας, λαχανικά, φρούτα) to dice • (κρεμμύδια, σκόρδα) to chop finely • (καπνό) to cut finely • (μπαχαρικά) to grind finely

ψιλοκομμένος, -η, -ο *επιθ* (κρέας) diced • (κρεμμύδια) finely chopped • (καπνός) finely cut • (μπαχαρικά) finely ground

ψιλολογώ *ρ μ* to scrutinize

ψιλ|ός, -ή, -ό *επιθ* (χαρτί, φέτα) thin • (άμμος, κλωστή) fine • (δουλειά) delicate • (αλάτι, πιπέρι, αλεύρι, σιμιγδάλι) finely ground • (ήχος, φωνή) shrill • (ρούχα) thin • **ψιλή βροχή** drizzle

ψιτ *επιφων* hey!

ψίχα *ουσ θηλ* (ψωμιού) crumb • (καρπού) pith • (δέντρου) core

ψιχάλα *ουσ θηλ* (σταγόνα βροχής) raindrop • (ψιλή βροχή) drizzle

ψιχαλίζω *ρ αμ* **ψιχαλίζει** *απρόσ.* it's drizzling

ψίχαλο *ουσ ουδ* = **ψίχουλο**

ψίχουλο *ουσ ουδ* crumb ■ **ψίχουλα** *πληθ* tiny bit *εν.*

ψόφι|ος, -ια, -ιο *επιθ* (για ζώα) dead • (για πρόσ.) worn out • (χαιρετισμός, κοινό) unenthusiastic • (κινήσεις) languid • **είμαι ~ από την ή στην κούραση** to be worn out

ψόφος *ουσ αρσ* (για ζώα) death • **κακό ψόφο να 'χεις!** (κατάρα) may you rot in hell! • **κάνει ή έχει ψόφο** it's freezing (cold)

ψοφώ ρ αμ (για ζώα) to die • (υβρ.) to kick the bucket (ανεπ.) • (εξαντλούμαι) to be worn out ▶ ρ μ to kill • to wear out

ψυγείο ουσ ουδ (ηλεκτρική συσκευή) fridge (Βρετ.), refrigerator, icebox (Αμερ.) • (θάλαμος) refrigerated room • (αυτοκινήτου) radiator • (φορτηγό) refrigerated lorry • (πλοίο) refrigerated ship • ~ **είναι εδώ μέσα!** it's freezing in here!

ψυγειοκαταψύκτης ουσ αρσ fridge-freezer

ψυκτικ|ός, -ή, -ό επιθ (μηχάνημα) refrigerating • ~ **θάλαμος** (ψυγείου) freezer compartment (Βρετ.), deep freezer compartment (Αμερ.) ▪ **ψυκτικό** ουσ ουδ coolant ▪ **ψυκτικός** ουσ αρσ refrigeration specialist

ψύλλος ουσ αρσ flea

ψύξη ουσ θηλ (τροφίμων: σε ψυγείο) refrigeration • (σε καταψύκτη) freezing • (καταψύκτης) freezer (Βρετ.), deep freezer (Αμερ.) • (Ιατρ) frostbite

ψυχαγωγία ουσ θηλ recreation • **αίθουσα ψυχαγωγίας** recreation room

ψυχαγωγ|ικός, -ή, -ό επιθ recreational

ψυχαγωγώ ρ μ to entertain ▪ **ψυχαγωγούμαι** μεσοπαθ to enjoy oneself

ψυχανάλυση ουσ θηλ (psycho)analysis

ψυχή ουσ θηλ (Φιλοσ, Θρησκ) soul • (Ψυχολ) psyche • (ηθική φύση) soul • (συναισθηματική φύση) heart • (ιδιαίτερα χαρακτηριστικά) spirit • (σθένος) spirit • (άνθρωπος) soul • (παρέας, συντροφιάς) life and soul • **γλεντώ με την ~ μου** to have the time of one's life

ψυχιατρείο ουσ ουδ psychiatric hospital

ψυχιατρική ουσ θηλ psychiatry

ψυχίατρος ουσ αρσ, ουσ θηλ psychiatrist

ψυχικ|ός, -ή, -ό επιθ (διάθεση, ηρεμία, ασθένεια, υγεία) mental • (μεγαλείο) moral • ~ **κόσμος** psyche • **ψυχική νόσος/διαταραχή** mental illness/disorder • **ψυχικό τραύμα** trauma

ψυχολογία ουσ θηλ (επιστήμη) psychology • (μάθημα) psychology (class) • (ψυχισμός) psychology • (ψυχική κατάσταση) mental state

ψυχολογικ|ός, -ή, -ό επιθ psychological • ~ **πόλεμος** psychological warfare

ψυχολόγος ουσ αρσ, ουσ θηλ (επιστήμονας) psychologist • (μτφ.) perceptive person

ψύχος ουσ ουδ (επίσ.) cold • **πολικό ~** freezing cold weather

ψύχρα ουσ θηλ chill • **έχει ή κάνει ~** it's chilly

ψυχραιμία ουσ θηλ coolness • **κρατώ ή διατηρώ την ~ μου** to keep one's composure ή cool (ανεπ.) • **χάνω την ~ μου** to lose one's composure ή cool (ανεπ.)

ψύχραιμ|ος, -η, -ο επιθ cool • (ενέργεια, συμπεριφορά) level-headed • **παραμένω ~** to remain cool

ψυχραίνω ρ μ to spoil ▶ ρ αμ to get cooler ▪ **ψυχραίνομαι** μεσοπαθ to fall out (με κπν, για κτ with sb, over sth)

ψυχρ|ός, -ή, -ό επιθ cold • (απλησίαστος) standoffish • (τρόπος, υποδοχή) frosty • (για γυναίκα) frigid • **ο Ψυχρός Πόλεμος** the Cold War

ψυχρότητα ουσ θηλ coldness • (τρόπων, υποδοχής) frostiness • (για γυναίκα) frigidity

ψυχρούλα ουσ θηλ (υποκορ.) chill

ψύχω ρ μ (κρυώνω: χώρο) to cool • (: τσάι) to cool down • (: φαγητό, ποτό) to chill • (: παγώνω) to freeze

ψωμάκι ουσ ουδ (υποκορ.: μικρή φέτα ή μικρό κομμάτι) piece of bread • (μικρό ψωμί) roll ▪ **ψωμάκια** πληθ cellulite εν.

ψωμάς ουσ αρσ baker

ψωμί ουσ ουδ (άρτος) bread • (φαγητό) food

ψωμοτύρι ουσ ουδ (ψωμί και τυρί) bread and cheese • (φτωχό γεύμα) bread and water

ψώνια ουσ ουδ πληθ shopping χωρίς πληθ. • **κάνω τα** ~ to do the shopping • **κάνω** ~, **πάω για** ~ to go shopping

ψωνίζω ρ μ to buy ▶ ρ αμ (αγοράζω) to do the shopping • (αργκ.: πόρνη) to pick up (ανεπ.)

Ω, ω omega, 24th letter of the Greek alphabet
ω επιφων oh!

ωδείο ουσ ουδ (μουσική σχολή) music school • (στην αρχαιότητα) odeum

ωδικ|ός, -ή, -ό επιθ **ωδικά πτηνά** songbirds

ώθηση ουσ θηλ (επίσ.) (σπρώξιμο) push • (Φυσ) thrust • (παρακίνηση) encouragement • (στις εξαγωγές) boost

ωθώ ρ μ (επίσ.) (σπρώχνω) to push • (μτφ.) to drive • **«ωθήσατε»** "push"

ωκεανός ουσ αρσ (κυριολ.) ocean • (Μυθολ) Oceanus

ωλένη ουσ θηλ ulna

ωμέγα ουσ ουδ άκλ. omega, 24th letter of the Greek alphabet

ωμοπλάτη ουσ θηλ shoulder blade

ωμ|ός, -ή, -ό επιθ (κιμάς, κρέας, λαχανικά) raw • (άνθρωπος) brutal • (αλήθεια, άρνηση) blunt • (πραγματικότητα) stark • (βία) brute • (συμπεριφορά) coarse • (εκβιασμός) blatant

ώμος ουσ αρσ shoulder • **σηκώνω τους ώμους** to shrug (one's shoulders)

ωοειδής, -ής, -ές επιθ oval

ωοθήκη ουσ θηλ ovary

◯ ΛΕΞΗ-ΚΛΕΙΔΙ

ώρα ουσ θηλ **1** (χρονική μονάδα) hour • **κάθε ώρα** every hour
2 (χρόνος) time • **από ώρα** for some time • **από ώρα σε ώρα** (από στιγμή σε στιγμή) any time (now) • (με την πάροδο του χρόνου) with time • **με τις ώρες, ώρες ολόκληρες** for hours on end • **μετράω ώρες** to be at death's door • **όλη την ώρα** all the time • **περνάω την ώρα μου, περνάει η ώρα (μου)** to pass the time • **σκοτώνω την ώρα μου** to kill time • **στην ώρα μου** on time • **τρώει ή θέλει ή παίρνει ώρα** it takes hours ή ages (ανεπ.) • **τρώω την ώρα μου** to waste one's time • **ώρα με την ώρα** by the hour
3 (συγκεκριμένο σημείο ημέρας) time • **μαθαίνω την ώρα** to learn how to tell the time
4 (σημείο αναφοράς ημερονυκτίου) hour
5 (στιγμή τέλεσης γεγονότος) time • **από την**

ώρα που (από τότε που) since • (εφόσον) if • **βρήκες την ώρα!** you've picked your moment! • **για την ώρα** for the time being • **δεν βλέπω την ώρα να κάνω κτ** to be eager to do sth • **δεν είναι της ώρας** now isn't the time • **είμαι με τις ώρες μου** to blow hot and cold • **ήγγικεν η ώρα** (επίσ.) the time has come • **ήρθε ή έφτασε η ώρα μου** my time has come • **η ώρα η καλή!** (ευχή) congratulations! (to an engaged couple) • **καλή του/της ώρα!** God bless him/her! • **καλή ώρα σαν** just like • **πάνω στην ώρα** just in time • **πριν την ώρα ή της ώρας μου** before one's time • **κάθε πράγμα στην ώρα του** one thing at a time • **τέτοια ώρα ή τέτοιες ώρες τέτοια λόγια** there's a time and a place for everything • **την ίδια ώρα** at the same time • **της κακιάς ώρας** (δικαιολογία) lame • (αυτοκίνητο, υπολογιστής) lousy • (ρούχα) shoddy • **της ώρας** (φρέσκος) fresh • (για κρεατικά) cooked to order • **ώρα καλή!** take care! • **ώρες-ώρες** sometimes • **ώρες γραφείου/επισκέψεις** office/visiting hours
6 (ξεχωριστή περίσταση ή συγκεκριμένη στιγμή) time • **για ώρα ανάγκης** for a rainy day

ωραία επιρρ (μιλώ, γράφω) well • (ως συγκατάβαση) fine • **περνάω ~** to have a good ή nice time

ωραί|ος, -α, -ο επιθ (γυναίκα, κορίτσι, μωρό) pretty • (όμορφος) beautiful • (άνδρας, αγόρι) handsome • (τοπίο, μαλλιά, σώμα, σπίτι, λουλούδι, ρούχα, φωνή, άρωμα, γεύση) nice • (όμορφος) lovely • (συζήτηση, παρέα, τύπος, εμπειρία) nice • (αστείο, ηλικία, ταξίδι) good • (καιρός) good • (ημέρα) nice • (λόγια, χειρονομία) nice • (προσπάθεια, ιδέα, πίνακας, αισθήματα) good • (επιχείρημα, παίκτης, ζωγράφος, παράσταση, βιβλίο, ταινία) good • (αναμνήσεις) good • (ειρων.: δικαιολογία, φίλος) fine ■ **ωραίο** ουσ ουδ beauty ■ **ωραίος** ουσ αρσ handsome man ■ **ωραία** ουσ θηλ beauty

ωραιότητα ουσ θηλ beauty

ωράριο ουσ ουδ (σύνολο ωρών εργασίας: υπηρεσίας, εταιρείας) office hours πληθ. • (εργοστασίου) working hours πληθ. • (καταστήματος) opening hours πληθ. • (πίνακας ωρών εργασίας ή λειτουργίας: υπηρεσίας, εταιρείας) office hours πληθ. • (καταστήματος) opening hours πληθ. • (συγκοινωνιών) timetable • **ελεύθερο ~** flexitime (Βρετ.), flextime (Αμερ.) • **~ εργασίας** working hours

ωριαί|ος, -α, -ο επιθ (μάθημα, εκπομπή) one-hour • (αμοιβή, αναχωρήσεις) hourly

ωριμάζω ρ αμ (καρπός) to ripen • (τυρί, κρασί) to mature • (παιδί, σχέδιο, σκέψη, ιδέα) to mature • (συνθήκες) ▶ ρ μ to make mature

ώριμ|ος, -η, -ο επιθ (καρπός, φρούτο, απόστημα) ripe • (τυρί, κρασί) mature • (άνθρωπος, έργο, περίοδος) mature • (κατάσταση, συνθήκες) ripe • (ιδέα, αντιλήψεις) fully developed • (στάδιο) later • (ηλικία, ζωή) adult

ωριμότητα ουσ θηλ maturity

ωρολογοποιός *ουσ αρσ, ουσ θηλ* watchmaker

ωροσκόπιο *ουσ ουδ* horoscope

ωρύομαι *ρ αμ* (*για ζώα*) to howl • (*για πρόσ.*) to scream

ως *επιρρ* as

ώς *προθ* = **έως**

ώσπου *σύνδ χρον* until

ώστε *σύνδ* (*για να*) so that • (*με αποτέλεσμα*) that • (*επομένως*) so

ωστόσο *σύνδ* nevertheless

ωταλγία *ουσ θηλ* earache

ωτίτιδα *ουσ θηλ* inflammation of the ear

ωτορινολαρυγγολόγος *ουσ αρσ, ουσ θηλ* ear, nose and throat surgeon *ή* specialist

ωτοστόπ *ουσ ουδ άκλ.* = **οτοστόπ**

ωφέλεια *ουσ θηλ* (*ωφελιμότητα*) effectiveness • (*κέρδος*) profit • (*όφελος*) benefit

ωφέλιμ|ος, -η, -ο *επιθ* (*τροφή, βιταμίνες, επιδράσεις*) beneficial • (*άτομο*) useful • (*μέτρα*) effective • **ωφέλιμο φορτίο** *ή* **βάρος** payload

ωφελώ *ρ μ* to benefit • **δεν ωφελεί (να κάνω κτ)** it's no use (doing sth) • **~ την υγεία (μου)** to be good for one's health ▪ **ωφελούμαι** *μεσοπαθ* to profit

ωχ *επιφων* = **οχ**

ώχρα *ουσ θηλ* ochre (*Βρετ.*), ocher (*Αμερ.*)

ωχριώ *ρ αμ* (*κιτρινίζω*) to turn yellow • (*για πρόσ.*) to turn pale • (*μτφ.*) to pale into insignificance (*μπροστά σε* beside)

ωχρ|ός, -ή, -ό *επιθ* (*πρόσωπο, όψη, μάγουλα*) sallow • (*τοίχος, χαρτί*) yellowing • (*λουλούδι*) yellow • (*για άνθρωπο*) pale • (*ανάμνηση*) vague

ωχρότητα *ουσ θηλ* (*χαρτιού, τοίχου*) yellowness • (*προσώπου, όψης, ασθενούς*) pallor

Greek Grammar

1 Nouns and articles   2

2 Adjectives   8

3 Verbs   10

4 Pronouns   14

5 Adverbs   15

6 Questions   15

7 Prepositions   16

1 Nouns and articles

1.1 General

A noun is a word used to refer to a person or thing, e.g. *'car'*, *'horse'* or *'Mary'*. Greek nouns can be masculine, feminine, or neuter. Generally, the nouns for male and female people are masculine and feminine respectively e.g.

> ο αδελφός *the brother*
>
> η αδελφή *the sister*

However, there are some notable exceptions e.g.

> το αγόρι *the boy (neuter)*
>
> το κορίτσι *the girl (neuter)*
>
> το παιδί *the child (neuter)*

1.2 Articles

The words for *'the'* and *'a'* or *'an'* (the articles) change according to the gender of the noun. The article is the most reliable indication of the gender of a noun, i.e. whether it is masculine, feminine or neuter:

- **ο** = *'the'* with masculine nouns e.g.
  > ο μηχανικός *the mechanic*
  >
  > ο ελέφαντας *the elephant*
  >
  > ο παίκτης *the player*
  >
  > ο καφές *the coffee*

- **η** = *'the'* with feminine nouns e.g.
  > η μητέρα *the mother*
  >
  > η πάπια *the duck*
  >
  > η πλάτη *the back*
  >
  > η μπύρα *the beer*

- **το** = *'the'* with neuter nouns e.g.
  > το ζώο *the animal*
  >
  > το πιπέρι *the pepper*
  >
  > το σινεμά *the cinema*
  >
  > το κρασί *the wine*

- **ένας** = 'a' or 'an' with masculine nouns e.g.

    ένας πιλότος a pilot

    ένας στρατιώτης a soldier

    ένας γείτονας a neighbour

    ένας άντρας a man

- **μία** = 'a' or 'an' with feminine nouns e.g.

    μία νοσοκόμα a nurse

    μία λέξη a word

    μία πατάτα a potato

- **ένα** = 'a' or 'an' with neuter nouns e.g.

    ένα παιδί a child

    ένα τρένο a train

    ένα φύλλο a leaf

Definite articles are used more often in Greek than in English. For example, they are used in the pattern **definite article + noun + possessive adjective** to show who owns something e.g.

    το σπίτι μου my house

    τα αυτοκίνητα τους their cars

The definite article is also used with proper nouns, such as with the names of places e.g.

    η Ελλάδα Greece

    η Αθήνα Athens

It is also used with people, except when addressing them directly e.g.

    Ο Πέτρος είναι εδώ.   Petros is here.

    Καλημέρα Πέτρο!   Good morning, Petros!

The definite article is also used to say what you like or don't like in general e.g.

    Μ'αρέσει το παγωτό.   I like ice cream.

    Δεν μ'αρέσουν τα κουνούπια.   I don't like mosquitoes.

After a preposition (such as **από** = *'from'* or **με** = *'with'*), the masculine and feminine definite articles change, but the neuter definite articles remain the same:

- singular masculine **ο** becomes **τον** e.g.

  ο αδελφός μου *my brother*

  με τον αδελφό μου *with my brother*

  ο άντρας σου *your husband*

  από τον άντρα σου *from your husband*

- singular feminine **η** becomes **την** e.g.

  η αδελφή μου *my sister*

  με την αδελφή μου *with my sister*

  η μητέρα σου *your mother*

  από την μητέρα σου *from your mother*

- singular neuter **το** remains the same e.g.

  το παιδί μου *my child*

  με το παιδί μου *with my child*

  το κορίτσι σου *your girl*

  από το κορίτσι σου *from your girl*

- plural masculine **οι** becomes **τους** e.g.

  οι αδελφοί μου *my brothers*

  με τους αδελφούς μου *with my brothers*

  οι στρατιώτες μας *our soldiers*

  από τους στρατιώτες μας *from our soldiers*

- plural feminine **οι** becomes **τις** e.g.

  οι αδελφές μου *my sisters*

  με τις αδελφές μου *with my sisters*

- plural neuter **τα** remains the same e.g.

  τα παιδιά μου *my children*

  με τα παιδιά μου *with my children*

  τα σπίτια τους *their houses*

  από τα σπίτια τους *from their houses*

When you use the preposition **σε**, which means *'at'*, *'in'*, *'on'* or *'to'*, together with the definite articles, they combine to form a single word:

- masculine singular: **σε + τον** becomes **στον** e.g.

  στον σταθμό *in the station*

- feminine singular: **σε + την** becomes **στην** e.g.

  στην αίθουσα *in the hall*

- neuter singular: **σε + το** becomes **στο** e.g.

  στο σχολείο *in the school*

- masculine plural: **σε + τους** becomes **στους** e.g.

  στους σταθμούς *in the stations*

- feminine plural: **σε + τις** becomes **στις** e.g.

  στις αίθουσες *in the halls*

- neuter plural: **σε + τα** becomes **στα** e.g.

  στα σχολεία *in the schools*

1.3 Masculine endings of nouns

The most common endings of masculine nouns are **-ος**, **-ας**, and **-ης** e.g.

> **ο καιρός** *the weather*
> **ο γέρος** *the old man*
> **ο πρόεδρος** *the president*
>
> **ο πατέρας** *the father*
> **ο μάστορας** *the workman*
> **ο παπάς** *the priest*
>
> **ο νικητής** *the winner*
> **ο κυβερνήτης** *the captain (of an aeroplane)*
> **ο μαρξιστής** *the Marxist*

Sometimes the same ending is used for men as well as women e.g.

> **ο γιατρός** *a male doctor*
> **η γιατρός** *a female doctor*

1.4 Feminine endings of nouns

The most common endings of feminine nouns are **-α** and **-η** e.g.

η μητέρα *the mother*
η βασίλισσα *the queen*
η γίδα *the goat*

η βενζίνη *the petrol*
η τσέπη *the pocket*
η Κρήτη *Crete*

1.5 Neuter endings of nouns

The most common neuter endings of nouns are **-ο** and **-ι** e.g.

το κτίριο *the building*
το πουκάμισο *the shirt*
το τσιγάρο *the cigarette*

το αγόρι *the boy*
το πορτοκάλι *the orange*
το γκάζι *the gas*

1.6 Plurals

The article '*the*' changes in the plural:

- For masculine (**ο**) and feminine (**η**) nouns it becomes **οι** e.g.

ο πιλότος *the pilot*	οι πιλότοι *the pilots*
ο αδελφός *the brother*	οι αδελφοί *the brothers*
η μητέρα *the mother*	οι μητέρες *the mothers*
η βασίλισσα *the queen*	οι βασίλισσες *the queens*

- For neuter nouns (**το**) it becomes **τα** e.g.

το παιδί *the child*	τα παιδιά *the children*
το αυτοκίνητο *the car*	τα αυτοκίνητα *the cars*
το τσιγάρο *the cigarette*	τα τσιγάρα *the cigarettes*

Nouns have different endings in the plural depending on their gender:

- Masculine nouns ending in **-ος** change their endings to **-οι** e.g.

ο **φίλος** *the friend*	οι **φίλοι** *the friends*
ο **δρόμος** *the road*	οι **δρόμοι** *the roads*

- Masculine nouns ending in **-ας** or **-ης** change their endings to **-ες** e.g.

ο **Έλληνας** *the Greek person*	οι **Έλληνες** *the Greek people*
ο **μαθητής** *the pupil*	οι **μαθητές** *the pupils*
ο **πελάτης** *the customer*	οι **πελάτες** *the customers*

- Masculine nouns ending in **-ές** change their endings to **-έδες** e.g.

ο **καφές** *the coffee*	οι **καφέδες** *the coffees*
ο **κεφτές** *the meatball*	οι **κεφτέδες** *the meatballs*

- Feminine nouns ending in **-α** or **-η** change their endings to **-ες** e.g.

η **κυρία** *the lady*	οι **κυρίες** *the ladies*
η **γλώσσα** *the language*	οι **γλώσσες** *the languages*
η **αδελφή** *the sister*	οι **αδελφές** *the sisters*

- Neuter nouns ending in **-ο** change their endings to **-α** e.g.

το **κτίριο** *the building*	τα **κτίρια** *the buildings*
το **μυστικό** *the secret*	τα **μυστικά** *the secrets*
το **θέατρο** *the theatre*	τα **θέατρα** *the theatres*

- Neuter nouns ending in **-ι** change their endings to **-ια** e.g.

το **παιδί** *the child*	τα **παιδιά** *the children*
το **κρασί** *the wine*	τα **κρασιά** *the wines*

- Neuter nouns borrowed from English have the same form in both the singular and plural e.g.

το **μπαρ** *the bar*	τα **μπαρ** *the bars*
το **γκολ** *the goal*	τα **γκολ** *the goals*
το **σνακ** *the snack*	τα **σνακ** *the snacks*

Note that there are a number of exceptions to the above rules, e.g.

ο **άντρας** *the man*	οι **άντρες** *the men*

2 Adjectives

2.1 General

An adjective is a word that describes or gives extra information about a person or thing e.g. *'small'*, *'pretty'* or *'practical'*. Greek adjectives have endings that change according to the gender and form of the noun they describe, and whether they are singular or plural.

- Masculine singular – most singular masculine adjectives end in **-ός** or **-ος**:

  ο **καλός** πατέρας *the good father*

  ο **μεγάλος** ελέφαντας *the large elephant*

  ο **ψηλός** άντρας *the tall man*

Some singular masculine adjectives, however, have an additional vowel before the **-ός** ending e.g.

  ο **μέτριος** καφές *the medium-sized coffee*

  ο **ωραίος** καιρός *the lovely weather*

- Feminine singular – most singular feminine adjectives end in -**η** or -**ή**:

  η **καλή** κυρία *the good lady*

  η **μικρή** γίδα *the small goat*

  η **ξένη** γλώσσα *the foreign language*

Some singular feminine adjectives, however, have an additional vowel before the ending which is **-α** in these cases e.g.

  η **μέτρια** πίτσα *the medium-sized pizza*

  η **ωραία** θέα *the lovely view*

- Neuter singular:

  το **καλό** παιδί *the good child*

  το **καινούργιο** θέατρο *the new theatre*

  το **παλιό** κτίριο *the old building*

- Masculine plural:

  οι **καλοί** πατέρες *the good fathers*

  οι **μεγάλοι** ελέφαντες *the large elephants*

  οι **ψηλοί** άντρες *the tall men*

8

- Feminine plural:
    - οι **καλές κυρίες** the good ladies
    - οι **μικρές γίδες** the small goats
    - οι **ξένες γλώσσες** the foreign languages

- Neuter plural:
    - το **καλά παιδιά** the good children
    - το **καινούργια θέατρα** the new theatres
    - το **παλιά κτίρια** the old buildings

2.2 Possessive adjectives

In Greek, adjectives go before the noun they describe, but the possessive adjectives ('*my*', '*your*', '*his*' etc.) follow the noun. They don't change according to the gender and number of the noun. The article is still added in front of the noun.

my	μου
your	σου
his	του
her	της
its	του
our	μας
your (*plural*) (*This is also the polite form.*)	Σας
their	τους

το **κλειδί μου** my key

το **δωμάτιό σου** your room

η **γραβάτα του** his tie

η **φούστα της** her skirt

το **μέγεθος του** its size

ο **πατέρας μας** our father

τα **ρούχα σας** your clothes

ο **θείος τους** their uncle

3 Verbs

A verb is a word used to describe an action (e.g. 'to sing'), a state (e.g. 'to become') or an occurrence (e.g. 'to happen'). Greek verbs have a different ending depending on the person (I, you, they, etc.) and form (singular or plural).

Three essential verbs in Greek are: **είμαι** 'to be', **έχω** 'to have' and **κάνω** 'to do' or 'to make'.

3.1 The Present

to be	
είμαι	I am
είσαι	you are
είναι	he/she/it is
είμαστε	we are
είστε*	you are (plural/polite)
είναι	they are

*This form is also used when addressing someone you don't know very well. It is generally referred to as the polite plural (like the French 'vous').

Note that, while in English it is necessary to use the personal pronoun, i.e. 'we are', 'you are', and so on, in Greek this function is carried out by the different endings of the verb itself. So, in Greek, 'we are' and 'they are' can be simply **είμαστε** and **είναι** (see also 'Personal pronouns' below).

to have	
έχω	I have
έχεις	you have
έχει	he/she/it has
έχουμε	we have
έχετε	you have (plural/polite)
έχουν	they have

to do/to make	
κάνω	I do/I make
κάνεις	you do/you make
κάνει	he/she/it does he/she/it makes
κάνουμε	we do/we make
κάνετε	you do/you make (*plural/polite*)
κάνουν	they do/they make

Verbs in Greek, in the active voice, end in **-ω** or **-ώ** e.g.

βλέπω *to see*	**μιλώ** *to speak*
γράφω *to write*	**γελώ** *to laugh*
δείχνω *to show*	**αγαπώ** *to love*

In the present tense conjugation, the verb **αγαπώ** ('*to love*') has typical endings for verbs ending in **-ώ** while those ending in **-ω** (e.g. **βλέπω** meaning '*to see*') follow the pattern of **έχω** ('*to have*') above.

to love	
αγαπώ/αγαπάω	I love
αγαπάς	you love
αγαπά	he/she/it loves
αγαπούμε	we love
αγαπάτε	you love (*plural/polite*)
αγαπούν	they love

to see	
βλέπω	I see
βλέπεις	you see
βλέπει	he/she/it sees
βλέπουμε	we see
βλέπετε	you see (*plural/polite*)
βλέπουν	they

The **-ω** or **-ώ** ending is the one with which verbs generally appear in the dictionary. Note that in everyday speech a more usual ending for **-ώ** is **-άω** e.g.

> **μιλάω** *to speak*

If a verb does not have an active voice form, it will appear in the dictionary with the ending **-μαι** e.g.

> **λυπάμαι** *to be sad or sorry*
> **θυμάμαι** *to remember*
> **ντύνομαι** *to get dressed*

Greek does not have an infinitive (*to make, to go* etc). Instead, when you use two verbs together you join them using **να** (= *that*) e.g.

> **Θέλω να μένω εδώ.**   *I want to stay here.*
> **Ξέρεις να κολυμπάς;**   *Do you know how to swim?*

3.2 Negatives

In order to make a sentence negative, you just add **δεν** so that it immediately precedes the verb e.g.

> **δεν ξέρω** *I don't know*
> **δεν έχω** *I don't have*
> **δεν θέλω** *I don't want*
> **δεν ρωτώ** *I don't ask*

3.3 The Future

Similar to the technique of making a sentence negative, the future tense is made by adding **θα** immediately before the verb e.g.

θα πάω *I will go*	→	**δεν θα πάω** *I will not go*
θα ρωτώ *I will ask*	→	**δεν θα ρωτώ** *I will not ask*
θα πλένω *I will clean*	→	**δεν θα πλένω** *I will not clean*

3.4 The Past

The imperfect tense is used to talk about the past. The imperfect forms of three important verbs: **είμαι** *'to be'*, **έχω** *'to have'* and **κάνω** *'to do'* or *'to make'* are shown in the tables below.

to be	
ήμουν	I was
ήσουν	you were
ήταν	he/she/it was
ήμαστε	we were
ήσαστε	you were (*plural/polite*)
ήταν	they were

to have	
είχα	I had
είχες	you had
είχε	he/she/it had
είχαμε	we had
είχατε	you had (*plural/polite*)
είχαν	they had

to do/to make	
έκανα	I did/I made
έκανες	you did/you made
έκανε	he/she/it did he/she/it made
κάναμε	we did/we made
κάνατε	you did/you made (*plural/polite*)
έκαναν	they did/they made

4 Pronouns

4.1 Personal pronouns

A pronoun is a word used to refer to someone or something that has been mentioned earlier, such as 'it', 'they' and 'him'. There are times when a personal pronoun needs to be used in Greek, for example in order to establish the sex of the person or to specify the gender of the thing referred to, for example *he*, *she* or *it*.

αυτός έχει *he has*

αυτή έχει *she has*

εγώ	I
εσύ	you
αυτός	he
αυτή	she
αυτό	it
εμείς	we
εσείς	you (*plural/polite*)
αυτοί	they (*masculine*)
αυτές	they (*feminine*)
αυτά	they (*neuter*)

4.2 Forms of address

In Greek there are two ways of addressing people, depending on their age, social or professional status, and how formal or informal the relationship is. For example, an older person is likely to address a much younger person in the singular (*informal*) form. However, the younger person would respond using the plural (*formal*) form unless the two were very well acquainted.

Two friends will speak to each other using the informal singular form:

Τι κάνεις;	*How are you?*
Καλά, εσύ;	*Fine, and you?*

But two acquaintances will address each other in a more formal way, using the plural:

Τι κάνετε;	*How are you?*
Καλά, εσείς;	*Fine, and you?*

5 Adverbs

Adverbs are used together with verbs, adjectives, and other adverbs. In Greek, they are formed by replacing the ending of the corresponding adjective with **-α** e.g.

γρήγορος *quick*	→	**γρήγορα** *quickly*
αργός *slow*	→	**αργά** *slowly*
εύκολος *easy*	→	**εύκολα** *easily*
καλός *good*	→	**καλά** *well*

6 Questions

For questions which have either a 'yes' or 'no' answer, the sentence form is the same as for a statement. When writing, the only difference is that a semi-colon replaces the full stop. It functions in the same way as a question mark in English. When speaking, the voice goes up at the end of the sentence.

Ο Γιώργος είναι στο σπίτι του. *Yiorgos is at his home.*

Ο Γιώργος είναι στο σπίτι του; *Is Yiorgos at his home?*

Some common question words for other types of question are shown below.

Γιατί; *(=Why?)*

Γιατί φεύγεις; *Why are you leaving?*

Πότε; *(=When?)*

Πότε πάμε στην πόλη; *When are we going into town?*

Πού; *(=Where?)*

Πού είναι το σκυλί; *Where is the dog?*

Πώς; *(= How?)*

Πώς είναι η σούπα; *How is the soup?*

7 Prepositions

Prepositions are grammatical words that are often placed before a noun or pronoun to show how it relates to another part of the sentence. They introduce information about place, direction, time, and so on.

Useful common prepositions include:

- **από** (= from)

  Είμαι από την Αγγλία. *I'm from England.*

- **για** (= for)

  Αυτό το βιβλίο είναι για μικρά παιδιά.
  This book is for small children.

- **με** (= with)

  Τρώω κοτόπουλο με πατάτες τηγανητές.
  I'm eating chicken with fried potatoes.

- **σε** (= at, in, on, to)

  το αγόρι είναι στο σπίτι τώρα. *The boy is at home now.*

  Η γάτα είναι στην κουζίνα. *The cat is in the kitchen.*

  Ο καθρέφτης είναι στον τοίχο. *The mirror is on the wall.*

  Πάω στο σουπερμάρκετ. *I'm going to the supermarket.*

Αγγλική γραμματική

1 **Ρήματα**   18

2 **Ουσιαστικά**   26

3 **Προσδιοριστές**   27

4 **Επίθετα**   29

5 **Αντωνυμίες**   30

1 Ρήματα

1.1 Είδη ρημάτων

Τα ρήματα χωρίζονται σε δύο βασικές κατηγορίες ανάλογα με τον τρόπο χρήσης τους. Κύρια ρήματα είναι τα ρήματα εκείνα που χρησιμοποιούμε για να αναφερθούμε σε ενέργειες και καταστάσεις.

> **Τρέχαμε στο γήπεδο ποδοσφαίρου.**
> We were **running** across the football field.

> **Πάντα της άρεσαν τα σκάφη και η ιστιοπλοΐα.**
> She always **liked** boats and sailing.

Τα βοηθητικά ρήματα *be* και *have* χρησιμοποιούνται σε συνδυασμό με τα κύρια ρήματα για τη δημιουργία των σύνθετων χρόνων. Άλλα βοηθητικά ρήματα χρησιμοποιούνται για να αναφερθούμε σε χρονικά διαστήματα, τον βαθμό βεβαιότητας ή αμφιβολίας κλπ.

> **Δουλεύω.**
> I am working.

> **Η Αμάντα είχε ήδη φάει όταν φτάσαμε.**
> Amanda **had** already eaten when we arrived.

> **Ο Τσάρλι θα γυρίσει σπίτι την Παρασκευή.**
> Charlie **will** go home on Friday.

1.2 Απλός ενεστώτας (present simple)

Ο απλός ενεστώτας δεν χρησιμοποιεί βοηθητικά ρήματα. Χρησιμοποιείται για:

- συνήθειες, τι μας αρέσει και τι όχι, και οτιδήποτε συμβαίνει τακτικά

  > **Μου αρέσει ο καφές για πρωινό.**
  > I **like** coffee for breakfast.

- αναφορές σε γεγονότα που αφορούν επιστημονικές παραδοχές ή μόνιμες καταστάσεις

  > **Τα πουλιά πετάνε στον Νότο τον χειμώνα.**
  > Birds **fly** south in the winter.

- αναφορές στη γνώμη και τις πεποιθήσεις του ομιλητή

  > **Πιστεύω ότι είναι πολύ καλός καθηγητής.**
  > I **think** he's a very good teacher.

Ο απλός ενεστώτας του ρήματος *do* χρησιμοποιείται ως βοηθητικό ρήμα όταν θέλουμε:

- να κάνουμε μια ερώτηση

  > **Σας ξέρω;**　　　　　　　　　　　　**Do** I know you?

- να κάνουμε μια αρνητική δήλωση με το *not*

  > **Δεν σας ξέρει.**　　　　　　　　　She **does** not know you.

- να δώσουμε μια σύντομη απάντηση

  > **Πίνεις μόνο καφέ για πρωινό; – Ναι.**
  > **Do** you just have coffee for breakfast? – Yes, I **do**.

Ο απλός ενεστώτας χρησιμοποιείται επίσης για προγραμματισμένες μελλοντικές ενέργειες σε συνδυασμό με χρονικό επίρρημα, π.χ. όταν αναφερόμαστε σε ταξίδια και προγράμματα.

> **Το τραίνο φεύγει στις 10:40 π.μ. και φτάνει στις 3:30 μ.μ.**
> The train **leaves** at 10.40 a.m. and **arrives** at 3.30 p.m.

Ο απλός ενεστώτας των ομαλών ρημάτων είναι ίδιος με τη βασική μορφή του ρήματος. Μόνο το 3° ενικό πρόσωπο διαφέρει καθώς προστίθεται η κατάληξη -s.

walk → walks   see → sees   think → thinks

Όταν η βασική μορφή του ρήματος λήγει σε -o, -ch, -sh, -ss, -x, -x ή -zz, στο 3° ενικό πρόσωπο προστίθεται η κατάληξη -es:

catch → catches   miss → misses   push → pushes

Όταν η βασική μορφή του ρήματος λήγει σε -y, το -y μετατρέπεται σε -i στο 3° ενικό πρόσωπο και προστίθεται η κατάληξη -es:

carry → carries   worry → worries   fly → flies

Ορισμένα ρήματα είναι ανώμαλα ως προς τη δημιουργία του απλού ενεστώτα:

	to have	to be	to do	to go
I	have	am	do	go
you	have	are	do	go
he/she/it	has	is	does	goes
we	have	are	do	go
you (pl)	have	are	do	go
they	have	are	do	go

1.3 Ενεστώτας διαρκείας (present continuous)

Ο ενεστώτας διαρκείας σχηματίζεται από τον ενεστώτα του βοηθητικού ρήματος be και το ρήμα με την κατάληξη -ing. Χρησιμοποιείται για:

• κάτι που συμβαίνει αυτή τη στιγμή, την ώρα που μιλάμε
   Τραγουδάει.   She **is singing**.

• μια προσωρινή δραστηριότητα, ακόμα και αν δεν συμβαίνει τη στιγμή που μιλάμε
   Μαθαίνει Γερμανικά στο πανεπιστήμιο.
   He **is studying** German at university.

• μια προσωρινή κατάσταση σε αντιδιαστολή με μια μόνιμη κατάσταση
   Η Φιόνα δουλεύει στους στάβλους κατά τη διάρκεια των διακοπών.
   Fiona **is working** in the stables over the holidays.

• μια ιδιότητα ή κατάσταση που μεταβάλλεται
   Ο πονοκέφαλός μου άρχισε να περνάει.
   My headache **is getting** better.

Ο ενεστώτας διαρκείας χρησιμοποιείται επίσης για σχέδια για μελλοντικές δραστηριότητες μαζί με χρονικό επίρρημα ή χρονική φράση.
   Πετάω για Νέα Υόρκη την επόμενη εβδομάδα.
   I **am flying** to New York next week.

Ο ενεστώτας διαρκείας των ομαλών ρημάτων σχηματίζεται από τη βασική μορφή του ρήματος με την κατάληξη -ing, π.χ.:

walk → walking   help → helping   laugh → laughing

Για τα ρήματα που τελειώνουν σε -e, το -e αφαιρείται πριν την προσθήκη της κατάληξης -ing:

live → living   smile → smiling   bake → baking

Σε ορισμένα ρήματα υπάρχει διπλασιασμός του συμφώνου πριν την προσθήκη του -ing:

get → getting   hop → hopping   run → running

1.4 Απλός αόριστος *(past simple)*

Ο απλός αόριστος συντάσσεται χωρίς βοηθητικά ρήματα. Χρησιμοποιείται για:

- μεμονωμένες ενέργειες στο παρελθόν

    Κλείδωσε την πόρτα και έφυγε από το σπίτι.
    He **locked** the door and **left** the house.

- επαναλαμβανόμενες ενέργειες στο παρελθόν, συχνά σε συνδυασμό με τα επιρρήματα *always*, *never* ή *often*

    Πήγαινα συχνά στη Γλασκώβη για δουλειές όταν δούλευα στον τομέα των εκδόσεων.
    I often **visited** Glasgow on business when I was in publishing.

- ενέργειες του παρελθόντος για τις οποίες αναφέρεται ακριβής χρονική στιγμή. Χρησιμοποιείται συχνά με χρονικές εκφράσεις όπως *ago* ή *last month*, όταν η ενέργεια θεωρείται ολοκληρωμένη.

    Είδα τον Ρότζερ πριν λίγο καιρό.   I **saw** Roger a little while back.

- στιγμιαία συμβάντα που διακόπτουν την κύρια ενέργεια. Η υπόλοιπη πρόταση είναι σε αόριστο διαρκείας για να περιγράψει τη δραστηριότητα ή την ενέργεια του παρελθόντος.

    Φεύγαμε από το σπίτι όταν χτύπησε το τηλέφωνο.
    We were leaving the house when the phone **rang**.

Καθώς ο απλός αόριστος αποτελείται από μία μόνο λέξη, ως βοηθητικό ρήμα χρησιμοποιείται ο απλός αόριστος του ρήματος *do*, δηλαδή το *did*.

Τον συνάντησα;	**Did** I meet him?
Δεν πήγε εκεί.	He **did** not go there.
Σου τηλεφώνησε η Πένυ; –Ναι.	**Did** Penny phone you? – Yes, she **did**.

Ο απλός αόριστος των ομαλών ρημάτων σχηματίζεται από τη βασική μορφή του ρήματος και την κατάληξη *-ed*:

    walk → walk**ed**   help → help**ed**   laugh → laugh**ed**

Όταν το ρήμα λήγει σε *-e*, προστίθεται μόνο το *-d* στη βασική μορφή:

    live → liv**ed**   smile → smil**ed**   bake → bak**ed**

Σε ορισμένα ρήματα υπάρχει διπλασιασμός του συμφώνου πριν την προσθήκη του *-ed*:

    hop → hop**ped**   sob → sob**bed**   travel → travel**led**

Ορισμένα ρήματα έχουν ανώμαλο απλό αόριστο, π.χ.:

    go → went   have → had   do → did
    swim → swam   think → thought

Ο απλός αόριστος του ρήματος *to be* σχηματίζεται ως εξής:

	to be
I	was
you	were
he/she/it	was
we	were
you *(pl)*	were
they	were

1.5 Αόριστος διαρκείας (past continuous)

Ο αόριστος διαρκείας σχηματίζεται από τον αόριστο του βοηθητικού ρήματος *be* και το ρήμα με την κατάληξη *-ing*. Χρησιμοποιείται για:

- ενέργειες που ξεκίνησαν πριν από συγκεκριμένη χρονική στιγμή και ολοκληρώθηκαν αργότερα. Η ακριβής διάρκεια της ενέργειας δεν έχει σημασία.

  Στεκόμουν στη στάση του λεωφορείου.
  I *was standing* at the bus stop.

- ενέργειες που διακόπηκαν. Για το γεγονός που διακόπτει την ενέργεια χρησιμοποιείται απλός αόριστος.

  Καθόμασταν στις θέσεις μας όταν χτύπησε το κουδούνι.
  We *were sitting* in our places when the bell rang.

- μια σύντομη ενέργεια που συνέβη κατά τη διάρκειας μιας ενέργειας μεγαλύτερης διάρκειας η οποία προϋπήρχε

  Ενώ περίμενα το λεωφορείο μου έπεσε το πορτοφόλι μου.
  While I *was waiting* for the bus I dropped my purse.

1.6 Παρακείμενος (present perfect)

Ο παρακείμενος σχηματίζεται από τον ενεστώτα του ρήματος *have* και το ρήμα με την κατάληξη *-ed*. Δείχνει ότι μια ενέργεια έχει ολοκληρωθεί αλλά παραμένει σημαντική στο παρόν.

- **Έχουν αγοράσει τα εισιτήριά τους και έχουν κλείσει τις θέσεις τους.**
  They *have bought* their tickets and *booked* their seats.

- Με την προσθήκη της λέξης *just* δηλώνεται ότι η ενέργεια ολοκληρώθηκε πολύ πρόσφατα.

  Μόλις τελείωσε τα μαθήματά του.
  He *has just finished* his homework.

- Ο παρακείμενος χρησιμοποιείται συχνά ως απάντηση στην ερώτηση *How long...?* μαζί με το *for* για να αναφερθούμε σε χρονική διάρκεια ή μαζί με το *since* για συγκεκριμένη χρονική στιγμή.

  Έχω ζήσει 15 χρόνια στο Εδιμβούργο.
  I *have lived* in Edinburgh *for* 15 years.

  Έχουμε αυτό το αυτοκίνητο από το 2015.
  We *'ve had* this car since 2015.

Παρακείμενος διαρκείας (present perfect continuous)

Ο παρακείμενος διαρκείας σχηματίζεται από τον ενεστώτα του βοηθητικού ρήματος *have* και το ρήμα με την κατάληξη *-ing*. Χρησιμοποιείται για:

- ενέργειες που ξεκίνησαν στο παρελθόν και συνεχίζονται τη στιγμή που μιλάμε ή έχουν μόλις ολοκληρωθεί

  Η μητέρα μου με βοηθούσε.
  My mother *has been helping* me.

- επαναλαμβανόμενες ενέργειες

  Παίρνω αυτό το περιοδικό κάθε μήνα.
  I*'ve been getting* this magazine every month.

Το *used to* χρησιμοποιείται επίσης για να περιγράψει ενέργειες ή καταστάσεις που συνέβησαν πολλές φορές στο παρελθόν και σε ορισμένες περιπτώσεις η ενέργεια δεν ισχύει πια.

Ο Τζέρυ πήγαινε πάντα για τρέξιμο πριν το πρωινό.
*Gerry always **used to** go for a run before breakfast.*

Τα *for* και *since* χρησιμοποιούνται με τον παρακείμενο διαρκείας για να αναφερθούμε σε χρονική περίοδο, ενώ το *since* για να αναφερθούμε σε χρονική διάρκεια που ξεκινά μια συγκεκριμένη χρονική στιγμή.

Κάνω μαθήματα Αγγλικών εδώ και τρία χρόνια.
*I **have been studying** English for three years.*

1.7 Υπερσυντέλικος *(past perfect)*

Ο υπερσυντέλικος σχηματίζεται από τον αόριστο του ρήματος *have* και το ρήμα με την κατάληξη *-ed*. Εκφράζει κάτι που συνέβη πριν από συγκεκριμένη χρονική στιγμή στο παρελθόν.

Άργησε επειδή είχε χάσει το τραίνο της.
*She was late because she **had missed** her train.*

Ο υπερσυντέλικος χρησιμοποιείται συχνά με χρονικές εκφράσεις όπως *always* ή *for several days*.

Θέλαμε πάντα να επισκεφθούμε τον Καναδά, οπότε πέρισυ αποφασίσαμε να πάμε.
*We **had always wanted** to visit Canada, so last year we decided to go.*

Υπερσυντέλικος διαρκείας *(past perfect continuous)*

Ο υπερσυντέλικος διαρκείας σχηματίζεται από τον αόριστο του βοηθητικού ρήματος *have* και το ρήμα με την κατάληξη *-ing* . Χρησιμοποιείται για:

• ενέργειες που ξεκίνησαν πριν από κάποια άλλη στο παρελθόν

Δούλευε στην Ιταλία εκείνο το καλοκαίρι και αποφάσισε να μείνει λίγο περισσότερο.
*He **had been working** in Italy that summer, and decided to stay a bit longer.*

• επαναλαμβανόμενες ενέργειες

Προσπαθούσε όλη μέρα να τηλεφωνήσει στη μητέρα της.
*She **had been trying** to phone her mother all day.*

1.8 Μέλλοντας *(future)*

Ο συνηθισμένος τρόπος να εκφράσουμε τον απλό μέλλοντα (simple future) στα Αγγλικά είναι να το βοηθητικό ρήμα *will* ακολουθούμενο από τη βασική μορφή του κύριου ρήματος. Το *will* χρησιμοποιείται για:

• μελλοντικά γεγονότα

Θα φάμε μεσημεριανό στις 12 η ώρα.
*We **will** have lunch at 12 o'clock.*

• υποσχέσεις ή διαβεβαιώσεις

Θα είμαι σπίτι στην ώρα μου για το τσάι.
I'll be home in time for tea.

• να εκφράσουμε αρνητική πρόθεση ή άρνηση με το *won't*

Δεν θα ξαναπάω εκεί· η εξυπηρέτηση ήταν άθλια.
*I **won't** go there again – the service was terrible.*

22

Άλλοι τρόποι αναφοράς στο μέλλον είναι οι εξής:

- Το **be going to** για προθέσεις και προβλέψεις

  Καλύτερα να φέρεις μέσα τη μπουγάδα γιατί φαίνεται ότι θα βρέξει.
  You'd better take the washing in as it looks like it's *going to* rain.

- Το **be about to** για το πολύ άμεσο μέλλον

  Δεν μπορώ να σταματήσω να τα πούμε, ετοιμάζομαι να φύγω για τη δουλειά.
  I can't stop and chat; *I'm about to* leave for work.

• Ο ενεστώτας διαρκείας όταν αναφερόμαστε σε σχέδια και προγράμματα για το μέλλον σε συνδυασμό με χρονικό επίρρημα.

  Πετάω για Γλασκώβη την Παρασκευή. *I'm flying* to Glasgow on Friday.

• Ο απλός ενεστώτας σε συνδυασμό με χρονικό επίρρημα όταν αναφερόμαστε σε σχέδια που περιλαμβάνονται σε χρονοδιάγραμμα ή κάτι που έχουμε ήδη κανονίσει.

  Φεύγουμε αύριο στις 4 μ.μ.   We *leave* at 4 p.m. tomorrow.

• Ο συντελεσμένος μέλλοντας (που σχηματίζεται με το **will have** συν το ρήμα με την κατάληξη **-ed**) χρησιμοποιείται για να αναφερθούμε σε μια ενέργεια που θα έχει ολοκληρωθεί κατά τη μελλοντική χρονική στιγμή στην οποία αναφερόμαστε.

  Ο μπαμπάς θα έχει ετοιμάσει το βραδινό την ώρα που θα γυρίσουμε.
  Dad *will have made* dinner by the time we get back.

• Ο μέλλοντας διαρκείας χρησιμοποιείται στην καθημιλουμένη για να δείξουμε ότι κάτι πρόκειται να συμβεί άμεσα ή θα συμβεί κάποια στιγμή, χωρίς να ξεκαθαρίζουμε ή να ξέρουμε τον ακριβή χρόνο.

  Δεν θα δούμε τον θείο Τζιμ όσο θα είμαστε στο Λονδίνο.
  We *won't be seeing* Uncle Jim while we are in London.

1.9 Phrasal verbs (Συνδυασμός ρήματος και πρόθεσης ή επιρρήματος)

Τα phrasal verbs είναι είδος ρημάτων που δημιουργούνται από τον συνδυασμό κύριου ρήματος και επιρρήματος, πρόθεσης ή επιρρήματος και πρόθεσης. Η σημασία πολλών phrasal verbs δεν είναι προφανής με βάση τα συστατικά τους μέρη.

  Το αεροπλάνο απογειώθηκε στην ώρα του.
  The plane *took off* on time.

Για τα phrasal verbs που παίρνουν αντικείμενο, το αντικείμενο μπορεί να συντάσσεται πριν ή μετά το επίρρημα.

  Τακτοποίησε τα ρούχα της.   She *tidied away* her clothes.
  Έσβησε το κερί.   She *blew* the candle *out*.

1.10 Modal verbs

Τα modal verbs (*can, could, may, might, shall, should, will, would, must, ought*) είναι ένα είδος βοηθητικών ρημάτων. Χρησιμοποιούνται για να δώσουν μια συγκεκριμένη σημασία στο κύριο ρήμα, π.χ.:

- για να δείξουμε συγκεκριμένο βαθμό αμφιβολίας ή πιθανότητας

  Ενδέχεται να μην μπορώ να το κάνω.   I *may* not be able to do it.
  Νομίζω ότι μπορεί να κρύωσα.
  I think I *might* have caught your cold.

- για να δείξουμε το κατά πόσο κάτι είναι πιθανό στο μέλλον

  Θα τη δεις την Παρασκευή το βράδυ.
  You *will* be seeing her on Friday night.

23

Μπορεί να τους πάρω μαζί μου.
I **might** bring them with me.

• για να ζητήσουμε ή να δώσουμε άδεια για μια ενέργεια

Μπορείς να δανειστείς το αυτοκίνητό μου αν θες.
You **can** borrow my car if you like.

• για να κάνουμε εικασίες

Ο καιρός είναι τόσο κακός που η πτήση ενδέχεται να έχει καθυστέρηση.
The weather's so bad the flight **could** be late.

• για να εκφράσουμε υποχρέωση ή καθήκον

Πρέπει να παραδώσεις την εργασία σου αύριο.
You **must** hand in your essay tomorrow.

• για να ζητήσουμε πιο ευγενικά κάτι

Θα μπορούσατε να κλείσετε την πόρτα;
Would you please close the door?

Σε αντίθεση με άλλα ρήματα, τα modal verbs έχουν μία μόνο μορφή και έναν μόνο χρόνο: τον απλό ενεστώτα. Δεν έχουν απαρέμφατο ούτε παίρνουν την κατάληξη **-s** στο 3ο ενικό πρόσωπο. Καθώς δεν έχουν αόριστο, χρησιμοποιούνται άλλα ρήματα.

Έπρεπε να επισκεφθώ τη θεία Μέι χτες.
I **had to** visit Aunt May yesterday.

Can/could/may

Τα **can** και **could** χρησιμοποιούνται:

• για να δείξουμε ότι ξέρουμε να κάνουμε κάτι ή ότι έχουμε την ικανότητα να το κάνουμε

Ξέρω να ιππεύω άλογα.   I **can** ride a horse.

• για να ζητήσουμε ευγενικά κάτι ή για να ζητήσουμε άδεια. Το **could** δείχνει επιφύλαξη σε σχέση με το **can**, ενώ το **may** χρησιμοποιείται για να ζητήσουμε άδεια σε πιο επίσημο ύφος.

Μπορώ να δανειστώ το αυτοκίνητο, παρακαλώ;
Could I borrow the car, please?

Θα μπορούσα να χρησιμοποιήσω το τηλέφωνό σας;
May I use your phone?

Must/should

Το **must** χρησιμοποιείται:

• για να δείξουμε υποχρέωση ή ηθική υποχρέωση

Όλοι οι μαθητές πρέπει να φέρνουν μολύβι στο σχολείο.
All pupils **must** bring a pencil to school.

Θα έπρεπε να καταγγείλεις το γεγονός στην αστυνομία.
You **should** report the matter to the police.

• για να δώσουμε εντολές ή συστάσεις

Πρέπει να πας για ύπνο τώρα.
You **must** go to sleep now.

Θα πρέπει να κάνεις ότι σου συστήσει ο γιατρός.
You **should** do what the doctor suggests.

• για να δώσουμε συμβουλές ή να κάνουμε προτάσεις

Πρέπει να δεις αυτή την ταινία, είναι καταπληκτική!
You **must** see this film, it's great!

Καλύτερα να ξεβιδώσεις πρώτα την πάνω βίδα.
He **should** undo the top screws first.

Το **should** και ο παρακείμενος/υπερσυντέλικος του κύριου ρήματος μπορούν να χρησιμοποιηθούν για να δείξουμε μεταμέλεια σχετικά με κάτι που έγινε ή δεν έγινε. Μπορεί επίσης να χρησιμοποιηθεί το **ought to**, αν και πιο σπάνια.

Θα έπρεπε να μου έχεις πει ότι θα αργήσεις.
You **should** have told me you were running late.

1.11 Συντετμημένες μορφές

Τα βοηθητικά ρήματα χρησιμοποιούνται συχνά στη συντετμημένη τους μορφή. Η συντετμημένη μορφή στην άρνηση σχηματίζεται από το βοηθητικό ρήμα με την κατάληξη **n't**.

Πλήρεις μορφές	Συντετμημένες μορφές
do not, does not, did not	→ don**'t**, doesn**'t**, didn**'t**
will not	→ won**'t**
is not, are not, was not, were not	→ isn**'t**, aren**'t**, wasn**'t**, weren**'t**
have not, has not, had not	→ haven**'t**, hasn**'t**, hadn**'t**
cannot	→ can**'t**
I am	→ I**'m**
he is/has, she is/has, it is/has	→ he**'s**, she**'s**, it**'s**
you are, we are, they are	→ you**'re**, we**'re**, they**'re**
I have, you have, they have, we have	→ I**'ve**, you**'ve**, they**'ve**, we**'ve**
I had/would, he had/would, she had/would, etc	→ I**'d**, he**'d**, she**'d**, etc
I will, he will, she will, etc	→ I**'ll**, he**'ll**, she**'ll**, etc

1.12 to+απαρέμφατο και μορφή -ing

Η σύνταξη **to+απαρέμφατο** και η μορφή **-ing** μπορούν να χρησιμοποιηθούν μετά από ορισμένα ρήματα. Στα ρήματα που ακολουθούνται από το+απαρέμφατο ή αντικείμενο συν το+απαρέμφατο περιλαμβάνονται τα εξής: agree, choose, decide, force, help, hope, invite, learn, offer, see, tell, want.

Ελπίζω να σε ξαναδώ σύντομα.   I **hope to see** you again soon.

Τρελαίνεται να χορεύει.   He **loves dancing**.

Στα ρήματα που ακολουθούνται από τη μορφή **-ing** περιλαμβάνονται τα εξής: avoid, dislike, finish, imagine.

Έχεις τελειώσει εκείνο το βιβλίο;
Have you **finished reading** that book yet?

Ορισμένα ρήματα ακολουθούνται είτε από **to+απαρέμφατο** είτε από τη μορφή **-ing** με μηδαμινή ή καμία διαφοροποίηση. Στα ρήματα αυτά περιλαμβάνονται τα εξής: begin, continue, like, love, hate, prefer.

Της αρέσει να κολυμπάει στη θάλασσα.
She **likes to swim/likes swimming** in the sea.

2 Ουσιαστικά

2.1 Είδη ουσιαστικών

Τα ουσιαστικά που είναι ονόματα ονομάζονται **κύρια**. Τα κύρια ουσιαστικά συνήθως αναφέρονται σε συγκεκριμένο άτομο, μέρος ή αντικείμενο. Γράφονται πάντα με κεφαλαίο το αρχικό γράμμα, π.χ.:

John Lennon Spain Thursday June Easter The Times Mr Brown

Όλα τα άλλα ουσιαστικά που αναφέρονται σε πράγματα ή είδη ονομάζονται **κοινά**.

Ο αδερφός και η αδερφή μου επισκέφθηκαν τη μητέρα μου.
My **brother** and **sister** visited my **mother**.

Ο θυμός που ένιωθε ο Τζον τον κυρίευσε.
The **anger** that John felt was overwhelming.

Τα **περιληπτικά ουσιαστικά** αναφέρονται σε ομάδες ατόμων ή ζώων.

a **herd** of cows   a **swarm** of bees

Τα **μετρήσιμα ουσιαστικά** αναφέρονται σε μετρήσιμα πράγματα: one cat, two cats, seventeen cats κλπ. Υπάρχουν στον ενικό και τον πληθυντικό και ο αριθμός φαίνεται από τον τρόπο γραφής. Στον ενικό, πρέπει να χρησιμοποιούνται με προσδιοριστή.

Μπορείς να φέρεις μια καρέκλα για τη Μάντι;
Fetch **a chair** for Maddy, will you?

Αγοράσαμε έξι καινούριες καρέκλες.
We've bought six **new chairs**.

Τα **μη μετρήσιμα ουσιαστικά** αναφέρονται σε πράγματα που γενικά δεν τα θεωρούμε μετρήσιμα, όπως οι ιδιότητες ή οι αφηρημένες έννοιες. Κατά κανόνα, τα μη μετρήσιμα ουσιαστικά δεν έχουν πληθυντικό. Συντάσσονται με ρήμα στον ενικό. Γενικά, δεν χρησιμοποιούνται με αόριστο άρθρο.

Ο Τζον μου ζήτησε συμβουλές.
John asked me for some **advice**.

Ο Τρέβορ παρουσίασε στοιχεία στη δίκη.
Trevor gave **evidence** at the trial.

Ορισμένα ουσιαστικά συμπεριφέρονται ως μετρήσιμα σε ορισμένες προτάσεις και ως μη μετρήσιμα σε άλλες. Συνήθως έχουν διαφορετική σημασία ανάλογα με τη χρήση τους.

Ο χρόνος κυλούσε αργά.   *Time* passed slowly.

Το έκανε τέσσερις φορές.   She did it four *times*.

Τα **σύνθετα ουσιαστικά** (compound nouns) είναι ουσιαστικά τα οποία σχηματίζονται από δύο ή περισσότερες λέξεις. Συχνά, η σημασία του συνόλου διαφέρει από τη σημασία των μεμονωμένων λέξεων. Το βασικό ουσιαστικό είναι συνήθως το τελευταίο.

tea**pot**   head**ache**   washing **machine**

Τα ουσιαστικά μπορούν επίσης να χρησιμοποιηθούν ως τροποποιητές χωρίς να σχηματίζουν σύνθετο ουσιαστικό.

a **concrete** slab   old **oak** beams

Ορισμένα ουσιαστικά, όπως τα ονόματα ποταμών, ωκεανών και οροσειρών, χρησιμοποιούνται μόνο σε συνδυασμό με το οριστικό άρθρο **the**:

the Thames   **the** Alps   **the** Atlantic

2.2 Αριθμός των ουσιαστικών

Η συνηθισμένη κατάληξη του πληθυντικού των ουσιαστικών στα Αγγλικά είναι το **-s**.

    cat → *cats*   *paper* → *papers*   *thought* → *thoughts*

Υπάρχουν όμως και εξαιρέσεις:

κατάληξη ενικού	κατάληξη πληθυντικού
-s, -ss, -ch, -x, -zz focus, princess, church, box, buzz	**-es** focuses, princesses, churches, boxes, buzzes
-o hero, piano, potato	**-s** ή **-es** heroes, pianos, potatoes
σύμφωνο + y baby, hobby	**-ies** babies, hobbies
φωνήεν + y key, ray	**-s** keys, rays
-f hoof, dwarf, thief, roof	**-s** ή **-ves** hoofs ή hooves, dwarf ή dwarves, thieves, roofs
-fe knife, life	**-ves** knives, lives

Ορισμένα ουσιαστικά είναι ίδια στον ενικό και τον πληθυντικό.

    a sheep → *ten sheep*   *a goldfish* → *several goldfish*

Σε ορισμένα ουσιαστικά ο πληθυντικός σχηματίζεται με την αλλαγή ενός φωνήεντος.

    man → *men*   *woman* → *women*   *mouse* → *mice*

Ορισμένα ουσιαστικά που αναφέρονται σε ρούχα και εργαλεία τα οποία αποτελούνται από δύο όμοια ενωμένα τμήματα, π.χ. *trousers*, *binoculars* και *tongs*, συμπεριφέρονται σαν πληθυντικός και συντάσσονται με ρήμα στον πληθυντικό.

    Το ψαλίδι είναι πάνω στο τραπέζι.
    *The scissors **are** on the table.*

Τα ουσιαστικά που δεν έχουν αγγλική ρίζα αλλά προέρχονται από ξένες γλώσσες κρατάνε συχνά τον πληθυντικό της γλώσσας προέλευσής τους.

    a crisis → *two crises*   *a formula* → *some formulae* (ή *formulas*)

3   Προσδιοριστές

3.1 Είδη προσδιοριστών

Υπάρχουν διάφορα είδη προσδιοριστών:

- το αόριστο άρθρο **a** ή **an**
    Ένας άντρας μπήκε στο μαγαζί.   *A man came into the shop.*

- το οριστικό άρθρο **the**
    Ο σκύλος κυνήγησε τον λαγό.   *The dog chased **the** rabbit.*

- τα δεικτικά επίθετα **this**, **that**, **these**, **those**
    Αυτό το βιβλίο είναι καλύτερο από εκείνο.
    ***This** book is better than **that** one.*

- τα κτητικά επίθετα *my*, *your*, *his*, *her*, *its*, *our*, *their*

    Η Σόνα βρήκε το βιβλίο του στο αυτοκίνητό της.
    Shona found his book in her car.

- οι ποσοδείκτες όπως *some*, *any* και *all*

    Έχω λίγο καφέ αλλά δεν έχω καθόλου ζάχαρη.
    I've got some coffee but I haven't got any sugar.

- τα απόλυτα και τακτικά αριθμητικά

    Τα δύο αγόρια μεγάλωσαν μαζί στο Μανχάταν.
    The two boys grew up together in Manhattan.

    Το δεύτερο παιδί τους είναι να γεννηθεί τον Οκτώβριο.
    Their second child is due in October.

- τα επιμεριστικά όπως *each* και *every*

    Κάθε παιδί πήρε ένα βιβλίο.
    Each child received a book.

- οι επιφωνηματικές λέξεις όπως *what* και *such*

    Τι κρίμα!
    What a shame!

3.2 Το οριστικό και το αόριστο άρθρο

Το αόριστο άρθρο χρησιμοποιείται με τον ενικό των μετρήσιμων ουσιαστικών.

Ένας άντρας εθεάθη να απομακρύνεται οδηγώντας ένα μαύρο αυτοκίνητο.
A man was seen driving away in a black car.

Η μορφή *an* χρησιμοποιείται πριν από φωνήεντα.

a unique experience   *an awful mistake*

Το οριστικό άρθρο χρησιμοποιείται με ουσιαστικά στον ενικό και τον πληθυντικό. Χρησιμοποιείται τόσο με μετρήσιμα όσο και με μη μετρήσιμα ουσιαστικά.

Άναψες τη θέρμανση;
Did you switch the heating on?

Ας πάμε τα παιδιά στην πισίνα.
Let's take the children to the swimming pool.

Τα μετρήσιμα και τα μη μετρήσιμα ουσιαστικά χρησιμοποιούνται χωρίς άρθρο όταν αναφέρονται με γενική έννοια.

Τα λαχανικά κάνουν καλό.
Vegetables are good for you.

Αυτό το κατάστημα πουλάει έπιπλα.
This shop sells furniture.

Δεικτικά επίθετα

Τα δεικτικά επίθετα χρησιμοποιούνται για τον καθορισμό της απόστασης στον χώρο ή τον χρόνο σε σχέση με τον ομιλητή. Τα δεικτικά επίθετα είναι τα εξής: *this*, *that*, *these*, *those*.

Το *this* και το *these* αναφέρονται σε αντικείμενα κοντά στον ομιλητή.

Αυτά τα μήλα είναι από την Αυστραλία.
These apples come from Australia.

28

Το *that* και το *those* αναφέρονται σε αντικείμενα που βρίσκονται πιο μακριά από τον ομιλητή.

Βλέπεις εκείνο τον άντρα πάνω στον λόφο;
Can you see that man up on the hill?

Το *this* και το *that* χρησιμοποιούνται πριν από μετρήσιμα ουσιαστικά στον ενικό και πριν από μη μετρήσιμα ουσιαστικά. Το *these* και το *those* χρησιμοποιούνται πριν τον πληθυντικό μετρήσιμων ουσιαστικών.

Αυτό το βιβλίο είναι δικό μου, αλλά εκείνο το περιοδικό όχι.
This book is mine, but that magazine isn't.

Εκείνοι οι άντρες επισκευάζουν τη στέγη.
Those men are mending the roof.

3.4 Κτητικά επίθετα

Τα κτητικά επίθετα στα Αγγλικά μεταβάλλονται ανάλογα με τον αριθμό και το γένος του κατόχου και είναι τα εξής:

πρόσωπο	ενικός	πληθυντικός
1°	my	our
2°	your	your
3° (αρσενικό)	his	their
3° (θηλυκό)	hers	their
3° (ουδέτερο)	its	their

Τα παπούτσια σου είναι κάτω από το κρεβάτι σου.
Your shoes are under your bed.

Οι κτητικές φράσεις λειτουργούν ακριβώς όπως τα κτητικά επίθετα αλλά είναι ουσιαστικά ή ονοματικές φράσεις που λήγουν σε -'s για τις λέξεις στον ενικό και σε -s' για τις λέξεις στον πληθυντικό που λήγουν σε -s.

Robert's mother   *the residents' dining room*

4 Επίθετα

4.1 Προσδιοριστική και κατηγορηματική χρήση

Τα περισσότερα επίθετα μπορούν να προηγούνται ενός ουσιαστικού και αυτή είναι η προσδιοριστική τους χρήση.

*a **tall** girl*   ***green** grass*   *four **happy little** boys*

Τα περισσότερα επίθετα μπορούν επίσης να ακολουθούν συνδετικά ρήματα όπως *be* ή *seem* και αυτή είναι η κατηγορηματική τους χρήση.

Τα τριαντάφυλλα είναι κίτρινα.   *The roses are **yellow**.*

Αυτά τα βιβλία δείχνουν πολύ ενδιαφέροντα.
*These books **seem** really interesting.*

Κάθε λέξη που μπορεί να έχει και τους δύο αυτούς ρόλους είναι κανονικό επίθετο. Ωστόσο, ορισμένα επίθετα μπορούν να έχουν μόνο κατηγορηματική χρήση. Πολλά από αυτά ξεκινάνε με *a-*: *afloat, afraid, alike, alive, alone, ashamed, asleep, awake.*

Τα κορίτσια κοιμούνταν.   *The girls were **asleep**.*

4.2 Σειρά επιθέτων

Η κανονική σειρά των επιθέτων είναι η εξής:

- επίθετα που δηλώνουν συναίσθημα ή ιδιότητα:
  pleasant childhood memories
- επίθετα που δηλώνουν μέγεθος, ηλικία, θερμοκρασία ή διάσταση:
  a lovely **big** smile
- επίθετα που δηλώνουν χρώμα:
  her beautiful **blue** eyes
- επίθετα που δηλώνουν εθνικότητα ή προέλευση:
  an elegant **French** woman
- επίθετα που περιγράφουν την ουσία ή το υλικό κατασκευής:
  a large **wooden** door

Τα επίθετα πριν από τα ουσιαστικά συνήθως δεν διαχωρίζονται με το **and**, εκτός αν πρόκειται για επίθετα που δηλώνουν χρώμα: a **red and blue** flag

4.3 Συγκριτικός και υπερθετικός βαθμός

Τα επίθετα παίρνουν την κατάληξη **-er** για τον σχηματισμό του συγκριτικού βαθμού και για την κατάληξη **-est** για τον υπερθετικό βαθμό. Τα μονοσύλλαβα επίθετα παίρνουν συνήθως τις καταλήξεις αυτές:

bright → bright**er**/bright**est** long → long**er**/long**est** sharp → sharp**er**/sharp**est**

Αν ένα επίθετο λήγει σε **-e**, το **-e** αφαιρείται, ενώ αν λήγει σε **-y**, το **-y** μετατρέπεται σε **-i**.

wiser → wis**er**/wis**est** pretty → pretti**er**/pretti**est** weary → weari**er**/weari**est**

Για τα επίθετα με τρεις ή περισσότερες συλλαβές χρησιμοποιούνται οι λέξεις **more** ή **most** μπροστά από το επίθετο.

Αυτά είναι τα πιο όμορφα λουλούδια που έλαβα ποτέ.
These are the **most beautiful** flowers I have ever received.

Μερικά ανώμαλα επίθετα σχηματίζουν πολύ διαφορετικά τον συγκριτικό και τον υπερθετικό βαθμό τους.

good → better/the best bad → worse/the worst far → further/the furthest

5 Αντωνυμίες

5.1 Είδη αντωνυμιών

Υπάρχουν διάφορα είδη αντωνυμιών:

- προσωπικές αντωνυμίες

  Αυτός της έδωσε ένα κουτί σοκολατάκια.
  He gave **her** a box of chocolates.

- αυτοπαθείς αντωνυμίες

  Κόπηκα με ένα κομμάτι γυαλί.   I've just cut **myself** on a piece of glass.

- κτητικές αντωνυμίες

  Δωσ' το πίσω, είναι δικό μου.   Give it back, it's **mine**.

- δεικτικές αντωνυμίες

  Αυτά είναι ωραία.   **These** are nice.

  Πού τα βρήκες;   Where did you find **them**?

- αναφορικές αντωνυμίες

  Δεν ξέρω τι εννοείς.　　　　*I don't know **what** you mean.*

- ερωτηματικές αντωνυμίες

  Ποιος ήταν υπεύθυνος;　　　*__Who__ was responsible?*

- αόριστες αντωνυμίες

  Όλοι είχαν μια πυξίδα.　　　*__Everyone__ had a compass.*

5.2 Προσωπικές αντωνυμίες

Αυτές είναι οι προσωπικές αντωνυμίες στα Αγγλικά:

πρόσωπο	υποκείμενο (ενικός)	υποκείμενο (πληθυντικός)	αντικείμενο (ενικός)	αντικείμενο (πληθυντικός)
1°	I	me	we	us
2°	you	you	you	you
3° (αρσενικό)	he	him	they	them
3° (θηλυκό)	she	her	they	them
3° (ουδέτερο)	it	it	they	them

Όταν δύο αντωνυμίες ή ένα ουσιαστικό που δηλώνει πρόσωπο και μια προσωπική αντωνυμία αποτελούν από κοινού το υποκείμενο ενός ρήματος, πρέπει να χρησιμοποιηθεί η μορφή υποκειμένου της αντωνυμίας.

> **Εκείνος και εγώ θα πάμε στο σινεμά.**
> *He and I are going to the cinema.*

Όταν δύο αντωνυμίες ή ένα ουσιαστικό που δηλώνει πρόσωπο και μια προσωπική αντωνυμία αποτελούν από κοινού του αντικείμενο εντός ρήματος, πρέπει να χρησιμοποιηθεί η μορφή αντικειμένου της αντωνυμίας. Η μορφή αντικειμένου πρέπει επίσης να χρησιμοποιείται μετά από προθέσεις και τη λέξη *than* σε συγκρίσεις.

> **Αποφάσισαν να βοηθήσουν την Τζέιν και εμένα.**
> *They decided to help **Jane and me**.*

> **Ο Τζον είναι μικρότερός μου.**
> *John is younger than **me**.*

5.3 Κτητικές αντωνυμίες

Οι κτητικές αντωνυμίες δεν είναι ίδιες στον ενικό και στον πληθυντικό εκτός από το 2° πρόσωπο. Στο 3° ενικό πρόσωπο η μορφή αλλάζει ανάλογα με το γένος του κατόχου.

κτητικό επίθετο	κτητική αντωνυμία
mine	my
yours	your (ενικός)
his	his
hers	her
(δεν υπάρχει)	its
ours	our
yours	your (πληθυντικός)
theirs	their

Προσοχή: Μην γράφετε αυτές τις μορφές, και ειδικά το *its*, με απόστροφο. Το *it's* είναι η συντετμημένη μορφή του *it is*.

Ψάχνω τα αθλητικά της Έλεν. Ίσως αυτά να είναι τα δικά της.
I'm looking for Helen's trainers. Perhaps these are hers.

Αυτές είναι οι δικές μας θέσεις και οι μπροστινές είναι οι δικές σας.
These are our seats and the ones in front are yours.

5.4 Αναφορικές αντωνυμίες

Αναφορικές αντωνυμίες είναι οι λέξεις *who*, *whom*, *which* και *that*. Οι αναφορικές αντωνυμίες συνδέουν μια δευτερεύουσα πρόταση με την κύρια πρόταση.

Μπορεί να χάσει τη δουλειά του, το οποίο θα ήταν καταστροφικό.
He might lose his job, which would be disastrous.

Το *which* δεν χρησιμοποιείται όταν το υποκείμενο ή το αντικείμενο είναι άνθρωπος, ενώ τα *who* και *whom* χρησιμοποιούνται μόνο όταν το υποκείμενο ή το αντικείμενο είναι άνθρωπος.

Με σύστησε στον φίλο του, ο οποίος είχε μόλις επιστρέψει από την Κίνα.
He introduced me to his friend, who had just returned from China.

Το *whom* είναι ιδιαίτερα επίσημο και δεν χρησιμοποιείται συχνά. Στην καθομιλουμένη, συνήθως προτιμάται αντ' αυτού το *who*.

Ανακάλυψα ποιον επισκέφθηκε.
I discovered who he was visiting.

5.5 Ερωτηματικές αντωνυμίες

Οι ερωτηματικές αντωνυμίες *who*, *whom* και *whose* χρησιμοποιούνται μόνο για ανθρώπους. Οι ερωτηματικές αντωνυμίες *which* και *what* χρησιμοποιούνται για πράγματα.

Ποιος χορεύει με τη Λούσι;
Who is dancing with Lucy?

Ποιο από αυτά τα βιβλία θα μου πρότεινες;
Which of these books would you recommend?

Το *whose* είναι η κτητική μορφή της αντωνυμίας.

Τίνος είναι το αυτοκίνητο εκεί έξω;
Whose is that car outside?

Το *whom* είναι μια ιδιαίτερα επίσημη λέξη, την οποία οι περισσότεροι αποφεύγουν καθώς μπορεί να χρησιμοποιηθεί το *who* στη θέση της.

Σε ποιον μιλούσες;
Who were you speaking to?

Η μορφή αντικειμένου των ερωτηματικών αντωνυμιών ακολουθεί μετά από πρόθεση. Στον καθημερινό λόγο, η πρόθεση μπορεί να βρίσκεται στο τέλος της πρότασης.

Σε ποιον ανήκει αυτό;
Who does this belong to?

a

about [ə'baut] *adv* **1** (*approximately*) περίπου
• **at about 2 o'clock** γύρω στις 2 • **I've just about finished** κοντεύω να τελειώσω
2 (*referring to place*) εδώ κι εκεί • **to run/walk about** τρέχω/τριγυρίζω εδώ κι εκεί
3: **to be about to do sth** είμαι έτοιμος να κάνω κτ
▶ *prep* **1** (*relating to*) για • **what is it about?** περί τίνος πρόκειται; • **what** *or* **how about going out?** πώς σας φαίνεται *or* τι λέτε να βγούμε έξω;
2 (*referring to place*): **to walk about the town** τριγυρίζω στην πόλη • **her clothes were scattered about the room** τα ρούχα της ήταν σκορπισμένα εδώ κι εκεί στο δωμάτιο

above [ə'bʌv] *adv* (*higher up, overhead*) από πάνω • (*greater, more*) πάνω από ▶ *prep* πάνω από • **mentioned ~** προαναφερθείς
• **~ criticism/suspicion** υπεράνω κριτικής/υποψίας • **~ all** πάνω απ' όλα

abroad [ə'brɔːd] *adv* στο εξωτερικό

abrupt [ə'brʌpt] *adj* (*action, ending etc*) αιφνίδιος
• (*person, behaviour*) απότομος

absence ['æbsəns] *n* (*of person*) απουσία *f* • (*of thing*) έλλειψη *f*

absent ['æbsənt] *adj* απών • **to be ~** λείπω

absolute ['æbsəluːt] *adj* απόλυτος

absolutely [æbsə'luːtlɪ] *adv* (*totally*) απόλυτα
• (*certainly*) βεβαίως

absorb [əb'zɔːb] *vt* απορροφώ • (*changes, information*) αφομοιώνω • **to be absorbed in a book** με έχει απορροφήσει ένα βιβλίο

absorbing [əb'zɔːbɪŋ] *adj* συναρπαστικός

abstain [əb'steɪn] *vi* (*in vote*) απέχω • **to ~ from** απέχω από

abstract ['æbstrækt] *adj* (*Art, Ling*) αφηρημένος

absurd [əb'sɜːd] *adj* παράλογος

abundance [ə'bʌndəns] *n* αφθονία *f*

abundant [ə'bʌndənt] *adj* άφθονος

abuse [*n* ə'bjuːs, *vb* ə'bjuːz] *n* (*insults*) βρισιές *fpl*
• (*ill-treatment*) κακομεταχείριση *f* • (*of power, drugs etc*) κατάχρηση *f* ▶ *vt* (*insult*) προσβάλλω
• (*ill-treat*) κακομεταχειρίζομαι • (*misuse*) κάνω κατάχρηση +*gen*

abusive [ə'bjuːsɪv] *adj* προσβλητικός

abysmal [ə'bɪzməl] *adj* (*performance*) κάκιστος
• (*failure*) παταγώδης • (*conditions, wages*) απαράδεκτος

academic [ækə'demɪk] *adj* ακαδημαϊκός
• (*pej: issue*) θεωρητικός ▶ *n* ακαδημαϊκός *mf*

academic year *n* ακαδημαϊκό έτος *nt*

academy [ə'kædəmɪ] *n* (*learned body*) ακαδημία *f* • (*school*) ινστιτούτο *f* • **~ of music** ωδείο
• **military/naval ~** στρατιωτική/ναυτική σχολή

accelerate [æk'seləreɪt] *vt* επιταχύνω ▶ *vi* (*Aut*) αυξάνω ταχύτητα

acceleration [ækselə'reɪʃən] (*Aut*) *n* επιτάχυνση *f*

accelerator [æk'seləreɪtə*r*] (*Aut*) *n* γκάζι *nt*

accent ['æksent] *n* (*pronunciation*) προφορά *f*
• (*written mark*) τόνος *m* • (*fig*) έμφαση *f*

accept [ək'sept] *vt* δέχομαι • (*fact, situation*) αποδέχομαι • (*risk, responsibility, blame*) παίρνω

A, a [eɪ] *n* (*letter*) το πρώτο γράμμα του αγγλικού αλφαβήτου • (*Scol: mark*) άριστα *nt inv*, ≈ Α
• **A road** (*Brit Aut*) οδική αρτηρία

a [eɪ, ə] (*before vowel and silent h* **an**) *indef art*
1 ένας *m*, μια *f*, ένα *nt* • **she's a doctor** είναι γιατρός
2 (*instead of the number "one"*) ένας *m*, μια *f*, ένα *nt* • **a hundred/thousand pounds** εκατό/χίλιες λίρες
3 (*expressing ratios, prices etc: translated by the accusative*): **3 a day/a week** 3 την ημέρα/την εβδομάδα • **10 km an hour** 10 χλμ. την ώρα
• **£5 a person** 5 λίρες το άτομο • **30p a kilo** 30 πέννες το κιλό

AA *n abbr* (*Brit*: = *Automobile Association*)
≈ Ε.Λ.Π.Α. • (*US*: = *Associate in/of Arts*) πανεπιστημιακός τίτλος πτυχίου • (= *Alcoholics Anonymous*) Ανώνυμοι Αλκοολικοί

AAA *n abbr* (= *American Automobile Association*)
≈ Ε.Λ.Π.Α.

aback [ə'bæk] *adv*: **to be taken ~** σαστίζω

abandon [ə'bændən] *vt* εγκαταλείπω • (*car*) παρατάω ▶ *n*: **with ~** ξέφρενα

abbey ['æbɪ] *n* αβαείο *nt*

abbreviation [əbriːvɪ'eɪʃən] *n* συντομογραφία *f*

abdomen ['æbdəmen] *n* κοιλιά *f*

abide [ə'baɪd] *vt*: **I can't ~ it/him** δεν το/τον ανέχομαι
▶ **abide by** *vt fus* συμμορφώνομαι με

ability [ə'bɪlɪtɪ] *n* ικανότητα *f* • **to the best of my ~** όσο καλύτερα μπορώ

able ['eɪbl] *adj* ικανός • **to be ~ to do sth** μπορώ να κάνω κτ

abnormal [æb'nɔːməl] *adj* ανώμαλος • (*child*) μη φυσιολογικός

aboard [ə'bɔːd] *prep* (*Naut*) πάνω σε • (*Aviat, Bus, Rail*) μέσα σε ▶ *adv* μέσα

abolish [ə'bɒlɪʃ] *vt* καταργώ

abolition [æbə'lɪʃən] *n* κατάργηση *f*

abortion [ə'bɔːʃən] *n* έκτρωση *f* • **to have an ~** κάνω έκτρωση

acceptable [ək'sɛptəbl] *adj* (*offer, risk etc*)
αποδεκτός • (*gift*) ευπρόσδεκτος
acceptance [ək'sɛptəns] *n* αποδοχή *f*
access ['æksɛs] *n* πρόσβαση *f* ▶ *vt* (*Comput*)
αποκτώ πρόσβαση σε • **to have ~ to** έχω
πρόσβαση σε
accessible [æk'sɛsəbl] *adj* προσβάσιμος
accessory [æk'sɛsərɪ] *n* (*Aut, Comm*) εξάρτημα
nt • (*Dress*) αξεσουάρ *nt inv* • (*Jur*): **~ to**
συνεργός σε
accident ['æksɪdənt] *n* (*chance event*) τυχαίο
περιστατικό *nt* • (*mishap, disaster*) ατύχημα *nt*
• **by ~** (*unintentionally*) κατά λάθος • (*by chance*)
κατά τύχη
accidental [æksɪ'dɛntl] *adj* (*death, damage*)
τυχαίος
accidentally [æksɪ'dɛntəlɪ] *adv* (*by accident*)
τυχαία
acclaim [ə'kleɪm] *n* επιδοκιμασία *f* ▶ *vt*: **to be
acclaimed for one's achievements**
εξυμνούμαι για τα επιτεύγματά μου
accommodate [ə'kɔmədeɪt] *vt* φιλοξενώ
• (*oblige, help*) εξυπηρετώ
accommodation [əkɔmə'deɪʃən] *n* κατάλυμα
nt ■ **accommodations** *npl* (*US*) ενοικιαζόμενα
δωμάτια *nt pl*
accompaniment [ə'kʌmpənɪmənt] *n*
συνοδεία *f* • (*Mus*) ακομπανιαμέντο *nt*
accompany [ə'kʌmpənɪ] *vt* (*also Mus*)
συνοδεύω
accomplice [ə'kʌmplɪs] *n* συνεργός *mf*
accomplish [ə'kʌmplɪʃ] *vt* (*goal*) επιτυγχάνω
• (*task*) ολοκληρώνω
accomplishment [ə'kʌmplɪʃmənt] *n*
(*completion*) ολοκλήρωση *f* • (*achievement*)
κατόρθωμα *nt* • (*skill*) ικανότητες *fpl*
■ **accomplishments** *npl* χαρίσματα *nt pl*
accord [ə'kɔːd] *n* συμφωνία *f* ▶ *vt* παρέχω • **of
his own ~** με τη θέλησή του • **to ~ with sth**
συμφωνώ με κτ
accordance [ə'kɔːdəns] *n*: **in ~ with** σύμφωνα
με
according [ə'kɔːdɪŋ]: **~ to** *prep* (*person, account*)
σύμφωνα με • **~ to plan** σύμφωνα με το σχέδιο
accordingly [ə'kɔːdɪŋlɪ] *adv* (*appropriately*)
ανάλογως • (*as a result*) κατά συνέπεια
account [ə'kaunt] *n* (*in bank also Comm*)
λογαριασμός *m* • (*report*) αναφορά *f* • **by all
accounts** κατά γενική ομολογία • **it is of no ~**
δεν έχει καμία σημασία • **on ~** με πίστωση • **on
no ~** με κανέναν τρόπο • **on ~ of** λόγω +*gen* • **to
take into ~, take ~ of** λαμβάνω υπόψη
■ **accounts** *npl* (*Comm*) λογαριασμός *m*
• (*Book-keeping*) λογιστικά *nt pl*
▶ **account for** *vt fus* (*explain*) εξηγώ • (*represent*)
αποτελώ
accountable [ə'kauntəbl] *adj*: **~ (for)**
υπόλογος (για)
accountant [ə'kauntənt] *n* λογιστής/τρια *m/f*
account number *n* αριθμός *m* λογαριασμού
accumulate [ə'kjuːmjuleɪt] *vt* συσσωρεύω ▶ *vi*
συσσωρεύομαι
accuracy ['ækjurəsɪ] *n* ακρίβεια *f*
accurate ['ækjurɪt] *adj* ακριβής

accurately ['ækjurɪtlɪ] *adv* με ακρίβεια
accusation [ækju'zeɪʃən] *n* κατηγορία *f*
accuse [ə'kjuːz] *vt*: **to ~ sb (of sth)** κατηγορώ κν
(για κτ)
accused [ə'kjuːzd] (*Jur*) *n*: **the ~** ο
κατηγορούμενος (η κατηγορούμενη)
accustomed [ə'kʌstəmd] *adj* συνηθισμένος
• **to be ~ to** έχω συνηθίσει (κτ ή να)
ace [eɪs] *n* (*Cards, Tennis*) άσος *m*
ache [eɪk] *n* πόνος *m* ▶ *vi* (*be painful*) πονάω
• (*yearn*) λαχταρώ
achieve [ə'tʃiːv] *vt* (*aim, result*) πετυχαίνω,
επιτυγχάνω • (*victory, success*) σημειώνω
achievement [ə'tʃiːvmənt] *n* (*fulfilment*)
επίτευξη *f* • (*success*) επίτευγμα *nt*
acid ['æsɪd] *adj* (*Chem: soil etc*) όξινος • (*taste*)
ξινός ▶ *n* (*Chem*) οξύ *nt*
acknowledge [ək'nɔlɪdʒ] *vt* (*letter, parcel,
receipt*) βεβαιώνω την παραλαβή • (*fact,
situation*) παραδέχομαι • (*person*) δίνω σημασία
acknowledgement [ək'nɔlɪdʒmənt] *n* (*of
letter, parcel*) βεβαίωση *f* παραλαβής
■ **acknowledgements** *npl* (*in book*) ευχαριστίες
fpl
acne ['æknɪ] *n* ακμή *f*
acorn ['eɪkɔːn] *n* βελανίδι *nt*
acoustic [ə'kuːstɪk] *adj* ακουστικός
acquaintance [ə'kweɪntəns] *n* (*person*)
γνωστός/ή *m/f* • (*with person*) γνωριμία *f* • (*with
subject*) εξοικείωση *f* • **to make sb's ~** γνωρίζω
κν
acquire [ə'kwaɪəʳ] *vt* αποκτώ
acquisition [ækwɪ'zɪʃən] *n* (*of property, goods*)
απόκτηση *f* • (*of skill, language*) εκμάθηση *f*
• (*purchase*) απόκτημα *nt*
acre ['eɪkəʳ] *n* = *4047 τ.μ.*
acronym ['ækrənɪm] *n* ακρώνυμο *nt*
across [ə'krɔs] *prep* (*from one side to the other of*)
από τη μια πλευρά στην άλλη • (*on the other side
of*) απέναντι • (*crosswise over*) κάθετα ▶ *adv* (*to a
particular place/person*) απέναντι • **to run/swim
~** τρέχω/κολυμπάω από τη μια πλευρά στην
άλλη • **to walk ~ the road** διασχίζω το δρόμο
• **the lake is 12 km ~** η λίμνη έχει πλάτος 12 χλμ
• **~ from** απέναντι από • **to get sth ~ to sb** κάνω
κν να καταλάβει κτ
acrylic [ə'krɪlɪk] *adj* ακρυλικός ▶ *n* ακρυλικό *nt*
act [ækt] *n* (*action*) ενέργεια *f* • (*Theat: of play*)
πράξη *f* • (*of performer*) νούμερο *nt* • (*Jur*)
διάταγμα *nt* ▶ *vi* (*take action*) ενεργώ • (*behave*)
συμπεριφέρομαι • (*have effect*) (επ)ενεργώ
• (*Theat*) παίζω • (*pretend*) προσποιούμαι ▶ *vt*
(*Theat: part*) παίζω • (*fig*) παριστάνω • **in the ~ of**
τη στιγμή που • **to ~ as** παίζω τον ρόλο +*gen*
▶ **act on** *vt fus* ενεργώ με βάση
▶ **act out** *vt* (*event*) αναπαρασταίνω • (*fantasies*)
εκδηλώνω
acting ['æktɪŋ] *adj* (*manager, director etc*)
αναπληρωτής ▶ *n* (*profession*) ηθοποιία *f*
• (*activity*) παίξιμο *nt*
action ['ækʃən] *n* πράξη *f* • (*Mil*) μάχη *f* • (*Jur*)
αγωγή *f* • **out of ~** (*person*) εκτός μάχης
• (*machine etc*) εκτός λειτουργίας • **to take ~**
αναλαμβάνω δράση

action replay (TV) η ριπλέι nt inv
activate ['æktiveit] vt (Chem) ενεργοποιώ
active ['æktiv] adj (person, life) δραστήριος
• (volcano) ενεργός
actively ['æktivli] adv (involved) ενεργά
• (discourage, dislike) έντονα
activist ['æktivist] n ακτιβιστής/στρια m/f
activity [æk'tiviti] n δραστηριότητα f • (action)
δράση f
actor ['æktə'] n ηθοποιός m
actress ['æktris] n ηθοποιός f
actual ['æktjuəl] adj (real) πραγματικός • (emph)
κανονικός
actually ['æktjuəli] adv (really) στην
πραγματικότητα • (in fact) στην ουσία
acupuncture ['ækjupʌŋktʃə'] n βελονισμός m
acute [ə'kju:t] adj (anxiety) έντονος • (illness,
pain) οξύς • (mind, person) οξυδερκής • (Math:
angle) οξεία • (Ling: accent) τόνος m
AD adv abbr (= Anno Domini) μ.Χ.
ad [æd] (inf) n abbr = **advertisement**
adamant ['ædəmənt] adj ανένδοτος
adapt [ə'dæpt] vt προσαρμόζω • (novel, play)
διασκευάζω ▶ vi: **to ~ (to)** προσαρμόζομαι (σε)
add [æd] vt προσθέτω ▶ vi: **to ~** το αυξάνω
▶ **add on** vt προσθέτω
▶ **add up** vt (figures) αθροίζω ▶ vi: **it doesn't
~ up** (fig) δεν βγάζει νόημα • **it doesn't ~ up to
much** δε βγάζει και πολύ νόημα
addict ['ædikt] n (to drugs) τοξικομανής mf • (to
alcohol, heroin etc) εθισμένος/η m/f • (enthusiast)
φανατικός
addicted [ə'diktid] adj: **to be ~ to** (drugs, drink
etc) είμαι εθισμένος σε • (fig: chocolate etc) έχω
αδυναμία σε
addiction [ə'dikʃən] n εθισμός m
addictive [ə'diktiv] adj που προκαλεί εθισμό
addition [ə'diʃən] n (arithmetic) πρόσθεση f
• (process of adding) προσθήκη f • (thing added)
προσθήκη f • **in** = επιπλέον • **in ~ to** πέρα από
additional [ə'diʃənl] adj πρόσθετος
additive ['æditiv] n πρόσθετο nt
address [ə'dres] n (postal address) διεύθυνση f
• (speech) λόγος m ▶ vt (letter, parcel)
απευθύνομαι • (person, audience) μιλάω σε • **to
~ (o.s. to) a problem** ασχολούμαι με ένα
πρόβλημα
address book n καρνέ nt inv με διευθύνσεις
adequate ['ædikwit] adj (amount) επαρκής
• (performance, response) ικανοποιητικός
adhere [əd'hiə'] vi: **to ~ to** κολλάω σε • (fig)
τηρώ
adhesive [əd'hi:ziv] n κόλλα f ▶ adj κολλητικός
adjacent [ə'dʒeisənt] adj: **to be ~** είμαι δίπλα
σε
adjective ['ædʒektiv] n επίθετο nt
adjoining [ə'dʒɔiniŋ] adj διπλανός
adjust [ə'dʒʌst] vt (approach etc) τροποποιώ
• (clothing) φτιάχνω • (machine, device) ρυθμίζω
▶ vi: **to ~ (to)** προσαρμόζομαι (σε)
adjustable [ə'dʒʌstəbl] adj ρυθμιζόμενος
adjustment [ə'dʒʌstmənt] n (to machine)
ρύθμιση f • (of prices, wages) αναπροσαρμογή f
• (of person) προσαρμογή f

administer [əd'ministə'] vt (country,
department) διοικώ • (justice, punishment)
απονέμω • (test) διεξάγω • (Med: drug) χορηγώ
administration [ədminis'treiʃən] n διοίκηση f
• **the A~** (US) η κυβέρνηση f
administrative [əd'ministrətiv] adj
διοικητικός
administrator [əd'ministreitə'] n
διοικητικός/ή υπάλληλος m/f
admiral ['ædmərəl] n ναύαρχος m
admiration [ædmə'reiʃən] n θαυμασμός m
admire [əd'maiə'] vt θαυμάζω
admirer [əd'maiərə'] n θαυμαστής/τρια m/f
admission [əd'miʃən] n (admittance) άδεια f
εισόδου • (to exhibition, night club etc) είσοδος f
• (entry fee) είσοδος f • (confession) ομολογία f
admit [əd'mit] vt (confess) ομολογώ • (permit to
enter) επιτρέπω την είσοδο σε • (to club,
organization) κάνω κν δεκτό • (to hospital): **to be
admitted** μπαίνω • (defeat, responsibility etc)
αποδέχομαι
▶ **admit to** vt fus (murder etc) ομολογώ
admittedly [əd'mitidli] adv κατά γενική
ομολογία
adolescence [ædəu'lesns] n εφηβεία f
adolescent [ædəu'lesnt] adj έφηβος ▶ n
έφηβος/η m/f
adopt [ə'dɔpt] vt υιοθετώ
adopted [ə'dɔptid] adj υιοθετημένος
adoption [ə'dɔpʃən] n (of child) υιοθεσία f • (of
policy, attitude, accent) υιοθέτηση f
adore [ə'dɔ:'] vt (person) λατρεύω • (film, activity
etc) τρελαίνομαι για
adorn [ə'dɔ:n] vt διακοσμώ
Adriatic [eidri'ætik] n: **the ~ (Sea)** η Αδριατική
(Θάλασσα)
adrift [ə'drift] adv (Naut) ακυβέρνητος • (fig)
χαμένος
adult ['ædʌlt] n ενήλικος mf ▶ adj (life) του
ενήλικα • (animal) ενήλικος
adultery [ə'dʌltəri] n μοιχεία f
advance [əd'va:ns] n (movement, progress)
κίνηση f (προς τα εμπρός) • (money)
προκαταβολή f ▶ adj (booking, notice, warning) εκ
των προτέρων ▶ vt (money) προκαταβάλλω
• (theory, idea) υποστηρίζω ▶ vi (move forward)
προχωράω • (make progress) προοδεύω • **to
make advances (to sb)** (amorously) κάνω
ανήθικες προτάσεις (σε κπν) • **in ~** (book, prepare
etc) εκ των προτέρων • (arrive) νωρίτερα
advanced [əd'va:nst] adj (Scol: course, studies)
προχωρημένος • (country) προηγμένος
advantage [əd'va:ntidʒ] n (benefit)
πλεονέκτημα nt • (supremacy) υπεροχή f
• (Tennis) πλεονέκτημα nt • **to take ~ of** (person)
εκμεταλλεύομαι • (opportunity) επωφελούμαι
από
advent ['ædvənt] n (of innovation) εμφάνιση f
• (Rel): **A~** το σαραντάμερο πριν τα
Χριστούγεννα
adventure [əd'ventʃə'] n περιπέτεια f
adventurous [əd'ventʃərəs] adj τολμηρός
adversary ['ædvəsəri] n αντίπαλος mf
adverse ['ædvə:s] adj δυσμενής

advert ['ædvɜːt] (BRIT) n abbr
= **advertisement**

advertise ['ædvətaɪz] vi (Comm) βάζω
διαφημίσεις ▶ vt διαφημίζω • **to ~ for** βάζω
αγγελία για

advertisement [əd'vɜːtɪsmənt] (Comm) n
διαφήμιση f • (in classified ads) (μικρή) αγγελία f

advertiser ['ædvətaɪzəʳ] n διαφημιστής/τρια
m/f

advertising ['ædvətaɪzɪŋ] n (advertisements)
διαφημίσεις fpl • (industry) διαφήμιση f

advice [əd'vaɪs] n (counsel) συμβουλές fpl
• (notification) ειδοποίηση f • **a piece of ~** μια
συμβουλή

advisable [əd'vaɪzəbl] adj φρόνιμος

advise [əd'vaɪz] vt συμβουλεύω • **to ~ sb of sth**
ενημερώνω κν για κτ • **to ~ sb against sth**
αποτρέπω κν από κτ • **to ~ sb against doing
sth** συμβουλεύω κν να μην κάνει κτ

adviser [əd'vaɪzəʳ] n σύμβουλος mf

advisory [əd'vaɪzərɪ] adj συμβουλευτικός

advocate [vb 'ædvəkeɪt, n 'ædvəkɪt] vt
υποστηρίζω ▶ n (Jur) συνήγορος mf • **to be an
~ of** είμαι υπέρμαχος +gen

aerial ['ɛərɪəl] n κεραία f ▶ adj εναέριος

aerobics [ɛə'rəʊbɪks] n αερόμπικ nt inv

aeroplane ['ɛərəpleɪn] (BRIT) n αεροπλάνο nt

aerosol ['ɛərəsɒl] n (for paint, deodorant) σπρέι
nt inv • (for fly spray etc) σπρέι nt inv

affair [ə'fɛəʳ] n (matter) υπόθεση f • (also: **love
~**) σχέση f▶**affairs** npl ζητήματα nt pl

affect [ə'fɛkt] vt (influence) επηρεάζω • (afflict)
προσβάλλω • (move deeply) συγκινώ • (concern)
αφορώ

affected [ə'fɛktɪd] adj (behaviour) προσποιητός
• (person) ψεύτικος

affection [ə'fɛkʃən] n στοργή f

affectionate [ə'fɛkʃənɪt] adj στοργικός

affluent ['æfluənt] adj πλούσιος

afford [ə'fɔːd] vt έχω αρκετά χρήματα • (time)
έχω • (risk etc) αντέχω • (provide) παρέχω

affordable [ə'fɔːdəbl] adj οικονομικός • (price)
προσιτός

Afghanistan [æf'gænɪstæn] n Αφγανιστάν nt
inv

afraid [ə'freɪd] adj φοβισμένος • **to be ~ of sb/
sth** (person, thing) φοβάμαι κν/κτ • **to be ~ of
doing sth** φοβάμαι μήπως κάνω κτ • **to be ~ to**
φοβάμαι να • **I am ~ that** φοβάμαι ότι • **I am
~ so/not** φοβάμαι πως ναι/όχι

Africa ['æfrɪkə] n Αφρική f

African ['æfrɪkən] adj αφρικανικός ▶ n
Αφρικανός/ή m/f

after ['ɑːftəʳ] prep (of time) μετά • (of place, order)
μετά από ▶ adv αργότερα ▶ conj αφού • **the day
~ tomorrow** μεθαύριο • **what/who are you ~?**
τι/ποιον θέλετε; • **~ he left/having done** αφού
έφυγε/έκανε • **to name sb ~ sb** δίνω το όνομα
κου σε κν • **it's twenty ~ eight** (US) είναι οχτώ
και είκοσι • **to ask ~ sb** ρωτάω για την υγεία κου
• **~ all** στο κάτω-κάτω • **~ you!** πρώτα από σας!

aftermath ['ɑːftəmɑːθ] n επακόλουθα nt pl

afternoon ['ɑːftə'nuːn] n απόγευμα nt
• **good ~!** καλησπέρα!

aftershave ['ɑːftəʃeɪv], **aftershave lotion** n
άφτερ-σέιβ nt inv

aftersun ['ɑːftəsʌn] n για μετά τον ήλιο

afterwards ['ɑːftəwədz], **afterward** (US)
['ɑːftəwəd] adv μετά

again [ə'gɛn] adv ξανά • **not ... ~** δεν...άλλη
φορά • **to do sth ~** ξανακάνω κτ • **to begin/see
~** ξαναρχίζω/ξαναβλέπω • **~ and ~** ξανά και ξανά
• **now and ~** πού και πού

against [ə'gɛnst] prep (leaning on, touching)
πάνω σε • (in opposition to, at odds with) κατά
+gen • **(as) ~** σε αντίθεση με

age [eɪdʒ] n (of person, object) ηλικία f • (period in
history) εποχή f ▶ vi γερνάω ▶ vt γερνάω • **what
~ is he?** πόσο χρονών είναι; • **20 years of ~**
20 χρονών • **under ~** ανήλικος • **to come of ~**
ενηλικιώνομαι • **it's been ages since** πάει πολύς
καιρός από τότε που

aged¹ [eɪdʒd] adj: **~ 10** 10 ετών

aged² ['eɪdʒɪd] npl: **the ~** οι ηλικιωμένοι

agency ['eɪdʒənsɪ] n (Comm) πρακτορείο nt
• (government body) υπηρεσία f

agenda [ə'dʒɛndə] n ημερήσια διάταξη f

agent ['eɪdʒənt] n (Comm, Lit) πράκτορας mf
• (theatrical) ατζέντης/τισσα m/f • (spy)
κατάσκοπος mf • (Chem) ουσία f • (fig)
παράγοντας m

aggression [ə'grɛʃən] n επιθετικότητα f

aggressive [ə'grɛsɪv] adj επιθετικός

agile ['ædʒaɪl] adj (physically) ευκίνητος

agitated ['ædʒɪteɪtɪd] adj ταραγμένος

AGM n abbr (BRIT: = annual general meeting)
ετήσιο γενικό συνέδριο nt

ago [ə'gəʊ] adv: **2 days ~** πριν από 2 μέρες • **not
long ~** πριν λίγο • **how long ~?** πριν πόσο καιρό;

agony ['ægənɪ] n (pain) οδύνη f • (torment)
βασανιστήριο nt • **to be in ~** υποφέρω φριχτά

agree [ə'griː] vt συμφωνώ ▶ vi συμφωνώ • **to
~ with** συμφωνώ με • (Ling) συμφωνώ με • **to
~ to sth/to do sth** συμφωνώ με κτ/να κάνω κτ
• **to ~ on sth** καταλήγω σε συμφωνία για κτ • **to
~ that** δέχομαι ότι • **garlic doesn't ~ with me** το
σκόρδο μου πέφτει βαρύ

agreeable [ə'griːəbl] adj (pleasant) ευχάριστος
• (willing) σύμφωνος

agreed [ə'griːd] adj συμφωνημένος • **to be ~**
έχω συμφωνηθεί

agreement [ə'griːmənt] n συμφωνία f • **to be
in ~ with sb** συμφωνώ με κν

agricultural [ægrɪ'kʌltʃərəl] adj (land,
implement) γεωργικός • (show, problems, society)
αγροτικός

agriculture ['ægrɪkʌltʃəʳ] n γεωργία f

ahead [ə'hɛd] adv (in front) μπροστά • (into the
future) μακροπρόθεσμα • **~ of** μπροστά από
• **~ of schedule** μπροστά από το πρόγραμμα • **a
year ~** ένα χρόνο πριν • **go right** or **straight ~**
πάω ευθεία μπροστά • **go ~!** (fig) ναι, αμέ!

aid [eɪd] n (assistance) βοήθεια f • (device)
βοήθημα nt ▶ vt βοηθάω • **in ~ of** υπέρ +gen
• see also **hearing**

aide [eɪd] n (Pol) βοηθός mf • (Mil) υπασπιστής m

AIDS [eɪdz] n abbr (= acquired immune deficiency
syndrome) έιτζ nt inv

ailing ['eɪlɪŋ] adj (person) άρρωστος • (economy, industry etc) που νοσεί

ailment ['eɪlmənt] n αδιαθεσία f

aim [eɪm] vt: to ~ sth (at) (gun, camera, missile) στρέφω κτ (σε) • (blow) ρίχνω κτ (σε) • (remark) απευθύνω σε ▶ vi σημαδεύω ▶ n στόχος m • (in shooting) σημάδι nt • to ~ at σημαδεύω • (objective) στοχεύω σε • to ~ to do έχω σκοπό να κάνω

ain't [eɪnt] (inf) = am not • aren't • isn't

air [εəʳ] n αέρας m ▶ vt αερίζω • (grievances, views, ideas) κάνω γνωστό • by ~ αεροπορικώς • on the ~ (Radio, TV) στον αέρα • to throw sth into the ~ πετάω κτ στον αέρα

airbag ['eəbæg] n αερόσακος m

airborne ['eəbɔːn] adj (attack etc) αεροπορικός • (plane, particles) που βρίσκεται στον αέρα

air-conditioned ['eəkən'dɪʃənd] adj κλιματιζόμενος

air conditioning ['eəkən'dɪʃənɪŋ] n κλιματισμός m

aircraft ['eəkrɑːft] n inv αεροσκάφος nt

airfield ['eəfiːld] n αεροδρόμιο nt

Air Force n Πολεμική Αεροπορία f

airlift ['eəlɪft] n αερομεταφορά f ▶ vt μεταφέρω αεροπορικώς

airline ['eəlaɪn] n αεροπορική εταιρεία f

airliner ['eəlaɪnəʳ] n (επιβατικό) αεροσκάφος nt

airplane ['eəpleɪn] (US) n αεροπλάνο nt

airport ['eəpɔːt] n αεροδρόμιο nt

air raid n αεροπορική επιδρομή f

airy ['eəri] adj ευάερος • (casual) επιπόλαιος

aisle [aɪl] n (of church) πτέρυγα f • (in theatre, plane etc) διάδρομος m

alarm [ə'lɑːm] n έντονη ανησυχία f • (in shop, bank) συναγερμός m ▶ vt (person) τρομάζω

alarm clock n ξυπνητήρι nt

alarming [ə'lɑːmɪŋ] adj ανησυχητικός

Albania [æl'beɪnɪə] n Αλβανία f

albeit [ɔːl'biːɪt] conj αν και

album ['ælbəm] n άλμπουμ nt inv

alcohol ['ælkəhɒl] n αλκοόλ nt inv

alcoholic [ælkə'hɒlɪk] adj αλκοολούχος ▶ n αλκοολικός/ή m/f

ale [eɪl] n ζύθος m

alert [ə'lɜːt] adj σε ετοιμότητα ▶ n κατάσταση f επιφυλακής ▶ vt θέτω σε ετοιμότητα • to be ~ to danger/opportunity έχω πλήρη επίγνωση του κινδύνου/της ευκαιρίας • to be on the ~ είμαι σε ετοιμότητα

A-level ['eɪlεvl] n (in England and Wales) ≈ Γενικές Εξετάσεις

algebra ['ældʒɪbrə] n άλγεβρα f

Algeria [æl'dʒɪərɪə] n Αλγερία f

alias ['eɪlɪəs] prep γνωστός ως ▶ n ψευδώνυμο nt

alibi ['ælɪbaɪ] n άλλοθι nt inv

alien ['eɪlɪən] n (foreigner) αλλοδαπός/ή m/f • (extraterrestrial) εξωγήινος/η m/f ▶ adj: ~ (to) ξένος (σε)

alienate ['eɪlɪəneɪt] vt δυσαρεστώ

alight [ə'laɪt] adj αναμμένος ▶ adv: to set sth ~ βάζω φωτιά σε κτ

align [ə'laɪn] vt βάζω σε σειρά

alike [ə'laɪk] adj όμοιος ▶ adv (similarly) το ίδιο • (equally) εξίσου • to look ~ μοιάζω • winter and summer ~ χειμώνα-καλοκαίρι

alive [ə'laɪv] adj ζωντανός

KEYWORD

all [ɔːl] adj όλος • all the time όλη την ώρα • all five came ήρθαν και οι πέντε • all his life (σε) όλη του τη ζωή
▶ pron 1 όλος • is that all? αυτό είναι όλο; • (in shop) αυτά;
2 (in phrases): above all πάνω απ'όλα • after all άλλωστε • all in all εν ολίγοις
▶ adv (completely) τελείως • all alone τελείως μόνος • it's not as hard as all that δεν είναι και τόσο σκληρό • all the better τόσο το καλύτερο • all but (all except for) σχεδόν…δεν…(almost) σχεδόν • the score is 2 all το σκορ είναι 2 όλα or 2-2 • not at all (in answer to question) καθόλου • (in answer to thanks) τίποτα • I'm not at all tired δεν είμαι καθόλου κουρασμένος

allegation [ælɪ'geɪʃən] n ισχυρισμός m

alleged [ə'lɛdʒd] adj δήθεν inv

allegedly [ə'lɛdʒɪdlɪ] adv δήθεν

allegiance [ə'liːdʒəns] n υποταγή f

allergic [ə'lɜːdʒɪk] adj αλλεργικός • ~ to αλλεργικός σε

allergy ['ælədʒɪ] n αλλεργία f

alleviate [ə'liːvɪeɪt] vt ανακουφίζω

alley ['ælɪ] n στενό nt

alliance [ə'laɪəns] n συμμαχία f

allied ['ælaɪd] adj συμμαχικός

alligator ['ælɪgeɪtəʳ] n αλιγάτορας m

all-in ['ɔːlɪn] (BRIT) adj (price, cost, charge) συνολικός ▶ adv όλα μαζί

allocate ['æləkeɪt] vt κατανέμω • (money) διαθέτω • (tasks) αναθέτω

allow [ə'laʊ] vt (practice, behaviour) επιτρέπω • (sum, time estimated) αφήνω • (a claim) κάνω δεκτό • (goal) κατακυρώνω • to ~ that … δέχομαι ότι … • to ~ sb to do sth επιτρέπω σε κν να κάνει κτ
▶ allow for vt fus υπολογίζω

allowance [ə'laʊəns] n χρηματικό βοήθημα nt • (welfare payment) επίδομα nt • (pocket money) χαρτζιλίκι nt • (Tax) έκπτωση f • to make allowances for λαμβάνω υπόψη μου

all right adv καλά • (as answer) εντάξει

ally [n 'ælaɪ, vb ə'laɪ] n (also Pol, Mil) σύμμαχος mf ▶ vt: to ~ o.s. with συμμαχώ με

almighty [ɔːl'maɪtɪ] adj (omnipotent) παντοδύναμος • (tremendous) τρομερός

almond ['ɑːmənd] n (fruit) αμύγδαλο nt • (tree) αμυγδαλιά f

almost ['ɔːlmoust] adv σχεδόν • he ~ fell παρά λίγο να πέσει • ~ certainly σχεδόν σίγουρα

alone [ə'loun] adj μόνος (μου) ▶ adv μόνος μου • to leave sb ~ αφήνω κν ήσυχο • to leave sth ~ παρατάω κτ • let ~ … πόσο μάλλον •

along [ə'lɒŋ] prep κατά μήκος +gen ▶ adv: is he coming ~ with us? θα'ρθει κι αυτός μαζί μας; • he was hopping/limping ~ προχωρούσε χοροπηδώντας/κουτσαίνοντας • ~ with (person, thing) μαζί με • all ~ απ' την αρχή

alongside [ə'lɒŋ'saɪd] *prep* δίπλα σε ▶ *adv* δίπλα
aloof [ə'luːf] *adj* αποτραβηγμένος ▶ *adv*: **to stay**
or keep ~ from κρατιέμαι μακριά από
aloud [ə'laʊd] *adv* δυνατά
alphabet ['ælfəbet] *n* αλφάβητο *nt*
Alps [ælps] *npl*: **the ~** οι Άλπεις
already [ɔːl'redɪ] *adv* ήδη
alright ['ɔːl'raɪt] *adv* = **all right**
also ['ɔːlsəʊ] *adv* επίσης
altar ['ɔːltəʳ] (*Rel*) *n* Αγία Τράπεζα *f*
alter ['ɔːltəʳ] *vt* αλλάζω ▶ *vi* μεταβάλλομαι
alteration [ɔːltə'reɪʃən] *n* (*to plans*)
τροποποίηση *f* • (*to clothes*) μεταποίηση *f*
• (*to building*) επισκευή *f*
alternate [*adj* ɔl'təːnɪt, *vb* 'ɔːltəːneɪt] *adj*
(*actions, events, processes*) εναλλασσόμενος
• (*US: plans*) εναλλακτικός ▶ *vi*: **to ~ (with)**
εναλλάσσομαι (με) • **on ~ days** κάθε δεύτερη
μέρα
alternative [ɔl'təːnətɪv] *adj* (*plan, policy,
solution*) εναλλακτικός • (*humour, comedian*)
εναλλακτικός ▶ *n* εναλλακτική λύση *f*
alternatively [ɔl'təːnətɪvlɪ] *adv*: **~ one could
...** εναλλακτικά θα μπορούσε κανείς
although [ɔːl'ðəʊ] *conj* αν και
altitude ['æltɪtjuːd] *n* (*of place*) υψόμετρο *nt*
• (*of plane*) ύψος *nt*
altogether [ɔːltə'geðəʳ] *adv* (*completely*)
τελείως • (*on the whole*) γενικά
aluminium [ælju'mɪnɪəm], **aluminum** (*US*)
[ə'luːmɪnəm] *n* αλουμίνιο *nt*
always ['ɔːlweɪz] *adv* πάντα
Alzheimer's ['æltshaɪməz] *n* (*also:*
Alzheimer's disease) νόσος *f* του Αλτσχάιμερ
am [æm] *vb see* **be**
a.m. *adv abbr* (= *ante meridiem*) π.μ.
amateur ['æmətəʳ] *n* ερασιτέχνης *mf* ▶ *adj*
(*sport*) ερασιτεχνικός • (*sportsperson*)
ερασιτέχνης • **~ dramatics** ερασιτεχνικό θέατρο
amaze [ə'meɪz] *vt* εκπλήσσω • **to be amazed
(at)** εκπλήσσομαι (με)
amazement [ə'meɪzmənt] *n* έκπληξη *f*
amazing [ə'meɪzɪŋ] *adj* (*surprising*) εκπληκτικός
• (*fantastic*) καταπληκτικός • (*bargain, offer*)
απίστευτος
ambassador [æm'bæsədəʳ] *n* πρέσβυς/ειρα
m/f
amber ['æmbəʳ] *n* κεχριμπάρι *nt* • **at ~** (*Brit Aut*)
με πορτοκαλί
ambiguous [æm'bɪgjuəs] *adj* διφορούμενος
ambition [æm'bɪʃən] *n* φιλοδοξία *f*
ambitious [æm'bɪʃəs] *adj* φιλόδοξος
ambulance ['æmbjuləns] *n* ασθενοφόρο *nt*
ambush ['æmbuʃ] *n* ενέδρα *f* ▶ *vt* (*Mil etc*)
στήνω ενέδρα σε
amen ['ɑː'mɛn] *excl* αμήν
amend [ə'mend] *vt* τροποποιώ ▶ *n*: **to make
amends (for sth)** επανορθώνω (για κτ)
amendment [ə'mendmənt] *n* (*to text*)
διόρθωση *f* • (*to law*) τροπολογία *f*
amenities [ə'miːnɪtɪz] *npl* κομφόρ *ntpl inv*
America [ə'merɪkə] *n* Αμερική *f*
American [ə'merɪkən] *adj* αμερικανικός
▶ *n* Αμερικανός/ίδα *m/f*

American football *n* αμερικάνικο ποδόσφαιρο *nt*
amicable ['æmɪkəbl] *adj* φιλικός • (*person*)
αγαπητός
amid [ə'mɪd], **amidst** [ə'mɪdst] *prep* εν μέσω
ammunition [æmju'nɪʃən] *n* πυρομαχικά *nt pl*
• (*fig*) ενοχοποιητικά στοιχεία *nt pl*
amnesty ['æmnɪstɪ] *n* αμνηστία *f*
among [ə'mʌŋ], **amongst** [ə'mʌŋst] *prep*
ανάμεσα
amount [ə'maunt] *n* (*of food*) ποσότητα *f* • (*of
money*) ποσό *nt* • (*of work*) όγκος *m* ▶ *vi*: **to ~ to**
(*total*) ανέρχομαι σε • (*be same as*) ισοδυναμώ με
amp ['æmp], **ampère** ['æmpɛəʳ] *n* αμπέρ *nt inv*
• **a 13 ~ plug** ένα φις (με ανοχή) 13 αμπέρ
ample ['æmpl] *adj* (*large*) μεγάλος • (*enough*)
άφθονος
amuse [ə'mjuːz] *vt* διασκεδάζω • **he was not
amused** δεν το βρήκε αστείο
amusement [ə'mjuːzmənt] *n* (*mirth*) ευθυμία *f*
• (*pleasure*) ψυχαγωγία *f* • (*pastime*) διασκέδαση *f*
amusing [ə'mjuːzɪŋ] *adj* διασκεδαστικός
an [æn, ən] *def art see* **a**
anaemia [ə'niːmɪə], **anemia** (*US*) *n* αναιμία *f*
anaemic [ə'niːmɪk], **anemic** (*US*) *adj* (*also fig*)
αναιμικός
anaesthetic [ænɪs'θetɪk], **anesthetic** (*US*) *n*
αναισθητικό *nt*
analog, analogue ['ænəlɒg] *adj* αναλογικός
analogy [ə'nælədʒɪ] *n* αναλογία *f*
analyse ['ænəlaɪz], **analyze** (*US*) *vt* αναλύω
• (*Chem, Med*) κάνω αναλύσεις +*gen* • (*Psych*)
ψυχαναλύω
analysis [ə'næləsɪs] (*pl* **analyses**) *n* ανάλυση *f*
• (*Psych*) ψυχανάλυση *f*
analyst ['ænəlɪst] *n* (*political etc*) αναλυτής/τρια
m/f • (*Psych*) ψυχαναλυτής/τρια *m/f*
anarchy ['ænəkɪ] *n* αναρχία *f*
anatomy [ə'nætəmɪ] *n* (*science*) ανατομία *f*
• (*body*) σώμα *nt*
ancestor ['ænsɪstəʳ] *n* πρόγονος *m*
anchor ['æŋkəʳ] *n* (*Naut*) άγκυρα *f* ▶ *vi* (*also:* **to
drop ~**) ρίχνω άγκυρα ▶ *vt* (*fig*): **to be anchored
to** είμαι προσκολλημένος σε
ancient ['eɪnʃənt] *adj* (*monument, city*) αρχαίος
• (*person*) ηλικιωμένος • (*car*) πανάρχαιος

🅞 **KEYWORD**

and [ænd] *conj* και • **two hundred and ten**
διακόσια δέκα • **and so on** και ούτω καθεξής
• **try and come** προσπαθήστε να έρθετε • **he
talked and talked** μιλούσε με τις ώρες • **better
and better** όλο και καλύτερα

Andes ['ændiːz] *npl*: **the ~** οι Άνδεις
anemia [ə'niːmɪə] (*US*) *n* = **anaemia**
anesthetic [ænɪs'θetɪk] (*US*) *adj, n*
= **anaesthetic**
angel ['eɪndʒəl] *n* άγγελος *m*
anger ['æŋgəʳ] *n* θυμός *m* ▶ *vt* εξοργίζω
angina [æn'dʒaɪnə] *n* στηθάγχη *f*
angle ['æŋgl] *n* (*viewpoint*) γωνία *f*
angler ['æŋgləʳ] *n* ψαράς *m* (*με καλάμι*)
Anglican ['æŋglɪkən] *adj* αγγλικανικός
▶ *n* αγγλικανός/ή *m/f*

ngling ['æŋglɪŋ] n ψάρεμα nt (με καλάμι)

ngola [æŋ'gəʊlə] n Αγκόλα f

ngrily ['æŋgrɪlɪ] adv θυμωμένα

ngry ['æŋgrɪ] adj (person) θυμωμένος
• (response) οργισμένος • **to be ~ with sb/at sth**
είμαι θυμωμένος με κν/με κτ/για κτ • **to get ~**
θυμώνω • **to make sb ~** εξοργίζω κν

nguish ['æŋgwɪʃ] n (mental) οδύνη f
• (physical) πόνος m

nimal ['ænɪməl] n ζώο nt

nimated ['ænɪmeɪtɪd] adj ζωηρός • **~ cartoon**
κινούμενα σχέδια

nkle ['æŋkl] n αστράγαλος m

nnex [n 'æneks, vb ə'neks] n (building: also:
annexe) παράρτημα nt ▶ vt προσαρτώ

nniversary [ænɪ'vɜːsərɪ] n επέτειος f

nnounce [ə'naʊns] vt (declare) ανακοινώνω
• (birth, death etc) αναγγέλλω

nnouncement [ə'naʊnsmənt] n ανακοίνωση f

nnouncer [ə'naʊnsər] (Radio, TV) n
εκφωνητής/τρια m/f

nnoy [ə'nɔɪ] vt εκνευρίζω • **to be annoyed (at
sth/with sb)** ενοχλούμαι (με κτ/κπν) • **don't get
annoyed!** μη θυμώνεις!

nnoying [ə'nɔɪɪŋ] adj ενοχλητικός

nnual ['ænjʊəl] adj ετήσιος ▶ n (Bot) μονοετές
φυτό nt • (book) ετήσια έκδοση

nnually ['ænjʊəlɪ] adv (once a year) μια φορά
τον χρόνο • (during a year) κατά τη διάρκεια του
έτους

nnum ['ænəm] n see **per**

nonymous [ə'nɒnɪməs] adj ανώνυμος

norak ['ænəræk] n μπουφάν nt inv με
κουκούλα

norexia [ænə'reksɪə] (Med) n ανορεξία f

norexic [ænə'reksɪk] (Med) adj ανορεξικός ▶ n
ανορεξικός/ή m/f

nother [ə'nʌðər] adj: **~ book** (one more) άλλο
ένα βιβλίο • (a different one) ένα άλλο βιβλίο
▶ pron (one more) άλλος ένας • (a different one)
άλλος

nswer ['ɑːnsər] n απάντηση f • (to problem)
λύση f ▶ vi απαντάω • (Tel) απαντάω ▶ vt (person,
letter, question) απαντάω σε • (problem) λύνω
• (prayer) εισακούω • **in ~ to your letter** σε
απάντηση της επιστολής σας • **to ~ the phone**
σηκώνω το τηλέφωνο • **to ~ the bell** or **the door**
ανοίγω την πόρτα
▶ **answer back** vi αντιμιλάω
▶ **answer for** vt fus (person etc) εγγυώμαι για
• (crime, one's actions) λογοδοτώ
▶ **answer to** vt fus (description)
ανταποκρίνομαι σε

nswering machine ['ɑːnsərɪŋmə'ʃiːn] n
(αυτόματος) τηλεφωνητής m

nt [ænt] n μυρμήγκι nt

ntarctic [ænt'ɑːktɪk] (Geo) n: **the ~** η
Ανταρκτική

ntarctica [ænt'ɑːktɪkə] n Ανταρκτική f

ntelope ['æntɪləʊp] n αντιλόπη f

nthem ['ænθəm] n: **national ~** εθνικός ύμνος

nthology [æn'θɒlədʒɪ] n ανθολογία f

nthropology [ænθrə'pɒlədʒɪ] n
Ανθρωπολογία f

anti... ['æntɪ] prefix αντι...

antibiotic ['æntɪbaɪ'ɒtɪk] n αντιβιοτικό nt

antibody ['æntɪbɒdɪ] n αντίσωμα nt

anticipate [æn'tɪsɪpeɪt] vt (expect, foresee)
προβλέπω • (look forward to) ανυπομονώ για
• (do first) προλαβαίνω

anticipation [æntɪsɪ'peɪʃən] n (expectation)
αναμονή f • (eagerness) ανυπομονησία f

anticlimax ['æntɪ'klaɪmæks] n απότομη
προσγείωση f

anticlockwise ['æntɪ'klɒkwaɪz] (BRIT) adv
αριστερόστροφα, αντίθετα προς τη φορά των
δεικτών του ρολογιού

antics ['æntɪks] npl κόλπα nt pl

antidote ['æntɪdəʊt] n αντίδοτο nt

antique [æn'tiːk] n αντίκα f ▶ adj παλαιός

antiseptic [æntɪ'septɪk] n αντισηπτικό nt ▶ adj
αντισηπτικός

antisocial ['æntɪ'səʊʃəl] adj αντικοινωνικός

anxiety [æŋ'zaɪətɪ] n ανησυχία f • (Med) άγχος
nt

anxious ['æŋkʃəs] adj (expression, person)
ανήσυχος • (situation) ταραγμένος • **to be ~**
ανησυχώ • **to be ~ to do** ανυπομονώ να κάνω

◯ **KEYWORD**

any ['enɪ] adj **1** (in questions: not usually
translated): **if there are any tickets left** αν
έχουν μείνει καθόλου εισιτήρια
2 (with negative): **I haven't any money** δεν έχω
(καθόλου) λεφτά • **I haven't any books** δεν έχω
βιβλία or κανένα βιβλίο
3 (no matter which) οποιοσδήποτε • **any excuse
will do** οποιαδήποτε δικαιολογία είναι εντάξει
• **choose any book you like** διάλεξε
οποιοδήποτε or όποιο βιβλίο σ' αρέσει • **any
teacher you ask will tell you** όποιον καθηγητή
και να ρωτήσεις θα σου πει
4 (in phrases): **in any case** εν πάση περιπτώσει
• **any day now** από μέρα σε μέρα • **at any
moment** από στιγμή σε στιγμή • **at any rate**
τουλάχιστον • **any time** (at any moment) από
στιγμή σε στιγμή • (whenever) όποτε
▶ pron **1** (in questions etc) καθόλου • **can any of
you sing?** ξέρει κανένας or κανείς από σας να
τραγουδάει;
2 (with negative) καθόλου
3 (no matter which one(s)) οποιοσδήποτε
▶ adv (in questions etc) καθόλου • **I can't hear
him any more** δεν τον ακούω πια • **don't wait
any longer** μην περιμένετε άλλο

anybody ['enɪbɒdɪ] pron = **anyone**

anyhow ['enɪhaʊ] adv (at any rate) όπως και να'
χει • (haphazardly) όπως να' ναι • **do it ~ you like**
κάντε το όπως σας αρέσει • **she leaves things
just ~** τα αφήνει όλα όπως να' ναι

anyone ['enɪwʌn] pron (in questions etc) κανένας
• **can you see ~?** βλέπετε κανέναν; • **if ~ should
phone ...** αν τηλεφωνήσει κανένας or κανείς...
• (with negative) κανένας • (no matter who)
οποιοσδήποτε • **I could teach ~ to do it** μπορώ
να μάθω οποιονδήποτε να το κάνει

anything ['enɪθɪŋ] pron (in questions, with
negative) τίποτα • (no matter what) ό,τι να' ναι

• ~ will do ό,τι να' ναι • you can say ~ you like
μπορείς να πεις ό,τι θες • he'll eat ~ τρώει
οτιδήποτε or ό,τι να' ναι

anyway ['ɛnɪweɪ] *adv* (*at any rate*) πάντως
• (*besides*) άλλωστε • **why are you phoning, ~?**
γιατί τηλεφωνείτε εντέλει;

anywhere ['ɛnɪwɛəʳ] *adv* (*in questions, with
negative*) πουθενά • (*no matter where*)
οπουδήποτε • **put the books down ~**
ακούμπησε τα βιβλία όπου να' ναι

apart [ə'pɑːt] *adv* σε απόσταση • **to move ~**
απομακρύνω • **to pull ~** χωρίζω • (*aside*)
παράμερα • **we live 10 miles ~** μένουμε 10 μίλια
μακριά (ο ένας απ'τον άλλο) • **a long way ~**
πολύ μακριά • **they are living ~** ζούνε χώρια
• **with one's legs ~** με τα πόδια του ανοιχτά
• **to take sth ~** διαλύω κτ • **~ from** εκτός από

apartment [ə'pɑːtmənt] (*US*) *n* διαμέρισμα *nt*
• (*room*) αίθουσα *f*

apartment building (*US*) *n* πολυκατοικία *f*

apathy ['æpəθɪ] *n* απάθεια *f*

ape [eɪp] *n* πίθηκος *m* ▶ *vt* μιμούμαι

aperture ['æpətjʊəʳ] *n* οπή *f* • (*Phot*)
διάφραγμα *nt*

apologize [ə'pɔlədʒaɪz] *vi*: **to ~ (for sth to sb)**
ζητώ συγγνώμη (από κν για κτ)

apology [ə'pɔlədʒɪ] *n* συγγνώμη *f*

app [æp] *n* εφαρμογή *f*

appal [ə'pɔːl] *vt* συγκλονίζομαι από

appalling [ə'pɔːlɪŋ] *adj* τρομερός • **she's an
~ cook** είναι φριχτή μαγείρισσα

apparatus [æpə'reɪtəs] *n* (*equipment*) συσκευές
fpl • (*in gymnasium*) όργανα *nt pl* • **a piece of ~**
μια συσκευή

apparent [ə'pærənt] *adj* (*seeming*) φαινομενικός
• (*obvious*) φανερός • **it is ~ that ...** είναι φανερό
ότι...

apparently [ə'pærəntlɪ] *adv* προφανώς

appeal [ə'piːl] *vi* (*Jur*) κάνω έφεση ▶ *n* (*Jur*) έφεση
f • (*request, plea*) έκκληση *f* • (*attraction*) γοητεία *f*
• **to ~ (to sb) for** κάνω έκκληση (σε κν) για • **to
~ to** αρέσω • **it doesn't ~ to me** δεν με συγκινεί

appealing [ə'piːlɪŋ] *adj* ελκυστικός

appear [ə'pɪəʳ] *vi* εμφανίζομαι • (*in court*)
παρουσιάζομαι • (*be published: book*) εκδίδομαι
• (*article*) δημοσιεύομαι • (*seem*) φαίνομαι • **to
~ on TV** εμφανίζομαι στην τηλεόραση • **it would
~ that ...** φαίνεται ότι...

appearance [ə'pɪərəns] *n* εμφάνιση *f*

appendices [ə'pɛndɪsiːz] *npl of* **appendix**

appendix [ə'pɛndɪks] (*pl* **appendices**) *n* (*Anat*)
σκωληκοειδής απόφυση *f* • (*to publication*)
παράρτημα *nt*

appetite ['æpɪtaɪt] *n* (*also fig*) όρεξη *f*

applaud [ə'plɔːd] *vi* χειροκροτώ ▶ *vt* (*person*)
επευφημώ • (*action, attitude*) επιδοκιμάζω

applause [ə'plɔːz] *n* χειροκροτήματα *nt pl*

apple ['æpl] *n* μήλο *nt*

appliance [ə'plaɪəns] *n* συσκευή *f*

applicable [ə'plɪkəbl] *adj*: **to be ~ (to)**
εφαρμόζομαι (σε)

applicant ['æplɪkənt] *n* υποψήφιος/α *m/f*

application [æplɪ'keɪʃən] *n* (*for job, grant etc*)
αίτηση *f*

application form *n* αίτηση *f*

apply [ə'plaɪ] *vt* (*paint etc*) βάζω • (*law, theory,
technique*) εφαρμόζω ▶ *vi* (*be applicable*) ισχύω
• (*ask*) υποβάλλω αίτηση • **to ~ to** ισχύω για • **to
~ for** (*permit, grant, job*) υποβάλλω or κάνω
αίτηση για • **to ~ o.s. to** αφιερώνομαι σε

appoint [ə'pɔɪnt] *vt* (*person*) διορίζω • (*date,
place*) καθορίζω

appointment [ə'pɔɪntmənt] *n* (*of person*)
διορισμός *m* • (*post*) θέση *f* • (*arranged meeting*)
ραντεβού *nt inv* • **to make an ~ (with sb)** κλείνω
ραντεβού (με κν) • **by ~** κατόπιν ραντεβού

appraisal [ə'preɪzl] *n* εκτίμηση *f*

appreciate [ə'priːʃɪeɪt] *vt* εκτιμώ • (*understand,
be aware of*) αντιλαμβάνομαι

appreciation [əpriːʃɪ'eɪʃən] *n* (*enjoyment*)
ικανοποίηση *f* • (*understanding*) επίγνωση *f*
• (*gratitude*) εκτίμηση *f*

apprehension [æprɪ'hɛnʃən] *n* (*fear*) ανησυχία *f*

apprehensive [æprɪ'hɛnsɪv] *adj* ανήσυχος

apprentice [ə'prɛntɪs] *n* μαθητευόμενος/η *m/f*

approach [ə'prəʊtʃ] *vi* πλησιάζω ▶ *vt* (*place,
person*) πλησιάζω σε • (*speak to*) πλησιάζω
• (*situation, problem*) προσεγγίζω ▶ *n* (*of person*)
ερχομός *m* • (*to problem, situation*) προσέγγιση *f*

appropriate [ə'prəʊprɪɪt] *adj* (*remarks etc*)
σωστός • (*tool, structure*) κατάλληλος

approval [ə'pruːvəl] *n* (*liking*) επιδοκιμασία *f*
• (*permission*) έγκριση *f*

approve [ə'pruːv] *vt* εγκρίνω
▶ **approve of** *vt fus* εγκρίνω

approximate [ə'prɔksɪmɪt] *adj* κατά
προσέγγιση

approximately [ə'prɔksɪmɪtlɪ] *adv* περίπου

apricot ['eɪprɪkɔt] *n* βερίκοκο *nt*

April ['eɪprəl] *n* Απρίλιος *m*, Απρίλης • *see also*
July

April Fool's Day [eɪprəl'fuːlzdeɪ] *n*
Πρωταπριλιά *f*

apron ['eɪprən] *n* ποδιά *f*

apt [æpt] *adj* κατάλληλος • **to be ~ to do sth** έχω
την τάση να κάνω κτ

aquarium [ə'kwɛərɪəm] *n* ενυδρείο *nt*

Aquarius [ə'kwɛərɪəs] *n* Υδρόχος *m*

Arab ['ærəb] *adj* αραβικός ▶ *n* Άραβας *m*

Arabian [ə'reɪbɪən] *adj* αραβικός

Arabic ['ærəbɪk] *adj* αραβικός ▶ *n* (*Ling*) αραβικά
nt pl

arbitrary ['ɑːbɪtrərɪ] *adj* αυθαίρετος

arbitration [ɑːbɪ'treɪʃən] *n* (*Indust*) διαιτησία *f*

arc [ɑːk] *n* τόξο *nt*

arcade [ɑː'keɪd] *n* στοά *f* • (*shopping mall*) στοά
καταστημάτων

arch [ɑːtʃ] *n* καμάρα *f* ▶ *vt* καμπουριάζω

archaeology [ɑːkɪ'ɔlədʒɪ], **archeology** (*US*)
n Αρχαιολογία *f*

archbishop [ɑːtʃ'bɪʃəp] *n* αρχιεπίσκοπος *m*

architect ['ɑːkɪtɛkt] *n* αρχιτέκτονας *mf*

architectural [ɑːkɪ'tɛktʃərəl] *adj*
αρχιτεκτονικός

architecture ['ɑːkɪtɛktʃəʳ] *n* αρχιτεκτονική *f*

archives ['ɑːkaɪvz] *npl* αρχεία *nt pl*

Arctic ['ɑːktɪk] *adj* αρκτικός ▶ *n*: **the ~** η Αρκτική

are [ɑːʳ] *vb see* **be**

area ['εərɪə] n (region) περιοχή f • (Geom, Math) εμβαδόν nt • (part: of place) περιοχή f • (of knowledge, experience) τομέας m

area code (Tel) n υπεραστικός αριθμός m κλήσεως

arena [ə'riːnə] n στάδιο nt • (fig) πεδίο nt

aren't [ɑːnt] = **are not**

Argentina [ɑːdʒən'tiːnə] n Αργεντινή f

argue ['ɑːgjuː] vi (quarrel) μαλώνω • (reason) υποστηρίζω ▸ vt: **to ~ that** ... υποστηρίζω ότι ...

argument ['ɑːgjumənt] n (reasons) επιχείρημα nt • (quarrel) καυγάς m

Aries ['εərɪz] n Κριός m

arise [ə'raɪz] (pt **arose**, pp **arisen**) vi παρουσιάζομαι

arisen [ə'rɪzn] pp of **arise**

aristocratic [ærɪstə'krætɪk] adj αριστοκρατικός

arithmetic [ə'rɪθmətɪk] n (Math) αριθμητική f

arm [ɑːm] n χέρι nt • (upper arm) μπράτσο nt • (of jacket etc) μανίκι nt • (of chair) μπράτσο nt ▸ vt εξοπλίζω • **~ in ~** αγκαζέ inv ■ **arms** npl όπλα nt pl

armchair ['ɑːmtʃεəʳ] n πολυθρόνα f

armed [ɑːmd] adj (soldier, troops) οπλισμένος • (conflict) ένοπλος • **the ~ forces** οι ένοπλες δυνάμεις

armed robbery n ένοπλη ληστεία f

Armenia [ɑː'miːnɪə] n Αρμενία f

armour ['ɑːməʳ], **armor** (US) n (of knight) πανοπλία f

army ['ɑːmɪ] n στρατός m • (fig) στρατιά f

aroma [ə'rəumə] n (of coffee) άρωμα nt • (of foods) μυρωδιά f

aromatherapy [ərəumə'θεrəpɪ] n αρωματοθεραπεία f

arose [ə'rəuz] pt of **arise**

around [ə'raund] adv (about) (τρι)γύρω • (in the area) εδώ γύρω ▸ prep γύρω από • (fig: in time, numbers) γύρω σε • **it measures fifteen feet ~ the trunk** η περίμετρος του κορμού είναι δεκαπέντε πόδια • **is he ~?** είναι εδώ; • **~ 5 o'clock** γύρω στις 5

arouse [ə'rauz] vt ξυπνάω • (interest) προκαλώ • (anger) εξάπτω • (stimulate) ερεθίζω

arrange [ə'reɪndʒ] vt (meeting, tour etc) οργανώνω • (books) τακτοποιώ • **to ~ to do sth** κανονίζω να κάνω κτ

arrangement [ə'reɪndʒmənt] n (agreement) συμφωνία f • (layout) διαρρύθμιση f ■ **arrangements** npl προετοιμασίες fpl

array [ə'reɪ] n: **~ of** ποικιλία f

arrears [ə'rɪəz] npl χρέη nt pl • **to be in ~ with one's rent** χρωστάω το ενοίκιο μου

arrest [ə'rεst] vt (criminal, suspect) συλλαμβάνω ▸ n σύλληψη f • **under ~** υπό κράτηση

arrival [ə'raɪvl] n άφιξη f • (of invention etc) ερχομός m • **new ~** νεοφερμένος/η m/f • (baby) νεογέννητο nt

arrive [ə'raɪv] vi φτάνω ▸ **arrive at** vt fus (fig) καταλήγω σε

arrogance ['ærəgəns] n αλαζονεία f

arrogant ['ærəgənt] adj αλαζονικός

arrow ['ærəu] n βέλος nt

arse [ɑːs] (BRIT inf!) n κώλος m (inf!)

arsenal ['ɑːsɪnl] n οπλοστάσιο nt

arson ['ɑːsn] n εμπρησμός m

art [ɑːt] n τέχνη f • (study, activity) τέχνες fpl • **work of ~** έργο τέχνης ■ **arts** npl θεωρητικές σπουδές fpl

artery ['ɑːtərɪ] n (also fig) αρτηρία f

art gallery n (large, national) πινακοθήκη f • (small, private) γκαλερί f inv

arthritis [ɑː'θraɪtɪs] n αρθρίτιδα f

article ['ɑːtɪkl] n (object, item) αντικείμενο nt • (Ling) άρθρο nt • (in newspaper) άρθρο nt • **~ of clothing** ρούχο nt

articulate [adj ɑː'tɪkjulɪt, vb ɑː'tɪkjuleɪt] adj (speech, writing) γλαφυρός • (person) που εκφράζεται με σαφήνεια και ευκολία ▸ vt εκφράζω

artificial [ɑːtɪ'fɪʃəl] adj τεχνητός • (manner, person) ψεύτικος

artist ['ɑːtɪst] n καλλιτέχνης/ιδα m/f

artistic [ɑː'tɪstɪk] adj καλλιτεχνικός

art school n σχολή f καλών τεχνών

◯ KEYWORD

as [æz, əz] conj **1** (referring to time) καθώς • **as the years went by** καθώς περνούσαν τα χρόνια • **he came in as I was leaving** μπήκε την ώρα που έφευγα • **as from tomorrow** από αύριο **2** (in comparisons) σαν • **she is twice as intelligent as her brother** είναι δύο φορές πιο έξυπνη από τον αδερφό της • **you are twice as big as he is** είσαι διπλάσιος απ' αυτόν • **as much as** όσος • **as many as** όσοι • **as soon as** αμέσως μόλις or όταν **3** (since, because) αφού • **as you can't come I'll go without you** αφού δεν μπορείς να έρθεις, θα πάω μόνος μου • **he left early as he had to be home by 10** έφυγε νωρίς γιατί έπρεπε να είναι σπίτι στις 10 **4** (referring to manner, way) όπως • **do as you wish** κάνε ό,τι θέλεις • **he'd be good to have as a friend** θα ήταν καλό να τον έχω φίλο • **he gave it to me as a present** μου το έκανε δώρο **5** (in the capacity of) ως • **as chairman of the company...** ως πρόεδρος της εταιρείας... • **he works as a driver** δουλεύω ως οδηγός or είναι οδηγός **6**: **as for or to that** όσο για **7**: **as if or though** σαν να • **he looked as if he was ill** φαινόταν σαν να είναι άρρωστος see also **long** • **such** • **well**

a.s.a.p. [eɪεseɪ'piː] adv abbr (= as soon as possible) το συντομότερο δυνατό

asbestos [æz'bεstəs] n αμίαντος m

ascent [ə'sεnt] n (slope) ανηφόρα f • (climb: of mountain etc) ανάβαση f

ash [æʃ] n (of fire, cigarette) στάχτη f • (wood) φλαμουριά f • (tree) φλαμουριά f

ashamed [ə'ʃeɪmd] adj ντροπιασμένος • **to be ~ to** ντρέπομαι να • **to be ~ of** ντρέπομαι για

ashore [ə'ʃɔːʳ] adv (be, go etc) στην ξηρά • (swim) προς την στεριά

ashtray ['æʃtreɪ] n σταχτοδοχείο nt

Asia ['eɪʃə] n Ασία f

Asian ['eɪʃən] *adj* ασιατικός ▶ *n* Ασιάτης/ισσα *m/f*
aside [ə'saɪd] *adv* στην άκρη ▶ *n* μονόλογος *m*
• **to brush objections ~** αφήνω τις αντιρρήσεις κατά μέρος
aside from *prep* εκτός από
ask [ɑ:sk] *vt* (*question*) ρωτάω • (*invite*) (προσ) καλώ • **to ~ sb sth/to do sth** ζητώ κτ από κν/ ζητώ από κν να κάνει κτ • **to ~ about the price** ρωτώ την τιμή • **to ~ (sb) a question** κάνω (σε κν) μια ερώτηση • **to ~ sb out to dinner** προσκαλώ κν σε δείπνο
▶ **ask after** *vt fus* ρωτώ για
▶ **ask for** *vt fus* ζητάω • (*trouble*) πηγαίνω γυρεύοντας για
asleep [ə'sli:p] *adj* κοιμισμένος • **to be ~** κοιμάμαι • **to fall ~** με παίρνει ο ύπνος
asparagus [əs'pærəgəs] *n* σπαράγγι *nt*
aspect ['æspekt] *n* πλευρά *f*
aspire [əs'paɪə^r] *vi*: **to ~** το φιλοδοξώ να
aspirin ['æsprɪn] *n* (*tablet*) ασπιρίνη *f*
ass [æs] *n* γάιδαρος *m*, γαϊδούρι *nt* • (*inf*) ζώον *nt* • (*US inf*) κώλος *m* (*inf!*)
assassin [ə'sæsɪn] *n* δολοφόνος *mf*
assassinate [ə'sæsɪneɪt] *vt* δολοφονώ
assault [ə'sɔ:lt] *n* (*fig*) επίθεση *f* ▶ *vt* επιτίθεμαι • (*sexually*) κακοποιώ (σεξουαλικά)
assemble [ə'sembl] *vt* (*objects, people*) συγκεντρώνω • (*Tech*) συναρμολογώ ▶ *vi* συγκεντρώνομαι
assembly [ə'semblɪ] *n* (*meeting*) συνεδρίαση *f* • (*institution*) συνέλευση *f* • (*of vehicles etc*) συναρμολόγηση *f*
assert [ə'sə:t] *vt* (*opinion, innocence*) υποστηρίζω με σθένος • (*authority*) επιβάλλω • **to ~ o.s** επιβάλλομαι
assertion [ə'sə:ʃən] *n* ισχυρισμός *m*
assess [ə'ses] *vt* (*problem, situation*) εκτιμώ • (*abilities*) αξιολογώ • (*tax*) υπολογίζω • (*value, damages*) εκτιμώ • (*Scol*) αξιολογώ
assessment [ə'sesmənt] *n* εκτίμηση *f* • (*Scol*) αξιολόγηση *f*
asset ['æset] *n* ατού *nt inv* ■ **assets** *npl* περιουσιακά στοιχεία *nt pl* • (*of company*) ενεργητικό *nt*
assign [ə'saɪn] *vt*: **to ~ (to)** αναθέτω (σε) • (*resources etc*) παραχωρώ (σε)
assignment [ə'saɪnmənt] *n* (*task*) αποστολή *f* • (*Scol*) εργασία *f*
assist [ə'sɪst] *vt* βοηθάω
assistance [ə'sɪstəns] *n* βοήθεια *f*
assistant [ə'sɪstənt] *n* βοηθός *mf* • (BRIT: *also*: **shop ~**) πωλητής/τρια *m/f*
associate [*n* ə'səʊʃɪɪt, *vb* ə'səʊʃɪeɪt] *n* συνεργάτης/τιδα *m/f* ▶ *vt* συνδέω
▶ *vi*: **to ~ with sb** κάνω παρέα με κν
association [əsəʊsɪ'eɪʃən] *n* (*group*) εταιρεία *f* • (*involvement, link*) σχέση *f* • **in ~ with** σε συνεργασία με
assorted [ə'sɔ:tɪd] *adj* διάφορος
assortment [ə'sɔ:tmənt] *n* ποικιλία *f*
assume [ə'sju:m] *vt* υποθέτω • (*responsibilities*) αναλαμβάνω • (*attitude, name*) παίρνω
assumption [ə'sʌmpʃən] *n* υπόθεση *f* • (*of power etc*) ανάληψη *f*

assurance [ə'ʃuərəns] *n* (*promise*) διαβεβαίωση *f* • (*confidence*) βεβαιότητα *f* • (*insurance*) ασφάλεια *f*
assure [ə'ʃuə^r] *vt* διαβεβαιώνω • (*happiness, success etc*) εξασφαλίζω
asthma ['æsmə] *n* άσθμα *nt*
astonishing [ə'stɒnɪʃɪŋ] *adj* εκπληκτικός
astonishment [ə'stɒnɪʃmənt] *n* κατάπληξη *f*
astray [ə'streɪ] *adv*: **to go ~** (*letter*) χάνομαι • **to lead ~** παρασύρω
astrology [əs'trɒlədʒɪ] *n* αστρολογία *f*
astronaut ['æstrənɔ:t] *n* αστροναύτης *mf*
astronomer [əs'trɒnəmə^r] *n* αστρονόμος *m*
astronomical [æstrə'nɒmɪkl] *adj* αστρονομικός
astronomy [əs'trɒnəmɪ] *n* αστρονομία *f*
astute [əs'tju:t] *adj* (*person*) πανούργος • **an ~ decision** μια έξυπνη απόφαση
asylum [ə'saɪləm] *n* άσυλο *nt* • **to seek (political) ~** ζητώ (πολιτικό) άσυλο

○ KEYWORD

at [æt] *prep* **1** (*referring to position, direction*) σε
• **to look at sth** κοιτάζω κτ
2 (*referring to time*): **at 4 o'clock** στις 4 (η ώρα)
• **at night** τη νύχτα • **at Christmas** τα Χριστούγεννα • **at times** ώρες-ώρες
3 (*referring to rates, speed etc*): **at £2 a kilo** δύο λίρες το κιλό • **two at a time** δύο μαζί • **at 50 km/h** με 50 χλμ. την ώρα
4 (*referring to activity*) σε • **to play at cowboys** παίζουμε τους καουμπόηδες
5 (*referring to cause*) με • **shocked/surprised/ annoyed at sth** ταραγμένος/ξαφνιασμένος/ ενοχλημένος με κτ • **I went at his suggestion** πήγα με δική του υπόδειξη
6 (@ *symbol*) παπάκι *nt*

ate [eɪt] *pt of* **eat**
atheist ['eɪθɪɪst] *n* άθεος/η *m/f*
Athens ['æθɪnz] *n* Αθήνα *f*
athlete ['æθli:t] *n* αθλητής/τρια *m/f*
athletic [æθ'letɪk] *adj* αθλητικός
athletics [æθ'letɪks] *n* αγωνίσματα στίβου *nt pl*
Atlantic [ət'læntɪk] *adj* του Ατλαντικού ▶ *n*: **the ~ (Ocean)** ο Ατλαντικός (Ωκεανός)
atlas ['ætləs] *n* άτλαντας *m*
ATM *abbr* (= *Automated Telling Machine*) συσκευή *f* αυτόματων ταμειακών συναλλαγών *or* ΑΤΜ
atmosphere ['ætməsfɪə^r] *n* ατμόσφαιρα *f*
atom ['ætəm] (*Phys*) *n* άτομο *nt*
atomic [ə'tɒmɪk] *adj* ατομικός
atrocity [ə'trɒsɪtɪ] *n* θηριωδία *f*
attach [ə'tætʃ] *vt* προσκολλώ • (*document, letter*) επισυνάπτω • **to be attached to sb/sth** είμαι δεμένος με κν/κτ
attachment [ə'tætʃmənt] *n* (*tool*) εξάρτημα *nt* • (*Comput*) επισύναψη *f* • (*love*): **~ (to sb)** προσκόλληση (σε κν)
attack [ə'tæk] *vt* (*Mil*) επιτίθεμαι • (*assault*) επιτίθεμαι • (*criticize*) επιτίθεμαι σε • (*task, problem etc*) καταπιάνομαι με ▶ *n* (*fig*) επίθεση *f* • (*of illness*) κρίση *f* • **heart ~** καρδιακή προσβολή
attacker [ə'tækə^r] *n* δράστης *mf*

attain [əˈteɪn] vt (happiness) αποκτώ
• (ambition) πραγματοποιώ • (age, rank) φθάνω

attempt [əˈtempt] n προσπάθεια f ▸ vt προσπαθώ

attend [əˈtend] vt (school, church) πηγαίνω
• (course, lectures) παρακολουθώ • (meeting, talk) παρακολουθώ
▸ **attend to** vt fus (needs, affairs etc) ασχολούμαι με • (patient) παρακολουθώ • (customer) εξυπηρετώ

attendance [əˈtendəns] n (presence) παρακολούθηση f • (people present) προσέλευση f

attendant [əˈtendənt] n βοηθός mf • (in garage etc) υπάλληλος mf

attention [əˈtenʃən] n (concentration) προσοχή f • (care) φροντίδα f ▸ excl (Mil) προσοχή! • **for the ~ of ...** (Admin) υπόψη +gen ...

attic [ˈætɪk] n σοφίτα f

attitude [ˈætɪtjuːd] n (mental view) αντίληψη f
• (posture) στάση f

attorney [əˈtɜːnɪ] n (US) δικηγόρος mf

Attorney General n (BRIT) γενικός/ή m/f εισαγγελέας • (US) ≈ υπουργός Δικαιοσύνης

attract [əˈtrækt] vt (people) προσελκύω
• (support, publicity) αποκτώ • (sb's interest, attention) τραβάω

attraction [əˈtrækʃən] n γοητεία f • (pl) αξιοθέατα nt pl • (fig) έλξη f

attractive [əˈtræktɪv] adj ελκυστικός

attribute [n ˈætrɪbjuːt, vb əˈtrɪbjuːt] n γνώρισμα nt ▸ vt αποδίδω • **to ~ sth to** αποδίδω κτ σε

aubergine [ˈəʊbəʒiːn] n (vegetable) μελιτζάνα f
• (colour) μελιτζανί nt inv

auburn [ˈɔːbən] adj καστανοκόκκινος

auction [ˈɔːkʃən] n δημοπρασία f ▸ vt πουλάω σε δημοπρασία

audible [ˈɔːdɪbl] adj που ακούγεται

audience [ˈɔːdɪəns] n (in theatre etc) ακροατήριο nt • (Radio) ακροατές mpl • (TV) τηλεθεατές mpl
• (public) κοινό nt

audit [ˈɔːdɪt] (Comm) vt ελέγχω ▸ n λογιστικός έλεγχος m

audition [ɔːˈdɪʃən] n (Cine, Theat etc) οντισιόν f inv ▸ vi: **to ~ (for)** περνάω από οντισιόν (για)

auditor [ˈɔːdɪtəʳ] n ελεγκτής/τρια m/f

auditorium [ˌɔːdɪˈtɔːrɪəm] n (building) μέγαρο nt • (audience area) χώρος m κοινού

August [ˈɔːgəst] n Αύγουστος m • see also **July**

aunt [ɑːnt] n θεία f

auntie, aunty [ˈɑːntɪ] n dimin of **aunt**

aura [ˈɔːrə] n (fig) αύρα f

austerity [ɒsˈterɪtɪ] n απλότητα f • (Econ) λιτότητα f

Australia [ɒsˈtreɪlɪə] n Αυστραλία f

Australian [ɒsˈtreɪlɪən] adj αυστραλέζικος ▸ n Αυστραλός/έζα m/f

Austria [ˈɒstrɪə] n Αυστρία f

Austrian [ˈɒstrɪən] adj αυστριακός ▸ n Αυστριακός/ή m/f

authentic [ɔːˈθentɪk] adj (painting, document) αυθεντικός • (account) αξιόπιστος

author [ˈɔːθəʳ] n συγγραφέας mf

authority [ɔːˈθɒrɪtɪ] n (power) εξουσία f

• (expert) αυθεντία f • (government body) αρχή f
• (official permission) άδεια f ▪ **the authorities** npl οι αρχές fpl

authorize [ˈɔːθəraɪz] vt εγκρίνω • **to ~ sb to do sth** εξουσιοδοτώ κν να κάνει κτ

autobiography [ˌɔːtəbaɪˈɒgrəfɪ] n αυτοβιογραφία f

autograph [ˈɔːtəgrɑːf] n αυτόγραφο nt ▸ vt υπογράφω

automatic [ˌɔːtəˈmætɪk] adj (process, machine) αυτόματος • (reaction) μηχανικός ▸ n (gun) αυτόματο nt • (car) αυτόματο (αυτοκίνητο) nt

automatically [ˌɔːtəˈmætɪklɪ] adv (by itself) αυτόματα • (without thinking) μηχανικά

automobile [ˈɔːtəməbiːl] (US) n αυτοκίνητο nt

autonomous [ɔːˈtɒnəməs] adj αυτόνομος

autonomy [ɔːˈtɒnəmɪ] n αυτονομία f

autumn [ˈɔːtəm] n φθινόπωρο nt • **in ~** το φθινόπωρο

auxiliary [ɔːgˈzɪlɪərɪ] adj βοηθητικός
▸ n βοηθός mf

avail [əˈveɪl] vt: **to ~ o.s. of** επωφελούμαι
▸ n: **to no ~** μάταια

availability [əˌveɪləˈbɪlɪtɪ] n διαθεσιμότητα f

available [əˈveɪləbl] adj (article, amount) διαθέσιμος • (service) που υπάρχει • (time) ελεύθερος • **to be ~** (person: not busy) δεν είμαι απασχολημένος • (: free) είμαι ελεύθερος

avalanche [ˈævəlɑːnʃ] n χιονοστιβάδα f

Ave. abbr = **avenue**

avenue [ˈævənjuː] n λεωφόρος f • (fig) οδός f

average [ˈævərɪdʒ] n μέσος όρος m ▸ adj μέσος
▸ vt φτάνω κατά μέσο όρο • **on ~** κατά μέσο όρο
▸ **average out** vi: **to ~ out at** φτάνω κατά μέσο όρο

avert [əˈvɜːt] vt (accident, war) αποτρέπω
• (one's eyes) παίρνω

avid [ˈævɪd] adj (supporter) ένθερμος • (viewer) φανατικός

avocado [ˌævəˈkɑːdəʊ] n (BRIT: also: ~ **pear**) αβοκάντο nt inv

avoid [əˈvɔɪd] vt αποφεύγω • **to ~ doing sth** αποφεύγω να κάνω κτ

await [əˈweɪt] vt περιμένω • **long awaited** πολυαναμενόμενος

awake [əˈweɪk] (pt **awoke**, pp **awoken** or **awakened**) adj ξύπνιος ▸ vt ξυπνάω ▸ vi ξυπνάω

award [əˈwɔːd] n βραβείο nt • (Jur) ποσό nt αποζημίωσης ▸ vt (prize) απονέμω • (Jur: damages) επιδικάζω αποζημίωση

aware [əˈwɛəʳ] adj: **to be ~ (of sth)** (conscious) έχω υπόψη μου (κτ) • (informed) είμαι ενήμερος (για κτ) • **to become ~ of/that** αντιλαμβάνομαι κτ/ότι

awareness [əˈwɛənɪs] n συνείδηση f

away [əˈweɪ] adv: **to move/run/drive ~** απομακρύνομαι • (be situated) μακριά από • **to be ~** (not present) λείπω • **two kilometres ~** σε απόσταση δύο χιλιομέτρων • **two hours ~ by car** δύο ώρες με αυτοκίνητο • **the holiday was two weeks ~** οι διακοπές ήταν σε δυο εβδομάδες • **he's ~ for a week** λείπει για μία εβδομάδα • **to take ~ (from)** (remove) αφαιρώ

(από) • (subtract) βγάζω • **to work/pedal** etc ~
δουλεύω/κάνω ποδήλατο χωρίς διακοπή • **to
fade/wither** ~ ξεθωριάζω • (enthusiasm) πέφτω
awe [ɔ:] n δέος nt • **to be in ~ of sth/sb** κτ/κς
μου προκαλεί δέος
awful ['ɔ:fəl] adj (weather, smell) απαίσιος
• (shock etc) φριχτός • **an ~ lot of** τρομερά πολύ
awfully ['ɔ:fəlɪ] adv απαίσια
awkward ['ɔ:kwəd] adj (person, movement)
αδέξιος • (time) ακατάλληλος • (job, machine)
(δουλειά) δύσκολος, (μηχάνημα) δύσχρηστος
• (problem, situation) δυσάρεστος • (silence)
αμήχανος
awoke [ə'wəuk] pt of **awake**
awoken [ə'wəukən] pp of **awake**
axe [æks], **ax** (US) n τσεκούρι nt ▶ vt (project etc)
κόβω • (jobs) μειώνω κατά πολύ
axle ['æksl] (Aut) n (also: **axletree**) άξονας m
(τροχού)
aye [aɪ] excl (yes) ναι

b

B, b [bi:] n το δεύτερο γράμμα του αγγλικού
αλφαβήτου • (Scol) καλά, ≈ B • **B road** (BRIT Aut)
δευτερεύων δρόμος m
BA n abbr (= Bachelor of Arts) πτυχίο nt
Θεωρητικών Επιστημών
baby ['beɪbɪ] n (infant) μωρό nt • (US inf: darling!)
μωρό nt μου
baby carriage (US) n καροτσάκι nt
baby-sit ['beɪbɪsɪt] vi φυλάω παιδιά
baby-sitter ['beɪbɪsɪtə'] n μπέιμπι-σίτερ f inv
bachelor ['bætʃələ'] n εργένης m • **B~ of Arts/
Science** (person) πτυχιούχος θεωρητικών/
θετικών επιστημών
back [bæk] n (of person) πλάτη f • (of animal)
ράχη f • (of hand) ανάποδη f • (of house, car, train,
door) πίσω μέρος nt • (of chair) πλάτη f • (of book)
πίσω μέρος nt • (of crowd, audience) πίσω nt inv
• (Football) μπακ nt inv ▶ vt (candidate)
υποστηρίζω • (financially) στηρίζω • (bet on:
horse) ποντάρω σε • (reverse: car) κάνω όπισθεν
▶ vi (also: ~ **up**) κάνω όπισθεν ▶ cpd (Aut: seat,
wheels) πίσω • (garden) στο πίσω μέρος • (room)
πίσω ▶ adv (not forward) πίσω • **he's ~** (returned)
γύρισε • **throw the ball ~** (restitution) πέτα πίσω
τη μπάλα • **she called ~** (again) ξαναπήρε • **they
ran ~** γύρισαν πίσω τρέχοντας • **~ to front** το
πίσω-μπρος • **when will you be ~?** πότε θα
γυρίσετε; • **can I have it ~?** μπορείτε να μου το
επιστρέψετε;
▶ **back down** vi υποχωρώ
▶ **back out** vi κάνω πίσω
▶ **back up** vt (support: person) καλύπτω
• (: theory etc) υποστηρίζω • (Comput) κάνω
μπακάπ σε
backbone ['bækbəun] n σπονδυλική στήλη f
backfire [bæk'faɪə'] vi (Aut) κλωτσάει η εξάτμιση
+gen • (plans) ναυαγώ
background ['bækgraund] n (of picture) βάθος
nt • (of events) παρασκήνιο nt • (Comput) φόντο
nt • (origins: of person) προέλευση f
• (: experience) πείρα f ▶ cpd (noise, music) στο
βάθος • **family ~** οικογενειακό ιστορικό nt
• **~ reading** βασική βιβλιογραφία
backing ['bækɪŋ] n (Comm) υποστήριξη f • (Mus)
(μουσική) συνοδεία f

acklog ['bæklɔg] n: ~ of work μαζεμένη δουλειά

ackpack ['bækpæk] n σακίδιο nt

ackpacker ['bækpækə'] n αυτός που ταξιδεύει με σακίδιο στην πλάτη

ackside ['bæksaid] (inf) n πισινός m

ackstage [bæk'steidʒ] adv στα παρασκήνια

ackstroke ['bækstrauk] n ύπτιο nt

ackup ['bækʌp] adj (staff, services) βοηθητικός • (Comput) ασφαλείας ▶ n(support) υποστήριξη f • (also: ~ disk/file) δισκέτα/αρχείο μπακάπ

ackward ['bækwəd] adj (movement) προς τα πίσω • (fig: step) προς τα πίσω

ackwards ['bækwədz] adv (move also fig) προς τα πίσω • (in time) πίσω

ackyard [bæk'jɑ:d] n πίσω αυλή f

acon ['beikən] n μπέικον nt inv

acteria [bæk'tɪərɪə] npl βακτηρίδια nt pl

ad [bæd] adj κακός • (work, health, weather, news) κακός • (mistake, accident, injury) (λάθος) μεγάλος, (ατύχημα, τραυματισμός) σοβαρός • his ~ back η πονεμένη του μέση • to go ~ (meat, food, milk) χαλάω • to be ~ for κάνω κακό σε • to be ~ at δεν είμαι καλός σε • not ~ καθόλου άσχημα

ade [bæd] pt of bid

adge [bædʒ] n (of school etc) σήμα nt • (of police officer) διακριτικά nt pl • (fig) χαρακτηριστικό γνώρισμα nt

adger ['bædʒə'] n ασβός m

adly ['bædlɪ] adv (work, reflect etc) άσχημα • (wounded) σοβαρά • to dress ~ ντύνομαι άσχημα • things are going ~ τα πράγματα πάνε άσχημα

adminton ['bædmɪntən] n μπάντμιντον nt inv

ad-tempered ['bæd'tempəd] adj (person: by nature) δύστροπος • (: on one occasion) στις κακές μου

ag [bæg] n (made of paper, plastic) σακούλα f • (handbag, satchel) τσάντα f • (suitcase) βαλίτσα f • (pej: woman: also: old ~) κλώσα f (pej) • bags of (inf) άφθονος • to pack one's bags ετοιμάζω τις βαλίτσες μου • bags under the eyes σακούλες κάτω από τα μάτια

aggage ['bægɪdʒ] n αποσκευές fpl

aggage allowance n επιτρεπόμενο όριο nt αποσκευών

aggy ['bægɪ] adj φαρδύς

ahamas [bə'hɑ:məz] npl: the ~ οι Μπαχάμες

ail [beil] n (Jur: payment) εγγύηση f • (: release) προφυλάκιση f με εγγύηση ▶ vi (on boat: also: ~ out) αδειάζω το νερό • on ~ (prisoner) που έχει βγει με εγγύηση • see also bale
▶ **bail out** vt (friend) βγάζω από τη δύσκολη

ait [beit] n δόλωμα nt ▶ vt (hook, trap) βάζω δόλωμα σε • (tease) πειράζω

ake [beik] n (Culin: cake) ψήνω • (Tech: clay etc) ψήνω ▶ vi (bread etc) ψήνομαι • (person) φτιάχνω γλυκό or γλυκά

aked beans [beikt'bi:nz] npl φασόλια nt pl κονσέρβα με ντομάτα

aker ['beikə'] n φούρναρης/ισσα m/f

akery ['beikəri] n φούρνος m

---

baking ['beikɪŋ] n (act) ψήσιμο nt (στο φούρνο) • (food) αρτοσκευάσματα nt pl ▶ adj (inf) που βράζει από τη ζέστη

balance ['bæləns] n (equilibrium) ισορροπία f • (Fin: remainder) υπόλοιπο nt λογαριασμού ▶ vt (object) ισορροπώ • (budget) ισοσκελίζω • (account) κλείνω • (pros and cons) ζυγίζω • (make equal) εξισορροπώ ▶ vi (person, object) ισορροπώ • on ~ ύστερα από προσεκτικό υπολογισμό • to ~ the books (Comm) κλείνω τα βιβλία

balanced ['bælənst] adj (report) αμερόληπτος • (personality, diet) ισορροπημένος

balance sheet n ισολογισμός m

balcony ['bælkənɪ] n μπαλκόνι nt • (in theatre) εξώστης m

bald [bɔ:ld] adj (head, person) φαλακρός • (tyre) φθαρμένος

bale [beil] n (Agr) μπάλα f • (of papers etc) δέμα nt
▶ **bale out** vi (of a plane) πέφτω με αλεξίπτωτο ▶ vt αδειάζω νερό από

ball [bɔ:l] n μπάλα f • (for tennis, golf) μπαλάκι nt • (of wool, string) κουβάρι nt • (dance) χορός m

ballerina [bælə'ri:nə] n μπαλαρίνα f

ballet ['bælei] n μπαλέτο nt

balloon [bə'lu:n] n (child's) μπαλόνι nt • (hot air balloon) αερόστατο nt

ballot ['bælət] n ψηφοφορία f

ballpoint ['bɔ:lpɔɪnt], **ballpoint pen** n στυλό nt inv διαρκείας

ballroom ['bɔ:lrum] n αίθουσα f χορού

Baltic ['bɔ:ltɪk] n: the ~ (Sea) η Βαλτική (Θάλασσα)

bamboo [bæm'bu:] n μπαμπού nt inv

ban [bæn] n απαγόρευση f ▶ vt απαγορεύω

banana [bə'nɑ:nə] n μπανάνα f

band [bænd] n (group) παρέα f • (Mus: jazz etc) ορχήστρα f • (: rock) συγκρότημα nt • (: military etc) μπάντα f • (strip, stripe) κορδέλα f • (range) εύρος nt

bandage ['bændɪdʒ] n επίδεσμος m ▶ vt (wound, leg) δένω (με επίδεσμο)

B & B n abbr = bed and breakfast

bandit ['bændɪt] n ληστής m

bang [bæŋ] n (of door) βρόντος m • (of gun) εκπυρσοκρότηση f • (of exhaust) σκάσιμο nt • (blow) χτύπημα nt ▶ excl μπαμ! ▶ vt (door) βροντάω • (one's head etc) χτυπάω ▶ vi (door) βροντάω • (fireworks) σκάω • to ~ at the door χτυπάω δυνατά την πόρτα • to ~ into sth πέφτω πάνω σε κτ

Bangladesh [bæŋglə'deʃ] n Μπανγκλαντές nt inv

bangs [bæŋz] (US) npl (fringe) αφέλειες fpl

banish ['bænɪʃ] vt εξορίζω

banister ['bænɪstə'] n, **banisters** ['bænɪstəz] npl κουπαστή f

banjo ['bændʒəu] (pl **banjoes** or **banjos**) n μπάντζο nt inv

bank [bæŋk] n τράπεζα f • (of river, lake) όχθη f • (of earth) πλαγιά f ▶ vi (Aviat) γέρνω • (Comm): they ~ with Pitt's έχουν λογαριασμό στην (τράπεζα) Πιτ
▶ **bank on** vt fus υπολογίζω σε

bank account n τραπεζικός λογαριασμός m
bank balance n υπόλοιπο nt τραπεζικού
λογαριασμού
bank card n κάρτα f
banker ['bæŋkə'] n τραπεζίτης m
bank holiday (BRIT) n επίσημη αργία f
banking ['bæŋkɪŋ] n τραπεζικό επάγγελμα nt
banknote ['bæŋknəut] n χαρτονόμισμα nt
bankrupt ['bæŋkrʌpt] adj χρεοκοπημένος ▸ n
χρεοκοπημένος/η m/f • **to go** ~ χρεωκοπώ
bankruptcy ['bæŋkrʌptsɪ] n (Comm)
χρεωκοπία f • (fig) χρεωκοπία f
banner ['bænə'] n πανό nt inv
bannister ['bænɪstə'] n, **bannisters**
['bænɪstəz] npl = **banister**
banquet ['bæŋkwɪt] n συνεστίαση f
baptism ['bæptɪzəm] n βάπτισμα nt
• (ceremony) βαφτίσια nt pl
bar [baː'] n μπαρ nt inv • (rod) βέργα f • (on
window etc) κάγκελο nt • (of soap, chocolate)
πλάκα f • (fig) φραγμός m • (Mus) μέτρο nt ▸ vt
(way, road) φράζω • (door, window) αμπαρώνω
• (person) αποκλείω • **behind bars** πίσω από τα
κάγκελα
Barbados [baː'beɪdɔs] n Μπαρμπάντος ntpl inv
barbaric [baː'bærɪk] adj (uncivilized)
βαρβαρικός • (cruel) βάρβαρος
barbecue [baː'bɪkjuː] n ψησταριά f • (meal,
party) μπάρμπεκιου nt inv
barbed wire [baːbd'waɪə'] n συρματόπλεγμα nt
barber ['baːbə'] n κουρέας m
bare [bɛə'] adj γυμνός • vt γυμνώνω • (teeth)
δείχνω • **the ~ essentials, the ~ necessities** τα
απολύτως απαραίτητα • **the ~ minimum** το
ελάχιστο
barely ['bɛəlɪ] adv μετά βίας
bargain ['baːgɪn] n (in deal, agreement) συμφωνία f
• (good buy) ευκαιρία f ▸ vi (haggle) παζαρεύω
• **to ~ (with sb)** διαπραγματεύομαι (με κν)
• **into the ~** επιπλέον
▸ **bargain for** vt fus: **he got more than he
bargained for** πήγε καλύτερα απ' ό,τι
περίμενε
barge [baːdʒ] n μαούνα f
▸ **barge in** vi (enter) ορμάω μέσα • (interrupt)
διακόπτω
bark [baːk] n (of tree) φλοιός m • (of dog)
γαύγισμα nt ▸ vi γαυγίζω
barley ['baːlɪ] n κριθάρι nt
barmaid ['baːmeɪd] n σερβιτόρα f
barman ['baːmən] (irreg) n μπάρμαν m inv
barn [baːn] n αποθήκη f
barometer [bə'rɔmɪtə'] n βαρόμετρο nt
baron ['bærən] n βαρώνος m
baroness ['bærənɪs] n βαρώνη f
barracks ['bærəks] npl στρατώνας m
barrage ['bæraːʒ] n (Mil) καταιγισμός m πυρών
• (dam) φράγμα nt • (fig) μπαράζ nt inv
barrel ['bærəl] n (of wine, beer, oil) βαρέλι nt
• (of gun) κάννη f
barren ['bærən] adj άγονος
barricade [bærɪ'keɪd] n οδόφραγμα nt
▸ vt κλείνω με οδόφραγμα • **to ~ o.s. (in)**
οχυρώνομαι

barrier ['bærɪə'] n διαχωριστικό nt • (BRIT: also:
crash ~) προστατευτική μπαριέρα f • (fig)
εμπόδιο nt
barring ['baːrɪŋ] prep εκτός από
barrister ['bærɪstə'] (BRIT) n δικηγόρος mf (σε
ανώτερο δικαστήριο)
barrow ['bærəu] n καρότσι nt
bartender ['baːtendə'] (US) n μπάρμαν m inv
base [beɪs] n βάση f • (of cup, box) πάτος m ▸ vt:
to ~ sth on (opinion, belief) βασίζω κτ σε • **I'm
based in London** έχω έδρα το Λονδίνο
baseball ['beɪsbɔːl] n μπέιζμπωλ nt inv
basement ['beɪsmənt] n υπόγειο nt
bases[1] ['beɪsɪz] npl of **base**
bases[2] ['beɪsiːz] npl of **basis**
bash [bæʃ] (inf) vt (beat) κοπανάω ▸ n (crash):
to ~ into/against πέφτω πάνω σε
basic ['beɪsɪk] adj βασικός • (facilities)
βασικός
basically ['beɪsɪklɪ] adv βασικά
basics ['beɪsɪks] npl: **the ~** τα βασικά
basil ['bæzl] n βασιλικός m
basin ['beɪsn] n (vessel) λεκάνη f • (also: **wash
~**) νιπτήρας nt • (of river, lake) λεκάνη f
basis ['beɪsɪs] n (pl **bases**) n βάση f • **on a
part-time/voluntary ~** σε μερική/εθελοντική
βάση
basket ['baːskɪt] n καλάθι nt
basketball ['baːskɪtbɔːl] n μπάσκετ nt inv
bass [beɪs] (Mus) n (singer) μπάσος m • (also:
~ **guitar**) μπάσο nt • (on radio etc) μπάσα nt pl
bastard ['baːstəd] n (offspring) νόθος m • (inf!)
μπάσταρδος m
bat [bæt] n (Zool) νυχτερίδα f • (for cricket,
baseball) μπατσούνι nt • (BRIT: for table tennis)
ρακέτα f ▸ vt: **he didn't ~ an eyelid** έμεινε
ατάραχος
batch [bætʃ] n (of bread) φουρνιά f • (of letters,
papers) πάκο nt • (of applicants) ομάδα f • (of
work, goods) παρτίδα f
bath [baːθ] n (bathtub) μπανιέρα f ▸ vt (baby,
patient) κάνω μπάνιο σε • **to have a ~** κάνω
μπάνιο • see also **baths**
bathe [beɪð] vi κολυμπάω • (US: have a bath)
κάνω μπάνιο ▸ vt (wound) πλένω
bathing ['beɪðɪŋ] n μπάνιο nt
bathroom ['baːθrum] n μπάνιο nt
baths [baːðz] npl κολυμβητήριο nt
bathtub ['baːθtʌb] n μπανιέρα f
baton ['bætən] n (Mus) μπαγκέτα f • (Athletics)
σκυτάλη f • (police officer's) γκλοπ nt inv
batter ['bætə'] vt δέρνω ▸ n (Culin) κουρκούτι
nt
battered ['bætəd] adj (hat, car) φθαρμένος
battery ['bætərɪ] n (also Aut) μπαταρία f
battle ['bætl] n (also fig) μάχη f ▸ vi (fight)
τσακώνομαι • (fig) αγωνίζομαι
battlefield ['bætlfiːld] n πεδίο nt μάχης
bay [beɪ] n κόλπος m • (BRIT: for parking)
αποβάθρα f στάθμευσης • (: for loading)
αποβάθρα f (εκ)φόρτωσης • **to hold sb at ~**
κρατάω κν σε απόσταση
bazaar [bə'zaː'] n (market) παζάρι nt
• (fete) πανηγύρι nt

BC *adv abbr* (= *before Christ*) π.Χ.

KEYWORD

be [biː] (*pt* **was, were**, *pp* **been**) *aux vb* **1** (with present participle: forming continuous tenses): **what are you doing?** τι κάνεις • **it is raining** βρέχει • **they're coming tomorrow** έρχονται αύριο • **I've been waiting for you for hours** σε περίμενα ώρες ολόκληρες
2 (with past participle: forming passives): **to be killed** σκοτώνομαι • **the box had been opened** το κουτί είχε ανοιχτεί • **the thief was nowhere to be seen** ο κλέφτης δεν φαινόταν πουθενά
3 (in tag questions): **he's good-looking, isn't he?** είναι όμορφος, έτσι δεν είναι *or* όμορφος είναι, ε; • **she's back again, is she?** ξαναγύρισε, ε;
4 (+ to + infinitive): **the house is to be sold** το σπίτι πρόκειται *or* πρέπει να πουληθεί • **he's not to open it** δεν πρέπει να το ανοίξει
▶ *vb* + complement **1** είμαι • **I'm tired/hot/cold** κουράστηκα/ζεσταίνομαι/κρυώνω • **2 and 2 are 4** 2 και 2 κάνει 4 • **be careful** πρόσεχε • **be quiet** κάνε ησυχία
2 (of health) είμαι
3 (of age) είμαι
4 (cost) κάνει • **that'll be £5 please** πέντε λίρες παρακαλώ
▶ *vi* **1** (exist, occur etc) υπάρχω • **be that as it may** όπως και να' χει • **so be it** ας είναι
2 (referring to place) είμαι
3 (referring to movement) είμαι
▶ *impers vb* **1** (referring to time): **it's 5 o'clock** είναι 5 (η ώρα) • **it's the 28th of April** είναι 28 Απριλίου
2 (referring to distance): **it's 10 km to the village** είναι 10 χλμ. μέχρι το χωριό
3 (referring to the weather): **it's too hot/cold** κάνει πολύ ζέστη/κρύο • **it's windy today** έχει αέρα σήμερα
4 (emph): **it's only me** εγώ είμαι • **it's only the postman** ο ταχυδρόμος είναι • **it was Maria who paid the bill** η Μαρία ήταν εκείνη που πλήρωσε το λογαριασμό

beach [biːtʃ] *n* παραλία *f*
beacon ['biːkən] *n* (signal light) φως *nt* για σινιάλο • (marker) φάρος *m*
bead [biːd] *n* χάντρα *f* • (of sweat) σταγόνα *f*
■ **beads** *npl* κολιέ *nt inv*
beak [biːk] *n* ράμφος *nt*
beam [biːm] *n* (Archit) δοκός *f* • (of light) αχτίδα *f*
▶ *vi* χαμογελώ ▶ *vt* εκπέμπω
bean [biːn] *n* φασόλι *nt* • **broad ~ κουκί • runner ~** είδος αμερικάνικου φασολιού • **coffee ~** κόκκος καφέ
bear [bɛəˈ] *n* αρκούδα *f*
beard [bɪəd] *n* μούσι *nt*
bearer ['bɛərəˈ] *n* (of letter) αυτός/ή *m/f* που φέρνει κτ • (of news) αγγελιοφόρος *m* • (of cheque, passport etc) κάτοχος *mf*
bearing ['bɛərɪŋ] *n* (posture) παράστημα *m* • (connection) σχέση *f* • **to get one's bearings** προσανατολίζομαι • (fig) εγκλιματίζομαι
■ **bearings** *npl* (also: **ball bearings**) ρουλεμάν *nt inv*

beast [biːst] *n* (animal) θηρίο *nt* • (also inf: person) τέρας *nt*
beat [biːt] (*pt* **~**, *pp* **beaten**) *n* (of heart) χτύπος *m* • (Mus) ρυθμός *m* • (of police officer) περιοχή *f*
▶ *vt* (strike) χτυπάω • (eggs, cream) χτυπάω • (defeat: opponent) νικώ • (: record) καταρρίπτω
▶ *vi* χτυπάω
▶ **beat up** *vt* δέρνω
beating ['biːtɪŋ] *n* ξύλο *nt*
beautiful ['bjuːtɪful] *adj* ωραίος
beautifully ['bjuːtɪflɪ] *adv* (play, sing, etc) ωραία • (quiet, empty etc) υπέροχα
beauty ['bjuːtɪ] *n* (quality) ομορφιά *f* • (beautiful woman) καλλονή *f* • (fig: attraction) ομορφιά
beaver ['biːvəˈ] *n* κάστορας *m*
became [bɪ'keɪm] *pt of* **become**
because [bɪ'kɒz] *conj* επειδή • **~ of** λόγω +gen
become [bɪ'kʌm] (*pt* **became**, *pp* **~**) *vi* (+noun, +adj) γίνομαι • **to ~ fat/thin** παχαίνω/αδυνατίζω • **to ~ angry** θυμώνω • **what has ~ of him?** τι απέγινε αυτός;
bed [bɛd] *n* (piece of furniture) κρεβάτι *nt* • (of coal, clay) κοίτασμα *nt* • (bottom: of river, sea) βυθός *m* • (of flowers) παρτέρι *nt* • **to go to ~** πάω για ύπνο
bed and breakfast *n* (place) πανσιόν *f inv* • (terms) δωμάτιο *nt* με πρωινό
bedding ['bɛdɪŋ] *n* κλινοσκεπάσματα *nt pl*
bedroom ['bɛdrum] *n* κρεβατοκάμαρα *f*
bedside ['bɛdsaɪd] *n*: **at sb's ~** στο προσκεφάλι κου ▶ *cpd* δίπλα στο κρεβάτι
bedsit ['bɛdsɪt], **bedsitter** ['bɛdsɪtəˈ] (Brit) *n* ενοικιαζόμενο δωμάτιο *nt* (συνήθως χωρίς μπάνιο και κουζίνα)
bedtime ['bɛdtaɪm] *n*: **it's ~** είναι ώρα για ύπνο
bee [biː] *n* μέλισσα *f*
beech [biːtʃ] *n* (tree) οξιά *f* • (wood) ξύλο *nt* οξιάς
beef [biːf] *n* βοδινό *nt* • **roast ~** ροστ-μπηφ *nt inv*
been [biːn] *pp of* **be**
beer [bɪəˈ] *n* μπύρα *f*
beet [biːt] *n* γουλί *nt* • (US: also: **red ~**) κοκκινογούλι *nt*
beetle ['biːtl] *n* σκαθάρι *nt*
beetroot ['biːtruːt] (Brit) *n* κοκκινογούλι *nt*
before [bɪ'fɔːˈ] *prep* (of time) πριν (από) • (of space) μπροστά σε ▶ *conj* πριν (να) ▶ *adv* (time) ξανά • **~ going** πριν να πάω • **~ she goes** πριν να πάει • **the week ~** την προηγούμενη εβδομάδα • **I've never seen it ~** δεν το έχω ξαναδεί
beforehand [bɪ'fɔːhænd] *adv* εκ των προτέρων
beg [bɛg] *vi* (beggar) ζητιανεύω ▶ *vt* (also: **~ for**: food, money) ζητιανεύω • **to ~ sb to do sth** ικετεύω κν να κάνει κτ • **I ~ your pardon** (apologizing) συγγνώμη • (not hearing) ορίστε;
began [bɪ'gæn] *pt of* **begin**
beggar ['bɛgəˈ] *n* ζητιάνος/α *m/f*
begin [bɪ'gɪn] (*pt* **began**, *pp* **begun**) *vt* αρχίζω ▶ *vi* αρχίζω • **to ~ doing** *or* **to do sth** αρχίζω να κάνω κτ
beginner [bɪ'gɪnəˈ] *n* αρχάριος/α *m/f*
beginning [bɪ'gɪnɪŋ] *n* αρχή *f* • **right from the ~** ευθύς εξαρχής
begun [bɪ'gʌn] *pp of* **begin**

behalf [bɪ'hɑːf] n: **on ~ of,** (US) **in ~ of** (as representative of) εκ μέρους +gen • (for benefit of) για λογαριασμό +gen • **on my/his ~** εκ μέρους μου/του

behave [bɪ'heɪv] vi συμπεριφέρομαι • (also: **~ o.s.**) φέρομαι καλά

behaviour [bɪ'heɪvjəʳ], **behavior** (US) n συμπεριφορά f

behind [bɪ'haɪnd] prep πίσω από ▶ adv πίσω ▶ n (buttocks) πισινός m • **to be ~** (late) έχω αργήσει • **to leave sth ~** ξεχνάω κτ

beige [beɪʒ] adj μπεζ inv

Beijing [beɪ'dʒɪŋ] n Πεκίνο nt

being ['biːɪŋ] n (creature) ον nt • (existence) ύπαρξη f

Belarus [belə'rus] n Λευκορωσία f

belated [bɪ'leɪtɪd] adj καθυστερημένος

Belgian ['beldʒən] adj βελγικός ▶ n Βέλγος/ίδα m/f

Belgium ['beldʒəm] n Βέλγιο nt

belief [bɪ'liːf] n (opinion) άποψη f • (trust, faith) πεποίθηση f • (religious, political etc) πιστεύω nt inv

believe [bɪ'liːv] vt πιστεύω ▶ vi (have faith) πιστεύω • **to ~ in** πιστεύω σε

believer [bɪ'liːvəʳ] n (in idea, activity) υποστηρικτής/τρια m/f • (Rel) πιστός/ή m/f

bell [bel] n (of church) καμπάνα f • (small) καμπανάκι nt • (on door, also electric) κουδούνι nt

bellow ['beləʊ] vi (bull) μουγκρίζω • (person) ουρλιάζω ▶ vt (orders) φωνάζω

belly ['belɪ] n κοιλιά f

belong [bɪ'lɒŋ] vi: **to ~ to** (to person) ανήκω σε • (to club etc) είμαι μέλος +gen • **this book belongs here** αυτό το βιβλίο πηγαίνει εδώ

belongings [bɪ'lɒŋɪŋz] npl υπάρχοντα nt pl

beloved [bɪ'lʌvɪd] adj αγαπημένος

below [bɪ'ləʊ] prep κάτω από ▶ adv (beneath) από κάτω • **see** ▶ βλέπε παρακάτω • **temperatures ~ normal** θερμοκρασίες κάτω από το φυσιολογικό

belt [belt] n (clothing) ζώνη f • (Tech) ιμάντας m ▶ vt (inf: thrash) δέρνω

bemused [bɪ'mjuːzd] adj σαστισμένος

bench [bentʃ] n (seat) παγκάκι nt • (work bench) πάγκος m • (Brit Pol) έδρανο nt • **the B~** (Jur) η έδρα

bend [bend] (pt, pp **bent**) vt λυγίζω • vi (person) σκύβω • (pipe) λυγίζω ▶ n (Brit: in road) στροφή f • (in pipe) γωνία f ■ **the bends** npl (Med) η νόσος των δυτών
▶ **bend down** vi σκύβω
▶ **bend over** vt σκύβω πάνω από

beneath [bɪ'niːθ] prep κάτω από ▶ adv παρακάτω

beneficial [benɪ'fɪʃəl] adj ευεργετικός • **~ (to)** ευεργετικός (για)

benefit ['benɪfɪt] n (advantage) όφελος nt • (money) επίδομα nt ▶ vt ωφελώ ▶ vi: **he'll ~ from it** θα ωφεληθεί από αυτό

benign [bɪ'naɪn] adj άκακος • (Med) καλοήθης

bent [bent] pt, pp of **bend** ▶ adj (wire, pipe) λυγισμένος • (inf: dishonest) διεφθαρμένος

bereaved [bɪ'riːvd] n: **the ~** οι τεθλιμμένοι συγγενείς ▶ adj που έχει χάσει κάποιον δικό του

beret ['bereɪ] n μπερές m

Berlin [bəː'lɪn] n Βερολίνο nt

Bermuda [bəː'mjuːdə] n Βερμούδες fpl

berry ['berɪ] n μούρο nt

berth [bəːθ] n (bed) κουκέτα f • (Naut: mooring) αγκυροβόλι nt

beside [bɪ'saɪd] prep (next to) δίπλα σε • (compared with) μπροστά σε • **to be ~ o.s.** (with rage) είμαι εκτός εαυτού • **that's ~ the point** αυτό είναι άσχετο

besides [bɪ'saɪdz] adv (in addition) επιπλέον • (in any case) εκτός αυτού ▶ prep εκτός από

best [best] adj ο καλύτερος ▶ adv καλύτερα • **the ~ thing to do is ...** το καλύτερο που έχουμε να κάνουμε είναι... • **the ~ part of** (most of) το μεγαλύτερο μέρος +gen • **at ~** στην καλύτερη (περίπτωση) • **to make the ~ of sth** κάνω το καλύτερο που μπορώ (για μια δεδομένη κατάσταση) • **to do one's ~** βάζω τα δυνατά μου • **to the ~ of my knowledge** απ' όσο ξέρω • **to the ~ of my ability** όσο καλύτερα μπορώ

best man (irreg) n κουμπάρος m

bestseller ['best'seləʳ] n μπεστ σέλερ nt inv

bet [bet] (pt, pp ~ or **betted**) n στοίχημα nt ▶ vt: **to ~ that** (expect, guess) βάζω στοίχημα ότι ▶ vi (wager): **to ~ on** (horse) ποντάρω σε • **I wouldn't ~ on it** δεν είμαι σίγουρος

betray [bɪ'treɪ] vt προδίδω

better ['betəʳ] adj καλύτερος • (cured) καλύτερα ▶ adv καλύτερα ▶ vt βελτιώνω ▶ n: **to get the ~ of sb** κτ τρώει κπν • **I had ~ go** (πρέπει) να πηγαίνω • **you had ~ do it** καλύτερα να το κάνεις • **he thought ~ of it** το σκέφτηκε καλύτερα • **to get ~** (Med) γίνομαι καλύτερα • **that's ~!** έτσι μπράβο!

betting ['betɪŋ] n (gambling) στοιχήματα nt pl • (odds) απόδοση f

between [bɪ'twiːn] prep (in space) ανάμεσα σε • (in time) μεταξύ ▶ adv: **in ~** ενδιάμεσα • **you and me** εμείς οι δύο μαζί • **a man aged ~ 20 and 25** ένας άντρας ηλικίας μεταξύ 20 ως και 25

beverage ['bevərɪdʒ] n ποτό nt

beware [bɪ'weəʳ] vi: **"~ of the dog"** «προσοχή σκύλος»

bewildered [bɪ'wɪldəd] adj που τα έχει χαμένα

beyond [bɪ'jɒnd] prep (in space) πέρα από • (past: understanding) τόσο που δεν • (exceeding) που ξεπερνάει • (after: date) πέρα από • (above) μετά ▶ adv (in space, time) επόμενος • **~ doubt** υπεράνω αμφιβολίας • **~ repair** που δεν επιδιορθώνεται

bias ['baɪəs] n (prejudice) προκατάληψη f • (preference) προτίμηση f

biased, biassed ['baɪəst] adj προκατειλημμένος

bib [bɪb] n σαλιάρα f

Bible ['baɪbl] (Rel) n Βίβλος f

bicycle ['baɪsɪkl] n ποδήλατο nt

bid [bɪd] (pt **bade** or ~, pp ~(**den**)) n (at auction, in tender) προσφορά f • (attempt) απόπειρα f ▶ vi (at auction) κάνω προσφορά • (Cards) ποντάρω ▶ vt προσφέρω

bidder ['bɪdəʳ] n: **the highest ~** ο πλειοδότης

big [bɪg] adj (person: physically) μεγαλόσωμος
• (: important) σπουδαίος • (bulky) μεγάλος
• (brother, sister) μεγάλος

bike [baɪk] n (bicycle) ποδήλατο nt • (motorcycle) μοτοσυκλέτα f • (small) μηχανάκι nt • (large) μηχανή f

bikini [bɪˈkiːnɪ] n μπικίνι nt inv

bilateral [baɪˈlætərəl] adj διμερής

bilingual [baɪˈlɪŋgwəl] adj δίγλωσσος

bill [bɪl] n λογαριασμός m • (Pol) νομοσχέδιο nt
• (US: banknote) χαρτονόμισμα nt • (of bird) ράμφος nt • (Theat): **on the ~** στο πρόγραμμα
• **to fit** or **fill the ~** (fig) είμαι κατάλληλος

billboard [ˈbɪlbɔːd] n (διαφημιστική) πινακίδα f

billion [ˈbɪljən] n (US) δισεκατομμύριο nt

bin [bɪn] n (BRIT: outdoor) σκουπιδοτενεκές m
• (: indoor) καλάθι nt αχρήστων • (container) μπαούλο nt

bind [baɪnd] (pt, pp **bound**) vt (tie) δένω
• (oblige) υποχρεώνω • (book) δένω

binge [bɪndʒ] (inf) n: **to go on a ~** μεθοκοπάω

bingo [ˈbɪŋgəu] n μπίνγκο nt inv (παίζεται από κοινό για κέρδη)

binoculars [bɪˈnɔkjuləz] npl κυάλια nt pl

biochemistry [baɪəˈkemɪstrɪ] n Βιοχημεία f

biodegradable [ˈbaɪəudɪˈgreɪdəbl] adj βιοδιασπώμενος

biography [baɪˈɔgrəfɪ] n βιογραφία f

biological [baɪəˈlɔdʒɪkl] adj (science, warfare) βιολογικός • (washing powder) βιολογικού καθαρισμού

biology [baɪˈɔlədʒɪ] n Βιολογία f

birch [bəːtʃ] n σημύδα f • (wood) ξύλο nt σημύδας

bird [bəːd] n πουλί nt • (BRIT inf: woman) γκομενίτσα f

birth [bəːθ] n γέννα f • (being born) γέννηση f
• **to give ~ to** (Bio) γεννάω

birth certificate n ληξιαρχική πράξη f γεννήσεως

birth control n (policy) έλεγχος m γεννήσεων
• (methods) αντισυλληπτικές μέθοδοι fpl

birthday [ˈbəːθdeɪ] n γενέθλια nt pl ▶ cpd γενεθλίων • see also **happy**

birthplace [ˈbəːθpleɪs] n τόπος m γεννήσεως
• (fig) γενέτειρα f

biscuit [ˈbɪskɪt] n (BRIT) μπισκότο nt • (US) μικρό κέικ nt

bishop [ˈbɪʃəp] n (Rel) επίσκοπος m • (Chess) αξιωματικός m

bit [bɪt] pt of **bite** ▶ n (piece) κομμάτι nt • (tool) τρυπάνι nt • (Comput) μπιτ nt inv (δυαδικό ψηφίο) • (of horse) στομίδα f (χαλιναριού) • **a ~ of** λίγος • **a ~ mad/dangerous** λίγο τρελός/ επικίνδυνος • **~ by ~** λίγο-λίγο

bitch [bɪtʃ] n (dog) σκύλα f • (infl: woman) σκύλα f (pej)

bite [baɪt] (pt **bit**, pp **bitten**) vt (person, dog etc) δαγκώνω • (insect etc) τσιμπάω ▶ vi (dog etc) δαγκώνω • (insect etc) τσιμπάω ▶ n (from insect) τσίμπημα nt • (mouthful) μπουκιά f • **to ~ one's nails** τρώω τα νύχια μου

bitten [ˈbɪtn] pp of **bite**

bitter [ˈbɪtər] adj (person) πικρόχολος
• (experience, taste, disappointment) (εμπειρία) δυσάρεστος, (γεύση) πικρός • (wind, weather) τσουχτερός ▶ n (BRIT: beer) πικρή μπύρα f
• **to the ~ end** μέχρι εσχάτων

bizarre [bɪˈzaː] adj παράξενος

black [blæk] adj μαύρος • (tea, coffee) σκέτος ▶ n (colour) μαύρο nt • **~ and blue** μαύρο στο ξύλο
• **to be in the ~** (in credit) έχω μπει μέσα
▶ **black out** vi λιποθυμώ

blackberry [ˈblækbərɪ] n βατόμουρο nt

blackboard [ˈblækbɔːd] n μαυροπίνακας m

black coffee n σκέτος καφές m

blackcurrant [ˈblækˈkʌrənt] n μαύρο φραγκοστάφυλο nt

black eye n: **to give sb a ~** μαυρίζω το μάτι κπου

blackmail [ˈblækmeɪl] n εκβιασμός m ▶ vt εκβιάζω

black market n μαύρη αγορά f

blackout [ˈblækaut] n (in wartime) συσκότιση f
• (power cut) μπλακάουτ nt inv • (TV, Radio) διακοπή f μετάδοσης • (faint) λιποθυμία f

Black Sea n: **the ~** η Μαύρη Θάλασσα

bladder [ˈblædər] n (Anat) η κύστη f

blade [bleɪd] n (of knife, sword) λεπίδα f • (of oar) παλάμη f • (of propeller) πτερύγιο nt • **a ~ of grass** ένα φύλλο χλόης

blame [bleɪm] n ευθύνη f ▶ vt: **to ~ sb for sth** κατηγορώ κν για κτ • **to be to ~** φταίω

bland [blænd] adj άνοστος

blank [blæŋk] adj (paper) λευκός • (look) απλανής ▶ n (of memory) κενό nt • (on form) κενό nt • (cartridge) άσφαιρο nt • **to draw a ~** (fig) κάνω μια τρύπα στο νερό

blanket [ˈblæŋkɪt] n (cloth) κουβέρτα f • (of snow, fog) στρώμα nt

blast [blaːst] n (of wind) ριπή f • (of whistle) σφύριγμα nt • (explosion) έκρηξη f ▶ vt (blow up) ανατινάζω • **at full ~** στη διαπασών
▶ **blast off** vi (Space) εκτοξεύομαι

blatant [ˈbleɪtənt] adj οφθαλμοφανής

blaze [bleɪz] n πυρκαγιά f ▶ vi (fire) καίω • (guns) ρίχνω • (fig: eyes) αστράφτω

blazer [ˈbleɪzər] n μπλέιζερ nt inv • (of school, team etc) μπουφάν nt inv

bleach [bliːtʃ] n χλωρίνη f ▶ vt (fabric) βάζω στη χλωρίνη • (hair) κάνω οξυζενέ σε

bleak [bliːk] adj (countryside) έρημος • (weather) μουντός • (prospect, situation) δυσοίωνος
• (expression, voice) δυσάρεστος

bleed [bliːd] (pt, pp **bled**) vi (Med) αιμορραγώ
• (run: colour) τρέχω • **my nose is bleeding** μάτωσε η μύτη μου

blend [blend] n χαρμάνι nt ▶ vt (Culin) αναμιγνύω • (colours, flavours etc) συνδυάζω ▶ vi (also: **~ in**) συνδυάζομαι

blender [ˈblendər] (Culin) n μπλέντερ nt inv

bless [bles] (pt, pp **blessed** or **blest**) vt (Rel) ευλογώ • **~ you!** (after sneeze) με τις υγείες σας!

blessing [ˈblesɪŋ] n (approval) ευλογία f
• (godsend) δώρο nt θεού • (Rel) ευχή f

blew [bluː] pt of **blow**

blight [blaɪt] vt καταστρέφω

blind [blaɪnd] adj (Med, fig) τυφλός ▶ n (for window) στόρι nt ▶ vt (Med) τυφλώνω • (dazzle) στραβώνω • **to turn a ~ eye (on or to)** κάνω τα στραβά μάτια (για)

blink [blɪŋk] vi ανοιγοκλείνω τα μάτια μου • (light) αναβοσβήνω ▶ n: **the TV's on the ~** (inf) η τηλεόραση τα έχει παίξει

bliss [blɪs] n ευδαιμονία f

blister ['blɪstə'] n φουσκάλα f ▶ vi σκάω

blizzard ['blɪzəd] n χιονοθύελλα f

bloated ['bləʊtɪd] adj πρησμένος

blob [blɒb] n (of glue, paint) σταγόνα f • (sth indistinct) μουντζούρα f

block [blɒk] n (buildings) τετράγωνο nt • (toy) κύβος nt • (of stone, ice, wood) κομμάτι nt ▶ vt μπλοκάρω • **to have a mental ~** μπλοκάρει το μυαλό μου
▶ **block up** vt βουλώνω ▶ vi βουλώνω

blockade [blɒ'keɪd] n αποκλεισμός m ▶ vt επιβάλλω αποκλεισμό σε

blockage ['blɒkɪdʒ] n φράξιμο nt

blockbuster ['blɒkbʌstə'] n που σπάει ταμεία

blog [blɒg] n διαδικτυακό ημερολόγιο nt, blog nt inv

blogger ['blɒgə'] n blogger m inv, μπλόγκερ m

blogpost ['blɒgpəʊst] n ανάρτηση f σε blog

bloke [bləʊk] (BRIT inf) n τύπος m

blond, blonde [blɒnd] adj ξανθός ▶ n: **blonde** ξανθιά

blood [blʌd] n αίμα nt

blood pressure n πίεση f

bloodshed ['blʌdʃed] n αιματοχυσία f

bloodstream ['blʌdstriːm] n κυκλοφορία f του αίματος

blood test n εξέταση f αίματος

blood vessel n αιμοφόρο αγγείο nt

bloody ['blʌdɪ] adj (battle) αιματηρός • (nose) που έχει ματώσει • (BRIT infl): **this ~ ...** αυτό το βρωμο... • **~ strong/good** (infl) φοβερά δυνατό/καλό

bloom [bluːm] n (Bot) λουλούδι nt ▶ vi (tree, flower) ανθίζω • (fig: talent) ανθίζω • (: person) εξελίσσομαι σε • **to be in ~** (plant) είμαι ανθισμένος

blossom ['blɒsəm] n (Bot) λουλούδι nt ▶ vi (Bot) ανθίζω

blot [blɒt] n (on text) μελανιά f • (fig) κηλίδα f
▶ **blot out** vt (view) κρύβω • (memory) σβήνω

blouse [blauz] n μπλούζα f

blow [bləʊ] (pt **blew**, pp **blown**) n (punch) μπουνιά f • (fig) πλήγμα nt ▶ vi φυσάω ▶ vt (wind) παίρνω • (whistle) σφυρίζω με • (instrument) παίζω • (fuse) καίω • **to ~ one's nose** φυσάω τη μύτη μου
▶ **blow away** vt παίρνω
▶ **blow down** vt ρίχνω
▶ **blow off** vt (hat etc) παίρνω
▶ **blow out** vt σβήνω ▶ vi σβήνω
▶ **blow over** vi κοπάζω
▶ **blow up** vi ξεσπάω • vt (destroy) ανατινάζω • (inflate) φουσκώνω • (Phot) μεγεθύνω

blown [bləʊn] pp of **blow**

blue [bluː] adj μπλε inv • (depressed) στενοχωρημένος • **out of the ~** (fig) στα καλά

καθούμενα • (pleasant event) απ' τον ουρανό
▪ **the blues** n (Mus) μπλουζ ntpl inv

bluff [blʌf] vi μπλοφάρω ▶ n μπλόφα f • **to call sb's ~** ξεσκεπάζω τη μπλόφα κου

blunder ['blʌndə'] n (political) γκάφα f

blunt [blʌnt] adj (pencil) που δεν είναι ξυσμένος • (knife) στομωμένος • (talk) ευθύς • (person): **to be ~** μιλάω στα ίσια or έξω απ' τα δόντια

blur [bləː'] n θολούρα f ▶ vt (vision) θολώνω • (distinction) σβήνω

blurred [bləːd] adj θολός • (distinction) ακαθόριστος

blush [blʌʃ] vi κοκκινίζω ▶ n κοκκίνισμα nt

board [bɔːd] n (piece of cardboard) χαρτόνι nt • (piece of wood: oblong) σανίδα f • (square) πίνακας m • (also: **notice ~**) πίνακας m ανακοινώσεων • (for games) ταμπλό nt inv • (in firm) συμβούλιο nt • **on ~** (Naut) πάνω σε • (Aviat) μέσα σε • (ship, train) επιβιβάζομαι σε (fml) • **full ~** (BRIT) πλήρης διατροφή • **half ~** (BRIT) ημιδιατροφή • **above ~** (fig) καθ' όλα νόμιμος • **across the ~** (fig: adv) σε όλους • (: adj) γενικός
▶ **board up** vt σφραγίζω με σανίδες

boarding card ['bɔːdɪŋkaːd] n = **boarding pass**

boarding pass ['bɔːdɪŋpaːs] (Aviat, Naut) n κάρτα f επιβίβασης

boarding school ['bɔːdɪŋskuːl] n οικοτροφείο nt

boardroom n αίθουσα f συνεδριάσεων

boast [bəʊst] vi: **to ~ (about or of)** καυχιέμαι (για) ▶ vt (fig) έχω να επιδείξω

boat [bəʊt] n βάρκα f • (ship) καράβι nt • **to go by ~** πηγαίνω με πλοίο

bob [bɒb] vi (also: **~ up and down**) σκαμπανεβάζω • (cork) κουνιέμαι πάνω-κάτω

body ['bɒdɪ] n σώμα nt • (corpse) πτώμα nt • (main part) σώμα nt • (of speech, document) κύριο μέρος nt • (of car) αμάξωμα nt • (of plane) σκελετός m • (fig: group) ομάδα f • (: organization) οργάνωση f • **ruling ~** διοικητικό όργανο

bodyguard ['bɒdɪgaːd] n σωματοφύλακας mf

bog [bɒg] n βάλτος m ▶ vt: **to get bogged down** (fig) κολλάω

bogus ['bəʊgəs] adj ψεύτικος

boil [bɔɪl] vt βράζω ▶ vi βράζω ▶ n (Med) καλόγηρος m • **to come to the** (BRIT) or **a** (US) **~** βράζω
▶ **boil over** vi (milk) βράζω και χύνομαι

boiled egg ['bɔɪld'eg] n βραστό αυγό nt

boiler ['bɔɪlə'] n καυστήρας m

bold [bəʊld] adj (person, action) τολμηρός • (pattern, colours) έντονος

Bolivia [bə'lɪvɪə] n Βολιβία f

bolt [bəʊlt] n (lock) σύρτης m • (with nut) μπουλόνι nt ▶ vt (door) αμπαρώνω • (food) καταβροχθίζω ▶ vi τρέχω σαν βολίδα • (horse) αφηνιάζω • **a ~ of lightning** μια αστραπή

bomb [bɒm] n βόμβα f ▶ vt βομβαρδίζω

bomber ['bɒmə'] n (Aviat) βομβαρδιστικό nt • (terrorist) βομβιστής/τρια m/f

bomb scare n φόβος m για βόμβα

bond [bɒnd] n δεσμός m • (Fin) ομόλογο nt

bone [bəun] n (Anat) κόκαλο nt • (of fish) ψαροκόκαλο nt ▶ vt (meat, fish) καθαρίζω or βγάζω τα κόκαλα από

bonfire ['bɒnfaɪə'] n φωτιά f (από ξύλα) • (for rubbish) φωτιά f (για σκουπίδια)

bonnet ['bɒnɪt] n (hat) σκουφί nt • (BRIT: of car) καπό nt inv

bonus ['bəunəs] n δώρο nt • (fig) πλεονέκτημα nt

boo [bu:] excl ιπτου! ▶ vt, vi γιουχάρω

book [buk] n βιβλίο nt • (of stamps) πακετάκι nt • (of tickets) δεσμίδα f ▶ vt κλείνω • (traffic warden, police officer) δίνω κλήση • (referee) βγάζω κάρτα • **to keep the books** κρατάω τα βιβλία ▪ **books** npl (Comm: accounts) (λογιστικά) βιβλία nt pl
 ▶ **book in** (BRIT) vi πιάνω ένα δωμάτιο
 ▶ **book up** vt κλείνω • **all seats are booked up** όλες οι θέσεις ήταν κλεισμένες

bookcase ['bukkeɪs] n βιβλιοθήκη f

booking ['bukɪŋ] (BRIT) n κράτηση f

booklet ['buklɪt] n ενημερωτικό φυλλάδιο nt

bookmaker ['bukmeɪkə'] n πράκτορας m γραφείου στοιχημάτων

bookmark ['bukmɑːk] (also Comput) n σελιδοδείκτης m

bookshelf ['bukʃelf] (pl **bookshelves**) n ράφι nt της βιβλιοθήκης

bookshop ['bukʃɒp] n βιβλιοπωλείο nt

boom [bu:m] n (noise) κρότος m • (in prices) ραγδαία αύξηση f • (in population etc) ραγδαία αύξηση f • (busy period) περίοδος f ακμής ▶ vi (guns, thunder) βροντάω • (voice) ακούγομαι δυνατά • (business) ανθώ

boost [bu:st] n ενίσχυση f ▶ vt ενισχύω

boot [bu:t] n (for winter) μπότα f • (for walking, football) παπούτσι nt • (also: **ankle ~**) μποτάκι nt • (BRIT: of car) πορτ-μπαγκάζ nt inv ▶ vt (Comput) μπουτάρω

booth [bu:ð] n (at fair) περίπτερο nt • (for telephoning) θάλαμος m • (for voting) παραβάν nt inv

booze [bu:z] (inf) n ξίδια nt pl (fig) ▶ vi πίνω

border ['bɔːdə'] n (of a country) σύνορα nt pl • (for flowers) παρτέρι nt • (on cloth etc) μπορντούρα f ▶ vt (road) περιστοιχίζω • (also: **~ on**) συνορεύω με ▪ **the Borders** n τα σύνορα Αγγλίας-Σκωτίας
 ▶ **border on** vt fus (fig) αγγίζω τα όρια +gen

borderline ['bɔːdəlaɪn] n: **on the ~** (fig) στα όρια

bore [bɔː'] vt ανοίγω • (person) κουράζω ▶ n (person) βαρετός/ή m/f • (of gun) διαμέτρημα nt

bored [bɔːd] adj: **to be ~** βαριέμαι

boredom ['bɔːdəm] n βαρεμάρα f

boring ['bɔːrɪŋ] adj (tedious) βαρετός

born [bɔːn] adj: **to be ~** γεννιέμαι • **I was ~ in 1960** γεννήθηκα το 1960 • **a ~ comedian** ένας γεννημένος κωμικός

borough ['bʌrə] (Pol) n δήμος m

borrow ['bɒrəu] vt δανείζομαι • **may I ~ your car?** μπορώ να δανειστώ το αυτοκίνητό σας;

Bosnian ['bɒznɪən] adj της Βοσνίας
 ▶ n Βόσνιος/α m/f

bosom ['buzəm] n (Anat) στήθος nt • (fig) αγκαλιά f

boss [bɒs] n αφεντικό nt ▶ vt (also: **~ around, ~ about**) διατάζω

bossy ['bɒsɪ] adj αυταρχικός

both [bəuθ] adj και οι δύο (και τα δύο) ▶ pron και οι δύο (και τα δύο) • **~ A and B** και τον Α και τον Β • **~ (of them)** και οι δυο (τους) • **they sell ~ meat and poultry** πουλάνε και κρέας και πουλερικά

bother ['bɒðə'] vt (worry) απασχολώ • (disturb) ενοχλώ ▶ vi (also: **~ o.s.**) μπαίνω στον κόπο ▶ n (trouble) πρόβλημα nt • (nuisance) ενόχληση f • **don't ~** δεν πειράζει • **it's no ~** δεν είναι πρόβλημα or κόπος • **to ~ doing sth** μπαίνω στον κόπο να κάνω κτ

Botswana [bɒt'swɑːnə] n Μποτσουάνα f

bottle ['bɒtl] n μπουκάλι nt • (baby's) μπιμπερό nt • (BRIT: courage) κουράγιο nt ▶ vt (beer, wine) εμφιαλώνω
 ▶ **bottle up** vt κρατάω (μέσα μου)

bottom ['bɒtəm] n πάτος m • (buttocks) πισινός m • (of page, list) κάτω μέρος nt • (of mountain, hill) πρόποδες mpl • (of tree) κάτω μέρος nt ▶ adj (part) κατώτερος • (rung, position) κατώτατος • **at the ~ of** στο κάτω μέρος +gen

bought [bɔːt] pt, pp of **buy**

boulder ['bəuldə'] n κοτρόνα f

bounce [bauns] vi (ball) αναπηδώ • (cheque) είμαι ακάλυπτος ▶ vt (ball) χτυπάω κάτω

bouncer ['baunsə'] (inf) n πορτιέρης m

bound [baund] pt, pp of **bind** ▶ n (leap) άλμα nt • (pl: limit) όρια nt pl ▶ vi (leap) πηδάω ▶ vt καθορίζω τα όρια +gen ▶ adj: **~ by** (law, regulation) δεσμευμένος από • **to be/feel ~ to do sth** (obliged) είμαι/ αισθάνομαι υποχρεωμένος να κάνω κτ • (certain) είναι βέβαιο ότι θα κάνω κτ • **~ for** (Naut, Aut, Rail) προορίζομαι για • **to be out of bounds** (fig) είμαι απαγορευμένος

boundary ['baundrɪ] n όριο nt

bouquet ['bukeɪ] n (of flowers) μπουκέτο nt

bourbon ['buəbən] (US) n μπέρμπον nt inv

bout [baut] n (of malaria etc) κρίση f • (of activity) έξαρση f • (Boxing etc) αγώνας m

boutique [bu:'ti:k] n μπουτίκ f inv

bow¹ [bəu] n (knot) φιόγκος m • (weapon) τόξο nt • (Mus) δοξάρι nt

bow² [bau] n (of the head, body) υπόκλιση f • (Naut: also: **bows**) πλώρη f ▶ vi (with head, body) υποκλίνομαι • **to ~ to** or **before** (fig) υποκύπτω σε

bowels ['bauəlz] npl έντερα nt pl • (of animal) εντόσθια nt pl • (fig) σπλάχνα nt pl • (of the earth) έγκατα nt pl

bowl [bəul] n μπωλ nt inv • (for washing) λεκάνη f • (Sport: ball) μπάλα f ▶ vi (Cricket, Baseball) ρίχνω την μπάλα

bowler ['bəulə'] n (Cricket, Baseball) αυτός που ρίχνει την μπάλα • (BRIT: also: **~ hat**) n μπόουλερ nt inv (στρογγυλό ημίψηλο καπέλο)

bowling ['bəulɪŋ] n μπόουλινγκ nt inv

bowls [bəulz] n παιχνίδι σε χόρτο με ειδικές μπάλες

box | 260

box [bɔks] n κουτί nt • (cardboard box)
χαρτόκουτο nt • (crate) κάσα f • (Theat) θεωρείο
nt • (BRIT Aut) διασταύρωση f • (on form)
τετραγωνάκι nt ▶ (Sport) πυγμαχώ με ▶ vi
(Sport) κάνω μποξ
boxer ['bɔksə] n (person) πυγμάχος mf
boxing ['bɔksɪŋ] (Sport) n μποξ nt inv
Boxing Day (BRIT) n η δεύτερη μέρα των
Χριστουγέννων
box office n ταμείο nt
boy [bɔɪ] n αγόρι nt
boycott ['bɔɪkɔt] n μποϊκοτάζ nt inv ▶ vt
μποϊκοτάρω
boyfriend ['bɔɪfrɛnd] n αγόρι nt
bra [brɑ:] n σουτιέν nt inv
brace [breɪs] n (on teeth) σιδεράκια nt pl • (tool)
ξυλουργικό τρυπάνι nt ▶ vt ισιώνω • to ~ o.s
παίρνω θέση • (fig) προετοιμάζομαι ▬ **braces** npl
(BRIT) τιράντες fpl
bracelet ['breɪslɪt] n βραχιόλι nt
bracket ['brækɪt] n (Tech) γωνία f (στήριγμα)
• (group, range) ομάδα f • (also: **brace ~**)
άγκιστρο nt • (also: **round ~**) παρένθεση f
• (also: **square ~**) αγκύλη f ▶ vt (word, phrase)
βάζω σε παρένθεση • **in brackets** σε παρένθεση
braid [breɪd] n (trimming) σιρίτι nt • (plait)
πλεξίδα f
Braille [breɪl] n γραφή f μπράιγ
brain [breɪn] n (Anat) εγκέφαλος m • (fig) μυαλό
nt ▬ **brains** npl (Culin) μυαλά nt pl • (intelligence)
μυαλό nt
brake [breɪk] n φρένο nt ▶ vi φρενάρω
bran [bræn] n πίτουρο nt
branch [brɑ:ntʃ] n (of tree) κλαδί nt, κλαρί
• (fig: of family) κλάδος m • (: of organization)
παρακλάδι nt • (Comm) υποκατάστημα nt ▶ vi
διακλαδίζομαι
▶ **branch out** vi: **to ~ out into** (fig)
επεκτείνομαι σε
brand [brænd] n μάρκα f • (fig) είδος nt ▶ vt
(cattle) μαρκάρω (με καυτό σίδερο)
brand name n μάρκα f
brand-new ['brænd'nju:] adj ολοκαίνουργιος
brandy ['brændɪ] n μπράντυ nt inv
brash [bræʃ] adj αυθάδης
brass [brɑ:s] n (metal) μπρούτζος m • **the ~**
(Mus) τα χάλκινα πνευστά
brat [bræt] (pej) n παλιόπαιδο nt
brave [breɪv] adj γενναίος ▶ n πολεμιστής m
▶ vt αψηφώ
bravery ['breɪvərɪ] n ανδρεία f
brawl [brɔ:l] n (in pub, street) καυγάς m ▶ vi
καυγαδίζω
Brazil [brə'zɪl] n Βραζιλία f
breach [bri:tʃ] vt παραβιάζω ▶ n (gap) άνοιγμα
nt • (estrangement) χάσμα nt • **~ of contract**
παραβίαση συμβολαίου • • **~ of the peace**
διατάραξη της δημόσιας τάξης
bread [brɛd] n ψωμί nt • (inf: money) ψωμί
nt (fig)
breadcrumbs ['brɛdkrʌmz] npl ψίχουλα nt pl
• (Culin) τριμμένη φρυγανιά f
breadth [brɛtθ] n (of cloth etc) φάρδος nt
• (fig) ευρύτητα f

break [breɪk] (pt **broke**, pp **broken**) vt σπάω
• (promise) αθετώ • (law) παραβαίνω ▶ vi
(crockery) σπάω • (storm) ξεσπάω • (weather)
χαλάω • (day) χαράζω • (story, news) διαδίδομαι
▶ n (gap) κενό nt • (fracture) σπάσιμο nt • (pause,
interval also Scol) διάλειμμα nt • (chance) ευκαιρία
f • (holiday) διακοπές fpl • **to ~ the news to sb**
λέω τα νέα σε κν • **to ~ even** (Comm) βγάζω τα
έξοδά μου • **to ~ free** or **loose** ελευθερώνομαι
▶ **break down** vt (figures, data) αναλύω • (door
etc) ρίχνω κάτω ▶ vi (machine, car) χαλάω
• (person) καταρρέω • (talks) αποτυγχάνω
▶ **break in** vt δαμάζω ▶ vi (burglar) κάνω
διάρρηξη
▶ **break into** vt fus κάνω διάρρηξη σε
▶ **break off** vi (branch) σπάω • (speaker)
σταματάω ▶ vt (talks) διακόπτω • (engagement)
διαλύω
▶ **break out** vi (begin) ξεσπάω • (escape) το
σκάω • **to ~ out in spots/a rash** βγάζω σπυριά/
εξάνθημα
▶ **break up** vi (ship) ανοίγω στα δύο
• (partnership) χωρίζω • (crowd, meeting)
διαλύομαι • (marriage) (συνάντηση) διακόπτω,
(γάμος) διαλύω • (Scol) σταματάω ▶ vt (rocks)
σπάω • (journey) κάνω διακοπή • (fight etc)
σταματάω • (meeting, marriage) διαλύω
breakdown ['breɪkdaun] n (Aut) βλάβη f
• (of communications) διακοπή f • (of marriage)
διάλυση f • (Med: also: **nervous ~**) νευρικός
κλονισμός m
breakfast ['brɛkfəst] n πρωινό nt ▶ vi παίρνω
πρωινό
break-in ['breɪkɪn] n διάρρηξη f
breakthrough ['breɪkθru:] n (fig) σημαντική
εξέλιξη f
breast [brɛst] n στήθος nt • (Med) μαστός m
breast-feed ['brɛstfi:d] (irreg) vt θηλάζω ▶ vi
θηλάζω
breaststroke ['brɛststrəuk] n πρόσθιο nt
breath [brɛθ] n αναπνοή f • **to get out of ~**
μου κόβεται η ανάσα
breathe [bri:ð] vt αναπνέω ▶ vi αναπνέω
▶ **breathe in** vi εισπνέω ▶ vi εισπνέω
▶ **breathe out** vi εκπνέω ▶ vi εκπνέω
breathing ['bri:ðɪŋ] n αναπνοή f
breathless ['brɛθlɪs] adj λαχανιασμένος
• • **~ with excitement/fear** με κομμένη την
ανάσα από τον ενθουσιασμό/το φόβο
breathtaking ['brɛθteɪkɪŋ] adj που σου κόβει
την ανάσα
bred [brɛd] pt, pp of **breed**
breed [bri:d] (pt, pp **bred**) vt (animals) εκτρέφω
• (plants) καλλιεργώ ▶ vi (Zool)
πολλαπλασιάζομαι ▶ n (Zool) ράτσα f • (type,
class) είδος nt
breeze [bri:z] n αεράκι nt
breezy ['bri:zɪ] adj: **it's ~** έχει αεράκι
brew [bru:] vt (tea) ετοιμάζω • (beer) φτιάχνω
▶ vi (tea) γίνομαι • (beer) ψήνομαι • (also fig)
προμηνύομαι
brewery ['bru:ərɪ] n ζυθοποιείο nt
bribe [braɪb] n δωροδοκία f ▶ vt (person)
δωροδοκώ • (witness) εξαγοράζω

bribery ['braɪbərɪ] n δωροδοκία f
brick [brɪk] n τούβλο nt
bride [braɪd] n νύφη f
bridegroom ['braɪdgru:m] n γαμπρός m
bridesmaid ['braɪdzmeɪd] n παράνυμφος f
bridge [brɪdʒ] n γέφυρα f • (of nose) ράχη f
• (Cards) μπριτζ nt inv ▶ vt (fig) γεφυρώνω
bridle ['braɪdl] n χαλινάρι nt
brief [bri:f] adj σύντομος ▶ n (Jur) δικογραφία f
• (task) εντολή f ▶ vt (inform) ενημερώνω • (Mil
etc): to ~ sb (about sth) ενημερώνω κν (για κτ)
• in ... εν συντομία... ▪ **briefs** npl (for men)
σώβρακο nt • (for women) κιλοτάκι nt
briefcase ['bri:fkeɪs] n χαρτοφύλακας m
briefing ['bri:fɪŋ] n ενημέρωση f
briefly ['bri:flɪ] adv σύντομα • **to glance/
glimpse ~** ρίχνω μια (γρήγορη) ματιά
brigadier [brɪgə'dɪəʳ] n ταξίαρχος m
bright [braɪt] adj (light) φωτεινός • (weather,
room) φωτεινός • (person, idea) έξυπνος • (colour,
clothes) έντονος • (outlook, future) λαμπρός
brilliant ['brɪljənt] adj εξαιρετικός • (sunshine,
light, smile) λαμπερός • (inf: holiday etc)
καταπληκτικός
brim [brɪm] n (of cup) χείλος nt • (of hat)
μπορ nt inv
bring [brɪŋ] (pt, pp **brought**) vt φέρνω
• (trouble) προκαλώ
▶ **bring about** vt προκαλώ • (solution etc)
επιφέρω
▶ **bring back** vt (restore) επαναφέρω • (return)
επιστρέφω
▶ **bring down** vt ρίχνω • (plane) καταρρίπτω
▶ **bring forward** vt μεταφέρω νωρίτερα
• (Book-keeping) μεταφέρω
▶ **bring in** vt (money) φέρνω • (Pol: legislation)
εισηγούμαι
▶ **bring off** vt (task, plan) τα βγάζω πέρα με
• (deal) κλείνω
▶ **bring out** vt (person) κάνω να εκδηλωθεί
▶ **bring round** vt συνεφέρω
▶ **bring up** vt (carry up) φέρνω • (educate)
ανατρέφω • (question, subject) θέτω • (vomit)
βγάζω
brink [brɪŋk] n χείλος nt • **to be on the ~ of
doing sth** είμαι έτοιμος να κάνω κτ
brisk [brɪsk] adj (tone) κοφτός • (person)
δραστήριος • (trade) ζωηρός • **to go for a ~ walk**
πάω περίπατο με γρήγορο βήμα
Brit [brɪt] (inf) n Βρετανός/ίδα m/f
Britain ['brɪtən] n (also: **Great ~**) (Μεγάλη)
Βρετανία f • **in ~** στη Βρετανία
British ['brɪtɪʃ] adj βρετανικός ▶ npl: **the ~** οι
Βρετανοί • **he/she is ~** είναι Βρετανός/Βρετανίδα
British Isles [brɪtɪʃ'aɪlz] npl: **the ~** οι Βρετανικές
Νήσοι
Briton ['brɪtən] n Βρετανός/ίδα m/f
brittle ['brɪtl] adj εύθραυστος
broad [brɔ:d] adj πλατύς • (outlines, distinction
etc) γενικός • (accent) βαρύς ▶ n (US inf: woman)
γκόμενα f • **in ~ daylight** στο φως της ημέρας
broadband ['brɔ:dbænd] n (Tel) ευρυζωνικότητα f
broadcast ['brɔ:dkɑ:st] (pt, pp **~**) (Radio, TV) n
μετάδοση f ▶ vt μεταδίδω ▶ vi εκπέμπω

broaden ['brɔ:dn] vt διευρύνω ▶ vi (river)
πλαταίνω • **to ~ the** or sb's mind ανοίγω το
μυαλό κου
broadly ['brɔ:dlɪ] adv γενικά • **~ speaking** σε
γενικές γραμμές
broccoli ['brɔkəlɪ] n μπρόκολο nt
brochure ['brəuʃjuəʳ] n φυλλάδιο nt
broke [brəuk] pt of **break** ▶ adj (inf: company)
φαλιρισμένος • (person) μπατίρης • **to go ~**
φαλιρίζω
broken ['brəukn] pp of **break** ▶ adj (window, cup
etc) σπασμένος • (machine) χαλασμένος
• (promise, vow) που δεν τηρήθηκε • **a ~ leg** ένα
σπασμένο πόδι • **a ~ marriage** ένας διαλυμένος
γάμος
broker ['brəukəʳ] n μεσίτης/τρια m/f • (in shares)
χρηματιστής/στρια m/f • (insurance broker)
ασφαλιστής/τρια m/f
bronchitis [brɔŋ'kaɪtɪs] n βρογχίτιδα f
bronze [brɔnz] n (metal) μπρούτζος m
brooch [brəutʃ] n καρφίτσα f
brood [bru:d] n νεοσσοί mpl • (of hen)
κλωσόπουλα nt pl ▶ vi (hen) κλωσάω • (person)
αναλογίζομαι
broom [brum] n (also Bot) σκούπα f
broth [brɔθ] n ζωμός m
brothel ['brɔθl] n πορντέλο nt, μπουρδέλο nt
brother ['brʌðəʳ] n (also Rel) αδελφός m
brother-in-law ['brʌðərɪn'lɔ:] n (sister's
husband) γαμπρός m • (wife's brother) κουνιάδος m
brought [brɔ:t] pt, pp of **bring**
brow [brau] n (forehead) μέτωπο m • (eyebrow)
φρύδι m • (of hill) κορυφή f
brown [braun] adj (colour) καφέ • (hair, eyes)
καστανός • (tanned) μαυρισμένος ▶ n καφέ nt inv
▶ vi (Culin) ροδίζω
Brownie ['braunɪ] n (also: **~ Guide**) πουλάκι nt
(στους προσκόπους)
brown sugar n καστανή ζάχαρη f
browse [brauz] vi (through book) ξεφυλλίζω
• (in shop) χαζεύω
browser ['brauzəʳ] (Comput) n πρόγραμμα
περιήγησης nt
bruise [bru:z] n (on face etc) μελανιά f • (on fruit)
χτύπημα nt ▶ vt (arm, leg etc) μελανιάζω • (fruit)
χτυπάω
brunette [bru:'nɛt] n μελαχρινή f
brush [brʌʃ] n (for cleaning) βούρτσα f • (for
painting, shaving etc) πινέλο nt • (encounter)
συνάντηση f ▶ vt (sweep) σκουπίζω • (groom)
βουρτσίζω • (also: **~ against**) περνάω ξυστά
από • **to ~ one's teeth** πλένω τα δόντια μου
▶ **brush aside** vt αγνοώ
▶ **brush past** vt προσπερνάω
▶ **brush up, brush up on** vt ξεσκονίζω
Brussels sprout n λαχανάκια nt pl Βρυξελλών
brutal ['bru:tl] adj βάναυσος • (honesty,
frankness) σκληρός
BSc abbr (= Bachelor of Science) πτυχίο nt Θετικών
Επιστημών
BSE n abbr (= bovine spongiform encephalopathy)
ασθένεια των τρελών αγελάδων
bubble ['bʌbl] n φουσκάλα f ▶ vi (liquid) χοχλάζω
• (fig) ξεχειλίζω

buck [bʌk] n (rabbit) κούνελος m • (deer) αρσενικό ελάφι nt • (US inf: dollar) δολάριο nt ▶ vi τσινάω • **to pass the ~** φορτώνω την ευθύνη σε άλλους
  ▶ **buck up** vi: ~ **up!** κουράγιο!

bucket ['bʌkɪt] n κουβάς m ▶ vi (BRIT inf): **the rain is bucketing (down)** ρίχνει καρεκλοπόδαρα

buckle ['bʌkl] n αγκράφα f ▶ vt κουμπώνω • (wheel) στραβώνω ▶ vi (wheel) στραβώνω

bud [bʌd] n (on tree, plant: leaf bud) μάτι nt • (: flower bud) μπουμπούκι nt ▶ vi (produce leaves) πετάω φύλλα • (produce flowers) βγάζω μπουμπούκια

Buddhism ['budɪzəm] n βουδισμός m

Buddhist ['budɪst] adj βουδιστικός ▶ n βουδιστής/τρια m/f

buddy ['bʌdɪ] n (US) ο φιλαράκος m, φιλαράκι nt

budge [bʌdʒ] vt κουνάω • (fig) κάνω να αλλάξει γνώμη ▶ vi κουνιέμαι • (fig) υπαναχωρώ

budgerigar ['bʌdʒərɪgɑː'] n παπαγαλάκι nt

budget ['bʌdʒɪt] n προϋπολογισμός m ▶ vi: **to ~ for sth** διαθέτω χρήματα για κτ

buff [bʌf] adj (colour) καφετίρινος ▶ n (inf: enthusiast) φανατικός/ή m/f

buffalo ['bʌfələu] (pl ~ or **buffaloes**) n (BRIT) βουβάλι m • (US: bison) βίσωνας m

buffer ['bʌfə'] n (Comput) περιοχή f προσωρινής αποθήκευσης • (Rail) προσκρουστήρας m

buffet¹ ['bufeɪ] (BRIT) n (in station) κυλικείο nt • (food) μπουφές m

buffet² ['bʌfɪt] vt (wind, sea) χτυπάω

bug [bʌg] n (esp US: insect) έντομο nt • (Comput) σφάλμα nt • (fig: germ) ιός m • (hidden microphone) κοριός m ▶ vt (inf: annoy) ενοχλώ • (room, telephone etc) βάζω κοριό σε

buggy ['bʌgɪ] n καροτσάκι nt

build [bɪld] (pt, pp **built**) n (of person) διάπλαση f ▶ vt χτίζω
  ▶ **build on** vt fus: **to ~ on sth** (fig) επωφελούμαι από κτ
  ▶ **build up** vt (forces, production) ενισχύω • (morale) τονώνω • (business) μεγαλώνω

builder ['bɪldə'] n χτίστης m

building ['bɪldɪŋ] n χτίσιμο nt • (structure) κτίριο nt

building site n οικοδομή f

building society (BRIT) n οικοδομική εταιρεία f

built [bɪlt] pt, pp of **build**

built-in adj (device) ενσωματωμένος • (safeguards) προβλεπόμενος

bulb [bʌlb] n (Bot) βολβός m • (Elec) λάμπα f

Bulgaria [bʌl'gɛərɪə] n Βουλγαρία f

Bulgarian [bʌl'gɛərɪən] adj βουλγαρικός ▶ n Βούλγαρος/άρα m/f • (Ling) βουλγαρικά nt pl

bulge [bʌldʒ] n εξόγκωμα nt • (in birth rate, sales) έκρηξη f ▶ vi είμαι φουσκωμένος

bulk [bʌlk] n ο όγκος m • **in ~** (Comm) χονδρικώς • **the ~ of** το μεγαλύτερο μέρος +gen

bulky ['bʌlkɪ] adj ογκώδης

bull [bul] n ταύρος m • (male elephant/whale) αρσενικός

bulldozer ['buldəuzə'] n μπουλντόζα f

bullet ['bulɪt] n σφαίρα f

bulletin ['bulɪtɪn] n (TV etc) δελτίο nt ειδήσεων • (journal) δελτίο nt

bulletin board (Comput) n ηλεκτρονικός πίνακας m ανακοινώσεων • (US: notice board) πίνακας m ανακοινώσεων

bully ['bulɪ] n νταής m ▶ vt πειράζω • (frighten) τρομοκρατώ

bum [bʌm] (inf) n (BRIT: backside) πισινός m • (esp US: tramp) αλήτης/ισσα m/f

bump [bʌmp] n (in car) χτύπημα nt • (jolt) τράνταγμα nt • (on head) καρούμπαλο nt • (on road) σαμαράκι nt ▶ vt χτυπάω
  ▶ **bump into** vt fus σκοντάφτω σε • (inf: meet) πέφτω πάνω σε

bumper ['bʌmpə'] n (Aut) προφυλακτήρας m ▶ adj: **~ crop/harvest** πλούσια σοδιά/συγκομιδή

bumpy ['bʌmpɪ] adj (road) γεμάτος λακκούβες • **it was a ~ flight/ride** κουνούσε το αεροπλάνο / είχε λακκούβες ο δρόμος

bun [bʌn] n (Culin) ψωμάκι nt • (hairstyle) κότσος m

bunch [bʌntʃ] n (of flowers) μπουκέτο nt • (of keys) αρμαθιά f • (of bananas) τσαμπί nt • (of people) ομάδα f ■ **bunches** npl (in hair) κοτσιδάκια (ένα σε κάθε πλευρά) fpl

bundle ['bʌndl] n (of clothes) μπόγος nt • (of sticks) σωρός f • (of papers) πάκο nt ▶ vt (also: ~ **up**) σωριάζω • (put): **to ~ sth into** χώνω κτ (μέσα) σε

bungalow ['bʌŋgələu] n μπανγκαλόου nt inv

bungee jumping ['bʌndʒiːdʒʌmpɪŋ] n (Sport) ελεύθερη πτώση με ελαστικό σχοινί δεμένο στα πόδια

bunk [bʌŋk] n κουκέτα f

bunker ['bʌŋkə'] n (coal store) καρβουναποθήκη f • (Mil) καταφύγιο nt • (Golf) αμμόλακος m

bunny ['bʌnɪ] n (also: ~ **rabbit**) κουνελάκι nt

buoy [bɔɪ] n (Naut) σημαδούρα f

buoyant ['bɔɪənt] adj (on water) που επιπλέει • (Comm: economy, market) ανοδικός • (: prices, currency) με ανοδική τάση

burden ['bəːdn] n (lit) βάρος nt • (responsibility) βάρος nt ▶ vt: **to ~ sb with** (trouble) επιβαρύνω κν με

bureau ['bjuərəu] (pl **bureaux**) n (BRIT: writing desk) γραφείο nt • (US: chest of drawers) σιφονιέρα f • (office) γραφείο nt

bureaucracy [bjuə'rɔkrəsɪ] n γραφειοκρατία f

bureaucrat ['bjuərəkræt] n γραφειοκράτης/ ισσα m/f

burger ['bəːgə'] n χάμπουργκερ nt inv

burglar ['bəːglə'] n διαρρήκτης m

burglary ['bəːglərɪ] n διάρρηξη f

burial ['bɛrɪəl] n ταφή f

burn [bəːn] (pt, pp **burned** or **burnt**) vt καίω ▶ vi καίγομαι • (sting) τσούζω ▶ n έγκαυμα nt • **I've burnt myself!** κάηκα!
  ▶ **burn down** vt καίω
  ▶ **burn out** vi: **to ~ o.s. out** εξαντλούμαι

burning ['bəːnɪŋ] adj (house etc) που καίγεται • (forest) που καίγεται • (fig: ambition) φλογερός • (: issue, question) καυτός

burnt [bəːnt] pt, pp of **burn**

burrow ['bʌrəu] n φωλιά f ▶ vi (dig) σκάβω • (rummage) ψάχνω

burst [bə:st] (pt, pp ~) vt (bag, balloon etc) σκάω • (pipe) σπάω • (river, banks etc) ξεχειλίζω από ▶ vi (pipe) σπάω • (tyre) σκάω ▶ n (of gunfire) ριπή f • (also: ~ pipe) σπασμένη σωλήνα f • to ~ into flames αρπάζω φωτιά • to ~ into tears ξεσπάω σε κλάματα • to ~ open ανοίγω απότομα • a ~ of energy/enthusiasm μια έκρηξη ενέργειας/ ενθουσιασμού
▶ **burst into** vt fus ορμάω (μέσα) σε

bury ['bɛrɪ] vt θάβω • to ~ the hatchet (fig) κάνω ανακωχή

bus [bʌs] n λεωφορείο nt

bush [buʃ] n (in garden) θάμνος m • (scrubland) σαβάνα f

business ['bɪznɪs] n (matter, question) υπόθεση f • (trading) δουλειές fpl • (firm) επιχείρηση f • (occupation) επάγγελμα nt • to be away on ~ λείπω σε ταξίδι για δουλειές • I'm here on ~ είμαι εδώ για δουλειά • to do ~ with sb συνεργάζομαι or έχω επαγγελματικές συναλλαγές με κν • it's none of my ~ δεν είναι δική μου δουλειά • he means ~ δεν αστειεύεται

businesslike ['bɪznɪslaɪk] adj επαγγελματικός

businessman ['bɪznɪsmæn] (irreg) n επιχειρηματίας m

business trip n επαγγελματικό ταξίδι nt

businesswoman ['bɪznɪswʊmən] (irreg) n επιχειρηματίας f

bus shelter n στάση f (με στέγαστρο)

bus station n σταθμός m λεωφορείων

bus stop n στάση f λεωφορείου

bust [bʌst] n (Anat) στήθος nt • (measurement) περιφέρεια f στήθους • (sculpture) προτομή f ▶ adj (inf: broken) χαλασμένος ▶ vt (inf: Police) τσακώνω • to go ~ χρεωκοπώ

bustling ['bʌslɪŋ] adj που σφύζει από ζωή

busy ['bɪzɪ] adj (person) απασχολημένος • (shop, street) (μαγαζί) με πολύ κόσμο, (δρόμος) με πολύ κίνηση • (Tel: line) κατειλημμένος ▶ vt: to ~ o.s. with ασχολούμαι με

◯ KEYWORD

but [bʌt] conj 1 αλλά
2 (showing disagreement, surprise etc) μα
▶ prep: we've had nothing but trouble (apart from, except) μόνο μπελάδες είχαμε • no-one but him can do it μόνο αυτός μπορεί να το κάνει • but for you χωρίς εσένα • but for your help αν δεν με είχες βοηθήσει • I'll do anything but that θα κάνω οτιδήποτε or τα πάντα εκτός απ'αυτό
▶ adv (just, only) μόνο • she's but a child είναι μόνο ένα παιδί • had I but known αν το ήξερα • I can but try δεν μπορώ παρά να προσπαθήσω

butcher ['bʊtʃəʳ] n χασάπης m ▶ vt σφάζω

butler ['bʌtləʳ] n μπάτλερ m inv

butt [bʌt] n (large barrel) βαρέλα f • (handle end) πίσω άκρη f • (of gun) υποκόπανος m • (also: cigarette ~) αποτσίγαρο m • (BRIT fig) στόχος m • (US inf!) κώλος m (inf!) ▶ vt κουτουλάω
▶ **butt in** vi πετάγομαι

butter ['bʌtəʳ] n βούτυρο nt ▶ vt βουτυρώνω

butterfly ['bʌtəflaɪ] n (also Swim) πεταλούδα f

buttocks ['bʌtəks] npl πισινά nt pl

button ['bʌtn] n κουμπί nt • (US: badge) σήμα nt ▶ vt (also: ~ up) κουμπώνω ▶ vi κουμπώνω

buy [baɪ] (pt, pp bought) vt αγοράζω • (Comm) (εξ)αγοράζω ▶ n αγορά f • to ~ sb sth αγοράζω κτ σε κν • to ~ sb a drink κερνάω κν ένα ποτό
▶ **buy back** vt ξαναγοράζω
▶ **buy out** vt (partner) εξαγοράζω το μερίδιο +gen • (business) εξαγοράζω
▶ **buy up** vt αγοράζω (σε μεγάλες ποσότητες)

buyer ['baɪəʳ] n αγοραστής m

buzz [bʌz] n (noise) βούισμα nt • (inf): to give sb a ~ τηλεφωνώ σε κν ▶ vi βουίζω • my head is buzzing βουίζει το κεφάλι μου

buzzer ['bʌzəʳ] n κουδούνι nt

◯ KEYWORD

by [baɪ] prep 1 (referring to cause, agent) από • a painting by Picasso ένας πίνακας του Πικάσο • it's by Shakespeare είναι του Σαίξπηρ
2 (referring to method, manner, means) με • by saving hard, he bought... κάνοντας μεγάλες οικονομίες, αγόρασε...
3 (via, through) από • he came in by the back door μπήκε από την πίσω πόρτα
4 (close to) δίπλα σε
5 (past): she rushed by me με προσπέρασε τρέχοντας • I go by the post office every day περνάω από το ταχυδρομείο κάθε μέρα
6 (not later than) μέχρι • by this time tomorrow αύριο τέτοια ώρα
7 (amount) με
8 (Math, measure) επί • a room 3 metres by 4 ένα δωμάτιο 3 επί 4 μέτρα • it's broader by a metre είναι ένα μέτρο φαρδύτερο
9 (according to) (σύμφωνα) με • to play by the rules παίζω (σύμφωνα) με τους κανόνες • it's all right by me από or για μένα είναι εντάξει
10: by oneself μόνος του • he did it by himself το έκανε μόνος του • he was sitting all by himself in the bar καθόταν μόνος του στο μπαρ
11: by the way παρεμπιπτόντως (fml)
▶ adv 1 see go • pass
2: by and large σε γενικές γραμμές

bye ['baɪ], **bye-bye** ['baɪ'baɪ] excl γεια

by-election ['baɪɪlekʃən] (BRIT) n επαναληπτικές τοπικές εκλογές fpl

Byelorussia [bjeləʊ'rʌʃə] n = **Belarus**

bypass ['baɪpɑːs] n (Aut) περιφερειακός (δρόμος) m • (Med) μπαϊπάς nt inv ▶ vt (town) περνάω έξω από • (fig: problem etc) προσπερνώ

byte [baɪt] (Comput) n μπάιτ nt inv

C

C [si:] n (Mus) ντο nt inv

C, c [si:] n το τρίτο γράμμα του αγγλικού αλφαβήτου • (Scol: mark) καλά, ≈ Γ

C. abbr = **Celsius • centigrade**

cab [kæb] n (taxi) ταξί nt inv • (of truck, tractor, train etc) καμπίνα f

cabaret ['kæbareɪ] n καμπαρέ nt inv • (floor show) πρόγραμμα nt

cabbage ['kæbɪdʒ] n λάχανο nt

cabin ['kæbɪn] n (on ship, plane) καμπίνα f • (house) καλύβα f

cabinet ['kæbɪnɪt] n (piece of furniture) ντουλάπι nt • (also: **display ~**) βιτρίνα f • (Pol) υπουργικό συμβούλιο nt

cabinet minister n υπουργός mf

cable ['keɪbl] n (strong rope) συρματόσχοινο nt • (Elec, Tel, TV) καλώδιο nt ▶ vt (message) τηλεγραφώ • (money) στέλνω με τηλεγραφικό έμβασμα

cable television n καλωδιακή τηλεόραση f

cactus ['kæktəs] (pl **cacti**) n κάκτος m

café ['kæfeɪ] n καφέ nt inv • (traditional Greek) καφενείο nt

cafeteria [kæfɪ'tɪərɪə] n (in school, station) κυλικείο nt • (in factory) καντίνα f

caffein, caffeine ['kæfi:n] n καφεΐνη f

cage [keɪdʒ] n κλουβί nt ▶ vt βάζω σε κλουβί

Cairo ['kaɪərəu] n Κάιρο nt

cake [keɪk] n (large, birthday cake etc) τούρτα f • (large, for tea etc) κέικ nt inv • (small) κεφτές m • (of soap) πλάκα f

calcium ['kælsɪəm] n ασβέστιο nt

calculate ['kælkjuleɪt] vt (cost, distance, numbers etc) υπολογίζω • (chances, effect etc) εκτιμώ • **to be calculated to do sth** αποσκοπώ στο να κάνω κτ

calculation [kælkju'leɪʃən] n (sum) υπολογισμός m • (estimate) εκτίμηση f

calculator ['kælkjuleɪtə'] n κομπιουτεράκι nt

calendar ['kæləndə'] n ημερολόγιο nt

calf [ka:f] (pl **calves**) n (cow) μοσχάρι nt • (also: **calfskin**) βακέτα f • (Anat) γάμπα f

calibre ['kælɪbə'], **caliber** (US) n διαμέτρημα nt

California [kælɪ'fɔ:nɪə] n Καλιφόρνια f

call [kɔ:l] vt (name) ονομάζω • (label) αποκαλώ

• (Tel) τηλεφωνώ • (summon: person, witness) καλώ • (arrange: meeting) συγκαλώ ▶ vi (shout) φωνάζω • (telephone) τηλεφωνώ • (also: ~ **in**, ~ **round**) επισκέπτομαι ▶ n (shout) κάλεσμα nt

• (Tel) τηλεφώνημα nt • (visit) επίσκεψη f

• (demand) αίτημα nt • **to be called** (person, object) ονομάζομαι • **on** ~ (nurse, doctor etc) σε εφημερία

▶ **call at** vt fus (ship) πιάνω λιμάνι σε • (train) σταματάω σε

▶ **call back** vi (return) ξαναπερνάω • (Tel) ξανατηλεφωνώ ▶ vt (Tel) τηλεφωνώ

▶ **call for** vt fus (demand) απαιτώ • (fetch) ζητάω

▶ **call in** vt (doctor, expert, police) καλώ

▶ **call off** vt ματαιώνω

▶ **call on** vt fus (visit) περνάω από • **to ~ on sb to do** ζητάω από κν να κάνει

▶ **call out** vi φωνάζω ▶ vt (doctor, police, troops) καλώ

▶ **call up** vt (Mil) καλώ • (Tel) τηλεφωνώ

call centre (BRIT) n τηλεφωνικό κέντρο nt

caller ['kɔ:lə'] n (visitor) επισκέπτης/τρια m/f

• (Tel) αυτός που τηλεφωνεί

callous ['kæləs] adj σκληρός

calm [ka:m] adj (unworried) ήρεμος • (peaceful) γαλήνιος • (voice) ήρεμος • (sea) γαλήνιος ▶ n ηρεμία f ▶ vt (person, child, animal) ηρεμώ • (fears etc) καθησυχάζω

▶ **calm down** vt ηρεμώ ▶ (person) ηρεμώ

calmly ['ka:mlɪ] adv ήρεμα

calorie ['kælərɪ] n θερμίδα f

calves [ka:vz] npl of **calf**

Cambodia [kæm'bəudɪə] n Καμπότζη f

camcorder ['kæmkɔ:də'] n (φορητή) βιντεοκάμερα f

came [keɪm] pt of **come**

camel ['kæməl] n καμήλα f

camera ['kæmərə] n (Phot) φωτογραφική μηχανή f • (Cine, TV) κάμερα f

cameraman ['kæmərəmæn] (irreg) n κάμεραμαν m inv

camera phone n κινητό (τηλέφωνο) nt με κάμερα

camouflage ['kæməfla:ʒ] n (Mil) παραλλαγή f ▶ vt (Mil) καμουφλάρω

camp [kæmp] n (encampment) κατασκήνωση f • (Mil: barracks) στρατόπεδο nt • (for prisoners) στρατόπεδο f • (faction) στρατόπεδο nt ▶ vi κατασκηνώνω ▶ adj θηλυπρεπής

campaign [kæm'peɪn] n (Mil) εκστρατεία f ▶ vi κάνω εκστρατεία

campaigner [kæm'peɪnə'] n: ~ **for** που αγωνίζεται για κτ • ~ **against** που αγωνίζεται εναντίον +gen

camper ['kæmpə'] n κατασκηνωτής/τρια m/f • (vehicle) τροχόσπιτο nt

camping ['kæmpɪŋ] n κάμπινγκ nt inv • **to go ~** κάνω κάμπινγκ

campsite ['kæmpsaɪt] n κάμπινγκ nt inv

campus ['kæmpəs] n πανεπιστημιούπολη f

○ **KEYWORD**

can¹ [kæn] (negative **cannot, can't**, conditional, pt **could**) aux vb **1** (be able to) μπορώ • **I can't see you** δεν σε βλέπω

2 (know how to) ξέρω • **I can swim/drive** ξέρω να κολυμπάω οδηγώ • **can you speak French?** ξέρετε or μιλάτε γαλλικά;
3 (may) μπορώ
4 (expressing disbelief, puzzlement): **it can't be true!** αποκλείεται! • **what CAN he want?** τι θέλει επιτέλους;
5 (expressing possibility, suggestion, etc): **he could be in the library** μπορεί να είναι στη βιβλιοθήκη • **she could have been delayed** μπορεί να καθυστέρησε

can² [kæn] n (for foodstuffs) κονσέρβα f • (for oil, water, beer) δοχείο nt

Canada ['kænədə] n Καναδάς m

Canadian [kə'neɪdɪən] adj καναδικός ▶ n Καναδός/έζα m/f

canal [kə'næl] n κανάλι nt

Canaries [kə'nɛərɪz] npl = **Canary Islands**

canary [kə'nɛərɪ] n καναρίνι nt

Canary Islands [kə'nɛərɪ 'aɪləndz] npl: **the ~** τα Κανάρια Νησιά nt

cancel ['kænsəl] vt ματαιώνω • (reservation, order, cheque) ακυρώνω • (Comput): "**~**" ακύρωση ▶ **cancel out** vt αντισταθμίζω

cancellation [kænsə'leɪʃən] n (of appointment, flight, train) ματαίωση f • (of reservation) ακύρωση f • (Tourism) ακύρωση f

cancer ['kænsə'] n καρκίνος m • **C~** (Astr) Καρκίνος

candidate ['kændɪdeɪt] n (also Pol) υποψήφιος/α m/f

candle ['kændl] n κερί nt

candy ['kændɪ] (US) n καραμέλες fpl

cane [keɪn] n καλάμι nt • (for walking) μπαστούνι nt • **sugar ~** ζαχαροκάλαμο

cannabis ['kænəbɪs] n ινδική κάνναβη f

canned [kænd] adj σε κονσέρβα

cannon ['kænən] (pl ~ or **cannons**) n κανόνι nt

cannot ['kænɔt] = **can not**

canoe [kə'nu:] n κανό nt inv

canoeing [kə'nu:ɪŋ] n (Sport) κανό nt inv (δραστηριότητα)

canon ['kænən] n (clergyman) εφημέριος m • (standard) κανόνας m

can't [kænt] = **can not**

canteen [kæn'ti:n] n καντίνα f

canter ['kæntə'] vi καλπάζω ▶ n καλπασμός m

canvas ['kænvəs] n (fabric) καραβόπανο nt • (Art: material) κανναβάτσο nt • (: painting) πίνακας m

canyon ['kænjən] n φαράγγι nt

cap [kæp] n σκούφος m • (of pen) καπάκι nt • (of bottle) πώμα nt • (contraceptive: also: **Dutch ~**) διάφραγμα nt ▶ vt (outdo) ξεπερνάω • (Pol: tax) περιορίζω • (Sport): **she was capped twenty times** επελέγη για την εθνική ομάδα είκοσι φορές

capability [keɪpə'bɪlɪtɪ] n δυνατότητα f

capable ['keɪpəbl] adj ικανός • **~ of doing** ικανός να κάνει

capacity [kə'pæsɪtɪ] n (of container, ship, stadium, lift etc) χωρητικότητα f • (capability) ικανότητα f • (position, role) ιδιότητα f • (of factory) απόδοση f

cape [keɪp] n (Geo) ακρωτήριο nt • (cloak) κάπα f

caper ['keɪpə'] n (Culin: gen pl) κάπαρη f • (prank) φάρσα f

capital ['kæpɪtl] n (city) πρωτεύουσα f • (money) κεφάλαιο nt • (also: **~ letter**) κεφαλαίο nt

capitalism ['kæpɪtəlɪzəm] n καπιταλισμός m

capitalist ['kæpɪtəlɪst] adj καπιταλιστικός ▶ n καπιταλιστής/τρια m/f

capital punishment n θανατική ποινή f

Capricorn ['kæprɪkɔ:n] n Αιγόκερως m

capsule ['kæpsju:l] n (Med) κάψουλα f • (spacecraft) σκάφος nt

captain ['kæptɪn] n (of ship) καπετάνιος m • (of plane) πιλότος m • (of team) αρχηγός m • (in army) λοχαγός m • (in navy) πλοίαρχος m • (US: in air force) σμηναγός m

caption ['kæpʃən] n λεζάντα f

captivity [kæp'tɪvɪtɪ] n αιχμαλωσία f

capture ['kæptʃə'] vt (animal) πιάνω • (person) συλλαμβάνω • (town, country) κατακτώ • (attention) τραβάω ▶ n (seizure: of animal, person) αιχμαλωσία f • (of town) κατάληψη f

car [ka:'] n (Aut) αυτοκίνητο nt • (Rail) βαγόνι nt

caramel ['kærəməl] n καραμέλα f

carat ['kærət] n καράτι nt • **18 ~ gold** χρυσός 18 καρατίων

caravan ['kærəvæn] n (Brit: vehicle) τροχόσπιτο nt • (in desert) καραβάνι nt

carbohydrate [ka:bəu'haɪdreɪt] n υδατάνθρακας m

carbon ['ka:bən] n (Chem) άνθρακας m

carbon copy n αντίγραφο nt με καρμπόν

carbon dioxide n διοξείδιο nt του άνθρακα

carbon monoxide [ka:bənmɔ'nɔksaɪd] n μονοξείδιο nt του άνθρακα

car boot n (also: **car boot sale**) παζάρι μεταχειρισμένων

card [ka:d] n (material) χαρτόνι nt • (record card, index card etc) κάρτα f • (playing card) τραπουλόχαρτο nt • (greetings card) κάρτα f • (visiting card) επισκεπτήριο nt (fml)

cardboard ['ka:dbɔ:d] n χαρτόνι nt

cardigan ['ka:dɪgən] n ζακέτα f

cardinal ['ka:dɪnl] adj (principle, importance) ύψιστος ▶ n (Rel) καρδινάλιος m

care [kɛə'] n (attention) φροντίδα f • (worry) έγνοια f ▶ vi: **to ~ about** ενδιαφέρομαι για • **would you ~ to/for ...?** θα θέλατε να/κτ ...; • **~ of** (on letter) για +acc • **in sb's ~** που έχουν εμπιστευτεί σε κν • **to take ~ (to do)** προσέχω (να κάνω) • **to take ~ of** (patient, child etc) φροντίζω • (details, arrangements) διευθετώ • (problem, situation) κανονίζω • **the child has been taken into ~** το παιδί το ανέλαβε η πρόνοια • **I don't ~** δε με νοιάζει • **I couldn't ~ less** δε με νοιάζει καθόλου ▶ **care for** vt fus (look after) φροντίζω • (like) μου αρέσει

career [kə'rɪə'] n (profession) καριέρα f • (in school, work etc) σταδιοδρομία f ▶ vi (also: **~ along**) ξεχύνομαι

carefree ['kɛəfri:] adj ξένοιαστος

careful ['kɛəful] adj (cautious) προσεχτικός • (thorough) διεξοδικός • **(be) ~!** προσέχετε!

carefully ['kɛəfəlɪ] adv (cautiously) προσεχτικά • (methodically) με προσοχή

careless ['kɛəlɪs] adj (negligent) απρόσεχτος • (remark) απερίσκεπτος

carelessness ['kɛəlɪsnɪs] n (negligence) απροσεξία f • (casualness) άνεση f

carer ['kɛərə'] n άτομο nt που φροντίζει κν

caretaker ['kɛəteɪkə'] n επιστάτης/τρια m/f

cargo ['kɑːgəʊ] (pl **cargoes**) n φορτίο nt

car hire (BRIT) n ενοικίαση f αυτοκινήτων

Caribbean [kærɪ'biːən] n: **the ~ (Sea)** η Καραϊβική (Θάλασσα) ▶ adj της Καραϊβικής

caring ['kɛərɪŋ] adj που δείχνει ενδιαφέρον

carnival ['kɑːnɪvl] n (public celebration) καρναβάλι nt • (US: funfair) πανηγύρι nt

carol ['kærəl] n: **(Christmas) ~** (Χριστουγεννιάτικα) κάλαντα

carousel [kærə'sɛl] (US) n καρουζέλ nt inv

car park (BRIT) n πάρκινγκ nt inv

carpenter ['kɑːpɪntə'] n ξυλουργός m

carpet ['kɑːpɪt] n (in room etc) χαλί nt • (fitted) μοκέτα f • (fig: of pine needles, snow etc) στρώμα nt ▶ vt βάζω μοκέτα σε

carriage ['kærɪdʒ] n (BRIT Rail) βαγόνι nt • (horse-drawn vehicle) άμαξα f

carriageway ['kærɪdʒweɪ] (BRIT) n κατεύθυνση f

carrier ['kærɪə'] n (transporter) μεταφορέας mf • (Med) φορέας mf

carrot ['kærət] n καρότο nt • (fig) κίνητρο nt

carry ['kærɪ] vt μεταφέρω • (responsibilities etc) έχω • (Med) είμαι φορέας +gen ▶ vi (sound) μεταφέρομαι • **to get carried away** (fig) παρασύρομαι
▶ **carry on** vi συνεχίζω ▶ vt διεξάγω
▶ **carry out** vt (orders) εκτελώ • (investigation) διεξάγω • (idea, threat) πραγματοποιώ

cart [kɑːt] n (for grain etc) κάρο nt • (for passengers) αμαξάκι nt • (handcart) καροτσάκι nt ▶ vt (inf: people, objects) μεταφέρω

carton ['kɑːtən] n (large box) χαρτοκιβώτιο nt • (of yogurt, milk, etc) κουτί nt

cartoon [kɑː'tuːn] n (drawing) γελοιογραφία f • (BRIT: comic strip) κόμικ nt inv • (Cine) κινούμενο σχέδιο nt

cartridge ['kɑːtrɪdʒ] n (for gun) φυσίγγι nt

carve [kɑːv] vt (meat) κόβω • (wood, stone) σκαλίζω • (initials, design) χαράζω

carving ['kɑːvɪŋ] n (object made from wood) ξυλόγλυπτο nt • (object made from stone etc) γλυπτό nt • (in wood etc: design) σκάλισμα nt

case [keɪs] n (situation, instance) περίπτωση f • (Med) περιστατικό nt • (Jur) υπόθεση f • (criminal investigation) υπόθεση f • (container: for exhibiting objects) προθήκη f • (for spectacles etc) θήκη f • (BRIT: also: **suitcase**) βαλίτσα f • **lower/upper ~** (Typ) μικρά or πεζά/κεφαλαία γράμματα • **to have a good ~** έχω ισχυρά επιχειρήματα • **in ~ (of)** (fire, emergency) σε περίπτωση +gen • **in ~ he comes** σε περίπτωση που έρθει • **in any ~** εν πάση περιπτώσει • **just in ~** καλού-κακού

cash [kæʃ] n (coins, notes) μετρητά nt pl • (money) λεφτά nt pl ▶ vt εξαργυρώνω

▶ **cash in** vt ρευστοποιώ
▶ **cash in on** vt fus επωφελούμαι από

cashback ['kæʃbæk] n επιστροφή f μετρητών

cash dispenser (BRIT) n αυτόματη ταμειακή μηχανή f

cashier [kæ'ʃɪə'] n ταμίας mf

cashmere ['kæʃmɪə'] n κασμίρι nt ▶ adj κασμιρένιος

casino [kə'siːnəʊ] n καζίνο nt

casket ['kɑːskɪt] (US) n φέρετρο nt

casserole ['kæsərəʊl] n (of lamb, chicken etc) ψητό nt της κατσαρόλας • (pot, container) βαθύ ταψί με κατάκι

cassette [kæ'sɛt] n κασέτα f

cast [kɑːst] (pt, pp ~) vt ρίχνω • (Theat): **to ~ sb as Hamlet** δίνω σε κν το ρόλο του Άμλετ • (metal, statue) χύνω ▶ n (Theat) διανομή f ρόλων • (actors) θίασος m • (mould) καλούπι nt • (also: **plaster ~**) γύψος m • **to ~ one's vote** ρίχνω την ψήφο μου • **to ~ doubt on sth** θέτω κτ υπό αμφισβήτηση • **to ~ a spell on sb** κάνω μάγια σε κν
▶ **cast aside** vt παραμερίζω

caster sugar ['kɑːstəsʊgə'] (BRIT) n ζάχαρη f άχνη

cast iron n μαντέμι nt ▶ adj: **cast-iron** (fig: alibi, excuse etc) ακλόνητος

castle ['kɑːsl] n κάστρο nt • (manor) πύργος m • (Chess) πύργος m

casual ['kæʒjul] adj (by chance) τυχαίος • (irregular: work etc) έκτακτος • (unconcerned) αδιάφορος • (informal: clothes) σπορ inv • **~ sex** περιστασιακό σεξ

casualty ['kæʒjultɪ] n (of war, accident: injured) τραυματίας mf • (: killed) νεκρός m • (of situation, event) θύμα nt • (Med: department: in hospital) επείγοντα περιστατικά nt pl

cat [kæt] n γάτα f

catalogue ['kætəlɔg], **catalog** (US) n (of exhibition, library also Comm) κατάλογος m • (of events, faults) λίστα f ▶ vt καταγράφω

cataract ['kætərækt] (Med) n καταρράκτης m

catastrophe [kə'tæstrəfɪ] n καταστροφή f

catch [kætʃ] (pt, pp **caught**) vt (animal, fish, ball) πιάνω • (bus, train etc) παίρνω • (arrest) πιάνω • (surprise: person) πιάνω • (hear: comment, whisper etc) πιάνω • (Med: illness) αρπάζω • (also: **~ up**) προφταίνω ▶ vi (fire) αρπάζω • (in branches, door etc) πιάνομαι ▶ n (of fish) ψαριά f • (of ball) πιάσιμο nt • (hidden problem) παγίδα f • **to ~ sb's attention** or **eye** τραβάω την προσοχή κου • **to ~ fire** πιάνω φωτιά • **to ~ sight of sth** παίρνει το μάτι μου κτ
▶ **catch on** vi (understand) καταλαβαίνω • (grow popular) πιάνω
▶ **catch out** (BRIT) vt (fig) πιάνω
▶ **catch up** vi (with person) προλαβαίνω • (fig: on work etc) καλύπτω τα κενά σε
▶ **catch up with** vt fus συμβαδίζω με

catching ['kætʃɪŋ] adj μεταδοτικός

category ['kætɪgərɪ] n κατηγορία f

cater ['keɪtə'] vi: **to ~ for** (party etc) ετοιμάζω φαγητό για • (needs) καλύπτω

caterpillar ['kætəpɪlə'] n κάμπια f

cathedral [kə'θi:drəl] n καθεδρικός (ναός) m

Catholic ['kæθəlɪk] adj καθολικός ▶ n καθολικός/ή m/f

cattle ['kætl] npl βοοειδή nt pl

catwalk ['kætwɔ:k] n γέφυρα f (στενό πέρασμα) • (for models) πασαρέλα f

caught [kɔ:t] pt, pp of **catch**

cauliflower ['kɔlɪflauə'] n κουνουπίδι nt

cause [kɔ:z] n (of outcome, effect) αιτία f • (reason) λόγος m • (also Pol: aim, principle) σκοπός m ▶ vt προκαλώ

caution ['kɔ:ʃən] n (prudence) προσοχή f • (warning) προειδοποίηση f ▶ vt προειδοποιώ • (Police) κάνω επίπληξη σε

cautious ['kɔ:ʃəs] adj προσεκτικός

cave [keɪv] n σπηλιά f
▶ **cave in** vi (roof etc) καταρρέω • (to demands) υποχωρώ

caviar, caviare ['kævɪɑ:'] n χαβιάρι nt

cavity ['kævɪtɪ] n (in wall, body) κοιλότητα f • (in tooth) κουφάλα f

cc abbr = **cubic centimetre** • = **carbon copy**

CCTV n abbr (= closed-circuit television) κλειστό κύκλωμα nt τηλεόρασης

CD abbr (Brit: = Corps Diplomatique) Δ.Σ. nt ▶ n abbr = **compact disc** • CD player (συσκευή αναπαραγωγής) CD

CD-ROM [si:di:'rɔm] n abbr (= compact disc read-only memory) CD-ROM nt inv (δίσκος CD για υπολογιστή)

cease [si:s] vt σταματάω ▶ vi σταματάω

ceasefire ['si:sfaɪə'] n κατάπαυση f πυρός

cedar ['si:də'] n κέδρος m

ceiling ['si:lɪŋ] n (in room) ταβάνι nt • (on wages, prices etc) ανώτατο όριο nt

celebrate ['sɛlɪbreɪt] vt, vi γιορτάζω

celebration [sɛlɪ'breɪʃən] n (party) γιορτή f • (public event) εορτασμός m

celebrity [sɪ'lɛbrɪtɪ] n διασημότητα f

celery ['sɛlərɪ] n σέλινο nt (βλαστάρια)

cell [sɛl] n (also Comput) κελί nt • (of revolutionaries) πυρήνας m • (Bio) κύτταρο nt • (Elec) στοιχείο nt

cellar ['sɛlə'] n (basement) υπόγειο nt • (for wine) κελάρι nt

cello ['tʃɛləu] n βιολοντσέλο nt

cellphone ['sɛlfəun] n (US) κινητό (τηλέφωνο) nt

Celsius ['sɛlsɪəs] adj Κελσίου

Celtic ['kɛltɪk, 'sɛltɪk] adj κέλτικος

cement [sə'mɛnt] n (powder) τσιμέντο nt • (concrete) μπετόν nt inv

cemetery ['sɛmɪtrɪ] n νεκροταφείο nt

censor ['sɛnsə'] n λογοκριτής/τρια m/f ▶ vt λογοκρίνω

censorship ['sɛnsəʃɪp] n λογοκρισία f

census ['sɛnsəs] n απογραφή f

cent [sɛnt] n (US etc) σεντ nt inv • (unit of euro) λεπτό nt • see also **per**

centenary [sɛn'ti:nərɪ] n εκατοστή επέτειος f

centennial [sɛn'tɛnɪəl] n της εκατοστής επετείου

center ['sɛntə'] (US) n = **centre**

centigrade ['sɛntɪgreɪd] adj βαθμός Κελσίου

centilitre ['sɛntɪli:tə'], **centiliter** (US) n εκατοστό nt του λίτρου

centimetre ['sɛntɪmi:tə'], **centimeter** (US) n εκατοστό nt

central ['sɛntrəl] adj κεντρικός

Central America n Κεντρική Αμερική f

central heating n κεντρική θέρμανση f

centre ['sɛntə'], **center** (US) n κέντρο nt
▶ vi: **to ~ on** (fig) εστιάζω σε

century ['sɛntjurɪ] n αιώνας m • **20th ~** εικοστός αιώνας

ceramic [sɪ'ræmɪk] adj κεραμικός • **~ tiles** κεραμικά πλακάκια

cereal ['si:rɪəl] n δημητριακό nt

ceremony ['sɛrɪmənɪ] n (event) τελετή f • (ritual) τελετουργία f

certain ['sə:tən] adj (sure: person, fact) βέβαιος • (person): **a ~ Mr Smith** κάποιος κύριος Σμιθ ▶ adj (particular): **~ days/places** ορισμένες μέρες/ορισμένα μέρη • **a ~ coldness/pleasure** (some) κάποια ψυχρότητα/ευχαρίστηση • **for ~** με βεβαιότητα

certainly ['sə:tənlɪ] adv (undoubtedly) σίγουρα • (of course) βεβαίως

certainty ['sə:təntɪ] n βεβαιότητα f

certificate [sə'tɪfɪkɪt] n (of birth, marriage etc) πιστοποιητικό nt • (diploma) δίπλωμα nt

certify ['sə:tɪfaɪ] vt πιστοποιώ ▶ vi: **to ~ that** βεβαιώνω ότι

cf. abbr = **compare**

CFC n abbr (= chlorofluorocarbon) χλωροφθοράνθρακας m

chain [tʃeɪn] n αλυσίδα f • (of events, ideas) διαδοχή f ▶ vt (also: **~ up**) αλυσοδένω

chair [tʃɛə'] n (seat) καρέκλα f • (armchair) πολυθρόνα f • (at university) έδρα f • (of meeting, committee) προεδρία mf ▶ vt (meeting) προεδρεύω

chairman ['tʃɛəmən] (irreg) n πρόεδρος m

chairperson ['tʃɛəpə:sn] n πρόεδρος mf

chairwoman ['tʃɛəwumən] (irreg) n πρόεδρος f

chalet ['ʃæleɪ] n σαλέ nt inv

chalk [tʃɔ:k] n ασβεστόλιθος m • (for writing) κιμωλία f

challenge ['tʃælɪndʒ] n (of unknown etc) πρόκληση f • (to authority etc) κριτική f • (dare) πρόκληση f ▶ vt (Sport) παίζω απέναντι σε +gen • (rival, competitor) ανταγωνίζομαι • (authority, right, idea etc) αμφισβητώ

challenging ['tʃælɪndʒɪŋ] adj (career, task) που αποτελεί πρόκληση • (tone, look etc) προκλητικός

chamber ['tʃeɪmbə'] n (room) αίθουσα f • (Pol: house) βουλή f • (Brit Jur: gen pl) αίθουσα f δικαστηρίου

champagne [ʃæm'peɪn] n σαμπάνια f

champion ['tʃæmpɪən] n (of league, contest, fight) πρωταθλητής/τρια m/f • (of cause, principle) υπέρμαχος mf

championship ['tʃæmpɪənʃɪp] n πρωτάθλημα nt

chance [tʃɑ:ns] n (likelihood) πιθανότητα f • (opportunity) ευκαιρία f • (risk) ρίσκο nt ▶ vt: **to ~ it** το διακινδυνεύω ▶ adj τυχαίος • **to take a ~** διακινδυνεύω • **by ~** κατά τύχη

▶ **chance on, chance upon** vt fus (person)
συναντάω τυχαία • (thing) βρίσκω τυχαία

chancellor [ˈtʃɑːnsələ^r] n (Pol) Καγκελάριος mf
• (BRIT: of university) πρύτανης mf

Chancellor of the Exchequer (BRIT) n
≈ υπουργός Οικονομικών

chandelier [ˌʃændɪˈlɪə^r] n (small) πολύφωτο nt
• (large) πολυέλαιος m

change [tʃeɪndʒ] vt αλλάζω • (transform): **to
~ sb/sth into** μεταβάλλω κν/κτ σε ▶ vi αλλάζω
• (be transformed): **to ~ into** μεταβάλλομαι σε ▶ n
αλλαγή f • (of clothes) αλλαξιά f • (coins) ψιλά nt pl
• (money returned) ρέστα nt pl • **to ~ gear** (Aut)
αλλάζω ταχύτητα • **to ~ one's mind** αλλάζω
γνώμη • **for a ~** για αλλαγή

changeover [ˈtʃeɪndʒəʊvə^r] n (to new system)
μεταβολή f

changing room (BRIT) n (in shop) δοκιμαστήριο
nt • (Sport) αποδυτήρια nt pl

channel [ˈtʃænl] n (also TV) κανάλι nt • (in river,
waterway) πορθμός m • (fig: means) δίοδος f ▶ vt
(money, resources) διοχετεύω • **the (English) C~**
η Μάγχη

Channel Tunnel n: **the ~** το τούνελ της Μάγχης

chant [tʃɑːnt] vt φωνάζω ▶ vi φωνάζω (συνθήματα)

chaos [ˈkeɪɔs] n χάος nt

chaotic [keɪˈɔtɪk] adj (mess, jumble) χαώδης
• (situation) χαοτικός

chap [tʃæp] (BRIT inf) n τύπος m

chapel [ˈtʃæpl] n παρεκκλήσι nt

chapter [ˈtʃæptə^r] n κεφάλαιο nt

character [ˈkærɪktə^r] n (also Comput)
χαρακτήρας m • (eccentric): **to be a (real) ~** είμαι
(πραγματικό) νούμερο

characteristic [ˌkærɪktəˈrɪstɪk] adj
χαρακτηριστικός ▶ n χαρακτηριστικό nt • **~ of**
χαρακτηριστικό κάποιου

characterize [ˈkærɪktəraɪz] vt χαρακτηρίζω

charcoal [ˈtʃɑːkəul] n (fuel) κάρβουνα nt pl • (for
drawing) κάρβουνο nt

charge [tʃɑːdʒ] n (fee) χρέωση f • (Jur:
accusation) κατηγορία f • (Mil: attack) επίθεση f
• (responsibility) εποπτεία f • (Elec: of battery)
φόρτιση f ▶ vt (sum) χρεώνω, customer • (Jur:
accuse): **to ~ sb with sth** κατηγορώ κν για κτ
• (Mil: attack) επιτίθεμαι σε • (also: **~ up**)
φορτίζω ▶ vi (Mil) επιτίθεμαι • **to ~ (up), to
~ (along)** etc ορμάω • **to take ~** (of child)
αναλαμβάνω τη φροντίδα +gen • (of company)
αναλαμβάνω τη διοίκηση +gen • **to be in ~** (of
person) έχω τη φροντίδα +gen • (of business) είμαι
επικεφαλής +gen

charger [ˈtʃɑːdʒə^r] n (also: **battery ~**)
φορτιστής m

charity [ˈtʃærɪtɪ] n (organization) φιλανθρωπική
οργάνωση f • (kindness) καλοσύνη f • (money,
gifts) ελεημοσύνη f

charm [tʃɑːm] n (attractiveness) γοητεία f • (to
bring good luck) γούρι nt ▶ vt γοητεύω

charming [ˈtʃɑːmɪŋ] adj (person) γοητευτικός
• (place) μαγευτικός

chart [tʃɑːt] n (graph, diagram) διάγραμμα nt
• (map, weather chart) χάρτης m ▶ vt (course)
χαράζω • (progress, movements) καταγράφω

charter [ˈtʃɑːtə^r] vt (plane, ship etc) ναυλώνω ▶ n
(document, constitution) καταστατικός χάρτης m
• (of university, company) καταστατικό nt
λειτουργίας

charter flight n πτήση f τσάρτερ

chase [tʃeɪs] vt κυνηγάω ▶ n καταδίωξη f
▶ **chase up** (BRIT) vt (person) πιέζω
• (information) ψάχνω

chat [tʃæt] vi (also: **have a ~**) κουβεντιάζω
▶ n (also Comput) κουβέντα f
▶ **chat up** (BRIT inf) vt κάνω καμάκι σε

chatroom [ˈtʃætrum] n (Comput) τσατ ρουμ
nt inv

chat show (BRIT) n τηλεοπτική συζήτηση f

chatter [ˈtʃætə^r] vi (person, animal) φλυαρώ
• (teeth) χτυπάω ▶ n (of people, birds, animals)
φλυαρία f

chauffeur [ˈʃəufə^r] n σοφέρ m inv

cheap [tʃiːp] adj (inexpensive) φτηνός • (reduced:
ticket, fare) με μειωμένη τιμή • (poor quality)
φτηνιάρικος • (behaviour, joke) φτηνός ▶ adv:
to buy/sell sth ~ αγοράζω/πουλάω κτ φτηνά

cheaply [ˈtʃiːplɪ] adv φτηνά

cheat [tʃiːt] vi (in exam) αντιγράφω • (at cards)
κλέβω ▶ vt: **to ~ sb (out of sth)** πιάνω κν
κορόιδο (και του παίρνω κτ) ▶ n απατεώνας/
ίσσα m/f
▶ **cheat on** (inf) vt fus (husband, wife etc)
απατάω

check [tʃek] vt (examine: bill) ελέγχω • (verify:
facts) επαληθεύω • (halt: enemy, disease)
αναχαιτίζω • (restrain: impulse, person) συγκρατώ
▶ n (inspection) έλεγχος m • (curb) αναχαίτιση f
• (US) = **cheque** • (bill) λογαριασμός m • (pl:
pattern) καρό nt inv ▶ adj (pattern, cloth) καρό
• **to ~ with sb** ρωτάω κν
▶ **check in** vi (at hotel) κάνω τσεκ ιν • (at airport)
κάνω τσεκ ιν ▶ vt (luggage: at airport) δίνω
▶ **check out** vi (of hotel) κάνω τσεκ άουτ ▶ vt
(luggage) παραλαμβάνω • (investigate: story)
εξακριβώνω • (: person) μαζεύω πληροφορίες για
▶ **check up on** vt fus βλέπω τι κάνει κς (για να
τον ελέγξω)

check guarantee card (US) n κάρτα εγγύησης
επιταγών

checklist [ˈtʃeklɪst] n κατάλογος m ελέγχου

checkout [ˈtʃekaut] n (in shop) ταμείο nt

checkpoint [ˈtʃekpɔɪnt] n (on border)
τελωνείο nt

cheek [tʃiːk] n (Anat) μάγουλο nt • (impudence)
αναίδεια f

cheekbone [ˈtʃiːkbəun] n ζυγωματικό nt

cheeky [ˈtʃiːki] adj αναιδής

cheer [tʃɪə^r] vt (team, speaker) ζητωκραυγάζω
• (gladden) κάνω να χαρεί ▶ vi ζητωκραυγάζω
▶ n (shout) ζητωκραυγές f
▶ **cheer up** vi ανεβαίνω ▶ vt φτιάχνω το κέφι

cheerful [ˈtʃɪəful] adj χαρούμενος

cheerio [tʃɪərɪˈəu] (BRIT) excl γεια χαρά

cheese [tʃiːz] n τυρί nt

cheeseburger [ˈtʃiːzbəːgə^r] n τσίζμπεργκερ
nt inv

cheesecake [ˈtʃiːzkeɪk] n τσιζ κέικ nt inv

chef [ʃef] n σεφ mf inv

chemical ['kɛmɪkl] adj χημικός ▸ n χημική ουσία f

chemist ['kɛmɪst] n (BRIT: pharmacist) φαρμακοποιός mf ◦ (scientist) χημικός mf

chemistry ['kɛmɪstrɪ] n Χημεία f

cheque [tʃɛk] (BRIT) n επιταγή f

chequebook ['tʃɛkbuk] (BRIT) n βιβλιάριο nt επιταγών

cheque card (BRIT) n εγγυητική κάρτα f επιταγών

cherry ['tʃɛrɪ] n (fruit) κεράσι nt ◦ (also: ~ tree) κερασιά f

chess [tʃɛs] n σκάκι nt

chest [tʃɛst] n (Anat) στήθος nt ◦ (box) μπαούλο nt

chestnut ['tʃɛsnʌt] n κάστανο nt ◦ (also: ~ tree) καστανιά f

chest of drawers [tʃɛstəv'drɔːz] n σιφονιέρα f

chew [tʃuː] vt μασάω

chewing gum ['tʃuːɪŋɡʌm] n τσίχλα f

chic [ʃiːk] adj σικ

chick [tʃɪk] n (young bird) πουλάκι nt ◦ (inf: girl) γκομενίτσα f

chicken ['tʃɪkɪn] n (bird, meat) κοτόπουλο nt ◦ (inf: coward) φοβιτσιάρης/α m/f ▸ **chicken out** (inf) vi δειλιάζω

chief [tʃiːf] n αρχηγός mf ▸ adj κυριότερος

chief executive, chief executive officer (US) n γενικός/ή γραμματέας m/f

chiefly ['tʃiːflɪ] adv κυρίως

child [tʃaɪld] (pl **children**) n παιδί nt

child benefit ['tʃaɪld] n επίδομα nt τέκνων

childbirth ['tʃaɪldbəːθ] n τοκετός m

childhood ['tʃaɪldhud] n παιδική ηλικία f

childish ['tʃaɪldɪʃ] adj παιδαριώδης

children ['tʃɪldrən] npl of **child**

Chile ['tʃɪlɪ] n Χιλή f

chill [tʃɪl] n (coldness) ψύχρα f ◦ (illness) κρυολόγημα nt ◦ (shiver) ρίγος nt ▸ vt παγώνω

chilli ['tʃɪlɪ], **chili** (US) n πιπεριά f τσίλι

chilly ['tʃɪlɪ] adj (weather) ψυχρός ◦ (person) ψυχρός ◦ (response, look) ψυχρός ◦ **to feel ~** νιώθω ψύχρα

chimney ['tʃɪmnɪ] n (of house) καμινάδα f ◦ (of factory) φουγάρο nt

chimpanzee [tʃɪmpæn'ziː] n χιμπαντζής m

chin [tʃɪn] n πηγούνι nt

China ['tʃaɪnə] n Κίνα f

china ['tʃaɪnə] n (clay) πορσελάνη f ◦ (crockery) πορσελάνινος

Chinese [tʃaɪ'niːz] adj κινέζικος ▸ n inv Κινέζος/α m/f ◦ (Ling) κινέζικα nt pl

chip [tʃɪp] n (Culin: pl) τηγανητή πατάτα f ◦ (US: also: **potato ~**) πελεκούδι nt ◦ (of wood) πελεκούδι nt ◦ (of glass, stone) κομμάτι nt ◦ (in glass, cup etc) ράγισμα nt ◦ (in gambling) μάρκα f ◦ (Comput: also: **microchip**) ολοκληρωμένο κύκλωμα nt ▸ vt (cup, plate) ραγίζω ▸ **chip in** (inf) vi (contribute) τσοντάρω ◦ (interrupt) πετάγομαι

chisel ['tʃɪzl] n σμίλη f

chives [tʃaɪvz] npl σχοινόπρασο nt

chlorine ['klɔːriːn] n χλώριο nt

chocolate ['tʃɔklɪt] n (substance, drink) σοκολάτα f ◦ (sweet) σοκολατάκι nt

choice [tʃɔɪs] n επιλογή f ◦ **a wide ~** μια μεγάλη ποικιλία

choir ['kwaɪər] n χορωδία f

choke [tʃəuk] vi πνίγομαι ▸ vt πνίγω ◦ (block): **to be choked (with)** είμαι ασφυκτικά γεμάτος (με) ▸ n (Aut) τσοκ nt inv

cholesterol [kə'lɛstərɒl] n χοληστερίνη f

choose [tʃuːz] (pt **chose**, pp **chosen**) vt διαλέγω ▸ vi: **to ~ between** διαλέγω or επιλέγω μεταξύ ◦ **to ~ from** διαλέγω or επιλέγω από ◦ **to ~ to do** διαλέγω/επιλέγω να κάνω

chop [tʃɔp] vt (wood) κόβω ◦ (also: ~ **up**) ψιλοκόβω ▸ n (Culin) παϊδάκι nt ▸ **chop down** vt κόβω

chord [kɔːd] n (Mus) συγχορδία f

chore [tʃɔːˈ] n αγγαρεία f ▪ **chores** npl (domestic tasks) νοικοκυριό nt ◦

chorus ['kɔːrəs] n (group) χορωδία f ◦ (song) χορωδιακό nt ◦ (refrain) ρεφραίν nt inv

chose [tʃəuz] pt of **choose**

chosen ['tʃəuzn] pp of **choose**

Christ [kraɪst] n Χριστός m

christening ['krɪsnɪŋ] n (act) βάπτιση f ◦ (ceremony) βαφτίσια nt pl

Christian ['krɪstɪən] adj χριστιανός ▸ n χριστιανός/ή m/f

Christianity [krɪstɪ'ænɪtɪ] n χριστιανισμός m

Christmas ['krɪsməs] n Χριστούγεννα nt pl ◦ **Happy** or **Merry ~!** Καλά Χριστούγεννα!

Christmas card n χριστουγεννιάτικη κάρτα f

Christmas Day n ημέρα f των Χριστουγέννων

Christmas Eve n παραμονή f των Χριστουγέννων

Christmas tree n χριστουγεννιάτικο δέντρο nt

chrome [krəum] n = **chromium**

chromium ['krəumɪəm] n χρώμιο nt

chronic ['krɒnɪk] adj χρόνιος

chubby ['tʃʌbɪ] adj στρουμπουλός

chuck [tʃʌk] (inf) vt (stone, ball etc) πετάω ◦ (BRIT: also: ~ **in**) παρατάω ▸ **chuck out** vt πετάω έξω

chuckle ['tʃʌkl] vi γελάω σιγανά

chunk [tʃʌŋk] n (of stone, meat) μεγάλο κομμάτι nt ◦ (of bread) κομμάτα f

church [tʃəːtʃ] n εκκλησία f ◦ **the C~ of England** η Αγγλικανική Εκκλησία

churchyard ['tʃəːtʃjɑːd] n νεκροταφείο nt (σε προαύλιο εκκλησίας)

churn [tʃəːn] n (for butter: also: **milk ~**) καρδάρα f ▸ **churn out** vt παράγω σωρηδόν

CIA (US) n abbr (= Central Intelligence Agency) ΣΙΑ f inv

CID (BRIT) n abbr (= Criminal Investigation Department) εγκληματολογική υπηρεσία f

cider ['saɪdəˈ] n μηλίτης m

cigar [sɪ'ɡɑːˈ] n πούρο nt

cigarette [sɪɡə'rɛt] n τσιγάρο nt

cinema ['sɪnəmə] n κινηματογράφος m

cinnamon ['sɪnəmən] n κανέλα f

circle ['səːkl] n κύκλος m ◦ (in cinema, theatre) εξώστης m ▸ vi (bird, plane) διαγράφω κύκλο ▸ vt (move round) γυρίζω γύρω από ◦ (surround: people) περικυκλώνω ◦ (place) περιτριγυρίζω

circuit ['sɜːkɪt] n (Elec) κύκλωμα nt • (tour) γύρος m • (track) πίστα f • (lap) γύρος m

circular ['sɜːkjʊlə'] adj κυκλικός ▶ n (letter) εγκύκλιος f • (as advertisement) προσπέκτους nt inv

circulate ['sɜːkjʊleɪt] vi (blood, cars) κυκλοφορώ • (news, rumour, report) διαδίδομαι ▶ vt διανέμω

circulation [sɜːkjʊ'leɪʃən] n (of newspaper, traffic, air etc) κυκλοφορία f • (Med: of blood) κυκλοφορία f

circumstances ['sɜːkəmstənsɪz] npl (of accident, death) συνθήκες fpl • (financial condition) οικονομική κατάσταση f

circus ['sɜːkəs] n τσίρκο nt inv

cite [saɪt] vt αναφέρω

citizen ['sɪtɪzn] n (of country) πολίτης mf • (of town) κάτοικος mf

citizenship ['sɪtɪznʃɪp] n υπηκοότητα f

city ['sɪtɪ] n πόλη f • **the C~** (Brit Fin) το Σίτυ

city centre n κέντρο nt της πόλης

civic ['sɪvɪk] adj (leader, authorities) δημοτικός • (duties) του πολίτη • (pride) για την πόλη μου

civil ['sɪvɪl] adj (disobedience, disturbances etc) κοινωνικός • (authorities, rights, liberties etc) πολιτικός • (polite) ευγενικός

civilian [sɪ'vɪlɪən] adj (life) των πολιτών • (casualties) άμαχος πληθυσμός ▶ n πολίτης mf • **the civilians** οι άμαχοι

civilization [sɪvɪlaɪ'zeɪʃən] n πολιτισμός m

civilized ['sɪvɪlaɪzd] adj (society, person) πολιτισμένος • (place, experience) προσεγμένος

civil rights [sɪvɪl'raɪts] npl πολιτικά δικαιώματα nt pl

civil servant n δημόσιος υπάλληλος mf

Civil Service n: **the ~** οι Δημόσιες Υπηρεσίες

civil war n εμφύλιος πόλεμος m

claim [kleɪm] vt (assert) **to ~ (that)/to be** ισχυρίζομαι ότι/ότι είμαι ▶ vt (credit, rights, inheritance) διεκδικώ • (responsibility) αναλαμβάνω • (expenses) ζητάω • (compensation, damages) ζητάω ▶ vi (for insurance) υποβάλλω αίτηση ▶ n (assertion) ισχυρισμός m • (for compensation) αίτηση f (αποζημίωσης) • (for expenses) αίτηση f

clam [klæm] n μύδι nt

clamp [klæmp] n λαβίδα f ▶ vt (wheel, car) ακινητοποιώ (με μηχανισμό στη ρόδα) • **to ~ sth to sth** προσαρμόζω κτ σε κτ
▶ **clamp down on** vt fus παίρνω μέτρα κατά +gen

clan [klæn] n γένος nt (σκωτσέζικο) • (family) σόι nt

clap [klæp] vi χειροκροτώ ▶ vt: **to ~ (one's hands)** χτυπάω τα χέρια μου

claret ['klærət] n κλαρέ nt inv

clarify ['klærɪfaɪ] vt διευκρινίζω

clarinet [klærɪ'net] n κλαρίνο nt

clarity ['klærɪtɪ] n σαφήνεια f

clash [klæʃ] n (fight) σύγκρουση f • (disagreement) σύγκρουση f • (of beliefs, ideas, views) ασυμφωνία f • (of colours, styles) αντίθεση f • (of events, dates) χρονική σύμπτωση f ▶ vi (fight: rival gangs etc) συγκρούομαι • (disagree: political opponents etc) έρχομαι σε σύγκρουση • (beliefs, ideas, views) έρχομαι σε αντίθεση • (colours, styles) δεν ταιριάζω • (two events, dates) συμπίπτω χρονικά

class [klɑːs] n (Scol: group of pupils) τάξη f • (: lesson) μάθημα nt • (of society) τάξη f • (type) είδος nt ▶ vt κατατάσσω

classic ['klæsɪk] adj κλασικός ▶ n (film, novel etc) κλασικό έργο nt • (race etc) κλασικό αγώνισμα nt ▪ **Classics** npl (Scol) κλασικές σπουδές fpl

classical ['klæsɪkl] adj (also Mus) κλασικός

classification [klæsɪfɪ'keɪʃən] n (process) ταξινόμηση f • (category) κατηγορία f

classified ['klæsɪfaɪd] adj (information) απόρρητος

classify ['klæsɪfaɪ] vt ταξινομώ

classmate ['klɑːsmeɪt] n συμμαθητής/τρια m/f

classroom ['klɑːsrum] n αίθουσα f διδασκαλίας

classy ['klɑːsɪ] (inf) adj κυριλέ inv

clatter ['klætə'] n (of dishes, pots etc) τσούγκρισμα nt • (of hooves) ποδοβολητό nt ▶ vi (dishes, pots etc) τσουγγρίζω • (hooves) κοπανάω

clause [klɔːz] n (Jur) ρήτρα f • (Ling) πρόταση f

claustrophobic [klɔːstrə'fəʊbɪk] adj (place) κλειστοφοβικός • (person) που έχει κλειστοφοβία

claw [klɔː] n (of animal, bird) νύχι nt • (of lobster) δαγκάνα f
▶ **claw at** vt fus γραπώνομαι σε

clay [kleɪ] n πηλός m

clean [kliːn] adj καθαρός • (record, reputation) άμεμπτος ▶ vt (car, cooker etc) καθαρίζω • (hands face etc) πλένω ▶ adv: **he ~ forgot** ξέχασε εντελώς • **the thief got ~ away** ο κλέφτης ξέφυγε
▶ **clean up** vt καθαρίζω ▶ vi καθαρίζω

cleaner ['kliːnə'] n (person) καθαριστής/τρια m/f • (substance) καθαριστικό nt

cleaning ['kliːnɪŋ] n καθάρισμα nt

cleanser ['klenzə'] n γαλάκτωμα nt καθαρισμού

clear [klɪə'] adj (report, argument) ξεκάθαρος • (footprint, photograph) ευδιάκριτος • (voice, echo) καθαρός • (obvious) ξεκάθαρος • (choice, commitment) σαφής • (profit, majority) καθαρός • (glass, plastic, water) (γυαλί, πλαστικό) διάφανος, (νερό) διαυγής • (road, way, floor etc) (δρόμος) ελεύθερος, (πάτωμα) άδειος • (conscience) καθαρός • (eyes, skin, sky) καθαρός ▶ vt (space, room) αδειάζω • (trees, weeds, slums etc) καθαρίζω • (Jur: suspect) απαλλάσσω • (jump: fence, wall) περνάω • (cheque) ωριμάζω ▶ vi (weather) βελτιώνομαι • (sky) καθαρίζω • (fog, smoke) διαλύομαι • (cheque) εξαργυρώνομαι
▶ adv: **~ of** (trouble, ground) μακριά από
▶ **clear up** vt (room, mess) καθαρίζω • (mystery) διαλευκαίνω • (misunderstanding, problem) λύνω ▶ vi (tidy up) συγυρίζω • (illness) περνάω

clearance ['klɪərəns] n (removal: of trees) καθάρισμα nt • (permission) άδεια f • (free space) ελεύθερος χώρος m

clear-cut ['klɪə'kʌt] adj (decision, issue) ξεκάθαρος

clearing ['klɪərɪŋ] n ξέφωτο nt

clearly ['klɪəlɪ] adv καθαρά • (obviously) προφανώς

clergy ['klɜːdʒɪ] n κληρικοί mpl

erk [klɑːk, (US) kləːrk] n (BRIT: office worker)
πάλληλος mf • (US: sales person) πωλητής/
ρια m/f

ever ['klevəʳ] adj (intelligent) έξυπνος • (deft,
rafty) πονηρός

iché ['kliːʃeɪ] n κλισέ nt inv

ick [klɪk] vi (device, switch etc) κάνω κλικ
• (camera) τραβάω φωτογραφίες • (fig: people)
ολλάω • (Comput): **to ~ on sth** κάνω κλικ σε κτ
▶ n (of device, switch etc) κλικ nt inv • (Comput)
τάτημα nt

ient ['klaɪənt] n πελάτης/ισσα m/f

iff [klɪf] n γκρεμός m

imate ['klaɪmɪt] n κλίμα nt

imate change n κλιματική αλλαγή f

imax ['klaɪmæks] n (of battle, career)
ορύφωση f • (of film, book etc) η στιγμή που
ορυφώνεται η αγωνία

imb [klaɪm] vi, n ανεβαίνω • (move with effort):
:o ~ over a wall/into a car σκαρφαλώνω έναν
οίχο/μπαίνω σε ένα αυτοκίνητο ▶ vt (stairs,
adder) ανεβαίνω • (tree, hill) σκαρφαλώνω (σε)
▶ n (of hill, cliff etc) ανάβαση f
▶ **climb down** (BRIT) vi (fig) υποχωρώ

imber ['klaɪməʳ] n ορειβάτης/ισσα m/f

imbing ['klaɪmɪŋ] n ορειβασία f

inch [klɪntʃ] vt οριστικοποιώ

ing [klɪŋ] (pt, pp clung) vi: **to ~ to** (support)
προσκολλώμαι σε • (mother) κρατιέμαι σφιχτά
πό • (idea, belief) μένω προσκολλημένος σε

inic ['klɪnɪk] n (Med) κλινική f

ip [klɪp] n (also: **paper ~**) συνδετήρας m • (for
hair) τσιμπιδάκι nt • (TV, Cine) απόσπασμα nt
▶ vt (fasten) καρφιτσώνω • (also: **~ together**)
ενώνω με συνδετήρα • (cut: nails etc) κόβω
• (hedge) κουρεύω

ipping ['klɪpɪŋ] n (from newspaper)
πόκομμα nt

oak [kləuk] n μπέρτα f ▶ vt (fig: in mist, secrecy)
αλύπτω

oakroom ['kləukrum] n (BRIT: for coats etc)
γκαρνταρόμπα f • (bathroom) τουαλέτα f

ock [klɔk] n ρολόι nt • **round the ~** (work etc)
όλο το εικοσιτετράωρο
▶ **clock in** vi (BRIT) χτυπάω κάρτα (μπαίνοντας)
▶ **clock off** vi (BRIT) χτυπάω κάρτα (βγαίνοντας)
▶ **clock on** vi (BRIT) = **clock in**
▶ **clock out** vi (BRIT) = **clock off**

ockwise ['klɔkwaɪz] adv δεξιόστροφα

ockwork ['klɔkwəːk] n μηχανισμός m ▶ adj
model, toy) κουρδιστός

og [klɔg] n ξυλοπάπουτσο nt ▶ vt (drain, nose)
βουλώνω ▶ vi (also: **~ up**) βουλώνω

one [kləun] n κλώνος m

ose¹ [kləus] adj (near): **~ (to)** κοντά (σε)
• (friend, relative) στενός • (contact, link, ties)
στενός • (examination, look) προσεχτικός
• (contest) αμφίρροπος • (weather) αποπνικτικός
▶ adv (near) κοντά • **~ to** κοντά σε • **~ by** (adj)
οντινός • (adv) κοντά

ose² [kləuz] vt κλείνω ▶ vi κλείνω ▶ n (end)
έλος nt
▶ **close down** vi (factory, magazine) κλείνω

osed [kləuzd] adj (door, window) κλειστός

• (shop, road etc) κλειστός

closely ['kləuslɪ] adv (examine, watch)
προσεκτικά • (connected, related, resemble) στενά

closet ['klɔzɪt] n ντουλάπα f

close-up ['kləusʌp] (Phot) n κοντινό πλάνο nt

closure ['kləuʒəʳ] n κλείσιμο nt

clot [klɔt] n (Med) θρόμβος m ▶ vi (blood) κάνω
θρόμβο

cloth [klɔθ] n (material) ύφασμα nt • (rag)
πανί nt

clothes [kləuðz] npl ρούχα nt pl

clothing ['kləuðɪŋ] n = **clothes**

cloud [klaud] n σύννεφο nt
▶ **cloud over** vi συννεφιάζω

cloudy ['klaudɪ] adj (sky) συννεφιασμένος
• (liquid) θαμπός

clove [kləuv] (Culin) n (spice) γαρύφαλλο nt
• **~ of garlic** σκελίδα σκόρδο

clown [klaun] n κλόουν mf inv ▶ vi (also:
~ about, ~ around) κάνω τον καραγκιόζη

club [klʌb] n (place) λέσχη f • (weapon) γκλοπ nt
inv • (also: **golf ~**) μπαστούνι nt του γκολφ ▶ vt
(hit) χτυπάω (με ρόπαλο) ■ **clubs** npl (Cards)
σπαθιά nt pl

clue [kluː] n (lead) στοιχείο nt • (in crossword)
ορισμός m • **I haven't a ~** δεν έχω την
παραμική ιδέα

clump [klʌmp] n (of trees) συστάδα f

clumsy ['klʌmzɪ] adj (person) αδέξιος • (object)
χοντροκομμένος • (effort, attempt) άτσαλος

clung [klʌŋ] pt, pp of **cling**

cluster ['klʌstəʳ] n (of people) ομάδα f • (of stars,
rocks) σύμπλεγμα nt ▶ vi συγκεντρώνομαι

clutch [klʌtʃ] n (grip, grasp) λαβή f • (Aut)
συμπλέκτης m ▶ vt σφίγγω
▶ (fig: excuse etc) αρπάζομαι από

cm abbr = **centimetre**

Co. abbr = **county** • **company**

coach [kəutʃ] n (bus) λεωφορείο nt • (horse-
drawn) άμαξα f • (of train) βαγόνι nt • (Sport:
trainer) προπονητής/τρια m/f • (Scol: tutor)
καθηγητής/τρια m/f ▶ vt (Sport) προπονώ
• (student) κάνω μαθήματα σε κν

coal [kəul] n άνθρακας m

coalition [kəuə'lɪʃən] n συνασπισμός m

coarse [kɔːs] adj (texture) τραχύς • (person,
character) άξεστος

coast [kəust] n ακτή f ▶ vi (car, bicycle etc)
τσουλάω

coastal ['kəustl] adj (cities) παραλιακός
• (waters) παράκτιος

coastguard ['kəustgɑːd] n (officer)
ακτοφύλακας m • (service) ακτοφυλακή f

coastline ['kəustlaɪn] n ακτογραμμή f

coat [kəut] n (overcoat) παλτό nt • (of animal)
τρίχωμα nt • (of paint) χέρι nt ▶ vt καλύπτω

coat hanger n κρεμάστρα f

coating ['kəutɪŋ] n στρώση f

coax [kəuks] vt καλοπιάνω

cob [kɔb] n see **corn**

cocaine [kə'keɪn] n κοκαΐνη f

cock [kɔk] n (rooster) κόκορας m • (male bird)
αρσενικός

cockpit ['kɔkpɪt] n πιλοτήριο nt

cocktail ['kɒkteɪl] n (drink) κοκτέιλ nt inv
• (mixture) μείγμα nt

cocoa ['kəukəu] n κακάο nt inv

coconut ['kəukənʌt] n καρύδα f

COD abbr (= cash on delivery) αντικαταβολή • (US:
= collect on delivery) αντικαταβολή

cod [kɒd] n μουρούνα f

code [kəud] n (of practice, behaviour) κώδικας m
• (cipher: Tel, Post) κώδικας m

coffee ['kɒfɪ] n καφές m

coffee table n μικρό τραπεζάκι nt

coffin ['kɒfɪn] n φέρετρο nt

cog [kɒg] (Tech) n (wheel) γρανάζι nt • (tooth)
δόντι nt γραναζιού

cognac ['kɒnjæk] n κονιάκ nt inv

coherent [kəu'hɪərənt] adj (theory) που έχει
συνοχή • (answer, person) που βγάζει νόημα or
είναι λογικός

coil [kɔɪl] n (of rope, wire) κουλούρα f • (Aut, Elec)
πηνίο nt • (contraceptive) σπιράλ nt inv ▶ vt
τυλίγω

coin [kɔɪn] n κέρμα nt ▶ vt (word, slogan) βγάζω

coincide [kəuɪn'saɪd] vi συμπίπτω

coincidence [kəu'ɪnsɪdəns] n σύμπτωση f

Coke® [kəuk] n Κόκα Κόλα f inv

coke [kəuk] n κωκ nt inv

cold [kəuld] adj (water, food) κρύος • (weather,
room) ψυχρός • (person) που κρυώνει ▶ n
(weather) κρύο nt • (Med) κρύωμα nt • it's ~ κάνει
κρύο • to be or feel ~ (person) κρυώνω • (object)
είμαι κρύος • to catch (a) ~ κρυολογώ

collaborate [kə'læbəreɪt] vi (on book, research)
συνεργάζομαι • (with enemy) συνεργάζομαι

collapse [kə'læps] vi καταρρέω ▶ n κατάρρευση
f • (of system, company) καταστροφή f

collar ['kɒlə'] n (of coat, shirt) κολλάρο nt • (of
dog, cat) περιλαίμιο nt

colleague ['kɒliːg] n συνάδελφος mf

collect [kə'lekt] vt (wood, litter etc) μαζεύω
• (as a hobby) συλλέγω • (Brit: call and pick up)
(περνάω και) παίρνω • (debts, taxes etc)
εισπράττω ▶ vi (dust etc) μαζεύομαι • (for charity
etc) κάνω έρανο • (inf) μαζεύω χρήματα • to call
~ (US Tel) τηλεφωνώ με χρέωση του παραλήπτη

collection [kə'lekʃən] n (of art, stamps, stories
etc) συλλογή f • (from place, person) παραλαβή f
• (for charity) έρανος m

collective [kə'lektɪv] adj (decision) συλλογικός
• (farm) συνεταιριστικός ▶ n συνεταιρισμός m

collector [kə'lektə'] n (of art, stamps etc)
συλλέκτης/τρια m/f • (of taxes, rent etc)
εισπράκτορας mf

college ['kɒlɪdʒ] (Scol) n (of university) κολλέγιο
nt • (of agriculture, technology) σχολή f

collide [kə'laɪd] vi συγκρούομαι

collision [kə'lɪʒən] n σύγκρουση f

cologne [kə'ləun] n (also: eau de ~) κολόνια f

Colombia [kə'lɒmbɪə] n Κολομβία f

colon ['kəulən] n (punctuation mark) άνω και
κάτω τελεία f • (Anat) παχύ έντερο nt

colonel ['kəːnl] n (in army) συνταγματάρχης mf
• (in air force) σμήναρχος mf

colonial [kə'ləunɪəl] adj αποικιακός

colony ['kɒlənɪ] n αποικία f

colour ['kʌlə'], **color** (US) n χρώμα nt ▶ vt
(paint, dye) βάφω • (fig: account, judgement etc)
επηρεάζω ▶ cpd (film, photograph, television)
έγχρωμος

coloured ['kʌləd], **colored** (US) adj έγχρωμος

colourful ['kʌləful], **colorful** (US) adj (cloth
etc) πολύχρωμος • (account, story) γραφικός

colouring ['kʌlərɪŋ], **coloring** (US) n
(complexion) απόχρωση f • (in food) χρωστική
ουσία f

column ['kɒləm] n (Archit) κολώνα f • (of smoke)
στήλη f • **gossip ~** κοσμική στήλη

coma ['kəumə] n: **to be in a ~** είμαι σε κώμα

comb [kəum] n (for hair) χτένα f ▶ vt χτενίζω

combat [n 'kɒmbæt, vb kəm'bæt] n (Mil) μάχη f
▶ vt καταπολεμώ

combination [kɒmbɪ'neɪʃən] n συνδυασμός m

combine [kəm'baɪn] vt συνδυάζω ▶ vi ενώνομαι

⊙ **KEYWORD**

come [kʌm] (pt **came**, pp **come**) vi **1** (movement
towards) έρχομαι • **come here!** έλα εδώ!
2 (arrive) **he's come here to work**
ήρθε εδώ για να δουλέψει • **to come home**
γυρίζω σπίτι
3 (reach): **to come to** φτάνω σε • **the bill came
to £40** ο λογαριασμός έφτασε τις 40 λίρες • **her
hair came to her waist** τα μαλλιά της έφταναν
ως τη μέση • **to come to a decision** καταλήγω
σε μια απόφαση
4 (occur): **an idea came to me** μου ήρθε μια
ιδέα
5 (be, become): **to come loose/undone**
λασκάρω, λύνομαι • **I've come to like him**
τελικά τον συμπάθησα
▶ **come about** vi προκύπτω
▶ **come across** vt fus (find: person, thing)
βρίσκω τυχαία ▶ vi **to come across well/bad**
γίνομαι κατανοητός/δεν γίνομαι κατανοητός
▶ **come along** vi (arrive) εμφανίζομαι • (make
progress) προχωράω • **come along!** έλα μαζί
μας!
▶ **come back** vi (return) ξανάρχομαι
▶ **come by** vt fus (acquire) βρίσκω
▶ **come down** vi (price) κατεβαίνω • (tree,
building) πέφτω
▶ **come forward** vi προσφέρομαι
▶ **come from** vt fus (place, source etc) (άτομο)
είμαι από, (αντικείμενο, ιδέα) προέρχομαι από
▶ **come in** vi (enter) μπαίνω • (report, news)
έρχομαι • **come in!** περάστε!
▶ **come in for** vt fus (criticism etc) υφίσταμαι
▶ **come into** vt fus (inherit: money) κληρονομώ
• **to come into fashion** γίνομαι της μόδας
▶ **come off** vi (become detached: button, handle)
φεύγω • (succeed: attempt, plan) πηγαίνω καλά
▶ **come on** vi (work, project) προχωράω • (pupil)
προοδεύω • (lights, electricity) ανάβω • **come
on!** έλα!
▶ **come out** vi (book, film, stain, sun) βγαίνω
• (fact) αποκαλύπτομαι
▶ **come round** vi (after fainting, operation)
ξαναβρίσκω τις αισθήσεις μου • (visit) περνάω
• (agree) αλλάζω γνώμη

▶ **come through** vi (survive) γλιτώνω • **the call came through** τηλεφώνησαν
▶ **come to** vi (regain consciousness) ξαναβρίσκω τις αισθήσεις μου ▶ vt fus: **how much does it come to?** πόσο είναι συνολικά;
▶ **come under** vt fus (heading) υπάγομαι • (criticism, pressure, attack) υφίσταμαι
▶ **come up** vi (approach) πλησιάζω • (sun) βγαίνω • (problem) προκύπτω • (event) πλησιάζω • (in conversation) αναφέρομαι
▶ **come up against** vt fus (resistance, difficulties) έρχομαι αντιμέτωπος με
▶ **come upon** vt fus (find) πέφτω πάνω σε
▶ **come up with** vt fus (idea, money) (ιδέα) μου έρχεται, (χρήματα) βρίσκω

comeback ['kʌmbæk] n (of film star etc) επιστροφή f • (of fashion) επιστροφή f
comedian [kə'miːdiən] n κωμικός mf
comedy ['kɒmɪdɪ] n κωμωδία f
comet ['kɒmɪt] n κομήτης m
comfort ['kʌmfət] n (wellbeing) άνεση f • (solace) παρηγοριά f • (relief) ανακούφιση f
■ **comforts** npl ανέσεις fpl
comfortable ['kʌmfətəbl] adj (furniture) αναπαυτικός • (income, majority) άνετος • (person): **to be ~** (physically) είμαι αναπαυτικά • (financially) έχω οικονομική άνεση
comic ['kɒmɪk] adj (also: **comical**) κωμικός ▶ n (comedian) κωμικός mf • (BRIT: magazine) κόμικς nt inv
comma ['kɒmə] n κόμμα nt
command [kə'mɑːnd] n (order) διαταγή f • (control, charge) έλεγχος m • (Mil: authority) εξουσία f • (mastery: of subject) άριστη γνώση f • (Comput) εντολή f ▶ vt: **to ~ sb to do sth** διατάζω κν να κάνει κτ
commander [kə'mɑːndə'] (Mil) n διοικητής mf
commemorate [kə'mɛməreɪt] vt (with statue, monument) τιμώ τη μνήμη +gen • (with celebration, holiday) γιορτάζω
commence [kə'mɛns] vt αρχίζω ▶ vi αρχίζω
commend [kə'mɛnd] vt (praise) επαινώ • **to ~ sth to sb** συστήνω κτ σε κν
comment ['kɒmɛnt] n σχόλιο nt ▶ vi: **to ~ (on)** σχολιάζω • **"no ~"** «ουδέν σχόλιον»
commentary ['kɒməntərɪ] n (Sport) σχολιασμός m
commentator ['kɒmənteɪtə'] n (also Sport) σχολιαστής/τρια m/f
commerce ['kɒmɜːs] n εμπόριο nt
commercial [kə'mɜːʃəl] adj εμπορικός ▶ n (TV, Radio) διαφήμιση f
commission [kə'mɪʃən] n (order for work: esp of artist) παραγγελία f • (Comm) προμήθεια f • (committee) επιτροπή f • (Mil) αξίωμα nt ▶ vt (work of art) παραγγέλνω • (Mil) τοποθετώ
commissioner [kə'mɪʃənə'] (Police) n αξιωματικός mf της αστυνομίας • (EU) Επίτροπος m
commit [kə'mɪt] vt (crime, murder etc) διαπράττω • (money, resources) αφιερώνω • **to ~ sb to** (sb's care) βάζω κν σε • **to ~ o.s. (to do)** δεσμεύομαι (να κάνω) • **to ~ suicide** αυτοκτονώ

commitment [kə'mɪtmənt] n (to ideology, system) αφοσίωση f • (obligation) υποχρέωση f • (undertaking) δέσμευση f
committee [kə'mɪtɪ] n επιτροπή f
commodity [kə'mɒdɪtɪ] n αγαθό nt
common ['kɒmən] adj (shared by all) κοινός • (usual, ordinary: event etc) συνηθισμένος • (vulgar: person, manners) χυδαίος ▶ n πάρκο nt • **to have something in ~ (with sb)** έχω κοινά (με κν) ■ **the Commons** npl (BRIT Pol) η Βουλή των Κοινοτήτων
commonly ['kɒmənlɪ] adv συνήθως
commonplace ['kɒmənpleɪs] adj τετριμμένος
common sense n κοινός νους m
Commonwealth ['kɒmənwɛlθ] (BRIT) n: **the ~** η Βρετανική Κοινοπολιτεία
communal ['kɒmjuːnl] adj κοινόχρηστος
commune [n 'kɒmjuːn, vb kə'mjuːn] n κοινόβιο nt ▶ vi: **to ~ with** (nature, God) επικοινωνώ με
communicate [kə'mjuːnɪkeɪt] vt μεταδίδω ▶ vi: **to ~ (with)** επικοινωνώ (με)
communication [kəmjuːnɪ'keɪʃən] n επικοινωνία f
communion [kə'mjuːnɪən] n (also: **Holy C~**) Θεία Κοινωνία f
communism ['kɒmjunɪzəm] n κομμουνισμός m
communist ['kɒmjunɪst] adj κομμουνιστικός ▶ n κομμουνιστής/τρια m/f
community [kə'mjuːnɪtɪ] n κοινότητα f
community centre n πολιτιστικό κέντρο nt
community service n ποινή-εργασία σε κοινωφελείς σκοπούς κυρίως για νεαρούς παραβάτες του νόμου
commute [kə'mjuːt] vi ταξιδεύω καθημερινά (για τη δουλειά) ▶ vt (Jur: sentence) μετατρέπω
commuter [kə'mjuːtə'] n καθημερινός/ή επιβάτης/τιδα m/f (για τη δουλειά)
compact [adj kəm'pækt, n 'kɒmpækt] adj συνεπτυγμένος ▶ n (also: **powder ~**) πουδριέρα f
compact disc n CD nt inv
compact disc player n (συσκευή αναπαραγωγής) f CD
companion [kəm'pænjən] n σύντροφος mf
company ['kʌmpənɪ] n (Comm) εταιρεία f • (Theat) θίασος m • (companionship) συντροφιά f • **to keep sb ~** κρατάω συντροφιά σε κν
company car n αυτοκίνητο nt της εταιρείας
comparable ['kɒmpərəbl] adj (size, style, extent) συγκρίσιμος • (car, property etc) παρεμφερής
comparative [kəm'pærətɪv] adj (peace, stranger, safety) σχετικός • (study) συγκριτικός
comparatively [kəm'pærətɪvlɪ] adv σχετικά
compare [kəm'pɛə'] vt: **to ~ sb/sth with/to** (contrast) συγκρίνω κν/κτ με • (liken) παρομοιάζω κν/κτ με ▶ vi: **to ~ (with)** συγκρίνομαι (με)
comparison [kəm'pærɪsn] n (contrast) σύγκριση f • (showing similarities) παραλληλισμός m
compartment [kəm'pɑːtmənt] n (Rail) κουπέ nt inv • (section: of wallet) θήκη f
compass ['kʌmpəs] n (Naut, Geo) πυξίδα f • (fig) έκταση f

compassion [kəm'pæʃən] n συμπόνοια f
compatible [kəm'pætɪbl] adj (people, ideas etc) ταιριαστός • (Comput) συμβατός
compel [kəm'pɛl] vt εξαναγκάζω
compelling [kəm'pɛlɪŋ] adj (fig) ακαταμάχητος
compensate ['kɒmpənseɪt] vt αποζημιώνω ▸ vi: to ~ for αντισταθμίζω
compensation [kɒmpən'seɪʃən] n αποζημίωση f
compete [kəm'piːt] vi: to ~ (with) (companies, rivals) ανταγωνίζομαι • (in contest, game) λαμβάνω μέρος
competent ['kɒmpɪtənt] adj (person) ικανός • (piece of work) καλός
competition [kɒmpɪ'tɪʃən] n (between firms, rivals) συναγωνισμός m • (contest) διαγωνισμός m
competitive [kəm'pɛtɪtɪv] adj ανταγωνιστικός
competitor [kəm'pɛtɪtər] n (rival) ανταγωνιστής/τρια m/f • (participant in exam, contest etc) διαγωνιζόμενος/η m/f • (participant in games, sports) (παιχνίδια) διαγωνιζόμενος/η m/f, (αθλήματα) συμμετέχων/ουσα m/f
complacent [kəm'pleɪsnt] adj αυτάρεσκος
complain [kəm'pleɪn] vi: to ~ (about) παραπονιέμαι (για) • (protest: to authorities, shop etc) διαμαρτύρομαι • to ~ of (pain) παραπονιέμαι για (πόνο)
complaint [kəm'pleɪnt] n (criticism) παράπονο nt pl • (reason for complaining) πρόβλημα nt • (Med: illness) πάθηση f
complement [n 'kɒmplɪmənt, vb 'kɒmplɪment] n (supplement) συμπλήρωμα nt ▸ vt συμπληρώνω
complementary [kɒmplɪ'mɛntərɪ] adj: A and B are ~ το A και το B αλληλοσυμπληρώνονται or συμπληρώνουν το ένα το άλλο • ~ medicine συμπληρωματική θεραπευτική χειρισμοί
complete [kəm'pliːt] adj (total: silence) απόλυτος • (success) απόλυτος • (change) ολοκληρωτικός • (whole: list, edition, set etc) πλήρης • (finished: building, task) ολοκληρωμένος ▸ vt ολοκληρώνω • (set, group etc) συμπληρώνω
completely [kəm'pliːtlɪ] adv τελείως
completion [kəm'pliːʃən] n (of building) αποπεράτωση f • (of sale) ολοκλήρωση f
complex ['kɒmplɛks] adj πολύπλοκος ▸ n συγκρότημα nt
complexion [kəm'plɛkʃən] n (of face) επιδερμίδα f
compliance [kəm'plaɪəns] n συμμόρφωση f • ~ with συμμόρφωση με
complicate ['kɒmplɪkeɪt] vt περιπλέκω
complicated ['kɒmplɪkeɪtɪd] adj περίπλοκος
complication [kɒmplɪ'keɪʃən] n επιπλοκή f
compliment [n 'kɒmplɪmənt, vb 'kɒmplɪment] n κομπλιμέντο nt ▸ vt επαινώ or κάνω ένα κομπλιμέντο (σε άτομο) ■ **compliments** npl σέβη nt pl
complimentary [kɒmplɪ'mɛntərɪ] adj (remark) κολακευτικός • (copy of book etc) τιμής ένεκεν
comply [kəm'plaɪ] vi: to ~ (with) (law, ruling) συμμορφώνομαι (με) • (standards) πληρώ

component [kəm'pəʊnənt] adj συστατικός ▸ n συστατικό στοιχείο nt
compose [kəm'pəʊz] vt: to be composed of αποτελούμαι από ▸ vt (music, poem) συνθέτω • to ~ o.s βρίσκω την αυτοκυριαρχία μου
composer [kəm'pəʊzər] n συνθέτης/τρια m/f
composition [kɒmpə'zɪʃən] n (also Mus) σύνθεση f • (essay) έκθεση f
composure [kəm'pəʊʒər] n αυτοκυριαρχία f
compound [n 'kɒmpaʊnd, vb kəm'paʊnd] n (Chem) ένωση f • (enclosure) περίβολος m ▸ vt (fig: problem etc) επιδεινώνω
comprehend [kɒmprɪ'hɛnd] vt κατανοώ
comprehensive [kɒmprɪ'hɛnsɪv] adj (description, review, list) αναλυτικός • (Insur) καθολικός ▸ n (Brit: up to year 9) ≈ Γυμνάσιο • (from year ten upwards) ≈ Λύκειο (χωρίς διαδικασίες επιλογής)
comprehensive school (Brit) n (up to year 9) ≈ Γυμνάσιο • (from year ten upwards) ≈ Λύκειο (χωρίς διαδικασίες επιλογής)
comprise [kəm'praɪz] vt (also: **be comprised of**) αποτελούμαι από • (constitute) αποτελώ
compromise ['kɒmprəmaɪz] n συμβιβασμός m ▸ vt (beliefs, principles) κάνω συμβιβασμούς σε ▸ vi συμβιβάζομαι
compulsive [kəm'pʌlsɪv] adj (gambler, smoker etc) μανιώδης • it's ~ viewing πρέπει να το δείτε οπωσδήποτε
compulsory [kəm'pʌlsərɪ] adj υποχρεωτικός
computer [kəm'pjuːtər] n (ηλεκτρονικός) υπολογιστής m ▸ cpd (program etc) για υπολογιστές • (language) των υπολογιστών
computer game n ηλεκτρονικό παιχνίδι nt
computer science n επιστήμη f των ηλεκτρονικών υπολογιστών
computing [kəm'pjuːtɪŋ] n (activity) χρήση f ηλεκτρονικών υπολογιστών • (science) επιστήμη των ηλεκτρονικών υπολογιστών
con [kɒn] vt εξαπατώ ▸ n (trick) απάτη f
conceal [kən'siːl] vt κρύβω
concede [kən'siːd] vt (error, defeat) παραδέχομαι • (point) αποδέχομαι ▸ vi υποχωρώ
conceive [kən'siːv] vt (understand) αντιλαμβάνομαι • (imagine) φαντάζομαι • (plan, policy) καταστρώνω ▸ vi (Bio) συλλαμβάνω • to ~ of sth/of doing sth σκέφτομαι κτ/να κάνω κτ
concentrate ['kɒnsəntreɪt] vi συγκεντρώνομαι ▸ vt (power) συγκεντρώνω • (energies, attention) επικεντρώνω • **concentrated orange juice** συμπυκνωμένος χυμός πορτοκαλιού
concentration [kɒnsən'treɪʃən] n (also Chem) συγκέντρωση f • (on problem) έμφαση f • (on activity etc) προσήλωση f
concept ['kɒnsɛpt] n έννοια f
concern [kən'sɜːn] n (affair) υπόθεση f • (anxiety) ανησυχία f • (Comm: firm) επιχείρηση f ▸ vt (worry) ανησυχώ • (involve) ασχολούμαι • (relate to) αφορά • to be concerned (about) (person, situation etc) ανησυχώ (για) • as far as I am concerned σε ό,τι με αφορά • to be concerned with sth με απασχολεί κτ
concerning [kən'sɜːnɪŋ] prep όσον αφορά (σε)
concert ['kɒnsət] n συναυλία f

concert hall n αίθουσα f συναυλιών

concession [kən'seʃən] n (compromise) παραχώρηση f • (Comm: right) προνόμιο nt
• **tax ~** φορολογική ελάφρυνση

concise [kən'saɪs] adj (description) συνοπτικός
• (text) περιληπτικός

conclude [kən'kluːd] vt (speech, chapter) ολοκληρώνω • (treaty etc) συνάπτω • (deduce) συμπεραίνω ▶ vi (finish) καταλήγω • (speaker) ολοκληρώνω

conclusion [kən'kluːʒən] n (of speech, chapter) τέλος nt • (deduction) συμπέρασμα nt

concrete ['kɒŋkriːt] n μπετόν nt inv ▶ adj (block) από μπετόν • (floor) τσιμεντένιος • (fig: proposal, idea) συγκεκριμένος

concussion [kən'kʌʃən] n διάσειση f

condemn [kən'dem] vt (action, report, prisoner etc) καταδικάζω • (building) κρίνω ακατάλληλο

condensation [kɒndən'seɪʃən] n υγρασία f

condition [kən'dɪʃən] n (state) κατάσταση f
• (requirement) προϋπόθεση f • (Med) πάθηση f
▶ vt (person) επηρεάζω • (hair) βάζω μαλακτικό σε • **on ~ that** υπό τον όρο ότι ▪ **conditions** npl συνθήκες fpl

conditional [kən'dɪʃənl] adj υπό όρους

conditioner [kən'dɪʃənər] n μαλακτικό nt

condo ['kɒndəʊ] (US inf) n abbr
= **condominium**

condom ['kɒndəm] n προφυλακτικό nt

condominium [kɒndə'mɪnɪəm] (US) n (building) πολυκατοικία f (με ιδιόκτητα διαμερίσματα) • (apartment) διαμέρισμα nt

condone [kən'dəʊn] vt (misbehaviour) αποδέχομαι • (crime) συναινώ σε

conduct [n 'kɒndʌkt, vb kən'dʌkt] n (of person) συμπεριφορά f • (of war) διεξαγωγή f ▶ vt (survey, research etc) διεξάγω • (business etc) πραγματοποιώ • (life) διάγω • (orchestra, choir etc) διευθύνω • (heat, electricity) είμαι καλός αγωγός +gen • **to ~ o.s** συμπεριφέρομαι

conductor [kən'dʌktər] n (of orchestra) διευθυντής/τρια m/f ορχήστρας • (US: on train) ελεγκτής/τρια m/f • (Elec) αγωγός m

cone [kəʊn] n κώνος m • (on road) προειδοποιητικός κώνος m • (Bot) κουκουνάρι m
• (ice cream) χωνάκι nt

confectionery [kən'fekʃənrɪ] n προϊόντα nt pl ζαχαροπλαστικής

confer [kən'fɜːr] vt: **to ~ sth (on sb)** (honour, degree) απονέμω κτ (σε κν) • (status) προσδίδω κτ (σε κν) • (advantage) παρέχω κτ (σε κν) ▶ vi συσκέπτομαι

conference ['kɒnfərəns] n (meeting) σύσκεψη f
• (academic) συνέδριο nt • **to be in ~** έχω σύσκεψη

confess [kən'fes] vt (guilt, crime) ομολογώ ▶ vi ομολογώ

confession [kən'feʃən] n (admission) ομολογία f
• (Rel) εξομολόγηση f

confide [kən'faɪd] vi: **to ~ in** εκμυστηρεύομαι (κτ) σε κν

confidence ['kɒnfɪdns] n (faith) εμπιστοσύνη f
• (self-assurance) αυτοπεποίθηση f • (secret) μυστικό nt • **in ~** (speak, write) εμπιστευτικά

confident ['kɒnfɪdənt] adj (self-assured) που έχει αυτοπεποίθηση • (positive) πεπεισμένος

confidential [kɒnfɪ'denʃəl] adj εμπιστευτικός

confine [kən'faɪn] vt: **to ~ (to)** (limit) περιορίζομαι (σε) • (shut up) κλείνω (σε) • **to ~ o.s. to doing sth/to sth** περιορίζομαι σε κτ/στο να κάνω κτ

confined [kən'faɪnd] adj (space) περιορισμένος

confirm [kən'fɜːm] vt επιβεβαιώνω • **to be confirmed** (Rel) ασπάζομαι επίσημα χριστιανικό δόγμα σε ειδική τελετή

confirmation [kɒnfə'meɪʃən] n (of belief, statement, report etc) επαλήθευση f • (of appointment, date) επιβεβαίωση f • (Rel) τελετή για τον ασπασμό χριστιανικού δόγματος

conflict [n 'kɒnflɪkt, vb kən'flɪkt] n (disagreement) διαμάχη f • (difference: of interests, loyalties etc) σύγκρουση f • (fighting) σύρραξη f
▶ vi (opinions, research etc) έρχομαι σε αντίθεση

conform [kən'fɔːm] vi συμμορφώνομαι • **to ~ to** (law, wish, ideal) συμμορφώνομαι με

confront [kən'frʌnt] vt έρχομαι αντιμέτωπος με

confrontation [kɒnfrən'teɪʃən] n (dispute) αντιπαράθεση f

confuse [kən'fjuːz] vt μπερδεύω

confused [kən'fjuːzd] adj (bewildered: person) μπερδεμένος • (disordered: situation) άνω-κάτω

confusing [kən'fjuːzɪŋ] adj που σε μπερδεύει or σου προκαλεί σύγχυση

confusion [kən'fjuːʒən] n σύγχυση f

congestion [kən'dʒestʃən] n (of road also Med) συμφόρηση f

Congo ['kɒŋɡəʊ] n Κονγκό nt inv

congratulate [kən'ɡrætjuleɪt] vt συγχαίρω

congratulations [kənɡrætju'leɪʃənz] npl συγχαρητήρια nt pl • **~!** συγχαρητήρια!

congregation [kɒŋɡrɪ'ɡeɪʃən] n εκκλησίασμα nt

congress ['kɒŋɡres] n συνέδριο nt • (US): **C~** Κογκρέσο

congressman ['kɒŋɡresmən] (US: irreg) n μέλος nt του Κογκρέσου

congresswoman ['kɒŋɡreswʊmən] (US: irreg) n μέλος nt του Κογκρέσου

conjunction [kən'dʒʌŋkʃən] n (Ling) σύνδεσμος m • **in ~ with** σε συνδυασμό με

conjure ['kʌndʒər] vt βγάζω (με μαγικά) • (fig) εμφανίζω ως δια μαγείας
▶ **conjure up** vt (ghost, spirit) καλώ • (memories) φέρνω στο νου

connect [kə'nekt] vt (Elec, Tel) συνδέω • (join): **to ~ sth (to)** συνδέω κτ (σε) ▶ vi: **to ~ with** (train, plane etc) έχω ανταπόκριση με • **to be connected with** συνδέομαι με

connection [kə'nekʃən] n (Elec, Tel) σύνδεση f
• (train, plane etc) ανταπόκριση f • (fig) σχέση f
• **in ~ with** σχετικά με • **business connections** επαγγελματικές διασυνδέσεις

conquer ['kɒŋkər] vt (country, enemy) κατακτώ
• (fig: fear, feelings) κατανικώ

conquest ['kɒŋkwest] n (also Mil) κατάκτηση f

cons [kɒnz] npl see **convenience** • **pro**

conscience ['kɒnʃəns] n συνείδηση f

conscientious [kɒnʃɪ'enʃəs] adj ευσυνείδητος

conscious ['kɒnʃəs] adj (aware): to be ~ (of) έχω επίγνωση or συναίσθηση +gen • (deliberate: effort, error) συνειδητός • to be ~ (awake) έχω τις αισθήσεις μου

consciousness ['kɒnʃəsnɪs] n συνείδηση f • (Med) αισθήσεις fpl

consecutive [kən'sɛkjutɪv] adj συνεχής

consensus [kən'sɛnsəs] n ομοφωνία f

consent [kən'sɛnt] n συγκατάθεση f ▶ vi: to ~ to συγκατατίθεμαι σε

consequence ['kɒnsɪkwəns] n συνέπεια f • to be of ~ είμαι σημαντικός

consequently ['kɒnsɪkwəntlɪ] adv άρα

conservation [kɒnsə'veɪʃən] n (of the environment) προστασία f • (of paintings, books) συντήρηση f • energy ~ εξοικονόμηση ενέργειας • nature ~ προστασία του περιβάλλοντος

conservative [kən'sə:vətɪv] adj συντηρητικός • (Brit Pol): C~ συντηρητικός ▶ n (Brit Pol): C~ Συντηρητικός/ή • the C~ Party το Συντηρητικό Κόμμα

conservatory [kən'sə:vətrɪ] n (greenhouse) σέρρα f • (Mus) ωδείο nt

consider [kən'sɪdə'] vt (believe) θεωρώ • (study) μελετάω • (take into account) λαμβάνω υπόψη • (regard) εξετάζω • to ~ doing sth σκέφτομαι να κάνω κτ

considerable [kən'sɪdərəbl] adj σημαντικός

considerably [kən'sɪdərəblɪ] adv (improve, deteriorate) σημαντικά • (bigger, smaller etc) κατά πολύ

considerate [kən'sɪdərɪt] adj που σκέφτεται or νοιάζεται για τους άλλους

consideration [kənsɪdə'reɪʃən] n (deliberation) σκέψη f • (factor) παράγοντας m που πρέπει να ληφθεί υπόψη • (thoughtfulness) ενδιαφέρον nt

considering [kən'sɪdərɪŋ] prep λαμβάνοντας υπόψη

consignment [kən'saɪnmənt] (Comm) n (sent) αποστολή f • (received) παραλαβή f

consist [kən'sɪst] vi: to ~ of αποτελούμαι από

consistency [kən'sɪstənsɪ] n (of actions, policies etc) συνέπεια f • (of yoghurt, cream etc) πυκνότητα f

consistent [kən'sɪstənt] adj (person) σταθερός • (argument, idea) που συσταθεί or στέκεται

consolation [kɒnsə'leɪʃən] n παρηγοριά f

console [vb kən'səul, n 'kɒnsəul] vt παρηγορώ ▶ n (panel) κονσόλα f

conspicuous [kən'spɪkjuəs] adj (person) που ξεχωρίζει • (feature) χτυπητός

conspiracy [kən'spɪrəsɪ] n συνομωσία f

constable ['kʌnstəbl] (Brit) n αστυφύλακας mf • chief ~ διοικητής της αστυνομίας

constant ['kɒnstənt] adj (criticism) συνεχής • (pain) ασταμάτητος • (temperature, level) σταθερός

constantly ['kɒnstəntlɪ] adv συνεχώς

constipation [kɒnstɪ'peɪʃən] n δυσκοιλιότητα f

constituency [kən'stɪtjuənsɪ] (Pol) n (area) εκλογική περιφέρεια f • (electors) ψηφοφόροι mpl (εκλογικής περιφέρειας)

constitute ['kɒnstɪtjuːt] vt (challenge, emergency) συνιστώ • (whole) αποτελώ

constitution [kɒnstɪ'tjuːʃən] n (of country) σύνταγμα nt • (of club) καταστατικό nt

constraint [kən'streɪnt] n (restriction) περιορισμός m • (compulsion) εξαναγκασμός m

construct [kən'strʌkt] vt (building, machine) κατασκευάζω • (theory, argument) δημιουργώ

construction [kən'strʌkʃən] n κατασκευή f

constructive [kən'strʌktɪv] adj (remark, criticism) εποικοδομητικός

consul ['kɒnsl] n πρόξενος mf

consulate ['kɒnsjulɪt] n προξενείο nt

consult [kən'sʌlt] vt συμβουλεύομαι

consultant [kən'sʌltənt] n (Med) διευθυντής/ τρια m/f κλινικής • (other specialist) σύμβουλος mf

consultation [kɒnsəl'teɪʃən] n (Med) εξέταση f • (discussion) διαβουλεύσεις fpl

consume [kən'sjuːm] vt καταναλώνω • (emotion) τρώω

consumer [kən'sjuːmə'] n καταναλωτής/τρια m/f

consumption [kən'sʌmpʃən] n κατανάλωση f

cont. abbr (= continued) συνεχίζεται

contact ['kɒntækt] n (communication) επικοινωνία f • (touch) επαφή f • (person) γνωστός/ή m/f ▶ vt (by phone, letter) επικοινωνώ με

contact lenses ['kɒntæktlɛnzɪz] npl φακοί mpl επαφής

contactless ['kɒntæktlɪs] adj ανέπαφος

contagious [kən'teɪdʒəs] adj μεταδοτικός

contain [kən'teɪn] vt περιέχω • (curb) συγκρατώ • to ~ o.s συγκρατούμαι

container [kən'teɪnə'] n σκεύος nt • (Comm: for shipping etc) κοντέινερ nt inv

cont'd abbr (= continued) συνεχίζεται

contemplate ['kɒntəmpleɪt] vt (consider) σκέφτομαι • (regard: person) παρατηρώ

contemporary [kən'tɛmpərərɪ] adj (same time: writer etc) σύγχρονος • (modern: design) μοντέρνος ▶ n σύγχρονος/η m/f

contempt [kən'tɛmpt] n περιφρόνηση f • ~ of court (Jur) απείθεια προς το δικαστήριο

contend [kən'tɛnd] vt (assert): to ~ that διατείνομαι ότι ▶ vi (struggle): to ~ with (problem, difficulty) αντιμετωπίζω • to ~ for (compete: power etc) μάχομαι or παλεύω για

content [adj, vb kən'tɛnt, n 'kɒntɛnt] adj ευχαριστημένος ▶ vt ευχαριστώ ▶ n (of speech, novel) περιεχόμενο nt • (fat content etc) περιεκτικότητα f σε • (table of) contents πίνακας περιεχομένων ▶ contents npl περιεχόμενο nt

contented [kən'tɛntɪd] adj ευχαριστημένος

contest [n 'kɒntɛst, vb kən'tɛst] n (competition) διαγωνισμός m ▶ vt (election, competition) διεκδικώ • (statement, decision) αντικρούω

contestant [kən'tɛstənt] n διαγωνιζόμενος/η m/f

context ['kɒntɛkst] n (of events, ideas etc) πλαίσιο nt • (of word, phrase) συμφραζόμενα nt pl

continent ['kɒntɪnənt] n ήπειρος f • the C~ (Brit) η ηπειρωτική Ευρώπη

continental [kɒntɪ'nɛntl] (Brit) adj Ευρωπαϊκός ▶ n Ευρωπαίος/α m/f

ntinental breakfast n πρωινό με ψωμί, ούτυρο, μαρμελάδα και ρόφημα

ntinual [kən'tɪnjuəl] adj συνεχής

ntinually [kən'tɪnjuəlɪ] adv συνέχεια, υνεχώς

ntinue [kən'tɪnjuː] vi συνεχίζομαι ▶ vt υνεχίζω

ntinuity [kɒntɪ'njuːɪtɪ] n (also TV) συνέχεια f (Cine) σκριπτ nt inv

ntinuous [kən'tɪnjuəs] adj (process, growth tc) συνεχής • (line) συνεχής • (Ling) συνεχής

ntinuously [kən'tɪnjuəslɪ] adv (repeatedly) υνεχίζεια • (uninterruptedly) αδιάκοπα

ntour ['kɒntuə'] n (on map: also: ~ **line**) οούφής (γραμμή) f • (pl) περίγραμμα nt

ntraception [kɒntrə'sepʃən] n αντισύλληψη f

ntraceptive [kɒntrə'septɪv] adj ντισυλληπτικός ▶ n αντισυλληπτικό nt

ntract [n 'kɒntrækt, vb kən'trækt] n υμβόλαιο nt ▶ vi (become smaller) συστέλλομαι (Comm): to ~ **to do sth** αναλαμβάνω (με υμβόλαιο) να κάνω κτ ▶ vt (illness) ροσβάλλομαι από

ntractor [kən'træktə'] (Comm) n εργολάβος m

ntradict [kɒntrə'dɪkt] vt (person, statement tc) αντικρούω • (be contrary to) έρχομαι σε ντίφαση

ntradiction [kɒntrə'dɪkʃən] n αντίφαση f

ntrary ['kɒntrərɪ] adj αντίθετος ▶ n αντίθετο t • **on the ~** αντιθέτως

ntrast [n 'kɒntrɑːst, vb kən'trɑːst] n αντίθεση f ▶ vt αντιπαραβάλλω • **in ~ to** or **with** σε ντίθεση με

ntribute [kən'trɪbjuːt] vi: **to ~ to** (charity etc) υνεισφέρω σε • (magazine) γράφω (άρθρα) σε/ ια • (discussion, problem etc) συμβάλλω σε

ntribution [kɒntrɪ'bjuːʃən] n (donation) ωρεά f • (Brit: for social security) εισφορά f (to debate, campaign) συμβολή f • (to magazine) υγγραφή f άρθρων

ntributor [kən'trɪbjuːtə'] n (to appeal) ιωρητής/τρια m/f • (to magazine) συνεργάτης/ δα m/f

ntrol [kən'trəul] vt (country) κυβερνάω • (organization) έχω τον έλεγχο • (machinery, rocess) (μηχανήμα) χειρίζομαι, (διαδικασία) λέγχω • (wages, prices) ελέγχω • (one's temper) ρατάω • (disease, fire) θέτω υπό έλεγχο ▶ n (of ountry) διακυβέρνηση f • (of organization) ιεύθυνση f • (of oneself, emotions) έλεγχος m • **to ake ~ of** αναλαμβάνω τον έλεγχο +gen • **to be n ~** έχω τον έλεγχο • **to ~ o.s** συγκρατούμαι • **everything is under ~** όλα είναι υπό έλεγχο • **the car went out of ~** το αυτοκίνητο βγήκε κτός ελέγχου ▦ **controls** npl (of vehicle) όργανα λέγχου m • (on radio, television etc) κουμπιά nt pl χειρισμού)

ntroversial [kɒntrə'vɜːʃl] adj αμφιλεγόμενος

ntroversy ['kɒntrəvɜːsɪ] n διαμάχη f

nvenience [kən'viːnɪəns] n (easiness: of sing sth, doing sth) ευκολία f • (advantage) νεση f • **at your ~** όποτε μπορείτε • **all modern conveniences**, (Brit) **all mod cons** λα τα κομφόρ

convenient [kən'viːnɪənt] adj βολικός

convent ['kɒnvənt] n μοναστήρι nt

convention [kən'venʃən] n (custom) σύμβαση f • (conference) συνέλευση f • (agreement) συνθήκη f

conventional [kən'venʃənl] adj συμβατικός

conversation [kɒnvə'seɪʃən] n συζήτηση f

conversely [kɒn'vɜːslɪ] adv αντίθετα

conversion [kən'vɜːʃən] n (of weights, substances etc) μετατροπή f • (Rel) προσηλυτισμός m • (Brit: of house) μετατροπή f

convert [vb kən'vɜːt, n 'kɒnvɜːt] vt (change): **to ~ sth into/to** μετατρέπω κτ σε • (Rel, Pol: person) προσηλυτίζω • (building, vehicle, quantity) μετατρέπω ▶ n (Rel, Pol) νεοφώτιστος/η m/f

convertible [kən'vɜːtəbl] adj (currency) μετατρέψιμος f • n (Aut) κάμπριο nt inv

convey [kən'veɪ] vt (information) (μετα)δίδω • (idea) περνάω • (thanks) εκφράζω • (cargo, traveller) μεταφέρω

conveyor belt [kən'veɪəbelt] n (κυλιόμενος) ιμάντας m μεταφοράς

convict [vb kən'vɪkt, n 'kɒnvɪkt] vt καταδικάζω ▶ n κατάδικος mf

conviction [kən'vɪkʃən] n πεποίθηση f • (Jur) καταδίκη f

convince [kən'vɪns] vt πείθω • **to ~ sb (of sth/ that)** πείθω κν (για κτ/ότι)

convinced [kən'vɪnst] adj: **~ of/that** πεπεισμένος για/ότι

convincing [kən'vɪnsɪŋ] adj πειστικός

convoy ['kɒnvɔɪ] n (of trucks) κονβόι nt inv • (of ships) νηοπομπή f

cook [kuk] vt (food, meal etc) μαγειρεύω • (in oven) ψήνω ▶ vi (person) μαγειρεύω • (meat) γίνομαι • (pie) ψήνομαι ▶ n μάγειρας/ισσα m/f

cookbook ['kukbuk] n βιβλίο nt μαγειρικής

cooker ['kukə'] n κουζίνα f (συσκευή)

cookery ['kukərɪ] n μαγειρική f

cookie ['kukɪ] (US) n μπισκότο nt

cooking ['kukɪŋ] n μαγειρική f

cool [kuːl] adj (temperature, drink, clothes) δροσερός • (calm) ψύχραιμος • (unfriendly) ψυχρός • vt (room) δροσίζω • (tea) κρυώνω ▶ vi (water, air) κρυώνω • **it's ~** (weather) έχει δροσιά ▶ **cool down** vi κρυώνω • (fig: person, situation) ηρεμώ

cop [kɒp] (inf) n μπάτσος/ίνα m/f

cope [kəup] vi: **to ~ with** (problem, situation etc) τα βγάζω πέρα με

copper ['kɒpə'] n (metal) χαλκός m • (Brit inf) μπάτσος/ίνα m/f

copy ['kɒpɪ] n (duplicate) αντίγραφο nt • (of book, record) αντίτυπο nt • (of newspaper) φύλλο nt ▶ vt αντιγράφω

copyright ['kɒpɪraɪt] n πνευματικά δικαιώματα nt pl

coral ['kɒrəl] n κοράλλι nt

cord [kɔːd] n (string) σπάγκος m • (Elec) καλώδιο nt

cordless ['kɔːdlɪs] adj (phone) ασύρματος • (iron etc) χωρίς καλώδιο

cordon ['kɔːdn] n (Mil, Police) κλοιός m ▶ **cordon off** vt (area) αποκλείω (με σκοινί, μπάρες κλπ.)

corduroy ['kɔːdərɔɪ] n κοτλέ nt inv
core [kɔːʳ] n (of fruit) πυρήνας m • (of organization, earth etc) πυρήνας m • (heart: of problem) καρδία f ▸ vt βγάζω τους σπόρους/τον πυρήνα
coriander [kɒrɪ'ændəʳ] n κόλιαντρος m
cork [kɔːk] n φελλός m
corn [kɔːn] n (BRIT: cereal crop) δημητριακά nt pl • (US: maize) καλαμπόκι nt • (on foot) κάλος m • ~ on the cob ψητό/βραστό καλαμπόκι nt (ολόκληρο)
corner ['kɔːnəʳ] n γωνία f • (Football, Hockey etc: also: ~ kick) κόρνερ nt inv • (Boxing) γωνία f ▸ vt (trap) στριμώχνω • (Comm: market) μονοπωλώ ▸ vi (in car) παίρνω στροφή
cornflakes ['kɔːnfleɪks] npl κορνφλέικς ntpl inv
coronary ['kɒrənərɪ] n (also: ~ thrombosis) στεφανιαία νόσος f
coronation [kɒrə'neɪʃən] n στέψη f
coroner ['kɒrənəʳ] n (Jur) ανακριτής με ιατροδικαστικές αρμοδιότητες
corporal ['kɔːpərl] n (Mil) δεκανέας mf ▸ adj: ~ punishment σωματική τιμωρία f
corporate ['kɔːpərɪt] (Comm) adj των εταιρειών • (action, effort, ownership) συλλογικός • (finance, image, identity) της εταιρείας or επιχείρησης
corporation [kɔːpə'reɪʃən] n (Comm) εταιρεία f
corps [kɔːʳ] (pl ~) n (also Mil) σώμα nt • the press ~ οι δημοσιογράφοι
corpse [kɔːps] n πτώμα nt
correct [kə'rekt] adj σωστός ▸ vt διορθώνω
correction [kə'rekʃən] n διόρθωση f
correspond [kɒrɪs'pɒnd] vi (write): to ~ (with) αλληλογραφώ (με) ▸ vi (be equivalent): to ~ (to) αντιστοιχώ (σε) • to ~ (with) (be in accordance) συμφωνώ (με)
correspondence [kɒrɪs'pɒndəns] n (letters, communication) αλληλογραφία f • (relationship) αντιστοιχία f
correspondent [kɒrɪs'pɒndənt] n ανταποκριτής/τρια m/f
corresponding [kɒrɪs'pɒndɪŋ] adj αντίστοιχος
corridor ['kɒrɪdɔːʳ] n διάδρομος m
corrupt [kə'rʌpt] adj (person) διεφθαρμένος • (Comput: data) αλλοιωμένος ▸ vt (person) διαφθείρω • (Comput: data) αλλοιώνω
corruption [kə'rʌpʃən] n διαφθορά f
Corsica ['kɔːsɪkə] n Κορσική f
cosmetic [kɒz'metɪk] n καλλυντικό nt ▸ adj (fig: measure, improvement) επιφανειακός • (preparation) καλλυντικός • ~ surgery πλαστική χειρουργική
cosmopolitan [kɒzmə'pɒlɪtn] adj κοσμοπολίτικος
cost [kɒst] (pt, pp ~) n (also fig) κόστος nt ▸ vt (be priced at) κοστίζω • (find out cost of: pt, pp costed) υπολογίζω το κόστος +gen • how much does it ~? πόσο κοστίζει or στοιχίζει; • it costs me time μου παίρνει χρόνο • it ~ him his life/ job του στοίχισε τη ζωή του/τη δουλειά του • the ~ of living το κόστος ζωής or διαβίωσης • at all costs πάση θυσία ▪ **costs** npl (Comm, Jur) έξοδα nt pl
Costa Rica ['kɒstə'riːkə] n Κόστα Ρίκα f inv

costly ['kɒstlɪ] adj που στοιχίζει ακριβά
costume ['kɒstjuːm] n (outfit) κοστούμι nt • (style of dress) ενδυμασία f
cosy ['kəuzɪ], **cozy** (US) adj ζεστός • (chat) φιλικός
cot [kɒt] n (BRIT: child's) κούνια f • (US: camp bed) ράντζο nt
cottage ['kɒtɪdʒ] n εξοχικό (σπίτι) nt
cotton ['kɒtn] n βαμβάκι nt • (thread) κλωστή (βαμβακερή)
▸ **cotton on** (inf) vi: to ~ on (to) το πιάνω
cotton wool (BRIT) n βαμβάκι nt
couch [kautʃ] n καναπές m • (doctor's, psychiatrist's) κρεβάτι nt
cough [kɒf] vi βήχω ▸ n βήχας m
could [kud] pt of can¹
couldn't ['kudnt] = could not
council ['kaunsl] n συμβούλιο nt • city or town ~ δημοτικό συμβούλιο
council house (BRIT) n σπίτι nt που ανήκει στ δήμο
councillor ['kaunslə] n δημοτικός/ή σύμβουλος m/f
council tax (BRIT) n δημοτικός φόρος m
counsel ['kaunsl] n (advice) συμβουλή f • (lawyer) δικηγόρος mf ▸ vt δίνω συμβουλές
counsellor ['kaunslə] n (advisor) σύμβουλος mf • (US: lawyer) συνήγορος mf
count [kaunt] vt (add up) μετράω • (include) υπολογίζω ▸ vi μετράω ▸ n (of things, people, votes) καταμέτρηση f • (level: of pollen, alcohol e ποσοστό nt or αριθμός m • (nobleman) κόμης ▸ **count on** vt fus (expect) υπολογίζω σε • (depend on) βασίζομαι σε
countdown ['kauntdaun] n (to launch) αντίστροφη μέτρηση f
counter ['kauntə] n (in shop, café) πάγκος m • (in bank, post office) γκισέ nt • (in game) μάρκε • (Tech) μετρητής m ▸ vt ανταπαντώ σε • (blow αποκρούω ▸ adv: to run ~ to έρχομαι σε αντίθεση με
counterfeit ['kauntəfɪt] n πλαστογραφία f ▸ adj (coin) πλαστός
counterpart ['kauntəpaːt] n (of person, company etc) ομόλογος mf
countess ['kauntɪs] n κόμισσα f
countless ['kauntlɪs] adj αμέτρητος
country ['kʌntrɪ] n (state, population) χώρα f • (native land) πατρίδα f • (rural area) ύπαιθρος • (region) περιοχή f
country house n εξοχικό nt
countryside ['kʌntrɪsaɪd] n εξοχή f
county ['kauntɪ] n κομητεία f
coup [kuː] (pl coups) n (Mil, Pol: also: ~ d'état) πραξικόπημα nt • (achievement) κατόρθωμα nt
couple ['kʌpl] n ζευγάρι nt • a ~ of (two) δύο • few) κανα δυό • coupled with σε συνδυασμό μ
coupon ['kuːpɒn] n (voucher) κουπόνι nt • (detachable form) απόκομμα nt
courage ['kʌrɪdʒ] n (bravery) θάρρος nt
courageous [kə'reɪdʒəs] adj θαρραλέος
courgette [kuə'ʒet] (BRIT) n κολοκυθάκι nt
courier ['kurɪəʳ] n (messenger) αγγελιοφόρος m • (for tourists) συνοδός mf

course [kɔːs] n (Scol) σειρά f μαθημάτων
• (process: of time etc) πορεία f • (of life) διάρκεια f
• (of events) ρους m • (of treatment) πορεία f
• (of argument, action, ship) πορεία f • (of river)
ρους m • (part of meal) πιάτο nt • (for golf) γήπεδο
nt • **of ~** (naturally) φυσικά • (certainly) σίγουρα
• **of ~!** βεβαίως • **(no) of ~ not!** φυσικά όχι

court [kɔːt] n (royal) αυλή f • (Jur) δικαστήριο nt
• (for tennis, badminton etc) γήπεδο nt ▶ vt
(woman) φλερτάρω • (fig: favour, popularity) ζητώ

courtesy [ˈkɜːtəsɪ] n (politeness) ευγένεια f
• **(by) ~ of** με την άδεια +gen

courthouse [ˈkɔːthaus] (US) n δικαστήριο nt

courtroom [ˈkɔːtrum] n αίθουσα f δικαστηρίου

courtyard [ˈkɔːtjɑːd] n αυλή f

cousin [ˈkʌzn] n ξάδερφος/η m/f

cover [ˈkʌvəʳ] vt καλύπτω ▶ n (for furniture,
machinery etc) κάλυμμα nt • (of book, magazine)
εξώφυλλο nt • (shelter) καταφύγιο nt • (Insur)
κάλυψη f • (fig: for illegal activities) προκάλυψη f
• **to ~ (with)** καλύπτω (με) • **to be covered in** or
with είμαι καλυμμένος με
▶ **cover up** vt (person, object) σκεπάζω
• (fig: facts, feelings, mistakes) συγκαλύπτω ▶ vi:
to ~ up for sb (fig) καλύπτω κν

coverage [ˈkʌvərɪdʒ] n (TV, Press) κάλυψη f

cover-up [ˈkʌvərʌp] n προσπάθεια f
συγκάλυψης (των γεγονότων)

cow [kau] n αγελάδα f ▶ vt επιβάλλω με το ζόρι

coward [ˈkauəd] n δειλός/ή m/f

cowardly [ˈkauədlɪ] adj δειλά

cowboy [ˈkaubɔɪ] n (in US) καουμπόυ m inv
• (pej: tradesman) ατζαμής m

cozy [ˈkəuzɪ] (US) adj = **cosy**

crab [kræb] n κάβουρας m, καβούρι nt

crack [kræk] n (noise) κρότος m • (gap)
χαραμάδα f • (in bone, dish, glass) ράγισμα nt
• (in wall) ρωγμή f • (joke) αστείο nt • (inf:
attempt): **to have a ~ (at sth)** κάνω μια
προσπάθεια • (Drugs) κρακ nt inv ▶ vt (whip)
κροταλίζω • (twig) τρίζω • (break) ραγίζω • (nut)
σπάζω • (solve: problem) λύνω • (code) σπάζω
• (joke) πετάω
▶ **crack down on** vt fus παίρνω μέτρα εναντίον
+gen
▶ **crack up** vi (Psych) καταρρέω

cracker [ˈkrækəʳ] n (biscuit) κράκερ nt
• (Christmas cracker) σωλήνας από χαρτί με
παιχνίδι, που τραβούν και σκάει σαν έθιμο τα
Χριστούγεννα • (firework) πυροτέχνημα nt

crackle [ˈkrækl] vi τριζοβολάω

cradle [ˈkreɪdl] n (baby's) κούνια f ▶ vt (child)
κρατάω αγκαλιά

craft [krɑːft] n (weaving etc) χειροτεχνία f
• (trade) τέχνη f • (skill) ικανότητα f • (boat, plane:
pl inv) σκάφος nt

craftsman [ˈkrɑːftsmən] (irreg) n τεχνίτης/τρια
m/f

craftsmanship [ˈkrɑːftsmənʃɪp] n δεξιοτεχνία f

cram [kræm] vt (fill): **to ~ sth with** παραγεμίζω
κτ με ▶ vt (put): **to ~ sth into** χώνω κτ (μέσα) σε
▶ vi (for exams) διαβάζω εντατικά

cramp [kræmp] n (Med) κράμπα f

cramped [kræmpt] adj στριμωγμένος

cranberry [ˈkrænbərɪ] n κράνμπερι nt inv

crane [kreɪn] n (machine, bird) γερανός m ▶ vt:
to ~ one's neck τεντώνω το λαιμό μου

crap [kræp] (inf!) n μπούρδες fpl ▶ vi χέζω

crash [kræʃ] n (noise) θόρυβος m • (of car, plane
etc) δυστύχημα nt • (Comm) κραχ nt inv ▶ vt (car,
plane etc) (αυτοκίνητο) τρακάρω, (αεροπλάνο)
ρίχνω ▶ vi (plane) συντρίβομαι • (car) τρακάρω
• (two cars) συγκρούομαι • (Comm: firm)
χρεωκοπώ • (: market) καταρρέω • (Comput)
κολλάω

crate [kreɪt] n (box) καφάσι nt • (for bottles)
κιβώτιο nt

crave [kreɪv] vt λαχταράω ▶ vi: **to ~ for**
λαχταράω

crawl [krɔːl] vi (adult) σέρνομαι • (child)
μπουσουλάω • (insect) έρπομαι • (vehicle)
τσουλάω • (inf: grovel) πέφτω στα πόδια κου
▶ n (Swim) ελεύθερο nt

craze [kreɪz] n τρέλα f

crazy [ˈkreɪzɪ] adj τρελός • **to be ~ about sb/sth**
(inf) είμαι τρελός για κν/κτ

cream [kriːm] n (dairy cream) κρέμα f γάλακτος
• (artificial cream) κρέμα f • (cosmetic) κρέμα f
• (élite) αφρόκρεμα f ▶ adj (colour) κρεμ inv
• **whipped ~** σαντιγί f inv

creamy [ˈkriːmɪ] adj (colour) κρεμ inv • (taste)
κρεμώδης

crease [kriːs] n (fold) πτυχή f • (wrinkle) ζάρα f
• (in trousers) τσάκιση f ▶ vt τσαλακώνω

create [kriːˈeɪt] vt δημιουργώ • (interest)
προκαλώ • (fuss) κάνω

creation [kriːˈeɪʃən] n (also Rel) δημιουργία f

creative [kriːˈeɪtɪv] adj δημιουργικός

creator [kriːˈeɪtəʳ] n (maker, inventor)
δημιουργός mf • (Rel) Πλάστης m

creature [ˈkriːtʃəʳ] n πλάσμα nt

crèche [krɛʃ] n παιδικός σταθμός m

credentials [krɪˈdɛnʃlz] npl (references)
συστάσεις fpl

credibility [krɛdɪˈbɪlɪtɪ] n αξιοπιστία f

credible [ˈkrɛdɪbl] adj αξιόπιστος

credit [ˈkrɛdɪt] n (Comm) πίστωση f
• (recognition) αναγνώριση f • (Scol) μονάδα f
▶ adj (Comm) ενεργητικός ▶ vt (Comm) πιστώνω
• (believe) πιστεύω • **to be in ~** έχω ενεργητικό
• **to ~ sb with sth** (fig) θεωρώ ότι κς έχει κτ
• **he's a ~ to his family** τιμάει την οικογένειά του
■ **credits** npl (Cine, TV) τίτλοι mpl

credit card n πιστωτική κάρτα f

creek [kriːk] n (inlet) όρμος m • (US: stream)
ποταμάκι nt

creep [kriːp] (pt, pp **crept**) vi σέρνομαι ▶ n (inf)
παλιάνθρωπος m

crematorium [krɛməˈtɔːrɪəm] (pl
crematoria) n κρεματόριο nt

crêpe [kreɪp] n κρεπ nt inv

crept [krɛpt] pt, pp of **creep**

crescent [ˈkrɛsnt] n μισοφέγγαρο nt

crest [krɛst] n (of hill) κορυφή f • (of bird) λειρί nt
• (coat of arms) οικόσημο nt

Crete [kriːt] n Κρήτη f

crew [kruː] n (Naut, Aviat) πλήρωμα nt • (TV,
Cine) συνεργείο nt

crib [krɪb] n (cot) κούνια f ▶ vt (inf: copy) αντιγράφω

cricket ['krɪkɪt] n (sport) κρίκετ nt inv • (insect) τριζόνι nt

cricketer ['krɪkɪtə'] n παίχτης m του κρίκετ

crime [kraɪm] n έγκλημα nt

criminal ['krɪmɪnl] n εγκληματίας mf ▶ adj (illegal) ποινικός • (morally wrong) εγκληματικός

crimson ['krɪmzn] adj βυσσινής

cringe [krɪndʒ] vi ζαρώνω

cripple ['krɪpl] vt (person) σακατεύω • (ship, plane) ακινητοποιώ • **crippled with rheumatism** σακατεμένος από τους ρευματισμούς

crises ['kraɪsiːz] npl of **crisis**

crisis ['kraɪsɪs] (pl **crises**) n (emergency) κρίση f • (in personal life) κρίσιμη στιγμή f

crisp [krɪsp] adj (vegetables, bacon etc) τραγανός • (manner, tone, reply) ψυχρός

crisps [krɪsps] (BRIT) npl πατατάκια nt pl

criterion [kraɪˈtɪərɪən] (pl **criteria**) n κριτήριο nt

critic ['krɪtɪk] n (of system, policy etc) επικριτής m • (reviewer) κριτικός mf

critical ['krɪtɪkl] adj (time, situation) κρίσιμος • (fault-finding: person) επικριτικός • (acute: illness) κρίσιμος

criticism ['krɪtɪsɪzəm] n (disapproval) επίκριση f • (of book, play etc) κριτική f • (complaint) επίκριση f

criticize ['krɪtɪsaɪz] vt κατακρίνω

Croat ['krəʊæt] adj, n = **Croatian**

Croatia [krəʊˈeɪʃə] n Κροατία f

Croatian [krəʊˈeɪʃən] adj κροατικός ▶ n Κροάτης/ισσα m/f • (Ling) κροατικά nt pl

crockery ['krɔkəri] n πιατικά nt pl

crocodile ['krɔkədaɪl] n κροκόδειλος m

crook [krʊk] n (criminal) απατεώνας/ισσα m/f

crooked ['krʊkɪd] adj (bent) στραβός • (twisted) στριφογυριστός • (dishonest) ανέντιμος

crop [krɔp] n (of fruit, cereals, vegetables) συγκομιδή f • (amount produced) σοδειά f ▶ vt (hair) κουρεύω κοντά
▶ **crop up** vi ξεφυτρώνω

cross [krɔs] n (also Rel) σταυρός m • (mark) σταυρός m • (Bio, Bot: hybrid) διασταύρωση f ▶ vt (street, room etc) διασχίζω • (cheque) κάνω δίγραμμο • (arms, legs) σταυρώνω • (animal, plant) διασταυρώνω ▶ adj (angry) θυμωμένος • **to ~ o.s** σταυροκοπιέμαι
▶ **cross out** vt διαγράφω
▶ **cross over** vi περνάω απέναντι

cross-country [krɔsˈkʌntrɪ], **cross-country race** n ανώμαλος δρόμος m

crossing ['krɔsɪŋ] n (sea passage) πέρασμα nt • (also: **pedestrian ~**) διάβαση f πεζών

crossroads ['krɔsrəʊdz] n σταυροδρόμι nt

crossword ['krɔswɜːd] n σταυρόλεξο nt

crotch [krɔtʃ], **crutch** [krʌtʃ] n (Anat: also of garment) καβάλος m

crouch [krautʃ] vi μαζεύομαι

crow [krəʊ] n (bird) κόρακας m ▶ vi (cock) λαλάω • (fig) κοκορεύομαι

crowd [kraud] n πλήθος nt ▶ vt: **to ~ sb/sth in/ into** στριμώχνω κν/κτ (μέσα) σε ▶ vi: **to ~ round** συγκεντρώνομαι γύρω από

crowded ['kraudɪd] adj (full) γεμάτος • (densely populated) πυκνοκατοικημένος

crowdfunding ['kraudfʌndɪŋ] n crowdfunding nt inv

crown [kraun] n (of monarch) στέμμα nt ▶ n (of head, hill) κορ(υ)φή f • (of tooth) κορώνα f ▶ vt (monarch also fig: career, evening) στέφω • **the C~** το Στέμμα

crucial ['kruːʃl] adj κρίσιμος

crucifix ['kruːsɪfɪks] n Εσταυρωμένος m

crude [kruːd] adj (materials) ακατέργαστος • (fig: basic) πρωτόγονος • (: vulgar) χυδαίος

cruel ['krual] adj (person) σκληρός • (situation, action) απάνθρωπος

cruelty ['krualtɪ] n σκληρότητα f

cruise [kruːz] n (on ship) κρουαζιέρα f ▶ vi (ship, car) ταξιδεύω • (aircraft) πετάω • (taxi) τριγυρίζω

crumb [krʌm] n ψίχουλα nt pl

crumble ['krʌmbl] vt θρυμματίζω ▶ vi (building etc) καταρρέω • (plaster, earth) θρυμματίζομαι • (fig: society, organization) διαλύομαι

crunch [krʌntʃ] vt ροκανίζω ▶ n: **the ~** (fig) η στιγμή της αλήθειας

crunchy ['krʌntʃɪ] adj τραγανιστός

crush [krʌʃ] n (crowd) πλήθος nt ▶ vt (press, break) συνθλίβω • (crumple) τσαλακώνω • (devastate) συντρίβω • **to have a ~ on sb** ερωτεύομαι κν

crust [krʌst] n (of bread, pastry) (ψωμί) κόρα f, (γλυκό) ζύμη f • (of snow, ice) στρώμα nt • **the earth's ~** ο φλοιός της γης

crusty ['krʌstɪ] adj ξεροψημένος

crutch [krʌtʃ] n (Med) πατερίτσα f • (fig: support) στήριγμα nt

cry [kraɪ] vi (weep) κλαίω • (shout: also: **~ out**) φωνάζω ▶ n κλάμα nt • (shout) φωνή f • **it's a far ~ from ...** (fig) δεν έχει καμία σχέση με...

crystal ['krɪstl] n (mineral) κρύσταλλος m • (glass) κρύσταλλο nt

cub [kʌb] n (of animal) νεογνό nt • (of lion) λιοντοράκι nt • (also: **~ scout**) λυκόπουλο nt

Cuba ['kjuːbə] n Κούβα f

cube [kjuːb] n κύβος m ▶ vt (Math) υψώνω στον κύβο or στην τρίτη

cubicle ['kjuːbɪkl] n (at pool) καμπίνα f • (in hospital) κρεβάτι nt με παραβάν

cuckoo ['kuːkuː] n κούκος m

cucumber ['kjuːkʌmbə'] n αγγούρι nt

cuddle ['kʌdl] vt αγκαλιάζω ▶ n αγκαλιά f • **to have a ~** αγκαλιάζομαι

cue [kjuː] n (snooker cue) στέκα f • (Theat etc) σινιάλο nt

cuff [kʌf] n (of sleeve) μανσέτα f • (US: of trousers) ρεβέρ nt inv • **off the ~** εκ του προχείρου

cuisine [kwɪˈziːn] n κουζίνα f

cul-de-sac ['kʌldəsæk] n αδιέξοδο nt

cull [kʌl] vt (story, idea) βγάζω • (kill selectively) ξεδιαλέγω ▶ n σφαγή f

culprit ['kʌlprɪt] n δράστης m

cult [kʌlt] n (Rel) λατρεία f • (sect) αίρεση f • (fashion) μόδα f

cultivate ['kʌltɪveɪt] vt (land, crop) καλλιεργώ • (attitude, feeling) τρέφω

cultural ['kʌltʃərəl] adj πολιτιστικός

culture [ˈkʌltʃəʳ] n (of a country, civilisation) πολιτισμός m • (the arts) πολιτιστικά θέματα nt pl • (Bio) καλλιέργεια f

cunning [ˈkʌnɪŋ] n πονηριά f ▸ adj πονηρός

cup [kʌp] n (for drinking) φλυτζάνι nt • (trophy) κύπελλο nt • (of bra) καπ nt inv • **a ~ of tea** ένα (φλυτζάνι) τσάι

cupboard [ˈkʌbəd] n (built-in) ντουλάπα f • (piece of furniture) ντουλάπι nt

curator [kjuəˈreɪtəʳ] n (of museum) έφορος mf • (of gallery) επιμελητής/τρια m/f

curb [kə:b] vt (expenditure) περιορίζω • (powers) χαλιναγωγώ ▸ n (restraint) χαλινάρι nt • (US: kerb) κράσπεδο nt

cure [kjuəʳ] vt (illness, patient) θεραπεύω • (problem) αντιμετωπίζω ▸ n (Med) θεραπεία f • (solution) γιατρειά f

curfew [ˈkə:fju:] n απαγόρευση f κυκλοφορίας

curiosity [kjuərɪˈɔsɪtɪ] n περιέργεια f • (unusual thing) παράδοξο αντικείμενο ή πληροφορία

curious [ˈkjuərɪəs] adj (person: interested) περίεργος • (: nosy) που δείχνει περιέργεια • (unusual: thing) παράξενος

curl [kə:l] n (of hair) μπούκλα f • (of smoke etc) δαχτυλίδι nt ▸ vt (hair: loosely) κάνω χαλαρές μπούκλες σε • (: tightly) κατσαρώνω ▸ vi (hair) κατσαρώνω
▸ **curl up** vi κουλουριάζομαι

curly [ˈkə:lɪ] adj κυματιστός • (tightly curled) κατσαρός

currant [ˈkʌrnt] n (dried fruit) σταφίδα f • (bush, fruit: also: **blackcurrant**) μαύρο φραγκοστάφυλο nt • (also: **redcurrant**) βατόμουρο nt

currency [ˈkʌrnsɪ] n (system) νόμισμα nt • (money) ρευστό nt • **to gain ~** (fig) βρίσκω γενική αποδοχή

current [ˈkʌrnt] n (of air, water also Elec) ρεύμα nt ▸ adj (present) σημερινός • (accepted) που κυριαρχεί

current account (Brit) n τρέχων λογαριασμός m

current affairs [kʌrntəˈfeəz] npl επικαιρότητα f

currently [ˈkʌrntlɪ] adv προς το παρόν

curriculum [kəˈrɪkjuləm] (pl **curriculums** or **curricula**) n (αναλυτικό) πρόγραμμα nt μαθημάτων

curriculum vitae [kərɪkjuləmˈvi:taɪ] n βιογραφικό σημείωμα nt

curry [ˈkʌrɪ] n κάρυ nt inv ▸ vt: **to ~ favour with sb** κερδίζω την εύνοια κου

curse [kə:s] vi βρίζω ▸ vt (swear at) βρίζω • (bemoan) αναθεματίζω ▸ n (spell) κατάρα f • (swearword) βρισιά f • (scourge) κατάρα f

cursor [ˈkə:səʳ] (Comput) n δρομέας m

curt [kə:t] adj απότομος

curtain [ˈkə:tn] n κουρτίνα f • (Theat) αυλαία f

curve [kə:v] n (bend) καμπύλη f • (in road) στροφή f ▸ vi (road) στρίβω • (line, surface) καμπυλώνομαι

curved [kə:vd] adj καμπυλωτός

cushion [ˈkuʃən] n (on sofa, chair) μαξιλάρι nt • (of air) στρώμα nt ▸ vt (collision, fall) απορροφώ την ένταση +gen • (shock, effect) απαλύνω τις εντυπώσεις από

custard [ˈkʌstəd] n κρέμα f ζαχαροπλαστικής

custody [ˈkʌstədɪ] n (Jur: of child) επιμέλεια f • (for offenders) προφυλάκιση f

custom [ˈkʌstəm] n (habit) συνήθεια f • (Comm) πελατεία f

customer [ˈkʌstəməʳ] n πελάτης/ισσα m/f

customs [ˈkʌstəmz] npl (at border, airport etc) τελωνείο nt

cut [kʌt] (pt, pp ~) vt κόβω • (prices, spending, supply) μειώνω • (Comput): "~" "αποκοπή" ▸ vi (knife, scissors) κόβω ▸ n (in skin) κόψιμο f • (in salary, spending etc) περικοπή f • (of meat) κομμάτι nt • (of garment) κόψιμο nt
▸ **cut down** vt (tree) κόβω • (reduce: consumption) μειώνω
▸ vi (car) κάνω σφήνα
▸ **cut off** vt (limb, piece) κόβω • (person, village) αποκόπτω • (supply) κόβω • (Tel) κόβω τη γραμμή σε
▸ **cut out** vt κόβω

cute [kju:t] adj (sweet: child, house) χαριτωμένος • (clever) έξυπνιος • (esp US: attractive) νοστιμούλης

cutlery [ˈkʌtlərɪ] n μαχαιροπήρουνα nt pl

cut-price [ˈkʌtˈpraɪs], **cut-rate** (US) [ˈkʌtˈreɪt] adj με έκπτωση

cutting [ˈkʌtɪŋ] n (Brit: from newspaper) απόκομμα nt • (from plant) μόσχευμα nt • **at the ~ edge** (fig) στην πρώτη γραμμή +gen

CV n abbr = **curriculum vitae**

cyberbullying [ˈsaɪbəbulɪŋ] n ηλεκτρονική παρενόχληση f, cyberbullying nt inv

cybercafé [ˈsaɪbəkæfeɪ] n ίντερνετ καφέ nt inv

cyberspace [ˈsaɪbəspeɪs] n κυβερνοχώρος m

cycle [ˈsaɪkl] n (bicycle) ποδήλατο nt • (of events, seasons, songs etc) κύκλος m ▸ vi κάνω ποδήλατο

cycling [ˈsaɪklɪŋ] n ποδηλασία f

cyclist [ˈsaɪklɪst] n ποδηλάτης/τισσα m/f

cyclone [ˈsaɪkləun] n κυκλώνας m

cylinder [ˈsɪlɪndəʳ] n κύλινδρος m • (of gas) φιάλη f

cynical [ˈsɪnɪkl] adj κυνικός

Cypriot [ˈsɪprɪət] adj κυπριακός ▸ n Κύπριος/α m/f

Cyprus [ˈsaɪprəs] n Κύπρος f

cystitis [sɪsˈtaɪtɪs] n κυστίτιδα f

czar [za:ʳ] n (= tsar) τσάρος m

Czech [tʃɛk] adj τσέχικος ▸ n Τσέχος/α m/f • (Ling) τσέχικα nt pl

d

D, d [di:] n το τέταρτο γράμμα του αγγλικού
αλφάβητου

dab [dæb] vt (eyes, wound) βάζω (αγγίζοντας
ελαφρά) • (paint, cream) απλώνω (με γρήγορες
και απαλές κινήσεις) ▸ n (of paint, rouge etc) ιδέα f

dad [dæd] (inf) n μπαμπάς m

daddy ['dædɪ] (inf) n = **dad**

daffodil ['dæfədɪl] (Bot) n ασφόδελος m,
ασφοδέλι nt

daft [dɑːft] adj χαζός

dagger ['dægəʳ] n στιλέτο nt

daily ['deɪlɪ] adj καθημερινός ▸ adv καθημερινά

dairy ['dɛərɪ] n (BRIT: shop) γαλακτοπωλείο nt
• (company) γαλακτοβιομηχανία f ▸ cpd (cattle,
cow, herd) γαλακτοφόρος

daisy ['deɪzɪ] (Bot) n μαργαρίτα f

dam [dæm] n (on river) φράγμα nt • (reservoir)
τεχνητή λίμνη f ▸ vt κατασκευάζω φράγμα (σε)

damage ['dæmɪdʒ] n ζημιά f • (dents etc) ζημιές
fpl ▸ vt (spoil, break) προκαλώ ζημιές σε • (harm:
reputation etc) ζημιώνω ■ **damages** npl (Jur)
αποζημίωση f

damn [dæm] vt (curse at) διαολοστέλνω
• (condemn) καταδικάζω ▸ n (inf): **I don't give a ~**
δε δίνω δεκάρα ▸ adj (inf: also: **damned**)
καταραμένος

damp [dæmp] adj υγρός ▸ n υγρασία f
▸ vt (also: **dampen**) υγραίνω • (enthusiasm etc)
μειώνω

dance [dɑːns] n χορός m ▸ vi χορεύω

dancer ['dɑːnsəʳ] n χορευτής/τρια m/f

dancing ['dɑːnsɪŋ] n χορός m

dandelion ['dændɪlaɪən] n αγριοράδικο nt

Dane [deɪn] n Δανός/έζα m/f

danger ['deɪndʒəʳ] n κίνδυνος m • **there is a
~ of ...** υπάρχει κίνδυνος +gen • **"~!"** (on sign)
«προσοχή!» • **to be in ~** κινδυνεύω να

dangerous ['deɪndʒrəs] adj επικίνδυνος

Danish ['deɪnɪʃ] adj δανέζικος ▸ n (Ling)
δανέζικα nt pl

dare [dɛəʳ] vt: **to ~ sb to do** προκαλώ κν να
κάνει κτ ▸ vi: **to ~ (to) do sth** τολμάω να κάνω κτ
• **I ~ say** τολμώ να πω

daring ['dɛərɪŋ] adj (escape, raid) παράτολμος
• (person) τολμηρός ▸ n τόλμη f

dark [dɑːk] adj (room, night) σκοτεινός • (hair,
complexion) σκούρος • (blue, green etc) σκούρος
• (fig: time) μαύρος ▸ n: **in the ~** στο σκοτάδι
• **after ~** αφού νυχτώσει, όταν πέσει η νύχτα

darkness ['dɑːknɪs] n σκοτάδι nt

darling ['dɑːlɪŋ] adj (child, spouse) αγαπημένος
▸ n (vocative: dear) αγάπη f μου

dart [dɑːt] n (in game) βέλος nt • (in sewing)
σαΐτα f ▸ vi: **to ~ or make a ~ towards**

darts [dɑːts] n (game) βελάκια nt pl

dash [dæʃ] n (small quantity) σταλιά f • (sign)
παύλα f • (rush) εφόρμηση f ▸ vt (throw) πετάω
πέρα • (hopes) εξανεμίζω ▸ vi: **to ~ or make a
~ towards** ορμάω προς

dashboard ['dæʃbɔːd] n ταμπλό nt inv

dashcam ['dæʃkæm] n κάμερα f αυτοκινήτου

data ['deɪtə] npl στοιχεία nt pl

database ['deɪtəbeɪs] n βάση f δεδομένων

date [deɪt] n (day) ημερομηνία f • (with friend)
ραντεβού nt inv • (fruit) χουρμάς m ▸ vt (event,
object) χρονολογώ • (letter) βάζω ημερομηνία σε
• **~ of birth** ημερομηνία γεννήσεως • **to ~** μέχρι
τώρα or σήμερα • **out-of-date** (old-fashioned)
παλιομοδίτικος • (expired) που έχει λήξει
• **up-to-date** σύγχρονος

dated ['deɪtɪd] adj παρωχημένος

daughter ['dɔːtəʳ] n κόρη f

daughter-in-law ['dɔːtərɪnlɔː] n νύφη f

daunting ['dɔːntɪŋ] adj τρομακτικός

dawn [dɔːn] n αυγή f, μέρα f ▸ vi (day) ξημερώνω • **it
dawned on him that ...** συνειδητοποίησε ότι...

day [deɪ] n (η)μέρα f • (heyday) (η)μέρες fpl • **the
~ before/after** την παραμονή/επόμενη +gen
• **the ~ after tomorrow** μεθαύριο • **the
~ before yesterday** προχθές • **these days** αυτό
τον καιρό

daylight ['deɪlaɪt] n φως nt της ημέρας

day return (BRIT) n εισιτήριο nt με επιστροφή
αυθημερόν

daytime ['deɪtaɪm] n ημέρα f, μέρα

day-to-day ['deɪtə'deɪ] adj καθημερινός

day trip n ημερήσια εκδρομή f

dazed [deɪzd] adj σαστισμένος

dazzle ['dæzl] vt (bewitch) εντυπωσιάζω • (blind)
θαμπώνω

dazzling ['dæzlɪŋ] adj (light) εκτυφλωτικός • (fig)
λαμπρός

dead [dɛd] adj νεκρός • (flowers) μαραμένος
• (numb) μουδιασμένος • (telephone, etc) νεκρός
• (battery) άδειος ▸ adv (completely) εντελώς
• (directly, exactly) ακριβώς ▸ npl: **the ~** οι νεκροί
• **~ silence** νεκρική σιγή • **~ centre** ακριβώς στο
κέντρο

dead end n αδιέξοδο nt

deadline ['dɛdlaɪn] n προθεσμία f

deadly ['dɛdlɪ] adj (poison) θανατηφόρος
• (accuracy) απόλυτος • (weapon) φονικός ▸ adv:
~ dull τρομερά πληκτικός

deaf [dɛf] adj (totally) κουφός • (partially)
βαρήκοος

deafening ['dɛfnɪŋ] adj εκκωφαντικός

deal [diːl] (pt, pp **dealt**) n (agreement) συμφωνία
f ▸ vt (blow) επιφέρω • (card) μοιράζω • **a great
~ of** πολύς

▶ **deal in** (Comm) vt fus εμπορεύομαι

▶ **deal with** vt fus (person) έχω σχέσεις (με)
• (company) έχω συναλλαγές με • (problem)
αντιμετωπίζω • (subject) ασχολούμαι με

dealer ['di:lə'] n (Comm) έμπορος mf • (in drugs)
έμπορος mf ναρκωτικών • (Cards) μάνα f

dealings ['di:lɪŋz] npl (business) συναλλαγές fpl
• (relations) δοσοληψίες fpl

dealt [dɛlt] pt, pp of **deal**

dean [di:n] n (Rel) πρωτοπρεσβύτερος m • (Scol:
BRIT) κοσμήτορας mf • (: US) πρύτανης mf

dear [dɪə'] adj (person) αγαπητός • (expensive)
ακριβός ▶ n: (my) ~ αγαπητέ/ή (μου) • D~ Sir/
Madam (in letter) Αγαπητέ Κύριε/Αγαπητή
Κυρία • D~ Mr/Mrs X Αγαπητέ κύριε/Αγαπητή
κυρία X

dearly ['dɪəlɪ] adv (love) πολύ • (pay) ακριβά

death [dɛθ] n θάνατος m

death penalty n θανατική ποινή f

death sentence n καταδίκη f σε θάνατο

debate [dɪ'beɪt] n (discussion) συζήτηση f • (Pol)
δημόσια συζήτηση f ▶ vt (topic) συζητώ
(δημόσια) • (course of action) σκέφτομαι

debit ['dɛbɪt] n (Comm) χρέωση f ▶ vt: to ~ a
sum to sb χρεώνω ένα ποσό σε κν • see also
direct debit

debris ['dɛbri:] n (of building) ερείπια nt pl • (of
plane etc) συντρίμμια nt pl

debt [dɛt] n χρέος m • to be in ~ χρωστάω

debut ['deɪbju:] n ντεμπούτο nt inv

decade ['dɛkeɪd] n δεκαετία f

decaffeinated [dɪ'kæfɪneɪtɪd] adj χωρίς
καφεΐνη

decay [dɪ'keɪ] n (of building) φθορά f • (also:
tooth ~) τερηδόνα f ▶ vi (body, leaves) σαπίζω
• (food, teeth etc) χαλάω

deceased [dɪ'si:st] n: the ~ ο/η εκλιπών/ούσα

deceit [dɪ'si:t] n απάτη f

deceive [dɪ'si:v] vt εξαπατώ • to ~ o.s τρέφω
αυταπάτες

December [dɪ'sɛmbə'] n Δεκέμβριος m • see also
July

decency ['di:sənsɪ] n (propriety) ευπρέπεια f
• (kindness) καλοί τρόποι mpl

decent ['di:sənt] adj (proper) καλός • (: wages)
αξιοπρεπής • (: interval) σεβαστός • (person)
αξιοπρεπής

deception [dɪ'sɛpʃən] n (deceiving) απάτη f
• (deceitful act) απατεωνιά f

deceptive [dɪ'sɛptɪv] adj απατηλός

decide [dɪ'saɪd] vt (person) αποφασίζω
• (question, argument) κρίνω • vi αποφασίζω
• to ~ to do/that αποφασίζω ότι • to ~ on sth
αποφασίζω (για) κτ

decision [dɪ'sɪʒən] n απόφαση f

decisive [dɪ'saɪsɪv] adj αποφασιστικός

deck [dɛk] n (Naut) κατάστρωμα nt • (of bus)
όροφος m • (of cards) τράπουλα f

declaration [dɛklə'reɪʃən] n (statement)
δήλωση f • (public announcement) διακήρυξη f

declare [dɪ'klɛə'] vt (truth, intention) δηλώνω
• (in public) διακηρύσσω • (war) κηρύσσω
• (result) ανακοινώνω • (income, goods at
customs etc) δηλώνω

decline [dɪ'klaɪn] n: ~ in/of μείωση +gen ▶ vt
(invitation) αρνούμαι ▶ vi (strength) εξασθενώ
• (health) επιδεινώνομαι • (business) πέφτω

decor ['deɪkɔ:'] n διάκοσμος m (fml)

decorate ['dɛkəreɪt] vt (paint) βάφω • (paper)
αλλάζω ταπετσαρία σε • (adorn): to ~ (with)
διακοσμώ (με)

decoration [dɛkə'reɪʃən] n (on tree, dress etc)
στολίδι nt • (act) διακόσμηση f

decorator ['dɛkəreɪtə'] n (painter)
ελαιοχρωματιστής mf • (interior decorator)
διακοσμητής/τρια m/f

decrease [n 'di:kri:s, vb di:'kri:s] n: ~ (in)
μείωση (σε or +gen) ▶ vt μειώνω ▶ vi μειώνομαι

decree [dɪ'kri:] n διάταγμα nt ▶ vt: to ~ (that)
βγάζω διάταγμα (ότι)

dedicate ['dɛdɪkeɪt] vt: to ~ to αφιερώνω σε

dedicated ['dɛdɪkeɪtɪd] adj (person)
αφοσιωμένος • (Comput) αποκλειστικός

dedication [dɛdɪ'keɪʃən] n (devotion) αφοσίωση
f • (in book, on radio) αφιέρωση f

deduct [dɪ'dʌkt] vt αφαιρώ

deduction [dɪ'dʌkʃən] n (act of deducing) λογικό
συμπέρασμα nt • (act of deducting) αφαίρεση f
• (amount) παρακράτηση f

deed [di:d] n (feat) κατόρθωμα nt • (Jur:
document) τίτλος m

deem [di:m] (fml) vt θεωρώ • to ~ it wise to do
θεωρώ σωστό να κάνω

deep [di:p] adj βαθύς • (serious: trouble, concern)
σοβαρός ▶ adv: the spectators stood 20 ~ οι
θεατές ήταν είκοσι σειρές

deeply ['di:plɪ] adv (breathe) βαριά • (moved)
βαθιά • (interested, grateful) ιδιαίτερα • (sleep)
βαθιά

deer [dɪə'] n inv ελάφι nt

default [dɪ'fɔ:lt] n (Comput: also: ~ value)
προεπιλεγμένη τιμή f ▶ vi: to ~ on a debt
αδυνατώ να πληρώσω ένα χρέος • by ~ (win)
αυτόματα

defeat [dɪ'fi:t] n (of enemy) ήττα f • (failure)
αποτυχία f ▶ vt νικάω

defect [n 'di:fɛkt, vb dɪ'fɛkt] n ελάττωμα nt ▶ vi:
to ~ to the enemy/the West αυτομολώ στον
εχθρό/στη Δύση

defective [dɪ'fɛktɪv] adj ελαττωματικός

defence [dɪ'fɛns], **defense** (US) n (protection)
άμυνα f • (justification) υπεράσπιση f • witness
for the ~ (Jur) μάρτυρας υπεράσπισης

defend [dɪ'fɛnd] vt (protect) προστατεύω
• (justify) υποστηρίζω • (Jur) υπερασπίζομαι

defendant [dɪ'fɛndənt] (Jur) n (in criminal case)
κατηγορούμενος/η m/f • (in civil case)
εναγόμενος/η m/f

defender [dɪ'fɛndə'] n (of view, policy)
υπερασπιστής/τρια m/f • (Sport) αμυντικός/ή m/f

defense [dɪ'fɛns] (US) n = **defence**

defensive [dɪ'fɛnsɪv] adj αμυντικός ▶ n: on the
~ στην άμυνα

defer [dɪ'fə:'] vt αναβάλλω

defiance [dɪ'faɪəns] n απείθεια f • in ~ of κατά
παράβαση +gen

defiant [dɪ'faɪənt] adj (tone, reply) προκλητικός
• (person) απείθαρχος

deficiency [dɪ'fɪʃənsɪ] n (lack) έλλειψη f
• (inadequacy) ανεπάρκεια f
deficient [dɪ'fɪʃənt] adj ανεπαρκής
deficit ['dɛfɪsɪt] (Comm) n έλλειμμα nt
define [dɪ'faɪn] vt (limits, boundaries) καθορίζω
• (expression, word) ορίζω
definite ['dɛfɪnɪt] adj (fixed) συγκεκριμένος
• (clear, obvious) σαφής • (certain) σίγουρος
definitely ['dɛfɪnɪtlɪ] adv σίγουρα
definition [dɛfɪ'nɪʃən] n (of word) ορισμός m
deflect [dɪ'flɛkt] vt (attention) στρέφω αλλού
• (criticism) αποκρούω • (shot) αποκρούω
defraud [dɪ'frɔːd] vt: to ~ sb κλέβω
defuse [diː'fjuːz] vt (bomb) αφοπλίζω • (fig:
crisis, tension) εκτονώνω
defy [dɪ'faɪ] vt (resist) αντιτάσσομαι σε
• (challenge) αψηφώ • (fig: description) ξεπερνάω
degree [dɪ'griː] n βαθμός m • (Scol) πτυχίο nt
delay [dɪ'leɪ] vt (decision, ceremony etc)
αναβάλλω • (person, plane, train) καθυστερώ ▶ vi
καθυστερώ ▶ n (waiting period) καθυστέρηση f
• (postponement) αναβολή f
delegate [n 'dɛlɪgɪt, vb 'dɛlɪgeɪt] n
αντιπρόσωπος mf ▶ vt (person) εξουσιοδοτώ
• (task) αναθέτω (σε)
delete [dɪ'liːt] vt διαγράφω • (Comput): "~"
διαγραφή
deli ['dɛlɪ] n = delicatessen
deliberate [adj dɪ'lɪbərɪt, vb dɪ'lɪbəreɪt] adj
(intentional) σκόπιμος • (slow) μετρημένος ▶ vi
μελετώ προσεκτικά το θέμα
deliberately [dɪ'lɪbərɪtlɪ] adv (on purpose)
σκόπιμα • (carefully) προσεκτικά
delicacy ['dɛlɪkəsɪ] n (of movement) χάρη f • (of
material) φινέτσα f • (choice food) λιχουδιά f
delicate ['dɛlɪkɪt] adj (movement) κομψός
• (taste, smell) λεπτός • (frail) ντελικάτος • (colour,
material) (χρώμα) απαλός, (υλικό) ευαίσθητος
• (approach, problem) λεπτός
delicatessen [dɛlɪkə'tɛsn] n ντελικατέσεν nt inv
delicious [dɪ'lɪʃəs] adj (food, smell) πολύ
νόστιμος • (feeling, person) υπέροχος
delight [dɪ'laɪt] n (feeling) χαρά f • (person,
experience etc) απόλαυση f ▶ vt ευχαριστώ
delighted [dɪ'laɪtɪd] adj: ~ (at or with/to do)
πολύ χαρούμενος (με/που κάνω)
delightful [dɪ'laɪtful] adj θαυμάσιος
delinquent [dɪ'lɪŋkwənt] adj παραβατικός ▶ n
εγκληματίας mf
deliver [dɪ'lɪvə'] vt (distribute, hand over)
παραδίδω • (post) φέρνω • (verdict, judgement)
απαγγέλλω • (speech) εκφωνώ • (Med) ξεγεννάω
delivery [dɪ'lɪvərɪ] n (distribution) παράδοση f
• (Med) γέννα f
delusion [dɪ'luːʒən] n πλάνη f
deluxe [də'lʌks] adj πολυτελής
delve [dɛlv] vi: to ~ into (subject) εμβαθύνω
demand [dɪ'mɑːnd] vt (ask for) ζητώ • (insist on:
rights) απαιτώ • (need) απαιτώ ▶ n (request)
αίτημα nt • (claim) απαίτηση f • (Econ) ζήτηση f
• to be in ~ έχω ζήτηση
demanding [dɪ'mɑːndɪŋ] adj απαιτητικός
demise [dɪ'maɪz] n τέλος nt
demo ['dɛməʊ] (inf) n abbr = demonstration

democracy [dɪ'mɔkrəsɪ] n δημοκρατία f
democrat ['dɛməkræt] n δημοκράτης/ισσα m/f
• (US) Δημοκρατικός/ή m/f
democratic [dɛmə'krætɪk] adj δημοκρατικός
• (US) των Δημοκρατικών
demolish [dɪ'mɔlɪʃ] vt (building) κατεδαφίζω
• (fig: argument) ανατρέπω
demolition [dɛmə'lɪʃən] n (of building)
κατεδάφιση f • (of argument) ανατροπή f
demon ['diːmən] n δαίμονας m
demonstrate ['dɛmənstreɪt] vt (prove)
αποδεικνύω • (show) δείχνω ▶ vi: to ~ (for/
against) διαδηλώνω (υπέρ/κατά) +gen
demonstration [dɛmən'streɪʃən] n (Pol)
διαδήλωση f • (proof) απόδειξη f • (exhibition)
επίδειξη f
den [dɛn] n (of animal) φωλιά f • (room) γραφείο nt
denial [dɪ'naɪəl] n (refutation) διάψευση f
• (refusal) άρνηση f
denim ['dɛnɪm] n ντένιμ n inv ■ **denims** npl τζιν
nt inv
Denmark ['dɛnmɑːk] n Δανία f
denomination [dɪnɔmɪ'neɪʃən] n (of money)
αξία f • (Rel) δόγμα nt
denounce [dɪ'naʊns] vt καταγγέλλω
dense [dɛns] adj (crowd, smoke, fog etc) πυκνός
density ['dɛnsɪtɪ] n (Phys) πυκνότητα f
• **double-/high-density disk** (Comput) δισκέτα
διπλής/υψηλής πυκνότητας
dent [dɛnt] n βούλιαγμα nt ▶ vt (metal) βουλιάζω
• (fig: pride, ego) θίγω
dental ['dɛntl] adj οδοντικός
dentist ['dɛntɪst] n οδοντίατρος mf
deny [dɪ'naɪ] vt αρνούμαι
deodorant [diː'əʊdərənt] n αποσμητικό nt
depart [dɪ'pɑːt] vi (visitor) φεύγω • (bus, plane,
train) αναχωρώ • vi ~ from (fig) παρεκκλίνω
department [dɪ'pɑːtmənt] n (Comm) τμήμα nt
• (Scol) τομέας m • (Pol) υπουργείο nt
department store n πολυκατάστημα nt
departure [dɪ'pɑːtʃə'] n (of visitor, plane etc)
αναχώρηση f • (of employee) αποχώρηση f • (fig):
~ from παρέκκλιση από
departure lounge n αίθουσα f αναχωρήσεων
depend [dɪ'pɛnd] vi: to ~ on (be supported by)
εξαρτώμαι από • (rely on, trust) βασίζομαι σε
• **it depends** εξαρτάται • **depending on the
result ...** ανάλογα με το αποτέλεσμα...
dependent [dɪ'pɛndənt] adj: to be ~ on
εξαρτώμαι από
depict [dɪ'pɪkt] vt (in picture) απεικονίζω
• (describe) περιγράφω
deport [dɪ'pɔːt] vt απελαύνω
deposit [dɪ'pɔzɪt] n (money: in account)
κατάθεση f • (: down payment) προκαταβολή f
• (: for hired goods etc) εγγύηση f • (Chem) ίζημα nt
• (of ore, oil) κοίτασμα nt ▶ vt (money) καταθέτω
• (river, sand, silt etc) αποθέτω • (case, bag)
αφήνω
depot ['dɛpəʊ] n (storehouse) αποθήκη f
• (for vehicles) αμαξοστάσιο nt • (US: station)
σταθμός m
depress [dɪ'prɛs] vt (Psych) καταθλίβω • (price,
wages) κατεβάζω

depressed [dɪ'prest] adj (person) μελαγχολικός • (area) υποβαθμισμένος

depressing [dɪ'presɪŋ] adj καταθλιπτικός

depression [dɪ'preʃən] n (Psych) κατάθλιψη f • (Econ) ύφεση f • (weather system) χαμηλό βαρομετρικό nt • (hollow) βαθούλωμα nt

deprive [dɪ'praɪv] vt: **to ~ sb of sth** στερώ κτ από κν

deprived [dɪ'praɪvd] adj στερημένος

dept. abbr = **department**

depth [depθ] n βάθος nt • (of emotion) μέγεθος nt • **in the depths of despair** σε βαθιά απελπισία • **out of one's ~** (in water) στα βαθιά • (fig) έξω από τα νερά μου • **to study sth in ~** μελετώ κτ σε βάθος

deputy ['depjutɪ] cpd (chairman, leader etc) αναπληρωτής • ▶ n (assistant) βοηθός mf • (Pol) εκπρόσωπος mf

derail [dɪ'reɪl] vt: **to be derailed** εκτροχιάζομαι

derelict ['derɪlɪkt] adj ερειπωμένος

derive [dɪ'raɪv] vt: **to ~ sth (from)** αντλώ κτ (από) • vi: **to ~ from** προέρχομαι από

descend [dɪ'send] vt κατεβαίνω ▶ vi κατεβαίνω • **to be descended from** προέρχομαι από • **to ~ to** (lying, begging etc) φτάνω στο σημείο να

descendant [dɪ'sendənt] n απόγονος mf

descent [dɪ'sent] n (Aviat) κάθοδος f • (origin) καταγωγή f

describe [dɪs'kraɪb] vt περιγράφω

description [dɪs'krɪpʃən] n (account) περιγραφή f • (sort) τύπος m

desert [n 'dezət, vb dɪ'zə:t] n (also fig) έρημος f ▶ vt εγκαταλείπω ▶ vi (Mil) λιποτακτώ

deserve [dɪ'zə:v] vt αξίζω

design [dɪ'zaɪn] n (process, drawing, pattern) σχέδιο nt • (layout) σχεδιασμός m • (of dress, car) σχεδιασμός m ▶ vt σχεδιάζω

designate [vb 'dezɪgneɪt, adj 'dezɪgnɪt] vt ορίζω ▶ adj (chairman etc) που έχει οριστεί

designer [dɪ'zaɪnə'] n (Art, Tech) σχεδιαστής/ τρια m/f • (also: **fashion ~**) σχεδιαστής/τρια μόδας m/f ▶ adj επώνυμος (γνωστού σχεδιαστή μόδας)

desirable [dɪ'zaɪərəbl] adj (proper) επιθυμητός • (attractive) ελκυστικός

desire [dɪ'zaɪə'] n επιθυμία f ▶ vt επιθυμώ

desk [desk] n (in office) γραφείο nt • (for pupil) θρανίο nt • (in hotel) ρεσεψιόν f inv • (at airport) γκισέ nt inv

despair [dɪs'peə'] n απελπισία f ▶ vi: **to ~ of doing sth** απελπίζομαι με κτ

despatch [dɪs'pætʃ] n, vt = **dispatch**

desperate ['despərɪt] adj (person) απελπισμένος • (action) απεγνωσμένος • (situation, shortage) απελπιστικός • **to be ~ for sth/to do sth** έχω τρομερή ανάγκη κτ/να κάνω κτ

desperately ['despərɪtlɪ] adv (struggle, shout etc) απεγνωσμένα • (ill) πολύ βαριά • (unhappy) τρομερά

desperation [despə'reɪʃən] n απελπισία f

despise [dɪs'paɪz] vt περιφρονώ

despite [dɪs'paɪt] prep παρά

dessert [dɪ'zə:t] n επιδόρπιο nt

destination [destɪ'neɪʃən] n προορισμός m

destined ['destɪnd] adj: **to be ~ to do/for** προορίζομαι για να κάνω/για

destiny ['destɪnɪ] n πεπρωμένο nt

destroy [dɪs'trɔɪ] vt καταστρέφω

destruction [dɪs'trʌkʃən] n καταστροφή f

destructive [dɪs'trʌktɪv] adj (capacity, force) καταστροφικός • (child) ζημιάρικος

detach [dɪ'tætʃ] vt βγάζω

detached [dɪ'tætʃt] adj (attitude, person) αμερόληπτος • (house) που δεν έχει μεσοτοιχία με άλλο σπίτι

detail ['di:teɪl] n λεπτομέρεια f ▶ vt (list) αναφέρω λεπτομερώς • **in ~** με λεπτομέρεια

detailed ['di:teɪld] adj λεπτομερής

detain [dɪ'teɪn] vt κρατώ

detect [dɪ'tekt] vt (sense) διακρίνω • (Med, Mil, Police, Tech) εντοπίζω

detection [dɪ'tekʃən] n εντοπισμός m

detective [dɪ'tektɪv] n (Police) επιθεωρητής m

detention [dɪ'tenʃən] n (arrest) κράτηση f • (Scol) τιμωρία f (με κράτηση στο σχολείο)

deter [dɪ'tə:'] vt αποτρέπω

detergent [dɪ'tə:dʒənt] n απορρυπαντικό nt

deteriorate [dɪ'tɪərɪəreɪt] vi (health) χειροτερεύω • (sight) μειώνομαι • (situation, weather) επιδεινώνομαι

determination [dɪtə:mɪ'neɪʃən] n (resolve) αποφασιστικότητα f

determine [dɪ'tə:mɪn] vt (facts) διαπιστώνω • (budget, quantity) καθορίζω

determined [dɪ'tə:mɪnd] adj (person) αποφασισμένος • (effort) επίμονος

deterrent [dɪ'terənt] n (Mil) αποτρεπτικά όπλα nt pl • (Jur) αποτρεπτικό μέσον nt

detour ['di:tuə'] n (from route) παράκαμψη f • (US Aut) παράκαμψη f

detract [dɪ'trækt] vi: **to ~ from** (effect, achievement) μειώνω • (pleasure) μειώνω

detrimental [detrɪ'mentl] adj: **~ to** επιζήμιος or ζημιογόνος για

devastating ['devəsteɪtɪŋ] adj (storm, weapon etc) καταστροφικός • (news, effect) τραγικός

develop [dɪ'veləp] vt (business, idea, resource) αναπτύσσω • (land) αξιοποιώ • (Phot) εμφανίζω • (fault) παρουσιάζω ▶ vi (advance) εξελίσσομαι • (evolve) αναπτύσσομαι

development [dɪ'veləpmənt] n (advance) ανάπτυξη f • (change: in affair, case) εξέλιξη f • (of land) αξιοποίηση f

device [dɪ'vaɪs] n (apparatus) συσκευή f

devil ['devl] n (Rel) διάβολος m • **poor ~** φουκαράς/ιάρα m/f

devious ['di:vɪəs] adj ύπουλος

devise [dɪ'vaɪz] vt επινοώ

devour [dɪ'vauə'] vt (also fig) καταβροχθίζω

devout [dɪ'vaut] adj ευσεβής

dew [dju:] n δροσοσταλίδα f

devote [dɪ'vəut] vt: **to ~ sth to** αφιερώνω κτ σε

devoted [dɪ'vəutɪd] adj αφοσιωμένος • **to be ~ to sb** είμαι αφοσιωμένος σε κν • **the book is ~ to politics** το βιβλίο ασχολείται αποκλειστικά με την πολιτική

devotion [dɪ'vəuʃən] n αφοσίωση f

diabetes [daɪə'biːtiːz] n διαβήτης m
diabetic [daɪə'betɪk] adj διαβητικός
• ~ **chocolate/jam** σοκολάτα/μαρμελάδα για διαβητικούς ▶ n διαβητικός/ή m/f
diagnose [daɪəg'nəuz] vt διαγιγνώσκω
diagnosis [daɪəg'nəusɪs] (pl **diagnoses**) n διάγνωση f
diagonal [daɪ'ægənl] adj διαγώνιος
diagram ['daɪəgræm] n διάγραμμα nt
dial ['daɪəl] n (indicator) δείκτης m • (clock) πλάκα f • (meter) μετρητής m ▶ vt παίρνω
dialect ['daɪəlekt] n διάλεκτος f
dialling code ['daɪəlɪŋkəud], **dial code** (US) n τηλεφωνικός κωδικός m περιοχής
dialling tone ['daɪəlɪŋtəun], **dial tone** (US) n σήμα nt κλήσης
dialogue ['daɪəlɔg], **dialog** (US) n (communication) διάλογος m • (conversation) συνομιλία f
diameter [daɪ'æmɪtər] n διάμετρος f
diamond ['daɪəmənd] n (gem) διαμάντι nt • (shape) ρόμβος m ■ **diamonds** npl (Cards) καρό nt inv
diaper ['daɪəpər] (US) n πάνα f
diarrhoea [daɪə'riːə], **diarrhea** (US) n διάρροια f
diary ['daɪərɪ] n (engagements book) ατζέντα f • (daily account) ημερολόγιο nt
dice [daɪs] n inv ζάρια nt pl ▶ vt (Culin) κόβω σε κύβους
dictate [dɪk'teɪt] vt υπαγορεύω ▶ vi: **to ~ to sb** υπαγορεύω σε κν (τι να κάνει)
dictator [dɪk'teɪtər] n (Pol, Mil) δικτάτορας mf
dictionary ['dɪkʃənrɪ] n λεξικό nt
did [dɪd] pt of **do**
didn't ['dɪdnt] = **did not**
die [daɪ] vi (person) πεθαίνω • (animal) ψοφάω • (plant) ξεραίνομαι • (fig: cease) πεθαίνω
• **to be dying for sth/to do sth** ψοφάω για κτ/ να κάνω κτ
▶ **die down** vi (wind, noise) κοπάζω • (excitement) ξεθυμαίνω
▶ **die out** vi εξαφανίζομαι
diesel ['diːzl] n (vehicle) πετρελαιοκίνητο όχημα nt • (also: ~ **oil**) ντίζελ nt inv
diet ['daɪət] n (food intake) διατροφή f • (Med: when slimming) δίαιτα f ▶ vi (also: **to be on a ~**) κάνω δίαιτα
differ ['dɪfər] vi (be different): **to ~ (from)** διαφέρω (από) • **to ~ (about)** (disagree) διαφωνώ (σε/για)
difference ['dɪfrəns] n διαφορά f
different ['dɪfrənt] adj διαφορετικός
differentiate [dɪfə'renʃɪeɪt] vi: **to ~ (between)** κάνω τη διάκριση (ανάμεσα σε or μεταξύ) ▶ vt: **to ~ sth from** διαφοροποιώ κτ από
differently ['dɪfrəntlɪ] adv διαφορετικά
• ~ **shaped/designed** με διαφορετικό σχήμα/ σχέδιο
difficult ['dɪfɪkəlt] adj δύσκολος
difficulty ['dɪfɪkəltɪ] n δυσκολία f
dig [dɪg] (pt, pp **dug**) vt (hole, garden) σκάβω ▶ n (prod) σκουντιά f • (also: **archaeological ~**) ανασκαφή f • (remark) μπηχτή f • **to ~ one's nails into sth** χώνω τα νύχια μου σε κτ

▶ **dig up** vt (plant) ξεριζώνω • (information) ξεθάβω
digest [daɪ'dʒest] vt (food) χωνεύω • (fig: facts) αφομοιώνω
digestion [dɪ'dʒestʃən] n (process) πέψη f (fml) • (system) πεπτικό σύστημα nt
digit ['dɪdʒɪt] n (number also Comput) ψηφίο nt • (finger) δάχτυλο nt
digital ['dɪdʒɪtl] adj ψηφιακός
digital camera n ψηφιακή φωτογραφική μηχανή f
digital radio n (Tel) ψηφιακό ραδιόφωνο nt
digital TV n ψηφιακή τηλεόραση f
dignified ['dɪgnɪfaɪd] adj αξιοπρεπής
dignity ['dɪgnɪtɪ] n αξιοπρέπεια f
digs [dɪgz] (BRIT) npl: **to live in ~** μένω στο νοίκι (σε επιπλωμένο δωμάτιο)
dilemma [daɪ'lemə] n δίλημμα nt
dill [dɪl] n άνηθος m
dilute [daɪ'luːt] vt (liquid) αραιώνω
dim [dɪm] adj (light, outline, figure) θαμπός • (future, prospects) σκοτεινός • (inf: person) βλάκας ▶ vt (light) χαμηλώνω
dime [daɪm] (US) n κέρμα των 10 σεντς
dimension [daɪ'menʃən] n διάσταση f
diminish [dɪ'mɪnɪʃ] vi μειώνομαι ▶ vt μειώνω
din [dɪn] n σαματάς m
dine [daɪn] vi (φθηνό) γευματίζω
diner ['daɪnər] n (person) θαμώνας mf εστιατορίου • (US: restaurant) εστιατόριο nt
dinghy ['dɪŋgɪ] n (also: **rubber ~**) φουσκωτή βάρκα f • (also: **sailing ~**) βάρκα f με πανί
dingy ['dɪndʒɪ] adj ελεεινός
dining room ['daɪnɪŋrum] n τραπεζαρία f
dinner ['dɪnər] n (evening meal) βραδινό nt • (lunch) γεύμα nt • (banquet) δείπνο nt
dinner party n τραπέζι nt
dinosaur ['daɪnəsɔːr] n δεινόσαυρος m
dip [dɪp] n (slope) πλαγιά f • (Culin) ντιπ nt inv ▶ vt βουτάω • (BRIT Aut) χαμηλώνω ▶ vi (ground, road) κατηφορίζω
diploma [dɪ'pləumə] n δίπλωμα nt
diplomacy [dɪ'pləuməsɪ] n διπλωματία f
diplomat ['dɪpləmæt] n διπλωμάτης m
diplomatic [dɪplə'mætɪk] adj διπλωματικός
dire [daɪər] adj (consequences, effects) πολύ σοβαρός
direct [daɪ'rekt] adj (route) απευθείας • (control, payment) άμεσος • (manner, person) ευθύς ▶ vt (letter) αποστέλλω • (company, project etc) διευθύνω • (play, film etc) σκηνοθετώ • (order): **to ~ sb to do sth** δίνω εντολή σε κν να κάνει κτ ▶ adv (go, write) κατευθείαν • **can you ~ me to ...?** μπορείτε να μου πείτε πώς θα πάω σε ...;
direct debit (BRIT) n αυτόματη χρέωση f λογαριασμού
direction [dɪ'rekʃən] n (way) κατεύθυνση f • **to ask for directions** ρωτάω πώς θα πάω ■ **directions** npl οδηγίες fpl
directly [dɪ'rektlɪ] adv κατευθείαν
director [dɪ'rektər] n (Comm) μέλος nt διοικητικού συμβουλίου • (of project) διευθυντής/ τρια m/f • (TV, Radio, Cine) σκηνοθέτης/ιδα m/f

directory [dɪˈrektərɪ] n (Tel) τηλεφωνικός κατάλογος m • (Comput: files) ευρετήριο nt

dirt [dəːt] n (stains, dust) βρωμιά f • (earth) χώμα nt

dirty [ˈdəːtɪ] adj (clothes, face) βρώμικος • (joke, story) πονηρός ▶ vt λερώνω

disability [dɪsəˈbɪlɪtɪ] n (physical) αναπηρία f • (learning difficulty) καθυστέρηση f

disabled [dɪsˈeɪbld] adj (physically) ανάπηρος • (having a learning difficulty) καθυστερημένος

disadvantage [dɪsədˈvɑːntɪdʒ] n μειονέκτημα nt

disagree [dɪsəˈɡriː] vi διαφωνώ • **to ~ with sth** διαφωνώ με κτ

disagreeable [dɪsəˈɡriːəbl] adj δυσάρεστος • (person) αντιπαθητικός

disagreement [dɪsəˈɡriːmənt] n (lack of consensus) διαφωνία f • (argument) διαφορές fpl

disappear [dɪsəˈpɪəˈ] vi εξαφανίζομαι

disappearance [dɪsəˈpɪərəns] n εξαφάνιση f

disappoint [dɪsəˈpɔɪnt] vt απογοητεύω

disappointed [dɪsəˈpɔɪntɪd] adj απογοητευμένος

disappointing [dɪsəˈpɔɪntɪŋ] adj απογοητευτικός

disappointment [dɪsəˈpɔɪntmənt] n απογοήτευση f

disapproval [dɪsəˈpruːvəl] n αποδοκιμασία f

disapprove [dɪsəˈpruːv] vi: **to ~ (of)** αποδοκιμάζω

disarm [dɪsˈɑːm] vt (fig) αφοπλίζω ▶ vi (Mil) προβαίνω σε αφοπλισμό

disarmament [dɪsˈɑːməmənt] n αφοπλισμός m

disaster [dɪˈzɑːstəˈ] n (also fig) καταστροφή f

disastrous [dɪˈzɑːstrəs] adj καταστροφικός

disbelief [ˈdɪsbəˈliːf] n δυσπιστία f

disc [dɪsk] n (Anat) μεσοσπονδύλιος δίσκος m • (record) δίσκος m • (Comput) = **disk**

discard [dɪsˈkɑːd] vt πετάω • (fig) εγκαταλείπω

discharge [vb dɪsˈtʃɑːdʒ, n ˈdɪstʃɑːdʒ] vt (duties) εκτελώ • (waste) αποβάλλω • (employee) απολύω ▶ n (Chem) εκπομπή f • (Elec) εκκένωση f • (Med) έκκριμα nt • (of patient) το να δώσω εξιτήριο (από το νοσοκομείο) • **to be discharged (from hospital)** παίρνω εξιτήριο

discipline [ˈdɪsɪplɪn] n (control) πειθαρχία f • (self-control) αυτοπειθαρχία f • (branch of knowledge) κλάδος m ▶ vt (train) επιβάλλω πειθαρχία σε • (punish) τιμωρώ

disc jockey n vti τζέι mf inv

disclose [dɪsˈkləuz] vt αποκαλύπτω

disco [ˈdɪskəu] n abbr ντισκοτέκ f inv

discomfort [dɪsˈkʌmfət] n (unease) αναστάτωση f • (physical) δυσφορία f

discontent [dɪskənˈtɛnt] n δυσαρέσκεια f

discount [n ˈdɪskaunt, vb dɪsˈkaunt] n έκπτωση f ▶ vt (Comm) κάνω έκπτωση σε • (idea, fact) παραβλέπω

discourage [dɪsˈkʌrɪdʒ] vt αποθαρρύνω • **to ~ sb from doing sth** αποτρέπω κν από το να κάνει κτ

discover [dɪsˈkʌvəˈ] vt ανακαλύπτω

discovery [dɪsˈkʌvərɪ] n ανακάλυψη f

discredit [dɪsˈkrɛdɪt] vt (person, group) δυσφημώ • (claim, idea) καταρρίπτω

discreet [dɪsˈkriːt] adj διακριτικός

discrepancy [dɪsˈkrepənsɪ] n ασυμφωνία f

discretion [dɪsˈkreʃən] n διακριτικότητα f • **at the ~ of** στη διακριτική ευχέρεια +gen

discriminate [dɪsˈkrɪmɪneɪt] vi: **to ~ between** κάνω διακρίσεις ανάμεσα • **to ~ against sb** κάνω διακρίσεις εις βάρος κου

discrimination [dɪskrɪmɪˈneɪʃən] n (bias) διακρίσεις fpl • (discernment) κρίση f

discuss [dɪsˈkʌs] vt (talk over) συζητώ • (analyse) εξετάζω

discussion [dɪsˈkʌʃən] n συζήτηση f

disease [dɪˈziːz] n (Med) ασθένεια f

disgrace [dɪsˈɡreɪs] n ντροπή f ▶ vt ντροπιάζω

disgraceful [dɪsˈɡreɪsful] adj επαίσχυντος

disgruntled [dɪsˈɡrʌntld] adj δυσαρεστημένος

disguise [dɪsˈɡaɪz] n μεταμφίεση f ▶ vt (person, object): **to ~ (as)** μεταμφιέζω σε • **in ~** μεταμφιεσμένος

disgust [dɪsˈɡʌst] n αηδία f ▶ vt αηδιάζω

disgusting [dɪsˈɡʌstɪŋ] adj (food etc) αηδιαστικός • (behaviour etc) σκανδαλώδης

dish [dɪʃ] n πιάτο nt • (also: **satellite ~**) δορυφορικό πιάτο nt • **to do** or **wash the dishes** πλένω τα πιάτα ▶ **dish out** vt (food) σερβίρω • (advice) δίνω απλόχερα • (money) σκορπάω

dishonest [dɪsˈɔnɪst] adj ανέντιμος

dishwasher [ˈdɪʃwɔʃəˈ] n πλυντήριο nt πιάτων

disintegrate [dɪsˈɪntɪɡreɪt] vi διαλύομαι

disk [dɪsk] n (Comput) (hard disk) δίσκος m • (floppy disk) δισκέτα f • **single-/double-sided ~** δισκέτα μονής/διπλής όψεως

dislike [dɪsˈlaɪk] n αντιπάθεια f ▶ vt αντιπαθώ

dismal [ˈdɪzml] adj (weather, mood) μελαγχολικός • (failure) θλιβερός

dismantle [dɪsˈmæntl] vt διαλύω

dismay [dɪsˈmeɪ] n μεγάλη ανησυχία f ▶ vt ανησυχώ

dismiss [dɪsˈmɪs] vt (worker, soldiers) δίνω άδεια να φύγει • (Jur: case) απορρίπτω • (possibility, idea) παραβλέπω

dismissal [dɪsˈmɪsl] n (sacking) απόλυση f

disorder [dɪsˈɔːdəˈ] n (untidiness) ακαταστασία f • (rioting) αναταραχές fpl • (Med) διαταραχή f

dispatch [dɪsˈpætʃ] vt (message, goods, mail) αποστέλλω • (deal with: business) διεκπεραιώνω ▶ n (sending) αποστολή f • (Press) ανταπόκριση f • (Mil) μήνυμα nt

dispel [dɪsˈpɛl] vt διαλύω

dispense [dɪsˈpɛns] vt (medicines) χορηγώ • (advice) προσφέρω ▶ **dispense with** vt fus κάνω χωρίς

dispenser [dɪsˈpɛnsəˈ] n δοχείο nt διανομής

disperse [dɪsˈpəːs] vt (objects) σκορπίζω • (crowd etc) διαλύω ▶ vi (crowd) διαλύομαι

display [dɪsˈpleɪ] n (in shop) βιτρίνα f • (exhibition) έκθεση f • (of feeling) εκδήλωση f • (Comput, Tech) οθόνη f ▶ vt (show) εκθέτω • (ostentatiously) επιδεικνύω • (results, departure times) αναρτώ

disposable [dɪsˈpəuzəbl] adj μιας χρήσης • **~ income** διαθέσιμο εισόδημα

disposal [dɪs'pəʊzl] n (of rubbish) αποκομιδή f
• **at one's ~** στη διάθεση κου
dispose [dɪs'pəʊz]: ~ **of** vt fus (get rid of) πετάω
• (deal with) τελειώνω με
disposition [dɪspə'zɪʃən] n (nature)
ιδιοσυγκρασία f • (inclination) προδιάθεση f
disproportionate [dɪsprə'pɔ:ʃənət] adj
δυσανάλογος
dispute [dɪs'pju:t] n (domestic) καυγάς m • also:
industrial ~) διαμάχη f • (Pol, Mil) διαφορά f
▶ vt (fact, statement) αμφισβητώ • (ownership etc)
διεκδικώ
disregard [dɪsrɪ'ɡɑ:d] vt αγνοώ ▶ n: ~ **(for)**
αδιαφορία (για)
disrupt [dɪs'rʌpt] vt (plans) αναστατώνω
• (conversation, proceedings) διακόπτω
disruption [dɪs'rʌpʃən] n (interruption) διακοπή
f • (disturbance) ενόχληση f
dissatisfaction [dɪssætɪs'fækʃən] n
δυσαρέσκεια f
dissatisfied [dɪs'sætɪsfaɪd] adj που δεν έχει
ικανοποιηθεί
dissent [dɪ'sent] n διαφωνία f
dissertation [dɪsə'teɪʃən] n διατριβή f
dissolve [dɪ'zɒlv] vt (in liquid) διαλύω
• (organization, marriage also Pol) διαλύω ▶ vi
διαλύομαι
distance ['dɪstns] n απόσταση f ▶ vt: **to ~ o.s.**
(from) απομακρύνομαι (από) • **in the ~** στο
βάθος
distant ['dɪstnt] adj (place, time, relative)
μακρινός • (manner) απόμακρος
distillery [dɪs'tɪlərɪ] n αποστακτήριο nt
distinct [dɪs'tɪŋkt] adj (different) διαφορετικός
• (clear) ξεκάθαρος • (unmistakable) σαφής
distinction [dɪs'tɪŋkʃən] n (difference) διαφορά f
• (act of keeping apart) διάκριση f • (honour) τιμή f
• (in exam) διάκριση f
distinctive [dɪs'tɪŋktɪv] adj χαρακτηριστικός
• (features) διακριτικός
distinguish [dɪs'tɪŋɡwɪʃ] vt (differentiate)
ξεχωρίζω • (identify: details etc) διακρίνω • **to
~ between** ξεχωρίζω μεταξύ • **to ~ o.s** (in battle
etc) διακρίνομαι
distinguished [dɪs'tɪŋɡwɪʃt] adj (eminent)
διακεκριμένος
distort [dɪs'tɔ:t] vt (argument) παραποιώ
• (account, news) διαστρεβλώνω • (sound, shape,
image) παραμορφώνω
distract [dɪs'trækt] vt αποσπώ
distracted [dɪs'træktɪd] adj αφηρημένος
distraction [dɪs'trækʃən] n (diversion)
περισπασμός m • (amusement) διασκέδαση f
distraught [dɪs'trɔ:t] adj ανήσυχος
distress [dɪs'tres] n άγχος nt ▶ vt στενοχωρώ
distressing [dɪs'tresɪŋ] adj οδυνηρός
distribute [dɪs'trɪbju:t] vt μοιράζω
distribution [dɪstrɪ'bju:ʃən] n (of goods)
διανομή f • (of profits etc) κατανομή f
distributor [dɪs'trɪbjutə] n (Comm)
αποκλειστικός αντιπρόσωπος m
district ['dɪstrɪkt] n (of country) περιοχή f
• (of town) συνοικία f • (Admin) (διοικητική)
περιφέρεια f

district attorney (US Jur) n εισαγγελέας mf
distrust [dɪs'trʌst] n δυσπιστία f ▶ vt δεν
εμπιστεύομαι
disturb [dɪs'tə:b] vt ενοχλώ • (rearrange)
ανακατεύω • (inconvenience) αναστατώνω
disturbance [dɪs'tə:bəns] n (upheaval)
διαταραχή f • (political etc) αναταραχή f • (violent
event) φασαρία f
disturbed [dɪs'tə:bd] adj (worried, upset)
αναστατωμένος • **emotionally ~** (Med) άτομο με
ψυχολογικά προβλήματα
disturbing [dɪs'tə:bɪŋ] adj συνταρακτικός
ditch [dɪtʃ] n (at roadside) χαντάκι nt • (also:
irrigation ~) αυλάκι nt
ditto ['dɪtəʊ] adv ομοίως
dive [daɪv] n (from board) βουτιά nt
• (underwater) κατάδυση f • (pej: place) καταγώγιο
▶ vi (swimmer: into water) κάνω βουτιές • (: under
water) κάνω κατάδυση • (fish, bird) βουτάω
diver ['daɪvə] n αυτός που κάνει καταδύσεις
• (also: **deep-sea ~**) δύτης/τρια m/f
diverse [daɪ'və:s] adj ανομοιογενής • (forms,
interests) ποικίλος
diversion [daɪ'və:ʃən] n (Brit Aut) παράκαμψη f
• (distraction) διασκέδαση nt • (of funds)
αναδιανομή f
diversity [daɪ'və:sɪtɪ] n ποικιλία f
divert [daɪ'və:t] vt (funds) διαθέτω για κτ άλλο
• (sb's attention) στρέφω αλλού • (reroute) εκτρέπω
divide [dɪ'vaɪd] vt (separate) χωρίζω • (Math)
διαιρώ • (share out) μοιράζω ▶ vi (cells etc)
διαιρούμαι • (road, people, groups) χωρίζομαι ▶ n
χάσμα nt
divine [dɪ'vaɪn] adj (Rel) θεϊκός • (fig) θεσπέσιος
diving ['daɪvɪŋ] n (underwater) κατάδυση f
• (from board) βουτιά f • (Sport) καταδύσεις fpl
diving board n σανίδα f για βουτιές • (Sport)
εξέδρα f καταδύσεων
division [dɪ'vɪʒən] n (of cells etc) διαίρεση f
• (Math) διαίρεση f • (sharing out) μοιρασιά f
• (department) τμήμα nt • (Comm) τμήμα nt • (esp
Football) κατηγορία f
divorce [dɪ'vɔ:s] n διαζύγιο nt ▶ vt (spouse)
χωρίζω • (dissociate) διαχωρίζω
divorced [dɪ'vɔ:st] adj χωρισμένος
divorcee [dɪvɔ:'si:] n διαζευγμένος/η m/f
DIY (Brit) n abbr = **do-it-yourself**
dizzy ['dɪzɪ] adj: **to feel ~** ζαλίζομαι
DJ n abbr = **disc jockey**
DNA n abbr (= deoxyribonucleic acid) DNA nt inv

○ **KEYWORD**

do [du:] (pt **did**, pp **done**) n (inf: party) γλέντι nt
▶ aux vb **1** (in negative constructions: not translated)
δεν • **I don't understand** δεν καταλαβαίνω • **she
doesn't want it** δεν το θέλει
2 (to form questions: not translated): **did you
know?** το ήξερες; • **what do you think?** πώς
σου φαίνεται; • **why didn't you come?** γιατί δεν
ήρθατε;
3 (for emphasis, in polite expressions): **people DO
make mistakes sometimes** οι άνθρωποι
κάνουν κι λάθη καμιά φορά • **she DOES seem
rather late** μάλλον έχει αργήσει • **DO sit down/**

help yourself καθήστε/σερβιριστείτε • **oh DO shut up!** βούλωσ'το πια!

4 (used to avoid repeating vb): **she swims better than I do** κολυμπάει καλύτερα από μένα • **do you agree? — yes, I do/no, I don't** συμφωνείτε; — ναι, συμφωνώ/όχι, δεν συμφωνώ • **she lives in Glasgow — so do I** μένει στη Γλασκόβη — κι εγώ το ίδιο • **he didn't like it and neither did we** δεν του άρεσε, ούτε και σ' εμάς • **who made this mess? — I did** ποιος έκανε όλη αυτή την ακαταστασία; — εγώ • **he asked me to help him and I did** μου ζήτησε να το έκανα και το έκανα

5 (in question tags) ε • **you like him, don't you?** αρέσει, ε; • **he laughed, didn't he?** γέλασε, δεν γέλασε; • **I don't know him, do I?** δεν τον ξέρω, ε;
▸ vt **1** (carry out, perform etc) κάνω • **what do you do (for a living)?** τι δουλειά κάνεις; • **what can I do for you?** τι μπορώ να κάνω για σας;
• **to do the cooking/washing-up** μαγειρεύω/πλένω τα πιάτα • **to do one's hair/nails** φτιάχνω τα μαλλιά/νύχια μου

2 (Aut etc): **the car was doing 100** το αυτοκίνητο έτρεχε με 100 • **we've done 200 km already** έχουμε ήδη κάνει 200 χλμ • **he can do 100 mph in that car** μπορεί να πιάσει τα 100 μίλια την ώρα μ' αυτό το αυτοκίνητο
▸ vi **1** (act, behave) κάνω

2 (get on) **how do you do?** χαίρω πολύ

3 (suit): **I need a pen — will this one do?** θέλω ένα στυλό; — κάνει αυτό;

4 (be sufficient) φτάνει • **that'll do** φτάνει αυτό • **that'll DO!** (in annoyance) αρκετά! • **to make do (with)** τα βολεύω (με)
▸ **do up** vt fus (dress, buttons) κουμπώνω
• (laces) δένω • (renovate) φτιάχνω
▸ **do with** vt fus (need): **I can do with a drink/some help** δεν θα 'λεγα όχι για ένα ποτό/λίγη βοήθεια • (be connected) έχω σχέση με
• **what has it got to do with you?** τι σχέση έχει αυτό με σένα;
▸ **do without** vt fus κάνω χωρίς • **I can do without a car** μπορώ να κάνω και χωρίς αυτοκίνητο

dock [dɔk] n (Naut) αποβάθρα f • (Jur) εδώλιο nt
▸ vi (Naut) δένω ∎ **docks** npl (Naut) λιμάνι nt

doctor ['dɔktə'] n (Med) γιατρός mf • (PhD etc) διδάκτορας mf

document [n 'dɔkjumənt, vb 'dɔkjument] n έγγραφο nt ▸ vt τεκμηριώνω

documentary [dɔkju'mentərɪ] adj (evidence) αποδεικτικός ▸ n (TV, Cine) ντοκιμαντέρ nt inv

documentation [dɔkjumən'teɪʃən] n έγγραφα nt pl

dodge [dɔdʒ] n κόλπο nt ▸ vt αποφεύγω ▸ vi κάνω στην άκρη

dodgy ['dɔdʒɪ] (inf) adj (uncertain) παρακινδυνευμένος

does [dʌz] vb see **do**

doesn't ['dʌznt] = **does not**

dog [dɔg] n σκύλος m, σκυλί nt ▸ vt (person) παίρνω από πίσω (στα τέσσερα)
• (bad luck) κατατρέχω

do-it-yourself ['du:ɪtjɔː'sɛlf] n μαστορέματα nt pl

dole [dəul] (Brit inf) n (payment) επίδομα nt ανεργίας • **to be on the ~** παίρνω επίδομα ανεργίας
▸ **dole out** vt μοιράζω με το σταγονόμετρο

doll [dɔl] n κούκλα f

dollar ['dɔlə'] n δολάριο nt

dolphin ['dɔlfɪn] n δελφίνι nt

dome [dəum] n θόλος m

domestic [də'mestɪk] adj (of country) εσωτερικός • (of home) του σπιτιού • (appliances) οικιακός • (animal) κατοικίδιος

dominant ['dɔmɪnənt] adj (share, part) κύριος
• (role) κυρίαρχος • (partner) που υπερισχύει

dominate ['dɔmɪnet] vt κυριαρχώ σε

Dominican Republic [dəmɪnɪkənɪ'pʌblɪk] n: **the ~** η Δομινικανή Δημοκρατία

domino ['dɔmɪnəu] (pl **dominoes**) n ντόμινο nt inv

donate [də'neɪt] vt: **to ~ (to)** δωρίζω (σε)

donation [də'neɪʃən] n (act of giving) δωρεά f
• (contribution) συνεισφορά f

done [dʌn] pp of **do**

donkey ['dɔŋkɪ] n γάιδαρος m, γαϊδούρι nt

donor ['dəunə'] n (Med) δωρητής m

don't [dəunt] = **do not**

donut [dʌnʌt] (US) n = **doughnut**

doom [du:m] n (fate) μοίρα f ▸ vt: **to be doomed to failure** είμαι καταδικασμένος σε αποτυχία

door [dɔː'] n πόρτα f

doorbell ['dɔːbel] n κουδούνι nt της πόρτας

doorstep ['dɔːstep] n κατώφλι nt • **on the ~** στην πόρτα μου

doorway ['dɔːweɪ] n κατώφλι nt

dope [dəup] n (inf: illegal drug) πρέζα f
• (: person) βλάκας ▸ vt ντοπάρω

dormitory ['dɔːmɪtrɪ] n (room) κοιτώνας m
• (US: building) φοιτητική εστία f

dosage ['dəusɪdʒ] n δοσολογία f

dose [dəus] n (of medicine) δόση f • (Brit: bout) κρίση f ▸ vt: **to ~ o.s** παίρνω (φάρμακα)

dot [dɔt] n (small round mark) τελεία f • (speck, spot) κουκίδα f ▸ vt: **dotted with** σπαρμένος με
• **on the ~** ακριβώς (στην ώρα)

double ['dʌbl] adj (share, size) διπλάσιος ▸ adv: **to cost ~** κοστίζω τα διπλά ▸ n σωσίας mf ▸ vt (offer) διπλασιάζω ▸ vi (population, size) διπλασιάζομαι • **to ~ as** χρησιμεύω και για
▸ **double up** vi (bend over) διπλώνομαι • (share room) μοιράζομαι το χώρο

double bed n διπλό κρεβάτι nt

double glazing [dʌbl'gleizɪŋ] (Brit) n διπλά τζάμια nt pl

double room n δίκλινο δωμάτιο nt

doubles ['dʌblz] (Tennis) n διπλό nt

doubt [daut] n αμφιβολία f ▸ vt (disbelieve) αμφιβάλλω • (mistrust, suspect) έχω αμφιβολίες για

doubtful ['dautful] adj (fact) αβέβαιος • (person) που έχει τις αμφιβολίες του

doubtless ['dautlɪs] adv αναμφίβολα

dough [dəu] n (Culin) ζύμη f

doughnut ['dəʊnʌt], **donut** (US) n ντόνατς nt inv

dove [dʌv] n περιστέρι nt

down [daʊn] n πούπουλα nt pl • (hill) λοφάκι nt ▶ adv κάτω ▶ prep (towards lower level) κάτω σε • (movement along) σε or κατά μήκος ▶ vt (inf: drink) κατεβάζω στα γρήγορα • **England are two goals ~** η Αγγλία χάνει με δυο γκολ διαφορά • **~ with X!** κάτω ο Χ!

down-and-out ['daʊnəndaʊt] n αλήτης/ ισσα m/f

downfall ['daʊnfɔːl] n πτώση f

downhill ['daʊn'hɪl] adv: **to go ~** κατηφορίζω • (fig) παίρνω την κάτω βόλτα

Downing Street ['daʊnɪŋstriːt] (BRIT Pol) n: **10 ~** Ντάουνιγκ Στρητ (κατοικία του πρωθυπουργού της Βρετανίας)

download ['daʊnləʊd] (Comput) vt κατεβάζω ▶ n ληφθέν αρχείο nt

downright ['daʊnraɪt] adj ολοφάνερος ▶ adv εντελώς

Down's syndrome ['daʊnzsɪndrəʊm] n σύνδρομο nt Ντάουν

downstairs ['daʊn'stɛəz] adv (below) στον κάτω όροφο • (downwards) κάτω • (on or to ground floor) στο ισόγειο • (on or to floor below) στο κάτω πάτωμα

downtown ['daʊn'taʊn] adv στο κέντρο ▶ adj (US) του κέντρου • **~ Chicago** το κέντρο του Σικάγο

down under adv στην Αυστραλία και τη Νέα Ζηλανδία

downward ['daʊnwəd] adj (slope) κατηφορικός • (movement) προς τα κάτω ▶ adv προς τα κάτω • **a ~ trend** μια καθοδική τάση

downwards ['daʊnwədz] adv = **downward**

doz. abbr = **dozen**

dozen ['dʌzn] n ντουζίνα f • **a ~ books** μια δωδεκάδα βιβλία • **dozens of** δεκάδες

Dr. abbr = **drive** • **doctor**

drab [dræb] adj άχαρος

draft [drɑːft] n (first version) προσχέδιο nt • (US: call-up) επιστράτευση f ▶ vt (plan) σχεδιάζω • (write roughly) συντάσσω πρόχειρα • see also **draught**

drag [dræg] vt (bundle, person) σέρνω ▶ vi (time) κυλάω αργά ▶ n (inf: bore) βαρεμάρα f • (women's clothing): **in ~** με γυναικεία ρούχα ▶ **drag on** vi τραβάω σε μάκρος

dragon ['drægn] n δράκος m

drain [dreɪn] n (in street) υπόνομος m • (fig) αφαίμαξη f ▶ vt (land, pond) αποξηραίνω • (vegetables, glass) στραγγίζω ▶ vi (liquid) διοχετεύομαι • **to feel drained** (of energy/ emotion) νιώθω εξαντλημένος/εξουθενωμένος

drainage ['dreɪnɪdʒ] n (system: on-land) αποστραγγιστικό δίκτυο nt • (in town) αποχετευτικό σύστημα nt • (process) (εδάφους) αποστράγγιση, (σε πόλη) αποχέτευση f

drama ['drɑːmə] n (art) δράμα nt • (play) θεατρικό έργο nt • (excitement) δράματα nt pl

dramatic [drə'mætɪk] adj (marked, sudden) δραστικός • (theatrical) δραματικός

drank [dræŋk] pt of **drink**

drapes [dreɪps] (US) npl κουρτίνες fpl

drastic ['dræstɪk] adj δραστικός

draught [drɑːft], **draft** (US) n (of air) ρεύμα nt • **on ~** (beer) βαρελίσια

draw [drɔː] (pt **drew**, pp **drawn**) vt (Art, Tech) σχεδιάζω • (cart, curtain) τραβάω • (gun, tooth) βγάζω • (money) αποσύρω • (conclusion) βγάζω ▶ vi (Art, Tech) σχεδιάζω • (Sport) κληρώνομαι ▶ n (Sport) ισοπαλία f • (lottery) λοταρία f • **to ~ near** πλησιάζω
▶ **draw back** vi (move back): **to ~ back (from)** απομακρύνομαι (από)
▶ **draw on** vt (resources) αντλώ από • (imagination, knowledge) χρησιμοποιώ
▶ **draw out** vt (money: from bank) αποσύρω
▶ **draw up** vi (car etc) σταματάω ▶ vt (chair etc) βάζω στη γραμμή • (document) συντάσσω

drawback ['drɔːbæk] n μειονέκτημα nt

drawer [drɔːʳ] n συρτάρι nt

drawing ['drɔːɪŋ] n σχέδιο nt

drawing room n σαλόνι nt

drawn [drɔːn] pp of **draw** ▶ adj (haggard) καταβεβλημένος

dread [drɛd] n τρόμος m ▶ vt τρέμω

dreadful ['drɛdful] adj φριχτός

dream [driːm] (pt, pp **dreamed** or **dreamt**) n όνειρο nt ▶ vt ονειρεύομαι ▶ vi ονειρεύομαι • **to ~ of doing sth** ονειρεύομαι (να κάνω) κτ
▶ **dream up** vt σκαρφίζομαι

dreamer ['driːməʳ] n αυτός που βλέπει όνειρα • (fig) ονειροπόλος mf

dreamt [drɛmt] pt, pp of **dream**

dreary ['drɪərɪ] adj (weather) μουντός

dress [drɛs] n φόρεμα nt • (no pl: clothing) ρούχα nt pl ▶ vt (child) ντύνω • (wound) δένω ▶ vi ντύνομαι • **to get dressed** ντύνομαι
▶ **dress up** vi βάζω τα καλά μου • (in fancy dress) μεταμφιέζομαι σε

dresser ['drɛsəʳ] n (BRIT: cupboard) μπουφές m • (US: chest of drawers) συρταριέρα f

dressing ['drɛsɪŋ] n (Med) επίδεση f • (Culin: for salad) ντρέσινγκ nt inv

dressing gown (BRIT) n ρόμπα f

dressing room n (Theat) καμαρίνι nt • (Sport) αποδυτήρια nt pl

dressing table n τουαλέτα f (έπιπλο)

drew [druː] pt of **draw**

dribble ['drɪbl] vi (trickle) πέφτω • (liquid) στάζω • (baby) βγάζω σάλια

dried [draɪd] adj (fruit) αποξηραμένος • (eggs, milk) (σε) σκόνη

drier ['draɪəʳ] n = **dryer**

drift [drɪft] n (of current etc) ρεύμα nt • (of snow) σωρός m • (meaning) ειρμός m ▶ vi (boat) παρασύρομαι από το ρεύμα • (sand, snow) συσσωρεύομαι • **to ~ apart** (friends, lovers) απομακρύνομαι (ο ένας απ' τον άλλο)

drill [drɪl] n τρυπάνι nt • (Mil) άσκηση f ▶ vt (hole) ανοίγω (με τρυπάνι) • (troops) εκπαιδεύω ▶ vi (for oil) κάνω γεώτρηση

drink [drɪŋk] (pt **drank**, pp **drunk**) n ποτό nt • (sip) γουλιά f ▶ vt πίνω ▶ vi πίνω

drink-driving ['drɪŋk'draɪvɪŋ] n οδήγηση f υπό την επήρεια αλκοόλ

drinker ['drɪŋkə'] n (of alcohol) πότης m

drinking water n πόσιμο νερό nt

drip [drɪp] n (dripping, noise) στάξιμο nt • (Med) ορός m ▶ vi (water, rain) πέφτω στάλα-στάλα • (tap, washing) στάζω

drive [draɪv] (pt **drove**, pp **driven**) n (journey) ταξίδι nt (με το αυτοκίνητο) • (also: **driveway**) δρόμος m • (energy) ορμή f • (campaign) εκστρατεία f • (Sport) ντράιβ nt inv • (Comput: also: **disk ~**) οδηγός m (δίσκου) ▶ vt (vehicle) οδηγώ • (Tech: machine, motor, wheel) τροφοδοτώ • (nail, stake etc): **to ~ sth into sth** εισάγω κτ σε κτ • (incite, encourage) παρακινώ ▶ vi (Aut: at controls) οδηγώ • (travel) πηγαίνω με το αυτοκίνητο • **left-/right-hand ~ car** (Aut) αριστεροτίμονο/δεξιοτίμονο αυτοκίνητο • **to ~ sb mad** τρελαίνω κν • **what are you driving at?** τι επιδιώκετε;

▶ **drive out** vt διώχνω

drive-in ['draɪvɪn] (esp US) adj υπαίθριος (για αυτοκίνητα) ▶ n ντράιβ ιν nt inv

driven ['drɪvn] pp of **drive**

driver ['draɪvə'] n οδηγός mf

driver's license ['draɪvəzlaɪsns] (US) n άδεια f οδήγησης

driveway ['draɪvweɪ] n ιδιωτικός δρόμος m

driving ['draɪvɪŋ] n οδήγηση f

driving licence (BRIT) n άδεια f οδήγησης

drizzle ['drɪzl] n ψιχάλα f ▶ vi ψιχαλίζει

drop [drɒp] n (of water etc) σταγόνα f • (reduction) πτώση f • (distance) ύψος nt ▶ vt (object: intentionally) ρίχνω • (accidentally): **to ~ sth** μου πέφτει κτ • (voice, eyes) χαμηλώνω • (reduce: price) ρίχνω • (set down from car) αφήνω ▶ vi (object, wind) πέφτω ■ **drops** npl (Med) σταγόνες fpl

▶ **drop in** (inf) vi: **to ~ in (on sb)** περνάω (από κν)

▶ **drop off** vi παίρνω έναν υπνάκο ▶ vt (passenger) αφήνω

▶ **drop out** vi (withdraw) τα παρατάω • (student) διακόπτω

drought [draut] n ξηρασία f

drove [drəuv] pt of **drive**

drown [draun] vt (kill) πνίγω • (fig: also: **~ out**) πνίγω ▶ vi πνίγομαι

drug [drʌg] n (Med) φάρμακο nt • (narcotic) ναρκωτικό nt ▶ vt (person, animal) ναρκώνω • **to be on drugs** παίρνω ναρκωτικά

drug addict n ναρκομανής mf

drugstore ['drʌgstɔː'] (US) n φαρμακείο

drum [drʌm] n (Mus: in classical orchestra) τύμπανο nt • (: in band) ντραμς nt inv • (for oil, petrol) βαρέλι nt ▶ vi (rain etc) πέφτω με θόρυβο • (with fingers) χτυπάω ρυθμικά ■ **drums** npl ντραμς ntpl inv

▶ **drum up** vt ξεσηκώνω

drummer ['drʌmə'] n (orchestra) τυμπανιστής/τρια m/f • (rock band) ντράμερ mf inv

drunk [drʌŋk] pp of **drink** ▶ adj μεθυσμένος ▶ n αλκοολικός/ή m/f • **to get ~** μεθάω

drunken ['drʌŋkən] adj (laughter, party) μεθυσμένων • (person) μεθυσμένος

dry [draɪ] adj (clothes) στεγνός • (skin) ξηρός • (climate, weather, day) ξηρός • (ground) ξερός •

• (wine) ξηρός • (lecture, subject) στεγνός ▶ vt (clothes) στεγνώνω • (ground) ξεραίνω • (tears etc) σκουπίζω ▶ vi (paint, washing etc) στεγνώνω

▶ **dry up** vi (river, well) στερεύω • (in speech) κολλάω (ξεχνώ τι θέλω να πω)

dryer ['draɪə'] n (for clothes) απλώστρα f • (US: spin-dryer) στεγνωτήριο nt

DSS (BRIT) n abbr (= Department of Social Security) ≈ Υπουργείο Κοινωνικών Ασφαλίσεων

dual ['djuəl] adj διπλός

dubious ['dju:bɪəs] adj ύποπτος

duck [dʌk] n πάπια f ▶ vi (also: **~ down**) σκύβω ▶ vt αποφεύγω

due [dju:] adj (expected) που αναμένεται • (owed) χρωστούμενος • (proper) δέων ▶ n: **to give sb his (or her) ~** για να πούμε και του στραβού το δίκιο ▶ adv: **~ north** όλο βόρεια • **in ~ course** (eventually) εν ευθέτω χρόνω • **~ to** λόγω +gen ■ **dues** npl (for club, union) συνδρομή f • (in harbour) τέλη nt pl

duel ['djuəl] n μονομαχία f

duet [dju:'et] n ντουέτο nt

dug [dʌg] pt, pp of **dig**

duke [dju:k] n δούκας m

dull [dʌl] adj (light) θαμπός • (event) βαρετός • (sound) υπόκωφος • (pain) αμβλύς • (weather, day) μουντός ▶ vt (pain, grief) απαλύνω • (mind, senses) (μυαλό) θολώνω, (αισθήσεις) αμβλύνω

dumb [dʌm] adj (pej: not speaking) βουβός • (pej: stupid) ηλίθιος

dummy ['dʌmɪ] n (tailor's model) κούκλα f • (BRIT: for baby) πιπίλα f ▶ adj άσφαιρος

dump [dʌmp] n (also: **rubbish ~**) σκουπιδότοπος m • (inf: place) αχούρι nt • (Mil) αποθήκη f ▶ vt πετάω • (Comput: data) αποτυπώνω

dune [dju:n] n αμμόλοφος m

dungeon ['dʌndʒən] n μπουντρούμι nt

duplicate [n 'dju:plɪkət, vb 'dju:plɪkeɪt] n (of document etc) ακριβές αντίγραφο nt • (of key) αντικλείδι nt ▶ vt (copy) αντιγράφω • (repeat) επαναλαμβάνω

durable ['djuərəbl] adj (materials) ανθεκτικός • (goods) διαρκής

duration [djuə'reɪʃən] n διάρκεια f

during ['djuərɪŋ] prep κατά τη διάρκεια +gen

dusk [dʌsk] n σούρουπο nt

dust [dʌst] n σκόνη f ▶ vt ξεσκονίζω

dustbin ['dʌstbɪn] (BRIT) n σκουπιδοτενεκές m

dusty ['dʌstɪ] adj (road) γεμάτος σκόνη • (furniture) σκονισμένος

Dutch [dʌtʃ] adj ολλανδικός ▶ n (Ling) ολλανδικά nt pl ▶ adv: **to go ~** (inf) πληρώνω μισά μισά ■ **the Dutch** npl οι Ολλανδοί

Dutchman ['dʌtʃmən] (irreg) n Ολλανδός m

Dutchwoman ['dʌtʃwumən] (irreg) n Ολλανδέζα f

duty ['dju:tɪ] n (responsibility) καθήκον nt • (tax) φόρος m • (at Customs, exports etc) δασμός m • **on ~** (police officer, nurse) σε υπηρεσία • **off ~** εκτός υπηρεσίας ■ **duties** npl καθήκοντα nt pl

duty-free ['dju:tɪ'fri:] adj αφορολόγητος

duvet ['du:veɪ] (BRIT) n πάπλωμα nt

DVD n abbr (= digital versatile or video disc)
Ντι-Βι-Ντι nt inv • **~ player** (συσκευή
αναπαραγωγής) Ντι-Βι-Ντι nt inv
dwell [dwɛl] (pt, pp **dwelt**) vi κατοικώ
▶ **dwell on** vt fus στέκομαι σε
dye [daɪ] n βαφή f ▶ vt βάφω
dying ['daɪɪŋ] adj ετοιμοθάνατος
dynamic [daɪ'næmɪk] adj (leader) δυναμικός
• (force) πανίσχυρος
dynamite ['daɪnəmaɪt] n δυναμίτης m
dyslexia [dɪs'lɛksɪə] n δυσλεξία f
dyslexic [dɪs'lɛksɪk] adj δυσλεξικός

E, e [iː] n το πέμπτο γράμμα του αγγλικού
αλφαβήτου
each [iːtʃ] adj κάθε inv ▶ pron καθένας m,
καθεμία f, καθένα nt • **~ other** ο ένας m τον
άλλον, η μια f την άλλη, το ένα nt το άλλο • **they
love ~ other** αγαπούν ο ένας τον άλλον • **they
have 2 books ~** έχουν 2 βιβλία ο καθένας • **~ of
us** καθένας από εμάς
eager ['iːgə'] adj (keen) που θέλει πολύ • **to be
~ to do sth** θέλω πολύ να κάνω κτ • **to be ~ for**
ανυπομονώ για
eagle ['iːgl] n αετός m
ear [ɪə'] n (Anat) αυτί nt • (of corn) καλαμπόκι nt
(ολόκληρο)
earl [əːl] (BRIT) n κόμης m
earlier ['əːlɪə'] adj προηγούμενος ▶ adv (leave, go
etc) νωρίτερα
early ['əːlɪ] adv (in day) νωρίς • (in month etc)
στην αρχή • (ahead of time) νωρίτερα ▶ adj (work,
hours) πρώτος • (Christians, settlers) πρώτος
• (death, departure) πρόωρος • **to have an
~ night** πάω νωρίς για ύπνο • **in the ~ or ~ in
the spring/19th century** στις αρχές της
άνοιξης/του 19ου αιώνα • **she's in her ~ forties**
μόλις πέρασε τα σαράντα
early retirement n: **to take ~** παίρνω πρόωρη
σύνταξη
earn [əːn] vt (salary) παίρνω • (money) βγάζω
• (Comm: interest) κερδίζω • (praise etc) αξίζω
earnest ['əːnɪst] adj (wish, desire) ολόψυχος
• (person, manner) σοβαρός
earnings ['əːnɪŋz] npl (personal) αποδοχές fpl
• (of company etc) κέρδη nt pl
earth [əːθ] n γη f • (soil) χώμα nt • (BRIT Elec)
γείωση f ▶ vt (BRIT Elec) γειώνω
earthquake ['əːθkweɪk] n σεισμός m
ease [iːz] n (easiness) ευκολία f • (comfort) άνεση
f ▶ vt (pain) καταπραΰνω • (tension, problem)
μετριάζω ▶ vi (situation) ηρεμώ • (pain, grief)
καταλαγιάζω • **to ~ sth in/out** βάζω/βγάζω κτ με
προσοχή
▶ **ease off** vi (lessen) κοπάζω • (slow down)
επιβραδύνω
▶ **ease up** vi = **ease off**
easily ['iːzɪlɪ] adv (without difficulty) εύκολα

• (by far) χωρίς αμφιβολία • (possibly) κάλλιστα

east [i:st] n (direction) ανατολή f • (of country, town) ανατολικά nt pl ▶ adj ανατολικός ▶ adv ανατολικά • the E~ (also Pol) η Ανατολή

Easter ['i:stə^r] n Πάσχα nt inv ▶ adj πασχαλινός

eastern ['i:stən] adj ανατολικός

easy ['i:zɪ] adj (simple) εύκολος • (relaxed) άνετος • (victim, prey) εύκολος ▶ adv: **to take it** or **things ~** (go slowly) κάνω με το πάσο μου • (not worry) δεν ανησυχώ • (rest) ξεκουράζομαι

easy-going ['i:zɪ'ɡəuɪŋ] adj καλόβολος

eat [i:t] (pt **ate**, pp **eaten**) vt τρώω ▶ vi τρώω
▶ **eat away at** vt fus (fig: savings) τρώω
▶ **eat into** vt fus = **eat away at**
▶ **eat out** vi τρώω έξω
▶ **eat up** vt (food) τρώω όλο • (fig) τρώω

e-business ['i:'bɪznɪs] n ηλεκτρονικό εμπόριο nt

eccentric [ɪk'sɛntrɪk] adj εκκεντρικός ▶ n εκκεντρικός/ή m/f

echo ['ɛkəu] (pl **echoes**) n ηχώ f ▶ vt (repeat) επαναλαμβάνω ▶ vi αντηχώ

eclipse [ɪ'klɪps] n έκλειψη f ▶ vt (competitor, rival) επισκιάζω

eco-friendly ['i:kəu'frɛndlɪ] adj φιλικός προς το περιβάλλον

ecological [i:kə'lɔdʒɪkəl] adj οικολογικός

ecology [ɪ'kɔlədʒɪ] n οικολογία f

e-commerce ['i:'kɔmə:s] n ηλεκτρονικό εμπόριο nt

economic [i:kə'nɔmɪk] adj (system, history) οικονομικός • (business etc) επικερδής

economical [i:kə'nɔmɪkl] adj (system, car, machine) οικονομικός • (person) οικονόμος

economics [i:kə'nɔmɪks] n (Scol) Οικονομικά nt pl ▶ npl (of project, situation) οικονομική διάσταση f

economist [ɪ'kɔnəmɪst] n οικονομολόγος mf

economy [ɪ'kɔnəmɪ] n οικονομία f

economy class n τουριστική θέση f

ecstasy ['ɛkstəsɪ] n (rapture) έκσταση f • (drug) Έκσταση f

ecstatic [ɛks'tætɪk] adj εκστασιασμένος

Ecuador ['ɛkwədɔ:^r] n Ισημερινός m

eczema ['ɛksɪmə] n έκζεμα nt

edge [ɛdʒ] n (of lake, road, table etc) άκρη f • (of knife etc) κόψη f ▶ vi: **to ~ forward** προχωρώ αργά • **to ~ past** περνάω στριμωχτά • **on ~** (fig) = **edgy**

edgy ['ɛdʒɪ] adj με τα νεύρα τεντωμένα

edible ['ɛdɪbl] adj φαγώσιμος

edit ['ɛdɪt] vt (text, report) διορθώνω • (book) επιμελούμαι • (film, radio broadcast) κάνω μοντάζ σε • (TV broadcast) σκηνοθετώ • (newspaper) είμαι αρχισυντάκτης/κτρια +gen • (magazine) διευθύνω

edition [ɪ'dɪʃən] n (of book, newspaper, magazine) έκδοση f • (TV, Radio) επεισόδιο nt

editor ['ɛdɪtə^r] n (of newspaper) συντάκτης/τρια m/f • (of magazine) διευθυντής/τρια m/f • (of book) επιμελητής/τρια m/f • **foreign/literary ~** συντάκτης των εξωτερικών ειδήσεων/της λογοτεχνικής στήλης

editorial [ɛdɪ'tɔ:rɪəl] adj εκδοτικός ▶ n κύριο άρθρο nt

educate ['ɛdjukeɪt] vt (teach) εκπαιδεύω • (instruct) ενημερώνω

education [ɛdju'keɪʃən] n εκπαίδευση f • (knowledge, culture) μόρφωση f

educational [ɛdju'keɪʃənl] adj (institution, policy, toy etc) εκπαιδευτικός • (experience) διδακτικός

eel [i:l] n χέλι nt

eerie ['ɪərɪ] adj απόκοσμος

effect [ɪ'fɛkt] n (process) επίδραση f • (result) συνέπεια f • (of speech, picture etc) εντύπωση f • **to take ~** (law) τίθεμαι σε ισχύ • (drug) επενεργώ • **in ~** στην πραγματικότητα ■ **effects** npl (personal belongings) υπάρχοντα nt pl • (Theat, Cine etc) εφέ ntpl inv

effective [ɪ'fɛktɪv] adj (successful) αποτελεσματικός • (actual: leader, command) αληθινός

effectively [ɪ'fɛktɪvlɪ] adv (successfully) αποτελεσματικά • (in reality) στην πραγματικότητα

efficiency [ɪ'fɪʃənsɪ] n (of person) ικανότητα f • (of organization) αποδοτικότητα f • (of machine) απόδοση f

efficient [ɪ'fɪʃənt] adj (person) ικανός • (organization, machine) αποδοτικός

efficiently [ɪ'fɪʃəntlɪ] adv αποδοτικά

effort ['ɛfət] n (endeavour, attempt) προσπάθεια f • (exertion) κόπος m

effortless ['ɛfətlɪs] adj (achievement) χωρίς κόπο • (style) άνετος

e.g. adv abbr (= exempli gratia) π.χ.

egg [ɛg] n αυγό nt
▶ **egg on** vt παρακινώ

ego ['i:ɡəu] n εγώ nt inv

Egypt ['i:dʒɪpt] n Αίγυπτος f

eight [eɪt] num οχτώ, οκτώ

eighteen [eɪ'ti:n] num δεκαοχτώ

eighteenth [eɪ'ti:nθ] num δέκατος όγδοος

eighth [eɪtθ] num όγδοος

eighty ['eɪtɪ] num ογδόντα

Eire ['ɛərə] n Ιρλανδία f

either ['aɪðə^r] adj (one or other) ή ο ένας ή ο άλλος • (both, each) και οι δυο ▶ pron: **~ (of them)** οποιοσδήποτε (από τους δύο) ▶ adv ούτε ▶ conj: **~ yes or no** ή ναι ή όχι • **no, I don't ~** όχι, ούτε εγώ…

elaborate [adj ɪ'læbərɪt, vb ɪ'læbəreɪt] adj πολύπλοκος ▶ vt (expand) αναπτύσσω • (refine) επεξεργάζομαι ▶ vi: **to ~ (on)** προχωρώ σε λεπτομέρειες (για)

elastic [ɪ'læstɪk] n καουτσούκ nt inv ▶ adj ελαστικός

elbow ['ɛlbəu] n αγκώνας m ▶ vt: **to ~ one's way through the crowd** ανοίγω δρόμο σπρώχνοντας

elder ['ɛldə^r] adj μεγαλύτερος ▶ n (tree) αφροξυλιά f • (pl: older person) ηλικιωμένος/η

elderly ['ɛldəlɪ] adj ηλικιωμένος

eldest ['ɛldɪst] adj μεγαλύτερος ▶ n ο/η μεγάλος/η m/f

elect [ɪ'lɛkt] vt εκλέγω ▶ adj: **the president ~** ο εκλεγμένος πρόεδρος (που δεν έχει αναλάβει ακόμη καθήκοντα) • **to ~ to do** επιλέγω να κάνω

election [ɪ'lekʃən] n (voting) εκλογές fpl
• (installation) εκλογή f
electoral [ɪ'lektərəl] adj εκλογικός
electorate [ɪ'lektərɪt] n εκλογικό σώμα nt
electric [ɪ'lektrɪk] adj ηλεκτρικός
electrical [ɪ'lektrɪkl] adj ηλεκτρικός
electrician [ɪlek'trɪʃən] n ηλεκτρολόγος mf
electricity [ɪlek'trɪsɪtɪ] n (energy) ηλεκτρισμός m
• (supply) ρεύμα nt
electronic [ɪlek'trɒnɪk] adj ηλεκτρονικός
electronics [ɪlek'trɒnɪks] n ηλεκτρονική f
elegance ['elɪgəns] n (of person, building)
κομψότητα f • (of idea, theory) απλότητα f
elegant ['elɪgənt] adj (person, building) κομψός
• (idea, theory) έξυπνος
element ['elɪmənt] n (part) στοιχείο nt
• (Chem) στοιχείο nt • (of heater, kettle etc)
αντίσταση f • **to be in one's ~** βρίσκομαι στο
στοιχείο μου
elementary [elɪ'mentərɪ] adj (basic) βασικός
• (primitive) στοιχειώδης • (school, education)
πρωτοβάθμιος
elephant ['elɪfənt] n ελέφαντας m
elevate ['elɪveɪt] vt εξυψώνω • (physically)
ανυψώνω • (in rank) προάγω
elevator ['elɪveɪtəʳ] n (US: lift) ασανσέρ nt inv
eleven [ɪ'levn] num έντεκα
eleventh [ɪ'levnθ] num ενδέκατος • **at the
~ hour** (fig) την παρά πέντε
eligible ['elɪdʒəbl] adj (man, woman) ελεύθερος
• **to be ~ for sth** (entitled) δικαιούμαι κτ
eliminate [ɪ'lɪmɪneɪt] vt (candidate, team)
αποκλείω • (poverty) εξαλείφω
elm [elm] n φτελιά f
eloquent ['eləkwənt] adj (speech, description)
εύγλωττος • (person) ευφραδής
else [els] adv: **or ~** (otherwise) διαφορετικά
• (threatening) αλλιώς • **something ~** κάτι άλλο
• **somewhere ~** κάπου αλλού • **everywhere ~**
οπουδήποτε αλλού • **where ~?** πού αλλού; • **is
there anything ~ I can do?** μπορώ να κάνω
κάτι άλλο; • **everyone ~** όλοι οι άλλοι • **nobody
~ spoke** κανείς άλλος δε μίλησε
elsewhere [els'wɛəʳ] adv αλλού
elusive [ɪ'luːsɪv] adj (person, animal) δυσεύρετος
• (quality) ακαθόριστος
email ['iːmeɪl] n (Comput) n ηλεκτρονικό
ταχυδρομείο nt ▸ vt: **to ~ sb** στέλνω ημέιλ σε κν
email address n διεύθυνση f ηλεκτρονικού
ταχυδρομείου
embankment [ɪm'bæŋkmənt] n ανάχωμα nt
embargo [ɪm'baːgəʊ] (pl **embargoes**) n
εμπάργκο nt inv ▸ vt (ship) απαγορεύω τον
απόπλου σε
embark [ɪm'baːk] vi (Naut): **to ~ (on)**
επιβιβάζομαι (σε)
▸ **to embark on** vt fus (journey) ξεκινάω (για)
• (task, course of action) ξεκινάω
embarrass [ɪm'bærəs] vt (emotionally) κάνω να
ντρέπεται • (politician, government) φέρνω σε
δύσκολη θέση
embarrassed [ɪm'bærəst] adj (laugh, silence)
αμήχανος • **to be ~** ντρέπομαι
embarrassing [ɪm'bærəsɪŋ] adj αμήχανος

embarrassment [ɪm'bærəsmənt] n (shame)
ντροπή f • (embarrassing problem) πονοκέφαλος m
embassy ['embəsɪ] n πρεσβεία f
embrace [ɪm'breɪs] vt (hug) αγκαλιάζω
• (include) συμπεριλαμβάνω ▸ vi αγκαλιάζομαι
▸ n αγκαλιά f
embroidery [ɪm'brɔɪdərɪ] n κέντημα nt
embryo ['embrɪəʊ] n (Bio) έμβρυο nt
emerald ['emərəld] n σμαράγδι nt
emerge [ɪ'məːdʒ] vi: **to ~ (from)** (room, car)
βγαίνω (από) • (fact, discussion etc) ανακύπτω
(από)
emergency [ɪ'məːdʒənsɪ] n επείγον
περιστατικό nt • **in an ~** σε περίπτωση ανάγκης
emergency exit n έξοδος f κινδύνου
emergency services [ɪ'məːdʒənsɪ'səːvɪsəz]
npl: **the ~** οι υπηρεσίες πρώτων βοηθειών
emigrate ['emɪgreɪt] vi μεταναστεύω
emigration [emɪ'greɪʃən] n μετανάστευση f
eminent ['emɪnənt] adj διακεκριμένος
emit [ɪ'mɪt] vt (smoke, smell) αναδίνω • (sound,
light, heat) εκπέμπω
emoji [ɪ'məʊdʒiː] n feed nt inv
emotion [ɪ'məʊʃən] n συναίσθημα nt
emotional [ɪ'məʊʃənl] adj (needs, issue)
συναισθηματικός • (person) συναισθηματικός
• (tone, speech) συγκινητικός
emperor ['empərəʳ] n αυτοκράτορας m
emphasis ['emfəsɪs] (pl **emphases**) n έμφαση f
emphasize ['emfəsaɪz] vt (word, point)
υπογραμμίζω • (feature) τονίζω
empire ['empaɪəʳ] n (also fig) αυτοκρατορία f
employ [ɪm'plɔɪ] vt (workforce, person)
απασχολώ (με μισθό) • (tool, weapon)
χρησιμοποιώ
employee [ɪmplɔɪ'iː] n εργαζόμενος/η m/f
employer [ɪm'plɔɪəʳ] n εργοδότης mf
employment [ɪm'plɔɪmənt] n εργασία f
empower [ɪm'paʊəʳ] vt: **to ~ sb to do sth** δίνω
τη δύναμη σε κν να κάνει κτ
empress ['emprɪs] n αυτοκράτειρα f
emptiness ['emptɪnɪs] n (of area, region etc)
ερημιά f • (of life etc) κενό nt
empty ['emptɪ] adj (also) άδειος • (threat, promise)
κενός ▸ vt αδειάζω ▸ vi (house, container) αδειάζω
empty-handed ['emptɪ'hændɪd] adj με άδεια
χέρια
EMU ['iːmjuː] n abbr (= European Monetary
Union) (Phot) Ευρωπαϊκή Νομισματική Ένωση f
emulsion [ɪ'mʌlʃən] n (Phot) γαλάκτωμα nt
• (also: **~ paint**) πλαστικό χρώμα nt
enable [ɪ'neɪbl] vt: **to ~ sb to do** (make possible)
δίνω τη δυνατότητα σε κν να κάνει • (permit,
allow) επιτρέπω σε κν να κάνει
enamel [ɪ'næməl] n (for decoration) σμάλτο nt
• (also: **~ paint**) βερνικόχρωμα nt • (of tooth)
αδαμαντίνη f
enchanting [ɪn'tʃɑːntɪŋ] adj γοητευτικός
enclose [ɪn'kləʊz] vt (land, space) περιφράζω
• (object) περιβάλλω • (letter etc) εσωκλείω
enclosure [ɪn'kləʊʒəʳ] n περίβολος m • (in letter
etc) συνημμένο nt
encore [ɒŋ'kɔːʳ] excl κι άλλο ▸ n (Theat)
ανκόρ nt inv

encounter [ɪn'kaʊntə'] n (meeting) συνάντηση f
(τυχαία) • (experience) εμπειρία f ▶ vt (person)
συναντώ • (new experience, problem) αντιμετωπίζω

encourage [ɪn'kʌrɪdʒ] vt: **to ~ sb (to do sth)**
ενθαρρύνω κν (να κάνει κτ) • (activity, attitude)
ενισχύω • (growth, industry) ενθαρρύνω

encouragement [ɪn'kʌrɪdʒmənt] n
ενθάρρυνση f

encouraging [ɪn'kʌrɪdʒɪŋ] adj ενθαρρυντικός

encyclopaedia, encyclopedia
[ensaɪkləu'piːdiə] n εγκυκλοπαίδεια f

end [end] n (of period, event, film, book etc) τέλος
nt • (of table, street, rope etc) άκρη f • (purpose)
σκοπός m ▶ vt σταματάω ▶ vi λήγω • **to come to
an ~** τελειώνω • **in the ~** τελικά • **on ~** (object)
όρθιος • **for hours on ~** για ώρες συνεχώς
▶ **end up** vi: **to ~ up in** (place) καταλήγω σε

endanger [ɪn'deɪndʒə'] vt βάζω σε κίνδυνο

endearing [ɪn'dɪərɪŋ] adj ελκυστικός

endeavour [ɪn'devə'], **endeavor** (US) n
προσπάθεια f ▶ vi: **to ~ to do** προσπαθώ or
καταβάλλω προσπάθειες να κάνω

ending ['endɪŋ] n (of book, film, play etc) τέλος nt
• (Ling) κατάληξη f

endless ['endlɪs] adj (argument, search)
ατελείωτος • (forest, beach) απέραντος
• (patience, resources) ανεξάντλητος
• (possibilities) άπειρος

endorse [ɪn'dɔːs] vt (cheque) οπισθογραφώ
• (approve) εγκρίνω

endorsement [ɪn'dɔːsmənt] n (approval)
έγκριση f • (BRIT: on driving licence) παράβαση
που καταγράφεται στο δίπλωμα

endurance [ɪn'djuərəns] n αντοχή f

endure [ɪn'djuə'] vt υπομένω ▶ vi αντέχω στο
χρόνο

enemy ['enəmɪ] n (opponent) αντίπαλος mf
• (Mil) εχθρός m ▶ adj (forces, strategy) εχθρικός

energetic [enə'dʒetɪk] adj ενεργητικός

energy ['enədʒɪ] n (strength, drive) δύναμη f
• (nuclear energy etc) ενέργεια f

enforce [ɪn'fɔːs] (Jur) vt επιβάλλω

engaged [ɪn'geɪdʒd] adj (betrothed)
αρραβωνιασμένος • (BRIT Tel) κατειλημμένος/η
• **to get ~** αρραβωνιάζομαι • **he is ~ in research/
a survey** ασχολείται με την έρευνα/μια μελέτη

engagement [ɪn'geɪdʒmənt] n (appointment)
ραντεβού nt inv • (booking) υποχρέωση f • (to
marry) αρραβώνας m • (Mil) συμπλοκή f

engaging [ɪn'geɪdʒɪŋ] adj ελκυστικός

engine ['endʒɪn] n (Aut, Rail) μηχανή f

engineer [endʒɪ'nɪə'] n μηχανικός mf • (BRIT: for
repairs) τεχνίτης/τρια m/f

engineering [endʒɪ'nɪərɪŋ] n μηχανική f

England ['ɪŋglənd] n Αγγλία f

English ['ɪŋglɪʃ] adj αγγλικός ▶ n (Ling) αγγλικά
nt pl ■ **the English** npl οι Άγγλοι

English Channel n: **the ~** η Μάγχη

Englishman ['ɪŋglɪʃmən] (irreg) n Άγγλος m

Englishwoman ['ɪŋglɪʃwumən] (irreg) n
Αγγλίδα f

enhance [ɪn'hɑːns] vt (taste, appearance)
βελτιώνω • (enjoyment, beauty) αυξάνω
• (reputation) ενισχύω

enjoy [ɪn'dʒɔɪ] vt (take pleasure in) χαίρομαι
• (have benefit of) απολαμβάνω • **to ~ o.s**
διασκεδάζω

enjoyable [ɪn'dʒɔɪəbl] adj ευχάριστος

enjoyment [ɪn'dʒɔɪmənt] n (feeling of pleasure)
ευχαρίστηση f • (activity) απόλαυση f

enlarge [ɪn'lɑːdʒ] vt (size, scope) μεγαλώνω
• (Phot) μεγεθύνω ▶ vi: **to ~ on** επεκτείνομαι σε

enlargement [ɪn'lɑːdʒmənt] (Phot) n
μεγέθυνση f

enlist [ɪn'lɪst] vt (soldier, person) στρατολογώ
• (support, help) εξασφαλίζω ▶ vi: **to ~ in**
κατατάσσομαι σε

enormous [ɪ'nɔːməs] adj τεράστιος

enough [ɪ'nʌf] adj (time, books, people etc)
αρκετός ▶ pron αρκετά ▶ adv: **big ~** αρκετά
μεγάλος • **he has not worked ~** δεν έχει
δουλέψει αρκετά • **have you got ~?** έχεις
αρκετούς/ές/ά; • **~ to eat** αρκετό φαγητό • **that's
~, thanks** φτάνει, ευχαριστώ • **I've had ~ of him**
δεν τον μπορώ άλλο or αρκετά τον ανέχτηκα
• **...which, funnily or oddly or strangely ~ ...**
...το οποίο, όλως περιέργως or παραδόξως...

enquire [ɪn'kwaɪə'] vt, vi = **inquire**

enquiry [ɪn'kwaɪərɪ] n = **inquiry**

enrich [ɪn'rɪtʃ] vt (morally, spiritually) εμπλουτίζω
• (financially) κάνω πλούσιο

enrol [ɪn'rəul], **enroll** (US) vt γράφω ▶ vi
γράφομαι

enrolment [ɪn'rəulmənt], **enrollment** (US) n
εγγραφή f

en route [ɔn'ruː] adv στη διαδρομή

ensure [ɪn'ʃuə'] vt εξασφαλίζω • **to ~ that**
εξασφαλίζω ότι

entail [ɪn'teɪl] vt συνεπάγομαι

enter ['entə'] vt μπαίνω σε • (race, contest)
δηλώνω συμμετοχή σε • (write down) καταχωρώ
• (Comput: data) μπαίνω ▶ vi μπαίνω (μέσα)
▶ **enter for** vt fus δηλώνω συμμετοχή (σε
▶ **enter into** vt fus (correspondence,
negotiations) προχωρώ σε • (agreement)
συνάπτω (fml)

enterprise ['entəpraɪz] n (company, business)
επιχείρηση f • (venture) εγχείρημα nt • (initiative)
πρωτοβουλία f • **free ~** ελεύθερη αγορά
• **private ~** ιδιωτική πρωτοβουλία

enterprising ['entəpraɪzɪŋ] adj (person) με
επιχειρηματικό πνεύμα • (scheme) ευρηματικός

entertain [entə'teɪn] vt (amuse) διασκεδάζω
• (guest) καλώ • (idea, plan) σκέφτομαι σοβαρά

entertainer [entə'teɪnə'] n καλλιτέχνης mf (στο
χώρο του θεάματος)

entertaining [entə'teɪnɪŋ] adj διασκεδαστικός

entertainment [entə'teɪnmənt] n
(amusement) διασκέδαση f • (show) ψυχαγωγικό
πρόγραμμα nt

enthusiasm [ɪn'θuːzɪæzəm] n ενθουσιασμός m

enthusiast [ɪn'θuːzɪæst] n λάτρης mf

enthusiastic [ɪnθuːzɪ'æstɪk] adj ενθουσιώδης

entire [ɪn'taɪə'] adj ολόκληρος

entirely [ɪn'taɪəlɪ] adv εξ ολοκλήρου

entitled [ɪn'taɪtld] adj (book, film etc) που έχει
τον τίτλο

entrance [n 'entrns, vb ɪn'trɑːns] n είσοδος f

▶ *vt* μαγεύω • **to gain ~ to** (*university, profession etc*) μπαίνω σε

entrant ['entrnt] *n* διαγωνιζόμενος/η *m/f* • (BRIT: *in exam*) υποψήφιος/α *m/f*

entrepreneur ['ɒntrəprə'nə:ʳ] *n* επιχειρηματίας *mf*

entry ['entri] *n* (*way in*) είσοδος *f* • (*in competition*) συμμετοχή *f* • (*in register, account book*) καταχώρηση *f* • (*in reference book*) λήμμα *nt* • **"no ~"** (*also Aut*) «απαγορεύεται η είσοδος»

envelope ['envələup] *n* φάκελος *m*

envious ['enviəs] *adj* ζηλόφθονος • **to be ~ of sth/sb** φθονώ *or* ζηλεύω κτ/κν

environment [ɪn'vaɪərnmənt] *n* περιβάλλον *nt* • **the ~** το περιβάλλον

environmental [ɪnvaɪərn'mentl] *adj* (*of surroundings*) περιβαλλοντικός • (*of the natural world*) περιβαλλοντικός

environmentally [ɪnvaɪərn'mentlɪ] *adv*: **~ friendly** φιλικός προς το περιβάλλον

envisage [ɪn'vɪzɪdʒ] *vt* προβλέπω

envoy ['envɔɪ] *n* απεσταλμένος/η *m/f* • (*diplomat*) διπλωματικός/ή απεσταλμένος/η *m/f*

envy ['envi] *n* ζήλεια *f* ▶ *vt* ζηλεύω • **to ~ sb sth** ζηλεύω κτι για κτ

epic ['epik] *n* έπος *nt* ▶ *adj* περιπετειώδης

epidemic [epi'demik] *n* επιδημία *f*

epilepsy ['epilepsi] *n* επιληψία *f*

epileptic [epi'leptik] *adj* επιληπτικός

episode ['episəud] *n* (*also TV, Radio*) επεισόδιο *nt*

equal ['i:kwl] *adj* ίσος ▶ *n* (*peer*) όμοιος/α *m/f* • (*match, rival*) φτάνω • **79 minus 14 equals 65** 79 μείον 14 ίσον 65 • **to be ~ to** (*task*) μπορώ να σταθώ στο ύψος +*gen*

equality [i:'kwɔlɪti] *n* ισότητα *f*

equally ['i:kwəli] *adv* (*share, divide etc*) ισομερώς • (*good, bad etc*) εξίσου

equation [ɪ'kweɪʃən] *n* (*Math*) εξίσωση *f*

equator [ɪ'kweɪtəʳ] *n*: **the ~** ο ισημερινός

equip [ɪ'kwɪp] *vt*: **to ~ (with)** εξοπλίζω (με) • **to ~ sb for/to** δίνω τα εφόδια σε κν για/για να

equipment [ɪ'kwɪpmənt] *n* εξοπλισμός *m*

equivalent [ɪ'kwɪvələnt] *adj* αντίστοιχος ▶ *n* (*equal*) το αντίστοιχο *nt* • **to be ~ to** αντιστοιχώ με

era ['ɪərə] *n* εποχή *f*

erase [ɪ'reɪz] *vt* σβήνω

erect [ɪ'rekt] *adj* όρθιος ▶ *vt* (*build*) ανεγείρω • (*assemble*) στήνω

erection [ɪ'rekʃən] *n* (*of building, statue*) ανέγερση *f* • (*Physiol*) στύση *f*

erode [ɪ'rəud] *vt* (*also fig*) διαβρώνω

erosion [ɪ'rəuʒən] *n* (*of soil, rock, metal also fig*: *of confidence, power*) διάβρωση *f*

erotic [ɪ'rɔtik] *adj* ερωτικού περιεχομένου

erratic [ɪ'rætik] *adj* (*behaviour*) αλλοπρόσαλλος • (*noise*) ακανόνιστος

error ['erəʳ] *n* σφάλμα *nt*

erupt [ɪ'rʌpt] *vi* (*volcano*) εκρήγνυμαι • (*war, crisis*) ξεσπάω

eruption [ɪ'rʌpʃən] *n* (*of volcano*) έκρηξη *f* • (*of fighting*) ξέσπασμα *nt*

escalate ['eskəleɪt] *vi* κλιμακώνομαι

escalator ['eskəleɪtəʳ] *n* κυλιόμενες σκάλες *fpl*

escape [ɪs'keɪp] *n* (*from prison*) απόδραση *f* • (*from person*) φυγή *f* ▶ *vi* (*get out*) ξεφεύγω • (*from jail*) δραπετεύω • (*leak*) διαρρέω ▶ *vt* (*consequences, responsibility etc*) γλυτώνω • **his name escapes me** το όνομά του μου διαφεύγει

escort [*n* 'eskɔːt, *vb* ɪs'kɔːt] *n* (Mil, Police) συνοδεία *f* • (*companion*) συνοδός *mf* ▶ *vt* συνοδεύω

especially [ɪs'peʃlɪ] *adv* (*above all*) ειδικά • (*particularly, more than usually*) ιδιαίτερα

essay ['eseɪ] *n* (Scol) έκθεση *f* • (Lit) δοκίμιο *nt*

essence ['esns] *n* ουσία *f* • (Culin) εσάνς *nt inv*

essential [ɪ'senʃl] *adj* (*necessary, vital*) απαραίτητος • (*basic*) ουσιαστικός ▶ *n* απολύτως αναγκαίο *or* απαραίτητο *nt*

essentially [ɪ'senʃəlɪ] *adv* ουσιαστικά

establish [ɪs'tæblɪʃ] *vt* (*organization, firm*) ιδρύω • (*facts, proof*) διαπιστώνω • (*relations, contact*) δημιουργώ • (*reputation*) εδραιώνω

establishment [ɪs'tæblɪʃmənt] *n* (*of organization, firm*) ίδρυση *f* • (*shop etc*) κατάστημα *nt* • **the E~** το κατεστημένο

estate [ɪs'teɪt] *n* (*land*) κτήμα *nt* • (BRIT: *also*: **housing ~**) οικοδομικό συγκρότημα *nt* • (Jur) περιουσία *f*

estate agent (BRIT) *n* μεσίτης/τρια *m/f*

estimate [*n* 'estɪmət, *vb* 'estɪmeɪt] *n* εκτίμηση *f* • (Comm: *of builder*) προσφορά *f* ▶ *vt* υπολογίζω

Estonia [es'təunɪə] *n* Εσθονία *f*

etc. *abbr* (= *et cetera*) κ.λπ.

eternal [ɪ'təːnl] *adj* (*everlasting, unceasing*) παντοτινός • (*truth, value*) διαχρονικός

eternity [ɪ'təːnɪtɪ] *n* αιωνιότητα *f*

ethical ['eθɪkl] *adj* ηθικός

ethics ['eθɪks] *n* (*science*) Ηθική *f* ▶ *npl* (*morality*) αρχές *fpl*

Ethiopia [iːθɪ'əupɪə] *n* Αιθιοπία *f*

ethnic ['eθnɪk] *adj* (*population*) εθνικός • (*music, culture etc*) εθνικ

etiquette ['etɪket] *n* εθιμοτυπία *f*

EU *n abbr* (= *European Union*) Ε.Ε. *f*

euro ['juərəu] *n* ευρώ *nt inv*

Europe ['juərəp] *n* Ευρώπη *f*

European [juərə'piːən] *adj* ευρωπαϊκός ▶ *n* Ευρωπαίος/α *m/f*

European Union *n*: **the ~** Ευρωπαϊκή Ένωση

evacuate [ɪ'vækjueɪt] *vt* (*people*) μεταφέρω σε ασφαλές μέρος • (*place*) εκκενώνω

evade [ɪ'veɪd] *vt* αποφεύγω

evaluate [ɪ'væljueɪt] *vt* εκτιμώ

evaporate [ɪ'væpəreɪt] *vi* (*liquid*) εξατμίζομαι • (*fig*) εξανεμίζομαι

eve [iːv] *n*: **on the ~ of** την παραμονή +*gen* • **Christmas E~** η παραμονή των Χριστουγέννων • **New Year's E~** η παραμονή της Πρωτοχρονιάς

even ['iːvn] *adj* (*level*) ομαλός • (*equal*) δίκαιος • (*number*) ζυγός ▶ *adv* (*showing surprise*) ακόμα • (*introducing a comparison*) ακόμα • **~ if** ακόμα κι αν • **~ though** αν και • **~ more** ακόμα περισσότερο • **~ so** παρόλα αυτά • **not ~** ούτε καν • **he was there** ακόμα κι αυτός ήταν εκεί • **~ on Sundays** ακόμα και τις Κυριακές

• **to break ~** ισοφαρίζω • **to get ~ with sb** πατσίζω με κν

evening ['iːvnɪŋ] n απόγευμα nt • (whole period, event) βραδιά f • **in the ~** το βράδυ

event [ɪ'vent] n (occurrence) γεγονός nt • **in the ~ of** σε περίπτωση +gen

eventful [ɪ'ventful] adj περιπετειώδης

eventual [ɪ'ventʃuəl] adj τελικός

eventually [ɪ'ventʃuəli] adv τελικά

ever ['evə'] adv (always) πάντοτε • (at any time) ποτέ • **why ~ not?** μα γιατί όχι; • **the best ~** το καλύτερο από όλα • **have you ~ seen it?** το έχετε δει ποτέ; • **for ~** για πάντα • **hardly ~** σπάνια • **better than ~** καλύτερα από ποτέ ▸ adv: **~ since** από τότε ▸ conj από τότε που • **~ so pretty** τόσο όμορφος

evergreen ['evəgriːn] n αειθαλές nt

○ **KEYWORD**

every ['evrɪ] adj **1** (each) κάθε • **every shop in the town was closed** όλα τα μαγαζιά στην πόλη ήταν κλειστά

2 (all possible) κάθε • **he's every bit as clever as his brother** είναι τόσο έξυπνος όσο και ο αδερφός του

3 (showing recurrence) κάθε • **every other car (had been broken into)** (είχαν παραβιάσει) ένα στα δύο αυτοκίνητα • **every other day** κάθε δεύτερη μέρα • **every third day** κάθε τρεις μέρες • **every now and then** κάθε τόσο

everybody ['evrɪbɔdɪ] pron όλοι

everyday ['evrɪdeɪ] adj καθημερινός

everyone ['evrɪwʌn] pron = **everybody**

everything ['evrɪθɪŋ] pron όλα • **~ is ready** όλα είναι έτοιμα or τα πάντα είναι έτοιμα • **he did ~ possible** έκανε ό,τι ήταν δυνατό

everywhere ['evrɪweə'] adv (all over) παντού • (wherever) όπου

evict [ɪ'vɪkt] vt (squatter) πετάω έξω • (tenant) κάνω έξωση σε

evidence ['evɪdns] n (proof) αποδείξεις fpl • (Jur) στοιχεία nt pl • (signs, indications) ενδείξεις fpl

evident ['evɪdnt] adj φανερός

evidently ['evɪdntlɪ] adv (obviously) φανερά • (apparently) προφανώς

evil ['iːvl] adj κακός ▸ n κακό nt

evoke [ɪ'vəuk] vt (feeling, response) προκαλώ • (memory) ξαναφέρνω

evolution [iːvə'luːʃən] n (also Bio) εξέλιξη f

evolve [ɪ'vɔlv] vt (scheme, style) αναπτύσσω ▸ vi εξελίσσομαι

ex- [eks] prefix (husband etc) πρώην • (president) τέως

exact [ɪg'zækt] adj (time, amount, word etc) ακριβής • (person, worker) μεθοδικός ▸ vt: **to ~ sth (from)** απαιτώ κτ (από)

exactly [ɪg'zæktlɪ] adv ακριβώς • **~!** ακριβώς!

exaggerate [ɪg'zædʒəreɪt] vt μεγαλοποιώ ▸ vi υπερβάλλω

exaggeration [ɪgzædʒə'reɪʃən] n υπερβολή f

exam [ɪg'zæm] n abbr = **examination**

examination [ɪgzæmɪ'neɪʃən] n εξέταση f

examine [ɪg'zæmɪn] vt εξετάζω

examiner [ɪg'zæmɪnə'] (Scol) n εξεταστής/τρια m/f

example [ɪg'zɑːmpl] n παράδειγμα nt • **for ~** για παράδειγμα

exceed [ɪk'siːd] vt υπερβαίνω

exceedingly [ɪk'siːdɪŋlɪ] adv υπερβολικά

excel [ɪk'sel] vi: **to ~ (in/at)** διαπρέπω (σε) ▸ vt (BRIT): **to ~ o.s** ξεπερνάω τον εαυτό μου

excellence ['eksələns] n υπεροχή f

excellent ['eksələnt] adj υπέροχος

except [ɪk'sept] prep (also: **~ for, excepting**) εκτός από • **~ if** εκτός αν • **~ when** παρά μόνο όταν • **~ that** εκτός απ' το ότι

exception [ɪk'sepʃən] n εξαίρεση f • **to take ~ to** διαμαρτύρομαι για

exceptional [ɪk'sepʃənl] adj εξαιρετικός

excerpt ['eksɜːpt] n απόσπασμα nt

excess [ɪk'ses] n πλεόνασμα nt • (Insur) επασφάλιστρο nt ▸ adj παραπανίσιος • **in ~ of** που υπερβαίνει

excess baggage n υπέρβαρο nt

excessive [ɪk'sesɪv] adj υπερβολικός

exchange [ɪks'tʃeɪndʒ] n ανταλλαγή f • (conversation) συζήτηση f ▸ vt: **to ~ (for)** ανταλλάσσω (με) • **in ~ for** σε αντάλλαγμα +gen or για +acc • **foreign ~** (Comm) συνάλλαγμα

exchange rate n τιμή f συναλλάγματος

excite [ɪk'saɪt] vt (stimulate) ενθουσιάζω • (arouse: suspicion, interest) προκαλώ • **to get excited** ενθουσιάζομαι

excitement [ɪk'saɪtmənt] n ενθουσιασμός m

exciting [ɪk'saɪtɪŋ] adj συναρπαστικός

exclamation [eksklə'meɪʃən] n κραυγή f

exclude [ɪks'kluːd] vt αποκλείω

excluding [ɪks'kluːdɪŋ] prep: **~ VAT** χωρίς ΦΠΑ

exclusion [ɪks'kluːʒən] n αποκλεισμός m

exclusive [ɪks'kluːsɪv] adj (club, district) επίλεκτος • (use, story, interview) αποκλειστικός • **to be mutually ~** αποκλείει ο ένας τον άλλο

exclusively [ɪks'kluːsɪvlɪ] adv αποκλειστικά

excruciating [ɪks'kruːʃɪeɪtɪŋ] adj αφόρητος

excursion [ɪks'kəːʃən] n εκδρομή f

excuse [n ɪks'kjuːs, vb ɪks'kjuːz] n δικαιολογία f ▸ vt (justify) δικαιολογώ • (forgive) συγχωρώ • **to ~ sb from doing sth** απαλλάσσω κπν από το να κάνει κτ • **~ me!** συγγνώμη! • **if you will ~ me …** να με συγχωρείτε…

execute ['eksɪkjuːt] vt εκτελώ

execution [eksɪ'kjuːʃən] n εκτέλεση f

executive [ɪg'zekjutɪv] n (person: of company) στέλεχος nt • (Pol) εκτελεστική εξουσία f ▸ adj (board, role) διοικητικός • (car, plane, chair) υψηλών προδιαγραφών

exempt [ɪg'zempt] adj: **~ from** απαλλαγμένος από ▸ vt: **to ~ sb from** απαλλάσσω κπν από

exercise ['eksəsaɪz] n (no pl: keep-fit) γυμναστική f • (energetic movement) άσκηση f • (Scol, Mus, Mil) άσκηση f ▸ vt (right) ασκώ • (dog) βγάζω βόλτα ▸ vi (also: **to take ~**) κάνω γυμναστική

exert [ɪg'zəːt] vt ασκώ • **to ~ o.s** πιέζω τον εαυτό μου

exertion [ɪg'zəːʃən] n κόπος m

exhaust [ɪg'zɔːst] n (Aut: also: **~ pipe**) εξάτμιση f • (fumes) καυσαέρια nt pl ▸ vt εξαντλώ

exhausted [ɪgˈzɔːstɪd] adj εξαντλημένος
exhaustion [ɪgˈzɔːstʃən] n εξάντληση f
exhibit [ɪgˈzɪbɪt] n (Art) έκθεμα nt • (Jur)
πειστήριο nt ▶ vt (quality, ability, emotion)
παρουσιάζω • (paintings) εκθέτω
exhibition [ɛksɪˈbɪʃən] n (of paintings etc)
έκθεση f • (of temper, talent etc) επίδειξη f
exhilarating [ɪgˈzɪləreɪtɪŋ] adj ευχάριστος
exile [ˈɛksaɪl] n (condition, state) εξορία f ▶ vt
εξορίζω
exist [ɪgˈzɪst] vi (be present) υπάρχω • (live) ζω
existence [ɪgˈzɪstəns] n (reality) ύπαρξη f • (life)
ζωή f • to be in ~ υπάρχω
existing [ɪgˈzɪstɪŋ] adj υπαρκτός
exit [ˈɛksɪt] n (from room, building, motorway)
έξοδος f • (departure) αναχώρηση f ▶ vi (Theat)
βγαίνω από τη σκηνή • (Comput) "~" έξοδος • to
~ from βγαίνω από
exotic [ɪgˈzɒtɪk] adj εξωτικός
expand [ɪksˈpænd] vt (business, staff etc)
αυξάνω • (area) διευρύνω ▶ vi (population,
business etc) αυξάνομαι • (gas, metal)
διαστέλλομαι
expansion [ɪksˈpænʃən] n (of business,
economy) ανάπτυξη f • (of population) αύξηση f
• (of gas, metal) διαστολή f
expect [ɪksˈpɛkt] vt περιμένω • (require) θέλω
• (suppose) υποθέτω ▶ vi: to be expecting είμαι
έγκυος or σε ενδιαφέρουσα
expectation [ɛkspɛkˈteɪʃən] n (hope)
προσδοκία f • (belief) ελπίδα f
expedition [ɛkspəˈdɪʃən] n αποστολή f
expel [ɪksˈpɛl] vt αποβάλλω
expenditure [ɪksˈpɛndɪtʃər] n (of money)
δαπάνες fpl • (of energy, time) δαπάνη f
expense [ɪksˈpɛns] n (cost) κόστος nt
• (expenditure) έξοδα nt pl • at the ~ of σε βάρος
+gen • expenses npl έξοδα nt pl
expensive [ɪksˈpɛnsɪv] adj (article, tastes)
ακριβός • (mistake) που κοστίζει
experience [ɪksˈpɪərɪəns] n εμπειρία f • (in job)
πείρα f ▶ vt (situation, problem) αντιμετωπίζω
• (feeling) νιώθω
experienced [ɪksˈpɪərɪənst] adj (in job)
έμπειρος
experiment [ɪksˈpɛrɪmənt] n (also Science)
πείραμα nt ▶ vi: to ~ (with/on) πειραματίζομαι
(με/πάνω σε)
experimental [ɪkspɛrɪˈmɛntl] adj πειραματικός
expert [ˈɛkspɜːt] adj (opinion, help) ειδικού
• (driver) έμπειρος ▶ n ειδικός mf
expertise [ɛkspɜːˈtiːz] n γνώσεις fpl
expire [ɪksˈpaɪər] vi (passport, licence etc) λήγω
explain [ɪksˈpleɪn] vt εξηγώ
explanation [ɛkspləˈneɪʃən] n (reason) εξήγηση
f • (description) περιγραφή f
explicit [ɪksˈplɪsɪt] adj (support, permission)
(στήριξη) σαφής, (άδεια) ρητός
explode [ɪksˈpləud] vi (bomb) εκρήγνυμαι
• (population) αυξάνομαι ραγδαία • (person: with
rage etc) ξεσπάω ▶ vt (bomb) σκάω
exploit [n ˈɛksplɔɪt, vb ɪksˈplɔɪt] n κατόρθωμα nt
▶ vt εκμεταλλεύομαι
exploitation [ɛksplɔɪˈteɪʃən] n εκμετάλλευση f

explore [ɪksˈplɔː] vt (place, space) εξερευνώ
• (idea, suggestion) εξετάζω
explorer [ɪksˈplɔːrə] n εξερευνητής/τρια m/f
explosion [ɪksˈpləuʒən] n (of bomb) έκρηξη f
• (increase) ραγδαία αύξηση f • (outburst)
ξέσπασμα nt
explosive [ɪksˈpləusɪv] adj εκρηκτικός ▶ n
εκρηκτικό nt
export [vb ɛksˈpɔːt, n ˈɛkspɔːt] vt εξάγω ▶ n, cpd
(process) εξαγωγή f • (product) εξαγόμενο προϊόν
nt ▶ cpd (duty, permit, licence) εξαγωγής
exporter [ɛksˈpɔːtə] n εξαγωγέας mf
expose [ɪksˈpəuz] vt (reveal: object) αποκαλύπτω
• (unmask: person) ξεσκεπάζω
exposed [ɪksˈpəuzd] adj εκτεθειμένος
exposure [ɪksˈpəuʒə] n (to heat, cold, radiation)
έκθεση f • (publicity) προβολή f • (of person)
αποκάλυψη f • (Phot) ταχύτητα f • suffering
from ~ (Med) πάσχω από κρυοπληξία
express [ɪksˈprɛs] n (train) ταχεία f • (bus, coach)
εξπρές nt inv ▶ adv (send) επειγόντως ▶ vt
εκφράζω
expression [ɪksˈprɛʃən] n (word, phrase)
έκφραση f • (of idea, emotion) εκδήλωση f • (on
face) έκφραση f
exquisite [ˈɛkskwɪzɪt] adj εξαιρετικός
extend [ɪksˈtɛnd] vt (visit) παρατείνω • (street,
building) επεκτείνω • (offer, invitation)
διατυπώνω • (arm, hand) απλώνω • (deadline)
παρατείνω ▶ vi (land, road) εκτείνομαι • (period)
διαρκώ
extension [ɪksˈtɛnʃən] n (of building) προσθήκη
f • (of time) παράταση f • (Elec) προέκταση f
• (Tel: in office) εσωτερική γραμμή f
extensive [ɪksˈtɛnsɪv] adj εκτεταμένος
• (inquiries) εξονυχιστικός
extent [ɪksˈtɛnt] n έκταση f • (of problem etc)
μέγεθος nt • to some or a certain ~ μέχρι ενός
σημείου
exterior [ɛksˈtɪərɪə] adj εξωτερικός ▶ n
εξωτερικό nt
external [ɛksˈtɜːnl] adj εξωτερικός
extinct [ɪksˈtɪŋkt] adj που έχει εξαφανισθεί
extinction [ɪksˈtɪŋkʃən] n εξαφάνιση f
extra [ˈɛkstrə] adj (thing, amount) παραπάνω
• (person) έκτακτος ▶ adv επιπλέον ▶ n (luxury)
πολυτέλεια f • (Cine, Theat) κομπάρσος mf
extract [vb ɪksˈtrækt, n ˈɛkstrækt] vt (object,
tooth) βγάζω • (mineral) εξορύσσω • (money,
promise) αποσπώ ▶ n (of novel, recording)
απόσπασμα nt • (malt extract, vanilla extract etc)
εκχύλισμα nt
extradite [ˈɛkstrədaɪt] vt (from country)
απελαύνω • (to country) εκδίδω
extraordinary [ɪksˈtrɔːdɪnrɪ] adj καταπληκτικός
extravagance [ɪksˈtrævəgəns] n (no pl: spending)
σπατάλη f • (example of spending) τρέλα f
extravagant [ɪksˈtrævəgənt] adj (person)
σπάταλος • (tastes) ακριβός • (praise, ideas, claim)
εξωφρενικός
extreme [ɪksˈtriːm] adj (cold, poverty etc)
ακραίος • (opinions, methods etc) ακραίος
• (point, edge) πιο απομακρυσμένος ▶ n
(of behaviour) ακρότητα f

extremely [ɪks'tri:mlɪ] adv υπερβολικά
extremist [ɪks'tri:mɪst] n εξτρεμιστής/τρια m/f
▶ adj εξτρεμιστικός
extrovert ['ɛkstrəvə:t] n εξωστρεφής mf
eye [aɪ] n (Anat) μάτι nt • (of needle) τρύπα f ▶ vt
κοιτάζω εξεταστικά • **to keep an ~ on** προσέχω
eyeball ['aɪbɔ:l] n βολβός m του ματιού
eyebrow ['aɪbrau] n φρύδι nt
eyelid ['aɪlɪd] n βλέφαρο nt
eyesight ['aɪsaɪt] n όραση f

f

F, f [ɛf] n το έκτο γράμμα του αγγλικού
αλφαβήτου
fabric ['fæbrɪk] n ύφασμα nt • (of society) ιστός m
• (of building) σκελετός m
fabulous ['fæbjuləs] adj (person, looks, mood)
υπέροχος • (mythical) μυθικός
face [feɪs] n (Anat) πρόσωπο nt • (expression)
έκφραση f • (of clock) πλάκα f • (of mountain, cliff)
πλευρά f • (fig: of organization, city etc) εικόνα f
▶ vt (direction, object) κοιτάζω (προς) • (facts,
unpleasant situation) αντιμετωπίζω • (building
etc, direction, object) βλέπω σε/προς • **~ down/
up** (person) μπρούμυτα/ανάσκελα • (card)
ανοιχτός/κλειστός • **to lose ~** ρεζιλεύομαι • **to
save ~** σώζω τα προσχήματα • **to make** or **pull a
~** κάνω γκριμάτσα • **in the ~ of** παρά +acc • **on
the ~ of it** εκ πρώτης όψεως • **~ to ~** (with
person) πρόσωπο με πρόσωπο • (with problem)
αντιμέτωπος • **to ~ the fact that ...**
παραδέχομαι το γεγονός ότι …
▶ **face up to** vt fus (problems, obstacles)
αντιμετωπίζω • (obligations, duties) αναλαμβάνω
facial ['feɪʃl] adj προσώπου ▶ n περιποίηση f
προσώπου
facilitate [fə'sɪlɪteɪt] vt διευκολύνω
facility [fə'sɪlɪtɪ] n (service) υπηρεσία f • (Tech)
εγκατάσταση f
fact [fækt] n (piece of information) στοιχείο nt
• (truth) πραγματικότητα f • **in ~** στην
πραγματικότητα • (when qualifying statement) για
την ακρίβεια
faction ['fækʃən] n (also Rel, Pol) φατρία f
factor ['fæktə] n παράγοντας m • (Math)
συντελεστής m
factory ['fæktərɪ] n εργοστάσιο nt
factual ['fæktjuəl] adj τεκμηριωμένος
faculty ['fækəltɪ] n ικανότητα f • (of university)
σχολή f • (US: teaching staff) διδακτικό
προσωπικό nt
fad [fæd] n τρέλα f
fade [feɪd] vi (colour, wallpaper, photograph)
ξεθωριάζω • (light) χάνομαι • (sound) σβήνω
• (one's memory) εξασθενώ • (hopes, smile) σβήνω
• (interest, enthusiasm) ξεθυμαίνω
fag [fæg] n (BRIT inf) τσιγάρο nt

fail [feɪl] vt (exam) αποτυγχάνω σε • (candidate) απορρίπτω • (leader) απογοητεύω • (courage, memory) εγκαταλείπω ▶ vi (candidate, attempt etc) αποτυγχάνω • (brakes) χαλάω • (eyesight, health) εξασθενώ • (light) εξασθενώ • **to ~ to do sth** (not succeed) δεν κατορθώνω να κάνω κτ • (neglect) παραλείπω να κάνω κτ • **without ~** το δίχως άλλο

failing ['feɪlɪŋ] n ελάττωμα nt ▶ prep ελλείψει +gen • **~ that** ελλείψει αυτού

failure ['feɪljə'] n αποτυχία f • (mechanical etc) βλάβη f • (of crops) κακή σοδειά f

faint [feɪnt] adj (sound, smell, breeze) ελαφρός • (hope, smile, light, mark) αμυδρός ▶ n λιποθυμία f ▶ vi λιποθυμώ • **to feel ~** μου έρχεται λιποθυμία

faintly ['feɪntlɪ] adv (slightly) ελαφρώς • (weakly) αμυδρά

fair [fɛə'] adj (person, decision) δίκαιος • (quite large) ικανός • (quite good) αρκετά καλός • (skin, complexion) ανοιχτός • (hair) ξανθός • (weather) καλός ▶ adv: **to play ~** συμπεριφέρομαι σωστά ▶ n (also: **trade ~**) έκθεση f • (BRIT: also: **funfair**) λούνα παρκ nt inv • **it's not ~!** είναι άδικο!

fairly ['fɛəlɪ] adv (justly) δίκαια • (quite) αρκετά

fairy ['fɛərɪ] n νεράιδα f

fairy tale n παραμύθι nt

faith [feɪθ] n (trust) εμπιστοσύνη f • (specific religion) δόγμα nt • (religious belief) πίστη f • **to have ~** έχω εμπιστοσύνη σε κν/κτ

faithful ['feɪθful] adj (service, supporter) αφοσιωμένος • (account, record) πιστός • **to be ~ to** (spouse) είμαι πιστός σε

faithfully ['feɪθfəlɪ] adv (loyally) με αφοσίωση • (accurately) πιστά • **Yours ~** Μετά τιμής

fake [feɪk] n (painting, antique etc) απομίμηση f • (person) απατεώνας/ισσα m/f ▶ adj (gem, antique) ψεύτικος • (passport) πλαστός ▶ vt (painting, documents etc) πλαστογραφώ • (illness, emotion) προσποιούμαι

falcon ['fɔːlkən] n γεράκι nt

fall [fɔːl] (pt **fell**, pp **fallen**) n πτώση f • (of government) ανατροπή f • (act of falling) πέσιμο nt • (US: autumn) φθινόπωρο nt ▶ vi πέφτω • **to ~ in love (with sb/sth)** ερωτεύομαι (κν/κτ) • **to ~ out with sb** μαλώνω με κν ■ **falls** npl (waterfall) καταρράκτης m

▶ **fall apart** vi διαλύομαι • (inf: emotionally) καταρρέω

▶ **fall back on** vt fus καταφεύγω

▶ **fall behind** vi μένω πίσω • (fig) καθυστερώ

▶ **fall down** vi (person) πέφτω κάτω • (building) γκρεμίζομαι

▶ **fall for** vt fus (trick, story etc) ξεγελιέμαι από • (person) ερωτεύομαι

▶ **fall in** vi (roof) καταρρέω • (Mil) συντάσσομαι

▶ **fall off** vi (object) πέφτω

▶ **fall out** vi (hair, teeth) πέφτω • (friends etc) τσακώνομαι

▶ **fall over** vi (object) αναποδογυρίζω • (person) πέφτω

▶ **fall through** vi αποτυγχάνω

fallen ['fɔːlən] pp of **fall**

fallout ['fɔːlaut] n ραδιενεργός σκόνη f

false [fɔːls] adj (statement, accusation) ψευδής • (impression) λανθασμένος • (person) ψεύτικος

fame [feɪm] n φήμη f

familiar [fə'mɪlɪə'] adj (face, voice) οικείος • (behaviour, tone) υπερβολικά οικείος • **to be ~ with** (subject) γνωρίζω

family ['fæmɪlɪ] n οικογένεια f • **one-parent ~** μονογονεϊκή οικογένεια

family planning n οικογενειακός προγραμματισμός m • **~ clinic** κλινική f οικογενειακού προγραμματισμού

famine ['fæmɪn] n λιμός m

famous ['feɪməs] adj (person) διάσημος • (objects) ονομαστός

fan [fæn] n (of pop star) θαυμαστής/τρια m/f • (of team) οπαδός mf • (of sports) φίλαθλος mf • (folding) βεντάλια f • (Elec) ανεμιστήρας m ▶ vt κάνω αέρα

fanatic [fə'nætɪk] n φανατικός/ή m/f • (Pol) εξτρεμιστής/τρια m/f

fan club n φαν κλαμπ nt inv

fancy ['fænsɪ] n (liking) γούστο nt • (imagination) φαντασία f • (fantasy) όνειρο nt ▶ adj (clothes, hat) καλός • (hotel) πολυτελείας ▶ vt (feel like) θέλω • (imagine) φαντάζομαι • (inf: person) γουστάρω

fancy dress n στολή f (για μεταμφίεση)

fantastic [fæn'tæstɪk] adj (enormous) εξωφρενικός • (incredible) παράδοξος • (wonderful) καταπληκτικός

fantasy ['fæntəsɪ] n (sexual) φαντασίωση f • (dream) όνειρο nt • (unreality) φαντασική ntt

far [fɑː'] adj: **at the ~ side/end** στην άλλη πλευρά/άκρη ▶ adv (a long way) μακριά • (much) πάρα πολύ • **~ away/off** μακριά • **~ better** πολύ καλύτερα • **~ from** κάθε άλλο παρά • **by ~** με μεγάλη διαφορά • **is it ~ to London?** είναι μακριά το Λονδίνο; • **it's ten ~ from here** δεν είναι μακριά από εδώ • **as ~ as I know** απ' όσο γνωρίζω • **as ~ as possible** όσο είναι δυνατόν • **~ from ~ and wide** από παντού • **~ from it** κάθε άλλο • **so ~** μέχρι τώρα • **how ~?** (in distance) πόσο μακριά • **the ~ left/right** (Pol) η άκρα Αριστερά/Δεξιά

farce [fɑːs] n φάρσα f

fare [fɛə'] n (on aeroplanes: trains, buses) τιμή f εισιτηρίου • (: in taxi) τιμή f της κούρσας • (: for specific distances) ταρίφα f • (food) φαΐ nt • **half/full ~** μισό/ολόκληρο εισιτήριο

Far East n: **the ~** η Άπω Ανατολή

farewell [fɛə'wɛl] excl αντίο • (inf!) ▶ n αποχαιρετισμός m ▶ cpd (party, gift etc) αποχαιρετιστήριος • **to bid sb ~** αποχαιρετώ κν

farm [fɑːm] n αγρόκτημα nt ▶ vt καλλιεργώ

farmer ['fɑːmə'] n αγρότης/ισσα m/f

farmhouse ['fɑːmhaus] n αγροικία f

farming ['fɑːmɪŋ] n (crops) καλλιέργεια f • (animals) κτηνοτροφία f • **dairy ~** γαλακτοκομία • **sheep ~** εκτροφή προβάτων

fart [fɑːt] (inf!) vi κλάνω (inf!) ▶ n πορδή f (inf!)

farther ['fɑːðə'] adv (in distance) μακρύτερα • (in degree) παραπέρα ▶ adj πιο μακρινός

farthest ['fɑːðɪst] superl (in distance) πιο μακριά • (in time: back) πιο πίσω • (: forward) πιο μπροστά • (in degree) το μέγιστο

fascinating ['fæsɪneɪtɪŋ] adj συναρπαστικός
fascination [fæsɪ'neɪʃən] n γοητεία f
fascist ['fæʃɪst] adj φασιστικός ▶ n φασίστας/τρια m/f
fashion ['fæʃən] n μόδα f • (clothes) μόδα f • (manner) τρόπος m ▶ vt κατασκευάζω • in ~ της μόδας • to be out of ~ δεν είμαι πια της μόδας • (clothes) είμαι ντεμοντέ
fashionable ['fæʃnəbl] adj της μόδας
fast [fɑːst] adj (runner, car, progress) γρήγορος • (dye, colour) ανεξίτηλος ▶ adv (run, act, think) γρήγορα • (stuck, held) γερά ▶ n νηστεία f ▶ vi νηστεύω • my watch is 5 minutes ~ το ρολόι μου πάει μπροστά 5 λεπτά • to be ~ asleep κοιμάμαι βαθιά • as ~ as I can όσο πιο γρήγορα μπορώ
fast food n φαστ φουντ nt inv
fat [fæt] adj (person, animal) παχύς • (book, wallet) χοντρός • (profit) μεγάλος ▶ n λίπος nt
fatal ['feɪtl] adj μοιραίος
fatality [fə'tælɪtɪ] n θύμα nt
fatally ['feɪtəlɪ] adv θανάσιμα
fate [feɪt] n τύχη f • to meet one's ~ βρίσκω τον θάνατο
father ['fɑːðər] n πατέρας m • (Rel) πατήρ m • F~ John ο πατήρ Τζων • F~ Yannis (for an orthodox priest) ο παπα-Γιάννης
father-in-law ['fɑːðərɪnlɔː] n πεθερός m
fatigue [fə'tiːg] n κούραση f ▪ **fatigues** npl (Mil) στολή f αγγαρείας
fatty ['fætɪ] adj (food) λιπαρός ▶ n (inf) χοντρούλης/α m/f
faucet ['fɔːsɪt] (US) n βρύση f
fault [fɔːlt] n λάθος nt • (defect) ελάττωμα nt • (Geo) ρήγμα nt • (Tennis) φωλτ nt inv ▶ vt επικρίνω • it's my ~ εγώ φταίω
faulty ['fɔːltɪ] adj ελαττωματικός
fauna ['fɔːnə] n πανίδα f
favour ['feɪvər], **favor** (US) n (approval) εύνοια f • (act of kindness) χάρη f ▶ vt (solution) προτιμώ • (pupil) μεροληπτώ υπέρ +gen • (be advantageous to) ευνοώ • to ask a ~ of sb ζητάω μια χάρη από κν • to do sb a ~ κάνω μια χάρη σε κν • to be in ~ of sth είμαι υπέρ +gen
favourable ['feɪvrəbl], **favorable** (US) adj ευνοϊκός
favourite ['feɪvrɪt], **favorite** (US) adj αγαπημένος ▶ n (of teacher, parent) ευνοούμενος/η m/f • (in race) φαβορί nt inv
fax [fæks] n φαξ nt inv ▶ vt στέλνω με φαξ
FBI (US) n abbr (= Federal Bureau of Investigation) FBI nt inv, Ομοσπονδιακή Αστυνομία
fear [fɪər] n φόβος m ▶ vt φοβάμαι ▶ vi: to ~ for φοβάμαι για • to ~ that φοβάμαι ότι • ~ of heights φόβος για τα ύψη • for ~ of doing (από φόβο) μην
fearful ['fɪəful] adj (person) φοβισμένος • to be ~ of sth/doing sth φοβάμαι κτ/να κάνω κτ
fearless ['fɪəlɪs] adj ατρόμητος
feasible ['fiːzəbl] adj εφικτός
feast [fiːst] n φαγοπότι nt • (with dancing etc) γλέντι nt • (also: ~ day) θρησκευτική γιορτή f ▶ vi γλεντάω
feat [fiːt] n άθλος m • (of skill) επίτευγμα nt

feather ['feðər] n φτερό nt
feature ['fiːtʃər] n χαρακτηριστικό στοιχείο nt • (of landscape) χαρακτηριστικό nt • (Press, TV) αφιέρωμα nt ▶ vt (film) δείχνω ▶ vi: to ~ in (film) εμφανίζομαι ▪ **features** npl (of face) χαρακτηριστικά nt pl
feature film n ταινία f μεγάλου μήκους
February ['februərɪ] n Φεβρουάριος m • see also **July**
fed [fed] pt, pp of **feed**
federal ['fedərəl] adj ομοσπονδιακός
federation [fedə'reɪʃən] n ομοσπονδία f
fed up adj: to be ~ (with) έχω βαρεθεί or απαυδήσει (με)
fee [fiː] n πληρωμή f • (of doctor, lawyer) αμοιβή f • school fees δίδακτρα nt pl
feeble ['fiːbl] adj αδύναμος • (light) αδύνατος
feed [fiːd] (pt, pp **fed**) n (of baby) τάισμα • (of animal) τάισμα nt • (on printer) τροφοδότηση f • (computing) feed nt inv ▶ vt ταΐζω • (family) τρέφω • to ~ sth into (data, information) εισάγω κτ σε
▶ **feed on** vt fus τρέφομαι με
feedback ['fiːdbæk] n (noise) μικροφωνισμός m • (from person) ανατροφοδότηση f
feel [fiːl] (pt **felt**) n αίσθηση f ▶ vt (touch) πιάνω • (experience) αισθάνομαι • (think, believe) αισθάνομαι • to ~ (that) νομίζω (πως, ότι) • to ~ hungry/cold πεινάω/κρυώνω • to ~ lonely/better αισθάνομαι μοναξιά/καλύτερα • I don't ~ well δεν αισθάνομαι καλά • to ~ sorry for λυπάμαι για • it feels soft είναι μαλακό
▶ **feel about** vi ψάχνω
▶ **feel around** vi = **feel about**
feeling ['fiːlɪŋ] n (emotion) αίσθημα nt • (physical sensation) αίσθηση f • (impression) γνώμη f • I have a ~ that ... διαισθάνομαι ότι ... • to hurt sb's feelings πληγώνω κν
feet [fiːt] npl of **foot**
fell [fel] pt of **fall** ▶ vt (tree) κόβω
fellow ['feləu] n (man) άνθρωπος m • (of university) εταίρος mf (Πανεπιστημίου) • their ~ students οι συμφοιτητές or συμμαθητές τους
fellowship ['feləʊʃɪp] n (comradeship) αδελφοσύνη f • (society) ένωση f • (Scol) είδος πανεπιστημιακής υποτροφίας
felony ['fe150nɪ] n (Jur) κακούργημα nt
felt [felt] pt, pp of **feel** ▶ n τσόχα f • (for hats) πίλημα nt
felt-tip ['felttɪp], **felt-tip pen** n μαρκαδόρος m
female ['fiːmeɪl] n (Zool) θηλυκό nt • (woman) γυναίκα f ▶ adj γυναικείος • (Bio) θηλυκός • **male and ~ students** φοιτητές και φοιτήτριες
feminine ['femɪnɪn] adj γυναικείος • (Ling) θηλυκός
feminist ['femɪnɪst] n φεμινιστής/τρια m/f
fence [fens] n (barrier) φράχτης m ▶ vt (also: ~ in) φράζω ▶ vi (Sport: fight) κάνω ξιφασκία • (: exercise) κάνω ξιφασκία
fencing ['fensɪŋ] n (Sport) ξιφασκία f
fend [fend] vi: to ~ for o.s συντηρούμαι or τα βγάζω πέρα μόνος μου
▶ **fend off** vt αποκρούω • (questions, requests) αποφεύγω

fender ['fɛndəʳ] n (of fireplace) σίτα f • (US: of car) φτερό nt

fennel ['fɛnl] n μάραθος m

fern [fə:n] n φτέρη f

ferocious [fə'rəuʃəs] adj άγριος

ferret ['fɛrɪt] n κουνάβι nt

ferry ['fɛrɪ] n (small) βάρκα f • (also: **ferryboat**) φεριμπότ nt inv ▶ vt: **to ~ sth/sb across** or **over** περνάω κτ/κπν στην απέναντι όχθη

fertile ['fə:taɪl] adj (land, soil) εύφορος • (imagination, mind) γόνιμος • (human) γόνιμος

fertilizer ['fə:tɪlaɪzəʳ] n (for plants, land) λίπασμα nt • (manure) κοπριά f

festival ['fɛstɪvəl] n (Rel) γιορτή f • (Art, Mus) φεστιβάλ nt inv

festive ['fɛstɪv] adj εορταστικός, γιορταστικός • **the ~ season** (BRIT) η περίοδος των γιορτών

fetch [fɛtʃ] vt (bring) φέρνω • (sell for) πιάνω

fetus ['fi:təs] (US) n = **foetus**

feud [fju:d] n έχθρα f • (stronger) βεντέτα f ▶ vi: **to ~ with sb** έχω βεντέτα με κν • **a family ~** μια οικογενειακή έχθρα

fever ['fi:vəʳ] n (Med: also fig) πυρετός m • **he has a ~** έχει πυρετό

feverish ['fi:vərɪʃ] adj (person) που έχει πυρετό

few [fju:] adj λίγοι • a ~ λίγοι • pron (not many) λίγοι • a ~ μερικοί • a ~ **more** μερικοί ακόμα • a **good ~** or **quite a ~** αρκετοί • **in the next ~ days** τις επόμενες μέρες • **in the past ~ days** τις τελευταίες μέρες • **every ~ days/months** κάθε λίγες μέρες/λίγους μήνες

fewer ['fju:əʳ] adj λιγότεροι

fewest ['fju:ɪst] adj οι λιγότεροι

fiancé [fɪ'ãːŋseɪ] n αρραβωνιαστικός m

fiancée [fɪ'ãːŋseɪ] n αρραβωνιαστικιά f

fiasco [fɪ'æskəu] n φιάσκο nt

fibre ['faɪbəʳ], **fiber** (US) n ίνα f • (roughage) φυτικές ίνες fpl

fickle ['fɪkl] adj (weather) άστατος • (person) ασταθής

fiction ['fɪkʃən] n (Lit) λογοτεχνία f • (invention) φαντασία f • (lie) μυθοπλασία f

fictional ['fɪkʃənl] adj φανταστικός

fiddle ['fɪdl] n (Mus) βιολί nt • (fraud) κομπίνα f ▶ vt (BRIT: accounts) μαγειρεύω • **tax** φοροδιαφυγή
▶ **fiddle with** vt fus παίζω αφηρημένα με

fidelity [fɪ'dɛlɪtɪ] n (faithfulness) πίστη f

field [fi:ld] n χωράφι nt • (Sport) γήπεδο nt • (fig) τομέας m • (range also Elec) πεδίο nt • (Comput) πεδίο nt ▶ cpd επιτόπιος

fierce [fɪəs] adj (animal, look) άγριος • (warrior, enemy, competition) σκληρός • (loyalty) τυφλός • (wind, storm) σφοδρός • (heat) έντονος

fifteen [fɪf'ti:n] num δέκα πέντε

fifteenth [fɪf'ti:nθ] num δέκατος πέμπτος

fifth [fɪfθ] num πέμπτος

fifty ['fɪftɪ] num πενήντα

fig [fɪg] n (fruit) σύκο nt • (tree) συκιά f

fight [faɪt] (pt, pp **fought**) n (Mil: battle) μάχη f • (brawl) καβγάς m • (fig) μάχη f • (Boxing) αγώνας m ▶ vt (person, enemy, army) πολεμώ • (alcoholism, prejudice) πολεμώ • (cancer) παλεύω με • (election) κατεβαίνω σε • (urge,

impulse) καταπνίγω • (BOXING) πυγμαχώ με ▶ vi μάχομαι • **to ~ with sb** τσακώνομαι με κν • **to ~ for/against sth** πολεμώ για κτ/ενάντια σε κτ
▶ **fight back** vi αντιστέκομαι
▶ **fight off** vt (attack, attacker) αποκρούω
▶ **fight out** vt: **to ~ it out** μάχομαι, πολεμώ μέχρι τέλους

fighting ['faɪtɪŋ] n πάλη f • (battle) μάχη f • (brawl) καβγάς m

figure ['fɪgəʳ] n (Drawing, Geom) σχήμα nt • (number) νούμερο nt • (statistic) (στατιστικό) στοιχείο nt • (shape) σιλουέτα f ▶ vt (esp US) σκέφτομαι ▶ vi παρουσιάζομαι • **public ~** δημόσιο πρόσωπο
▶ **figure out** vt βρίσκω

file [faɪl] n φάκελος m • (for loose leaf) ντοσιέ nt inv • (Comput) αρχείο nt • (tool) λίμα f ▶ vt (papers, document) αρχειοθετώ • (Jur) καταθέτω • (metal, fingernails) λιμάρω • (wood) πλανίζω ▶ vi: **to ~ in/out/past** μπαίνω/βγαίνω/περνώ ένας-ένας

fill [fɪl] vt (container, space) γεμίζω • (tooth) σφραγίζω • (vacancy, gap) καλύπτω ▶ vi (room, hall) γεμίζω • n: **to ~ sth with sth** γεμίζω κτ με κτ
▶ **fill in** vt (hole) κλείνω • (time) γεμίζω • (form) συμπληρώνω • (name, details) γράφω
▶ **fill out** vt (form) συμπληρώνω
▶ **fill up** vt (container, space) γεμίζω ▶ vi (room, stadium) γεμίζω

fillet ['fɪlɪt] n φιλέτο nt ▶ vt (meat) φιλετάρω • (fish) φιλετάρω

filling ['fɪlɪŋ] n (for tooth) σφράγισμα nt • (of cake) γέμιση f

film [fɪlm] n (Cine, TV) ταινία f • (Phot) φιλμ nt • (of dust, tears, grease etc) λεπτό στρώμα nt ▶ vt (scene) γυρίζω • (person) κινηματογραφώ ▶ vi κινηματογραφώ

film star n αστέρας του σινεμά mf

filter ['fɪltəʳ] n (also Phot) φίλτρο nt ▶ vt φιλτράρω

filth [fɪlθ] n βρομιά f • (smut) χυδαιότητα f

filthy ['fɪlθɪ] adj (object, person) βρόμικος • (language, book, behaviour) αισχρός

fin [fɪn] n πτερύγιο nt

final ['faɪnl] adj (last) τελευταίος • (ultimate) έσχατος • (definitive) τελικός ▶ n (Sport) τελικός m ■ **finals** npl (Univ) πτυχιακές (εξετάσεις) fpl

finale [fɪ'nɑːlɪ] n φινάλε nt inv

finalist ['faɪnəlɪst] n (Sport) φιναλίστ mf inv

finally ['faɪnəlɪ] adv (eventually) τελικά • (lastly) τέλος • (irrevocably) οριστικά

finance [faɪ'næns] n (money, backing) χρηματοδότηση f • (money management) διαχείριση f χρημάτων ▶ vt χρηματοδοτώ ■ **finances** npl οικονομικά nt pl

financial [faɪ'nænʃəl] adj οικονομικός

financial year n οικονομικό έτος nt

find [faɪnd] (pt, pp **found**) vt βρίσκω • (Comput) αναζήτηση f ▶ n ανακάλυψη f • **to ~ sb guilty** (Jur) κηρύσσω κν ένοχο • **to ~ sth easy/difficult** βρίσκω κτ εύκολο/δύσκολο
▶ **find out** vt ανακαλύπτω ▶ vi: **to ~ out about sth** (deliberately) εξακριβώνω κτ • (by chance) μαθαίνω κτ

findings [ˈfaɪndɪŋz] npl πόρισμα nt

fine [faɪn] adj (excellent) έξοχος • (thin) λεπτός
• (not coarse) ψιλός • (subtle) λεπτός • (weather)
καλός • (satisfactory) ικανοποιητικός ▶ adv (well)
καλά • (thin) λεπτά ▶ n (Jur) πρόστιμο nt ▶ vt (Jur)
επιβάλλω πρόστιμο σε • (I'm) ~ (είμαι) καλά
• (that's) ~ καλά

finger [ˈfɪŋɡəʳ] n δάχτυλο nt ▶ vt πιάνω με το
δάχτυλο • **little** ~ μικρό δάχτυλο • **index** ~ δείκτης

fingerprint [ˈfɪŋɡəprɪnt] n δακτυλικό
αποτύπωμα nt ▶ vt παίρνω δακτυλικά
αποτυπώματα από

fingertip [ˈfɪŋɡətɪp] n άκρη f (του δαχτύλου)
• **to have sth at one's fingertips** (fig) έχω κτ
στο τσεπάκι μου

finish [ˈfɪnɪʃ] n τέλος nt • (of a race) τερματισμός
m • (polish etc) τελείωμα nt ▶ vt τελειώνω ▶ vi
τελειώνω • **to ~ doing sth** τελειώνω (με) κτ
▶ **finish off** vt αποτελειώνω • (dinner, wine)
τελειώνω
▶ **finish up** vi καταλήγω ▶ vt τελειώνω

Finland [ˈfɪnlənd] n Φινλανδία f

Finnish [ˈfɪnɪʃ] adj φινλανδικός ▶ n (Ling)
φινλανδικά nt pl

fir [fəːʳ] n έλατο nt

fire [ˈfaɪəʳ] n (also fig) φωτιά f • (burning)
πυρκαγιά f ▶ vt (shot, arrow) ρίχνω • (stimulate)
εξάπτω • (inf: dismiss) απολύω ▶ vi πυροβολώ
• **to be on** ~ είμαι στις φλόγες • **to ~ a gun** πυροβολώ • **to
set ~ to sth, set sth on** ~ βάζω φωτιά σε κτ
• **electric/gas** ~ ηλεκτρική σόμπα/σόμπα
γκαζιού • **to catch** ~ πιάνω or αρπάζω φωτιά
• **to open** ~ ανοίγω πυρ

firearm [ˈfaɪərɑːm] n πυροβόλο όπλο nt

fire brigade n πυροσβεστική (υπηρεσία) f

fire department (US) n = **fire brigade**

fire engine, fire truck (US) n πυροσβεστικό
(όχημα) nt

fire exit n έξοδος f κινδύνου

fire fighter n πυροσβέστης m

fireplace [ˈfaɪəpleɪs] n τζάκι nt

fire truck (US) n = **fire engine**

firewood [ˈfaɪəwʊd] n καυσόξυλα nt pl

fireworks [ˈfaɪəwɜːks] npl πυροτεχνήματα nt pl

firm [fɜːm] adj σταθερός • (mattress) σκληρός
• (ground) στέρεος • (grasp, hold, grip) γερός
• (fig) στέρεος • (views) που δεν αλλάζει
• (evidence, proof) ακλόνητος • (voice, offer,
decision) σταθερός ▶ n εταιρεία f

firmly [ˈfɜːmlɪ] adv γερά • (believe) ακράδαντα
• (say, tell) έντονα

first [fɜːst] adj πρώτος ▶ adv (before anyone else)
πρώτα • (when listing reasons etc) πρώτον • (for
the first time) πρώτο- ▶ n (Aut) πρώτη f • (Brit
Scol) άριστα • (in race): **to come** ~ έρχομαι
πρώτος • **the ~ of January** 1η Ιανουαρίου • **at** ~
στην αρχή • ~ **of all** πρώτα απ' όλα

first aid n πρώτες βοήθειες fpl

first-aid kit n φαρμακείο nt
(πρώτων βοηθειών)

first-class [ˈfɜːstˈklɑːs] adj (worker, piece of work)
άριστος • (carriage, ticket) πρώτης θέσης
• (stamp) πρώτης κατηγορίας • (hotel) πρώτης
κατηγορίας ▶ adv (travel, send) πρώτη θέση

first-hand [ˈfɜːstˈhænd] adj από πρώτο χέρι

first lady (US) n πρώτη κυρία f

firstly [ˈfɜːstlɪ] adv πρώτον

first name n (μικρό) όνομα nt

first-rate [ˈfɜːstˈreɪt] adj πρώτης τάξεως

First World War n πρώτος παγκόσμιος
πόλεμος

fiscal [ˈfɪskl] adj (year) οικονομικός • (policies)
δημοσιονομικός

fish [fɪʃ] n inv ψάρι nt ▶ vt ψαρεύω ▶ vi
(commercially) αλιεύω • (as sport, hobby) ψαρεύω
• **to go fishing** πηγαίνω για ψάρεμα

fisherman [ˈfɪʃəmən] (irreg) n ψαράς m

fishery [ˈfɪʃərɪ] n αλιευτική περιοχή f

fishing boat [ˈfɪʃɪŋbəʊt] n ψαρόβαρκα f

fishy [ˈfɪʃɪ] (inf) adj ύποπτος

fist [fɪst] n γροθιά f

fit [fɪt] adj (Med, Sport) σε φόρμα • (suitable)
κατάλληλος ▶ vt (person) ταιριάζω • (attach)
τοποθετώ ▶ vi (clothes, shoes etc) κάνω
• (equipment) εφαρμόζω ▶ n (Med) κρίση f • **to ~
for** κατάλληλος για • **to keep** ~
διατηρούμαι σε φόρμα • **a** ~ **of rage** πάνω
στον θυμό • **a** ~ **of giggles** υστερικά γέλια • **to
have a** ~ παθαίνω κρίση
▶ **fit in** vi (lit) χωράω σε • (fig) κολλάω ▶ vt (fig)
βολεύω • **to ~ in with sb's plans** ταιριάζω με τα
σχέδια κου
▶ **to fit into** vt fus (hole, gap) μπαίνω • (suitcase,
room) χωρώ

fitness [ˈfɪtnɪs] n φυσική κατάσταση f

fitting [ˈfɪtɪŋ] adj σωστός ▶ n (of dress) πρόβα
■ **fittings** npl εξαρτήματα nt pl • (in building)
εξοπλισμός m

five [faɪv] num πέντε

fiver [ˈfaɪvəʳ] (inf: Brit) n πεντόλιρο nt

fix [fɪks] vt (date, meeting, etc) ορίζω • (amount)
καθορίζω • (leak, radio, meal, drink etc) φτιάχνω
• (inf: game, election etc) στήνω ▶ n: **to be in a** ~
(inf) έχω μπλεξίματα • **to ~ sth to/on sth** βάζω
κτ σε κτ
▶ **fix up** vt κανονίζω • **to ~ sb up with sth**
βρίσκω κτ για κν

fixed [fɪkst] adj σταθερός • (ideas) που δεν
αλλάζει • (smile) μόνιμος • **of no ~ abode** χωρίς
μόνιμη κατοικία

fixture [ˈfɪkstʃəʳ] n μόνιμο εξάρτημα nt • (Sport)
(αθλητική) συνάντηση f

fizzy [ˈfɪzɪ] adj (drink) με ανθρακικό • (wine)
αφρώδης

flag [flæg] n σημαία f • (also: **flagstone**) πλάκα f
(πεζοδρομίου) ▶ vi (person) εξασθενώ • (spirits)
πέφτω

flair [flɛəʳ] n αέρας m • **to have a ~ for sth** έχω
ταλέντο για κτ

flak [flæk] n (Mil) αντιαεροπορικά πυρά nt pl
• (inf) πυρά nt pl (της κριτικής)

flake [fleɪk] n (of rust, paint, plaster) κομμάτι f
• (of snow) νιφάδα f ▶ vi (also: ~ **off**) ξεφλουδίζω

flamboyant [flæmˈbɔɪənt] adj (dress, style)
φανταχτερός • (person) υπερβολικός

flame [fleɪm] n φλόγα f • **to go up in/burst into
flames** αρπάζω φωτιά • **to be in flames** έχω
πιάσει φωτιά

flamingo [fləˈmɪŋgəu] n φλαμίνγκο nt inv
flank [flæŋk] n πλευρό nt ▶ vt: **to be flanked by sb/sth** περιτριγυρίζομαι από κν/κτ
flannel [ˈflænl] n (fabric) φανέλα f • (BRIT: also: **face ~**) πετσετάκι nt για το πρόσωπο
flap [flæp] n (of pocket) πατιλέτα f • (of envelope) καπάκι nt • (of table) φύλλο nt ▶ vt (wings) χτυπάω ▶ vi (sail, flag) ανεμίζω
flare [flɛəʳ] n φωτοβολίδα f ▪ **flares** npl παντελόνι nt καμπάνα
▶ **flare up** vi (fire, match) φουντώνω • (fighting, violence) ξεσπάω
flash [flæʃ] n (of light) λάμψη f • (Phot) φλας nt inv • (US: torch) φακός m ▶ adj (inf) φανταχτερός ▶ vt (light) ανάβω • (look, smile) σκάω ▶ vi αστράφτω • **in a ~** αστραπιαία • **quick as a ~** (γρήγορος) σαν αστραπή • **~ of lightning** αστραπή • **to ~ one's headlights** αναβοσβήνω τα φώτα
flashback [ˈflæʃbæk] n φλασμπάκ nt inv
flashlight [ˈflæʃlaɪt] n φακός m
flask [flaːsk] n (bottle) φλασκί nt • (Chem) φιάλη f • (also: **vacuum ~**) θερμός nt inv
flat [flæt] adj (ground, surface) επίπεδος • (tyre) σκασμένος • (battery) άδειος • (beer) ξεθυμασμένος • (refusal, assertion) κατηγορηματικός • (Mus: note) με ύφεση • (: voice) μονότονος • (rate, fee) σταθερός ▶ n (BRIT: apartment) διαμέρισμα nt • (Aut) σκασμένο λάστιχο nt • (Mus) ύφεση f ▶ adv επίπεδος • **to work ~ out** ξεπατώνομαι στη δουλειά • **in 10 minutes ~** σε δέκα λεπτά ακριβώς
flatten [ˈflætn] vt (straighten) ισιώνω • (building, crop, city) ισοπεδώνω
flatter [ˈflætəʳ] vt κολακεύω • **to be flattered (that)** κολακεύομαι (που)
flattering [ˈflætərɪŋ] adj (comment) κολακευτικός • (dress, photograph etc) που κολακεύει κάποιον
flaunt [flɔːnt] vt επιδεικνύω
flavour [ˈfleɪvəʳ], **flavor** (US) n γεύση f ▶ vt (food, drink) δίνω γεύση σε • (with fruits, drink) δίνω άρωμα σε • **strawberry-flavoured** με γεύση φράουλα
flaw [flɔː] n ελάττωμα nt
flawless [ˈflɔːlɪs] adj άψογος
flea [fliː] n ψύλλος m
flee [fliː] (pt, pp **fled**) vt φεύγω από ▶ vi (refugees) φεύγω • (escapees) δραπετεύω
fleece [fliːs] n (sheep's wool) μαλλί nt • (sheep's coat) προβιά f • (light coat) fleece nt inv ▶ vt (inf) μαδάω
fleet [fliːt] n στόλος m
fleeting [ˈfliːtɪŋ] adj (glimpse) φευγαλέος • (visit) σύντομος
Flemish [ˈflɛmɪʃ] adj φλαμανδικός ▶ n (Ling) φλαμανδικά nt pl
flesh [flɛʃ] n σάρκα f • (of animals) κρέας nt • (skin) δέρμα nt • (of fruit) σάρκα f • **in the ~** με σάρκα και οστά
flew [fluː] pt of **fly**
flex [flɛks] n (μονωμένο) καλώδιο nt ▶ vt σφίγγω
flexibility [flɛksɪˈbɪlɪtɪ] n ευλυγισία f
flexible [ˈflɛksəbl] adj (material) εύκαμπτος

• (response, schedule) ελαστικός • (person) ευέλικτος
flick [flɪk] n (of finger, hand) τιναγματάκι nt • (of towel, whip) χτυπηματάκι nt ▶ vt τινάζω • (switch) γυρίζω
▶ **flick through** vt fus ξεφυλλίζω
flicker [ˈflɪkəʳ] vi τρεμοπαίζω ▶ n (of light) αναλαμπή nt • (of pain, fear) τρεμούλιασμα nt • (of smile, eyelids) τρεμόπαιγμα nt
flight [flaɪt] n (of birds, plane) πέταγμα nt • (Aviat: journey) πτήση f • (escape) φυγή f • (also: **~ of stairs**) σκάλα f
flight attendant n αεροσυνοδός mf
flimsy [ˈflɪmzɪ] adj (shoes, clothes) λεπτός • (excuse, evidence) αδύναμος
flinch [flɪntʃ] vi τινάζομαι • **to ~ from sth/doing sth** δειλιάζω μπροστά σε κτ/στο να κάνω κτ
fling [flɪŋ] (pt, pp **flung**) vt (ball, stone, hat) πετάω • (one's arms, oneself) ρίχνω ▶ n περιπέτεια f
flint [flɪnt] n (stone) πυρόλιθος m • (in lighter) τσακμακόπετρα f
flip [flɪp] vt γυρίζω • (coin) στρίβω
flirt [flɜːt] vi φλερτάρω ▶ n: **to be a ~** φλερτάρω πολύ
float [fləut] n (for swimming) πλωτήρας m • (for fishing) φελλός m (σε πετονιά ή δίχτυ) • (in carnival) άρμα nt • (money) ψιλά nt pl ▶ vi (on water) επιπλέω • (Comm: currency) διακινούμαι ▶ vt (Comm: currency) αποδεσμεύω • (: company) βάζω στο χρηματιστήριο
flock [flɒk] n (of sheep) κοπάδι nt • (of birds) σμήνος nt • (Rel) ποίμνιο nt
▶ **to flock to** vt fus (place) μαζεύομαι σε • (event) συρρέω σε
flood [flʌd] n (of water) πλημμύρα f • (of letters, imports etc) καταιγισμός m ▶ vt (water, place) πλημμυρίζω • (Aut) μπουκώνω ▶ vi πλημμυρίζω
flooding [ˈflʌdɪŋ] n πλημμύρα f
floor [flɔːʳ] n (of room) πάτωμα nt • (storey) πάτωμα nt (inf) • (of sea) βυθός m • (of valley) βάση f ▶ vt (blow) ρίχνω κάτω • (question, remark) ξαφνιάζω • **on the ~** στο πάτωμα • **ground ~** (first floor: US) ισόγειο • **first ~** (second floor: US) πρώτος όροφος • **top ~** τελευταίος όροφος
flooring [ˈflɔːrɪŋ] n υλικό nt δαπέδου
flop [flɒp] n παταγώδης αποτυχία f ▶ vi (fail) αποτυγχάνω παταγωδώς
floppy [ˈflɒpɪ] adj χαλαρός
floppy disk n (Comput) δισκέτα f
flora [ˈflɔːrə] n χλωρίδα f
floral [ˈflɔːrl] adj λουλουδάτος
florist [ˈflɒrɪst] n ανθοπώλης/ισσα m/f
flotation [fləuˈteɪʃən] n (of shares) έκδοση f • (of company) είσοδος f στο χρηματιστήριο
flour [ˈflauəʳ] n αλεύρι nt
flourish [ˈflʌrɪʃ] vi (business, economy, arts) ευημερώ • (plant) ανθίζω ▶ n: **with a ~** με μια επιδεικτική χειρονομία
flow [fləu] n (of river) ρεύμα nt • (of blood, oil) ροή f • (Elec) ρεύμα nt • (of data, information) ροή f ▶ vi (blood, river, oil) κυλάω • (Elec) ρέω • (clothes, hair) πέφτω • **~ of traffic** κίνηση (οχημάτων)

flower ['flauə^r] n λουλούδι nt ▶ vi ανθίζω

flown [fləun] pp of **fly**

flu [fluː] n γρίπη f

fluctuate ['flʌktjueɪt] vi (price, rate, temperature) αυξομειώνομαι • (opinions, attitudes) ταλαντεύομαι

fluent ['fluːənt] adj που γίνεται με ευχέρεια • **he speaks ~ French, he's ~ in French** μιλάει γαλλικά με ευχέρεια or μιλάει άριστα γαλλικά

fluff [flʌf] n (on jacket, carpet) χνούδι nt • (fur) μαλλί nt ▶ vt (inf: exam, lines) τα θαλασσώνω σε

fluffy ['flʌfɪ] adj (lamb, kitten) μαλλιαρός • (sweater) χνουδωτός • **~ toy** λούτρινο παιχνίδι

fluid ['fluːɪd] adj (movement) αβίαστος • (situation, arrangement) ρευστός ▶ n υγρό nt

fluke [fluːk] (inf) n τύχη nt • **by a ~** κατά τύχη

flung [flʌŋ] pt, pp of **fling**

fluorescent [fluə'rɛsnt] adj (light) φθορισμού • (dial, paint) που φωσφορίζει

fluoride ['fluəraɪd] n φθορίδιο nt

flurry ['flʌrɪ] n (of snow) στρόβιλος m • **a ~ of activity** πυρετώδης κίνηση • **a ~ of excitement** ξέσπασμα ενθουσιασμού

flush [flʌʃ] n (on face) κοκκίνισμα nt • (Cards) χρώμα nt ▶ vt ξεπλένω • vi κοκκινίζω • **to ~ the toilet** τραβάω το καζανάκι

flute [fluːt] n φλάουτο nt

flutter ['flʌtə^r] n (of wings) φτερούγισμα nt • vi (bird) φτερουγίζω • (flag) κυματίζω • (heart) φτερουγίζω ▶ vt κουνάω

fly [flaɪ] (pt **flew**, pp **flown**) n μύγα f • (on trousers: also: **flies**) μαγαζιά nt pl (inf) ▶ vt (plane) πετάω • (passengers, cargo) μεταφέρω αεροπορικώς • (distances) ταξιδεύω • (kite) πετάω ▶ vi πετάω • (passengers) ταξιδεύω με αεροπλάνο • (dash) βιάζομαι • (flag) κυματίζω • **her glasses flew off** της έφυγαν τα γυαλιά • **she flew into a rage** έγινε έξω φρενών
▶ **fly away** vi φεύγω
▶ **fly off** vi = **fly away**

flying ['flaɪŋ] n (activity) πιλοτάρισμα nt • (action) πτήση f ▶ adj: **a ~ visit** μια επίσκεψη στα πεταχτά • **to pass exams with ~ colours** σκίζω στις εξετάσεις • **he doesn't like ~** δεν του αρέσει να ταξιδεύει με αεροπλάνο

FM abbr (Radio: = frequency modulation) FM ntpl inv

foal [fəul] n πουλάρι nt

foam [fəum] n αφρός m • (also: **~ rubber**) αφρολέξ nt inv ▶ vi (soapy water) κάνω αφρό

focus ['fəukəs] (pl **focuses**) n (focal point) επίκεντρο f • (activity) εστίαση f της προσοχής • (Phot) εστίαση f ▶ vt (telescope etc) ρυθμίζω • (light, rays) εστίαζω • (one's eyes) εστίαζω ▶ vi: **to ~ (on)** (with camera) εστίαζω σε • (person) συγκεντρώνομαι σε • **in/out of ~** (for camera etc) εστιασμένος/μη εστιασμένος • (for pictures) ευκρινής/θαμπός

foetus ['fiːtəs], **fetus** (US) n έμβρυο nt

fog [fɔg] n ομίχλη f

foggy ['fɔgɪ] adj ομιχλώδης • **it's ~** έχει ομίχλη

foil [fɔɪl] vt ματαιώνω ▶ n (also: **aluminium ~**) αλουμινόχαρτο nt • (Fencing) ξίφος nt

fold [fəuld] n πτυχή f • (in paper) τσάκιση f • (of skin) δίπλα f • (for sheep) μαντρί nt • (fig) ποίμνιο nt ▶ vt (clothes, paper) διπλώνω • (one's arms) σταυρώνω ▶ vi πέφτω έξω

folder ['fəuldə^r] n ντοσιέ nt inv

folding ['fəuldɪŋ] adj πτυσσόμενος

foliage ['fəulɪdʒ] n φύλλωμα nt

folk [fəuk] npl άνθρωποι mpl • **old ~** γέροι ▶ cpd λαϊκός

folklore ['fəuklɔː^r] n λαϊκή παράδοση f

folk music n παραδοσιακή μουσική f • (Greek: rural) δημοτική μουσική f • (Greek: urban) λαϊκή μουσική f • (foreign) φολκ f inv

follow ['fɔləu] vt ακολουθώ • (event, story) παρακολουθώ • (route, path) παίρνω • (on social media) ακολουθώ, follow • (with eyes) ακολουθώ με το βλέμμα ▶ vi (person) παίρνω από πίσω • (period of time) ακολουθώ • (result, benefit) προκύπτω • **I don't quite ~ you** δεν σας πολυκαταλαβαίνω • **as follows** ως εξής • **to ~ suit** (fig) κάνω το ίδιο
▶ **follow up** vt (letter, offer) επικοινωνώ ξανά • (idea, suggestion) διερευνώ

follower ['fɔləuə^r] n οπαδός mf

following ['fɔləuɪŋ] adj (day, week) επόμενος • (way, list etc) ακόλουθος ▶ n οπαδοί mpl

fond [fɔnd] adj (memory) τρυφερός • (smile, look) γλυκός • **to be ~ of sb** συμπαθώ κν

food [fuːd] n φαγητό nt • (foodstuffs) τρόφιμα nt

food poisoning n τροφική δηλητηρίαση f

food processor ['fuːdprəusesə^r] n μπλέντερ nt inv

fool [fuːl] n (idiot) ανόητος/η m/f ▶ vt ξεγελάω • **to make a ~ of o.s** γίνομαι ρεζίλι • **to make a ~ of sb** γελοιοποιώ κν • (trick) κοροϊδεύω κν
▶ **fool about** (pej) vi (waste time) χαζολογάω • (behave foolishly) σαχλαμαρίζω
▶ **fool around** vi = **fool about**

foolish ['fuːlɪʃ] adj (stupid) ανόητος • (rash) άμυαλος

foolproof ['fuːlpruːf] adj αλάνθαστος

foot [fut] (pl **feet**) n (measure) πόδι nt (= 30,4 εκ.) • (of person, animal) πόδι nt • (of bed) πόδι nt • (of cliff) πρόποδες mpl • (of page) κάτω μέρος nt • (of stairs) βάση f • **on ~** με τα πόδια

footage ['futɪdʒ] n σκηνές fpl

foot and mouth, foot and mouth disease n αφθώδης πυρετός m

football ['futbɔːl] n (ball) μπάλα f ποδοσφαίρου • (sport: Brit) ποδόσφαιρο nt • (: US) αμερικανικό ποδόσφαιρο nt

footballer ['futbɔːlə^r] (Brit) n (also: **football player**) ποδοσφαιριστής/ίστρια m/f

football match (Brit) n ποδοσφαιρικός αγώνας m

foothills ['futhɪlz] npl πρόποδες mpl

foothold ['futhəuld] n πιάσιμο nt

footing ['futɪŋ] n (fig) επίπεδο nt • **to lose one's ~** παραπατάω

footnote ['futnəut] n υποσημείωση f

footpath ['futpɑːθ] n μονοπάτι nt

footprint ['futprɪnt] n πατημασιά f

footwear ['futwɛə^r] n υποδήματα nt pl

○ **KEYWORD**

for [fɔːʳ] prep **1** (indicating destination, intention) για
2 (indicating purpose) για • **what's it for?** για τι πράγμα είναι αυτό; • **give it to me — what for?** δωσ' μου το — γιατί;
3 (on behalf of, representing): **the MP for Hove** ο βουλευτής του Χοβ • **he works for the government/a local firm** δουλεύει για την κυβέρνηση/μια τοπική επιχείρηση • **I'll ask him for you** θα τον ρωτήσω εγώ για σένα • **G for George** G όπως George
4 (because of) για • **for fear of being criticized** από φόβο μήπως τον κατακρίνουν
5 (with regard to) για • **a gift for languages** ταλέντο στις γλώσσες
6 (in exchange for) για
7 (in favour of) υπέρ • **are you for or against us?** είστε μαζί μας ή εναντίον μας; • **I'm all for it** είμαι ολοκληρωτικά υπέρ • **vote for X** ψηφίστε τον X
8 (referring to distance) για
9 (referring to time) για • **he was away for 2 years** έλειπε (για) δύο χρόνια • **she will be away for a month** θα λείψει (για) ένα μήνα • **it hasn't rained for 3 weeks** έχει να βρέξει τρεις εβδομάδες • **I have known her for years** την ξέρω χρόνια • **can you do it for tomorrow?** μπορείς να το κάνεις για αύριο;
10 (with infinitive clause): **it is not for me to decide** δεν θα το αποφασίσω εγώ • **it would be best for you to leave** το καλύτερο θα ήταν να φύγετε • **there is still time for you to do it** έχεις ακόμα καιρό να το κάνεις • **for this to be possible ...** για να μπορεί να γίνει αυτό...
11 (in spite of) παρά • **for all he said he would write, in the end he didn't** παρόλο που είπε or παρότι είπε ότι θα έγραφε, τελικά δεν το έκανε
▶ conj (fml: since, as) γιατί

forbid [fə'bɪd] (pt **forbad(e)**, pp **forbidden**) vt απαγορεύω • **to ~ sb to do sth** απαγορεύω σε κν να κάνει κτ

forbidden [fə'bɪdn] pp of **forbid** ▶ adj απαγορευμένος • **it is ~ to smoke** απαγορεύεται να καπνίζετε or το κάπνισμα

force [fɔːs] n (violence) βία f • (strength) δύναμη f • (of earthquake, wind) ένταση f • (power, influence) δύναμη f • (Phys) δύναμη f ▶ vt (drive) αναγκάζω • **to ~ sb to do sth** αναγκάζω or υποχρεώνω κν να κάνει κτ • **in ~** σύσσωμοι • **to come into ~** τίθεμαι σε ισχύ • **to ~ o.s. to do sth** ζορίζομαι για να κάνω κτ ■ **the Forces** npl (BRIT) οι Ένοπλες Δυνάμεις fpl

forced [fɔːst] adj (landing) αναγκαστικός • (smile) βεβιασμένος

forceful ['fɔːsful] adj (person, attack) (άτομο) δυναμικός, (επίθεση) σφοδρός • (point) δυνατός

ford [fɔːd] n πέρασμα nt (ποταμού)

fore [fɔːʳ] n: **to come to the ~** έρχομαι στο προσκήνιο

forearm ['fɔːrɑːm] n πήχης m (χεριού)

forecast ['fɔːkɑːst] (irreg) (pt, pp ~) n (of profits, prices etc) πρόβλεψη f • (of weather) πρόγνωση f
▶ vt προβλέπω

forecourt ['fɔːkɔːt] n προαύλιο nt

forefinger ['fɔːfɪŋgəʳ] n δείκτης m (δάχτυλο)

forefront ['fɔːfrʌnt] n: **in the ~ of** στην πρώτη γραμμή +gen

foreground ['fɔːgraund] n πρώτο πλάνο nt
▶ cpd (Comput) στο προσκήνιο

forehead ['fɔrɪd] n μέτωπο nt

foreign ['fɔrɪn] adj (country) ξένος • (holiday) στο εξωτερικό • (trade, policy) εξωτερικός

foreign currency n συνάλλαγμα nt

foreigner ['fɔrɪnəʳ] n αλλοδαπός/ή m/f

foreign exchange n συνάλλαγμα nt

Foreign Office (BRIT) n Υπουργείο nt Εξωτερικών

Foreign Secretary (BRIT) n υπουργός mf Εξωτερικών

foreman ['fɔːmən] (irreg) n (on building site etc) αρχιεργάτης m • (in factory) επιστάτης m • (of jury) προϊστάμενος m των ενόρκων

foremost ['fɔːməust] adj πρώτος ▶ adv: **first and ~** πρώτα απ' όλα

forensic [fə'rɛnsɪk] adj (medicine, test) ιατροδικαστικός

foresee [fɔː'siː] (irreg) (pt **foresaw**, pp **foreseen**) vt προβλέπω

foreseeable [fɔː'siːəbl] adj προβλέψιμος • **in the ~ future** στο άμεσο μέλλον

forest ['fɔrɪst] n δάσος nt

forestry ['fɔrɪstrɪ] n δασοκομία f

forever [fə'rɛvəʳ] adv (permanently) οριστικά • (always) για πάντα

foreword ['fɔːwəːd] n πρόλογος m

forfeit ['fɔːfɪt] n τίμημα nt ▶ vt (right, chance etc) χάνω

forgave [fə'geɪv] pt of **forgive**

forge [fɔːdʒ] n σιδηρουργείο nt ▶ vt (signature, document etc) πλαστογραφώ • (money) παραχαράζω
▶ **forge ahead** vi προπορεύομαι

forgery ['fɔːdʒərɪ] n (crime) πλαστογραφία f • (document etc) πλαστογραφία f

forget [fə'gɛt] (pt **forgot**, pp **forgotten**) vt ξεχνάω ▶ vi ξεχνάω • **to ~ o.s.** ξεχνιέμαι

forgive [fə'gɪv] (pt **forgave**, pp **forgiven**) vt συγχωρώ • **to ~ sb for sth/for doing sth** συγχωρώ κν για κτ/που έκανε κτ

forgot [fə'gɔt] pt of **forget**

forgotten [fə'gɔtn] pp of **forget**

fork [fɔːk] n (for eating) πιρούνι nt • (for gardening) τσουγκράνα f • (in road, river, railway) διακλάδωση f ▶ vi διακλαδίζομαι

forlorn [fə'lɔːn] adj (person, cry, voice) απελπισμένος • (place) εγκαταλελειμμένος • (attempt, hope) απεγνωσμένος

form [fɔːm] n (type) μορφή f • (shape) σχήμα nt • (Scol: class) τάξη f • (questionnaire) έντυπο nt ▶ vt (shape, queue, object) σχηματίζω • (organization, group) συγκροτώ • (government) σχηματίζω • (relationship) δημιουργώ ▶ vi (shape, queue) σχηματίζομαι • **to be on ~** (Sport) είμαι σε φόρμα • (fig) είμαι στις καλές μου

formal ['fɔːməl] adj επίσημος • (person, behaviour) τυπικός • (qualifications) τυπικός

formality [fɔː'mælɪtɪ] n (procedure) τυπική διαδικασία f • (politeness) τυπικότητα f
■ **formalities** npl διατυπώσεις fpl

format ['fɔːmæt] n σχήμα nt ▶ vt (Comput) κάνω φορμάτ (σε)

formation [fɔː'meɪʃən] n (of organization, business) ίδρυση f • (of theory, ideas) διαμόρφωση f • (pattern) σχηματισμός m • (of rocks, clouds) σχηματισμός m

former ['fɔːmə'] adj (husband, president etc) τέως inv • (power, authority) παλιός ▶ n: **the ~** ο πρώτος • **the ~ ... the latter** ο μεν ... ο δε • **the ~ Yugoslavia/Soviet Union** η πρώην Γιουγκοσλαβία/Σοβιετική Ένωση

formerly ['fɔːməlɪ] adv άλλοτε

formidable ['fɔːmɪdəbl] adj τρομακτικός

formula ['fɔːmjulə] (pl **formulae** or **formulas**) n (Math, Chem) τύπος m • (plan) σχέδιο nt • **F~ One** (Aut) Φόρμουλα Ένα

fort [fɔːt] n (Mil) φρούριο nt • **to hold the ~** (fig) μένω στο πόδι κάποιου

forthcoming [fɔːθ'kʌmɪŋ] adj (event) προσεχής • (help, money) διαθέσιμος • (person) διαχυτικός

fortnight ['fɔːtnaɪt] (BRIT) n δεκαπενθήμερο nt

fortnightly ['fɔːtnaɪtlɪ] adj δεκαπενθήμερος ▶ adv ανά δεκαπενθήμερο

fortress ['fɔːtrɪs] n φρούριο nt

fortunate ['fɔːtʃənɪt] adj (person) τυχερός • (event) ευτυχής • **it is ~ that** ... είναι ευτύχημα ότι ...

fortunately ['fɔːtʃənɪtlɪ] adv ευτυχώς

fortune ['fɔːtʃən] n (luck) τύχη f • (wealth) περιουσία f • **to make a ~** κάνω περιουσία • **to tell sb's ~** λέω τη μοίρα κου

forty ['fɔːtɪ] num σαράντα

forum ['fɔːrəm] n (for debate) φόρουμ nt inv • (on website) φόρουμ nt inv

forward ['fɔːwəd] adj (in position) μπροστά • (in movement) προς τα εμπρός • (in development) μπροστά • (not shy) θρασύς ▶ adv (also: **forwards**) μπροστά ▶ n (Sport) επιθετικός m ▶ vt (letter) διαβιβάζω • (parcel, goods) στέλνω • **"please ~"** «παρακαλώ διαβιβάστε»

forwards ['fɔːwədz] adv see **forward**

fossil ['fɒsl] n απολίθωμα nt

foster ['fɒstə'] vt (child) μεγαλώνω

fought [fɔːt] pt, pp of **fight**

foul [faul] adj (state, taste, smell) αηδιαστικός • (place) σιχαμερός • (temper, day, weather) απαίσιος • (language) χυδαίος ▶ n (Sport) φάουλ nt ▶ vt λερώνω • (Sport) κάνω φάουλ σε

foul play n (Jur) εγκληματική ενέργεια f

found [faund] pt, pp of **find** ▶ vt ιδρύω

foundation [faun'deɪʃən] n ίδρυμα nt • (basis) βάσεις fpl • (fig) βάση f • (also: **~ cream**) βάση f (για μακιγιάζ) ■ **foundations** npl (of building) θεμέλια nt pl

founder ['faundə'] n ιδρυτής/τρια m/f ▶ vi βουλιάζω

fountain ['fauntɪn] n (lit) σιντριβάνι nt

four [fɔː'] num τέσσερα or τέσσερις ή άνθρωποι/γυναίκες • **~ books** τέσσερα βιβλία • **on all fours** με τα τέσσερα

four-poster ['fɔː'pəustə'] n (also: **~ bed**) κρεβάτι nt με τέσσερεις κολόνες

fourteen ['fɔː'tiːn] num δεκατέσσερα

fourteenth ['fɔː'tiːnθ] num δέκατος τέταρτος

fourth ['fɔːθ] num τέταρτος ▶ n (Aut: also: **~ gear**) τετάρτη f

four-wheel drive [fɔːwiːl'draɪv] n (Aut): **with ~** με κίνηση στους τέσσερεις τροχούς

fowl [faul] n πουλί nt • (domestic) πουλερικό nt

fox [fɒks] n αλεπού f ▶ vt μπερδεύω

foyer ['fɔɪeɪ] n φουαγιέ nt inv

fraction ['frækʃən] n ένα μέρος nt • (Math) κλάσμα nt

fracture ['fræktʃə'] n (of bone) κάταγμα nt ▶ vt (bone) σπάζω

fragile ['frædʒaɪl] adj εύθραυστος • (person) αδύναμος

fragment [n 'frægmənt, vb fræg'mɛnt] n (of bone, cup etc) κομμάτάκι nt ▶ vi τεμαχίζομαι

fragrance ['freɪɡrəns] n άρωμα nt

frail [freɪl] adj (person, invalid) φιλάσθενος • (structure) εύθραυστος

frame [freɪm] n (of building, car) σκελετός m • (of structure) πλαίσιο nt • (of spectacles: also: **frames**) σκελετός m • (of picture) κορνίζα f • (of door, window) κάσα f ▶ vt (picture) κορνιζώνω • **they framed him/her** (inf) του/της την έστησαν

framework ['freɪmwəːk] n (also fig) πλαίσιο nt

France [frɑːns] n Γαλλία f

franchise ['fræntʃaɪz] n (Pol) δικαίωμα nt ψήφου • (Comm) άδεια f διανομής

frank [fræŋk] adj ειλικρινής

frankly ['fræŋklɪ] adv ειλικρινά

frantic ['fræntɪk] adj (distraught) τρελός • (rush, pace) ξέφρενος • (search) μανιώδης

fraud [frɔːd] n (crime) απάτη f • (person) απατεώνας/ισσα m/f

fraught [frɔːt] adj (person) ταραγμένος • (evening, meeting) γεμάτος δυσκολίες • **to be ~ with danger/problems** είμαι γεμάτος κινδύνους/προβλήματα

fray [freɪ] vi (cloth, rope) ξεφτίζω

freak [friːk] n (in behaviour) παράξενος/η m/f • (in appearance) τέρας nt ▶ adj αλλόκοτος ▶ **freak out** (inf) vi φρικάρω

free [friː] adj ελεύθερος • (meal, ticket etc) δωρεάν ▶ vt (prisoner etc) ελευθερώνω • (jammed object) ξεκολλάω • (person) απαλλάσσω • **admission ~** είσοδος δωρεάν • **~ (of charge), for ~** δωρεάν

freedom ['friːdəm] n ελευθερία f • **~ from hunger/poverty/disease** απαλλαγή από την πείνα/φτώχεια/ασθένεια

free kick n (Sport) φάουλ nt inv

freelance ['friːlɑːns] adj ελεύθερος επαγγελματίας • **~ work** ανεξάρτητη or εξωτερική συνεργασία

freely ['friːlɪ] adv (talk, move etc) ελεύθερα • (spend) χωρίς να υπολογίζω

free-range ['friː'reɪndʒ] adj ελεύθερας βοσκής

freeway ['friːweɪ] (US) n αυτοκινητόδρομος m

free will n ελεύθερη βούληση f • **of one's own ~** με τη θέληση κου

freeze [fri:z] (pt **froze**, pp **frozen**) vi (liquid, pipe) παγώνω • (weather) έχει παγωνιά • (person: with cold) ξεπαγιάζω • (: from fear) κοκκαλώνω ▶ vt (water, lake) παγώνω • (food) καταψύχω • (prices, salaries) παγώνω ▶ n (cold weather) παγωνιά f • (on arms, wages) πάγωμα nt
▶ **freeze over** vi (river) παγώνω • (windscreen, windows) πιάνω πάγο

freezer ['fri:zə'] n καταψύκτης m • (also: **~ compartment**) κατάψυξη f

freezing ['fri:zɪŋ] adj (also: **~ cold**) παγωμένος • **3 degrees below ~** 3 βαθμούς υπό το μηδέν • **I'm ~** ξεπάγιασα • **it's ~** κάνει παγωνιά • **this room is ~** αυτό το δωμάτιο είναι πάγος

freight [freɪt] n (goods) φορτίο nt • **by air/sea ~** αεροπορικώς/δια θαλάσσης

French [frentʃ] adj γαλλικός ▶ n (Ling) γαλλικά nt pl • **the ~** οι Γάλλοι • **he/she is ~** είναι Γάλλος/Γαλλίδα

French fries [frentʃ'fraɪz] (esp US) npl πατάτες fpl τηγανητές

Frenchman ['frentʃmən] (irreg) n Γάλλος m

Frenchwoman ['frentʃwumən] (irreg) n Γαλλίδα f

frenzy ['frenzɪ] n (of violence) παροξυσμός m • (of joy, excitement) παραλήρημα nt

frequency ['fri:kwənsɪ] n (also Radio) συχνότητα f

frequent [adj 'fri:kwənt, vb frɪ'kwent] adj συχνός ▶ vt συχνάζω

frequently ['fri:kwəntlɪ] adv συχνά

fresh [freʃ] adj φρέσκος • (paint) υγρός • (new: approach, way) νέος • (water, air) καθαρός • (cheeky) θρασύς

fresher ['freʃə'] (BRIT inf) n (Scol) πρωτάκι nt

freshly ['freʃlɪ] adv φρεσκο-

freshman ['freʃmən] (US: irreg) n = **fresher**

freshwater ['freʃwɔ:tə'] adj (lake) με γλυκό νερό • (fish) του γλυκού νερού

fret [fret] vi ανησυχώ

friction ['frɪkʃən] n τριβή f • (conflict) προστριβές fpl

Friday ['fraɪdɪ] n Παρασκευή f • see also **Tuesday**

fridge [frɪdʒ] (BRIT) n ψυγείο nt

fried [fraɪd] pt, pp of **fry** ▶ adj τηγανητός

friend [frend] n φίλος/η m/f • **to make friends with sb** γινόμαστε φίλοι με κν

friendly ['frendlɪ] adj φιλικός ▶ n (Sport) φιλικό nt • **to be ~ with** είμαι φίλος με κν +gen

friendship ['frendʃɪp] n φιλία f

frigate ['frɪgɪt] n (Naut) φρεγάτα f

fright [fraɪt] n τρόμος m • **to get a ~** τρομάζω • **to give sb a ~** δίνω σε κν μια τρομάρα

frighten ['fraɪtn] vt τρομάζω

frightened ['fraɪtnd] adj (afraid): **to be ~ to do sth** φοβάμαι να κάνω κτ • (anxious) τρομαγμένος • **to be ~ of sth/doing sth** φοβάμαι κτ/να κάνω κτ

frightening ['fraɪtnɪŋ] adj (experience) τρομακτικός • (prospect) ανησυχητικός

frightful ['fraɪtful] adj φοβερός

fringe [frɪndʒ] n (BRIT: of hair) φράντζα f • (on shawl, lampshade etc) κρόσσια nt pl • (fig) όριο nt

frivolous ['frɪvələs] adj (conduct, person) επιπόλαιος • (object, activity) ασήμαντος

fro [frəu] adv: **to and ~** πέρα-δώθε

frock [frɔk] n ρούχο nt

frog [frɔg] n βατράχι nt

⭕ **KEYWORD**

from [frɔm] prep **1** (place) από
2 (origin) από • **where do you come from?** από πού είστε;
3 (time) από
4 (distance) από
5 (price, number etc) από
6 (difference) από • **different from sb/sth** διαφορετικός από κν/κτ
7 (because of, on the basis of) από • **to do sth from conviction** κάνω κτ εκ πεποιθήσεως

front [frʌnt] n (of dress, train, car etc) μπροστινό μέρος nt • (of house) πρόσοψη f • (also: **sea ~**) ακτή f • (Mil, Meteo) μέτωπο nt • (fig: pretence) βιτρίνα f ▶ adj μπροστινός • **in ~ (of)** μπροστά (από) • **~ cover** εξώφυλλο

front door n (of house) εξώπορτα f

frontier ['frʌntɪə'] n σύνορα nt pl • (fig) όριο nt

front page n πρώτη σελίδα f

frost [frɔst] n (weather) παγετός m • (substance) πάγος m

frosty ['frɔstɪ] adj (weather, night) παγωμένος • (welcome, look) ψυχρός • (grass, window) που έπιασε πάγο

froth [frɔθ] n αφρός m

frown [fraun] n κατσούφιασμα nt ▶ vi συνοφρυώνομαι

froze [frəuz] pt of **freeze**

frozen ['frəuzn] pp of **freeze** ▶ adj (lake, fingers) παγωμένος • (food) κατεψυγμένος • (Comm: assets) παγωμένος

fruit [fru:t] n inv (particular) φρούτο nt • (collective) φρούτα nt pl • (also fig) καρπός m

fruit juice n χυμός m φρούτων

frustrate [frʌs'treɪt] vt (person) απογοητεύω • (plan, attempt) ματαιώνω

frustrated [frʌs'treɪtɪd] adj απογοητευμένος

fry [fraɪ] (pt, pp **fried**) vt τηγανίζω

frying pan ['fraɪŋpæn] n τηγάνι nt

ft. abbr = **foot**

fudge [fʌdʒ] n (Culin) μαλακό γλυκό από ζάχαρη, βούτυρο και γάλα ▶ vt αποφεύγω

fuel ['fjuəl] n καύσιμο nt pl • (for furnace) τροφοδοτώ • (aircraft, ship etc) ανεφοδιάζω με καύσιμα • (fig) επιτείνω

fulfil, **fulfill** (US) vt (function, role, duty) εκπληρώνω • (condition) πληρώ • (promise) τηρώ • (order) εκτελώ • (wish, desire, ambition) κάνω πραγματικότητα

full [ful] adj γεμάτος • (maximum: use) απόλυτος • (volume) στο τέρμα • (details, name) πλήρης • (price) κανονικός • (skirt) φαρδύς • (impact, implications) όλος ▶ adv: **to know ~ well that** ξέρω πολύ καλά ότι • **I'm ~ (up)** φούσκωσα • **in ~ view of sb** μπροστά στα μάτια +gen • **~ marks** άριστα • **drive at ~ speed** οδηγώ με τέρμα τα γκάζια • **~ of** (objects, people) γεμάτος (με or από)

• (confidence, hope) γεμάτος • **in ~** (reproduce, quote) κατά γράμμα • (pay) μέχρι την τελευταία δεκάρα

full board n πλήρης διατροφή f

full-length ['ful'leŋθ] adj (film, novel etc) μεγάλου μήκους • (coat, portrait, mirror etc) ολόσωμος

full moon n πανσέληνος f

full-scale ['fulskeıl] adj (attack, war) κανονικός

full stop n τελεία f

full-time ['ful'taım] adj πλήρους απασχόλησης ▶ adv με πλήρη απασχόληση

fully ['fulı] adv (understand) απόλυτα • (recover) πλήρως • (in full) πλήρως

fumes [fju:mz] npl (of car) καυσαέρια nt pl

fun [fʌn] n διασκέδαση f • **to have ~** διασκεδάζω • **for ~** για πλάκα • **it's not much ~** δεν είναι τόσο ευχάριστο • **to make ~ of** κοροϊδεύω

function ['fʌŋkʃən] n (role) λειτουργία f • (product) συνάρτηση f • (social occasion) δεξίωση f ▶ vi λειτουργώ

fund [fʌnd] n (of money) κεφάλαιο nt • (source, store) παρακαταθήκη f ▶ vt χρηματοδοτώ ■ **funds** npl κονδύλια nt pl

fundamental [fʌndə'mɛntl] adj βασικός • (change) ριζικός

funeral ['fju:nərəl] n κηδεία f

fungus ['fʌŋgəs] (pl **fungi**) n μύκητας m • (mould) μούχλα f

funnel ['fʌnl] n (for pouring) χωνί nt • (of ship) φουγάρο nt

funny ['fʌnı] adj (amusing) αστείος • (strange) παράξενος

fur [fəːʳ] n γούνα f

furious ['fjuərıəs] adj (person) εξοργισμένος • (row, argument) άγριος

furnish ['fəːnıʃ] vt (room, building) επιπλώνω • **furnished flat** or (US) **apartment** επιπλωμένο διαμέρισμα

furnishings ['fəːnıʃıŋz] npl επίπλωση f

furniture ['fəːnıtʃəʳ] n έπιπλα nt pl • **piece of ~** έπιπλο

furry ['fəːrı] adj (tail, animal) μαλλιαρός • (toy) χνουδωτός

further ['fəːðəʳ] adj (additional) περισσότερος ▶ adv (farther) πιο μακριά • (in degree) περαιτέρω • (in addition) επιπλέον ▶ vt προωθώ • **until ~ notice** μέχρι νεωτέρας (διαταγής) • **how much ~ is it?** πόσο πιο μακριά είναι;

further education (BRIT) n επιμόρφωση f

furthermore [fəːðə'mɔːʳ] adv επιπλέον

furthest ['fəːðıst] adj (in distance) πιο μακρινός • (in time) πιο μακριά • (in degree) πιο πολύ ▶ adj ο πιο απομακρυσμένος

fury ['fjuərı] n οργή f • **in a ~** μανιασμένα

fuse [fju:z], **fuze** (US) n (Elec) ασφάλεια f • (for bomb etc) φυτίλι nt • **a ~ has blown** κάηκε μια ασφάλεια

fusion ['fju:ʒən] n συγχώνευση f • (also: **nuclear ~**) πυρηνική σύντηξη f

fuss [fʌs] n φασαρία f ▶ vi στριφογυρίζω • **to make a ~** (about sth) κάνω φασαρία (για κτ) • **to make a ~ of sb** το παρακάνω με κν

▶ **fuss over** vt fus (person) κάνω ολόκληρη φασαρία για

fussy ['fʌsı] adj (person) λεπτολόγος • (clothes, curtains etc) παραφορτωμένος

future ['fju:tʃəʳ] adj μελλοντικός • (president, spouse) μέλλων ▶ n μέλλον nt • (Ling) μέλλοντας m • **in ~** στο μέλλον ■ **futures** npl (Comm) προθεσμιακά συμβόλαια nt pl

fuze [fju:z] (US) n, vt, vi = **fuse**

fuzzy ['fʌzı] adj (photo, image) θολός • (thoughts, ideas) συγκεχυμένος

g

G, g [dʒiː] n το έβδομο γράμμα του αγγλικού αλφαβήτου

g. abbr (= gram(me)) γρ.

gadget ['gædʒɪt] n γκάτζετ nt inv

Gaelic ['geɪlɪk] adj γαελικός ▶ n (Ling) γαελικά nt pl

gag [gæg] n (on mouth) φίμωτρο nt • (joke) καλαμπούρι nt ▶ vt φιμώνω ▶ vi αναγουλιάζω

gain [geɪn] n (increase) αύξηση f • (profit) όφελος nt • v (speed) αυξάνω • (weight) παίρνω • (confidence) αποκτώ ▶ vi (benefit): **to ~ from sth** επωφελούμαι από κτ

gala ['gɑːlə] n γκαλά nt inv • **swimming ~** επίδειξη κολύμβησης

galaxy ['gæləksɪ] n γαλαξίας m

gale [geɪl] n θυελλώδης άνεμος m • **~ force 10** θυελλώδεις άνεμοι εντάσεως 10 μποφόρ

gall. abbr = **gallon**

gallery ['gælərɪ] n (also: **art ~**: public) πινακοθήκη f • (: private) γκαλερί f inv • (in hall, theatre) εξώστης m

gallon ['gælən] n (= 8 pints; BRIT = 4.543l; US = 3.785l) γαλόνι nt

gallop ['gæləp] n καλπασμός m ▶ vi καλπάζω

Gambia ['gæmbɪə] n Γκάμπια f inv

gamble ['gæmbl] n (risk) ρίσκο nt ▶ vt παίζω ▶ vi (take a risk) ρισκάρω • (bet) τζογάρω • (cards) χαρτοπαίζω • **to ~ on sth** (horses, race) παίζω σε κτ • (success, outcome etc) ποντάρω σε κτ

gambler ['gæmblə] n (punter) παίχτης m • (cards) χαρτοπαίχτης m

gambling ['gæmblɪŋ] n τυχερά παιχνίδια nt pl

game [geɪm] n (activity, board game) παιχνίδι nt • (match) αγώνας m • (Tennis) γκέιμ nt inv • (scheme) παιχνίδι nt • (Culin, Hunting) κυνήγι nt ▶ adj (willing): **to be ~ for anything** είμαι έτοιμος για όλα • **a ~ of tennis/chess** μια παρτίδα τέννις/σκάκι • **a ~ of football** ένας αγώνας ποδοσφαίρου ■ **games** npl (Scol) αγώνες mpl

game show n τηλεπαιχνίδι nt

gang [gæŋ] n (of criminals, hooligans) συμμορία f • (of friends, colleagues) παρέα f • (of workmen) συνεργείο nt
▶ **gang up** vi: **to ~ up on sb** συνωμοτώ εναντίον κου

gangster ['gæŋstə] n γκάγκστερ m inv

gap [gæp] n (space) άνοιγμα nt • (in time) κενό nt • (in market, records etc) κενό nt • (difference) χάσμα nt

garage ['gærɑːʒ] n (of private house) γκαράζ nt inv • (for car repairs) συνεργείο nt • (petrol station) βενζινάδικο nt

garbage ['gɑːbɪdʒ] n (US) σκουπίδια nt pl • (inf) αηδίες fpl • (fig: film, book) για τα σκουπίδια

garden ['gɑːdn] n κήπος m ▶ vi ασχολούμαι με τον κήπο ■ **gardens** npl πάρκο nt • (private) κήπος m

garden centre n κατάστημα nt ειδών κηπευτικής

gardener ['gɑːdnə] n (employee) κηπουρός mf • **he's a keen ~** ασχολείται πολύ με την κηπουρική

gardening ['gɑːdnɪŋ] n κηπουρική f

garlic ['gɑːlɪk] n σκόρδο nt

garment ['gɑːmənt] n ρούχο nt

garnish ['gɑːnɪʃ] vt γαρνίρω

garrison ['gærɪsn] n φρουρά f

gas [gæs] n (Chem) αέριο nt • (fuel) γκάζι nt • (US: gasoline) βενζίνη f • (Med) αναισθητικό (αέριο) nt ▶ vt δολοφονώ με δηλητηριώδη αέρια • (Mil) ρίχνω (ασφυξιογόνα) αέρια

gasoline ['gæsəliːn] (US) n βενζίνη f

gasp [gɑːsp] n (breath) αγκομαχητό nt • (of shock, horror) άναρθρη κραυγή f ▶ vi (pant) λαχανιάζω • (in surprise) μου κόβεται η ανάσα

gas station (US) n βενζινάδικο nt

gate [geɪt] n (of garden) αυλόπορτα f • (of field) καγκελόπορτα f • (of building) πύλη f • (at airport) έξοδος f

gateway ['geɪtweɪ] n πύλη f

gather ['gæðə] vt μαζεύω ▶ vi μαζεύομαι • **to ~ (from/that)** καταλαβαίνω (από/ότι)

gathering ['gæðərɪŋ] n συγκέντρωση f

gauge [geɪdʒ] n (instrument) μετρητής m • (Rail) πλάτος nt γραμμής ▶ vt (amount, quantity) υπολογίζω • (fig: feelings) ζυγίζω • **petrol ~, fuel ~**, (US) **gas ~** δείκτης βενζίνης

gave [geɪv] pt of **give**

gay [geɪ] adj (homosexual) ομοφυλόφιλος • (old-fashioned: cheerful) εύθυμος

gaze [geɪz] n βλέμμα nt (καρφωμένο) ▶ vi: **to ~ at sth** κοιτάζω κτ (παρατεταμένα)

GB abbr = **Great Britain**

GCSE (BRIT) n abbr (= General Certificate of Secondary Education) ≈ Απολυτήριο Λυκείου

gear [gɪə] n (equipment) εξοπλισμός m • (Mil) εξάρτυση f • (belongings) πράγματα nt pl • (Tech) γρανάζι nt • (Aut) ταχύτητα f ▶ vt: **to be geared to** προσανατολίζω σε • **top** or (US) **high/low/bottom ~** τέταρτη (ή πέμπτη)/δευτέρα/πρώτη ταχύτητα • **leave the car in ~** αφήστε το αυτοκίνητο με ταχύτητα

gearbox ['gɪəbɔks] n κιβώτιο nt ταχυτήτων

geese [giːs] npl of **goose**

gel [dʒɛl] n ζελέ nt inv ▶ vi (liquid) πήζω • (fig) παίρνω (μια πιο ξεκάθαρη) μορφή

gem [dʒɛm] n πολύτιμος λίθος m • (fig: person) διαμάντι nt • (: idea) θαύμα nt

Gemini ['dʒɛmɪnaɪ] n Δίδυμοι mpl

gender ['dʒendəʳ] n φύλο nt • (Ling) γένος nt
gene [dʒiːn] n γονίδιο nt
general ['dʒenərl] n (Mil) στρατηγός m ▶ adj
γενικός • **in ~** γενικά • **the ~ public** το ευρύ κοινό
general election n γενικές εκλογές fpl
general knowledge n εγκυκλοπαιδικές
γνώσεις fpl
generally ['dʒenrəlɪ] adv γενικά
generate ['dʒenəreɪt] vt (power, energy,
electricity) παράγω • (jobs, profits) δημιουργώ
generation [dʒenə'reɪʃən] n γενιά f • (of
electricity etc) παραγωγή f
generator ['dʒenəreɪtəʳ] n γεννήτρια f
generosity [dʒenə'rɒsɪtɪ] n γενναιοδωρία f
generous ['dʒenərəs] adj (person)
γενναιόδωρος • (measure) μεγάλος
genetic [dʒɪ'netɪk] adj γενετικός
genetically modified [dʒɪ'netɪklɪ 'mɒdɪfaɪd]
adj γενετικά τροποποιημένος
genetics [dʒɪ'netɪks] n Γενετική f
genitals ['dʒenɪtlz] npl γεννητικά όργανα nt pl
genius ['dʒiːnɪəs] n (skill) εξαιρετική ικανότητα f
• (person) ιδιοφυΐα f
gent [dʒent] (BRIT inf) n abbr = **gentleman**
• **the gents** ανδρών
gentle ['dʒentl] adj (person) πράος • (animal)
ήμερος • (movement, shake) απαλός • (breeze)
ελαφρύς
gentleman ['dʒentlmən] (irreg) n (man) κύριος
m • (well-mannered man) τζέντλεμαν m inv
gently ['dʒentlɪ] adv μαλακά • (slope) ελαφρά
genuine ['dʒenjuɪn] adj (real) γνήσιος • (person)
ειλικρινής
genuinely ['dʒenjuɪnlɪ] adv γνήσια
geographic [dʒɪə'græfɪk], **geographical**
[dʒɪə'græfɪkl] adj γεωγραφικός
geography [dʒɪ'ɒgrəfɪ] n (of town, country etc)
(πόλη) μορφή f, (χώρα) μορφολογία f • (Scol)
Γεωγραφία f
geology [dʒɪ'ɒlədʒɪ] n (of area, rock etc)
μορφολογία f • (Scol) Γεωλογία f
geometry [dʒɪ'ɒmətrɪ] (Math) n Γεωμετρία f
Georgia ['dʒɔːdʒə] n Γεωργία f
geranium [dʒɪ'reɪnɪəm] n γεράνι nt
geriatric [dʒerɪ'ætrɪk] adj γηριατρικός ▶ n (pej)
υπερήλικας m
germ [dʒəːm] n μικρόβιο nt • (fig): **the ~ of an
idea** ο σπόρος μιας ιδέας
German ['dʒəːmən] adj γερμανικός ▶ n (person)
Γερμανός/ίδα m/f • (Ling) γερμανικά nt pl
Germany ['dʒəːmənɪ] n Γερμανία f
gesture ['dʒestjəʳ] n χειρονομία f • **as a ~ of
friendship** ως φιλική χειρονομία

◯ **KEYWORD**

get [get] (pt, pp **got**, US pp **gotten**) vi
1 (become, be): **to get old/tired/cold** γερνάω/
κουράζομαι/κρυώνω • **to get annoyed/bored**
εκνευρίζομαι/βαριέμαι • **to get drunk** μεθάω
• **to get dirty** λερώνομαι • **to get killed/
married** σκοτώνομαι/παντρεύομαι • **when do
I get paid?** πότε πληρώνομαι; • **it's getting late**
είναι αργά
2 (go): **to get to/from** πηγαίνω σε/από • **to get**

home πάω σπίτι • **how did you get here?** πώς
ήρθες;
3 (begin) αρχίζω να • **to get to know sb** γνωρίζω
κv • **let's get going** or **started** ας ξεκινήσουμε
▶ modal aux vb: **you've got to do it** πρέπει να το
κάνεις • **I've got to tell the police** πρέπει να το
πω στην αστυνομία
▶ vt **1**: **to get sth done** (do oneself) κάνω κτ • **to
get the washing/dishes done** βάζω
μπουγάδα/πλένω τα πιάτα • **to get one's hair
cut** κόβω τα μαλλιά μου • **to get the car going**
or **to go** βάζω μπρος το αυτοκίνητο • **to get sb
to do sth** κάνω or βάζω κν να κάνει κτ • **to get
sth/sb ready** ετοιμάζω κτ/κν • **to get sb drunk/
into trouble** μεθάω κν/κάνω κν να βρει τον
μπελά του
2 (obtain: money, permission, results) παίρνω
3 (find: job, flat) βρίσκω • **he got a job in London**
βρήκε or έπιασε δουλειά στο Λονδίνο
4 (fetch: person, doctor, object) φέρνω
5 (receive: present, letter, prize) παίρνω
6 (catch) πιάνω
7 (hit: target etc) πετυχαίνω • **the bullet got him
in the leg** η σφαίρα τον βρήκε or πέτυχε στο
πόδι
8 (take, move) πηγαίνω • **do you think we'll get
it through the door** λες να μπορέσουμε να το
περάσουμε από την πόρτα; • **I'll get you there
somehow** θα βρω (κάποιο) τρόπο να σε πάω
• **we must get him to hospital** πρέπει να τον
πάμε στο νοσοκομείο
9 (catch, take: plane, bus etc) παίρνω
10 (understand: joke etc) πιάνω • **do you get it?**
το έπιασες;
11 (have, possess): **to have got** έχω
▶ **get about** vi (person) μετακινούμαι • (news,
rumour) κυκλοφορώ
▶ **get across** vt (message, meaning) περνάω
▶ **get along** vi (be friends) τα πάω καλά
▶ **get around** vt fus = **get round**
▶ **get at** vt fus (attack, criticize) κατακρίνω
• (reach) φτάνω • **what are you getting at?** πού
το πάτε;
▶ **get away** vi (leave) φεύγω • (on holiday) πάω
διακοπές • (escape) το σκάω
▶ **get away with** vt fus τη γλιτώνω • **he'll never
get away with it!** δεν περπατεί να τη γλιτώσει!
▶ **get back** vi (return) γυρίζω ▶ vt (regain)
παίρνω πίσω
▶ **get back at** vt fus (inf): **to get back at sb (for
sth)** παίρνω εκδίκηση or το αίμα μου πίσω από
κν (για κτ)
▶ **get back to** vt fus (return to) ξαναγυρίζω
• (contact again) ξαναεπικοινωνώ με • **to get
back to sleep** ξανακοιμάμαι
▶ **get by** vi (pass) περνάω • (manage) τα βγάζω
πέρα • **I can get by in Dutch** τα καταφέρνω στα
ολλανδικά
▶ **get down** vi πέφτω κάτω ▶ vt (depress)
ψυχοπλακώνω
▶ **get down to** vt fus (work) στρώνομαι σε • **to
get down to business** περνάω σε κάτι σοβαρό
▶ **get in** vi (arrive home) φτάνω σπίτι • (train)
φτάνω • (be elected) βγαίνω ▶ vt (harvest) μαζεύω

• (*shopping, supplies*) παίρνω
▶ **get into** vt fus (*conversation, argument, fight*) πιάνω • (*vehicle*) μπαίνω σε • **to get into bed** πέφτω στο κρεβάτι
▶ **get off** vi (*from train etc*) κατεβαίνω • (*escape*) τη γλιτώνω ▶ vt (*remove: clothes*) βγάζω ▶ vt fus (*train, bus*) κατεβαίνω από • **we get 3 days off at Christmas** έχουμε 3 μέρες αργία τα Χριστούγεννα
▶ **get on** vi (BRIT: *be friends*) τα πάω καλά ▶ vt fus (*bus, train*) ανεβαίνω σε • **how are you getting on?** πώς πας;
▶ **get on to** vt fus (BRIT: *subject, topic*) έρχομαι σε
▶ **to get on with** vt fus (*person*) τα πάω καλά με • (*meeting, work etc*) συνεχίζω
▶ **get out** vi (*of place*) βγαίνω • (*of vehicle*) κατεβαίνω • (*news etc*) μαθαίνομαι ▶ vt (*take out*) βγάζω
▶ **get out of** vt fus (*avoid: duty etc*) αποφεύγω
▶ **get over** vt fus (*illness*) συνέρχομαι από • (*communicate*) κάνω κατανοητό
▶ **get round** vt fus (*law, rule*) παρακάμπτω • (*person*) καταφέρνω
▶ **get round to** vt fus καταφέρνω να
▶ **get through** vi (Tel) πιάνω or βγάζω γραμμή ▶ vt fus (*finish*) τελειώνω
▶ **get through to** vt fus (Tel) βρίσκω στο τηλέφωνο
▶ **get together** vi (*people*) μαζεύομαι ▶ vt (*people*) μαζεύω • **to get together with sb** βρίσκομαι με κν
▶ **get up** vi σηκώνομαι
▶ **get up to** vt fus (*prank etc*) κάνω

getaway [ˈgɛtəweɪ] n: **to make a** or **one's ~** διαφεύγω (*μετά τη διάπραξη εγκλήματος*)
Ghana [ˈgɑːnə] n Γκάνα f
ghastly [ˈgɑːstlɪ] adj (*awful*) απαίσιος • (*scary*) ανατριχιαστικός • **you look ~!** είσαι πολύ κομμένος!
ghetto [ˈgɛtəʊ] n γκέτο nt inv
ghost [gəʊst] n φάντασμα nt
giant [ˈdʒaɪənt] n γίγαντας m • (*fig*) κολοσσός m ▶ adj γιγάντιος
gift [gɪft] n δώρο nt • (*ability*) χάρισμα nt
gifted [ˈgɪftɪd] adj ταλαντούχος
gig [gɪg] (*inf: Mus*) n εμφάνιση f
gigantic [dʒaɪˈgæntɪk] adj γιγάντιος
giggle [ˈgɪgl] vi χαχανίζω ▶ n χάχανο nt
gills [gɪlz] npl βράγχια nt pl
gilt [gɪlt] adj επίχρυσος ▶ n επιχρύσωση f ▪ **gilts** npl (Comm) χρεόγραφα nt pl απολύτου ασφαλείας
gimmick [ˈgɪmɪk] n τέχνασμα nt
gin [dʒɪn] n τζιν nt inv
ginger [ˈdʒɪndʒəʳ] n πιπερόριζα f ▶ adj (*hair, moustache*) πυρόξανθος • (*cat*) κανελής
giraffe [dʒɪˈrɑːf] n καμηλοπάρδαλη f
girl [gɜːl] n (*child*) κορίτσι nt • (*young woman*) κοπέλα f • (*daughter*) κόρη f • **this is my little ~** αυτό είναι το κοριτσάκι μου • **an English ~** μια Αγγλιδούλα
girlfriend [ˈgɜːlfrɛnd] n (*of girl*) φίλη f • (*of boy*) κορίτσι nt

gist [dʒɪst] n ουσία f

KEYWORD

give [gɪv] (pt **gave**, pp **given**) vt **1** (*hand over*): **to give sb sth, give sth to sb** δίνω κτ σε κν • **he gave her a present** της έκανε ένα δώρο • **I'll give you £5 for it** θα σου δώσω 5 λίρες γι' αυτό **2** (*used with noun to replace a verb*): **to give a sigh/cry** βγάζω έναν αναστεναγμό/μια φωνή • **to give a groan/shout** βγάζω ένα βογγητό/μια κραυγή • **to give a speech/a lecture** βγάζω λόγο/δίνω διάλεξη
3 (*tell, deliver: advice, message etc*) δίνω • (: *news*) λέω
4 (*supply, provide: opportunity, job etc*) δίνω • **to give sb a surprise** κάνω έκπληξη σε κν
5 (*devote: time, one's life, attention*) δίνω
6 (*organize*): **to give a party/dinner** κάνω ένα πάρτυ/τραπέζι
▶ vi **1** (*also: ~ way: break, collapse*) υποχωρώ • **his legs gave beneath him** τα πόδια του δεν τον κρατούσαν
2 (*stretch: fabric, shoes*) ανοίγω
▶ **give away** vt (*money*) χαρίζω • (*opportunity*) θυσιάζω • (*secret, information*) φανερώνω • (*betray*) προδίδω
▶ **give back** vt επιστρέφω
▶ **give in** vi (*yield*) ενδίδω
▶ **give off** vt αναδίνω
▶ **give out** vt (*books, drinks*) μοιράζω • (*prizes*) απονέμω
▶ **give up** vi (*stop trying*) τα παρατάω ▶ vt (*job, boyfriend*) παρατάω • (*habit*) κόβω • (*idea, hope*) εγκαταλείπω • **to give up smoking** κόβω το κάπνισμα • **to give o.s. up** παραδίνομαι
▶ **give way** vi (*yield*) υποχωρώ • (*break, collapse*) σπάω • (BRIT Aut) δίνω προτεραιότητα

given [ˈgɪvn] pp of **give** ▶ adj (*time, amount*) δεδομένος ▶ conj: **~ that** δεδομένου ότι
glacier [ˈglæsɪəʳ] n παγετώνας m
glad [glæd] adj χαρούμενος • **to be ~ about sth/that** χαίρομαι για κτ/που
gladly [ˈglædlɪ] adv ευχαρίστως
glamorous [ˈglæmərəs] adj σαγηνευτικός
glamour [ˈglæməʳ], **glamor** (US) n αίγλη f
glance [glɑːns] n ματιά f ▶ vi: **to ~ at** ρίχνω μια ματιά σε
gland [glænd] n αδένας m
glare [glɛəʳ] n (*look*) άγριο βλέμμα nt • (*of light*) εκτυφλωτικό φως nt ▶ vi (*light*) λάμπω • **to ~ at** αγριοκοιτάζω
glaring [ˈglɛərɪŋ] adj (*mistake*) ολοφάνερος
glass [glɑːs] n (*substance*) γυαλί nt • (*container*) ποτήρι nt ▪ **glasses** npl γυαλιά nt pl
glaze [gleɪz] vt (*door, window*) βάζω τζάμια σε • (*pottery*) σμαλτώνω ▶ n (*on pottery*) σμάλτο nt
gleam [gliːm] vi λάμπω
glen [glɛn] n χαράδρα f
glide [glaɪd] vi γλιστράω • (*birds, aeroplanes*) πετάω ▶ n γλίστρημα nt
glider [ˈglaɪdəʳ] (Aviat) n ανεμόπτερο nt
glimmer [ˈglɪməʳ] n (*of light*) αμυδρό φως nt • (*fig: of interest*) ίχνος nt • (*of hope*) αχτίδα f

▶ vi (dawn, light) θαμποφέγγω

glimpse [glɪmps] n ματιά f ▶ vt βλέπω φευγαλέα

glint [glɪnt] vi (light, shiny surface) λαμποκοπώ
• (eyes) γυαλίζω ▶ n (of metal, light) λάμψη f • (in eyes) σπίθα f

glitter ['glɪtər] vi αστράφτω ▶ n λαμπύρισμα nt

global ['gləubl] adj (worldwide) παγκόσμιος
• (overall) καθολικός

global warming ['gləubl'wɔ:mɪŋ] n αύξηση f της θερμοκρασίας της γης

globe [gləub] n (world) κόσμος m • (model) υδρόγειος f

gloom [glu:m] n (dark) σκοτάδι nt • (sadness) θλίψη f

gloomy ['glu:mɪ] adj (place) σκοτεινός • (person) κατσούφης • (situation) ζοφερός

glorious ['glɔ:rɪəs] adj (flowers, weather) καταπληκτικός • (victory, future) ένδοξος

glory ['glɔ:rɪ] n (prestige) δόξα f • (splendour) μεγαλείο nt

gloss [glɔs] n (shine) γυαλάδα f • (also: ~ paint) λούστρο nt
 ▶ **gloss over** vt fus συγκαλύπτω

glossary ['glɔsərɪ] n γλωσσάρι nt

glossy ['glɔsɪ] adj (hair) στιλπνός • (photograph, magazine) γυαλιστερός ▶ n: ~ **magazine** περιοδικό μόδας (σε χαρτί πολυτελείας)

glove [glʌv] n γάντι nt

glow [gləu] vi (embers, stars) ακτινοβολώ • (face, eyes) λάμπω ▶ n (of embers, stars, eyes) λάμψη f

glucose ['glu:kəus] n γλυκόζη f

glue [glu:] n κόλλα f ▶ vt: to ~ sth onto sth/ into place etc κολλάω κτ σε κτ/στη θέση του κ.λπ.

GM adj abbr (= genetically modified) γενετικά τροποποιημένος

gm abbr = **gram**

GMT abbr (= Greenwich Mean Time) Ώρα Γκρήνουιτς

○ **KEYWORD**

go [gəu] (pt **went**, pp **gone**, pl **goes**) n 1 (try): **to have a go (at)** κάνω μια προσπάθεια (να)
 2 (turn) σειρά
 ▶ vi 1 (travel, move) πηγαίνω, πάω • she went into the kitchen πήγε στην κουζίνα • shall we go by car or train? θα πάμε με αυτοκίνητο ή με τρένο; • he has gone to Aberdeen έχει πάει στο Αμπερντήν
 2 (depart) φεύγω
 3 (attend) πηγαίνω
 4 (take part in an activity) πηγαίνω • to go for a walk πηγαίνω or πάω μια βόλτα or να περπατήσω • to go dancing πάω να χορέψω or για χορό
 5 (work) δουλεύω
 6 (become): to go pale/mouldy χλωμιάζω/ μουχλιάζω
 7 (be sold): to go for £10 πωλούμαι (για) 10 λίρες
 8 (be about to, intend to): we're going to leave in an hour θα φύγουμε σε μια ώρα • are you going to come? θα έρθεις;
 9 (time) περνάω • time went very slowly ο καιρός περνούσε πολύ αργά

 10 (event, activity) πάω • how did it go? πώς πήγε;
 11 (be given) πάω
 12 (break etc) χαλάω • the fuse went κάηκε η ασφάλεια
 13 (be placed) πάω
 14 (move): to be on the go είμαι συνέχεια στο πόδι
 ▶ **go about** vi (also: ~ around) κυκλοφορώ
 ▶ vt fus: to go about one's business κοιτάω τη δουλειά μου
 ▶ **go after** vt fus κυνηγάω
 ▶ **go against** vt fus (be unfavourable to) πηγαίνω ενάντια σε • (disregard) δεν ακολουθώ
 ▶ **go ahead** vi προχωράω • to go ahead (with) βάζω μπρος
 ▶ **go along** vi πηγαίνω
 ▶ **go along with** vt fus (agree with) συμφωνώ με • (accompany) συνοδεύω
 ▶ **go away** vi (leave) φεύγω
 ▶ **go back** vi (return) γυρίζω πίσω • (go again) ξαναπηγαίνω
 ▶ **go back on** vt fus δεν κρατάω
 ▶ **go by** vi (years, time) περνάω ▶ vt fus (rule etc) ακολουθώ
 ▶ **go down** vi (descend) κατεβαίνω • (sink: ship) βουλιάζω • (sun) δύω • (fall: price, level) κατεβαίνω ▶ vt fus (stairs, ladder) κατεβαίνω
 ▶ **go for** vt fus (fetch) πάω να φέρω • (attack) ορμάω σε • (apply to) ισχύω για • (like): to go for sth προτιμώ κτ
 ▶ **go in** vi (enter) μπαίνω
 ▶ **go in for** vt fus (competition) συμμετέχω or παίρνω μέρος σε
 ▶ **go into** vt fus (enter) μπαίνω σε • (investigate) εξετάζω • (career) ασχολούμαι (επαγγελματικά) με
 ▶ **go off** vi (leave) φεύγω • (food) χαλάω • (bomb) σκάω • (event, alarm) χτυπάω • (lights etc) σβήνω
 ▶ **go on** vi (continue) συνεχίζω • (happen) γίνομαι • to go on doing sth συνεχίζω να κάνω κτ • what's going on here? τι συμβαίνει or τρέχει εδώ; ▶ vt fus (be guided by: evidence etc) βασίζομαι σε
 ▶ **go out** vt fus (leave) βγαίνω από ▶ vi (fire, light) σβήνω • are you going out tonight? θα βγείτε απόψε; • I went out with him for 3 years (couple) είχα σχέση μαζί του 3 χρόνια
 ▶ **go over** vi πηγαίνω • (check) ελέγχω
 ▶ **go round** vi (circulate) κυκλοφορώ • (revolve) γυρίζω • (visit): to go round (to sb's) περνάω (από κν)
 ▶ **go through** vt fus (undergo) περνάω από • (search through) ψάχνω σε • (perform) κάνω
 ▶ **go under** vi βουλιάζω
 ▶ **go up** vi (ascend) ανεβαίνω (πάνω) • (price, level) ανεβαίνω
 ▶ **go with** vt fus (suit) πάω με
 ▶ **go without** vt fus τα καταφέρνω χωρίς

go-ahead ['gəuəhεd] adj (person, firm) δυναμικός ▶ n (for project) πράσινο φως nt

goal [gəul] n (Sport) γκολ nt • (on pitch) τέρμα nt • (aim) στόχος m • to score a ~ βάζω γκολ

goalkeeper ['gəulki:pər] n τερματοφύλακας mf

goat [gəʊt] n κατσίκα f
God [gɒd] n Θεός m ▸ excl Θεέ μου
goddaughter ['gɒddɔːtə'] n βαφτισιμιά f
goddess ['gɒdɪs] n (also fig) θεά f
godfather ['gɒdfɑːðə'] n νονός m
godmother ['gɒdmʌðə'] n νονά f
godson ['gɒdsʌn] n βαφτισιμιός m
goggles ['gɒglz] npl προστατευτικά γυαλιά nt pl
going ['gəʊɪŋ] n: the ~ πράγματα nt pl ▸ adj: the ~ rate το τρέχον επιτόκιο
gold [gəʊld] n χρυσός m • (Sport: also: ~ medal) χρυσό nt ▸ adj χρυσός
golden ['gəʊldən] adj (made of gold) χρυσός • (in colour) χρυσαφί • (fig: opportunity, future) λαμπρός
goldfish ['gəʊldfɪʃ] n χρυσόψαρο nt
golf [gɒlf] n γκολφ nt inv
golf ball n (Sport) μπαλάκι nt του γκολφ
golf club n (place) λέσχη f του γκολφ • (stick) μπαστούνι nt του γκολφ
golf course n γήπεδο nt του γκολφ
golfer ['gɒlfə'] n παίκτης/τρια m/f του γκολφ
gone [gɒn] pp of **go** • **sth is** ~ κτ πέρασε
gong [gɒŋ] n γκονγκ nt inv
good [gʊd] adj καλός • (well-behaved) φρόνιμος ▸ n (virtue) αγαθό nt • (benefit) καλό nt • ~! ωραία! • **to be** ~ **at** είμαι καλός σε • **to have a** ~ **time** περνάω καλά • **to be** ~ **for** κάνω για • **it's** ~ **for you** θα σου κάνει καλό • **it's a** ~ **thing you were there** (πάλι) καλά που ήσασταν εκεί • **she is** ~ **with children** τα καταφέρνει με τα παιδιά • **is this any** ~ (will it do?) κάνει αυτό; • **a** ~ **deal (of)** πάρα πολύ • **it's no** ~ **complaining ...** δεν ωφελεί να παραπονιέστε, ... • **for** ~ (forever) για τα καλά • ~ **morning!** καλημέρα! • ~ **afternoon/ evening!** καλησπέρα! • ~ **night!** καληνύχτα!
 ∎ **goods** npl (Comm) προϊόν nt
goodbye [gʊd'baɪ] excl γεια • **to say** ~ λέω αντίο
goodness ['gʊdnɪs] n (of person) καλοσύνη f • **for** ~ **sake!** για τ' όνομα του Θεού!
 • ~ **gracious!** έλα Χριστέ και Παναγιά!
goodwill [gʊd'wɪl] n (of person) καλή θέληση f
 • (Comm) υπεραξία f επιχείρησης
goose [guːs] n (pl **geese**) n χήνα f
gooseberry ['gʊzbərɪ] n φραγκοστάφυλο nt
gorge [gɔːdʒ] n φαράγγι nt ▸ vt: **to ~ o.s. (on)** χλαπακιάζω
gorgeous ['gɔːdʒəs] adj υπέροχος
gorilla [gə'rɪlə] n γορίλλας m
gospel ['gɒspl] n ευαγγέλιο nt • (doctrine) διδασκαλία f
gossip ['gɒsɪp] n (rumours) κουτσομπολιά nt pl
 • (chat) κουτσομπολιό nt • (person) κουτσομπόλης/α m/f ▸ vi κουτσομπολεύω
got [gɒt] pt, pp of **get**
gotten ['gɒtn] (US) pp of **get**
gourmet ['gʊəmeɪ] n καλοφαγάς m
govern ['gʌvən] vt (country) διοικώ • (event, conduct) ρυθμίζω • (Ling) συντάσσομαι με
government ['gʌvnmənt] n (act of governing) διακυβέρνηση f • (governing body) κυβέρνηση f
 • cpd κυβερνητικός • **local** ~ τοπική αυτοδιοίκηση
governor ['gʌvənə'] n (of state, colony) κυβερνήτης/τρια m/f • (of school) = μέλος της

Σχολικής Εφορείας • (Brit: of prison) διευθυντής/ντρια m/f
gown [gaʊn] n τουαλέτα f • (Brit: of judge) τήβεννος f
GP n abbr (= general practitioner) γενικός γιατρός mf
grab [græb] vt αρπάζω • (food) τρώω ▸ vi: **to ~ at** προσπαθώ να αρπάξω
grace [greɪs] n χάρη f ▸ vt (honour) τιμώ με την παρουσία μου • (adorn) στολίζω • **5 days'** ~ περιθώριο 5 ημερών • **to say** ~ λέω την προσευχή (στο τραπέζι)
graceful ['greɪsful] adj (animal, athlete) που έχει χάρη (στην κίνησή του) • (style, shape) χαριτωμένος • (refusal) με τρόπο
gracious ['greɪʃəs] adj (person, smile) ευγενικός ▸ excl: **(good)** ~! Θεέ και Κύριε!
grade [greɪd] n (Comm: quality) ποιότητα f • (in hierarchy) βαθμίδα f • (Scol) βαθμός m • (US: class) τάξη f • (gradient) κλίση f ▸ vt ταξινομώ
grade crossing (US) n ανισόπεδη διάβαση f
grade school (US) n = δημοτικό σχολείο
gradient ['greɪdɪənt] n κλίση f • (Geom) κλίση f
gradual ['grædjʊəl] adj βαθμιαίος
gradually ['grædjʊəlɪ] adv σταδιακά
graduate [n 'grædjuɪt, vb 'grædjueɪt] n (of university) απόφοιτος/η m/f • (US: of high school) απόφοιτος/η m/f ▸ vi (from university) αποφοιτώ • (US: from high school) παίρνω το απολυτήριο του Λυκείου
graduation [grædju'eɪʃən] n τελετή f αποφοίτησης
graffiti [grə'fiːtɪ] n, npl γκράφιτι nt inv
graft [grɑːft] n (Agr, Med) μόσχευμα nt • (Brit inf: hard work) σκυλίσια δουλειά f • (US: bribery) δωροδοκία f ▸ vt: **to ~ (onto)** (Med) μεταμοσχεύω (σε)
grain [greɪn] n σπόρος m • (no pl: cereals) δημητριακά nt pl • (US: corn) καλαμπόκι nt • (of sand, salt) κόκκος m • (of wood) νερά nt pl
gram [græm] n γραμμάριο nt
grammar ['græmə'] n γραμματική f
grammar school (Brit) n (up to year 9) ≈ γυμνάσιο • (from year 10 upwards) ≈ λύκειο
gramme [græm] n = **gram**
grand [grænd] adj υπέροχος • (house) μεγαλοπρεπής • (gesture) μεγαλοπρεπής • (plan) μεγαλόπνοος ▸ n (inf: thousand: US) χίλια δολάρια nt pl • (: Brit) χίλιες λίρες f pl
grandchild ['græntʃaɪld] (pl **grandchildren**) n εγγόνι nt
granddad ['grændæd] (inf) n παππούς nt
granddaughter ['grændɔːtə'] n εγγονή f
grandfather ['grændfɑːðə'] n παππούς m
grandma ['grænmɑː] (inf) n γιαγιά f
grandmother ['grænmʌðə'] n γιαγιά f
grandpa ['grænpɑː] (inf) n = **granddad**
grandparents ['grændpɛərənts] npl παππούδες (παππούς και γιαγιά)
Grand Prix ['grɑ̃:'priː] (Aut) n γκραν-πρι nt inv
grandson ['grænsʌn] n εγγονός m
granite ['grænɪt] n γρανίτης m
grannie, granny ['grænɪ] (inf) n γιαγιάκα f
grant [grɑːnt] vt (money, visa) χορηγώ
 • (request) κάνω δεκτό • (admit) δέχομαι

► n (Scol) υποτροφία f • (Admin) επιχορήγηση f
• **to take sb for granted** έχω κν σίγουρο
grape [greɪp] n σταφύλι nt • **a bunch of grapes** ένα τσαμπί σταφύλια
grapefruit ['greɪpfruːt] (pl ~ or **grapefruits**) n γκρέιπφρουτ nt inv
graph [grɑːf] n γραφική παράσταση f
graphic ['græfɪk] adj παραστατικός • (art, design) γραφικός
graphics ['græfɪks] n (art) γραφικές τέχνες fpl ► npl (drawings) γραφικά nt pl
grasp [grɑːsp] vt αρπάζω • (understand) κατανοώ ► n (grip) λαβή f • (understanding) κατανόηση f
grass [grɑːs] n χορτάρι nt • (lawn) γρασίδι nt • (BRIT inf: informer) καρφί nt
grate [greɪt] n (for fire) σχάρα f ► vi: **to ~ (on)** (fig) δίνω στα νεύρα ► vt (Culin) τρίβω
grateful ['greɪtful] adj (thanks) θερμός • (person) ευγνώμων
gratitude ['grætɪtjuːd] n ευγνωμοσύνη f
grave [greɪv] n τάφος m ► adj σοβαρός
gravel ['grævl] n χαλίκι nt
graveyard ['greɪvjɑːd] n νεκροταφείο nt
gravity ['grævɪtɪ] n (Phys) βαρύτητα f • (seriousness) σοβαρότητα f
gravy ['greɪvɪ] n σάλτσα f (μαγειρεμένου κρέατος)
gray [greɪ] (US) adj = **grey**
graze [greɪz] vi βόσκω ► vt (scrape) γδέρνω • (touch lightly) περνάω ξυστά από ► n (Med) εκδορά f
grease [griːs] n (lubricant) γράσο nt • (fat) λίπος nt ► vt (lubricate) λαδώνω • (Culin) αλείφω με βούτυρο/λάδι κ.λπ.
greasy ['griːsɪ] adj λιπαρός
great [greɪt] adj (area, amount) μεγάλος • (heat) έντονος • (pain) μεγάλος • (important) σπουδαίος • (terrific) σπουδαίος • **it was ~!** ήταν θαύμα!
Great Britain n Μεγάλη Βρετανία f
great-grandfather [greɪt'grænfɑːðəʳ] n προπάππους m
great-grandmother [greɪt'grænmʌðəʳ] n προγιαγιά f
greatly ['greɪtlɪ] adv πάρα πολύ
Greece [griːs] n Ελλάδα f
greed [griːd] n απληστία f • (for power, wealth) δίψα f
greedy ['griːdɪ] adj άπληστος
Greek [griːk] adj ελληνικός ► n Έλληνας/ίδα m/f • (Ling) ελληνικά nt pl • **ancient/modern ~** (Ling) αρχαία/νέα ελληνικά
green [griːn] adj (colour) πράσινος • (inexperienced) άπειρος • (ecological) οικολογικός ► n πράσινο nt • (stretch of grass) χώρος πρασίνου m • (Golf) γκριν nt inv • **the G~ Party** το κόμμα των Πρασίνων ∎ **greens** npl (vegetables) λαχανικά nt pl
greenhouse ['griːnhaus] n θερμοκήπιο nt • **the ~ effect** το φαινόμενο του θερμοκηπίου
Greenland ['griːnlənd] n Γροιλανδία f
greet [griːt] vt (person) χαιρετώ
greeting ['griːtɪŋ] n χαιρετισμός m • **Season's greetings** Καλές γιορτές

grew [gruː] pt of **grow**
grey [greɪ], **gray** (US) adj γκρίζος • **to go ~** (hair) γκριζάρω
greyhound ['greɪhaund] n λαγωνικό nt
grid [grɪd] n (pattern) πλέγμα nt • (Elec) δίκτυο nt • (US Aut) σημείο nt εκκίνησης
grief [griːf] n θλίψη f • **good ~!** αν είναι ποτέ δυνατό!
grievance ['griːvəns] n παράπονο nt • (cause for complaint) αιτία f παραπόνων
grieve [griːv] vi νιώθω θλίψη ► vt θλίβω • **to ~ for** πενθώ για
grill [grɪl] n (on cooker) γκριλ nt inv • (also: **mixed ~**) ποικιλία κρεάτων στη σχάρα ► vt (BRIT: food) ψήνω • (inf: question) ανακρίνω
grille [grɪl] n γρίλια f • (Aut) μάσκα f
grim [grɪm] adj (unpleasant) φρικτός • (unattractive) μουντός • (serious, stern) βλοσυρός
grime [graɪm] n βρώμα f
grin [grɪn] n πλατύ χαμόγελο nt ► vi: **to ~ (at)** χαμογελώ πλατιά (σε)
grind [graɪnd] (pt, pp **ground**) vt (crush) αλέθω • (coffee, pepper etc) (καφές) αλέθω, πιπέρι τρίβω • (US: meat) κάνω κιμά
grip [grɪp] n (hold) λαβή f • (control) έλεγχος m • (of tyre, shoe) κράτημα nt ► vt (object) πιάνω σφιχτά • (audience, attention) συναρπάζω
gripping ['grɪpɪŋ] adj συναρπαστικός
grit [grɪt] n χαλίκι nt • (courage) κότσια nt pl ► vt ρίχνω χαλίκι σε • **to ~ one's teeth** σφίγγω τα δόντια
groan [grəun] n (of pain) βογγητό nt • (of disapproval etc) μουρμουρητό nt ► vi (person: in pain) βογκάω • (: in disapproval) μουρμουρίζω • (tree, floorboard etc) τρίζω
grocer ['ʳ] n μπακάλης m
groceries ['grəusərɪz] npl τρόφιμα nt pl
groin [grɔɪn] n βουβώνας m
groom [gruːm] n (for horse) ιπποκόμος m • (also: **bridegroom**) γαμπρός m ► vt (horse) περιποιούμαι • **well-groomed** (person) περιποιημένος
gross [grəus] adj (neglect) χονδροειδής • (injustice) καταφανής • (behaviour, speech) χυδαίος • (Comm: income) ακαθάριστος • (weight) μικτός ► n inv (twelve dozen) δώδεκα δωδεκάδες fpl
grossly ['grəuslɪ] adv αφάνταστα
grotesque [grə'tesk] adj (exaggerated) γελοίος • (ugly) τερατώδης
ground [graund] pt, pp of **grind** ► n (floor) πάτωμα nt • (earth, soil) έδαφος nt • (land) γη f • (Sport) γήπεδο nt • (US: also: **~ wire**) γείωση f • (pl: reason) βάση f • **on/to the ~** καταγής • **below ~** κάτω από τη γη ► vt (plane) απαγορεύω την πτήση +gen • (US Elec) γειώνω ► adj (coffee etc) αλεσμένος ∎ **grounds** npl (of coffee etc) κατακάθι nt • (gardens etc) έκταση f
ground floor n ισόγειο nt
groundwork ['graundwəːk] n προεργασία f
group [gruːp] n ομάδα f • (Comm) όμιλος m • (also: **pop ~**) συγκρότημα nt • (Comm) όμιλος m ► vt (also: **~ together**) συγκεντρώνω • (things) ταξινομώ

grouse [graus] n inv (bird) αγριόγαλος m
grow [grəʊ] (pt **grew**, pp **grown**) vi μεγαλώνω
• (increase) αυξάνομαι ▶ vt (roses, vegetables)
καλλιεργώ • (beard) αφήνω • **to ~ rich/weak**
πλουτίζω/εξασθενώ
▶ **grow apart** vi (fig) απομακρύνομαι
▶ **grow out of** vt fus: **to ~ out of clothes**
μεγαλώνω και δεν μου έρχεται (ένα ρούχο)
• **he'll ~ out of it** θα του περάσει
▶ **grow up** vi (child) μεγαλώνω
growl [graul] vi γρυλίζω απειλητικά
grown [grəʊn] pp of **grow**
grown-up [grəʊn'ʌp] n ενήλικας m
growth [grəʊθ] n (of economy, industry)
ανάπτυξη f • (of weeds etc) ανάπτυξη f • (of child,
animal etc) ανάπτυξη f • (Med) όγκος m
grub [grʌb] n προνύμφη f • (inf: food) μάσα f
grubby ['grʌbɪ] adj βρώμικος • (fig) ελεεινός
grudge [grʌdʒ] n μνησικακία f ▶ vt: **to ~ sb sth**
δίνω κτ σε κν με μισή καρδιά • **to bear sb a ~**
κρατάω κακία σε κν
gruelling ['gruəlɪŋ], **grueling** (US) adj
επίπονος
gruesome ['gruːsəm] adj φρικιαστικός
grumble ['grʌmbl] vi γκρινιάζω
grumpy ['grʌmpɪ] adj κακόκεφος
grunt [grʌnt] vi γρυλίζω ▶ n γρύλλισμα nt
guarantee [gærən'tiː] n (also Comm) εγγύηση f
▶ vt εγγυώμαι • (Comm) έχω εγγύηση
guard [gaːd] n (one person) φρουρός m • (squad)
φρουρά f • (Boxing, Fencing) άμυνα f • (Brit Rail)
προϊστάμενος/η m/f αμαξοστοιχίας • (on
machine) ασφάλεια f • (also: **fireguard**) σίτα f (σε
τζάκι) ▶ vt (place, person, secret etc) φυλάω
• (prisoner) φρουρώ • **to be on one's ~** είμαι σε
επιφυλακή
guardian ['gaːdɪən] n (Jur: of minor) κηδεμόνας mf
Guatemala [gwaːtɪ'maːlə] n Γουατεμάλα f
guerrilla [gə'rɪlə] n αντάρτης/ισσα m/f
guess [ges] vt (number, distance etc) μαντεύω
• (correct answer) μαντεύω • (US: think) νομίζω
▶ vi (estimate) εικάζω • (at answer) μαντεύω • (US:
think) μου φαίνεται ▶ n ευκαιρία f (για τη σωστή
απάντηση) • **to take** or **have a ~** προσπαθώ να
μαντέψω
guest [gest] n (visitor) προσκεκλημένος/η m/f
• (in hotel) πελάτης/ισσα m/f
guesthouse ['gesthaus] n πανσιόν f inv
guidance ['gaɪdəns] n καθοδήγηση f
guide [gaɪd] n (museum guide, tour guide)
ξεναγός mf • (mountain guide) οδηγός mf • (book)
οδηγός m • (Brit: also: **girl ~**) οδηγός f ▶ vt
(round city, museum etc) ξεναγώ • (lead) οδηγώ
• (direct) κατευθύνω
guidebook ['gaɪdbuk] n τουριστικός οδηγός m
guide dog n σκύλος-οδηγός m (τυφλού)
guidelines ['gaɪdlaɪnz] npl οδηγίες fpl
guild [gɪld] n σωματείο nt
guilt [gɪlt] n (remorse) τύψεις fpl • (culpability)
ενοχή f
guilty ['gɪltɪ] adj ένοχος • **to plead ~** ομολογώ
την ενοχή μου • **to plead not ~** δηλώνω αθώος
Guinea ['gɪnɪ] n: **Republic of ~** Δημοκρατία
της Γουϊνέας

guitar [gɪ'taːʳ] n κιθάρα f
guitarist [gɪ'taːrɪst] n κιθαρίστας/τρια m/f
gulf [gʌlf] n κόλπος m • (abyss) κενό nt • (fig)
χάσμα nt • **the (Persian) G~** ο Περσικός Κόλπος
gull [gʌl] n γλάρος m
gulp [gʌlp] vt (also: **~ down**: food) καταβροχθίζω
• (: drink) πίνω με μεγάλες ρουφηξιές ▶ vi
ξεροκαταπίνω
gum [gʌm] n (Anat) ούλο nt • (glue) κόλλα f
• (also: **gumdrop**) μαλακή καραμέλα f • (also:
chewing ~) τσίχλα f
gun [gʌn] n όπλο nt • (small) πιστόλι nt
• (medium-sized) τουφέκι nt • (large) κανόνι nt
▶ vt (also: **~ down**) πυροβολώ
gunfire ['gʌnfaɪəʳ] n πυροβολισμοί mpl
gunman ['gʌnmən] (irreg) n ένοπλος m
gunpoint ['gʌnpɔɪnt] n: **at ~** υπό την απειλή
όπλου
gunpowder ['gʌnpaudəʳ] n μπαρούτι n
gunshot ['gʌnʃɔt] n πυροβολισμός m
gust [gʌst] n ριπή f
gut [gʌt] n (Anat) έντερα nt pl • (Mus, Sport: also:
catgut) χορδή f (από έντερο) ▶ vt (poultry, fish)
βγάζω τα εντόσθια ◼ **guts** npl (Anat: of person)
σπλάχνα nt pl • (: of animal) εντόσθια nt pl • (inf:
courage) κότσια nt pl • **to hate sb's guts**
σιχαίνομαι κν
gutter ['gʌtəʳ] n (in street) χαντάκι nt • (of roof)
λούκι nt
guy [gaɪ] n (inf: man) τύπος m • (also: **guyrope**)
σχοινί nt
gym [dʒɪm] n (also: **gymnasium**) γυμναστήριο
nt • (also: **gymnastics**) γυμναστική f
gymnastics [dʒɪm'næstɪks] n γυμναστική f
gynaecologist [gaɪnɪ'kɔlədʒɪst],
gynecologist (US) n γυναικολόγος mf
Gypsy ['dʒɪpsɪ] n τσιγγάνος/α m/f

H, h [eitʃ] n το όγδοο γράμμα του αγγλικού
αλφαβήτου

habit ['hæbit] n (practice) συνήθεια f • (addiction)
εθισμός m • (Rel) ράσο m

habitat ['hæbitæt] n βιότοπος m

hack [hæk] vt (cut) κόβω • (slice) κομματιάζω ▶ n
(pej: writer) συγγραφέας mf της κακιάς ώρας
• (horse) ενοικιαζόμενο άλογο nt ▶ vi (Comput)
χακάρω
▶ **hack into** vt fus (Comput) παραβιάζω

hacker ['hækə^r] (Comput) n χάκερ mf inv

had [hæd] pt, pp of **have**

haddock ['hædək] (pl ~ or **haddocks**) n γάδος
m (είδος βακαλάου)

hadn't ['hædnt] = **had not**

haemorrhage ['hemərɪdʒ], **hemorrhage**
(US) n αιμορραγία f

haemorrhoids ['hemərɔɪdz], **hemorrhoids**
(US) npl αιμορροΐδες fpl

Hague [heɪg] n: The ~ η Χάγη

hail [heɪl] n (frozen rain) χαλάζι nt • (of objects)
βροχή f • (of criticism, bullets) καταιγισμός m ▶ vt
(person) φωνάζω • (taxi) σταματάω

hair [hɛə^r] n (of person) μαλλιά nt pl • (of animal)
τρίχωμα nt • (single hair) τρίχα f • to do one's ~
φτιάχνω τα μαλλιά μου

hairbrush ['hɛəbrʌʃ] n βούρτσα f μαλλιών

haircut ['hɛəkʌt] n (action) κούρεμα nt • (style)
κούρεμα nt • to have or get a ~ κουρεύομαι

hairdresser ['hɛədrɛsə^r] n κομμωτής/τρια m/f

hairstyle ['hɛəstaɪl] n χτένισμα nt

hairy ['hɛərɪ] adj (person, arms) τριχωτός • (chest)
δασύτριχος • (inf: situation) ζόρικος

half [hɑ:f] (pl **halves**) n (of amount, object) μισό
nt • (of beer etc) μικρό ποτήρι nt • (Rail, Bus) μισό
(εισιτήριο) nt ▶ adj (bottle, fare, pay etc) μισός
▶ adv (empty, closed, open, asleep) μισο- prefix
• **first/second** ~ (Sport) πρώτο/δεύτερο
ημίχρονο • **two and a** ~ δυόμισυ • **half-an-hour**
μισή ώρα • **a dozen** μισή ντουζίνα • **a pound**
μισή λίμπρα • **a week and a** ~ μιάμιση βδομάδα
• ~ **(of it)** ο μισός • ~ **(of)** τα μισά (από) • **to cut**
sth in ~ κόβω κτ στη μέση or στα δυο • ~ **past**
three τρισήμισυ

half board n ημιδιατροφή f

half-brother ['hɑ:fbrʌðə^r] n ετεροθαλής
αδελφός m

half day n ημιαργία f

half-hearted ['hɑ:f'hɑ:tɪd] adj χλιαρός

half-hour [hɑ:f'auə^r] n ημίωρο nt

half-price ['hɑ:f'praɪs] adj στη μισή τιμή ▶ adv
μισοτιμής

half-sister ['hɑ:fsɪstə^r] n ετεροθαλής αδελφή f

half term (Brit) n διακοπές στη μέση του
σχολικού ή ακαδημαϊκού τριμήνου

half-time [hɑ:f'taɪm] (Sport) n ημίχρονο nt

halfway ['hɑ:f'weɪ] adv (between two points) στα
μισά • (in period of time) στη μέση

hall [hɔ:l] n (entrance way) χωλ nt inv • (mansion)
μέγαρο nt • (for concerts) αίθουσα f συναυλιών

hallmark ['hɔ:lmɑ:k] n (on metal) σφραγίδα f
γνησιότητας

hallway ['hɔ:lweɪ] n προθάλαμος m

halo ['heɪləu] n (Rel) φωτοστέφανο nt

halt [hɔ:lt] n σταμάτημα nt ▶ vt σταματάω ▶ vi
σταματάω • **to come to a** ~ σταματάω

halve [hɑ:v] vt (reduce) περιορίζω στο μισό
• (divide) κόβω στα δυο

halves [hɑ:vz] pl of **half**

ham [hæm] n ζαμπόν nt inv

hamburger ['hæmbə:gə^r] n χάμπουργκερ nt inv

hammer ['hæmə^r] n σφυρί nt ▶ vt χτυπάω με
σφυρί • (nail) καρφώνω • (fig) επικρίνω ▶ vi (on
door, table etc) χτυπάω δυνατά

hammock ['hæmək] n αιώρα f

hamper ['hæmpə^r] vt δυσκολεύω ▶ n καλάθι nt
(με σκέπασμα)

hamster ['hæmstə^r] n χάμστερ nt inv

hamstring ['hæmstrɪŋ] n (Anat) τένοντας m της
κνήμης

hand [hænd] n (Anat) χέρι nt • (of clock) δείκτης
m • (worker) εργάτης/τρια m/f • (of cards) φύλλο
nt ▶ vt δίνω • **to give** or **lend sb a** ~ δίνω ένα χέρι
σε κν • **at** ~ κοντά • **by** ~ με το χέρι • **to be on** ~
(person) είμαι διαθέσιμος • (services etc)
διαθέσιμος • **to have sth to** ~ (information etc)
έχω κτ πρόχειρο • **on the one** ~ ..., **on the**
other ~ ... αφ'ενός ..., αφ'ετέρου...
▶ **hand down** vt περνάω
▶ **hand in** vt παραδίδω
▶ **hand out** vt (object) μοιράζω • (information)
κυκλοφορώ • (punishment) επιβάλλω
▶ **hand over** vt παραδίδω
▶ **hand round** vt μοιράζω

handbag ['hændbæg] n τσάντα f (γυναικεία)

handbook ['hændbuk] n εγχειρίδιο nt

handcuffs ['hændkʌfs] npl χειροπέδες fpl

handful ['hændful] n (of soil, stones) χούφτα f
• **a ~ of people** μια χούφτα άνθρωποι

handicap ['hændɪkæp] n (disadvantage)
μειονέκτημα nt • (Sport) χάντικαπ nt inv

handkerchief ['hæŋkətʃɪf] n (made of cloth)
μαντήλι nt • (made of paper) χαρτομάντηλο nt

handle ['hændl] n χερούλι nt • (of cup) λαβή f
• (of knife, brush etc) λαβή f ▶ vt (touch) πιάνω
• (deal with: problem etc) χειρίζομαι
• (: responsibility) αναλαμβάνω • (: people) τα
βγάζω πέρα με • "~ **with care**" «(προσοχή)
εύθραυστο»

hand luggage n χειραποσκευή f
handmade ['hænd'meɪd] adj χειροποίητος
handsome ['hænsəm] adj (man) όμορφος
• (woman) εντυπωσιακός
handwriting ['hændraɪtɪŋ] n γραφικός
χαρακτήρας m
handy ['hændɪ] adj (useful) πρακτικός • (skilful)
επιδέξιος • (close at hand) πρόχειρος
hang [hæŋ] (pt, pp hung) vt (coat, painting,
washing etc) κρεμάω • (pt, pp hanged) (criminal)
κρεμάω ▶ vi (painting, coat etc) κρέμομαι • **to get
the ~ of** (inf) παίρνω τον αέρα +gen
▶ **hang about** vi χαζεύω
▶ **hang around** vi = hang about
▶ **hang on** vi (wait) περιμένω ▶ vt fus (depend
on) εξαρτώμαι από
▶ **to hang onto** vt fus (grasp) αρπάζομαι από
• (keep) κρατάω
▶ **hang out** vt απλώνω
▶ **hang up** vi (Tel) κατεβάζω το ακουστικό
hanger ['hæŋə'] n κρεμάστρα f
hangover ['hæŋəuvə'] n (after drinking)
χανγκόβερ nt inv
happen ['hæpən] vi (event etc) συμβαίνω • **to
~ to do sth** τυχαίνει να κάνω κτ • **as it happens**
κατά τύχη • **what's happening?** τι συμβαίνει;
happily ['hæpɪlɪ] adv (luckily) ευτυχώς
• (cheerfully) εύθυμα
happiness ['hæpɪnɪs] n ευτυχία f
happy ['hæpɪ] adj (pleased): **to be ~** χαίρομαι • **to
be ~ to do** είναι χαρά μου να κάνω • **~ birthday!**
να τα εκατοστίσεις! • **H~ New Year!** Καλή
Χρονιά!
harass ['hærəs] vt παρενοχλώ
harassment ['hærəsmənt] n παρενόχληση f
• **sexual ~** σεξουαλική παρενόχληση
harbour ['ha:bə'], **harbor** (US) n (Naut) λιμάνι
nt ▶ vt (fear etc) έχω • **to ~ a grudge against sb**
κρατάω κακία σε κν
hard [ha:d] adj (surface, object) σκληρός
• (question, problem, life) δύσκολος • (work)
σκληρός • (person) σκληρός • (facts, evidence)
αδιάσειστος ▶ adv (work) σκληρά • (think, try)
πολύ • **~ luck!** τι ατυχία! • **no ~ feelings!** δε
μου κρατάς κακία; • **I find it ~ to believe that ...** μου
είναι δύσκολο να πιστέψω ότι...
hardback ['ha:dbæk] n (also: **~ book**)
σκληρόδετο βιβλίο nt
hard disk (Comput) n σκληρός δίσκος m
harden ['ha:dn] vt πήζω • (attitude, person)
σκληραίνω ▶ vi (wax) πήζω • (glue)
στερεοποιούμαι
hardly ['ha:dlɪ] adv (scarcely) σχεδόν καθόλου
• (no sooner) πριν καλά-καλά • **~ anywhere/
ever** σχεδόν πουθενά/ποτέ • **I can ~ believe it**
δε μπορώ να το πιστέψω
hardship ['ha:dʃɪp] n κακουχία f
hard up (inf) adj φτωχός
hardware ['ha:dwɛə'] n σιδερικά nt pl
• (Comput) χαρντγουέαρ nt inv • (Mil) βαρέα
όπλα nt pl
hardy ['ha:dɪ] adj (animals, people)
σκληραγωγημένος • (plant) ανθεκτικός
hare [hɛə'] n λαγός m

harm [ha:m] n (injury) βλάβη f • (damage) ζημιά f
▶ vt (person) κάνω κακό σε • (object) καταστρέφω
• **there's no ~ in trying** δε βλάπτει να
προσπαθήσεις
harmful ['ha:mful] adj (effect, influence etc)
επιβλαβής • (toxin) βλαβερός
harmless ['ha:mlɪs] adj (animal) ακίνδυνος
• (person) άκακος • (joke, pleasure, activity) αθώος
harmonica [ha:'mɔnɪkə] n φυσαρμόνικα f
harmony ['ha:mənɪ] n (Mus) αρμονία f • **in ~**
(work, live) αρμονικά • (sing) πρώτη και δεύτερη
κ.λπ. φωνή
harness ['ha:nɪs] n (for horse) χάμουρα nt pl
• (also: **safety ~**) ιμάντες mpl ασφαλείας ▶ vt
εκμεταλλεύομαι
harp [ha:p] n άρπα f ▶ vi: **to ~ on (about)** (pej)
συνεχίζω το ίδιο τροπάρι (για)
harsh [ha:ʃ] adj (judge, criticism) σκληρός • (life)
δύσκολος • (winter) βαρύς • (sound) τραχύς
harvest ['ha:vɪst] n (season) εποχή θερισμού f
• (crop) σοδειά f ▶ vt (barley etc) θερίζω • (fruit)
μαζεύω
has [hæz] vb see have
hasn't ['hæznt] = has not
hassle ['hæsl] (inf) n φασαρία f ▶ vt (person)
παιδεύω
haste [heɪst] n βιασύνη f • **in ~** βιαστικά
hasten ['heɪsn] vt (decision, downfall) (απόφαση)
επισπεύδω, (πτώση) επιταχύνω ▶ vi: **to ~ to do
sth** βιάζομαι να κάνω κτ
hastily ['heɪstɪlɪ] adv (hurriedly) βιαστικά
• (rashly) βεβιασμένα
hasty ['heɪstɪ] adj βιαστικός
hat [hæt] n καπέλο nt
hatch [hætʃ] n (Naut: also: **hatchway**)
μπουκαπόρτα f • (in kitchen: also: **service ~**)
παραθυράκι nt ▶ vi (bird) εκκολάπτομαι • (egg)
σκάω ▶ vt εκκολάπτω • (plot) σκαρώνω
hatchback ['hætʃbæk] n (two-door) τρίπορτο
αυτοκίνητο nt • (four-door) πεντάπορτο
αυτοκίνητο nt
hate [heɪt] vt μισώ ▶ n μίσος nt
hatred ['heɪtrɪd] n μίσος nt
haul [hɔ:l] vt (pull) τραβάω ▶ n (of goods etc) το
σύνολο των προϊόντων που αγόρασα • (of fish)
ψαριά f
haunt [hɔ:nt] vt (ghost, spirit) στοιχειώνω • (fig:
problem, memory, fear) βασανίζω ▶ n στέκι nt
haunted ['hɔ:ntɪd] adj (building, room)
στοιχειωμένος • (expression) ταραγμένος

⊙ **KEYWORD**

have [hæv] (pt, pp **had**) aux vb **1** (perfect tense):
to have arrived/gone/eaten/slept έχω
φτάσει/φύγει/φάει/κοιμηθεί • **he has been kind**
ήταν ευγενικός • **has he told you?** σας το έχει
πει; • **having finished** or **when he had
finished, he left** όταν τέλειωσε, έφυγε
2 (in tag questions): **you've done it, haven't
you?** το έκανες, έτσι δεν είναι; • **he hasn't done
it, has he?** δεν το έκανε, ε;
3 (in short answers and questions): **you've made
a mistake — no I haven't/so I have** έκανες ένα
λάθος — όχι, δεν έκανα/ναι, έκανα • **we haven't**

paid — yes we have! δεν πληρώσαμε — ναι πληρώσαμε! • I've been there before — have you? έχω ξαναπάει — εσύ;

▸ modal aux vb (be obliged): to have (got) to do sth πρέπει or χρειάζεται να κάνω κτ • she has (got) to do it πρέπει να το κάνει • I haven't got or I don't have to wear glasses δεν χρειάζεται να φορέσω γυαλιά

▸ vt 1 (possess) έχω • I don't have any money on me δεν έχω λεφτά πάνω μου • he has (got) blue eyes/dark hair έχει γαλανά μάτια/σκούρα μαλλιά

2 (referring to meals etc: eat) τρώω • (: drink) πίνω • to have breakfast/lunch/dinner τρώω πρωινό/μεσημεριανό/βραδινό • to have a drink πίνω ένα ποτό

3 (receive, obtain etc): may I have your address? μπορώ να έχω τη διεύθυνσή σας; • I must have it by tomorrow πρέπει να το έχω μέχρι αύριο • to have a baby κάνω παιδί

4 (allow) ανέχομαι • I won't have it/this nonsense! δεν το ανέχομαι/δεν ανέχομαι αυτές τις κουταμάρες!

5: to have one's hair cut κόβω τα μαλλιά μου • he soon had them all laughing σε λίγο τους έκανε όλους να γελάνε

6 (experience, suffer) έχω • to have a cold/flu είμαι κρυωμένος/έχω γρίπη • she had her bag stolen της έκλεψαν την τσάντα • to have an operation κάνω εγχείρηση

7 (+ noun: take, hold etc): to have a bath κάνω (ένα) μπάνιο • to have a rest ξεκουράζομαι • let's have a look για να δούμε • to have a meeting/party έχω μια συνεδρίαση/κάνω ένα πάρτυ

8 (inf: dupe) πιάνω κορόιδο • you've been had σου τη φέρανε

▸ have in vt (inf): to have it in for sb έχω κν άχτι

▸ have out vt: to have it out with sb τα ξεκαθαρίζω με κν

haven ['heɪvn] n (fig) καταφύγιο nt
haven't ['hævnt] = have not
havoc ['hævək] n χάος nt
Hawaii [həˈwaiiː] n Χαβάη f
hawk [hɔːk] n γεράκι nt
hawthorn ['hɔːθɔːn] n λευκάγκαθα f
hay [heɪ] n σανός m
hay fever n αλλεργικό συνάχι nt (από τη γύρη)
hazard ['hæzəd] n κίνδυνος m ▸ vt (guess etc) επιχειρώ
hazardous ['hæzədəs] adj επικίνδυνος
haze [heɪz] n (of heat, smoke) καταχνιά f
hazel ['heɪzl] n (tree) φουντουκιά f ▸ adj (eyes) καστανοπράσινος
hazy ['heɪzi] adj (sky, view) θαμπός • (memory) θολός
he [hiː] pron (non emph: usually not translated): He has gone out, I'm afraid Λυπάμαι αλλά έχει βγει έξω • (emph) αυτός • see also you
head [hed] n κεφάλι nt • (mind) μυαλό nt • (of queue) αρχή f • (of company, school) διευθυντής/τρια m/f • (of list) πρώτος/η m/f ▸ vt (list) είμαι

πρώτος σε • (company) διευθύνω • (group) είμαι επικεφαλής σε • (Football) ρίχνω κεφαλιά σε
• heads (or tails) κορώνα (ή γράμματα)
• headfirst (dive, fall) με το κεφάλι • ~ over heels in love ερωτευμένος μέχρι τα μπούνια
• £10 a or per ~ (for person) 10 λίρες το άτομο
• to come to a ~ (fig: situation etc) φτάνω σε κρίσιμο σημείο

▸ head for vt fus (place) πηγαίνω (σε) • (disaster) οδεύω προς

headache ['hedeɪk] n (also fig) πονοκέφαλος m
heading ['hedɪŋ] n τίτλος m
headline ['hedlaɪn] (Press, TV) n τίτλος m
■ headlines npl πρωτοσέλιδα nt pl
headmaster [hedˈmɑːstəʳ] n διευθυντής m
headmistress [hedˈmɪstrɪs] n διευθύντρια f
head office n κεντρική γραφεία nt pl
head of state (pl heads of state) n αρχηγός m κράτους
headphones ['hedfəʊnz] npl ακουστικά nt pl
headquarters ['hedkwɔːtəz] npl έδρα f • (Mil) στρατηγείο nt
heal [hiːl] vt (injury, patient) γιατρεύω • (wound) επουλώνω ▸ vi (injury) επουλώνομαι
health [helθ] n υγεία f
health centre (BRIT) n κέντρο nt υγείας
health food n υγιεινή τροφή f
Health Service (BRIT) n: the (National) ~ το (Εθνικό) Σύστημα nt Υγείας
healthy ['helθi] adj (person) υγιής • (lifestyle, environment) υγιεινός • (fig) υγιής • (profit) καλός
• he has a ~ appetite έχει όρεξη
heap [hiːp] n σωρός m ▸ vt: to ~ (up) (stones) σωριάζω • (sand etc) συγκεντρώνω (σε σωρό)
• to ~ sth with (plate, sink etc) ξεχειλίζω κτ από/ με • heaps of (inf) υπόλοιπος
hear [hɪəʳ] (pt, pp heard) vt ακούω • (news, information) μαθαίνω • to ~ about (event, person) ακούω για • to ~ from sb μαθαίνω (τα) νέα κου
heard [hɜːd] pt, pp of hear
hearing ['hɪərɪŋ] n ακοή f • (Jur) ακροαματική διαδικασία f • within sb's ~ σε απόσταση που μπορεί να ακούσει
heart [hɑːt] n καρδιά f • to lose/take ~ χάνω το κουράγιο μου/παίρνω κουράγιο • at ~ κατά βάθος • by ~ (learn, know) απ' έξω ■ hearts npl (Cards) κούπες fpl
heart attack (Med) n καρδιακή προσβολή f
heartbeat ['hɑːtbiːt] n καρδιοχτύπι nt
heartbroken ['hɑːtbrəʊkən] adj: to be ~ είμαι συντετριμμένος
hearth [hɑːθ] n τζάκι nt
heartless ['hɑːtlɪs] adj άκαρδος
hearty ['hɑːti] adj (person, laugh) κεφάτος
• (appetite) μεγάλος • (dislike) βαθύς
heat [hiːt] n (warmth) θερμότητα f • (excitement) έξαψη f • (Sport: also: qualifying ~) προκριματικός (αγώνας) m ▸ vt ζεσταίνω
▸ heat up vi ζεσταίνομαι ▸ vt ζεσταίνω
heated ['hiːtɪd] adj (pool, room etc) θερμαινόμενος
heater ['hiːtəʳ] n σόμπα f • (in car) καλοριφέρ nt inv
heather ['hɛðəʳ] n ρείκι nt
heating ['hiːtɪŋ] n θέρμανση f

heaven ['hεvn] n (Rel, also fig) παράδεισος m
• **for ~'s sake!** (pleading) για το Θεό!
• (protesting) για τ' όνομα του Θεού!

heavenly ['hεvnlı] adj (Rel) θείος • (fig: day)
έξοχος • (: place) παραδεισένιος

heavily ['hεvılı] adv (land, fall) απότομα • (drink,
smoke) πολύ • (sleep, sigh) βαριά • (depend, rely)
κατά πολύ

heavy ['hεvı] adj βαρύς • (casualties) σοβαρός
• (snow) πυκνός • (person's build, frame) ογκώδης
• (schedule, week) φορτωμένος

Hebrew ['hi:bru:] adj εβραϊκός ▶ n (Ling)
εβραϊκά nt pl

hectare ['hεktɑːr] (BRIT) n εκτάριο nt

hectic ['hεktık] adj πυρετώδης

he'd [hi:d] = **he had • he would**

hedge [hεdʒ] n φράχτης m (από θάμνους)
▶ vi αποφεύγω

hedgehog ['hεdʒhɔg] n σκαντζόχοιρος m

heed [hi:d] vt (also: **take ~ of**) λαμβάνω υπόψη
▶ n: **to pay (no) ~ to, take (no) ~ of** (δεν)
παίρνω σοβαρά or στα σοβαρά

heel [hi:l] n (of foot) φτέρνα f ▶ vt (shoe) βάζω
τακούνια σε

hefty ['hεftı] adj (person) γεροδεμένος • (parcel)
ογκώδης

height [haıt] n ύψος nt • (fig: of powers) απόγειο
nt • (: of luxury, good taste etc) άκρον άωτον nt
• **what ~ are you?** τι ύψος έχετε;

heighten ['haıtn] vt επιτείνω

heir [εər] n κληρονόμος m

heiress ['εərεs] n κληρονόμος f

held [hεld] pt, pp of **hold**

helicopter ['hεlıkɔptər] n ελικόπτερο nt

hell [hεl] n (Rel) Κόλαση f • (fig) κόλαση f • ~!
(infl) διάβολε!

he'll [hi:l] = **he will • he shall**

hello [hə'ləu] excl (as greeting) γεια σου/σας
• (to attract attention) παρακαλώ

helmet ['hεlmıt] n κράνος nt

help [hεlp] n (assistance, aid) βοήθεια f ▶ vt
βοηθάω • **with the ~ of** (person, tool) με τη
βοήθεια +gen • ~ **I • βοήθεια! • can I ~ you?** (in
shop) μπορώ να σας εξυπηρετήσω; • ~ **yourself**
(to food) σερβιριστείτε • **he can't ~ it** δε μπορεί
να το αποφύγει

helper ['hεlpər] n βοηθός mf

helpful ['hεlpful] adj χρήσιμος

helping ['hεlpıŋ] n μερίδα f

helpless ['hεlpłıs] adj (incapable) ανίκανος
• (defenceless) αβοήθητος

helpline ['hεlplaın] n τηλεφωνική γραμμή
παροχής βοήθειας

hem [hεm] n στρίφωμα nt ▶ vt στριφώνω
▶ **hem in** vt: **to feel hemmed in** (fig)
αισθάνομαι παγιδευμένος σε

hemisphere ['hεmısfıər] n ημισφαίριο nt

hen [hεn] n κοτόπουλο nt • (female bird) κότα f

hence [hεns] adv επομένως • **2 years ~** (σε)
2 χρόνια από τώρα

hepatitis [hεpə'taıtıs] n ηπατίτιδα f

her [hə:r] pron (direct obj) τη(ν) • (indirect obj) της
• (emph) αυτή(ν) • (after prep) της ▶ adj της • see
also **me • my**

herb [hə:b] n (Bot) βότανο nt • (Culin)
μυρωδικό nt

herbal ['hə:bł] adj που βασίζεται στα βότανα
• ~ **tea** αρωματικό τσάι

herd [hə:d] n (of cattle, goats) κοπάδι nt ▶ vt
(animals) βόσκω • (people) καθοδηγώ • (gather:
also: ~ **up**) μαζεύω

here [hıər] adv εδώ • "~!" (present)
«παρών!»/«παρούσα!» • ~ **is the book** να το
βιβλίο • ~ **he/she/it is** νάτος/νάτη/νάτο • ~ **they
are** νάτοι/νάτες/νάτα • ~ **you are** (giving) ορίστε
• ~ **she comes** νάτη (έρχεται) • **come** ~! έλα
εδώ!

hereditary [hı'rεdıtrı] adj κληρονομικός

heritage ['hεrıtıdʒ] n παράδοση f

hernia ['hə:nıə] n κήλη f

hero ['hıərəu] (pl **heroes**) n ήρωας m

heroic [hı'rəuık] adj ηρωικός

heroin ['hεrəuın] n ηρωίνη f

heroine ['hεrəuın] n ηρωίδα f

heron ['hεrən] n ερωδιός m

herring ['hεrıŋ] n ρέγγα f

hers [hə:z] pron δικός m της, δική f της, δικό nt
της • see also **mine¹**

herself [hə:'sεlf] pron (reflexive: often not
translated) ο εαυτός της • (complement, after
prep: often not translated) τον εαυτό της • (emph)
η ίδια • (alone): **(all) by** ~ (εντελώς) μόνη της

he's [hi:z] = **he is • he has**

hesitant ['hεzıtənt] adj διστακτικός

hesitate ['hεzıteıt] vi (pause) διστάζω • (be
unwilling): **to ~ to do sth** διστάζω or έχω
ενδοιασμούς να κάνω κτ

hesitation [hεzı'teıʃən] n δισταγμός m

heterosexual ['hεtərəu'sεksjuəl] adj (person)
ετεροφυλόφιλος • (relationship) ετεροφυλοφιλικός
▶ n ετεροφυλόφιλος/η m/f

hey [heı] excl ε!

heyday ['heıdeı] n: **the ~ of** στην ακμή +gen

hi [haı] excl (as greeting) γεια • (to attract
attention) Ε!

hiccough ['hıkʌp] vi έχω λόξυγγα ▶ n (fig)
αναποδιά f

hid [hıd] pt of **hide**

hidden ['hıdn] pp of **hide** ▶ adj: ~ **agenda**
κρυφές προθέσεις

hide [haıd] (pt **hid**, pp **hidden**) n (skin) τομάρι nt
▶ vt (object, person, feeling) κρύβω ▶ vi: **to
~ (from sb)** κρύβομαι (από κν) • **to ~ sth from
sb** κρύβω κτ από κν

hideous ['hıdıəs] adj (painting, face) φρικαλέος
• (conditions, mistake) φρικτός

hiding ['haıdıŋ] n (beating) ξύλο nt • **to be in** ~
κρύβομαι

high [haı] adj (mountain, building, shelf etc)
ψηλός • (speed, number, price, temperature)
μεγάλος • (wind) σφοδρός • (voice, note) ψηλός
• (position) υψηλός • (risk) μεγάλος • (opinion)
μεγάλος • (inf: person: on drugs) μαστουρωμένος
• (: on drink) που έχει κάνει κεφάλι ▶ adv (climb,
aim etc) ψηλά ▶ n: **exports have reached a
new** ~ οι εξαγωγές έφθασαν σε νέα ύψη • **it is
20 m** ~ έχει ύψος 20 μέτρα • ~ **in the air** ψηλά
στον αέρα

high chair n ψηλή καρέκλα f (για μωρό ή μικρό παιδί)

higher education n ανώτερη εκπαίδευση f

highlight ['haɪlaɪt] n (fig: of event) αποκορύφωμα nt • **the ~ of the evening** το κλου της βραδιάς ▶ vt (problem, need) τονίζω ■ **highlights** npl (in hair) ανταύγειες fpl

highly ['haɪlɪ] adv (critical) ιδιαίτερα • (confidential) άκρως • **~ paid** (person) υψηλόμισθος • (job) καλοπληρωμένος • **to speak/think ~ of** έχω μεγάλη εκτίμηση για

highness ['haɪnɪs] n: **Her** (or **His**) **H~** η Αυτής or Αυτού Υψηλότης

high-rise ['haɪraɪz] adj (building) πολυώροφος • (flats) σε ουρανοξύστη

highway ['haɪweɪ] n (US: between towns, states) εθνική οδός f • (public road) δημόσιος δρόμος m

hijack ['haɪdʒæk] vt (plane) κάνω αεροπειρατεία σε n ▶ n (also: **hijacking**: plane) αεροπειρατεία f

hijacker ['haɪdʒækə'] n (of plane) αεροπειρατής mf

hike [haɪk] n κάνω πεζοπορία ▶ n πεζοπορία f • (inf: in prices etc) αύξηση f

hiking ['haɪkɪŋ] n πεζοπορία f

hilarious [hɪ'lɛərɪəs] adj ξεκαρδιστικός

hill [hɪl] n (small) λοφάκι nt • (fairly high) λόφος m • (slope) ύψωμα nt • (on road) ανηφόρα f

hillside ['hɪlsaɪd] n πλαγιά f λόφου

hilly ['hɪlɪ] adj λοφώδης

him [hɪm] pron (direct obj) τον • (indirect obj) του • (emph) αυτόν • (after prep) αυτόν • see also **me**

himself [hɪm'self] pron (reflexive: often not translated) ο εαυτός του • (complement, after prep: often not translated) αυτός • (emph) αυτός ο ίδιος • (alone): **(all) by ~** (εντελώς) μόνος του

hind [haɪnd] adj (legs) πισινός ▶ n ελαφίνα f

hinder ['hɪndə'] vt εμποδίζω

hindsight ['haɪndsaɪt] n: **with ~** εκ των υστέρων

Hindu ['hɪnduː] adj ινδουιστικός

hinge [hɪndʒ] n μεντεσές m ▶ vi: **to ~ on** (fig) περιστρέφομαι γύρω από

hint [hɪnt] n (suggestion) υπονοούμενο nt • (advice) συμβουλή f • (sign) υποψία f ▶ vt: **to ~ that** αφήνω να εννοηθεί ότι ▶ vi: **to ~ at** αφήνω να εννοηθεί

hip [hɪp] n (Anat) γοφός m • (also: **rose ~**) κυνόρροδο nt

hippie ['hɪpɪ] n χίπης/ισσα m/f

hippo ['hɪpəu] n ιπποπόταμος m

hippopotamus [hɪpə'pɔtəməs] (pl **hippopotamuses** or **hippopotami**) n ιπποπόταμος m

hippy ['hɪpɪ] n = **hippie**

hire ['haɪə'] vt (BRIT) νοικιάζω • (worker) προσλαμβάνω ▶ n (BRIT) ενοικίαση f • **for ~** που ενοικιάζεται • (taxi) ελεύθερο • **on ~** νοικιασμένος ▶ **hire out** vt (object) νοικιάζω • (person) προσλαμβάνω

hire car ['haɪəkaː'], **hired car** ['haɪədkaː'] (BRIT) n νοικιασμένο αυτοκίνητο nt

his [hɪz] adj του • pron δικός m του, δική f του, δικό nt του • **this is ~** αυτό είναι δικό του • see also **my** • **mine**[1]

hiss [hɪs] vi (snake) σφυρίζω

historian [hɪ'stɔːrɪən] n ιστορικός mf

historic [hɪ'stɔrɪk] adj ιστορικός

historical [hɪ'stɔrɪkəl] adj ιστορικός

history ['hɪstərɪ] n ιστορία f • (Scol) Ιστορία f

hit [hɪt] (pt, pp ~) vt (strike: person, thing) χτυπάω • (reach: target) πετυχαίνει • (collide with) χτυπάω σε • (affect) πλήττω ▶ n (knock) χτύπημα nt • (success) επιτυχία f • **to ~ it off with sb** τα βρίσκω μια χαρά με κν ▶ **hit back** vi: **to ~ back at sb** ανταποδίδω το χτύπημα σε κν ▶ **hit on, hit upon** vt fus ανακαλύπτω τυχαία

hitch [hɪtʃ] vt (fasten) δένω με γάντζο ▶ n (difficulty) πρόβλημα nt • **to ~ a lift** κάνω ωτοστόπ

hitchhike ['hɪtʃhaɪk] vi ταξιδεύω με ωτοστόπ

hitchhiker ['hɪtʃhaɪkə'] n αυτός που κάνει ωτοστόπ

hi-tech ['haɪ'tek] adj υψηλής τεχνολογίας

HIV n abbr (= human immunodeficiency virus) ιός m ανοσολογικής ανεπάρκειας • **HIV-negative** οροαρνητικός/ή m/f • **HIV-positive** οροθετικός/ή m/f

hive [haɪv] n (of bees) κυψέλη f

HM abbr (= His or Her Majesty) Αυτού/ής Μεγαλειότητα f

hoard [hɔːd] n (of food) προμήθειες fpl • (of money) κομπόδεμα nt ▶ vt μαζεύω

hoarse [hɔːs] adj (voice) βραχνός

hoax [həuks] n φάρσα f

hob [hɔb] n μάτι nt

hobby ['hɔbɪ] n χόμπι nt inv

hockey ['hɔkɪ] n χόκεϊ nt inv

hog [hɔg] n γουρούνι nt (ευνουχισμένο) ▶ vt (fig) μονοπωλώ

hoist [hɔɪst] n ανυψωτικό (μηχάνημα) nt ▶ vt (heavy object) ανεβάζω • (flag) υψώνω • (sail) σηκώνω

hold [həuld] (pt, pp **held**) vt κρατάω • (contain: room, box etc) χωράω • (power, qualification, opinion) έχω • (conversation) κάνω • (meeting) συγκαλώ • (detain) κρατάω ▶ vi (withstand pressure) αντέχω • (be valid) ευσταθώ ▶ n λαβή f • (of plane) αμπάρι nt • **~ the line!** (Tel) περιμένετε στο ακουστικό σας! • **to ~ one's own** (fig) κρατάω γερή άμυνα • **to catch** or **get (a) ~ of sth** πιάνω κτ • **~ it!** περίμενε μια στιγμή! • **~ still** or **~ steady** μείνε ακίνητος ▶ **hold back** vt συγκρατώ • (secret, information) κρύβω ▶ **hold down** vt ακινητοποιώ • (job) κρατάω ▶ **hold off** vt (enemy) κρατάω σε απόσταση ▶ vi: **if the rain holds off** αν κρατήσει ο καιρός ▶ **hold on** vi (hang on) κρατιέμαι • (wait) περιμένω • **~ on!** (Tel) περιμένετε μια στιγμή! ▶ **hold on to** vt fus (for support) πιάνομαι από • (keep) κρατάω ▶ **hold out** vt (hand) απλώνω • (hope, prospect) προσφέρω ▶ vi (resist) διαμαρτύρομαι ▶ **hold up** vt (raise) σηκώνω • (support) στηρίζω • (delay) καθυστερώ

holder ['həuldə'] n (container) δοχείο nt • (of ticket, record, etc) κάτοχος mf

hole [həul] *n* τρύπα *f*

holiday ['hɔlɪdeɪ] *n* (BRIT) διακοπές *fpl* • (*public holiday*) αργία *f* • **on ~** σε διακοπές • **tomorrow is a ~** αύριο είναι αργία

holidaymaker ['hɔlɪdeɪmeɪkə'] (BRIT) *n* παραθεριστής/τρια *m/f*

holiday resort *n* θέρετρο *nt*

Holland ['hɔlənd] *n* Ολλανδία *f*

hollow ['hɔləu] *adj* κούφιος • (*cheeks, eyes*) βαθουλωμένος • (*laugh*) ψεύτικος • (*claim*) κούφιος • (*sound*) ξερός ▶ *n* βαθούλωμα *nt*

holly ['hɔlɪ] *n* (Bot) ου *nt inv*

holocaust ['hɔləkɔ:st] *n* ολοκαύτωμα *nt*

holy ['həulɪ] *adj* (*picture, place*) ιερός • (*water*) αγιασμένος

home [həum] *n* (*house*) σπίτι *nt* • (*area, country*) πατρίδα *f* • (*institution*) ίδρυμα *nt* ▶ *cpd* (*domestic*) οικιακός • (*Econ, Pol*) εσωτερικός • (*Sport*) εντός έδρας ▶ *adv* στο σπίτι • (*right in: nail etc*) μέχρι μέσα • **at ~** (*in house*) (στο) σπίτι • (*country*) στην πατρίδα • (*comfortable*) άνετα • **make yourself at ~** σαν στο σπίτι σας

homeland ['həumlænd] *n* πατρίδα *f*

homeless ['həumlɪs] *adj* άστεγος

homely ['həumlɪ] *adj* απλός

homesick *adj*: **to be ~** νοσταλγώ (*την πατρίδα ή το σπίτι μου*)

homework (Scol) *n* δουλειά *f* για το σπίτι

homicide ['hɔmɪsaɪd] (US) *n* ανθρωποκτονία *f*

homosexual [hɔməu'sɛksjuəl] *adj* (*person*) ομοφυλόφιλος • (*relationship*) ομοφυλοφιλικός ▶ *n* ομοφυλόφιλος/η *m/f*

Honduras [hɔn'djuərəs] *n* Ονδούρα *f*

honest ['ɔnɪst] *adj* ειλικρινής • (*trustworthy*) έντιμος

honestly ['ɔnɪstlɪ] *adv* (*truthfully*) με ειλικρίνεια • (*to be honest*) ειλικρινά

honesty ['ɔnɪstɪ] *n* τιμιότητα *f*

honey ['hʌnɪ] *n* μέλι *nt* • (*esp US inf: darling*) αγάπη *f* μου

honeymoon ['hʌnɪmu:n] *n* ταξίδι *nt* του μέλιτος

Hong Kong ['hɔŋ'kɔŋ] *n* Χονγκ-Κονγκ *nt inv*

honor (US) *n* = **honour**

honorary ['ɔnərərɪ] *adj* (*secretary*) επίτιμος • (*title*) τιμητικός

honour ['ɔnə'], **honor** (US) *vt* (*hero, author*) τιμώ • (*promise*) τηρώ • (*commitment*) ανταποκρίνομαι σε ▶ *n* τιμή *f*

honourable ['ɔnərəbl], **honorable** (US) *adj* (*person, action*) έντιμος • (*defeat*) αξιοπρεπής • **to do the ~ thing** φέρομαι έντιμα

hood [hud] *n* (*of coat etc*) κουκούλα *f* • (*of cooker*) καπάκι *nt* • (*Aut: BRIT*) πτυσσόμενη οροφή *f* • (*: US*) καπό *nt inv*

hoof [hu:f] (*pl* **hooves**) *n* οπλή *f*

hook [huk] *n* (*for coats, curtains etc*) γατζάκι *nt* • (*on dress*) κόπιτσα *f* • (*for fishing*) αγκίστρι *nt* ▶ *vt* (*fasten*) κρεμάω με γάντζους • (*fish*) πιάνω (*με αγκίστρι*)

hoop [hu:p] *n* (*toy*) χούλα χουπτ *nt inv*

hoot [hu:t] *vi* (*Aut: horn*) κορνάρω • (*siren*) ουρλιάζω • (*owl*) κράζω • (*jeer*) γιουχάρω ▶ *vt* (*Aut: horn*) πατάω ▶ *n* (*Aut: of horn*)

κορνάρισμα *nt* • (*of owl*) κραυγή *f* • **to ~ with laughter** γελάω κοροϊδευτικά

Hoover® ['hu:və'] (BRIT) *n* ηλεκτρική σκούπα *f* ▶ *vt* (*carpet*) σκουπίζω (*με την ηλεκτρική σκούπα*)

hooves [hu:vz] *npl of* **hoof**

hop [hɔp] *vi* (*on one foot*) χοροπηδάω στο ένα πόδι • (*bird*) χοροπηδάω ▶ *n* πηδηματάκι *nt*

hope [həup] *vt*: **to ~ that/to do** ελπίζω ότι/να κάνω ▶ *vi* ελπίζω ▶ *n* ελπίδα *f* • **I ~ so/not** το ελπίζω/ελπίζω πως όχι

hopeful ['həupful] *adj* (*person*) αισιόδοξος • (*situation*) ελπιδοφόρος

hopefully ['həupfulɪ] *adv* (*expectantly*) αισιόδοξα • **~, he'll come back** ας ελπίσουμε ότι θα γυρίσει πίσω

hopeless ['həuplɪs] *adj* (*situation*) απελπιστικός

hops [hɔps] (Bot) *npl* λυκίσκος *m*

horizon [hə'raɪzn] *n* ορίζοντας *m*

horizontal [hɔrɪ'zɔntl] *adj* οριζόντιος

hormone ['hɔ:məun] *n* ορμόνη *f*

horn [hɔ:n] *n* (*of animal*) κέρατο *nt* • (*Mus: also:* **French ~**) γαλλικό κόρνο *nt* • (*Aut*) κόρνα *f*

horoscope ['hɔrəskəup] *n* ωροσκόπιο *nt*

horrendous [hə'rendəs] *adj* (*crime*) φρικιασμένα

horrible ['hɔrɪbl] *adj* φρικτός

horrid ['hɔrɪd] *adj* απαίσιος

horrific [hɔ'rɪfɪk] *adj* τρομακτικός

horrifying ['hɔrɪfaɪɪŋ] *adj* φρικιαστικός

horror ['hɔrə'] *n* (*alarm*) τρόμος *m* • (*of battle, warfare*) φρίκη *f*

horse [hɔ:s] *n* άλογο *nt*

horseback ['hɔ:sbæk] *adv*: **to ride ~** κάνω ιππασία • **on ~** έφιππτος

horsepower ['hɔ:spauə'] *n* (*of engine, car etc*) ιπποδύναμη *f*

horse racing *n* ιπποδρομίες *fpl*

hose [həuz] *n* (*also:* **hosepipe**) σωλήνας *m* • (*also:* **garden ~**) λάστιχο *nt*

hospital ['hɔspɪtl] *n* νοσοκομείο *nt* • **in ~**, (US) **in the ~** στο νοσοκομείο

hospitality [hɔspɪ'tælɪtɪ] *n* φιλοξενία *f*

host [həust] *n* (*at party, dinner etc*) οικοδεσπότης *m* • (*TV, Radio*) παρουσιαστής *m* • (*in Catholic church*) όστια *f* ▶ *adj* που φιλοξενεί ▶ *vt* (*TV programme*) παρουσιάζω • **a ~ of** μια πληθώρα (*από*)

hostage ['hɔstɪdʒ] *n* όμηρος *mf* • **to be taken/held ~** με πιάνουν/με κρατούν όμηρο

hostel ['hɔstl] *n* άσυλο *nt* • (*also:* **youth ~**) χόστελ *nt inv*

hostess ['həustɪs] *n* (*at party, dinner etc*) οικοδέσποινα *f* • (BRIT: *air hostess*) αεροσυνοδός *f* • (*TV, Radio*) παρουσιάστρια *f* • (*in nightclub*) κοπέλα που δουλεύει στην υποδοχή και κάνει παρέα στους πελάτες

hostile ['hɔstaɪl] *adj* (*person, attitude*) εχθρικός • (*conditions*) δυσμενής • (*environment*) αφιλόξενος

hostility [hɔ'stɪlɪtɪ] *n* εχθρότητα *f* ■ **hostilities** *npl* εχθροπραξίες *fpl*

hot [hɔt] *adj* (*moderately hot*) ζεστός • (*very hot*) καυτός • (*spicy*) καυτερός • (*weather*) ζεστός • **to be ~** (*person*) ζεσταίνομαι • (*object*) καίω • (*weather*) κάνει ζέστη

hot dog n χοτ ντογκ nt inv

hotel [həu'tel] n ξενοδοχείο nt

hound [haund] vt κυνηγώ διαρκώς ▶ n κυνηγόσκυλο nt

hour ['auə'] n ώρα f • (at) 60 miles an ~ (με) 60 μίλια την ώρα

hourly ['auəlı] adj (service) κάθε ώρα • (rate) ωριαίος ▶ adv (each hour) ανά ώρα

house [n haus, vb hauz] n σπίτι nt • (firm) οίκος m • (Theat) κοινό nt ▶ vt (person) στεγάζω • (collection) στεγάζω • **at/to my ~** στο σπίτι μου • **the H~ of Commons** (BRIT) το Κοινοβούλιο • **the H~ of Lords** (BRIT) η Βουλή των Λόρδων • **the H~ of Representatives** (US) η Βουλή των Αντιπροσώπων • **it's on the ~** (fig) κερνάει το κατάστημα

household ['haushəuld] n (people) σπιτικό nt • (home) νοικοκυριό nt

housekeeper ['hauski:pə'] n οικονόμος mf

housekeeping ['hauski:pɪŋ] n (work) νοικοκυριό nt • (also: ~ money) χρήματα nt pl για τα έξοδα του σπιτιού

housewife ['hauswaɪf] (irreg) n νοικοκυρά f

housework ['hauswə:k] n δουλειές fpl του σπιτιού

housing ['hauzɪŋ] n (houses) στέγη f • (provision) στέγαση f ▶ cpd (problem) στεγαστικός • (shortage) στέγης

hover ['hɔvə'] vi (bird, insect) αιωρούμαι • (person) στέκομαι πάνω από

hovercraft ['hɔvəkra:ft] n χόβερκραφτ nt inv

KEYWORD

how [hau] adv **1** (in what way) πώς • **to know how to do sth** ξέρω να κάνω κτ • **how are you?** (singular) τι κάνεις; • (plural) τι κάνετε; **2** (to what degree): **how much milk?** πόσο γάλα; • **how many people?** πόσοι άνθρωποι; • **how much does it cost?** πόσο κάνει; • **how old are you?** πόσων χρονών είσαι; • **how tall is he?** τι ύψος έχει; • **how lovely/awful!** τι ωραία/απαίσια!

however [hau'evə'] conj όμως ▶ adv (with adj) όσο +adj και αν • (in questions) πώς

howl [haul] vi ουρλιάζω ▶ n (of animal, person) ουρλιαχτό nt

HQ abbr = **headquarters**

hr abbr = **hour**

hrs abbr = **hours**

HTML (Comput) n abbr (= Hypertext Mark-up Language) HTML f inv

huddle ['hʌdl] vi: **to ~ together** μαζεύεται ο ένας κοντά στον άλλο ▶ n κουβάρι nt

huff [hʌf] n: **in a ~** θυμωμένος

hug [hʌg] vt (person) αγκαλιάζω • (thing) κρατάω σφιχτά ▶ n αγκαλιά f

huge [hju:dʒ] adj τεράστιος

hull [hʌl] n (of ship) κύτος nt

hum [hʌm] vt σιγοτραγουδάω ▶ vi (person) σιγοτραγουδάω ▶ n (of traffic, machines) βουητό nt • (of voices) μουρμουρητό nt

human ['hju:mən] adj ανθρώπινος ▶ n (also: ~ being) άνθρωπος m • **the ~ race** το ανθρώπινο γένος

humane [hju:'meɪn] adj (treatment) ανθρώπινος

humanitarian [hju:mænɪ'teərɪən] adj ανθρωπιστικός

humanity [hju:'mænɪtɪ] n (mankind) ανθρωπότητα f • (condition) ανθρώπινη υπόσταση f ■ **humanities** npl: **(the) humanities** οι θεωρητικές σπουδές fpl

human rights npl ανθρώπινα δικαιώματα nt pl

humble ['hʌmbl] adj ταπεινός ▶ vt ταπεινώνω

humid ['hju:mɪd] adj υγρός

humidity [hju:'mɪdɪtɪ] n υγρασία f

humiliate [hju:'mɪlɪeɪt] vt εξευτελίζω

humiliating [hju:'mɪlɪeɪtɪŋ] adj εξευτελιστικός

humiliation [hju:mɪlɪ'eɪʃən] n εξευτελισμός m

humorous ['hju:mərəs] adj (remark) χιουμοριστικός • (person) με χιούμορ

humour ['hju:mə'], **humor** (US) n (comedy) χιούμορ nt inv • (mood) διάθεση f ▶ vt κάνω το χατίρι (κου) • **sense of ~** αίσθηση του χιούμορ

hump [hʌmp] n (in ground) σαμαράκι nt • (of camel) καμπούρα f

hunch [hʌntʃ] n (premonition) προαίσθημα nt

hundred ['hʌndrəd] num εκατό • (before n): **a** or **one ~ books/people/dollars** εκατό βιβλία/άνθρωποι/δολάρια • **hundreds of** εκατοντάδες +acc or gen

hundredth ['hʌndrədθ] num εκατοστός

hung [hʌŋ] pt, pp of **hang**

Hungarian [hʌŋ'gɛərɪən] adj ουγγρικός ▶ n (person) Ούγγρος/Ουγγαρέζα m/f • (Ling) ουγγρικά nt pl

Hungary ['hʌŋgərɪ] n Ουγγαρία f

hunger ['hʌŋgə'] n πείνα f ▶ vi: **to ~ for** διψάω για

hungry ['hʌŋgrɪ] adj πεινασμένος • **to be ~** πεινάω

hunt [hʌnt] vt (also Sport) κυνηγάω • (criminal, fugitive) καταδιώκω ▶ vi (Sport) πηγαίνω για κυνήγι ▶ n (for food) κυνήγι nt • (Sport: activity) κυνήγι nt • (search) έρευνα f • **to ~ (for)** ψάχνω (για)

hunter ['hʌntə'] n κυνηγός mf

hunting ['hʌntɪŋ] n (for food) κυνήγι nt • (Sport) κυνήγι nt

hurdle ['hə:dl] n (Sport) εμπόδιο nt

hurl [hə:l] vt εκσφενδονίζω • (insult, abuse) εξακοντίζω

hurrah [hu'ra:] excl ζήτω!

hurricane ['hʌrɪkən] n τυφώνας m

hurry ['hʌrɪ] n βιασύνη f ▶ vi βιάζομαι ▶ vt (person) κάνω κν να βιαστεί • **to be in a ~** βιάζομαι • **to do sth in a ~** κάνω κτ βιαστικά ▶ **hurry along** ▶ **hurry up** vi κάνω γρήγορα

hurt [hə:t] (pt, pp ~) vt (cause pain to) πονάω • (injure) χτυπάω • (fig) πληγώνω ▶ vi πονάω ▶ adj: **to be ~** χτυπάω • (fig) πληγώνομαι • **I've ~ my arm** χτύπησα το χέρι μου

husband ['hʌzbənd] n σύζυγος m

hush [hʌʃ] n σιωπή f ▶ vi ησυχάζω • **~!** σουτ!

husky ['hʌskɪ] adj βραχνός ▶ n σκυλί nt inv

hut [hʌt] n (house) καλύβα f • (shed) υπόστεγο nt

hydrogen ['haɪdrədʒən] n υδρογόνο nt

hygiene ['haɪdʒiːn] *n* υγιεινή *f*
hygienic [haɪ'dʒiːnɪk] *adj* υγιεινός
hymn [hɪm] *n* ύμνος *m*
hype [haɪp] *(inf)* *n* ντόρος *nt* ▶ *vt* κάνω θόρυβο
hyperlink ['haɪpəlɪŋk] *n (Comput)*
υπερσύνδεση *f*
hypertext ['haɪpətɛkst] *n (Comput)*
υπερκείμενο *nt*
hypnosis [hɪp'nəusɪs] *n* ύπνωση *f*
hypocritical [hɪpə'krɪtɪkl] *adj (behaviour)*
υποκριτικός • *(person)* υποκριτής/τρια *m/f*
hypothesis [haɪ'pɔθɪsɪs] *(pl* **hypotheses**) *n*
υπόθεση *f*
hysterical [hɪ'stɛrɪkl] *adj (person, laughter)*
υστερικός • **to become** ~ με πιάνει υστερία
• *(fig)* γίνομαι παρανοϊκός

I, i [aɪ] *n* το ένατο γράμμα του αγγλικού
αλφαβήτου
ice [aɪs] *n* πάγος *m* ▶ *vt (cake)* γλασάρω
▶ *vi (also:* ~ **over,** ~ **up**) παγώνω
iceberg ['aɪsbəːg] *n* παγόβουνο *nt*
ice cream *n* παγωτό *nt*
ice cube *n* παγάκι *nt*
ice hockey *n* χόκεϋ *nt inv* στον πάγο
Iceland ['aɪslənd] *n* Ισλανδία *f*
ice rink *n* πίστα *f* πατινάζ
icing ['aɪsɪŋ] *n (Culin)* γλάσο *nt* • *(Aviat etc)*
επίπαγος *m*
icing sugar *(BRIT) n* ζάχαρη *f* άχνη
icon ['aɪkɔn] *n (Rel)* εικόνα *f* • *(Comput)* εικονίδιο *nt*
icy ['aɪsɪ] *adj* παγωμένος • *(road)* που έχει πιάσει
πάγο
I'd [aɪd] = **I had** • **I would**
ID card *n* = **identity card**
idea [aɪ'dɪə] *n (scheme, notion)* ιδέα *f* • *(opinion)*
άποψη *f* • *(objective)* σκοπός *m* • **good ~!** καλή
ιδέα!
ideal [aɪ'dɪəl] *n (principle)* ιδανικό *nt* • *(epitome)*
πρότυπο *nt* ▶ *adj* ιδανικός
ideally [aɪ'dɪəlɪ] *adv* στην ιδανική περίπτωση
identical [aɪ'dɛntɪkl] *adj* πανομοιότυπος
identification [aɪdɛntɪfɪ'keɪʃən] *n (process)*
εξακρίβωση *f* • *(of person, dead body)* αναγνώριση *f*
identify [aɪ'dɛntɪfaɪ] *vt (recognize)* διακρίνω
• *(distinguish)* ξεχωρίζω
identity [aɪ'dɛntɪtɪ] *n* ταυτότητα *f*
identity card *n* ταυτότητα *f*
ideology [aɪdɪ'ɔlədʒɪ] *n* ιδεολογία *f*
idiom ['ɪdɪəm] *n (style)* στυλ *nt inv* • *(Ling)*
ιδιωματισμός *m*
idiot ['ɪdɪət] *n* ηλίθιος/α *m/f*
idle ['aɪdl] *adj (inactive)* ανενεργός • *(lazy)*
αργόσχολος • *(unemployed)* άνεργος
• *(machinery, factory)* σε αχρηστία • *(question)*
τεμπέλικος ▶ *vi (machine)* δουλεύω στο ρελαντί
idol ['aɪdl] *n* ίνδαλμα *nt* • *(Rel)* είδωλο *nt*
idyllic [ɪ'dɪlɪk] *adj* ειδυλλιακός

◯ **KEYWORD**

if [ɪf] *conj* **1** *(conditional use)* αν • **if necessary** αν
χρειαστεί • **if I were you** αν ήμουν στη θέση σου

2 (whenever) όταν
3 (although): **(even) if** έστω κι αν
4 (whether) αν
5: if not αν όχι • **if so** αν είναι έτσι • **if only** μακάρι
see also **as**

ignite [ɪgˈnaɪt] vt ανάβω ▶ vi αναφλέγομαι
ignition [ɪgˈnɪʃən] n (Aut: process) ανάφλεξη f • (: mechanism) πυροδότηση f • **to switch on/ off the ~** ανάβω/σβήνω τη μηχανή
ignorance [ˈɪgnərəns] n άγνοια f
ignorant [ˈɪgnərənt] adj αμαθής
ignore [ɪgˈnɔːʳ] vt αγνοώ • (fact) παραβλέπω
ill [ɪl] adj άρρωστος ▶ n κακό nt ▶ adv: **to be taken ~** αρρωσταίνω
I'll [aɪl] = **I will • I shall**
illegal [ɪˈliːgl] adj παράνομος
illegitimate [ɪlɪˈdʒɪtɪmət] adj (child) νόθος
illiterate [ɪˈlɪtərət] adj (person) αναλφάβητος
illness [ˈɪlnɪs] n αρρώστια f
illuminate [ɪˈluːmɪneɪt] vt φωτίζω
illusion [ɪˈluːʒən] n (false idea) ψευδαίσθηση f • (trick) οφθαλμαπάτη f
illustrate [ˈɪləstreɪt] vt (point, argument) επεξηγώ • (book, talk) (βιβλίο) εικονογραφώ, (ομιλία) προσθέτω γραφικά
illustration [ɪləˈstreɪʃən] n (act of illustrating) επεξήγηση f • (example) παράδειγμα nt • (in book) εικόνα f
I'm [aɪm] = **I am**
image [ˈɪmɪdʒ] n (picture) εικόνα f • (public face) εικόνα f • (reflection) είδωλο nt
imaginary [ɪˈmædʒɪnərɪ] adj φανταστικός
imagination [ɪmædʒɪˈneɪʃən] n φαντασία f
imaginative [ɪˈmædʒɪnətɪv] adj ευρηματικός
imagine [ɪˈmædʒɪn] vt (visualise) φαντάζομαι • (suppose) υποθέτω
imbalance [ɪmˈbæləns] n ανισορροπία f
imitate [ˈɪmɪteɪt] vt μιμούμαι
imitation [ɪmɪˈteɪʃən] n (act) μίμηση f • (instance) μίμηση f
immaculate [ɪˈmækjulət] adj άψογος
immature [ɪməˈtjuəʳ] adj (person) ανώριμος
immediate [ɪˈmiːdɪət] adj άμεσος • (neighbourhood, relative) κοντινός
immediately [ɪˈmiːdɪətlɪ] adv (at once) αμέσως • (directly) άμεσα • **~ next to** ακριβώς δίπλα σε
immense [ɪˈmɛns] adj τεράστιος
immensely [ɪˈmɛnslɪ] adv (enjoy etc) πάρα πολύ • (grateful, complex etc) εξαιρετικά
immigrant [ˈɪmɪgrənt] n (just arrived) μετανάστης/τρια m/f • (already established) μετανάστης/τρια m/f
immigration [ɪmɪˈgreɪʃən] n μετανάστευση f • (from abroad) μετανάστευση f • cpd (authorities, officer) της υπηρεσίας αλλοδαπών • (laws etc) μεταναστευτικός
imminent [ˈɪmɪnənt] adj επικείμενος
immoral [ɪˈmɔrl] adj ανήθικος
immortal [ɪˈmɔːtl] adj (god) αθάνατος
immune [ɪˈmjuːn] adj: **to be ~ (to)** (disease) έχω ανοσία (σε) • (criticism, attack) είμαι απρόσβλητος (από)

immune system n ανοσοποιητικό σύστημα nt
impact [ˈɪmpækt] n (of bullet) πρόσκρουση f • (of crash) δύναμη f πρόσκρουσης • (of law, measure) επίδραση f
impair [ɪmˈpɛəʳ] vt εξασθενίζω
impartial [ɪmˈpɑːʃl] adj αμερόληπτος
impatience [ɪmˈpeɪʃəns] n ανυπομονησία f
impatient [ɪmˈpeɪʃənt] adj που δυσανασχετεί • (irritable) που δεν είναι ανεκτικός • (eager, in a hurry) ανυπόμονος • **to get** or **grow ~** αρχίζω να χάνω την υπομονή μου
impeccable [ɪmˈpɛkəbl] adj άψογος
impending [ɪmˈpɛndɪŋ] adj επικείμενος
imperative [ɪmˈpɛrətɪv] adj επιτακτικός ▶ n (Ling) προστακτική f
imperfect [ɪmˈpəːfɪkt] adj (goods) ελαττωματικός • (system) ελλιπής ▶ n (Ling: also: ~ **tense**) παρατατικός m
imperial [ɪmˈpɪərɪəl] adj (history, power) αυτοκρατορικός • (Brit: measure) που ισχύει στη Μεγάλη Βρετανία
impersonal [ɪmˈpəːsənl] adj απρόσωπος
impetus [ˈɪmpətəs] n (of flight) ορμή f • (of runner) φόρα f • (fig) ώθηση f
implant [n ˈɪmplɑːnt, vt ɪmˈplɑːnt] vt (Med) μεταμοσχεύω • (fig) εμφυτεύω
implement [n ˈɪmplɪmənt, vb ˈɪmplɪment] n εργαλείο nt ▶ vt πραγματοποιώ
implication [ɪmplɪˈkeɪʃən] n (inference) συνέπεια f • (involvement) ανάμειξη f
implicit [ɪmˈplɪsɪt] adj (threat, meaning etc) έμμεσος • (belief, trust) ανεπιφύλακτος
imply [ɪmˈplaɪ] vt (hint) υπαινίσσομαι • (mean) συνεπάγομαι
import [vb ɪmˈpɔːt, n, cpd ˈɪmpɔːt] (Comm) vt εισάγω ▶ n (article) εισαγόμενο (προϊόν) nt • (importation) εισαγωγή f ▶ cpd εισαγωγικός
importance [ɪmˈpɔːtns] n (significance) σημασία f • (influence) σπουδαιότητα f
important [ɪmˈpɔːtənt] adj σημαντικός
importer [ɪmˈpɔːtəʳ] n εισαγωγέας mf
impose [ɪmˈpəuz] vt επιβάλλω ▶ vi: **to ~ on sb** γίνομαι φόρτωμα σε κν
imposing [ɪmˈpəuzɪŋ] adj επιβλητικός
impossible [ɪmˈpɔsɪbl] adj (task, demand etc) αδύνατος • (situation) παράλογος • (person) απαράδεκτος
impotent [ˈɪmpətnt] adj ανίσχυρος • (Med) ανίκανος
impoverished [ɪmˈpɔvərɪʃt] adj φτωχός
impractical [ɪmˈpræktɪkl] adj (plan) μη ρεαλιστικός • (person) που δεν έχει πρακτικό μυαλό
impress [ɪmˈprɛs] vt (person) εντυπωσιάζω • **to ~ sth on sb** περνάω κτ σε κν
impression [ɪmˈprɛʃən] n εντύπωση f • (imitation) μίμηση f • **to be under the ~ that** έχω την εντύπωση ότι
impressive [ɪmˈprɛsɪv] adj εντυπωσιακός
imprisonment [ɪmˈprɪznmənt] n φυλάκιση f
improbable [ɪmˈprɔbəbl] adj απίθανος
improper [ɪmˈprɔpəʳ] adj (conduct) ανάρμοστος • (procedure) ακατάλληλος • (dishonest: activities) παράτυπος

improve [ɪm'pru:v] vt βελτιώνω ▶ vi βελτιώνομαι • (patient, health) παρουσιάζω βελτίωση

▶ **improve on, improve upon** vt fus (work) είμαι καλύτερος από • (technique, achievement etc) επιφέρω βελτιώσεις σε

improvement [ɪm'pru:vmənt] n: ~ (in) (person, thing) βελτίωση f

improvise ['ɪmprəvaɪz] vi (Theat, Mus) αυτοσχεδιάζω

impulse ['ɪmpʌls] n παρόρμηση f • (Elec) ταλάντωση f • **to act on** ~ ενεργώ αυθόρμητα

impulsive [ɪm'pʌlsɪv] adj (gesture) αυθόρμητος • (person) παρορμητικός

KEYWORD

in [ɪn] n: **the ins and outs** (of proposal, situation etc) οι λεπτομέρειες

▶ prep **1** (indicating place, position) (μέσα) σε • **in here/there** εδώ/εκεί μέσα

2 (with place names: of town, region, country) σε

3 (during: expressed by accusative): **in spring/ summer** την άνοιξη/το καλοκαίρι • **in 1998** το 1998 • **in May** το Μάιο • **I'll see you in July** θα τα πούμε τον Ιούλιο • **in the afternoon** το απόγευμα • **at 4 o'clock in the afternoon** στις 4 (η ώρα) το απόγευμα

4 (in the space of) σε

5 (indicating manner, description) με • **in English/ French** στα αγγλικά/γαλλικά

6 (indicating circumstances) σε • **a change in policy** μια αλλαγή τακτικής or πολιτικής • **a rise in prices** μια άνοδος στις τιμές or των τιμών

7 (indicating mood, state): **in tears** κλαίγοντας • **in anger/despair** θυμωμένος/απελπισμένος

8 (with ratios, numbers): **they lined up in twos** παρατάχθηκαν ανά δύο or σε δυάδες

9 (referring to people, works) σε • **she has it in her to succeed** είναι ικανή να πετύχει • **they have a good leader in him** με αυτόν έχουν έναν καλό ηγέτη

10 (indicating profession etc) σε

11 (after superlative) σε

12 (with present participle): **in saying this** λέγοντάς το αυτό

▶ adv: **to be in** (person: at home, work) είμαι εδώ/ εκεί • (train, ship, plane) έρχομαι • (in fashion) είμαι της μόδας • **he'll be in later today** θα είναι εδώ or θα έρθει αργότερα • **to ask sb in** λέω σε κν να έρθει μέσα • **to run/limp in** μπαίνω τρέχοντας/κουτσαίνοντας

in. abbr = **inch**

inability [ɪnə'bɪlɪtɪ] n: ~ **(to do)** ανικανότητα (να κάνω)

inaccurate [ɪn'ækjʊrət] adj ανακριβής

inadequate [ɪn'ædɪkwət] adj (income, amount) ανεπαρκής • (person) ακατάλληλος

inadvertently [ɪnəd'vɜ:tntlɪ] adv από απροσεξία

inappropriate [ɪnə'prəʊprɪət] adj (unsuitable) ακατάλληλος • (improper) ανάρμοστος

inbox ['ɪnbɒks] n εισερχόμενα f

incapable [ɪn'keɪpəbl] adj ανίκανος

incense [n 'ɪnsɛns, vb ɪn'sɛns] n λιβάνι nt ▶ vt (anger) εξοργίζω

incentive [ɪn'sɛntɪv] n κίνητρο nt

inch [ɪntʃ] n ίντσα f

incidence ['ɪnsɪdns] n περιστατικό nt

incident ['ɪnsɪdnt] n συμβάν nt

incidentally [ɪnsɪ'dɛntəlɪ] adv παρεμπιπτόντως

inclination [ɪnklɪ'neɪʃən] n (tendency) τάση f • (disposition) κλίση f

incline [n 'ɪnklaɪn, vb ɪn'klaɪn] n πλαγιά f ▶ vt (head) γέρνω ▶ vi (surface) έχω κλίση • **to be inclined to** έχω την τάση να

include [ɪn'klu:d] vt (in plan, team etc) περιλαμβάνω • (in price) συμπεριλαμβάνω

including [ɪn'klu:dɪŋ] prep συμπεριλαμβανομένου/ης

inclusion [ɪn'klu:ʒən] n προσθήκη f

inclusive [ɪn'klu:sɪv] adj (price) συνολικός • **to be** ~ **of** περιλαμβάνω και • **Monday to Friday** ~ από Δευτέρα ως και Παρασκευή

income ['ɪnkʌm] n εισόδημα nt

income support n (BRIT) βοηθητικό επίδομα nt

income tax n φόρος m εισοδήματος

incoming ['ɪnkʌmɪŋ] adj (flight, passenger) εισερχόμενος • (call) εισερχόμενος

incompatible [ɪnkəm'pætɪbl] adj ασύμβατος

incompetence [ɪn'kɒmpɪtns] n ανικανότητα f

incompetent [ɪn'kɒmpɪtnt] adj (person) ανίκανος • (job) άχρηστος

incomplete [ɪnkəm'pli:t] adj (unfinished) ανολοκλήρωτος • (partial) ημιτελής

inconsistent [ɪnkən'sɪstnt] adj ασυνεπής • (statement, action) αντιφατικός • ~ **with** (beliefs, values) ασυμβίβαστος με

inconvenience [ɪnkən'vi:njəns] n (problem) πρόβλημα nt • (trouble) αναστάτωση f ▶ vt ενοχλώ

inconvenient [ɪnkən'vi:njənt] adj (time, place, house) άβολος • (visitor) ενοχλητικός

incorporate [ɪn'kɔ:pəreɪt] vt (include) περιλαμβάνω • (contain) περιέχω

incorrect [ɪnkə'rɛkt] adj (information, answer) εσφαλμένος • (behaviour, attitude) απρεπής

increase [n 'ɪnkri:s, vb ɪn'kri:s] n (rise): ~ **(in/of)** αύξηση f σε or +gen ▶ vi αυξάνομαι ▶ vt αυξάνω • **to be on the** ~ σημειώνω αύξηση

increasingly [ɪn'kri:sɪŋlɪ] adv (more and more) όλο και πιο • (more often) όλο και πιο συχνά

incredible [ɪn'krɛdɪbl] adj (unbelievable) απίστευτος • (enormous) τεράστιος • (amazing, wonderful) καταπληκτικός

incur [ɪn'kɜ:ʳ] vt (expenses) υποβάλλομαι σε • (loss) υφίσταμαι • (debt) αποκτώ • (disapproval, anger) προκαλώ

indecent [ɪn'di:snt] adj (film, book) άσεμνος • (behaviour) απρεπής

indeed [ɪn'di:d] adv (certainly) όντως • (in fact) πράγματι • (furthermore) στ' αλήθεια • **yes** ~! ναι, αλήθεια!

indefinitely [ɪn'dɛfɪnɪtlɪ] adv επ' αόριστον

independence [ɪndɪ'pɛndns] n (of country, person, thinking) ανεξαρτησία f

independent [ɪndɪ'pɛndnt] adj ανεξάρτητος • (school) ιδιωτικός

index ['ɪndɛks] (pl **indexes**) n (in book)
ευρετήριο nt • (in library etc) κατάλογος m • (pl
indices) δείκτης m

India ['ɪndɪə] n Ινδία f

Indian ['ɪndɪən] adj ινδικός ▶ n Ινδός/ή m/f

indicate ['ɪndɪkeɪt] vt (show) δείχνω • (point to)
δείχνω • (mention) κάνω νύξη ▶ vi (Brit Aut):
to ~ left/right βγάζω αριστερό/δεξιό φλας

indication [ɪndɪ'keɪʃən] n ένδειξη f

indicative [ɪn'dɪkətɪv] adj: **~ of** ενδεικτικός +gen
▶ n (Ling) οριστική f

indicator ['ɪndɪkeɪtər] n δείκτης m • (Aut) φλας
nt inv

indictment [ɪn'daɪtmənt] n (denunciation)
μομφή f • (charge) απαγγελία f κατηγορίας

indifference [ɪn'dɪfrəns] n αδιαφορία f

indifferent [ɪn'dɪfrənt] adj (attitude) αδιάφορος
• (quality) μέτριος

indigenous [ɪn'dɪdʒɪnəs] adj (wildlife) του
τόπου • (population) αυτόχθων

indigestion [ɪndɪ'dʒɛstʃən] n δυσπεψία f

indignant [ɪn'dɪgnənt] adj: **to be ~ at sth/
with sb** είμαι αγανακτισμένος με κτ/με κν

indirect [ɪndɪ'rɛkt] adj (way, manner) έμμεσος
• (route) όχι απευθείας • (answer) πλάγιος

indispensable [ɪndɪs'pɛnsəbl] adj
απαραίτητος

individual [ɪndɪ'vɪdjuəl] n άτομο nt ▶ adj
(personal) ατομικός • (single) ιδιαίτερος • (unique)
μοναδικός

individually [ɪndɪ'vɪdjuəlɪ] adv (singly)
μεμονωμένα • (separately) χωριστά

Indonesia [ɪndə'niːzɪə] n Ινδονησία f

indoor ['ɪndɔːr] adj (plant) εσωτερικού χώρου
• (swimming pool) κλειστός • (games, sport)
κλειστού στίβου

indoors [ɪn'dɔːz] adv μέσα

induce [ɪn'djuːs] vt (bring about) επιφέρω
• (persuade) δελεάζω • (Med: birth) κάνω
πρόκληση (τοκετού)

indulge [ɪn'dʌldʒ] vt (desire, whim) ενδίδω σε
• (person, child) κάνω τα χατίρια σε
▶ **indulge in** vt fus (vice, hobby) επιτρέπω στον
εαυτό μου

indulgent [ɪn'dʌldʒənt] adj (parent) επιεικής
• (smile) συγκαταβατικός

industrial [ɪn'dʌstrɪəl] adj βιομηχανικός

industrial estate (Brit) n βιομηχανική ζώνη f

industrialist [ɪn'dʌstrɪəlɪst] n βιομήχανος mf

industry ['ɪndəstrɪ] n βιομηχανία f • (diligence)
φιλοπονία f

inefficiency [ɪnɪ'fɪʃənsɪ] n αναποδοτικότητα f

inefficient [ɪnɪ'fɪʃənt] adj αναποδοτικός

inequality [ɪnɪ'kwɔlɪtɪ] n ανισότητα f

inevitable [ɪn'ɛvɪtəbl] adj αναπόφευκτος

inevitably [ɪn'ɛvɪtəblɪ] adv αναπόφευκτα

inexpensive [ɪnɪk'spɛnsɪv] adj φθηνός

inexperienced [ɪnɪk'spɪərɪənst] adj (worker)
άπειρος • (swimmer) αρχάριος

inexplicable [ɪnɪk'splɪkəbl] adj ανεξήγητος

infamous ['ɪnfəməs] adj διαβόητος

infant ['ɪnfənt] n (baby) μωρό nt • (fml) βρέφος
nt • (young child) νήπιο nt • cpd παιδικός

infantry ['ɪnfəntrɪ] n πεζικό nt

infect [ɪn'fɛkt] vt μολύνω • (fig) κολλάω • **to
become infected** (wound) μολύνομαι

infection [ɪn'fɛkʃən] n μόλυνση f

infectious [ɪn'fɛkʃəs] adj (disease) κολλητικός
• (person, animal) που μπορεί να μεταδώσει
ασθένεια • (fig) μεταδοτικός

infer [ɪn'fɜːr] vt (deduce) συμπεραίνω • (imply)
υπαινίσσομαι

inferior [ɪn'fɪərɪər] adj (in rank) κατώτερος • (in
quality, quantity) κατώτερης ποιότητας/
ποσότητας ▶ n (subordinate) υφιστάμενος/η m/f
• (junior) κατώτερος/η m/f

infertile [ɪn'fɜːtaɪl] adj (soil) άγονος • (person,
animal) στείρος

infertility [ɪnfə'tɪlɪtɪ] n στειρότητα f

infested [ɪn'fɛstɪd] adj: **to be ~ (with)** (vermin)
είμαι γεμάτος (με) • (pests) είμαι γεμάτος (με)

infinite ['ɪnfɪnɪt] adj ατελείωτος

infinitely ['ɪnfɪnɪtlɪ] adv απείρως

infirmary [ɪn'fɜːmərɪ] n νοσοκομείο nt

inflamed [ɪn'fleɪmd] adj φλεγμένων

inflammation [ɪnflə'meɪʃən] n φλεγμονή f

inflatable [ɪn'fleɪtəbl] adj φουσκωτός

inflate [ɪn'fleɪt] vt (tyre, balloon) φουσκώνω
• (price) ανεβάζω

inflation [ɪn'fleɪʃən] (Econ) n πληθωρισμός m

inflexible [ɪn'flɛksɪbl] adj (rule, timetable)
ανελαστικός • (person) δεν είναι ευέλικτος

inflict [ɪn'flɪkt] vt: **to ~ sth on sb** υποβάλλω κν
σε κτ

influence ['ɪnfluəns] n (power) επιρροή f
• (effect) επίδραση f ▶ vt επηρεάζω • **under the
~ of alcohol** υπό την επήρεια αλκοόλ

influential [ɪnflu'ɛnʃl] adj με επιρροή

influx ['ɪnflʌks] n εισροή f

info ['ɪnfəu] abbr = **information**

inform [ɪn'fɔːm] vt: **to ~ sb of sth** πληροφορώ
κν για κτ ▶ vi: **to ~ on sb** καταδίδω κν

informal [ɪn'fɔːml] adj (manner, discussion etc)
φιλικός • (clothes, language, visit) ανεπίσημος
• (meeting) άτυπος

information [ɪnfə'meɪʃən] n (facts)
πληροφορίες fpl • (knowledge) γνώσεις fpl
• **a piece of ~** μια πληροφορία

information technology n Πληροφορική f

informative [ɪn'fɔːmətɪv] adj κατατοπιστικός

infrastructure ['ɪnfrəstrʌktʃər] n υποδομή f

infrequent [ɪn'friːkwənt] adj (visits) σπάνιος
• (buses) μη τακτικός

infuriating [ɪn'fjuərɪeɪtɪŋ] adj εξοργιστικός

ingenious [ɪn'dʒiːnjəs] adj ευφυής

ingredient [ɪn'griːdɪənt] n (of food) συστατικό
nt • (of situation) στοιχείο nt

inhabit [ɪn'hæbɪt] vt κατοικώ

inhabitant [ɪn'hæbɪtnt] n κάτοικος mf

inhale [ɪn'heɪl] vt (smoke, gas etc) εισπνέω ▶ vi
εισπνέω • (when smoking) τραβάω μέσα τον
καπνό

inherent [ɪn'hɪərənt] adj: **~ in** or **to** έμφυτος σε

inherit [ɪn'hɛrɪt] vt κληρονομώ

inheritance [ɪn'hɛrɪtəns] n κληρονομιά f

inhibit [ɪn'hɪbɪt] vt (restrain) περιορίζω
• (growth) παρεμποδίζω

inhibition [ɪnhɪ'bɪʃən] n (pl: hang-up) αναστολή f

initial [ɪˈnɪʃl] adj (stage, reaction) αρχικός ▸ n (letter) αρχικό nt ▸ vt (document) μονογράφω
■ **initials** npl (of name) αρχικά nt pl
initially [ɪˈnɪʃəlɪ] adv (at first) αρχικά • (at the beginning) στην αρχή
initiate [ɪˈnɪʃɪeɪt] vt (talks, process) αρχίζω • (new member) μυώ
initiative [ɪˈnɪʃətɪv] n πρωτοβουλία f
inject [ɪnˈdʒekt] vt κάνω ένεση • **to ~ sb with sth** κάνω ένεση σε κν με κτ
injection [ɪnˈdʒekʃən] n (of drug) ένεση f • (of vaccine) εμβόλιο nt • (fig: of money) τονωτική ένεση f
injure [ˈɪndʒəʳ] vt (person, leg etc) τραυματίζω • (feelings, reputation) πληγώνω • **to ~ o.s** τραυματίζομαι
injured [ˈɪndʒəd] adj (person, arm) τραυματισμένος • (tone, feelings) πληγωμένος
injury [ˈɪndʒərɪ] n τραύμα nt
injustice [ɪnˈdʒʌstɪs] n αδικία f
ink [ɪŋk] n μελάνι nt
inland [adj ˈɪnlənd, adv ɪnˈlænd] adj ηπειρωτικός ▸ adv στην ενδοχώρα
Inland Revenue (BRIT) n ≈ Εφορία
in-laws [ˈɪnlɔːz] npl πεθερικά nt pl
inmate [ˈɪnmeɪt] n τρόφιμος mf
inn [ɪn] n πανδοχείο nt
inner [ˈɪnəʳ] adj εσωτερικός
inner city n κέντρο nt μεγαλούπολης (συνήθως, υποβαθμισμένες περιοχές)
innings [ˈɪnɪŋz] n (Cricket) γύρος m
innocence [ˈɪnəsns] n (Jur) αθωότητα f
innocent [ˈɪnəsnt] adj αθώος
innovation [ɪnəʊˈveɪʃən] n καινοτομία f
input [ˈɪnpʊt] n συνεισφορά f • (Comput) είσοδος f
inquest [ˈɪnkwest] n ανάκριση f (για τα αίτια θανάτου)
inquire [ɪnˈkwaɪəʳ] vi ρωτάω ▸ vt ρωτάω • **to ~ about** ζητάω πληροφορίες για
▸ **inquire after** vt fus ρωτάω για
▸ **inquire into** vt fus διερευνώ
inquiry [ɪnˈkwaɪərɪ] n (question) ερώτηση f • (investigation) έρευνα f
insane [ɪnˈseɪn] adj (Med) παράφρων • (crazy) τρελός
insanity [ɪnˈsænɪtɪ] n (Med) παραφροσύνη f • (of idea etc) τρέλα f
insect [ˈɪnsekt] n έντομο nt
insecure [ɪnsɪˈkjʊəʳ] adj (person) ανασφαλής • (structure, job) επισφαλής
insecurity [ɪnsɪˈkjʊərɪtɪ] n ανασφάλεια f
insensitive [ɪnˈsensɪtɪv] adj αναίσθητος
insert [vt ɪnˈsəːt, n ˈɪnsəːt] vt βάζω • (in text, speech etc) παρεμβάλλω ▸ n ένθετο nt
inside [ɪnˈsaɪd] n το εσωτερικό nt ▸ adj εσωτερικός ▸ adv (go) μέσα • (be) μέσα ▸ prep (location) μέσα • (time) μέσα σε ■ **insides** npl (inf) σωθικά nt pl
inside out adv (be) το μέσα έξω • (turn) ανάποδα • (fig: know) απέξω κι ανακατωτά
insider [ɪnˈsaɪdəʳ] n αυτός που ξέρει τα πράγματα από μέσα
insight [ˈɪnsaɪt] n διορατικότητα f
insignificant [ɪnsɪgˈnɪfɪknt] adj ασήμαντος

insist [ɪnˈsɪst] vi επιμένω • **to ~ on** επιμένω σε • **to ~ that** (demand) επιμένω ότι • (claim) ισχυρίζομαι
insistent [ɪnˈsɪstənt] adj επίμονος
insomnia [ɪnˈsɒmnɪə] n αϋπνία f
inspect [ɪnˈspekt] vt εξετάζω • (equipment, troops) επιθεωρώ
inspection [ɪnˈspekʃən] n εξέταση f • (of equipment, troops) επιθεώρηση f
inspector [ɪnˈspektəʳ] n (Admin) επιθεωρητής/ τρια m/f • (BRIT: on buses, trains) ελεγκτής/τρια m/f • (: Police) (αστυνομικός) επιθεωρητής mf
inspiration [ɪnspəˈreɪʃən] n έμπνευση f
inspire [ɪnˈspaɪəʳ] vt εμπνέω
inspiring [ɪnˈspaɪərɪŋ] adj συναρπαστικός
instability [ɪnstəˈbɪlɪtɪ] n αστάθεια f
install [ɪnˈstɔːl] vt εγκαθιστώ
installation [ɪnstəˈleɪʃən] n εγκατάσταση f
instalment [ɪnˈstɔːlmənt], **installment** (US) n (of payment) δόση f • (of story, TV serial etc) συνέχεια f • **in instalments** (pay, receive) με δόσεις
instance [ˈɪnstəns] n περιστατικό nt • **for ~** παραδείγματος χάρη • **in the first ~** αρχικά
instant [ˈɪnstənt] n στιγμή f ▸ adj (reaction, success) άμεσος • (coffee, food) στιγμιαίος
instantly [ˈɪnstəntlɪ] adv ακαριαία
instead [ɪnˈsted] adv αντί γι' αυτό • **~ of** αντί • **~ of sb** στη θέση κου
instinct [ˈɪnstɪŋkt] n (Bio) ένστικτο nt • (reaction) ένστικτο nt
instinctive [ɪnˈstɪŋktɪv] adj ενστικτώδης
institute [ˈɪnstɪtjuːt] n (for research, teaching) ίδρυμα nt • (of architects, planners etc) επιμελητήριο nt ▸ vt (system) θέτω σε ισχύ • (rule, course of action) επιβάλλω • (proceedings, inquiry) προβαίνω σε
institution [ɪnstɪˈtjuːʃən] n (of system etc) θέσπιση f • (custom, tradition) θεσμός m • (home, hospital, organization) ίδρυμα nt
institutional [ɪnstɪˈtjuːʃənl] adj (education) ≈ ανώτερος • (value, quality etc) καθιερωμένος
instruct [ɪnˈstrʌkt] vt (teach) **to ~ sb in sth** διδάσκω κτ σε κν • **to ~ sb to do sth** (order) δίνω εντολή σε κν να κάνει κτ
instruction [ɪnˈstrʌkʃən] n διδασκαλία f
■ **instructions** npl εντολές fpl • **instructions (for use)** οδηγίες (χρήσεως)
instructor [ɪnˈstrʌktəʳ] n δάσκαλος/α m/f • (for skiing, driving etc) εκπαιδευτής/τρια m/f
instrument [ˈɪnstrʊmənt] n εργαλείο nt • (Mus) όργανο nt
instrumental [ɪnstruˈmentl] adj (Mus) οργανικός • **to be ~ in doing sth** παίζω σημαντικό ρόλο σε κτ
insufficient [ɪnsəˈfɪʃənt] adj ανεπαρκής
insulation [ɪnsjuˈleɪʃən] n (of person, group) απομόνωση f • (of house, body) μόνωση f
insulin [ˈɪnsjulɪn] n ινσουλίνη f
insult [n ˈɪnsʌlt, vb ɪnˈsʌlt] n προσβολή f ▸ vt προσβάλλω
insulting [ɪnˈsʌltɪŋ] adj προσβλητικός
insurance [ɪnˈʃʊərəns] n ασφάλεια f • **fire/life ~** ασφάλεια πυρός/ζωής

insurance policy n ασφαλιστήριο nt
insure [ɪn'ʃuəʳ] vt (life, property): **to ~ (against)** ασφαλίζω (για)
insurer [ɪn'ʃuərəʳ] n ασφαλιστής/τρια m/f
intact [ɪn'tækt] adj άθικτος
intake ['ɪnteɪk] n (of air etc) πρόσληψη f • (of food) κατανάλωση f • (BRIT Scol): **an ~ of 200 a year** 200 εγγραφέντες το χρόνο
integral ['ɪntɪɡrəl] adj αναπόσπαστος
integrate ['ɪntɪɡreɪt] vt (newcomer) εντάσσω • (ideas, systems) συγχωνεύω ▶ vi εντάσσομαι
integrity [ɪn'tɛɡrɪtɪ] n (of person) ακεραιότητα f • (of culture, text, group) οντότητα f
intellect ['ɪntəlɛkt] n (intelligence) νοημοσύνη f • (cleverness) ευφυΐα f
intellectual [ɪntə'lɛktjuəl] adj πνευματικός ▶ n διανοούμενος/η m/f
intelligence [ɪn'tɛlɪdʒəns] n (cleverness) εξυπνάδα f • (Mil etc) υπηρεσία f πληροφοριών
intelligent [ɪn'tɛlɪdʒənt] adj έξυπνος • (machine) νοήμων
intend [ɪn'tɛnd] vt (gift etc): **to ~ sth for** προορίζω κτ για • **to ~ to do sth** σκοπεύω να κάνω κτ
intense [ɪn'tɛns] adj (effort, anger, joy) έντονος • (heat) πολύς
intensify [ɪn'tɛnsɪfaɪ] vt εντείνω
intensity [ɪn'tɛnsɪtɪ] n ένταση f
intensive [ɪn'tɛnsɪv] adj εντατικός
intensive care n: **to be in ~** είμαι στην εντατική
intent [ɪn'tɛnt] n (fml) πρόθεση f ▶ adj προσηλωμένος • **~ on** προσηλωμένος σε • **to be ~ on doing sth** είμαι αποφασισμένος να κάνω κτ • **to all intents and purposes** στην ουσία
intention [ɪn'tɛnʃən] n πρόθεση f
intentional [ɪn'tɛnʃənl] adj σκόπιμος
interact [ɪntər'ækt] vi: **to ~ (with)** επικοινωνώ (με)
interaction [ɪntər'ækʃən] n (of ideas) αλληλεπίδραση f • (of people, things) (άτομα) επικοινωνία f, (αντικείμενα) αλληλεπίδραση f
interactive [ɪntər'æktɪv] adj (group) με έντονη συμμετοχή • (Comput) διαδραστικός
intercept [ɪntə'sɛpt] vt αναχαιτίζω • (person) κόβω το δρόμο σε • (message) υποκλέπτω
interchange ['ɪntətʃeɪndʒ] n ανταλλαγή f • (on motorway) κόμβος m
intercourse ['ɪntəkɔːs] n (sexual) συνουσία f
interest ['ɪntrɪst] n ενδιαφέρον nt • (advantage, profit) συμφέρον nt • (Comm: in company) μερίδιο nt • (: sum of money) τόκος m ▶ vt ενδιαφέρω
interested ['ɪntrɪstɪd] adj ενδιαφερόμενος • **to be ~ (in sth/doing sth)** ενδιαφέρομαι (για κτ/να κάνω κτ)
interesting ['ɪntrɪstɪŋ] adj ενδιαφέρων
interest rate n επιτόκιο nt
interface ['ɪntəfeɪs] n (Comput) διεπαφή f
interfere [ɪntə'fɪəʳ] vi: **to ~ in** επεμβαίνω σε • **to ~ with** (object) πειράζω • (plans, career, decision) έρχομαι σε σύγκρουση • **don't ~** μην ανακατεύεστε
interference [ɪntə'fɪərəns] n παρέμβαση f • (Radio, TV) παράσιτα nt pl
interim ['ɪntərɪm] adj προσωρινός ▶ n: **in the ~** εν τω μεταξύ

interior [ɪn'tɪərɪəʳ] n εσωτερικό nt • (of country) ενδοχώρα f ▶ adj εσωτερικός • (Pol) Εσωτερικών
intermediate [ɪntə'miːdɪət] adj (stage) ενδιάμεσος • (student) σε μέσο επίπεδο
intern [vb ɪn'tɜːn, n 'ɪntɜːn] vt θέτω υπό περιορισμό ▶ n (US) μαθητευόμενος/η m/f or που κάνει την πρακτική του
internal [ɪn'tɜːnl] adj εσωτερικός
international [ɪntə'næʃənl] adj διεθνής
internet ['ɪntənɛt] n διαδίκτυο nt
internet café n ίντερνετ καφέ nt inv
Internet Service Provider n πάροχος m υπηρεσιών διαδικτύου
interpret [ɪn'tɜːprɪt] vt (explain) ερμηνεύω • (translate) μεταφράζω (προφορικά) ▶ vi κάνω τον διερμηνέα
interpretation [ɪntɜːprɪ'teɪʃən] n ερμηνεία f
interpreter [ɪn'tɜːprɪtəʳ] n διερμηνέας mf
interrogation [ɪntɛrəu'ɡeɪʃən] n ανάκριση f
interrupt [ɪntə'rʌpt] vt διακόπτω ▶ vi διακόπτω
interruption [ɪntə'rʌpʃən] n διακοπή f
intersection [ɪntə'sɛkʃən] n διασταύρωση f • (Math) τομή f
interval ['ɪntəvl] n (break, pause) διάστημα nt • (BRIT Theat, Sport) διάλειμμα nt • (Mus) διάστημα nt • **at intervals** κατά διαστήματα
intervene [ɪntə'viːn] vi μεσολαβώ • (in speech) παρεμβαίνω
interview ['ɪntəvjuː] n (Radio, TV etc) συνέντευξη f ▶ vt παίρνω συνέντευξη από
interviewer ['ɪntəvjuəʳ] n (Radio, TV etc) αυτός που παίρνει συνέντευξη
intimate [adj 'ɪntɪmət, vb 'ɪntɪmeɪt] adj (friendship, relationship) στενός • (sexual) ερωτικός • (conversation, matter) προσωπικός • (restaurant, atmosphere) ζεστός ▶ vt: **to ~ that ...** αφήνω να εννοηθεί ότι/πως ...
intimidate [ɪn'tɪmɪdeɪt] vt εκφοβίζω

⊙ **KEYWORD**

into ['ɪntu] prep **1** (indicating motion or direction) (μέσα) σε • **to come into the house** έρχομαι μέσα στο σπίτι
2 (about): **research into cancer** έρευνα για τον καρκίνο
3 (with time expressions): **he worked late into the night** δούλευε αργά τη νύχτα
4 (indicating change of condition, result): **she burst into tears** έβαλε τα κλάματα • **it broke into pieces** έγινε κομμάτια • **she translated into French** μετέφραζε στα γαλλικά

intolerant [ɪn'tɔlərnt] adj: **to be ~ (of)** δεν είμαι ανεκτικός (με/σε)
intranet ['ɪntrənɛt] n ενδοδίκτυο nt
intricate ['ɪntrɪkət] adj πολύπλοκος
intrigue [ɪn'triːɡ] n μηχανορραφίες fpl ▶ vt εξάπτω την περιέργεια σε
intriguing [ɪn'triːɡɪŋ] adj συναρπαστικός
introduce [ɪntrə'djuːs] vt (new idea, measure etc) εισάγω • (speaker, TV show etc) παρουσιάζω • **to ~ sb (to sb)** συστήνω κν (σε κν) • **may I ~ ...?** να σας συστήσω ...;

introduction [ɪntrə'dʌkʃən] n (of new idea etc) εισαγωγή f • (of measure) επιβολή f • (of person) συστάσεις fpl • (to new experience) μύηση f • (in book) εισαγωγή f

introductory [ɪntrə'dʌktərɪ] adj (lesson) εισαγωγικός

intrude [ɪn'truːd] vi (person) εισβάλλω (απρόσκλητος) • **to ~ on** παρεισφρέω σε

intruder [ɪn'truːdə'] n παρείσακτος/η m/f

intuition [ɪntjuː'ɪʃən] n διαίσθηση f

invade [ɪn'veɪd] vt εισβάλλω • (fig) παραβιάζω

invalid [ɪn'vælɪd, adj ɪn'vælɪd] n ανάπηρος/η m/f ▶ adj άκυρος • (claim, argument etc) αβάσιμος

invaluable [ɪn'væljuəbl] adj ανεκτίμητος

invariably [ɪn'veərɪəblɪ] adv μονίμως

invasion [ɪn'veɪʒən] n εισβολή f

invent [ɪn'vent] vt (machine) εφευρίσκω • (game, phrase etc) επινοώ • (lie, excuse) εφευρίσκω

invention [ɪn'venʃən] n εφεύρεση f • (untrue story) επινόηση f

inventor [ɪn'ventə'] n (of machines) εφευρέτης/τρια m/f • (of systems) δημιουργός mf

inventory [ɪn'ɪnvəntrɪ] n κατάλογος m

invest [ɪn'vest] vt επενδύω ▶ vi: **~ in** (Comm) επενδύω σε • (fig) επενδύω σε

investigate [ɪn'vestɪgeɪt] vt ερευνώ

investigation [ɪnvestɪ'geɪʃən] n έρευνα f

investigator [ɪn'vestɪgeɪtə'] n (of events, situations) αυτός που διεξάγει έρευνες • **private ~** ιδιωτικός ντετέκτιβ

investment [ɪn'vestmənt] n (activity) επενδύσεις fpl • (amount of money) επένδυση f

investor [ɪn'vestə'] n επενδυτής/τρια m/f

invisible [ɪn'vɪzɪbl] adj αόρατος

invitation [ɪnvɪ'teɪʃən] n πρόσκληση f

invite [ɪn'vaɪt] vt προσκαλώ • (discussion, criticism) ενθαρρύνω

inviting [ɪn'vaɪtɪŋ] adj ελκυστικός

invoice [ˈɪnvɔɪs] (Comm) n τιμολόγιο nt ▶ vt κόβω τιμολόγιο σε

involve [ɪn'vɔlv] vt (entail) συνεπάγομαι • (affect) αφορώ • **to ~ sb (in sth)** ανακατεύω or εμπλέκω κν (σε κτ)

involved [ɪn'vɔlvd] adj (complicated) περίπλοκος • **there is quite a lot of work ~** απαιτείται πολύ δουλειά • **to be ~ in** (take part in) συμμετέχω σε • (be engrossed in) είμαι απορροφημένος σε

involvement [ɪn'vɔlvmənt] n (participation) συμμετοχή f • (concern) ενδιαφέρον nt

inward [ˈɪnwəd] adj (thought, feeling) ενδόμυχος • (movement) προς τα μέσα

IQ n abbr (= intelligence quotient) δείκτης m νοημοσύνης

IRA n abbr (= Irish Republican Army) IPA m

Iran [ɪ'rɑːn] n Ιράν nt inv

Iraq [ɪ'rɑːk] n Ιράκ nt inv

Iraqi [ɪ'rɑːkɪ] adj ιρακινός ▶ n Ιρακινός/ή m/f • (Ling) ιρακινά nt pl

Ireland [ˈaɪələnd] n Ιρλανδία f • **the Republic of ~** Δημοκρατία της Ιρλανδίας

iris [ˈaɪrɪs] (pl irises) n (Anat, Bot) ίριδα f

Irish [ˈaɪrɪʃ] adj (of whole of Ireland) ιρλανδικός • (of Eire) της Ιρλανδίας ▶ npl: **the ~** οι Ιρλανδοί

Irishman [ˈaɪrɪʃmən] (irreg) n Ιρλανδός m

Irishwoman [ˈaɪrɪʃwumən] (irreg) n Ιρλανδέζα f

iron [ˈaɪən] n (metal) σίδηρος m • (Tech) σίδερο nt • (for clothes) σίδερο nt ▶ cpd σιδερένιος ▶ vt (clothes) σιδερώνω
▶ **iron out** vt (fig) εξαλείφω

ironic, ironical adj (remark, gesture) ειρωνικός • (situation) ειρωνεία

ironically [aɪ'rɔnɪklɪ] adv ειρωνικά

ironing [ˈaɪənɪŋ] n (activity) σιδέρωμα nt • (clothes) ρούχα nt pl για σιδέρωμα

irony [ˈaɪrənɪ] n ειρωνεία f

irrational [ɪ'ræʃənl] adj παράλογος

irregular [ɪ'regjulə'] adj (surface) ανώμαλος • (pattern) ακανόνιστος • (action, event) σε ακανόνιστα διαστήματα • (behaviour) ιδιόρρυθμος • (Ling) ανώμαλος

irrelevant [ɪ'reləvənt] adj άσχετος

irresistible [ɪrɪ'zɪstɪbl] adj ακαταμάχητος

irresponsible [ɪrɪ'spɔnsɪbl] adj ανεύθυνος

irrigation [ɪrɪ'geɪʃən] n άρδευση f

irritable [ˈɪrɪtəbl] adj ευερέθιστος

irritate [ˈɪrɪteɪt] vt (annoy) εκνευρίζω • (Med) ερεθίζω

irritating [ˈɪrɪteɪtɪŋ] adj εκνευριστικός

irritation [ɪrɪ'teɪʃən] n εκνευρισμός m • (Med) ερεθισμός m

is [ɪz] vb see **be**

Islam [ˈɪzlɑːm] n Ισλάμ nt inv

Islamic [ɪz'læmɪk] adj ισλαμικός

island [ˈaɪlənd] n νησί nt • (Aut: also: **traffic ~**) νησίδα f

islander [ˈaɪləndə'] n νησιώτης/ισσα m/f

isle [aɪl] n νήσος f

isn't [ˈɪznt] = **is not**

isolated [ˈaɪsəleɪtɪd] adj (place, person) απομονωμένος • (incident) μεμονωμένος

isolation [aɪsə'leɪʃən] n απομόνωση f

ISP n abbr = **Internet Service Provider**

Israel [ˈɪzreɪl] n Ισραήλ nt inv

issue [ˈɪʃjuː] n (subject) ζήτημα nt • (most important part) θέμα nt • (of magazine) τεύχος nt • (of newspaper) φύλλο nt ▶ vt εκδίδω ▶ vi: **to ~ (from)** βγαίνω (από) • **to ~ sth to sb/~ sb with sth** δίνω κτ σε κν • **to take ~ with sb (over)** παίρνω θέση κατά κου (για) • **to make an ~ of sth** κάνω κτ ζήτημα

IT n abbr = **information technology**

○ **KEYWORD**

it [ɪt] pron **1** (specific: subject: usually not translated): **where's my book? — it's on the table** πού είναι το βιβλίο μου; — είναι πάνω στο τραπέζι

2 (emph) αυτό • (direct object) τον/τη(ν)/το • (indirect object) του/της • **I can't find it** δεν μπορώ να το βρω • **give it to me** δωσ' μου το • **about/from/in/of/to it** για/από/(μέσα) σε/από/σε αυτό • **I spoke to him about it** του μίλησα γι' αυτό • **what did you learn from it?** τι έμαθες απ' αυτό; • **what role did you play in it?** τι ρόλο έπαιξες σ' αυτό; • **I'm proud of it** είμαι περήφανος γι' αυτό • **did you go to it?** (party, concert etc) πήγες;

3 (impersonal: not translated): **it's raining** βρέχει
• **it's cold today** κάνει κρύο σήμερα • **it's Friday tomorrow** αύριο είναι Παρασκευή • **it's 6 o'clock/the 10th of August** είναι 6 η ώρα/10 Αυγούστου • **how far is it? — it's 10 miles/2 hours on the train** πόσο μακριά είναι; — είναι 10 μίλια/2 ώρες με το τρένο • **who is it? — it's me** ποιος είναι; — εγώ (είμαι)

Italian [ɪˈtæljən] adj ιταλικός ▶ n Ιταλός/ίδα m/f • (Ling) ιταλικά nt pl • **the Italians** οι Ιταλοί

Italy [ˈɪtəlɪ] n Ιταλία f

itch [ɪtʃ] n φαγούρα f ▶ vi (person) έχω φαγούρα • (part of body) με τρώει • **to be itching to do sth** καίγομαι να κάνω κτ

itchy [ˈɪtʃɪ] adj (person) που έχει φαγούρα • (skin etc) που με τρώει • **my back is ~** με τρώει η πλάτη μου

it'd [ˈɪtd] = **it had • it would**

item [ˈaɪtəm] n αντικείμενο nt • (on agenda) θέμα nt • (also: **news ~**) είδηση f

itinerary [aɪˈtɪnərərɪ] n πρόγραμμα ταξιδιού nt

it'll [ˈɪtl] = **it will • it shall**

its [ɪts] adj του/της ▶ pron δικός/ή/ό του/της • see also **my • mine¹**

it's [ɪts] = **it is • it has**

itself [ɪtˈsɛlf] pron (reflexive: often not translated) ο εαυτός του/της • (complement, after prep: often not translated) τον εαυτό του/της • (emph) ο ίδιος/η ίδια/το ίδιο • (alone): **(all) by ~** (εντελώς) μόνος του/μόνη της/μόνο του

I've [aɪv] = **I have**

ivory [ˈaɪvərɪ] n (substance) ελεφαντόδοντο nt • (colour) ιβουάρ nt inv

ivy [ˈaɪvɪ] n κισσός m

J

J, j [dʒeɪ] n το δέκατο γράμμα του αγγλικού αλφαβήτου

jab [dʒæb] vt (person) χτυπάω • (finger, stick) καρφώνω ▶ n (inf: injection) ένεση f • (poke) χτύπημα nt • **to ~ at** χτυπάω • **to ~ sth into sth** μπήγω κτ σε κτ

jack [dʒæk] n (Aut) γρύλος m • (Bowls) μικρή μπάλα για σημάδι • (Cards) βαλές m

jacket [ˈdʒækɪt] n (garment) σακάκι nt • (of book) κάλυμμα nt • **~ potatoes** πατάτες ψημένες με τη φλούδα τους

jackpot [ˈdʒækpɔt] n τζακ-ποτ nt inv

Jacuzzi® [dʒəˈkuːzɪ] n τζακούζι nt inv

jade [dʒeɪd] n νεφρίτης m

jagged [ˈdʒægɪd] adj (outline) οδοντωτός • (rocks) μυτερός

jail [dʒeɪl] n φυλακή f ▶ vt φυλακίζω

jam [dʒæm] n (food) μαρμελάδα f • (also: **traffic ~**) μποτιλιάρισμα nt • (inf) μπλέξιμο nt ▶ vt (passage, road etc) (πέρασμα) φρακάρω, (δρόμος) μποτιλιάρομαι • (mechanism, drawer etc) μπλοκάρω ▶ vi (mechanism) κολλάω • (drawer) κολλάω • (gun) παθαίνω εμπλοκή • **the switchboard was jammed** το τηλεφωνικό κέντρο κατακλύστηκε • **to ~ sth into sth** χώνω κτ σε κτ

Jamaica [dʒəˈmeɪkə] n Τζαμάικα f

January [ˈdʒænjuərɪ] n Ιανουάριος m, Γενάρης • see also **July**

Japan [dʒəˈpæn] n Ιαπωνία f

Japanese [dʒæpəˈniːz] adj ιαπωνικός, γιαπωνέζικος ▶ n inv Γιαπωνέζος/α m/f, Ιάπωνας m • (Ling) ιαπωνικά nt pl, γιαπωνέζικα

jar [dʒɑːʳ] n (container: stone, earthenware) κιούπι nt • (: glass) βάζο nt ▶ vi (sound) εκνευρίζω ▶ vt τραντάζω

jargon [ˈdʒɑːgən] n ζαργκόν f inv

javelin [ˈdʒævlɪn] n (Sport) ακόντιο nt

jaw [dʒɔː] n (Anat) σαγόνι nt

jazz [dʒæz] n τζαζ f inv ▶ **jazz up** vt (inf) δίνω ζωή σε

jealous [ˈdʒɛləs] adj (possessive) ζηλιάρης • **to be ~ of** ζηλεύω • (envious) ζηλόφθονος

jealousy [ˈdʒɛləsɪ] n (resentment) ζήλεια f • (envy) φθόνος m

jeans [dʒi:nz] *npl* τζιν *nt inv*

Jeep® [dʒi:p] *n* (Aut, Mil) τζιπ *nt inv*

jelly ['dʒelɪ] *n* (Culin) ζελέ *nt* • (US: jam) μαρμελάδα *f*

jellyfish ['dʒelɪfɪʃ] *n* τσούχτρα *f*

jeopardize ['dʒepədaɪz] *vt* θέτω σε κίνδυνο

jerk [dʒə:k] *n* (jolt, wrench) απότομο τράβηγμα *nt* • (inf: idiot) μαλάκας *m* (inf!) ▶ *vt* (pull) τραβάω απότομα ▶ *vi* (vehicle) τραντάζομαι

Jersey ['dʒə:zɪ] *n* Τζέρσεϋ *nt inv*

jersey ['dʒə:zɪ] *n* (pullover) πουλόβερ *nt inv*

Jesus ['dʒi:zəs] *n* Ιησούς *m* • ~ **Christ** Ιησούς Χριστός

jet [dʒet] *n* (of gas, liquid) πίδακας *m* • (Aviat) τζετ *nt inv*

jet lag *n* τζετ-λαγκ *nt inv*

jetty ['dʒetɪ] *n* προβλήτα *f*

Jew [dʒu:] *n* Εβραίος/α *m/f*

jewel ['dʒu:əl] *n* κόσμημα *nt*

jeweller ['dʒu:ələ'], **jeweler** (US) *n* κοσμηματοπώλης/ισσα *m/f*

jewellery ['dʒu:əlrɪ], **jewelry** (US) *n* κοσμήματα *nt pl* • ~ **box** κοσμηματοθήκη *f*

Jewish ['dʒu:ɪʃ] *adj* εβραϊκός

jigsaw ['dʒɪgsɔ:] *n* (also: ~ **puzzle**) παζλ *nt inv* • (fig) πρόβλημα *nt* • (tool) τορνευτικό πριόνι *nt*

job [dʒɔb] *n* δουλειά *f* • **it's a good ~ that ...** ευτυχώς που ... • **it's not my ~** δεν είναι δική μου δουλειά • **a part-time/full-time ~** δουλειά μερικής/πλήρους απασχόλησης

jobless ['dʒɔblɪs] *npl*: **the ~** οι άνεργοι

jockey ['dʒɔkɪ] *n* (Sport) τζόκεϋ *m inv* ▶ *vi*: **to ~ for position** παραβγαίνω για την πρωτιά

jog [dʒɔg] *vt* σκουντάω ▶ *vi* κάνω τζόκινγκ • **to ~ sb's memory** φρεσκάρω τη μνήμη κου

jogging ['dʒɔgɪŋ] *n* τζόκινγκ *nt inv*

join [dʒɔɪn] *vt* (queue) μπαίνω σε • (club, organization) γίνομαι μέλος σε • (put together) συνδέω • (meet: person) συναντιέμαι • (roads, rivers) ενώνομαι ▶ *n* ένωση *f* ▶ **join in** *vi* παίρνω μέρος ▶ *vt fus* (discussion) παίρνω μέρος σε ▶ **join up** *vi* συναντιέμαι • (Mil) κατατάσσομαι (στο στρατό)

joiner ['dʒɔɪnə'] (BRIT) *n* μαραγκός *m*

joint [dʒɔɪnt] *n* (Tech) αρμός *m* • (Anat) άρθρωση *f* • (BRIT Culin) κομμάτι κρέας για ψητό • (inf: place) καταγώγιο *nt* • (: of cannabis) τσιγαρίλικι *nt* ▶ *adj* (common) συνεταιρικός • (combined) συλλογικός

jointly ['dʒɔɪntlɪ] *adv* από κοινού

joke [dʒəuk] *n* (gag) ανέκδοτο *nt* • (also: **practical ~**) φάρσα *f* ▶ *vi* αστειεύομαι • **to play a ~ on** σκαρώνω φάρσα σε

joker ['dʒəukə'] *n* (Cards) μπαλαντέρ *m inv*

jolly ['dʒɔlɪ] *adj* (merry) χαρούμενος • (enjoyable) ευχάριστος ▶ *adv* (BRIT inf) φοβερά

jolt [dʒəult] *n* (jerk) τράνταγμα *nt* • (shock) σοκ *nt inv* ▶ *vt* (physically) ταρακουνάω • (emotionally) σοκάρω

Jordan ['dʒɔ:dən] *n* Ιορδανία *f*

journal ['dʒə:nl] *n* (magazine) περιοδικό *nt* • (diary) ημερολόγιο *nt*

journalism ['dʒə:nəlɪzəm] *n* δημοσιογραφία *f*

journalist ['dʒə:nəlɪst] *n* δημοσιογράφος *mf*

journey ['dʒə:nɪ] *n* ταξίδι *nt* ▶ *vi* ταξιδεύω

joy [dʒɔɪ] *n* χαρά *f*

joystick ['dʒɔɪstɪk] *n* (Aviat) πηδάλιο *nt* • (Comput) χειριστήριο *nt*

Jr. *abbr* (in names) = **junior**

judge [dʒʌdʒ] *n* δικαστής *mf* • (in competition) κριτής *mf* • (fig: expert) γνώστης *mf* ▶ *vt* (competition etc) είμαι κριτής σε • (quantity) υπολογίζω • (quality) κρίνω • (evaluate) αξιολογώ ▶ *vi* αποφαίνομαι

judgement, judgment ['dʒʌdʒmənt] *n* απόφαση *f* • (discernment) κρίση *f*

judo ['dʒu:dəu] *n* τζούντο *nt inv*

jug [dʒʌg] *n* κανάτα *f*

juggle ['dʒʌgl] *vi* κάνω ταχυδακτυλουργίες ▶ *vt* (fig) προσπαθώ να βολέψω

juice [dʒu:s] *n* (drink) χυμός *m*

juicy ['dʒu:sɪ] *adj* (fruit) ζουμερός

July [dʒu:'laɪ] *n* Ιούλιος *m* • **the first of ~** η πρώτη Ιουλίου • **(on) the eleventh of ~** στις έντεκα Ιουλίου • **at the beginning/end of ~** στις αρχές/στα τέλη Ιουλίου • **in the middle of ~** στα μέσα Ιουλίου

jumble ['dʒʌmbl] *n* (muddle) συνονθύλευμα *nt* • (BRIT: items for sale) παλιατζούρες *fpl* ▶ *vt* (also: ~ **up**) ανακατεύω

jump [dʒʌmp] *vi* (into air) πηδάω • (with fear, surprise) τινάζομαι • (increase) εκτινάσσομαι ▶ *vt* πηδάω ▶ *n* (leap) πήδημα *nt* • (fig: Sport) άλμα *nt* • (increase) εκτίναξη *f* ▶ **jump at** *vt fus* αρπάζω

jumper ['dʒʌmpə'] *n* (BRIT: pullover) πουλόβερ *nt inv* • (US: pinafore) ποδιά *f*

junction ['dʒʌŋkʃən] (BRIT) *n* (of roads) συμβολή *f* • (Rail) κόμβος *m*

June [dʒu:n] *n* Ιούνιος *m* • see also **July**

jungle ['dʒʌŋgl] *n* ζούγκλα *f*

junior ['dʒu:nɪə'] *adj* κατώτερος ▶ *n* υφιστάμενος/η *m/f* • (BRIT Scol) μαθητής/τρια *m/f* δημοτικού • **he's my ~ by 2 years, he's 2 years my ~** είναι δύο χρόνια μικρότερός μου

junior high school (US) *n* ≈ Γυμνάσιο

junior school (BRIT) *n* ≈ Δημοτικό σχολείο

junk [dʒʌŋk] *n* (rubbish) παλιατσαρίες *fpl* • (cheap goods) φτηνοπράγματα *nt pl* ▶ *vt* (inf) πετάω

junk food *n* τζανκ φουντ *nt inv*

junkie ['dʒʌŋkɪ] (inf) *n* πρεζάκιας/πρεζού *m/f*

junk mail *n* ανεπιθύμητη αλληλογραφία *f*

jurisdiction [dʒuərɪs'dɪkʃən] *n* δικαιοδοσία *f*

jury ['dʒuərɪ] *n* ένορκοι *mpl*

just [dʒʌst] *adj* δίκαιος ▶ *adv* (exactly) ακριβώς • (merely) μόνο • **he's ~ left/done it** μόλις έφυγε/το έκανε • **~ right** αυτό που πρέπει • **~ now** (a moment ago) πριν (από) λίγο • (at the present time) αυτή τη στιγμή • **I was ~ about to phone** ήμουν έτοιμος να τηλεφωνήσω • **she's ~ as clever as you** είναι εξίσου έξυπνη με σένα • **it's ~ as well (that) ...** ευτυχώς που ... • **~ as he was leaving** την ώρα που έφευγε • **~ before/after** αμέσως πριν/μετά • **~ enough** ίσα-ίσα • **~ here** εδώ ακριβώς • **he ~ missed** πέρασε ξυστά • **not ~ now** όχι αυτή τη στιγμή

• ~ **a minute!, ~ one moment!** μια στιγμή!
justice ['dʒʌstɪs] n (Jur) δικαιοσύνη f • (of cause, complaint) δίκαιο nt • (fairness) δικαιοσύνη f
• (US: judge) δικαστής mf • **to do ~ to** (fig: task) τα βγάζω πέρα με
justification [dʒʌstɪfɪ'keɪʃən] n αιτιολογία f
• (Typ) στοίχιση f
justify ['dʒʌstɪfaɪ] vt δικαιολογώ • (Typ: text) στοιχίζω
juvenile ['dʒuːvənaɪl] adj (offender) ανήλικος
• (court, crime) ανηλίκων • (humour, mentality) παιδαριώδης ▶ n (Jur) ανήλικος m

K, k [keɪ] n το ενδέκατο γράμμα του αγγλικού αλφαβήτου
kangaroo [kæŋgə'ruː] n καγκουρό nt inv
karaoke [kɑːrə'əʊkɪ] n καραόκι nt inv
karate [kə'rɑːtɪ] n καράτε nt inv
Kashmir [kæʃ'mɪə'] n Κασμίρ nt inv
Kazakhstan [kæzæk'stɑːn] n Καζακστάν nt inv
kebab [kə'bæb] n κεμπάπ nt inv
keel [kiːl] n (Naut) καρίνα f • **on an even ~** (fig) σε σταθερή κατάσταση
▶ **keel over** vi (person) πέφτω κάτω
keen [kiːn] adj (enthusiastic) φανατικός
• (interest, desire) ζωηρός • (eye) διαπεραστικός
• **to be ~ to do** or **on doing sth** θέλω πολύ να κάνω κτ • **to be ~ on sth/sb** είμαι ενθουσιασμένος or είμαι ξετρελαμένος με κτ/κν
keep [kiːp] (pt, pp **kept**) vt (retain) κρατάω
• (store) φυλάω • (temporarily) βάζω • (detain) κρατάω • (delay) καθυστερώ • (run: shop etc) έχω
• (look after: chickens, bees etc) έχω • (accounts, diary etc) κρατάω • (support: family etc) ζω
• (fulfil: promise) τηρώ ▶ vi μένω • (food) διατηρούμαι ▶ n (expenses) έξοδα nt pl διατροφής
• (of castle) κεντρικός πύργος nt (κάστρου)
• **to ~ doing sth** (repeatedly) κάνω συνέχεια κτ
• (continuously) συνεχίζω να κάνω κτ • **to ~ sb happy** ευχαριστώ κν • **to ~ sth to o.s** κρατώ κτ μυστικό • **to ~ sth (back) from sb** κρύβω κτ από κν • **how are you keeping?** (inf) πώς τα πας;
▶ **keep down** vt (prices, spending) κρατώ χαμηλά • (food) το στομάχι μου κρατάει
▶ **keep on** vi: **to ~ doing** συνεχίζω να κάνω
• **to ~ on (about sth)** μιλάω ασταμάτητα (για κτ)
▶ **keep out** vt εμποδίζω την είσοδο (σε)
• "**~ out**" «Απαγορεύεται η είσοδος»
▶ **keep up** vt (payments) συνεχίζω • (standards) διατηρώ • (prevent from sleeping) κρατάω ξύπνιο
▶ vi: **to ~ up (with)** (pace) προλαβαίνω • (level) συμβαδίζω (με)
keeper ['kiːpə'] n φύλακας mf
keeping ['kiːpɪŋ] n φύλαξη f • **in ~ with** σύμφωνα με
kennel ['kenl] n σκυλόσπιτο nt ■ **kennels** n κυνοτροφείο nt
Kenya ['kenjə] n Κένυα f

kept [kɛpt] *pt, pp of* **keep**

kerb [kə:b] (BRIT) *n* κράσπεδο *nt*

kerosene ['kerəsi:n] *n* (*for aircraft*) κηροζίνη *f* • (US: *for stoves, lamps*) φωτιστικό πετρέλαιο *nt*

ketchup ['kɛtʃəp] *n* (*also:* **tomato ~**) κέτσαπ *nt inv*

kettle ['kɛtl] *n* βραστήρας *m*

key [ki:] *n* (*for lock, mechanism*) κλειδί *nt* • (Mus: *scale*) κλειδί *nt* • (*of piano, organ*) πλήκτρο *nt* • (*of computer, typewriter*) πλήκτρο *nt* • (*fig*) κλειδί *nt* ▶ *adj* πρωταρχικός ▶ *vt* (*also:* **~ in**) πληκτρολογώ

keyboard ['ki:bɔ:d] *n* πληκτρολόγιο *nt* • (*of piano, organ*) πλήκτρα *nt pl* ◾ **keyboards** *npl* πλήκτρα *nt pl*

keyhole ['ki:həul] *n* κλειδαρότρυπα *f*

kg *abbr* = **kilogram**

khaki ['ka:ki] *n* χακί *nt inv*

kick [kɪk] *vt* κλωτσάω • (*inf: habit, addiction*) κόβω ▶ *vi* (*horse*) τσινάω ▶ *n* (*of person, animal*) κλωτσιά *f* • (*of ball: Football*) κλωτσιά *f* • **to get a ~ out of** τη βρίσκω με ▶ **kick off** (Sport) *vi* σεντράρω

kid [kɪd] *n* (*inf: child*) παιδί *nt* • (*goat*) κατσικάκι *nt* ▶ *vi* (*inf*) αστειεύομαι

kidnap ['kɪdnæp] *vt* απάγω

kidnapping ['kɪdnæpɪŋ] *n* απαγωγή *f*

kidney ['kɪdnɪ] *n* νεφρό *nt*

kill [kɪl] *vt* (*person, animal*) σκοτώνω • (*plant*) ξεραίνω • (*fig: conversation*) παγώνω • **to ~ time** σκοτώνω την ώρα μου

killer ['kɪlə'] *n* (*murderer*) δολοφόνος *mf* • (*disease etc*) αιτία *f* θανάτου

killing ['kɪlɪŋ] *n* ο φόνος *m* • (*several*) σκοτωμός *m* • **to make a ~** (*inf*) κάνω τη μπάζα μου

kilo ['ki:ləu] *n abbr* (= *kilogram*) κιλό *nt*

kilobyte ['ki:ləubaɪt] (Comput) *n* κιλομπάιτ *nt inv*

kilogram, kilogramme ['kɪləugræm] *n* κιλό *nt*

kilometre ['kɪləmi:tə'], **kilometer** (US) *n* χιλιόμετρο *nt*

kilowatt ['kɪləuwɔt] *n* κιλοβάτ *nt inv*

kilt [kɪlt] *n* κιλτ *nt inv*

kind [kaɪnd] *adj* ευγενικός ▶ *n*: **in ~** (Comm) σε είδος • **a ~ of** κάτι σαν • **two of a ~** ίδιοι • **would you be ~ enough to ...?** θα μπορούσατε να...;

kindergarten ['kɪndəga:tn] *n* νηπιαγωγείο *nt*

kindly ['kaɪndlɪ] *adj* καλοσυνάτος ▶ *adv* ευγενικά

kindness ['kaɪndnɪs] *n* (*quality*) ευγένεια *f* • (*act*) ευγενική χειρονομία *f*

king [kɪŋ] *n* (*also Chess*) βασιλιάς *m* • (Cards) ρήγας *m*

kingdom ['kɪŋdəm] *n* βασίλειο *nt*

kingfisher ['kɪŋfɪʃə'] *n* αλκυόνα *f*

king-size ['kɪŋsaɪz], **king-sized** ['kɪŋsaɪzd] *adj* πελώριος • (*bed, sheets*) υπέρδιπλος

kiosk ['ki:ɔsk] *n* (*shop*) μαγαζάκι *nt* • (BRIT Tel) (τηλεφωνικός) θάλαμος *m* • (*also:* **newspaper ~**) περίπτερο *nt*

Kirghizia [kə'gɪzɪə] *n* Κιργιζία *f*

kiss [kɪs] *n* φιλί *nt* ▶ *vt* φιλώ ▶ *vi* φιλιέμαι

kit [kɪt] *n* (*gear*) σύνεργα *nt pl* • (*sports kit etc*) πράγματα *nt pl* (εξοπλισμός)

kitchen ['kɪtʃɪn] *n* κουζίνα *f*

kite [kaɪt] *n* (*toy*) χαρταετός *m* • (Zool) ψαλιδάρης *m* (*γεράκι*)

kitten ['kɪtn] *n* γατάκι *nt*

km *abbr* = **kilometre**

km/h *abbr* (= *kilometres per hour*) χιλιόμετρα την ώρα

knack [næk] *n*: **to have the ~ of doing sth** έχω το χάρισμα να κάνω κτ

knee [ni:] *n* γόνατο *nt*

kneel [ni:l] (*pt, pp* **knelt**) *vi* (*also:* **~ down**) γονατίζω

knelt [nɛlt] *pt, pp of* **kneel**

knew [nju:] *pt of* **know**

knickers ['nɪkəz] (BRIT) *npl* κιλοτάκι *nt*

knife [naɪf] (*pl* **knives**) *n* μαχαίρι *nt* ▶ *vt* μαχαιρώνω • **~ and fork** μαχαιροπίρουνα

knight [naɪt] *n* ιππότης *m* • (Chess) άλογο *nt* ▶ *vt* απονέμω τον τίτλο του ιππότη σε

knit [nɪt] *vt* (*garment*) πλέκω ▶ *vi* (*with wool*) πλέκω • **to ~ one's brows** συνοφρυώνομαι

knitting ['nɪtɪŋ] *n* (*activity*) πλέξιμο *nt* • (*garment*) πλεκτό *nt*

knitwear ['nɪtwɛə'] *n* πλεκτά *nt pl*

knives [naɪvz] *npl of* **knife**

knob [nɔb] *n* (*of door*) πόμολο *nt* • (*of stick, umbrella*) λαβή *f* • (*on radio, television etc*) κουμπί *nt*

knock [nɔk] *vt* χτυπάω • (*hole*) ανοίγω • (*inf*) κακολογώ ▶ *vi* (*at door etc*) χτυπάω ▶ *n* χτύπημα *nt* • (*on door*) χτύπημα *nt* • **he knocked at the door** χτύπησε την πόρτα ▶ **knock down** *vt* (Aut: *person*) πατάω • (*building, wall etc*) γκρεμίζω ▶ **knock off** *vi* (*inf*) σχολάω ▶ *vt* κόβω ▶ **knock out** *vt* (*person*) ρίχνω αναίσθητο • (Boxing) βγάζω νοκ-άουτ • (*defeat*) αποκλείω ▶ **knock over** *vt* (*person, object*) ρίχνω κάτω • (Aut) χτυπάω

knockout ['nɔkaut] *n* (Boxing) νοκ-άουτ *nt inv*

knot [nɔt] *n* (*in rope*) κόμπος *m* • (*in wood*) ρόζος *m* • (Naut) κόμπος *m*

know [nəu] (*pt* **knew**, *pp* **known**) *vt* ξέρω • (*recognize*) καταλαβαίνω • **to ~ how to swim** ξέρω να κολυμπάω • **to ~ about** *or* **of sth/sb** γνωρίζω *or* ξέρω κτ/κπν • **to get to ~ sb** γνωρίζω κν καλύτερα

know-all ['nəuɔ:l] (BRIT inf, pej) *n* ξερόλας/α *m/f*

know-how ['nəuhau] *n* τεχνογνωσία *f*

knowing ['nəuɪŋ] *adj* πονηρός

knowingly ['nəuɪŋlɪ] *adv* εσκεμμένα • (*smile, look*) με νόημα

knowledge ['nɔlɪdʒ] *n* γνώση *f* • (*range of learning*) κατάρτιση *f*

knowledgeable ['nɔlɪdʒəbl] *adj* (*person*) πληροφορημένος • (*report, thesis etc*) εμβριθής

known [nəun] *pp of* **know** ▶ *adj* γνωστός

knuckle ['nʌkl] *n* άρθρωση *f* (δακτύλων χεριού)

koala [kəu'a:lə] *n* (*also:* **~ bear**) κοάλα *nt inv*

Koran [kɔ'ra:n] *n*: **the ~** το Κοράνι

Korea [kə'rɪə] *n* Κορέα *f* • **North/South ~** Βόρεια/Νότια Κορέα

Korean [kə'rɪən] *adj* της Κορέας ▶ *n* Κορεάτης/ισσα *m/f* • (Ling) κορεατικά *nt pl*

kosher ['kəʊʃəʳ] *adj* καθαρός (σύμφωνα με τα εβραϊκά έθιμα)
Kosovan ['kɔsəvən], **Kosovar** ['kɔsəvɑːʳ] *adj* κοσοβάρικος
Kosovo ['kɔsəvəʊ] *n* Κοσσυφοπέδιο *nt*
Kremlin ['kremlɪn] *n*: **the ~** το Κρεμλίνο *nt*
Kurd [kəːd] *n* Κούρδος/α *m/f*
Kuwait [ku'weɪt] *n* Κουβέιτ *nt inv*

L, l [εl] *n* το δωδέκατο γράμμα του αγγλικού αλφαβήτου
l. *abbr* = **litre**
lab [læb] *n abbr* = **laboratory**
label ['leɪbl] *n* ετικέτα *f* • (*brand*) εταιρεία *f* ▶ *vt* κολλάω *or* βάζω ετικέτες σε
labor ['leɪbəʳ] (*US*) *n* = **labour**
laboratory [lə'bɔrətəri] *n* εργαστήριο *nt*
Labor Day (*US*) *n* αργία την πρώτη Δευτέρα του Σεπτέμβρη στις ΗΠΑ
labour ['leɪbəʳ], **labor** (*US*) *n* (*hard work*) σκληρή δουλειά *f* • (*work force*) εργάτες *mpl* • (*Med*): **to be in ~** γεννάω ▶ *vi*: **to ~ (at sth)** (*with effort*) δουλεύω (σε κτ) • (*with difficulty*) παιδεύομαι (με κτ) ▶ *vt*: **to ~ a point** αναπτύσσω διεξοδικά ένα σημείο • **hard ~** καταναγκαστικά έργα
Labour Party *n*: **the ~** (*Brit*) το Εργατικό Κόμμα
lace [leɪs] *n* (*fabric*) δαντέλα *f* • (*of shoe etc*) κορδόνι *nt* ▶ *vt* (*also*: **~ up**) δένω τα κορδόνια +*gen*
lack [læk] *n* (*absence*) έλλειψη *f* ▶ *vt*: **to ~ sth** μου λείπει κτ • **sth is lacking** κτ λείπει • **through** *or* **for ~ of** λόγω έλλειψης +*gen*
lacy ['leɪsɪ] *adj* (*dress, nightdress*) δαντελένιος • (*tights etc*) με δαντέλα
lad [læd] *n* παλικάρι *nt*
ladder ['lædəʳ] *n* (*metal, wood*) σκάλα *f* • (*rope*) ανεμόσκαλα *f* • (*Brit: in tights*) πόντος *m* • (*fig*) κλίμακα *f* ▶ *vt* (*Brit*): **to ~ one's tights** μου φεύγει πόντος
lady ['leɪdɪ] *n* κυρία *f* • (*Brit: title*) λαίδη *f* • **ladies and gentlemen ...** κυρίες και κύριοι ... • **"Ladies"** «Γυναικών»
lag [læg] *n* (*also*: **time ~**) κενό *nt* ▶ *vi* (*also*: **~ behind**) ξεμένω • (*trade, investment etc*) καρκινοβατώ ▶ *vt* (*pipes etc*) μονώνω
lager ['lɑːgəʳ] *n* μπύρα *f* λάγκερ *nt inv*
laid [leɪd] *pt, pp of* **lay**
laid-back [leɪd'bæk] (*inf*) *adj* (*person*) χαλαρός • (*approach, atmosphere*) άνετος
lain [leɪn] *pp of* **lie**
lake [leɪk] *n* λίμνη *f*
lamb [læm] *n* (*Zool, Culin*) αρνί *nt*
lame [leɪm] *adj* κουτσός • (*temporarily*) που

κουτσαίνει • (excuse) φτηνός • (argument, answer) ανεπαρκής

lament [lə'mɛnt] n θρήνος m

lamp [læmp] n λάμπα f

land [lænd] n (area of open ground) γη f • (property, estate) κτήμα nt • (as opposed to sea) ξηρά f • (country, nation) τόπος m ▶ vi (from ship) αποβιβάζομαι • (Aviat) προσγειώνομαι • (fig) προσγειώνομαι • **to go/travel by** ~ πηγαίνω/ ταξιδεύω δια ξηράς
▶ **land up** vi: **to** ~ **up in/at** καταλήγω σε

landing ['lændɪŋ] n (of house) διάδρομος m • (between stairs) πλατύσκαλο nt • (Aviat) προσγείωση f

landing card n κάρτα nt αποβίβασης

landlady ['lændleɪdɪ] n σπιτονοικοκυρά f • (of pub) ιδιοκτήτρια f

landlord ['lændlɔːd] n σπιτονοικοκύρης m • (of pub) ιδιοκτήτης m

landmark ['lændmɑːk] n (building, hill etc) διακριτικό σημείο nt • (fig) ορόσημο nt

landowner ['lændəʊnə'] n γαιοκτήμονας m

landscape ['lændskeɪp] n τοπίο nt ▶ vt σχεδιάζω

landslide ['lændslaɪd] n (Geo) κατολίσθηση f • (fig) συντριπτική νίκη f

lane [leɪn] n (in country) δρόμος m • (in town) πάροδος f • (Aut) λωρίδα f • (Sport) διάδρομος m

language ['læŋgwɪdʒ] n γλώσσα f • **bad** ~ βωμολοχίες

lantern ['læntən] n φανάρι nt

lap [læp] n (of person) γόνατα nt pl • (in race) γύρος m ▶ vt (also: ~ **up**) ρουφάω λαίμαργα ▶ vi (water) ξεχειλίζω

lapel [lə'pɛl] n πέτο nt

Lapland ['læplænd] n Λαπωνία f

lapse [læps] n (bad behaviour) σφάλμα nt • (of memory, concentration) κενό nt • (of time) πάροδος f ▶ vi εκπνέω • (membership, passport) λήγω • **to** ~ **into bad habits** ξανακυλάω στις κακές συνήθειες

laptop ['læptɒp] n (also: ~ **computer**) φορητός υπολογιστής m, λάπτοπ nt inv

lard [lɑːd] n λαρδί nt

larder ['lɑːdə'] n κελάρι nt

large [lɑːdʒ] adj (house, amount etc) μεγάλος • (person) μεγαλόσωμος • **a** ~ **number of people** πολλοί άνθρωποι • **at** ~ (at liberty) ελεύθερος • **by and** ~ γενικά

largely ['lɑːdʒlɪ] adv (mostly) σε μεγάλο βαθμό • (mainly) προπαντός

large-scale ['lɑːdʒ'skeɪl] adj (action, event) μεγάλης έκτασης or κλίμακας • (map, diagram) σε/με μεγάλη κλίμακα

lark [lɑːk] n (bird) κορυδαλλός m • (joke) πλάκα f

laser ['leɪzə'] n λέιζερ nt inv

laser printer (Comput) n εκτυπωτής m λέιζερ

lash [læʃ] n (also: **eyelash**) βλεφαρίδα f • (blow of whip) βουρδουλιά f ▶ vt μαστιγώνω • (tie): **to** ~ **to/together** δένω σφιχτά
▶ **lash out** vi: **to** ~ **out (at sb)** ξεσπάω (σε κν)

lass [læs] n κορίτσι nt (BRIT)

last [lɑːst] adj τελευταίος ▶ adv (most recently) τελευταία φορά • (finally) στο τέλος ▶ vi κρατάω

• ~ **week** την περασμένη or προηγούμενη εβδομάδα • ~ **night** χθες (το) βράδυ or τη νύχτα • ~ **year** πέρσι • **at** ~ επιτέλους • ~ **but one** προτελευταίος

lastly ['lɑːstlɪ] adv (finally) τέλος • (last of all) τελικά

last-minute ['lɑːstmɪnɪt] adj της τελευταίας στιγμής

latch [lætʃ] n σύρτης m

late [leɪt] adj στο τέλος +gen • (not on time) καθυστερημένος • (deceased): **the** ~ **Mr X** ο αείμνηστος κύριος X ▶ adv αργά • ~ **last week** στο τέλος της προηγούμενης εβδομάδας • **in the** ~ **afternoon** αργά το απόγευμα • **to be** ~ έχω αργήσει • **to be 10 minutes** ~ έχω αργήσει 10 λεπτά • **to work** ~ δουλεύω μέχρι αργά • **of** ~ πρόσφατα • **in** ~ **May** στα τέλη Μαΐου

lately ['leɪtlɪ] adv τελευταία

later ['leɪtə'] adj μεταγενέστερος • (version etc) επόμενος ▶ adv αργότερα • ~ **on** αργότερα

latest ['leɪtɪst] adj τελευταίος • **at the** ~ το αργότερο

Latin ['lætɪn] n (Ling) λατινικά nt pl

Latin America n Λατινική Αμερική f

latitude ['lætɪtjuːd] n (Geo) γεωγραφικό πλάτος nt • (fig) ελευθερία f κινήσεων

latter ['lætə'] adj (of two) δεύτερος • (recent, later) τελευταίος ▶ n: **the** ~ ο δεύτερος

Latvia ['lætvɪə] n Λετονία f

laugh [lɑːf] n γέλιο nt ▶ vi γελάω • (**to do sth**) **for a** ~ (κάνω κτ) για πλάκα
▶ **laugh at** vt fus γελάω με

laughter ['lɑːftə'] n γέλιο nt

launch [lɔːntʃ] n εκτόξευση f • (Comm) κυκλοφορία f ▶ vt (ship) καθελκύω • (rocket, missile) εκτοξεύω • (satellite) θέτω σε τροχιά • (fig: start) εγκαινιάζω • (Comm) βγάζω (στην κυκλοφορία)
▶ **launch into** vt fus (activity) επιδίδομαι σε • (speech) αρχίζω να

laundry ['lɔːndrɪ] n (dirty) άπλυτα nt pl • (clean) μπουγάδα f • (room) πλυσταριό nt

lava ['lɑːvə] n λάβα f

lavatory ['lævətərɪ] n τουαλέτα f

lavender ['lævəndə'] n λεβάντα f

lavish ['lævɪʃ] adj (amount) γιγαντιαίος • (meal) πλουσιοπάροχος • (surroundings) μεγαλοπρεπής ▶ vt: **to** ~ **sth on sb** γεμίζω κν με κτ

law [lɔː] n νόμος m • (specific type, company law etc) δίκαιο nt • (Scol) Νομική f • **against the** ~ (action) παράνομος • **to study** ~ σπουδάζω νομικά

lawful ['lɔːful] adj νόμιμος

lawless ['lɔːlɪs] adj παράνομος

lawn [lɔːn] n γκαζόν nt inv

lawsuit ['lɔːsuːt] n μήνυση f

lawyer ['lɔːjə'] n δικηγόρος mf

lax [læks] adj ελαστικός

lay [leɪ] (pt, pp **laid**) pt of **lie** ▶ adj (Rel) λαϊκός • (not expert) κοινός • vt (person) ακουμπάω • (object) τοποθετώ • (table) στρώνω • (trap) στήνω • (Zool: egg) γεννάω
▶ **lay down** vt (object) αφήνω κάτω • **to** ~ **down the law** δίνω διαταγές σε κν

► **lay off** vt (workers) απολύω
► **lay on** vt (meal, entertainment etc) παραθέτω
► **lay out** vt απλώνω • (inf: spend) σκάω
layer ['leɪə^r] n στρώμα nt
layman ['leɪmən] (irreg) n μη ειδικός m • (Rel) λαϊκός m
layout ['leɪaut] n διάταξη f • (of piece of writing etc) διάρθρωση f
lazy ['leɪzɪ] adj (person) τεμπέλης • (movement, action) τεμπέλικος
lb. abbr = **pound**
lead[1] [liːd] (pt, pp **led**) n (Sport) προβάδισμα nt • (clue) ένδειξη f • (in play, film) πρώτος or πρωταγωνιστικός ρόλος m • (for dog) λουρί nt • (Elec) καλώδιο nt ► vt (walk etc in front) προπορεύομαι • (guide) οδηγώ • (group of people, organization) είμαι επικεφαλής +gen ► vi (pipe, wire etc) καταλήγω • (road) οδηγώ • (Sport) προηγούμαι • **to be in the** ~ (Sport) έχω το προβάδισμα • **to take the** ~ (Sport) παίρνω το προβάδισμα • **to** ~ **the way** δείχνω το δρόμο
► **lead on** vt παραπλανώ
► **lead to** vt fus οδηγώ σε
► **lead up to** vt fus (events) οδηγώ (σιγά-σιγά) σε
lead[2] [led] n (metal) μόλυβδος m • (in pencil) μύτη f
leader ['liːdə^r] n αρχηγός mf • (Sport) αυτός που προηγείται • (in newspaper) κύριο άρθρο nt
leadership ['liːdəʃɪp] n (person) ηγεσία f • (position) ηγεσία f • (quality) ηγετικές ικανότητες fpl
leading ['liːdɪŋ] adj (person, thing) κορυφαίος • (role) πρωταγωνιστικός • (first, front) προπορευόμενος
leaf [liːf] (pl **leaves**) n φύλλο
leaflet ['liːflɪt] n φυλλάδιο nt
league [liːg] n (group of people, clubs) ένωση f • (group of countries) συμμαχία f • (Football) πρωτάθλημα nt • **to be in** ~ **with sb** έχω συμμαχήσει με κv
leak [liːk] n διαρροή f ► vi (shoes, ship) μπάζω νερά • (pipe, roof) στάζω • (gas) διαρρέω • (liquid) χύνομαι (λόγω διαρροής) ► vt: **to be leaked** (information) διαρρέω
lean [liːn] (pt, pp **leaned** or **leant**) adj (person) λεπτός • (meat) άπαχος ► vt: **to** ~ **sth on sth** ακουμπάω κτ σε κτ ► vi (slope) γέρνω • **to** ~ **against** ακουμπάω σε • **to** ~ **on** στηρίζομαι σε • **to** ~ **forward/back** γέρνω μπροστά/πίσω
► **lean out** vi σκύβω έξω
leant [lent] pt, pp of **lean**
leap [liːp] (pt, pp **leaped** or **leapt**) n σάλτο nt • (in price, number etc) άλμα nt ► vi πηδάω • (price, number etc) σημειώνω άνοδο
► **leap up** vi (person) αναπηδώ
leapt [lept] pt, pp of **leap**
leap year n δίσεκτο έτος nt
learn [lɜːn] (pt, pp **learned** or **learnt**) vt μαθαίνω ► vi: **to** ~ **about sth** μαθαίνω για κτ • **to** ~ **to do sth** μαθαίνω να κάνω κτ
learner ['lɜːnə^r] (BRIT) n (also: ~ **driver**) μαθητευόμενος/η οδηγός m/f
learning ['lɜːnɪŋ] n (knowledge) μάθηση f

learnt [lɜːnt] pt, pp of **learn**
lease [liːs] n μισθωτήριο nt ► vt: **to** ~ **sth to sb** εκμισθώνω κτ σε κv • **to** ~ **sth from sb** μισθώνω κτ από κv
leash [liːʃ] n λουρί nt
least [liːst] adj: **the** ~ (+noun) ο λιγότερος • (: slightest) ο παραμικρός ► adv (+verb) ελάχιστα • (+adj): **the** ~ ο λιγότερο • **at** ~ τουλάχιστον • (still, or rather) τουλάχιστον • **not in the** ~ καθόλου • **it was the** ~ **I could do** ήταν το λιγότερο που μπορούσα να κάνω
leather ['leðə^r] n δέρμα nt (ως πρώτη ύλη)
leave [liːv] (pt, pp **left**) vt αφήνω • (place) φεύγω από • **to** ~ **sth to sb** αφήνω κτ σε κv • **to be left** μένω • **to be left over** μένω • **on** ~ (be) σε άδεια • (go) με άδεια
► **leave behind** vt αφήνω (πίσω) • (accidentally) ξεχνάω
► **leave off** vt (cover, lid) δεν βάζω • (heating, light) αφήνω σβηστό or κλειστό
► **leave on** vt αφήνω αναμμένο or ανοιχτό
► **leave out** vt παραλείπω
leaves [liːvz] npl of **leaf**
Lebanon ['lebənən] n Λίβανος m
lecture ['lektʃə^r] n (talk) διάλεξη f • (Scol) μάθημα nt ► vi (single occurrence) δίνω διάλεξη • (one of a series) παραδίδω μαθήματα ► vt (scold): **to** ~ **sb on** or **about sth** βγάζω κήρυγμα σε κv για κτ
lecturer ['lektʃərə^r] (BRIT) n (at university) λέκτορας mf (Πανεπιστημίου) • (speaker) ομιλητής/τρια m/f
led [led] pt, pp of **lead**[1]
ledge [ledʒ] n (of mountain) προεξοχή f • (of window) περβάζι nt • (on wall) ραφάκι nt
leek [liːk] n πράσο nt
left [left] pt, pp of **leave** ► adj (remaining) που μένει • (of direction, position) αριστερός ► n αριστερά nt pl ► adv αριστερά • **on the** ~ (στα) αριστερά • **to the** ~ (στα) αριστερά • **the L~** (Pol) η Αριστερά
left-hand drive [lefthænd'draɪv] adj (car etc) αριστεροτίμονος
left-handed [left'hændɪd] adj αριστερόχειρας
left-luggage [left'lʌgɪdʒ], **left-luggage office** (BRIT) n γραφείο nt φύλαξης αποσκευών
leftovers ['leftəuvəz] npl αποφάγια nt pl
left-wing ['left'wɪŋ] (Pol) adj αριστερός
leg [leg] n πόδι nt • (of trousers, shorts) μπατζάκι nt • (Culin) μπούτι nt • (of journey etc) σκέλος nt • (Sport) σκέλος nt
legacy ['legəsɪ] n κληροδότημα nt • (fig) κληρονομιά f
legal ['liːgl] adj (of the law) νομικός • (allowed by law) νόμιμος
legally ['liːgəlɪ] adv (with regard to the law) νομικά • (in accordance with the law) νόμιμα
legend ['ledʒənd] n θρύλος m
legendary ['ledʒəndərɪ] adj θρυλικός
leggings ['legɪŋz] npl γκέτες fpl • (garment) κολάν nt inv
legislation [ledʒɪs'leɪʃən] n νομοθεσία f
legislative ['ledʒɪslətɪv] adj νομοθετικός
legitimate [lɪ'dʒɪtɪmət] adj (reasonable) βάσιμος • (legal) νόμιμος

leisure ['leʒəʳ] n ελεύθερος χρόνος m • **at one's ~** με την ησυχία μου

leisure centre n κέντρο nt αναψυχής

leisurely ['leʒəlı] adj ξένοιαστος

lemon ['lemən] n (fruit) λεμόνι nt • (colour) καναρινί nt inv

lemonade [lemə'neɪd] n λεμονάδα f

lend [lend] (pt, pp **lent**) vt: **to ~ sth to sb** δανείζω κτ σε κν

length [leŋθ] n (measurement) μήκος nt • (piece) κομμάτι nt • (amount of time) διάρκεια f • **to swim 5 lengths** κολυμπώ 5 φορές το μήκος της πισίνας • **at ~** (for a long time) επί μακρόν

lengthy ['leŋθı] adj (explanation, text) μακροσκελής • (meeting) παρατεταμένος

lens [lenz] n φακός m

Lent [lent] n Σαρακοστή f

lent [lent] pt, pp of **lend**

lentil ['lentɪl] n φακή f

Leo ['li:əu] n Λέων m

leopard ['lepəd] n λεοπάρδαλη f

lesbian ['lezbɪən] adj λεσβιακός • (person) λεσβία ▶ n λεσβία f

less [les] adj λιγότερος ▶ pron λιγότερο ▶ adv λιγότερο ▶ prep: **~ tax/10% discount** μείον το φόρο/10% έκπτωση • **~ than half** λιγότερο απ' το μισό • **~ than ever** λιγότερο από κάθε άλλη φορά • **~ and ~** όλο και λιγότερο • **the ~ he works …** όσο λιγότερο δουλεύει …

lessen ['lesn] vi λιγοστεύω ▶ vt μειώνω

lesser ['lesəʳ] adj μικρότερος

lesson ['lesn] n μάθημα nt • **to teach sb a ~** (fig) δίνω σε κν ένα μάθημα

lest [lest] conj μήπως

let [let] (pt, pp **~**) vt (allow) αφήνω • (Brit: lease) νοικιάζω ▶ vi: **to ~ go of** αφήνω • **to ~ o.s. go** (neglect o.s.) αφήνομαι • **to ~ sb do sth** αφήνω κν να κάνει κτ • **to ~ sb know sth** ενημερώνω κν για κτ • **~'s go** πάμε • **"to ~"** «ενοικιάζεται»
▶ **let down** vt (tyre etc) ξεφουσκώνω • (fail: person) απογοητεύω
▶ **let in** vt (water, air) μπάζω • (person) ανοίγω σε
▶ **let off** vt (culprit) αφήνω ελεύθερο • (excuse) απαλλάσσω • (firework) ρίχνω • (bomb) πυροδοτώ
▶ **let out** vt (person, dog) βγάζω έξω • (water, air, breath, sound) βγάζω • (rent out) νοικιάζω

lethal ['li:θl] adj φονικός

letter ['letəʳ] n γράμμα nt

letterbox (Brit) n γραμματοκιβώτιο nt

lettuce ['letɪs] n μαρούλι nt

leukaemia [lu:'ki:mɪə], **leukemia** (US) n λευχαιμία f

level ['levl] adj (flat) επίπεδος ▶ adv: **to draw ~ with** φτάνω (στο ίδιο ύψος με) ▶ n στάθμη f • (height) ύψος nt • (fig: standard) επίπεδο nt • (also: **spirit ~**) αλφάδι nt ▶ vt (building, forest etc) ισοπεδώνω ▶ vi: **to ~ with sb** (inf) είμαι εντάξει απέναντι σε κν • **to be ~ with** είμαι στο ίδιο επίπεδο με
▶ **level off** vi (prices etc) σταθεροποιούμαι
▶ **level out** vi = **level off**

level crossing (Brit) n ισόπεδη διάβαση f

lever ['li:vəʳ] n (to operate machine) λεβιές m

• (bar) μοχλός m • (fig) μέσο nt πίεσης ▶ vt: **to ~ up** σηκώνω με κόπο • **to ~ out** βγάζω έξω με κόπο

leverage ['li:vərɪdʒ] n πίεση f • (fig) επιρροή f

levy ['levı] n φόρος m ▶ vt επιβάλλω

liability [laɪə'bɪlətı] n μπελάς m • (Jur) υπαιτιότητα f ■ **liabilities** npl (Comm) παθητικό nt

liable ['laɪəbl] adj (subject): **~ to** επιρρεπής σε • **~ for** (responsible) υπεύθυνος για • **to be ~ to** (likely) είναι πολύ πιθανό να

liar ['laɪəʳ] n ψεύτης/τρα m/f

liberal ['lıbərl] adj (tolerant) φιλελεύθερος • (large: offer etc) μεγάλος • (amount) γενναίος

Liberal Democrat n Φιλελεύθερος/η m/f

liberate ['lıbəreɪt] vt ελευθερώνω • (country) απελευθερώνω

liberation [lıbə'reɪʃən] n απελευθέρωση f

Liberia [laɪ'bɪərɪə] n Λιβερία f

liberty ['lıbətı] n ελευθερία f • **to be at ~** (criminal) παραμένω ελεύθερος • **to be at ~ to do sth** έχω το ελεύθερο να κάνω κτ • **to take the ~ of doing sth** παίρνω το θάρρος να κάνω κτ

Libra ['li:brə] n Ζυγός m

librarian [laɪ'brɛərɪən] n βιβλιοθηκάριος mf

library ['laɪbrərı] n (institution) βιβλιοθήκη f • (private collection) συλλογή f

Libya ['lıbıə] n Λιβύη f

lice [laɪs] npl of **louse**

licence ['laɪsns], **license** (US) n άδεια f • (excessive freedom) ασυδοσία f

license ['laɪsns] n (US) = **licence** ▶ vt δίνω άδεια σε

licensed ['laɪsnst] adj (car etc) που έχει άδεια • (to sell alcohol) που έχει άδεια πώλησης οινοπνευματωδών ποτών

lick [lık] vt (fingers etc) γλείφω • (stamp) βάζω σάλιο σε ▶ n γλείψιμό f

lid [lıd] n (of box, case, pan) καπάκι nt • (eyelid) βλέφαρο nt

lie [laɪ] vt (raise) σηκώνω • (pt **lay**, pp **lain**) vi (be horizontal) είμαι ξαπλωμένος • (be situated) βρίσκομαι • (fig: problem, cause etc) βρίσκομαι • (be placed) είμαι • (pt, pp **lied**) (tell lies) λέω ψέματα ▶ n ψέμα nt

Liechtenstein ['lıktənstaɪn] n Λιχτενστάιν nt inv

lie-in ['laɪɪn] (Brit) n: **to have a ~** χουζουρεύω

lieutenant [lef'tenənt, (US) lu:'tenənt] n υπολοχαγός mf

life [laɪf] (pl **lives**) n ζωή f • **to come to ~** (fig) ζωντανεύω

lifeboat ['laɪfbəut] n σωσίβια λέμβος f

lifeguard ['laɪfga:d] n ναυαγοσώστης mf

life insurance n ασφάλεια f ζωής

life jacket n σωσίβιο nt

lifestyle ['laɪfstaɪl] n τρόπος m ζωής

lifetime ['laɪftaɪm] n (of person) ζωή f • (of thing) διάρκεια f ζωής

lift [lıft] vt (raise) σηκώνω • (end: ban etc) αίρω • (plagiarize) κλέβω ▶ vi (fog) διαλύομαι ▶ n (Brit) ασανσέρ nt inv • **to give sb a ~** (Brit Aut) πάω κν με το αυτοκίνητο
▶ **lift off** vi (rocket) απογειώνομαι
▶ **lift up** vt (person, thing) σηκώνω (ψηλά)

light [laɪt] (pt, pp **lit**) n φως nt ▸ vt (candle, cigarette, fire) ανάβω • (room) φωτίζω ▸ adj (pale) ανοιχτός • (not heavy) ελαφρύς • (rain) ψιλό • (not strenuous) ελαφρύς • (bright) φωτεινός • (gentle) ελαφρύς • (not serious) ελαφρύς ▸ adv (travel) χωρίς πολλές αποσκευές • **to come to ~** έρχομαι στο φως • **in the ~ of** υπό το φως +gen
■ **lights** npl (Aut: also: **traffic lights**) φανάρια nt pl

▸ **light up** vi (face) λάμπω ▸ vt φωτίζω

light bulb n γλόμπος m

lighten ['laɪtn] vt ελαφρύνω ▸ vi ξανοίγω

lighter ['laɪtəʳ] n (also: **cigarette ~**) αναπτήρας m

lighthouse ['laɪthaʊs] n φάρος m

lighting ['laɪtɪŋ] n (system) φωτισμός m

lightly ['laɪtlɪ] adv ελαφρά • (not seriously) ελαφρά

lightning ['laɪtnɪŋ] n αστραπή f ▸ adj (rapid) αστραπιαίος

lightweight ['laɪtweɪt] n (Boxing) πυγμάχος m ελαφρών βαρών

like [laɪk] vt: **to ~ sb/sth** μου αρέσει κς/κτ ▸ prep σαν ▸ n: **and the ~** κι όλα αυτά • **his likes and dislikes** οι συμπάθειες και οι αντιπάθειές του • **I would ~, I'd ~** θα ήθελα • **would you ~ a coffee?** θα θέλατε or θέλετε έναν καφέ; • **to be** or **look ~ sb/sth** είμαι σαν or μοιάζω με κν/κτ • **what does it look/taste/sound ~?** με τι μοιάζει/τι γεύση έχει/πώς ακούγεται; • **what's he ~?** πώς είναι; • **what's the weather ~?** τι καιρό κάνει; • **I feel ~ a drink** έχω όρεξη για ένα ποτό • **if you ~** αν θέλετε • **do it ~ this** κάντε το έτσι • **it is nothing ~ ...** δεν είναι καθόλου σαν ...

likeable ['laɪkəbl] adj (person) συμπαθητικός

likelihood ['laɪklɪhʊd] n πιθανότητα f

likely ['laɪklɪ] adj πιθανός • **to be ~ to** είναι πιθανό να • **not ~!** (inf) ούτε να το συζητάς!

likewise ['laɪkwaɪz] adv παρομοίως • **to do ~** κάνω το ίδιο

liking ['laɪkɪŋ] n: **~ (for)** (person, thing) συμπάθεια f

lilac ['laɪlək] n πασχαλιά f ▸ adj λιλά inv

lily ['lɪlɪ] n κρίνος m

limb [lɪm] n (Anat) άκρο nt • (of tree) κλαρί nt

limbo ['lɪmbəʊ] n: **to be in ~** (fig) είμαι σε αναμονή

lime [laɪm] n (fruit) μοσχολέμονο nt • (tree) μοσχολέμονο nt • (also: **~ juice**) (χυμός) λάιμ nt inv • (for soil) ασβέστης m • (rock) ασβεστόλιθος m

limelight ['laɪmlaɪt] n: **to be in the ~** είμαι στο φως της δημοσιότητας

limestone ['laɪmstəʊn] n ασβεστόλιθος m

limit ['lɪmɪt] n όριο nt • (of area) όρια nt pl ▸ vt περιορίζω • **within limits** μέσα σε λογικά όρια or πλαίσια

limited ['lɪmɪtɪd] adj περιορισμένος • **to be ~ to** περιορίζομαι σε

limousine ['lɪməziːn] n λιμουζίνα f

limp [lɪmp] n: **to have a ~** κουτσαίνω ▸ vi κουτσαίνω ▸ adj χαλαρός

line [laɪn] n (drawn line) γραμμή f • (also: **straight ~**) ευθεία f • (row) σειρά f • (Tel) γραμμή f • (Rail) σιδηροδρομική γραμμή f • (bus, coach, train route) γραμμή f • (fig: attitude, policy) γραμμή f • (: business, work) κλάδος m • (Comm) σειρά f ▸ vt (road, room) παρατάσσομαι κατά μήκος +gen • (container) ντύνω • (clothing) βάζω επένδυση σε • **hold the ~ please!** (Tel) παρακαλώ αναμείνατε στο ακουστικό σας! • **in ~** στη σειρά • **in ~ with** σύμφωνα με
▸ **line up** vi μπαίνω στη σειρά

linear ['lɪnɪəʳ] adj (process, sequence) γραμμικός • (shape, form) ίσιος

linen ['lɪnɪn] n (cloth) λινό nt • (tablecloth, sheet etc) ασπρόρουχα nt pl

liner ['laɪnəʳ] n (ship) πλοίο nt της γραμμής • (also: **bin ~**) σακούλα f σκουπιδιών

linger ['lɪŋgəʳ] vi (smell, tradition etc) παραμένω • (person) καθυστερώ

lingerie ['lænʒəriː] n γυναικεία εσώρουχα nt pl

linguistic [lɪŋ'gwɪstɪk] adj (studies) γλωσσολογικός • (developments, ideas etc) γλωσσικός

lining ['laɪnɪŋ] n (wool etc) επένδυση f • (silk) φόδρα f

link [lɪŋk] n (relationship) δεσμός m • (connection) επαφή f • (communications link) σύνδεση f • (of a chain) κρίκος m ▸ vt (join) συνδέω ■ **links** npl (Golf) φυσικό γήπεδο nt
▸ **link up** vt συνδέω ▸ vi συναντιέμαι or βρίσκομαι

lion ['laɪən] n λιοντάρι nt

lip [lɪp] n (Anat) χείλι nt • (of cup etc) χείλος nt • (inf: insolence) αναίδεις fpl

lip-read ['lɪpriːd] vi διαβάζω τα χείλα

lipstick ['lɪpstɪk] n κραγιόν nt inv

liqueur [lɪ'kjʊəʳ] n λικέρ nt inv

liquid ['lɪkwɪd] adj υγρός ▸ n υγρό nt

liquor ['lɪkəʳ] n οινοπνευματώδη nt pl

list [lɪst] n κατάλογος m ▸ vt (record) παραθέτω ▸ vi (ship) παρουσιάζω κλίση

listen ['lɪsn] vi ακούω • **to ~ to sb/sth** ακούω κν/κτ

listener ['lɪsnəʳ] n (also Radio) ακροατής/τρια m/f

lit [lɪt] pt, pp of **light**

liter ['liːtəʳ] (US) n = **litre**

literacy ['lɪtərəsɪ] n ικανότητα f γραφής και ανάγνωσης

literal ['lɪtərəl] adj (sense, meaning) κυριολεκτικός • (translation) κατά λέξη

literally ['lɪtrəlɪ] adv κυριολεκτικά

literary ['lɪtərərɪ] adj (history) λογοτεχνικός • (studies) φιλολογικός

literate ['lɪtərət] adj που ξέρει να διαβάζει και να γράφει • (educated) μορφωμένος

literature ['lɪtrɪtʃəʳ] n λογοτεχνία f • (studies) φιλολογία f • (printed information) έντυπα nt pl

Lithuania [lɪθjuˈeɪnɪə] n Λιθουανία f

litre ['liːtəʳ], **liter** (US) n λίτρο nt

litter ['lɪtəʳ] n (rubbish) σκουπίδια nt pl • (young animals) γέννα f

littered ['lɪtəd] adj: **~ with** γεμάτος με

little ['lɪtl] adj (small) μικρός • (short: time, event) λίγος • (distance) μικρός • **...two ~ girls.** ...δυο μικρά κορίτσια or κοριτσάκια. • **to have ~ time/money** (quantifier) έχω λίγο χρόνο/λίγα χρήματα ▸ adv λίγο • **a ~** λίγο • **a ~ bit** λιγάκι • **~ by ~** λίγο-λίγο

little finger n μικρό δαχτυλάκι nt
live [vb lɪv, adj laɪv] vi ζω • (in house, town, country) μένω ▸ adj (animal) ζωντανός • (TV, Radio) σε απευθείας μετάδοση • (broadcast, performance) ζωντανός • (Elec) ηλεκτροφόρος • (bullet etc) ενεργός • **to ~ with sb** μένω με κν
▸ **live on** vt fus συνεχίζω να υπάρχω
▸ **live together** vi συζώ
▸ **live up** vt: **to ~ it up** το γλεντάω
▸ **live up to** vt fus φαίνομαι αντάξιος +gen
livelihood ['laɪvlɪhud] n τα προς το ζην nt pl
lively ['laɪvlɪ] adj ζωντανός • (interest, admiration etc) ζωηρός
liver ['lɪvə'] n συκώτι nt
lives [laɪvz] npl of **life**
livestock ['laɪvstɔk] n ζωντανά nt pl (ζώα)
living ['lɪvɪŋ] adj ζωντανός ▸ n: **to earn** or **make a ~** κερδίζω τα προς το ζην
living room n καθιστικό nt
lizard ['lɪzəd] n σαύρα f
load [ləud] n φορτίο nt • (weight) βάρος nt ▸ vt (also Comput) φορτώνω • (gun) γεμίζω • (camera) βάζω φιλμ σε • **a ~ of rubbish** (inf) βλακείες • **loads of** or **a ~ of** (fig) ένα σωρό +acc
loaded ['ləudɪd] adj (question) με νόημα • (inf: rich) ματσωμένος • (dice) πειραγμένος
loaf [ləuf] (pl **loaves**) n καρβέλι nt (ψωμί)
loan [ləun] n δάνειο nt ▸ vt δανείζω • **on ~** δανεικός
loathe [ləuð] vt απεχθάνομαι
loaves [ləuvz] npl of **loaf**
lobby ['lɔbɪ] n (of building) είσοδος f • (Pol) ομάδα f πίεσης ▸ vt κάνω προπαγάνδα για
lobster ['lɔbstə'] n αστακός m
local ['ləukl] adj τοπικός ▸ n (pub) παμπ της γειτονιάς ▪ **the locals** npl οι ντόπιοι mpl
local authority n οι αρχές fpl του τόπου
local government n τοπική αυτοδιοίκηση f
locally ['ləukəlɪ] adv τοπικά
locate [ləu'keɪt] vt εντοπίζω • **to be located in** βρίσκομαι σε
location [ləu'keɪʃən] n (particular place) τοποθεσία f • **on ~** (Cine) με εξωτερικά γυρίσματα
loch [lɔx] n λίμνη f
lock [lɔk] n κλειδαριά f • (on canal) υδατοφράχτης m • (also: **~ of hair**) μπούκλα f ▸ vt κλειδώνω ▸ vi (door etc) κλειδώνω • (mechanism etc) κλειδώνω • (jaw, knee) παθαίνω αγκύλωση • (wheels) μπλοκάρω
▸ **lock in** vt κλειδώνω μέσα
▸ **lock out** vt (person) κλειδώνω έξω • (Indust) κάνω λοκ-άουτ σε
▸ **lock up** vt κλείνω μέσα • (house) κλειδώνω ▸ vi κλειδώνω
locker ['lɔkə'] n θυρίδα f φύλαξης αντικειμένων
locker room n αποδυτήρια nt pl
locomotive [ləukə'məutɪv] n ατμομηχανή f
lodge [lɔdʒ] n (small house) σπιτάκι nt ▸ vi (person): **to ~ (with)** μένω (με) ▸ vt υποβάλλω
lodgings ['lɔdʒɪŋz] npl νοικιασμένο δωμάτιο nt
loft [lɔft] n σοφίτα f
log [lɔg] n κούτσουρο nt • (written account) κατάσταση f ▸ vt (event, fact) καταγράφω
▸ **log in** vi (Comput) συνδέομαι

▸ **log into** vt fus (Comput) συνδέομαι
▸ **log off** vi = **log out**
▸ **log on** vi = **log in**
▸ **log out** vi (Comput) αποσυνδέομαι
logic ['lɔdʒɪk] n λογική f
logical ['lɔdʒɪkl] adj λογικός
logo ['ləugəu] n λογότυπο nt
lollipop ['lɔlɪpɔp] n γλειφιτζούρι nt
London ['lʌndən] n Λονδίνο nt
Londoner ['lʌndənə'] n Λονδρέζος/α m/f
lone [ləun] adj μοναχικός
loneliness ['ləunlɪnɪs] n μοναξιά f
lonely ['ləunlɪ] adj (person, situation) μοναχικός • (place) απομονωμένος
long [lɔŋ] adj (period of time, event) μεγάλος • (road, hair, table etc) μακρύς • (book etc) μεγάλος • (account, description etc.) μακροσκελής ▸ adv πολύ ▸ vi: **to ~ for sth** λαχταράω κτ • **so** or **as ~ as** (on condition that) υπό την προϋπόθεση ότι • (while) όσο • **don't be ~!** μην αργείς! • **how ~ is the street?** πόσο μήκος έχει ο δρόμος; • **how ~ is the lesson?** πόσο κρατάει το μάθημα; • **6 metres ~** που έχει 6 μέτρα μήκος • **6 months ~** που κρατάει 6 μήνες • **all night ~** όλη τη νύχτα • **he no longer comes** δεν έρχεται πια • **~ ago** εδώ και πολύ καιρό • **~ before/after** πολύ πριν/μετά • **before ~** (+future) σύντομα • (+past, +future) σε λίγο • **at ~ last** μετά από πολλά
long-distance [lɔŋ'dɪstəns] adj (travel) μακρινός • (race) μεγάλων αποστάσεων • (phone call) υπεραστικός
longing ['lɔŋɪŋ] n λαχτάρα f
longitude ['lɔŋgɪtjuːd] n γεωγραφικό μήκος nt
long jump n άλμα nt εις μήκος
long-life ['lɔŋlaɪf] adj (milk, batteries etc) μακράς διαρκείας
long-standing ['lɔŋ'stændɪŋ] adj μακρόχρονος
long-term ['lɔŋtə:m] adj (project, solution etc) μακροπρόθεσμος
loo [luː] (BRIT inf) n τουαλέτα f
look [luk] vi κοιτάω • (seem) φαίνομαι ▸ n ματιά f • (appearance) εμφάνιση f • **to ~ south/(out) onto the sea** (building etc) βλέπω στο νότο/στη θάλασσα • **to ~ like sb/sth** μοιάζω με κν/κτ • **to have a ~ at sth** ρίχνω μια ματιά σε κτ • **to have a ~ for sth** ψάχνω για κτ • **to ~ back at sth/sb** κοιτάζω προς τα πίσω για να δω κτ/κν • **to ~ back on** ξαναφέρνω στο νου ▪ **looks** npl (good looks) εμφάνιση f
▸ **look after** vt fus (care for) φροντίζω • (deal with) κανονίζω
▸ **look at** vt fus κοιτάζω • (consider) εξετάζω
▸ **look down on** vt fus (fig) περιφρονώ
▸ **look for** vt fus ψάχνω
▸ **look forward to** vt fus δεν βλέπω την ώρα να/για • **we ~ forward to hearing from you** αναμένουμε την απάντησή σας
▸ **look into** vt fus εξετάζω
▸ **look on** vi (watch) παρακολουθώ
▸ **look out for** vt fus έχω το νου μου για
▸ (town, building) βλέπω • (person) προσέχω
▸ **look round** vi γυρίζω
▸ **look through** vt fus (examine) εξετάζω
▸ **look up** vi (raise eyes) σηκώνω τα μάτια

• (situation) καλυτερεύω ▸ vt ψάχνω
▸ **look up to** vt fus θαυμάζω

lookout ['lukaut] n (tower etc) παρατηρητήριο nt • (person) σκοπός m • **to be on the ~ for sth** έχω τα μάτια μου ανοιχτά για κτ

loom [lu:m] vi (also: ~ **up**) προβάλλω • (event) πλησιάζω ▸ n αργαλειός m

loony ['lu:nɪ] (inf) adj παλαβός

loop [lu:p] n θηλειά f • (Comput) βρόχος m ▸ vt: **to ~ sth around sth** δένω κτ με κτ

loophole ['lu:phəul] n παραθυράκι nt

loose [lu:s] adj χαλαρός • (clothes etc) φαρδύς • (hair) λυτός • (definition, translation) ασαφής • (life, morals) ανήθικος ▸ n: **to be on the ~** είμαι ελεύθερος

loosely ['lu:slɪ] adv χαλαρά

loosen ['lu:sn] vt (fixed thing) λασκάρω • (clothing, belt etc) ξεσφίγγω

loot [lu:t] n (inf) λεία f ▸ vt λεηλατώ

lopsided [ləp'saɪdɪd] adj μονόπαντος

lord [lɔ:d] n (BRIT: peer) λόρδος m • L~ Smith ο Λόρδος Σμιθ • **the L~** (Rel) ο Κύριος • **good L~!** Κύριε των Δυνάμεων!

lorry ['lɔrɪ] (BRIT) n φορτηγό nt

lorry driver (BRIT) n φορτηγατζής/ού m/f

lose [lu:z] (pt, pp lost) vt χάνω ▸ vi χάνω

loser ['lu:zə'] n (in game, contest) ηττημένος/η m/f • (inf: failure) αποτυχημένος/η m/f

loss [lɔs] n (no pl: gen) απώλεια f • (death) θάνατος m • (Comm): **to make a ~** έχω ζημιά • **to be at a ~** τα 'χω χαμένα

lost [lɔst] pt, pp of **lose** ▸ adj (person, animal) που χάθηκε • (object) χαμένος • **to be** or **get ~** χάνομαι • **get ~!** (inf) (άντε) χάσου!

lost property n γραφείο nt απολεσθέντων

lot [lɔt] n (set, group) στοίβα f • (at auctions) κλήρος m • (destiny) μοίρα f • **the ~** όλα • **a ~** (large number: of books etc) πολλοί/ές/ά • **a** (great deal: of milk etc) πολύ • **a ~ of, lots of** πολύς • **I read a ~** διαβάζω πολύ • **this happens a ~** αυτό συμβαίνει συχνά

lotion ['ləuʃən] n λοσιόν f inv

lottery ['lɔtərɪ] n κλήρωση f • (state lottery) λαχείο nt

loud [laud] adj (noise, voice, laugh) δυνατός • (clothes) φανταχτερός ▸ adv (speak etc) δυνατά • **out** ~ δυνατά

loudly ['laudlɪ] adv δυνατά

loudspeaker [laud'spi:kə'] n μεγάφωνο nt

lounge [laundʒ] n (in house, hotel) σαλόνι nt • (at airport, station) αίθουσα f αναχωρήσεων • (BRIT: also: ~ **bar**) άνετη αίθουσα σε μπαρ ▸ vi κάθομαι αναπαυτικά
▸ **lounge about** vi χαζεύω
▸ **lounge around** vi = **lounge about**

louse [laus] (pl lice) n ψείρα f
▸ **louse up** (inf) vt τινάζω στον αέρα

lousy ['lauzɪ] (inf) adj (show, meal etc) χάλια • (person, behaviour) άθλιος • **to feel ~** (ill) αισθάνομαι χάλια

love [lʌv] n (romantic, sexual) έρωτας m • (kind, caring) αγάπη f • (for music, sport, animals etc) αγάπη f ▸ vt (person) αγαπάω • (thing, activity etc) λατρεύω • "~ **(from) Anne**" (on letter) «με

αγάπη, Άννα» • **I'd ~ to come** ευχαρίστως θα έρθω • **I ~ chocolate** μου αρέσει η σοκολάτα • **to be in ~ with** είμαι ερωτευμένος με • **to fall in ~ with** ερωτεύομαι με • **to make ~** κάνω έρωτα • "**15 ~**" (Tennis) «15-μηδέν»

love affair n σχέση f (ερωτική)

love life n ερωτική ζωή f

lovely ['lʌvlɪ] adj (beautiful) ωραίος • (delightful) θαυμάσιος

lover ['lʌvə'] n (sexual partner) εραστής/ ερωμένη m/f • (person in love) ερωτευμένος/η m/f • **a ~ of art/music** ένας εραστής της τέχνης/ μουσικής

loving ['lʌvɪŋ] adj στοργικός

low [ləu] adj (table, wall etc) χαμηλός • (bow, curtsey) βαθύς • (income, temperature, price etc) χαμηλός • (sound: deep) βαθύς • (: quiet) σιγανός • (depressed: person) πεσμένος ▸ adv (sing) χαμηλόφωνα • (fly) χαμηλά ▸ n (Meteo) χαμηλό (βαρομετρικό) nt

low-calorie ['ləu'kælərɪ] adj με λίγες θερμίδες

lower ['ləuə'] adj (bottom) κάτω • (less important) κατώτερος ▸ vt (move downwards) χαμηλώνω • (reduce) μειώνω • (price etc) ρίχνω • (voice, eyes) χαμηλώνω

low-fat ['ləu'fæt] adj με χαμηλά λιπαρά

loyal ['lɔɪəl] adj (friend) πιστός • (support) ένθερμος

loyalty ['lɔɪəltɪ] n πίστη f

Lt (Mil) abbr = **lieutenant**

Ltd (Comm) abbr (= limited company) εταιρεία f περιορισμένης ευθύνης

luck [lʌk] n τύχη f • **good ~!** καλή τύχη! • **bad** or **hard** or **tough ~!** τι ατυχία!

luckily ['lʌkɪlɪ] adv ευτυχώς

lucky ['lʌkɪ] adj τυχερός • (situation, coincidence) ευτυχής

lucrative ['lu:krətɪv] adj επικερδής

ludicrous ['lu:dɪkrəs] adj γελοίος

luggage ['lʌgɪdʒ] n αποσκευές fpl

luggage rack n (on car) σχάρα f • (in train) δίχτυ nt

lukewarm ['lu:kwɔ:m] adj χλιαρός

lull [lʌl] n (in conversation etc) παύση f • (in fighting) ανακωχή f ▸ vt: **to ~ sb (to sleep)** νανουρίζω κν

lumber ['lʌmbə'] n (wood) ξυλεία f • (junk) παλιατζούρες fpl ▸ vi: **to ~ about/along** etc τριγυρνάω αργά
▸ **lumber with** vt: **I am/get lumbered with sth** μου φορτώνουν κτ

luminous ['lu:mɪnəs] adj φωτεινός • (dial) που φωτίζει

lump [lʌmp] n (of butter etc) κομμάτι nt • (of clay etc) σβώλος m • (on body) εξόγκωμα nt • (also: **sugar ~**) κύβος m ζάχαρη ▸ vt: **to ~ together** βάζω στην ίδια κατηγορία με • **~ ~ sum** εφάπαξ ποσό

lumpy ['lʌmpɪ] adj σβολιασμένος

lunar ['lu:nə'] adj σεληνιακός • (landing) στη Σελήνη

lunatic ['lu:nətɪk] adj παρανοϊκός

lunch [lʌntʃ] n (meal) μεσημεριανό nt • (time) μεσημέρι nt ▸ vi γευματίζω • **to have ~** τρώω για μεσημέρι

lunchtime [ˈlʌntʃtaɪm] n ώρα f του μεσημεριανού

lung [lʌŋ] n πνεύμονας m (fml)

lure [luəʳ] n (attraction) έλξη f ▸ vt παρασύρω

lurk [ləːk] vi παραμονεύω • (fig) καραδοκώ

lush [lʌʃ] adj (fields, gardens) καταπράσινος

lust [lʌst] (pej) n λαγνεία f • (desire for money, power etc) δίψα f
  ▸ **lust after** vt fus (desire sexually) ποθώ
  ▸ **lust for** vt fus = **lust after**

Luxembourg [ˈlʌksəmbəːg] n Λουξεμβούργο nt

luxurious [lʌgˈzjuərɪəs] adj πολυτελής

luxury [ˈlʌkʃərɪ] n πολυτέλεια f ▸ cpd πολυτελείας

Lycra® [ˈlaɪkrə] n λύκρα nt inv

lying [ˈlaɪɪŋ] n ψέμα nt ▸ adj (person) ψεύτης

M, m [ɛm] n το δέκατο τρίτο γράμμα του αγγλικού αλφαβήτου

m. abbr = **metre** • **mile** • **million**

MA n abbr (= Master of Arts) Μάστερ nt inv στις Θεωρητικές επιστήμες

mac [mæk] (BRIT) n αδιάβροχο nt

macaroni [mækəˈrəʊnɪ] n κοφτό μακαρόνάκι nt

Macedonia [mæsɪˈdəʊnɪə] n Μακεδονία

Macedonian [mæsɪˈdəʊnɪən] n Μακεδόνας/ ισσα m/f

machine [məˈʃiːn] n μηχάνημα nt

machine gun n πολυβόλο nt

machinery [məˈʃiːnərɪ] n μηχανήματα nt pl

macho [ˈmætʃəʊ] adj μάτσο inv

mackerel [ˈmækrl] n inv σκουμπρί nt

mackintosh [ˈmækɪntɒʃ] (BRIT) n αδιάβροχο nt

mad [mæd] adj τρελός • (angry) έξω φρενών • **to be ~ about** (person, football etc) τρελαίνομαι για

madam [ˈmædəm] n κυρία f

mad cow disease n ασθένεια f των τρελών αγελάδων

made [meɪd] pt, pp of **make**

madly [ˈmædlɪ] adv (frantically) σαν τρελός • **~ in love** τρελά ερωτευμένος

madman [ˈmædmən] (irreg) n τρελός m

madness [ˈmædnɪs] n τρέλα f

Mafia [ˈmæfɪə] n: **the ~** η Μαφία f

mag [mæg] (BRIT inf) n abbr = **magazine**

magazine [mægəˈziːn] n (Press) περιοδικό nt • (of firearm) γεμιστήρας m

maggot [ˈmægət] n σκουλήκι nt

magic [ˈmædʒɪk] n (supernatural power) μαγεία f • (conjuring) ταχυδακτυλουργίες fpl ▸ adj μαγικός

magical [ˈmædʒɪkl] adj (powers, ritual) μαγικός • (experience, evening) μαγευτικός

magician [məˈdʒɪʃən] n (wizard) μάγος m • (conjurer) ταχυδακτυλουργός mf

magistrate [ˈmædʒɪstreɪt] n δικαστικός mf, ≈ Ειρηνοδίκης

magnet [ˈmægnɪt] n μαγνήτης m

magnetic [mægˈnɛtɪk] adj (Phys) μαγνητικός • (personality) σαγηνευτικός

magnificent [mægˈnɪfɪsnt] adj (book, painting) υπέροχος • (work, performance) έξοχος • (building, robes) μεγαλοπρεπής

magpie ['mægpaɪ] n κίσσα f
mahogany [mə'hɔgənɪ] n μαόνι nt
maid [meɪd] n υπηρέτρια f • (in hotel) καμαριέρα f
mail [meɪl] n (postal service) ταχυδρομείο nt
• (letters) αλληλογραφία f • (email) μήνυμα nt
▶ vt ταχυδρομώ
mailbox ['meɪlbɔks] n (US: for letters etc)
γραμματοκιβώτιο nt • (Comput) ηλεκτρονική
αλληλογραφία f
• **mailing list** ['meɪlɪŋlɪst] n λίστα f
αλληλογραφίας
mailman ['meɪlmæn] (US: irreg) n ταχυδρόμος m
mail order n ταχυδρομική παραγγελία f
main [meɪn] adj κύριος ■ **the mains** npl (Elec)
κεντρική παροχή f
main course n (Culin) κύριο πιάτο nt
mainland ['meɪnlənd] n: **the ~** η ξηρά
mainly ['meɪnlɪ] adv κυρίως
main road n κεντρικός δρόμος m
mainstream ['meɪnstriːm] n κύριο ρεύμα nt
▶ adj κλασικός
maintain [meɪn'teɪn] vt διατηρώ • (building,
equipment) συντηρώ • (belief, opinion)
υποστηρίζω
maintenance ['meɪntənəns] n (of building,
equipment) συντήρηση f • (Jur: alimony)
διατροφή f
maize [meɪz] n καλαμπόκι nt
majesty ['mædʒɪstɪ] n: **Your M~** Μεγαλειότατε
• (splendour) μεγαλείο nt
major ['meɪdʒəʳ] n (Mil) ταγματάρχης mf ▶ adj
(event, factor) πρωταρχικός • (Mus: key) μείζων
▶ vi (US Scol): **to ~ (in)** ειδικεύομαι (σε)
Majorca [mə'jɔːkə] n Μαγιόρκα f
majority [mə'dʒɔrɪtɪ] n πλειοψηφία f
make [meɪk] (pt, pp **made**) vt (object, clothes,
cake) φτιάχνω • (noise) κάνω • (speech) βγάζω
• (remark, mistake) κάνω • (manufacture: goods)
κατασκευάζω • **to ~ sb sad** (cause to be)
στενοχωρώ κv • **to ~ sb do sth** (force) αναγκάζω
κv να κάνει κτ • (earn: money) βγάζω • **2 and 2 ~ 4**
(equal) 2 και 2 κάνουν 4 ▶ n (brand) μάρκα f • **to
~ the bed** στρώνω το κρεβάτι • **to ~ a fool of sb**
γελοιοποιώ or ρεζιλεύω κv • **to ~ a profit/loss**
έχω κέρδος/ζημιά • **to ~ it** (in time) φτάνω στην
ώρα μου • (succeed) τα καταφέρνω • **what time
do you ~ it?** τι ώρα έχετε; • **to ~ do with** τα
καταφέρνω με
▶ **make for** vt fus (place) τραβάω για
▶ **make off** vi το σκάω
▶ **make out** vt (decipher) διακρίνω
• (understand) καταλαβαίνω • (see) διακρίνω
• (write: cheque) κόβω • (claim, imply) περνάω
(για) • (pretend) κάνω
▶ **make up** vt (constitute) αποτελώ • (invent)
επινοώ ▶ vi (after quarrel) τα ξαναβρίσκω • (with
cosmetics) μακιγιάρομαι • **to ~ up one's mind**
αποφασίζω
▶ **make up for** vt fus (loss) αναπληρώνω
• (disappointment) αποζημιώνω για
maker ['meɪkəʳ] n (of programme etc) δημιουργός
mf • (manufacturer) κατασκευαστής/άστρια m/f
makeshift ['meɪkʃɪft] adj πρόχειρος
make-up ['meɪkʌp] n μακιγιάζ nt inv

making ['meɪkɪŋ] n (fig): **in the ~** σε εξέλιξη • **to
have the makings of** έχω τα φόντα να γίνω/του
malaria [mə'lɛərɪə] n ελονοσία f
Malawi [mə'laːwɪ] n Μαλάουι nt inv
Malaysia [mə'leɪzɪə] n Μαλαισία f
male [meɪl] n (Bio) αρσενικό nt • (man) άντρας m
▶ adj (sex, attitude) αντρικός • (child etc)
αρσενικός
malicious [mə'lɪʃəs] adj κακεντρεχής
malignant [mə'lɪgnənt] adj (Med: tumour,
growth) κακοήθης
mall [mɔːl] n (also: **shopping ~**) εμπορικό
κέντρο nt
mallet ['mælɪt] n ξύλινο σφυρί nt
malnutrition [mælnjuː'trɪʃən] n υποσιτισμός m
malpractice [mæl'præktɪs] n παράβαση f
καθήκοντος
malt [mɔːlt] n (grain) βύνη f • (also: **~ whisky**)
μαλτ nt inv
Malta ['mɔːltə] n Μάλτα f
mammal ['mæml] n θηλαστικό nt
mammoth ['mæməθ] n μαμούθ nt inv ▶ adj
τεράστιος
man [mæn] (pl **men**) n (adult male) άντρας m
• (mankind) άνθρωπος m ▶ vt (Naut: ship)
επανδρώνω • (Mil: gun, post) επανδρώνω
• (machine) λειτουργώ
manage ['mænɪdʒ] vi (succeed): **to ~ to**
καταφέρνω να • (get by financially) τα βγάζω
πέρα ▶ vt (be in charge of: business etc) διευθύνω
• (control: ship, person etc) ελέγχω
manageable ['mænɪdʒəbl] adj (task)
διαχειρίσιμος
management ['mænɪdʒmənt] n (of business
etc) διοίκηση f • (: persons) διεύθυνση f
manager ['mænɪdʒəʳ] n (of business, institution
etc) διευθυντής/ντρια m/f • (of unit, department)
προϊστάμενος/η m/f • (of pop star) μάνατζερ mf
inv • (Sport) προπονητής/τρια m/f
manageress [mænɪdʒə'rɛs] n διευθύντρια f
managerial [mænɪ'dʒɪərɪəl] adj διευθυντικός
• (decisions) σχετικός με τη διεύθυνση
managing director [mænɪdʒɪŋdɪ'rɛktəʳ] n
γενικός/ή διευθυντής/ντρια m/f
mandarin ['mændərɪn] n (also: **~ orange**)
μανταρίνι nt inv • (official) μανδαρίνος m
mandate ['mændeɪt] n (Pol) εντολή f
mandatory ['mændətərɪ] adj υποχρεωτικός
mane [meɪn] n (of horse, lion) χαίτη f
maneuver [mə'nuːvəʳ] (US) vt, vi, n
= **manoeuvre**
mango ['mæŋgəu] (pl **mangoes**) n μάνγκο
nt inv
manhood ['mænhud] n (age) ανδρική ηλικία f
• (state) ανδρισμός m
mania ['meɪnɪə] n μανία f
maniac ['meɪnɪæk] n (also fig) μανιακός/ή m/f
manic ['mænɪk] adj (behaviour) μανιακός
• (activity) φρενήρης
manicure ['mænɪkjuəʳ] n μανικιούρ nt inv ▶ vt
κάνω μανικιούρ
manifest ['mænɪfɛst] vt εκδηλώνω ▶ adj
έκδηλος
manifesto [mænɪ'fɛstəu] n μανιφέστο nt

manipulate [mə'nɪpjʊleɪt] vt (people)
εκμεταλλεύομαι • (system, situation, equipment)
χειρίζομαι

mankind [mæn'kaɪnd] n ανθρωπότητα f

manly ['mænlɪ] adj αντρίκειος

man-made ['mæn'meɪd] adj (environment,
fibre) τεχνητός

manner ['mænə'] n (way) τρόπος m
• (behaviour) στάση f • (type, sort): **all ~ of things**
όλων των ειδών τα πράγματα ◼ **manners** npl
τρόποι mpl

manoeuvre [mə'nu:və'], **maneuver** (US) vt
(car) μανουβράρω • (bulky object) τραβάω
• (person, situation) οδηγώ (επιδέξια) ▶ vi (car,
plane) κάνω μανούβρες ▶ n ελιγμός m
◼ **manoeuvres** npl (Mil) γυμνάσια nt pl

manpower ['mænpauə'] n εργατικά χέρια nt pl

mansion ['mænʃən] n μέγαρο nt

manslaughter ['mænslɔ:tə'] (Jur) n
ανθρωποκτονία f (εξ αμελείας)

mantelpiece ['mæntlpi:s] n γείσο nt τζακιού

manual ['mænjuəl] adj (work, worker) (εργασία)
χειρωνακτικός, (εργάτης) χειρώνακτας
• (controls) χειροκίνητος ▶ n εγχειρίδιο nt

manufacture [mænju'fæktʃə'] vt κατασκευάζω
▶ n κατασκευή f

manufacturer [mænju'fæktʃərə'] n
κατασκευαστής/στρια m/f

manure [mə'njuə'] n κοπριά f

manuscript ['mænjuskrɪpt] n χειρόγραφο nt

many ['mɛnɪ] adj πολλοί/ές/ά ▶ pron πολλοί/ές,
ά • **a great ~** πάρα πολλοί/ές/ά • **how ~?** πόσοι/
ες/α ; • **too ~ difficulties** πάρα πολλές
δυσκολίες

map [mæp] n χάρτης m ▶ vt χαρτογραφώ
▶ **map out** vt (plan, task) σχεδιάζω λεπτομερώς

maple ['meɪpl] n σφενδάμι nt

mar [ma:'] vt αμαυρώνω • (appearance) χαλάω
• (day, event) καταστρέφω

marathon ['mærəθən] n μαραθώνιος m ▶ adj:
a ~ session μια μαραθώνια συνεδρίαση

marble ['ma:bl] n μάρμαρο nt • (toy) βώλος m

March [ma:tʃ] n Μάρτιος m, Μάρτης • see also
July

march [ma:tʃ] vi (Mil) παρελαύνω • (protesters)
κάνω πορεία ▶ n πορεία f • (music) μαρς nt inv

mare [mɛə'] n φοράδα f

margarine [ma:dʒə'ri:n] n μαργαρίνη f

margin ['ma:dʒɪn] n περιθώριο nt • (difference:
of votes) διαφορά f • (edge: of area) άκρη f

marginal ['ma:dʒɪnl] adj μηδαμινός

marginally ['ma:dʒɪnəlɪ] adv ελαφρώς

marijuana [mærɪ'wa:nə] n μαριχουάνα f

marina [mə'ri:nə] n μαρίνα f

marinade [n mærɪ'neɪd, vt 'mærɪneɪd] (Culin) n
μαρινάδα f ▶ vt μαρινάρω

marine [mə'ri:n] adj θαλάσσιος ▶ n (BRIT, US)
πεζοναύτης m

marital ['mærɪtl] adj συζυγικός • **~ status**
οικογενειακή κατάσταση

maritime ['mærɪtaɪm] adj ναυτικός

mark [ma:k] n σημάδι nt • (stain) λεκές m • (of
shoes, fingers, tyres: in snow, mud etc) ίχνος nt
• (of friendship, respect etc) ένδειξη f • (BRIT Scol)

βαθμός m • (level) σημείο nt ▶ vt (with pen)
σημειώνω • (with shoes, tyres etc) κάνω ή αφήνω
σημάδι • (damage: furniture etc) σημαδεύω
• (indicate: place, time, price) υποδεικνύω
• (commemorate: event) τιμώ • (BRIT Scol)
βαθμολογώ • (Sport: player) μαρκάρω

marked [ma:kt] adj αισθητός

marker ['ma:kə'] n (sign) σημάδι nt

market ['ma:kɪt] n αγορά f ▶ vt βγάζω στην
αγορά • **to be on the ~** πωλούμαι

marketing ['ma:kɪtɪŋ] n μάρκετινγκ nt inv

marketplace ['ma:kɪtpleɪs] n αγορά f

market research n έρευνα f αγοράς

marmalade ['ma:məleɪd] n μαρμελάδα f

maroon [mə'ru:n] vt: **to be marooned** με
έχουν εγκαταλείψει ▶ adj κασταννοκόκκινος

marquee [ma:'ki:] n μεγάλη σκηνή f

marriage ['mærɪdʒ] n γάμος m

married ['mærɪd] adj (man, woman)
παντρεμένος • (life) έγγαμος • **to get ~**
παντρεύομαι

marrow ['mærəu] n (vegetable) κολοκύθα f
• (also: **bone ~**) μεδούλι nt

marry ['mærɪ] vt (man, woman) παντρεύομαι
• (father, priest etc) παντρεύω ▶ vi παντρεύομαι

Mars [ma:z] n Άρης m

marsh [ma:ʃ] n έλος nt

marshal ['ma:ʃl] n (also: **field ~**) στρατάρχης m
• (at sports meeting etc) τελετάρχης m • (US: in
police/fire department) αρχηγός m ▶ vt (thoughts,
support) συγκεντρώνω

martial arts [ma:ʃl'a:ts] npl πολεμικές τέχνες fpl

martyr ['ma:tə'] n μάρτυρας mf ▶ vt: **to be
martyred** μαρτυρώ

marvel ['ma:vl] n θαύμα nt ▶ vi: **to ~ (at)**
θαυμάζω

marvellous ['ma:vləs], **marvelous** (US) adj
θαυμάσιος

Marxism ['ma:ksɪzəm] n μαρξισμός m

Marxist ['ma:ksɪst] adj μαρξιστικός ▶ n
μαρξιστής/τρια m/f

mascara [mæs'ka:rə] n μάσκαρα f inv

mascot ['mæskət] n μασκότ f inv

masculine ['mæskjulɪn] adj (Ling) αρσενικός

mash [mæʃ] vt λιώνω

mashed potatoes [mæʃtpə'teɪtəuz] npl
πουρές m

mask [ma:sk] n μάσκα f ▶ vt (face) καλύπτω
• (feelings) συγκαλύπτω

mason ['meɪsn] n (also: **stone ~**) χτίστης m
• (also: **freemason**) μασόνος m

masonry ['meɪsnrɪ] n λιθοδομή f

mass [mæs] n (of papers, people etc) σωρός m
• (of detail, hair etc) πλήθος nt • (Phys) μάζα f
• (Rel): **M~** Θεία Λειτουργία ▶ cpd
(communication, unemployment etc) μαζικός ▶ vi
(troops, protesters) συγκεντρώνομαι • **masses of**
(inf: food, money) σωρός (από) +acc • (people)
πλήθη +gen ◼ **the masses** npl οι μάζες fpl

massacre ['mæsəkə'] n σφαγή f ▶ vt κατασφάζω

massage ['mæsa:ʒ] n μασάζ nt inv ▶ vt κάνω
μασάζ σε

massive ['mæsɪv] adj (furniture, person)
ογκώδης • (support, changes, increase) τεράστιος

mass media n inv: the ~ τα μέσα μαζικής ενημέρωσης

mast [ma:st] n (Naut) κατάρτι nt • (Radio, TV) κεραία nt κεραίας

master ['ma:stə^r] n (of servant, animal) κύριος m • (fig: of situation) κυρίαρχος m • (title for boys): **M~ X** κύριε X ▶ vt (overcome: difficulty, feeling) ξεπερνάω • (learn: skills, language) μαθαίνω άριστα

mastermind ['ma:stəmaɪnd] n εγκέφαλος m ▶ vt είμαι ο εγκέφαλος +gen

masterpiece ['ma:stəpi:s] n αριστούργημα nt

mat [mæt] n (on floor) χαλάκι nt • (also: **doormat**) ψάθα f (πόρτας) • (also: **table ~**) σουπλά nt inv ▶ adj = **matt**

match [mætʃ] n (game) αγώνας m • (for lighting fire, cigarette) σπίρτο nt ▶ vt (go well with) ταιριάζω με • (equal) φτάνω • (correspond to) συμφωνώ με • (in colours) είμαι ασορτί • (materials) ταιριάζω • **to be no ~ for** δεν μπορώ να παραβγώ με

matching ['mætʃɪŋ] adj ασορτί

mate [meɪt] n (inf: friend) φιλαράκι nt • (animal) ταίρι nt ▶ vi ζευγαρώνω

material [mə'tɪərɪəl] n υλικό nt • (cloth) ύφασμα nt ▪ **materials** npl υλικά nt pl

maternal [mə'tə:nl] adj (feelings) μητρικός • (role) της μητέρας

maternity [mə'tə:nɪtɪ] n η μητρότητα f

maternity leave n άδεια f μητρότητας

mathematical [mæθə'mætɪkl] adj μαθηματικός

mathematician [mæθəmə'tɪʃən] n μαθηματικός mf

mathematics [mæθə'mætɪks] n Μαθηματικά nt pl

maths [mæθs], **math** (US) [mæθ] n Μαθηματικά nt pl

matinée ['mætɪneɪ] n απογευματινή παράσταση f

matron ['meɪtrən] n (in hospital) γενική προϊσταμένη f • (in school) υπεύθυνη του τομέα υγείας σε οικοτροφείο

matt [mæt], **mat** adj ματ inv

matter ['mætə^r] n θέμα nt • (Phys) ύλη f • (material) ουσία f ▶ vi έχω σημασία • **it doesn't ~** δεν πειράζει • **what's the ~?** τι συμβαίνει; • **no ~ what** ό,τι κι αν γίνει • **as a ~ of course** σαν κάτι το δεδομένο or το φυσικό • **as a ~ of fact** για την ακρίβεια ▪ **matters** npl κατάσταση f

mattress ['mætrɪs] n στρώμα nt

mature [mə'tjuə^r] adj (person) ώριμος ▶ vi (child, style) ωριμάζω • (person) αναπτύσσομαι

maturity [mə'tjuərɪtɪ] n (adulthood) ενηλικίωση f • (wisdom) ωριμότητα f

mauve [məuv] adj μωβ inv

maximize ['mæksɪmaɪz] vt (profits etc) μεγιστοποιώ • (chances) αυξάνω στο μέγιστο

maximum ['mæksɪməm] (pl **maxima** or **maximums**) adj μέγιστος ▶ n: **to a ~** το ανώτατο

May [meɪ] n Μάιος m • see also **July**

may [meɪ] (conditional **might**) vi μπορεί • **he ~ come** (indicating possibility) μπορεί να έρθει • **~ I smoke?** (be allowed to) μπορώ να καπνίσω;

• **~ God bless you!** (wishes) να σ' έχει ο Θεός καλά! • **you ~ as well go** μπορείς να πας

maybe ['meɪbi:] adv ίσως • **~ not** ίσως όχι

May Day n Πρωτομαγιά f

mayhem ['meɪhem] n χάος nt

mayonnaise [meɪə'neɪz] n μαγιονέζα f

mayor [mɛə^r] n δήμαρχος mf

maze [meɪz] n (also fig) λαβύρινθος m

MD n abbr (= Doctor of Medicine) ιατρός mf • (Comm) = **managing director**

● **KEYWORD**

me [mi:] pron **1** (direct) με
2 (emph) εμένα • **can you hear me?** μ' ακούς; • **he heard ME!** (not anyone else) εμένα άκουσε • **it's me** εγώ είμαι
3 (indirect) μου
4 (emph) εμένα • **he gave me the money, he gave the money to me** μου έδωσε τα λεφτά, έδωσε τα λεφτά σ' εμένα

meadow ['mɛdəu] n λιβάδι nt

meagre ['mi:gə^r], **meager** (US) adj πενιχρός

meal [mi:l] n (occasion, food) γεύμα nt • (flour) αλεύρι nt

mean [mi:n] (pt, pp **meant**) adj (with money) τσιγγούνης • (unkind) κακός • (shabby) άθλιος • (average) μέσος ▶ vt (signify) σημαίνω • (refer to) εννοώ • (intend): **to ~ to do sth** σκοπεύω να κάνω κτ ▶ n μέσος όρος m • **by means of** μέσω +gen • **by all means!** βεβαίως! • **to be meant for sb/sth** προορίζομαι για κν/κτ ▪ **means** npl τρόπος m • (money) μέσα nt pl

meaning ['mi:nɪŋ] n (of word, gesture, book) σημασία f • (purpose) νόημα nt

meaningful ['mi:nɪŋful] adj (result) που έχει νόημα • (explanation) κατανοητός

meaningless ['mi:nɪŋlɪs] adj χωρίς σημασία

meant [mɛnt] pt, pp of **mean**

meantime ['mi:ntaɪm] adv (also: **in the ~**) εν τω μεταξύ

meanwhile ['mi:nwaɪl] adv = **meantime**

measles ['mi:zlz] n (Med) ιλαρά f

measure ['mɛʒə^r] vt μετράω ▶ vi έχω μέγεθος ▶ n (amount: of protection) βαθμός m • (: of whisky etc) δόση f • (of achievement) τρόπος m ελέγχου • (action) μέτρο nt

measurement ['mɛʒəmənt] n μέτρηση f

measurements ['mɛʒəmənts] npl μέτρα nt pl

meat [mi:t] n κρέας nt

Mecca ['mɛkə] n (also fig) Μέκκα f

mechanic [mɪ'kænɪk] n μηχανικός mf

mechanical [mɪ'kænɪkl] adj μηχανικός

mechanism ['mɛkənɪzəm] n (device) μηχανισμός m • (procedure) τρόπος m

medal ['mɛdl] n μετάλλιο nt

medallist ['mɛdlɪst], **medalist** (US Sport) n κάτοχος μεταλλίου mf

media ['mi:dɪə] npl μέσα nt pl μαζικής ενημέρωσης

mediate ['mi:dɪeɪt] vi μεσολαβώ

medical ['mɛdɪkl] adj ιατρικός ▶ n γενικές (ιατρικές) εξετάσεις fpl

medication [mɛdɪ'keɪʃən] n φάρμακα nt pl

medicine ['mɛdsɪn] n (science) Ιατρική f • (drug) φάρμακο nt

medieval [mɛdɪ'i:vl] adj μεσαιωνικός

mediocre [mi:dɪ'əʊkə'] adj μέτριος

meditate ['mɛdɪteɪt] vi σκέφτομαι καλά • (Rel) διαλογίζομαι

meditation [mɛdɪ'teɪʃən] n (thinking) περισυλλογή f • (Rel) διαλογισμός m

Mediterranean [mɛdɪtə'reɪnɪən] adj μεσογειακός • **the ~ (Sea)** η Μεσόγειος (Θάλασσα)

medium ['mi:dɪəm] (pl **media** or **mediums**) adj μέτριος ▶ n μέσον nt • (substance) ουσία f • (pl **mediums**) (person) μέντιουμ nt inv

medium-sized ['mi:dɪəm'saɪzd] adj (tin etc) μετρίου μεγέθους • (clothes) μεσαίου μεγέθους

meek [mi:k] adj μαλακός

meet [mi:t] (pt, pp **met**) vt συναντάω • (stranger) γνωρίζω • (go and fetch) παίρνω • (opponent) παίζω με • (need) καλύπτω • (problem, challenge) αντιμετωπίζω • (expenses, bill) καλύπτω ▶ vi (friends) συναντιέμαι • (strangers) γνωρίζομαι • (for talks, discussion) συνεδριάζω • (join: lines, roads) συναντιέμαι ▶ n (US Sport) συνάντηση f
▶ **meet up** vi: **to ~ up with sb** συναντάω κν
▶ **meet with** vt fus (difficulty) αντιμετωπίζω • (success) σημειώνω

meeting ['mi:tɪŋ] n (also Pol, Sport) συνάντηση f • (assembly: of club, committee etc) συνεδρίαση f

meeting place n τόπος m συνάντησης

melancholy ['mɛlənkəlɪ] adj μελαγχολικός

melody ['mɛlədɪ] n μελωδία f

melon ['mɛlən] n πεπόνι nt

melt [mɛlt] vi λιώνω ▶ vt λιώνω

member ['mɛmbə'] n (Anat) μέλος nt ▶ cpd: **~ country/state** (Pol) κράτος/πολιτεία-μέλος • **M~ of Parliament** (BRIT) βουλευτής • **M~ of the European Parliament** (BRIT) Ευρωβουλευτής

membership ['mɛmbəʃɪp] n (members) μέλη nt pl • (number of members) αριθμός m μελών

meme [mi:m] n meme nt inv

memento [mə'mɛntəʊ] n ενθύμιο nt

memo ['mɛməʊ] n = **memorandum**

memorable ['mɛmərəbl] adj αξέχαστος

memorandum [mɛmə'rændəm] (pl **memoranda**) n μνημόνιο nt

memorial [mɪ'mɔ:rɪəl] n μνημείο nt ▶ adj: **~ service** μνημόσυνο

memory ['mɛmərɪ] n (faculty) μνήμη f • (recollection) ανάμνηση f • (Comput) μνήμη f • **in ~ of** στη μνήμη +gen

men [mɛn] npl of **man**

menace ['mɛnɪs] n απειλή f ▶ vt απειλώ

mend [mɛnd] vt φτιάχνω • (socks etc) μπαλώνω

meningitis [mɛnɪn'dʒaɪtɪs] n μηνιγγίτιδα f

menopause ['mɛnəʊpɔ:z] n: **the ~** η εμμηνόπαυση

menstruation [mɛnstru'eɪʃən] n έμμηνος ρύση f

mental ['mɛntl] adj (ability, effort) διανοητικός • (illness, health) ψυχικός

mentality [mɛn'tælɪtɪ] n νοοτροπία f

mentally ['mɛntlɪ] adv: **to be ~ ill** έχω ψυχική ασθένεια

mention ['mɛnʃən] n αναφορά f ▶ vt αναφέρω • **don't ~ it!** παρακαλώ, τι λέτε! (fml) • **not to ~ ...** για να μην αναφέρω...

menu ['mɛnju:] n (selection of dishes) μενού nt inv • (printed) κατάλογος m • (Comput) μενού nt inv

MEP (BRIT) n abbr = **Member of the European Parliament**

mercenary ['mə:sɪnərɪ] n μισθοφόρος mf

merchandise ['mə:tʃəndaɪz] n εμπόρευμα nt

merchant ['mə:tʃənt] n έμπορος mf

merciless ['mə:sɪlɪs] adj ανελέητος

mercury ['mə:kjʊrɪ] n υδράργυρος m

mercy ['mə:sɪ] n έλεος nt • **at the ~ of** στο έλεος +gen

mere [mɪə'] adj (emphasizing insignificance) απλός • (emphasizing significance): **his ~ presence irritates her** η παρουσία του και μόνο την εκνευρίζει

merely ['mɪəlɪ] adv (only) μόλις • (simply) απλώς

merge [mə:dʒ] vt συγχωνεύω ▶ vi (Comm) συγχωνεύομαι • (colours, shapes) ανακατεύομαι • (sounds) ενώνομαι

merger ['mə:dʒə'] (Comm) n συγχώνευση f

merit ['mɛrɪt] n αξία f ▶ vt αξίζω

mermaid ['mə:meɪd] n γοργόνα f

merry ['mɛrɪ] adj εύθυμος • **M~ Christmas!** Καλά Χριστούγεννα!

mesh [mɛʃ] n πλέγμα nt

mess [mɛs] n (muddle) χάλι nt • (dirt) βρωμιές fpl • (Mil) λέσχη f (φαγητού) • **to be in a ~** (untidy) είμαι χάλια
▶ **mess about** (inf) vi χαζολογάω
▶ **mess about with** vt fus (inf) ανακατεύω
▶ **mess around** vi (inf) = **mess about**
▶ **mess around with** vt fus (inf) = **mess about with**
▶ **mess up** vt (spoil) χαλάω • (dirty) λερώνω

message ['mɛsɪdʒ] n μήνυμα nt

messenger ['mɛsɪndʒə'] n αγγελιοφόρος mf

messy ['mɛsɪ] adj (dirty) βρώμικος • (untidy) ακατάστατος

met [mɛt] pt, pp of **meet**

metabolism [mɛ'tæbəlɪzəm] n μεταβολισμός m

metal ['mɛtl] n μέταλλο nt

metallic [mɪ'tælɪk] adj μεταλλικός

metaphor ['mɛtəfə'] n μεταφορά f

meteor ['mi:tɪə'] n μετεωρίτης m

meter ['mi:tə'] n μετρητής m • (also: **parking ~**) παρκόμετρο nt • (US: unit) = **metre**

method ['mɛθəd] n μέθοδος f

methodical [mɪ'θɒdɪkl] adj μεθοδικός

meticulous [mɪ'tɪkjʊləs] adj σχολαστικός

metre ['mi:tə'], **meter** (US) n μέτρο nt

metric ['mɛtrɪk] adj μετρικός

metropolitan [mɛtrə'pɒlɪtn] adj (for city) μητροπολιτικός • (for country) της μητρόπολης

Mexico ['mɛksɪkəʊ] n Μεξικό nt

mice [maɪs] npl of **mouse**

microchip ['maɪkrəʊtʃɪp] n μικροτσίπ nt inv

microphone ['maɪkrəfəʊn] n μικρόφωνο nt

microscope ['maɪkrəskəʊp] n μικροσκόπιο nt

microwave ['maɪkrəʊweɪv] n (also: **~ oven**) φούρνος m μικροκυμάτων

mid- [mɪd] adj: in mid-May στα μέσα Μαΐου • in mid-afternoon στα μέσα του απογεύματος • in mid-air στον αέρα • he's in his mid-thirties είναι γύρω στα τριανταπέντε

midday [mɪd'deɪ] n μεσημέρι nt

middle ['mɪdl] n (centre) μέση f • (halfway point) μέσα nt pl • (midriff) μέση f ▶ adj (place, position) μεσαίος • (moderate: course) μέσος • in the ~ of the night στη μέση της νύχτας

middle-aged [mɪdl'eɪdʒd] adj μεσήλικας

Middle Ages [mɪdl'eɪdʒəz] npl: the ~ ο Μεσαίωνας

middle class [mɪdl'klɑ:s] n, **middle classes** [mɪdl'klɑ:səz] npl: the ~(es) η μεσαία τάξη

middle-class [mɪdl'klɑ:s] adj μικροαστικός

Middle East n: the ~ η Μέση Ανατολή

midge [mɪdʒ] n σκνίπα f

midnight ['mɪdnaɪt] n μεσάνυχτα nt pl

midst [mɪdst] n: in the ~ of (crowd, group) ανάμεσα σε • (situation, event) στη μέση +gen • (action) πάνω που

midsummer [mɪd'sʌmər] n η μέση f του καλοκαιριού

midway [mɪd'weɪ] adj ενδιάμεσος ▶ adv: ~ (between/through) (in space) στη μέση (ανάμεσα σε) • (in time) στη μέση +gen

midweek [mɪd'wi:k] adv στα μέσα της εβδομάδας ▶ adj στη μέση της εβδομάδας

midwife ['mɪdwaɪf] (pl midwives) n μαία f

might [maɪt] vb see **may** ▶ n δύναμη f

mighty ['maɪtɪ] adj ισχυρός

migraine ['mi:greɪn] n ημικρανία f

migrant ['maɪɡrənt] n (bird, animal) αποδημητικός adj • (person) μετανάστης/ τρια m/f

migrate [maɪ'ɡreɪt] vi (bird) αποδημώ • (person) μεταναστεύω

migration [maɪ'ɡreɪʃən] n μετανάστευση f

mike [maɪk] n abbr = **microphone**

mild [maɪld] adj ήπιος • (infection, illness) ελαφρύς • (soap, cosmetic) απαλός

mildly ['maɪldlɪ] adv (say) ήπια • (slightly) κάπως

mile [maɪl] n μίλι nt

mileage ['maɪlɪdʒ] n απόσταση f σε μίλια, ≈ χιλιόμετρα • (fig) κέρδος nt

milestone ['maɪlstəʊn] n (fig) ορόσημο nt

military ['mɪlɪtərɪ] adj στρατιωτικός ▶ n: the ~ οι στρατιωτικοί

militia [mɪ'lɪʃə] n πολιτοφυλακή f

milk [mɪlk] n γάλα nt ▶ vt (cow, goat) αρμέγω • (fig: situation, person) απομυζώ

milkman ['mɪlkmən] (irreg) n γαλατάς m

milky ['mɪlkɪ] adj (colour) γαλακτερός • (drink) με μπόλικο γάλα

mill [mɪl] n (windmill etc: for grain) μύλος m • (also: coffee ~) μύλος m του καφέ • (factory) εργοστάσιο nt επεξεργασίας ▶ vi (also: ~ about) στριφογυρίζω

millennium [mɪ'lɛnɪəm] (pl millenniums or millennia) n χιλιετία f

milligram, milligramme ['mɪlɪɡræm] n χιλιοστόγραμμο nt

millilitre ['mɪlɪli:tər], **milliliter** (US) n χιλιοστόλιτρο nt

millimetre ['mɪlɪmi:tər], **millimeter** (US) n χιλιοστό nt

million ['mɪljən] n εκατομμύριο nt • a ~ times ένα εκατομμύριο φορές

millionaire [mɪljə'nɛər] n εκατομμυριούχος mf

mime [maɪm] n (activity) νοήματα nt pl • (performance) παντομίμα f ▶ vt προσποιούμαι

mimic ['mɪmɪk] n μίμος mf ▶ vt μιμούμαι

mince [mɪns] vt κάνω κιμά ▶ n (BRIT) κιμάς m

mind [maɪnd] n μυαλό nt ▶ vt προσέχω • I don't ~ doing sth δεν με πειράζει να κάνω κτ • do you ~ if ...? σας πειράζει να ...; • to keep or bear sth in ~ έχω κτ υπόψη μου • I don't ~ δεν με πειράζει • ~ you, ... να σκεφτείς, ... • never ~! (it makes no odds) τίποτα! • (don't worry) δεν πειράζει! • "~ the step" «προσοχή σκαλοπάτι»

mindless ['maɪndlɪs] adj (violence) αλόγιστος • (work) μονότονος

mine¹ [maɪn] pron δικός m μου, δική f μου, δικό nt μου • that book is ~ αυτό το βιβλίο είναι δικό μου • these cases are ~ αυτές οι βαλίτσες είναι δικές μου • this is ~ αυτό είναι δικό μου • a friend of ~ ένας φίλος μου

mine² [maɪn] n (coal mine, gold mine) ορυχείο nt • (bomb) νάρκη f ▶ vt (coal) εξορύσσω • (ship, beach) ναρκοθετώ

minefield ['maɪnfi:ld] n (also fig) ναρκοπέδιο nt

miner ['maɪnər] n εργάτης m ορυχείου

mineral ['mɪnərəl] adj ορυκτός ▶ n ορυκτό nt

mineral water n μεταλλικό νερό nt

mingle ['mɪŋɡl] vi: to ~ (with) ανακατεύομαι (με)

miniature ['mɪnətʃər] adj μικροσκοπικός ▶ n μικρογραφία f

minibus ['mɪnɪbʌs] n μικρό λεωφορείο nt

Minidisk® ['mɪnɪdɪsk] n μικροδίσκος m, Μίνιντισκ nt inv

minimal ['mɪnɪml] adj ελάχιστος

minimize ['mɪnɪmaɪz] vt (reduce) ελαχιστοποιώ • (play down) υποτιμώ

minimum ['mɪnɪməm] (pl minima) n ελάχιστο nt ▶ adj ελάχιστος • ~ wage βασικός μισθός

mining ['maɪnɪŋ] n εξόρυξη f

minister ['mɪnɪstər] n (BRIT Pol) υπουργός mf • (Rel) εφημέριος m ▶ vi: to ~ to υπηρετώ

ministry ['mɪnɪstrɪ] n (BRIT Pol) υπουργείο nt

minor ['maɪnər] adj (repairs, injuries) (επισκευή) μικρός, (τραυματισμός) ελαφρύς • (poet, planet) (ποιητής) ασήμαντος, (πλανήτης) μικρός • (Mus) ελάσσων ▶ n (Jur) ανήλικος/η m/f

minority [maɪ'nɔrɪtɪ] n (of group) μειοψηφία f • (society) μειονότητα f

mint [mɪnt] n (Bot, Culin) δυόσμος m • (sweet) μέντα f ▶ vt (coins) κόβω • the (Royal) M~, (US) the (US) M~ ≈ το Εθνικό Νομισματοκοπείο • in ~ condition σε άψογη κατάσταση

minus ['maɪnəs] n (also: ~ sign) πλην nt inv ▶ prep: 12 - 6 equals 6 12 μείον 6 ίσον 6 • - 24 C μείον 24 βαθμοί Κελσίου

minute¹ [maɪ'nju:t] adj (search) λεπτομερής • (detail) παραμικρός

minute² ['mɪnɪt] n λεπτό nt ▪ minutes npl (of meeting) πρακτικά nt pl

miracle ['mɪrəkl] n (Rel, also fig) θαύμα nt

miraculous [mɪ'rækjʊləs] adj θαυμαστός

mirage ['mɪrɑːʒ] n αντικατοπτρισμός m
mirror ['mɪrə'] n καθρέφτης m ▶ vt (fig)
αντικατοπτρίζω
miscarriage ['mɪskærɪdʒ] n (Med) αποβολή f
• ~ **of justice** (Jur) κακοδικία
miscellaneous [mɪsɪ'leɪnɪəs] adj (people,
objects) διάφορος • (subjects, items) διάφορος
mischief ['mɪstʃɪf] n (naughtiness) αταξία f
• (maliciousness) απάτη f
mischievous ['mɪstʃɪvəs] adj (naughty) άτακτος
• (playful) σκανταλιάρικος
misconception ['mɪskən'sɛpʃən] n εσφαλμένη
αντίληψη f
misconduct [mɪs'kɒndʌkt] n κακή διαγωγή f
miserable ['mɪzərəbl] adj (unhappy)
δυστυχισμένος • (wretched: conditions) άθλιος
• (contemptible: offer, donation) ψωρο…
misery ['mɪzərɪ] n (unhappiness) δυστυχία f
• (wretchedness) αθλιότητα f
misfortune [mɪs'fɔːtʃən] n ατυχία f
misguided [mɪs'gaɪdɪd] adj (opinion, view)
λανθασμένος • (person) παραπλανημένος
mishap ['mɪshæp] n αναποδιά f
mislead [mɪs'liːd] (irreg) (pt, pp misled) vt
παραπλανώ
misleading [mɪs'liːdɪŋ] adj παραπλανητικός
Miss [mɪs] n δεσποινίς f
miss [mɪs] vt (train, bus etc) χάνω • (target) δεν
πετυχαίνω • (notice loss of: money etc) μου λείπει
▶ vi αστοχώ ▶ n (shot) αποτυχημένη προσπάθεια
f • **I ~ you/him** μου λείπεις/λείπει
▶ **miss out** (BRIT) vt ξεχνάω
▶ **miss out on** vt fus χάνω
missile ['mɪsaɪl] n (Mil) βλήμα nt • (object
thrown) αντικείμενο nt (που πέταξε κάποιος)
missing ['mɪsɪŋ] adj (person) αγνοούμενος
• **to be/go** ~ αγνοούμαι
mission ['mɪʃən] n αποστολή f • (Rel: activity)
ιεραποστολή f • (: building) κτίριο nt της
ιεραποστολής
missionary ['mɪʃənrɪ] n ιεραπόστολος mf
mist [mɪst] n (light) καταχνιά f • (heavy) ομίχλη f
• (at sea) πούσι nt ▶ vi (also: ~ **over**) βουρκώνω
• (BRIT: also: ~ **over**, ~ **up**) θαμπώνω
mistake [mɪs'teɪk] (irreg) n λάθος nt ▶ vt κάνω
λάθος • (intentions) παρεξηγώ • **by** ~ κατά λάθος
• **to make a** ~ κάνω ένα λάθος • **to** ~ **A for B**
μπερδεύω τον Α με τον Β
mistaken [mɪs'teɪkən] pp of **mistake** ▶ adj
εσφαλμένος • **to be** ~ πέφτω έξω
mister ['mɪstə'] (inf) n κύριος m
mistook [mɪs'tuk] pt of **mistake**
mistress ['mɪstrɪs] n (lover) ερωμένη f • (of
house, servant) κυρία f • (of situation) κυρίαρχη f
mistrust [mɪs'trʌst] vt δεν εμπιστεύομαι ▶ n:
~ (**of**) δυσπιστία f (για)
misty ['mɪstɪ] adj (day etc) με καταχνιά • (glasses,
windows) θαμπός
misunderstand [mɪsʌndə'stænd] (irreg) vt
(person, book) παρεξηγώ ▶ vi δεν καταλαβαίνω
misunderstanding ['mɪsʌndə'stændɪŋ] n
παρεξήγηση f
misunderstood [mɪsʌndə'stud] pt, pp of
misunderstand

misuse [n mɪs'juːs, vb mɪs'juːz] n κατάχρηση f
▶ vt (power) κάνω κατάχρηση • (word)
χρησιμοποιώ λανθασμένα
mix [mɪks] vt (drink, sauce, cake) φτιάχνω
(ανακατεύοντας) • (combine: liquids, ingredients,
colours) ανακατεύω ▶ vi (people): **to** ~ (**with**)
συναναστρέφομαι ▶ n (combination)
συνδυασμός m • (powder) μίγμα nt
▶ **mix up** vt (confuse) μπερδεύω • **to be mixed
up in sth** είμαι ανακατεμένος σε κτ
mixed [mɪkst] adj (feelings, reactions) ανάμικτος
• (school, education etc) μικτός
mixer ['mɪksə'] n (for food) μίξερ nt inv • (drink)
ποτό που χρησιμοποιείται σε κοκτέιλ
mixture ['mɪkstʃə'] n (Culin) μίγμα nt
mix-up ['mɪksʌp] n μπέρδεμα nt
ml abbr = **millilitre**
mm abbr = **millimetre**
moan [məun] n βογκητό nt ▶ vi (inf: complain)
γκρινιάζω
moat [məut] n τάφρος f
mob [mɒb] n (crowd: disorderly) όχλος m
• (: orderly) παρέα f ▶ vt πολιορκώ
mobile ['məubaɪl] adj (able to move) που μπορεί
να περπατήσει • (workforce, society, population)
με κινητικότητα ▶ n (also: ~ **phone**) κινητό
(τηλέφωνο) nt • (decoration) μόμπιλ nt inv
mobile home n τροχόσπιτο nt
mobile phone n κινητό τηλέφωνο nt
mobility [məu'bɪlɪtɪ] n κινητικότητα f
mobilize ['məubɪlaɪz] vt (friends, work force)
κινητοποιώ • (Mil: army) επιστρατεύω ▶ vi (Mil:
army) επιστρατεύομαι
mock [mɒk] vt περιγελάω ▶ adj ψεύτικος
mockery ['mɒkərɪ] n κοροϊδία f • **to make a** ~ **o**
γελοιοποιώ
mode [məud] n (of life) τρόπος m • (of transport)
μέσο m • (Comput) λειτουργία f
model ['mɒdl] n μοντέλο nt • (example)
υπόδειγμα nt ▶ adj (parent etc) υποδειγματικός
• (railway etc) σε μικρογραφία • vt (clothes)
ποζάρω φορώντας ▶ vi (for photographer etc)
ποζάρω • **to** ~ **o.s. on** έχω ως πρότυπο
modem ['məudem] (Comput) n μόντεμ nt inv
moderate [adj, n 'mɒdərət, vb 'mɒdəreɪt] adj
(views, people) μετριοπαθής • (amount)
μετρημένος ▶ n μετριοπαθής mf ▶ vi (storm, wind
etc) κοπάζω ▶ vt (tone, demands) μετριάζω
moderation [mɒdə'reɪʃən] n μετριοπάθεια f
• **in** ~ με μέτρο
modern ['mɒdən] adj σύγχρονος • ~ **languages**
σύγχρονες γλώσσες
modest ['mɒdɪst] adj (small: house) απλός
• (budget) περιορισμένος • (unassuming: person)
σεμνός
modesty ['mɒdɪstɪ] n σεμνότητα f
modification [mɒdɪfɪ'keɪʃən] n (to machine)
μετατροπή f • (to policy etc) τροποποίηση f • **to
make modifications** κάνω αλλαγές or
επιφέρω τροποποιήσεις σε
modify ['mɒdɪfaɪ] vt (machine) μετατρέπω
• (policy etc) τροποποιώ
module ['mɒdjuːl] n (unit) ενότητα f
• (component) τμήμα nt • (Space) άκατος f

Mohammed [məˈhæmed] n Μωάμεθ m inv
moist [mɔɪst] adj (earth) νοτισμένος • (eyes, lips)
υγρός
moisture [ˈmɔɪstʃəʳ] n υγρασία f
mold [məʊld] (US) n, vt = **mould**
mole [məʊl] n (on skin) ελιά f • (Zool)
τυφλοπόντικας m • (fig: spy) κατάσκοπος mf
molecule [ˈmɒlɪkjuːl] n μόριο nt
molten [ˈməʊltən] adj λιωμένος
mom [mɒm] (US) n = **mum**
moment [ˈməʊmənt] n (period of time): **for a ~**
για μια στιγμή • **at that ~** (point in time) εκείνη τη
στιγμή • (importance) σπουδαιότητα f • **at the ~**
αυτή τη στιγμή • **for the ~** προς το παρόν • **in a ~**
σε μια στιγμή • **"one ~ please"** (Tel) «μια στιγμή
παρακαλώ»
momentarily [ˈməʊmentrɪlɪ] adv προς στιγμήν
• (US: very soon) από στιγμή σε στιγμή
momentary [ˈməʊməntərɪ] adj (pause,
glimpse) στιγμιαίος
momentous [məʊˈmentəs] adj (occasion,
decision) υψίστης σημασίας
momentum [məʊˈmentəm] n η ορμή f • **to
gather ~** παίρνω φόρα • (fig) εντείνομαι
mommy [ˈmɒmɪ] (US) n = **mummy**
Monaco [ˈmɒnəkəʊ] n Μονακό nt inv
monarch [ˈmɒnək] n μονάρχης m
monarchy [ˈmɒnəkɪ] n μοναρχία f • **the M~** η
βασιλική οικογένεια
monastery [ˈmɒnəstərɪ] n μοναστήρι nt
Monday [ˈmʌndɪ] n Δευτέρα f • see also **Tuesday**
monetary [ˈmʌnɪtərɪ] adj νομισματικός
money [ˈmʌnɪ] n χρήματα nt pl • **to make ~**
(person) βγάζω λεφτά • (business) αποφέρω
κέρδη
Mongolia [mɒŋˈɡəʊlɪə] n Μογγολία f
monitor [ˈmɒnɪtəʳ] n (device) μόνιτορ nt inv
• (screen) οθόνη f • vt (broadcasts) πιάνω
• (heartbeat, pulse) παρακολουθώ • (progress)
ελέγχω
monk [mʌŋk] n μοναχός m
monkey [ˈmʌŋkɪ] n πίθηκος m
monologue [ˈmɒnəlɒɡ] n μονόλογος m
monopoly [məˈnɒpəlɪ] n (also Comm)
μονοπώλιο nt
monotonous [məˈnɒtənəs] adj μονότονος
monsoon [mɒnˈsuːn] n μουσώνας m
monster [ˈmɒnstəʳ] n τέρας nt
month [mʌnθ] n μήνας m
monthly [ˈmʌnθlɪ] adj μηνιαίος • adv μηνιαία
• (pay) με το μήνα
monument [ˈmɒnjumənt] n μνημείο nt
mood [muːd] n (of person) διάθεση f • (of crowd,
group) ατμόσφαιρα f
moody [ˈmuːdɪ] adj (variable) κυκλοθυμικός
• (sullen) κακόκεφος
moon [muːn] n φεγγάρι nt
moonlight [ˈmuːnlaɪt] n η φεγγαρόφωτο nt
moor [mʊəʳ] n χερσότοπος m • vt δένω • vi
αγκυροβολώ
moose [muːs] n inv άλκη f (είδος ταράνδου)
mop [mɒp] n σφουγγαρίστρα f • vt (floor)
σφουγγαρίζω • (eyes, face) σφουγγίζω
▸ **mop up** vt σκουπίζω με πανί

moral [ˈmɒrl] adj ηθικός ▸ n (of story etc) ηθικό
δίδαγμα nt • **~ support** ηθική υποστήριξη
■ **morals** npl αρχές fpl
morale [mɒˈrɑːl] n η ηθικό nt
morality [məˈrælɪtɪ] n (good behaviour) ηθική f
• (system of morals) ηθικές αρχές fpl
• (correctness) ορθότητα f
morbid [ˈmɔːbɪd] adj (imagination, interest)
νοσηρός

KEYWORD

more [mɔːʳ] adj **1** (greater in number etc)
περισσότερος • **I have more wine than beer**
έχω περισσότερο κρασί από μπύρα • **I have
more pens than pencils** έχω πιο πολλά στυλό
παρά or από μολύβια
2 (additional) άλλος m, άλλη f, άλλο nt • **it'll take
a few more weeks** θα πάρει λίγες εβδομάδες
ακόμα
▸ pron **1** (greater amount) πάνω • **more than 10**
πάνω or περισσότεροι από 10
2 (further or additional amount) άλλο • **a little
more** λίγο ακόμα or παραπάνω • **many more**
πολλοί περισσότεροι or παραπάνω • **much
more** πολύ περισσότερο or παραπάνω
▸ adv πιο • **more dangerous/difficult (than)**
πιο επικίνδυνος/δύσκολος (από) • **more easily/
quickly (than)** πιο εύκολα/γρήγορα (από)
• **more and more** όλο και πιο • **more or less**
(approximately) πάνω-κάτω • (almost) σχεδόν
• **more than ever** περισσότερο παρά ποτέ

moreover [mɔːˈrəʊvəʳ] adv επιπλέον
morgue [mɔːɡ] n νεκροτομείο nt
morning [ˈmɔːnɪŋ] n πρωί nt ▸ cpd (paper, sun,
walk) πρωινός • **in the ~** το πρωί
Morocco [məˈrɒkəʊ] n Μαρόκο nt
morphine [ˈmɔːfiːn] n μορφίνη f
Morse [mɔːs] n (also: **~ code**) σήματα nt pl Μορς
mortal [ˈmɔːtl] adj (man) θνητός • (danger, sin)
θανάσιμος • (enemy, combat) θανάσιμος ▸ n
θνητός/ή m/f
mortar [ˈmɔːtəʳ] n (Mil) όλμος m • (Constr)
κονίαμα nt
mortgage [ˈmɔːɡɪdʒ] n στεγαστικό δάνειο nt
(με υποθήκη) ▸ vt υποθηκεύω
mortified [ˈmɔːtɪfaɪd] adj: **to be ~** είμαι
ταπεινωμένος
mortuary [ˈmɔːtjuərɪ] n νεκροτομείο nt
mosaic [məʊˈzeɪk] n μωσαϊκό nt
Moslem [ˈmɒzləm] adj, n = **Muslim**
mosque [mɒsk] n τζαμί nt
mosquito [mɒsˈkiːtəʊ] (pl **mosquitoes**) n
κουνούπι nt
moss [mɒs] n (plant) βρύο nt

KEYWORD

most [məʊst] adj **1** (almost all: people, things etc)
οι περισσότεροι m, οι περισσότερες f, τα
περισσότερα nt
2 (largest, greatest) ο μεγαλύτερος or καλύτερος
▸ pron (greatest quantity, number) ο
περισσότερος • **most of it/them** το
περισσότερο/οι περισσότεροι • **most of the**

money/her friends/the time τα περισσότερα
or πιο πολλά λεφτά/οι περισσότεροι or πιο
πολλοί φίλοι της/ τον περισσότερο or πιο πολύ
καιρό • **to make the most of sth** επωφελούμαι
από κτ • **at the (very) most** το πολύ(-πολύ)
▶ *adv* **1** (+ *verb: spend, eat, work etc*) το
περισσότερο
2 (+ *adjective*): **the most intelligent/
expensive** ο πιο έξυπνος/ακριβός
3 (+ *adverb: carefully, easily etc*): **of the three of
us, I drove the most carefully** από τους τρεις
μας, εγώ οδήγησα πιο προσεχτικά • (*very*)
ιδιαίτερα

mostly ['məustlɪ] *adv* (*chiefly*) κυρίως • (*usually*)
συνήθως
MOT (*BRIT*) *n abbr* (= *Ministry of Transport*)
Υπουργείο πτ Συγκοινωνιών • **~ (test)** ≈ ΚΤΕΟ
motel [məu'tɛl] *n* μοτέλ *nt inv*
moth [mɔθ] *n* λεπιδόπτερο *nt* (*fml*)
mother ['mʌðə'] *n* μητέρα *f* ▶ *vt* (*pamper,
protect*) κανακεύω
motherhood ['mʌðəhud] *n* μητρότητα *f*
mother-in-law ['mʌðərɪnlɔ:] *n* πεθερά *f*
mother tongue *n* μητρική γλώσσα *f*
motif [məu'ti:f] *n* (*design*) διακοσμητικό σχέδιο *nt*
• (*theme*) μοτίβο *nt*
motion ['məuʃən] *n* κίνηση *f* • (*proposal*)
πρόταση *f* ▶ *vt, vi*: **to ~ (to) sb to do sth** κάνω
νόημα σε κν να κάνει κτ
motionless ['məuʃənlɪs] *adj* ακίνητος
motion picture *n* κινηματογραφική ταινία *f*
motivate ['məutɪveɪt] *vt* (*act, decision*)
προκαλώ • (*person*) δίνω κίνητρο
motivation [məutɪ'veɪʃən] *n* κίνητρο *nt*
motive ['məutɪv] *n* κίνητρο *nt*
motor ['məutə'] *n* (*of machine, vehicle*) κινητήρας
m • (*BRIT inf: car*) αμάξι *nt*
motorbike ['məutəbaɪk] *n* μοτοσυκλέτα *f*
motor car ['məutəka:] (*BRIT*) *n* αυτοκίνητο *nt*
motorcycle ['məutəsaɪkl] *n* μοτοσυκλέτα *f*
motoring ['məutərɪŋ] (*BRIT*) *n* οδήγηση *f*
motorist ['məutərɪst] *n* οδηγός *mf*
motor racing (*BRIT*) *n* αγώνας *m* αυτοκινήτων
motorway ['məutəweɪ] (*BRIT*) *n*
αυτοκινητόδρομος *m*
motto ['mɔtəu] (*pl* **mottoes**) *n* ρητό *nt*
mould [məuld], **mold** (*US*) *n* (*cast: for metal*)
καλούπι *nt* • (*mildew*) μούχλα *f* ▶ *vt* (*plastic, clay
etc*) δίνω σχήμα σε • (*fig: public opinion*)
διαμορφώνω
mound [maund] *n* (*of earth*) ύψωμα *nt* • (*of
blankets, leaves etc*) σωρός *m*
mount [maunt] *n* (*mountain in proper names*)
όρος *nt* • (*horse*) ζώο *nt* (*που ιππεύει κάποιος*)
▶ *vt* (*horse*) ιππεύω • (*exhibition, display*)
διοργανώνω • (*staircase*) ανεβαίνω • (*attack,
campaign*) οργανώνω ▶ *vi* (*increase*) αυξάνομαι
▶ **mount up** *vi* μαζεύομαι • (*costs*)
συσσωρεύομαι
mountain ['mauntɪn] *n* βουνό *nt*
mountain bike *n* ποδήλατο *nt* ανωμάλου
δρόμου
mountainous ['mauntɪnəs] *adj* ορεινός

mourn [mɔ:n] *vt* πενθώ ▶ *vi*: **to ~ for** (*person*)
θρηνώ για
mourning ['mɔ:nɪŋ] *n* πένθος *nt* • **in ~** που έχει
πένθος
mouse [maus] (*pl* **mice**) *n* (*also Comput*) ποντίκι *nt*
mouse mat, mouse pad *n* (*Comput*)
mousepad *nt inv*
mousse [mu:s] *n* μους *nt inv*
moustache [məs'ta:ʃ], **mustache** (*US*) *n*
μουστάκι *nt*
mouth [mauθ] (*pl* **mouths**) *n* (*Anat*) στόμα *nt*
• (*of river*) εκβολές *fpl*
mouthful ['mauθful] *n* (*of food*) μπουκιά *f* • (*of
drink*) γουλιά *f*
mouthpiece ['mauθpi:s] *n* (*of musical
instrument*) επιστόμιο *nt* • (*spokesman*)
φερέφωνο *nt*
move [mu:v] *n* (*movement*) κίνηση *f* • (*change*)
μετακόμιση *f* ▶ *vt* μετακινώ • (*person: emotionally*)
συγκινώ • (*Pol: resolution etc*) υποβάλλω
πρόταση ▶ *vi* (*person, animal, traffic*) κινούμαι,
κουνιέμαι • (*also: ~ house*) μετακομίζω • (*develop:
situation, events*) εξελίσσομαι
▶ **move about** *vi* (*change position*)
πηγαινοέρχομαι • (*change residence, job*) πηγαίνω
από δω κι από κει
▶ **move along** *vi* προχωράω
▶ **move around** *vi* = **move about**
▶ **move away** *vi* (*leave*) απομακρύνομαι
▶ **move back** *vi* (*return*) επιστρέφω
▶ **move in** *vi* (*to a house*) μετακομίζω • (*police,
soldiers*) μπαίνω
▶ **move on** *vi* (*leave*) φεύγω
▶ **move out** *vi* (*of house*) μετακομίζω
▶ **move over** *vi* κάνω χώρο
movement ['mu:vmənt] *n* κίνηση *f*
• (*transportation: of goods etc*) μεταφορά *f* • (*esp
Rel, Pol*) κίνημα *nt* • (*Mus*) μέρος *nt*
movie ['mu:vɪ] *n* ταινία *f*
moving ['mu:vɪŋ] *adj* (*emotional*) συγκινητικός
• (*that moves*) κινητός
mow [məu] (*pt* **mowed**, *pp* **mowed** or **mown**)
vt κουρεύω
▶ **mow down** *vt* (*kill*) θερίζω
Mozambique [məuzæm'bi:k] *n* Μοζαμβίκη *f*
MP *n abbr* (= *Member of Parliament*) Βουλευτής *mf*
• (= *Military Police*) • (*CANADA*: = *Mounted Police*)
Έφιππη Αστυνομία *f*
MP3 (*Comput*) *n abbr* Εμ-Πι-Τρία *nt inv*, MP3 *nt inv*
MP3 player *n* MP3 player *nt inv*
Mr ['mɪstə'], **Mr.** (*US*) *n*: **Mr Smith** ο κύριος Σμιθ
Mrs ['mɪsɪz], **Mrs.** (*US*) *n*: **~ Smith** η κυρία Σμιθ
Ms [mɪz], **Ms.** (*US*) *n* (*Miss or Mrs*): **Ms Smith** η
κυρία Σμιθ
Mt (*Geo*) *abbr* = **mount**

 KEYWORD

much [mʌtʃ] *adj* (*time, money, effort*) πολύς
• **how much milk?** πόσο γάλα; • **how much
does it cost?** πόσο κάνει; • **he's done so much
work for the foundation** έχει κάνει τόση πολλή
δουλειά για το ίδρυμα • **as much as** (*τόσος*) όσος
▶ *pron* πολλά • **there isn't much to do** δεν έχει
πολλά πράγματα να κάνεις • **how much does it**

cost? — **too much** πόσο κοστίζει; — πάρα πολύ
• **how much is it?** πόσο κάνει;
▶ adv **1** (greatly, a great deal) πολύ • **thank you
very much** ευχαριστώ πάρα πολύ • **as much as**
όσο (περισσότερο)
2 (by far) πολύ • **I'm much better now** είμαι
πολύ καλύτερα τώρα
3 (almost) σχεδόν • **how are you feeling today?**
— **much the same** πώς είσαι σήμερα; — τα ίδια

muck [mʌk] n (dirt) βρωμιά f
▶ **muck about** (inf) vi τριγυρίζω άσκοπα ▶ vt
(person) παιδεύω
▶ **muck around** vi = **muck about**
▶ **muck up** (inf) vt τα κάνω μούσκεμα
mucus ['mju:kəs] n βλέννα f
mud [mʌd] n λάσπη f
muddle ['mʌdl] n (mess) ακαταστασία nt
• (confusion) σύγχυση f ▶ vt (also: ~ **up**: things)
ανακατεύω
▶ **muddle through** vi τα καταφέρνω
κουτσά-στραβά • (get by) τα βολεύω
muddy ['mʌdi] adj (floor) λασπωμένος • (field)
γεμάτος λάσπες
muesli ['mju:zli] n μούσλι nt inv (μείγμα
δημητριακών)
muffled ['mʌfld] adj πνιγμένος
mug [mʌg] n (cup) κούπα f • (for beer) μεγάλο
ποτήρι nt • (inf: face) μούρη f • (: fool) κόπανος m
▶ vt επιτίθεμαι (για να ληστέψω)
mugging ['mʌgɪŋ] n επίθεση f (για ληστεία)
mule [mju:l] n μουλάρι nt
multicoloured ['mʌltɪkʌləd], **multicolored**
(US) adj πολύχρωμος
multimedia ['mʌltɪ'mi:dɪə] (Comput) npl
πολυμέσα nt pl
multinational [mʌltɪ'næʃənl] adj πολυεθνικός
▶ n πολυεθνική f
multiple ['mʌltɪpl] adj πολλαπλός ▶ n (Math)
πολλαπλάσιο nt
multiple-choice ['mʌltɪpltʃɔɪs] adj με
ερωτήσεις πολλαπλής επιλογής
multiple sclerosis n σκλήρυνση f κατά πλάκας
multiplex ['mʌltɪpleks] n (also: ~ **cinema**)
κινηματογράφος m (με πολλές αίθουσες
προβολής)
multiply ['mʌltɪplaɪ] vt πολλαπλασιάζω ▶ vi
πολλαπλασιάζομαι
multi-storey ['mʌltɪ'stɔ:rɪ] (BRIT) adj (building,
car park) πολυώροφος
mum [mʌm] (BRIT inf) n μαμά f ▶ adj: **to keep ~**
δεν βγάζω άχνα
mummy ['mʌmɪ] n (BRIT: mother) μαμά f
• (embalmed body) μούμια f
mumps [mʌmps] n μαγουλάδες fpl
munch [mʌntʃ] vt μασουλάω ▶ vi μασουλάω
municipal [mju:'nɪsɪpl] adj δημοτικός
mural ['mjuərl] n τοιχογραφία f
murder ['mə:də'] n ο φόνος m • (premeditated)
δολοφονία f • (Jur) ανθρωποκτονία f ▶ vt
δολοφονώ
murderer ['mə:dərə'] n δολοφόνος mf
murky ['mə:kɪ] adj (street, night) σκοτεινός
• (water) θολός

murmur ['mə:mə'] n μουρμουρητό nt ▶ vt
ψιθυρίζω ▶ vi μουρμουράω
muscle ['mʌsl] n μυς m • (fig: strength) νεύρο nt
▶ **muscle in** vi ανακατεύομαι
muscular ['mʌskjulə'] adj (pain) μυϊκός
• (person, build) γεροδεμένος
museum [mju:'zɪəm] n μουσείο nt
mushroom ['mʌʃrum] n μανιτάρι nt
music ['mju:zɪk] n μουσική f
musical ['mju:zɪkl] adj (career, skills) μουσικός
• (person) φιλόμουσος ▶ n μιούζικαλ nt inv
musical instrument n μουσικό όργανο nt
musician [mju:'zɪʃən] n μουσικός mf
Muslim ['mʌzlɪm] adj μουσουλμανικός ▶ n
μουσουλμάνος/α m/f
muslin ['mʌzlɪn] n μουσελίνα f
must [mʌst] aux vb: **I ~ do it** πρέπει να το κάνω
▶ n: **to be a ~** είναι απαραίτητο • **he ~ be there
by now** πρέπει να έχει φτάσει τώρα • **I ~ have
made a mistake** πρέπει να έχω κάνει λάθος
mustache ['mʌstæʃ] (US) n = **moustache**
mustard ['mʌstəd] n μουστάρδα f
mustn't ['mʌsnt] = **must not**
mutiny ['mju:tɪnɪ] n ανταρσία f ▶ vi στασιάζω
mutter ['mʌtə'] vt ψιθυρίζω ▶ vi μουρμουρίζω
mutton ['mʌtn] n προβατίνα f
mutual ['mju:tʃuəl] adj (feeling, attraction)
αμοιβαίος • (benefit, interest) κοινός
muzzle ['mʌzl] n (of dog) μουσούδα f • (guard:
for dog) φίμωτρο nt ▶ vt (dog) έχω φίμωτρο
my [maɪ] adj μου • **I've washed my hair** έλουσα
τα μαλλιά μου • **is this my pen or yours?** αυτό
είναι το δικό μου στυλό ή το δικό σου;
myself [maɪ'self] pron (reflexive: often not
translated) ο εαυτός μου • (complement, after
prep: often not translated) τον εαυτό μου
• (emph) ο ίδιος • (alone: also: **(all) by ~**)
(εντελώς) μόνος μου
mysterious [mɪs'tɪərɪəs] adj μυστηριώδης
mystery ['mɪstərɪ] n μυστήριο nt
mystic ['mɪstɪk], **mystical** ['mɪstɪkl] adj
(experience, cult, rite) μυστικιστικός
myth [mɪθ] n μύθος m

N, n [εn] *n* το δέκατο τέταρτο γράμμα του αγγλικού αλφαβήτου

n/a *abbr* (= not applicable) δεν ισχύει

nag [næg] *vt* βασανίζω ▶ *vi* γκρινιάζω • **to ~ at sb** (doubt, worry) τρώω κν

nail [neɪl] *n* (on finger, toe) νύχι *nt* • (metal) καρφί *nt* ▶ *vt* (attach): **to ~ sth to sth** καρφώνω κτ σε κτ • **to ~ sb down (to sth)** υποχρεώνω κν να συμφωνήσει (σε κτ)

nail varnish (BRIT) *n* βερνίκι *nt* νυχιών

naive [naɪˈiːv] *adj* αφελής

naked [ˈneɪkɪd] *adj* (person, body, flame, light) γυμνός

name [neɪm] *n* όνομα *nt* ▶ *vt* ονομάζω • (specify: price, date etc) ορίζω • **what's your ~?** πώς σας λένε; • (familiar) πώς σε λένε; • **in the ~ of** (also fig) στο όνομα +gen

namely [ˈneɪmlɪ] *adv* συγκεκριμένα

nanny [ˈnænɪ] *n* (child carer) νταντά *f*

nap [næp] *n* (sleep) υπνάκος *m*

napkin [ˈnæpkɪn] *n* (also: **table ~**) πετσέτα *f* φαγητού

nappy [ˈnæpɪ] (BRIT) *n* πάνα *f*

narcotics *npl* ναρκωτικά *nt pl*

narrative [ˈnærətɪv] *n* αφήγηση *f*

narrator [nəˈreɪtəʳ] *n* αφηγητής/τρια *m/f*

narrow [ˈnærəu] *adj* (space, road, ledge etc) στενός • (majority) οριακός • (victory, defeat) με μικρή διαφορά ▶ *vi* στενεύω • (difference) περιορίζομαι ▶ *vt* (gap) μικραίνω • (difference) περιορίζω • **to have a ~ escape** γλιτώνω παρά τρίχα • **to ~ sth down (to sth)** περιορίζω κτ (σε κτ)

narrowly [ˈnærəulɪ] *adv* (avoid, escape) παρά τρίχα

nasal [ˈneɪzl] *adj* (cavity, congestion, membrane) ρινικός • (voice) έρρινος

nasty [ˈnɑːstɪ] *adj* (person) κακός • (remark) άσχημος • (taste, smell) απαίσιος • (wound, accident, shock) άσχημος

nation [ˈneɪʃən] *n* έθνος *nt*

national [ˈnæʃənl] *adj* εθνικός

national anthem *n* εθνικός ύμνος *m*

national dress *n* εθνική ενδυμασία *f*

National Health Service (BRIT) *n* Εθνικό Σύστημα *nt* Υγείας

National Insurance (BRIT) *n* ασφάλεια *f* Δημοσίου

nationalist [ˈnæʃnəlɪst] *adj* εθνικιστικός ▶ *n* εθνικιστής/τρια *m/f*

nationality [næʃəˈnælɪtɪ] *n* εθνικότητα *f* • (citizenship) υπηκοότητα *f*

national park *n* εθνικό πάρκο *nt*

nationwide [ˈneɪʃənwaɪd] *adj* (campaign) πανεθνικός • (tour, search) σε όλη τη χώρα

native [ˈneɪtɪv] *n* (local inhabitant) ντόπιος/α *m/f* • (in colonies) ιθαγενής *mf* ▶ *adj* (population, inhabitant) ντόπιος • (language) μητρικός

NATO [ˈneɪtəu] *n abbr* (= North Atlantic Treaty Organization) ΝΑΤΟ *nt inv*

natural [ˈnætʃrəl] *adj* φυσικός • (innate) έμφυτος

natural gas *n* φυσικό αέριο *nt*

natural history *n* Φυσική Ιστορία *f*

naturally [ˈnætʃrəlɪ] *adv* (behave, act) φυσιολογικά • (lead, arise, result) λογικά • (of course) φυσικά

nature [ˈneɪtʃəʳ] *n* (also: **N~**) φύση *f* • (of person) χαρακτήρας *m* • **by ~** εκ φύσεως

nature reserve (BRIT) *n* εθνικός δρυμός *m*

naughty [ˈnɔːtɪ] *adj* (child) άτακτος

nausea [ˈnɔːsɪə] *n* ναυτία *f*

naval [ˈneɪvl] *adj* (uniform, academy) ναυτικός • (forces) του Ναυτικού

nave [neɪv] *n* κεντρικό κλίτος *nt*

navel [ˈneɪvl] *n* ομφαλός *m*

navigate [ˈnævɪgeɪt] *vt* (river) διασχίζω με πλοίο ▶ *vi* (Naut, Aviat) κυβερνάω • (Aut) δίνω οδηγίες για το δρόμο

navigation [nævɪˈgeɪʃən] *n* (action) διακυβέρνηση *f* (σκάφους) • (science) ναυσιπλοΐα *f*

navy [ˈneɪvɪ] *n* (branch of military) Ναυτικό *nt* • (ships) στόλος *m* (πολεμικός)

Nazi [ˈnɑːtsɪ] *n* Ναζί *mf inv*

NB *abbr* (= nota bene) ≈ προσοχή

near [nɪəʳ] *adj* (in space, time) κοντά • (relative) στενός ▶ *adv* (in space) κοντά • (almost: disastrous, perfect, impossible) σχεδόν ▶ *prep* (also: **~ to**: in space) κοντά σε • (in time) κοντά σε • (in situation) κοντά σε ▶ *vt* (place, time) πλησιάζω σε • (age) πλησιάζω • (state, situation) κοντεύω να φτάσω σε • **in the ~ future** στο εγγύς μέλλον • **to draw ~** πλησιάζω • (in time) πλησιάζω

nearby [nɪəˈbaɪ] *adj* κοντινός ▶ *adv* κοντά

nearly [ˈnɪəlɪ] *adv* περίπου • **I ~ fell** παραλίγο να πέσω or κόντεμα να πέσω

neat [niːt] *adj* (tidy: office, desk, person, clothes) (γραφείο, ρούχα) τακτοποιημένος, (άτομο) τακτικός • (effective: plan, solution) αποτελεσματικός • (undiluted: spirits) σκέτος

neatly [ˈniːtlɪ] *adv* (tidily) τακτικά

necessarily [ˈnɛsɪsrɪlɪ] *adv* (inevitably) αναγκαστικά • **not** ~ όχι απαραίτητα

necessary [ˈnɛsɪsrɪ] *adj* (required: skill, quality, item) απαραίτητος • (inevitable: result, effect) αναγκαστικός

necessity [nɪˈsɛsɪtɪ] *n* (inevitability) αναγκαιότητα *f* • (compelling need) ανάγκη *f* • (essential item) αναγκαίο *nt*

neck [nɛk] n (of person) λαιμός m • (of animal) σβέρκος m • (of shirt, dress, jumper) γιακάς m • (of bottle) λαιμός m • **to be ~ and ~** είμαι στήθος με στήθος

necklace ['nɛklıs] n κολιέ nt inv

nectarine ['nɛktərın] n νεκταρίνι nt

need [ni:d] n ανάγκη f • (poverty) ανέχεια f ▸ vt χρειάζομαι • **I ~ to do sth** πρέπει or χρειάζεται να κάνω κτ • **you don't ~ to go, you needn't go** δεν χρειάζεται or δεν είναι ανάγκη να πάτε • **to be in ~ of** χρειάζομαι

needle ['ni:dl] n βελόνα f

needless ['ni:dlıs] adj άσκοπος • **~ to say** περιττό να πω

needn't ['ni:dnt] = **need not**

needy ['ni:dı] adj άπορος ▸ npl: **the ~** οι άποροι

negative ['nɛgətıv] adj αρνητικός ▸ n (Phot) αρνητικό nt • (Ling) αρνητικός τύπος m

neglect [nɪ'glɛkt] vt (child, area, house, garden) παραμελώ • (one's duty, responsibilities) αμελώ ▸ n (of child) παραμέληση f • (of area, house, garden) εγκατάλειψη f

negligence ['nɛglıdʒəns] n αμέλεια f

negotiate [nɪ'gəuʃıeıt] vi διεξάγω διαπραγματεύσεις ▸ vt (treaty, contract) διαπραγματεύομαι • (obstacle, hill) περνάω πάνω από • (bend) παίρνω

negotiation [nıgəuʃı'eıʃən] n διαπραγματεύσεις nt pl ▪ **negotiations** npl (discussions) διαπραγματεύσεις fpl

negotiator [nɪ'gəuʃıeıtəʳ] n αυτός που παίρνει μέρος σε διαπραγματεύσεις

neighbour ['neıbəʳ], **neighbor** (US) n γείτονας/ισσα m/f

neighbourhood ['neıbəhud], **neighborhood** (US) n γειτονιά f • **in the ~ of** (sum of money) (ποσό) της τάξεως +gen

neighbouring ['neıbərıŋ], **neighboring** (US) adj γειτονικός

neither ['naıðəʳ] conj: **I didn't move and ~ did John** δεν κουνήθηκα ούτε εγώ ούτε κι ο Τζων ▸ pron κανείς από τους δύο δεν ▸ adv: **neither... nor...** ούτε ... ούτε... • **~ story is true** καμιά απ' τις δυο ιστορίες δεν είναι αλήθεια • **~ is true** ούτε το ένα ούτε το άλλο είναι αλήθεια • **~ do I/have I** ούτε κι εγώ

neon ['ni:ɔn] n νέον nt

Nepal [nɪ'pɔ:l] n Νεπάλ nt inv

nephew ['nevju:] n ανιψιός m

nerve [nə:v] n (Anat) νεύρο nt • (courage) θάρρος nt • (impudence) θράσος nt ▪ **nerves** npl νεύρα nt pl • **he gets on my nerves** μου δίνει στα νεύρα

nervous ['nə:vəs] adj νευρικός

nervous breakdown n νευρικός κλονισμός m

nest [nɛst] n φωλιά f ▸ vi φωλιάζω

net [nɛt] n (fabric) τούλι nt • (netting) δίχτυ nt • (for fish: large) δίχτυ nt • (: small) απόχη f • (Tennis, Badminton etc) δίχτυ nt • (Football) δίχτυα nt pl • (Comput): **the N~** το Δίκτυο nt • (fig) δίχτυ nt ▸ adj (Comm) καθαρός • (final: result, effect) τελικός ▸ vt (fish, butterfly) πιάνω με την απόχη • (Comm: profit) αφήνω καθαρό κέρδος • (deal, sale, fortune) βγάζω

netball ['nɛtbɔ:l] n νέτμπωλ nt inv

Netherlands ['nɛðələndz] npl: **the ~** Ολλανδία f

nettle ['nɛtl] n τσουκνίδα f

network ['nɛtwə:k] n (also TV, Radio, Comput) δίκτυο nt • (of veins etc) πλέγμα nt

neurotic [njuə'rɔtık] adj νευρωτικός ▸ n νευρωτικός/ή m/f

neutral ['nju:trəl] adj ουδέτερος ▸ n (Aut) νεκρό nt

never ['nɛvəʳ] adv (not at any time) ποτέ (δεν) • (not) δεν • **~ again** ποτέ ξανά • see also **mind**

never-ending [nɛvər'ɛndıŋ] adj ατέλειωτος

nevertheless [nɛvəðə'lɛs] adv παρ' όλα αυτά

new [nju:] adj καινούργιος • (improved) νέος • (boss, president etc) νέος • (inexperienced) νέος

newborn ['nju:bɔ:n] adj νεογέννητος

newcomer ['nju:kʌməʳ] n νεοφερμένος/η m/f

newly ['nju:lı] adv πρόσφατα

news [nju:z] n νέα nt pl • **a piece of ~** ένα νέο • **the ~** (Radio, TV) τα νέα

news agency n πρακτορείο nt ειδήσεων

newsagent ['nju:zeıdʒənt] (BRIT) n εφημεριδοπώλης/ισσα m/f

newscaster ['nju:zka:stəʳ] n εκφωνητής/ τρια m/f

newsdealer ['nju:zdi:ləʳ] (US) n = **newsagent**

newsletter ['nju:zlɛtəʳ] n ενημερωτικό δελτίο nt

newspaper ['nju:zpeıpəʳ] n εφημερίδα f

newsreader ['nju:zri:dəʳ] n = **newscaster**

newt [nju:t] n τρίτωνιο (μαλάκιο)

New Year n Νέο Έτος nt

New Year's Day [nju:jıəz'deı] n Πρωτοχρονιά f

New Year's Eve [nju:jıəz'i:v] n παραμονή f Πρωτοχρονιάς

New Zealand [nju:'zi:lənd] n Νέα Ζηλανδία f ▸ adj νεοζηλανδέζικος

New Zealander [nju:'zi:ləndəʳ] n Νεοζηλανδός/έζα m/f

next [nɛkst] adj (in space) διπλανός • (in time) επόμενος ▸ adv (in space) δίπλα • (in time) μετά • (afterwards) μετά • **the ~ day** η επόμενη μέρα • **~ time** την επόμενη φορά • **~ year** του χρόνου • **~ to** δίπλα σε • **~ to nothing** (cost, do, know) σχεδόν τίποτα • **the ~ best** ο επόμενος καλύτερος

next door adv δίπλα ▸ adj: **next-door** διπλανός

NHS (BRIT) n abbr = **National Health Service**

nibble ['nıbl] vt ροκανίζω ▸ vi: **to ~ at** τσιμπολογάω

Nicaragua [nıkə'rægjuə] n Νικαράγουα f

nice [naıs] adj (likeable) συμπαθητικός • (kind) ευγενικός • (pleasant) ωραίος • (attractive) ωραίος

nicely ['naıslı] adv ωραία

niche [ni:ʃ] n (for statue) κόγχη f • (job, position) θέση f

nick [nık] n (scratch: on face etc) γρατζουνιά f ▸ vt (BRIT inf: steal) βουτάω • **in the ~ of time** στο τσακ

nickel ['nıkl] n (metal) νικέλιο nt • (US) νόμισμα των 5 σεντς

nickname ['nıkneım] n παρατσούκλι nt ▸ vt βγάζω παρατσούκλι σε

nicotine ['nıkəti:n] n νικοτίνη f

niece [niːs] n ανιψιά f
Nigeria [naɪˈdʒɪərɪə] n Νιγηρία f
night [naɪt] n (period of darkness) νύχτα f
• (evening) βράδυ nt • **at ~** τη νύχτα
nightclub [ˈnaɪtklʌb] n νυχτερινό κέντρο nt
nightingale [ˈnaɪtɪŋgeɪl] n αηδόνι nt
nightlife [ˈnaɪtlaɪf] n νυχτερινή ζωή f
nightly [ˈnaɪtlɪ] adj νυχτερινός ▸ adv κάθε βράδυ
nightmare [ˈnaɪtmɛəʳ] n (also fig) εφιάλτης m
night-time [ˈnaɪttaɪm] n νύχτα f
nil [nɪl] n μηδέν nt
nine [naɪn] num εννέα, εννιά
nineteen [naɪnˈtiːn] num δεκαεννέα, δεκαεννιά
nineteenth [naɪnˈtiːnθ] num δέκατος ένατος
ninety [ˈnaɪntɪ] num ενενήντα
ninth [naɪnθ] num ένατος
nip [nɪp] vt (bite) δαγκώνω ελαφρά • **to ~ into a shop** (BRIT inf) μπαίνω μια στιγμή σ'ένα μαγαζί
nipple [ˈnɪpl] n (Anat) θηλή f
nitrogen [ˈnaɪtrədʒən] n άζωτο nt

○ **KEYWORD**

no [nəʊ] (pl **noes**) adv (opposite of "yes") όχι
• **would you like some? — no thank you** θέλετε λίγο; — όχι ευχαριστώ
▸ adj (not any) **I have no money/time/books** δεν έχω λεφτά/καιρό/βιβλία • **no other man would have done it** κανένας άλλος δεν θα το έκανε • **"no entry"** «απαγορεύεται η είσοδος» • **"no smoking"** «απαγορεύεται το κάπνισμα»
▸ n όχι nt inv

no. abbr = **number**
nobility [nəʊˈbɪlɪtɪ] n (aristocracy) αριστοκρατία f • (quality) αξιοπρέπεια f
noble [ˈnəʊbl] adj (admirable: person, character) εξαιρετικός • (aristocratic: family, birth) αριστοκρατικός
nobody [ˈnəʊbədɪ] pron κανείς, καμία, κανένα
▸ n: **he's a ~** είναι ένα τίποτα
nod [nɒd] vi (to show agreement) γνέφω καταφατικά • (as greeting) χαιρετώ με μια κίνηση του κεφαλιού • (fig: flowers etc) λικνίζομαι ▸ vt: **to ~ one's head** γνέφω ▸ n νεύμα nt
▸ **nod off** vi αποκοιμιέμαι
noise [nɔɪz] n θόρυβος m
noisy [ˈnɔɪzɪ] adj (children, machine) που κάνει θόρυβο or φασαρία • (place) που έχει πολύ θόρυβο
nominal [ˈnɒmɪnl] adj (leader, leadership) κατ' όνομα • (sum, price) συμβολικός
nominate [ˈnɒmɪneɪt] vt (propose) προτείνω • (appoint) ορίζω
nomination [nɒmɪˈneɪʃən] n (proposal) υποψηφιότητα f • (appointment) διορισμός m
nominee [nɒmɪˈniː] n υποψήφιος/α m/f
none [nʌn] pron (not one) κανένα m, κανείς, καμία f, κανένα nt • (not any) κανένας • **~ of us** κανένας μας, καμιά μας, κανένα μας • **...I've ~ left** (not any) δεν μου έχει μείνει καθόλου... • (not one) ούτε ένας • **I was ~ the wiser** πάλι δεν κατάλαβα τίποτε
nonetheless [ˈnʌnðəˈlɛs] adv παρ' όλα αυτά
nonsense [ˈnɒnsəns] n ασυναρτησίες fpl

nonsmoker [ˈnɒnˈsməʊkəʳ] n μη καπνιστής/τρια m/f
noodles [ˈnuːdlz] npl νουντλς ntpl inv
noon [nuːn] n μεσημέρι nt
no-one [ˈnəʊwʌn] pron = **nobody**
nor [nɔːʳ] conj = **neither** ▸ adv see **neither**
norm [nɔːm] n κανόνας m
normal [ˈnɔːməl] adj φυσιολογικός ▸ n: **to return to ~** επιστρέφω στο κανονικό
normally [ˈnɔːməlɪ] adv κατά κανόνα • (act, behave) κανονικά
north [nɔːθ] n βορράς m ▸ adj βόρειος ▸ adv βόρεια
North America n Βόρεια Αμερική f
North American adj βορειοαμερικανικός ▸ n βορειοαμερικανός/ή m/f
north east [nɔːθˈiːst] n βορειοανατολικά nt pl
northern [ˈnɔːðən] adj βόρειος
Northern Ireland n Βόρεια Ιρλανδία f
North Korea n Βόρεια Κορέα f
North Pole n: the **~ o** Βόρειος Πόλος
North Sea n: the **~ η** Βόρεια Θάλασσα
north west [nɔːθˈwɛst] n βορειοδυτικά nt pl
Norway [ˈnɔːweɪ] n Νορβηγία f
Norwegian [nɔːˈwiːdʒən] adj νορβηγικός ▸ n Νορβηγός/ίδα m/f • (Ling) νορβηγικά nt pl
nose [nəʊz] n μύτη f ▸ vi (also: **~ one's way**) προχωρώ (επιφυλακτικά)
▸ **nose about** vi γυροφέρνω
nostalgia [nɒsˈtældʒɪə] n νοσταλγία f
nostalgic [nɒsˈtældʒɪk] adj (experience) νοσταλγικός • (person) που αισθάνεται νοσταλγία
nosy [ˈnəʊzɪ] (inf) adj περίεργος

○ **KEYWORD**

not [nɒt] adv **1** (with indicative) δεν
2 (with nonindicative) όχι • **not that I know him** όχι πως τον ξέρω • **not yet/now** όχι ακόμα/τώρα
see also **at • only**

notable [ˈnəʊtəbl] adj αξιοσημείωτος
notably [ˈnəʊtəblɪ] adv (particularly) ιδιαίτερα
notch [nɒtʃ] n (in wood) εγκοπή f (fml) • (fig) κλάση f
▸ **notch up** vt (votes) κερδίζω • (score) σημειώνω • (victory) πετυχαίνω
note [nəʊt] n (of student, secretary etc) σημείωση f • (letter) σημείωμα nt • (banknote) χαρτονόμισμα nt • (Mus) νότα f • (tone) τόνος m
▸ vt (observe) παρατηρώ • (point out) επισημαίνω • (also: **~ down**) σημειώνω
notebook [ˈnəʊtbʊk] n σημειωματάριο nt
noted [ˈnəʊtɪd] adj ξακουστός
nothing [ˈnʌθɪŋ] pron τίποτα • **~ new/worse** etc τίποτα νεότερο/χειρότερο κ.λπ. • **~ much** τίποτα το ιδιαίτερο • **~ else** τίποτα άλλο • **for ~** (free) τζάμπα • (in vain) χωρίς λόγο
notice [ˈnəʊtɪs] n (sign) ανακοίνωση f • (warning) ειδοποίηση f • (dismissal: by employer) ειδοποίηση f απόλυσης • (by employee) παραίτηση f ▸ vt παρατηρώ • **to bring sth to sb's ~** θέτω κτ υπόψη κου • **to take no ~ of** δε δίνω καμιά σημασία σε • **at short/**

a moment's ~ (ειδοποίηση) την τελευταία στιγμή/της τελευταίας στιγμής

noticeable ['nəutɪsəbl] *adj* εμφανής

notification [nəutɪfɪ'keɪʃən] *n* (*on social media*) ειδοποίηση *f*

notify ['nəutɪfaɪ] *vt*: **to ~ sb (of sth)** ειδοποιώ κν (για κτ)

notion ['nəuʃən] *n* ιδέα *f*

notorious [nəu'tɔ:rɪəs] *adj* περιβόητος

notwithstanding [nɔtwɪθ'stændɪŋ] *adv* χωρίς να λάβω υπόψιν ▶ *prep* παρά +*acc*

nought [nɔ:t] *n* μηδέν *nt inv*

noun [naun] *n* ουσιαστικό *nt*

nourishment ['nʌrɪʃmənt] *n* (*food*) τροφή *f* • (*act*) διατροφή *f*

novel ['nɔvl] *n* μυθιστόρημα *nt* ▶ *adj* πρωτότυπος

novelist ['nɔvəlɪst] *n* μυθιστοριογράφος *mf*

novelty ['nɔvəltɪ] *n* νεωτερισμός *m* • (*object*) διακοσμητικό μικροαντικείμενο *nt*

November [nəu'vɛmbə^r] *n* Νοέμβριος *m* • *see also* **July**

novice ['nɔvɪs] *n* (*beginner*) αρχάριος/α *m/f*

now [nau] *adv* (*at the present time*) τώρα • (*these days*) σήμερα ▶ *conj*: **~ (that)** τώρα (που) • **right ~** αυτή τη στιγμή • **by ~** τώρα πια • **I saw her just ~** μόλις τώρα την είδα • **(every) ~ and then**, **(every) ~ and again** κάπου-κάπου • **from ~ on** από δω και στο εξής • **any day ~** από μέρα σε μέρα • **~ then** λοιπόν

nowadays ['nauədeɪz] *adv* στην εποχή μας

nowhere ['nəuwɛə^r] *adv* (*be, go*) πουθενά • **~ else** πουθενά αλλού

nuclear ['nju:klɪə^r] *adj* πυρηνικός

nucleus ['nju:klɪəs] (*pl* **nuclei**) *n* (*also fig*) πυρήνας *m*

nude [nju:d] *adj* γυμνός

nudge [nʌdʒ] *vt* σκουντάω

nudity ['nju:dɪtɪ] *n* γύμνια *f*

nuisance ['nju:sns] *n* μπελάς *m*

numb [nʌm] *adj* (*with cold etc*) μουδιασμένος • (*fig: with fear etc*) που έχει παραλύσει

number ['nʌmbə^r] *n* (*Math*) αριθμός *m* ▶ *vt* (*pages etc*) αριθμώ • (*amount to*) φτάνω (σε αριθμό) • **a ~ of** μερικοί • **wrong ~** (*Tel*) λάθος νούμερο

number plate (BRIT) *n* (*Aut*) πινακίδα *f*

numerical [nju:'mɛrɪkl] *adj* αριθμητικός

numerous ['nju:mərəs] *adj* πολυάριθμος

nun [nʌn] *n* καλόγρια *f*

nurse [nə:s] *n* (*in hospital: female*) νοσοκόμα *f* • (: *male*) νοσοκόμος *m* • (*also:* **nursemaid**) νταντά *f* ▶ *vt* (*patient*) περιποιούμαι • (*breastfeed: baby*) θηλάζω

nursery ['nə:sərɪ] *n* (*institution*) παιδικός σταθμός *m* • (*room*) παιδικό δωμάτιο *nt* • (*for plants*) φυτώριο *nt*

nursery school *n* νηπιαγωγείο *nt*

nursing ['nə:sɪŋ] *n* (*profession*) νοσηλευτική *f* • (*care*) νοσηλεία *f*

nursing home *n* οίκος *m* ευγηρίας

nurture ['nə:tʃə^r] *vt* (*child*) ανατρέφω • (*fig*) καλλιεργώ

nut [nʌt] *n* (*Tech*) παξιμάδι *nt* • (*Bot*) ξηροί

καρποί *mpl* • (*on tree*) γενικός όρος για καρύδι, φουντούκι, αμύγδαλο κ.λπ. • (*inf: lunatic*) τρελός/ή *m/f*

nutmeg ['nʌtmɛg] *n* μοσχοκάρυδο *nt*

nutrient ['nju:trɪənt] *n* θρεπτική ουσία *f*

nutrition [nju:'trɪʃən] *n* (*diet*) διατροφή *f* • (*nourishment*) σίτιση *f*

nutritious [nju:'trɪʃəs] *adj* θρεπτικός

nuts [nʌts] (*inf*) *adj* τρελός

nylon ['naɪlɔn] *n* νάυλον *nt inv* ▶ *adj* νάυλον

O

O, o [əu] n το δέκατο πέμπτο γράμμα του
αγγλικού αλφαβήτου • (Tel etc) μηδέν
oak [əuk] n βελανιδιά f • (wood) δρυς f ▸ adj
δρύινος
oasis [əuˈeɪsɪs] (pl **oases**) n (also fig) όαση f
oath [əuθ] n όρκος m • (swear word) βρισιά f
oatmeal [ˈəutmiːl] n βρώμη f (αλεσμένη)
• (colour) μπεζ nt inv
oats [əuts] npl βρώμη f
obedience [əˈbiːdɪəns] n υπακοή f
obedient [əˈbiːdɪənt] adj υπάκουος
obese [əuˈbiːs] adj παχύσαρκος
obesity [əuˈbiːsɪtɪ] n παχυσαρκία f
obey [əˈbeɪ] vt υπακούω ▸ vi υπακούω
obituary [əˈbɪtjuərɪ] n νεκρολογία f
object [n ˈɔbdʒɪkt, vb əbˈdʒɛkt] n αντικείμενο nt
• (aim, purpose) σκοπός m • (Ling) αντικείμενο nt
▸ vi αντιτάσσομαι • **to ~ to sth** είμαι αντίθετος
σε/με κτ
objection [əbˈdʒɛkʃən] n αντίρρηση f
• (argument) αντίρρηση f
objective [əbˈdʒɛktɪv] adj αντικειμενικός ▸ n
στόχος m
obligation [ɔblɪˈgeɪʃən] n υποχρέωση f
obligatory [əˈblɪgətərɪ] adj υποχρεωτικός
oblige [əˈblaɪdʒ] vt (compel): **to ~ sb to do sth**
υποχρεώνω κν να κάνει κτ • (do a favour for)
κάνω την χάρη σε • **to be obliged to sb for sth**
είμαι υπόχρεος σε κν για κτ
oblique [əˈbliːk] adj (line) πλάγιος • (angle)
οξεία f
oblivious [əˈblɪvɪəs] adj: **to be ~ of** or **to** δεν
έχω επίγνωση +gen
obnoxious [əbˈnɔkʃəs] adj αποκρουστικός
obscene [əbˈsiːn] adj (gesture, remark) αισχρός
• (fig: wealth, income etc) σκανδαλώδης
obscure [əbˈskjuəʳ] adj (little known) άσημος
• (difficult to understand) δυσνόητος ▸ vt (view,
sun etc) κρύβω • (truth, meaning etc) συγκαλύπτω
observant [əbˈzɜːvənt] adj παρατηρητικός
observation [ɔbzəˈveɪʃən] n παρατήρηση f
• (ability to observe) παρατηρητικότητα f • (Med)
παρακολούθηση f
observatory [əbˈzɜːvətrɪ] n (Astr)
αστεροσκοπείο nt

observe [əbˈzɜːv] vt παρατηρώ • (rule,
convention) τηρώ
observer [əbˈzɜːvəʳ] n παρατηρητής m
obsess [əbˈsɛs] vt: **to be obsessed by** or **with
sb/sth** κς/κτ μου γίνεται έμμονη ιδέα
obsession [əbˈsɛʃən] n έμμονη ιδέα f
obsessive [əbˈsɛsɪv] adj (person) μονομανής
• (interest) αρρωστημένος
obsolete [ˈɔbsəliːt] adj απαρχαιωμένος
obstacle [ˈɔbstəkl] n (also fig) εμπόδιο nt
obstruct [əbˈstrʌkt] vt (road, path) μπλοκάρω
• (traffic) εμποδίζω • (fig) παρεμποδίζω
obstruction [əbˈstrʌkʃən] n (object) εμπόδιο nt
• (of plan, law) κωλυσιεργία f
obtain [əbˈteɪn] vt αποκτώ
obvious [ˈɔbvɪəs] adj προφανής
obviously [ˈɔbvɪəslɪ] adv (clearly) φανερά • (of
course) φυσικά • **~ not** προφανώς όχι
occasion [əˈkeɪʒən] n (point in time) περίσταση f
• (event, celebration etc) γεγονός nt
occasional [əˈkeɪʒənl] adj περιστασιακός
occasionally [əˈkeɪʒənəlɪ] adv περιστασιακά
occult [ɔˈkʌlt] n: **the ~** ο αποκρυφισμός
occupant [ˈɔkjupənt] n (of house, office etc)
ένοικος m/f • (of car, bus) επιβάτης/ιδα m/f
occupation [ɔkjuˈpeɪʃən] n (job) επάγγελμα nt
• (pastime) απασχόληση f • (of building)
κατάληψη f • (of country) κατοχή f
occupy [ˈɔkjupaɪ] vt (house) κατοικώ • (seat etc)
καταλαμβάνω • (building, country etc)
καταλαμβάνω • (fill: time) περνάω • (: position,
space) καταλαμβάνω • **to ~ o.s. (in** or **with sth/
doing sth)** απασχολούμαι (με κτ/κάνοντας κτ)
occur [əˈkɜːʳ] vi (event) γίνομαι • (exist:
phenomenon) συμβαίνω • **to ~ to sb** περνάω από
το νου or μυαλό κου
occurrence [əˈkʌrəns] n (event) γεγονός nt
• (incidence: of events) περιστατικό f
ocean [ˈəuʃən] n ωκεανός m
o'clock [əˈklɔk] adv: **it is 5 o'clock** είναι πέντε
(η ώρα)
October [ɔkˈtəubəʳ] n Οκτώβριος m, Οκτώβρης
m • see also **July**
octopus [ˈɔktəpəs] n χταπόδι nt
odd [ɔd] adj (strange: person, behaviour,
expression, shape) περίεργος • (uneven: number)
μονός • (not paired: sock, glove, shoe etc)
παράταιρος • (spare) περισσευούμενος
• (occasional) κανένας • **60-odd** καμιά εξηνταριά
• **to be the ~ one out** είμαι η εξαίρεση
oddly [ˈɔdlɪ] adv παράξενα • see also **enough**
odds [ɔdz] npl (in betting) αποδόσεις fpl • (fig)
πιθανότητες fpl • **at ~ with** σε αντίθεση
odometer [ɔˈdɔmɪtəʳ] (US) n χιλιομετρητής m
odour [ˈəudəʳ], **odor** (US) n μυρωδιά f

KEYWORD

of [ɔv, əv] prep **1** (possession, amount, description:
generally translated by genitive): **a friend of ours**
ένας φίλος μας • **that was kind of you** ήταν
ευγενικό εκ μέρους σας
2 (expressing quantity, amount, dates etc): **a kilo
of flour** ένα κιλό αλεύρι • **how much of this do
you need?** πόσο θέλετε απ' αυτό; • **there were**

3 of them (*people*) ήταν τρεις • (*objects*) ήταν τρία • **a cup of tea/vase of flowers** ένα φλιτζάνι τσάι/βάζο με λουλούδια • **the 5th of July** η 5η Ιουλίου
3 (*material*) από • **made of wood** ξύλινος *or* από ξύλο

🅞 **KEYWORD**

off [ɔf] *adv* **1** (*referring to distance, time*): **it's a long way off** είναι πολύ μακριά • **the game is 3 days off** ο αγώνας είναι σε τρεις μέρες
2 (*departure*): **to go off to Paris/Italy** φεύγω για το Παρίσι/την Ιταλία • **I must be off** πρέπει να πηγαίνω
3 (*removal*): **to take off one's hat/coat** βγάζω το καπέλο/παλτό μου • **the button came off** έφυγε το κουμπί • **10% off** (*Comm*) 10% έκπτωση
4 : **to be off** (*not at work: on holiday*) είμαι σε άδεια • (: *due to sickness*) έχω αναρρωτική (άδεια) • **to have a day off** (*from work*) παίρνω μια μέρα άδεια • **to be off sick** έχω αναρρωτική (άδεια)
▶ *adj* **1** (*not turned on: machine, light, engine etc*) σβηστός • (: *water, gas, tap*) κλειστός
2 (*cancelled*): **to be off** (*meeting, match, agreement*) έχω ματαιωθεί
3 (*BRIT: not fresh: milk etc*) χαλασμένος
4 : **on the off chance that …** στην απίθανη περίπτωση που … • **to have an off day** δεν είναι η μέρα μου
▶ *prep* **1** (*indicating motion, removal etc*) από
2 (*distant from*): **it's just off the M1** είναι αμέσως μόλις βγεις από τον αυτοκινητόδρομο M1 • **an island off the coast** ένα νησί κοντά στην ακτή

offence [əˈfɛns], **offense** (US) *n* (*crime*) αδίκημα *nt* • (*insult*) προσβολή *f* • **to take ~ (at)** θίγομαι (με)
offend [əˈfɛnd] *vt* προσβάλλω
offender [əˈfɛndər] *n* παραβάτης *mf*
offense [əˈfɛns] (US) *n* = **offence**
offensive [əˈfɛnsɪv] *adj* (*remark, behaviour*) προσβλητικός • (*smell etc*) αποκρουστικός
▶ *n* (*Mil*) επίθεση *f*
offer [ˈɔfər] *n* (*also Comm*) προσφορά *f* ▶ *vt* προσφέρω • (*advice*) δίνω • **to ~ to do sth** προσφέρομαι να κάνω κτ
office [ˈɔfɪs] *n* γραφείο *nt* • (*position*) θέση *f* • **to take ~** αναλαμβάνω τα καθήκοντα μου • **in ~** (*government, minister*) στην εξουσία
office block, office building (US) *n* συγκρότημα *nt* γραφείων
officer [ˈɔfɪsər] *n* (*Mil etc*) αξιωματικός *mf* • (*also:* **police ~**) αστυνομικός *mf* • (*of organization*) υπάλληλος *mf*
official [əˈfɪʃl] *adj* επίσημος ▶ *n* στέλεχος *nt*
offline [ɔfˈlaɪn] (*Comput*) *adj* εκτός σύνδεσης • (*switched off*) κλειστός ▶ *adv* εκτός σύνδεσης
off-peak [ˈɔfˈpiːk] *adj* (*heating, electricity*) νυχτερινός • (*train, ticket*) εκτός των ωρών αιχμής
off-season [ˈɔfˈsiːzn] *adj* εκτός εποχής ▶ *adv* εκτός εποχής
offset [ˈɔfsɛt] (*irreg*) *vt* ισοσταθμίζω
offshore [ɔfˈʃɔːr] *adj* στα ανοιχτά

offside [ˈɔfˈsaɪd] *adj* (*Sport*) οφσάιντ • (*Aut: with right-hand drive*) δεξιός • (: *with left-hand drive*) αριστερός
offspring [ˈɔfsprɪŋ] *n inv* απόγονοι *mpl*
often [ˈɔfn] *adv* συχνά • **how ~ do you go?** πόσο συχνά *or* κάθε πόσο πάτε; • **every so ~** κάθε τόσο
oh [əu] *excl* ω
oil [ɔɪl] *n* (*Culin*) λάδι *nt* • (*petroleum, for heating*) πετρέλαιο *nt* ▶ *vt* (*gun*) λαδώνω • (*engine, machine*) λιπαίνω
oil rig *n* πετρελαιοπηγή *f* • (*at sea*) πλατφόρμα *f* (*άντλησης πετρελαίου*)
oily [ˈɔɪlɪ] *adj* (*rag*) λαδωμένος • (*substance*) λιπαρός • (*food*) λαδερός
O.K. [ˈəuˈkeɪ] (*inf*) *excl* εντάξει ▶ *adj* εντάξει
▶ *vt* εγκρίνω
okay [ˈəuˈkeɪ] = **O.K.**
old [əuld] *adj* (*aged: person*) ηλικιωμένος • (: *thing*) παλιός • (*comparative age*) μεγάλος • (*former: school etc*) παλιός • (*familiar: joke, saying*) παλιός • (*long-established: friend, habit etc*) παλιός • **how ~ are you?** πόσων χρονών *or* ετών είστε; • (*familiar*) πόσων χρονών *or* ετών είσαι; • **he's 10 years ~** είναι δέκα χρονών *or* ετών • **older brother** μεγαλύτερος αδερφός
old age *n* γεράματα *nt pl*
old-fashioned [ˈəuldˈfæʃnd] *adj* (*style, design, clothes*) παλιομοδίτικος • (*person*) της παλιάς σχολής
old people's home [əuldˈpiːplzhəum] *n* γηροκομείο *nt*
olive [ˈɔlɪv] *n* ελιά *f* ▶ *adj* (*also:* **olive-green**) λαδί *inv*
olive oil *n* ελαιόλαδο *nt*
Olympic® [əuˈlɪmpɪk] *adj* των Ολυμπιακών Αγώνων
Olympic Games® [əulɪmpɪkˈgeɪmz], **Olympics**® *npl* οι Ολυμπιακοί Αγώνες
Oman [əuˈmaːn] *n* Ομάν *nt*
omelette [ˈɔmlɪt], **omelet** (US) *n* ομελέτα *f*
omen [ˈəumən] *n* οιωνός *m*
ominous [ˈɔmɪnəs] *adj* δυσοίωνος
omit [əuˈmɪt] *vt* παραλείπω ▶ *vi*: **to ~ to do sth** παραλείπω να κάνω κτ

🅞 **KEYWORD**

on [ɔn] *prep* **1** (*indicating position*) (πάνω) σε • **on the wall** στον τοίχο • **it's on the table** είναι (πάνω) στο τραπέζι • **on the left** (στα) αριστερά
2 (*indicating means, method, condition etc*): **on foot** (*go*) με τα πόδια • **on the train/plane** (*go*) με τρένο/αεροπλάνο • (*be*) στο τρένο/αεροπλάνο • **on the telephone/radio/television** στο τηλέφωνο/στο ραδιόφωνο/στην τηλεόραση • **to be on drugs** παίρνω ναρκωτικά • **to be on holiday** είμαι διακοπές • **to be away on business** λείπω σε επαγγελματικό ταξίδι
3 (*referring to time*): **on Friday** την Παρασκευή • **on Fridays** τις Παρασκευές • **on June 20th** στις 20 Ιουνίου • **the party is a week on Friday** το πάρτυ είναι την επόμενη Παρασκευή • **on arrival he went straight to his hotel** μόλις έφτασε πήγε κατευθείαν στο ξενοδοχείο του

• **on seeing this, he was very angry** μόλις το είδε αυτό νευρίασε πολύ
4 (*about, concerning*) για • **a book on physics** ένα βιβλίο Φυσικής
▶ *adv* **1** (*referring to dress*): **to have a coat on** φοράω παλτό • **she put her boots/gloves/hat on** φόρεσε τις μπότες/τα γάντια/το καπέλο της
2 (*referring to covering*): **screw the lid on tightly** κλείστε σφιχτά το καπάκι
3 (*further, continuously*): **to walk/drive/go on** συνεχίζω να περπατάω/να οδηγώ/το δρόμο μου • **to read on** συνεχίζω το διάβασμα
▶ *adj* **1** (*functioning, in operation: machine, radio, TV, light*) ανοιχτός • (: *tap*) ανοιχτός
• (: *handbrake*) τραβηγμένος • **is the meeting still on?** θα γίνει η συνεδρίαση • **there's a good film on at the cinema** παίζει ένα ωραίο έργο στον κινηματογράφο
2: **that's not on!** (*inf*) δεν είναι πράγματα αυτά!

once [wʌns] *adv* (*on one occasion*) μια φορά
• (*formerly*) κάποτε • (*a long time ago*) κάποτε
▶ *conj* (*as soon as*) μόλις • **~ he had left/it was done** μόλις είχε φύγει/μόλις έγινε • **at ~** (*immediately*) αμέσως • (*simultaneously*) ταυτόχρονα • **~ a week** μια φορά τη βδομάδα • **~ more** *or* **again** άλλη μια φορά • **~ and for all** μια για πάντα • **~ upon a time** μια φορά κι έναν καιρό • **~ in a while** μια στις τόσες

oncoming ['ɒnkʌmɪŋ] *adj*: **the ~ traffic** το αντίθετο ρεύμα κυκλοφορίας

🔵 KEYWORD

one [wʌn] *num* ένας *m*, μία *f*, ένα *nt* • **one hundred and fifty** εκατόν πενήντα • **one by one** ένας-ένας
▶ *adj* **1** (*only*) μόνος
2 (*same*) ο ίδιος
▶ *pron* **1** ένας *m*, μία *f*, ένα *nt* • **this one** αυτός • **that one** εκείνος
2: **one another** ο ένας τον άλλον • **do you two ever see one another?** βλεπόσαστε ποτέ εσείς οι δυο;
3 (*impersonal*) κανείς

one-off [wʌn'ɒf] (*BRIT inf*) *n*: **to be a ~** είναι *or* γίνεται μια φορά μόνο

oneself [wʌn'self] *pron* (*reflexive*) εαυτός • (*after prep*) εαυτός • (*emph*) ο ίδιος • **to wash ~** πλένομαι • **he kept it for himself** το κράτησε για τον εαυτό του • **to talk to ~** παραμιλάω

one-sided [wʌn'saɪdɪd] *adj* (*conversation, relationship*) μονόπλευρος • (*contest*) άνισος

one-to-one ['wʌntəwʌn] *adj*: **~ tuition** ιδιαίτερο (*μάθημα*) • **~ relationship** προσωπική σχέση

one-way ['wʌnweɪ] *adj* (*traffic*) μονής κατευθύνσεως • (*trip*) χωρίς επιστροφή • (*ticket*) απλός • **~ street** μονόδρομος

ongoing ['ɒngəʊɪŋ] *adj* συνεχιζόμενος

onion ['ʌnjən] *n* κρεμμύδι *nt*

online ['ɒnlaɪn] (*Comput*) *adj* (*printer, database*) διαδικτυακός *inv* • (*switched on*) αναμμένος
▶ *adv* σε σύνδεση

onlooker ['ɒnlʊkəʳ] *n* θεατής *m*

only ['əʊnlɪ] *adv* (*solely*) μόνο • (*merely*) απλώς, απλά • (*just*) μόνο ▶ *adj* (*sole, single*) μοναδικός
▶ *conj* μόνο • **an ~ child** ένα μοναχοπαίδι
• **not ~ ... but (also)** ...όχι μόνο ...αλλά (και)...

onset ['ɒnset] *n* αρχή *f*

onto ['ɒntu] *prep* = **on to**

onward ['ɒnwəd], **onwards** ['ɒnwədz] *adv* (*move*) εμπρός • (*then*) μετά • **to travel onwards** συνεχίζω το ταξίδι • **from that time ~(s)** από τότε κι εμπρός

opaque [əʊ'peɪk] *adj* αδιαφανής

open ['əʊpn] *adj* ανοιχτός • (*undisguised: criticism*) φανερός • (*undecided: question*) αναπάντητος • (*options*) ανοιχτός • (*not reserved: ticket*) με ανοιχτή ημερομηνία ▶ *vt* ανοίγω ▶ *vi* ανοίγω • (*commence*) αρχίζω • (*film, play*) έχω πρεμιέρα • **in the ~ (air)** έξω • **to be ~ to** (*suggestions, criticism*) είμαι ανοιχτός σε
▶ **open up** *vi* (*unlock*) ανοίγω • (*confide*): **to ~ up (to sb)** ανοίγομαι (σε κν)

open-air [əʊpn'ɛəʳ] *adj* (*concert*) υπαίθριος
• (*swimming pool*) ανοιχτός

opener ['əʊpnəʳ] *n* (*also*: **tin ~, can ~**) ανοιχτήρι *nt*

opening ['əʊpnɪŋ] *adj* (*stages*) αρχικός
• (*remarks, scene, ceremony etc*) εναρκτήριος ▶ *n* (*gap, hole*) άνοιγμα *nt* • (*beginning: of play, book etc*) αρχή *f* • (*of new building, bridge etc*) εγκαίνια *nt pl* • (*opportunity*) κενή θέση *f*

opening hours ['əʊpnɪŋauəz] *npl* (*Comm*) ώρες *fpl* λειτουργίας

openly ['əʊpnlɪ] *adv* (*speak, cry*) ελεύθερα • (*act*) απροκάλυπτα

open-minded [əʊpn'maɪndɪd] *adj* (*person, approach*) ανοιχτόμυαλος

open-plan ['əʊpn'plæn] *adj*: **~ office** ενιαίος χώρος για γραφεία

Open University (*BRIT*) *n* Ανοιχτό Πανεπιστήμιο *nt*

opera ['ɒpərə] *n* όπερα *f*

opera house *n* όπερα *f* (*κτίριο*)

operate ['ɒpəreɪt] *vt* (*machine, vehicle etc*) χειρίζομαι ▶ *vi* λειτουργώ • (*Med*) χειρουργώ

operating system ['ɒpəreɪtɪŋsɪstəm] *n* (*Comput*) λειτουργικό σύστημα *nt*

operating theatre ['ɒpəreɪtɪŋθɪətəʳ] *n* χειρουργείο *nt*

operation [ɒpə'reɪʃən] *n* (*activity*) διαδικασία *f* • (*of machine, vehicle etc*) χειρισμός *m* • (*Mil, Police etc*) επιχείρηση *f* • (*Med*) εγχείρηση *f* • (*Comm*) δράση *f* • **to be in ~** (*law*) ισχύω • (*regulation, scheme*) λειτουργώ

operational [ɒpə'reɪʃənl] *adj* που λειτουργεί

operative ['ɒpərətɪv] *adj* που λειτουργεί ▶ *n* (*in factory*) εργάτης/τρια *m/f*

operator ['ɒpəreɪtəʳ] *n* (*Tel*) κέντρο *nt* • (*of machine*) χειριστής/τρια *m/f*

opinion [ə'pɪnjən] *n* (*point of view, belief*) γνώμη *f* • **in my ~** κατά την άποψή μου *or* τη γνώμη μου • **to have a good** *or* **high ~ of sb/o.s** έχω καλή γνώμη για κν/μεγάλη ιδέα για τον εαυτό μου

opinion poll *n* γκάλοπ *nt inv*

opium ['əʊpɪəm] *n* όπιο *nt*

opponent [ə'pəʊnənt] *n* (*also Sport*) αντίπαλος *mf*

opportunity [ɔpə'tjuːnɪtɪ] *n* (*chance*) ευκαιρία *f* • (*prospects*) ευκαιρίες *f*

oppose [ə'pəʊz] *vt* φέρνω αντιρρήσεις σε • **to be opposed to sth** αντιτίθεμαι σε κτ • **as opposed to** σε αντίθεση με

opposite ['ɔpəzɪt] *adj* (*house, door*) απέναντι • (*end, direction, side, point of view*) αντίθετος ▶ *adv* απέναντι ▶ *prep* (*in front of*) απέναντι σε • (*next to: on list, form etc*) δίπλα σε ▶ *n*: **the ~** (*say, think, do etc*) το αντίθετο • **the ~ sex** το αντίθετο φύλο

opposition [ɔpə'zɪʃən] *n* αντίδραση *f* • **the O~** (*Pol*) η αντιπολίτευση

opt [ɔpt] *vi*: **to ~ for** επιλέγω • **to ~ to do sth** επιλέγω να κάνω κτ ▶ **opt out, opt out of** *vi* (*not participate*) αποσύρομαι (από) • (*Pol: hospital, school*) αποσύρομαι (από κρατικό έλεγχο)

optician [ɔp'tɪʃən] *n* οπτικός *mf* • (*doctor*) οφθαλμίατρος *mf*

optimism ['ɔptɪmɪzəm] *n* αισιοδοξία *f*

optimist ['ɔptɪmɪst] *n* αισιόδοξος/η *m/f*

optimistic [ɔptɪ'mɪstɪk] *adj* αισιόδοξος

optimum ['ɔptɪməm] *adj* βέλτιστος

option ['ɔpʃən] *n* επιλογή *f* • (*Scol*) προαιρετικό μάθημα *nt*

optional ['ɔpʃənl] *adj* προαιρετικός

or [ɔːʳ] *conj* (*linking alternatives*) ή • (*because*) γιατί • (*otherwise*) αλλιώς • (*qualifying previous statement*) ή • **he hasn't seen or heard anything** ούτε είδε ούτε άκουσε τίποτα • **or else** αλλιώς

oral ['ɔːrəl] *adj* (*test, report*) προφορικός • (*Med: vaccine, medicine, contraceptive*) που λαμβάνεται απο το στόμα

orange ['ɔrɪndʒ] *n* πορτοκάλι *nt* ▶ *adj* πορτοκαλί *inv*

orbit ['ɔːbɪt] *n* τροχιά *f* ▶ *vt* περιστρέφομαι

orchard ['ɔːtʃəd] *n* περιβόλι *m* (με οπωροφόρα)

orchestra ['ɔːkɪstrə] *n* ορχήστρα *f* • (*US: stalls*) πλατεία *f*

orchid ['ɔːkɪd] *n* ορχιδέα *f*

ordeal [ɔː'diːl] *n* δοκιμασία *f*

order ['ɔːdəʳ] *n* (*command*) διαταγή *f* • (*Comm*) παραγγελία *f* • (*: in restaurant*) παραγγελία *f* • (*sequence*) σειρά *f* • (*law and order*) τάξη *f* ▶ *vt* (*command*) διατάζω • (*Comm*) παραγγέλνω • (*: in restaurant*) παραγγέλνω • (*also*: **put in ~**) βάζω σε τάξη • **in ~** (*permitted*) σύμφωνα με τη διαδικασία • (*document*) εντάξει • **in working ~** σε καλή κατάσταση • **in ~ to do/that** για να κάνω • **to be out of ~** (*not working*) δεν λειτουργώ • (*in the wrong sequence*) ανακατεμένο

order form *n* (*Comm*) δελτίο *nt* παραγγελίας

orderly ['ɔːdəlɪ] *n* (*Mil*) ορντινάτσα *f* • (*Med*) τραυματιοφορέας *mf* ▶ *adj* (*manner*) μεθοδικός • (*sequence*) κανονικός

ordinary ['ɔːdnrɪ] *adj* (*everyday*) συνηθισμένος • (*pej: mediocre*) κοινός • **out of the ~** ασυνήθιστος

ore [ɔːʳ] *n* μετάλλευμα *nt*

organ ['ɔːgən] *n* (*Anat*) όργανο *nt* • (*Mus*) εκκλησιαστικό όργανο *nt*

organic [ɔː'gænɪk] *adj* (*food, farming etc*) βιολογικός • (*Bio*) οργανικός

organism ['ɔːgənɪzəm] *n* οργανισμός *m*

organization [ɔːgənaɪ'zeɪʃən] *n* (*business, club, society*) οργανισμός *m* • (*planning*) οργάνωση *f*

organize ['ɔːgənaɪz] *vt* οργανώνω

organizer ['ɔːgənaɪzəʳ] *n* (*of conference etc*) διοργανωτής/τρια *m/f*

orgasm ['ɔːgæzəm] *n* οργασμός *m*

orgy ['ɔːdʒɪ] *n* όργιο *nt* • **an ~ of destruction** ένα όργιο καταστροφών

oriental [ɔːrɪ'entl] *adj* ανατολίτικος

origin ['ɔrɪdʒɪn] *n* (*of word, belief, universe etc*) προέλευση *f* • (*of person*) καταγωγή *f*

original [ə'rɪdʒɪnl] *adj* (*first*) αρχικός • (*genuine*) πρωτότυπος • (*imaginative*) πρωτότυπος ▶ *n* (*of painting, document etc*) πρωτότυπο *nt*

originally [ə'rɪdʒɪnəlɪ] *adv* αρχικά

originate [ə'rɪdʒɪneɪt] *vi*: **to ~ in** (*custom etc*) προέρχομαι από • (*idea, belief*) πρωτοεμφανίζομαι

ornament ['ɔːnəmənt] *n* (*object*) μπιμπελό *nt inv* • (*jewel*) στολίδι *nt*

ornamental [ɔːnə'mentl] *adj* διακοσμητικός

ornate [ɔː'neɪt] *adj* περίτεχνος

orphan ['ɔːfn] *n* ορφανό *nt*

orthodox ['ɔːθədɔks] *adj* ορθόδοξος • (*conventional*) παραδοσιακός

orthopaedic [ɔːθə'piːdɪk], **orthopedic** (*US*) *adj* ορθοπεδικός

ostrich ['ɔstrɪtʃ] *n* στρουθοκάμηλος *f*

other ['ʌðəʳ] *adj* άλλος • (*way*) αντίθετος • (*additional*) (και) άλλος • (*different: times, places*) άλλος • (*of a similar kind*) άλλος (παρόμοιος) ▶ *pron*: **the ~ (one)** ο άλλος • **others** άλλοι • **the others** οι άλλοι • **~ than** (*usually in negatives*) άλλος εκτός από *or* παρά • **the ~ day** τις προάλλες • **somebody or ~** κάποιος

otherwise ['ʌðəwaɪz] *adv* (*differently*) διαφορετικά • (*apart from that*) κατά τ' άλλα • (*if not*) αλλιώς

otter ['ɔtəʳ] *n* ενυδρίδα *f*

ouch [autʃ] *excl* ωχ

ought [ɔːt] (*pt ~*) *aux vb*: **I ~ to do it** οφείλω να το κάνω • **this ~ to have been corrected** αυτό θα έπρεπε να είχε διορθωθεί • **he ~ to win** θα πρέπει να νικήσει

ounce [auns] *n* ουγγιά *f* • (*fig: small amount*) σταλιά *f*

our ['auəʳ] *adj* μας • *see also* **my**

ours [auəz] *pron* δικός μας • *see also* **mine**¹

ourselves [auə'selvz] *pl pron* (*reflexive: often not translated*) τους εαυτούς μας • (*after prep*) εμάς • (*emph*) εμείς οι ίδιοι

oust [aust] *vt* (*government*) ανατρέπω • (*MP etc*) απομακρύνω

 KEYWORD

out [aut] *adv* **1** (*not in*) έξω • **they're out in the garden** είναι έξω στον κήπο • **out here/there** εδώ/εκεί (πέρα)

2 (*not at home, absent*) έξω • **Mr Green is out at the moment** ο κ. Γκρην λείπει αυτή τη στιγμή • **to have a day/night out** έχω έξοδο σήμερα/απόψε

3 (*indicating distance*) μακριά • **3 days out from Plymouth** 3 μέρες απόσταση από το Πλύμουθ
4 (*Sport*) άουτ *nt inv* • **the ball is/has gone out** η μπάλα είναι/βγήκε άουτ
▶ *adj* **1**: **to be out** (*out of game*) έχω αποβληθεί
2 (*have appeared: flowers, sun*) βγαίνω
3 (*news, secret*) κυκλοφορώ
4 (*extinguished: fire*) έχω σβήσει • (: *light, gas*) είμαι σβηστός
5 (*finished*): **before the week was out** πριν βγει η εβδομάδα
6: **to be out to do sth** έχω βάλει σκοπό να κάνω κτ
7 (*wrong*): **to be out in one's calculations** πέφτω έξω στους υπολογισμούς μου
▶ *prep* **1**: **out of** (*generally*) από • **to look out of the window** κοιτάω από το παράθυρο • **to be out of danger** είμαι εκτός κινδύνου • **out of curiosity/fear** από περιέργεια/φόβο • **to drink sth out of a cup** πίνω κτ από το φλιτζάνι
2 (*from among*) από • **1 out of every 3 smokers** ο ένας στους τρεις καπνιστές
3 (*without*): **to be out of milk/sugar/petrol** έχω ξεμείνει από γάλα/ζάχαρη/βενζίνη

outback ['autbæk] *n*: **the ~** η ενδοχώρα (*στην Αυστραλία*)
outbreak ['autbreik] *n* έκρηξη *f*
outburst ['autbə:st] *n* ξέσπασμα *nt*
outcast ['autka:st] *n* παρίας *m*
outcome ['autkʌm] *n* αποτέλεσμα *nt*
outcry ['autkraɪ] *n* κατακραυγή *f*
outdated [aut'deɪtɪd] *adj* ξεπερασμένος
outdoor ['autdɔ:'] *adj* (*activities, work*) υπαίθριος • (*swimming pool*) ανοιχτός
outdoors [aut'dɔ:z] *adv* έξω
outer ['autə'] *adj* εξωτερικός
outer space *n* διάστημα *nt*
outfit ['autfit] *n* (*set of clothes*) σύνολο *nt* • (*inf: team*) ομάδα *f*
outgoing ['autgəuɪŋ] *adj* (*extrovert*) εξωστρεφής • (*retiring: president, mayor etc*) απερχόμενος
outing ['autɪŋ] *n* έξοδος *f* • (*excursion*) εκδρομή *f*
outlaw ['autlɔ:] *n* παράνομος/η *m/f* ▶ *vt* κηρύσσω παράνομο
outlay ['autleɪ] *n* δαπάνη *f*
outlet ['autlet] *n* (*hole, pipe*) σιφόνι *nt* • (*Comm: also*: **retail ~**) κατάστημα *nt* λιανικής (πωλήσεως) • (*fig: for grief, anger etc*) διέξοδος *f*
outline ['autlaɪn] *n* (*shape: of object, house etc*) περίγραμμα *nt* • (*brief explanation: of plan, subject, idea*) γενικές γραμμές *fpl* ▶ *vt* (*fig: theory, plan, argument etc*) αναφέρω περιληπτικά
outlook ['autluk] *n* (*view, attitude*) αντίληψη *f* • (*prospects*) προοπτικές *fpl*
outnumber [aut'nʌmbə'] *vt* υπερέχω αριθμητικά +*gen*
out-of-date [autən'deɪt] *adj* (*passport, ticket*) που έχει λήξει • (*idea*) ξεπερασμένος • (*clothes*) ντεμοντέ *inv*
out-of-the-way ['autəndə'weɪ] *adj* (*remote: place*) απομακρυσμένος

out-of-work ['autənwə:k] *adj* άνεργος
outpatient ['autpeɪʃənt] *n* εξωτερικός ασθενής *mf*
outpost ['autpəust] *n* (*Mil*) προκεχωρημένο φυλάκιο *nt*
output ['autput] *n* (*of factory, mine, writer etc*) παραγωγή *f* • (*Comput*) έξοδος *f* ▶ *vt* (*Comput*) εξάγω
outrage ['autreɪdʒ] *n* (*scandal*) έκτροπο *nt* • (*atrocity*) εγκληματική ενέργεια *f* • (*anger*) αγανάκτηση *f*
outrageous [aut'reɪdʒəs] *adj* εξωφρενικός
outright [*adv* aut'raɪt, *adj* 'autraɪt] *adv* (*win*) καθαρά • (*buy*) μια και καλή • (*ask*) ευθέως • (*deny, refuse*) κατηγορηματικά ▶ *adj* (*winner, victory*) αδιαμφισβήτητος
outset ['autset] *n* ξεκίνημα *nt*
outside [aut'saɪd] *n* εξωτερικό (*μέρος*) *nt* ▶ *adj* εξωτερικός ▶ *adv* έξω ▶ *prep* (*not inside*) έξω από • (*not included in*) εκτός +*gen* • (*beyond: country, city*) έξω • **an ~ chance** μια ελάχιστη πιθανότητα
outsider [aut'saɪdə'] *n* (*stranger*) τρίτος *m* • (*in race etc*) αουτσάιντερ *nt inv*
outskirts ['autskə:ts] *npl* περίχωρα *nt pl*
outspoken [aut'spəukən] *adj* (*person*) ειλικρινής • (*statement*) ξεκάθαρος
outstanding [aut'stændɪŋ] *adj* (*exceptional*) εξαιρετικός • (*remaining: debt, work, problem*) εκκρεμής
outward ['autwəd] *adj* εξωτερικός ▶ *adv* = **outwards** • **~ journey** πηγαιμός
outwards ['autwədz] *adv* (*move, face, extend*) προς τα έξω
outweigh [aut'weɪ] *vt* υπερβαίνω
oval ['əuvl] *adj* οβάλ *inv* • (*face*) ωοειδής
ovary ['əuvərɪ] *n* ωοθήκη *f*
oven ['ʌvn] *n* φούρνος *m*

KEYWORD

over ['əuvə'] *adv* **1** (*across*) απέναντι • **to cross over** to the other side of the road περνάω στην άλλη μεριά του δρόμου • **over here/there** εδώ/εκεί
2 (*fall, knock down etc*) κάτω
3 (*finished*): **to be over** τελείωσα
4 (*excessively: clever, rich, fat etc*): **she's not over intelligent** δεν είναι ιδιαίτερα *or* υπερβολικά έξυπνη
5 (*remaining*): **to be over** (*money, food etc*) μένω • **there are 3 over** έχουν μείνει 3
6 (*everywhere*): **all over** σε όλο
7 (*again*): **over and over (again)** ξανά και ξανά
▶ *prep* **1** (*on top of*) πάνω σε
2 (*above*) πάνω από
3 (*on the other side of*) στην άλλη μεριά +*gen*
4 (*more than*) πάνω από
5 (*during*): **over the last few years/the winter** τα τελευταία χρόνια/το χειμώνα

overall [*adj* 'əuvərɔ:l, *adv* əuvər'ɔ:l] *adj* (*total*) συνολικός • (*general*) γενικός ▶ *adv* συνολικά
■ **overalls** *npl* φόρμα *f* (*ολόσωμη, της δουλειάς*)
overboard ['əuvəbɔ:d] *adv* (*Naut*) στη θάλασσα (*από το πλοίο*) • **to go ~** (*fig*) το παρατραβάω

overcame [əuvə'keɪm] pt of **overcome**
overcast ['əuvəka:st] adj συννεφιασμένος
overcoat ['əuvəkəut] n παλτό nt
overcome [əuvə'kʌm] (irreg) vt (difficulty, problem, fear) ξεπερνάω ▶ adj (emotionally) κυριεύω
overcrowded [əuvə'kraudɪd] adj (room, prison) ασφυκτικά γεμάτος • (city) υπερβολικά πυκνοκατοικημένος
overdose ['əuvədəus] n (Med) υπερβολική δόση f
overdraft ['əuvədra:ft] n (Comm) υπέρβαση f λογαριασμού
overdrawn [əuvə'drɔ:n] adj (Comm: person) που έχει χρεωστικό λογαριασμό • (: account) ακάλυπτος
overdue [əuvə'dju:] adj (late) που έχει καθυστέρηση • (needed: change, reform etc) που έπρεπε να είχε γίνει προ πολλού • (bill, library book) που έχει καθυστερήσει
overflow [əuvə'fləu] vi ξεχειλίζω
overgrown [əuvə'grəun] adj (garden) χορταριασμένος
overhaul [vb əuvə'hɔ:l, n 'əuvəhɔ:l] vt κάνω σέρβις σε ▶ n σέρβις nt inv
overhead [adv əuvə'hed, adj, n 'əuvəhed] adv από πάνω ▶ adj (light) κρεμαστός ■ **overheads** npl (expenses) πάγια έξοδα nt pl
overlap [əuvə'læp] vi (edges, figures) αλληλεπικαλύπτομαι • (fig: ideas, activities etc) συμπίπτω
overleaf [əuvə'li:f] adv στην πίσω σελίδα
overload [əuvə'ləud] vt (vehicle) υπερφορτώνω • (Elec) υπερφορτίζω
overlook [əuvə'luk] vt (have view over) έχω θέα σε • (fail to notice) παραβλέπω • (excuse, forgive) παραβλέπω
overnight [adv əuvə'naɪt, adj 'əuvənaɪt] adv (during the whole night) όλη τη νύχτα • (fig: suddenly) από τη μια μέρα στην άλλη ▶ adj (bag, clothes) για το βράδυ • (accommodation, stop) για τη νύχτα
overpowering [əuvə'pauərɪŋ] adj (heat, stench) έντονος • (feeling, desire) ακατανίκητος
overrun [əuvə'rʌn] (irreg) vt (country, continent) κατακλύζω ▶ vi (meeting etc) κρατάω παραπάνω
overseas [əuvə'si:z] adv στο εξωτερικό ▶ adj (market, trade) εξωτερικός • (student, visitor) ξένος
oversee [əuvə'si:] (irreg) vt επιβλέπω
overshadow [əuvə'ʃædəu] vt (also fig) επισκιάζω
oversight ['əuvəsaɪt] n αβλεψία f • due to an ~ εκ παραδρομής
overt [əu'vɜ:t] adj έκδηλος
overtake [əuvə'teɪk] (irreg) vt (Aut) προσπερνάω • (event, change, person, place) συμβαίνω σε ▶ vi (Aut) προσπερνάω
overthrow [əuvə'θrəu] (irreg) vt ανατρέπω
overtime ['əuvətaɪm] n υπερωρίες fpl
overturn [əuvə'tɜ:n] vt (car, chair) αναποδογυρίζω • (fig) ανατρέπω ▶ vi ανατρέπομαι
overweight [əuvə'weɪt] adj υπέρβαρος

overwhelm [əuvə'welm] vt (opponent, enemy etc) εξουδετερώνω • (feelings, emotions) κυριεύω
overwhelming [əuvə'welmɪŋ] adj (majority, advantage, number) (πλειοψηφία) συντριπτικός, (πλεονέκτημα, αριθμός) πολύ μεγάλος • (feeling, desire) ακατανίκητος
owe [əu] vt (money) χρωστάω • (fig: gratitude, respect, explanation) χρωστάω
owing to ['əuɪŋtu:] prep εξαιτίας +gen
owl [aul] n κουκουβάγια f
own [əun] vt έχω (είμαι ιδιοκτήτης) ▶ adj δικός • **a room of my ~** ένα δικό μου δωμάτιο • **to get one's ~ back** παίρνω το αίμα μου πίσω • **on one's ~** μόνος μου
▶ **own up** vi ομολογώ
owner ['əunə] n ιδιοκτήτης/τρια m/f
ownership ['əunəʃɪp] n ιδιοκτησία f
ox [ɔks] (pl **oxen**) n βόδι nt
oxygen ['ɔksɪdʒən] n οξυγόνο nt
oyster ['ɔɪstə] n στρείδι nt
oz. abbr = **ounce**
ozone ['əuzəun] n όζον nt

P, p [pi:] *n* το δέκατο έκτο γράμμα του αγγλικού αλφαβήτου

PA *n abbr* = **personal assistant**

pa [pa:] *(inf)* *n* μπαμπάς *m*

p.a. *abbr* = **per annum**

pace [peɪs] *n* βήμα *nt* ▶ *vi:* **to ~ up and down** βηματίζω πάνω-κάτω • **to keep ~ with** *(person)* περπατάω δίπλα σε • *(events)* συμβαδίζω

pacemaker ['peɪsmeɪkə'] *n (Med)* βηματοδότης *m* • *(Sport: pacesetter)* οδηγός *m*

Pacific [pə'sɪfɪk] *n:* **the ~ (Ocean)** ο Ειρηνικός (Ωκεανός)

pacifier ['pæsɪfaɪə'] *(US)* *n* πιπίλα *f*

pack [pæk] *n* πακέτο *nt* • *(US: of cigarettes)* πακέτο *nt* • *(of hounds)* αγέλη *f* • *(back pack)* σακίδιο *nt* • *(of cards)* τράπουλα *f* ▶ *vt (clothes, belongings)* μαζεύω • *(fill: suitcase, bag)* φτιάχνω • *(press down)* στοιβάζω ▶ *vi* φτιάχνω τις βαλίτσες μου • **to ~ into** *(people, objects)* στοιβάζομαι ▶ **pack up** *vi (BRIT inf: machine)* τα φτύνω • *(: person)* τα μαζεύω

package ['pækɪdʒ] *n (parcel)* δέμα *nt* • *(also:* **~ deal***)* πακέτο *nt* ▶ *vt (goods)* συσκευάζω

package holiday *(BRIT)* *n* οργανωμένες διακοπές *fpl*

packaging ['pækɪdʒɪŋ] *n* συσκευασία *f*

packed [pækt] *adj (crowded)* ασφυκτικά γεμάτος

packet ['pækɪt] *n (of cigarettes, crisps)* πακέτο *nt* • *(of washing powder etc)* κουτί *nt*

packing ['pækɪŋ] *n (act)* πακετάρισμα *nt* • *(paper, plastic etc)* συσκευασία *f*

pact [pækt] *n* σύμφωνο *nt*

pad [pæd] *n (paper)* σημειωματάριο *nt* • *(cotton wool)* κομμάτι *nt* • *(to prevent friction)* προστατευτικό *nt* ▶ *vt (cushion, upholstery etc)* ντύνω

paddle ['pædl] *n (oar)* κουπί *nt* • *(US: for table tennis)* ρακέτα *f* ▶ *vt* τραβάω κουπί σε ▶ *vi (at seaside)* πλατσουρίζω

paddock ['pædək] *n* λιβάδι *nt*

paedophile ['pi:dəufaɪl], *(US)* **pedophile** *n* παιδόφιλος *m*

page [peɪdʒ] *n (of book, magazine, newspaper)* σελίδα *f* • *(also:* **~ boy***: in hotel)* γκρουμ *m inv* ▶ *vt (in hotel etc)* φωνάζω

pager ['peɪdʒə'] *n* τηλεειδοποίηση *f*

paid [peɪd] *pt, pp of* **pay** ▶ *adj (work)* που γίνεται επί πληρωμή • *(holiday, leave)* μετ' αποδοχών • *(staff, official)* έμμισθος • **to put ~ to** *(BRIT: end, destroy)* κάνω χαλάστρα

pain [peɪn] *n* πόνος *m* • *(inf: nuisance: person)* μπελάς *m* • *(: object, situation)* πρόβλημα *nt* • **to be in ~** πονάω

painful ['peɪnful] *adj (injury, fracture etc)* επώδυνος • *(back)* που πονάει • *(sight, memory, decision etc)* οδυνηρός

painkiller ['peɪnkɪlə'] *n* παυσίπονο *nt*

painstaking ['peɪnzteɪkɪŋ] *adj (work, research)* προσεκτικός • *(person)* επιμελής

paint [peɪnt] *n* μπογιά *f* ▶ *vt (wall, door, house etc)* βάφω • *(person, picture, portrait)* ζωγραφίζω • *(fig)* δίνω

painter ['peɪntə'] *n (artist)* ζωγράφος *mf* • *(decorator)* ελαιοχρωματιστής *mf (fml)*

painting ['peɪntɪŋ] *n (activity: of artist)* ζωγραφική *f* • *(: of decorator)* βάψιμο *nt* • *(picture)* πίνακας *m (ζωγραφικής)*

pair [peə'] *n* ζευγάρι *nt* • **a ~ of scissors** ένα ψαλίδι • **a ~ of trousers** ένα παντελόνι

pajamas [pə'dʒa:məz] *(US)* *npl* πιτζάμες *fpl*

Pakistan [pa:kɪ'sta:n] *n* Πακιστάν *nt inv*

Pakistani [pa:kɪ'sta:nɪ] *adj* πακιστανικός ▶ *n* Πακιστανός/ή *m/f*

pal [pæl] *(inf)* *n* φιλαράκι *nt*

palace ['pæləs] *n* παλάτι *nt*

pale [peɪl] *adj (colour)* παλ • *(face)* χλωμός ▶ *n:* **beyond the ~** άνω ποταμών ▶ *vi* χλωμιάζω

Palestine ['pælɪstaɪn] *n* Παλαιστίνη *f*

palm [pa:m] *n (also:* **~ tree***)* φοίνικας *m*, φοινικιά *f* • *(of hand)* παλάμη *f* ▶ *vt:* **to ~ sth off on sb** *(inf)* πασάρω κτ σε κν

pamphlet ['pæmflət] *n* φυλλάδιο *nt*

pan [pæn] *n (Culin: also:* **saucepan***)* κατσαρόλα *f* • *(also:* **frying ~***)* τηγάνι *nt* ▶ *vt (inf: book, film)* θάβω

Panama ['pænəma:] *n* Παναμάς *m*

pancake ['pænkeɪk] *n* τηγανίτα *f*

panda ['pændə] *n* πάντα *nt inv*

panel ['pænl] *n (wood, metal, glass)* φύλλο *nt* • *(group of judges, experts etc)* επιτροπή *f*

panic ['pænɪk] *n* πανικός *m* ▶ *vi (person)* με πιάνει πανικός • *(crowd)* πανικοβάλλομαι

panorama [pænə'ra:mə] *n* πανόραμα *nt*

panther ['pænθə'] *n* πάνθηρας *m*

panties ['pæntɪz] *npl* κιλοτάκι *nt*

pantomime ['pæntəmaɪm] *(BRIT)* *n* χριστουγεννιάτικη παράσταση βασισμένη σε παραμύθια

pants [pænts] *npl (BRIT: underwear: woman's)* κιλοτάκι *nt* • *(: man's)* βρακί *nt* • *(US: trousers)* παντελόνι *nt*

paper ['peɪpə'] *n (material)* χαρτί *nt* • *(also:* **newspaper***)* εφημερίδα *f* • *(exam)* διαγώνισμα *nt* • *(academic essay)* εργασία *f* • *(document)* έγγραφο *nt* • *(wallpaper)* ταπετσαρία *f* ▶ *adj (hat, plane etc)* χάρτινος ▶ *vt (room)* βάφω ταπετσαρία σε ■ **papers** *npl (also:* **identity papers***)* χαρτιά *nt pl*

paperback ['peɪpəbæk] *n* χαρτόδετο βιβλίο *nt* • *(small)* βιβλίο *nt* τσέπης

paper clip n συνδετήρας m
paperwork ['peɪpəwəːk] n γραφική εργασία f
par [paː'] n (Golf) παρ nt inv (πρότυπο σκορ) • **to be on a ~ with** είμαι ισάξιος με
parachute ['pærəʃuːt] n αλεξίπτωτο nt
parade [pə'reɪd] n παρέλαση f • (inspection) επιθεώρηση f ▸ vt (troops etc) παρελαύνω • (wealth, knowledge etc) επιδεικνύω ▸ vi (Mil) παρελαύνω
paradise ['pærədaɪs] n (also fig) παράδεισος m
paradox ['pærədɒks] n (thing) αντίφαση f • (statement) παραδοξολογία f
paragraph ['pærəgrɑːf] n παράγραφος f
Paraguay ['pærəgwaɪ] n Παραγουάη f
parallel ['pærəlel] adj (fig) παράλληλος ▸ n παραλληλισμός m
paralysis [pə'rælɪsɪs] (pl **paralyses**) n (Med) παράλυση f
paranoid ['pærənɔɪd] adj παρανοϊκός
parasite ['pærəsaɪt] n (also fig) παράσιτο nt
parcel ['pɑːsl] n δέμα nt ▸ vt (also: ~ up) πακετάρω
pardon ['pɑːdn] n (Jur) χάρη f ▸ vt (person, sin, error etc) συγχωρώ • (Jur) απονέμω χάρη • ~ **me!, I beg your ~!** (I'm sorry!) με συγχωρείτε! • (I beg your) ~?, (US) ~ **me?** (what did you say?) ορίστε;
parent ['pεərənt] n γονιός m
parental [pə'rentl] adj (love, guidance etc) των γονιών • (control) γονικός
parish ['pærɪʃ] n ενορία f
park [pɑːk] n πάρκο nt ▸ vt σταθμεύω ▸ vi σταθμεύω
parking ['pɑːkɪŋ] n παρκάρισμα nt • **"no ~"** «απαγορεύεται η στάθμευση»
parking lot (US) n πάρκινγκ nt inv
parkway ['pɑːkweɪ] (US) n δενδρόφυτη λεωφόρος f
parliament ['pɑːləmənt] (BRIT) n Κοινοβούλιο nt
parliamentary [pɑːlə'mentərɪ] adj κοινοβουλευτικός
Parmesan [pɑːmɪ'zæn] n (also: ~ **cheese**) παρμεζάνα f
parole [pə'rəul] (Jur) n αποφυλάκιση f με αναστολή
parrot ['pærət] n παπαγάλος m
parsley ['pɑːslɪ] n μαϊντανός m
parsnip ['pɑːsnɪp] n δαύκι nt
part [pɑːt] n (section, division) μέρος nt • (of machine, vehicle) εξάρτημα nt • (Theat, Cine etc: role) ρόλος m • (US: in hair) χωρίστρα f ▸ adv = **partly** ▸ vt (separate: people) χωρίζω • (objects) παραμερίζω • (hair) κάνω χωρίστρα ▸ vi (people) χωρίζομαι • (crowd) ανοίγω δρόμο • **to take ~ in** παίρνω μέρος σε • **on his ~** εκ μέρους του • **for the most ~** στο μεγαλύτερο μέρος
▸ **part with** vt fus (possessions) αποχωρίζομαι • (money) καταβάλλω
partial ['pɑːʃl] adj (not complete: support) μερικός • (unfinished: victory, solution) ημιτελής • **to be ~ to** (like) έχω ιδιαίτερη προτίμηση or αδυναμία σε
participant [pɑː'tɪsɪpənt] n συμμετέχων/ ουσα m/f

participate [pɑː'tɪsɪpeɪt] vi συμμετέχω • **to ~ in** συμμετέχω σε
particle ['pɑːtɪkl] n (of dust) μόριο nt • (of metal) ψήγμα nt • (of food etc) κομματάκι nt
particular [pə'tɪkjulə'] adj (distinct from others) συγκεκριμένος • (special) ιδιαίτερος • **in ~** συγκεκριμένα • **to be very ~ about** είμαι πολύ απαιτητικός με ▪ **particulars** npl (details) λεπτομέρειες fpl • (name, address etc) στοιχεία nt pl
particularly [pə'tɪkjulǝlɪ] adv ιδιαίτερα
parting ['pɑːtɪŋ] n (farewell) χωρισμός m • (BRIT: in hair) χωρίστρα f ▸ adj αποχαιρετιστήριος
partition [pɑː'tɪʃǝn] n (screen) χώρισμα nt • (wall) τοίχος m (που χωρίζει) • (Pol: of country) διαμελισμός m ▸ vt (room, office) χωρίζω • (Pol: country) διαμελίζω
partly ['pɑːtlɪ] adv εν μέρει
partner ['pɑːtnǝ'] n σύντροφος mf • (Comm) συνέταιρος mf • (Sport: for cards, game etc) συμπαίκτης/τρια m/f
partnership ['pɑːtnǝʃɪp] n (Pol, Comm etc) συνεργασία f
partridge ['pɑːtrɪdʒ] n πέρδικα f
part-time ['pɑːt'taɪm] adj (work, staff) μερικής απασχόλησης ▸ adv (work, study) με μερική απασχόληση
party ['pɑːtɪ] n (Pol) κόμμα nt • (social event) πάρτυ nt inv • (group of people) παρέα f • (Jur) διάδικος m ▸ cpd (Pol) του κόμματος
pass [pɑːs] vt (spend: time) περνάω • (hand over: salt etc) δίνω • (go past: place, person) περνάω • (overtake: car etc) προσπερνάω • (fig: exceed) υπερβαίνω • (exam) περνάω • (approve: proposal, law) περνάω ▸ vi περνάω ▸ n (permit) άδεια f εισόδου • (Sport) πάσα f • **to ~ sth through sth** περνάω κτ μέσα από κτ
▸ **pass away** vi πεθαίνω
▸ **pass by** vi περνάω ▸ vt προσπερνάω
▸ **pass down** vt (customs, inheritance) περνάω
▸ **pass for** vt: **she could ~ for 25** θα μπορούσε να περάσει για 25
▸ **pass on** vt (news, object) (νέα) μεταφέρω, (αντικείμενο) δίνω • (illness) μεταδίδω • (benefits, price rises) μεταβιβάζω
▸ **pass out** vi λιποθυμώ
▸ **pass over** vt υποσκελίζω
▸ **pass up** vt (opportunity) αφήνω να μου ξεφύγει
passage ['pæsɪdʒ] n (indoors: also: **passageway**) διάδρομος m • (in book) απόσπασμα nt • (through crowd, undergrowth etc) πέρασμα nt • (Anat) δίοδος f • (act of passing) πέρασμα nt • (journey: on boat) πέρασμα nt (με πλοίο)
passenger ['pæsɪndʒǝ'] n επιβάτης/ιδα m/f
passion ['pæʃǝn] n πάθος nt
passionate ['pæʃǝnɪt] adj παθιασμένος
passive ['pæsɪv] adj (also Ling) παθητικός ▸ n (Ling) παθητική φωνή f
passport ['pɑːspɔːt] n (also fig) διαβατήριο nt
passport control n έλεγχος m διαβατηρίων
password ['pɑːswɔːd] n σύνθημα nt • (Comput) κωδικός m

past [pɑːst] *prep (in front of)* μπροστά από
• *(beyond)* πιο πέρα από • *(later than)* μετά από
▶ *adj (government, week, month etc)*
προηγούμενος ▶ *n* παρελθόν *nt* • **ten/quarter
~ eight** οκτώ και δέκα/τέταρτο • **to be ~ it** (BRIT
inf: person) έχω ξοφλήσει

pasta ['pæstə] *n* ζυμαρικά *nt pl*

paste [peɪst] *n (wet mixture)* ζύμη *f* • *(glue)*
αλευρόκολλα *f* • *(Culin)* πολτός *m* ▶ *vt (paper,
label, poster etc)* κολλάω • *(Comput)*: "~"
επικόλληση

pastel ['pæstl] *adj* παστέλ *inv*

pastime ['pɑːstaɪm] *n* απασχόληση *f*

pastor ['pɑːstə'] *n* πάστορας *m*

pastry ['peɪstrɪ] *n (dough)* φύλλο *nt* • *(cake)*
γλυκό *nt* με φύλλο *or* σφολιάτα

pasture ['pɑːstʃə'] *n* βοσκοτόπι *nt*

pat [pæt] *vt (dog etc)* χαϊδεύω • *(someone's back
etc)* χτυπάω ελαφρά • **to give sb/o.s. a ~ on the
back** *(fig)* λέω μπράβο σε κν

patch [pætʃ] *n (piece of material)* μπάλωμα *nt*
• *(also:* **eye ~**) καλύπτρα *f* • *(small area)* κηλίδα *f*
▶ *vt (clothes)* μπαλώνω • **a bald ~** μια φαλακρίτσα
• **to go through a bad ~** περνάω μια δύσκολη
περίοδο
▶ **patch up** *vt (clothes etc)* μπαλώνω • **to ~ up a
quarrel** τα ξαναφτιάχνω

patchy ['pætʃɪ] *adj (colour)* με μπαλώματα
• *(information, knowledge etc)* ελλιπής

pâté ['pæteɪ] *n* πατέ *nt inv*

patent ['peɪtnt] *n (Comm)* δίπλωμα *nt*
ευρεσιτεχνίας ▶ *vt (Comm)* αποκτώ δίπλωμα
ευρεσιτεχνίας για ▶ *adj* ολοφάνερος

paternal [pə'tɜːnl] *adj (love, duty)* πατρικός
• *(grandmother etc)* από τον πατέρα

path [pɑːθ] *n (trail, track)* μονοπάτι *nt* • *(of bullet,
aircraft, planet)* πορεία *f*

pathetic [pə'θetɪk] *adj (pitiful: sight)*
αξιολύπητος • *(very bad)* θλιβερός

pathway ['pɑːθweɪ] *n* μονοπάτι *nt*

patience ['peɪʃns] *n (tolerance)* υπομονή *f*
• *(BRIT Cards)* πασιέντζα *f*

patient ['peɪʃnt] *n* ασθενής *mf* ▶ *adj*
υπομονετικός

patio ['pætɪəu] *n* πλακόστρωτη αυλή *f*

patriotic [pætrɪ'ɔtɪk] *adj (person)* πατριώτης
• *(song, speech etc)* πατριωτικός

patrol [pə'trəul] *n* περιπολία *f* ▶ *vt* περιπολώ σε

patron ['peɪtrən] *n (customer)* πελάτης/ισσα
m/f • *(benefactor: of charity)* ευεργέτης/τιδα *m/f*

pattern ['pætən] *n (design)* σχέδιο *nt* • *(Sewing)*
πατρόν *nt inv*

patterned ['pætənd] *adj* εμπριμέ *inv*

pause [pɔːz] *n* παύση *f* ▶ *vi (stop temporarily)*
σταματάω για λίγο • *(while speaking)* κάνω μια
παύση

pave [peɪv] *vt* στρώνω *(με πλάκες κ.λπ.)* • **to
~ the way for** *(fig)* προετοιμάζω το έδαφος για

pavement ['peɪvmənt] *n (BRIT: for pedestrians)*
πεζοδρόμιο *nt* • *(US: of street)* οδόστρωμα *nt*

pavilion [pə'vɪlɪən] *n (Sport)* αποδυτήρια *nt pl*
(στην άκρη του γηπέδου)

paving ['peɪvɪŋ] *n (material)* πλάκες *fpl*

paw [pɔː] *n* πατούσα *f*

pawn [pɔːn] *n (Chess, also fig)* πιόνι *nt* ▶ *vt* βάζω
ενέχυρο

pay [peɪ] *(pt, pp* **paid**) *n* μισθός *m* ▶ *vt* πληρώνω
▶ *vi (be profitable)* αποδίδω • *(fig)* βγάζω *or*
βγαίνω σε καλό • **to ~ the price for sth** *(fig)*
πληρώνω το τίμημα για κτ • **to ~ the penalty
for sth** υφίσταμαι τις συνέπειες για κτ • **to ~ sb a
compliment** κάνω ένα κομπλιμέντο σε κν • **to
~ attention (to)** δίνω προσοχή *(σε)* • **to ~ sb a
visit** κάνω επίσκεψη σε κν • **to ~ one's respects
to sb** υποβάλλω τα σέβη μου σε κν
▶ **pay back** *vt* ξεπληρώνω • *(loan)* αποπληρώνω
▶ **pay for** *vt fus (fig)* πληρώνω *(για)*
▶ **pay off** *vt (debt, mortgage)* εξοφλώ • *(person)*
απολύω ▶ *vi (scheme, decision)* αποδίδω
▶ **pay out** *vt* πληρώνω
▶ **pay up** *vi* πληρώνω

payable ['peɪəbl] *adj (tax, interest)* πληρωτέος

payment ['peɪmənt] *n (act)* πληρωμή *f* • *(of bill)*
πληρωμή *f* • *(sum of money)* πληρωμή *f*

payroll ['peɪrəul] *n* κατάσταση *f* μισθοδοσίας

PC *n abbr* = **personal computer** • *(BRIT)*
= **police constable**

pc *abbr* = **per cent**

pea [piː] *n* μπιζέλι *nt*

peace [piːs] *n (not war)* ειρήνη *f* • *(calm: of place,
surroundings)* ηρεμία *f*

peaceful ['piːsful] *adj (settlement,
demonstration)* ειρηνικός

peach [piːtʃ] *n* ροδάκινο *nt*

peacock ['piːkɔk] *n* παγόνι *nt*

peak [piːk] *n (of mountain)* κορυφή *f* • *(of cap)*
γείσο *nt* • *(fig)* μέγιστο *nt*

peanut ['piːnʌt] *n* φιστίκι *nt (αράπικο)*

peanut butter *n* φιστικοβούτυρο *nt*

pear [peə'] *n* αχλάδι *nt*

pearl [pɜːl] *n* μαργαριτάρι *nt*

peasant ['peznt] *n* χωρικός/ή *m/f*

peat [piːt] *n* τύρφη *f*

pebble ['pebl] *n* βότσαλο *nt*

peck [pek] *vt (bird)* τσιμπάω • *(also:* **~ at**)
τσιμπολογάω ▶ *n (of bird)* τσίμπημα *nt* • *(kiss)*
φιλάκι *nt*

peculiar [pɪ'kjuːlɪə'] *adj (strange: taste, shape
etc)* παράξενος • *(person)* ιδιόρρυθμος • **to be
~ to** είναι ιδιαίτερο *or* χαρακτηριστικό γνώρισμα
+*gen*

pedal ['pedl] *n (on bicycle)* πετάλι *nt* • *(on car,
piano)* πεντάλ *nt inv* ▶ *vi* κάνω ποδήλατο

pedestal ['pedəstl] *n* βάθρο *nt*

pedestrian [pɪ'destrɪən] *n* πεζός/ή *m/f* ▶ *adj*
των πεζών • *(fig)* πεζός

pedestrian crossing *(BRIT)* *n* διάβαση *f* πεζών

pedigree ['pedɪgriː] *n (of animal)* ράτσα *f* • *(fig:
background)* ιστορικό *nt* ▶ *cpd (dog)* ράτσας

pee [piː] *(inf)* *vi* κατουράω

peek [piːk] *vi* ρίχνω μια κλεφτή ματιά ▶ *n*:
to have *or* **take a ~ (at)** ρίχνω μια γρήγορη
ματιά *(σε)*

peel [piːl] *n* φλούδα *f* ▶ *vt* καθαρίζω ▶ *vi (paint)*
ξεφτίζω • *(wallpaper, skin, back etc)* ξεφλουδίζω

peep [piːp] *n (look)* γρήγορη ματιά *nt* ▶ *vi (look)*
κρυφοκοιτάζω
▶ **peep out** *vi* ξεπροβάλλω

peer [pɪəʳ] n (noble) ευγενής mf • (contemporary) συνομήλικος/η m/f ▶ vi: **to ~ at** περιεργάζομαι
peg [peg] n (for coat etc) κρεμαστάρι nt • (BRIT: also: **clothes ~**) μανταλάκι nt • **off the ~** απ' τα έτοιμα
pelican ['pelɪkən] n πελεκάνος m
pelvis ['pelvɪs] n λεκάνη f
pen [pen] n (for writing: also: **fountain ~**) πέννα f • (also: **ballpoint ~**) στυλό nt inv • (enclosure: for sheep etc) μαντρί nt
penalty ['penltɪ] n (punishment) ποινή f • (fine) πρόστιμο nt • (Sport) πέναλτι nt inv
pence [pens] npl of **penny**
pencil ['pensl] n μολύβι nt ▶ vt: **to ~ sb/sth in** σημειώνω (προσωρινά) κν/κτ
pendant ['pendnt] n μενταγιόν nt inv
pending ['pendɪŋ] prep μέχρι ▶ adj (business, lawsuit etc) που εκκρεμεί
penetrate ['penɪtreɪt] vt (person, territory, forest etc) διεισδύω σε • (light, water, sound) διαπερνάω
penguin ['peŋgwɪn] n πιγκουίνος m
penicillin [penɪ'sɪlɪn] n πενικιλίνη f
peninsula [pə'nɪnsjulə] n χερσόνησος f
penis ['piːnɪs] n πέος nt
penniless ['penɪlɪs] adj άφραγκος
penny ['penɪ] (pl **pennies** or BRIT **pence**) n (after 1971: one hundredth of a pound) πένα f • (US: cent) σεντς nt inv
pen pal n φίλος/η m/f δι' αλληλογραφίας
pension ['penʃən] n σύνταξη f
▶ **pension off** vt συνταξιοδοτώ
pensioner ['penʃənəʳ] (BRIT) n συνταξιούχος mf
pentagon ['pentəgən] (US) n: **the P~** το Πεντάγωνο
penthouse ['penthaus] n ρετιρέ nt inv
penultimate [pe'nʌltɪmət] adj προτελευταίος
people ['piːpl] npl (individuals) άνθρωποι mpl • (in general) οι άνθρωποι mpl • **the ~** (Pol) ο λαός • **~ say that ...** ο κόσμος λέει ότι...
pepper ['pepəʳ] n (spice) πιπέρι nt • (vegetable) πιπεριά f ▶ vt: **to ~ with** (fig) ρίχνω
peppermint ['pepəmɪnt] n (sweet) μέντα f
per [pəːʳ] prep (for each) ανά • **~ day/person** την ημέρα/το άτομο • **...sixty miles/€10 ~ hour ...** εξήντα μίλια/10 λίρες την ώρα • **~ annum** το χρόνο or ετησίως
perceive [pə'siːv] vt (see: sound, light, difference) διακρίνω • (understand) αντιλαμβάνομαι
per cent n τοις εκατό
percentage [pə'sentɪdʒ] n ποσοστό nt
perception [pə'sepʃən] n αντίληψη f • (opinion, understanding) άποψη f
perch [pəːtʃ] n (for bird) κούρνια f • (fish) πέρκα f ▶ vi: **to ~ (on)** (bird) κουρνιάζω (σε) • (person) μαζεύομαι
percussion [pə'kʌʃən] n κρουστά nt pl
percent [adj, n 'pəːfɪkt, vb pə'fekt] adj (faultless: person, behaviour etc) τέλειος • (ideal) ιδανικός • (utter: idiot etc) τέλειος ▶ vt τελειοποιώ ▶ n: **the ~** (also: **the ~ tense**) ο παρακείμενος
perfection [pə'fekʃən] n τελειότητα f
perfectly ['pəːfɪktlɪ] adv (emph) απολύτως, απόλυτα • (perform, do etc) τέλεια • (completely: understand etc) απόλυτα

perform [pə'fɔːm] vt (task etc) εκτελώ • (operation) κάνω • (piece of music) ερμηνεύω ▶ vi δίνω μια παράσταση
performance [pə'fɔːməns] n (of actor, singer etc) ερμηνεία f • (of play, show) παράσταση f • (of car, engine) απόδοση f • (of athlete) επίδοση f • (of company, economy) απόδοση f
performer [pə'fɔːməʳ] n (actor, dancer etc) καλλιτέχνης/ιδα m/f
perfume ['pəːfjuːm] n άρωμα nt
perhaps [pə'hæps] adv ίσως • **~ not** μπορεί και όχι
perimeter [pə'rɪmɪtəʳ] n περίμετρος f
period ['pɪərɪəd] n περίοδος f • (Scol) ώρα f • (esp US: full stop) τελεία f • (Med: also: **menstrual ~**) περίοδος f ▶ adj (costume, furniture) εποχής
periodic [pɪərɪ'ɔdɪk] adj περιοδικός
periodical [pɪərɪ'ɔdɪkl] n επιστημονικό περιοδικό nt
periodically [pɪərɪ'ɔdɪklɪ] adv περιοδικά
perish ['perɪʃ] vi (die) πεθαίνω • (rubber, leather etc) χαλάω
perjury ['pəːdʒərɪ] (Jur) n ψευδορκία f
perks [pəːks] (inf) npl τυχερά nt pl
perm [pəːm] n περμανάντ f inv ▶ vt: **to have one's hair permed** κάνω τα μαλλιά μου περμανάντ
permanent ['pəːmənənt] adj μόνιμος
permanently ['pəːmənəntlɪ] adv (damage) μόνιμα • (stay, live) για πάντα • (locked, open, frozen etc) διαρκώς
permission [pə'mɪʃən] n άδεια f • (official authorization) έγκριση f
permit [n pə'mɪt, vb pə'mɪt] n (authorization) άδεια f ▶ vt επιτρέπω • **to ~ sb to do sth** επιτρέπω σε κν να κάνει κτ
persecution [pəːsɪ'kjuːʃən] n δίωξη f
persevere [pəːsɪ'vɪəʳ] vi δείχνω επιμονή
Persian ['pəːʃən] adj: **the (Persian) Gulf** ο (Περσικός) Κόλπος
persist [pə'sɪst] vi επιμένω • **to ~ in doing sth** εξακολουθώ να κάνω κτ
persistent [pə'sɪstənt] adj (person, noise, cough etc) επίμονος
person ['pəːsn] n άτομο nt • **in ~** αυτοπροσώπως
personal ['pəːsnl] adj (belongings, bank account, opinion, view, visit, appeal) προσωπικός • (life, habits etc) προσωπικός • (rude) αδιάκριτος
personal assistant n ιδιαίτερος/α γραμματέας m/f
personal computer n προσωπικός υπολογιστής m
personality [pəːsə'nælɪtɪ] n προσωπικότητα f
personally ['pəːsnəlɪ] adv (for my part) προσωπικά • (in person) με τον ίδιο • **to take sth ~** παίρνω κτ προσωπικά
personal stereo n γιουόκμαν nt inv
personnel [pəːsə'nel] n προσωπικό nt
perspective [pə'spektɪv] n (Archit, Art) προοπτική f • (way of thinking) άποψη f
perspiration [pəːspɪ'reɪʃən] n εφίδρωση f
persuade [pə'sweɪd] vt: **to ~ sb to do sth** πείθω κν να κάνει κτ

persuasion [pə'sweɪʒən] n (act) πειθώ f
persuasive [pə'sweɪsɪv] adj πειστικός
Peru [pə'ru:] n Περού nt inv
perverse [pə'vɜ:s] adj (person) διεστραμμένος
• (behaviour) διεστραμμένος
pervert [n 'pɜ:vɜ:t, vb pə'vɜ:t] n
διεστραμμένος/η m/f ► vt (truth, custom, sb's
words) διαστρέφω
pessimism ['pesɪmɪzəm] n απαισιοδοξία f
pessimist ['pesɪmɪst] n απαισιόδοξος m
pessimistic [pesɪ'mɪstɪk] adj απαισιόδοξος
pest [pest] n παράσιτο nt • (fig) ζιζάνιο nt
pesticide ['pestɪsaɪd] n εντομοκτόνο nt
pet [pet] n κατοικίδιο (ζώο) nt ► adj (theory etc)
προσφιλής ► vt χαϊδεύω
petal ['petl] n πέταλο nt
petite [pə'tit] adj λεπτοκαμωμένος
petition [pə'tɪʃən] n ψήφισμα nt
petrified ['petrɪfaɪd] adj (fig) μαρμαρωμένος
petrol ['petrəl] (BRIT) n βενζίνη f • two/
four-star ~ βενζίνη απλή/σούπερ • unleaded ~
αμόλυβδη βενζίνη
petroleum [pə'trəʊlɪəm] n πετρέλαιο nt
petrol station (BRIT) n βενζινάδικο nt
petty ['petɪ] adj (small) ασήμαντος • (small-
minded) μικροπρεπής
pew [pju:] n στασίδι nt
phantom ['fæntəm] n φάντασμα nt
pharmacist ['fa:məsɪst] n φαρμακοποιός mf
pharmacy ['fa:məsɪ] n φαρμακείο nt
phase [feɪz] n φάση f ► vt: to ~ sth in/out
εισάγω/αποσύρω σταδιακά
PhD n abbr (= Doctor of Philosophy) διδάκτορας mf
pheasant ['feznt] n φασιανός m
phenomenal [fə'nɒmɪnl] adj (increase) -ρεκόρ
• (success) τεράστιος
phenomenon [fə'nɒmɪnən] (pl phenomena)
n φαινόμενο nt
Philippines ['fɪlɪpi:nz] npl: the ~ οι Φιλιππίνες
philosopher [fɪ'lɒsəfə'] n φιλόσοφος mf
philosophical [fɪlə'sɒfɪkl] adj (ideas, discussion
etc) φιλοσοφικός • (fig) φιλοσοφημένος
philosophy [fɪ'lɒsəfɪ] n (Scol) Φιλοσοφία f • (of
philosopher) θεωρία f • (of any person) φιλοσοφία f
phobia ['fəʊbjə] n φοβία f
phone [fəʊn] n τηλέφωνο nt ► vt τηλεφωνώ σε
► **phone back** vt ανταποδίδω το τηλεφώνημα
σε ► vi παίρνω πίσω
► **phone up** vt τηλεφωνώ σε ► vi τηλεφωνώ
phone book n τηλεφωνικός κατάλογος m
phone booth n (in station, hotel etc)
τηλεφωνικός θάλαμος m
phone box (BRIT) n τηλεφωνικός θάλαμος m
phone call n τηλεφώνημα nt
phonecard ['fəʊnka:d] n τηλεκάρτα f
phone number n αριθμός m τηλεφώνου
phoney ['fəʊnɪ] adj (false: address) ψεύτικος
• (accent) επιτηδευμένος • (person) απατεώνας/
ισσα m/f
photo ['fəʊtəʊ] n φωτογραφία f
photobomb ['fəʊtəʊbɒm] n photobomb nt inv
► vt κάνω photobombing
photocopier ['fəʊtəʊkɒpɪə'] n φωτοτυπικό
(μηχάνημα) nt

photocopy ['fəʊtəʊkɒpɪ] n φωτοτυπία f ► vt
φωτοτυπώ
photograph ['fəʊtəgræf] n φωτογραφία f ► vt
φωτογραφίζω
photographer [fə'tɒgrəfə'] n φωτογράφος mf
photography [fə'tɒgrəfɪ] n φωτογραφία f
phrase [freɪz] n έκφραση f ► vt διατυπώνω
phrase book n βιβλιαράκι nt φράσεων (ξένης
γλώσσας)
physical ['fɪzɪkl] adj σωματικός
physical education n σωματική αγωγή f
physically ['fɪzɪklɪ] adv (fit, attractive) σωματικώς
physician [fɪ'zɪʃən] n γιατρός mf
physicist ['fɪzɪsɪst] n φυσικός mf
physics ['fɪzɪks] n Φυσική f
physiotherapist [fɪzɪəʊ'θerəpɪst] n
φυσιοθεραπευτής/τρια m/f
physiotherapy [fɪzɪəʊ'θerəpɪ] n
φυσιοθεραπεία f
physique [fɪ'zi:k] n κατασκευή f
pianist ['pi:ənɪst] n πιανίστας/στρια m/f
piano [pɪ'ænəʊ] n πιάνο nt
pick [pɪk] n (also: pickaxe) σκαπάνη f ► vt
(select) διαλέγω • (gather: fruit, flowers) μαζεύω
• (remove, take out) βγάζω • take your ~ διάλεξε
και πάρε • the ~ of ο καλύτερος • (people) το
αφρόκρεμα • to ~ one's nose/teeth σκαλίζω τη
μύτη/τα δόντια μου • to ~ a quarrel (with sb)
στήνω καβγά (με κν)
► **pick on** vt fus αποπαίρνω
► **pick out** vt ξεχωρίζω • (select) διαλέγω
► **pick up** vi καλυτερεύω ► vt παίρνω • (person)
κάνω καμάκι σε • (language, skill etc) μαθαίνω
• to ~ up speed αναπτύσσω ταχύτητα
pickle ['pɪkl] n (also: pickles) τουρσί nt ► vt (in
vinegar) κάνω τουρσί • (in salt water) βάζω στην
άλμη
pickpocket ['pɪkpɒkɪt] n πορτοφολάς/ού m/f
picnic ['pɪknɪk] n πικνίκ nt inv ► vi κάνω πικνίκ
picture ['pɪktʃə'] n (painting) πίνακας m
• (photograph) φωτογραφία f • (TV) εικόνα f
• (film) ταινία f • (fig: description) εικόνα f
• (: situation) κατάσταση f ► vt φαντάζομαι
picturesque [pɪktʃə'resk] adj γραφικός
pie [paɪ] n πίτα f • apple ~ μηλόπιτα • meat ~
κρεατόπιτα
piece [pi:s] n κομμάτι nt • a ~ of clothing ένα
ρούχο • a ~ of furniture ένα έπιπλο • a ~ of
advice μια συμβουλή • a ~ of music ένα
(μουσικό) κομμάτι • to take sth to pieces διαλύω
κτ • in one ~ (object) άθικτος • (person) σώος και
αβλαβής • a 10p ~ (BRIT) ένα δεκάπεννο
► **piece together** vt (information) συνδυάζω
• (parts of a whole) συναρμολογώ
pier [pɪə'] n μόλος m
pierce [pɪəs] vt τρυπάω
pig [pɪg] n γουρούνι nt • (pej: unkind person)
γαϊδούρι nt • (: greedy person) φαταούλας m
pigeon ['pɪdʒən] n περιστέρι nt
pike [paɪk] n (fish) λούτσος m
pile [paɪl] n (heap) σωρός m • (stack) στοίβα f
► vt (also: ~ up) στοιβάζω • to ~ into (vehicle)
στριμώχνομαι μέσα σε • to ~ out of (vehicle)
βγαίνω σπρώχνοντας

▶ **pile up** vi (*papers*) στοιβάζομαι • (*problems, work*) μαζεύομαι

piles [paɪlz] npl αιμορροΐδες fpl

pile-up ['paɪlʌp] (*Aut*) n καραμπόλα f

pilgrimage ['pɪlgrɪmɪdʒ] n προσκύνημα nt

pill [pɪl] n χάπι nt • **the ~** το αντισυλληπτικό χάπι or αντισυλληπτικό

pillar ['pɪlə^r] n (*Archit*) στύλος m

pillow ['pɪləʊ] n μαξιλάρι nt

pillowcase ['pɪləʊkeɪs] n μαξιλαροθήκη f

pilot ['paɪlət] n (*Aviat*) πιλότος mf ▶ adj (*scheme, study etc*) πειραματικός ▶ vt πιλοτάρω

PIN [pɪn] n abbr (= *personal identification number*) PIN nt inv

pin [pɪn] n καρφίτσα f ▶ vt καρφιτσώνω • **pins and needles** μούδιασμα • **to ~ sb against/to** κολλάω κν πάνω σε/σε • **to ~ sth on sb** (*fig*) ρίχνω κτ σε κν
▶ **pin down** vt (*fig: person*) αναγκάζω να δεσμευτεί

pinch [pɪntʃ] n (*of salt etc*) πρέζα f ▶ vt (*person*) τσιμπάω • (*inf*) κλέβω

pine [paɪn] n (*also: ~ tree*) πεύκο nt ▶ vi: **to ~ for** μαραζώνω για

pineapple ['paɪnæpl] n ανανάς m

ping [pɪŋ] n (*noise*) ντιν nt inv

ping-pong® ['pɪŋpɒŋ] n πινγκ-πονγκ nt inv

pink [pɪŋk] adj ροζ inv ▶ n ροζ nt inv

pinpoint ['pɪnpɔɪnt] vt (*cause*) προσδιορίζω • (*position of sth*) εντοπίζω

pint [paɪnt] n (*BRIT: =568 cc*) πίντα f • (*US: =473 cc*) πίντα f

pioneer [paɪə'nɪə^r] n (*of scheme, science, method*) πρωτοπόρος mf • (*early settler*) πρώτος/η άποικος m/f ▶ vt είμαι πρωτοπόρος σε

pious ['paɪəs] adj ευσεβής

pip [pɪp] n κουκούτσι nt ▶ vt: **to be pipped at the post** (*BRIT Sport*) χάνω την τελευταία στιγμή

pipe [paɪp] n (*for water, gas*) σωλήνας m • (*for smoking*) πίπα f ▶ vt διοχετεύω ▪ **pipes** npl (*also:* **bagpipes**) γκάιντα f

pipeline ['paɪplaɪn] n αγωγός m • **it's in the ~** (*fig*) είναι καθ' οδόν

piper ['paɪpə^r] n παίχτης/τρια m/f γκάιντας

pirate ['paɪərət] n πειρατής m ▶ vt (*Comm: video tape, cassette etc*) αντιγράφω παράνομα

Pisces ['paɪsi:z] n Ιχθείς mpl

piss [pɪs] (*inf!*) vi κατουράω ▶ n κάτουρο nt • **to be pissed off (with sb/sth)** είμαι τσαντισμένος (με κν/κτ)

pissed [pɪst] (*inf!*) adj τύφλα

pistol ['pɪstl] n πιστόλι nt

pit [pɪt] n λάκκος m • (*in surface of road, face*) λακκούβα f • (*coal mine*) ανθρακωρυχείο nt ▶ vt: **to ~ one's wits against sb** παραβγαίνω με κν • **to ~ sb against sb** βάζω κν να παραβγεί με κν ▪ **the pits** npl (*Aut*) τα πιτς ntpl inv

pitch [pɪtʃ] n (*BRIT Sport*) γήπεδο nt • (*Mus: of note*) τόνος m • (*fig: level, degree*) βαθμός m • (*also:* **sales ~**) ψηστήρι nt ▶ vt εκσφενδονίζω ▶ vi κατρακυλάω • **to ~ a tent** στήνω σκηνή or αντίσκηνο

pitiful ['pɪtɪful] adj (*appearance, sight*) θλιβερός • (*excuse, attempt*) αξιοθρήνητος

pity ['pɪtɪ] n οίκτος m ▶ vt λυπάμαι • **it is a ~ that you can't come** κρίμα που δεν μπορείτε να έρθετε • **to take ~ on sb** λυπάμαι κν

pizza ['pi:tsə] n πίτσα f

place [pleɪs] n μέρος nt • (*seat*) θέση f • (*job, post etc*) θέση f • (*role*) θέση f • (*home*) σπίτι nt ▶ vt (*object*) τοποθετώ • (*person*) αναγνωρίζω • **to take ~** συμβαίνω • **all over the ~** παντού • **in places** σε ορισμένα μέρη • **in sb's ~** στη θέση κου • **in ~ of sth** στη θέση +gen • **to take sb's/ sth's ~** παίρνω τη θέση +gen • **out of ~** παράταιρος • **in the first ~** καταρχήν • **to be placed** (*in race, exam*) έρχομαι • **to change places with sb** αλλάζω θέση με κν

placement ['pleɪsmənt] n θέση f (*προσωρινή ή υπό δοκιμήν*)

placid ['plæsɪd] adj ατάραχος

plague [pleɪg] n πανούκλα f ▶ vt (*fig: problems, difficulties*) πλήττω

plaice [pleɪs] n inv πλατέσσα f (*είδος ψαριού*)

plain [pleɪn] adj (*unpatterned*) μονόχρωμος • (*simple: dress, food*) απλός • (*clear*) ξεκάθαρος • (*not beautiful*) άχαρος • (*frank*) απλός ▶ adv σκέτος ▶ n πεδιάδα f

plainly ['pleɪnlɪ] adv ολοφάνερα • (*hear, see, smell*) καθαρά

plaintiff ['pleɪntɪf] n (*Jur*) ενάγων/ουσα m/f

plan [plæn] n (*scheme, project*) σχέδιο nt • (*drawing*) σχέδιο nt • (*schedule*) πρόγραμμα nt ▶ vt σχεδιάζω ▶ vi προγραμματίζω • **to ~ to do** σκοπεύω να κάνω

plane [pleɪn] n (*Aviat*) αεροπλάνο nt • (*Math*) επίπεδο nt • (*fig*) επίπεδο nt • (*tool*) πλάνη f • (*also:* **~ tree**) πλάτανος m

planet ['plænɪt] n πλανήτης m

plank [plæŋk] n σανίδα f

planning ['plænɪŋ] n προγραμματισμός m

plant [plɑːnt] n φυτό nt • (*factory*) εργοστάσιο nt ▶ vt (*seed, plant, crops*) φυτεύω • (*microphone, bomb etc*) τοποθετώ (*κρυφά*) • (*fig: object*) βάζω

plantation [plæn'teɪʃən] n φυτεία f • (*wood*) δασύλλιο nt

plaque [plæk] n πλάκα f

plaster ['plɑːstə^r] n (*for walls*) σοβάς m • (*also:* **~ of Paris**) γύψος m • (*BRIT: also:* **sticking ~**) λευκοπλάστης m ▶ vt (*wall, ceiling*) σοβατίζω • **to ~ with** καλύπτω

plastic ['plæstɪk] n πλαστικό nt ▶ adj πλαστικός

plastic bag n πλαστική τσάντα f

plastic surgery n πλαστική χειρουργική f

plate [pleɪt] n πιάτο nt • (*of food, biscuits etc*) πιατέλα f • (*on building, machinery*) φύλλο nt (*μετάλλου*)

plateau ['plætəʊ] (*pl* **plateaus** or **plateaux**) n υψίπεδο nt • (*fig*) στασιμότητα f

platform ['plætfɔːm] n βάθρο nt • (*for loading on etc*) αποβάθρα f • (*Rail*) πλατφόρμα f • (*Pol*) πρόγραμμα nt

platinum ['plætɪnəm] n πλατίνα f

platoon [plə'tuːn] n διμοιρία f

platter ['plætə^r] n πιατέλα f (*για σερβίρισμα*)

plausible ['plɔːzɪbl] adj (*theory, excuse, statement*) αληθοφανής • (*rogue, liar*) πειστικός

play [pleɪ] n (Theat, Radio, TV) θεατρικό έργο nt
• (activity) παιχνίδι nt ▶ vt παίζω • (team,
opponent) παίζω με • (in play, film etc) παίζω ▶ vi
παίζω • to ~ a trick on sb κάνω φάρσα or πλάκα
σε κν • to ~ a part/role in sth (fig) παίζω ρόλο
σε κτ
  ▶ **play down** vt υποβαθμίζω τη σημασία
  ▶ **play up** vi (machine etc) κάνω νερά • (part of
  body) ενοχλώ • (children) κάνω σκανταλιές
player ['pleɪə'] n παίχτης/τρια m/f • (Mus)
μουσικός mf
playful ['pleɪful] adj (person) παιχνιδιάρης
• (gesture, animal) παιχνιδιάρικος
playground ['pleɪɡraund] n (in park) παιδική
χαρά f • (in school) προαύλιο nt
playing field ['pleɪɪŋfi:ld] n γήπεδο nt
playwright ['pleɪraɪt] n θεατρικός/ή
συγγραφέας m/f
plc (BRIT) abbr (= public limited company) Α.Ε.
plea [pli:] n (request) έκκληση f • (Jur) απολογία f
plead [pli:d] vt (Jur) υποστηρίζω • (ignorance, ill
health etc) προφασίζομαι ▶ vi (Jur)
υπερασπίζομαι • to ~ with sb ικετεύω κν
pleasant ['plɛznt] adj ευχάριστος
please ['pli:z] excl παρακαλώ ▶ vt ικανοποιώ
• yes, ~ ναι, σας παρακαλώ • do as you ~ κάνετε
ό,τι νομίζετε • ~ yourself! (inf) όπως νομίζεις!
pleased [pli:zd] adj ικανοποιημένος • ~ to meet
you χαίρω πολύ
pleasure ['plɛʒə'] n ευχαρίστηση f • (fun)
διασκέδαση f • "it's a ~" or "my ~" «Ευχαρίστησή
μου»
pledge [plɛdʒ] n υπόσχεση f ▶ vt υπόσχομαι
plentiful ['plɛntɪful] adj άφθονος
plenty ['plɛntɪ] n αφθονία f • ~ of αρκετός
plight [plaɪt] n συμφορά f
plot [plɔt] n (secret plan) συνωμοσία f • (of story,
play, film) πλοκή f • (of land) οικόπεδο nt ▶ vt (sb's
downfall etc) μηχανορραφώ • (Aviat, Naut:
position on chart) χαράζω
plough [plau], **plow** (US) n (Agr) άροτρο nt ▶ vt
οργώνω • to ~ money into ρίχνω χρήματα σε
  ▶ **plough into** vt fus πέφτω πάνω σε
ploy [plɔɪ] n στρατήγημα nt
pluck [plʌk] vt (fruit, flower, leaf) κόβω • (musical
instrument) παίζω • (bird) μαδάω • (eyebrows)
βγάζω • to ~ up courage βρίσκω το κουράγιο
plug [plʌɡ] n (Elec) φις nt inv • (stopper: in sink,
bath) τάπα f • (Aut: also: **spark(ing) ~**) μπουζί nt
▶ vt (hole) βουλώνω • (inf: advertise) διαφημίζω
  ▶ **plug in** vt (Elec) βάζω στην πρίζα
plum [plʌm] n (fruit) δαμάσκηνο nt
plumber ['plʌmə'] n υδραυλικός m
plumbing ['plʌmɪŋ] n (piping) υδραυλικά nt pl
• (trade, work) υδραυλικές εργασίες fpl
plummet ['plʌmɪt] vi (bird, aircraft) πέφτω
κατακόρυφα • (price, amount, rate) πέφτω
ραγδαία
plump [plʌmp] adj στρουμπουλός
plunge [plʌndʒ] n (also fig) βουτιά f ▶ vt βυθίζω
▶ vi (fall) κάνω βουτιά • (dive, person) βουτάω
• (fig: prices, rates etc) κατρακυλάω
plural ['pluərl] adj πληθυντικός ▶ n
πληθυντικός m

plus [plʌs] n (also: **~ sign**) συν nt inv ▶ prep συν
• **ten/twenty ~** δέκα/είκοσι και πάνω • it's a ~
(fig) είναι πλεονέκτημα
ply [plaɪ] vt (a trade) ασκώ ▶ vi (ship) κάνω
δρομολόγια ▶ n (of wool, rope) κλώνος m • to ~ sb
with drink γεμίζω συνεχώς το ποτήρι κου
plywood ['plaɪwud] n κοντραπλακέ nt inv
PM (BRIT) abbr = Prime Minister
p.m. adv abbr (= post meridiem) μ.μ.
PMS n abbr (= premenstrual syndrome)
προεμμηνορρυσιακό σύνδρομο f
pneumonia [njuː'məunɪə] n πνευμονία f
poached [pəutʃt] adj (egg) ποσέ inv
PO Box n abbr (= Post Office Box) Τ.Θ.
pocket ['pɔkɪt] n (on jacket, trousers, shirt etc)
τσέπη f • (fig: small area) θύλακας m ▶ vt (put in
one's pocket) βάζω στην τσέπη μου • (steal)
τσεπώνω
pocket money n χαρτζιλίκι nt
pod [pɔd] n λουβί nt
podcast ['pɔdkɑːst] n podcast nt inv
podium ['pəudɪəm] n βήμα nt
poem ['pəuɪm] n ποίημα nt
poet ['pəuɪt] n ποιητής/τρια m/f
poetic [pəu'ɛtɪk] adj (also fig) ποιητικός
poetry ['pəuɪtrɪ] n ποίηση f
poignant ['pɔɪnjənt] adj συγκινητικός
point [pɔɪnt] n (of needle, knife etc) μύτη f
• (purpose) λόγος m • (significant part) ουσία f
• (subject, idea) θέμα nt • (aspect) σημείο nt
• (position in space, stage in time) σημείο nt
• (moment) στιγμή f • (score) βαθμός m • (Elec:
also: **power ~**) πρίζα f • (also: **decimal ~**) κόμμα
nt ▶ vt (show, mark) υποδεικνύω ▶ vi (with finger,
stick etc) δείχνω • (Rail) διακλάδωση f • to ~ sth
at sb (gun) σημαδεύω κν με κτ • (finger) κουνάω
κτ σε κν • to be on the ~ of doing sth είμαι
έτοιμος να κάνω κτ • to make a ~ of doing sth
δεν παραλείπω να κάνω κτ • it is beside the ~
είναι άσχετο ■ **points** npl (Aut) πλατίνες fpl
  ▶ **point out** vt δείχνω • (in debate etc)
  επισημαίνω
  ▶ **point to** vt fus (indicate) μαρτυρώ
point-blank ['pɔɪnt'blæŋk] adv (say, ask, refuse)
ορθά-κοφτά • (also: **at ~ range**) εξ επαφής
pointed ['pɔɪntɪd] adj μυτερός
pointer ['pɔɪntə'] n (on chart, machine) βελόνα f
• (fig: piece of information or advice) υπόδειξη f
pointless ['pɔɪntlɪs] adj άσκοπος
point of view n σκοπιά f
poison ['pɔɪzn] n δηλητήριο nt ▶ vt δηλητηριάζω
poisonous ['pɔɪzənəs] adj δηλητηριώδης
poke [pəuk] vt σπρώχνω ▶ n χτυπηματάκι nt
• to ~ fun at sb δουλεύω κν
  ▶ **poke out** vi προεξέχω
poker ['pəukə'] n (metal bar) μασιά f • (Cards)
πόκερ nt inv
Poland ['pəulənd] n Πολωνία f
polar ['pəulə'] adj πολικός
polar bear n πολική αρκούδα f
Pole [pəul] n Πολωνός/ίδα or έζα m/f
pole [pəul] n (post, stick) πάσσαλος m • (Geo,
Elec) πόλος m
pole vault n άλμα nt επί κοντώ

police [pə'liːs] npl (organization) αστυνομία f
• (members) αστυνομία f ▸ vt αστυνομεύω
police car n περιπολικό nt
police constable (BRIT) n αστυφύλακας mf
police force n αστυνομικές δυνάμεις fpl
policeman [pə'liːsmən] (irreg) n αστυνομικός m
police station n αστυνομικό τμήμα nt
policewoman [pə'liːswumən] (irreg) n
αστυνομικίνα f
policy ['pɔlɪsɪ] n πολιτική f • (also: **insurance ~**)
ασφάλεια f
polio ['pəulɪəu] n πολιομυελίτιδα f
Polish ['pəulɪʃ] adj πολωνικός, πολωνέζικος ▸ n
(Ling) πολωνικά nt pl
polish ['pɔlɪʃ] n (for shoes) βερνίκι nt • (for
furniture etc) λούστρο nt • (shine: on shoes,
furniture etc) λούστρο nt ▸ vt γυαλίζω
▸ **polish off** vt (food) καθαρίζω
polished ['pɔlɪʃt] adj (fig: person)
καλλιεργημένος • (style) εκλεπτυσμένος
polite [pə'laɪt] adj ευγενικός
politeness [pə'laɪtnɪs] n ευγένεια f
political [pə'lɪtɪkl] adj (relating to politics)
πολιτικός • (person) πολιτικοποιημένος
politically [pə'lɪtɪklɪ] adv πολιτικά
politician [pɔlɪ'tɪʃən] n πολιτικός mf
politics ['pɔlɪtɪks] n (activity) πολιτική f
• (subject) πολιτικές επιστήμες fpl ▸ npl πολιτικές
πεποιθήσεις fpl
poll [pəul] n (also: **opinion ~**) δημοσκόπηση f
• (political election) εκλογές fpl ▸ vt (in opinion
poll) ρωτάω • (number of votes) συγκεντρώνω
pollen ['pɔlən] n γύρη f
pollution [pə'luːʃən] n (process) ρύπανση f
• (substances) ρύπος m
polo ['pəuləu] n πόλο nt inv
polyester [pɔlɪ'estəʳ] n πολυέστερ nt inv
polythene ['pɔlɪθiːn] n πολυαιθυλένιο nt
pompous ['pɔmpəs] (pej) adj πομπώδης
pond [pɔnd] n λιμνούλα f
ponder ['pɔndəʳ] vt συλλογίζομαι ▸ vi
συλλογίζομαι
pony ['pəunɪ] n πόνυ nt inv
ponytail ['pəunɪteɪl] n αλογοουρά f
poodle ['puːdl] n κανίς nt inv
pool [puːl] n (pond) λιμνούλα f • (also:
swimming ~) πισίνα f • (of blood etc) λίμνη f • (of
workers, labour) απόθεμα nt ▸ vt συγκεντρώνω
• **car ~** n τηγαίνω με ένα αυτοκίνητο (μαζί με
άλλους) ■ **pools** npl (football pools) ≈ προ-πο
poor [puəʳ] adj (not rich) φτωχός • (bad: quality,
performance, results etc) κακός • (: eyesight,
memory, health) αδύνατος ▸ npl: **the ~** οι φτωχοί
poorly ['puəlɪ] adj αδιάθετος ▸ adv (furnished)
φτωχά • ~ **designed** κακοσχεδιασμένος • ~ **paid**
κακοπληρωμένος
pop [pɔp] n (Mus) ποπ f inv • (fizzy drink) γκαζόζα
f • (US inf: father) μπαμπάς m • (sound) μπαμ nt
inv ▸ vi (balloon) σπάω • (cork) πετάγομαι ▸ vt: **to**
~ **sth into/onto/on** etc ρίχνω κτ (μέσα/πάνω)
σε κ.λπ.
▸ **pop in** vi περνάω
▸ **pop out** vi πετάγομαι
▸ **pop up** vi εμφανίζομαι

popcorn ['pɔpkɔːn] n ποπκόρν nt inv
pope [pəup] n Πάπας m
poplar ['pɔpləʳ] n λεύκα f
poppy ['pɔpɪ] n παπαρούνα f
pop star n αστέρι nt της ποπ
popular ['pɔpjuləʳ] adj (well-liked: person, thing)
δημοφιλής • (place) κοσμικός • (nonspecialist)
λαϊκός • (Pol: movement, cause) λαοφιλής
popularity [pɔpju'lærɪtɪ] n δημοτικότητα f
population [pɔpju'leɪʃən] n πληθυσμός m
porcelain ['pɔːslɪn] n πορσελάνη f
porch [pɔːtʃ] n κατώφλι nt • (US) βεράντα f
pore [pɔːʳ] n (Anat, Bot) πόρος m ▸ vi: **to ~ over**
πέφτω με τα μούτρα σε
pork [pɔːk] n χοιρινό nt
porn [pɔːn] (inf) adj, n πορνό nt inv
pornographic [pɔːnə'græfɪk] adj
πορνογραφικός
pornography [pɔː'nɔgrəfɪ] n πορνογραφία f
porridge ['pɔrɪdʒ] n πόριτζ nt inv
port [pɔːt] n (harbour) λιμάνι nt • (Naut: left side)
αριστερή πλευρά f • (wine) πόρτο nt inv
• (Comput) θύρα f
portable ['pɔːtəbl] adj φορητός
porter ['pɔːtəʳ] n (for luggage) αχθοφόρος m
• (doorkeeper) πορτιέρης m • (US Rail)
αχθοφόρος m
portfolio [pɔːt'fəulɪəu] n (case) χαρτοφύλακας
m • (Pol, Fin) χαρτοφυλάκιο nt • (of artist) ντοσιέ
nt inv
portion ['pɔːʃən] n (part) μέρος nt • (helping of
food) μερίδα f
portrait ['pɔːtreɪt] n πορτρέτο nt
portray [pɔː'treɪ] vt παρουσιάζω
Portugal ['pɔːtjugl] n Πορτογαλία f
Portuguese [pɔːtju'giːz] adj πορτογαλικός ▸ n
inv Πορτογάλος/ίδα m/f • (Ling) πορτογαλικά nt pl
pose [pəuz] n (posture) πόζα f ▸ vt (question)
θέτω • (problem, danger) αποτελώ ▸ vi: **to ~ as**
παριστάνω +acc • **to ~ for** (painting etc)
ποζάρω για
posh [pɔʃ] (inf) adj (hotel, restaurant etc)
πολυτελείας • (person, voice) της υψηλής
κοινωνίας
position [pə'zɪʃən] n θέση f • (of person's body)
στάση f ▸ vt τοποθετώ
positive ['pɔzɪtɪv] adj (certain) απόλυτα βέβαιος
• (hopeful, confident) θετικός • (test, result) θετικός
• (Math, Elec) θετικός
positively ['pɔzɪtɪvlɪ] adv (emph: rude, stupid,
terrifying) τρομερά • (encouragingly) θετικά
possess [pə'zes] vt (car, watch, radio etc) έχω
(στην κατοχή μου) • (quality, ability) έχω • **like a**
man possessed σαν δαιμονισμένος
possession [pə'zeʃən] n κατοχή f
■ **possessions** npl (belongings) υπάρχοντα nt pl
possessive [pə'zesɪv] adj κτητικός • (Ling)
κτητικός
possibility [pɔsɪ'bɪlɪtɪ] n (chance) πιθανότητα f
• (possible event) δυνατότητα f
possible ['pɔsɪbl] adj (feasible) δυνατός • (likely)
πιθανός • (conceivable) πιθανός
possibly ['pɔsɪblɪ] adv (perhaps) μάλλον
• (conceivably) πιθανώς

post [pəust] n (BRIT: service, system) ταχυδρομείο nt • (: letters) γράμματα nt pl • (pole) στύλος m • (job also Mil) θέση f • (also: **goalpost**) δοκάρι nt ▶ vt (BRIT: letter) ταχυδρομώ • (Mil) τοποθετώ • (on social media) ποστάρω • **to ~ sb** (assign) τοποθετώ κv σε • **to keep sb posted** κρατώ κv ενήμερο

postage ['pəustɪdʒ] n ταχυδρομικά τέλη nt pl

postal ['pəustl] adj ταχυδρομικός

postbox ['pəustbɒks] (BRIT) n ταχυδρομικό κουτί nt

postcard ['pəustkɑːd] n κάρτα f

postcode ['pəustkəud] (BRIT) n ταχυδρομικός κώδικας m

poster ['pəustəʳ] n πόστερ nt inv

postgraduate ['pəust'grædjuət] n μεταπτυχιακός/ή φοιτητής/τρια m/f

postman ['pəustmən] (irreg) n (BRIT) ταχυδρόμος m

post office n (building) Ταχυδρομείο nt • **the Post Office** το Ταχυδρομείο (οργανισμός), ≈ ΕΛ.ΤΑ.

postpone [pəus'pəun] vt αναβάλλω

posture ['pɒstʃəʳ] n στάση f

pot [pɒt] n (for cooking) κατσαρόλα f • (teapot) τσαγιέρα f • (coffee pot) καφετιέρα f • (potful) κανάτα f • (bowl, container: for paint etc) δοχείο nt • (flowerpot) γλάστρα f • (inf: marijuana) φούντα f ▶ vt (plant) φυτεύω σε γλάστρα

potato [pə'teɪtəu] (pl **potatoes**) n πατάτα f

potato chips [pə'teɪtəutʃɪps] (US) npl = **potato crisps**

potato crisps npl πατατάκια nt pl

potent ['pəutnt] adj ισχυρός

potential [pə'tɛnʃl] adj πιθανός ▶ n (talent, ability) δυνατότητα f • (promise, possibilities) δυνατότητες fpl

potter ['pɒtəʳ] n αγγειοπλάστης/τρια m/f ▶ vi: **to ~ around, ~ about** (BRIT) υποαπασχολούμαι

pottery ['pɒtərɪ] n (pots etc) κεραμικά nt • (work, hobby) κεραμική f • (factory) εργοστάσιο nt κεραμικής

potty ['pɒtɪ] adj (inf) παλαβός ▶ n γιογιό nt inv

pouch [pautʃ] n (for tobacco) καπνοσακούλα f • (Zool) μάρσιππος m

poultry ['pəultrɪ] n πουλερικά nt pl

pounce [pauns] vi: **to ~ on** (animal, person) ορμάω • (fig: idea) αρπάζω • (mistake) εντοπίζω αστραπιαία

pound [paund] n (unit of money) λίρα f (στερλίνα) • (unit of weight) λίμπρα f (= 453,6 γρ.) • (for cars) μάντρα f ▶ vt (table, wall etc) βροντάω • (with guns) σφυροκοπάω ▶ vi (heart, head) χτυπάω δυνατά

pour [pɔːʳ] vt βάζω ▶ vi τρέχω • **to ~ sb a drink** βάζω σε κv ένα ποτό • **it's pouring with rain** βρέχει καταρρακτωδώς

▶ **pour in** vi συρρέω

▶ **pour out** vi ξεχύνομαι ▶ vt (tea, wine etc) βάζω • (fig) αφήνω ελεύθερο

pout [paut] vi σουφρώνω τα χείλη

poverty ['pɒvətɪ] n φτώχεια f

powder ['paudəʳ] n (granules) σκόνη f • (face powder) πούδρα f ▶ vt: **to ~ one's face** πουδράρω το πρόσωπό μου

power ['pauəʳ] n (control: over people, activities) εξουσία f • (ability) ικανότητα f • (legal right) εξουσία f • (of ideas, words) δύναμη f • (force: of explosion, engine) ισχύς f • (energy, strength) δύναμη f • (electricity) (ηλεκτρική) ενέργεια f • **to be in ~** (Pol etc) είμαι στην εξουσία

powerful ['pauəful] adj ισχυρός • (body, blow, kick etc) δυνατός

powerless ['pauəlɪs] adj αδύναμος

power station n σταθμός m παραγωγής ηλεκτρικής ενέργειας

pp. abbr (= pages) σσ.

PR n abbr = **public relations**

practical ['præktɪkl] adj πρακτικός • (good with hands) επιδέξιος

practically ['præktɪklɪ] adv (almost) σχεδόν

practice ['præktɪs] n (custom) συνήθεια f • (not theory) πράξη f • (exercise, training) εξάσκηση f • (business: Med) ιατρείο nt • (: Jur) δικηγορικό γραφείο nt ▶ vt, vi (US) = **practise** • **to be out of ~** δεν είμαι σε φόρμα • **to put sth into ~** θέτω κτ σε εφαρμογή

practise ['præktɪs], **practice** (US) vt (sport etc) προπονούμαι σε • (musical instrument) εξασκούμαι σε • (carry out: activity etc) ασκώ • (custom) διατηρώ • (profession) ασκώ το επάγγελμα +gen ▶ vi (train) προπονούμαι • (lawyer, doctor etc) ασκώ το επάγγελμα

practising ['præktɪsɪŋ] adj (Christian etc) πιστός • (doctor, lawyer) εν ενεργεία

pragmatic [præg'mætɪk] adj (person) πραγματιστής • (reason etc) πρακτικός

prairie ['prɛərɪ] n λιβάδι nt

praise [preɪz] n έπαινος m ▶ vt επαινώ

pram [præm] (BRIT) n καροτσάκι nt (μωρού)

prank [præŋk] n φάρσα f

prawn [prɔːn] n γαρίδα f • **~ cocktail** γαρίδες κοκτέιλ fpl

pray [preɪ] vi προσεύχομαι

prayer [prɛəʳ] n προσευχή f

preach [priːtʃ] vi (Rel) βγάζω κήρυγμα • (pej) κάνω κήρυγμα ▶ vt (sermon) βγάζω • (fig: advocate) κηρύσσω

preacher ['priːtʃəʳ] n ιεροκήρυκας m

precarious [prɪ'kɛərɪəs] adj (also fig) επισφαλής

precaution [prɪ'kɔːʃən] n πρόληψη f • **to take precautions** παίρνω προφυλάξεις

precede [prɪ'siːd] vt (event) προηγούμαι +gen • (person) πηγαίνω μπροστά από

precedent ['prɛsɪdənt] n (Jur) δικαστικό προηγούμενο nt • (sth that has happened before) προηγούμενο nt

preceding [prɪ'siːdɪŋ] adj προηγούμενος

precinct ['priːsɪŋkt] n (US: part of city) περιφέρεια f • **pedestrian ~** (BRIT) πεζόδρομος • **shopping ~** (BRIT) εμπορικό κέντρο

■ **precincts** npl περίβολος m

precious ['prɛʃəs] adj (time, memories, possessions, object, material) πολύτιμος • (pej: person, writing) επιτηδευμένος ▶ adv (inf): **~ little/few** ελάχιστος

precise [prɪ'saɪs] adj (exact: time etc) ακριβής • (instructions, plans etc) λεπτομερής

precisely [prɪ'saɪslɪ] adv (emph) ακριβώς

recision [prɪ'sɪʒən] n ακρίβεια f
redator ['predətəʳ] n (Zool) αρπακτικό nt
redecessor ['priːdɪsesəʳ] n προκάτοχος mf
redicament [prɪ'dɪkəmənt] n δυσχέρεια f
redict [prɪ'dɪkt] vt προβλέπω
redictable [prɪ'dɪktəbl] adj προβλέψιμος
rediction [prɪ'dɪkʃən] n πρόβλεψη f
redominantly [prɪ'dɒmɪnəntlɪ] adv κυρίως
reface ['prefəs] n πρόλογος m
refer [prɪ'fɜːʳ] vt προτιμώ
referable ['prefrəbl] adj προτιμότερος (από)
referably ['prefrəblɪ] adv κατά προτίμηση
reference ['prefrəns] n: **to have a ~ for** έχω
προτίμηση σε • **to give ~ to** δίνω προτεραιότητα σε
regnancy ['pregnənsɪ] n (of woman)
εγκυμοσύνη f • (of female animal) κυοφορία f
regnant ['pregnənt] adj (female) έγκυος • (fig:
pause) φορτισμένος
rehistoric [priːhɪs'tɒrɪk] adj προϊστορικός
rejudice ['predʒʊdɪs] n (bias against)
προκατάληψη f
rejudiced ['predʒʊdɪst] adj (person)
προκατειλημμένος
reliminary [prɪ'lɪmɪnərɪ] adj προκαταρκτικός
relude ['preljuːd] n πρελούδιο nt • **a ~ to** (fig)
ένα προοίμιο σε/για
remature ['premətʃʊəʳ] adj πρόωρος
remier ['premɪəʳ] adj ο πρώτος ▸ n (Pol)
πρωθυπουργός mf
remière ['premɪeəʳ] n (of film, play) πρεμιέρα f
remium ['priːmɪəm] n (Comm) πριμ nt inv
• (Insur) ασφάλιστρο nt • **to be at a ~** έχω μεγάλη
ζήτηση
reoccupied [priː'ɒkjupaɪd] adj (worried)
ανήσυχος • (absorbed) απορροφημένος
reparation [prepə'reɪʃən] n (activity)
προετοιμασία f • (food, medicine, cosmetic)
παρασκεύασμα nt ■ **preparations** npl
προετοιμασίες fpl
reparatory school n (Brit) ιδιωτικό δημοτικό
σχολείο nt • (US) ιδιωτική σχολή που
προετοιμάζει για το κολλέγιο
repare [prɪ'peəʳ] vt (plan, speech etc)
προετοιμάζω • (room, food, meal) ετοιμάζω ▸ vi:
to ~ for ετοιμάζομαι για
repared [prɪ'peəd] adj: **~ to** έτοιμος or
διατεθειμένος να • **~ for** έτοιμος για
rep school n = **preparatory school**
rerequisite [priː'rekwɪzɪt] n προϋπόθεση f
reschool ['priːskuːl] adj (age, education)
προσχολικός • (child) προσχολικής ηλικίας
rescribe [prɪ'skraɪb] vt (Med) δίνω συνταγή για
• (demand) επιβάλλω
rescription [prɪ'skrɪpʃən] n (Med) συνταγή f
resence [prezns] n (also fig) παρουσία f • **in
sb's ~** μπροστά σε κν
resent [adj, n preznt, vb prɪ'zent] adj (current)
τωρινός • (in attendance) παρών ▸ n: **the ~** το
παρόν • (gift) δώρο nt • (Ling: also: **~ tense**)
ενεστώτας m ▸ vt αποτελώ • (information, view)
παρουσιάζω • (portray) εμφανίζω • (Radio, TV)
παρουσιάζω • (formally introduce: person)
συστήνω • **to ~ itself** (opportunity)
παρουσιάζομαι • **at ~** προς το παρόν

presentation [prezn'teɪʃən] n (of plan,
proposal, report etc) παρουσίαση f • (appearance)
εμφάνιση f
present-day ['prezntdeɪ] adj σύγχρονος
presenter [prɪ'zentəʳ] n (TV)
τηλεπαρουσιαστής/τρια m/f • (radio)
εκφωνητής/τρια m/f
presently ['prezntlɪ] adv σε λίγο • (currently)
αυτή τη στιγμή
preservation [prezə'veɪʃən] n (of peace,
standards etc) διατήρηση f • (of furniture, building)
συντήρηση f
preserve [prɪ'zɜːv] vt (customs, independence,
peace etc) διατηρώ • (building, manuscript, wood)
συντηρώ • (food) συντηρώ ▸ n (often pl: jam)
μαρμελάδα f • (chutney etc.) τουρσί nt
preside [prɪ'zaɪd] vi: **to ~ over** προεδρεύω σε,
προεδρεύω +gen
president ['prezɪdənt] n πρόεδρος mf
presidential [prezɪ'denʃl] adj (election,
campaign etc) προεδρικός • (adviser,
representative etc) του προέδρου
press [pres] n (also: **the P~**) ο Τύπος m
• (printing press) (τυπογραφικό) πιεστήριο nt
▸ vt πιέζω • (button, switch etc) πατάω • (clothes)
σιδερώνω ▸ vi πιέζω • **to ~ for** απαιτώ • **we are
pressed for time/money** μας πιέζει ο χρόνος/
το οικονομικό • **to ~ charges (against sb)** (Jur)
υποβάλλω μήνυση (εναντίον κου)
▸ **press ahead** vi see **press on**
▸ **press on** vi συνεχίζω
press conference n συνέντευξη f τύπου
pressing ['presɪŋ] adj επείγων
press release n δελτίο nt τύπου
pressure ['preʃəʳ] n (of air, gas, water etc) πίεση f
• (fig) ώθηση f • **to be under ~** υφίσταμαι πίεση
pressure group n ομάδα f πίεσης
prestige [pres'tiːʒ] n γόητρο nt
prestigious [pres'tɪdʒəs] adj με κύρος
presumably [prɪ'zjuːməblɪ] adv κατά πάσα
πιθανότητα
presume [prɪ'zjuːm] vt: **to ~ (that)** υποθέτω ότι
• **to ~ to do** τολμώ να κάνω • **I ~ so** υποθέτω
(πως έτσι είναι)
pretence [prɪ'tens], **pretense** (US) n
προσποίηση f
pretend [prɪ'tend] vt προσποιούμαι ▸ vi
προσποιούμαι • **I don't ~ to understand it** δεν
ισχυρίζομαι ότι το καταλαβαίνω
pretentious [prɪ'tenʃəs] adj: **to be ~** (person)
είμαι φανταγμένος • (play, film etc) πομπώδης
pretext ['priːtekst] n πρόσχημα nt
pretty ['prɪtɪ] adj (person, face) χαριτωμένος
• (garden, house, dress etc) όμορφος ▸ adv αρκετά
prevail [prɪ'veɪl] vi (custom, belief, proposal,
principle) επικρατώ • **to ~ (up)on sb to do sth**
πείθω κν να κάνει κτ
prevailing [prɪ'veɪlɪŋ] adj (wind) που επικρατεί
• (dominant: view etc) επικρατών
prevalent ['prevələnt] adj που κυριαρχεί
prevent [prɪ'vent] vt προλαβαίνω • **to ~ sb
from doing sth** εμποδίζω κν να κάνει κτ • **to
~ sth from happening** εμποδίζω να συμβεί κτ
preventative [prɪ'ventətɪv] adj = **preventive**

prevention [prɪ'vɛnʃən] n πρόληψη f
preventive [prɪ'vɛntɪv] adj προληπτικός
preview ['priːvjuː] n (of film) προβολή f πριν την πρεμιέρα
previous ['priːvɪəs] adj προηγούμενος • • to πριν (από)
previously ['priːvɪəslɪ] adv (before) πριν • (formerly) προηγουμένως
prey [preɪ] n λεία f • to fall ~ to sb/sth (fig) πέφτω θύμα +gen
  ▶ **prey on** vt fus (animal) κυνηγώ (για την τροφή μου) • it was preying on his mind του βασάνιζε τη σκέψη
price [praɪs] n τιμή f • (fig) τίμημα nt ▶ vt (goods) κοστολογώ
priceless ['praɪslɪs] adj ανεκτίμητος
prick [prɪk] n τσίμπημα nt • (inf!: penis) πούτσος m (inf!) ▶ vt τρυπώ • to ~ up one's ears τεντώνω τα αυτιά μου
prickly ['prɪklɪ] adj (plant) με αγκάθια • (fabric) που τσιμπάει
pride [praɪd] n (satisfaction) (υ)περηφάνεια f • (dignity) αξιοπρέπεια f • (pej: arrogance) εγωισμός m ▶ vt: to ~ o.s. on υπερηφανεύομαι για
priest [priːst] n ιερέας m
primarily ['praɪmərɪlɪ] adv κυρίως
primary ['praɪmərɪ] adj κύριος • (education) πρωτοβάθμιος • ~ teacher δάσκαλος ▶ n (US) προκριματικές εκλογές fpl
primary school (BRIT) n δημοτικό σχολείο nt
prime [praɪm] adj (most important) πρωταρχικός • (best quality) πρώτης ποιότητας ▶ n (of person's life) ακμή f • in the ~ of life στο άνθος της ηλικίας
Prime Minister n πρωθυπουργός mf
primitive ['prɪmɪtɪv] adj (tribe, hut, tool, man, conditions) πρωτόγονος • (life form) πρωτόγονος
primrose ['prɪmrəuz] n δακράκι nt
prince [prɪns] n πρίγκηπας m
princess [prɪn'sɛs] n πριγκίπισσα f
principal ['prɪnsɪpl] adj (reason, aim etc) κυριότερος • (character) κεντρικός ▶ n (of school, college) διευθυντής/τρια m/f
principally ['prɪnsɪplɪ] adv κυρίως
principle ['prɪnsɪpl] n αρχή f • in ~ (in theory) θεωρητικά • (in general) σε γενικές γραμμές • on ~ για λόγους αρχής
print [prɪnt] n (type) εκτύπωση f • (typeface, characters) χαρακτήρες mpl • (Art) γκραβούρα f • (Phot) φωτογραφία f • (fabric) εμπριμέ nt inv ▶ vt (produce: book, newspaper, leaflet) τυπώνω • (publish: story, article etc) δημοσιεύω • (cloth, pattern) σταμπάρω • (write in capitals) γράφω με κεφαλαία • out of ~ που έχει εξαντληθεί ■ prints npl δακτυλικά αποτυπώματα nt pl
printer ['prɪntər] n (person) τυπογράφος mf • (Comput) εκτυπωτής m
prior ['praɪər] adj (knowledge, warning) προηγούμενος • (claim, duty) που προηγείται • • to sth/doing sth πριν από κτ/να κάνω κτ
priority [praɪ'ɔrɪtɪ] n προτεραιότητα f ■ priorities npl προτεραιότητες fpl
prison ['prɪzn] n (imprisonment) φυλάκιση f ▶ cpd της φυλακής

prisoner ['prɪznər] n φυλακισμένος/η m/f • (during war etc) αιχμάλωτος/η m/f
prisoner of war n αιχμάλωτος/η m/f πολέμου
pristine ['prɪstiːn] adj άθικτος
privacy ['prɪvəsɪ] n ιδιωτικότητα f
private ['praɪvɪt] adj ιδιωτικός • (land) που ανήκει σε ιδιώτη • (confidential: papers) προσωπικός • (personal) προσωπικός ▶ n (Mil) φαντάρος m • in ~ ιδιαιτέρως
privately ['praɪvɪtlɪ] adv (in private) κατ᾽ ιδίαν • (secretly) μέσα μου • (owned) που ανήκει σε ιδιώτες
privilege ['prɪvɪlɪdʒ] n (advantage) προνόμιο nt • (honour) τιμή f
prize [praɪz] n βραβείο nt ▶ adj εξαιρετικής ποιότητας ▶ vt εκτιμώ ιδιαίτερα
pro [prəu] n (Sport) επαγγελματίας mf ▶ prep υπέρ +gen • the pros and cons τα υπέρ και τα κατά
probability [prɔbə'bɪlɪtɪ] n: ~ of/that πιθανότητα +gen or να • in all ~ κατά πάσα πιθανότητα
probable ['prɔbəbl] adj πιθανός
probably ['prɔbəblɪ] adv πιθανόν
probation [prə'beɪʃən] n: on ~ με αναστολή • (employee) με δοκιμή
probe [prəub] n (Med) καθετήρας m • (Space) διαστημικό όχημα nt εξερευνήσεως • (enquiry) έλεγχος m ▶ vt (investigate) κάνω έλεγχο σε • (poke) σκαλίζω
problem ['prɔbləm] n πρόβλημα nt
procedure [prə'siːdʒər] n διαδικασία f
proceed [prə'siːd] vi προχωρώ • to ~ to do sth προχωρώ στο να κάνω κτ • to ~ with συνεχίζω με
proceedings [prə'siːdɪŋz] npl (organized events) διαδικασία f • (Jur) δικαστικά μέτρα nt pl
proceeds ['prəusiːdz] npl εισπράξεις fpl
process ['prəusɛs] n διαδικασία f • (method) μέθοδος f ▶ vt επεξεργάζομαι • to be in the ~ of doing sth αυτή τη στιγμή κάνω κτ
procession [prə'sɛʃən] n πομπή f
proclaim [prə'kleɪm] vt διακηρύσσω
prod [prɔd] vt (with finger) τσιγκλάω • (stick, knife etc) σπρώχνω ▶ n (with elbow) σκούντημα nt
produce [n 'prɔdjuːs, vb prə'djuːs] n (Agr) αγροτικό προϊόν nt ▶ vt (effect, result etc) επιφέρω • (goods, commodity) παράγω • (fig: bring or take out) βγάζω • (play, film, programme) παράγω
producer [prə'djuːsər] n (of film, play, food etc) παραγωγός mf
product ['prɔdʌkt] n προϊόν nt
production [prə'dʌkʃən] n παραγωγή f • (Theat) παραγωγή f
productive [prə'dʌktɪv] adj (work force, industry) παραγωγικός • (fig) αποδοτικός
productivity [prɔdʌk'tɪvɪtɪ] n παραγωγικότητα f
Prof. [prɔf] n abbr (= professor) Καθ.
profession [prə'fɛʃən] n επάγγελμα nt
professional [prə'fɛʃənl] adj επαγγελματικός • (not amateur) επαγγελματίας ▶ n (lawyer, player etc) επαγγελματίας mf • (doctor, teacher) επαγγελματίας mf

professor [prəˈfesər] n (BRIT) καθηγητής/τρια m/f Πανεπιστημίου • (US, CANADA) καθηγητής/τρια m/f

profile [ˈprəufaɪl] n προφίλ nt inv • (fig) πορτραίτο nt • (Comput) προφίλ nt inv

profile picture n φωτογραφία προφίλ nt inv

profit [ˈprɔfɪt] n (Comm) κέρδος nt ▸ vi: to ~ by or from (fig) ωφελούμαι από

profitable [ˈprɔfɪtəbl] adj (business) επικερδής • (deal) συμφέρουν

profound [prəˈfaund] adj (differences) σημαντικός • (shock) ισχυρός • (idea, book) βαθυστόχαστος

program [ˈprəugræm] (Comput) n πρόγραμμα nt

programme [ˈprəugræm], **program** (US) n πρόγραμμα nt • (Radio, TV) εκπομπή f ▸ vt (machine, system) προγραμματίζω

programmer [ˈprəugræmər] (Comput) n προγραμματιστής/τρια m/f

progress [n ˈprəugres, vb prəˈgres] n πρόοδος f • (development) εξέλιξη f ▸ vi (advance) προχωρώ • (continue) συνεχίζομαι • **in** ~ σε εξέλιξη

progressive [prəˈgresɪv] adj προοδευτικός

prohibit [prəˈhɪbɪt] vt απαγορεύω • **to** ~ **sb from doing sth** εμποδίζω κν να κάνει κτ

project [n ˈprɔdʒekt, vb prəˈdʒekt] n σχέδιο nt ▸ vt προγραμματίζω • (figure, amount) υπολογίζω • (light, film, picture) προβάλλω ▸ vi προεξέχω

projection [prəˈdʒekʃən] n (estimate) υπολογισμός m • (overhang) προεξοχή f

projector [prəˈdʒektər] n προβολέας m

prolific [prəˈlɪfɪk] adj (artist, composer) παραγωγικός • (writer) πολυγραφότατος

prolong [prəˈlɔŋ] vt παρατείνω

prom [prɔm] n abbr = **promenade**

promenade [prɔməˈnɑːd] n προκυμαία f

prominent [ˈprɔmɪnənt] adj (important) εξέχων • (very noticeable) εμφανής

promiscuous [prəˈmɪskjuəs] adj ελευθέρων ηθών

promise [ˈprɔmɪs] n (vow) υπόσχεση f • (hope) υποσχέσεις fpl ▸ vt: to ~ sb sth, ~ sth to sb υπόσχομαι κτ σε κν • **it promises to be lively** προμηνύεται (ότι θα είναι) γεμάτο ζωντάνια

promising [ˈprɔmɪsɪŋ] adj πολλά υποσχόμενος

promote [prəˈməut] vt (employee) προάγω • (record, film, product) προωθώ • (understanding, peace) προωθώ

promotion [prəˈməuʃən] n (at work) προαγωγή f • (of product, event, idea) προώθηση f • (publicity campaign) διαφημιστική εκστρατεία f

prompt [prɔmpt] adj άμεσος ▸ adv ακριβώς ▸ n (Comput) προτρεπτικό σήμα nt ▸ vt γίνομαι η αφορμή • (when talking) παροτρύνω

promptly [ˈprɔmptlɪ] adv (immediately) αμέσως • (exactly) ακριβώς

prone [prəun] adj μπρούμυτα • **I am/she is** ~ **to** είμαι/είναι επιρρεπής σε

pronoun [ˈprəunaun] n αντωνυμία f

pronounce [prəˈnauns] vt (word) προφέρω • (declare) ανακηρύσσω • (give verdict, opinion) αποφαίνομαι

pronunciation [prənʌnsɪˈeɪʃən] n προφορά f

proof [pruːf] n απόδειξη f • (Typ) (τυπογραφικό) δοκίμιο nt ▸ adj: ~ **against** άτρωτος σε

prop [prɔp] n στήριγμα nt ▸ vt: to ~ **sth against** στηρίζω κτ (πάνω) σε ▸ **prop up** vt fus (thing) στερεώνω • (fig) στηρίζω

propaganda [prɔpəˈgændə] n προπαγάνδα f

propeller [prəˈpelər] n έλικας m

proper [ˈprɔpər] adj (genuine) κανονικός • (correct) σωστός • (inf: real) πραγματικός • **the town/city** ~ η κυρίως πόλη

properly [ˈprɔpəlɪ] adv (adequately: eat) καλά • (decently: behave) καθώς πρέπει

property [ˈprɔpətɪ] n (possessions) ιδιοκτησία f • (building and its land) κτήμα nt • (quality: of substance, material etc) ιδιότητα f

prophecy [ˈprɔfɪsɪ] n προφητεία f

prophet [ˈprɔfɪt] n προφήτης m

proportion [prəˈpɔːʃən] n ποσοστό nt • (ratio) αναλογία f • **in** ~ **to** ανάλογα με

proportional [prəˈpɔːʃənl] adj: ~ **to** ανάλογος με

proposal [prəˈpəuzl] n πρόταση f

propose [prəˈpəuz] vt προτείνω ▸ vi (offer marriage) κάνω πρόταση γάμου • **to** ~ **to do** or **doing sth** προτείνω να κάνω κτ

proposition [prɔpəˈzɪʃən] n (statement) άποψη f • (offer) πρόταση f

proprietor [prəˈpraɪətər] n ιδιοκτήτης/τρια m/f

prose [prəuz] n πρόζα f

prosecute [ˈprɔsɪkjuːt] (Jur) vt ασκώ δίωξη σε

prosecution [prɔsɪˈkjuːʃən] (Jur) n (action) ποινική δίωξη f • (accusing side) Πολιτική Αγωγή f

prosecutor [ˈprɔsɪkjuːtər] n μηνυτής/ρια m/f • (also: **public** ~) δημόσιος κατήγορος mf

prospect [ˈprɔspekt] n (likelihood) προοπτικές fpl • (thought) ενδεχόμενο nt ■ **prospects** npl προοπτική f για σταδιοδρομία

prospective [prəˈspektɪv] adj (candidate etc) επίδοξος

prospectus [prəˈspektəs] n (of college, school) βιβλίο nt σπουδών

prosper [ˈprɔspər] vi ευημερώ

prosperity [prɔˈsperɪtɪ] n ευημερία f

prosperous [ˈprɔspərəs] adj που ευημερεί

prostitute [ˈprɔstɪtjuːt] n (female) πόρνη f • (male) άνδρας m που εκδίδεται

protect [prəˈtekt] vt προστατεύω

protection [prəˈtekʃən] n προστασία f

protective [prəˈtektɪv] adj (clothing, layer etc) προστατευτικός • (person): to be ~ είμαι προστατευτικός

protein [ˈprəutiːn] n πρωτεΐνη f

protest [n ˈprəutest, vb prəˈtest] n διαμαρτυρία f ▸ vi: to ~ **about/against/at** διαμαρτύρομαι για/εναντίον ▸ vt: to ~ **(that)** επιμένω (ότι)

Protestant [ˈprɔtɪstənt] adj προτεσταντικός ▸ n Προτεστάντης/ισσα m/f

protester [prəˈtestər] n διαδηλωτής/τρια m/f

proud [praud] adj (happy: parents, owner) ευτυχής • (dignified) περήφανος • (arrogant) αλαζόνας

prove [pruːv] vt αποδεικνύω ▸ vi: to ~ **(to be) correct** etc αποδεικνύεται ότι είμαι σωστός κ.λπ.

proverb [ˈprɔvəːb] n παροιμία f

provide [prə'vaɪd] vt (food, money, shelter etc)
παρέχω • (answer, opportunity, example etc) δίνω
• **to ~ sb with sth** παρέχω κτ σε κν
▶ **provide for** vt fus (person) παρέχω τα
απαραίτητα σε

provided [prə'vaɪdɪd], **provided that** conj με
την προϋπόθεση ότι

providing [prə'vaɪdɪŋ] conj: ~ **(that)**
= **provided**

province ['prɒvɪns] n (of country) επαρχία f
• (of person) αρμοδιότητα f ■ **the provinces** npl η
επαρχία

provincial [prə'vɪnʃəl] adj (town, etc)
επαρχιακός • (pej) επαρχιώτης

provision [prə'vɪʒən] n (preparation) πρόνοια f
• (of contract, agreement) όρος m ■ **provisions**
npl προμήθειες fpl

provisional [prə'vɪʒənl] adj προσωρινός

provocative [prə'vɒkətɪv] adj προκλητικός

provoke [prə'vəʊk] vt προκαλώ

prowl [praʊl] vi (also: ~ **about**, ~ **around**)
τριγυρίζω και παραμονεύω ▶ n: **to go on the ~**
(fig: person) γυροφέρνω αθόρυβα

proximity [prɒk'sɪmɪtɪ] n γειτνίαση f (fml)

proxy ['prɒksɪ] n: **by ~** δι' αντιπροσώπου

prudent ['pru:dnt] adj φρόνιμος

prune [pru:n] n ξερό δαμάσκηνο nt ▶ vt
κλαδεύω

PS abbr (= postscript) Υ.Γ.

pseudonym ['sju:dənɪm] n ψευδώνυμο nt

psychiatric [saɪkɪ'ætrɪk] adj (problem)
ψυχολογικός • (treatment) ψυχιατρικός
• ~ **hospital** Ψυχιατρείο

psychiatrist [saɪ'kaɪətrɪst] n ψυχίατρος mf

psychic ['saɪkɪk] adj αυτός που έχει
παραψυχολογικές ικανότητες ▶ n μέντιουμ nt

psychoanalysis [saɪkəʊə'nælɪsɪs] (pl
psychoanalyses) n ψυχανάλυση f

psychological [saɪkə'lɒdʒɪkl] adj ψυχολογικός

psychologist [saɪ'kɒlədʒɪst] n ψυχολόγος mf

psychology [saɪ'kɒlədʒɪ] n (science) Ψυχολογία
f • (character) ψυχολογία f

psychotherapy [saɪkəʊ'θɛrəpɪ] n
ψυχοθεραπεία f

pt abbr = **pint** • **point**

pub [pʌb] n = **public house**

puberty ['pju:bətɪ] n εφηβεία f

public ['pʌblɪk] adj (of people: opinion) κοινός
• (support, interest) του κοινού • (for people:
building, service) δημόσιος • (meeting,
announcement) δημόσιος ▶ n: **the ~** το κοινό
• **in ~** δημόσια, δημοσίως • **the general ~** -
το ευρύ κοινό

publication [pʌblɪ'keɪʃən] n έκδοση f

public company n (Comm) ανώνυμη εταιρεία f

public holiday n αργία f

public house (BRIT) n παμπ nt inv

publicity [pʌb'lɪsɪtɪ] n (information) διαφήμιση f
• (attention) δημοσιότητα f

public relations n δημόσιες σχέσεις fpl

public school n (BRIT) ιδιωτικό σχολείο nt
(συνήθως με οικοτροφείο) • (US) δημόσιο
σχολείο nt

public transport n δημόσιες συγκοινωνίες fpl

publish ['pʌblɪʃ] vt (company) εκδίδω
• (newspaper, magazine, writer) δημοσιεύω

publisher ['pʌblɪʃər] n εκδότης/τρια m/f

publishing ['pʌblɪʃɪŋ] n εκδόσεις fpl

pudding ['pʊdɪŋ] n (cooked sweet food) πουτίγκα
f • (BRIT: dessert) γλυκό nt (για επιδόρπιο)

puddle ['pʌdl] n λακκούβα f με νερό

Puerto Rico ['pwɛːtəʊ'riːkəʊ] n Πόρτο-Ρίκο
nt inv

puff [pʌf] n (of cigarette, pipe) ρουφηξιά f • (gasp)
λαχάνιασμα nt • (of smoke) τούφα f ▶ vt (also:
~ **on**, ~ **at**) τραβάω ρουφηξιά από ▶ vi ξεφυσάω
▶ **puff out** vt φουσκώνω

pull [pʊl] vt τραβάω • (cart, carriage etc) σέρνω
▶ vi τραβάω ▶ n (tug): **to give sth a ~** τραβάω κτ
• (of moon, magnet etc) έλξη f • (fig) έλξη f • **to ~ a**
face κάνω γκριμάτσες • **to ~ a muscle** παθαίνω
τράβηγμα
▶ **pull apart** vt χωρίζω
▶ **pull back** vi υποχωρώ • (fig) κάνω πίσω
▶ **pull down** vt (building) κατεδαφίζω
▶ **pull in** vi (Aut) σταματάω • (Rail) μπαίνω στο
σταθμό
▶ **pull off** vt (fig: difficult thing) καταφέρνω
▶ **pull out** vi (Aut: from kerb) βγαίνω • (: when
overtaking) αλλάζω λωρίδα • (withdraw)
αποσύρομαι ▶ vt βγάζω
▶ **pull over** vi (Aut) κάνω στην άκρη
▶ **pull through** vi (Med) γλυτώνω
▶ **pull up** vi (Aut, Rail) σταματάω

pullover ['pʊləʊvər] n πουλόβερ nt inv

pulp [pʌlp] n (of fruit) σάρκα f

pulpit ['pʊlpɪt] n άμβωνας m

pulse [pʌls] n σφυγμός m • (rhythm) ρυθμός m
▶ vi χτυπάω δυνατά ■ **pulses** npl όσπρια nt pl

pump [pʌmp] n (water, petrol etc) αντλία f • (for
bicycle) τρόμπα f ▶ vt (channel) διοχετεύω
• (extract) αντλώ
▶ **pump up** vt φουσκώνω

pumpkin ['pʌmpkɪn] n κολοκύθα f

pun [pʌn] n λογοπαίγνιο nt

punch [pʌntʃ] n μπουνιά f • (fig) σφρίγος nt
• (tool) τρυπητήρι nt • (drink) παντς nt inv ▶ vt
δίνω γροθιά • **to ~ a hole in** ανοίγω τρύπα σε

punch-up ['pʌntʃʌp] (BRIT inf) n μπουνίδι nt

punctuation [pʌŋktjuˈeɪʃən] n στίξη f

puncture ['pʌŋktʃər] (Aut) n λάστιχο nt
(σκασμένο) ▶ vt τρυπάω

punish ['pʌnɪʃ] vt τιμωρώ

punishment ['pʌnɪʃmənt] n τιμωρία f

punk [pʌŋk] n (also: ~ **rocker**) πανκ mf inv
• (also: ~ **rock**) πανκ nt inv • (US inf) αλήτης/
ισσα m/f

pup [pʌp] n κουτάβι nt

pupil ['pju:pl] n (Scol) μαθητής/τρια m/f
• (of eye) κόρη f

puppet ['pʌpɪt] n κούκλα f

puppy ['pʌpɪ] n κουτάβι nt

purchase ['pəːtʃɪs] n αγορά f ▶ vt αγοράζω
■ **purchases** npl αγορές fpl

pure [pjʊər] adj (silk) καθαρός • (wool) παρθένος
• (gold) ατόφιος • (water, air etc) καθαρός
• (chaste) αγνός • (chance) καθαρός

puree ['pjʊəreɪ] n πουρές m

purely ['pjuəlı] adv καθαρά

purity ['pjuərıtı] n (of gold, air, water etc) καθαρότητα f • (chastity) αγνότητα f

purple ['pəːpl] adj μωβ inv

purpose ['pəːpəs] n σκοπός m • **on ~** επίτηδες

purse [pəːs] n (BRIT) πορτοφόλι nt (γυναικείο) • (US: handbag) τσάντα f (γυναικεία) ▶ vt (lips) σουφρώνω

pursue [pəˈsjuː] vt (person, car etc) κυνηγάω • (fig: activity, interest, plan) (δραστηριότητα) ασχολούμαι με, (ενδιαφέρον) ακολουθώ • (: aim, objective) επιδιώκω

pursuit [pəˈsjuːt] n (chase: of person, car etc) καταδίωξη f • (fig: of happiness, pleasure etc) κυνήγι nt • (pastime) ασχολία f

push [puʃ] n (of button etc) πάτημα nt • (of car, door, person etc) σπρώξιμο nt ▶ vt (button) πατάω • (car, door, person etc) σπρώχνω • (fig: person) πιέζω ▶ vi σπρώχνω • **to ~ for** ασκώ πιέσεις για • **to be pushed for time** (inf) με πιέζει ο χρόνος
  ▶ **push around** vt έχω σήκω-σήκω κάτσε-κάτσε
  ▶ **push in** vi χώνομαι μπροστά
  ▶ **push off** vi (inf) του δίνω
  ▶ **push on** vi προχωρώ
  ▶ **push over** vt: **to ~ sb/sth over** σπρώχνω κτ/ κν και πέφτει
  ▶ **push through** vt (measure, scheme etc) καταφέρνω να περάσω

pushchair ['puʃtʃeə'] (BRIT) n καροτσάκι nt (παιδικό)

put [put] (pt, pp ~) vt (thing) βάζω • (person: in room, institution etc) βάζω • (: in state, situation) φέρνω • (idea, remark etc) θέτω • (case, view) εκθέτω • (question) θέτω • (classify) τοποθετώ
  • **to stay ~** μένω ακίνητος
  ▶ **put across** vt (ideas etc) κάνω κατανοητό
  ▶ **put aside** vt (work) αφήνω στην άκρη • (idea, problem) παραβλέπω • (sum of money) βάζω στην άκρη
  ▶ **put away** vt τακτοποιώ
  ▶ **put back** vt (replace) βάζω πίσω • (postpone) αναβάλλω • (delay) πάω πίσω
  ▶ **put by** vt (money, supplies etc) βάζω στην άκρη
  ▶ **put down** vt (on floor, table) ακουμπάω κάτω
  • (in writing) βάζω • (riot, rebellion) καταπνίγω
  • (animal) θανατώνω
  ▶ **put forward** vt (ideas, arguments) εκθέτω
  ▶ **put off** vt (delay) αναβάλλω • (discourage) πτοώ • (distract) αποσπώ την προσοχή κου
  ▶ **put on** vt (clothes, glasses) φοράω • (make-up, ointment etc) βάζω • (light, TV etc) ανάβω • (play etc) ανεβάζω • (Aut: brake) πατάω • (CD, tape, video) βάζω • (look, behaviour etc) χρησιμοποιώ
  • (inf) δουλεύω • **to ~ on weight** παχαίνω
  ▶ **put out** vt (fire, candle, cigarette) σβήνω
  • (electric light) σβήνω • (one's hand) απλώνω
  ▶ **put through** vt (Tel) συνδέω • (plan, agreement) περνάω
  ▶ **put up** vt (fence) υψώνω • (poster, sign etc) τοποθετώ • (price, cost) ανεβάζω • (accommodate) φιλοξενώ • (resistance) προβάλλω
  ▶ **put up with** vt fus ανέχομαι

puzzle ['pʌzl] n (game) σπαζοκεφαλιά f • (toy) παζλ nt inv • (mystery) αίνιγμα nt ▶ vt μπερδεύω
  ▶ vi: **to ~ over sth** παιδεύομαι να καταλάβω κτ

puzzling ['pʌzlıŋ] adj μυστηριώδης

pyjamas [pəˈdʒɑːməz], **pajamas** (US) npl πιτζάμες fpl • **a pair of ~** μία πιτζάμα

pyramid ['pırəmıd] n (Hist, Geom) πυραμίδα f

python ['paıθən] n πύθωνας m

Q, q [kjuː] n το δέκατο έβδομο γράμμα του αγγλικού αλφαβήτου

Qatar [kæˈtɑːʳ] n Κατάρ nt inv

quadruple [kwɔˈdruːpl] vt τετραπλασιάζω ▸ vi τετραπλασιάζομαι

quail [kweɪl] n (bird) ορτύκι nt

quaint [kweɪnt] adj (house, village) γραφικός • (ideas, customs) ιδιόρρυθμος

quake [kweɪk] vi τρέμω ▸ n = **earthquake**

qualification [kwɔlɪfɪˈkeɪʃən] n προσόν nt • (reservation) επιφύλαξη f

qualified [ˈkwɔlɪfaɪd] adj (doctor etc) πτυχιούχος • (engineer etc) διπλωματούχος • (limited: agreement) υπό όρους • (: praise) συγκρατημένος

qualify [ˈkwɔlɪfaɪ] vt (entitle) δίνω το δικαίωμα σε • (modify) τροποποιώ ▸ vi παίρνω τον τίτλο • **to ~ for** (be eligible) πληρώ τους όρους για • (in competition) προκρίνομαι σε • **to ~ as an engineer** παίρνω το δίπλωμα του μηχανικού

quality [ˈkwɔlɪtɪ] n (of work, product) ποιότητα f • (of person) χάρισμα nt • (of wood, stone etc) ιδιότητα f

quantity [ˈkwɔntɪtɪ] n ποσότητα f • **in ~** σε ποσότητες • **an unknown ~** (fig) ένα μυστήριο

quarantine [ˈkwɔrəntiːn] n καραντίνα f • **in ~** σε καραντίνα

quarrel [ˈkwɔrl] n (argument) καυγάς m ▸ vi μαλώνω

quarry [ˈkwɔrɪ] n (for stone) λατομείο nt • (prey) θήραμα nt

quarter [ˈkwɔːtəʳ] n το τέταρτο nt • (US: 25 cents) 25 σεντς (του δολαρίου) • (of year) τρίμηνο nt • (district) συνοικία f ▸ vt χωρίζω στα τέσσερα • **a ~ of an hour** ένα τέταρτο (της ώρας) • **it's (a) ~ to 3**, (US) **it's a ~ of 3** είναι τρεις παρά τέταρτο • **it's (a) ~ past 3**, (US) **it's a ~ after 3** είναι τρεις και τέταρτο ∎ **quarters** npl (Mil) στρατηγείο nt • (also: **living quarters**) χώρος m διαμονής

quarter final n προημιτελικός m

quarterly [ˈkwɔːtəlɪ] adj τριμηνιαίος ▸ adv ανά τρίμηνο

quartet [kwɔːˈtɛt] n κουαρτέτο nt

quartz [kwɔːts] n χαλαζίας m ▸ cpd από χαλαζία

quay [kiː] n προκυμαία f

queasy [ˈkwiːzɪ] adj (feeling) ναυτίας • **to feel ~** έχω ναυτία

queen [kwiːn] n βασίλισσα f • (Cards) ντάμα f

queer [kwɪəʳ] adj (strange) παράξενος

query [ˈkwɪərɪ] n ερώτημα nt ▸ vt διατυπώνω ερωτήσεις για

quest [kwɛst] n αναζήτηση f

question [ˈkwɛstʃən] n ερώτηση f • (doubt) αμφιβολία f • (issue) ζήτημα nt ▸ vt (interrogate) κάνω ερωτήσεις σε • (police) ανακρίνω • (doubt) εκφράζω τις επιφυλάξεις μου για • **to be beyond ~** δεν επιδέχομαι αμφισβήτηση • **sth is out of the ~** κτ αποκλείεται

questionable [ˈkwɛstʃənəbl] adj (doubtful) αμφίβολος

question mark n ερωτηματικό nt

questionnaire [kwɛstʃəˈnɛəʳ] n ερωτηματολόγιο nt

queue [kjuː] (Brit) n ουρά f ▸ vi (also: **~ up**) σχηματίζω ουρά

quiche [kiːʃ] n κις nt inv

quick [kwɪk] adj γρήγορος • (mind) που παίρνει στροφές • (visit, reply, response) σύντομος ▸ adv γρήγορα ▸ n: **to cut sb to the ~** (fig) πληγώνω βαθιά • **be ~!** κάνε γρήγορα!

quickly [ˈkwɪklɪ] adv γρήγορα

quid [kwɪd] (Brit inf) n inv λίρα f

quiet [ˈkwaɪət] adj (voice, music) σιγανός • (place, person) ήσυχος • (engine, aircraft) αθόρυβος • (silent) σιωπηλός • (without fuss etc) απλός ▸ n ησυχία f • **keep ~ or be ~!** σιωπή!

quietly [ˈkwaɪətlɪ] adv (speak) χαμηλόφωνα • (play) σιγά • (silently, calmly) ήσυχα

quilt [kwɪlt] n (also: **continental ~**) πάπλωμα nt

quit [kwɪt] (pt, pp **~** or **quitted**) vt (smoking) κόβω • (job) παραιτούμαι από • (premises) απομακρύνομαι από ▸ vi (give up) τα παρατάω • (resign) παραιτούμαι • (Comput) διακόπτω

quite [kwaɪt] adv (rather) αρκετά • (entirely) τελείως • (following a negative): **it's not ~ big enough** δεν είναι αρκετά μεγάλο • **I ~ like it** μου αρέσει αρκετά • **~ a few of them** αρκετοί απ'αυτούς

quits [kwɪts] adj: **we're ~** είμαστε πάτσι • **let's call it ~** τώρα είμαστε πάτσι

quiz [kwɪz] n (game) παιχνίδι nt γνώσεων ▸ vt υποβάλλω ερωτήσεις σε

quota [ˈkwəʊtə] n ποσοστό nt

quotation [kwəʊˈteɪʃən] n (from book, play etc) απόσπασμα nt • (also Comm) προσφορά f • (Stock Exchange) τιμή f

quote [kwəʊt] n (from book, play etc) απόσπασμα nt • (estimate) προσφορά f ▸ vt (sentence, proverb etc) αναφέρω • (politician, author etc) αναφέρω τα λόγια του • (fact, example) αναφέρομαι σε ∎ **quotes** npl (quotation marks) εισαγωγικά nt pl • **in quotes** σε εισαγωγικά

R, r [ɑːᵊ] *n* το δέκατο όγδοο γράμμα του αγγλικού αλφαβήτου

rabbi ['ræbaɪ] *n* ραβίνος *m*

rabbit ['ræbɪt] *n* κουνέλι *nt*

rabies ['reɪbiːz] *n* λύσσα *f*

race [reɪs] *n* (species) φυλή *f* • (competition) αγώνας *m* (δρόμου, κολύμβησης κ.λπ.) • (for power, control) κούρσα *f* ▶ *vt* (horse) κατεβάζω σε ιπποδρομίες (car etc) οδηγώ σε αγώνες • (person) παραβγαίνω (στο τρέξιμο) με κν ▶ *vi* (compete) τρέχω • (hurry) βιάζομαι • (pulse, heart) χτυπώ δυνατά • (engine) μαρσάρω • **the human ~** η ανθρωπότητα

racecourse ['reɪskɔːs] *n* ιππόδρομος *m*

racehorse ['reɪshɔːs] *n* άλογο *nt* ιπποδρομιών

racetrack ['reɪstræk] *n* (for people) στίβος *m* • (for cars) πίστα *f* • (US) = **racecourse**

racial ['reɪʃl] *adj* φυλετικός

racing ['reɪsɪŋ] *n* (horse racing) ιπποδρομία *f*

racing driver (BRIT) *n* οδηγός *mf* αγώνων

racism ['reɪsɪzəm] *n* ρατσισμός *m*

racist ['reɪsɪst] *adj* ρατσιστικός ▶ *n* (pej) ρατσιστής/τρια *m/f*

rack [ræk] *n* (for luggage) σχάρα *f* • (for dresses etc) κρεμάστρα *f* • (for dishes) πιατοθήκη *f* ▶ *vt:* **to be racked by** βασανίζομαι από • **to ~ one's brains** στύβω το μυαλό μου

racket ['rækɪt] *n* (in Sport) ρακέτα *f* • (noise) φασαρία *f* • (swindle) κομπίνα *f*

radar ['reɪdɑːʳ] *n* ραντάρ *nt inv* ▶ *cpd* (screen, system) ραντάρ

radiation [reɪdɪ'eɪʃən] *n* (radioactivity) ακτινοβολία *f*

radiator ['reɪdɪeɪtəʳ] *n* καλοριφέρ *nt inv* • (Aut) ψυγείο *nt*

radical ['rædɪkl] *adj* (Pol) ριζοσπαστικός • (change, reform, disagreement) ριζικός ▶ *n* ριζοσπάστης/τρια *m/f*

radio ['reɪdɪəʊ] *n* ραδιόφωνο *nt* • **on the ~** στο ραδιόφωνο

radioactive ['reɪdɪəʊ'æktɪv] *adj* ραδιενεργός

radish ['rædɪʃ] *n* ραπανάκι *nt*

RAF *n abbr* (= Royal Air Force) η Βασιλική Αεροπορία

raffle ['ræfl] *n* λαχειοφόρος *f* • **~ ticket** λαχνός

raft [rɑːft] *n* λέμβος *f* • (also: **life ~**) σωσίβια λέμβος *f*

rag [ræg] *n* (piece of cloth) πανί *nt* • (torn cloth) κουρέλι *nt* • (pej: newspaper) παλιοφυλλάδα *f* ■ **rags** *npl* κουρέλια *nt pl*

rage [reɪdʒ] *n* οργή *f* ▶ *vi* (person) εξοργίζομαι • (storm, debate) μαίνομαι • **it's all the ~** είναι πολύ της μόδας

ragged ['rægɪd] *adj* (edge) ακανόνιστος • (clothes) κουρελιασμένος

raid [reɪd] *n* (Mil) επιδρομή *f* • (by police) έφοδος *f* ▶ *vt* (Mil) κάνω επιδρομή σε • (police) κάνω έφοδο σε

rail [reɪl] *n* κουπαστή *f* • **by ~** σιδηροδρομικώς ■ **rails** *npl* (for train) γραμμές *fpl*

railcard ['reɪlkɑːd] (BRIT) *n* εκπτωτική κάρτα *f* (σιδηροδρόμου)

railing ['reɪlɪŋ] *n*, **railings** ['reɪlɪŋz] *npl* κάγκελα *nt pl*

railroad ['reɪlrəʊd] (US) *n* = **railway**

railway ['reɪlweɪ] (BRIT) *n* (system) σιδηρόδρομος *m* • (track) σιδηροδρομική γραμμή *f* • (company) σιδηροδρομική εταιρεία *f*

railway line (BRIT) *n* σιδηροδρομική γραμμή *f*

railway station (BRIT) *n* σιδηροδρομικός σταθμός *m*

rain [reɪn] *n* βροχή *f* ▶ *vi:* **it's raining** βρέχει • **in the ~** στη βροχή

rainbow ['reɪnbəʊ] *n* ουράνιο τόξο *nt*

raincoat ['reɪnkəʊt] *n* αδιάβροχο *nt*

rainfall ['reɪnfɔːl] *n* βροχόπτωση *f*

rainforest ['reɪnfɒrɪst] *n* βροχοδάσος *nt*

rainy ['reɪnɪ] *adj* (day) βροχερός • (season) των βροχών

raise [reɪz] *n* αύξηση *f* ▶ *vt* (lift) σηκώνω • (salary, speed limit) αυξάνω • (morale, standards) ανεβάζω • (subject, question) (θέμα) αναφέρω, (ερώτημα) θέτω • (doubts, objection) εκφράζω • (animals) εκτρέφω • (children) ανατρέφω • **to ~ one's voice** υψώνω τη φωνή μου • **to ~ one's hopes** αναπτερώνω τις ελπίδες του

raisin ['reɪzn] *n* σταφίδα *f*

rake [reɪk] *n* (tool) τσουγκράνα *f* ▶ *vt* (soil, lawn) τσουγκρανίζω • (leaves) μαζεύω με τσουγκράνα

rally ['rælɪ] *n* (Pol etc) συλλαλητήριο *nt* • (Aut) ράλι *nt inv* • (Tennis etc) ανταλλαγή *f* (χωρίς να σημειωθεί πόντος) ▶ *vi* (sick person) αναλαμβάνω • (stock exchange) ανεβαίνω
▶ **rally round** *vi* συσπειρώνομαι ▶ *vt fus* συσπειρώνομαι γύρω από

RAM [ræm] (Comput) *n abbr* (= random access memory) μνήμη *f* τυχαίας προσπέλασης

ram [ræm] *n* κριάρι *nt* ▶ *vt* (crash into) τρακάρω σε

rambler ['ræmbləʳ] *n* (walker) πεζοπόρος *mf* • (Bot) αναρριχητικό φυτό *nt*

rambling ['ræmblɪŋ] *adj* (speech, letter) ασυνάρτητος • (house) πολυδαίδαλος

ramp [ræmp] *n* ράμπα *f* • **on/off~** (US Aut) είσοδος/έξοδος (αυτοκινητόδρομου)

rampage [ræm'peɪdʒ] *n:* **to be/go on the ~** αφηνιάζω

ran [ræn] *pt of* **run**

ranch [rɑːntʃ] *n* ράντσο *nt*

random ['rændəm] adj (also Comput, Math) τυχαίος ▸ n: **at ~** στην τύχη

rang [ræŋ] pt of **ring**

range [reɪndʒ] n (of mountains) οροσειρά f • (of missile) εμβέλεια f • (of voice) έκταση f • (of subjects, possibilities) ποικιλία f • (of products) γκάμα f • (Mil: also: **rifle ~**) σκοπευτήριο nt • (also: **kitchen ~**) κουζίνα f (συσκευή) ▸ vt βάζω στη σειρά ▸ vi: **to ~ over** καλύπτω • **to ~ from ... to ...** κυμαίνομαι από ... μέχρι ...

ranger ['reɪndʒəʳ] n δασοφύλακας mf

rank [ræŋk] n (row) σειρά f • (Mil) βαθμός m • (social class) τάξη f • (Brit: also: **taxi ~**) πιάτσα f ▸ vi: **to ~ as/among** συγκαταλέγομαι ανάμεσα σε ▸ vt: **he is ranked third in the world** κατέχει την τρίτη θέση στον κόσμο ▸ adj (stinking) δύσοσμος • (sheer) απόλυτος **the ranks** npl (Mil) οι απλοί στρατιώτες mpl

ransom ['rænsəm] n λύτρα nt pl • to hold to ~ κρατώ ομήγυρο να λύτρα • (fig) εκβιάζω

rant [rænt] vi: **to ~ and rave** λέω ασυναρτησίες

rap [ræp] vi χτυπάω (κοφτά) ▸ n (at door) χτύπος m (κοφτός) • (also: **~ music**) ραπ f inv

rape [reɪp] n βιασμός m • (Bot) ράπη f ▸ vt βιάζω

rapid ['ræpɪd] adj (growth, change) ραγδαίος • (heartbeat, steps) γρήγορος

rapidly ['ræpɪdlɪ] adv (grow, change) ραγδαία • (walk, move) γρήγορα

rapids ['ræpɪdz] npl τμήματα ποταμού με μεγάλη ταχύτητα ροής

rapist ['reɪpɪst] n βιαστής m

rapport [ræ'pɔːʳ] n σχέση f

rare [rɛəʳ] adj σπάνιος • (Culin) rare (με αίμα)

rarely ['rɛəlɪ] adv σπάνια

rash [ræʃ] adj επιπόλαιος ▸ n (Med) αναφυλαξία f • **to come out in a ~** βγάζω σπυριά

raspberry ['rɑːzbərɪ] n (Bot: fruit) φραμπουάζ nt inv • (: plant) σμεουριά f

rat [ræt] n αρουραίος m

rate [reɪt] n (of change, inflation) ρυθμός m • (of interest, taxation) επιτόκιο nt • (ratio) ποσοστό nt ▸ vt (value) αξιολογώ • (estimate) κατατάσσω • **to ~ sb/sth as** θεωρώ κν/κτ (ως) • **pulse ~** παλμοί • **at this/that ~** με αυτόν το ρυθμό **rates** npl (Brit) δημοτικά τέλη nt pl • (fees, prices) τιμές fpl

rather ['rɑːðəʳ] adv (quite) λίγο • (very) αρκετά • **there's ~ a lot** είναι μάλλον πολλά • **I would ~ go** προτιμώ να πάω • **~ than** παρά

rating ['reɪtɪŋ] n (score) βαθμολογία f • (assessment) αξιολόγηση f **ratings** npl (Radio, TV) ακροαματικότητα f

ratio ['reɪʃɪəu] n αναλογία f • **a ~ of 5 to 1** μια αναλογία 5 προς 1

ration ['ræʃən] n δελτίο nt ▸ vt βάζω δελτίο σε **rations** npl (Mil) τρόφιμα nt pl

rational ['ræʃənl] adj λογικός

rattle ['rætl] n (of door, window) τρίξιμο nt • (of train, car, engine etc) μουγκρητό nt • (for baby) κουδουνίστρα f ▸ vi τρίζω ▸ vt κάνω να χτυπά • (fig) μπερδεύω

rave [reɪv] adj (inf: review) διθυραμβικός • (scene, culture, music) ρέιβ inv ▸ n ρέιβ nt inv ▸ vi: **to ~ about** εκθειάζω

raven ['reɪvn] n κοράκι nt

ravine [rə'viːn] n χαράδρα f

raw [rɔː] adj (meat, vegetables) ωμός • (cotton, sugar etc) ακατέργαστος • (sore) άγριος

ray [reɪ] n ακτίνα f • **~ of hope** αχτίδα ελπίδας

razor ['reɪzəʳ] n (open razor) ξυράφι nt • (safety razor) ξυραφάκι nt • (electric razor) ξυριστική μηχανή f

Rd abbr = **road**

RE (Brit) n abbr (Scol) = **religious education**

re [riː] prep σχετικά με

reach [riːtʃ] n (range) εμβέλεια f ▸ vt φτάνω σε • (conclusion, decision) καταλήγω σε • (be able to touch) φτάνω • (by telephone) βρίσκω (στο τηλέφωνο) ▸ vi απλώνω το χέρι (μου) • **within/ out of ~** που μπορώ/δεν μπορώ να φτάσω • **to ~ out for sth** τεντώνομαι για να φτάσω κτ **reaches** npl (of river) εκτάσεις fpl ▸ **reach out** vi, vt (hand) απλώνω το χέρι

react [riː'ækt] vi (respond): **to ~ (to)** αντιδρώ

reaction [riː'ækʃən] n αντίδραση f

reactor [riː'æktəʳ] n (also: **nuclear ~**) αντιδραστήρας m

read¹ [riːd] (pt, pp ~) vi (person) διαβάζω ▸ vt διαβάζω • (mood, thoughts) καταλαβαίνω • (study) μελετάω • **to ~ sb's mind** διαβάζω τη σκέψη κου ▸ **read out** vt διαβάζω δυνατά ▸ **read up on** vt fus μελετάω

read² [rɛd] pt, pp of **read¹**

reader ['riːdəʳ] n αναγνώστης/τρια m/f

readily ['rɛdɪlɪ] adv (without hesitation) με προθυμία • (easily) εύκολα

reading ['riːdɪŋ] n (of books, newspapers etc) διάβασμα nt • (Scol) ανάγνωση f • (on meter, thermometer etc) ένδειξη f

ready ['rɛdɪ] adj έτοιμος • (willing) πρόθυμος ▸ n: **at the ~** (Mil) σε επιφυλακή • (fig) σε πλήρη ετοιμότητα • **to get ~** vi ετοιμάζομαι ▸ vt ετοιμάζω

ready-made ['rɛdɪ'meɪd] adj έτοιμος

real [rɪəl] adj πραγματικός • (leather, gold etc) αληθινός ▸ adv (US inf) πολύ

real estate n ακίνητη περιουσία f

real estate agent (US) n μεσίτης/τρια m/f

realistic [rɪə'lɪstɪk] adj (sensible) ρεαλιστής • (true to life) ρεαλιστικός

reality [riː'ælɪtɪ] n πραγματικότητα f • **in ~** στην πραγματικότητα

realization [rɪəlaɪ'zeɪʃən] n (understanding) συνειδητοποίηση f • (fulfilment) πραγματοποίηση f • (Fin) ρευστοποίηση f

realize ['rɪəlaɪz] vt (understand) καταλαβαίνω • (fulfil) πραγματοποιώ • (Fin) αποφέρω

really ['rɪəlɪ] adv (for emphasis): **~ good** πάρα πολύ καλός • **what ~ happened** (actually) αυτό που πραγματικά συνέβη • **~?** αλήθεια; • **~!** (indicating annoyance) σοβαρά;

realm [rɛlm] n (fig: field) πεδίο nt • (kingdom) βασίλειο nt

reappear [riːə'pɪəʳ] vi επανεμφανίζομαι

rear [rɪəʳ] adj πίσω ▸ n (back) πίσω μέρος nt • (buttocks) πισινά nt pl ▸ vt (cattle, chickens) εκτρέφω ▸ vi (also: **~ up**) σηκώνομαι στα πίσω πόδια

rearrange [ri:əˈreɪndʒ] vt (furniture) αλλάζω θέση σε • (meeting) ξανακανονίζω

reason [ˈri:zn] n (cause) αιτία f • (rationality) λογική f • (common sense) λογική f ▸ vi: to ~ with sb πείθω με λογικά επιχειρήματα κν • within ~ μέσα στα όρια της λογικής

reasonable [ˈri:znəbl] adj (person) λογικός • (number, amount) σεβαστός

reasonably [ˈri:znəblɪ] adv (fairly) αρκετά • (sensibly) λογικά

reasoning [ˈri:znɪŋ] n λογική f

reassurance [ri:əˈʃuərəns] n (comfort) σιγουριά f • (guarantee) εγγύηση

reassure [ri:əˈʃuəʳ] vt καθησυχάζω

rebate [ˈri:beɪt] n επιστροφή f

rebel [n ˈrɛbl, vb rɪˈbɛl] n (Pol) επαναστάτης/τρια m/f ▸ vi (Pol) στασιάζω • (against society, parents etc) επαναστατώ

rebellion [rɪˈbɛljən] n (Pol) στάση f • (against society, parents etc) επανάσταση f

rebellious [rɪˈbɛljəs] adj (child) ατίθασος • (behaviour) επαναστατικός

rebuild [ri:ˈbɪld] (irreg) vt (town, building etc) ξαναχτίζω • (economy) ανοικοδομώ • (confidence) ξανααποκτώ

recall [vb rɪˈkɔ:l, n ˈri:kɔl] vt (remember) θυμάμαι • (ambassador etc) ανακαλώ • (parliament) επανασυγκαλώ • (product) αποσύρω ▸ n (of memories) επαναφορά f • (of ambassador etc) ανάκληση f

receipt [rɪˈsi:t] n (for goods purchased) απόδειξη f • (for parcel etc) απόδειξη f παραλαβής • (act of receiving) παραλαβή f ■ **receipts** npl (Comm) εισπράξεις fpl

receive [rɪˈsi:v] vt (money, letter etc) παίρνω • (injury, treatment) (τραυματισμός) υφίσταμαι, (θεραπεία) δέχομαι • (criticism, visitor) δέχομαι

receiver [rɪˈsi:vəʳ] n (Tel) ακουστικό nt • (Radio, TV) δέκτης m • (of stolen goods) κλεπταποδόχος mf • (Comm) σύνδικος m πτωχεύσεως

recent [ˈri:snt] adj πρόσφατος • in ~ years τα τελευταία χρόνια

recently [ˈri:sntlɪ] adv (not long ago) πρόσφατα • (lately) τελευταία • as ~ as μόλις

reception [rɪˈsɛpʃən] n (in office, hospital etc) υποδοχή f • (in hotel) ρεσεψιόν f inv • (party) δεξίωση f • (welcome) υποδοχή f • (Radio, TV) σήμα nt

receptionist [rɪˈsɛpʃənɪst] n (in doctor's surgery etc) γραμματέας mf (υπάλληλος υποδοχής) • (in hotel) ρεσεψιονίστ mf inv

recession [rɪˈsɛʃən] n (Econ) ύφεση f

recharge [ri:ˈtʃɑ:dʒ] vt (επανα) φορτίζω

recipe [ˈrɛsɪpɪ] n (Culin) συνταγή f • a ~ for disaster/success συνταγή αποτυχίας/επιτυχίας

recipient [rɪˈsɪpɪənt] n (of letter) παραλήπτης/τρια m/f • (of payment etc) αποδέκτης/τρια m/f

recital [rɪˈsaɪtl] n ρεσιτάλ nt inv

recite [rɪˈsaɪt] vt (poem) απαγγέλλω

reckless [ˈrɛkləs] adj απερίσκεπτος

reckon [ˈrɛkən] vt (consider) πιστεύω • (calculate) υπολογίζω • I ~ that … φαντάζομαι ότι…
  ▸ **reckon on** vt fus υπολογίζω σε

reclaim [rɪˈkleɪm] vt (tax) ζητώ την επιστροφή +gen • (land: from sea) αποξηραίνω • (: from forest) εκχερσώνω • (waste, materials) αξιοποιώ

recognition [rɛkəgˈnɪʃən] n αναγνώριση f • to change beyond ~ γίνομαι αγνώριστος

recognize [ˈrɛkəgnaɪz] vt αναγνωρίζω • (problem, need) αντιλαμβάνομαι

recollection [rɛkəˈlɛkʃən] n (memory) ανάμνηση f • (remembering) μνήμη f

recommend [rɛkəˈmɛnd] vt συνιστώ

recommendation [rɛkəmənˈdeɪʃən] n (act of recommending) συστάσεις fpl • (suggestion) υπόδειξη f

reconcile [ˈrɛkənsaɪl] vt (two people) συμφιλιώνω • (two facts, beliefs) συμβιβάζω • to ~ o.s. to sth συμβιβάζομαι με κτ

reconsider [ri:kənˈsɪdəʳ] vt αναθεωρώ ▸ vi αναθεωρώ

reconstruct [ri:kənˈstrʌkt] vt (building) ανοικοδομώ • (policy, system) τροποποιώ • (event, crime) κάνω αναπαράσταση +gen

record [n ˈrɛkɔ:d, vb rɪˈkɔ:d] n (written account) αρχείο nt • (of meeting, decision) πρακτικό nt • (Comput) εγγραφή f • (file) αρχείο nt • (Mus: disk) δίσκος m • (history) ιστορικό nt • (also: criminal ~) ποινικό μητρώο nt • (Sport) ρεκόρ nt inv ▸ vt (write down) καταγράφω • (temperature, speed etc) δείχνω • (voice, conversation, etc) μαγνητοφωνώ • (Mus: song etc) ηχογραφώ ▸ adj (sales, profits) -ρεκόρ • in ~ time σε χρόνο-ρεκόρ • off the ~ adj (remark) ανεπίσημος ▸ adv (speak) ανεπίσημα

recorder [rɪˈkɔ:dəʳ] n (Mus) φλογέρα f

recording [rɪˈkɔ:dɪŋ] n ηχογράφηση f

recount [rɪˈkaunt] vt εξιστορώ

recover [rɪˈkʌvəʳ] vt (stolen goods, lost items etc) ξαναβρίσκω ▸ vi (from illness, operation) αναρρώνω • (from shock, experience) συνέρχομαι • (country, economy) ανακάμπτω

recovery [rɪˈkʌvərɪ] n (from illness, operation) ανάρρωση f • (in economy, finances) ανάκαμψη f • (of stolen goods, lost items) ανάκτηση f

recreate [ri:krɪˈeɪt] vt αναπλάθω

recreation [rɛkrɪˈeɪʃən] n αναψυχή f

recruit [rɪˈkru:t] n (Mil) νεοσύλλεκτος/η m/f • (in company) νέος/α υπάλληλος m/f • (in organization) νέο μέλος nt ▸ vt (also Mil) στρατολογώ • (staff) προσλαμβάνω

recruitment [rɪˈkru:tmənt] n προσλήψεις fpl

rectangle [ˈrɛktæŋgl] n ορθογώνιο nt

rectangular [rɛkˈtæŋgjuləʳ] adj ορθογώνιος

rectify [ˈrɛktɪfaɪ] vt (mistake) επανορθώνω • (situation) διορθώνω

rector [ˈrɛktəʳ] n (Rel) n εφημέριος m

recurring [rɪˈkə:rɪŋ] adj επαναλαμβανόμενος • (Math) άρρητος

recycle [ri:ˈsaɪkl] vt ανακυκλώνω ▸ vi ανακυκλώνω

red [rɛd] n κόκκινο nt • (pej: Pol) κομμούνι nt ▸ adj κόκκινος • to be in the ~ είμαι χρεωμένος

Red Cross n: the ~ ο Ερυθρός Σταυρός

redcurrant [ˈrɛdkʌrənt] n βατόμουρο nt

redeem [rɪˈdi:m] vt (situation, reputation) σώζω • (loan) εξοφλώ • (sth in pawn) παίρνω πίσω

• (Rel: person) λυτρώνω
redhead ['redhed] n κοκκινομάλλης/α m/f
reduce [rɪ'dju:s] vt μειώνω • **to ~ sb to tears/
silence** κάνω κν να κλάψει/σωπάσει
reduced [rɪ'dju:st] adj μειωμένος
reduction [rɪ'dʌkʃən] n (in numbers)
περιορισμός m • (in price) μείωση f
redundancy [rɪ'dʌndənsɪ] (BRIT) n (dismissal)
απόλυση f • (unemployment) ανεργία f
redundant [rɪ'dʌndnt] adj (BRIT: worker)
υπεράριθμος • (detail, word, object) περιττός • **to
be made ~** (worker) απολύομαι
reed [ri:d] n (Bot) καλάμι nt • (Mus) γλωσσίδα f
reef [ri:f] n ύφαλος m
reel [ri:l] n (of thread) μασούρι nt • (of string, of
film, tape) καρούλι nt • (Cine) μπομπίνα f • (on
fishing rod) ανέμη f • (dance) γρήγορος
σκωτσέζικος χορός ▶ vi στριφογυρίζω
ref. (Comm) abbr (= with reference to) σχετικά με
refer [rɪ'fə:ᵊ] vt: **to ~ sb to** παραπέμπω κν σε
▶ **refer to** vt fus αναφέρομαι σε • (consult)
συμβουλεύομαι
referee [refə'ri:] n (Sport) διαιτητής mf • (BRIT:
for job application) αυτός που δίνει συστατική
επιστολή ▶ vt διαιτητεύω
reference ['refrəns] n (mention) αναφορά f • (in
book, article) παραπομπή f • (for job application:
letter) συστατική επιστολή f
refine [rɪ'faɪn] vt (sugar) κατεργάζομαι • (oil)
διυλίζω • (theory, idea) τελειοποιώ
refined [rɪ'faɪnd] adj (person) καλλιεργημένος
• (taste) εκλεπτυσμένος • (sugar) ραφιναρισμένος
• (oil) καθαρός
refinery [rɪ'faɪnərɪ] n (for oil) διυλιστήριο nt
reflect [rɪ'flekt] vt αντανακλώ ▶ vi (think)
συλλογίζομαι
reflection [rɪ'flekʃən] n (image) είδωλο nt • (of
light, heat) αντανάκλαση f • (fig: thought) σκέψη f
• **on ~** μετά από σκέψη
reflex ['ri:fleks] adj αντανακλαστικός ■ **reflexes**
npl αντανακλαστικά nt pl
reform [rɪ'fɔ:m] n (of law) αναμόρφωση f • (of
system) μεταρρύθμιση f ▶ vt (law, system)
αναμορφώνω ▶ vi (criminal) σωφρονίζομαι
• (alcoholic) θεραπεύομαι
refrain [rɪ'freɪn] vi: **to ~ from doing** αποφεύγω
να κάνω ▶ n (of song) ρεφραίν nt inv
refresh [rɪ'freʃ] vt: **to ~ sb's memory** φρεσκάρω
τη μνήμη κου
refreshing [rɪ'freʃɪŋ] adj (drink, swim)
δροσιστικός • (sleep) αναζωογονητικός • (fact,
idea etc) ευχάριστος
refreshments [rɪ'freʃmənts] npl πρόχειρο
φαγητό nt και αναψυκτικά
refrigerator [rɪ'frɪdʒəreɪtᵊ] n ψυγείο nt
refuge ['refju:dʒ] n καταφύγιο nt
refugee [refju'dʒi:] n πρόσφυγας mf
refund [n 'ri:fʌnd, vt rɪ'fʌnd] n επιστροφή f
χρημάτων ▶ vt επιστρέφω
refusal [rɪ'fju:zəl] n άρνηση f
refuse¹ [rɪ'fju:z] vt (request, offer) απορρίπτω
• (invitation, gift) δεν δέχομαι • (permission,
consent) αρνούμαι ▶ vi (say no) αρνούμαι
• **to ~ to do sth** αρνούμαι να κάνω κτ

refuse² ['refju:s] n απορρίμματα nt pl (fml)
regain [rɪ'geɪn] vt (power, control) επανακτώ
• (health, confidence) ξαναβρίσκω
regard [rɪ'gɑ:d] n (esteem) εκτίμηση f ▶ vt
(consider) θεωρώ • (view) αντιμετωπίζω • **to give
one's regards to** δίνω τα χαιρετίσματά μου σε
• **as regards, with ~ to** όσον αφορά σε or +acc
regarding [rɪ'gɑ:dɪŋ] prep σχετικά με
regardless [rɪ'gɑ:dlɪs] adv (carry on, continue)
έτσι κι αλλιώς • **~ of** ανεξάρτητα από or
ανεξαρτήτως +gen
regenerate [rɪ'dʒenəreɪt] vt αναπλάθω
reggae ['regeɪ] n ρέγγε finv
regime [reɪ'ʒi:m] n καθεστώς m • (diet, exercise)
πρόγραμμα nt
regiment ['redʒɪmənt] n (Mil) σύνταγμα nt
region ['ri:dʒən] n περιοχή f • (administrative
division) περιφέρεια f • **in the ~ of** της τάξεως
+gen
regional ['ri:dʒənl] adj (authority)
περιφερειακός • (accent, foods) τοπικός
register ['redʒɪstᵊ] n (also:
electoral ~) εκλογικοί κατάλογοι mpl • (Scol)
απουσιολόγιο nt ▶ vt δηλώνω • (Post: letter)
στέλνω συστημένο • (: person: at hotel) δίνω τα
στοιχεία μου • (: at doctor's) δηλώνομαι ως
ασθενής • (: for a course) εγγράφομαι • (make
impression) γίνομαι κατανοητός
registered ['redʒɪstəd] adj (Post) συστημένος
registrar ['redʒɪstrɑ:ᵊ] n (in registry office)
ληξίαρχος mf
registration [redʒɪs'treɪʃən] n (of birth, death)
ληξιαρχική πράξη f • (of students) εγγραφή f
regret [rɪ'gret] n (sorrow) λύπη f ▶ vt (decision,
action) μετανιώνω για • (loss, death) λυπάμαι για
• **with ~** μετά λύπης μου • **to ~ that** λυπάμαι
που
regrettable [rɪ'gretəbl] adj ατυχής
regular ['regjulᵊ] adj (even) κανονικός
• (evenly-spaced) τακτικός • (symmetrical)
κανονικός • (frequent) τακτικός • (usual) τακτικός
• (Ling: verb) ομαλός • (Comm: size) κανονικός ▶ n
(client etc) τακτικός/ή πελάτης/ισσα m/f
regularly ['regjuləlɪ] adv (meet, happen) τακτικά
• (evenly: spaced) σε τακτά διαστήματα
regulate ['regjuleɪt] vt ρυθμίζω
regulation [regju'leɪʃən] n έλεγχος m • (rule)
κανονισμός m
rehabilitation ['ri:əbɪlɪ'teɪʃən] n επανένταξη f
• (of invalid) αποκατάσταση f
rehearsal [rɪ'hə:səl] n (Theat) πρόβα f • **dress ~**
γενική δοκιμή
rehearse [rɪ'hə:s] vt κάνω πρόβα (σε) ▶ vi κάνω
πρόβα
reign [reɪn] n βασιλεία f • (fig) καθεστώς nt ▶ vi
(also fig) βασιλεύω
reimburse [ri:ɪm'bə:s] vt αποζημιώνω
rein [reɪn] n (for horse) γκέμι nt
reincarnation [ri:ɪnkɑ:'neɪʃən] n (belief)
μετεμψύχωση f
reindeer ['reɪndɪᵊ] n inv τάρανδος m
reinforce [ri:ɪn'fɔ:s] vt ενισχύω
reinstate [ri:ɪn'steɪt] vt (employee) επαναφέρω
στην υπηρεσία • (tax, law) επαναφέρω

reject [n 'riːdʒekt, vb rɪ'dʒekt] n (Comm) ακατάλληλο or σκάρτο προϊόν nt ▶ vt (plan, candidate etc) απορρίπτω • (offer of help) αρνούμαι • (goods, fruit etc) κρίνω ακατάλληλο • (Med) αποβάλλω

rejection [rɪ'dʒekʃən] n (also Med) απόρριψη f • (of offer of help) άρνηση f

rejoice [rɪ'dʒɔɪs] vi: to ~ at or over αισθάνομαι αγαλλίαση για

relate [rɪ'leɪt] vt (tell: story etc) διηγούμαι • (connect) συνδέω ▶ vi: to ~ to (person) έχω σχέσεις με • (subject) συνδέομαι με

related [rɪ'leɪtɪd] adj (people) που συγγενεύει • (species, languages) συγγενικός • (questions, issues) που συνδέεται

relating to [rɪ'leɪtɪŋtu:] prep σχετικά με

relation [rɪ'leɪʃən] n (member of family) συγγενής mf • (connection) σχέση f ■ **relations** npl (contact) σχέσεις fpl • (relatives) συγγενείς mpl

relationship [rɪ'leɪʃənʃɪp] n σχέση f • (between two countries) σχέσεις fpl

relative ['relətɪv] n συγγενής mf ▶ adj (comparative) σχετικός • ~ to σχετικά με

relatively ['relətɪvlɪ] adv σχετικά

relax [rɪ'læks] vi χαλαρώνω • (calm down) ηρεμώ ▶ vt χαλαρώνω

relaxation [riːlæk'seɪʃən] n χαλάρωση f

relaxed [rɪ'lækst] adj ήρεμος

relaxing [rɪ'læksɪŋ] adj (holiday) που σε ξεκουράζει

relay [n 'riːleɪ, vb rɪ'leɪ] n (race) σκυταλοδρομία f ▶ vt (message, news) μεταφέρω • (programme, broadcast) αναμεταδίδω

release [rɪ'liːs] n (from prison) αποφυλάκιση f • (from obligation, situation) αποδέσμευση f • (of funds etc) αποδέσμευση f • (of gas, water etc) διαφυγή f • (Comm) κυκλοφορία f ▶ vt (from obligation, responsibility) απαλλάσσω • (from wreckage, lift etc) απεγκλωβίζω • (Tech: catch, spring etc) ελευθερώνω • (Aut) αφήνω • (record, film) βγάζω • (report, news, figures) δίνω στη δημοσιότητα • **new ~** (film) νέα ταινία f • (book) νέο βιβλίο nt • (record) νέος δίσκος m • see also **press release**

relentless [rɪ'lentlɪs] adj (heat) που δεν υποχωρεί • (noise) επίμονος

relevant ['reləvənt] adj σχετικός • (area) ανάλογος

reliable [rɪ'laɪəbl] adj (information) αξιόπιστος • (information) βάσιμος

relic ['relɪk] n (Rel) λείψανο nt • (of the past) απομεινάρι nt

relief [rɪ'liːf] n (from pain, anxiety etc) ανακούφιση f • (aid) βοήθεια f

relieve [rɪ'liːv] vt (pain) απαλύνω • (fear, worry) μετριάζω • (colleague, guard) αντικαθιστώ • to ~ sb of sth απαλλάσσω κν από κτ

relieved [rɪ'liːvd] adj ανακουφισμένος

religion [rɪ'lɪdʒən] n θρησκεία f

religious [rɪ'lɪdʒəs] adj θρησκευτικός • ~ person άνθρωπος της θρησκείας

relish ['relɪʃ] n (Culin) σάλτσα από πίκλες • (enjoyment) χαρά f ▶ vt (challenge) απολαμβάνω • (idea, thought etc) χαίρομαι

• to ~ doing sth κάνω κτ με ευχαρίστηση

relocate [riːləʊ'keɪt] vt μεταφέρω ▶ vi μεταφέρομαι

reluctance [rɪ'lʌktəns] n απροθυμία f

reluctant [rɪ'lʌktənt] adj απρόθυμος • to be ~ to do sth διστάζω να κάνω κτ

reluctantly [rɪ'lʌktəntlɪ] adv απρόθυμα

rely on [rɪ'laɪɒn] vt fus (be dependent on) βασίζομαι σε • (trust) έχω εμπιστοσύνη σε

remain [rɪ'meɪn] vi (survive) επιβιώνω • (continue to be) παραμένω • (stay) παραμένω

remainder [rɪ'meɪndə'] n (rest) υπόλοιπο nt

remaining [rɪ'meɪnɪŋ] adj υπόλοιπος

remains [rɪ'meɪnz] npl (of meal) αποφάγια nt pl • (of building etc) ερείπια nt pl • (of body, corpse) οστά nt pl

remand [rɪ'mɑːnd] n: on ~ υπό προσωρινή κράτηση ▶ vt: to be remanded in custody προφυλακίζομαι

remark [rɪ'mɑːk] n παρατήρηση f ▶ vt παρατηρώ • to ~ on sth σχολιάζω κτ

remarkable [rɪ'mɑːkəbl] adj αξιοσημείωτος

remedy ['remədɪ] n φάρμακο nt • (fig) τρόπος m αντιμετώπισης ▶ vt (situation, mistake) διορθώνω

remember [rɪ'membə'] vt θυμάμαι

remind [rɪ'maɪnd] vt: to ~ sb to do sth θυμίζω σε κν να κάνει κτ • to ~ sb of sth υπενθυμίζω κτ σε κν • she reminds me of her mother μου θυμίζει τη μητέρα της

reminder [rɪ'maɪndə'] n υπενθύμιση f

reminiscent [remɪ'nɪsnt] adj: this is ~ of sth αυτό θυμίζει κτ

remnant ['remnənt] n απομεινάρι nt • (Comm: of cloth) ρετάλι nt

remorse [rɪ'mɔːs] n τύψεις fpl

remote [rɪ'məʊt] adj (distant) μακρινός • (aloof) απόμακρος • (slight) ελάχιστος

remote control n (TV) τηλεχειριστήριο nt

remotely [rɪ'məʊtlɪ] adv ελάχιστα

removal [rɪ'muːvəl] n (of object) αφαίρεση f • (of stain) απομάκρυνση f • (of threat, suspicion) απομάκρυνση f • (Brit: from house) μετακόμιση f • (Med) αφαίρεση f

remove [rɪ'muːv] vt (furniture, debris etc) απομακρύνω • (clothing, bandage etc) βγάζω • (stain) βγάζω • (from list) σβήνω • (doubt, suspicion) απαλλάσσω από • (Med) αφαιρώ

Renaissance [rɪ'neɪsɑːs] n: the ~ η Αναγέννηση

render ['rendə'] vt (assistance, aid) παρέχω • (harmless, useless) καθιστώ

rendezvous ['rɒndɪvuː] n (meeting) ραντεβού nt inv • (place) τόπος m συνάντησης

renew [rɪ'njuː] vt (attack, efforts) επαναλαμβάνω με μεγαλύτερη ένταση • (loan, contract etc) ανανεώνω

renovate ['renəveɪt] vt ανακαινίζω

renowned [rɪ'naʊnd] adj φημισμένος

rent [rent] n νοίκι nt ▶ vt νοικιάζω

rental ['rentl] n ενοικίαση f

reorganize [riː'ɔːɡənaɪz] vt αναδιοργανώνω

rep [rep] n abbr (Comm) = **representative**

repair [rɪ'peə'] n επισκευή f ▶ vt (clothes) επιδιορθώνω • (car, engine, shoes) φτιάχνω • (road, building) επισκευάζω

repay [riːˈpeɪ] (irreg) vt (money) επιστρέφω • (person) εξοφλώ • (debt, loan) εξοφλώ • (sb's efforts) αποζημιώνω για

repayment [riːˈpeɪmənt] n (of debt etc) εξόφληση f • (of loan) αποπληρωμή f

repeat [rɪˈpiːt] n (Radio, TV) επανάληψη f ▶ vt επαναλαμβάνω • (Scol) ξανακάνω ▶ vi επαναλαμβάνω

repeatedly [rɪˈpiːtɪdlɪ] adv επανειλημμένα

repellent [rɪˈpɛlənt] n: **insect ~** εντομοαπωθητικό

repetition [rɛpɪˈtɪʃən] n επανάληψη f • (Comm) ανανέωση f

repetitive [rɪˈpɛtɪtɪv] adj επαναλαμβανόμενος • (work) μονότονος

replace [rɪˈpleɪs] vt (put back) ξαναβάζω στη θέση του • (take the place of) αντικαθιστώ • **to ~ sth with sth else** αντικαθιστώ κτ με κτ άλλο

replacement [rɪˈpleɪsmənt] n (substitution) αντικατάσταση f • (substitute) αντικαταστάτης/τρια m/f

replay [n ˈriːpleɪ, vb riːˈpleɪ] n επανάληψη f ▶ vt (Sport) επαναλαμβάνω • (track, song) ξαναπαίζω

replica [ˈrɛplɪkə] n αντίγραφο nt

reply [rɪˈplaɪ] n απάντηση f ▶ vi απαντώ

report [rɪˈpɔːt] n (account) αναφορά f • (Press etc) ρεπορτάζ nt inv • (Brit: also: **school ~**) έλεγχος m ▶ vt αναφέρω ▶ vi συντάσσω μια έκθεση • **to ~ to sb** (present o.s. to) παρουσιάζομαι σε κν • (be responsible to) δίνω αναφορά σε

reportedly [rɪˈpɔːtɪdlɪ] adv: **she is ~ living in Spain** λέγεται or λένε ότι μένει στην Ισπανία

reporter [rɪˈpɔːtə'] n δημοσιογράφος mf • (on the spot) ρεπόρτερ mf inv

represent [rɛprɪˈzɛnt] vt (person, nation) εκπροσωπώ • (view, belief) αντιπροσωπεύω • (constitute) αποτελώ

representation [rɛprɪzɛnˈteɪʃən] n εκπροσώπηση f

representative [rɛprɪˈzɛntətɪv] n (of person, nation) αντιπρόσωπος mf • (Comm) (εμπορικός) αντιπρόσωπος mf • (US Pol) μέλος nt της βουλής των Αντιπροσώπων ▶ adj αντιπροσωπευτικός • **~ of** αντιπροσωπευτικός +gen

repression [rɪˈprɛʃən] n (of people, country) καταπίεση f • (of feelings) απώθηση f

reprimand [ˈrɛprɪmɑːnd] n επίπληξη f ▶ vt επιπλήττω

reproduce [riːprəˈdjuːs] vt (copy) αναδημοσιεύω ▶ vi (Bio) αναπαράγομαι

reproduction [riːprəˈdʌkʃən] n (copy) αναδημοσίευση f • (of painting, furniture) αντίγραφο nt • (Bio) αναπαραγωγή f

reptile [ˈrɛptaɪl] n ερπετό nt

republic [rɪˈpʌblɪk] n δημοκρατία f

republican [rɪˈpʌblɪkən] adj δημοκρατικός • (US Pol): **R~** ρεπουμπλικανικός ▶ n (US Pol): **R~** ρεπουμπλικάνος/α m/f

reputable [ˈrɛpjutəbl] adj ονομαστός

reputation [rɛpjuˈteɪʃən] n φήμη f • **to have a ~ for** φημίζομαι για

request [rɪˈkwɛst] n (polite demand) αυτό που ζητάω • (formal demand) αίτημα nt

• (Radio) αφιέρωση f ▶ vt ζητάω

require [rɪˈkwaɪə'] vt (person) χρειάζομαι • (thing, situation) απαιτώ • (demand) απαιτώ • **to ~ sb to do sth** απαιτώ από κν να κάνει κτ

requirement [rɪˈkwaɪəmənt] n (need) ανάγκη f • (condition) προϋπόθεση f

rescue [ˈrɛskjuː] n σωτηρία f • (from drowning, accident) διάσωση f ▶ vt σώζω

research [rɪˈsəːtʃ] n έρευνα f ▶ vt κάνω έρευνα για

resemblance [rɪˈzɛmbləns] n ομοιότητα f

resemble [rɪˈzɛmbl] vt μοιάζω

resent [rɪˈzɛnt] vt (attitude, treatment) αισθάνομαι πικρία για • (person) κρατάω κακία σε

resentful [rɪˈzɛntful] adj (person) πικρόχολος • (attitude) γεμάτος πικρία

resentment [rɪˈzɛntmənt] n πικρία f

reservation [rɛzəˈveɪʃən] n (booking) κράτηση f • (doubt) επιφύλαξη f • **to make a ~** (in hotel) κλείνω δωμάτιο • (in restaurant) κλείνω τραπέζι • **with ~(s)** με κάποια επιφύλαξη

reserve [rɪˈzəːv] n απόθεμα nt • (fig) αποθέματα nt pl • (Sport) αναπληρωματικός/ή m/f • (restraint) αυτοσυγκράτηση f • (also: **nature ~**) εθνικός δρυμός m ▶ vt (keep) φυλάω για • (seat, table, ticket) κλείνω • **in ~** στην άκρη ■ **reserves** npl (Mil) εφεδρεία f

reserved [rɪˈzəːvd] adj (restrained) συγκρατημένος • (seat) κλεισμένος

reservoir [ˈrɛzəvwɑː'] n (of water) δεξαμενή f

residence [ˈrɛzɪdəns] n (fml: home) κατοικία f • (length of stay) παραμονή f

resident [ˈrɛzɪdənt] n (of country, town) κάτοικος mf • (in hotel) ένοικος mf ▶ adj (living): **to be ~ in** είμαι κάτοικος +gen

residential [rɛzɪˈdɛnʃəl] adj (area) οικιστικός • (staff) που μένει μέσα • (course) στον οποίο είσαι εσωτερικός

residue [ˈrɛzɪdjuː] n (Chem, also fig) υπόλειμμα nt

resign [rɪˈzaɪn] vt παραιτούμαι από ▶ vi παραιτούμαι • **to ~ o.s. to** αναγκάζομαι να αποδεχθώ

resignation [rɛzɪgˈneɪʃən] n (from post) παραίτηση f • (state of mind) παραίτηση f

resin [ˈrɛzɪn] n ρετσίνι nt

resist [rɪˈzɪst] vt (change, demand) εναντιώνομαι σε • (enemy, attack) αντιστέκομαι σε • (temptation, urge) αντιστέκομαι σε

resistance [rɪˈzɪstəns] n αντίδραση f • (also Elec) αντίσταση f • (to illness, infection) ανθεκτικότητα f

resolution [rɛzəˈluːʃən] n (decision) απόφαση f • (determination) αποφασιστικότητα • (of problem, difficulty) επίλυση f

resolve [rɪˈzɔlv] n αποφασιστικότητα f ▶ vt επιλύω ▶ vi: **to ~ to do sth** παίρνω απόφαση να κάνω κτ

resort [rɪˈzɔːt] n (town) θέρετρο nt • (recourse) προσφυγή f ▶ vi: **to ~ to** καταφεύγω σε • **as a last ~, in the last ~** στην έσχατη περίπτωση

resource [rɪˈzɔːs] n πρώτη ύλη f ■ **resources** npl (coal, iron, oil etc) πόροι mpl • (money) χρήματα nt pl

resourceful [rɪˈzɔːsful] adj επινοητικός

respect [rɪs'pekt] n σεβασμός m ▸ vt σέβομαι
• **with ~ to** or **in ~ of** σχετικά με • **in this ~** από
αυτή την άποψη ▪ **respects** npl σέβη nt pl

respectable [rɪs'pektəbl] adj (area, background)
καθώς πρέπει inv • (person) αξιοπρεπής
• (amount) σεβαστός

respectful [rɪs'pektful] adj (person, behaviour)
που δείχνει σεβασμό

respective [rɪs'pektɪv] adj αντίστοιχος

respectively [rɪs'pektɪvlɪ] adv αντίστοιχα

respite ['respaɪt] n ανάπαυλα f

respond [rɪs'pɔnd] vi (answer) απαντάω • (react)
ανταποκρίνομαι • (to treatment) αντιδρώ

response [rɪs'pɔns] n (to question) απάντηση f
• (to situation, event) αντίδραση f

responsibility [rɪspɔnsɪ'bɪlɪtɪ] n ευθύνη f

responsible [rɪs'pɔnsɪbl] adj (person, job)
υπεύθυνος • **to be ~ for sth** είμαι υπεύθυνος για κτ

responsibly [rɪs'pɔnsɪblɪ] adv υπεύθυνα

responsive [rɪs'pɔnsɪv] adj (person) που δείχνει
ανταπόκριση • (to sb's needs, interests etc) που
ανταποκρίνεται

rest [rest] n (relaxation) ξεκούραση f • (pause)
διάλειμμα nt • (remainder): **the ~ of** ο υπόλοιπος
▸ vi (person) ξεκουράζομαι ▸ vt (muscles) κάνω να
• (eyes, legs) ξεκουράζω • **to ~ sth on/against**
sth ακουμπάω κτ σε κτ • **the ~ of them** οι
υπόλοιποι

restaurant ['restərɔŋ] n εστιατόριο nt

restless ['restlɪs] adj ανήσυχος

restoration [restə'reɪʃən] n (of painting)
αποκατάσταση f • (of church etc) αναπαλαίωση f
• (Hist): **the R~** η Παλινόρθωση

restore [rɪs'tɔ:ʳ] vt (painting) αποκαθιστώ
• (building) αναπαλαιώνω • (law and order, health)
αποκαθιστώ • (to power, former state) επαναφέρω

restrain [rɪs'treɪn] vt (person) εμποδίζω
• (feeling, growth) συγκρατώ

restraint [rɪs'treɪnt] n (restriction) περιορισμός
m • (moderation) αυτοσυγκράτηση f

restrict [rɪs'trɪkt] vt περιορίζω

restriction [rɪs'trɪkʃən] n περιορισμός m

rest room (US) n τουαλέτα f

restructure [ri:'strʌktʃəʳ] vt αναδιοργανώνω

result [rɪ'zʌlt] n αποτέλεσμα nt ▸ vi: **to ~ in** έχω
σαν αποτέλεσμα • **as a ~ of** ως συνέπεια +gen

resume [rɪ'zju:m] vt (work, journey) συνεχίζω
▸ vi ξαναρχίζω

résumé ['reɪzju:meɪ] n περίληψη f • (US:
curriculum vitae) βιογραφικό σημείωμα nt

retail ['ri:teɪl] adj (department, shop) λιανικής
• (trade) λιανικός • (goods) της λιανικής ▸ adv
λιανικά ▸ vt πουλάω σε λιανική ▸ vi: **to ~ at**
πωλούμαι σε λιανική

retailer ['ri:teɪləʳ] n έμπορος mf λιανικής

retain [rɪ'teɪn] vt (independence, humour)
διατηρώ • (ticket, souvenir) κρατάω • (heat,
moisture) συγκρατώ

retaliation [rɪtælɪ'eɪʃən] n αντίποινα nt pl

retire [rɪ'taɪəʳ] vi (give up work) παίρνω σύνταξη
• (withdraw) αποσύρομαι • (go to bed) πάω για
ύπνο

retired [rɪ'taɪəd] adj (person) συνταξιούχος
• (officer) απόστρατος

retirement [rɪ'taɪəmənt] n (state) σύνταξη f
• (act) συνταξιοδότηση f

retort [rɪ'tɔ:t] vi αποκρίνομαι ▸ n απάντηση f

retreat [rɪ'tri:t] n (place) ησυχαστήριο nt • (Mil)
οπισθοχώρηση f ▸ vi αποτραβιέμαι • (Mil)
υποχωρώ

retrieve [rɪ'tri:v] vt (object) παίρνω (πίσω)
• (situation, error) διορθώνω • (Comput): "~"
«ανάκτηση»

retrospect ['retrəspekt] n: **in ~** εκ των υστέρων

return [rɪ'tə:n] n επιστροφή f • (Fin) απόδοση f
▸ cpd (journey) της επιστροφής • (Brit: ticket) μετ'
επιστροφής ▸ vi (person etc) επιστρέφω
• (feelings, symptoms etc) επανέρχομαι ▸ vt
(favour, greetings etc) ανταποδίδω • (sth
borrowed, stolen etc) επιστρέφω • **in ~ for** ως
αντάλλαγμα • **in ~ for** ως αντάλλαγμα για • **many**
happy returns (of the day)! χρόνια πολλά!
▪ **returns** npl (Comm) κέρδη nt pl
▸ **return to** vt fus (consciousness) ανακτώ
• (power) επιστρέφω σε

reunion [ri:'ju:nɪən] n (of family) συγκέντρωση f
• (of people, school, class etc) συνάντηση f (μετά
από καιρό)

reunite [ri:ju:'naɪt] vt (people) ξανασμίγω με
• (organization, country etc) ξανανώνω

revamp [ri:'væmp] vt αναμορφώνω

reveal [rɪ'vi:l] vt αποκαλύπτω

revealing [rɪ'vi:lɪŋ] adj αποκαλυπτικός

revel ['revl] vi: **to ~ in sth/in doing sth**
απολαμβάνω κτ/να κάνω κτ

revelation [revə'leɪʃən] n αποκάλυψη f

revenge [rɪ'vendʒ] n εκδίκηση f

revenue ['revənju:] n έσοδα nt pl

Reverend ['revərənd] adj (in titles)
αιδεσιμότατος • **the ~ John Smith** ο
αιδεσιμότατος Τζων Σμιθ

reversal [rɪ'və:sl] n (of decision) αναίρεση f
• (of policy, trend) ανατροπή f

reverse [rɪ'və:s] n (opposite) αντίθετο nt • (of
coin, medal) άλλη (πλευρά) f • (Aut: also: ~ **gear**)
όπισθεν f inv ▸ adj (side) άλλος • (process)
αντίστροφος ▸ vt (order, position) αντιστρέφω
• (direction) αλλάζω • (process) αντιστρέφω
• (decision) αναιρώ • (trend) αντιστρέφω • (car)
κάνω όπισθεν ▸ vi (Brit Aut) κάνω όπισθεν • **in**
~ order με αντίστροφη σειρά • **in ~** αντίστροφα

revert [rɪ'və:t] vi: **to ~ to** ξαναγυρίζω σε • (Jur)
επανέρχομαι σε

review [rɪ'vju:] n (of book, film etc) κριτική f
• (of situation etc) επανεξέταση f • (of policy)
αναθεώρηση f ▸ vt (book, film etc) γράφω κριτική
για • (situation) επανεξετάζω • (policy etc)
αναθεωρώ

revise [rɪ'vaɪz] vt (manuscript) διορθώνω
• (opinion, attitude, procedure) αναθεωρώ • (price)
αναπροσαρμόζω ▸ vi (study) κάνω επανάληψη

revision [rɪ'vɪʒən] n (of law, schedule etc)
αναθεώρηση f • (of manuscript) διόρθωση f
• (for exam) επανάληψη f

revival [rɪ'vaɪvəl] n (recovery) ανάκαμψη f
• (of interest, faith) αναζωπύρωση f

revive [rɪ'vaɪv] vt (person) συνεφέρω • (economy,
industry) δίνω νέα ζωή σε • (custom, hope)

ξαναζωντανεύω • (interest) ξυπνώ ▶ vi (person)
συνέρχομαι • (activity) ανανεώνομαι • (economy)
ανακάμπτω • (faith, hope, interest etc) ανανεώνω

revolt [rɪ'vəʊlt] n εξέγερση f ▶ vi (rebel)
εξεγείρομαι ▶ vt αηδιάζω

revolting [rɪ'vəʊltɪŋ] adj αηδιαστικός

revolution [revə'luːʃən] n επανάσταση f
• (rotation) περιστροφή f

revolutionary [revə'luːʃənrɪ] adj
επαναστατικός ▶ n επαναστάτης /τρια m/f

revolve [rɪ'vɒlv] vi περιστρέφομαι • **to ~ (a)**
round περιστρέφομαι γύρω από

revolver [rɪ'vɒlvəʳ] n περίστροφο nt

reward [rɪ'wɔːd] n (for service, work) ανταμοιβή f
• (for capture of criminal, information) αμοιβή f
• (satisfaction) ανταμοιβή f ▶ vt ανταμείβω

rewarding [rɪ'wɔːdɪŋ] adj που προσφέρει
ικανοποίηση

rewind [riː'waɪnd] (irreg) vt γυρίζω πίσω

rewritable [riː'raɪtəbl] adj (CD, DVD)
επανεγγράψιμος

rewrite [riː'raɪt] (irreg) vt ξαναγράφω

rhinoceros [raɪ'nɒsərəs] n ρινόκερος m

rhubarb ['ruːbɑːb] n ραβέντι nt

rhyme [raɪm] n (of two words) ομοιοκαταληξία f
• (verse) ρίμα f ▶ vi: **to ~ (with)** κάνω
ομοιοκαταληξία (με)

rhythm ['rɪðm] n (Mus) ρυθμός m

rib [rɪb] n (Anat) πλευρό nt ▶ vt δουλεύω

ribbon ['rɪbən] n (for hair, decoration) κορδέλα f

rice [raɪs] n (grain) ρύζι nt

rich [rɪtʃ] adj πλούσιος • (food) βαρύς • (diet)
πλήρης • (colour) έντονος ▶ npl: **the ~** οι
πλούσιοι

rid [rɪd] (pt, pp ~) vt: **to ~ sb/sth of** απαλλάσσω
κν/κτ από • **to get ~ of** γλιτώνω από
• (unwelcome guest, government etc)
ξεφορτώνομαι

riddle ['rɪdl] n (conundrum) αίνιγμα nt • (mystery)
μυστήριο nt ▶ vt: **to be riddled with** (doubts)
βασανίζομαι από • (corruption) είμαι
βουτηγμένος σε

ride [raɪd] (pt **rode**, pp **ridden**) n βόλτα f
• (distance covered) διαδρομή f ▶ vi (as sport)
κάνω ιππασία • (go somewhere) πηγαίνω
• (travel) ταξιδεύω ▶ vt (horse) ιππεύω • (bicycle)
κάνω • (motorcycle) οδηγώ • **to go for a ~** πάω
βόλτα • **can you ~ a bike?** ξέρεις ποδήλατο;

rider ['raɪdəʳ] n (on horse) ιππέας mf • (on bicycle)
ποδηλάτης /ισσα m/f • (on motorcycle)
μοτοσικλετιστής /τρια m/f

ridge [rɪdʒ] n (of hill) ράχη f • (of roof) στέψη f

ridicule ['rɪdɪkjuːl] n χλευασμός m ▶ vt
γελοιοποιώ

ridiculous [rɪ'dɪkjuləs] adj γελοίος

riding ['raɪdɪŋ] n (sport) ιππασία f

rife [raɪf] adj: **to be ~** είμαι εξαπλωμένος • **to be**
~ with βρίθω +gen

rifle ['raɪfl] n τουφέκι nt
▶ **rifle through** vt fus ψάχνω στα γρήγορα

rift [rɪft] n (fig) ρήξη f

rig [rɪg] n (oil rig: at sea) πλατφόρμα f (άντλησης
πετρελαίου) ▶ vt νοθεύω
▶ **rig up** vt στήνω πρόχειρα

right [raɪt] adj σωστός • (fair, just) δίκαιος • (not
left) δεξιός ▶ n καλό nt • (entitlement) δικαίωμα
nt • (not left) δεξιά nt pl ▶ adv (answer etc) σωστά
• (treat etc) καλά • (not on the left) δεξιά • (directly,
exactly) ακριβώς ▶ vt (ship, car etc) ισορροπεί
• (fault, situation, wrong) (λάθος) επανορθώνω,
(κατάσταση) διορθώνω ▶ excl ωραία • **the R~**
(Pol) η Δεξιά • **to be ~** (person) έχω δίκιο
• (answer) είμαι σωστός • (clock etc) πάω καλά
• **to get sth ~** κάνω κτ σωστά • **to put sth ~**
(mistake, injustice etc) διορθώνω κτ • **~ now** αυτή
τη στιγμή • **~ before/after** ακριβώς πριν/μετά
• **~ ahead** ίσια μπροστά • **by rights** κανονικά
• **~ away** τώρα αμέσως

rightful ['raɪtful] adj (heir, owner) νόμιμος

right-hand drive [raɪthænd'draɪv] n
δεξιοτίμονη οδήγηση f ▶ adj (vehicle)
δεξιοτίμονος

right-handed [raɪt'hændɪd] adj (person)
δεξιόχειρας

right-hand side [raɪthænd'saɪd] n δεξιά
πλευρά f

rightly ['raɪtlɪ] adv (with reason) δίκαια

right-wing [raɪt'wɪŋ] (Pol) adj (government,
person, policy etc) δεξιός

rigid ['rɪdʒɪd] adj άκαμπτος • (fig) αδιάλλακτος

rigorous ['rɪgərəs] adj (control, test)
εξονυχιστικός • (training) σκληρός

rim [rɪm] n (of glass, dish) χείλος nt • (of
spectacles) σκελετός m • (of wheel) ζάντα f

rind [raɪnd] n (of bacon) φέτα f • (of fruit) φλούδα f
• (of cheese) άκρη f

ring [rɪŋ] n (pt **rang**, pp **rung**) n (of metal)
δακτύλιος m • (on finger) δαχτυλίδι nt • (also:
wedding ~) βέρα f • (of people, objects) κύκλος m
• (for boxing) ρινγκ nt inv • (of circus) πίστα f
• (bullring) αρένα f • (sound of bell) κουδούνισμα
nt • (on cooker) μάτι nt ▶ vi (Tel: person)
τηλεφωνώ • (: telephone) χτυπάω • (bell, doorbell)
χτυπάω • (ears) κουδουνίζω ▶ vt (BRIT Tel)
τηλεφωνώ σε • (bell, doorbell etc) χτυπάω
• **to give sb a ~** (BRIT Tel) τηλεφωνώ σε κν
▶ **ring back** vt (BRIT Tel) ξαναπαίρνω ▶ vi
ξαναπαίρνω
▶ **ring up** vt (BRIT Tel) τηλεφωνώ σε

ring road (BRIT Aut) n περιφερειακός δρόμος m

ringtone ['rɪŋtəʊn] n (of mobile phone) ήχος m
κλήσης

rink [rɪŋk] n (also: **ice ~**) παγοδρόμιο nt • (also:
roller skating ~) πίστα f πατινάζ

rinse [rɪns] n ξέβγαλμα nt • (hair dye) βαφή f
▶ vt (dishes) ξεβγάζω • (hair, hands etc) ξεπλένω
• (also: **~ out**) ξεπλένω

riot ['raɪət] n ταραχή f ▶ vi προκαλώ ταραχές
• **to run ~** προκαλώ επεισόδια

rip [rɪp] n σκίσιμο nt ▶ vt σκίζω ▶ vi σκίζομαι
▶ **rip off** vt (inf: swindle) γδέρνω
▶ **rip up** vt κάνω κομμάτια

ripe [raɪp] adj ώριμος

rip-off ['rɪpɔf] (inf) n: **it's a ~!** σε γδέρνουν!

ripple ['rɪpl] n (wave) ελαφρός κυματισμός m
• (of laughter, applause) κύμα nt ▶ vi (water)
κυματίζω ελαφρά

rise [raɪz] n (pt **rose**, pp **risen**) n (incline) ύψωμα nt

• (BRIT: *salary increase*) αύξηση f • (*in prices, temperature etc*) αύξηση f • (*fig: to power, fame etc*) άνοδος f ▶ vi (*prices, numbers*) ανεβαίνω

• (*sun, moon*) ανατέλλω • (*wind*) δυναμώνω

• (*from bed, chair etc*) σηκώνομαι • (*sound, voice*) δυναμώνω • **to ~ to power** ανεβαίνω στην εξουσία

risen [rɪzn] *pp* of **rise**

rising ['raɪzɪŋ] *adj* αυξανόμενος

risk [rɪsk] n (*danger*) κίνδυνος m • (*deliberate*) ρίσκο nt • (*possibility, chance*) πιθανότητα f ▶ vt (*endanger*) διακινδυνεύω • (*chance*) ρισκάρω • **to take a ~** το διακινδυνεύω • **at ~** σε κίνδυνο • **at one's own ~** με δική μου ευθύνη

risky ['rɪski] *adj* ριψοκίνδυνος

rite [raɪt] n ιεροτελεστία f • **last rites** (Rel) εξομολόγηση και μετάληψη σε ετοιμοθάνατο

ritual ['rɪtjuəl] *adj* τελετουργικός ▶ n ιεροτελεστία f

rival ['raɪvl] n (*in competition etc*) αντίπαλος/η m/f • (*in business*) ανταγωνιστής/τρια m/f ▶ *adj* αντίπαλος • vt συναγωνίζομαι

rivalry ['raɪvlrɪ] n άμιλλα f

river ['rɪvə'] n ποταμός m

road [rəʊd] n (*also big*) δρόμος m • (*on signs etc*) οδός f • **major/minor ~** κύριος/δευτερεύων δρόμος • **~ accident** τροχαίο ατύχημα

roadblock ['rəʊdblɒk] n μπλόκο nt (στο δρόμο)

road rage n επιθετική οδική συμπεριφορά f

road safety n οδική ασφάλεια f

roadside ['rəʊdsaɪd] n κράσπεδο nt

roam [rəʊm] vi περιπλανιέμαι ▶ vt τριγυρίζω άσκοπα σε

roar [rɔː'] n (*of animal*) βρυχηθμός m • (*of crowd, vehicle, storm*) βουητό nt ▶ vi (*animal*) βρυχώμαι

• (*person, crowd*) ουρλιάζω • **to ~ with laughter** ξεκαρδίζομαι στα γέλια

roast [rəʊst] n ψητό nt ▶ vt (*meat, potatoes*) ψήνω • (*coffee*) καβουρδίζω

rob [rɒb] vt ληστεύω • **to ~ sb of sth** αρπάζω κτ από κν • (*fig: deprive*) στερώ κτ από κν

robber ['rɒbə'] n ληστής m

robbery ['rɒbərɪ] n ληστεία f

robe [rəʊb] n (*for ceremony etc*) τήβεννος f • (*also*: **bath ~**) μπουρνούζι nt • (US) φόρεμα f

robin ['rɒbɪn] n κοκκινολαίμης m

robot ['rəʊbɒt] n ρομπότ nt inv

robust [rəʊ'bʌst] *adj* (*person*) γεροδεμένος • (*appetite*) γερός • (*economy*) ανθηρός

rock [rɒk] n βράχος m • (US: *small stone*) πέτρα f

• (BRIT: *sweet*) σκληρή καραμέλα f • (Mus: *also*:

~ music) ροκ f inv ▶ vt (*swing gently*) κουνάω

• (*shake*) ταρακουνάω • (: *fig*) συγκλονίζω ▶ vi (*object*) σείομαι • **on the rocks** (*drink*) με πάγο

• (*ship*) που έχει εξοκείλει • (*marriage etc*) ναυαγισμένος

rock and roll n ροκ-εντ-ρολ f inv

rocket ['rɒkɪt] n πύραυλος m • (*firework*) φωτοβολίδα f

rocky ['rɒkɪ] *adj* βραχώδης • (*fig*) ετοιμόρροπος

rod [rɒd] n (*pole*) ραβδί nt • (*also*: **fishing ~**) καλάμι nt

rode [rəʊd] *pt* of **ride**

rogue [rəʊg] n κατεργάρης/ισσα m/f

role [rəʊl] n ρόλος m

role model n πρότυπο nt προς μίμηση

roll [rəʊl] n (*of paper etc*) ρολό nt • (*of cloth*) τόπι nt • (*of banknotes*) μασούρι nt • (*also*: **bread ~**) ψωμάκι nt • (*register, list*) κατάσταση f ▶ vt (*ball, stone etc*) κυλάω • (*dice*) ρίχνω • (*eyes*) στριφογυρίζω ▶ vi (*ball, stone etc*) κατρακυλάω

• (*thunder*) βροντάω • (*tears, sweat*) κυλάω

• (*printing press*) γυρίζω • (*camera*) τραβάω

• **cheese/ham ~** ψωμάκι με τυρί/ζαμπόν

▶ **roll about** vi κυλιέμαι

▶ **roll around** vi = **roll about**

▶ **roll over** vi γυρνάω

▶ **roll up** vt μαζεύω

roller ['rəʊlə'] n κύλινδρος m • (*for hair*) ρολεϊ nt inv

roller coaster n (*at funfair*) τρενάκι nt (σε λούνα παρκ)

roller skates npl πατίνια nt pl

ROM [rɒm] (Comput) n abbr (= *read only memory*) ROM f inv

Roman ['rəʊmən] *adj* ρωμαϊκός ▶ n Ρωμαίος/α m/f

Roman Catholic *adj* ρωμαιοκαθολικός ▶ n καθολικός/ή m/f

romance [rə'mæns] n (*love affair*) ειδύλλιο nt • (*novel*) ρομάντζο nt

Romania [rəu'meɪnɪə] n Ρουμανία f

Romanian [rəu'meɪnɪən] *adj* ρουμανικός ▶ n Ρουμάνος/α m/f • (Ling) ρουμάνικα nt pl

romantic [rə'mæntɪk] *adj* ρομαντικός

roof [ruːf] (pl **roofs**) n σκεπή f ▶ vt σκεπάζω

• **the ~ of the mouth** ο ουρανίσκος

roof rack (Aut) n σχάρα f

room [ruːm] n (*in house, hotel etc*) δωμάτιο nt • (*in school etc*) αίθουσα f • (*space*) χώρος m • (*for improvement etc*) περιθώριο nt • **single/double ~** μονόκλινο/δίκλινο δωμάτιο ▪ **rooms** npl (*lodging*) δωμάτια nt pl προς ενοικίαση • **"rooms to let"**, (US) **"rooms for rent"** «ενοικιαζόμενα δωμάτια»

roommate ['ruːmmeɪt] n συγκάτοικος mf

room service n ρουμ-σέρβις nt inv

roomy ['ruːmɪ] *adj* ευρύχωρος

rooster ['ruːstə'] n (*esp US*) n κόκορας m

root [ruːt] n (*also* Bot, Math) ρίζα f • (*of problem, belief*) (πρόβλημα) ρίζα, (πεποίθηση) προέλευση f ▪ **roots** npl ρίζες fpl

▶ **root about** vi (*fig*) ψαχουλεύω

▶ **root for** vt fus υποστηρίζω

rope [rəʊp] n σκοινί nt • (Naut) καραβόσκοινο nt

• vt (*also*: **~ together**) δένω με σκοινί • **to know the ropes** (*fig*) ξέρω τα μυστικά της δουλειάς

▶ **rope in** vt (*fig: person*) επιστρατεύω

rose [rəʊz] *pt* of **rise** ▶ n τριαντάφυλλο nt • (*also*: **rosebush**) τριανταφυλλιά f

rosemary ['rəʊzmərɪ] n δεντρολίβανο nt

rosy ['rəʊzɪ] *adj* (*face, cheeks*) ροδοκόκκινος

• (*situation*) ρόδινος • **a ~ future** ένα μέλλον που διαγράφεται ρόδινο

rot [rɒt] n σήψη f • (*fig*) τρίχες fpl ▶ vt (*wood, fruit etc*) σαπίζω • (*teeth*) χαλάω

rotate [rəu'teɪt] vt περιστρέφω • (*crops*) κάνω εναλλακτικές καλλιέργειες +gen ▶ vi περιστρέφομαι

rotten ['rɔtn] *adj* (*fruit, meat etc*) σάπιος • (*eggs*) κλούβιος • (*wood etc*) σάπιος • (*teeth*) χαλασμένος • (*inf: film, weather etc*) χάλια

rough [rʌf] *adj* (*skin*) άγριος • (*terrain, road*) ανώμαλος • (*person, manner*) απότομος • (*town, area*) επικίνδυνος • (*handling, treatment*) βίαιος • (*sea*) φουρτουνιασμένος • (*outline, plan*) συνοπτικός • (*sketch, drawing*) πρόχειρος • (*estimate, guide*) κατά προσέγγιση ▶ *vt*: **to ~ it** περνάω δύσκολα ▶ *adv*: **to sleep ~** (BRIT) κοιμάμαι έξω (στην ύπαιθρο)

roughly ['rʌflɪ] *adv* (*grab, push etc*) με δύναμη • (*handle*) απότομα • (*make, construct*) πρόχειρα • (*approximately*) πάνω-κάτω

roulette [ruːˈlet] *n* ρουλέτα *f*

round [raʊnd] *adj* στρογγυλός ▶ *n* (*of doctor*) επίσκεψη *f* • (*in competition*) γύρος *m* • (*Boxing*) γύρος *m* • (*of golf*) παιχνίδι *nt* • (*of ammunition*) δεσμίδα *m* (σφαίρες) • (*of drinks*) γύρος *m* ▶ *vt* (*corner, bend*) παίρνω ▶ *prep*: **~ his neck/the table** γύρω από το λαιμό του/από το τραπέζι ▶ *adv*: **all ~** γύρω-γύρω • **to sail ~ the world** κάνω το γύρο του κόσμου με πλοίο • **to move ~ a room/house** κάνω βόλτες μέσα σε δωμάτιο/σπίτι • **~ about 300** γύρω στους 300 • **the long way ~** από γύρω-γύρω • **all (the) year ~** όλο το χρόνο • **the wrong way ~** ανάποδα • **it's just ~ the corner** (*fig*) είναι μόλις στρίψετε στη γωνία • **to go ~ to sb's (house)** περνάω από το σπίτι κου • **to go ~ the back** πηγαίνω από πίσω • **enough to go ~** αρκετός για όλους • **~ the clock** όλο το εικοσιτετράωρο • **a ~ of applause** ένας γύρος χειροκροτημάτων • **a ~ of drinks** μια γύρα (*ποτά*) • **a ~ of sandwiches** ένα σάντουιτς
▶ **round off** *vt* (*evening etc*) κλείνω • (*meal*) τελειώνω
▶ **round up** *vt* (*cattle, sheep*) μαντρώνω • (*people*) μαζεύω • (*price, figure*) στρογγυλοποιώ

roundabout ['raʊndəbaʊt] (BRIT) *n* (*Aut*) κυκλικός κόμβος • (*at fair*) καρουζέλ *nt pl* ▶ *adj* (*route*) περιφερειακός • (*way, means*) πλάγιος

round trip *n* ταξίδι *nt* μετ' επιστροφής

roundup ['raʊndʌp] *n* (*information*) σύνοψη *f* • **a ~ of the latest news** μια περίληψη των τελευταίων ειδήσεων

rouse [raʊz] *vt* (*wake up*) ξυπνάω • (*stir up*) προκαλώ

route [ruːt] *n* (*in country*) δρόμος *m* • (*of bus, train*) δρομολόγιο *nt* • (*of shipping*) δρομολόγιο *nt*

routine [ruːˈtiːn] *adj* (*work, job*) ρουτίνας • (*check, inquiries*) τυπικός ▶ *n* (*habits*) πρόγραμμα *nt* • (*drudgery*) ρουτίνα *f*

row¹ [rəʊ] *n* (*also Knitting*) σειρά *f* ▶ *vi* (*in boat*) τραβάω κουπί • (*as sport*) κωπηλατώ ▶ *vt* (*boat*) τραβάω κουπί σε • **in a ~** (*fig*) στη σειρά

row² [raʊ] *n* (*din*) σαματάς *m* • (*dispute*) διαμάχη *f* • (*quarrel*) καυγάς *m* ▶ *vi* (*argue*) καυγαδίζω

rowboat ['rəʊbəʊt] (US) *n* βάρκα *f* με κουπιά

rowing ['rəʊɪŋ] *n* κωπηλασία *f*

rowing boat (BRIT) *n* βάρκα *f* με κουπιά

royal ['rɔɪəl] *adj* βασιλικός • **the ~ family** η βασιλική οικογένεια

royalty ['rɔɪəltɪ] *n* (*royal persons*) μέλη *nt pl* της βασιλικής οικογένειας ▪ **royalties** *npl* (*to author*) πνευματικά δικαιώματα *nt pl*

rub [rʌb] *vt* τρίβω ▶ *n*: **to give sth a ~** γυαλίζω • **to ~ sb up** *or* (US) **~ sb the wrong way** εκνευρίζω κν
▶ **rub out** *vt* σβήνω

rubber ['rʌbə'] *n* ελαστικό *nt* • (BRIT: *eraser*) γόμα *f* • (US inf: *condom*) προφυλακτικό *nt*

rubbish ['rʌbɪʃ] (BRIT) *n* σκουπίδια *nt pl* • (*fig*) σαβούρα *f* • (*pej*) βλακείες *fpl*

rubbish bin (BRIT) *n* σκουπιδοτενεκές *m*

rubble ['rʌbl] *n* χαλάσματα *nt pl* • (*Constr*) χαλίκι *nt*

ruby ['ruːbɪ] *n* ρουμπίνι *nt* ▶ *adj* βαθυκόκκινος

rucksack ['rʌksæk] *n* σακίδιο *nt*

rudder ['rʌdə'] *n* (*of ship*) πηδάλιο *nt* • (*of plane*) πηδάλιο *nt*

rude [ruːd] *adj* (*impolite*) αγενής • (*joke*) άσεμνος • (*story*) αισχρός • (*unexpected: shock*) ξαφνικός

rug [rʌg] *n* (*on floor*) χαλάκι *nt* • (BRIT: *blanket*) κουβέρτα *f* (για τα πόδια ή την πλάτη)

rugby ['rʌgbɪ] *n* (*also:* **~ football**) ράγκμπυ *nt inv*

rugged ['rʌgɪd] *adj* (*landscape*) άγριος • (*man*) με αδρά χαρακτηριστικά • (*features*) αδρός

ruin ['ruːɪn] *n* (*destruction: of building*) ερείπωση *f* • (: *of plans etc*) καταστροφή *f* • (*downfall*) καταστροφή *f* • (*bankruptcy*) οικονομική καταστροφή *f* • (*remains*) ερείπιο *nt* ▶ *vt* (*destroy: building*) κάνω ερείπια • (: *plans, prospects etc*) καταστρέφω • (: *hopes*) γκρεμίζω • (: *eyesight, health*) καταστρέφω • (*bankrupt*) καταστρέφω οικονομικά • (*clothes, carpet etc*) χαλάω ▪ **ruins** *npl* ερείπια *nt pl* • **in ruins** κατεστραμμένος

rule [ruːl] *n* (*norm*) κανόνας *m* • (*regulation*) κανονισμός *m* • (*government*) διακυβέρνηση *f* • (*ruler*) χάρακας *m* ▶ *vt* (*country, people*) κυβερνώ ▶ *vi* (*leader, monarch etc*) έχω υπό την εξουσία μου • **as a ~** κατά κανόνα
▶ **rule out** *vt* αποκλείω

ruler ['ruːlə'] *n* (*sovereign*) ηγέτης/ιδα *m/f* • (*for measuring*) χάρακας *m*

ruling ['ruːlɪŋ] *adj* (*party*) που κυβερνά • (*body*) που διοικεί ▶ *n* (*Jur*) απόφαση *f* • **the ~ class** η άρχουσα τάξη

rum [rʌm] *n* ρούμι *nt*

rumble ['rʌmbl] *n* (*of thunder*) μπουμπουνητό *nt* • (*of traffic, guns*) βουή *f* • (*of voices*) βουητό *nt* ▶ *vi* (*stomach*) γουργουρίζω • (*traffic*) βουίζω • (*guns*) βροντάω

rumour ['ruːmə'], **rumor** (US) *n* φήμες *fpl* ▶ *vt*: **it is rumoured that ...** φημολογείται ότι...

run [rʌn] (*pt* **ran**, *pp* **~**) *n* (*as exercise*) τρέξιμο *nt* • (*sport*) αγώνας *nt* δρόμου • (*in car*) βόλτα *f* • (*distance travelled*) διαδρομή *f* • (*series: of victories, defeats etc*) σειρά *f* • (*in tights, stockings*) πόντος *m* ▶ *vt* (*race, distance*) τρέχω • (*business*) διευθύνω • (*competition, course*) οργανώνω • (*hotel, shop*) έχω • (*Comput: program*) τρέχω ▶ *vi* (*flee*) το βάζω στα πόδια • (*work*): **to be running** είμαι αναμμένος • (*play, show etc*) συνεχίζομαι • (*contract*) ισχύω • (*river, tears*) τρέχω • (*colours, washing*) ξεβάφω • **the buses**

~ every hour (operate) έχει λεωφορείο κάθε μία ώρα. • **to go for a ~** (as exercise) πάω για τρέξιμο • **in the long ~** μακροπρόθεσμα • **on the ~** που το έχει σκάσει • **I'll ~ you to the station** θα σε πάω μέχρι το σταθμό • **the baby's nose was running** η μύτη του μωρού έτρεχε • **it's very cheap to ~** δεν καίει πολύ • **to ~ for president** θέτω υποψηφιότητα για πρόεδρος • **to ~ a bath** γεμίζω τη μπανιέρα (με) νερό
▶ **run after** vt fus κυνηγάω
▶ **run away** vi (from home) το σκάω • (from situation) δραπετεύω
▶ **run down** vt (production) μειώνω • (factory) μειώνω τη δραστηριότητα +gen • (Aut: person) χτυπάω • (criticize) κριτικάρω • **to be ~ down** (person) είμαι εξαντλημένος
▶ **run into** vt fus (meet: person) πέφτω επάνω σε • (: trouble, problems) αντιμετωπίζω • (collide with) πέφτω επάνω σε • **to ~ into debt** βρίσκομαι με χρέη
▶ **run off** vi φεύγω τρέχοντας
▶ **run out** vi (time, money) τελειώνω • (luck) αλλάζω (προς το χειρότερο) • (lease, passport) λήγω
▶ **run out of** vt fus (money, time, ideas) τελειώνει • (petrol) μένω από • (matches etc) ξεμένω από
▶ **run over** vt (Aut) πατάω
▶ **run through** vt fus (instructions) ρίχνω μια ματιά σε
▶ **run up** vt (debt) δημιουργώ
runaway ['rʌnəweɪ] adj (truck, train) ακυβέρνητος • (child, slave) που το έχει σκάσει • (fig: inflation) ανεξέλεγκτος • (success) σαρωτικός
rung [rʌŋ] pp of **ring** ▶ n σκαλί nt • (fig) βαθμίδα f
runner ['rʌnəʳ] n (in race: person) δρομέας mf • (: horse) άλογο nt κούρσας • (on drawer) ράγα f
runner-up [rʌnər'ʌp] n επιλαχών/ούσα m/f
running ['rʌnɪŋ] n (sport) τρέξιμο nt • (of business, organization) διοίκηση f • (of machine etc) λειτουργία f ▶ adj τρεχούμενος • **6 days** = 6 συνεχόμενες μέρες
runny ['rʌnɪ] adj (egg) μελάτος • (butter) λιωμένος • (nose, eyes) που τρέχει
run-up ['rʌnʌp] n: **the ~ to** η προκαταρκτική περίοδος για • (election etc) η προεκλογική περίοδος
runway ['rʌnweɪ] n (Aviat) n διάδρομος m προσγείωσης/απογείωσης
rupture ['rʌptʃəʳ] n (Med) ρήξη f
rural ['rʊərl] adj (area, economy) αγροτικός • (setting) εξοχικός
rush [rʌʃ] n (hurry) βιασύνη f • (Comm) ξαφνική ζήτηση f • (of air, water) ρεύμα nt • (of feeling, emotion) κύμα nt ▶ vt (lunch) τρώω στα γρήγορα • (job) κάνω στα γρήγορα • (person: to hospital etc) πηγαίνω επειγόντως • (supplies: to person, place) στέλνω επειγόντως ▶ vi (person) βιάζομαι • **I'm in a ~ (to do sth)** βιάζομαι (να κάνω κτ)
■ **rushes** npl (Bot) βούρλα nt pl • (for chair, basket etc) βούρλο nt
▶ **rush through** vt επισπεύδω
rush hour n ώρα f αιχμής

Russia ['rʌʃə] n Ρωσία f
Russian ['rʌʃən] adj ρωσικός ▶ n Ρώσος/ίδα m/f • (Ling) ρωσικά
rust [rʌst] n σκουριά f ▶ vi σκουριάζω
rusty ['rʌstɪ] adj (car) σκουριασμένος • (fig) που του λείπει εξάσκηση
ruthless ['ruːθlɪs] adj (person) αδίστακτος • (determination) άκαμπτος
rye [raɪ] n σίκαλη f

S

S, s [ɛs] n (letter) το δέκατο ένατο γράμμα του αγγλικού αλφαβήτου • (US Scol: = satisfactory) «καλώς»

Sabbath ['sæbəθ] n (Jewish) Σάββατο nt • (Christian) Κυριακή f

sabotage ['sæbətɑːʒ] n σαμποτάζ nt inv ▶ vt κάνω σαμποτάζ σε

saccharin, saccharine ['sækərɪn] n ζαχαρίνη f

sack [sæk] n (bag) σακί nt ▶ vt (dismiss) απολύω • to get the ~ απολύομαι

sacred ['seɪkrɪd] adj (music, history, writings) θρησκευτικός • (animal, building, memory) ιερός

sacrifice ['sækrɪfaɪs] n (also fig) θυσία f ▶ vt (also fig) θυσιάζω

sad [sæd] adj (person, look, day) λυπημένος • (story) θλιβερός • (state of affairs) λυπηρός

saddle ['sædl] n σέλα f ▶ vt (horse) σελώνω • to be saddled with (inf) φορτώνομαι

sadistic [sə'dɪstɪk] adj (person) σαδιστής • (behaviour) σαδιστικός

sadly ['sædlɪ] adv (unhappily) λυπημένα • (unfortunately) δυστυχώς • (seriously) σοβαρά

sadness ['sædnɪs] n λύπη f

sae (BRIT) abbr (= stamped addressed envelope) see **stamp**

safari [sə'fɑːrɪ] n σαφάρι nt inv

safe [seɪf] adj ασφαλής • (cautious) ασφαλής ▶ n χρηματοκιβώτιο nt • ~ and sound σώος και αβλαβής

safely ['seɪflɪ] adv (assume, say) με βεβαιότητα • (drive, arrive) προσεκτικά

safe sex n ασφαλής σεξουαλική συμπεριφορά f

safety ['seɪftɪ] n ασφάλεια f

safety belt n ζώνη f ασφαλείας

saffron ['sæfrən] n σαφράν nt inv

sag [sæg] vi (breasts, hem) κρεμάω • (fig) κάμπτομαι

sage [seɪdʒ] n (plant) φασκομηλιά f • (herb leaf) φασκόμηλο nt

Sagittarius [sædʒɪ'tɛərɪəs] n Τοξότης m

said [sed] pt, pp of **say**

sail [seɪl] n πανί nt ▶ vt κυβερνάω ▶ vi (travel: ship) πλέω • (: passenger) ταξιδεύω (με πλοίο) • (fig: ball etc) πετάω • to set ~ αποπλέω ▶ **sail through** vt fus (fig) σκίζω σε

sailboat ['seɪlbəut] (US) n ιστιοφόρο nt

sailing ['seɪlɪŋ] n (Sport) ιστιοπλοΐα f • to go ~ (Sport) κάνω ιστιοπλοΐα

sailing boat n ιστιοφόρο nt

sailor ['seɪlə'] n ναύτης m

saint [seɪnt] n άγιος m

sake [seɪk] n: for the ~ of sb/sth or for sb's/ sth's ~ για χάρη +gen • (out of consideration for) για κν/κτ

salad ['sæləd] n σαλάτα f

salad cream (BRIT) n μαγιονέζα f (ελαφριά)

salad dressing n ντρέσινγκ nt inv

salami [sə'lɑːmɪ] n σαλάμι nt

salary ['sælərɪ] n μισθός m

sale [seɪl] n (act of selling) πώληση f • (at reduced prices) έκπτωση f • (auction) δημοπρασία f • "for ~" «πωλείται» • on ~ που έχει έκπτωση ■ **sales** npl πωλήσεις fpl

salesman ['seɪlzmən] (irreg) n (in shop) πωλητής m • (representative) αντιπρόσωπος m

saleswoman ['seɪlzwumən] (irreg) n (in shop) πωλήτρια f • (representative) αντιπρόσωπος f

saliva [sə'laɪvə] n σάλιο nt

salmon ['sæmən] n inv σολομός m

salon ['sælɒn] n (hairdressing salon) κομμωτήριο nt • (beauty salon) ινστιτούτο nt αισθητικής

saloon [sə'luːn] n (US: bar) σαλούνι nt inv • (BRIT Aut) σεντάν nt inv

salt [sɔːlt] n αλάτι nt ▶ vt (put salt on) αλατίζω • to take sth with a pinch or grain of ~ (fig) δεν παίρνω κτ κατά γράμμα

saltwater ['sɔːltwɔːtə'] adj θαλασσινός

salty ['sɔːltɪ] adj αλμυρός

salute [sə'luːt] n (Mil) χαιρετισμός m ▶ vt (Mil) χαιρετώ στρατιωτικά

salvage ['sælvɪdʒ] n (saving) διάσωση f • (things saved) ό,τι έχει διασωθεί ▶ vt (fig) διασώζω

Salvation Army n: the ~ ο Στρατός της Σωτηρίας (φιλανθρωπική οργάνωση)

same [seɪm] adj ίδιος ▶ pron: the ~ ίδιος • at the ~ time (simultaneously) την ίδια στιγμή • (yet) την ίδια στιγμή • all or just the ~ παρ' όλα αυτά • the ~ to you! επίσης • they're one and the ~ είναι ένας και ο αυτός

sample ['sɑːmpl] n δείγμα nt ▶ vt (food, wine) δοκιμάζω

sanction ['sæŋkʃən] n έγκριση f ▶ vt συναινώ σε ■ **sanctions** npl (Pol) κυρώσεις fpl

sanctuary ['sæŋktjuərɪ] n (for birds, animals) καταφύγιο nt • (place of refuge) άσυλο nt

sand [sænd] n άμμος for m • see also **sands**

sandal ['sændl] n σανδάλι nt

sands [sændz] npl αμμώδης έκταση f

sandstone ['sændstəun] n ψαμμίτης m

sandwich ['sændwɪtʃ] n σάντουιτς nt inv ▶ vt: to be sandwiched between είμαι ανάμεσα σε

sandy ['sændɪ] adj (beach) αμμώδης • (colour: hair) πυρόξανθος

sane [seɪn] adj (person) πνευματικά υγιής • (action, system) λογικός

sang [sæŋ] pt of **sing**

sanitary towel, sanitary napkin (US) n σερβιέτα f

sanity ['sænɪtɪ] n (of person) ψυχική υγεία f
• (common sense) λογική f
sank [sæŋk] pt of **sink**
Santa [sæntə], **Santa Claus** [sæntə'klɔːz] n
≈ Άγιος Βασίλης
sap [sæp] n χυμός m ▶ vt υποσκάπτω
sapphire ['sæfaɪə'] n ζαφείρι nt
sarcasm ['saːkæzm] n σαρκασμός m
sarcastic [saːˈkæstɪk] adj σαρκαστικός • to be ~
είμαι σαρκαστικός
sardine [saːˈdiːn] n σαρδέλα f
sat [sæt] pt, pp of **sit**
satellite ['sætəlaɪt] n (Astr, Tel) δορυφόρος m
satellite dish n δορυφορική κεραία f
satellite television n δορυφορική τηλεόραση f
satin ['sætɪn] n σατέν nt inv ▶ adj από σατέν
satire ['sætaɪə'] n σάτιρα f
satisfaction [sætɪsˈfækʃən] n ικανοποίηση f
satisfactory [sætɪsˈfæktərɪ] adj ικανοποιητικός
satisfied ['sætɪsfaɪd] adj ικανοποιημένος
satisfy ['sætɪsfaɪ] vt (please) ικανοποιώ • (needs,
demand) ικανοποιώ • (requirements, conditions)
πληρώ • to ~ sb that ... πείθω κν ότι...
Saturday ['sætədɪ] n Σάββατο nt • see also
Tuesday
sauce [sɔːs] n σάλτσα f
saucepan ['sɔːspən] n κατσαρόλα f
saucer ['sɔːsə'] n πιατάκι nt
Saudi Arabia [saʊdɪəˈreɪbɪə] n Σαουδική
Αραβία f
sauna ['sɔːnə] n σάουνα f
sausage ['sɒsɪdʒ] n λουκάνικο nt
savage ['sævɪdʒ] adj άγριος ▶ vt επιτίθεμαι
άγρια σε • (fig) κάνω άγρια κριτική σε
save [seɪv] vt (rescue) σώζω • (put by)
αποταμιεύω • (economize on) εξοικονομώ
• (avoid) γλυτώνω • (keep) φυλάω • (Comput: file,
document) σώζω • (Sport) σώζω ▶ vi (also: **~ up**)
αποταμιεύω (fml) ▶ n (Sport) απόκρουση f
saving ['seɪvɪŋ] n οικονομία f ■ **savings** npl
αποταμιεύσεις fpl (fml), οικονομίες fpl
savings account ['seɪvɪŋzəkaunt] n
λογαριασμός m ταμιευτηρίου
savoury ['seɪvərɪ], **savory** (US) adj (food, dish)
νόστιμος • (not sweet) αλμυρός
saw [sɔː] (pt sawed, pp sawed or sawn) vt
πριονίζω ▶ n πριόνι nt ▶ pt of **see**
sawdust ['sɔːdʌst] n πριονίδι nt
sawn [sɔːn] pp of **saw**
saxophone ['sæksəfəʊn] n σαξόφωνο nt
say [seɪ] (pt, pp said) vt λέω ▶ n: to have one's ~
λέω τη γνώμη μου • to have a or some ~ in sth
μου πέφτει λόγος σε κτ • **could you ~ that
again?** μπορείτε να το ξαναπείτε; • **come for
dinner at, ~, 8 o'clock** έλα το βράδυ για φαγητό,
ας πούμε, κατά τις 8 • **that is to ~** αυτό πάει να
πει • ~ **(that)** ... πείτε (ότι) ...
saying ['seɪɪŋ] n ρητό nt
scaffolding ['skæfəldɪŋ] n σκαλωσιά f
scale [skeɪl] n (also Mus) κλίμακα f • (of fish) λέπι
nt • (size) διαστάσεις fpl ▶ vt (cliff, tree)
σκαρφαλώνω σε • **pay ~** μισθολογική κλίμακα
• **on a large ~** σε μεγάλη κλίμακα ■ **scales** npl
(for weighing) ζυγαριά f

▶ **scale down** vt μειώνω αναλογικά
scallop ['skɒləp] n (Zool) χτένι nt (όστρακο)
• (Sewing) φεστόνι nt
scalp [skælp] n τριχωτό nt της κεφαλής
scalpel ['skælpl] (Med) n νυστέρι nt
scampi ['skæmpɪ] (Brit) npl γαρίδες or
καραβίδες fpl
scan [skæn] vt (horizon, sky) εξερευνώ
• (newspaper, letter) ρίχνω μια ματιά σε • (TV,
Radar) ανιχνεύω ▶ n (Med) τομογραφία f
scandal ['skændl] n (shocking event) σκάνδαλο
nt • (gossip) κουτσομπολιό nt pl
Scandinavia [skændɪˈneɪvɪə] n Σκανδιναβία f
Scandinavian [skændɪˈneɪvɪən] adj
σκανδιναβικός ▶ n Σκανδιναβός/ή m/f
scanner ['skænə'] n (Radar, Comput) σκάνερ
m inv
scapegoat ['skeɪpɡəʊt] n εξιλαστήριο θύμα nt
scar [skaː] n (fig) σημάδι nt ▶ vt (face, hand)
αφήνω σημάδι σε • (fig) αφήνω σημάδια σε
scarce [skɛəs] adj σπάνιος
scarcely ['skɛəslɪ] adv (hardly) σχεδόν καθόλου
• (certainly not) δύσκολα
scare [skɛə'] n (fright) τρομάρα f • (public fear)
πανικός f ▶ vt τρομάζω • **bomb ~** απειλή για
βόμβα
▶ **scare away** vt (animal) τρομάζω (και διώχνω)
• (investor, buyer) αποθαρρύνω
▶ **scare off** vt = **scare away**
scared ['skɛəd] adj τρομαγμένος • **to be ~ of
doing sth** φοβάμαι να κάνω κτ
scarf [skaːf] (pl **scarfs** or **scarves**) n (long)
κασκόλ nt inv • (square: headscarf) μαντήλι nt
scarlet ['skaːlɪt] adj πορφυρός
SCART socket ['skaːtˈsɒkɪt] n πρίζα/υποδοχή f
Σκαρτ
scarves [skaːvz] npl of **scarf**
scary ['skɛərɪ] (inf) adj τρομακτικός
scatter ['skætə'] vt (seeds) σπέρνω • (papers)
σκορπίζω ▶ vi (crowd) σκορπίζω
scenario [sɪˈnaːrɪəʊ] n σενάριο nt
scene [siːn] n σκηνή f • (of crime, accident)
τόπος m
scenery ['siːnərɪ] n (Theat) σκηνικά nt pl
• (landscape) τοπίο nt
scenic ['siːnɪk] adj γραφικός
scent [sɛnt] n (fragrance) άρωμα nt • (track)
οσμή f • (fig) ίχνη nt pl
sceptic ['skɛptɪk], **skeptic** (US) n δύσπιστος/η
m/f
sceptical ['skɛptɪkl], **skeptical** (US) adj: to be
~ **about sth** βλέπω με δυσπιστία κτ
schedule ['ʃɛdjuːl, (US)ˈskɛdjuːl] n (of trains,
buses) πίνακας m δρομολογίων • (of events and
times) πρόγραμμα nt • (of prices, details etc)
κατάλογος m ▶ vt προγραμματίζω • **on ~** στην
ώρα του
scheduled flight n προγραμματισμένη πτήση f
scheme [skiːm] n (personal plan) σχέδιο nt
• (plot) κόλπο nt • (Admin) πρόγραμμα nt ▶ vi
δολοπλοκώ
schizophrenia [skɪtsəˈfriːnɪə] n σχιζοφρένεια f
schizophrenic [skɪtsəˈfrɛnɪk] adj σχιζοφρενικός
▶ n σχιζοφρενής mf

scholar ['skɒlə'] n (learned person) λόγιος/ια m/f
• (pupil) υπότροφος mf

scholarship ['skɒləʃɪp] n (knowledge) γνώση f
• (grant) υποτροφία f

school [sku:l] n σχολείο nt • (US inf: university)
Σχολή f ▶ cpd σχολικός

schoolboy ['sku:lbɔɪ] n μαθητής m

schoolchildren ['sku:lt∫ɪldrən] npl μαθητές mpl

schoolgirl ['sku:lɡə:l] n μαθήτρια f

schooling ['sku:lɪŋ] n σχολική εκπαίδευση f

schoolteacher ['sku:lti:t∫ə'] n (primary)
δάσκαλος/α m/f • (secondary) καθηγητής/τρια m/f

science ['saɪəns] n επιστήμη f • (Scol) φυσική f

science fiction n επιστημονική φαντασία f

scientific [saɪən'tɪfɪk] adj επιστημονικός

scientist ['saɪəntɪst] n επιστήμονας mf

sci-fi ['saɪfaɪ] (inf) n abbr = science fiction

scissors ['sɪzəz] npl ψαλίδι nt • a pair of ~ ένα
ψαλίδι

scoop [sku:p] n (implement) σέσουλα f
• (amount) κούπα f • (Press) λαυράκι nt
▶ scoop up vt μαζεύω ▪

scooter ['sku:tə'] n (also: motor ~) βέσπα f
• (toy) πατίνι nt

scope [skəʊp] n (opportunity) περιθώρια nt pl
• (of plan, undertaking) σκοπός m

scorching ['skɔ:t∫ɪŋ] adj (day) καυτός
• ~ weather καύσωνας

score [skɔ:'] n (total number of points etc) σκορ nt
inv • (Mus) παρτιτούρα f ▶ vt σημειώνω ▶ vi (in
game) παίρνω βαθμό or πόντο • (Football etc)
βάζω γκολ • (keep score) καταγράφω or κρατάω
το σκορ • to settle an old ~ with sb (fig)
ξεκαθαρίζω παλιούς λογαριασμούς με κν
• scores of αμέτρητοι +acc • on that ~ για αυτό
το θέμα
▶ score out vt διαγράφω

scoreboard ['skɔ:bɔ:d] n πίνακας m
βαθμολογίας

scorer ['skɔ:rə'] n (Football etc) σκόρερ mfinv
• (person keeping score) αυτός που καταγράφει το
σκορ

scorn [skɔ:n] n περιφρόνηση f

Scorpio ['skɔ:pɪəʊ] n Σκορπιός m

Scot [skɒt] n Σκωτσέζος/α m/f • see also **Scots**

Scotch [skɒt∫] n σκοτσέζικο ουίσκι nt inv

Scotland ['skɒtlənd] n Σκωτία f

Scots [skɒts] adj (accent) σκωτσέζικος • ~ (people)
οι Σκωτσέζοι

Scotsman ['skɒtsmən] (irreg) n Σκωτσέζος m

Scotswoman ['skɒtswumən] (irreg) n
Σκωτσέζα f

Scottish ['skɒtɪ∫] adj σκωτσέζικος

scout [skaʊt] n (Mil) ανιχνευτής/τρια m/f • (also:
boy ~) πρόσκοπος m • girl ~ (US) προσκοπίνα f

scramble ['skræmbl] n (climb) σκαρφάλωμα nt
• (rush) τσαλαπάτημα nt ▶ vi: to ~ up/over
σκαρφαλώνω σε • to ~ for τσαλαπατιέμαι για

scrambled eggs ['skræmbld'egz] npl χτυπητά
αυγά nt pl

scrap [skræp] n (of paper, material) κομματάκι nt
• (fig: of truth) ίχνος nt • (fight) καυγάς m • (also:
~ metal) παλιοσίδερα nt pl ▶ vt (machines etc)
δίνω για παλιοσίδερα • (fig: plans etc) πετάω στο

καλάθι των αχρήστων ▶ vi καυγαδίζω ▪ **scraps**
npl (of food) αποφάγια nt pl

scrape [skreɪp] vt (mud, paint) ξύνω • (hand, car)
γδέρνω
▶ scrape through vt (exam etc) περνάω παρά
τρίχα
▶ scrape together vt (money) μαζεύω με κόπο

scratch [skræt∫] n γρατζουνιά f ▶ vt (one's nose
etc) ξύνω • (paint, car etc) χαράζω • (with claw,
nail) γρατζουνάω ▶ vi ξύνομαι • to start from ~
αρχίζω από το μηδέν • to be up to ~ είμαι
ικανοποιητικός

scream [skri:m] n κραυγή f ▶ vi ουρλιάζω

screen [skri:n] n (Cine, TV, Comput) οθόνη f
• (movable barrier) παραπέτασμα nt • (fig) βιτρίνα
f ▶ vt καλύπτω • (from the wind etc) προστατεύω
• (film, programme) προβάλλω • (candidates etc)
περνάω από έλεγχο • (for illness): to ~ sb for sth
εξετάζω κν για κτ

screening ['skri:nɪŋ] n (Med) λεπτομερής
εξέταση f • (of film) προβολή f • (for security)
εξονυχιστικός έλεγχος m

screenplay ['skri:npleɪ] n σενάριο nt

screen saver (Comput) n προστασία οθόνης f

screw [skru:] n βίδα f ▶ vt βιδώνω • to ~ sth in
βιδώνω κτ (στη θέση του)
▶ screw up vt (paper etc) τσαλακώνω • (inf)
χαλάω

screwdriver ['skru:draɪvə'] n κατσαβίδι nt

script [skrɪpt] n (Cine etc) σενάριο nt • (alphabet)
γραφή f

scroll [skrəʊl] n πάπυρος m ▶ vi: to ~ up/down
κυλώ πάνω/κάτω

scrub [skrʌb] n (land) θαμνώδης βλάστηση f ▶ vt
τρίβω (για να καθαρίσω)

scruffy ['skrʌfɪ] adj (person, appearance)
ατημέλητος • (object) βρώμικος

scrutiny ['skru:tɪnɪ] n προσεκτική εξέταση f

scuba diving n υποβρύχια κατάδυση f

sculptor ['skʌlptə'] n γλύπτης/τρια m/f

sculpture ['skʌlpt∫ə'] n (art) γλυπτική f
• (object) γλυπτό nt

scum [skʌm] n (on liquid) βρώμικος αφρός m
• (pej: people) καθάρμα nt

sea [si:] n θάλασσα f • by ~ με πλοίο • to be all at
~ (fig) τα' χω χαμένα

seafood ['si:fu:d] n θαλασσινά nt pl

seafront ['si:frʌnt] n ακτή f

seagull ['si:gʌl] n γλάρος m

seal [si:l] n (animal) φώκια f • (official stamp)
σφραγίδα f • (in machine etc) σφράγισμα nt
▶ vt (opening, envelope) σφραγίζω • (agreement)
επισφραγίζω
▶ seal off vt αποκλείω

sea level n στάθμη f της θάλασσας

seam [si:m] n ραφή f • (where edges meet)
ένωση f

search [sə:t∫] n (for person, thing) ψάξιμο nt
• (Comput) αναζήτηση f • (of sb's home) έρευνα f
▶ vt (place) ερευνώ • (person, luggage) κάνω
έρευνα σε ▶ vi: to ~ for sb/sth ψάχνω για κν/κτ
• in ~ of ψάχνοντας
▶ search through vt fus ψάχνω προσεκτικά

search engine n (Comput) μηχανή αναζήτησης f

seasick ['si:sɪk] adj: **to be ~** έχω ναυτία
seaside ['si:saɪd] n ακρογιαλιά f
seaside resort n παραθαλάσσιο θέρετρο nt
season ['si:zn] n (of year) εποχή f • (Sport) περίοδος f • (of films etc) κύκλος m ▶ vt (food) καρυκεύω
seasonal ['si:znl] adj εποχιακός
seasoning ['si:znɪŋ] n μπαχαρικά nt pl
season ticket n (Rail) κάρτα f διαρκείας • (Sport) εισιτήριο nt διαρκείας • (Theat) κάρτα f συνδρομητή
seat [si:t] n (chair) κάθισμα nt • (place) θέση f • (in parliament) έδρα f • (of trousers) καβάλος m ▶ vt (table, theatre) χωράω • **to be seated** είμαι καθισμένος
seat belt (Aut) n ζώνη f ασφαλείας
seaweed ['si:wi:d] n φύκι nt
sec. abbr = **second²**
secluded [sɪ'klu:dɪd] adj (place) απόμερος • (life, etc) απομονωμένος
second ['sɛkənd] adj δεύτερος ▶ adv (in race etc) δεύτερος ▶ n δευτερόλεπτο nt • (Aut: also: **~ gear**) δευτέρα f ▶ vt (motion) υποστηρίζω
secondary ['sɛkəndərɪ] adj δευτερεύων
secondary school n (up to year 9) Γυμνάσιο nt • (from year 10 upwards) Λύκειο nt
second-class ['sɛkənd'klɑːs] adj (citizen, standard etc) δεύτερης κατηγορίας • (Post: stamp, letter) μικρότερης προτεραιότητας • (Rail: ticket, carriage) δεύτερης θέσης ▶ adv (Rail) δεύτερη θέση • (Post) μικρότερης προτεραιότητας
secondhand ['sɛkənd'hænd] adj μεταχειρισμένος ▶ adv (buy) από δεύτερο χέρι • **to hear sth ~** μαθαίνω κτ από δεύτερο χέρι
second hand n λεπτοδείκτης m
secondly ['sɛkəndlɪ] adv κατά δεύτερο λόγο
Second World War n Δεύτερος Παγκόσμιος Πόλεμος m
secrecy ['si:krəsɪ] n μυστικότητα f
secret ['si:krɪt] adj μυστικός • (admirer) κρυφός ▶ n μυστικό nt • **in ~** στα κρυφά
secretary ['sɛkrətərɪ] n (Comm etc) γραμματέας mf
secretive ['si:krətɪv] adj μυστικοπαθής
secret service n μυστική υπηρεσία f
sect [sɛkt] n (Rel) αίρεση f
section ['sɛkʃən] n τμήμα nt • (of document) μέρος nt
sector ['sɛktə'] n τομέας m
secular ['sɛkjulə'] adj λαϊκός
secure [sɪ'kjuə'] adj (safe) ασφαλής • (firmly fixed) στέρεος • (free from anxiety) σίγουρος ▶ vt (shelf etc) στερεώνω καλά • (contract, votes etc) εξασφαλίζω
security [sɪ'kjuərɪtɪ] n (protection) ασφάλεια • (freedom from anxiety) σιγουριά f • (Fin) εγγύηση f ■ **securities** npl (Stock Exchange) χρεόγραφα nt pl
security guard n φρουρός mf ασφαλείας
sedan [sə'dæn] (US Aut) n αυτοκίνητο nt τριών όγκων
sedate [sɪ'deɪt] adj (person) νηφάλιος • (life) ήρεμος • (pace) αργός ▶ vt (Med) δίνω ηρεμιστικά σε

seduce [sɪ'dju:s] vt δελεάζω • (sexually) αποπλανώ
seductive [sɪ'dʌktɪv] adj σαγηνευτικός • (fig) δελεαστικός
see [si:] (pt **saw**, pp **seen**) vt βλέπω • (understand, notice) καταλαβαίνω ▶ vi βλέπω • **to ~ that** φροντίζω να • **to ~ sb to the door** συνοδεύω κν ως την πόρτα • **let me ~** για να μου • **I ~** καταλαβαίνω • **you ~** βλέπετε • **~ you!** θα τα πούμε!
▶ **see about** vt fus φροντίζω
▶ **see off** vt ξεπροβοδίζω
▶ **see through** vt στέκομαι σε κν ▶ vt fus αντιλαμβάνομαι
▶ **see to** vt fus φροντίζω για/να
seed [si:d] n σπόρος m • **he was the number two ~** (Tennis) ήταν νούμερο δύο στην κατάταξη
seeing ['si:ɪŋ] conj: **~ as** or **that** εφόσον
seek [si:k] (pt, pp **sought**) vt (shelter, help, revenge) ζητάω • (truth) αναζητώ • (post, job) ψάχνω για
▶ **seek out** vt ψάχνω να βρω
seem [si:m] vi φαίνομαι • **there seems to be ...** φαίνεται να υπάρχει...
seemingly ['si:mɪŋlɪ] adv φαινομενικά
seen [si:n] pp of **see**
segment ['sɛgmənt] n τμήμα nt • (of orange) φέτα f
seize [si:z] vt αρπάζω • (power, control) καταλαμβάνω
▶ **seize up** vi (engine) παθαίνω εμπλοκή
▶ **seize on, seize upon** vt fus εκμεταλλεύομαι
seizure ['si:ʒə'] n (Med: epileptic) κρίση f επιληψίας • (cardiac) καρδιακή προσβολή f • (of power) κατάληψη f
seldom ['sɛldəm] adv σπάνια
select [sɪ'lɛkt] adj (group) επίλεκτος • (area) προνομιούχος ▶ vt επιλέγω
selection [sɪ'lɛkʃən] n επιλογή f • (Comm: range) ποικιλία f
selective [sɪ'lɛktɪv] adj (careful in choosing) επιλεκτικός • (not general) μερικός
self [sɛlf] (pl **selves**) n εαυτός m
self-catering [sɛlf'keɪtərɪŋ] (BRIT) adj (flat) με κουζίνα • (holiday) όπου μαγειρεύεις μόνος σου
self-centred [sɛlf'sɛntəd], **self-centered** (US) adj εγωκεντρικός
self-confidence [sɛlf'kɒnfɪdns] n αυτοπεποίθηση f
self-confident [sɛlf'kɒnfɪdənt] adj: **a ~ person** που έχει αυτοπεποίθηση
self-conscious [sɛlf'kɒnʃəs] adj που νιώθει ανασφάλεια
self-contained [sɛlfkən'teɪnd] (BRIT) adj (flat) ανεξάρτητος
self-control [sɛlfkən'trəul] n αυτοκυριαρχία f
self-defence [sɛlfdɪ'fɛns], **self-defense** (US) n αυτοάμυνα f • **in ~** σε νόμιμη άμυνα
self-employed [sɛlfɪm'plɔɪd] adj αυτοαπασχολούμενος
self-esteem [sɛlfɪs'ti:m] n αυτοεκτίμηση f
selfie ['sɛlfɪ] n σέλφι nt inv, selfie nt inv
self-indulgent [sɛlfɪn'dʌldʒənt] adj που υποκύπτει σε πειρασμούς

self-interest [self'ɪntrɪst] n ιδιοτέλεια f
selfish ['selfɪʃ] adj (person) εγωιστής • (behaviour, attitude) εγωιστικός
self-pity [self'pɪtɪ] n αυτολύπηση f
self-respect [selfrɪs'pekt] n αυτοσεβασμός m
self-service [self'sə:vɪs] adj (shop, restaurant, petrol station) σελφ σέρβις inv
sell [sel] (pt, pp **sold**) vt πουλάω ▶ vi (goods) πουλάω • **to ~ at** or **for** ειο πωλείται 10 λίρες
  ▶ **sell off** vt ξεπουλάω
  ▶ **sell out** vi: **to ~ out** εξαντλούμαι • **to ~ out of sth** ξεπουλάω κτ
  ▶ **sell up** vi εκποιώ
seller ['selə'] n πωλητής/τρια m/f
selves [selvz] pl of **self**
semester [sɪ'mestə'] (esp US) n εξάμηνο nt (διδακτικό)
semidetached [semɪdɪ'tætʃt], **semidetached house** (BRIT) n σπίτι που χωρίζεται από το διπλανό με μεσοτοιχία
semifinal [semɪ'faɪnl] n ημιτελικός (αγώνας) m
seminar ['semɪnɑ:'] n σεμινάριο nt
senate ['senɪt] (Pol, Admin) n Γερουσία f
senator ['senɪtə'] (US etc Pol) n γερουσιαστής mf
send [send] (pt, pp **sent**) vt στέλνω • (transmit) στέλνω • **to ~ sb to sleep** αποκοιμίζω κν
  ▶ **send away** vt διώχνω
  ▶ **send away for** vt fus παραγγέλνω
  ▶ **send back** vt επιστρέφω κτ
  ▶ **send for** vt fus φωνάζω
  ▶ **send in** vt υποβάλλω
  ▶ **send off** vt (goods, parcel) αποστέλλω • (BRIT Sport) αποβάλλω
  ▶ **send out** vt εκπέμπω
  ▶ **send round** vt διανέμω
  ▶ **send up** vt (price, blood pressure) ανεβάζω
sender ['sendə'] n αποστολέας mf
Senegal [senɪ'ɡɔ:l] n Σενεγάλη f
senior ['si:nɪə'] adj ανώτερος ▶ n: **the seniors** οι τελειόφοιτοι • **P. Jones** ~ P. Jones ο πρεσβύτερος
sensation [sen'seɪʃən] n (feeling) αίσθηση f • (great success) θρίαμβος m
sensational [sen'seɪʃənl] adj (wonderful) εκπληκτικός • (surprising) εντυπωσιακός • (headlines) πηχυαίος
sense [sens] n (physical) αίσθηση f • (of guilt, shame etc) αίσθημα nt • (good sense) λογική f • (meaning: of word) σημασία f ▶ vt αντιλαμβάνομαι • **it makes ~** (can be understood) βγάζει νόημα • (is sensible) είναι λογικό
senseless ['senslɪs] adj (pointless) άσκοπος • (unconscious) αναίσθητος
sense of humour, sense of humor (US) n αίσθηση f του χιούμορ
sensible ['sensɪbl] adj λογικός
sensitive ['sensɪtɪv] adj ευαίσθητος • (issue) λεπτός
sensual ['sensjuəl] adj αισθησιακός
sensuous ['sensjuəs] adj αισθησιακός
sent [sent] pt, pp of **send**
sentence ['sentns] n (Ling) πρόταση f • (Jur: judgement) ποινή f • (: punishment) καταδίκη f ▶ vt: **to ~ sb to death/to 5 years in prison** καταδικάζω κν σε θάνατο/σε πενταετή φυλάκιση

sentiment ['sentɪmənt] n συναίσθημα nt • (also pl: opinion) άποψη f
sentimental [sentɪ'mentl] adj συναισθηματικός
separate [adj 'seprɪt, vb 'sepəreɪt] adj (piles, occasions) διαφορετικός • (ways, rooms) χωριστός ▶ vt (people, things) χωρίζω • (ideas) διαχωρίζω ▶ vi χωρίζομαι • (parents, couple) χωρίζω
separately ['seprɪtlɪ] adv χωριστά
separation [sepə'reɪʃən] n χωρισμός m
September [sep'tembə'] n Σεπτέμβριος m • see also **July**
sequel ['si:kwl] n συνέχεια f
sequence ['si:kwəns] n ακολουθία f • (film sequence) σκηνή f
Serb [sə:b] adj, n = **Serbian**
Serbia ['sə:bɪə] n Σερβία f
Serbian ['sə:bɪən] adj σερβικός ▶ n Σέρβος/α m/f • (Ling) σερβικά nt pl
sergeant ['sɑ:dʒənt] n (Mil etc) λοχίας mf • (Police) αρχιφύλακας mf
serial ['sɪərɪəl] n (TV, Radio) σήριαλ nt inv
series ['sɪərɪz] n inv σειρά f
serious ['sɪərɪəs] adj (person, manner) σοβαρός • (matter) σημαντικός • (illness, condition) (ασθένεια) σοβαρός, (κατάσταση) δύσκολος
seriously ['sɪərɪəslɪ] adv σοβαρά • (inf: extremely) φοβερά
sermon ['sə:mən] n κήρυγμα nt
servant ['sə:vənt] n υπηρέτης/τρια m/f
serve [sə:v] vt (company, country) υπηρετώ • (in shop: customer) εξυπηρετώ • (purpose) εξυπηρετώ • (food, meal) σερβίρω • (person: with food, drink) σερβίρω • (prison term) εκτίω ▶ vi σερβίρω • (Tennis) κάνω σερβίς • (soldier etc) υπηρετώ ▶ n (Tennis) σερβίς nt inv • **to ~ as/for sth** χρησιμεύω ως/για κτ • **it serves him right** του αξίζει
server ['sə:və'] n (Comput) εξυπηρετητής m
service ['sə:vɪs] n υπηρεσία f • (in hotel, restaurant) εξυπηρέτηση f • (in business) παροχή f υπηρεσιών • (also: **train ~**) δρομολόγια nt pl • (Rel) λειτουργία f • (Aut) σέρβις nt inv ▶ vt κάνω σέρβις • **military** or **national ~** στρατιωτική θητεία • **to be of ~ to sb** εξυπηρετώ κν • **dinner ~** σερβίτσιο φαγητού ▶ **the Services** npl οι Ένοπλες Δυνάμεις fpl
service charge (BRIT) n κουβέρ nt inv
service station n βενζινάδικο nt
serviette [sə:vɪ'et] (BRIT) n πετσέτα f φαγητού
session ['seʃən] n (meeting) συνάντηση f • (sitting) συνεδρία f
set [set] (pt, pp ~) n (group) σειρά f • (of cutlery, saucepans etc) σετ nt inv • (also: **TV ~**) τηλεόραση f • (Tennis) σετ nt inv • (group of people) κόσμος m • (Theat) σκηνή f • (Cine) πλατώ nt inv • (rules, routine) καθορισμένος • (ready) έτοιμος ▶ vt (table, place) στρώνω • (trap) (παγίδα, χώρος) ετοιμάζω • (time, price, rules etc) ορίζω • (alarm, watch) βάζω • (task, exam) βάζω ▶ vi (sun) δύω • (jam, jelly, concrete) πήζω • **to be ~ on doing sth** είμαι αποφασισμένος να κάνω κτ • **a novel ~ in Rome** ένα μυθιστόρημα που διαδραματίζεται στη Ρώμη • **to ~ a record** κάνω ρεκόρ • **to ~ sth on fire** βάζω φωτιά σε κτ • **to ~ free** αφήνω ελεύθερο

▶**set about** vt fus: to ~ about doing sth καταπιάνομαι με κτ
▶**set aside** vt (money etc) βάζω κατά μέρος • (time) εξοικονομώ
▶**set back** vt: to ~ sb back £5 κοστίζει 5 λίρες σε κν • to ~ sb back καθυστερώ κν
▶**set in** vi (bad weather) αρχίζω για τα καλά • (infection) εμφανίζομαι
▶**set off** vi ξεκινάω ▶vt (bomb) ρίχνω • (alarm) ενεργοποιώ • (chain of events) προκαλώ
▶**set out** vi ξεκινάω ▶vt: to ~ out to do sth ξεκινώ με σκοπό να κάνω κτ
▶**set up** vt οργανώνω
setback ['setbæk] n (hitch) αναποδιά f • (serious) πλήγμα nt
set menu n καθορισμένο μενού nt inv
settee [sɛ'tiː] n καναπές m
setting ['sɛtɪŋ] n τοποθεσία f • (of controls) θέση f
settle ['sɛtl] vt (argument, matter) διευθετώ • (affairs, business) τακτοποιώ ▶vi (also: ~ down) βολεύομαι • (sand, dust etc) κατακάθομαι
• to ~ down to sth βολεύομαι και αρχίζω κτ
• that's settled then! κανονίστηκε λοιπόν!
▶**settle for** vt fus συμβιβάζομαι
▶**settle in** vi τακτοποιούμαι (σε καινούργιο σπίτι, δουλειά κ.λπ.)
▶**settle on** vt fus κατασταλάζω σε
▶**settle up** vi: to ~ up with sb κανονίζω τους λογαριασμούς μου με κν
settlement ['sɛtlmənt] n (payment) διακανονισμός m • (agreement) συμφωνία f
• (village etc) οικισμός m
setup ['sɛtʌp], **set-up** n (organization: private) επιχείρηση f • (: public) οργανισμός m
• (situation) κατάσταση f
seven ['sɛvn] num επτά, εφτά
seventeen [sɛvn'tiːn] num δεκαεπτά
seventeenth [sɛvn'tiːnθ] num δέκατος έβδομος
seventh ['sɛvnθ] num έβδομος
seventy ['sɛvntɪ] num εβδομήντα
sever ['sɛvəʳ] vt κόβω
several ['sɛvərl] adj αρκετός ▶pron αρκετός
• ~ of us αρκετοί από μας
severe [sɪ'vɪəʳ] adj (pain) δυνατός • (damage, shortage) σοβαρός • (winter, climate) βαρύς
• (person, expression) αυστηρός
sew [səu] (pt sewed, pp sewn) vt ράβω ▶vi ράβω
▶**sew up** vt ράβω
sewage ['suːɪdʒ] n λύματα nt pl
sewer ['suːəʳ] n υπόνομος m
sewing ['səuɪŋ] n (activity) ραπτική f • (items being sewn) ράψιμο nt
sewing machine n ραπτομηχανή f
sewn [səun] pp of sew
sex [sɛks] n (Bio) φύλο nt • (lovemaking) σεξ nt inv
• to have ~ with sb κάνω έρωτα or σεξ με κν
sexism ['sɛksɪzəm] n σεξισμός m
sexist ['sɛksɪst] adj (remark, advertising) σεξιστικός • (person) σεξιστής
sexual ['sɛksjuəl] adj σεξουαλικός • (equality) των φύλων

sexual intercourse n σεξουαλικές σχέσεις fpl
sexy ['sɛksɪ] adj σέξυ inv
Seychelles [seɪ'ʃɛl(z)] npl: the ~ οι Σεϋχέλλες f
shabby ['ʃæbɪ] adj (person) κουρελιάρης
• (clothes) φθαρμένος • (building) σε κακή κατάσταση
shack [ʃæk] n παράγκα f
shade [ʃeɪd] n σκιά f • (for lamp) αμπαζούρ nt inv
• (of colour) απόχρωση f • (US: also: **window ~**) στόρι nt ▶vt σκιάζω ▪ **shades** npl (inf) γυαλιά nt pl ηλίου
shadow ['ʃædəu] n ίσκιος m ▶vt γίνομαι η σκιά κου
shadow cabinet (Brit) n σκιώδης κυβέρνηση f
shady ['ʃeɪdɪ] adj (place, trees) σκιερός • (fig: person) ύποπτος • (deal) ύποπτος
shaft [ʃɑːft] n (of arrow, spear) λαβή f • (Aut, Tech) άξονας m • (of mine, lift) φρεάτιο nt • (of light) αχτίδα f
shake [ʃeɪk] (pt shook, pp shaken) vt κουνάω
• (beliefs, resolve) κλονίζω • (upset) συγκλονίζω
▶vi τρέμω ▶n κούνημα nt • to ~ one's head κουνάω το κεφάλι • to ~ hands with sb σφίγγω το χέρι κου
▶**shake off** vt τινάζω • (fig: pursuer) ξεφεύγω από
▶**shake up** vt (ingredients) ανακατεύω • (fig: person) αναστατώνω
shaky ['ʃeɪkɪ] adj (hand, voice) τρεμάμενος
shall [ʃæl] aux vb: I ~ go θα πάω • ~ I open the door? να ανοίξω την πόρτα; • I'll get some, ~ I? θα φέρω μερικά, εντάξει;
shallow ['ʃæləu] adj (water, dish) ρηχός • (fig) επιπόλαιος ▪ **the shallows** npl τα ρηχά nt pl
sham [ʃæm] n φάρσα f ▶adj ψεύτικος
shambles ['ʃæmblz] n χάος nt
shame [ʃeɪm] n ντροπή f ▶vt ντροπιάζω • it is a ~ that/to do είναι κρίμα που/να κάνω
shameful ['ʃeɪmful] adj (disgraceful) ντροπιαστικός
shameless ['ʃeɪmlɪs] adj (deception) αναίσχυντος
shampoo [ʃæm'puː] n σαμπουάν nt inv
▶vt λούζω
shan't [ʃɑːnt] = shall not
shape [ʃeɪp] n σχήμα nt ▶vt (form) σχηματίζω • (determine) διαμορφώνω • to take ~ παίρνω μορφή • to get (o.s.) into ~ βρίσκω τη φόρμα μου
▶**shape up** vi (events) εξελίσσομαι • (person) προχωρώ
share [ʃɛəʳ] n μερίδιο f • (Comm) μετοχή f ▶vt (books, toys, cost) μοιράζομαι • (room, bed, taxi) μοιράζομαι • (features, qualities etc) έχω κοινά
▶**share out** vt μοιράζω
shareholder ['ʃɛəhəuldəʳ] n μέτοχος mf
shark [ʃɑːk] n καρχαρίας m
sharp [ʃɑːp] adj (razor, knife, teeth) κοφτερός
• (point) αιχμηρός • (outline, picture) καθαρός
• (curve, bend) απότομος • (increase) απότομος
• (person) έξυπνος ▶n (Mus) δίεση f ▶adv:
at 2 o'clock ~ στις δύο ακριβώς • turn ~ left! στρίψε αμέσως αριστερά!
sharpen ['ʃɑːpn] vt ακονίζω

sharply ['ʃɑːplɪ] adv (turn, stop) απότομα • (stand out, contrast) έντονα

shatter ['ʃætə'] vt κάνω κομμάτια • (fig) συντρίβω ▸ vi γίνομαι κομμάτια

shattered ['ʃætəd] adj (grief-stricken) συντετριμμένος • (inf: exhausted) εξαντλημένος

shave [ʃeɪv] vt ξυρίζω ▸ vi ξυρίζομαι ▸ n: to have a ~ ξυρίζομαι

shawl [ʃɔːl] n σάλι nt

she [ʃiː] pron (non emph: usually not translated): Ask her if ~ can do something Ρώτησέ την αν μπορεί να κάνει κάτι • (emph) αυτή • there ~ is νάτη(ν)

sheath [ʃiːθ] n (of knife) θήκη f • (contraceptive) προφυλακτικό nt

shed [ʃed] (pt, pp ~) n αποθήκη f ▸ vt (skin) αλλάζω • (tears) χύνω • (load) ρίχνω • to ~ light on ρίχνω φως σε

she'd [ʃiːd] = she had • she would

sheep [ʃiːp] n inv πρόβατο nt

sheer [ʃɪə'] adj (utter) απόλυτος • (steep) απότομος • (almost transparent) ημιδιαφανής ▸ adv κατακόρυφα

sheet [ʃiːt] n (on bed) σεντόνι nt • (of paper, glass, metal) φύλλο nt • (of ice) στρώμα nt

sheik, sheikh [ʃeɪk] n σεΐχης m

shelf [ʃelf] (pl shelves) n ράφι nt

shell [ʃel] n (on beach) όστρακο nt • (of egg, nut etc) τσόφλι nt • (explosive) βλήμα nt ▸ vt (peas) καθαρίζω • (Mil: fire on) βομβαρδίζω

she'll [ʃiːl] = she will • she shall

shellfish ['ʃelfɪʃ] n inv (crab etc) οστρακοειδή nt pl • (scallop etc) θαλασσινά nt pl • (as food) θαλασσινά nt pl

shelter ['ʃeltə'] n καταφύγιο nt ▸ vt (protect) προστατεύω • (give lodging to) δίνω άσυλο σε ▸ vi προφυλάγομαι

sheltered ['ʃeltəd] adj (life) καλά προστατευμένος • (spot) προστατευμένος

shelves [ʃelvz] npl of shelf

shelving ['ʃelvɪŋ] n ράφια nt pl

shepherd ['ʃepəd] n βοσκός m

shepherd's pie [ʃepədz'paɪ] (BRIT) n πίτα με κιμά και πουρέ

sheriff ['ʃerɪf] (US) n σερίφης m

sherry ['ʃerɪ] n σέρρυ nt inv

she's [ʃiːz] = she is • she has

shield [ʃiːld] n (Mil) ασπίδα f • (fig) προστασία f ▸ vt: to ~ (from) προστατεύω (από)

shift [ʃɪft] n (change) αλλαγή f • (of workers) βάρδια f ▸ vt (move) μετακινώ • (remove: stain) βγάζω ▸ vi (wind, person) (αέρας) γυρνάω, (άτομο) μετακινούμαι

shin [ʃɪn] n καλάμι nt (ποδιού)

shine [ʃaɪn] (pt, pp shone) n γυαλάδα f ▸ vi λάμπω ▸ vt (polish: pt, pp shined) γυαλίζω • to ~ a torch on sth ρίχνω το φακό (πάνω) σε κτ

shiny ['ʃaɪnɪ] adj (coin, shoes, lipstick) γυαλιστερός • (hair) λαμπερός

ship [ʃɪp] n πλοίο nt ▸ vt μεταφέρω or στέλνω με πλοίο • (send: goods) στέλνω

shipment ['ʃɪpmənt] n φορτίο nt

shipping ['ʃɪpɪŋ] n (business) ναυτιλία f • (transport cost) ναύλα nt pl • (ships) στόλος m

shipyard ['ʃɪpjɑːd] n ναυπηγείο nt

shirt [ʃəːt] n πουκάμισο nt

shit [ʃɪt] (inf!) excl γαμώτο! (inf!)

shiver ['ʃɪvə'] n ρίγος nt ▸ vi τουρτουρίζω

shock [ʃɔk] n (also Med) σοκ nt inv • (also: electric ~) ηλεκτροπληξία f ▸ vt (upset) συγκλονίζω • (offend) σοκάρω

shocking ['ʃɔkɪŋ] adj (awful) αξιοθρήνητος • (outrageous) σκανδαλώδης

shoe [ʃuː] n (for person) παπούτσι nt • (for horse) πέταλο nt

shone [ʃɔn] pt, pp of shine

shook [ʃuk] pt of shake

shoot [ʃuːt] (pt, pp shot) n βλαστάρι nt ▸ vt (gun, arrow) ρίχνω • (kill) πυροβολώ και σκοτώνω • (wound) πυροβολώ • (film) γυρίζω ▸ vi: to ~ (at) ρίχνω (σε) • (Football) σουτάρω • to ~ past etc περνάω σαν αστραπή or σαν σίφουνας μπροστά από ▸ shoot up vi (increase) φτάνω στα ύψη

shooting ['ʃuːtɪŋ] n πυροβολισμοί mpl • (attack) πυροβολισμός m

shop [ʃɔp] n μαγαζί nt • (workshop) εργαστήρι nt ▸ vi (also: go shopping) ψωνίζω ▸ shop around vi κάνω μια βόλτα στα μαγαζιά • (fig) ψάχνω από δω κι από κει

shop assistant (BRIT) n πωλητής/τρια m/f

shopkeeper ['ʃɔpkiːpə'] n μαγαζάτορας m

shoplifting ['ʃɔplɪftɪŋ] n μικροκλοπή f (σε κατάστημα)

shopping ['ʃɔpɪŋ] n ψώνια nt pl • to go ~ πηγαίνω για ψώνια

shopping centre, shopping center (US) n εμπορικό κέντρο nt

shopping mall n εμπορικό κέντρο nt (κλειστό)

shop window n βιτρίνα f

shore [ʃɔː'] n (of sea) ακτή f • (of lake) όχθη f ▸ vt: to ~ (up) υποστυλώνω

short [ʃɔːt] adj (in length, height) (μήκος) μικρός, (ύψος) κοντός • (in time) σύντομος • (person: not tall) κοντός • (curt) απότομος • (scarce) λιγοστός • to be ~ of έχω έλλειψη +gen • in ~ εν συντομία • ~ of doing ... εκτός από το να κάνω... • Fred is ~ for Frederick το Φρεντ είναι υποκοριστικό του Φρέντερικ • to cut ~ διακόπτω • everything ~ of ... τα πάντα εκτός από... • to fall ~ of δεν ανταποκρίνομαι σε • he stopped ~ of doing sth λίγο έλειψε να κάνει κτ • see also shorts

shortage ['ʃɔːtɪdʒ] n: a ~ of έλλειψη +gen

short cut n συντομότερος δρόμος m

shorten ['ʃɔːtn] vt (visit etc) συντομεύω • (life) μικραίνω

shortfall ['ʃɔːtfɔːl] n έλλειμμα nt

shorthand ['ʃɔːthænd] (BRIT) n στενογραφία f

short list (BRIT) n (for job etc) λίστα f υποψηφίων

short-lived ['ʃɔːt'lɪvd] adj (relief, support) που κρατά λίγο • (success) που δεν έχει διάρκεια

shortly ['ʃɔːtlɪ] adv σε λίγο • ~ afterwards λίγο αργότερα

shorts [ʃɔːts] npl σορτς nt inv • a pair of ~ ένα σορτς

short-sighted [ʃɔːt'saɪtɪd] adj (BRIT) μύωπας, μύωψ (fml) • (fig) κοντόφθαλμος • to be ~ έχω μυωπία

short story n διήγημα nt

short-term ['ʃɔːttɜːm] adj (effect) βραχυπρόθεσμος

shot [ʃɔt] pt, pp of **shoot** ▶ n (of gun) πυροβολισμός m • (Football) σουτ nt inv • (injection) ένεση f • (Phot) λήψη f • **to fire a ~ at sb/sth** πυροβολώ κν/κτ • **to have a ~ at (doing) sth** κάνω μια απόπειρα σε κτ/να κάνω κτ • **a good/poor ~** ένας καλός/κακός σκοπευτής

shotgun ['ʃɔtɡʌn] n όπλο nt

should [ʃud] aux vb: **I ~ go now** θα πρέπει να πηγαίνω • **he ~ be there now** θα' πρεπε να είναι εκεί τώρα • **I ~ go if I were you** θα πήγαινα αν ήμουν στη θέση σας • **I ~ like to** θα ήθελα να • **~ he phone ...** σε περίπτωση που πάρει τηλέφωνο...

shoulder ['ʃəuldə'] n ώμος m ▶ vt (fig: responsibility) παίρνω • (blame) παίρνω επάνω μου

shouldn't ['ʃudnt] = **should not**

shout [ʃaut] n κραυγή f ▶ vt φωνάζω ▶ vi (also: ~ **out**) βάζω φωνή
▶ **shout down** vt διακόπτω με γιουχαΐσματα

shove [ʃʌv] vt σπρώχνω (με δύναμη) ▶ n: **to give sb/sth a ~** δίνω μια σπρωξιά σε κτ/κν
▶ **shove off** (inf) vi του δίνω

shovel ['ʃʌvl] n φτυάρι nt • (mechanical) εκσκαφέας m ▶ vt (snow, coal) φτυαρίζω • (earth) φτυαρίζω

show [ʃəu] (pt showed, pp shown) n (of emotion) εκδήλωση f • (of strength, goodwill) επίδειξη f • (semblance) προσποίηση f • (flower show etc) έκθεση f • (Theat, TV, Cine) σόου nt inv ▶ vt (indicate) δείχνω • (exhibit) εκθέτω • (courage, ability etc) φανερώνω • (illustrate) παρουσιάζω • (programme, film) προβάλλω ▶ vi φαίνομαι • **to ~ sb to his seat** οδηγώ κν στη θέση του • **for ~** για το θεαθήναι • **to be on ~** εκτίθεμαι
▶ **show off** vi (pej) κάνω επίδειξη ▶ vt επιδεικνύω
▶ **show up** vi ξεχωρίζω • (inf: appear) εμφανίζομαι ▶ vt (imperfections etc) αποκαλύπτω

show business n χώρος m του θεάματος

shower ['ʃauə'] n (of rain) μπόρα f • (for bathing in) ντους nt inv • (US: party) γιορτή όπου συγκεντρώνονται δώρα για κάποιον ▶ vi κάνω (ένα) ντους ▶ vt: **to ~ sb with** (gifts etc) γεμίζω κν με • (abuse etc) λούζω κν με

shower gel n αφροντούς nt inv

showing ['ʃəuiŋ] n (of film) προβολή f

show jumping ['ʃəudʒʌmpiŋ] n επίδειξη f ιππασίας (με εμπόδια)

shown [ʃəun] pp of **show**

show-off ['ʃəuɔf] (inf) n φιγουρατζής/ού m/f

showroom ['ʃəurum] n έκθεση f (χώρος)

shrank [ʃræŋk] pt of **shrink**

shred [ʃred] n (gen pl: of paper) κομμάτι nt • (of cloth) κουρέλι nt ▶ vt κομματιάζω • (Culin) ψιλοκόβω

shrewd [ʃruːd] adj πονηρός

shriek [ʃriːk] n τσιρίδα f ▶ vi τσιρίζω

shrimp [ʃrimp] n γαρίδα f

shrine [ʃrain] n (Rel) σκήνωμα nt • (fig) ναός m

shrink [ʃriŋk] (pt shrank, pp shrunk) vi (cloth) μπαίνω • (profits, audiences) συρρικνώνομαι • (also: ~ **away**) κάνω πίσω ▶ vt συρρικνώνω ▶ n (inf, pej) ψυχίατρος mf

shroud [ʃraud] n σάβανο nt ▶ vt: **shrouded in mystery** καλυμμένος με πέπλο μυστηρίου

shrub [ʃrʌb] n θάμνος m

shrug [ʃrʌɡ] vi σηκώνω τους ώμους ▶ vt: **to ~ one's shoulders** σηκώνω τους ώμους ▶ **shrug off** vt παίρνω αψήφιστα

shrunk [ʃrʌŋk] pp of **shrink**

shudder ['ʃʌdə'] n ρίγος nt ▶ vi ανατριχιάζω • **I ~ to think of it** (fig) τρέμω και που το σκέφτομαι

shuffle ['ʃʌfl] vt (cards) ανακατεύω ▶ vi σέρνω τα πόδια μου • **to ~ (one's feet)** στριφογυρίζω

shun [ʃʌn] vt αποφεύγω

shut [ʃʌt] (pt, pp ~) vt κλείνω ▶ vi κλείνω
▶ **shut down** vt κλείνω ▶ vi κλείνω
▶ **shut off** vt (supply etc) σταματώ
▶ **shut out** vt (person, cold) εμποδίζω να μπει • (noise) απομονώνω • (view) εμποδίζω
▶ **shut up** vi (inf) βουλώνω ▶ vt κάνω να ησυχάσει

shutter ['ʃʌtə'] n παντζούρι nt • (Phot) φωτοφράκτης m

shuttle ['ʃʌtl] n πτήση f • (also: **space ~**) διαστημικός σταθμός m • (also: ~ **service**) τακτικό δρομολόγιο nt ▶ vi: **to ~ to and fro/ between** πηγαινοέρχομαι ▶ vt μεταφέρω

shy [ʃai] adj ντροπαλός ▶ vi: **to ~ away from doing sth** (fig) αποφεύγω να κάνω κτ

Siberia [sai'biəriə] n Σιβηρία f

sibling ['sibliŋ] n (male) αδελφός m • (female) αδελφή f • **siblings** αδέλφια

Sicily ['sisili] n Σικελία f

sick [sik] adj άρρωστος • (humour) αρρωστημένος • **to be ~** κάνω εμετό • **to feel ~** ανακατώνομαι • **to be ~ of** (fig) μπουχτίζω

sickening ['sikniŋ] adj (fig) αηδιαστικός

sickly ['sikli] adj φιλάσθενος

sickness ['siknis] n (illness) αρρώστια f • (vomiting) εμετός m

side [said] n (of object) πλευρά f • (of body) πλευρά nt pl • (of lake, road) μεριά f • (of paper) πλευρά f • (aspect) πλευρά f • (team) πλευρά f • (in conflict etc) πλευρά f • (of hill) πλαγιά f ▶ adj (door, entrance) πλαϊνός ▶ vi: **to ~ with sb** παίρνω το μέρος κου • **by the ~ of** στο πλάι +gen • **~ by ~** πλάι-πλάι • **to put sth to one ~** βάζω κτ κατά μέρος • **from ~ to ~** απ' τη μία πλευρά στην άλλη • **to take sides (with)** παίρνω θέση

sideboard ['saidbɔːd] n μπουφές m (έπιπλο)

sideline ['saidlain] n (Sport) πλαϊνή γραμμή f • (fig) συμπληρωματική δουλειά f

sidewalk ['saidwɔːk] (US) n πεζοδρόμιο nt

sideways ['saidweiz] adv λοξά

siege [siːdʒ] n (Mil etc) πολιορκία f

Sierra Leone [si'erəli'əun] n Σιέρα Λεόνε f inv

sieve [siv] n κόσκινο nt ▶ vt κοσκινίζω

sift [sift] vt (flour, sand etc) κοσκινίζω • (also: ~ **through**) περνάω από κόσκινο

sigh [sai] n αναστεναγμός m ▶ vi αναστενάζω

sight [sait] n (faculty) όραση f • (spectacle) θέαμα nt • (monument etc) αξιοθέατο nt • **to be in ~**

φαίνομαι • **to be out of ~** δεν φαίνομαι • **to catch ~ of sb/sth** παίρνει το μάτι μου κν/κτ • **to lose ~ of sth** (fig) χάνω απ' τα μάτια μου κτ

sightseeing ['saɪtsiːɪŋ] n επίσκεψη f στα αξιοθέατα • **to go ~** πάω να δω τα αξιοθέατα

sign [saɪn] n (notice) επιγραφή f • (with hand) σήμα nt • (indication) σημάδι nt • (evidence) ένδειξη f • (also: **road ~**) πινακίδα f ▶ vt (document) υπογράφω • (Football etc: player) υπογράφω συμβόλαιο με • **to ~ one's name** υπογράφω
▶ **sign on** vi (BRIT) υπογράφω για επίδομα ανεργίας
▶ **sign up** vi (Mil) κατατάσσομαι • (for course) εγγράφομαι ▶ vt (player, recruit) (παίκτη) παίρνω (με συμβόλαιο), (υπάλληλο) προσλαμβάνω

signal ['sɪɡnl] n σήμα nt • (Rail) σηματοδότης m ▶ vi (Aut) κάνω σήμα

signature ['sɪɡnətʃəʳ] n υπογραφή f

significance [sɪɡ'nɪfɪkəns] n σημασία f

significant [sɪɡ'nɪfɪkənt] adj σημαντικός

signify ['sɪɡnɪfaɪ] vt δηλώνω

sign language n νοηματική γλώσσα f

signpost ['saɪnpəust] n πινακίδα f

Sikh [siːk] n Σιχ mf ▶ adj των Σιχ

silence ['saɪləns] n σιωπή f ▶ vt κάνω να ησυχάσει • **to do sth in ~** κάνω κτ χωρίς να μιλάω or κάνω θόρυβο

silent ['saɪlənt] adj (place) ήσυχος • (person) σιωπηλός • (machine) αθόρυβος • (film) βωβός • **to be/remain ~** σωπαίνω

silhouette [sɪluː'et] n περίγραμμα nt ▶ vt: **silhouetted against** διαγράφομαι σε

silk [sɪlk] n μετάξι nt ▶ adj μεταξωτός

silly ['sɪlɪ] adj ανόητος

silver ['sɪlvəʳ] n ασήμι nt • (coins) μεγάλα κέρματα nt pl • (items made of silver) ασημικά nt pl ▶ adj (colour) ασημί inv • (made of silver) ασημένιος

similar ['sɪmɪləʳ] adj: **~ (to)** όμοιος (με)

similarity [sɪmɪ'lærɪtɪ] n ομοιότητα f

similarly ['sɪmɪləlɪ] adv (likewise) παρομοίως

simmer ['sɪməʳ] vi σιγοβράζω

simple ['sɪmpl] adj απλός

simplicity [sɪm'plɪsɪtɪ] n απλότητα f

simplify ['sɪmplɪfaɪ] vt απλοποιώ

simply ['sɪmplɪ] adv (just) απλώς, απλά • (live, talk) απλά

simulate ['sɪmjuleɪt] vt προσποιούμαι

simultaneous [sɪməl'teɪnɪəs] adj ταυτόχρονος

sin [sɪn] n αμαρτία f ▶ vi αμαρτάνω

since [sɪns] adv από τότε ▶ prep από ▶ conj (time) από τότε που • (because) αφού • **~ then, ever ~** από τότε

sincere [sɪn'sɪəʳ] adj ειλικρινής

sincerely [sɪn'sɪəlɪ] adv ειλικρινά • **Yours ~** Μετά τιμής

sing [sɪŋ] (pt **sang**, pp **sung**) vt τραγουδάω ▶ vi (person) τραγουδάω • (bird) κελαηδάω

Singapore [sɪŋɡə'pɔːʳ] n Σιγκαπούρη f

singer ['sɪŋəʳ] n τραγουδιστής/τρια m/f

singing ['sɪŋɪŋ] n τραγούδι nt

single ['sɪŋɡl] adj (solitary) μοναδικός • (individual) μεμονωμένος • (unmarried)

ανύπαντρος • (not double) μονός ▶ n (BRIT: also: **~ ticket**) απλό (εισιτήριο) nt • (record) σινγκλ nt inv
▶ **single out** vt (choose) επιλέγω • (distinguish) ξεχωρίζω

single bed n μονό κρεβάτι nt

single-handed [sɪŋɡl'hændɪd] adv ολομόναχος

single-minded [sɪŋɡl'maɪndɪd] adj μονομανής

single room n μονόκλινο nt

singles ['sɪŋɡlz] npl (Tennis) απλό nt

singular ['sɪŋɡjuləʳ] adj (odd) ασυνήθιστος • (outstanding) μοναδικός ▶ n (Ling) ενικός m

sinister ['sɪnɪstəʳ] adj (event, implications) δυσοίωνος • (figure) απειλητικός

sink [sɪŋk] (pt **sank**, pp **sunk**) n νεροχύτης m ▶ vt (ship) βυθίζω ▶ vi (ship) βυθίζομαι • (ground) υποχωρώ • (also: **~ back, ~ down**) σωριάζομαι • **to ~ sth into** (teeth, claws etc) βυθίζω κτ σε
▶ **sink in** vi (fig: words) γίνομαι αντιληπτός

sip [sɪp] n γουλιά f ▶ vt σιγοπίνω

sir [səʳ] n κύριος m • **S~ John Smith** ο Σερ Τζων Σμιθ • **yes, ~** μάλιστα, κύριε

siren ['saɪərn] n σειρήνα f

sirloin ['səːlɔɪn] n (also: **~ steak**) μοσχαρίσια μπριζόλα f (από σπάλα)

sister ['sɪstəʳ] n (relation) αδερφή f • (nun) καλόγρια f • (BRIT: nurse) αδερφή νοσοκόμα f

sister-in-law ['sɪstərɪnlɔː] n (spouse's sister) κουνιάδα f • (brother's wife) νύφη f

sit [sɪt] (pt, pp **sat**) vi κάθομαι • (assembly) συνεδριάζω ▶ vt (exam) δίνω • **to ~ on a committee** είμαι μέλος επιτροπής
▶ **sit about** vi κάθομαι
▶ **sit around** vi = **sit about**
▶ **sit back** vi κάθομαι αναπαυτικά
▶ **sit down** vi κάθομαι • **to be sitting down** κάθομαι
▶ **sit in on** vt fus παρακολουθώ
▶ **sit up** vi (after lying) ανακάθομαι

sitcom ['sɪtkɔm] (TV) n abbr (= situation comedy) κωμωδία f (βασισμένη στην καθημερινή ζωή)

site [saɪt] n τόπος m • (also: **building ~**) εργοτάξιο nt ▶ vt τοποθετώ

sitting ['sɪtɪŋ] n (of assembly etc) συνεδρίαση f • **at a single ~** με τη μία

sitting room n καθιστικό nt

situated ['sɪtjueɪtɪd] adj: **to be ~** βρίσκομαι

situation [sɪtju'eɪʃən] n κατάσταση f • **"situations vacant"** (BRIT) «ζητούνται υπάλληλοι»

six [sɪks] num έξι

sixteen [sɪks'tiːn] num δεκαέξι

sixteenth [sɪks'tiːnθ] num δέκατος έκτος

sixth [sɪksθ] num έκτος

sixty ['sɪkstɪ] num εξήντα

size [saɪz] n μέγεθος nt • (of project etc) έκταση f • (of clothing) νούμερο nt • (of shoes) νούμερο nt
▶ **size up** vt (person) κόβω • (situation) ζυγίζω

sizeable ['saɪzəbl] adj αρκετά μεγάλος

skate [skeɪt] n (ice skate) παγοπέδιλο nt • (roller skate) πατίνι nt • (fish: pl inv) σαλάχι nt ▶ vi πατινάρω

skateboard ['skeɪtbɔːd] n πατίνι nt

skater ['skeɪtəʳ] n παγοδρόμος mf

skating ['skeitin] n (on ice) πατινάζ nt inv
• (roller skating) πατίνια nt pl
skating rink n παγοδρόμιο nt
skeleton ['skelitn] n σκελετός m
skeptic ['skeptik] (US) n = **sceptic**
sketch [sketʃ] n (drawing) σκίτσο nt • (outline)
προσχέδιο nt • (Theat, TV) σκετς inv • vt
σχεδιάζω • (also: ~ **out**) σκιαγραφώ
ski [ski:] n σκι nt pl • vi κάνω σκι
ski boot n μπότα f του σκι
skid [skid] n (Aut) σπινιάρισμα nt • vi γλιστράω
• (Aut) ντεραπάρω
skier ['ski:ə'] n σκιέρ mf
skiing ['ski:in] n σκι nt inv • **to go ~** πάω για σκι
skilful ['skilful], **skillful** (US) adj επιδέξιος
ski lift n τελεφερίκ nt inv
skill [skil] n δεξιότητα f • (computer skill etc)
γνώση f
skilled [skild] adj ταλαντούχος • (work)
ειδικευμένος
skillful ['skilful] (US) adj = **skilful**
skim [skim] vt (also: ~ **off**) αποβουτυρώνω
• (glide over) περνάω ξυστά ▸ vi: **to ~ through**
(book) διαβάζω στα πεταχτά
skin [skin] n δέρμα nt • (of fruit) φλούδα f
• (complexion) επιδερμίδα f ▸ vt γδέρνω
skinhead ['skinhed] n σκίνχεντ mf inv
skinny ['skini] adj (person) κοκαλιάρης • (arms)
κοκαλιάρικος
skip [skip] n χοροπήδημα nt • (Brit: container)
μεταλλικός κάδος m ▸ vi χοροπηδάω • (with
rope) κάνω σχοινάκι ▸ vt (boring parts) πηδάω
• (lunch) παραλείπω
skipper ['skipə'] n (Naut) καπετάνιος m • (inf:
Sport) αρχηγός mf
skirt [skə:t] n φούστα f ▸ vt (fig) αποφεύγω
skull [skʌl] n κρανίο nt
sky [skai] n ουρανός m
skyscraper ['skaiskreipə'] n ουρανοξύστης m
slab [slæb] n πλάκα f • (of wood) σανίδα f
• (of cake, cheese) μεγάλο κομμάτι nt
slack [slæk] adj (rope) χαλαρός • (security,
discipline) χαλαρός • (Comm: market, business)
πεσμένος
slam [slæm] vt (door) χτυπάω με δύναμη
• (throw) βροντάω • (criticize) θάβω ▸ vi (door)
κλείνω με θόρυβο
slang [slæŋ] n αργκό f inv • (jargon) διάλεκτος f
slant [slɑ:nt] n κλίση f • (fig) εκδοχή f ▸ vi έχω
κλίση
slap [slæp] n χαστούκι nt ▸ vt (child, face)
χαστουκίζω ▸ adv (inf) ίσια πάνω • **to ~ sth on**
sth (paint etc) περνάω ένα χέρι κτ σε κτ
slash [slæʃ] vt (cut) κόβω • (fig: prices) περικόβω
slate [sleit] n σχιστόλιθος m • (piece) πλάκα f
σχιστόλιθου f ▸ vt (fig) θάβω
slaughter ['slɔ:tə'] n (of animals) σφαγή f • (of
people) φόνος m ▸ vt (animals) σφάζω • (people)
εξοντώνω
slave [sleiv] n σκλάβος/α m/f ▸ vi (also:
~ **away**) δουλεύω σαν σκλάβος
slavery ['sleivəri] n σκλαβιά f
sleazy ['sli:zi] adj άθλιος
sledge [sledʒ] n έλκηθρο nt

sleek [sli:k] adj (hair) στιλπνός • (car, boat etc)
κομψός
sleep [sli:p] (pt, pp **slept**) n ύπνος m ▸ vi
κοιμάμαι • (spend night) κοιμάμαι ▸ vt: **to ~ 4**
χωράει να κοιμηθούν 4 • **to go to ~** πάω για
ύπνο • **to ~ with sb** (euph) κοιμάμαι με κν
▸ **sleep around** vi ξενοκοιμάμαι
sleeper ['sli:pə'] n (Rail: train) κλινάμαξα f
• (: Brit: on track) στρωτήρας m • **I'm a light ~**
κοιμάμαι ελαφριά
sleeping bag n υπνόσακος m
sleepy ['sli:pi] adj (person) νυσταγμένος • (fig:
village etc) ήσυχος
sleet [sli:t] n χιονόνερο nt
sleeve [sli:v] n (of jacket etc) μανίκι nt
slender ['slendə'] adj (figure) λεπτός • (majority)
οριακός
slept [slept] pt, pp of **sleep**
slice [slais] n (of meat, bread, lemon) φέτα f
▸ vt κόβω σε φέτες
slick [slik] adj (performance) άψογος • (pej:
salesman, answer) επιτήδειος ▸ n (also: **oil ~**)
πετρελαιοκηλίδα f
slide [slaid] (pt, pp **slid**) n γλίστρημα nt • (fig)
ολίσθημα nt • (in playground) τσουλήθρα f
• (Phot) σλάιντς nt inv • (Brit: also: **hair ~**)
τσιμπιδάκι nt • (also: **microscope ~**)
αντικειμενοφόρος πλάκα f ▸ vt: **to ~ sth into sth**
σπρώχνω κτ σε κτ ▸ vi (slip) γλιστράω • (glide)
γλιστράω
sliding ['slaidin] adj συρόμενος
slight [slait] adj (slim: figure) μικροκαμωμένος
• (increase, difference) μικρός • (error, accent, pain
etc) ανεπαίσθητος • **not in the slightest** ούτε
στο ελάχιστο
slightly ['slaitli] adv ελάχιστα
slim [slim] adj (figure) λεπτός • (chance) αμυδρός
▸ vi αδυνατίζω
slimming ['slimin] n αδυνάτισμα nt
slimy ['slaimi] adj (pond) λασπώδης • (covered
with mud) λασπωμένος
sling [sliŋ] (pt, pp **slung**) n (Med) νάρθηκας m
▸ vt εκσφενδονίζω
slip [slip] n (fall) γλίστρημα nt • (mistake) λάθος
nt • (underskirt) κομπινεζόν nt inv • (of paper)
φύλλο nt ▸ vt χώνω ▸ vi (slide) γλιστράω
• (decline) πέφτω • **to ~ into/out of** (room etc)
μπαίνω σε/βγαίνω από • **to ~ sth on/off** φοράω/
βγάζω
▸ **slip away** vi ξεγλιστράω
▸ **slip up** vi κάνω λάθος
slipper ['slipə'] n παντόφλα f
slippery ['slipəri] adj (road) ολισθηρός • (fish)
γλιστερός
slit [slit] (pt, pp ~) n (cut) σχισμή f • (opening)
χαραμάδα f ▸ vt σχίζω
slog [slɔg] (Brit) vi δουλεύω σκληρά ▸ n: **it was
a hard ~** ήταν βαριά δουλειά
slogan ['sləugən] n σλόγκαν nt inv
slope [sləup] n (hill, mountain) πλαγιά f • (ski
slope) πίστα f για σκι • (slant) κλίση f ▸ vi: **to
~ down** κατηφορίζω • **to ~ up** ανηφορίζω
sloping ['sləupin] adj κεκλιμένος
sloppy ['slɔpi] adj τσαπατσούλης

slot [slɔt] n (in machine) σχισμή f • (fig, Radio, TV) διάστημα nt ▸ vt: **to ~ sth in** ρίχνω μέσα ▸ vi: **to ~ into** μπαίνω μέσα or εισχωρώ

Slovak ['sləʊvæk] adj σλοβάκικος ▸ n Σλοβάκος/α m/f • (Ling) σλοβάκικα nt pl • **the ~ Republic** η Δημοκρατία της Σλοβακίας

Slovakia [sləʊ'vækɪə] n Σλοβακία f

Slovene ['sləʊviːn] adj σλοβένικος ▸ n Σλοβένος/α m/f • (Ling) σλοβένικα nt pl

Slovenia [sləʊ'viːnɪə] n Σλοβενία f

Slovenian [sləʊ'viːnɪən] adj, n = **Slovene**

slow [sləʊ] adj (music, journey, service) αργός • (person) αργόστροφος ▸ adv αργά ▸ vt (also: **~ down, ~ up**) επιβραδύνω ▸ vi (also: **~ down, ~ up**) επιβραδύνω • (business) ελαττώνομαι • **to be ~** (watch) πάω πίσω

slowly ['sləʊlɪ] adv (not quickly) αργά • (gradually) σιγά-σιγά

slow motion n: **in ~** σε αργή κίνηση

slug [slʌɡ] n γυμνοσαλιαγκας m

sluggish ['slʌɡɪʃ] adj (stream, engine) αργός • (person) νωθρός • (Comm: trading) πεσμένος

slum [slʌm] n φτωχόσπιτο nt

slump [slʌmp] n (economic) ύφεση f ▸ vi (person) βουλιάζω • (prices) πέφτω

slung [slʌŋ] pt, pp of **sling**

slur [sləː] n (fig): **~ (on)** προσβολή (για) ▸ vt: **to ~ one's words** μασάω τα λόγια μου

sly [slaɪ] adj πονηρός

smack [smæk] n ξυλιά f ▸ vt χτυπάω ▸ vi: **to ~ of** μυρίζω

small [smɔːl] adj μικρός • (mistake, problem, change) μικρο- ▸ n: **the ~ of the back** η μέση (σημείο του σώματος)

smart [smaːt] adj (neat, tidy) κομψός • (fashionable) σικ inv • (clever) έξυπνος • (quick) γοργός ▸ vi τσούζω

smash [smæʃ] n (also: **smash-up**) σύγκρουση f • (sound) κρότος m • (song, play, film) μεγάλη επιτυχία f • (Tennis) καρφί nt ▸ vt σπάω • (car etc) χτυπάω • (fig: hopes, regime) συντρίβω • (Sport: record) συντρίβω ▸ vi γίνομαι θρύψαλα • (against wall, into sth etc) πέφτω

smashing ['smæʃɪŋ] (inf) adj απίθανος

smear [smɪə] n (trace) λεκές m • (insult) λασπολογία f • (Med) επίχρισμα nt ▸ vt (spread) πασαλείβω • (make dirty) μουτζουρώνω

smell [smel] (pt, pp **smelt** or **smelled**) n (odour) μυρωδιά f • (sense) όσφρηση f ▸ vt μυρίζω ▸ vi (pej) βρωμάω • (food etc) μυρίζω • **to ~ of** μυρίζω

smelly ['smelɪ] (pej) adj που βρωμάει

smile [smaɪl] n χαμόγελο nt ▸ vi χαμογελάω

smirk [sməːk] n (pej) μειδίαμα nt

smog [smɔɡ] n νέφος nt

smoke [sməʊk] n καπνός m ▸ vi (person) καπνίζω • (chimney) βγάζω καπνό ▸ vt (cigarettes) καπνίζω

smoked [sməʊkt] adj καπνιστός

smoker ['sməʊkə] n καπνιστής/τρια m/f

smoking ['sməʊkɪŋ] n κάπνισμα nt • **"no ~"** «Απαγορεύεται το κάπνισμα»

smoky ['sməʊkɪ] adj (atmosphere, room) γεμάτος καπνούς • (taste) καπνιστός

smooth [smuːð] adj λείος • (sauce) χωρίς

σβώλους • (flavour, whisky) (γεύση) λεπτός, (ουίσκι) με λεπτή γεύση • (movement) σταθερός • (landing, takeoff, flight) ομαλός • (pej: person) γλυκομίλητος
▸ **smooth out** vt ισιώνω • (fig: difficulties) εξομαλύνω
▸ **smooth over** vt: **to ~ things over** (fig) εξομαλύνω τα πράγματα

smoothie ['smuːðɪ] n σμούθι nt inv, smoothie nt inv

smother ['smʌðə] vt (fire) σβήνω • (person) προκαλώ ασφυξία

smug [smʌɡ] (pej) adj αυτάρεσκος

smuggle ['smʌɡl] vt περνάω λαθραία

smuggling ['smʌɡlɪŋ] n (traffic) λαθρεμπόριο nt

snack [snæk] n σνακ nt inv

snack bar n σνακ-μπαρ nt inv

snag [snæɡ] n πρόβλημα nt

snail [sneɪl] n σαλιγκάρι nt

snake [sneɪk] n φίδι nt

snap [snæp] n (sound) στάσιμο nt • (photograph) φωτογραφία f ▸ adj (decision etc) της στιγμής ▸ vt σπάω (με κρότο) ▸ vi σπάω απότομα • (fig: person) σπάω • **to ~ one's fingers** χτυπάω τα δάχτυλά μου (για να ακουστεί ήχος)
▸ **snap at** vt fus (fig: person) αποπαίρνω
▸ **snap off** vt σπάω
▸ **snap up** vt (bargains) αρπάζω

snapshot ['snæpʃɔt] (inf) n φωτογραφία f

snarl [snaːl] vi (animal) γρυλίζω • (person) φωνάζω or μιλάω θυμωμένα

snatch [snætʃ] n (of conversation, song etc) απόσπασμα nt ▸ vt αρπάζω • (handbag, child etc) βουτάω • (fig: opportunity, time etc) (ευκαιρία) αρπάζω, (χρόνος) ξεκλέβω +gen

sneak [sniːk] (US) (pt **snuck**) vi: **to ~ in/out** τρυπώνω/το σκάω ▸ vt: **to ~ a look at sth** ρίχνω μια κλεφτή ματιά σε κτ
▸ **sneak up** vi: **to ~ up on sb** πλησιάζω κν χωρίς να με καταλάβει

sneakers ['sniːkəz] npl (US) αθλητικά παπούτσια nt pl

sneer [snɪə] vi καγχάζω

sneeze [sniːz] n φτέρνισμα nt, φτάρνισμα ▸ vi φτερνίζομαι, φταρνίζομαι

sniff [snɪf] vi ρουφάω τη μύτη μου ▸ vt μυρίζω • (glue) σνιφάρω

snip [snɪp] n (cut) ψαλιδιά f • (Brit inf: bargain) κελεπούρι nt ▸ vt ψαλιδίζω

sniper ['snaɪpə] n ελεύθερος σκοπευτής m

snob [snɔb] n σνομπ mf inv

snooker ['snuːkə] n σνούκερ nt inv

snoop [snuːp] vi: **to ~ about** ψαχουλεύω

snore [snɔː] n ροχαλητό nt ▸ vi ροχαλίζω

snorkel ['snɔːkl] n αναπνευστήρας m

snort [snɔːt] n: **to give a ~** ξεφυσάω ▸ vi (animal) ρουθουνίζω • (person) ξεφυσάω ▸ vt (inf: cocaine) σνιφάρω

snow [snəʊ] n χιόνι nt ▸ vi χιονίζει

snowball ['snəʊbɔːl] n χιονόμπαλα f ▸ vi (fig) αυξάνομαι

snub [snʌb] vt σνομπάρω ▸ n προσβολή f

snug [snʌɡ] adj (sheltered) βολικός • (fitting well) εφαρμοστός

KEYWORD

so [səʊ] adv **1** (thus, likewise): while Mary was doing so, he ... ενώ η Μαίρη το έκανε αυτό, αυτός... • **if so** αν ναι • **so do I, so am I** etc κι εγώ (το ίδιο) • **I like swimming — so do I** μ' αρέσει το κολύμπι — κι εμένα • **I've got work to do — so has Paul** έχω δουλειά — κι ο Πωλ το ίδιο • **it's 5 o'clock — so it is!** είναι πέντε η ώρα — πράγματι! • **I hope so** το ελπίζω • **I think so** (έτσι) νομίζω • **so far** μέχρι στιγμής
2 (in comparisons) τόσο • **we were so worried** ανησυχήσαμε τόσο πολύ • **I'm so glad to hear it** χαίρομαι τόσο πολύ που το ακούω
3: so much adj τόσος (πολύς)
▶ adv **1** τόσο πολύ
2: so many τόσοι (πολλοί)
3 (phrases): **10 or so** 10 πάνω-κάτω • **so long!** (inf: goodbye) γεια χαρά
▶ conj **1** (expressing purpose): **so as** για να • **so (that)** για να
2 (expressing result) κι έτσι • **he didn't arrive so I left** δεν ήρθε, κι έτσι έφυγα • **so I was right after all** ώστε or λοιπόν είχα δίκιο τελικά

soak [səʊk] vt (drench) ποτίζω • (steep in water) μουσκεύω ▶ vi μουλιάζω
▶ **soak up** vt απορροφώ

soaking ['səʊkɪŋ] adj (also: **~ wet**) μούσκεμα inv

so-and-so ['səʊənsəʊ] n (somebody) τάδε nt inv • **the little ~!** (pej) ο παλιο-....!

soap [səʊp] n σαπούνι nt • (TV: also: **~ opera**) σαπουνόπερα f

soar [sɔːʳ] vi (on wings) πετάω ψηλά • (rocket) εκτοξεύομαι • (price, temperature etc) φτάνω στα ύψη

sob [sɒb] n αναφιλητό nt ▶ vi κλαίω με αναφιλητά

sober ['səʊbəʳ] adj (not drunk) νηφάλιος • (serious) νηφάλιος • (dull: colour) μουντός
▶ **sober up** vt, vi ξεμεθάω

soccer ['sɒkəʳ] n ποδόσφαιρο nt

sociable ['səʊʃəbl] adj κοινωνικός

social ['səʊʃl] adj κοινωνικός • **~ life** κοινωνική ζωή

socialism ['səʊʃəlɪzəm] n σοσιαλισμός m

socialist ['səʊʃəlɪst] adj σοσιαλιστικός ▶ n σοσιαλιστής/τρια m/f

socially ['səʊʃəlɪ] adv κοινωνικά

social media n κοινωνικής δικτύωσης f

social security (BRIT) n κοινωνική ασφάλιση f

social services ['səʊʃl'səːvɪsəz] npl κοινωνικές υπηρεσίες f

social worker n κοινωνικός/ή λειτουργός m/f

society [sə'saɪətɪ] n κοινωνία f • (club) σύλλογος m • (also: **high ~**) υψηλή κοινωνία f

sociology [səʊsɪ'ɒlədʒɪ] n Κοινωνιολογία f

sock [sɒk] n κάλτσα f

socket ['sɒkɪt] n κοίλωμα nt • (of eyes) κόγχη f • (BRIT Elec) πρίζα f • (for light bulb) ντουί nt inv

soda ['səʊdə] n (also: **~ water**) σόδα f • (US: also: **~ pop**) αναψυκτικό nt

sodium ['səʊdɪəm] n νάτριο nt

sofa ['səʊfə] n καναπές m

soft [sɒft] adj μαλακός • (not rough) απαλός • (voice, music, light etc) απαλός

soft drink n αναψυκτικό nt

soften ['sɒfn] vt μαλακώνω • (effect, blow) μετριάζω ▶ vi μαλακώνω

softly ['sɒftlɪ] adv απαλά

software ['sɒftweəʳ] n λογισμικό nt

soggy ['sɒgɪ] adj (ground) λασπωμένος • (sandwiches etc) παπαρασμένος

soil [sɔɪl] n (earth) χώμα nt ▶ vt (clothes) λερώνω

solar ['səʊləʳ] adj ηλιακός • (eclipse) ηλίου

solar system n ηλιακό σύστημα nt

sold [səʊld] pt, pp of **sell**

soldier ['səʊldʒəʳ] n στρατιώτης m ▶ vi: **to ~ on** συνεχίζω αποφασιστικά

sold out adj (goods) που έχει πουληθεί • (tickets, concert etc) που έχει εξαντληθεί

sole [səʊl] n (also: **~ of foot**) πατούσα f • (of shoe) σόλα f • (fish: pl inv) γλώσσα f ▶ adj μόνος • (exclusive) αποκλειστικός

solely ['səʊllɪ] adv αποκλειστικά

solemn ['sɒləm] adj σοβαρός

solicitor [sə'lɪsɪtəʳ] (BRIT) n (for wills etc) συμβολαιογράφος mf • (in court) δικηγόρος mf

solid ['sɒlɪd] adj (not hollow) συμπαγής • (not liquid) στερεός • (person) αξιόπιστος • (structure, foundations) γερός • (gold etc) ατόφιος • **I read for 2 hours ~** διάβασα 2 ολόκληρες ώρες
■ **solids** npl στερεές τροφές f

solitary ['sɒlɪtərɪ] adj μοναχικός • (alone: person) μόνος

solitude ['sɒlɪtjuːd] n μοναξιά f

solo ['səʊləʊ] n σόλο nt inv ▶ adv σόλο inv

soloist ['səʊləʊɪst] n σολίστ mf inv

soluble ['sɒljʊbl] adj διαλυτός

solution [sə'luːʃən] n λύση f • (liquid) διάλυμα nt

solve [sɒlv] vt (problem, riddle) λύνω • (mystery, police case) διαλευκαίνω

solvent ['sɒlvənt] adj (Comm) αξιόχρεος ▶ n (Chem) διαλύτης m

Somalia [sə'mɑːlɪə] n Σομαλία f

sombre ['sɒmbəʳ], **somber** (US) adj (place) σκοτεινός • (colour) σκούρος • (person) σκυθρωπός

KEYWORD

some [sʌm] adj **1** (with singular Greek noun) λίγος
2 (with plural Greek noun) μερικοί/ές/ά • **I've got some money, but not much** έχω μερικά or κάποια λεφτά, αλλά όχι πολλά
3 (certain: in contrasts) μερικοί
4 (unspecified) κάποιος • **some day** κάποια μέρα
▶ pron **1** (a certain amount) λίγος
2 (a certain number) μερικοί • **I've got some** (books etc) έχω μερικά • **some (of them) have been sold** μερικά (από αυτά) έχουν πουληθεί • **some went for a taxi and some walked** μερικοί πήραν ταξί και μερικοί περπάτησαν
▶ adv: **some 10 people** κάπου 10 άτομα

somebody ['sʌmbədɪ] pron = **someone**

somehow ['sʌmhaʊ] adv (in some way) με κάποιο τρόπο • (for some reason) για κάποιο λόγο

someone ['sʌmwʌn] pron κάποιος

someplace ['sʌmpleɪs] (US) adv = **somewhere**

something ['sʌmθɪŋ] pron κάτι

sometime ['sʌmtaɪm] adv (in future) κάποια στιγμή • (in past): ~ **last month** κάποια στιγμή τον προηγούμενο μήνα

sometimes ['sʌmtaɪmz] adv μερικές φορές

somewhat ['sʌmwɒt] adv κάπως

somewhere ['sʌmweəʳ] adv κάπου

son [sʌn] n γιος m

song [sɒŋ] n τραγούδι nt

son-in-law ['sʌnɪnlɔ:] n γαμπρός m

soon [su:n] adv (in a short time) σε λίγο • (a short time after) σύντομα • (early) νωρίς • ~ **afterwards** λίγο μετά • see also **as**

sooner ['su:nəʳ] adv (time) νωρίτερα • (preference): **I would ~ do that** προτιμώ να κάνω αυτό • ~ **or later** αργά ή γρήγορα

soothe [su:ð] vt (person, animal) κατευνάζω • (pain) καταπραΰνω

sophisticated [sə'fɪstɪkeɪtɪd] adj (woman, lifestyle) σοφιστικέ inv • (machinery) εξελιγμένος • (arguments) δεξιοτεχνικός

sophomore ['sɒfəmɔ:ʳ] (US Scol) n δευτεροετής φοιτητής/τρια m/f

soprano [sə'prɑ:nəu] n σοπράνο mf inv

sorbet ['sɔ:beɪ] n γρανίτα f

sordid ['sɔ:dɪd] adj (bedsit etc) άθλιος m • (story etc) άσχημος

sore [sɔ:ʳ] adj (painful) πονεμένος • (esp US: offended) χολωμένος ▶ n πληγή f

sorrow ['sɒrəu] n λύπη f ■ **sorrows** npl στενοχώριες fpl

sorry ['sɒrɪ] adj (person) που λυπάται • (condition, excuse) αξιοθρήνητος • ~! συγγνώμη! • **to feel ~ for sb** λυπάμαι για κν

sort [sɔ:t] n είδος nt • (make) μάρκα f ▶ vt (also: ~ **out**: papers, belongings) ταξινομώ • (: problems) ξεκαθαρίζω • **it's ~ of awkward** (inf) είναι μάλλον άβολο

SOS n abbr (= save our souls) Σ.Ο.Σ. nt inv

so-so ['səusəu] adv έτσι κι έτσι ▶ adj έτσι κι έτσι

sought [sɔ:t] pt, pp of **seek**

soul [səul] n ψυχή f • (person) άνθρωπος m • (Mus) σόουλ f inv

sound [saund] adj (healthy) υγιής • (safe, not damaged) σε καλή κατάσταση • (reliable) αξιόπιστος • (sensible) φρόνιμος • (valid) ορθός ▶ adv: **to be ~ asleep** κοιμάμαι βαθιά or βαριά ▶ n (noise) ήχος m • (volume) ένταση f ▶ vt (alarm) σημαίνω • (horn) χτυπάω ▶ vi ακούγομαι • **to ~ like** μιλάω σαν • **it sounds like French** μοιάζει με γαλλικά • **it sounds as if …** φαίνεται ότι … ▶ **sound out** vt βολιδοσκοπώ

soundtrack ['saundtræk] n σάουντρακ nt inv

soup [su:p] n σούπα f

sour ['sauəʳ] adj ξινός • (milk) ξινισμένος • (fig) θυμωμένος

source [sɔ:s] n πηγή f • (fig) αιτία f

south [sauθ] n νότος m ▶ adj νότιος ▶ adv νότια

South Africa n Νότια Αφρική f

South African adj νοτιοαφρικανικός ▶ n Νοτιοαφρικανός/ή m/f

South America n Νότια Αμερική f

South American adj νοτιοαμερικανικός ▶ n Νοτιοαμερικάνος/α m/f

southeast [sauθ'i:st] n νοτιοανατολικά nt pl

southern ['sʌðən] adj νότιος

South Korea n Νότια Κορέα f

South Pole n: **the** ~ ο Νότιος Πόλος

South Vietnam n Νότιο Βιετνάμ nt inv

southwest [sauθ'west] n νοτιοδυτικά nt pl

souvenir [su:və'nɪəʳ] n ενθύμιο nt

sovereign ['sɒvrɪn] n μονάρχης mf

sow [sau] (pt **sowed**, pp **sown**) vt (seeds) σπέρνω • (fig: suspicion etc) δημιουργώ

soya ['sɔɪə], **soy** (US) n: ~ **bean** σόγια f

spa [spa:] n ιαματικά λουτρά nt inv • (US: also: **health ~**) σπα nt inv

space [speɪs] n (gap) κενό nt • (room) χώρος m • (beyond Earth) διάστημα nt • (length of time) περίοδος f ▶ vt (also: ~ **out**) αραιώνω

spacecraft ['speɪskrɑ:ft] n διαστημόπλοιο nt

spaceship ['speɪsʃɪp] n = **spacecraft**

spacious ['speɪʃəs] adj ευρύχωρος

spade [speɪd] n φτυάρι nt • (child's) φτυαράκι nt ■ **spades** npl (Cards) μπαστούνια nt pl

spaghetti [spə'getɪ] n σπαγγέτι ntpl inv

Spain [speɪn] n Ισπανία f

spam [spæm] (Comput) n ανεπιθύμητο μήνυμα nt

span [spæn] n (of bird, plane etc) άνοιγμα nt • (in time) χρονικό διάστημα nt ▶ vt (river) διασχίζω • (fig: time) εκτείνομαι χρονικά

Spaniard ['spænjəd] n Ισπανός/ίδα m/f

Spanish ['spænɪʃ] adj ισπανικός ▶ n (Ling) ισπανικά nt pl ■ **the Spanish** npl οι Ισπανοί

spanner ['spænəʳ] (Brit) n γαλλικό κλειδί nt

spare [speəʳ] adj (free) ελεύθερος • (extra) επιπλέον ▶ n = **spare part** ▶ vt (save: trouble etc) γλυτώνω • (make available) διαθέτω • (afford to give) μπορώ να δώσω • **to be spared** (person, city etc) γλυτώνω • to ~ (time, money) για ξόδεμα

spare part n (for car, machine etc) ανταλλακτικό nt

spare room n επιπλέον δωμάτιο nt

spare time n ελεύθερος χρόνος m

spare wheel n ρεζέρβα f

spark [spa:k] n σπίθα f

sparkle ['spa:kl] n λάμψη f ▶ vi λάμπω

sparkling ['spa:klɪŋ] adj (wine) αφρώδης • (water) ανθρακούχος

sparrow ['spærəu] n σπουργίτι nt

sparse [spa:s] adj αραιός

spasm ['spæzəm] n σπασμός m

spat [spæt] pt, pp of **spit**

spate [speɪt] n (fig): **a ~ of** μια πλημμύρα από

speak [spi:k] (pt **spoke**, pp **spoken**) vt (language) μιλάω • (truth) λέω ▶ vi μιλάω • (make a speech) βγάζω λόγο • **to ~ to sb/of** or **about sth** μιλάω σε κν για κτ • ~ **up!** (μιλήστε) πιο δυνατά! • **so to ~** που λέει ο λόγος ▶ **speak for** vt fus: **to ~ for sb** μιλώ για λογαριασμό κου

speaker ['spi:kəʳ] n (in public) ομιλητής/τρια m/f • (also: **loudspeaker**) ηχείο nt

spear [spɪəʳ] n λόγχη f ▶ vt λογχίζω

special ['speʃl] adj ιδιαίτερος • (service, performance) έκτακτος • (adviser, permission, school) ειδικός

special effects [speʃəlɪ'fekts] npl ειδικά εφέ ntpl inv

specialist ['speʃəlɪst] n (also Med) ειδικός mf

speciality [speʃɪˈælɪtɪ] n (dish) σπεσιαλιτέ f inv • (study) ειδικότητα f

specialize [ˈspeʃəlaɪz] vi: **to ~ (in)** ειδικεύομαι (σε)

specially [ˈspeʃlɪ] adv ειδικά

special offer (Comm) n (ειδική) προσφορά f

specialty [ˈspeʃəltɪ] n (esp US) = **speciality**

species [ˈspiːʃiːz] n inv είδος nt

specific [spəˈsɪfɪk] adj (fixed) συγκεκριμένος • (exact) σαφής

specifically [spəˈsɪfɪklɪ] adv (specially) ειδικά • (exactly) συγκεκριμένα

specify [ˈspesɪfaɪ] vt (time, place) καθορίζω • (colour etc) προσδιορίζω

specimen [ˈspesɪmən] n (also Med) δείγμα nt

speck [spek] n (of dust) κόκκος m • (of dirt) κηλίδα f

spectacle [ˈspektəkl] n (scene) θέαμα nt • (grand event) υπερθέαμα nt ■ **spectacles** npl γυαλιά nt pl

spectacular [spekˈtækjuləʳ] adj θεαματικός

spectator [spekˈteɪtəʳ] n θεατής mf

spectrum [ˈspektrəm] (pl **spectra**) n (fig) φάσμα nt

speculate [ˈspekjuleɪt] vi (Fin) παίζω στο Χρηματιστήριο • **to ~ about** κάνω υποθέσεις για

sped [sped] pt, pp of **speed**

speech [spiːtʃ] n ομιλία f • (formal talk) λόγος m

speechless [ˈspiːtʃlɪs] adj άφωνος

speed [spiːd] (pt, pp **sped**) n (rate) ρυθμός m • (fast travel) ταχύτητα f • (haste) ταχύτητα f ▶ vi: **to ~ along/by** etc τρέχω κατά μήκος/περνάω βολίδα κ.λπ. • (Aut) υπερβαίνω το όριο ταχύτητας
  ▶ **speed up** (pt, pp **speeded up**) vi (in car etc) επιταχύνω ▶ vt επιταχύνω

speedboat [ˈspiːdbəut] n ταχύπλοο nt

speeding [ˈspiːdɪŋ] (Aut) n υπερβολική ταχύτητα f

speed limit n όριο nt ταχύτητας

speedy [ˈspiːdɪ] adj γρήγορος • (reply) άμεσος

spell [spel] (pt, pp **spelt** or **spelled**) n (also: **magic ~**) ξόρκι nt • (period of time) περίοδος f ▶ vt γράφω (ορθογραφημένα) • (danger, disaster) συνεπάγομαι

spelling [ˈspelɪŋ] n (word form) τρόπος m γραφής • (ability) ορθογραφία f

spend [spend] (pt, pp **spent**) vt (money) ξοδεύω • (time, life) περνάω

spending [ˈspendɪŋ] n δαπάνες fpl

sperm [spəːm] n σπέρμα nt

sphere [sfɪəʳ] n σφαίρα f • (area) τομέας m

spice [spaɪs] n καρύκευμα nt ▶ vt καρυκεύω

spicy [ˈspaɪsɪ] adj πικάντικος

spider [ˈspaɪdəʳ] n αράχνη f

spike [spaɪk] n καρφί nt

spill [spɪl] (pt, pp **spilt** or **spilled**) vt χύνω ▶ vi χύνομαι
  ▶ **spill out** vi (people) ξεχύνομαι
  ▶ **spill over** vi (liquid) ξεχειλίζω • (fig: conflict) επεκτείνομαι

spin [spɪn] (pt **spun, span**, pp **spun**) n (trip in car) βόλτα f με το αυτοκίνητο • (revolution of wheel) περιστροφή f ▶ vt (wool etc) γνέθω • (ball) στριφογυρίζω • (wheel) σπινάρω

• (Brit: also: **spin-dry**) στύβω ▶ vi (make thread) γνέθω • (person) στριφογυρίζω • (head) γυρίζω

spinach [ˈspɪnɪtʃ] n σπανάκι nt

spinal [ˈspaɪnl] adj στη σπονδυλική στήλη

spine [spaɪn] n σπονδυλική στήλη f • (of plant, hedgehog etc) αγκάθι nt

spiral [ˈspaɪərl] n σπείρα f ▶ vi (fig) αυξάνομαι ραγδαία

spire [ˈspaɪəʳ] n καμπαναριό nt

spirit [ˈspɪrɪt] n (soul) πνεύμα nt • (ghost) πνεύμα nt • (energy) έμπνευση f • (sense: of agreement etc) πνεύμα nt • (frame of mind) διάθεση f ■ **spirits** npl (drink) οινοπνευματώδη nt pl

spiritual [ˈspɪrɪtjuəl] adj πνευματικός

spit [spɪt] (pt, pp **spat**) n (for roasting) σούβλα f • (saliva) σάλιο nt ▶ vi φτύνω • (inf: rain) ψιχαλίζει

spite [spaɪt] n κακία f ▶ vt πεισμώνω • **in ~ of** παρά +acc

spiteful [ˈspaɪtful] adj μοχθηρός

splash [splæʃ] n (sound) παφλασμός m • (of colour) πινελιά f ▶ excl πλατς ▶ vt πετάω ▶ vi (also: **~ about**) τσαλαβουτάω • (water, rain) χτυπάω

splendid [ˈsplendɪd] adj (excellent) έξοχος • (impressive) μεγαλοπρεπής

splinter [ˈsplɪntəʳ] n (of wood) σκλήθρα f • (in finger) αγκίδα f ▶ vi (bone, glass etc) γίνομαι κομμάτια • (wood) σκίζομαι

split [splɪt] (pt, pp **~**) n (crack, tear) σκίσιμο nt • (fig: division) διάσταση f ▶ vt χωρίζω • (party) διαιρώ • (work, profits) μοιράζω ▶ vi (divide) χωρίζομαι • (crack, tear) ανοίγω στη μέση
  ▶ **split up** vi (couple) χωρίζω • (group, meeting) διαλύομαι

spoil [spɔɪl] (pt, pp **spoilt** or **spoiled**) vt χαλάω • (child) παραχαϊδεύω

spoilt [spɔɪlt] adj κακομαθημένος

spoke [spəuk] pt of **speak** ▶ n ακτίνα f

spoken [ˈspəukn] pp of **speak**

spokesman [ˈspəuksmən] (irreg) n εκπρόσωπος m

spokesperson [ˈspəukspəːsn] n(irreg) εκπρόσωπος mf

spokeswoman [ˈspəukswumən] n(irreg) εκπρόσωπος f

sponge [spʌndʒ] n (for washing with) σφουγγάρι nt • (also: **~ cake**) παντεσπάνι nt ▶ vi: **to ~ off** or **on sb** ζω σε βάρος κου

sponsor [ˈspɔnsəʳ] n χορηγός mf ▶ vt (player, event, club) είμαι χορηγός σε or +gen • (fund-raiser) δίνω χρήματα σε

sponsorship [ˈspɔnsəʃɪp] n χορηγία f

spontaneous [spɔnˈteɪnɪəs] adj αυθόρμητος

spooky [ˈspuːkɪ] (inf) adj (place) στοιχειωμένος • (atmosphere) ανατριχιαστικός

spoon [spuːn] n κουτάλι nt

spoonful [ˈspuːnful] n κουταλιά f

sport [spɔːt] n άθλημα nt • (person: also: **good ~**) εντάξει τύπος m (inf)

sports car [ˈspɔːtskɑːʳ] n σπορ αυτοκίνητο nt

sports centre [ˈspɔːtssentəʳ] n αθλητικό κέντρο nt

sportsman [ˈspɔːtsmən] n(irreg) αθλητής m

sportswear ['spɔːtsweəʳ] n αθλητικά nt pl (ρούχα)

sportswoman ['spɔːtswumən] n(irreg) αθλήτρια f

sporty ['spɔːtɪ] adj αθλητικός

spot [spɔt] n σημάδι nt • (mark) στίγμα nt • (dot: on pattern) βούλα f • (on skin) σπυρί nt • (place) μέρος nt • (small amount): **a ~ of** μια σταλιά ▸ vt διακρίνω • **on the ~** επιτόπου

spotless ['spɔtlɪs] adj πεντακάθαρος

spotlight ['spɔtlaɪt] n προβολέας m • (in room) σποτάκι nt

spouse [spaus] n σύζυγος mf

sprang [spræŋ] pt of **spring**

sprawl [sprɔːl] vi ξαπλώνομαι (φαρδύς-πλατύς)

spray [spreɪ] n σταγονίδια nt pl • (container) σπρέι nt inv ▸ vt ψεκάζω • (crops) ραντίζω

spread [spred] (pt, pp ~) n φάσμα nt • (inf: food) τσιμπούσι nt ▸ vt (butter, jam etc) αλείφω • (wings, arms, sails) ανοίγω • (workload, wealth) διανέμω • (scatter) σκορπίζω • (disease) μεταδίδω • (rumour) διαδίδω ▸ vi (disease) εξαπλώνομαι • (news) διαδίδομαι • (also: ~ **out**) απλώνομαι ▸ **spread out** vi σκορπίζω

spree [spriː] n: **to go on a ~** ξεφαντώνω

spring [sprɪŋ] n (coiled metal) ελατήριο nt • (season) άνοιξη f • (of water) πηγή f ▸ vi (pt **sprang**, pp **sprung**) χυμάω • **to ~ from** προέρχομαι ▸ **spring up** vi (building, plant) ξεφυτρώνω

sprinkle ['sprɪŋkl] vt (liquid) ραντίζω • (salt) ρίχνω από πάνω λίγο • (sugar) πασπαλίζω

sprint [sprɪnt] n σπριντ nt inv ▸ vi (run fast) τρέχω • (Sport) κάνω σπριντ

sprouts [sprauts] npl (also: **Brussels ~**) λαχανάκια nt pl Βρυξελλών

sprung [sprʌŋ] pp of **spring**

spun [spʌn] pt, pp of **spin**

spur [spɜːʳ] n σπιρούνι nt • (fig) κίνητρο nt ▸ vt (also: ~ **on**) παρακινώ • **on the ~ of the moment** στα καλά καθούμενα

spurt [spɜːt] n (of energy) έκρηξη f • (of water etc): **in spurts** με διακοπές ▸ vi αναβλύζω

spy [spaɪ] n κατάσκοπος mf ▸ vi: **to ~ on** κατασκοπεύω ▸ vt (see) διακρίνω ▸ cpd (film, story) κατασκοπείας

sq. abbr = **square**

squabble ['skwɔbl] vi καυγαδίζω ▸ n καυγαδάκι nt

squad [skwɔd] n (Mil) ουλαμός m • (Police) μονάδα f • (Sport) ομάδα f

squadron ['skwɔdrn] n (Mil) επιλαρχία f • (Aviat, Naut) μοίρα f

square [skweəʳ] n (shape) τετράγωνο nt • (in town) πλατεία f ▸ adj τετράγωνος • vt (arrange) ταχτοποιώ • (Math) υψώνω στο τετράγωνο • (reconcile) συμβιβάζω • **all** = ισόπαλος • **2 metres ~** 2 επί 2 • **2 ~ metres** 2 τετραγωνικά μέτρα

squash [skwɔʃ] n (Sport) σκουός nt inv • (BRIT: drink): **lemon/orange ~** χυμός λεμόνι/ πορτοκάλι • (US: marrow etc) κολοκύθα f ▸ vt συνθλίβω

squat [skwɔt] adj (person) κοντόχοντρος

• (building) χοντροκομμένος ▸ vi (also: ~ **down**) κάθομαι στα πόδια μου • (on property) κάνω κατάληψη

squeak [skwiːk] vi (door etc) τρίζω • (animal) τσιρίζω ▸ n (of hinge etc) τρίξιμο nt • (of animal) τσίριγμα nt

squeeze [skwiːz] n (of hand etc) σφίξιμο nt • (Econ) περιορισμοί nt pl ▸ vt στύβω • (tube, bottle etc) ζουλάω • (hand, arm) σφίγγω ▸ vi: **to ~ past/under sth** στριμώχνομαι και περνάω από κτ/κάτω από κτ

squid [skwɪd] n καλαμάρι nt

squirrel ['skwɪrəl] n σκίουρος m

Sr abbr (in names) = **senior**

Sri Lanka [srɪ'læŋkə] n Σρι Λάνκα f inv

St abbr = **saint** • **street**

stab [stæb] n (with knife etc) μαχαιριά f • (of pain) σουβλιά f • (inf: try): **to have a ~ at sth/doing sth** κάνω μια δοκιμή σε κτ/να κάνω κτ ▸ vt μαχαιρώνω

stability [stə'bɪlɪtɪ] n σταθερότητα f

stable ['steɪbl] adj σταθερός ▸ n στάβλος m

stack [stæk] n στοίβα f ▸ vt (also: ~ **up**) στοιβάζω • **there's stacks of time** (BRIT inf) έχουμε πολύ χρόνο

stadium ['steɪdɪəm] n (pl **stadia** or **stadiums**) n στάδιο nt

staff [stɑːf] n το προσωπικό nt ▸ vt επανδρώνω

stag [stæg] n αρσενικό ελάφι nt

stage [steɪdʒ] n (in theatre etc) σκηνή f • (platform) εξέδρα f • (period) στάδιο nt ▸ vt (play) ανεβάζω • (demonstration) οργανώνω • **the ~** (Theat) η σκηνή • **in stages** σταδιακά

stagger ['stægəʳ] vi τρεκλίζω ▸ vt (amaze) συγκλονίζω • (hours, holidays) κανονίζω σταδιακά or σπαστά

staggering ['stægərɪŋ] adj συγκλονιστικός

stagnant ['stægnənt] adj (water) που λιμνάζει • (economy etc) στάσιμος

stain [steɪn] n (mark) λεκές m • (colouring) μπογιά f (για ξύλο) ▸ vt (mark) λερώνω • (wood) βάφω

stainless steel [steɪnlɪs'stiːl] n ανοξείδωτο ατσάλι nt

stair [steəʳ] n σκαλοπάτι nt ▪ **stairs** npl σκάλα f

staircase ['steəkeɪs] n σκάλα f

stairway ['steəweɪ] n = **staircase**

stake [steɪk] n (post) πάσσαλος m • (Comm: interest) οικονομικό συμφέρον nt • (Betting: gen pl) στοίχημα nt ▸ vt (money) στοιχηματίζω • **to ~ a claim (to sth)** εγείρω αξίωση (για κτ) • **to ~ my life/reputation on sth** κόβω το κεφάλι μου για κτ • **to be at ~** διακυβεύομαι

stale [steɪl] adj (bread, food) μπαγιάτικος • (smell) μούχλας • (air) που μυρίζει μούχλα or κλεισούρα

stalk [stɔːk] n (of flower) μίσχος m • (of fruit) κοτσάνι nt ▸ vt παραμονεύω ▸ vi: **to ~ out/off** περπατάω αγέρωχα

stall [stɔːl] n (BRIT: in street, market etc) πάγκος m • (in stable) παχνί nt ▸ vt (Aut) μπλοκάρω • (fig: person) καθυστερώ ▸ vi (Aut) σβήνω • (fig: person) χρονοτριβώ

stamina ['stæmɪnə] n αντοχή f

stammer ['stæməʳ] n τραύλισμα nt ▸ vi τραυλίζω

stamp [stæmp] n (postage stamp)
γραμματόσημο nt • (rubber stamp) σφραγίδα f
• (also fig) σφραγίδα f ▶ vi (also: ~ one's foot)
χτυπάω τα πόδια κάτω ▶ vt (letter) βάζω
γραμματόσημο σε • (mark) βάζω σφραγίδα σε
• (with rubber stamp) σφραγίζω • **stamped
addressed envelope** φάκελος με
γραμματόσημο και τη διεύθυνση του παραλήπτη
▶ **stamp out** vt (fig: crime) βάζω ένα τέλος σε

stampede [stæmˈpiːd] n άτακτη φυγή f • (fig)
συνωστισμός m

stance [stæns] n στάση f

stand [stænd] (pt, pp **stood**) n (Comm: stall)
πάγκος m • (: at exhibition) περίπτερο nt • (Sport)
κερκίδα f ▶ vi (be on foot) στέκομαι • (also: ~ up)
σηκώνομαι όρθιος • (be placed: object, building)
βρίσκομαι • (remain: decision, offer) ισχύω • (run:
in election) κατεβαίνω ▶ vt (place) στήνω
• (tolerate) ανέχομαι • to take
a ~ on sth παίρνω θέση σε/για κτ • to ~ to gain/
lose sth πρόκειται να κερδίσω/χάσω κτ • it
stands to reason είναι λογικό • as things ~
όπως έχουν τα πράγματα • I can't ~ him δεν τον
αντέχω • we don't ~ a chance δεν έχουμε καμία
πιθανότητα • to ~ trial δικάζομαι
▶ **stand by** vi (be ready) είμαι σε επιφυλακή
• (fig: fail to help) κάθομαι και κοιτάω ▶ vt fus
(opinion, decision) τηρώ • (person) στηρίζω
▶ **stand down** vi παραιτούμαι
▶ **stand for** vt fus (signify) αντιπροσωπεύω
• (represent) σημαίνω • (tolerate) ανέχομαι
▶ **stand in for** vt fus αντικαθιστώ
▶ **stand out** vi ξεχωρίζω
▶ **stand up** vi σηκώνομαι όρθιος
▶ **stand up for** vt fus υπερασπίζομαι
▶ **stand up to** vt fus (person) αντιτάσσομαι σε

standard [ˈstændəd] n (level) επίπεδο nt
• (norm, criterion) μέτρο nt σύγκρισης ▶ adj
(normal: size etc) κανονικός • (model, feature)
στάνταρ inv ■ **standards** npl (morals) αξίες fpl

standard of living n βιοτικό επίπεδο nt

stand-by [ˈstændbaɪ], **standby** n εφεδρεία f
• **to be on** ~ (doctor) εφημερεύω • (crew, fire
fighters etc) είμαι σε ετοιμότητα • (passenger)
είμαι στη λίστα αναμονής

standing [ˈstændɪŋ] n (status) στάθμη f

standpoint [ˈstændpɔɪnt] n σκοπιά f

standstill [ˈstændstɪl] n: at a ~ ακίνητος • (fig)
σε τέλμα

stank [stæŋk] pt of **stink**

staple [ˈsteɪpl] n (for papers) συρραπτικό nt (το
μεταλλικό εξάρτημα που συνδέει τα χαρτιά)
• (chief product) βασικό προϊόν nt ▶ adj (food etc)
βασικός ▶ vt πιάνω με συρραπτικό

stapler [ˈsteɪplər] n συρραπτικό nt (η συσκευή)

star [staːr] n (in sky) αστέρι nt • (celebrity)
αστέρας m ▶ vt (Theat, Cine: actor) έχω για
πρωταγωνιστή ▶ vi: **to ~ in** πρωταγωνιστώ σε
• **4-star hotel** ξενοδοχείο τεσσάρων αστέρων
■ **the stars** npl (horoscope) ωροσκόπιο nt

starboard [ˈstɑːbəd] adj της δεξιάς
πλευράς

starch [stɑːtʃ] n (for clothes) κόλλα f
• (Culin) άμυλο nt

stare [stɛər] n βλέμμα nt ▶ vi: **to ~ at** κοιτάζω
(επίμονα)

stark [stɑːk] adj (bleak) αυστηρός ▶ adv:
~ naked ολόγυμνος

start [stɑːt] n (beginning) αρχή f • (departure)
ξεκίνημα nt • (sudden movement) τίναγμα nt
• (advantage) προβάδισμα nt ▶ vt (begin) αρχίζω
• (cause: fire) βάζω • (found: business etc) ανοίγω
• (engine) βάζω μπροστά ▶ vi (begin) αρχίζω
• (with fright) πετάγομαι • (engine etc) παίρνω
μπροστά • **to ~ doing** or **to do sth** αρχίζω να
κάνω κτ • **for a ~** κατ' αρχήν
▶ **start off** vi (begin) ξεκινάω
▶ **start out** vi = **start off**
▶ **start over** (US) vi ξαναρχίζω
▶ **start up** vt (business etc) ανοίγω • (engine, car)
βάζω μπροστά

starter [ˈstɑːtər] n (BRIT Culin) ορεκτικό nt

starting point [ˈstɑːtɪŋpɔɪnt] n αφετηρία f

startling [ˈstɑːtlɪŋ] adj ανησυχητικός

starvation [stɑːˈveɪʃən] n ασιτία f

starve [stɑːv] vi (be very hungry) πεθαίνω της
πείνας • (to death) λιμοκτονώ ▶ vt (person,
animal) αφήνω νηστικό • **I'm starving** πεθαίνω
της πείνας

state [steɪt] n (condition) κατάσταση f
• (government) κράτος nt ▶ vt δηλώνω • ~ **of
mind** ψυχολογική κατάσταση

statement [ˈsteɪtmənt] n (declaration) δήλωση
f • (Fin) κατάσταση f κίνησης λογαριασμού

state school n δημόσιο σχολείο nt

statesman [ˈsteɪtsmən] (irreg) n πολιτικός m

station [ˈsteɪʃən] n (Rail) σταθμός m • (also:
bus ~) σταθμός m λεωφορείων • (also: **police ~**)
αστυνομικό τμήμα nt • (Radio) σταθμός m ▶ vt
τοποθετώ

stationary [ˈsteɪʃnərɪ] adj ακίνητος

stationery [ˈsteɪʃnərɪ] n γραφική ύλη f

statistic [stəˈtɪstɪk] n στατιστική f

statistics [stəˈtɪstɪks] n στατιστική f

statue [ˈstætjuː] n άγαλμα nt

stature [ˈstætʃər] n ανάστημα nt • (fig)
φήμη f

status [ˈsteɪtəs] n (position) θέση f • (official
classification) κατάσταση f • (importance)
κοινωνική θέση f • **the ~ quo** το status quo

statutory [ˈstætjutrɪ] adj (powers, rights etc)
νομοθετημένος • (meeting, holidays)
προβλεπόμενος

staunch [stɔːntʃ] adj αφοσιωμένος ▶ vt (flow)
ανακόπτω • (blood) σταματάω

stay [steɪ] n παραμονή f ▶ vi (remain) παραμένω
• (in place, at home etc) μένω • **to ~ put** δεν
κουνιέμαι
▶ **stay behind** vi μένω πίσω
▶ **stay in** vi μένω μέσα
▶ **stay on** vi παραμένω
▶ **stay up** vi μένω ξύπνιος

steadily [ˈstɛdɪlɪ] adv (regularly) κανονικά
• (constantly) σταθερά • (fixedly) επίμονα

steady [ˈstɛdɪ] adj σταθερός ▶ vt σταθεροποιώ
• **to ~ one's nerves** ηρεμώ

steak [steɪk] n (beef, pork) μπριζόλα f • (fish etc)
φιλέτο nt

steal [sti:l] (pt **stole**, pp **stolen**) vt κλέβω ▶ vi
κλέβω • (move secretly): **to ~ out** βγαίνω κλεφτά
steam [sti:m] n ατμός m ▶ vt (Culin) μαγειρεύω
στον ατμό ▶ vi αχνίζω
  ▶ **steam up** vi (window) θολώνω
steamy ['sti:mɪ] adj (room, window) (δωμάτιο)
γεμάτος ατμούς, (παράθυρο) θολός • (book, film)
καυτός
steel [sti:l] n χάλυβας m ▶ adj χαλύβδινος
steep [sti:p] adj απότομος • (price, fees)
ανεβασμένος ▶ vt (soak) βουτάω • **to be
steeped in history** (fig: place) έχω μεγάλη
ιστορία
steeple ['sti:pl] n καμπαναριό nt
steer [stɪə'] vt (vehicle) οδηγώ • (boat) κυβερνάω
  • (person) οδηγώ ▶ vi μανουβράρω • **to ~ clear
of sb/sth** (fig) αποφεύγω κν/κτ
steering ['stɪərɪŋ] (Aut) n οδήγηση nt
steering wheel n τιμόνι nt
stem [stɛm] n (Bot: of plant) μίσχος m • (of leaf)
κοτάνι nt • (of glass) πόδι nt ▶ vt σταματάω
  ▶ **stem from** vt fus προέρχομαι από
step [stɛp] n βήμα nt • (of stairs) σκαλοπάτι nt
  ▶ vi: **to ~ forward/back** κάνω ένα βήμα
εμπρός/πίσω • **steps** npl (Brit) = **stepladder**
  ▶ **step down** vi (fig) αποσύρομαι
  ▶ **step in** vi (fig) παρεμβαίνω
  ▶ **step on** vt fus πατάω πάνω (σε)
stepbrother ['stɛpbrʌðə'] n ετεροθαλής
αδελφός m
stepchild ['stɛptʃaɪld] (irreg) n θετό παιδί nt
stepdaughter ['stɛpdɔ:tə'] n προγονή f
stepfather ['stɛpfɑ:ðə'] n πατριός m
stepladder ['stɛplædə'] (Brit) n πτυσσόμενη
σκάλα f
stepmother ['stɛpmʌðə'] n μητριά f
stepsister ['stɛpsɪstə'] n ετεροθαλής αδελφή f
stepson ['stɛpsʌn] n προγονός m
stereo ['stɛrɪəu] n στερεοφωνικό nt ▶ adj
στερεοφωνικός
stereotype ['stɪərɪətaɪp] n στερεότυπο nt ▶ vt
διαμορφώνω στερεότυπα για • **stereotyped**
στερεοτυπικός
sterile ['stɛraɪl] adj (free from germs)
αποστειρωμένος • (barren) στείρος • (fig) στείρος
sterling ['stɜ:lɪŋ] adj από καθαρό ασήμι • (fig:
efforts, character) εξαιρετικός ▶ n (Econ) στερλίνα
f • **one pound ~** μία λίρα στερλίνα
stern [stɜ:n] adj αυστηρός ▶ n πρύμνη f
steroid ['stɪərɔɪd] n στεροειδές nt
stew [stju:] n ραγού nt inv ▶ vt (meat, vegetables)
μαγειρεύω σε σιγανή φωτιά • (fruit) κάνω
κομπόστα ▶ vi σιγοβράζω
steward ['stju:əd] n (on ship, train) καμαρότος m
  • (on plane) αεροσυνοδός m • (in club etc)
οικονόμος mf
stewardess ['stjuədɛs] n αεροσυνοδός f
stick [stɪk] n (of wood) κλαρί nt
  • (of dynamite) ράβδος f • (of chalk etc) κομμάτι nt
  • (also: **walking ~**) μπαστούνι nt ▶ vt (with glue
etc) κολλάω • (inf: put) χώνω ▶ vi κολλάω • (in
mind) κολλάω
  ▶ **stick around** (inf) vi μένω εδώ
  ▶ **stick out** vi (ears etc) προεξέχω

  ▶ **stick to** vt fus (one's word, promise) μένω
πιστός σε • (the truth, facts) περιορίζομαι σε
  ▶ **stick up** vi (hair etc) πετάω
  ▶ **stick up for** vt fus υποστηρίζω
sticker ['stɪkə'] n αυτοκόλλητο nt
sticky ['stɪkɪ] adj (messy) που κολλάει • (adhesive)
αυτοκόλλητος
stiff [stɪf] adj (brush) σκληρός • (paste, egg white)
σφιχτός • (person) πιασμένος • (door, zip etc)
σφιχτός • (manner, smile) ψυχρός • (competition)
σκληρός • (drink, breeze) δυνατός ▶ adv (bored,
worried, scared) φοβερά
stifling ['staɪflɪŋ] adj (heat) αποπνικτικός
stigma ['stɪgmə] n στίγμα nt
still [stɪl] adj (motionless) ακίνητος • (tranquil)
γαλήνιος • (Brit: drink) χωρίς ανθρακικό ▶ adv
ακόμη • (nonetheless) ωστόσο ▶ n (Cine) καρέ
nt inv
stimulate ['stɪmjuleɪt] vt διεγείρω • (demand)
προκαλώ • (person) εμπνέω
stimulus ['stɪmjuləs] (pl **stimuli**) n (also Bio,
Psych) ερέθισμα nt
sting [stɪŋ] (pt, pp **stung**) n τσίμπημα nt
  • (organ: of wasp etc) κεντρί nt ▶ vt τσιμπάω
  • (fig) πληγώνω ▶ vi (insect, plant etc) (έντομο)
τσιμπάω, (φυτό) τρυπάω • (eyes, ointment etc)
τσούζω
stink [stɪŋk] (pt **stank**, pp **stunk**) n βρώμα f ▶ vi
βρωμάω
stir [stɜ:'] n (fig) αναταραχή f ▶ vt ανακατεύω
  • (fig) προκαλώ συγκίνηση σε ▶ vi (move slightly)
σαλεύω
  ▶ **stir up** vt (trouble) προκαλώ
stitch [stɪtʃ] n (Sewing) βελονιά f • (Knitting)
πόντος m • (Med) ράμμα nt ▶ vt ράβω
stock [stɔk] n (supply) απόθεμα nt • (Comm)
εμπόρευμα nt • (Agr) ζώα npl pl • (Culin) ζωμός m
  • (origin) καταγωγή f • (reply, excuse etc)
χιλιοειπωμένος ▶ vt έχω σε στοκ • **stocks and
shares** αξίες του Χρηματιστηρίου • **in/out of ~**
που διατίθεται/έχει εξαντληθεί (προσωρινά) • **to
take ~ of** (fig) εκτιμώ
  ▶ **stock up** vi: **to ~ up (with)** εφοδιάζομαι (με)
stockbroker ['stɔkbrəukə'] n χρηματιστής/τρια
m/f
stock exchange n Χρηματιστήριο nt (αξιών)
stockholder ['stɔkhəuldə'] (esp US) n μέτοχος mf
stocking ['stɔkɪŋ] n κάλτσες fpl (ψηλές)
stock market (Brit) n χρηματιστήριο nt αξιών
stole [stəul] pt of **steal**
stolen ['stəuln] pp of **steal**
stomach ['stʌmək] n (Anat) στομάχι nt • (belly)
κοιλιά f ▶ vt (fig) χωνεύω
stone [stəun] n (rock) πέτρα f • (gem) πετράδι nt
  • (pebble) βότσαλο nt • (Brit: in fruit) κουκούτσι
nt • (Brit: weight) = 6,35 κιλά ▶ adj πέτρινος
  ▶ vt (person) λιθοβολώ
stood [stud] pt, pp of **stand**
stool [stu:l] n σκαμνί nt
stoop [stu:p] vi (also: **~ down**) σκύβω • (walk
with a stoop) περπατάω σκυφτά • **to ~ to sth/
doing sth** (fig) ξεπέφτω σε κτ/στο να κάνω κτ
stop [stɔp] n στάση f ▶ vt (cause to stop)
σταματάω • (block: pay, cheque) ακυρώνω

• (*prevent*) αποτρέπω ▶ vi σταματάω • **to ~ doing sth** σταματάω να κάνω κτ
▶ **stop by** vi περνάω
▶ **stop off** vi σταματάω για λίγο

stopover ['stɔpəʊvə'] n στάση f • (*Aviat*) ενδιάμεση στάση f

stoppage ['stɔpɪdʒ] n (*strike*) στάση f εργασίας • (*blockage*) διακοπή f

storage ['stɔːrɪdʒ] n (*also Comput*) αποθήκευση f

store [stɔː'] n (*stock*) απόθεμα nt • (*depot*) αποθήκη f • (Brit: *large shop*) πολυκατάστημα nt • (US: *shop*) κατάστημα nt • (*reserve*) απόθεμα nt ▶ vt αποθηκεύω • **in ~** αποθηκευμένος ■ **stores** npl (*provisions*) εφόδια nt pl
▶ **store up** vt συγκεντρώνω απόθεμα +gen

storey ['stɔːrɪ], **story** (US) n όροφος m

storm [stɔːm] n καταιγίδα f • (*fig*) θύελλα f
▶ vi (*fig: speak angrily*) φωνάζω (θυμωμένα)
▶ vt (*place*) κάνω έφοδο σε

stormy ['stɔːmɪ] adj (*also fig*) θυελλώδης

story ['stɔːrɪ] n ιστορία f • (*Press*) άρθρο nt • (*lie*) παραμύθι nt • (US) = **storey**

stout [staʊt] adj (*person*) γεμάτος • (*supporter, resistance*) (υποστηρικτής) θερμός, (αντίσταση) σθεναρός

stove [stəʊv] n κουζίνα f (η συσκευή) • (*for heating*) σόμπα f

straight [streɪt] adj (*answer*) ειλικρινής • (*choice, fight*) ξεκάθαρος ▶ adv (*in time*) κατ' ευθείαν • (*in direction*) ίσια • **to put** or **get sth ~** (*make clear*) βάζω τα πράγματα στη θέση τους • **to go ~ home** πηγαίνω κατ'ευθείαν στο σπίτι • **~ away, ~ off** αμέσως

straighten ['streɪtn] vt ισιώνω
▶ **straighten out** vt (*fig*) τακτοποιώ

straightforward [streɪt'fɔːwəd] adj απλός • (*honest*) ευθύς

strain [streɪn] n (*pressure*) πίεση f • (*Tech*) τάση f • (Med: *also: ~ **back~***) τράβηγμα nt • (*tension*) υπερένταση f • (*breed*) στέλεχος m ▶ vt (*ankle*) στραμπουλάω • (*resources*) εξαντλώ • (*Culin*) στραγγίζω ▶ vi: **to ~ to do sth** καταβάλλω μεγάλη προσπάθεια να κάνω κτ

strained [streɪnd] adj (*back, muscle*) που έχει πάθει τράβηγμα • (*laugh etc*) βεβιασμένος • (*relations*) τεταμένος

strait [streɪt] n στενό nt • **to be in dire straits** (*fig*) είμαι στριμωγμένος

strand [strænd] n (*of thread, wire, wool*) κλώνος m • (*of hair*) μπούκλα f • (*fig*) ρεύμα nt

stranded ['strændɪd] adj (*traveller etc*) που έχει ξεμείνει

strange [streɪndʒ] adj (*unfamiliar*) άγνωστος • (*odd*) παράξενος

strangely ['streɪndʒlɪ] adv παράξενα • *see also* **enough**

stranger ['streɪndʒə'] n (*unknown person*) άγνωστος/η m/f • (*from another area*) ξένος/η m/f

strangle ['stræŋgl] vt στραγγαλίζω

strap [stræp] n λουρί nt • (*of dress etc*) τιράντα f ▶ vt: **to ~ in** or **on** δένω με ιμάντα

strategic [strə'tiːdʒɪk] adj στρατηγικός

strategy ['strætɪdʒɪ] n (*plan*) στρατηγική f • (*Mil*) στρατηγική f

straw [strɔː] n (*no pl*) άχυρο nt • (*drinking straw*) καλαμάκι nt

strawberry ['strɔːbərɪ] n φράουλα f

stray [streɪ] adj (*animal*) αδέσποτος • (*scattered*) σκόρπιος ▶ vi (*children, animals*) περιπλανιέμαι • (*thoughts*) πλανιέμαι

streak [striːk] n λουρίδα f • (*fig*) τάση f ▶ vi: **to ~ past** περνάω σαν αστραπή

stream [striːm] n (*small river*) ρυάκι nt • (*of people, vehicles*) ρεύμα nt • (*of questions, insults etc*) χείμαρρος m • (*Scol*) κατεύθυνση f ▶ vt (*Scol*) κατατάσσω σε κατευθύνσεις • (*Comput*) στριμάρω ▶ vi (*water, blood etc*) τρέχω • **to ~ in/out** συρρέω/ξεχύνομαι

street [striːt] n δρόμος m

streetcar ['striːtkɑː'] n (US) n τραμ nt inv

strength [streŋθ] n (*physical*) δύναμη f • (*of girder, knot etc*) αντοχή f • (*fig*) δύναμη f • (*of chemical solution*) ισχύς f • **on the ~ of** επηρεασμένος από

strengthen [streŋθn] vt ενισχύω

strenuous ['strenjʊəs] adj (*exercise, walk*) έντονος • (*efforts*) επίπονος

stress [stres] n (*force*) πίεση f • (*mental strain*) άγχος nt • (*Ling*) τόνος m • (*emphasis*) έμφαση f ▶ vt τονίζω

stressful ['stresful] adj πιεστικός

stretch [stretʃ] n (*of sand, water etc*) έκταση f • (*of time*) περίοδος f ▶ vi (*person, animal*) τεντώνομαι • (*land, area*) εκτείνομαι ▶ vt (*pull*) τεντώνω • (*fig: job, task*) ζορίζω
▶ **stretch out** vi ξαπλώνω ▶ vt απλώνω

stretcher ['stretʃə'] n φορείο nt

strict [strɪkt] adj (*person, rule*) αυστηρός • (*meaning*) ακριβής

strictly ['strɪktlɪ] adv (*severely*) αυστηρά • (*exactly*) ακριβώς • (*solely*) αποκλειστικά και μόνο • **~ speaking** αυστηρά κυριολεκτικά

stride [straɪd] (pt **strode**, pp **stridden**) n δρασκελιά f ▶ vi περπατάω (με μεγάλα βήματα)

strike [straɪk] (pt, pp **struck**) n (*of workers*) απεργία f • (Mil: *attack*) επιδρομή f ▶ vt (*hit*) χτυπάω • (*fig: idea, thought*) έρχομαι στο νου σε • (*oil etc*) βρίσκω • (*bargain, deal*) κλείνω ▶ vi (*go on strike*) απεργώ • **on ~** σε απεργία
▶ **strike off** vt διαγράφω
▶ **strike up** vt (*conversation, friendship*) πιάνω

striker ['straɪkə'] n απεργός mf • (*Sport*) επιθετικός m

striking ['straɪkɪŋ] adj εντυπωσιακός

string [strɪŋ] (pt, pp **strung**) n (*thin rope*) σπάγκος m • (*of beads*) σειρά f • (*of disasters, excuses*) σειρά f • (*Mus*) χορδή f ▶ vt: **to ~ together** βάζω στη σειρά • **to ~ out** απλώνω ■ **the strings** npl (*Mus*) τα έγχορδα nt pl

strip [strɪp] n λωρίδα f • (*Sport*) στολή f ▶ vt (*undress*) γδύνω • (*paint*) βγάζω • (*also: ~ **down***) λύνω ▶ vi γδύνομαι

stripe [straɪp] n ρίγα f

striped [straɪpt] adj ριγέ inv

stripper ['strɪpə'] n στριπτιζέζ f inv

strive [straɪv] (pt **strove**, pp **striven**) vi: to
~ **for** sth/to **do** sth παoχίζω για κτ/να κάνω κτ
strode [strəud] pt of **stride**
stroke [strəuk] n (Med) εγκεφαλικό nt • (of clock)
χτύπος m • (of paintbrush) πινελιά f ▸ vt (caress)
χαϊδεύω • **at a** ~ μια κι έξω • **a** ~ **of luck** μια
ξαφνική εύνοια της τύχης
stroll [strəul] n περίπατος m ▸ vi πάω μια βόλτα
stroller ['strəulə'] (US) n καροτσάκι nt
strong [strɒŋ] adj δυνατός • (object, material)
γερός • (language) κακός • (taste, smell) έντονος
▸ adv: they are 50 = είναι 50
stronghold ['strɒŋhəuld] n (also fig) οχυρό nt
strongly ['strɒŋlɪ] adv (defend, argue) με σθένος
• (feel) έντονα • (believe) ακράδαντα
strove [strəuv] pt of **strive**
struck [strʌk] pt, pp of **strike**
structure ['strʌktʃə'] n δομή f • (building)
κατασκευή f
struggle ['strʌgl] n (fight) πάλη f • (Pol etc)
αγώνας m • (difficulty) αγώνας f ▸ vi (try hard)
αγωνίζομαι • (fight) παλεύω
strung [strʌŋ] pt, pp of **string**
stubble ['stʌbl] n (Agr) καλαμιά f • (on chin) γένια
nt pl (λίγων ημερών)
stubborn ['stʌbən] adj (child) πεισματάρικος
• (determination) ατσάλινος • (stain, illness etc)
επίμονος
stuck [stʌk] pt, pp of **stick** ▸ adj (jammed) που
έχει κολλήσει or φρακάρει • (unable to answer):
to be ~ κολλάω
stud [stʌd] n (on clothing etc) καρφάκι nt
• (earring) σκουλαρίκια που δεν είναι κρεμαστά
• (on boot) καρφί nt • (also: ~ **farm**) ιπποτροφείο
nt ▸ vt (fig): **studded with** σπουδαγμένος με
student ['stju:dənt] n (at university) φοιτητής/
τρια m/f • (at school) μαθητής/τρια m/f
students' union [stju:dənts'ju:njən] (BRIT) n
(association) ένωση f φοιτητών • (building)
φοιτητική λέσχη f
studio ['stju:dɪəu] n στούντιο nt inv
• (sculptor's etc) εργαστήρι nt
study ['stʌdɪ] n (activity) μελέτη f • (room)
γραφείο nt ▸ vt (subject) σπουδάζω • (face,
evidence) εξετάζω (προσεκτικά) ▸ vi μελετάω
■ **studies** npl σπουδές fpl
stuff [stʌf] n (things) πράγματα nt pl
• (substance) πράγμα nt ▸ vt (soft toy)
παραγεμίζω • (Culin) γεμίζω • (inf: push) χώνω
stuffing ['stʌfɪŋ] n υλικό nt για παραγέμισμα
• (Culin) γέμιση f
stuffy ['stʌfɪ] adj (room) αποπνικτικός • (person,
ideas) σκουριασμένος
stumble ['stʌmbl] vi σκοντάφτω • to ~ **across** or
on (fig) πέφτω τυχαία πάνω σε
stump [stʌmp] n (of tree) κούτσουρο nt • (of
limb) κολόβωμα nt ▸ vt: **to be stumped**
βρίσκομαι σε αμηχανία
stun [stʌn] vt (news) αφήνω εμβρόντητο • (blow
on head) ζαλίζω
stung [stʌŋ] pt, pp of **sting**
stunning ['stʌnɪŋ] adj εντυπωσιακός
stunt [stʌnt] n (in film) επικίνδυνη σκηνή f
• (publicity stunt) διαφημιστικό κόλπο nt

stupid ['stju:pɪd] adj (person) χαζός • (question,
idea) ανόητος
stupidity [stju:'pɪdɪtɪ] n ανοησία f
sturdy ['stə:dɪ] adj (person) γεροδεμένος
• (thing) γερός
style [staɪl] n (way, attitude) πρότυπο nt
• (elegance) στυλ nt inv • (design) σχέδιο nt
stylish ['staɪlɪʃ] adj στυλάτος
stylist ['staɪlɪst] n (hair stylist) κομμωτής/τρια m/f
sub... [sʌb] prefix υπο-
subconscious [sʌb'kɒnʃəs] adj υποσυνείδητος
subdued [səb'dju:d] adj (light) χαμηλός
• (person) υποτονικός
subject [n 'sʌbdʒɪkt, vb səb'dʒekt] n (matter)
θέμα nt • (Scol) μάθημα nt • (Grammar)
υποκείμενο nt ▸ vt: **to** ~ **sb to** sth υποβάλλω κv
σε κτ • **to be** ~ **to** (law, tax) υπόκειμαι σε
subjective [səb'dʒektɪv] adj υποκειμενικός
subject matter n θέμα nt
submarine [sʌbmə'ri:n] n υποβρύχιο nt
submission [səb'mɪʃən] n (subjection) υποταγή
f • (of plan, application) υποβολή f • (proposal)
πρόταση f
submit [səb'mɪt] vt υποβάλλω ▸ vi: **to** ~ **to** sth
υποκύπτω σε κτ
subordinate [sə'bɔ:dɪnət] n υφιστάμενος/η
m/f ▸ adj (position) κατώτερος • (role)
δευτερεύων
subscribe [səb'skraɪb] vi: **to** ~ **to** (opinion)
συμφωνώ με • (magazine etc) είμαι
συνδρομητής σε
subscription [səb'skrɪpʃən] n (to magazine etc)
συνδρομή f • (membership dues) εισφορά f
subsequent ['sʌbsɪkwənt] adj (events) που
ακολουθεί • (research, investigations) μετέπειτα
subsequently ['sʌbsɪkwəntlɪ] adv στη
συνέχεια
subside [səb'saɪd] vi (feeling, pain) υποχωρώ
• (flood) πέφτει η στάθμη • (earth) υποχωρώ
subsidiary [səb'sɪdɪərɪ] adj (question, role)
δευτερεύων ▸ n (also: ~ **company**) θυγατρική f
subsidy ['sʌbsɪdɪ] n επιδότηση f
substance ['sʌbstəns] n (also fig) ουσία f
substantial [səb'stænʃl] adj γερός • (meal)
πλούσιος
substitute ['sʌbstɪtju:t] n υποκατάστατο nt
▸ vt: **to** ~ **A for B** αντικαθιστώ το A με το B
substitution [sʌbstɪ'tju:ʃən] n: ~ **of A for B**
αντικατάσταση του A με το B
subtitle ['sʌbtaɪtl] (Cine) n υπότιτλος m
subtle ['sʌtl] adj (slight) ανεπαίσθητος
• (indirect: person) διακριτικός
suburb ['sʌbə:b] n προάστιο nt
suburban [sə'bə:bən] adj (train etc)
προαστιακός • (lifestyle etc) μικροαστικός
subway ['sʌbweɪ] n (US: railway) μετρό nt inv
• (BRIT: underpass) υπόγεια διάβαση f
succeed [sək'si:d] vi πετυχαίνω, επιτυγχάνω
▸ vt διαδέχομαι • **to** ~ **in doing** sth καταφέρνω
να κάνω κτ
success [sək'ses] n επιτυχία f
successful [sək'sesful] adj (attempt, writer,
business) πετυχημένος, επιτυχημένος
• (candidate) επιτυχών

successfully [sək'sɛsfəli] adv με επιτυχία

succession [sək'sɛʃən] n (series) σειρά f • (to throne etc) διαδοχή f

successive [sək'sɛsɪv] adj (governments) διαδοχικός • (years, attempts) συνεχόμενος

successor [sək'sɛsəʳ] n διάδοχος mf

succumb [sə'kʌm] vi: **to ~ (to)** υποκύπτω (σε)

such [sʌtʃ] adj (emphasizing similarity): **some ~ place** ένα τέτοιο μέρος • **~ a book** (of that kind) ένα τέτοιο βιβλίο • **~ courage** (so much) τέτοιο or τόσο θάρρος ▶ adv **τόσο** • **~ a long trip** ένα τόσο μεγάλο ταξίδι • **~ a lot of** τόσο πολύς • **~ as** όπως +nom • **as** ~ αυτός καθαυτός

such and such adj ο τάδε

suck [sʌk] vt (ice lolly, sweet etc) γλείφω ▶ vi (baby) θηλάζω

Sudan [su'dɑːn] n Σουδάν nt inv

sudden ['sʌdn] adj ξαφνικός • **all of a ~** ξαφνικά

suddenly ['sʌdnlɪ] adv ξαφνικά

sue [suː] vt καίνω μήνυση or αγωγή σε ▶ vi κάνω μήνυση or αγωγή

suede [sweɪd] n καστόρι nt ▶ cpd καστόρινος

suffer ['sʌfəʳ] vt (hardship etc) υφίσταμαι • (pain) υποφέρω από ▶ vi (person) υποφέρω • (results etc) παθαίνω ζημιά • **to ~ from** υποφέρω από

suffering ['sʌfərɪŋ] n πόνος m

suffice [sə'faɪs] vi: **this suffices** αρκεί

sufficient [sə'fɪʃənt] adj αρκετός

sugar ['ʃugəʳ] n ζάχαρη f

suggest [sə'dʒɛst] vt (propose) προτείνω • (indicate) δείχνω

suggestion [sə'dʒɛstʃən] n (proposal) πρόταση f • (indication) ένδειξη f

suicide ['suɪsaɪd] n (also fig) αυτοκτονία f • see also **commit**

suit [suːt] n (man's) κοστούμι nt • (woman's) ταγιέρ nt inv • (Jur) μήνυση f • (Cards) χρώμα nt ▶ vt (be convenient, appropriate) βολεύω • (colour, clothes) πηγαίνω, πάω • **to ~ sth to** προσαρμόζω κτ σε • **to be well suited** (couple) είμαι ταιριαστός

suitable ['suːtəbl] adj (time, moment) βολικός • (person, clothes etc) κατάλληλος

suitcase ['suːtkeɪs] n βαλίτσα f

suite [swiːt] n (also Mus) σουίτα f • **bedroom/ dining room ~** έπιπλα κρεβατοκάμαρας/ τραπεζαρίας • see also **three-piece suite**

sulphur ['sʌlfəʳ], **sulfur** (US) n θείο nt

sultana [sʌl'tɑːnə] n ξανθή σταφίδα f

sum [sʌm] n (calculation) άθροιση f • (amount) ποσό nt
▶ **sum up** vt (describe) συνοψίζω • (evaluate rapidly) αξιολογώ ▶ vi (summarize) δίνω μια περίληψη

summarize ['sʌmraɪz] vt συνοψίζω

summary ['sʌmərɪ] n περίληψη f

summer ['sʌməʳ] n καλοκαίρι nt

summertime ['sʌmətaɪm] n καλοκαίρι nt

summit ['sʌmɪt] n κορυφή f, κορυφή • (also: ~ conference/meeting) συνάντηση f κορυφής

summon ['sʌmən] vt καλώ • (help) ζητάω
▶ **summon up** vt επιστρατεύω

sun [sʌn] n ήλιος m • **in the ~** στον ήλιο • **to catch the ~** με αρπάζει ο ήλιος

sunbathe ['sʌnbeɪð] vi κάνω ηλιοθεραπεία

sunburn ['sʌnbəːn] n κάψιμο nt απ' τον ήλιο

sunburnt ['sʌnbəːnt] adj (tanned) ηλιοκαμένος • (painfully) που έχει καεί απ' τον ήλιο

Sunday ['sʌndɪ] n Κυριακή f • see also **Tuesday**

sunflower ['sʌnflauəʳ] n ηλιοτρόπιο nt

sung [sʌŋ] pp of **sing**

sunglasses ['sʌnglɑːsɪz] npl γυαλιά nt pl ηλίου

sunk [sʌŋk] pp of **sink**

sunlight ['sʌnlaɪt] n φως nt του ήλιου

sunny ['sʌnɪ] adj (day, place) ηλιόλουστος • **it is ~** έχει ήλιο or λιακάδα

sunrise ['sʌnraɪz] n ανατολή f

sunset ['sʌnsɛt] n δύση f

sunshine ['sʌnʃaɪn] n λιακάδα f

super ['suːpəʳ] (inf) adj φανταστικός

superb [suː'pəːb] adj εξαιρετικός

superficial [suːpə'fɪʃl] adj (wound) επιπόλαιος • (knowledge) επιφανειακός • (person) ρηχός

superintendent [suːpərɪn'tɛndənt] n (of place, activity) επόπτης/τρια m/f • (Police) αστυνομικός διευθυντής m

superior [suˈpɪərɪəʳ] adj (better, more senior) ανώτερος • (smug) υπεροπτικός ▶ n ανώτερος/η m/f

superlative [suˈpəːlətɪv] n (Ling) υπερθετικός m ▶ adj απαράμιλλος

supermarket ['suːpəmɑːkɪt] n σουπερμάρκετ nt inv

supernatural [suːpə'nætʃərəl] adj υπερφυσικός ▶ n: **the ~** το υπερφυσικό

superpower ['suːpəpauəʳ] n υπερδύναμη f

superstition [suːpə'stɪʃən] n δεισιδαιμονία f

superstitious [suːpə'stɪʃəs] adj προληπτικός

supervise ['suːpəvaɪz] vt (person) επιβλέπω • (activity) εποπτεύω

supervision [suːpə'vɪʒən] n επίβλεψη f

supervisor [suːpə'vaɪzəʳ] n (of workers) επιστάτης/τρια m/f

supper ['sʌpəʳ] n βραδινό (φαγητό) nt

supple ['sʌpl] adj λυγερός

supplement [n 'sʌplɪmənt, vb sʌplɪ'mɛnt] n (of vitamins etc) συμπλήρωμα nt • (of newspaper, magazine) παράρτημα nt ▶ vt συμπληρώνω

supplier [sə'plaɪəʳ] n προμηθευτής/τρια m/f

supply [sə'plaɪ] vt (provide) προμηθεύω • (Comm: deliver) παραδίδω ▶ n (stock) απόθεμα nt • (supplying) παράδοση f • **to be in short ~** σπανίζω ■ **supplies** npl (food) προμήθειες fpl • (Mil) ανεφοδιασμός m

support [sə'pɔːt] n υποστήριξη f • (Tech) υποστήριγμα nt ▶ vt (policy, football team etc) υποστηρίζω • (family etc) συντηρώ • (Tech: hold up) στηρίζω • (sustain: theory etc) στηρίζω

supporter [sə'pɔːtəʳ] n (Pol) υποστηρικτής/τρια m/f • (Sport) οπαδός mf

suppose [sə'pəuz] vt (think likely) υποθέτω • (imagine) φαντάζομαι • **to be supposed to do sth** κανονικά πρέπει να κάνω κτ

supposedly [sə'pəuzɪdlɪ] adv που υποτίθεται ότι

supposing [sə'pəuzɪŋ] conj αν υποθέσουμε ότι

suppress [sə'prɛs] vt (revolt) καταστέλλω • (information) αποσιωπώ • (feelings) καταπνίγω

supreme [su'pri:m] adj (in titles) ανώτατος • (effort, achievement) υπέρτατος

surcharge ['sɜ:tʃɑːdʒ] n πρόσθετο τέλος nt

sure [ʃuəʳ] adj σίγουρος • **to make ~ of sth/that** βεβαιώνομαι για κτ/ότι • **~!** φυσικά

surely ['ʃuəlɪ] adv (certainly) σίγουρα

surf [sɜ:f] n κύμα nt ▶ vt (Comput) σερφάρω

surface ['sɜ:fɪs] n επιφάνεια f ▶ vt (road) στρώνω ▶ vi (fish, diver) βγαίνω στην επιφάνεια • (feeling) έρχομαι στην επιφάνεια

surfboard ['sɜ:fbɔ:d] n σανίδα f του σερφ

surfing ['sɜ:fɪŋ] n (Sport) σέρφινγκ nt inv

surge [sɜ:dʒ] n (increase) κύμα nt • (fig: of emotion) κύμα nt • (Elec) υπέρταση f ▶ vi (water) φουσκώνω • (people, vehicles) ξεχύνομαι

surgeon ['sɜ:dʒən] n χειρουργός mf, χειρούργος

surgery ['sɜ:dʒərɪ] n (treatment) εγχείρηση f • (Brit: room) ιατρείο nt

surname ['sɜ:neɪm] n επώνυμο nt

surpass [sɜ:'pɑ:s] vt ξεπερνώ

surplus ['sɜ:pləs] n πλεόνασμα nt ▶ adj περισσευούμενος

surprise [sə'praɪz] n έκπληξη f ▶ vt (astonish) εκπλήσσω • (catch unawares) αιφνιδιάζω

surprising [sə'praɪzɪŋ] adj που προκαλεί έκπληξη

surprisingly [sə'praɪzɪŋlɪ] adv (easy, helpful) εκπληκτικά • **(somewhat) ~, he agreed** προς έκπληξη όλων, συμφώνησε

surrender [sə'rɛndəʳ] n παράδοση f ▶ vi παραδίδομαι ▶ vt παραχωρώ

surround [sə'raund] vt (walls, hedge etc) περιστοιχίζω • (Mil, Police) περικυκλώνω

surrounding [sə'raundɪŋ] adj τριγύρω inv

surroundings [sə'raundɪŋz] npl περιβάλλον nt

surveillance [sɜ:'veɪləns] n επιτήρηση f

survey [n 'sɜ:veɪ, vb sə:'veɪ] n (of land) τοπογράφηση f • (of house) αξιολόγηση f • (of habits etc) έρευνα f ▶ vt (land) κάνω τοπογράφηση +gen • (house) κάνω μια εκτίμηση για • (scene) παρατηρώ

surveyor [sə'veɪəʳ] n (of land) τοπογράφος mf • (of house) εκτιμητής/τρια m/f

survival [sə'vaɪvl] n επιβίωση f

survive [sə'vaɪv] vi (person, animal) επιζώ • (custom etc) επιβιώνω ▶ vt (person) ζω παραπάνω από

survivor [sə'vaɪvəʳ] n επιζών/ώσα m/f

suspect [adj, n 'sʌspɛkt, vb sə'spɛkt] adj ύποπτος ▶ n ύποπτος/η m/f ▶ vt υποπτεύομαι

suspend [səs'pɛnd] vt (hang) κρεμάω • (delay, stop) αναστέλλω • (from employment) θέτω σε διαθεσιμότητα

suspense [səs'pɛns] n (uncertainty) αβεβαιότητα f • (in film etc) αγωνία f

suspension [səs'pɛnʃən] n (from job) διαθεσιμότητα f • (from team) αποκλεισμός m • (Aut) ανάρτηση f • (of driving licence, payment) αναστολή f

suspicion [səs'pɪʃən] n υποψία f

suspicious [səs'pɪʃəs] adj (look, circumstances) ύποπτος • **to be ~ of** or **about sb/sth** βλέπω κν/ κτ με καχυποψία

sustain [səs'teɪn] vt (interest etc) διατηρώ • (injury) υφίσταμαι

SUV abbr (= sport utility vehicle) SUV nt inv

swallow ['swɔləu] n (bird) χελιδόνι nt • (of food etc) μπουκιά f • (of drink) γουλιά f ▶ vt καταπίνω • (fig: story) χάβω

swam [swæm] pt of **swim**

swamp [swɔmp] n έλος nt ▶ vt γεμίζω νερά • (fig) κατακλύζομαι

swan [swɔn] n κύκνος m

swap [swɔp] n ανταλλαγή f ▶ vt: **to ~ (for)** (exchange) ανταλλάσσω (με) • (replace) αντικαθιστώ (με)

swarm [swɔ:m] n σμήνος nt ▶ vi (bees) πετάω σε σμήνος • (people) συρρέω • **to be swarming with** κατακλύζομαι από

sway [sweɪ] vi (person) τρεκλίζω • (tree etc) κουνιέμαι ▶ vt (influence) επηρεάζω

swear [sweəʳ] (pt **swore**, pp **sworn**) vi (curse) βρίζω ▶ vt (promise) ορκίζομαι

swear word ['sweəwə:d] n βρισιά f

sweat [swɛt] n ιδρώτας m ▶ vi ιδρώνω

sweater ['swɛtəʳ] n πουλόβερ nt inv

sweatshirt ['swɛtʃə:t] n φούτερ nt inv

sweaty ['swɛtɪ] adj ιδρωμένος

Swede [swi:d] n Σουηδός/έζα m/f

swede [swi:d] n (Brit) ρουταμπάγκα f (είδος γουλιού)

Sweden ['swi:dn] n Σουηδία f

Swedish ['swi:dɪʃ] adj σουηδικός ▶ n (Ling) σουηδικά nt pl

sweep [swi:p] (pt, pp **swept**) n (act) σκούπισμα nt • (curve) καμπύλη f ▶ vt (with brush) σκουπίζω • (with hand) ρίχνω • (current) παρασύρω ▶ vi (wind) σαρώνω

▶ **sweep up** vi σκουπίζω

sweet [swi:t] n (candy) γλυκό nt • (Brit: pudding) επιδόρπιο nt ▶ adj γλυκός • (kind) τρυφερός ▶ adv: **to smell ~** έχω γλυκιά μυρωδιά

sweetcorn n καλαμπόκι nt

sweetheart ['swi:thɑ:t] n αγάπη f μου

swell [swɛl] (pt **swelled**, pp **swollen** or **swelled**) n (of sea) φουσκοθαλασσιά f ▶ adj (US inf: excellent) φανταστικός ▶ vi (numbers) αυξάνομαι • (sound, feeling) δυναμώνω • (also: **~ up**) πρήζομαι

swelling ['swɛlɪŋ] n (Med) n πρήξιμο nt

swept [swɛpt] pt, pp of **sweep**

swift [swɪft] n (bird) πετροχελίδονο nt ▶ adj (recovery, response) γρήγορος • (glance) πεταχτός

swim [swɪm] (pt **swam**, pp **swum**) vi (person, animal) κολυμπάω • (head) γυρίζω ▶ vt (the Channel) διασχίζω κολυμπώντας • (a length) κολυμπάω ▶ n: **to go for a ~** πάω για μια βουτιά

swimmer ['swɪməʳ] n κολυμβητής/τρια m/f

swimming ['swɪmɪŋ] n κολύμπι nt • (sport) κολύμβηση f

swimming pool n πισίνα f

swimming trunks ['swɪmɪŋtrʌŋks] npl (ανδρικό) μαγιό nt inv

swimsuit ['swɪmsu:t] n μαγιό nt inv

swing [swɪŋ] (pt, pp **swung**) n (in playground) κούνια f • (movement) κούνημα nt • (change: in opinions etc) μεταστροφή f ▶ vt (arms, legs)

κουνάω • (also: **~ round**) στρίβω απότομα ▶ vi
(also: **~ round**) στριφογυρίζω

swirl [swə:l] vi στροβιλίζομαι ▶ n στρόβιλος m

Swiss [swɪs] adj ελβετικός ▶ n inv Ελβετός/ίδα
m/f

switch [swɪtʃ] n (for light, radio etc) διακόπτης m
• (change) στροφή f ▶ vt (change, exchange)
αλλάζω • **to ~ (round** or **over)** αλλάζω τη θέση
+gen
  ▶ **switch off** vt κλείνω • (engine, machine)
  σβήνω
  ▶ **switch on** vt ανοίγω • (engine, machine)
  ανάβω

switchboard ['swɪtʃbɔ:d] (Tel) n τηλεφωνικό
κέντρο nt

Switzerland ['swɪtsələnd] n Ελβετία f

swivel ['swɪvl] vi (also: **~ round**) στριφογυρίζω

swollen ['swəʊlən] pp of **swell** ▶ adj (ankle etc)
πρησμένος

swoop [swu:p] n (by police etc) έφοδος f • (of bird
etc) βουτιά f ▶ vi (also: **~ down**) βουτάω

swop [swɔp] = **swap**

sword [sɔ:d] n σπαθί nt

swordfish ['sɔ:dfɪʃ] n ξιφίας m

swore [swɔ:ʳ] pt of **swear**

sworn [swɔ:n] pp of **swear** ▶ adj (statement)
ένορκος • (enemy) άσπονδος

swot [swɔt] vi προετοιμάζομαι εντατικά ▶ n (pej)
σπασίκλας/α m/f
  ▶ **swot up** vt: **to ~ up (on)** σκοτώνομαι στο
  διάβασμα

swum [swʌm] pp of **swim**

swung [swʌŋ] pt, pp of **swing**

syllable ['sɪləbl] n συλλαβή f

syllabus ['sɪləbəs] n πρόγραμμα nt σπουδών

symbol ['sɪmbl] n σύμβολο

symbolic [sɪm'bɔlɪk], **symbolical** [sɪm'bɔlɪkl]
adj συμβολικός

symmetrical [sɪ'mɛtrɪkl] adj συμμετρικός

symmetry ['sɪmɪtrɪ] n συμμετρία f

sympathetic [sɪmpə'θɛtɪk] adj (understanding)
που δείχνει κατανόηση • (likeable) συμπαθητικός
• (supportive) που είναι ευνοϊκά διακείμενος

sympathy ['sɪmpəθɪ] n συμπόνοια f
  ■ **sympathies** npl προτιμήσεις fpl

symphony ['sɪmfənɪ] n συμφωνία f

symptom ['sɪmptəm] n σύμπτωμα nt

synagogue ['sɪnəgɔg] n συναγωγή f

syndicate ['sɪndɪkɪt] n (of people, businesses)
συνδικάτο nt • (of newspapers) πρακτορείο nt
Τύπου

syndrome ['sɪndrəʊm] n σύνδρομο nt

synthetic [sɪn'θɛtɪk] adj συνθετικός

Syria ['sɪrɪə] n Συρία f

syringe [sɪ'rɪndʒ] n σύριγγα f

syrup ['sɪrəp] n (also: **golden ~**) σιρόπι nt

system ['sɪstəm] n (Anat) σύστημα nt

systematic [sɪstə'mætɪk] adj συστηματικός

T, t [ti:] n το εικοστό γράμμα του αγγλικού
αλφαβήτου

ta [ta:] (BRIT inf) excl φχαριστώ!

table ['teɪbl] n τραπέζι nt • (Math, Chem etc)
πίνακας m ▶ vt (BRIT: motion etc) καταθέτω προς
συζήτηση

tablecloth ['teɪblklɔθ] n τραπεζομάντηλο nt

tablespoon ['teɪblspu:n] n κουτάλι nt της
σούπας • (measure: also: **tablespoonful**)
κουταλιά f της σούπας

tablet ['tæblɪt] n (Med) δισκίο nt • (Comput)
τάμπλετ nt, tablet nt inv • (also Hist) πλάκα f

table tennis n πινγκ-πονγκ nt inv

tabloid ['tæblɔɪd] n λαϊκή εφημερίδα f (μικρού
μεγέθους)

taboo [tə'bu:] n ταμπού nt inv ▶ adj
απαγορευμένος

tack [tæk] n (nail) πρόκα f ▶ vt (nail) καρφώνω
(με πρόκες) • (stitch) τρυπώνω ▶ vi (Naut)
διαδρομώ • **to change ~** (fig) αλλάζω τακτική

tackle ['tækl] n (for fishing) σύνεργα nt pl • (for
lifting) βίντσι nt • (Football) τάκλιν nt inv ▶ vt
(difficulty) αντιμετωπίζω • (challenge: person) τα
βάζω με • (attack) τα βάζω με • (Football) κάνω
τάκλιν σε

tacky ['tækɪ] adj (sticky: surface) που κολλάει
• (pej) φτηνιάρικος

tact [tækt] n λεπτότητα f

tactful ['tæktful] adj διακριτικός

tactics ['tæktɪks] npl τακτική f

tag [tæg] n ετικέτα f • **price/name ~** καρτελάκι
με την τιμή/το όνομα

Tahiti [ta:'hi:tɪ] n Ταϊτή f

tail [teɪl] n (of animal, plane, coat) ουρά f • (of
shirt) κάτω άκρη f ▶ vt παίρνω από πίσω or από
κοντά ■ **tails** npl φράκο nt • see also **head**
  ▶ **tail off** vi (in size, quality etc) μειώνω σταδιακά

tailor ['teɪlə] n ράφτης m ▶ vt: **to ~ sth (to)**
προσαρμόζω κτ (σε)

Taiwan ['taɪ'wɑ:n] n Ταϊβάν f inv

Tajikistan [ta:dʒɪkɪ'sta:n] n Τατζικιστάν nt inv

take [teɪk] (pt **took**, pp **taken**) vt (photo)
τραβάω • (shower, holiday) κάνω • (notes) κρατάω
• (decision) παίρνω • (sb's arm etc) πιάνω • (steal)
παίρνω • (require: effort time) χρειάζομαι

• (tolerate: pain) αντέχω • (accompany: person) πηγαίνω • (carry, bring: object) παίρνω • (exam, test) δίνω • (drug, pill etc) παίρνω • **to ~ sth from** (drawer etc) παίρνω κτ από • **I ~ it (that)** υποθέτω (ότι) • **it won't ~ long** δε θα πάρει πολύ
▶ **take after** vt fus (in appearance) μοιάζω • (in character, behaviour) παίρνω από
▶ **take apart** vt λύνω
▶ **take away** vt παίρνω • (Math) αφαιρώ ▶ vi: **to ~ away from** μειώνω
▶ **take back** vt (goods) επιστρέφω • (one's words) παίρνω πίσω
▶ **take down** vt (letter, note etc) καταγράφω
▶ **take in** vt (deceive) εξαπατώ • (understand: information) αντιλαμβάνομαι • (include) συμπεριλαμβάνω
▶ **take off** vi (Aviat) απογειώνομαι • (go away) φεύγω (ξαφνικά) ▶ vt (clothes, glasses, make-up) βγάζω • (imitate) μιμούμαι
▶ **take on** vt (work, responsibility) αναλαμβάνω • (employee) προσλαμβάνω • (compete against) αντιμετωπίζω
▶ **take out** vt (invite) βγάζω έξω • (remove) βγάζω • (licence) βγάζω
▶ **take over** vt (business) αναλαμβάνω τον έλεγχο +gen • (country) αναλαμβάνω την εξουσία +gen ▶ vi: **to ~ over from sb** διαδέχομαι κν
▶ **take to** vt fus (person, thing) συμπαθώ • (activity) επιδίδομαι σε
▶ **take up** vt (hobby, sport) αρχίζω (να ασχολούμαι με) • (job) αναλαμβάνω • (pursue: idea, suggestion) δέχομαι • (occupy: space) πιάνω • (continue: task, story) συνεχίζω • **to ~ up one's time** απασχολώ κν • **to ~ sb up on sth** δέχομαι κτ (από κν)
takeaway ['teɪkəweɪ] (BRIT) n (shop, restaurant) κατάστημα nt που πουλάει φαγητό σε πακέτο • (food) φαγητό nt σε πακέτο
takeoff ['teɪkɔf] n (Aviat) η απογείωση f
takeout ['teɪkaut] (US) n = **takeaway**
takeover ['teɪkəuvə'] n (Comm) εξαγορά f • (of country) κατάληψη f
takings ['teɪkɪŋz] (Comm) npl εισπράξεις fpl
tale [teɪl] n ιστορία f
talent ['tælnt] n ταλέντο nt
talented ['tæləntɪd] adj ταλαντούχος
talk [tɔːk] n ομιλία f • (conversation) κουβέντα f • (gossip) φήμη f • (discussion) συζήτηση f ▶ vi μιλάω • λέω διάφορα • **to ~ about** μιλάω για • **to ~ sb into doing sth** πείθω κν να κάνει κτ • **to ~ sb out of doing sth** αποτρέπω κν από το να κάνει κτ ■ **talks** npl (Pol etc) συνομιλίες fpl
▶ **talk over** vt συζητώ
talk show (TV, Radio) n τοκ-σόου nt inv
tall [tɔːl] adj ψηλός • **to be 2 metres ~** (person) είμαι δύο μέτρα or έχω δύο μέτρα ύψος
tame [teɪm] adj (animal, bird) ήμερος • (fig: story, party, performance) ανιαρός
tampon ['tæmpɔn] n ταμπόν nt inv
tan [tæn] n (also: **suntan**) μαύρισμα nt ▶ vi μαυρίζω ▶ adj (colour) μπρούτζινος
tandem ['tændəm] n: **in ~** παράλληλα
tangerine [tændʒə'riːn] n μανταρίνι nt

tangle ['tæŋgl] n (of branches, knots, wire) μπέρδεμα nt • **to be/get in a ~** (also fig) μπλέκομαι
tank [tæŋk] n (Aut: also: **petrol ~**) ρεζερβουάρ nt inv • (also: **fish ~**) ενυδρείο nt • (Mil) τεθωρακισμένο nt
tanker ['tæŋkə'] n (ship) δεξαμενόπλοιο nt • (for oil) πετρελαιοφόρο nt
tanned [tænd] adj μαυρισμένος
tantrum ['tæntrəm] n ξέσπασμα nt (νεύρων)
Tanzania [tænzə'nɪə] n Τανζανία f
tap [tæp] n βρύση f • (gas tap) στρόφιγγα f • (gentle blow) χτυπηματάκι nt ▶ vt (hit gently) χτυπάω ελαφρά • (exploit: resources, energy) εκμεταλλεύομαι • (telephone) παγιδεύω
tape [teɪp] n (also: **magnetic ~**) (μαγνητο)ταινία f • (cassette) κασέτα f • (also: **sticky ~**) αυτοκόλλητη ταινία f • (for tying) κορδέλα f ▶ vt (record) ηχογραφώ • (conversation) μαγνητοφωνώ • (stick with tape) κολλάω
tape recorder n μαγνητόφωνο nt
tapestry ['tæpɪstrɪ] n (on wall) ταπισερί f inv • (fig) μωσαϊκό nt
tar [tɑː] n πίσσα f
target ['tɑːgɪt] n (also fig) στόχος m • **to be on ~** (project, work, sales) είμαι μέσα στους στόχους
tariff ['tærɪf] n δασμός m • (BRIT: in hotels, restaurants) τιμή f
tarmac® ['tɑːmæk] n (BRIT: on road) άσφαλτος f ▶ vt (BRIT: road, drive etc) ασφαλτοστρώνω
tart [tɑːt] n (Culin) τάρτα f • (small and open) ταρτάκι nt • (BRIT inf: prostitute) πουτάνα f (inf!) ▶ adj ξινός
tartan ['tɑːtn] n ύφασμα ταρτάν nt ▶ adj σκωτσέζικος
tartare sauce, tartar sauce [tɑːtə'sɔːs] n σάλτσα f ταρτάρ
task [tɑːsk] n εργασία f • **to take sb to ~** επιπλήττω κν
taste [teɪst] n γεύση f • (sample: of food) μπουκιά f • (: of drink) γουλιά f • (fig) γεύση f ▶ vt (get flavour of) δοκιμάζω • (test) δοκιμάζω ▶ vi: **to ~ of** or **like sth** έχω (τη) γεύση +gen • **to be in good/bad ~** (remark, joke) είμαι καλόγουστος/κακόγουστος
tasteful ['teɪstful] adj καλόγουστος
tasteless ['teɪstlɪs] adj (food) άνοστος • (remark, joke) κακόγουστος
tasty ['teɪstɪ] adj νόστιμος
tatters ['tætəz] npl: **to be in ~** (clothes) είμαι κουρελιασμένος
tattoo [tə'tuː] n (on skin) τατουάζ nt inv ▶ vt: **to ~ sth on sth** κάνω τατουάζ κτ πάνω σε κτ
taught [tɔːt] pt, pp of **teach**
Taurus ['tɔːrəs] n Ταύρος m
taut [tɔːt] adj τεντωμένος
tax [tæks] n φόρος m ▶ vt (earnings, goods etc) φορολογώ • (fig: memory, knowledge) θέτω σε δοκιμασία • (: patience, endurance) δοκιμάζω
tax-free ['tæksfriː] adj αφορολόγητος
taxi ['tæksɪ] n ταξί nt inv ▶ vi (Aviat) τροχοδρομώ
taxi rank (BRIT) n πιάτσα f ταξί
taxi stand n = **taxi rank**
taxpayer ['tækspeɪə'] n φορολογούμενος/η m/f

tea [tiː] n τσάι nt • (BRIT: evening meal) βραδινό nt

tea bag n φακελάκι nt τσάι

teach [tiːtʃ] (pt, pp **taught**) vt διδάσκω • **to ~ sb sth**, **~ sth to sb** μαθαίνω κτ κτ, μαθαίνω κτ σε κν ▶ vi διδάσκω

teacher ['tiːtʃəʳ] n (in primary school) δάσκαλος/α m/f • (in secondary school) καθηγητής/τρια m/f

teaching ['tiːtʃɪŋ] n διδασκαλία f

team [tiːm] n ομάδα f
▶ **team up** vi: **to ~ up (with)** συνεργάζομαι (με)

teapot ['tiːpɔt] n τσαγιέρα f

tear¹ [tɛəʳ] (pt **tore**, pp **torn**) n σκίσιμο nt ▶ vt σκίζω ▶ vi σκίζομαι
▶ **tear along** vi τρέχω βιαστικά
▶ **tear away** vt: **to ~ o.s. away (from sth)** (fig) ξεκολλάω (από κτ)
▶ **tear out** vt κόβω
▶ **tear up** vt κάνω κομμάτια

tear² [tɪəʳ] n (in eye) δάκρυ nt • **to be in tears** κλαίω

tearful ['tɪəful] adj κλαμένος

tear gas n δακρυγόνα nt pl

tease [tiːz] vt πειράζω

teaspoon ['tiːspuːn] n κουταλάκι nt • (measure: also: **teaspoonful**) ≈ κουταλάκι nt του γλυκού

tea towel (BRIT) n πετσέτα f (για τα πιάτα)

technical ['tɛknɪkl] adj (advances) τεχνολογικός • (language, term) τεχνικός

technician [tɛk'nɪʃən] n τεχνικός mf

technique [tɛk'niːk] n τεχνική f

technology [tɛk'nɔlədʒɪ] n τεχνολογία f

teddy ['tɛdɪ], **teddy bear** n αρκουδάκι nt

tedious ['tiːdɪəs] adj ανιαρός

tee [tiː] n (Golf) n αφετηρία f
▶ **tee off** vi ξεκινάω από την αφετηρία

teenage ['tiːneɪdʒ] adj (fashions etc) νεανικός • (children) στην εφηβεία

teenager ['tiːneɪdʒəʳ] n έφηβος/η m/f

teens [tiːnz] npl: **to be in one's ~** είμαι στην εφηβεία μου

teeth [tiːθ] npl of **tooth**

telecommunications ['tɛlɪkəmjuːnɪ'keɪʃənz] n τηλεπικοινωνίες fpl

telegram ['tɛlɪgræm] n τηλεγράφημα nt

telephone ['tɛlɪfəun] n τηλέφωνο nt ▶ vt τηλεφωνώ σε ▶ vi τηλεφωνώ

telephone call n τηλεφώνημα nt

telephone directory n τηλεφωνικός κατάλογος m

telephone number n αριθμός m τηλεφώνου

telesales ['tɛlɪseɪlz] npl τηλεπωλήσεις fpl

telescope ['tɛlɪskəup] n τηλεσκόπιο nt

television ['tɛlɪvɪʒən] n τηλεόραση f • **to be on ~** (programme) έχει η τηλεόραση • (person) βγαίνω στην τηλεόραση

television programme n τηλεοπτικό πρόγραμμα nt

tell [tɛl] (pt, pp **told**) vt λέω • (distinguish): **to ~ sth from** ξεχωρίζω κτ από ▶ vi έχω φανερή επίδραση σε • **to ~ sb to do sth** λέω σε κν να κάνει κτ • **to ~ the time** λέω την ώρα
▶ **tell off** vt: **to ~ sb off** μαλώνω κν
▶ **tell on** vt fus μαρτυράω

teller ['tɛləʳ] n (in bank) ταμίας mf

telly ['tɛlɪ] (BRIT inf) n abbr = **television**

temp [tɛmp] (BRIT inf) n προσωρινός/ή υπάλληλος m/f ▶ vi εργάζομαι προσωρινά

temper ['tɛmpəʳ] n (nature) χαρακτήρας m • (mood) διάθεση f • (fit of anger) θυμός m ▶ vt (moderate) αμβλύνω • **to lose one's ~** χάνω την ψυχραιμία μου

temperament ['tɛmprəmənt] n ψυχοσύνθεση f

temperamental [tɛmprə'mɛntl] adj (person) ευέξαπτος

temperature ['tɛmprətʃəʳ] n θερμοκρασία f • **to have** or **run a ~** έχω πυρετό

temple ['tɛmpl] n (building) ναός m • (Anat) κρόταφος m

temporary ['tɛmpərərɪ] adj (arrangement, job) προσωρινός • (worker) έκτακτος

tempt [tɛmpt] vt δελεάζω • **to be tempted to do sth** μπαίνω στον πειρασμό να κάνω κτ

temptation [tɛmp'teɪʃən] n πειρασμός m

tempting ['tɛmptɪŋ] adj (offer) ελκυστικός • (food) που σε βάζει σε πειρασμό

ten [tɛn] num δέκα ▶ n: **tens of thousands** δεκάδες χιλιάδες

tenant ['tɛnənt] n ενοικιαστής/στρια m/f

tend [tɛnd] vt (sick person) περιποιούμαι ▶ vi: **to ~ to do sth** έχω τη συνήθεια να κάνω κτ

tendency ['tɛndənsɪ] n τάση f

tender ['tɛndəʳ] adj (person, heart, care) τρυφερός • (sore) ευαίσθητος • (meat) τρυφερός ▶ n (Comm: offer) προσφορά f • (money): **to be legal ~** βρίσκομαι σε κυκλοφορία ▶ vt (offer) κάνω προσφορά • (resignation) υποβάλλω

tendon ['tɛndən] n τένοντας m

tenner ['tɛnəʳ] (BRIT inf) n δεκάλιρο nt

tennis ['tɛnɪs] n τέννις nt inv

tennis court n γήπεδο nt τένις

tennis match n παρτίδα f τέννις

tennis player n τεννίστας/τρια m/f

tennis racket n ρακέτα f του τέννις

tenor ['tɛnəʳ] n (Mus) τενόρος m

tenpin bowling [tɛnpɪn'bəulɪŋ] (BRIT) n μπόουλινγκ nt inv με δέκα κορίνες

tense [tɛns] adj (person) ανήσυχος • (period, situation) τεταμένος • (muscle) σφιγμένος • (Ling) χρόνος m ▶ vt (muscles) σφίγγω

tension ['tɛnʃən] n (nervousness) ένταση f • (between ropes etc) εφελκυσμός m

tent [tɛnt] n σκηνή f

tentative ['tɛntətɪv] adj διστακτικός • (plans) προσωρινός

tenth [tɛnθ] num δέκατος

tepid ['tɛpɪd] adj χλιαρός

term [tɜːm] n (word, expression) όρος m • (period in power etc) θητεία f • (Scol) τρίμηνο nt ▶ vt χαρακτηρίζω (ως) • **in terms of** όσον αφορά (σε) +acc • **in the short/long ~** βραχυπρόθεσμα/ μακροπρόθεσμα • **to be on good terms with sb** τα πάω καλά με κν • **to come to terms with** (problem) συμβιβάζομαι με ■ **terms** npl όροι mpl

terminal ['tɜːmɪnl] adj (disease) τελικού σταδίου ▶ n (Elec) ακροδέκτης m • (Comput) τερματικό nt • (also: **air ~**) αερολιμένας m

terminate ['tə:mɪneɪt] vt (discussion) τερματίζω • (contract) λύνω • (pregnancy) διακόπτω

terminology [tə:mɪ'nɔlədʒɪ] n ορολογία f

terrace ['terəs] n (BRIT: row of houses) σειρά ομοιόμορφων σπιτιών χτισμένα κολλητά • (patio) αυλή f • (Agr) αναβαθμίδα f ■ **the terraces** npl (BRIT Sport) θέσεις fpl ορθίων

terraced ['terəst] adj (house) στη σειρά • (garden) σε διαφορετικά επίπεδα

terrain [te'reɪn] n έδαφος nt

terrible ['terɪbl] adj (accident, winter) τρομερός • (conditions) φοβερός • (inf: awful) απαίσιος

terribly ['terɪblɪ] adv (very) πάρα πολύ • (very badly) απαίσια

terrific [tə'rɪfɪk] adj φοβερός

terrifying ['terɪfaɪɪŋ] adj τρομακτικός

territorial [terɪ'tɔ:rɪəl] adj (waters) χωρικός • (boundaries, dispute) εδαφικός

territory ['terɪtərɪ] n (land) περιοχή f • (domain also fig) έδαφος nt

terror ['terəʳ] n τρόμος m

terrorism ['terərɪzəm] n τρομοκρατία f

terrorist ['terərɪst] n τρομοκράτης/ισσα m/f

test [test] n (trial, check) δοκιμή f • (Med) εξέταση f • (Chem) ανάλυση f • (Scol) διαγώνισμα nt • (also: **driving ~**) εξετάσεις fpl για δίπλωμα οδήγησης ▶ vt (try out) δοκιμάζω • (examine) εξετάζω • (Med, Scol) εξετάζω

testify ['testɪfaɪ] vi (Jur) καταθέτω • **to ~ to sth** (be sign of) μαρτυρώ κτ

testimony ['testɪmənɪ] n (Jur) κατάθεση f • (clear proof): **to be (a) ~ to sth** αποτελώ μαρτυρία για

test match n (Cricket, Rugby) διεθνής αγώνας m

test tube n δοκιμαστικός σωλήνας m

tetanus ['tetənəs] n τέτανος m

text [tekst] n κείμενο nt ▶ vt: **to ~ sb** (on mobile phone) στέλνω μήνυμα σε κν ▶ vi στέλνω μήνυμα

textbook ['tekstbuk] n εγχειρίδιο nt

textiles ['tekstaɪlz] npl (fabrics) υφάσματα nt pl • (textile industry) υφαντουργία f

text message n μήνυμα nt (κειμένου)

text messaging [tekst'mesɪdʒɪŋ] n αποστολή f μηνύματος

texture ['tekstʃəʳ] n (of cloth) υφή f

Thailand ['taɪlænd] n Ταϊλάνδη f

KEYWORD

than [ðæn, ðən] conj (in comparisons) από • **she is older than you think** είναι μεγαλύτερη απ' όσο νομίζεις • **more than once** πάνω από μία φορά • **it's better to phone than to write** είναι καλύτερα να τηλεφωνήσεις από το να γράψεις

thank [θæŋk] vt ευχαριστώ • **~ you (very much)** ευχαριστώ (πάρα πολύ)

thankfully ['θæŋkfəlɪ] adv ευτυχώς • **~ there were few victims** ευτυχώς τα θύματα ήταν λίγα

thanks [θæŋks] npl ευχαριστίες fpl ▶ excl (also: **many ~, ~ a lot**) χίλια ευχαριστώ, ευχαριστώ πολύ • **~ to** χάρη σε +acc

Thanksgiving [θæŋks'gɪvɪŋ], **Thanksgiving Day** (US) n Ημέρα f των Ευχαριστιών

KEYWORD

that [ðæt] (pl **those**) adj (demonstrative) αυτός • **that man/woman/book** αυτός or εκείνος ο άνθρωπος/αυτή or εκείνη η γυναίκα/αυτό or εκείνο το βιβλίο • **leave those books on the table** άφησε αυτά τα βιβλία στο τραπέζι • **that one** αυτό
▶ pron **1** (demonstrative) αυτός • **who's that?** ποιος είναι αυτός; • **what's that?** τι είναι αυτό; • **is that you?** εσύ είσαι; • **will you eat all that?** θα το φας όλο αυτό; • **that's my house** είναι το σπίτι μου • **that's what he said** αυτό είπε • **what happened after that?** τι έγινε μετά (απ' αυτό); • **that is (to say)** δηλαδή
2 (relative) που • **the book (that) I read** το βιβλίο που διάβασα or το οποίο διάβασα • **the books that are in the library** τα βιβλία που είναι or τα οποία είναι στη βιβλιοθήκη • **all (that) I have** όλα όσα έχω • **the box (that) I put it in** το κουτί που το έβαλα or μέσα στο οποίο το έβαλα • **the people (that) I spoke to** οι άνθρωποι με τους οποίους μίλησα
3 (relative: of time) που • **the day (that) he came** την ημέρα που ήρθε
▶ conj **1** (with indicative) ότι
2 (with subjunctive) να
▶ adv (demonstrative) τόσο • **I can't work that much** δεν μπορώ να δουλεύω τόσο πολύ

thatched [θætʃt] adj αχυρένιος

thaw [θɔ:] n ξεπάγωμα nt ▶ vi (ice) λιώνω • (food) ξεπαγώνω ▶ vt (food: also: **~ out**) ξεπαγώνω

KEYWORD

the [ði:, ðə] def art **1** o m, η f, το nt • **to play the piano/violin** παίζω πιάνο/βιολί • **I'm going to the butcher's/the cinema** πάω στο χασάπη/σινεμά
2 (+ adjective to form noun): **the rich and the poor** οι πλούσιοι και οι φτωχοί • **to attempt the impossible** επιχειρώ το αδύνατο
3 (in titles): **Elizabeth the First** η Ελισάβετ η Α' • **Peter the Great** ο Μεγάλος Πέτρος
4 (in comparisons): **the more he works the more he earns** όσο πιο πολύ δουλεύει τόσο πιο πολλά κερδίζει

theatre ['θɪətəʳ], **theater** (US) n θέατρο nt • (Med: also: **operating ~**) χειρουργείο nt

theft [θeft] n κλοπή f

their [ðeəʳ] adj τους

theirs [ðeəz] pron δικός/ή/ό τους • **it is ~** είναι δικό τους • **a friend of ~** ένας φίλος τους • see also **my • mine**

them [ðem, ðəm] pron (direct) τους, τις, τα • (indirect) τους, τις, τα • (stressed, after prep) αυτούς, αυτές, αυτά • see also **me**

theme [θi:m] n (also Mus) θέμα nt

theme park n ≈ λούνα παρκ

themselves [ðəm'selvz] pl pron (reflexive: often not translated) τους εαυτούς τους • (emph) οι ίδιοι/ες (τα ίδια) • (after prep) τον εαυτό τους • (alone) μόνοι/ες/α τους • **between ~** μεταξύ τους

then [ðεn] adv (at that time) τότε • (next) μετά • (later) τότε • (and also) άλλωστε ▸ conj (therefore) λοιπόν ▸ adj: **the ~ president** ο τότε πρόεδρος • **by ~** (past) στο μεταξύ • (future) μέχρι τότε • **from ~ on** από τότε (και στο εξής)

theology [θɪ'ɔlədʒɪ] n θεολογία f

theory ['θɪərɪ] n θεωρία f • **in ~** θεωρητικά

therapist ['θεrəpɪst] n ψυχοθεραπευτής/τρια m/f

therapy ['θεrəpɪ] n θεραπεία f

◯ KEYWORD

there [ðεə'] adv **1**: **there is • there are** υπάρχουν • **there is someone in the room** κάποιος είναι στο δωμάτιο • **there was a book/ there were flowers on the table** πάνω στο τραπέζι είχε ένα βιβλίο/λουλούδια • **there has been an accident** έγινε ένα δυστύχημα • **there will be a meeting tomorrow** θα γίνει συνεδρίαση αύριο

2 (referring to place) εκεί • **put it in/down there** βάλ'το εκεί μέσα/κάτω • **he went there on Friday** πήγε (εκεί) την Παρασκευή • **there he is!** νάτος!

3: **there, there** (esp to child) έλα, έλα

thereafter [ðεər'ɑːftə'] adv έπειτα

thereby ['ðεəbaɪ] adv κατά συνέπεια

therefore ['ðεəfɔː'] adv επομένως

there's ['ðεəz] = **there is • there has**

thermal ['θə:ml] adj (springs) θερμός • (underwear) ισοθερμικός • (paper, printer) θερμικός

thermometer [θə'mɔmɪtə'] n θερμόμετρο nt

Thermos® ['θə:məs] n (also: **~ flask**) θερμός nt inv

these [ði:z] pl adj αυτοί, αυτές, αυτά • (emphasizing: not "those") αυτοί ▸ pl pron αυτοί

thesis ['θi:sɪs] (pl **theses**) n διατριβή f

they [ðeɪ] pl pron (subject, non-emphatic: usually not translated): **These bars are too strong. T~ cannot give** Αυτά τα κάγκελα είναι πολύ δυνατά. Δεν μπορούν να υποχωρήσουν • (emph) αυτοί • **~ say that …** λένε ότι… • **there ~ are** νάτοι or νάτους

they'd [ðeɪd] = **they had • they would**

they'll [ðeɪl] = **they shall • they will**

they're [ðεə'] = **they are**

they've [ðeɪv] = **they have**

thick [θɪk] adj παχύς • (slice, line, jersey, socks etc) χοντρός • (sauce, mud etc) πηχτός • (fog, forest, hair etc) πυκνός • (inf: stupid) χοντροκέφαλος

thickness ['θɪknɪs] n (of rope, wire) πάχος nt • (layer) στρώμα nt

thief [θi:f] (pl **thieves**) n κλέφτης/τρα m/f

thigh [θaɪ] n μηρός m

thin [θɪn] adj λεπτός • (soup, sauce) αραιός ▸ vi (also: **~ out**) αραιώνω • **his hair is thinning** του πέφτουν τα μαλλιά

thing [θɪŋ] n πράγμα nt • (inf): **to have a ~ about** (person) την έχω πατήσει με • **first ~** (in the morning) πρώτο-πρώτο (το πρωί) • **the ~ is …** το θέμα είναι… • **for one ~** αν μη τι άλλο • **how are things?** πώς πάει; ■ **things** npl πράγματα nt pl

think [θɪŋk] (pt, pp **thought**) vi σκέφτομαι ▸ vt (be of the opinion) νομίζω • (believe) πιστεύω • **to ~ of** (reflect upon) σκέφτομαι • (recall) θυμάμαι • (show consideration) σκέφτομαι • (conceive) σκέφτομαι • **what did you ~ of them?** τι γνώμη έχεις γι' αυτούς; • **to ~ about sth/sb** σκέφτομαι κτ/κν • **I'll ~ about it** θα το σκεφτώ • **to ~ of doing sth** σκέφτομαι να κάνω κτ • **I ~ so/not** έτσι νομίζω/δεν νομίζω • **~ again!** για ξανασκέψου!
▸ **think over** vt σκέφτομαι καλά
▸ **think through** vt εξετάζω προσεκτικά
▸ **think up** vt (plan, scheme) καταστρώνω

third [θə:d] num τρίτος ▸ n (fraction) τρίτο nt • (Aut) τρίτη f

thirdly ['θə:dlɪ] adv τρίτον

Third World n: **the ~** ο Τρίτος Κόσμος ▸ adj τριτοκοσμικός

thirst [θə:st] n δίψα f

thirsty ['θə:stɪ] adj διψασμένος • **to be ~** διψάω

thirteen [θə:'ti:n] num δεκατρία

thirteenth [θə:'ti:nθ] num δέκατος τρίτος

thirty ['θə:tɪ] num τριάντα

◯ KEYWORD

this [ðɪs] (pl **these**) adj (demonstrative) αυτός/ή/ό • **this one** αυτός/ή/ό
▸ pron (demonstrative) αυτός • **this is where I live** εδώ μένω • **this is what he said** αυτό or έτσι είπε • **this is Mr Brown** (in introductions) από εδώ ο κ. Μπράουν • (in photo) αυτός είναι ο κ. Μπράουν • (on telephone) είμαι ο κ. Μπράουν
▸ adv (demonstrative): **this high/long** τόσο ψηλός/μακρύς • **we can't stop now we've gone this far** δεν γίνεται να σταματήσουμε τώρα που φτάσαμε ως εδώ

thistle ['θɪsl] n γαϊδουράγκαθο nt

thorn [θɔ:n] n αγκάθι nt

thorough ['θʌrə] adj (search) εξονυχιστικός • (knowledge, research) εμπεριστατωμένος • (person) επιμελής

thoroughly ['θʌrəlɪ] adv (examine, study) λεπτομερώς • (search) εξονυχιστικά • (very) πάρα πολύ

those [ðəuz] pl adj εκείνοι/ες/α • (emphasizing: not "these") εκείνοι ▸ pl pron εκείνοι

though [ðəu] conj παρ' όλο που ▸ adv όμως • **even ~** αν και

thought [θɔ:t] pt, pp of **think** ▸ n σκέψη f • (reflection) σκέψεις fpl ■ **thoughts** npl απόψεις fpl

thoughtful ['θɔ:tful] adj (deep in thought) σκεπτικός • (considerate) ευγενικός

thousand ['θauzənd] num χίλια • **two ~** δύο χιλιάδες • **thousands of** χιλιάδες +gen or acc

thousandth ['θauzəntθ] num χιλιοστός

thrash [θræʃ] vt (beat) δέρνω • (defeat) κατατροπώνω
▸ **thrash about** vi σπαρταράω
▸ **thrash out** vt συζητώ διεξοδικά

thread [θrεd] n (yarn) κλωστή f • (of screw) σπείρωμα nt • (Comput) νήμα nt ▸ vt (needle) περνάω κλωστή σε • **to ~ one's way between** ανοίγω δρόμο μέσα από

threat [θret] n (also fig) απειλή f

threaten ['θretn] vi (storm, danger) απειλώ ▸ vt: **to ~ sb with sth** απειλώ κν με κτ • **to ~ to do sth** απειλώ να κάνω κτ

threatening ['θretnɪŋ] adj απειλητικός

three [θriː] num τρία nt

three-dimensional [θriːdɪ'mensənl] adj τρισδιάστατος

three-piece suite [θriːpiːs'swiːt] n σαλόνι nt (καναπές και δύο πολυθρόνες)

three-quarters [θriː'kwɔːtəz] npl τρία τέταρτα nt pl • **~ full** γεμάτος κατά τα τρία τέταρτα

threshold ['θreʃhəʊld] n (lit) κατώφλι nt • **to be on the ~ of** (fig) βρίσκομαι στα πρόθυρα +gen

threw [θruː] pt of **throw**

thrill [θrɪl] n (excitement) έντονη συγκίνηση f • (shudder) ρίγος nt ▸ vi ενθουσιάζομαι ▸ vt συναρπάζω • **to be thrilled** (with gift etc) είμαι ενθουσιασμένος

thriller ['θrɪləʳ] n περιπέτεια f

thrilling ['θrɪlɪŋ] adj (ride, performance, etc) συναρπαστικός • (news) συνταρακτικός

thriving ['θraɪvɪŋ] adj (business) που ανθεί • (community) που ευημερεί

throat [θrəʊt] n λαιμός m

throb [θrɒb] n (of heart) χτύπος m • (of pain) σουβλιά f • (of engine) χτύπημα nt ▸ vi (heart) χτυπάω δυνατά • (head, arm, wound: with pain) δίνω σουβλιές • (vibrate: instrument) χτυπάω ρυθμικά • (engine) χτυπάω

throne [θrəʊn] n θρόνος m

through [θruː] prep (place) (μέσα) από • (time) κατά το διάστημα • (by means of) με • (owing to) από ▸ adj (ticket, train) κατευθείαν (χωρίς ενδιάμεσες στάσεις) ▸ adv κατευθείαν • **to be ~ with sb/sth** τελειώσω με κν/κτ

throughout [θruː'aʊt] prep (place) σε ολόκληρο +acc • (time) όλο +acc ▸ adv (everywhere) σε μία άκρη στην άλλη • (the whole time) συνεχώς

throw [θrəʊ] (pt **threw**, pp **thrown**) n βολή f ▸ vt (object) πετάω • (rider) ρίχνω • (fig: confuse: person) θορυβώ • **to ~ a party** κάνω (ένα) πάρτυ
  ▸ **throw away** vt πετάω
  ▸ **throw out** vt (rubbish) πετάω • (person) πετάω έξω
  ▸ **throw up** vi κάνω εμετό

thru [θruː] (US) prep = **through**

thrush [θrʌʃ] n (bird) τσίχλα f • (Med: BRIT) μυκητίαση f

thrust [θrʌst] (pt, pp ~) vt (object) χώνω • (person) σπρώχνω βίαια

thud [θʌd] n γδούπος m

thug [θʌg] n κακοποιός mf

thumb [θʌm] n αντίχειρας m ▸ vt: **to ~ a lift** κάνω ωτοστόπ
  ▸ **thumb through** vt fus ξεφυλλίζω

thump [θʌmp] n (blow) γροθιά f • (sound) γδούπος m ▸ vt χτυπάω με γροθιές • vi (heart etc) χτυπάω δυνατά

thunder ['θʌndəʳ] n βροντή f • (Meteo) μπουμπουνητό nt ▸ vi (Meteo) μπουμπουνίζει • **to ~ past** (train etc) περνάω με θόρυβο

thunderstorm ['θʌndəstɔːm] n καταιγίδα f

Thursday ['θəːzdɪ] n Πέμπτη f • see also **Tuesday**

thus [ðʌs] adv (in this way) ως εξής • (consequently) άρα

thwart [θwɔːt] vt (person) κόβω • (plans) ανατρέπω

thyme [taɪm] n θυμάρι nt

Tibet [tɪ'bet] n Θιβέτ nt inv

tick [tɪk] n (of clock) χτύπος m • (mark) vi nt inv • (Zool) τσιμπούρι nt • (BRIT: inf) στιγμή f ▸ vi κάνω τικ-τακ ▸ vt τσεκάρω
  ▸ **tick off** vt (item on list) τσεκάρω • (person) τα ψέλνω σε κν
  ▸ **tick over** vi (engine) δουλεύω στο ρελαντί • (fig: business etc) υπολειτουργώ

ticket ['tɪkɪt] n (for public transport, theatre etc) εισιτήριο nt • (in shop: on goods) ετικέτα f • (also: **parking ~**) κλήση f • (US Pol): **to run on the Democratic ~** κατεβαίνω στις εκλογές με τους Δημοκρατικούς

tickle ['tɪkl] vt γαργαλάω • (fig): **to be tickled by** βρίσκω κτ διασκεδαστικό ▸ vi γαργαλάω

tide [taɪd] n παλίρροια f • (fig: of events) δίνη f • (: of opinion) ρεύμα nt

tidy ['taɪdɪ] adj (room, desk) τακτοποιημένος • (person) τακτικός • (sum) σεβαστός ▸ vt (also: **~ up**) συγυρίζω

tie [taɪ] n (BRIT: also: **necktie**) γραβάτα f • (string etc) σκοινί nt • (fig: link) δεσμός m • (Sport: match) παιχνίδι nt • (in competition: draw) ισοπαλία f ▸ vt (also: **Sport etc**) έρχομαι ισοπαλία • **to ~ sth in a bow** δένω κτ φιόγκο • **to ~ a knot in sth** δένω έναν κόμπο σε κτ
  ▸ **tie down** vt (fig: person) δεσμεύω
  ▸ **tie up** vt δένω • (arrangements) κλείνω • **to be tied up** (busy) είμαι απασχολημένος

tier [tɪəʳ] n (of stadium etc) κερκίδα f • (of cake) όροφος m

tiger ['taɪgəʳ] n τίγρη f

tight [taɪt] adj (screw, knot) σφιχτός • (grip) γερός • (shoes, clothes) στενός • (bend) κλειστός • (security, schedule) (μέτρα ασφαλείας) αυστηρός, (χρονοδιάγραμμα) σφιχτός • (budget) περιορισμένος • (money) λιγοστός • (inf: stingy) σφιχτοχέρης ▸ adv (hold) σφιχτά • (squeeze) με δύναμη • (shut) καλά

tighten ['taɪtn] vt (rope, strap, screw, bolt) σφίγγω • (security) εντείνω ▸ vi (grip) σφίγγομαι • (rope etc) τεντώνω

tightly ['taɪtlɪ] adv σφιχτά

tights [taɪts] (BRIT) npl καλσόν nt inv

tile [taɪl] n (on roof) κεραμίδι nt • (on floor, wall) πλακάκι nt ▸ vt βάζω πλακάκια σε

till [tɪl] n ταμείο nt ▸ vt (land) οργώνω ▸ prep, conj = **until**

tilt [tɪlt] vt γέρνω ▸ vi γέρνω ▸ n κλίση f

timber ['tɪmbəʳ] n ξυλεία f

time [taɪm] n χρόνος m • (often pl: epoch) καιρός m • (by clock) ώρα f • (period) εποχή f • (moment) ώρα f • (Mus) χρόνος m ▸ vt χρονομετρώ • (visit etc) προγραμματίζω • **a long ~** πολύς καιρός or πολλή ώρα • **for the ~ being** προς το παρόν • **4 at a ~** τέσσερις-τέσσερις • **from ~ to ~** πότε-πότε • **~ after ~, ~ and again** ξανά και ξανά • at **times** μερικές φορές • **in ~** (soon enough) στην ώρα μου • (eventually) με τον καιρό • **to be in ~**

(Mus) είμαι συγχρονισμένος • **in a week's ~** σε μία εβδομάδα • **in no** ~ στο άψε-σβήσε • **any ~** οποιαδήποτε στιγμή • **on** ~ στην ώρα μου • **5 times** 5 5 επί 5 • **to have a good ~** τα περνάω ωραία

time limit *n* χρονικό όριο *nt*

timely ['taimli] *adj* την κατάλληλη στιγμή

timer ['taimər] *n (time switch)* χρονοδιακόπτης *m* • *(on cooker)* χρονόμετρο *nt*

timetable ['taimteibl] *n (Rail etc)* πίνακας *m* με τα δρομολόγια • *(Scol etc)* ωρολόγιο πρόγραμμα *nt* • *(programme of events)* πρόγραμμα *nt*

timid ['timid] *adj* δειλός

timing ['taimiŋ] *n (Sport)* συγχρονισμός *m* στις κινήσεις • **the ~ of his resignation** η στιγμή που διάλεξε για να παραιτηθεί

tin [tin] *n (metal)* κασσίτερος *m* • *(also:* **~ plate)** τσίγκος *m* • *(container)* κουτί *nt* • *(for baking)* ταψί *nt* • *(BRIT: can)* κονσέρβα *f*

tingle ['tiŋgl] *vi* τσούζω

tinned [tind] *(BRIT) adj* σε κονσέρβα

tin opener ['tinəupnər] *(BRIT) n* ανοιχτήρι *nt (*για κονσέρβες)

tinted ['tintid] *adj (spectacles, glass)* (γυαλιά) χρωματιστός, *(τζάμι)* φιμέ *inv* • *(hair)* βαμμένος

tiny ['taini] *adj* μικροσκοπικός

tip [tip] *n (end: of paintbrush etc)* άκρη *f* • *(gratuity)* φιλοδώρημα *nt* • *(BRIT: also:* **rubbish ~)** σκουπιδότοπος *m* • *(advice)* συμβουλή *f* ▸ *vt (waiter)* δίνω φιλοδώρημα σε • *(tilt)* γέρνω • *(overturn: also:* **~ over)** αναποδογυρίζω • *(empty: also:* **~ out)** αδειάζω • *(predict: winner etc)* προβλέπω
▸ **tip off** *vt* προειδοποιώ

tire ['taiər] *n (US)* = **tyre** ▸ *vt* κουράζω ▸ *vi* κουράζομαι • **to ~ of** κουράζομαι

tired ['taiəd] *adj* κουρασμένος • **to be ~ of sth/ of doing sth** βαριέμαι κτ/να κάνω κτ

tiring ['taiəriŋ] *adj* κουραστικός

tissue ['tiʃu:] *n* ιστός *m* • *(paper handkerchief)* χαρτομάντηλο *nt*

tit [tit] *n (bird)* παπαδίτσα *f* • *(inf: breast)* βυζί *nt* • **~ for tat** μία σου και μία μου

title ['taitl] *n* τίτλος *m*

KEYWORD

to [tu:, tə] *prep* **1** *(direction)* σε • **to go to France/ London/school/the station** πηγαίνω στη Γαλλία/στο Λονδίνο/στο σχολείο/στο σταθμό • **the road to Edinburgh** ο δρόμος για το Εδιμβούργο • **to the left/right** στα αριστερά/ δεξιά

2 *(as far as)* μέχρι • **from 40 to 50 people** από 40 μέχρι 50 άτομα

3 *(with expressions of time)*: **a quarter to 5** 5 παρά τέταρτο

4 *(for, of)*: **the key to the front door** το κλειδί της εξώπορτας • **she is secretary to the director** είναι γραμματέας του διευθυντή • **a letter to his wife** ένα γράμμα στη γυναίκα του

5 *(expressing indirect object)* για • **to be a danger to sb/sth** είμαι επικίνδυνος για κν/κτ

6 *(in relation to)*: **30 miles to the gallon** 30 μίλια το γαλόνι • **6 apples to the kilo** 6 μήλα στο κιλό

• **3 goals to 2** σκορ 3 — 2

7 *(purpose, result)*: **to come to sb's aid** πάω να βοηθήσω κν • **to sentence sb to death** καταδικάζω κν σε θάνατο • **to my surprise** προς μεγάλη μου έκπληξη

▸ **with** *vb* **1** *(simple infinitive)*: **to go/eat** πηγαίνω/τρώω

2 *(following another vb)* να • **to want/try/start to do** θέλω/προσπαθώ/αρχίζω να κάνω

3 *(with vb omitted)*: **I don't want to** δεν θέλω

• **you ought to** πρέπει

4 *(purpose)* για να • **I did it to help you** το έκανα για να σε βοηθήσω • **he came to see you** ήρθε για να σε δει

5 *(equivalent to relative clause)* να

6 *(after adjective etc)* (για) να • **ready to go** έτοιμος να φύγω • **too old/young to …** πολύ μεγάλος/μικρός για να …

▸ *adv*: **to push/pull the door to** μισοκλείνω/ μισοανοίγω την πόρτα • **to and fro** μπρος-πίσω

toad [təud] *n* φρύνος *m*

toast [təust] *n (Culin)* φρυγανισμένη φέτα *f* ψωμί ▸ *vt (Culin: bread etc)* ψήνω • *(drink to)* πίνω στην υγεία *+gen* • **to propose a ~** κάνω (μια) πρόποση

toaster ['təustər] *n* φρυγανιέρα *f*

tobacco [tə'bækəu] *n* καπνός *m*

today [tə'dei] *adv* σήμερα *nt inv* ▸ *n* σήμερα *nt*

toddler ['tɔdlər] *n* νήπιο *nt*

toe [təu] *n (of foot)* δάχτυλο *nt* (του ποδιού) • *(of shoe)* μύτη *f*

toenail ['təuneil] *n* νύχι *nt* (του ποδιού)

toffee ['tɔfi] *n* καραμέλα *f* βουτύρου

together [tə'geðər] *adv* μαζί • *(at the same time)* ταυτόχρονα • **~ with** μαζί με

toilet ['tɔilət] *n (BRIT: room)* τουαλέτα *f*

toilet paper *n* χαρτί *nt* υγείας

toiletries ['tɔilətriz] *npl* είδη *nt pl* καλλωπισμού

toilet roll *n* χαρτί *nt* υγείας

token ['təukən] *n (sign)* δείγμα *nt* • *(souvenir)* ενθύμιο *nt* • *(substitute coin)* μάρκα *f* ▸ *adj (strike, payment etc)* συμβολικός • **by the same ~** *(fig)* με την ίδια λογική • **book/gift ~** *(BRIT)* κουπόνι για βιβλία/δώρα

told [təuld] *pt, pp of* **tell**

tolerant ['tɔlərnt] *adj* ανεκτικός

tolerate ['tɔləreit] *vt (pain, noise)* αντέχω • *(injustice)* ανέχομαι

toll [təul] *n (of casualties, deaths)* αριθμός *m* • *(tax, charge)* διόδια *nt pl* ▸ *vi (bell)* χτυπάω πένθιμα

tomato [tə'ma:təu] *(pl* **tomatoes)** *n* ντομάτα *f*

tomb [tu:m] *n* τάφος *m*

tomorrow [tə'mɔrəu] *adv* αύριο • *n* αύριο *nt inv*

ton [tʌn] *n* τόνος *m* • **tons of** *(inf)* τόνοι *+acc*

tone [təun] *n* τόνος *m* • *(Tel: also:* **dialling ~)** σήμα *nt* κλήσης
▸ **tone down** *vt (criticism)* κατεβάζω τους τόνους σε • *(demands)* μετριάζω
▸ **tone up** *vt (muscles)* δυναμώνω

tongue [tʌŋ] *n* γλώσσα *f* • **~ in cheek** αστειευόμενος

tonic ['tɔnik] *n (Med)* τονωτικό *nt* • *(fig)* κάτι που φτιάχνει τη διάθεση • *(also:* **~ (water))** τόνικ *nt inv*

tonight [tə'naɪt] adv απόψε (το βράδυ) ▸ n απόψε nt inv

tonne [tʌn] (BRIT) n (also: **metric ton**) τόνος m

too [tuː] adv (excessively) πολύ • (also) και • ~ **much** (adv) υπερβολικά πολύ • (adj) υπερβολικός • ~ **many** πάρα πολλοί • ~ **bad!** τι να σου κάνω!

took [tʊk] pt of **take**

tool [tuːl] n (also Comput) εργαλείο nt

tooth [tuːθ] (pl **teeth**) n (Anat, Tech) δόντι nt

toothache ['tuːθeɪk] n πονόδοντος m

toothbrush ['tuːθbrʌʃ] n οδοντόβουρτσα f

toothpaste ['tuːθpeɪst] n οδοντόκρεμα f

top [tɒp] n (of mountain, tree, ladder) κορυφή f • (of page, cupboard, table, box) (ε)πάνω μέρος nt • (of street) τέρμα nt • (lid) καπάκι nt • (Dress) μπλούζα f • (of pyjamas) πάνω nt inv ▸ adj (highest) ο πάνω • (step) τελευταίος • (highest in rank) ανώτερος • (maximum) μέγιστος ▸ vt (be first in) έρχομαι πρώτος • (exceed) ξεπερνάω • **on ~ of** (above) πάνω σε • (in addition to) πέρα από • **from ~ to bottom** από πάνω μέχρι κάτω ▸ **top up, top off** (US) vt (drink) (ξανα)γεμίζω • (salary) αυξάνω με επιδόματα

top floor n τελευταίο πάτωμα nt

topic ['tɒpɪk] n θέμα nt

topical ['tɒpɪkl] adj επίκαιρος

topless ['tɒplɪs] adj γυμνόστηθος

topping ['tɒpɪŋ] n γαρνιτούρα f

topple ['tɒpl] vt (government, leader) ρίχνω ▸ vi (person, object) αναποδογυρίζω

torch [tɔːtʃ] n (with flame) φανάρι nt • (BRIT: electric) φακός m

tore [tɔːʳ] pt of **tear¹**

torment [n 'tɔːment, vb tɔː'ment] n μαρτύριο nt ▸ vt (feelings, guilt etc) βασανίζω • (annoy: person) παιδεύω

torn [tɔːn] pp of **tear¹** ▸ adj: ~ **between** (fig) διχασμένος ανάμεσα σε

tornado [tɔː'neɪdəu] (pl **tornadoes**) n ανεμοστρόβιλος m

torpedo [tɔː'piːdəu] (pl **torpedoes**) n τορπίλη f

torrent ['tɔrnt] n (also fig) χείμαρρος m

torrential [tɔ'rɛnʃl] adj καταρρακτώδης

tortoise ['tɔːtəs] n χελώνα f (ξηράς)

torture ['tɔːtʃəʳ] n (violence) βασανιστήρια nt pl • (fig) μαρτύριο nt ▸ vt (fig) βασανίζω

Tory ['tɔːrɪ] (BRIT Pol) adj Συντηρητικός ▸ n Τόρης mf

toss [tɒs] vt πετάω • (one's head) τινάζω • (salad) ανακατεύω ▸ n: **with a ~ of her head** μ' ένα τίναγμα του κεφαλιού • **to ~ a coin** παίζω κορώνα-γράμματα • **to ~ up for sth** παίζω κτ κορώνα-γράμματα

total ['təutl] adj (number, workforce etc) συνολικός • (failure) πλήρης • (stranger) τελείως ▸ n σύνολο nt ▸ vt (add up: numbers, objects) προσθέτω • (add up to: X pounds/dollars) φτάνω (σε)

totally ['təutəlɪ] adv (agree) απόλυτα • (disagree) ριζικά • (unprepared, new) τελείως

touch [tʌtʃ] n (sense) αφή f • (contact) επαφή f ▸ vt (with hand, foot) αγγίζω • (make contact with) ακουμπάω • (move emotionally) συγκινώ

▸ vi ακουμπάω • **a ~ of** (fig: frost etc) λίγος • **in ~ with** (person, group) σε επαφή με
▸ **touch on** vt fus (topic) θίγω
▸ **touch up** vt (paint) περνάω

touchdown ['tʌtʃdaun] n (of rocket) προσεδάφιση f • (US Football) γκολ nt inv

touched [tʌtʃt] adj συγκινημένος

touching ['tʌtʃɪŋ] adj (scene, photograph etc) συγκινητικός

touchline ['tʌtʃlaɪn] (Sport) n γραμμή f επαναφοράς

tough [tʌf] adj (strong: material) ανθεκτικός • (meat) σκληρός • (person, animal) δυνατός • (difficult: task, problem) δύσκολος • (negotiations, policies) σκληρός

tour ['tuəʳ] n (journey) ταξίδι nt • (of town, factory, museum) ξενάγηση f • (by pop group etc) περιοδεία f ▸ vt (country, city, factory etc) περιοδεύω σε

tourism ['tuərɪzm] n τουρισμός m

tourist ['tuərɪst] n τουρίστας/τρια m/f ▸ cpd τουριστικός

tourist office n τουριστικό γραφείο nt

tournament ['tuənəmənt] n τουρνουά nt inv

tow [təu] vt ρυμουλκώ

toward [tə'wɔːd], **towards** [tə'wɔːdz] prep προς • (purpose) για

towel ['tauəl] n πετσέτα f

tower ['tauəʳ] n πύργος m ▸ vi υψώνομαι

town [taun] n πόλη f • (small) κωμόπολη f • **to go to ~** κατεβαίνω στο κέντρο (της πόλης) • (fig) ξεπερνάω τον εαυτό μου

town centre n κέντρο nt της πόλης

town hall n δημαρχείο nt

toxic ['tɒksɪk] adj τοξικός

toy [tɔɪ] n παιχνίδι nt
▸ **toy with** vt fus (object, food) παίζω (μηχανικά) με • (idea) φλερτάρω με

toyshop ['tɔɪʃɒp] n κατάστημα nt παιχνιδιών

trace [treɪs] n ίχνος nt ▸ vt (draw) ξεπατικώνω • (follow) ανάγω σε • (locate: person, letter, cause) εντοπίζω

track [træk] n (path) μονοπάτι nt • (road) χωματόδρομος m • (of bullet etc) τροχιά f • (of suspect, animal) ίχνος nt • (Rail) γραμμή f • (on tape, record) κομμάτι nt • (Sport) στίβος m ▸ vt (animal) ακολουθώ τα χνάρια +gen • (person) ακολουθώ τα ίχνη +gen • **to keep ~ of** (fig) παρακολουθώ
▸ **track down** vt εντοπίζω

tracksuit ['træksuːt] n αθλητική φόρμα f

tractor ['træktəʳ] n τρακτέρ nt inv

trade [treɪd] n (activity) εμπόριο nt • (skill, job) τέχνη f ▸ vi κάνω συναλλαγές ▸ vt: **to ~ sth (for sth)** ανταλλάσσω κτ (με κτ)
▸ **trade in** vt (old car etc) ανταλλάσσω (παλιό με καινούργιο)

trademark ['treɪdmaːk] n σήμα nt κατατεθέν

trader ['treɪdəʳ] n έμπορος mf

trade union n σωματείο nt

trading ['treɪdɪŋ] n συναλλαγή f

tradition [trə'dɪʃən] n παράδοση f

traditional [trə'dɪʃənl] adj παραδοσιακός

traffic ['træfɪk] n (movement: of vehicles) κίνηση f

• (vehicles) κίνηση f • (in drugs etc) διακίνηση f
▶ vi: **to ~ in** (liquor, drugs) εισάγω παράνομα
traffic circle (US) n κυκλική διασταύρωση
traffic jam n μποτιλιάρισμα nt
traffic lights ['træfiklaɪts] npl φανάρια nt pl
traffic warden n τροχονόμος mf
tragedy ['trædʒədɪ] n τραγωδία f
tragic ['trædʒɪk] adj (death) τραγικός
• (consequences) δραματικός • (play, novel etc)
δραματικού περιεχομένου
trail [treɪl] n (path) μονοπάτι • (of footprints
etc) σειρά f ▶ vt (drag) σέρνω • (follow) ακολουθώ
τα ίχνη +gen ▶ vi (hang loosely) σέρνομαι • (in
game, contest) ακολουθώ
trailer ['treɪlər] n (Aut) ρυμούλκα f • (US:
caravan) τροχόσπιτο nt • (Cine, TV) τρέιλερ nt inv
train [treɪn] n (Rail) τρένο nt • (of dress) ουρά f
▶ vt εκπαιδεύω • (athlete) προπονώ • (point): **to
~ on** στρέφω προς ▶ vi εκπαιδεύομαι • (Sport)
προπονούμαι • **one's ~ of thought** ο ειρμός της
σκέψης κου
trainee [treɪ'niː] n μαθητευόμενος/η m/f
trainer ['treɪnər] n (Sport: coach) προπονητής/
τρια m/f • (: shoe) αθλητικό παπούτσι nt • (of
animals) εκπαιδευτής/τρια m/f
training ['treɪnɪŋ] n επιμόρφωση f • (Sport)
προπόνηση f
training course n επιμορφωτικό σεμινάριο nt
trait [treɪt] n χαρακτηριστικό γνώρισμα nt
traitor ['treɪtər] n προδότης/τρια m/f
tram [træm] (BRIT) n (also: **tramcar**) τραμ nt inv
tramp [træmp] n (person) αλήτισσα m/f ▶ vi
περπατάω αργά
trample ['træmpl] vt: **to ~ (underfoot)**
ποδοπατώ ▶ vi (fig): **to ~ on** (sb's feelings)
ποδοπατώ • (sb's rights) καταπατώ
trampoline ['træmpəliːn] n τραμπολίνο nt
trance [trɑːns] n έκσταση f
tranquil ['træŋkwɪl] adj ήρεμος • (place) ήσυχος
transaction [træn'zækʃən] n συναλλαγή f
transatlantic ['trænzət'læntɪk] adj
υπερατλαντικός
transcript ['trænskrɪpt] n αντίγραφο nt (από
απομαγνητοφώνηση ή από σημειώσεις)
transfer [n 'trænsfər, vb træns'fəːr] n (of
employees etc) μετάθεση f • (of money) μεταφορά f
• (Pol: of power) μεταβίβαση f • (Sport) μεταγραφή
f • (picture, design) χαλκομανία f ▶ vt (money etc)
μεταφέρω • (employees) μεταθέτω • (power,
ownership) μεταβιβάζω
transform [træns'fɔːm] vt μεταμορφώνω
transformation [trænsfə'meɪʃən] n
μετασχηματισμός m
transfusion [træns'fjuːʒən] n (also: **blood ~**)
μετάγγιση f
transit ['trænzɪt] n: **in ~** στη μεταφορά
transition [træn'zɪʃən] n μετάβαση f
translate [trænz'leɪt] vt μεταφράζω
translation [trænz'leɪʃən] n μετάφραση f
translator [trænz'leɪtər] n μεταφραστής/τρια m/f
transmission [trænz'mɪʃən] n (of information,
disease) μετάδοση f • (TV) εκπομπή f • (Aut)
κιβώτιο nt ταχυτήτων
transmit [trænz'mɪt] vt μεταδίδω

transmitter [trænz'mɪtər] (TV, Radio) n
πομπός m
transparent [træns'pærnt] adj (blouse)
διαφανής • (plastic) διαφανές • (fig) ολοφάνερος
transplant [vb træns'plɑːnt, n 'trænsplɑːnt] vt
(Med: organ) μεταμοσχεύω • (seedlings)
μεταφυτεύω ▶ n μόσχευμα nt
transport [n 'trænspɔːt, vb træns'pɔːt] n
(moving people, goods) μεταφορά f ▶ vt μεταφέρω
transportation ['trænspɔː'teɪʃən] n (moving)
μεταφορά f • (means of transport) μεταφορικό
μέσο nt
transvestite [trænz'vestaɪt] n τραβεστί mf inv
trap [træp] n (snare, trick) παγίδα f ▶ vt (animal)
πιάνω σε παγίδες • (person: trick) παγιδεύω
• (confine) παγιδεύω • (immobilize) παγιδεύω
trash [træʃ] n σκουπίδια nt pl • (pej: nonsense)
βλακείες fpl
trash can (US) n σκουπιδοτενεκές m
trauma ['trɔːmə] n τραυματική εμπειρία f
• (Psych) ψυχικό τραύμα nt • (Med) τραύμα nt
traumatic [trɔː'mætɪk] adj τραυματικός
travel ['trævl] n ταξίδι nt ▶ vi (person: journey)
ταξιδεύω • (: move) πηγαίνω • (car, aeroplane,
sound etc) κινούμαι • (news) μεταδίδομαι ▶ vt
(distance) διανύω ▪ **travels** npl ταξίδια nt pl
travel agency n ταξιδιωτικό πρακτορείο nt
travel agent n ταξιδιωτικός πράκτορας mf
traveller ['trævlər], **traveler** (US) n
ταξιδιώτης/ισσα m/f
traveller's cheque [trævləz'tʃek], **traveler's
check** (US) n ταξιδιωτική επιταγή f
travelling ['trævlɪŋ], **traveling** (US) n ταξίδια
nt pl
tray [treɪ] n δίσκος m • (also: **in-tray/out-tray**)
δίσκος m εισερχομένων/εξερχομένων
treacherous ['tretʃərəs] adj ύπουλος
tread [tred] (pt **trod**, pp **trodden**) n (of tyre)
πέλμα nt ▶ vi βηματίζω
▪ **tread on** vt fus τσαλαπατάω
treasure ['treʒər] n (also fig) θησαυρός m ▶ vt
(value: object) φυλάω σαν θησαυρό • (: memory,
thought, friendship) κρατάω σαν θησαυρό
treasurer ['treʒərər] n ταμίας mf (οργανισμού
κ.λπ.)
treasury ['treʒərɪ] n: **the T~**, (US) **the
T~ Department** υπουργείο Οικονομικών
treat [triːt] n (present) περιποίηση f ▶ vt (person,
object) αντιμετωπίζω • (Med: patient, illness)
θεραπεύω • (Tech: coat) επεξεργάζομαι • **to ~ sb
to sth** κερνάω κν κτ
treatment ['triːtmənt] n μεταχείριση f • (Med)
θεραπεία f
treaty ['triːtɪ] n συμφωνία f
treble ['trebl] adj τριπλός ▶ vt τριπλασιάζω ▶ vi
τριπλασιάζομαι
tree [triː] n δέντρο nt
trek [trek] n (long journey) μακρύ ταξίδι nt
• (walk) πεζοπορία f ▶ vi (as holiday) κάνω
πεζοπορία
tremble ['trembl] vi (voice) τρέμω • (body,
ground, tree) τρέμω
tremendous [trɪ'mendəs] adj (enormous)
τεράστιος • (excellent) φοβερός

trench [trɛntʃ] n χαντάκι nt

trend [trɛnd] n (tendency) τάση f • (fashion) μόδα f

trendy ['trɛndɪ] adj της μόδας

trespass ['trɛspəs] vi: **to ~ on** μπαίνω παράνομα σε • **"no trespassing"** «Απαγορεύεται η είσοδος»

trial ['traɪəl] n (Jur) δίκη f • (test: of machine, drug etc) δοκιμή f • (worry) δοκιμασία f • **by ~ and error** με συνεχείς δοκιμές ■ **trials** npl δοκιμασία f

triangle ['traɪæŋgl] n (Math, Mus) τρίγωνο nt

triangular [traɪ'æŋgjulə*] adj τριγωνικός

tribe [traɪb] n φυλή f

tribunal [traɪ'bjuːnl] n δικαστήριο nt (ειδικό)

tribute ['trɪbjuːt] n: **to pay ~ to** αποτίω φόρο τιμής σε • **to be a ~ to sth** τιμώ ιδιαίτερα κτ

trick [trɪk] n κόλπο nt • (deception) τέχνασμα nt • (Cards) παρτίδα f ▶ vt ξεγελάω

trickle ['trɪkl] n (of water etc) γραμμή f (υγρού) ▶ vi (water, rain etc) στάζω ▶ (people) πηγαίνω σιγά-σιγά

tricky ['trɪkɪ] adj μπερδεμένος

trifle ['traɪfl] n ψιλοπράγμα nt • (Culin) γλυκό με σαβουαγιάρ, ζελέ και κρέμα ▶ adv: **a ~** long κάτι λίγο περισσότερο ▶ vi: **to ~ with sb/sth** παίρνω στα ελαφρά κν/κτ

trigger ['trɪgə*] n σκανδάλη f ▶ **trigger off** vt fus πυροδοτώ

trim [trɪm] adj (house, garden) περιποιημένος • (figure, person) λεπτός n (haircut): **to have a ~** κόβω λίγο τα μαλλιά μου • (decoration: on clothes) διακόσμηση f • (: on car) τελειώματα nt pl ▶ vt (cut: hair, beard) κόβω λίγο • (decorate): **to ~ (with)** στολίζω (με)

trio ['triːəu] n (also Mus) τρίο nt inv

trip [trɪp] n (journey) ταξίδι nt • (outing) βόλτα f ▶ vi (stumble) σκοντάφτω • (go lightly) αλαφροπατάω
▶ **trip over** vt fus σκοντάφτω πάνω σε
▶ **trip up** vi σκοντάφτω ▶ vt βάζω τρικλοποδιά σε

triple ['trɪpl] adj τριπλός ▶ adv: **~ the distance/ the speed** η τριπλή απόσταση/ταχύτητα

triplets ['trɪplɪts] npl τρίδυμα nt pl

tripod ['traɪpɔd] n τρίποδο nt

triumph ['traɪʌmf] n θρίαμβος m ▶ vi θριαμβεύω

triumphant [traɪ'ʌmfənt] adj θριαμβευτικός

trivial ['trɪvɪəl] adj ασήμαντος

trod [trɔd] pt of **tread**

trodden ['trɔdn] pp of **tread**

trolley ['trɔlɪ] n καρότσι nt

troop [truːp] n (of people) ομάδα f ▶ vi: **to ~ in/ out** μπαίνω/βγαίνω κοπαδιαστά ■ **troops** npl (Mil) στρατεύματα nt pl

trophy ['trəufɪ] n έπαθλο nt

tropical ['trɔpɪkl] adj τροπικός

trot [trɔt] n (fast pace) τροχάδην nt inv • (of horse) τριποδισμός m ▶ vi (horse) τριποδίζω • (person) τρέχω • **on the ~** (BRIT fig) απανωτά

trouble ['trʌbl] n (difficulty) μπελάδες mpl • (problem) πρόβλημα nt • (bother, effort) φασαρία f • (unrest) ταραχές fpl ▶ vt (worry)

βασανίζω • (disturb: person) ενοχλώ ▶ vi: **to ~ to do sth** μπαίνω στον κόπο να κάνω κτ • **to be in ~** έχω μπλεξίματα • (ship, climber etc) έχω κάποιο πρόβλημα ■ **troubles** npl (personal) προβλήματα nt pl • (Pol) ταραχές fpl

troubled ['trʌbld] adj (person) προβληματισμένος • (country, life, era) (χώρα) που αντιμετωπίζει δυσκολίες, (ζωή) δύσκολος, (εποχή) ταραγμένος

troublesome ['trʌblsəm] adj (child) που δημιουργεί προβλήματα • (cough etc) ενοχλητικός

trough [trɔf] n (also: **drinking ~**) ποτίστρα f • (also: **feeding ~**) ταΐστρα f • (channel) αυλάκι nt • (low point) κατώτερο σημείο nt

trousers ['trauzəz] npl παντελόνι nt • **short ~** σορτς nt inv

trout [traut] n inv πέστροφα f

truce [truːs] n ανακωχή f

truck [trʌk] n (lorry) φορτηγό nt • (Rail) βαγόνι nt μεταφοράς

truck driver, trucker (US) n φορτηγατζής/ού m/f

true [truː] adj (story, account) αληθινός • (real: motive, feelings) πραγματικός • (accurate: likeness) πιστός • (genuine) πραγματικός • (faithful: friend) πιστός • **to come ~** πραγματοποιούμαι

truly ['truːlɪ] adv πραγματικά • (truthfully) ειλικρινά • **Yours ~** (in letter) μετά τιμής

trumpet ['trʌmpɪt] n τρομπέτα f

trunk [trʌŋk] n (of tree, person) κορμός m • (of elephant) προβοσκίδα f • (case) μπαούλο nt • (US Aut) πορτ-μπαγκάζ nt inv ■ **trunks** npl (also: **swimming trunks**) μαγιό nt inv (σε στυλ βερμούδας)

trust [trʌst] n εμπιστοσύνη f • (Comm) ίδρυμα nt ▶ vt εμπιστεύομαι • **to ~ (that)** ελπίζω ότι or να

trustworthy ['trʌstwə:ðɪ] adj αξιόπιστος

truth [truːθ] n (pl **truths**) αλήθεια f

truthful ['truːθful] adj (person) φιλαλήθης • (answer, account) ειλικρινής

try [traɪ] n δοκιμή f • (Rugby) τέρμα nt ▶ vt δοκιμάζω • (Jur: person) δικάζω • (strain: patience) βάζω σε δοκιμασία ▶ vi προσπαθώ
▶ **try on** vt (dress, hat, shoes) δοκιμάζω
▶ **try out** vt δοκιμάζω

trying ['traɪɪŋ] adj κουραστικός

T-shirt ['tiːʃəːt] n μπλουζάκι nt

tub [tʌb] n (container) κάδος m • (bath) μπανιέρα f

tube [tjuːb] n (of medicine, toothpaste etc) σωληνάριο nt • (BRIT: underground) υπόγειο m • (US inf): **the ~** η τηλεόραση

tuberculosis [tjubəːkjuˈləusɪs] n φυματίωση f

tuck [tʌk] vt (put) χώνω ▶ n (Sewing) πιέτα f
▶ **tuck away** vt (money) καταχωνιάζω • **to be tucked away** (building) είμαι χωμένος
▶ **tuck in** vt (clothing) βάζω μέσα • (child) σκεπάζω ▶ vi (eat) ορμάω
▶ **tuck up** vt (invalid, child) σκεπάζω

Tuesday ['tjuːzdɪ] n Τρίτη f • **it is ~ 23rd March** είναι Τρίτη 23 Μαρτίου • **on ~** την Τρίτη • **on Tuesdays** τις Τρίτες • **every ~** κάθε Τρίτη • **every other ~** κάθε δεύτερη Τρίτη • **last/next ~**

την περασμένη/την ερχόμενη Τρίτη
• **~ morning/lunchtime/afternoon/evening**
την Τρίτη το πρωί/μεσημέρι/απόγευμα/βράδυ

tug [tʌg] n (ship) πιλοτίνα f ▶ vt τραβάω απότομα

tuition [tjuːˈɪʃən] n (Brit: instruction) μαθήματα nt pl • (US: school fees) δίδακτρα nt pl

tulip [ˈtjuːlɪp] n τουλίπα f

tumble [ˈtʌmbl] n τούμπα f ▶ vi κατρακυλάω

tummy [ˈtʌmɪ] (inf) n (stomach) στομάχι nt • (belly) κοιλιά f

tumour, **tumor** (US) [ˈtjuːməʳ] n όγκος m

tuna [ˈtjuːnə] n inv (also: ~ fish) τόνος m (ψάρι)

tune [tjuːn] n σκοπός m ▶ vt (Mus) κουρδίζω • (Radio, TV, Aut) ρυθμίζω • to be in/out of ~ (instrument) είμαι κουρδισμένος/ξεκούρδιστος • (singer) είμαι σωστός/φάλτσος
▶ **tune in** vi (Radio, TV): **to ~ in (to)** συντονίζομαι (σε)
▶ **tune up** vi κουρδίζω τα όργανα

tunic [ˈtjuːnɪk] n χιτώνας m

Tunisia [tjuːˈnɪzɪə] n Τυνησία f

tunnel [ˈtʌnl] n τούνελ nt inv ▶ vi ανοίγω σήραγγα

turbulence [ˈtəːbjuləns] (Aviat) n αναταράξεις fpl

turf [təːf] n (grass) γρασίδι nt • (piece of grass) κομμάτι nt χλοοτάπητα ▶ vt στρώνω με γρασίδι
▶ **turf out** (inf) vt πετάω έξω

Turk [təːk] n Τούρκος/άλα m/f

Turkey [ˈtəːkɪ] n Τουρκία f

turkey [ˈtəːkɪ] n γαλοπούλα f

Turkish [ˈtəːkɪʃ] adj τουρκικός ▶ n (Ling) τουρκικά nt pl

turmoil [ˈtəːmɔɪl] n αναταραχή f

turn [təːn] n στροφή f • (performance) νούμερο nt • (go) σειρά f ▶ vt γυρίζω ▶ vi (object) γυρίζω • (person) στρίβω • **to ~ forty** σαρανταρίζω • **a good ~** μια καλή πράξη • **a ~ of events** μια τροπή των γεγονότων • **"no left ~"** (Aut) «απαγορεύεται η στροφή αριστερά» • **it's your ~** είναι η σειρά σας • **in ~** με τη σειρά • **to take turns (at)** (κάνω) εναλλάξ • **at the ~ of the century/year** στις αρχές του αιώνα/χρόνου
▶ **turn around** vi γυρνάω
▶ **turn away** vi γυρνάω απ' την άλλη ▶ vt (applicants) απορρίπτω • (business) διώχνω
▶ **turn back** vi γυρνάω πίσω ▶ vt γυρίζω πίσω
▶ **turn down** vt (refuse) αρνούμαι • (reduce) χαμηλώνω • (fold) σηκώνω
▶ **turn in** vi (inf: go to bed) πάω για ύπνο ▶ vt (to police) παραδίδω
▶ **turn into** vt fus γίνομαι ▶ vt μετατρέπω
▶ **turn off** vi (from road) στρίβω ▶ vt κλείνω • (engine) σβήνω
▶ **turn on** vt (radio, tap etc) ανοίγω • (light) ανάβω • (engine) βάζω μπρος
▶ **turn out** vt (light, gas) κλείνω ▶ vi (appear, attend) προσέρχομαι • **to ~ out to be** αποδεικνύομαι • **to ~ out well/badly** έχω καλή/άσχημη κατάληξη
▶ **turn over** vi γυρίζω την πλάτη μου ▶ vt γυρίζω
▶ **turn round** vi (person, vehicle) στρίβω • (rotate) γυρίζω (γύρω-γύρω)

▶ **turn up** vi εμφανίζομαι ▶ vt (collar) ανασηκώνω • (radio) δυναμώνω • (heater etc) δυναμώνω

turning [ˈtəːnɪŋ] n (in road) στροφή f

turning point n (fig) κρίσιμη καμπή f

turnip [ˈtəːnɪp] n γογγύλι nt

turnout [ˈtəːnaut] n (of voters etc) προσέλευση f

turnover [ˈtəːnəuvəʳ] n (Comm: amount of money) τζίρος m • (: of staff) αντικατάσταση f • (Culin): **apple ~ etc** μηλοπιτάκι κ.λπ.

turquoise [ˈtəːkwɔɪz] adj τυρκουάζ inv

turtle [ˈtəːtl] n χελώνα f

tutor [ˈtjuːtəʳ] n καθηγητής/τρια m/f

tutorial [tjuːˈtɔːrɪəl] n μάθημα nt

tuxedo [tʌkˈsiːdəu] (US) n σμόκιν nt inv

TV [tiːˈviː] n abbr = **television**

tweed [twiːd] n τουίντ nt inv ▶ adj τουίντ inv

tweet [twiːt] vt (on social media) τουιτάρω

twelfth [twelfθ] num δωδέκατος

twelve [twelv] num δώδεκα • **at ~ (o'clock)** (midday) στις δώδεκα (το μεσημέρι) • (midnight) στις δώδεκα (τα μεσάνυχτα)

twentieth [ˈtwentɪɪθ] num εικοστός

twenty [ˈtwentɪ] num είκοσι

twice [twaɪs] adv δυο φορές • **~ as much** διπλάσιος

twig [twɪg] n κλαράκι nt ▶ vi (Brit inf) μπαίνω

twilight [ˈtwaɪlaɪt] n (evening) σούρουπο nt • (morning) χαραυγή nt

twin [twɪn] adj (sister, brother) δίδυμος • (beds) μονό ▶ n δίδυμος/η m/f • (room in hotel etc) δίκλινο nt (με δύο κρεβάτια) ▶ vt (towns etc) αδελφοποιώ

twinkle [ˈtwɪŋkl] vi τρεμοπαίζω ▶ n τρεμόπαιγμα nt

twist [twɪst] n (action) στρίψιμο nt • (in road, coil, flex) στροφή f • (in story) αναπάντεχη εξέλιξη f ▶ vt (turn) στρίβω • (injure: ankle etc) στραμπουλάω • (twine) τυλίγω • (fig: meaning, words) διαστρεβλώνω ▶ vi (road, river) στριφογυρίζω

twitch [twɪtʃ] n τικ nt inv ▶ vi τινάζομαι

two [tuː] num δύο • **~ by ~**, **in twos** δυο-δυο

type [taɪp] n (category, model, example) τύπος m • (Typ) χαρακτήρες mpl ▶ vt δακτυλογραφώ

typewriter [ˈtaɪpraɪtəʳ] n γραφομηχανή f

typhoid [ˈtaɪfɔɪd] n τύφος m

typhoon [taɪˈfuːn] n τυφώνας m

typical [ˈtɪpɪkl] adj τυπικός • **~ (of)** ≈ χαρακτηριστική περίπτωση +gen

typing [ˈtaɪpɪŋ] n δακτυλογράφηση f

tyre [ˈtaɪəʳ], **tire** (US) n λάστιχο nt

U, u [ju:] *n* το εικοστό πρώτο γράμμα του αγγλικού αλφαβήτου

UFO *n abbr* (= unidentified flying object) ούφο *nt inv*

Uganda [ju:ˈɡændə] *n* Ουγκάντα *f*

ugly [ˈʌɡlɪ] *adj* άσχημος

UK *n abbr* = **United Kingdom**

Ukraine [ju:ˈkreɪn] *n* Ουκρανία *f*

ulcer [ˈʌlsər] *n* (also: **stomach ~**) έλκος *nt* • (also: **mouth ~**) άφθα *f*

ultimate [ˈʌltɪmət] *adj* (final) τελικός • (greatest) απόλυτος

ultimately [ˈʌltɪmətlɪ] *adv* (in the end) εν τέλει • (basically) σε τελική ανάλυση

ultimatum [ʌltɪˈmeɪtəm] (*pl* **ultimatums** or **ultimata**) *n* τελεσίγραφο *nt*

ultrasound [ˈʌltrəsaʊnd] *n* υπέρηχος *m*

ultraviolet [ˈʌltrəˈvaɪəlɪt] *adj* υπεριώδης

umbrella [ʌmˈbrelə] *n* (for rain, sun) ομπρέλα *f*

umpire [ˈʌmpaɪər] *n* (Tennis, Cricket) διαιτητής *mf*

UN *n abbr* = **United Nations**

unable [ʌnˈeɪbl] *adj*: **to be ~ to do sth** μου είναι αδύνατο να κάνω κτ

unacceptable [ʌnəkˈseptəbl] *adj* απαράδεκτος

unanimous [ju:ˈnænɪməs] *adj* (voters) που ψηφίζουν ομόφωνα

unarmed [ʌnˈɑ:md] *adj* άοπλος

unattended [ʌnəˈtendɪd] *adj* ασυνόδευτος

unattractive [ʌnəˈtræktɪv] *adj* άχαρος

unavailable [ʌnəˈveɪləbl] *adj* (article, book) που έχει εξαντληθεί • (room) πιασμένος • (person) που δεν είναι διαθέσιμος

unavoidable [ʌnəˈvɔɪdəbl] *adj* αναπόφευκτος

unaware [ʌnəˈweər] *adj*: **to be ~ of sb/sth** δεν έχω αντιληφθεί κν/κτ

unbearable [ʌnˈbɛərəbl] *adj* (heat, pain) αφόρητος • (person) ανυπόφορος

unbeatable [ʌnˈbi:təbl] *adj* (team) αήττητος • (price, quality) ασυναγώνιστος

unbelievable [ʌnbɪˈli:vəbl] *adj* (implausible) απίθανος • (amazing) απίστευτος

unborn [ʌnˈbɔ:n] *adj* αγέννητος

uncanny [ʌnˈkænɪ] *adj* (resemblance, knack) ανεξήγητος • (silence) αλλόκοτος

uncertain [ʌnˈsə:tn] *adj* (person) που δεν είναι βέβαιος or σίγουρος • (future, outcome) αβέβαιος

uncertainty [ʌnˈsə:tntɪ] *n* αβεβαιότητα *f*

unchanged [ʌnˈtʃeɪndʒd] *adj* αμετάβλητος

uncle [ˈʌŋkl] *n* θείος *m*

unclear [ʌnˈklɪər] *adj* (uncertain) ασαφής • (unintelligible) ακατανόητος

uncomfortable [ʌnˈkʌmfətəbl] *adj* (physically: person) που δεν βολεύεται • (: chair, room) άβολος • (nervous) αμήχανος • (unpleasant) δυσάρεστος

uncommon [ʌnˈkɒmən] *adj* ασυνήθιστος

unconditional [ʌnkənˈdɪʃənl] *adj* (acceptance) χωρίς όρους

unconscious [ʌnˈkɒnʃəs] *adj* (in faint) αναίσθητος • (unaware): **to be ~ of** δεν έχω αντιληφθεί

uncontrollable [ʌnkənˈtrəʊləbl] *adj* ανεξέλεγκτος • (temper, laughter) ασυγκράτητος

unconventional [ʌnkənˈvenʃənl] *adj* που ξεφεύγει από τα καθιερωμένα

uncover [ʌnˈkʌvər] *vt* ξεσκεπάζω

undecided [ʌndɪˈsaɪdɪd] *adj* (person) αναποφάσιστος • (issue) που δεν έχει κριθεί

undeniable [ʌndɪˈnaɪəbl] *adj* αδιάσειστος

under [ˈʌndər] *prep* (beneath) κάτω από • (in age) κάτω +gen • (in price) λιγότερος από • (law, agreement etc) σύμφωνα με • (sb's leadership) υπό ▶ *adv* (go, fly etc) από κάτω • (Pol) παράνομος ▶ *adv* (work) κάτω από **~ discussion** υπό • **~ the circumstances** υπό or κάτω από αυτές τις συνθήκες

undercover [ʌndəˈkʌvər] *adj* μυστικός ▶ *adv* κρυφά

underestimate [ˈʌndərˈestɪmeɪt] *vt* υποτιμώ

undergo [ʌndəˈɡəʊ] (*irreg*) *vt* (test, operation) υποβάλλομαι σε • (change) υφίσταμαι

undergraduate [ʌndəˈɡrædjuɪt] *n* προπτυχιακός/ή φοιτητής/τρια *m/f*

underground [ˈʌndəɡraʊnd] *n*: **the ~** (BRIT: railway) ο υπόγειος • (Pol) η αντίσταση ▶ *adj* (car park) υπόγειος • (Pol) παράνομος ▶ *adv* (work) κάτω από τη γη • (Pol) βγαίνω στην παρανομία

undergrowth [ˈʌndəɡrəʊθ] *n* χαμηλή βλάστηση *f*

underline [ʌndəˈlaɪn] *vt* υπογραμμίζω • (fig) τονίζω

undermine [ʌndəˈmaɪn] *vt* υπονομεύω

underneath [ʌndəˈni:θ] *adv* από κάτω ▶ *prep* κάτω από

underpants [ˈʌndəpænts] *npl* εσώρουχο *nt*

underpass [ˈʌndəpɑ:s] (BRIT) *n* υπόγεια διάβαση *f*

underskirt [ˈʌndəskɑ:t] (BRIT) *n* κομπινεζόν *nt inv*

understand [ʌndəˈstænd] (*irreg*) *vt* καταλαβαίνω

understandable [ʌndəˈstændəbl] *adj* κατανοητός

understanding [ʌndəˈstændɪŋ] *adj* που έχει or δείχνει κατανόηση ▶ *n* (knowledge) γνώση *f* • (sympathy) κατανόηση *f*

understatement [ˈʌndəsteɪtmənt] *n* ευφημισμός *m*

understood [ʌndəˈstʊd] *pt, pp of* **understand** ▶ *adj* (implied) αντιληπτός • (agreed): **it is ~ that** εννοείται ότι

undertake [ʌndəˈteɪk] (*irreg*) *vt* αναλαμβάνω ▶ *vi*: **to ~ to do sth** αναλαμβάνω να κάνω κτ

undertaking ['ʌndəteɪkɪŋ] n (job) εγχείρημα nt
• (promise) δέσμευση f
underwater ['ʌndə'wɔ:tə'] adv κάτω από το
νερό ▸ adj υποβρύχιος
underwear ['ʌndəweə'] n εσώρουχα nt pl
underwent [ʌndə'went] pt of **undergo**
underworld ['ʌndəwɜ:ld] n (criminal): **the** ~ ο
υπόκοσμος
undesirable [ʌndɪ'zaɪərəbl] adj (person)
ανεπιθύμητος • (thing) ανεπιθύμητος
undisputed [ʌndɪs'pju:tɪd] adj (fact)
αδιάσειστος • (champion etc) αδιαφιλονίκητος
undo [ʌn'du:] (irreg) vt (unfasten) λύνω • (spoil)
ξεκάνω • (Comput) "~" αναίρεση
undone [ʌn'dʌn] pp of **undo** • **to come** ~
(shoelaces etc) λύνομαι • (zip) ανοίγω
undoubtedly [ʌn'dautɪdlɪ] adv αναμφισβήτητα
undress [ʌn'drɛs] vi γδύνομαι ▸ vt γδύνω
uneasy [ʌn'i:zɪ] adj (person) ανήσυχος • (feeling)
άσχημος
unemployed [ʌnɪm'plɔɪd] adj άνεργος ▸ npl:
the ~ οι άνεργοι
unemployment [ʌnɪm'plɔɪmənt] n ανεργία f
unequal [ʌn'i:kwəl] adj άνισος • (in length etc)
που έχει διαφορετικό (μήκος κ.λπ.)
uneven [ʌn'i:vn] adj (teeth) που δεν είναι ίσα
• (pattern) ανομοιόμορφος • (road etc) ανώμαλος
unexpected [ʌnɪks'pɛktɪd] adj αναπάντεχος
unexpectedly [ʌnɪks'pɛktɪdlɪ] adv (succeed etc)
απροσδόκητα • (arrive) χωρίς προειδοποίηση
unfair [ʌn'fɛə'] adj (system) άδικος • (advantage)
αθέμιτος
unfaithful [ʌn'feɪθful] adj άπιστος
unfamiliar [ʌnfə'mɪlɪə'] adj άγνωστος • **to be**
~ **with** δεν είμαι εξοικειωμένος με
unfashionable [ʌn'fæʃnəbl] adj (clothes)
ντεμοντέ inv
unfavourable [ʌn'feɪvrəbl], **unfavorable**
(US) adj δυσμενής
unfinished [ʌn'fɪnɪʃt] adj ατελής
unfit [ʌn'fɪt] adj (physically) που δεν είναι σε
φόρμα • **to be** ~ **for/to do sth** είμαι ακατάλληλος
για/για να κάνω κτ • ~ **for work** ανίκανος για
εργασία
unfold [ʌn'fəuld] vt ξεδιπλώνω
unfollow [ʌn'fɔləu] vt (on social media) κάνω
unfollow
unforgettable [ʌnfə'gɛtəbl] adj αξέχαστος
unfortunate [ʌn'fɔ:tʃənət] adj (unlucky) άτυχος
• (accident) ατυχής • (event, remark) ατυχής
unfortunately [ʌn'fɔ:tʃənətlɪ] adv δυστυχώς
unfriend [ʌn'frɛnd] vt (on social media) κάνω
unfriend
unfriendly [ʌn'frɛndlɪ] adj εχθρικός
unhappiness [ʌn'hæpɪnɪs] n δυστυχία f
unhappy [ʌn'hæpɪ] adj δυστυχισμένος
• (accident, event) ατυχής
unhealthy [ʌn'hɛlθɪ] adj (person) μη υγιής
• (place) ανθυγιεινός • (fig) αρρωστημένος
unheard-of [ʌn'hɜ:dɔv] adj ανήκουστος
unhelpful [ʌn'hɛlpful] adj (person) μη
εξυπηρετικός • (advice) που δεν βοηθάει καθόλου
unhurt [ʌn'hɜ:t] adj σώος
uniform ['ju:nɪfɔ:m] n στολή f ▸ adj ομοιόμορφος

unify ['ju:nɪfaɪ] vt ενώνω
unimportant [ʌnɪm'pɔ:tənt] adj ασήμαντος
unintentional [ʌnɪn'tɛnʃənəl] adj ακούσιος
union ['ju:njən] n (unification) ένωση f • (also:
trade ~) συνδικάτο nt
Union Jack n η σημαία της Μεγάλης Βρετανίας
unique [ju:'ni:k] adj (object etc) μοναδικός
• (skill, performance) ξεχωριστός
unisex ['ju:nɪsɛks] adj (clothes) γιούνισεξ inv
unit ['ju:nɪt] n (Elec, Mil etc) μονάδα f • (of
furniture etc) κομμάτι nt
unite [ju:'naɪt] vt ενώνω ▸ vi ενώνομαι
united [ju:'naɪtɪd] adj ενωμένος
United Arab Emirates
[ju:naɪtɪdærəb'ɛmɪrɪts] npl: **the** ~ τα Ηνωμένα
Αραβικά Εμιράτα
United Kingdom n: **the** ~ το Ηνωμένο
Βασίλειο
United Nations n: **the** ~ τα Ηνωμένα Έθνη
United States, United States of America
n: **the** ~ οι Ηνωμένες Πολιτείες (Αμερικής)
unity ['ju:nɪtɪ] n ενότητα f
universal [ju:nɪ'vɜ:sl] adj παγκόσμιος
universe ['ju:nɪvɜ:s] n σύμπαν nt
university [ju:nɪ'vɜ:sɪtɪ] n πανεπιστήμιο nt
unjust [ʌn'dʒʌst] adj άδικος
unkind [ʌn'kaɪnd] adj σκληρός
unknown [ʌn'nəun] adj άγνωστος
unlawful [ʌn'lɔ:ful] adj παράνομος
unleaded [ʌn'lɛdɪd] n (also: ~ **petrol**) αμόλυβδη
(βενζίνη) f
unleash [ʌn'li:ʃ] vt (fig: feeling) απελευθερώνω
unless [ʌn'lɛs] conj παρά μόνο αν • ~ **otherwise
stated** εκτός αν ορίζεται διαφορετικά
unlike [ʌn'laɪk] adj διαφορετικός ▸ prep (not like)
αντίθετα από • (different from): **to be** ~ **sb/sth**
διαφέρω από κν/κτ
unlikely [ʌn'laɪklɪ] adj (not likely) απίθανος
• (unexpected) απροσδόκητος
unlimited [ʌn'lɪmɪtɪd] adj απεριόριστος
unload [ʌn'ləud] vt ξεφορτώνω
unlock [ʌn'lɔk] vt ξεκλειδώνω
unlucky [ʌn'lʌkɪ] adj άτυχος
unmarried [ʌn'mærɪd] adj ανύπαντρος
unmistakable, unmistakeable
[ʌnmɪs'teɪkəbl] adj (voice, sound)
χαρακτηριστικός
unnatural [ʌn'nætʃrəl] adj αφύσικος
unnecessary [ʌn'nɛsəsərɪ] adj περιττός
unofficial [ʌnə'fɪʃl] adj (news) ανεπίσημος
• (strike) χωρίς την έγκριση των σωματείων
unpack [ʌn'pæk] vi αδειάζω τη βαλίτσα ▸ vt
αδειάζω
unpaid [ʌn'peɪd] adj (bill) απλήρωτος
unpleasant [ʌn'plɛznt] adj δυσάρεστος
unplug [ʌn'plʌg] vt βγάζω από την πρίζα
unpopular [ʌn'pɔpjulə'] adj (person) αντιπαθής
• (decision) αντιλαϊκός
unprecedented [ʌn'prɛsɪdəntɪd] adj που δεν
έχει προηγούμενο
unpredictable [ʌnprɪ'dɪktəbl] adj
απρόβλεπτος • (weather) ασταθής
unqualified [ʌn'kwɔlɪfaɪd] adj (teacher) χωρίς
πτυχίο • (nurse etc) πρακτικός • (success) απόλυτος

unravel [ʌnˈrævl] vt (also fig) ξετυλίγω

unreal [ʌnˈrɪəl] adj (artificial) ψεύτικος • (peculiar) περίεργος

unrealistic [ˈʌnrɪəˈlɪstɪk] adj εξωπραγματικός

unreasonable [ʌnˈriːznəbl] adj παράλογος

unrelated [ʌnrɪˈleɪtɪd] adj άσχετος • (family) που δεν έχει συγγένεια

unreliable [ʌnrɪˈlaɪəbl] adj αναξιόπιστος

unrest [ʌnˈrest] n αναταραχή f

unsafe [ʌnˈseɪf] adj (in danger) σε κίνδυνο • (journey, machine etc) επικίνδυνος

unsatisfactory [ˈʌnsætɪsˈfæktərɪ] adj μη ικανοποιητικός

unsettled [ʌnˈsetld] adj (person) αναστατωμένος • (future) αβέβαιος • (weather) άστατος

unsettling [ʌnˈsetlɪŋ] adj ανησυχητικός

unsightly [ʌnˈsaɪtlɪ] adj αποκρουστικός

unskilled [ʌnˈskɪld] adj ανειδίκευτος

unstable [ʌnˈsteɪbl] adj που κουνιέται • (government) ασταθής • (person: mentally) ανισόρροπος

unsteady [ʌnˈstedɪ] adj (step) ασταθής • (voice) τρεμάμενος • (hands, legs, person) που τρέμει

unsuccessful [ʌnsəkˈsesful] adj αποτυχημένος • to be ~ (in doing sth) αποτυγχάνω (να κάνω κτ)

unsuitable [ʌnˈsuːtəbl] adj ακατάλληλος

unsure [ʌnˈʃuəʳ] adj που δεν είναι σίγουρος • (future) αβέβαιος

untidy [ʌnˈtaɪdɪ] adj (room) ακατάστατος • (person, appearance) ατημέλητος

untie [ʌnˈtaɪ] vt λύνω • (prisoner) ελευθερώνω

until [ənˈtɪl] prep μέχρι • (after negative) παρά ▶ conj μέχρι να • ~ now μέχρι τώρα • ~ then μέχρι τότε

untrue [ʌnˈtruː] adj αναληθής

unused [ʌnˈjuːzd] adj (clothes etc) αχρησιμοποίητος

unusual [ʌnˈjuːʒuəl] adj ασυνήθιστος

unusually [ʌnˈjuːʒuəlɪ] adv ασυνήθιστα

unveil [ʌnˈveɪl] vt αποκαλύπτω

unwanted [ʌnˈwɒntɪd] adj ανεπιθύμητος • (child, pregnancy) ανεπιθύμητος

unwell [ʌnˈwel] adj: to feel ~ νιώθω άσχημα • to be ~ δεν είμαι καλά

unwilling [ʌnˈwɪlɪŋ] adj: to be ~ to do sth δεν είμαι πρόθυμος να κάνω κτ

unwind [ʌnˈwaɪnd] (irreg) vt (undo) λύνω ▶ vi (relax) χαλαρώνω

unwise [ʌnˈwaɪz] adj απερίσκεπτος

unzip [ʌnˈzɪp] vt ανοίγω το φερμουάρ +gen

🔵 **KEYWORD**

up [ʌp] prep: he went up the stairs/the hill ανέβηκε τη σκάλα/το λόφο • the cat was up a tree η γάτα ήταν πάνω σε ένα δέντρο • we walked/climbed up the hill ανέβηκαμε/ σκαρφαλώσαμε στο λόφο • they live further up the street μένουν παρακάτω σ' αυτό το δρόμο ▶ adv 1 (upwards, higher) πάνω • up in the sky ψηλά στον ουρανό • up in the mountains πάνω στα βουνά • up there εκεί πάνω • up above πάνω ψηλά

2: to be up (out of bed) έχω σηκωθεί από το κρεβάτι • (prices, level) έχω ανεβεί

3: up to (as far as) μέχρι • the water came up to his knees το νερό του έφτανε μέχρι τα γόνατα

4: it's up to you από σένα εξαρτάται

5: he isn't up to the job δεν είναι κατάλληλος για τη δουλειά • he's not up to it δεν μπορεί να το κάνει • his work is not up to the required standard η δουλειά του δεν ανταποκρίνεται στις απαιτήσεις

6: to be up to (inf: be doing) κάνω • what is he up to? τι μαγειρεύει αυτός;
▶ n: ups and downs (in life, career) τα πάνω και τα κάτω

up-and-coming [ʌpəndˈkʌmɪŋ] adj ανερχόμενος

upbringing [ˈʌpbrɪŋɪŋ] n ανατροφή f

upcycle [ʌpˈsaɪkl] vt κάνω upcycling

update [ʌpˈdeɪt] vt (records) ενημερώνω • (information) επικαιροποιώ

upgrade [ʌpˈgreɪd] vt (employee) προάγω • (Comput) αναβαθμίζω

upheaval [ʌpˈhiːvl] n αναταραχή f

uphill [ˈʌpˈhɪl] adj ανηφορικός • (fig) κοπιαστικός ▶ adv προς τα πάνω

upholstery [ʌpˈhəulstərɪ] n ταπετσαρία f

upload [ʌpˈləud] vt (Comput) ανεβάζω

upmarket [ʌpˈmaːkɪt] adj (product) πολυτελείας • (area) που είναι για λίγους

upon [əˈpɒn] prep σε

upper [ˈʌpəʳ] adj πάνω

upper-class [ˈʌpəˈklaːs] adj αριστοκρατικός

upright [ˈʌpraɪt] adj (freezer) όρθιος • (fig: honest) έντιμος ▶ adv (sit, stand) ίσια

uprising [ˈʌpraɪzɪŋ] n εξέγερση f

uproar [ˈʌprɔːʳ] n (shouts) οχλοβοή f • (protest) αναταραχή f

upset [vb, adj ʌpˈset, n ˈʌpset] (irreg) (pt, pp ~) vt (knock over) αναποδογυρίζω • (offend, make unhappy) αναστατώνω • (plan, routine) χαλάω ▶ adj (unhappy) αναστατωμένος • (stomach) ανακατεμένος ▶ n: to have/get a stomach ~ (BRIT) το στομάχι μου είναι/έγινε χάλια

upside down [ʌpsaɪdˈdaun] adv ανάποδα • to turn a place ~ (fig) τα κάνω όλα άνω-κάτω

upstairs [ʌpˈsteəz] adv (ε)πάνω (στον επάνω όροφο) ▶ adj του (ε)πάνω ορόφου ▶ n (ε)πάνω όροφος m

up-to-date [ˈʌptəˈdeɪt] adj (modern) σύγχρονος • (with news etc) ενημερωμένος

upward [ˈʌpwəd] adj ανοδικός

upwards [ˈʌpwədz] adv προς τα επάνω

uranium [juəˈreɪnɪəm] n ουράνιο nt

Uranus [juəˈreɪnəs] n Ουρανός m

urban [ˈəːbən] adj αστικός

urge [əːdʒ] n παρόρμηση f ▶ vt: to ~ sb to do sth παροτρύνω κν να κάνει κτ

urgency [ˈəːdʒənsɪ] n (importance) επείγουσα ανάγκη f • (of tone) αδημονία f

urgent [ˈəːdʒənt] adj (letter, message) επείγων • (need) πιεστικός

urinal [ˈjuərɪnl] n ουρητήριο nt

urine [ˈjuərɪn] n ούρα nt pl

Uruguay [ˈjuərəgwaɪ] n Ουρουγουάη f

US n abbr = **United States**

us [ʌs] pron εμάς/μας • (after prep) εμάς/μας • see also **me**

USA n abbr = **United States** ΗΠΑ fpl inv

USB stick [juːɛsbiː-] n στικάκι

use [n juːs, vb juːz] n (using) χρήση f • (usefulness) χρησιμότητα f ▶ vt χρησιμοποιώ • **in ~** σε χρήση • **to be out of ~** βρίσκομαι σε αχρηστία • **it's no ~** (pointless) δεν έχει νόημα • **she used to do it** το έκανε (συχνά) • **to be used to** είμαι συνηθισμένος να • **to get used to sth** συνηθίζω κτ

▶ **use up** vt (food) αποτελειώνω • (money) ξοδεύω όλα

used [juːzd] adj μεταχειρισμένος

useful ['juːsful] adj χρήσιμος

useless ['juːslɪs] adj άχρηστος • (pointless) μάταιος

user ['juːzər] n χρήστης mf • (of petrol, gas etc) καταναλωτής/τρια m/f

user-friendly ['juːzə'frɛndlɪ] adj φιλικός προς το χρήστη

usual ['juːʒuəl] adj συνηθισμένος • **as ~** ως συνήθως

usually ['juːʒuəlɪ] adv συνήθως

utility [juːˈtɪlɪtɪ] n χρησιμότητα f • (also: **public ~**) επιχείρηση nt κοινής ωφελείας

utilize ['juːtɪlaɪz] vt αξιοποιώ

utmost ['ʌtməust] adj υπέρτατος ▶ n: **to do one's ~ (to do sth)** κάνω το παν (για να κάνω κτ)

utter ['ʌtər] adj (amazement) απόλυτος • (rubbish) σκέτος • (fool) μεγάλος ▶ vt αρθρώνω

utterly ['ʌtəlɪ] adv τελείως

U-turn ['juːˈtəːn] n (Aut, also fig) αναστροφή f

V

V, v [viː] n το εικοστό δεύτερο γράμμα του αγγλικού αλφαβήτου

vacancy ['veɪkənsɪ] n (Brit: job) θέση f • (room in hotel etc) ελεύθερο δωμάτιο • **"no vacancies"** «πλήρες»

vacant ['veɪkənt] adj ελεύθερος • (look, expression) αφηρημένος • (job) κενός

vacation [vəˈkeɪʃən] n (Scol) διακοπές fpl

vaccination [væksɪˈneɪʃən] n εμβολιασμός m • (instance) εμβόλιο nt

vaccine ['væksiːn] n εμβόλιο nt

vacuum ['vækjum] n κενό nt

vacuum cleaner n ηλεκτρική σκούπα f

vagina [vəˈdʒaɪnə] (Anat) n κόλπος m

vague [veɪg] adj (blurred) αμυδρός • (unclear) ασαφής • (person: not precise) που δεν είναι ξεκάθαρος • (evasive) που υπεκφεύγει

vain [veɪn] adj (conceited) ματαιόδοξος • (useless) μάταιος • **in ~** μάταια

valid ['vælɪd] adj έγκυρος • (argument, reason) που στέκει or ισχύει

valley ['vælɪ] n κοιλάδα f

valuable ['væljuəbl] adj πολύτιμος

valuables ['væljuəblz] npl τιμαλφή nt pl

value ['væljuː] n αξία f ▶ vt εκτιμώ ▪ **values** npl αξίες fpl

valve [vælv] n (also Med) βαλβίδα f

vampire ['væmpaɪər] n (lit) βρικόλακας m

van [væn] n (Aut) φορτηγάκι nt • (Brit Rail) βαγόνι nt

vandal ['vændl] n βάνδαλος m

vandalism ['vændəlɪzəm] n βανδαλισμός m

vanilla [vəˈnɪlə] n βανίλια f

vanish ['vænɪʃ] vi εξαφανίζομαι

vanity ['vænɪtɪ] n ματαιοδοξία f

vape [veɪp] vt ατμίζω

vapour ['veɪpər], **vapor** (US) n ατμός m

variable ['vɛərɪəbl] adj (mood, quality) ευμετάβλητος • (weather) ασταθής • (temperature, height, speed) μεταβλητός

variant ['vɛərɪənt] n παραλλαγή f

variation [vɛərɪˈeɪʃən] n μεταβολή f • (of plot etc) παραλλαγή f

varied ['vɛərɪd] adj (opinions, reasons) διαφορετικός • (career, work) που έχει ποικιλία

variety [vəˈraɪətɪ] n ποικιλία f
various [ˈvɛərɪəs] adj διάφορος
varnish [ˈvɑːnɪʃ] n βερνίκι nt ▸ vt λουστράρω
vary [ˈvɛərɪ] vt έχω ποικιλία σε ▸ vi διαφέρω
vase [vɑːz] n βάζο nt
vast [vɑːst] adj (knowledge) ευρύς • (enormous) τεράστιος
VAT [væt] (BRIT) n abbr (= value added tax) Φ.Π.Α. m inv
vault [vɔːlt] n (of roof) θόλος m • (tomb) κρύπτη f • (in bank) θησαυροφυλάκιο nt ▸ vt (also: ~ over) πηδάω πάνω από
veal [viːl] (Culin) n μοσχάρι nt
vegan [ˈviːgən] n βίγκαν mf inv
vegetable [ˈvɛdʒtəbl] n (plant) λαχανικό nt • (plant life) φυτό nt ▸ cpd (oil etc) φυτικός • ~ garden or plot λαχανόκηπος
vegetarian [vɛdʒɪˈtɛərɪən] n χορτοφάγος mf ▸ adj (restaurant) για χορτοφάγους
vegetation [vɛdʒɪˈteɪʃən] n βλάστηση f
veggieburger [ˈvɛdʒɪbəːgəʳ] n χάμπουργκερ nt inv για χορτοφάγους
vehicle [ˈviːɪkl] n όχημα nt • (fig) μέσο nt
veil [veɪl] n πέπλο nt • (mourning) βέλο nt ▸ vt (fig) καλύπτω (κάτω από)
vein [veɪn] n (Anat) φλέβα f
Velcro® [ˈvɛlkrəu] n βέλκρο nt inv
velvet [ˈvɛlvɪt] n βελούδο nt ▸ adj βελούδινος
vendor [ˈvɛndəʳ] n πωλητής/τρια m/f • street ~ μικροπωλητής/τρια
Venezuela [vɛnɛˈzweɪlə] n Βενεζουέλα f
vengeance [ˈvɛndʒəns] n εκδίκηση f • with a ~ (fig) και με το παραπάνω
venison [ˈvɛnɪsn] n κρέας nt ελαφιού
venom [ˈvɛnəm] n δηλητήριο nt • (fig) δηκτικότητα f
vent [vɛnt] n (also: air ~) άνοιγμα nt εξαερισμού ▸ vt (fig) ξεσπάω
ventilation [vɛntɪˈleɪʃən] n εξαερισμός m
venture [ˈvɛntʃəʳ] n εγχείρημα nt ▸ vt προτείνω ▸ vi ξανοίγομαι • business ~ επαγγελματικό εγχείρημα
venue [ˈvɛnjuː] n αίθουσα f (εκδήλωσης) • (open air) χώρος m (εκδήλωσης)
Venus [ˈviːnəs] n Αφροδίτη f
verb [vəːb] n ρήμα nt
verbal [ˈvəːbl] adj (skills, attack) λεκτικός
verdict [ˈvəːdɪkt] n (Jur) ετυμηγορία f • (fig) γνώμη f
verge [vəːdʒ] n (BRIT: of road) άκρη f δρόμου (συνήθως με χορτάρι) • to be on the ~ of doing sth είμαι στα πρόθυρα +gen or του να κάνω κτ ▸ verge on vt fus αγγίζω τα όρια +gen
verify [ˈvɛrɪfaɪ] vt επαληθεύω
versatile [ˈvəːsətaɪl] adj πολύπλευρος • (substance, machine etc) με πολλές χρήσεις
verse [vəːs] n (poetry) ποίηση f • (stanza) στροφή f • (in bible) εδάφιο nt
version [ˈvəːʃən] n έκδοση f • (of events, accident etc) εκδοχή f
versus [ˈvəːsəs] prep εναντίον +gen
vertical [ˈvəːtɪkl] adj κάθετος ▸ n κατακόρυφος f
very [ˈvɛrɪ] adv (+adjective, adverb) πολύ ▸ adj: the ~ book which αυτό ακριβώς το βιβλίο που

• at the ~ end στο τέλος-τέλος • the ~ last το τελευταίο • ~ well πολύ καλά • ~ much πάρα πολύ
vessel [ˈvɛsl] n (Naut) σκάφος nt • (container) σκεύος nt • (Anat, Bot) αγγείο nt • see blood
vest [vɛst] n (BRIT: underwear) φανέλα f • (US: waistcoat) γιλέκο nt
vet [vɛt] (BRIT) n abbr = veterinary surgeon
veteran [ˈvɛtərn] n (of war) παλαίμαχος mf
veterinarian [vɛtrɪˈnɛərɪən] (US) n κτηνίατρος mf
veterinary [ˈvɛtrɪnərɪ] adj κτηνιατρικός
veterinary surgeon (BRIT) n χειρουργός κτηνίατρος mf
veto [ˈviːtəu] (pl vetoes) n βέτο nt inv ▸ vt ασκώ βέτο σε
via [ˈvaɪə] prep μέσω +gen
viable [ˈvaɪəbl] adj βιώσιμος
vibration [vaɪˈbreɪʃən] n δόνηση f
vicar [ˈvɪkəʳ] (Rel) n εφημέριος m
vice [vaɪs] n ελάττωμα nt • (Tech) μέγγενη f
vice-chairman [vaɪsˈtʃɛəmən] (irreg) n αντιπρόεδρος mf
vice versa [ˈvaɪsɪˈvəːsə] adv το αντίστροφο
vicinity [vɪˈsɪnɪtɪ] n (area): in the ~ (of) στην περιοχή +gen
vicious [ˈvɪʃəs] adj (attack, blow) σφοδρός • (words, look) σκληρός • (horse, dog) άγριος
victim [ˈvɪktɪm] n θύμα nt
victor [ˈvɪktəʳ] n νικητής/τρια m/f
Victorian [vɪkˈtɔːrɪən] adj βικτωριανός
victorious [vɪkˈtɔːrɪəs] adj (team) νικητής • (shout) νικηφόρος
victory [ˈvɪktərɪ] n νίκη f
video [ˈvɪdɪəu] n (video film) βίντεο nt inv • (also: ~ cassette) βιντεοκασέτα f • (also: ~ cassette recorder) βίντεο nt inv (συσκευή)
video camera n βιντεοκάμερα f
video game n ηλεκτρονικό παιχνίδι nt
vie [vaɪ] vi: to ~ (with sb) (for sth) συναγωνίζομαι (με κν) (για κτ)
Vietnam, Viet Nam [ˈvjɛtˈnæm] n Βιετνάμ nt inv
view [vjuː] n (of scene) θέα f • (outlook, opinion) άποψη f ▸ vt (also fig) εξετάζω • (house) βλέπω • in full ~ μπροστά σε όλους • in ~ of the weather/the fact that λαμβάνοντας υπόψη τον καιρό/το γεγονός ότι • in my ~ κατά τη γνώμη μου
viewer [ˈvjuːəʳ] n (person) τηλεθεατής/τρια m/f
viewpoint [ˈvjuːpɔɪnt] n οπτική γωνία f
vigilant [ˈvɪdʒɪlənt] adj που επαγρυπνεί
vigorous [ˈvɪgərəs] adj (action) δυνατός • (campaign) δυναμικός
vile [vaɪl] adj (evil) πρόστυχος • (unpleasant) απαίσιος
villa [ˈvɪlə] n (country house) έπαυλη f • (suburban house) μονοκατοικία f (βικτωριανής ή εδουαρδιανής αρχιτεκτονικής)
village [ˈvɪlɪdʒ] n χωριό nt
villain [ˈvɪlən] n (scoundrel) παλιάνθρωπος m • (in novel etc) κακός m
vine [vaɪn] (Bot) n κλήμα nt • (in jungle) αναρριχητικό (φυτό) nt
vinegar [ˈvɪnɪgəʳ] n ξύδι nt
vineyard [ˈvɪnjɑːd] n αμπέλι nt

vintage ['vɪntɪdʒ] n (of wine) εσοδεία f
vinyl ['vaɪnl] n βινύλιο nt
viola [vɪ'əʊlə] n βιόλα f
violate ['vaɪəleɪt] vt (agreement) παραβιάζω
• (peace) διαταράσσω
violation [vaɪə'leɪʃən] n (of agreement etc)
παράβαση f
violence ['vaɪələns] n βία f
violent ['vaɪələnt] adj (brutal) βίαιος • (intense)
σφοδρός
violet ['vaɪələt] adj ιώδης ▶ n (colour) βιολετί nt
• (plant) βιολέτα f
violin [vaɪə'lɪn] n βιολί nt
VIP n abbr (= very important person) VIP m inv
viral ['vaɪərl] adj (Comput) viral • **to go ~** γίνομαι
viral
virgin ['və:dʒɪn] n παρθένος/α m/f
Virgo ['və:gəʊ] n Παρθένος f
virtual ['və:tjuəl] adj (Comput, Phys) εικονικός
virtually ['və:tjuəlɪ] adv σχεδόν • **it is**
~ impossible είναι πρακτικά αδύνατο
virtual reality n εικονική πραγματικότητα f
virtue ['və:tju:] n (moral correctness) ηθική f
• (good quality) αρετή f • (advantage)
πλεονέκτημα nt • **by ~ of** λόγω +gen
virus ['vaɪərəs] n (Med, Comput) ιός m
visa ['vi:zə] n βίζα f
vise [vaɪs] (US Tech) n = **vice**
visibility [vɪzɪ'bɪlɪtɪ] n ορατότητα f
visible ['vɪzəbl] adj ορατός • (fig) εμφανής
vision ['vɪʒən] n (sight) όραση f • (foresight)
διορατικότητα f
visit ['vɪzɪt] n επίσκεψη f ▶ vt επισκέπτομαι
visitor ['vɪzɪtə'] n επισκέπτης/τρια m/f
visual ['vɪzjuəl] adj (image etc) οπτικός • (arts)
εικαστικός
visualize ['vɪzjuəlaɪz] vt (picture, imagine)
φέρνω στο νου
vital ['vaɪtl] adj (crucial) ζωτικής σημασίας • (full of life)
γεμάτος ζωή • (necessary for life) ζωτικός
vitality [vaɪ'tælɪtɪ] n ζωτικότητα f
vitamin ['vɪtəmɪn] n βιταμίνη f • **~ pill** βιταμίνη
(χάπι)
vivid ['vɪvɪd] adj (description, memory) ζωντανός
• (imagination) ζωηρός
vlog [vlɒg] n vlog nt inv
vlogger ['vlɒgə'] n vlogger m inv
vocabulary [vəʊ'kæbjʊlərɪ] n λεξιλόγιο nt
vocal ['vəʊkl] adj φωνητικός • (articulate) που
εκφράζεται
vocation [vəʊ'keɪʃən] n κλίση f
vocational [vəʊ'keɪʃənl] adj επαγγελματικός
vodka ['vɒdkə] n βότκα f
vogue [vəʊg] n: **in ~** της μόδας
voice [vɔɪs] n (also fig) φωνή f ▶ vt εκφράζω
voice mail n φωνητικό μήνυμα nt
void [vɔɪd] n (also fig) κενό nt ▶ adj (invalid)
άκυρος • **to be ~ of sth** στερούμαι +gen
volatile ['vɒlətaɪl] adj (situation, person)
ασταθής • (liquid, substance) πτητικός
volcano [vɒl'keɪnəʊ] (pl **volcanoes**) n
ηφαίστειο nt
volleyball ['vɒlɪbɔ:l] n βόλεϋ nt inv
voltage ['vəʊltɪdʒ] (Elec) n τάση f

volume ['vɒlju:m] n όγκος m • (book) τόμος m
• (sound level) ένταση f
voluntarily ['vɒləntrɪlɪ] adv με τη θέλησή του
voluntary ['vɒləntərɪ] adj εθελοντικός
volunteer [vɒlən'tɪə'] n εθελοντής/τρια m/f
▶ vt προσφέρω ▶ vi κατατάσσομαι ως εθελοντής
• **to ~ to do sth** προσφέρομαι να κάνω κτ
vomit ['vɒmɪt] n εμετός m ▶ vt, vi κάνω εμετό
vote [vəʊt] n ψήφος f • (votes cast) ψήφοι fpl
• (right to vote) δικαίωμα nt ψήφου ▶ vt: **to be**
voted chairman etc εκλέγομαι πρόεδρος κ.λπ.
• **to ~ that** (propose) προτείνω να ▶ vi ψηφίζω
• **to ~ to do sth** ψηφίζω υπέρ +gen • **to ~ for** or
in favour of/against ψηφίζω υπέρ/κατά +gen
• **to ~ Labour** etc ψηφίζω Εργατικούς κ.λπ.
voter ['vəʊtə'] n ψηφοφόρος mf
voting ['vəʊtɪŋ] n ψηφοφορία f
voucher ['vaʊtʃə'] n κουπόνι nt • **gift ~**
δωροεπιταγή
vow [vaʊ] n όρκος m ▶ vt: **to ~ to do/that**
ορκίζομαι να κάνω/ότι
voyage ['vɔɪɪdʒ] n ταξίδι nt
vulgar ['vʌlgə'] adj (rude) χυδαίος
• (ostentatious) πρόστυχος
vulnerable ['vʌlnərəbl] adj τρωτός
vulture ['vʌltʃə'] n (Zool) γύπας m • (fig: pej)
αρπακτικό nt

W, w [ˈdʌblju:] *n* το εικοστό τρίτο γράμμα του αγγλικού αλφαβήτου

waddle [ˈwɒdl] *vi* (*duck*) περπατάω κουνιστός

wade [weɪd] *vi*: **to ~ across** διασχίζω με κόπο

wafer [ˈweɪfəʳ] *n* γκοφρέτα *f*

waffle [ˈwɒfl] *n* (*Culin*) βάφλα *f* ▶ *vi* τσαμπουνάω

wag [wæg] *vt* κουνάω ▶ *vi* (*tail*) κουνιέμαι

wage [weɪdʒ] *n* (*also*: **wages**) μισθός *m*

wail [weɪl] *n* ουρλιαχτό *nt* ▶ *vi* ουρλιάζω

waist [weɪst] *n* μέση *f*

waistcoat [ˈweɪskəʊt] (*BRIT*) *n* γιλέκο *nt*

wait [weɪt] *n* αναμονή *f* ▶ *vi* περιμένω • **I can't ~ to …** (*fig*) δε βλέπω την ώρα να … • **to ~ for sb/sth** περιμένω κν/κτ • **~ a minute!** μια στιγμή!
  ▶ **wait on** *vt fus* σερβίρω
  ▶ **wait up** *vi*: **don't ~ up for me** μην με περιμένεις (ξύπνιος) το βράδυ

waiter [ˈweɪtəʳ] *n* σερβιτόρος *m* • **~!** γκαρσόν!

waiting list *n* λίστα *f* αναμονής

waiting room *n* αίθουσα *f* αναμονής

waitress [ˈweɪtrɪs] *n* σερβιτόρα *f*

waive [weɪv] *vt* παραιτούμαι +*gen*

wake [weɪk] (*pt* **woke**, **waked**, *pp* **woken**, **waked**) *vt* (*also*: **~ up**) ξυπνάω ▶ *vi* (*also*: **~ up**) ξυπνάω ▶ *n* (*Naut*) απόνερα *nt pl* • (*of dead person*) ξενύχτι *nt*

Wales [weɪlz] *n* Ουαλία *f* • **the Prince of ~** ο πρίγκηπας της Ουαλίας

walk [wɔːk] *n* (*hike*) πεζοπορία *f* • (*shorter*) περίπατος *m* • (*gait*) περπατησιά *f* • (*in park etc*) βόλτα *f* ▶ *vi* περπατάω ▶ *vt* (*distance*) περπατάω • (*dog*) βγάζω περίπατο • **it's 10 minutes' ~ from here** από εδώ είναι 10 λεπτά με τα πόδια • **to go for a ~** πάω μια βόλτα *or* έναν περίπατο
  ▶ **walk out** *vi* (*audience*) φεύγω • (*workers*) απεργώ

walker [ˈwɔːkəʳ] *n* πεζοπόρος *mf*

walking [ˈwɔːkɪŋ] *n* περπάτημα *nt* • **it's within ~ distance** μπορείς να πας με τα πόδια

walking stick *n* μπαστούνι *nt* πεζοπορίας

Walkman® [ˈwɔːkmən] *n* γουόκμαν *nt inv*

walkway [ˈwɔːkweɪ] *n* πέρασμα *nt* για πεζούς

wall [wɔːl] *n* τοίχος *m* • (*of tunnel, cave*) τοίχωμα *nt* • (*city wall etc*) τείχη *nt pl*

wallet [ˈwɒlɪt] *n* πορτοφόλι *nt*

wallpaper [ˈwɔːlpeɪpəʳ] *n* ταπετσαρία *f* ▶ *vt* βάζω ταπετσαρία σε

walnut [ˈwɔːlnʌt] *n* (*nut*) καρύδι *nt* • (*tree, wood*) καρυδιά *f*

waltz [wɔːlts] *n* βαλς *nt inv* ▶ *vi* χορεύω βαλς

wand [wɒnd] *n* (*also*: **magic ~**) ραβδί *nt*

wander [ˈwɒndəʳ] *vi* (*person*) περιπλανιέμαι • (*mind, thoughts*) γυρίζω

want [wɒnt] *vt* (*wish for*) θέλω • (*need, require*) χρειάζομαι ▶ *n* (*lack*): **for ~ of** ελλείψει +*gen* • **to ~ to do sth** θέλω να κάνω κτ • **to ~ sb to do sth** θέλω (κς) να κάνει κτ ■ **wants** *npl* (*needs*) ανάγκες *fpl*

wanted [ˈwɒntɪd] *adj* (*criminal etc*) καταζητούμενος • **"cook ~"** «ζητείται μάγειρας»

war [wɔːʳ] *n* πόλεμος *m* • **to go to ~** πάω στον πόλεμο • **to be at ~ (with)** είμαι σε εμπόλεμη κατάσταση (με)

ward [wɔːd] *n* (*in hospital*) θάλαμος *m* • (*Pol*) περιφέρεια *f*
  ▶ **ward off** *vt* (*attack, enemy*) αποκρούω

warden [ˈwɔːdn] *n* (*of park, game reserve*) φύλακας *mf* • (*of jail*) δεσμοφύλακας *mf*

wardrobe [ˈwɔːdrəʊb] *n* (*for clothes*) ντουλάπα *f* • (*collection of clothes*) γκαρνταρόμπα *f*

warehouse [ˈwɛəhaʊs] *n* αποθήκη *f* (*εμπορευμάτων*)

warfare [ˈwɔːfɛəʳ] *n* πόλεμος *m*

warhead [ˈwɔːhɛd] *n* κεφαλή *f* (*βλήματος*)

warm [wɔːm] *adj* ζεστός • (*applause, welcome*) θερμός • **it's ~** κάνει ζέστη • **I'm ~** ζεσταίνομαι
  ▶ **warm up** *vi* (*weather*) ζεσταίνει • (*room, water, engine*) ζεσταίνομαι • (*athlete*) κάνω προθέρμανση ▶ *vt* (*food, person*) ζεσταίνω

warmly [ˈwɔːmlɪ] *adv* εγκάρδια • (*dress*) ζεστά

warmth [wɔːmθ] *n* ζεστασιά *f*

warn [wɔːn] *vt*: **to ~ sb that** προειδοποιώ κν ότι • **to ~ sb of/against sth** προειδοποιώ κν για κτ

warning [ˈwɔːnɪŋ] *n* προειδοποίηση *f*

warrant [ˈwɒrnt] *n* (*Jur*) ένταλμα *nt* (*συλλήψεως*) • (*also*: **search ~**) ένταλμα *nt* (*έρευνας*) ▶ *vt* (*justify*) δικαιολογώ

warranty [ˈwɒrəntɪ] *n* εγγύηση *f* • **to be under ~** (*Comm*) καλύπτομαι από εγγύηση

warrior [ˈwɒrɪəʳ] *n* πολεμιστής/τρια *m/f*

warship [ˈwɔːʃɪp] *n* πολεμικό πλοίο *nt*

wartime [ˈwɔːtaɪm] *n*: **in ~** σε καιρό πολέμου

wary [ˈwɛərɪ] *adj* επιφυλακτικός

was [wɒz] *pt of* **be**

wash [wɒʃ] *vt* πλένω • (*hair*) λούζω ▶ *vi* (*person*) πλένομαι ▶ *n* (*clothes etc*) μπουγάδα *f* • (*of ship*) απόνερα *nt pl* • **to ~ one's face** πλένω το πρόσωπό μου • **to have a ~** πλένομαι
  ▶ **wash off** *vi* ξεπλένομαι ▶ *vt* ξεπλένω
  ▶ **wash out** *vt* (*stain*) ξεβγάζω
  ▶ **wash up** *vi* (*BRIT*) πλένω τα πιάτα • (*US*) πλένομαι

washbasin [ˈwɒʃbeɪsn] *n* νιπτήρας *m*

washer [ˈwɒʃəʳ] *n* ροδέλα *f*

washing [ˈwɒʃɪŋ] *n* (*dirty*) άπλυτα *nt pl* • (*clean*) μπουγάδα *f*

washing machine *n* πλυντήριο *nt*

washing powder (*BRIT*) *n* απορρυπαντικό *nt* σε σκόνη

washing-up [wɔʃiŋˈʌp] n: **to do the ~** πλένω τα πιάτα

washing-up liquid (BRIT) n υγρό nt για τα πιάτα

wasn't ['wɔznt] = **was not**

wasp [wɔsp] n σφήκα f

waste [weɪst] n (of life, money, energy) σπατάλη f • (of time) χάσιμο nt • (rubbish) απόβλητα nt pl ▶ adj (paper etc) για πέταμα ▶ vt (time, life) σπαταλάω • (money, energy) σπαταλάω • **it's a ~ of money** είναι πεταμένα λεφτά ▪ **wastes** npl χερσότοπος m
▶ **waste away** vi μένω πετσί και κόκαλο

watch [wɔtʃ] n (also: **wristwatch**) ρολόι nt (χειρός) • (surveillance) παρακολούθηση f • (Mil) φρουρά f • (Naut) σκοπιά f ▶ vt (look at) κοιτάζω • (: match, programme, TV) παρακολουθώ • (spy on, guard) παρακολουθώ • (be careful of) προσέχω ▶ vi (look) κοιτάω
▶ **watch out** vi: ~ **out!** πρόσεχε!

watchdog ['wɔtʃdɔg] n (dog) μαντρόσκυλο nt • (fig: person) θεματοφύλακας m • (: committee) όργανο nt επαγρύπνησης

water ['wɔːtə'] n νερό nt ▶ vt ποτίζω ▶ vi (eyes) γεμίζω με δάκρυα • **my mouth is watering** μου τρέχουν τα σάλια
▶ **water down** vt αραιώνω • (fig: story) μετριάζω

watercolour ['wɔːtəkʌlə'], **watercolor** (US) n (picture) υδατογραφία f

watercress ['wɔːtəkres] n νεροκάρδαμο nt

waterfall ['wɔːtəfɔːl] n καταρράκτης m

watermelon ['wɔːtəmelən] n καρπούζι nt

waterproof ['wɔːtəpruːf] adj αδιάβροχος

water-skiing ['wɔːtəskiːɪŋ] n θαλάσσιο σκι nt

watt [wɔt] n βατ nt inv

wave [weɪv] n κύμα nt • (of hand) κούνημα nt ▶ vi χαιρετώ (κουνώντας το χέρι) • (branches, grass, flag) ▶ vt κουνάω • (gun, stick) κραδαίνω • **to ~ goodbye to sb** γνέφω με το χέρι αντίο • **short/medium/long ~** (Radio) βραχέα/μεσαία/μακρά (κύματα)

wavelength ['weɪvleŋθ] n μήκος nt κύματος • **on the same ~** (fig) στο ίδιο μήκος κύματος

wavy ['weɪvi] adj (line) κυματιστός • (hair) σπαστός

wax [wæks] n κερί nt • (for sealing) βουλοκέρι nt • (in ear) κυψελίδα f ▶ vt (floor) παρκετάρω • (car) γυαλίζω με κερί • (ski) κερώνω

way [weɪ] n (route) δρόμος m • (path, access) πέρασμα nt • (distance) απόσταση f • (direction) δρόμος m • (manner, method) τρόπος m • (habit) συνήθεια f • **which ~? — this ~** από πού; — από' δω • **on the ~** πηγαίνοντας • **to keep out of sb's ~** αποφεύγω κν • **to go out of one's ~ to do sth** κάνω ιδιαίτερη προσπάθεια or τα πάντα για να κάνω κτ • **to be in the ~** είμαι στη μέση • **to lose one's ~** χάνω το δρόμο μου • **under ~** (project etc) σε εξέλιξη • **to get one's own ~** κάνω το δικό μου • **no ~!** (inf) με τίποτα! • **by the ~ ...** παρεμπιπτόντως... • **"give ~"** (BRIT Aut) «δώστε προτεραιότητα» • **~ of life** τρόπος ζωής

WC (BRIT) n abbr (= water closet) τουαλέτα f

we [wiː] pl pron (non emph: usually not translated):

We both sat down Καθίσαμε κι οι δυο κάτω • **here we are** (arriving) να' μαστε • (finding) νάτος

weak [wiːk] adj αδύναμος • (excuse, argument) που δεν είναι πειστικός • (tea, coffee) ελαφρύς • (light, sound etc) αδύνατος

weaken ['wiːkn] vi εξασθενώ • (resolve) χάνω ▶ vt εξασθενίζω • (government, institution) αποδυναμώνω

weakness ['wiːknɪs] n (frailty) αδυναμία f • (of system, method) αδύνατο σημείο nt • **to have a ~ for** έχω αδυναμία σε

wealth [welθ] n πλούτος m

wealthy ['welθi] adj εύπορος • (country) πλούσιος

weapon ['wepən] n όπλο nt

wear [weə'] (pt **wore**, pp **worn**) n (use) χρήση f • (damage through use) φθορά f ▶ vt φοράω • (beard etc) έχω ▶ vi (last) έχω αντοχή • (carpet, shoes, jeans) παλιώνω
▶ **wear down** vt (person, strength) καταβάλλω
▶ **wear off** vi (pain etc) περνάω
▶ **wear out** vt (shoes, clothing) χαλάω • (person, strength) εξαντλώ

weary ['wɪərɪ] adj (tired) εξουθενωμένος • (dispirited) απογοητευμένος ▶ vi: **to ~ of sb/sth** βαριέμαι κν/κτ

weasel ['wiːzl] n νυφίτσα f

weather ['weðə'] n καιρός m ▶ vt (storm, crisis) ξεπερνάω • **what's the ~ like?** πώς είναι ο καιρός; • **under the ~** (fig) αδιάθετος

weave [wiːv] (pt **wove**, pp **woven**) vt (cloth) υφαίνω • (basket) πλέκω

web [web] n (of spider) ιστός m • (on duck's foot) νηκτική μεμβράνη f • (fig) πλέγμα nt • **the (World Wide) W~** ο (Παγκόσμιος) Ιστός m

webcam ['webkæm] n (δια)δικτυακή κάμερα f

web page n (Comput) ιστοσελίδα f

website ['websaɪt] n ιστότοπος m

wed [wed] (pt, pp **wedded**) vt παντρεύομαι ▶ vi παντρεύομαι ▶ n: **the newlyweds** οι νεόνυμφοι mpl

we'd [wiːd] = **we had** • **we would**

wedding ['wedɪŋ] n γάμος m • **silver/golden ~** αργυρή/χρυσή επέτειος γάμου

wedding day n ημέρα f του γάμου

wedding dress n νυφικό nt

wedding ring n βέρα f

wedge [wedʒ] n (of wood) σφήνα f • (of cake) κομμάτι nt ▶ vt σφηνώνω

Wednesday ['wednzdɪ] n Τετάρτη f • see also **Tuesday**

wee [wiː] (SCOT) adj μικρός • **...a ~ boy** ...ένα μικρό αγόρι or ένα αγοράκι

weed [wiːd] n ζιζάνιο nt • (pej: person) τσίρος m ▶ vt ξεχορταριάζω

week [wiːk] n εβδομάδα f, βδομάδα • **a ~ today/on Friday** μια (ε)βδομάδα από σήμερα/την Παρασκευή

weekday ['wiːkdeɪ] n καθημερινή f • (Comm) εργάσιμη f • **on weekdays** τις καθημερινές

weekend [wiːk'end] n σαββατοκύριακο nt • **this/next/last ~** αυτό το/το επόμενο/το προηγούμενο σαββατοκύριακο

weekly ['wi:klɪ] adv κάθε εβδομάδα ▶ adj εβδομαδιαίος ▶ n (magazine) εβδομαδιαίο περιοδικό nt
weep [wi:p] (pt, pp **wept**) vi (person) κλαίω • (wound) τρέχω
weigh [weɪ] vt ζυγίζω • (fig) σταθμίζω ▶ vi ζυγίζω ▶ **weigh down** vt (fig) βαραίνω ▶ **weigh up** vt ζυγίζω
weight [weɪt] n (metal object) βαρίδι nt • (heaviness) βάρος nt • **to lose/put on ~** χάνω/ παίρνω βάρος
weightlifter ['weɪtlɪftəʳ] n αρσιβαρίστας/τρια m/f
weir [wɪəʳ] n (in river) φράγμα nt
weird [wɪəd] adj αλλόκοτος • (person) φλώρος
welcome ['wɛlkəm] adj (visitor, suggestion) ευπρόσδεκτος • (news, change) ευχάριστος ▶ n υποδοχή f ▶ vt (bid welcome to) καλωσορίζω • (be glad of) δέχομαι με ικανοποίηση • **thank you — you're ~!** ευχαριστώ — παρακαλώ!
weld [wɛld] n οξυγονοκόλληση f ▶ vt οξυγονοκολλώ
welfare ['wɛlfɛəʳ] n (wellbeing) ευημερία f • (US: social aid) κοινωνική πρόνοια f
welfare state n κράτος nt πρόνοιας
well [wɛl] n (for water) πηγάδι nt • (oil well) πετρελαιοπηγή f ▶ adv καλά • (for emphasis with adv, adj or phrase) πολύ ▶ adj: **to be ~** (person) είμαι καλά ▶ excl λοιπόν! • **I don't feel ~** δεν αισθάνομαι καλά • **as ~** επίσης • **as ~ as** όπως και • **~ done!** μπράβο! • **get ~ soon!** περαστικά! • **to do ~** (person) πηγαίνω μπροστά • (business) πηγαίνω καλά ▶ **well up** vi αναβλύζω
we'll [wi:l] = **we will • we shall**
well-behaved ['wɛlbɪ'heɪvd] adj (child) που έχει καλούς τρόπους • (dog) φρόνιμος
well-dressed ['wɛl'drɛst] adj καλοντυμένος
well-known ['wɛl'nəun] adj γνωστός
well-off ['wɛl'ɔf] adj ευκατάστατος
Welsh [wɛlʃ] adj ουαλικός ▶ n (Ling) ουαλικά nt pl ▶ **the Welsh** npl οι Ουαλοί mpl
Welshman ['wɛlʃmən] (irreg) n Ουαλός m
Welshwoman ['wɛlʃwumən] (irreg) n Ουαλίδα f
went [wɛnt] pt of **go**
wept [wɛpt] pt, pp of **weep**
were [wəːʳ] pt of **be**
we're [wɪəʳ] = **we are**
weren't [wəːnt] = **were not**
west [wɛst] n (direction) δύση f • (of country, town) δυτικά nt pl ▶ adj δυτικός ▶ adv δυτικά • **the ~ of Ireland** η δυτική Ιρλανδία • **to the ~** (προς τα) δυτικά • **the W~** (also Pol) η Δύση
western ['wɛstən] adj (also Pol) δυτικός ▶ n (Cine) γουέστερν nt inv
West Indies [wɛst'ɪndɪz] npl: **the ~** οι Δυτικές Ινδίες
wet [wɛt] adj (damp) νωπός • (soaked) υγρός • (rainy) βροχερός • **to get ~** βρέχομαι
wet suit n στολή f για καταδύσεις
we've [wi:v] = **we have**
whack [wæk] vt χτυπάω
whale [weɪl] n φάλαινα f

wharf [wɔːf] (pl **wharves**) n αποβάθρα f

○ **KEYWORD**

what [wɔt] adj **1** (in direct/indirect questions) τι **2** (in exclamations) τι • **what a mess!** τι μπέρδεμα κι αυτό! • **what a fool I am!** τι βλάκας που είμαι! ▶ pron **1** (interrogative) τι • **what are you talking about?** τι είναι αυτά που λες; • **what is it called?** πώς το λένε; • **what about me?** κι εγώ; • **what about...?** τι θα λέγατε να/για...; **2** (relative) αυτό • **is that what happened?** αυτό έγινε; • **what you say is wrong** αυτά που λες είναι λάθος ▶ excl (disbelieving) τι;
whatever [wɔt'ɛvəʳ] adj: **~ book** όποιο or οποιοδήποτε βιβλίο ▶ pron: **do ~ is necessary/ you want** κάντε ό,τι είναι απαραίτητο/θέλετε • **~ happens** ό,τι κι αν συμβεί • **nothing ~** or **whatsoever** απολύτως τίποτα
whatsoever [wɔtsəu'ɛvəʳ] adj = **whatever**
wheat [wi:t] n σιτάρι nt
wheel [wi:l] n (of vehicle etc) ρόδα f • (also: **steering ~**) τιμόνι nt ▶ vt (pram etc) τσουλάω ▶ vi (also: **~ round**) γυρνάω απότομα
wheelchair ['wi:ltʃɛəʳ] n αναπηρική καρέκλα f

○ **KEYWORD**

when [wɛn] adv πότε ▶ conj **1** (at, during, after the time that) όταν • **that was when I needed you** τότε σε χρειαζόμουν **2** (on, at which) που **3** (whereas) ενώ
whenever [wɛn'ɛvəʳ] adv όποτε ▶ conj (any time that) όποτε • (every time that) κάθε φορά που
where [wɛəʳ] adv (place, direction) πού ▶ conj πού • **this is ~ I live/it happened** εδώ μένω/ έγινε • **~ are you from?** από πού είστε;
whereabouts ['wɛərəbauts] adv πού κοντά or περίπου ▶ n: **nobody knows his ~** κανείς δεν ξέρει πού βρίσκεται
whereas [wɛər'æz] conj ενώ
whereby [wɛə'baɪ] (fml) adv μέσω του οποίου
wherever [wɛər'ɛvəʳ] conj (no matter where) όπου or οπουδήποτε • (not knowing where) όπου κι αν ▶ adv (interrogative) πού τελοσπάντων • **sit ~ you like** καθήστε όπου σας αρέσει
whether ['wɛðəʳ] conj αν • **I don't know ~ to accept or not** δεν ξέρω αν θα πρέπει να δεχτώ ή όχι

○ **KEYWORD**

which [wɪtʃ] adj **1** (interrogative: direct, indirect) ποιος • **which one?** ποιος (από όλους); **2**: **in which case** οπότε • **by which time** οπότε ▶ pron **1** (interrogative) ποιος • **I don't mind which** όποιο να' ναι **2** (relative) που • **the apple which you ate** το μήλο που or το οποίο έφαγες • **the apple which is on the table** το μήλο που or το οποίο είναι πάνω στο τραπέζι • **the meeting (which) we attended** η συνεδρίαση που or στην οποία πήγαμε • **the chair on which you are sitting** η καρέκλα στην οποία or που κάθεσαι • **the book of which you spoke** το βιβλίο για το οποίο έλεγες • **he said he knew, which is true** είπε πως το ήξερε, πράγμα που είναι αλήθεια • **after which** οπότε

whichever [wɪtʃ'ɛvəʳ] adj: **take ~ book you prefer** πάρτε όποιο βιβλίο προτιμάτε • **~ book you take** όποιο βιβλίο κι αν πάρετε

while [waɪl] n (period of time: long) καιρός m • (short) ώρα f ▸ conj (at the same moment as) τη στιγμή που • (during the time that) όσο • (although) αν και • **for a ~** για λίγο • **in a ~** σε λίγο
▸ **while away** vt (time) περνάω

whilst [waɪlst] conj = **while**

whim [wɪm] n καπρίτσιο nt

whine [waɪn] n (of siren) ουρλιαχτό nt • (of engine) τρίξιμο nt ▸ vi (person) κλαψουρίζω • (animal, siren) ουρλιάζω • (engine) στριγγλίζω • (fig: complain) παραπονιέμαι

whip [wɪp] n (lash) μαστίγιο nt • (riding whip) καμουτσίκι nt ▸ vt (person, animal) μαστιγώνω • (cream, eggs) χτυπάω

whirl [wəːl] vt (also: **~ round**) στριφογυρίζω ▸ vi στροβιλίζομαι ▸ n στρόβιλος m

whisk [wɪsk] n (Culin) χτυπητήρι nt ▸ vt χτυπάω • **to ~ sb away** or **off** παίρνω or πηγαίνω κν γρήγορα κάπου

whiskers ['wɪskəz] npl (of animal) μουστάκια nt pl • (of man) μουστάκι nt

whisky ['wɪskɪ], **whiskey** (US, IR) n ουίσκι nt inv

whisper ['wɪspəʳ] n (low voice) ψίθυρος m ▸ vi ψιθυρίζω ▸ vt μουρμουρίζω

whistle ['wɪsl] n (sound) σφύριγμα nt • (object) σφυρίχτρα f ▸ vi σφυρίζω ▸ vt: **to ~ a tune** σφυρίζω ένα σκοπό

white [waɪt] adj λευκός • (with fear) κάτασπρος ▸ n (colour) λευκό nt • (person) λευκός/ή m/f • (of egg) ασπράδι nt • **to go ~** (person, hair) ασπρίζω

whitewash ['waɪtwɔʃ] n (paint) ασβέστης m • (inf: Sport) συντριβή f ▸ vt (building) ασπρίζω

whiting ['waɪtɪŋ] n inv (fish) μέρλαγγος m (είδος μπακαλιάρου)

whittle ['wɪtl] vt: **to ~ away** or **down** (costs) περικόπτω

whizz [wɪz] vi: **to ~ past** or **by** περνάω σαν σίφουνας

KEYWORD

who [huː] pron 1 (interrogative) ποιος 2 (relative) που • **those who can swim** αυτοί που or όσοι ξέρουν κολύμπι

whoever [huː'ɛvəʳ] pron: **~ finds it** όποιος το βρει • **ask ~ you like** ρωτήστε όποιον θέλετε • **~ he marries** όποια κι αν or οποιαδήποτε παντρευτεί • **~ told you that?** ποιος σας το είπε αυτό;

whole [həul] adj (entire) όλος • (not broken) ακέραιος ▸ n σύνολο nt • **the ~ of** όλος • **~ villages were destroyed** ολόκληρα χωριά καταστράφηκαν • **the ~ of the town** όλη η πόλη • **on the ~** γενικά

wholefood ['həulfuːd] n, **wholefoods** ['həulfuːdz] npl υγιεινές τροφές f

wholeheartedly [həul'haːtɪdlɪ] adv ολόψυχα

wholemeal ['həulmiːl] (BRIT) adj (bread) ολικής αλέσεως • (flour) ολικής αλέσεως

wholesale ['həulseɪl] n χονδρική (πώληση) f ▸ adj (price) χονδρικός • (destruction etc) ομαδικός ▸ adv χονδρικώς

wholly ['həulɪ] adv πλήρως

KEYWORD

whom [huːm] pron 1 (interrogative) ποιον 2 (relative) που • **the man whom I saw** αυτός που είδα/με τον οποίο μίλησα • **the man to whom I spoke** αυτός με τον οποίο μίλησα • **the lady with whom I was talking** η κυρία με την οποία μιλούσα

whore [hɔːʳ] (inf, pej) n πόρνη f (inf!)

KEYWORD

whose [huːz] adj 1 (interrogative) τίνος 2 (relative) που • **the man whose son you rescued** ο άνθρωπος που του έσωσες το γιο • **the girl whose sister you were speaking to** η κοπέλα, με την αδερφή της οποίας μιλούσες • **the woman whose car was stolen** η γυναίκα που της έκλεψαν το αυτοκίνητο
▸ pron τίνος

KEYWORD

why [waɪ] adv γιατί • **I'm not coming — why not?** δεν έρχομαι — γιατί (όχι); • **fancy a drink? — why not?** είσαι για ένα ποτό; — γιατί όχι; • **why not do it now?** γιατί να μην or δεν το κάνουμε τώρα;
▸ conj γιατί • **that's not why I'm here** δεν είμαι εδώ για αυτό • **that's not the reason why I'm here** δεν είναι αυτός ο λόγος που είμαι εδώ
▸ excl 1 (expressing surprise, annoyance) μπα 2 (explaining) μα • **I don't understand — why, it's obvious!** δεν καταλαβαίνω — μα είναι φανερό!

wicked ['wɪkɪd] adj απαίσιος • (inf: prices, weather) φοβερός

wicket ['wɪkɪt] (Cricket) n (stumps) φράχτης m • (grass area) περιοχή του γηπέδου ανάμεσα στους φράχτες

wide [waɪd] adj (bed) φαρδύς • (field, grin) πλατύς • (area, choice) μεγάλος • (publicity, knowledge) ευρύς ▸ adv: **to open ~** (window etc) ανοίγω διάπλατα • **it is 3 metres ~** είναι 3 μέτρα (σε) πλάτος

widely ['waɪdlɪ] adv (differ, vary, travel) πολύ • (spaced) αραιά • (believed, known) ευρέως

widen ['waɪdn] vt (road) διαπλατύνω • (river) πλαταίνω • (one's experience) διευρύνω ▸ vi πλαταίνω

widespread ['waɪdspred] adj (belief etc) ευρέως διαδεδομένος

widow ['wɪdəu] n χήρα f

widower ['wɪdəuəʳ] n χήρος m

width [wɪdθ] n πλάτος nt

wield [wiːld] vt (sword) χειρίζομαι • (power) ασκώ
wife [waɪf] (pl **wives**) n σύζυγος f
wig [wɪg] n περούκα f
wild [waɪld] adj (animal, plant, land) άγριος
• (weather) άσχημος • (person, behaviour) τρελός
or που παραληρεί από ενθουσιασμό • (idea)
παράτολμος ▶ n: the ~ η φύση ■ the wilds npl
η ερημιά f
wilderness ['wɪldənɪs] n ερημιά f
wildlife ['waɪldlaɪf] n άγρια ζώα nt pl και φυτά
nt pl
wildly ['waɪldlɪ] adv (behave) έξαλλα • (move,
shake) μανιασμένα

⬤ KEYWORD

will [wɪl] (pt, pp **willed**) n **1** (volition) θέληση f
2 : he did it against his will το έκανε παρά τη
θέλησή του
▶ aux vb **1** (forming future tense) θα
2 (in conjectures, predictions) θα
3 (in commands, requests, offers) θα
4 (insistence): I won't put up with it! δεν θα το
ανεχτώ αυτό!
▶ vt: to will sb to do sth εύχομαι (μέσα μου)
κπς να κάνει κτ • he willed himself to go on
πίεσε τον εαυτό του να συνεχίσει

willing ['wɪlɪŋ] adj πρόθυμος • he's ~ to do it
είναι πρόθυμος or έχει τη διάθεση να το κάνει
willingly ['wɪlɪŋlɪ] adv εκούσια
willow ['wɪləu] n ιτιά f
willpower ['wɪl'pauəʳ] n δύναμη f της θέλησης
wilt [wɪlt] vi μαραίνομαι
win [wɪn] (pt, pp **won**) n νίκη f ▶ vt κερδίζω
• (prize, medal) παίρνω ▶ vi νικώ
▶ win over vt παίρνω με το μέρος μου
▶ win round (BRIT) vt = win over
wince [wɪns] vi σκιρτώ
wind¹ [wɪnd] n (air) άνεμος m • (Med)
τυμπανισμός m • (breath) αναπνοή f ▶ vt κόβω
την αναπνοή or ανάσα σε
wind² [waɪnd] (pt, pp **wound**) vt (thread, rope,
bandage) τυλίγω • (clock, toy) κουρδίζω ▶ vi (road,
river) ξετυλίγομαι
windfall ['wɪndfɔːl] n (money) απρόσμενο
κέρδος nt • (apple) πεσμένος καρπός m
winding ['waɪndɪŋ] adj (road) με στροφές
• (staircase) στριφογυριστός
windmill ['wɪndmɪl] n ανεμόμυλος m
window ['wɪndəu] n (also Comput) παράθυρο nt
• (in shop etc) βιτρίνα f • (also: ~ pane) τζάμι nt
windscreen ['wɪndskriːn] n παρμπρίζ nt inv
windshield ['wɪndʃiːld] (US) n = windscreen
windsurfing ['wɪndsɜːfɪŋ] n γουιντ-σέρφινγκ
nt inv
windy ['wɪndɪ] adj με πολύ άνεμο • it's ~ φυσάει
wine [waɪn] n κρασί nt
wine bar n γουάιν μπαρ nt inv
wine list n κατάλογος m κρασιών
wing [wɪŋ] n (of bird, insect) φτερούγα f • (of
building) πτέρυγα f • (of car, plane) φτερό nt
■ the wings npl (Theat) τα παρασκήνια nt pl
wink [wɪŋk] n (of eye) κλείσιμο nt του ματιού
▶ vi (with eye) κλείνω το μάτι

winner ['wɪnəʳ] n νικητής/τρια m/f • (of prize)
κάτοχος mf
winning ['wɪnɪŋ] adj νικηφόρος • (shot, goal)
νικητήριος • (smile) που σε κερδίζει
winter ['wɪntəʳ] n χειμώνας m • in ~ το χειμώνα
winter sports [wɪntə'spɔːts] npl χειμερινά
σπορ nt inv
wintertime ['wɪntətaɪm] n χειμώνας m
wipe [waɪp] vt (dry, clean) σκουπίζω • to ~ one's
nose σκουπίζω τη μύτη μου ▶ n: to give sth a ~
σκουπίζω κτ με ένα πανί
▶ wipe off vt καθαρίζω
▶ wipe out vt εξολοθρεύω
▶ wipe up vt καθαρίζω
wire ['waɪəʳ] n (metal etc) σύρμα nt • (Elec)
καλώδιο nt • (telegram) τηλεγράφημα nt ▶ vt (US:
person) τηλεγραφώ • (Elec) • (also: ~ up) καλωδιώνω
wiring ['waɪərɪŋ] (Elec) n ηλεκτρολογική
εγκατάσταση f
wisdom ['wɪzdəm] n (of person) σοφία f • (of
action, remark) ορθότητα f
wise [waɪz] adj (person) σοφός • (action, remark)
φρόνιμος
wish [wɪʃ] n (desire) επιθυμία f • (specific) ευχή f
▶ vt (want) εύχομαι • best wishes θερμές ευχές
• with best wishes (in letter) θερμού
χαιρετισμούς • give her my best wishes δώστε
της τις καλύτερες ευχές μου • to ~ sb goodbye
λέω αντίο σε κν • to ~ to do sth επιθυμώ or
θέλω να κάνω κτ • to ~ for εύχομαι
wistful ['wɪstful] adj μελαγχολικός
wit [wɪt] n (wittiness) πνεύμα nt • (intelligence:
also: **wits**) μυαλό nt • (presence of mind) μυαλό nt
witch [wɪtʃ] n μάγισσα f

⬤ KEYWORD

with [wɪð, wɪθ] prep **1** (accompanying, in the
company of) με • I was with him ήμουν μαζί του
• we stayed with friends μείναμε σε φίλους
• we'll take the children with us θα πάρουμε
μαζί μας τα παιδιά • I'll be with you in a minute
θα είμαι στη διάθεσή σας σε ένα λεπτό • I'm
with you (I understand) συμφωνώ μαζί σου
2 (descriptive) με • a room with a view ένα
δωμάτιο με θέα • the man with the grey hat/
blue eyes ο άντρας με το γκρίζο καπέλο/τα
γαλανά μάτια
3 (indicating manner, means) με
4 (indicating cause) από

withdraw [wɪθ'drɔː] (irreg) vt (object) τραβάω
• (offer) αποσύρω • (remark) ανακαλώ ▶ vi
(troops, person) αποσύρομαι • to ~ money κάνω
μια ανάληψη
withdrawal [wɪθ'drɔːəl] n (of remark) ανάκληση
f • (of offer, troops, services) απόσυρση f • (of
money) ανάληψη f
withdrawn [wɪθ'drɔːn] pp of **withdraw** ▶ adj
(person) συνεσταλμένος
withdrew [wɪθ'druː] pt of **withdraw**
wither ['wɪðəʳ] vi μαραίνομαι
withhold [wɪθ'həuld] (irreg) vt (money) κρατάω
• (payment) παρακρατώ • (information)
αποκρύπτω

within [wɪð'ɪn] prep (place, time) μέσα σε
• (distance) σε ▸ adv από μέσα • ~ reach σε μικρή
απόσταση • it is ~ sight (of sb) είναι ορατό (σε
κν) • ~ a mile of εντός ενός μιλίου από • ~ an
hour of μέσα σε μια ώρα από

without [wɪð'aut] prep χωρίς • ~ speaking
αμίλητος • it goes ~ saying είναι αυτονόητο

withstand [wɪθ'stænd] vt (irreg) (winds,
pressure) αντέχω σε • (attack) αντιστέκομαι σε

witness ['wɪtnɪs] n (person) μάρτυρας mf ▸ vt
(event) είμαι παρών σε (σαν αυτόπτης μάρτυρας)

witty ['wɪtɪ] adj πνευματώδης

wives [waɪvz] npl of **wife**

wizard ['wɪzəd] n μάγος m

wobble ['wɒbl] vi (legs, jelly) τρέμω • (chair)
κουνιέμαι

woe [wəu] n (sorrow) οδύνη f • (misfortune)
συμφορά f

woke [wəuk] pt of **wake**

woken ['wəukn] pp of **wake**

wolf [wulf] (pl **wolves**) n λύκος m

woman ['wumən] (pl **women**) n γυναίκα f
• **young** ~ νέα (γυναίκα)

womb [wu:m] n μήτρα f

women ['wɪmɪn] npl of **woman**

won [wʌn] pt, pp of **win**

wonder ['wʌndə'] n (miracle) θαύμα nt • (awe)
απορία f ▸ vi: **to** ~ **whether/why** etc
αναρωτιέμαι αν/γιατί • **I** ~ **if you could help me** μήπως θα
μπορούσατε να με βοηθήσετε;

wonderful ['wʌndəful] adj (excellent)
εκπληκτικός • (miraculous) θαυμάσιος

won't [wəunt] = **will not**

wood [wud] n (timber) ξύλο nt • (forest) δάσος nt
▸ cpd ξυλο-

wooden ['wudn] adj ξύλινος • (fig) αφύσικος

woodwork ['wudwə:k] n (skill) ξυλουργική f

wool [wul] n μαλλί nt • **to pull the** ~ **over sb's
eyes** (fig) ρίχνω στάχτη στα μάτια κου

woollen ['wulən], **woolen** (US) (hat) μάλλινος

woolly ['wulɪ], **wooly** (US) adj μάλλινος • (fig)
ασαφής

word [wə:d] n λέξη f • (promise) λόγος m • (news)
είδηση f ▸ vt (letter, message) διατυπώνω • ~ **for**
~ (verbatim) επί λέξει • (in translation) κατά λέξη
• **in other words** με άλλα λόγια • **to break/
keep one's** ~ αθετώ/κρατώ το λόγο μου • **to
have a** ~ **with sb** κουβεντιάζω με κν

wording ['wə:dɪŋ] n διατύπωση f

word processing n επεξεργασία f κειμένου

word processor ['wə:dprəusesə'] n
επεξεργαστής m κειμένου

wore [wɔ:'] pt of **wear**

work [wə:k] n δουλειά f • (Art, Lit) έργο nt
▸ vi (person) δουλεύω • (mechanism)
• (medicine etc) δρω ▸ vt (wood, clay etc) δουλεύω
• (mine, land etc) δουλεύω • (machine) χειρίζομαι
• **to go to** ~ πάω για or στη δουλειά • **to be out
of** ~ είμαι άνεργος • **to be in** ~ εργάζομαι
▸ **work out** vi (plans etc) πηγαίνω κατ' ευχήν
• (Sport) γυμνάζομαι ▸ vt (problem) λύνω • (plan)
επινοώ
▸ **work up** vt: **to get worked up** εξάπτομαι

worker ['wə:kə'] n εργαζόμενος/η m/f
• (manual) εργάτης/τρια m/f • **office** ~
υπάλληλος mf

workforce ['wə:kfɔ:s] n εργατικό δυναμικό nt

working-class ['wə:kɪŋ'klɑ:s] adj της
εργατικής τάξης

working week n εργάσιμη εβδομάδα f

workman ['wə:kmən] (irreg) n μάστορας m

workout ['wə:kaut] n προπόνηση f

work permit n άδεια f εργασίας

works [wə:ks] (BRIT) n (factory) εργοστάσιο nt

workshop ['wə:kʃɔp] n εργαστήρι nt,
εργαστήριο

world [wə:ld] n κόσμος m ▸ cpd παγκόσμιος
• (tour) του κόσμου • **all over the** ~ σ' όλο τον
κόσμο • **to think the** ~ **of sb** εκτιμώ ιδιαίτερα κν

World Cup n: **the** ~ (Football) το Παγκόσμιο
Κύπελλο

worldwide ['wə:ld'waɪd] adj παγκόσμιος
▸ adv σε όλον τον κόσμο

World Wide Web n (Παγκόσμιος) Ιστός m

worm [wə:m] n (also: **earthworm**) σκουλήκι nt

worn [wɔ:n] pp of **wear** ▸ adj (carpet)
φθαρμένος • (shoe) τρύπιος

worn-out ['wɔ:naut] adj (object) φθαρμένος
• (person) καταβεβλημένος

worried ['wʌrɪd] adj (anxious) ανήσυχος • **to be
~ about sth** ανησυχώ για κτ

worry ['wʌrɪ] n (anxiety) ανησυχία f • (stronger)
άγχος nt ▸ vt (person) ανησυχώ ▸ vi (person)
ανησυχώ • (stronger) αγχώνομαι

worrying ['wʌrɪɪŋ] adj ανησυχητικός

worse [wə:s] adj χειρότερος ▸ adv χειρότερα
▸ n το χειρότερο nt • **to get** ~ χειροτερεύω • **a
change for the** ~ μια αλλαγή προς το χειρότερο

worsen ['wə:sn] vt χειροτερεύω ▸ vi
χειροτερεύω

worse off adj (also fig) φτωχότερος

worship ['wə:ʃɪp] n λατρεία f ▸ vt λατρεύω

worst [wə:st] adj χειρότερος ▸ adv χειρότερα
▸ n χειρότερο nt • **at** ~ στη χειρότερη περίπτωση

worth [wə:θ] n αξία f ▸ adj: **to be** ~ αξίζω • **how
much is it** ~? πόσο αξίζει; • **it's** ~ **it** το αξίζει

worthless ['wə:θlɪs] adj (person) ανάξιος
• (thing) άχρηστος

worthwhile ['wə:θ'waɪl] adj που αξίζει τον
κόπο

worthy ['wə:ðɪ] adj (person) άξιος • (motive)
υψηλός • **to be** ~ **of sth** αξίζω κτ

◯ **KEYWORD**

would [wud] aux vb **1** (conditional tense): **if you
asked him he would do it** αν του το ζητούσες
θα το έκανε • **if you had asked him he would
have done it** αν του το είχες ζητήσει θα το είχε
κάνει
2 (in offers, invitations, requests): **would you like
a biscuit?** θέλετε ένα μπισκότο; • **would you
ask him to come in?** του λέτε να έρθει μέσα;
• **would you open the window please?**
ανοίγετε το παράθυρο, σας παρακαλώ;
3 (in indirect speech): **I said I would do it** είπα
πως θα το έκανα • **he asked me if I would go
with him** με ρώτησε αν θα πήγαινα μαζί του

4 (*emph*): **it WOULD have to snow today!** σήμερα βρήκε να χιονίσει! • **you WOULD say that, wouldn't you!** ε βέβαια, εσύ τι θα έλεγες!
5 (*insistence*): **she wouldn't behave** δεν εννοούσε να καθίσει φρόνιμα
6 (*conjecture*): **it would have been midnight** πρέπει να ήταν μεσάνυχτα • **it would seem so** έτσι φαίνεται
7 (*indicating habit*): **he would go there on Mondays** πήγαινε κάθε Δευτέρα • **he would spend every day on the beach** πέρναγε όλες τις ημέρες στην παραλία

wouldn't ['wudnt] = **would not**
wound¹ [waund] *pt, pp of* **wind²**
wound² [wu:nd] *n* τραύμα *nt* ▶ *vt* τραυματίζω
wove [wəuv] *pt of* **weave**
woven ['wəuvn] *pp of* **weave**
wrap [ræp] *n* (*shawl*) σάλι *nt* • (*cape*) μπέρτα *f* ▶ *vt* (*cover*) σκεπάζω • (*also:* ~ **up**) τυλίγω
wreath [ri:θ] (*pl* **wreaths**) *n* στεφάνι *nt*
wreck [rɛk] *n* (*vehicle*) συντρίμμια *nt pl* • (*ship*) ναυάγιο *nt* • (*pej: person*) ερείπιο *nt* ▶ *vt* (*car etc*) διαλύω • (*chances*) σβήνω
wreckage ['rɛkɪdʒ] *n* συντρίμμια *nt pl* • (*of building*) ερείπια *nt pl*
wren [rɛn] (*Zool*) *n* τρυποφράχτης *m*
wrench [rɛntʃ] *n* (*Tech*) κλειδί *nt* • (*tug*) απότομη κίνηση *f* • (*fig*) πόνος *m* του αποχωρισμού ▶ *vt* (*pull*) τραβάω απότομα • **to ~ sth from sb** αρπάζω κτ από κν
wrestle ['rɛsl] *vi*: **to ~ (with sb)** παλεύω (με κν) • **to ~ with a problem** καταπιάνομαι με ένα πρόβλημα
wrestler ['rɛslər] *n* παλαιστής *m*
wrestling ['rɛslɪŋ] *n* πάλη *f* • (*also:* **all-in ~**) ελεύθερη πάλη *f*
wretched ['rɛtʃɪd] *adj* άθλιος • (*inf: damned*) παλιο-
wriggle ['rɪgl] *vi* (*also:* ~ **about**) στριφογυρίζω ▶ *n* στριφογύρισμα *nt*
wrinkle ['rɪŋkl] *n* (*on skin*) ρυτίδα *f* • (*on paper etc*) ζάρα *f* ▶ *vt* ρυτιδώνω • *vi* ζαρώνω
wrist [rɪst] *n* καρπός *m* (*χεριού*)
write [raɪt] (*pt* **wrote**, *pp* **written**) *vt* γράφω • (*cheque, receipt*) κόβω ▶ *vi* γράφω
▶ **write down** *vt* (*note*) σημειώνω • (*put in writing*) γράφω
▶ **write off** *vt* (*debt, plan, project*) ξεγράφω • (*wreck*) κάνω σμπαράλια
▶ **write out** *vt* (*cheque, receipt*) κόβω
▶ **write up** *vt* γράφω αναλυτικά
write-off ['raɪtɒf] *n* σμπαράλια *nt pl*
writer ['raɪtər] *n* (*author*) συγγραφέας *mf* • (*of report, document etc*) συντάκτης/τρια *m/f*
writing ['raɪtɪŋ] *n* (*words written, handwriting*) γράμματα *nt pl* • (*occupation*) γράψιμο *nt* • **in ~** γραπτώς
written ['rɪtn] *pp of* **write**
wrong [rɒŋ] *adj* λάθος • (*unfair*) άδικος ▶ *adv* λάθος ▶ *n* (*injustice*) σφάλμα *nt* • (*evil*) κακό *nt* ▶ *vt* αδικώ • **to be ~** κάνω λάθος • **you are ~ to do it** είναι λάθος *or* σφάλμα σας που το κάνετε • **it's ~ to steal, stealing is ~** είναι κακό να

κλέβεις • **to be in the ~** έχω άδικο • **what's ~?** τι τρέχει; • **there's nothing ~** δεν τρέχει τίποτα • **to go ~** (*person*) κάνω λάθος • (*machine*) δεν δουλεύω καλά
wrongly ['rɒŋlɪ] *adv* (*incorrectly*) λανθασμένα • (*unjustly*) άδικα • (*unsuitably*) ακατάλληλα
wrote [rəut] *pt of* **write**

X, x [εks] *n* το εικοστό τέταρτο γράμμα του
αγγλικού αλφαβήτου
Xmas ['εksməs, 'krısməs] *n abbr* = **Christmas**
X-ray ['εksreı] *n (ray)* ακτίνα *f* X • *(photo)*
ακτινογραφία *f* ▶ *vt* βγάζω ακτινογραφία σε

Y, y [waı] *n* το εικοστό πέμπτο γράμμα του
αγγλικού αλφαβήτου
yacht [jɔt] *n* γιωτ *nt inv* • *(with sails)* ιστιοφόρο *nt*
• *(luxury motor yacht)* θαλαμηγός *f*
yard [jɑːd] *n (of house etc)* αυλή *f* • *(US: garden)*
κήπος *m* • *(measure)* γυάρδα *f* (= *91,44 εκ.*)
yarn [jɑːn] *n* κλωστή *f* • *(wool)* νήμα *nt* • *(tale)*
φανταστική ιστορία *f*
yawn [jɔːn] *n* χασμουρητό *nt* ▶ *vi* χασμουριέμαι
yd *n abbr* = **yard**
yeah [jɛə] *(inf) adv* ναι
year [jıəʳ] *n* έτος *nt* • *(Scol)* έτος *nt*
• *(referring to harvest, wine etc)* χρονιά *f* • **every ~**
κάθε χρόνο • **this ~** φέτος • **last ~** πέρσι, πέρυσι
• **a** *or* **per ~** το χρόνο • **to be 8 years old** είμαι 8
ετών *or* χρονών • **an eight-year-old boy** ένας
οκτάχρονος
yearly ['jıəlı] *adj* ετήσιος ▶ *adv* ετησίως *(fml)*
• **twice ~** δύο φορές το χρόνο
yearn [jəːn] *vi:* **to ~ for sth** λαχταρώ κτ • **to ~ to**
do sth λαχταρώ να κάνω κτ
yeast [jiːst] *n* μαγιά *f*
yell [jɛl] *n* κραυγή *f* ▶ *vi* ουρλιάζω
yellow ['jɛləu] *adj* κίτρινος ▶ *n* κίτρινο *nt*
Yellow Pages® [jɛləu'peɪdʒəz] *npl* ≈ Χρυσός
Οδηγός
Yemen ['jɛmən] *n* Υεμένη *f*
yes [jɛs] *adv (gen)* ναι ▶ *n* ναι *nt inv* • **to say/**
answer ~ λέω ναι
yesterday ['jɛstədı] *adv* χθες, χτες ▶ *n* χθες *nt*
inv • ~ **morning/evening** χθες το πρωί/βράδυ
• **the day before ~** προχθές • **all day ~** όλη την
ημέρα χθες
yet [jɛt] *adv* ακόμα ▶ *conj* αν και • **it is not**
finished ~ δεν έχει τελειώσει ακόμα • **the best ~**
το καλύτερο μέχρι τώρα • **as ~** ως τώρα • ~ **again**
και πάλι
yew [juː] *n* ήμερο έλατο *nt*
Yiddish ['jıdıʃ] *n* Γίντις *nt pl* (γερμανοεβραϊκά)
yield [jiːld] *n (Agr)* σοδιά *f* • *(Comm)* απόδοση *f*
▶ *vt (surrender: control)* παραχωρώ
• *(responsibility)* εκχωρώ • *(produce: results)*
αποφέρω • *(profit)* αποδίδω ▶ *vi (surrender)*
υποκύπτω • *(US Aut)* δίνω προτεραιότητα
• **a ~ of 5%** μια απόδοση 5%

yoga [ˈjəʊgə] *n* γιόγκα *f inv*
yoghourt, yoghurt [ˈjəʊgət] *n* γιαούρτι *nt*
yolk [jəʊk] *n (of egg)* κρόκος *m*

⭕ **KEYWORD**

you [juː] *pron* **1** *(subject usually not translated: singular)* εσύ
2 *(plural, polite form)* εσείς • **you are very kind** είσαι/είστε πολύ καλός • **you and I will go** εσύ κι εγώ θα πάμε
3 *(singular: direct object)* σε
4 *(singular: indirect object)* σου
5 *(plural, polite form: direct, indirect)* σας
6 *(stressed)* (ε)σένα
7 *(plural, polite form)* εσάς • **I told YOU to do it** σε σένα/σας είπα να το κάνεις/κάνετε
8 *(after prep, in comparisons)* (ε)σένα
9 *(plural, polite form)* εσάς
10 *(impersonal: one)*: **you never know** ποτέ δεν ξέρεις • **you can't do that!** δεν γίνεται αυτό το πράγμα!

you'd [juːd] = **you had** • **you would**
you'll [juːl] = **you will** • **you shall**
young [jʌŋ] *adj (person, plant)* νέος • *(animal, child)* μικρός • *(people)* νέος • **a ~ man** ένας νέος • **a ~ lady** μια νέα ▪ **the young** *npl (of animal)* τα νεογνά *nt pl*
youngster [ˈjʌŋstəʳ] *n* νεαρός/ή *m/f* • *(of bird)* νεοσσός *m*
your [jɔːʳ] *adj* δικός *m* σου, δική *f* σου, δικό *nt* σου • *see also* **my**
you're [jʊəʳ] = **you are**
yours [jɔːz] *pron* δικός/ή/ό σου • *(plural, polite form)* δικός/ή/ό σας • **a friend of ~** ένας φίλος σας • **is it ~?** είναι δικό σας; • **Y~ sincerely/faithfully** μετά τιμής • *see also* **mine¹**
yourself [jɔːˈsɛlf] *pron (reflexive: often not translated)* εαυτός σου • (: *polite form)* εαυτός σας • *(complement)* εαυτός σου • *(after prep)* (ε)σένα • *(polite form)* (ε)σάς • *(emph)* μόνος/η/ο σου • *(polite form)* μόνος σας
yourselves [jɔːˈsɛlvz] *pl pron (reflexive: often not translated)* εαυτός σας • *(complement)* εαυτός σας • *(after prep)* εσάς • *(emph)* μόνοι/ες/α σας
youth [juːθ] *n (young days)* νεότητα *f* • *(young man)* νέος *m* • **in my ~** στα νιάτα μου
youth club *n* λέσχη *f* νεότητας
youthful [ˈjuːθful] *adj (person)* νέος • *(looks, air, enthusiasm)* νεανικός
youth hostel *n* ξενώνας *m* νεότητας
you've [juːv] = **you have**
yr *abbr* = **year**
Yugoslavia [ˈjuːgəʊˈslɑːvɪə] *n (Hist)* Γιουγκοσλαβία *f*

Z

Z, z [zɛd, (US) ziː] *n* το τελευταίο γράμμα του αγγλικού αλφαβήτου
Zambia [ˈzæmbɪə] *n* Ζάμπια *f*
zeal [ziːl] *n* ζήλος *m* • *(religious)* φανατισμός *m*
zebra [ˈziːbrə] *n* ζέβρα *f*
zebra crossing *(Brit) n* διάβαση *f* πεζών
zero [ˈzɪərəʊ] *n* μηδέν *nt*
zest [zɛst] *n* όρεξη *f* • *(Culin)* ξύσμα *nt*
Zimbabwe [zɪmˈbɑːbwɪ] *n* Ζιμπάμπουε *f inv*
zinc [zɪŋk] *n* ψευδάργυρος *m*
zip [zɪp] *n (also: ~ fastener)* φερμουάρ *nt inv*
▶ *vt (also: ~ up)* ανεβάζω το φερμουάρ σε
zip code *(US) n* ταχυδρομικός κώδικας *m*
zipper [ˈzɪpəʳ] *(US) n* = **zip**
zodiac [ˈzəʊdɪæk] *n* ζωδιακός κύκλος *m*
zone [zəʊn] *n (also Mil)* ζώνη *f*
zoo [zuː] *n* ζωολογικός κήπος *m*
zoom [zuːm] *vi*: **to ~ past** περνάω σαν σίφουνας • **to ~ in (on sth/sb)** *(Phot, Cine)* κάνω ζουμ (σε κτ/κν)
zucchini [zuːˈkiːnɪ] *(US) n, npl* κολοκυθάκι *nt*